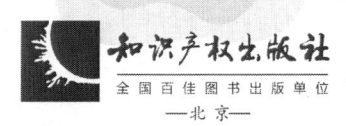

汉字字理例说

程国煜 著

知识产权出版社
全国百佳图书出版单位
—北京—

图书在版编目（CIP）数据

汉字字理例说 / 程国煜著. —北京：知识产权出版社，2019.9
ISBN 978-7-5130-5654-0

Ⅰ. ①汉… Ⅱ. ①程… Ⅲ. ①汉字—文字学—研究 Ⅳ. ① H12

中国版本图书馆 CIP 数据核字（2019）第 197137 号

内容提要

本书在科学的汉字学理论指导下，通过对汉字构形的深度解析，系统地阐释了汉字构形与其本义的密切关系，以及汉字的形体演变之理、部件组合之理、繁体简化之理。本书把近 2000 个汉字用 130 个表意部首加以统摄，从汉字的文字学部首入手，详解部首及其所属之字的形义关系，从汉字的构形上见出其意义之由来。

本书溯源理流，有理有据，既注意学术性，又注意实用性，是高校文科学生和从事基础教育汉字教学的教师有用的参考书。

责任编辑：王志茹　　　　　　　　　　责任印制：孙婷婷
封面设计：索晓青

汉字字理例说
HANZI ZILI LISHUO

程国煜　著

出版发行：知识产权出版社 有限责任公司	网　　址：http://www.ipph.cn
电　　话：010-82004826	http://www.laichushu.com
社　　址：北京市海淀区气象路 50 号院	邮　　编：100081
责编电话：010-82000860 转 8761	责编邮箱：laichushu@cnipr.com
发行电话：010-82000860 转 8101	发行传真：010-82000893
印　　刷：北京中献拓方科技发展有限公司	经　　销：各大网上书店、新华书店及相关专业书店
开　　本：787mm×1092mm　1/16	印　　张：48
版　　次：2019 年 9 月第 1 版	印　　次：2019 年 9 月第 1 次印刷
字　　数：964 千字	定　　价：168.00 元

ISBN 978-7-5130-5654-0

出版权专有　侵权必究
如有印装质量问题，本社负责调换。

序：汉字字理与字理教学

汉字的构形是有理据的。所谓理据，就是有道理可讲。为什么用这样的形体表示这样的意义；为什么某个字在古代是那样的，而到现代却成了这样的；为什么几个字的形体不同，却记录的是同一个词；诸如此类，能讲出个所以然来，也就是能说明某个形体与某个语言单位音义的关系，就算懂得字的理据。字的理据可以简称为字理。

字理并非一成不变，因为字形在不断变化，字形所记录的音义也在变化，那么字形跟音义的关系当然会随之变化，所以字理的分析要有发展眼光，要以确定的形体和音义为分析对象，对象不同，理据就可能不同。以源字的形体为对象，分析出的往往是原始理据，即文字构造时所体现的理据，如甲骨文 ，像昂头啼叫的公鸡形状，所以用来表示语言中的"鸡"，这是象形构字。以变化后的字形为对象，分析出的往往是演变理据，演变理据可能多次演变，有的重构理据，有的失去理据，有的理据类化，如楷书繁体字"鷄"，从鸟奚声，其理据重构为义音合体字。以现代字形为对象，分析出来的也是演变理据，但可以另称为现实理据，如现代简化字"鸡"，其中的构件"鸟"仍然表义，而"又"变成了"奚"的代号，所以"鸡"的理据只能分析为义符加代号的合体字。有的字形没有怎么变，但记录的语言符号音义变了，如果分析这类的字符，其形体与音义的理据关系也会不同于原始理据，如"這"按《广韵》读"鱼变切"，《玉篇》训"迎也"，则其理据为音义组合（"言"表音、"辵"表义），但后来《增韵》中已音变为"止也切"，意义也变为代词，原音原义几乎不再用，那么针对"止也切"的代词用法来说，跟"這"的形体没有任何关联，所以这时的"這"实际上已经成了代号字，丧失了构形功能理据，只有演变造成的现实理据（无理据也是理据分析的结果）。

不只是形体和音义的变化会产生不同的理据，不同的人讲解也会讲出不同的理据来。例如《古文字诂林》和《说文解字诂林》里就有不少字收列了构形分析的多种说法。宋代王安石作《字说》，大都跟《说文解字》的解释不同。至于民间的"俗文字学"，曲解字形的现象更是不胜枚举。例如有人把"聪"字讲成"耳朵认真听讲，心里积极思考，主动开口答问，两眼注视黑板，你就变聪明了"；把"恕"字讲成"得罪了官员，赶紧找他心上的女人开口求情，他就会宽恕你"。几乎可以说是随意拆解字形，胡乱联想字义，严重扰乱了汉字的系统。

因此，分析讲解汉字的构形理据，不能随心所欲只顾满足自己的野趣，还应该坚守一些基本的原则，如"忠实形体原则""字词相关原则""直接构件原则""合情合理原则""历史发展原则""系统关照原则"等。

以上对汉字构形理据的认识，我们在一些论著中多有阐释，如《汉字构形原理与中小学汉字教学》（长春出版社，2001）、《字理与字理教学》（吉首大学学报，2005）、《汉字的构形原理与讲解原则》（世界华文教学，2010）、《古代的字形分析方法及其在现代的应用》（[韩]汉字研究第17辑，2017）等，故此不再详述。我们曾想在上述认识和原则的指导下，将现代3500个常用汉字的原始理据、演变理据和现实理据逐一分析讲解，供中小学语文教师教学参考，帮助他们在汉字教学中尽量减少对形体的胡乱拆解和随意联想。但限于时间和精力，至今没有如愿。

幸好我们看到了程国煜老师的《汉字字理例说》，该书就是用实例来详解汉字构形理据的。作者把近2000个汉字所表达的意义归纳为31个大类，用130个文字学意义上的具体部首加以统摄，然后逐一解说，条理清晰，便于查阅，实用性很强，基本上弥补了我们想做而没有做的缺憾。

程书最大的特点是在分析现代汉字的构形理据时注重对古文字形体的利用。通篇均列出被说解汉字的古字形，并用图表的方式展现其形体的发展演变过程。然后详解其构形理据，尽量揭示汉字形体与其表达的词语意义之间的关系。同时引用先哲时贤的科研成果加以证明，以示说解并非主观臆测，而是有所依据。例如：

甲骨文	金文	小篆	楷书
𢆉	𢆯	秊	年

甲骨、金文的"年"，从禾从人，为会意字，表示农人载谷而归。方述鑫等《甲骨金文字典》："季（年），甲骨文从禾，从人。"小篆变化为形声字，从禾千声。甲骨金文字形都有"禾"，故本义为五谷成熟、年成。引申为时间的单位，这是现在的常用义。楷书为记号字。

讲构形理据，不能只讲古文字。甲骨文、金文、小篆为古文字阶段，字形由线条书写，构件功能比较明显。隶书、楷书为今文字阶段，字形由笔画书写，许多构件的功能已经丧失或变得比较隐晦了。例如"江、防、快、萍、纸、论、打、腹"等，均为形声字，但其中的"氵（水）""阝（阜）""忄（心）""艹（艸）""纟（糸）""讠（言）""扌（手）""月（肉）"已不是原来的象形符号，经过形体变化成了一个个表义构件，一般统称为义符，我区别叫类义符，因为它们的义符功能要通过汉字的类聚才能显示。义符或类义符不同，汉字表达的意义类属就可能有别。作者认识到这一点，在分析汉字楷书的构形理据时，比较注意说明字形中义符（含类义符）的作用，通过义符推知其意义类属。

现代的汉字简化，造成大量记号字和半记号字，就是整个字符或字符中的某个构件失去了跟语言音义的联系。这种字的现实理据一般不容易说明，往往只能人为归纳出某种类型，或者说明现代的形体是如何变化来的。至于构形的功能理据，仍然需要溯源到古文字。作者对记号字的讲解大都也是采用溯源法。具体做法为：根据简化字的简化方法，上溯求求某个简化字的由来，找到其相应的楷书，再上推到相应的古文字，就能知其简化字的意义。例如简化字"邓"，简化之后为类义符加记号字，"阝（右）"为义符，"又"为记号，其相应的楷体繁形为"鄧"，属"从邑登声"的形声字，"阝（右）"，俗称右耳朵，是由"邑"演变而来，从"阝（右）"（邑）的字大多与城邑、行政区划有关，声符"登"用记号"又"代替。这样，根据义符"阝（右）"（邑）推测到"邓"与"城邑"有关，"邓"的本义指古代诸侯国名，后引申为姓氏。

汉字中还有大量假借字。假借字是记音的，作为一个记音符号来表示语言中的某个词，所以假借字不可能从字形来判断其意义。但作者认为，假借字有它的本字或本词，找到本字、本词，其构造理据是可以分析的。例如"来"，甲骨文作" "" "，金文作" "，像叶子对生的麦子，顶部的一撇像麦穗，故其本义为小麦。后来表示小麦的"來"借为来去的"來"，就又另造"麥"（麦）表示小麦的"麥"。徐中舒《甲骨文字典》："來，象來麰（古代大麦）之形，卜辞用为行来字。《说文》：'來，周所受瑞麥來麰，一來二缝，象芒朿之形，天所來也，故为行來之來。'"

以上所述是程书分析汉字构形理据的大致情况。该书始终扣住汉字的"表意性"，从汉字的文字学部首入手，详解部首及其所属之字的形义关系，注重字形的历史沿革，从汉字的构形上见出其意义由来，并引《甲骨文字典》《甲骨金文字典》《说文》《说文段注》《文源》等工具书以证之，溯源理流，有理有据，既注意其学术性，又注意其实用性，是高校文科学生和从事基础教育汉字教学的教师有用的参考书。

这里的"参考书"是从提高自身修养的角度来说的，作为文科大学生和中小学

iii

语文教师，多懂得一些古文字及其形体演变的过程当然是有用的。但如果用来教中小学生或留学生学习汉字，分析汉字的构形理据时又特别强调"形义关系"，要求每个字的形体分析都必须跟某个意义相关，那是值得商榷的。分析构形理据而特别强调"形义关系"，这跟学术界对汉字性质的认识有关。通常认为，汉字是"表意文字"，而且这"表意"是从结构层面来说的，即汉字是"据义构形"。既然汉字的结构性质是"表意"，那分析结构的理据就得围绕怎么"表意"来进行。可事实上，汉字的性质是可以多方面论述的。即使就汉字的结构或构造而言，构成个体字符的构件也不全是表意的。比如形声字的声符虽然也有同时表意的，但其主要功能还是标音，就是说标音构件跟语言的联系理据主要不在表意。而汉字形声字占绝大多数，怎么能够忽略绝大多数字里的标音成分而硬说汉字的结构是"表意"的呢？何况汉字系统中还有大量的假借字，虽然本有其字的假借字（也叫通假字）可以求得本字来分析形义关系，可本无其字的假借字呢？至于记号字已经失去了原有理据，就现实理据而言，其组成构件肯定不是表意的或不全是表意的。如果在教学中过分强调汉字结构的绝对表意性，不仅无法面对占汉字主体的形声字中的声符，而且势必导致分析现代字形的结构理据都得去追溯古文字源头，结果现代汉字的基础教育课很可能讲成古文字课！本来学生记住一个字形就能认读使用，现在可能要学习记住甲骨文、金文、小篆等N个字形，如果N个字形之间还有分化孳乳等关系而并不完全等同的话，掌握起来就更复杂了。所以我们认为，对于汉字结构性质的表述不宜绝对化，要留有余地，如可以说汉字是据词（包括义和音）构形，而不只是据义构形；就结构属性而言，可以说汉字是表意主构文字（以表意构件为主，兼有示音构件、记号构件等）。即使把"表意主构文字"简称为"表意文字"，也要在实际分析中给那些并不表意的结构成分（如声符和记号）一个说法。再者，汉字形体具有时代性，分析汉字结构理据应该区分原始理据、演变理据和现实理据等。如果是分析现代汉字的结构理据，就应该主要根据现代的字形。现代字形理据明显的（包括理据传承、理据重构和新造字），就直接分析；现代字形理据不明显，但联系同类形体能够显示的，就用系统类聚的方法分析；只有现代字形因为变化而失去了理据并且共时系统无法提供理据线索的，才需要借助追溯字源的原始理据来掌握其演变过程和现实理据（现实无理据也是理据分析的结果），多见于原始理据为象形、会形和会意，而现实理据已变为记号的情况。连字源的原始理据也不清或形体来源不明者，就应该回避，或者用其他方法（如认同别异、字谜儿歌等）施教，千万不能为求字理而随意联想，胡拆乱讲。

总之，我们希望把程老师的书当作学习古文字和文字演变，进而掌握汉字构形基本规则、了解古代文化和提高自身文化修养的读物来对待，不必把其中的每个字的构形理据的分析都照搬到基础教育的汉字教学中，也不必把基础教育的汉字教学局限于形义关系教学。我想这应该也是程老师编著本书的初衷吧。

北京师范大学教授、博士生导师　李运富

2018 年 5 月 16 日

前　言

一、什么是汉字字理？什么是汉字字理教学？

所谓汉字字理，也称汉字构形理据。李运富先生在《字理与字理教学》中指出："所谓汉字字理，就是汉字形体的所以然，也就是反映在汉字形体上的客观理据。""如果我们在汉字教学中把汉字的构形理据或变形理据分析出来告诉学生，让学生知道某个形体的构造原理及其演变过程，这就是字理教学。"汉字"字理并非一成不变，因为字形在不断变化，字形所记录的音义也在变化，那么字形跟音义的关系当然会随之变化，所以字理的分析要有发展眼光，要以确定的形体和音义为分析对象"❶。

据此，简单地说，汉字字理"就是汉字形体的所以然，也就是反映在汉字形体上的客观理据"。汉字字理一般又分为原始理据、演变理据和现实理据。汉字字理教学，就是"在汉字教学中把汉字的构形理据或变形理据分析出来告诉学生，让学生知道某个形体的构造原理及其演变过程，这就是字理教学"。

在现代，较早提出"汉字字理"这一概念的是袁晓圆先生，她在1986年就指出："世界上文字的结构，唯有汉字是有字理。"❷

而后，周复刚先生在《略论汉字构形理据的认识及其运用》中也对汉字构形理据，即字理作了界定："所谓汉字构造的理据，指汉字构造时每一个部件，乃至每一个点画被采用、被按某种程式拼装的理由和依据。"❸

对汉字字理从理论与实践上进行深入系统的探讨的是北京师范大学的王宁先生。

---

❶ 李运富. 汉字汉语论稿 [M]. 北京：学苑出版社，2008：215.
❷ 袁晓圆. 汉语具有简短明确的特点 [N]. 光明日报，1986-08-19（3）.
❸ 周复刚. 略论汉字构形理据的认识及其运用 [J]. 贵阳：贵州文史丛刊，1992（4）.

王宁先生在《汉字构形学讲座》❶和《汉字构形学导论》❷中对汉字字理进行了全面、深入、系统的探讨。

综合各家观点，我们认为李运富先生对汉字字理与汉字字理教学的界定简练而又恰切，本书采用这一表述。

本书就是在科学的汉字学理论指导下，通过对汉字构形的深度解析，系统地阐释了汉字构形与本义的密切关系，以及汉字的形体演变之理、部件组合之理、繁体简化之理，将现代2000个常用汉字的原始理据、演变理据和现实理据逐一分析讲解，供高校文科学生和中小学语文教师教学参考，帮助他们在汉字学习中尽量减少对形体的胡乱拆解和随意联想。我们把常用的2000个汉字所表达的意义归纳为31个大类，用130个文字学意义上的部首加以统摄，然后逐一解说，条目清晰，便于查阅，实用价值强。这就是用具体实例来详解汉字字理。

二、本书"例说"的具体所指

本书"例说"具体指以下几个方面：

（一）本书按汉字表意部首列举例字进行例说，系统性强，这是与同类专著的区别之一

东汉许慎的《说文解字》首创汉字部首，分为540部，《康熙字典》又归纳为214部。本书详解130个文字学意义上的部首，基本涵盖现代常用字典辞书中的大部分部首。《辞海》按检字法部首编排，分为250部；《辞源》为214部；《汉语大字典》《汉语大词典》为200部；《现代汉语词典》《现代汉语规范词典》为201部。它们所占比例分别为52%、60.74%、65%、64.67%。由此可以看出，本书基本涵盖了大部分部首，占60%以上。这些部首是表意部首。本书按表意部首列举例字，系统性强，避免了同类著作理据、例字零散的问题。裘锡圭先生说："表意字字形在词义研究中的重要性，主要在于它们能够帮助我们确定字的本义。字的本义就是造字时准备让它表示的意义，通常也就是作为造字对象的词在当时的常用意义。确定本义，对于正确理解字义的发展变化，即作为造字对象的词的意义在后来的演变和派生新词等现象，有很大帮助。"❸

例如表意部首"页"有"颇、题、硕、顾、顿、颁、颜、烦、颈、项、领、颠"等字均为形声字，均从"页"，今读 yè，"书页"的"页"，但古读为 xié，本义是头，从"页"的字大多与头部有关。"页"的甲骨文、金文、小篆分别作 𦣻、𩑋、頁。《说文》中："页，头也。""颇，头偏也。""题，额也。"额，即额。"颁，大头也。""硕，头大也。""顾，还视也"，即回头看。"顿，下首也"，即顿首、叩头。（以上均引自

---

❶ 王宁.汉字构形学讲座[M].上海：上海教育出版社，2002.
❷ 王宁.汉字构形学导论[M].北京：商务印书馆，2015.
❸ 裘锡圭.文字学概要[M].北京：商务印书馆，2005：142.

《说文》)

今有"偏颇"一词,据此可知,"颇"这个语素也是"偏"的意思,用的是"头偏"的引申义。今有双音词"题目""题跋","题"这个语素保留了古义。双音词"硕大""硕士","硕"保留了古义。"回顾"的"顾"保留了古义。"顿首"的"顿"保留了古义。

据上可知,汉字表意部首对于识字、释义关系重大,抓住了表意部首,就抓住了问题的关键。

(二)同一部首按表意类型加以分类进行例说,条理性强,这是与同类专著的区别之二

"女"部字,从"女"得义的字大多与妇女有关。其表义较为复杂,大致可分为六类:

第一,表示姓氏,如"姓、姜、姬、姚、嬴"等,大多为母系社会的姓氏。

第二,表示美丽、美好,如"妍(姸)、妩(嫵)、媚、姝、姣、姿、娟、好、娥、婧、婉、婷",当属古人的概率推测。

第三,表示坏的、丑恶的,如"妄、妓、妖、嫉、妒、奸(姦)"等。

第四,表示亲属称谓,如"姑、姨、姐、妹"等。

第五,表示女性的身份地位,如"妃、妾、奴、婢、妮"等。

第六,表示男女婚姻,如"嫁、娶、婚、姻"等。

这样对每个词条分类例说,条理性强,印象更深刻。

(三)字理说解,列举先哲时贤观点进行例说,理据性强,这是与同类专著的区别之三

"子",本义为婴儿。《说文·子部》:"子,十一月,阳气动,万物滋,人以为称。象形。凡子之属皆从子。🖐,古文子,从巛,象发也。🖐,籀文子,囟有发,臂、胫在几上也。"徐中舒《甲骨文字典》:"甲骨文地支之子作🖐、🖐、🖐、🖐等形,地支之巳作🖐、🖐、🖐等形,🖐、🖐实为一字,皆象幼儿之形,惟表现各异耳。🖐象幼儿头上有发及两胫之形,🖐象幼儿在襁褓中两臂舞动,上象其头形,因象幼儿在襁褓中,故其下仅见一微曲之直画而不见其两胫。"方述鑫等《甲骨金文字典》:"子,甲金文地支的第一位子作🖐、🖐、🖐等形,地支的第六位巳作🖐、🖐、🖐等形,子孙之子作🖐、🖐、🖐、🖐等形。实为一字,皆象幼儿之形。🖐象幼儿头上有发及两胫之形,🖐象幼儿在襁褓中两臂挥动,上象其头形,因象幼儿在襁褓中,故其下不见其两胫形。"

对词本义的解释,列举先哲时贤观点进行例说,有理有据,绝非主观臆测,理据

古人分析汉字的造字方法归纳出了"六书",许慎在《说文解字·叙》中对"六书"下了定义,并举了例字。"六书",即象形、指事、会意、形声、转注、假借。"六书"中的前四书是讲汉字结构理据的,后二书为用字之法。"象形、指事、会意、形声"这四书基本上概括了古汉字的构形情况。单一部件构字情况包括象形字和指事字。

王宁先生在《汉字构形学讲座》中指出:"汉字构形的最大特点是它要根据汉语中与之相应的某一个词的意义来构形,因此汉字的形体总是携带着可供分析的意义信息。"❶ 这就使通过字形来推求和证明古代文献中的词义成为可能。用象形和指事造字法所造出的字,其字形与意义的联系是一对一的,即是具体的、个别的。

例如:牛

甲骨文	金文	小篆	楷书
❈	❈	牛	牛

牛,象形字。甲骨文的"牛",像"牛"的头部形。中间一竖表示简化的牛面,上面两竖上弯表示牛角,下面两小撇表示鼻孔、鼻尖。金文、小篆承续甲骨文字形。楷书笔画化。方述鑫等《甲骨金文字典》:"牛,甲金文象牛形,上象内环之牛角,下象简化之牛头形,为《说文》牛字篆文所本。"通过部件分析得出"牛"的本义,即为六畜之一的"牛"。

再如:牟

甲骨文	金文	小篆	楷书
❈	❈	牟	牟

牟,指事或会意字。我们认为当为会意字。甲骨文的"牟",从牛从厶。下面从"牛",表示与牛相涉的事物;上边从"厶",表示像气从口中出来。金文在"牛"的头上加以短横,表示气从口中出来。小篆承续甲骨文字形。楷书笔画化。《说文·牛部》:"牟,牛鸣也。从牛,象其声气从口出。"方述鑫等《甲骨金文字典》:"牟,金文从牛从一,与《说文》牟字篆文形近。"谷衍奎《汉字源流字典》:"牟,指事字。篆文从牛,上像牛鸣之声气从口出形。表示牛叫声。"通过部件分析得出"牟"的本义,即牛的叫声。

部件组合构字情况包括会意字和形声字。

会意字与形声字,其字形与意义之间的联系是间接的、成批的,带有一定的概括性,并不是一对一的。

会意字,《说文·叙》中说"比类合谊,以见指㧑,武信是也",即几个部件组合在一起会合成新义。

---

❶ 王宁. 汉字构形学讲座 [M]. 上海:上海教育出版社,2002:3.

例如：戒

| 甲骨文 | 金文 | 小篆 | 楷书 |

戒，会意字。甲骨文的"戒"，从廾（gǒng）从戈。下面左右两侧为"廾"，表示双手，中间为"戈"，表示双手持戈，为警戒、防备、备战之意。金文字形，"戈"移到了"廾"（双手）的上面。小篆承续金文字形，线条化。楷书笔画化，将双手形变为"廾"。《说文·収部》："戒，警也。从収持戈。"《说文段注》："言部曰警，戒也。从廾戈，会意。……持戈以戒不虞。"方述鑫等《甲骨金文字典》："戒，甲骨金文字形与《说文》合。"通过部件分析得出"戒"的本义，即警戒、戒备。

形声字"以事为名，取譬相成，江河是也"，即以表事类的字为形符，取音同或音近的字为声符，合形与声为新体。它一半表义，一半标声，表义的一半只是借别的形体的意义来表示该字本义所属的义类，并非它特有的完整的含义。

例如：罟

| 小篆 | 楷书 |

罟，形声字。小篆的"罟"，从网古声。上边从"网"，表示与渔猎工具的类别有关，在字中表义；里边下部分为"古"，在字中表音，为声符。楷书笔画化，"网"写作"罒"。《说文·网部》："罟，网也。从网古声。"《说文段注》："罟，网也。按不言鱼网者。易曰：'作结绳而为网罟。'以田以渔。是网罟皆非专施于渔也。罟实鱼网。而鸟兽亦用之。"通过部件分析得出"罟"的本义，即网。

（三）汉字繁体简化之理

本书对简化汉字也进行了理据分析，指出其简化方法，简化之后属于哪一类字。汉字繁体简化的方法主要有以下几种：

1. 部件类推法简化。这类简化字较多，举例如下：

贝——贝：货（貨）、贷（貸）、贩（販）……

言——讠：讲（講）、论（論）、诗（詩）……

2. 同近音替代法简化，如丑（醜）、卜（蔔）、胜（勝）……

3. 草书楷化法简化，如长（長）、车（車）、东（東）……

4. 保留轮廓特征法简化，如奋（奮）、声（聲）、习（習）……

5. 采用古体法简化，如云（雲）、才（纔）、网（網）……

6. 部件更换法简化，如补（補）、猫（貓）、沪（滬）……

7. 记号替代法简化，如币（幣）、汉（漢）、赵（趙）……

vii

8.综合法简化，如惊（驚）、护（護）、节（節）……

汉字繁体简化之后，其构形部件发生变化，出现三种新的部件组合情况，分别称为意号字、音号字、记号字。意号字是由表义部件与记号构成的字。这类字较多，如邓（鄧）、庙（廟）、实（實）等。音号字是由表音部件与记号构成的字。这类字不多，如历（歷）、胜（勝）、笨、球等。"球"字，在小篆中为形声字。《说文·玉部》："球，玉声也。从玉求声。""球"的本义指玉的撞击声，但在现代汉字中已没有玉的撞击声之意。《现代汉语词典》："球，指球形或接近球形的物体。指某些体育用品。"这样，"球"的形符"王"（玉）已不表意，仅是记号而已，但其中的"求"表音。据此，在现代汉字中，就将"球"列为音号字。记号字是纯由记号构成的字，如兰（蘭）、区（區）、万（萬）等。

这样，象形、指事、会意、形声，再加上简化字的意号字、音号字、记号字，共有七种汉字结构方式，它们基本上能够用以分析汉字的形体结构。通过简化字的简化方法，将其简化字形体上推到以前的汉字形体，得出其流变规律，进而得出本义的由来。

例如：币（幣）

小篆	楷书	简化字
幣	幣	币

币（幣），形声字。小篆的"幣"，从巾敝声。下边从"巾"，表示与布帛等丝织物品有关，在字中表义；上边为"敝"，在字中表音，为声符。楷书笔画化。现简化为"币"，声符"敝"用简单记号"一"代替简化，今为意号字，"巾"为意符，"一"为记号。《说文·巾部》："幣（幣），帛也。从巾敝声。"通过部件分析，可以看出简化字"币"的楷书为"幣"，从巾敝声，进而得出"币（幣）"的本义为古人用作礼物的丝织品。

四、本书的适用范围

我们在实践上对现代汉字的字理进行了较为系统、全面、深入的探讨，以文字学意义上的部首为纲，统摄全篇，列举130个文字学意义的部首及其例字进行说解论证，涉及将近2000字，逐一解析，以使学生通过分析汉字构形理据情况，就能了解其字的意义范围、由来及其读音，为学生阅读古籍、"使古籍中的文字活起来"打下坚实的文字基础。

（一）本书适用于中小学的汉字教学

汉字字理教学古已有之。西周时期，汉字教学已经被正式列入学制。东汉许慎《说文解字·叙》说："周礼，八岁入小学，保氏教国子先以六书。"显然，西周时期已把概括汉字结构规律的"六书"作为儿童识字教育的内容，说明当时的识字教学已经非常重视汉字理据的分析，重视汉字构形学理论的传授或渗透。

现代"汉字字理教学"源于贾国均研究员。1992年，湖南省岳阳市教育科学研究所研究员贾国均在全国首次提出了"字理识字"这一概念，字理教学就此展开，而后受到了许多省市的重视、效仿，都取得了很好的实验效果，现已在全国很多省市推广，并制作了大量汉字字理教学图片，如汉字字理教学360图片网上的"止（趾）、牛、山、京、出、叔"等字。

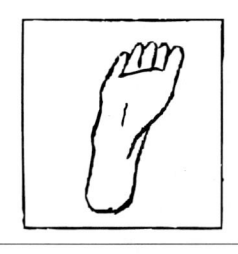

山，象形字。其古文字像群山连绵。其小篆是金文的瘦化。山作偏旁，可以表示山的名称和种类，如岱——泰山，岷——岷山，岫——岩穴，峰——山顶……也可以表示山的形状，如崇——山高，峻——山险，峙——山对立；还表示其他与山相关联的事物，如岚——山中雾气，崩——山陷等。

京，象形字。其古文字像京观。京观是古代建筑在高地上，用以旌表战功的高大建筑物。筑京观的风俗特别流行于先秦时代。引申指国都，因为国都是高大建筑物最集中的城市，如京华、京城这些"京"都是国都。

出，会意字。其古文字是口字之上作一止字。口是大门口，止是脚掌，合起来表示脚已跨出大门口。引申为发出、拿出、超出、支出许多意思。成语：出口成章、出其不意、出生入死等。出作偏旁的字，如础、绌、拙、茁等。

叔，会意字。其左半像豆形，上有豆苗，一横表示地，地下是豆根，右半的又是手，本义是用手拔豆苗，后因叔字借声作叔伯之叔，才另造形声字菽以代叔的本义。叔作偏旁的字，如淑、敊、寂等。

这些图片非常直观形象。学生很喜欢，见到这些图片就会自然而然地记住这些汉字，而且记得快，记忆持久，并知其意义。应该说这是最佳的汉字教学方法之一。但像这样的中小学"汉字字理教学"的参考书目前还较少，较为系统地、科学地说解"汉字字理教学"的参考书则更少。况且，已出版的汉字字理参考书中的小学汉字字理教学的古文字字形，特别是其中的汉字字理的说解还较稚嫩，还需要加以规范、完善。例如："止、山、京、出、叔"等字即是如此。

止（趾），甲骨文还写作"　"，是一幅脚掌的剪影，像脚趾头张开的脚掌形状，以三趾代五趾。这个字的图片更加形象，学生学习兴趣很高。

山，"其小篆是金文的瘦化"。这种说解与"山"的形体演变有些出入。金文的"山"还写作"　"，与今天的楷书极为相近。徐中舒《甲骨文字典》："山，象山峰并

ix

立之形,与《说文》篆文字形略同。"方述鑫等《甲骨金文字典》:"山,甲金文象山峰并立之形。""其小篆是金文的瘦化"这一说法没有根据。

京,此字的说解值得商榷。首先,自古及今就没有"京观"一词,也没有"用以旌表战功的高大建筑物"这一说法,这是主观臆断。"京"的正确字理说解应该是"人工筑起的高丘",这是本义。《说文·京部》:"京,人所为绝高丘也。"《尔雅·释丘》:"绝高谓之京。"

出,"凵是大门口",这一说法也没有根据。徐中舒《甲骨文字典》:"出,从ㄓ(止)从凵,ㄓ象足,凵或作凵,象古代穴居之洞穴。故甲骨文'出'字象人自穴居外出之形。"

叔,"其左半像豆形,上有豆苗,一横表示地"。这种字理说解纯属主观臆断。《说文·又部》:"叔,拾也。从又尗(shū)声。"

凡此种种,不一而足。由此可见,中小学的汉字字理教学还有很多地方需要规范、完善,否则名为汉字字理教学,却在字理说解上走入误区,以讹传讹,会误人子弟。本书将为中小学汉字字理教学,特别是中小学语文教师的汉字教学,提供科学而有用的教学参考书。

我们曾将此书稿带去与赤峰实验小学、红山区第十七小学的部分语文教师交流,两所小学的部分语文教师对人教版《语文》教材中的部分生字进行了汉字字理教学。他们制作了教材中的部分汉字形体演变课件,根据小学生的接受能力选讲其构形理据,学生的兴趣很高。书稿很受欢迎。他们认为,"汉字字理"教学激发了学生浓厚的学习兴趣。"兴趣是最好的老师",字理教学抓住了汉字的本质特征,也抓住了汉字识字教学的根本。汉字字理教学也形成了系统的教学理论。

这两所小学曾做过"集中识字,提前读写"的教学实验,效果显著,但到了四、五年级时在造句、作文上出现了大量的别字。也就是说"集中识字,提前读写"实验忽略了汉字的字义,从而造成了大量别字的情况。《汉字字理例说》以文字学意义上的部首为统领,首先考虑的是该字的意义范围,这样就避免了出现大量别字的现象。

2016年10月,内蒙古自治区举办了高校汉字听写大会,文学院代表队代表赤峰学院参赛,首次击败了内蒙古大学代表队、内蒙古师范大学代表队,取得了冠军。这与学生的综合能力不无关系,与平时的汉字字理训练密不可分,也与教师赛前有针对性的辅导密切相关。学生们懂得了汉字字理,印象更深刻,记忆更牢固,记忆时间更持久。

我们列举的汉字字理均出自《说文解字》《玉篇》《说文段注》、林义光《文源》、徐中舒《甲骨文字典》、李孝定《甲骨文字集释》、方述鑫等《甲骨金文字典》、谷衍奎《汉字源流字典》等典籍,以及王宁的《汉字构形学讲座》《汉字构形学导论》及其相关论文、李运富的《汉字构形原理与中小学汉字教学》《字理与字理教学》《汉字的构形原理与讲解原则》等著作及其相关论文，例句出自古代文献及其注释、翻译。本书中部分汉字字理分析，因资料所限，笔者运用汉字构形学理论试作字理分析，如无一长，乃资质所限。少数汉字古文字形，因构形理据欠缺，其字理分析"盖阙如也"。

（二）本书也是大学文科学生有用的辅导参考书

本书最初是为辅导考研学生而列的提纲。我们整理了王力《古代汉语》、郭锡良《古代汉语》中的常用词古文字，逐一摹写，讲解其构形理据，其本义是什么，并强调本义是怎么来的。这样做，解决了考研题中的三个大题。

第一个大题是通过古文字形体（甲骨文、金文、小篆）写出其相应的楷体，或者根据楷书写出其相应的古文字。其出题范围，大都为王力《古代汉语》、郭锡良《古代汉语》中的常用词中的古文字。我们将其中每个常用词都补上相应的古文字。请看古汉语考研题：

1. 写出下列各字的篆文，印、姑、吏。答案：畀、姞、叓。（2006年东北师范大学古汉语考研题）

2. 根据古文字形体（甲骨文、金文、小篆）写出其相应的楷体，（甲骨文）、（金文）、（小篆）。答案：兵、牧、鸟。（2014年湖南师范大学古汉语考研题）

第二个大题是分析汉字字形结构，并指出本义。

1. 分析下列字的构造特点，载、徒、刃、闻。答案：载，形声字，从車𢦏（zāi）声；徒，形声字，从辵土声；刃，指事字，在刀的刃部加一指事性符号，表示锋刃之处；闻，形声字，从耳门声。（2008年陕西师范大学古汉语考研题）

2. 指出下列汉字的造字法，并再举一例，松、步、之。答案：松，形声字，从木公声，如"防"；步，会意字，甲骨文的"步"，从二"止"，止，即脚，如"逐"；之，会意字，从止从一，止指脚，一指地面，本义为到达，如"牧"。（2014年辽宁师范大学古汉语考研题）

第三个大题是词语解释。绝大部分题目出自古汉语常用词中的文献例句、文选中的语句。

1. 指出下列各句加点词的意义，并指出该意义是本义还是引申义。防民之口，甚于防川。答案：防，堵塞，引申义。（2006年陕西师范大学古汉语考研题）

2. 解释下列语句中画线的词。穿室熏鼠，塞向墐户。答案：室，堵塞鼠穴；向，朝北的窗户。（2015年天津师范大学古汉语考研题）

这三类题一般每题20分左右。

赤峰学院文学院考研被录取的学生，语言学方向的居多，主要有古代汉语、现代汉语、应用语言学、学科语文（古汉语占50%）等。以近几年为例，考取古汉语及学科语文研究生的，平均每年在 10 名左右，大多被一本高校录取，如吉林大学、华东师范大学、东北师范大学、陕西师范大学、首都师范大学、北京语言大学、天津师范大学、西南民族大学、辽宁师范大学、内蒙古师范大学等 10 多所高校。

2018 年文学院考取古汉语研究生、学科语文研究生的占文学院考取研究生总数的 2/3，这在赤峰学院文学院还是较为突出的。

五、本书的结构框架

《汉字字理例说》一书，以文字学意义上的部首字为统领，列举部首字及其所属部首之例字。全书按意义相近或相关归纳为 31 个大类部首，又细分为 130 个具体部首，每个部首字及其例字又分为两个部分，即构形理据解说、本义及其例证。字理解说较详，为本书的重点，通过字形理据之解说，看出其意义之由来。

（一）进行文字学上的部首归类，统摄全篇

我们首先进行了部首归类。"部首"分为两类，即文字学意义上的部首和辞书查检意义上的部首，二者既有联系又有区别。我们所说的是文字学意义上的部首，与字典辞书检索的部首有所不同。左民安、王尽忠《细说汉字部首》中指出："所谓'文字学原则'，是以字义为主兼顾字形的分类原则。"这种分类是学习研究文字学的基础。"所谓'检字法原则'，是以字形为主兼顾字义的分类原则，这种分类主要是为了便于检字。"❶

为方便称说，我们将"文字学意义上的部首"称为"文字学上的部首"或表意部首。"汉字字理"的部首归类，是受王力《古代汉语》第二册《汉字部首举例》的启发整理而成的。我们参照许慎《说文解字》、林义光《文源》、王力《古代汉语》第二册《汉字部首举例》，共列举 31 个大类、130 个部首。文字学上的部首归类可以以简御繁、整体把握、统领全篇、触类旁通地掌握汉字的构形特点及其意义与读音，扩大词汇量，为阅读古文打下坚实的基础。

例如：可将"大""人""儿""卩""女""子"归为一类。林义光《文源》中将"人""儿""卩"归为一组，以人为义，又将"大""人""儿""卩""女""子"归为一组，以人为义。这样，可归纳出"人部之类"的十个小类。

又如，可将"辵（辶）"与"彳"归为一类。《说文·辵部》："延，正行也。从辵正声。征、延或从彳。"方述鑫等《甲骨金文字典》："征，甲骨文从彳，或从辵，正声，从彳与从辵同意。"

可将"瓦"与"鬲"归为一类。《尔雅·释器》："甑谓之鬵。"《玉篇·鬲部》："甑，鬵属，亦作甗。"可将"宀"与"广"归为一类。《说文·宀部》："寓，寄也。从

---

❶ 左民安，王尽忠.细说汉字部首[M].北京：九州出版社，2005：11-12.

宀禺聲。庽，寓或从广。"可将"巾"与"衣"归为一类。《说文·巾部》："常，下裙也。从巾尚声。㒻，常或从衣。"《说文·巾部》："帬（裙），下裳也。从巾君声。㩗，帬或从衣。"❶

凡此种种，不一而足。所归之类，必有依据。

（二）详解汉字部首字构形理据，条分缕析

《汉字字理例说》部首字及其例字均插入表格，列举甲骨文、金文、小篆、楷书、简化字等字形。部首字又细分为形体演变、构形理据、本义、理据例说等部分。所举例字不再细分条目，只列出其形体演变、构形理据、本义等。部首字及其例字针对其最初汉字形体详细分析解说，而后指出后一形体与前一形体的承续关系或讹变情况。根据汉字形体演变情况，表格中至少会出现小篆与楷书两种形体。列举字典辞书印证此汉字构形理据之由来，而非凭空臆断。

例如：页（頁 xié）

甲骨文	金文	小篆	楷书	简化字
𩑒	𩑋	頁	頁	页

页（頁），象形字。甲骨文的"頁"，像一个突出了人的头部的人形。上面是"首"，即脑袋，头上有眼睛，头顶上有头发；下面是一个跪坐的人的身形。金文的"頁"，字形稍有变化，但上边仍是人的头，头顶上有毛发，下边为跪坐的身体，只是更加窄小。小篆的"頁"，上面是"百"（shǒu），即人头，下面为"儿"，"儿"亦是人的变体。楷书笔画化，现用草书简化法简化为"页"，为记号字。《说文·页部》："（頁）頁，头也。从百从儿。"李孝定《甲骨文字集释》："古文頁、百、首当为一字。頁象头及身，百但象头，首象头及其上发，小异耳。此（指甲骨文）并发、头、身三者皆像之。"徐中舒《甲骨文字典》："页，象人之头及身、头上有发之形。以人身映衬头部特点，表示人之头颅，故与省略身形之𩑋、𩑒首字实同。"

（三）本义、常用引申义例句的选取，新鲜、典型

汉字字理中，汉字形体主要与其本义、读音密切相关，所以我们尽量通过字形来看如何体现本义。部分汉字因现在的引申义很常用，所以也列举了常用引申义。每个汉字的例句，尽量做到新鲜、典型。

新鲜是指刚收集的、新出现的例句。例如："皱"字条例句，我们引用了唐代薛逢《老去也》中的"朝巾暮栉不自省，老皮皱皱文纵横"，例句新鲜，《辞海》《辞源》《汉语大字典》《王力古汉语字典》等辞书均未见。

典型是指具有标准性的、代表性的例句。例如："爷"字条例句，爷的本义为父

---

❶ 林义光. 文源[M]. 上海：中西书局，2012：43，44-46.

亲。除了引用《木兰诗》中"军书十二卷，卷卷有爷名""愿为市鞍马，从此替爷征"之外，我们又引用了唐代白居易《新丰折臂翁戒边功也》中"村南村北哭声哀，儿别爷娘夫别妻"，根据诗中语境判断，"爷"当为父亲。

（四）例句解说，引证先哲时贤的训释，准确、顺畅

为便于读者更好地理解例句，本书对部分例句进行说解，常常选取先哲时贤著作中的训释加以说明，准确、顺畅。例如：艹（艸）部"茂"字条，茂，本义为草木繁盛。《诗·大雅·召旻》："如彼岁旱，草不溃茂，如彼栖苴。""草不溃茂"之"溃茂"不好理解，引郑玄、程俊英的注释加以说明。汉代郑玄笺："'溃茂'之'溃'当作'汇'。汇，茂貌。"程俊英《诗经译注》："溃茂，溃和茂同义，丰茂。"

再如"枉"字条，枉，引申为邪恶。《论语·颜渊》："举直错诸枉，能使枉者直。"文中引证杨伯峻《论语译注》加以说解。杨伯峻将其译为"把正直人提拔出来，位置在邪恶人之上，能够使邪恶人正直"。

通过先哲时贤对所述词条的注、译，我们对所举例句的理解更加准确、顺畅。

拙著承蒙赤峰学院资助出版，承蒙北京师范大学教授、博士生导师李运富先生精心审定并拨冗赐序，在此深表谢意。

程国煜

2019 年 3 月 1 日

目　录

第一章　人部之类 — 1
第一节 "人"部及其例字 — 1
第二节 "儿（兒）"部及其例字 — 17
第三节 "卩"部及其例字 — 21
第四节 "大"部及其例字 — 24
第五节 "立"部及其例字 — 29
第六节 "尸"部及其例字 — 33
第七节 "士"部及其例字 — 38
第八节 "女"部及其例字 — 40
第九节 "子"部及其例字 — 54
第十节 "老"部及其例字 — 59

第二章　口部之类 — 62
第一节 "口"部及其例字 — 62
第二节 "舌"部及其例字 — 73
第三节 "言"部及其例字 — 75
第四节 "欠"部及其例字 — 86
第五节 "音"部及其例字 — 91
第六节 "甘"部及其例字 — 93
第七节 "旨"部及其例字 — 95

第三章　页（頁）部之类 — 97
第一节 "页（頁）"部及其例字 — 97
第二节 "首"部及其例字 — 104
第三节 "面"部及其例字 — 106
第四节 "耳"部及其例字 — 107

第五节	"鼻"部及其例字	113
第六节	"齿（齒）"部及其例字	115

第四章　手部之类 … 119

第一节	"手"部及其例字	119
第二节	"又"部及其例字	132
第三节	"攴"部及其例字	136
第四节	"寸"部及其例字	141
第五节	"爪"部及其例字	145
第六节	"収"部及其例字	149

第五章　足部之类 … 152

第一节	"足"部及其例字	152
第二节	"止"部及其例字	159
第三节	"走"部及其例字	161
第四节	"辵"部及其例字	164
第五节	"彳"部及其例字	176
第六节	"行"部及其例字	179

第六章　目部之类 … 182

第一节	"目"部及其例字	182
第二节	"见（見）"部及其例字	193

第七章　心部之类 … 198

第八章　肉部之类 … 215

第一节	"肉"部及其例字	215
第二节	"骨"部及其例字	221
第三节	"血"部及其例字	225
第四节	"身"部及其例字	227

第九章　鬼部之类 … 230

第一节	"鬼"部及其例字	230
第二节	"巫"部及其例字	233

第三节　"示"部及其例字 ……………………………………………… 235

第十章　糸部之类 …………………………………………………… 249
　　第一节　"糸"部及其例字 ……………………………………………… 249
　　第二节　"衣"部及其例字 ……………………………………………… 268
　　第三节　"巾"部及其例字 ……………………………………………… 278

第十一章　革部之类 ………………………………………………… 283
　　第一节　"革"部及其例字 ……………………………………………… 283
　　第二节　"韦（韋）"部及其例字 ………………………………………… 287

第十二章　瓦部之类 ………………………………………………… 290
　　第一节　"瓦"部及其例字 ……………………………………………… 290
　　第二节　"缶"部及其例字 ……………………………………………… 294
　　第三节　"皿"部及其例字 ……………………………………………… 297
　　第四节　"鬲"部及其例字 ……………………………………………… 302

第十三章　刀部之类 ………………………………………………… 305
　　第一节　"刀"部及其例字 ……………………………………………… 305
　　第二节　"斤"部及其例字 ……………………………………………… 313
　　第三节　"戈"部及其例字 ……………………………………………… 316
　　第四节　"矛"部及其例字 ……………………………………………… 321
　　第五节　"弓"部及其例字 ……………………………………………… 322
　　第六节　"矢"部及其例字 ……………………………………………… 329
　　第七节　"氏"部及其例字 ……………………………………………… 332

第十四章　车（車）部之类 …………………………………………… 336
　　第一节　"车（車）"部及其例字 ………………………………………… 336
　　第二节　"舟"部及其例字 ……………………………………………… 346

第十五章　玉部之类 ………………………………………………… 351
　　第一节　"玉"部及其例字 ……………………………………………… 351
　　第二节　"金"部及其例字 ……………………………………………… 360
　　第三节　"贝（貝）"部及其例字 ………………………………………… 370

第十六章 宀部之类 — 381
- 第一节 "宀"部及其例字 — 381
- 第二节 "广"部及其例字 — 388
- 第三节 "户"部及其例字 — 393
- 第四节 "门（門）"部及其例字 — 395
- 第五节 "穴"部及其例字 — 400

第十七章 牛部之类 — 406
- 第一节 "牛"部及其例字 — 406
- 第二节 "犬"部及其例字 — 412
- 第三节 "羊"部及其例字 — 419
- 第四节 "豕"部及其例字 — 424
- 第五节 "马（馬）"部及其例字 — 426
- 第六节 "鹿"部及其例字 — 437
- 第七节 "豸"部及其例字 — 440
- 第八节 "鼠"部及其例字 — 442
- 第九节 "角"部及其例字 — 444

第十八章 鸟（鳥）部之类 — 448
- 第一节 "鸟（鳥）"部及其例字 — 448
- 第二节 "隹"部及其例字 — 455
- 第三节 "羽"部及其例字 — 460

第十九章 虫部之类 — 466
- 第一节 "虫"部及其例字 — 466
- 第二节 "鱼（魚）"部及其例字 — 477

第二十章 禾部之类 — 484
- 第一节 "禾"部及其例字 — 484
- 第二节 "米"部及其例字 — 491
- 第三节 "食"部及其例字 — 499

第二十一章 艹（艸）部之类 — 511
- 第一节 "艹（艸）"部及其例字 — 511

第二节　"木"部及其例字 …………………………………………… 527
　　第三节　"竹"部及其例字 …………………………………………… 543
　　第四节　"片"部及其例字 …………………………………………… 559

第二十二章　山部之类 ……………………………………………… 562
　　第一节　"山"部及其例字 …………………………………………… 562
　　第二节　"石"部及其例字 …………………………………………… 567
　　第三节　"厂"部及其例字 …………………………………………… 573
　　第四节　"阜"部及其例字 …………………………………………… 575

第二十三章　土部之类 ……………………………………………… 583
　　第一节　"土"部及其例字 …………………………………………… 583
　　第二节　"田"部及其例字 …………………………………………… 592
　　第三节　"邑"部及其例字 …………………………………………… 597

第二十四章　日部之类 ……………………………………………… 604
　　第一节　"日"部及其例字 …………………………………………… 604
　　第二节　"月"部及其例字 …………………………………………… 612
　　第三节　"风（風）"部及其例字 …………………………………… 616
　　第四节　"雨"部及其例字 …………………………………………… 618
　　第五节　"气（氣）"部及其例字 …………………………………… 624

第二十五章　水部之类 ……………………………………………… 626
　　第一节　"水"部及其例字 …………………………………………… 626
　　第二节　"冫（冰）"部及其例字 …………………………………… 643

第二十六章　酉部之类 ……………………………………………… 646
　　第一节　"酉"部及其例字 …………………………………………… 646
　　第二节　"斗"部及其例字 …………………………………………… 653

第二十七章　火部之类 ……………………………………………… 656
　　第一节　"火"部及其例字 …………………………………………… 656
　　第二节　"赤"部及其例字 …………………………………………… 664
　　第三节　"黑"部及其例字 …………………………………………… 666

第二十八章 广部之类 ······ 670
第一节 "广"部及其例字 ······ 670
第二节 "歹"部及其例字 ······ 679

第二十九章 耒部之类 ······ 684
第一节 "耒"部及其例字 ······ 684
第二节 "匚"部及其例字 ······ 687

第三十章 皮部之类 ······ 690
第一节 "皮"部及其例字 ······ 690
第二节 "毛"部及其例字 ······ 691
第三节 "彡"部及其例字 ······ 694

第三十一章 其他部之类 ······ 698
第一节 "殳"部及其例字 ······ 698
第二节 "囗"部及其例字 ······ 701
第三节 "彡"部及其例字 ······ 705
第四节 "香"部及其例字 ······ 708
第五节 "至"部及其例字 ······ 710
第六节 "白"部及其例字 ······ 711
第七节 "瓜"部及其例字 ······ 713
第八节 "卜"部及其例字 ······ 715
第九节 "八"部及其例字 ······ 717
第十节 "力"部及其例字 ······ 718
第十一节 "父"部及其例字 ······ 721
第十二节 "网（網）"部及其例字 ······ 723

附录　部首字及其例字 ······ 727
参考文献 ······ 735
后　记 ······ 739

第一章　人部之类

　　人部之类包括人、儿、卩、大、立、尸、士、女、子、老十个部首，以"人"字为统领，其他九个部首均是"人"字的变体。从"人"得义的字及从其变体取义的字均与人有关。

第一节　"人"部及其例字

　　"人"部的字较多，"人"在左边写作"亻"，习惯称"单立人"。从"人"的字多与人的类别、德行、行为有关。

人（rén）

一、形体演变

甲骨文1	甲骨文2	金文	小篆	楷书
?	?	?	?	人

二、构形理据

　　人，象形字。甲骨文的"人"字，像面部朝左（也有朝右的）站立的一个人的侧视的形象，突出了人直立行走和有手的特点。金文承续甲骨文字形。小篆线条化，突出了弯腰垂臂、脸朝黄土背朝天的劳作形象。楷书笔画化。《说文·人部》："人，天地之性最贵者也。此籀文。象臂胫之形。"林义光《文源》："人，象人侧立形，有头背臂胫也。"徐中舒《甲骨文字典》："人，像人侧立之形。人侧立则仅见其躯干及一臂。甲骨文象人形之字尚有?、?、?，皆为大字，象人正立之形；?卩象人跪坐之形，?尸则以下肢弯曲而有别，初民造字非一人，各据不同角度以取其象，致一字而出多形，字形虽异，而其初义均同，后渐分化，意义各有所专。"方述鑫等《甲骨金文字典》："人，甲骨金文均象侧立之人所见臂胫之形。"

三、本义

本义是躬身垂臂的劳作者，会创造符号、自觉进化的高等动物，即人。它既可指个体，也可指群体。《尚书·泰誓》："惟天地万物父母，惟人万物之灵。"汉代孔安国传："天地所生，惟人为贵。"《孟子·滕文公上》："劳心者治人，劳力者治于人。"

四、理据例说

"人"为部首字。现今既可单用，也可作部件，字典辞书均设人部，为《说文》《现代汉语词典》《新华字典》部首。

"人"字在左边写作"亻"，习惯称"单立人"。从"人"得义的字，本义多与人和人的类别、德行、行为有关。这类字较多，主要有三类。

第一，表示人的类别的，如"俊、杰（傑）、儒、侠（俠）、仇、伦（倫）、偶、伯、仲"等字，均与"人"有关。

俊（jùn）

俊，形声字。小篆的"俊"，从人夋（qūn）声。左边从"人"，表示与人的类别、才智有关，在字中表义，右边是夋，在字中表音，为声符，构成从人夋声的形声字。楷书笔画化，将"人"写作"亻"（单立人），仍为形声字。《说文·人部》："俊，材千人也。从人夋声。"《说文段注》引《皋陶谟》郑玄注："才德过千人为俊。"谷衍奎《汉字源流字典》："俊，从人从夋会意，夋也兼表声。"

本义为才智超群的人。《荀子·大略》："天下，国有俊士，世有贤人。"邬恩波等《荀子全译》译为"普天之下，国家有英俊士人，时代有贤良人士"。引申为漂亮、美丽。清代蒲松龄《聊斋志异·促织》："以筒水灌之，始出，状极俊健。"

杰（傑 jié）

杰（傑），会意兼形声字。小篆的"傑"，从人从桀，桀亦声。左边从"人"，表示与人的类别、才智有关，在字中表义，为形符，右边为"桀"（jié），像两足立于木之上，为高出之义，"桀"在字中亦表音，为声符，构成从人从桀、桀亦声的会意兼形声字。楷书笔画化，将"人"写作"亻"（单立人），现简化为"杰"。"杰"字最早见于《玉篇》，《玉篇·木部》："杰，梁四公子名。"现作为"傑"的简化字，为记号字。《说文·人部》："傑，傲也。从人桀声。"谷衍奎《汉字源流字典》："傑，从人从桀会意，桀亦兼表声。"

本义为才智超群的人。《白虎通圣人引辨名记》："五人曰茂，十人曰选，百人曰俊，千人曰英，倍英曰贤，万人曰杰（傑），万杰曰圣。"屈原《九章·怀沙》："非俊疑杰兮，固庸态也。"黄寿祺等《楚辞全译》译为"否定英雄人物怀疑豪杰，本是庸人们惯用的伎俩"。

儒（rú）

儒，形声字。金文的"儒"，从人需（nuò）声。左边从"人"，表示与人的品德、学识有关，在字中表义，为形符；右边为"需"，在字中表音，为声符。小篆承续金文字形。楷书笔画化。《说文·人部》："儒，柔也。术士之称。从人需声。"方述鑫等《甲骨金文字典》："儒，甲骨文从大，从氵，象人沐浴濡身之形。为'濡'之初文。殷代金文作需，与甲骨文略同。周代金文讹作需，小篆则讹作从雨从而之需（需）。古代原始宗教举行祭礼之前，司礼者须沐浴斋戒，以致诚敬，故后世以需（儒）为司礼者之专名，又增人旁作'儒'。"

本义指古代专门负责奴隶主贵族冠婚丧祭时司仪的祭官，后来促成了一个特殊的社会阶层——儒家，即道术之士的名称。《周礼·天官·冢宰》："四曰儒，以道得民；五曰宗，以族得民。"《墨子·非儒下》："不可夫儒浩居而自顺者也，不可以教下。"《荀子·礼论》："故儒者将使人两得之者也，墨者将使人两丧之者也，是儒、墨之分也。"《论衡·超奇》："故夫能说一经者为儒生，博览古今者为通人，采掇传书以上书奏记者为文人，能精思著文连结篇章者为鸿儒。"引申为读书人。汉代扬雄《法言·君子》："通天、地、人曰儒，通天、地而不通人曰伎。"唐代刘禹锡《陋室铭》："谈笑有鸿儒，往来无白丁。"宋代王安石《答司马谏议书》："儒者所争，尤在于名实。"今有词语"儒雅""儒商""儒将"。

侠（俠 xiá）

侠（俠），形声字。小篆的"俠"，从人夾声。从"人"表示与人的品性有关，在字中表义；"夾"在字中表音，为声符。楷书笔画化，后简化为"侠"，为声旁类推简化，仍为形声字。《说文·人部》："俠（侠），俜也。从人夾声。"《说文段注》："按俠之言夹也。夹者，持也。经传多假俠为夹。"

本义为侠士、侠客，意即轻财放任而称雄。《韩非子·五蠹》："儒以文乱法，侠以武犯禁。"《史记·季布栾布列传》："季布者，楚人也。为气任侠，有名于楚。"《新唐书·刘义传》："刘义者，亦一节士。少放肆为侠行，因酒杀人亡命。"引申为要挟。《世说新语·自新》："周处年少时，凶强侠气，为乡里所患。"侠，这里指"要挟"。侠气指以力欺人，为人霸道。

仇（qiú）

小篆	楷书
仇	仇

仇，形声字。小篆的"仇"，从人九声。从"人"表示与人伦、品性有关，在字中表义，为形符；"九"在字中表音，为声符。《说文·人部》："仇，讎（chóu）也。从人九声。"仇，即配偶。《说文段注》："按仇与逑古通用。辵部怨匹曰逑。即怨偶曰仇也。仇为怨匹，亦为嘉偶。"

本义为配偶或同伴。《诗经·周南·兔罝》："赳赳武夫，公侯好仇。"程俊英、蒋见元注译《诗经》："仇，同逑，这里是助手的意思。""助手"与"同伴"义近。引申为仇恨。《史记·留侯世家》："弟死不葬，悉以家财求客刺秦王，为韩报仇。"

伦（倫 lún）

小篆	楷书	简化字
倫	倫	伦

伦（倫），形声字。小篆的"倫"字，从人侖（lún）声。从"人"表示与人伦、人品有关，在字中表义，为形符；"侖"在字中表音，为声符。楷书笔画化，现简化为"伦"，"仑"为声旁类推简化，仍为形声字。《说文·人部》："伦（倫），辈也。从人侖声。"《说文段注》："引申之同类之次（等第）曰辈。"谷衍奎《汉字源流字典》："伦，从人从仑会意，仑亦兼表声。"

本义为人伦。人伦，即封建社会中人与人之间由礼教所规定的君臣、父子、夫妇、兄弟、朋友及各种尊卑长幼关系。《孟子·滕文公上》："使契为司徒，教以人伦：父子有亲，君臣有义，夫妇有别，长幼有序，朋友有信。"《管子·八观》："背人伦而禽兽行，十年而灭。"引申为道理、义理。《尚书·洪范》："我不知其彝伦攸叙。"王世舜等译注《尚书》："彝，常。伦，理。"今有词语"伦理"。

偶（ǒu）

小篆	楷书
偶	偶

偶，形声字。小篆的"偶"字，左边从"人"表示与人的形象有关，为形符，右边为"禺"，在字中表音，为声符，构成从人禺声的形声字。楷书笔画化。谷衍奎《汉字源流字典》："偶，从人从禺，禺亦兼表声。"《说文·人部》："偶，桐人也。从人禺声。"《说文段注》："寓于木之人也。字亦作寓，亦作禺……又俗言偶然者，当是俄字之声误。"

本义为偶像、木偶。桐人，即用桐木雕刻的人像。《战国策·齐策三》："今者臣来，过于淄上，有土偶人与桃梗相与语。"引申为偶然、偶尔。《明史·海瑞传》："有御史偶陈戏乐，欲遵太祖法予之杖。"清代蒲松龄《聊斋志异·促织》："天子偶用一物，未必不过此已忘，而奉行者即为定例。"

伯（bó）

金文	小篆	楷书
		伯

伯，形声字。金文的"伯"字，右边从"人"表示与人伦、排行有关，左边为"白"，在字中表音，为声符，构成从人白声的形声字。小篆基本承续金文字形，只是"人"字从右边移至左边。楷书笔画化，将"人"写作"亻"（单立人）。《说文·人部》："伯，长也。从人白声。"徐中舒《甲骨文字典》："伯，卜辞用白为伯。"

本义为古代的排行第一、老大，长。《诗·邶风·泉水》："问我诸姑，遂及伯姊。"（伯姊，即大姐）《诗·周颂·载芟》："侯主侯伯，侯亚侯旅，侯彊侯以。"汉代毛亨传："伯，长子也。"《礼记·曲礼下》："五官之长曰'伯'，是职方。"唐代孔颖达疏："'伯'，长也，谓朝廷之长，言此二伯为内外官之长。"引申为伯父、父亲的哥哥。唐代杜甫《醉歌行》："汝身已见唾成珠，汝伯何由发如漆。"元末明初罗贯中《三国演义》第二十八回："关定大喜，便命关平拜关公为父，呼玄德为伯父。"今有词语"伯仲之间""伯仲叔季"，表示排行次序。

仲（zhòng）

小篆	楷书
	仲

仲，会意兼形声字。小篆的"仲"，从人从中，中亦声。左边从"人"，表示与人伦、排行有关，在字中作形符；右边从"中"，表示处于中间的位置，中亦声。楷书笔画化，将"人"写作"亻"（单立人）。《说文·人部》："仲，中也。从人从中，中亦声。"方述鑫等《甲骨金文字典》："金文用字以无斿（yóu）形之中为伯仲之仲。"

本义为兄弟排行中的老二。《释名·释亲属》："仲，平也，位在中也。"《尚书·尧典》："日中，星鸟，以殷仲春。"《仪礼·士冠礼》："伯某甫、仲、叔、季惟其所当。"元末明初罗贯中《三国演义》第二十三回："吾乃天下名士，用为鼓吏，是犹阳货轻仲尼，臧仓毁孟子耳！"

第二，表示人的德性的，如"倨、傲、俭（儉）、侈、仁"等字，与"人"有关。

倨（jù）

小篆	楷书
	倨

倨，形声字。小篆的"倨"，从人居声。从"人"表示与人的品性有关，在字中表义，为形符；"居"在字中表声，为声符。楷书笔画化，将"人"写作"亻"（单立人）。《说文·人部》："倨，不逊也。从人居声。"《说文段注》："逊当是本作孙，说详辵部。孙者，逡循恭敬之意。"谷衍奎《汉字源流字典》："倨，从人从居会意，居亦兼表声。"

本义为傲慢。《王力古汉语字典》："倨，傲慢，不客气。"《礼记·曲礼上》："游毋倨，立毋跛，坐毋箕，寝毋伏。"唐代孔颖达疏："倨，慢也。"《战国策·秦策一》："嫂何前倨而后卑也。"《庄子·渔父》："万乘之主，千乘之君，见夫子未尝不分庭伉礼，夫子犹有倨敖之容。"倨通"踞"，凭倚。《庄子·天运》："老聃方将倨堂而应。"唐代成玄英疏："倨，踞也。"《史记·郦生陆贾列传》："沛公方倨床从两女子洗足。"唐代司马贞《索隐》："乐产云：'边床曰倨。'"

傲（ào）

小篆	楷书
傲	傲

傲，形声字。小篆的"傲"，从人敖声。从"人"表示与人的品性、态度有关，在字中表义，为形符；"敖"在字中表声，为声符。楷书笔画化，将"人"写作"亻"（单立人）。《说文·人部》："傲，倨也。从人敖声。"

本义为狂妄、倨傲。倨，即傲慢不逊。《礼记·曲礼上》："傲不可长，欲不可纵，志不可满，乐不可极。"《韩非子·内储说下》："令尹甚傲而好兵，子必谨敬，先驱陈兵堂下及门庭。"引申为傲慢而轻视，动词。《南史·萧子显传》："恃才傲物，宜谥曰骄。"今有成语"居功自傲""恃才傲物"。

俭（儉 jiǎn）

小篆	楷书	简化字
儉	儉	俭

俭（儉），形声字。小篆的"儉"字，从人佥（qiān）声。左边从"人"，表示与人的某种动作行为有关，在字中表义，为形符，右边为"佥"，在字中表音，为声符，构成从人佥声的形声字。楷书笔画化，将"人"写作"亻"（单立人）。现简化为"俭"，声旁"佥"草书楷化为"佥"，较早见于汉代史游《急就章》中的"检"字。《说文·人部》："俭（儉），约也。从人佥声。"《说文段注》："约者，缠束也。俭者，不敢放侈之意。"

本义为自我约束、不放纵。《左传·僖公二十三年》："晋公子广而俭，文而有礼。"晋代杜预注："志广而体俭。"唐代孔颖达疏："广大者，失于奢侈，故美其能俭也。"汉代司马迁《报任安书》："分别有让，恭俭下人，常思奋不顾身，以徇国家之急。"引申为节约、节省。《广韵·琰韵》："约也，少也。"《左传·庄公二十四年》："俭，德之共也；侈，恶之大也。"《国语·周语中》："季文子、孟献子皆俭，叔孙宣子、东门子家皆侈。"《论语·八佾》："礼，与其奢也，宁俭。"三国诸葛亮《诫子书》："夫君子之行，静以修身，俭以养德。"清代曹雪芹《红楼梦》第五十五回："若不趁早料理省俭之计，再几年就都赔尽了。"今有词语"俭以养德""克勤克俭""省吃俭用"。

侈（chǐ）

小篆	楷书
侈	侈

侈，形声字。小篆的"侈"字，从人多声。左边从"人"表示与人的某种动作行为有关，右边为"多"，在字中表音，为声符，构成从人多声的形声字。楷书笔画化，将"人"写作"亻"（单立人）。《说文·人部》："侈，一曰奢也。从人多声。"《说文段注》："一曰奢泰也。泰字依《韵会》本补。奢者，张也。泰者，滑也。"谷衍奎《汉字源流字典》："侈，从人从多，多亦兼表声。"

本义为奢侈。奢，即奢侈。《韩非子·解老》："众人之用神也躁，躁则多费，多费之谓侈。"汉代班固《西都赋》："历十二年之延祚，故穷泰而极侈。"汉代贾谊《论积贮疏》："淫侈之俗，日日以长，是天下之大贼也。"宋代司马光《训俭示康》："其余以俭立名，以侈自败者多矣。"

仁（rén）

甲骨文	金文	小篆	楷书
仁	仁	仁	仁

仁，会意字。甲骨文的"仁"字，从人从二，"二"是重文符号，这样既代表"人"字，又使"仁"字不与"从"字雷同。"仁"字从甲骨文到楷书，构字部件没有变化，形体也无多大差异。金文、小篆承续甲骨文字形。楷书笔画化。《说文·人部》："仁，亲也。从人从二。"

本义为人与人相互友爱、帮助、同情。《诗·郑风·叔于田》："岂无居人？不如叔也，洵美且仁。"汉代郑玄笺："言叔信美好而又仁。"《礼记·经解》："发号出令而民说，谓之和。上下相亲，谓之仁。"《韩非子·解老》："仁者，谓其中心欣然爱人也。"引申为同情、怜悯。唐代柳宗元《天说》："呼而怨，欲望其哀且仁者，愈大谬矣。"指有仁德的人。唐代储光羲《敬酬陈掾亲家翁秋夜有赠》："宗党无远近，敬恭依仁人。"宋代范仲淹《岳阳楼记》："予尝求古仁人之心，或异二者之为，何哉？"

第三，表示人的动作行为及人所及的事物，如"傅、企、仰、伏、侍、依、倚、伸、僵、偃、仆（僕）、借、付、偿（償）、使、侵、伐、俘、侮、负（負）、何、什、伍、代、伤（傷）"等字，与"人"有关。

傅（fù）

金文	小篆	楷书
傅	傅	傅

傅，形声字。金文的"傅"，从人尃声。左边从"人"表示与人的行为有关，右边为"尃"（fū），在字中表音，为声符，构成从人尃声的形声字。小篆承续金文字形。楷书笔画化，将"人"写作"亻"（单立人）。《说文·人部》："傅，相也。从人尃声。"方述鑫等《甲骨金文字典》："辅相国君之子者，据张政烺释曰：'《礼记·曾子问》：

古者男子外有傅，内有慈母，君命所使教子也。'郑玄注：'此指谓国君之子也。'"

本义为辅佐、辅助。《左传·僖公二十八年》："郑伯傅王，用平礼也。"晋代杜预注："傅，相也。"《史记·宋微子世家》："武王封纣子武庚禄父以续殷祀，使管叔、蔡叔傅相之。"引申为依附、依凭。《左传·僖公十四年》："皮之不存，毛将安傅？"晋代杜预注："皮以喻所许秦城，毛以喻籴。言既背秦施，为怨已深，虽与之籴，犹无皮而施毛。"

企（qǐ）

| 甲骨文 | 金文 | 小篆 | 楷书 |

企，会意字。甲骨文的"企"，从人从止。上面是个面朝左站立的"人"形；下面是"止"，即脚，而且突出了这只大脚，表示踮起脚后跟观望之意。金文基本承续甲骨文字形。小篆线条化。楷书笔画化，为从人从止的会意字。《说文·人部》："企，举踵也。从人从止。"方述鑫等《甲骨金文字典》："企，甲骨文于人体下以突出足部显示举踵之义。"

本义为人踮起脚后跟观望。举踵，即踮起脚后跟。《汉书·高帝纪上》："吏卒皆山东之人，日夜企而望归，及其锋而用之，可以有大功。"颜师古注："企谓举足而竦身。"引申为盼望、指望、追求。《后汉书·陈王列传》："圣人制礼，贤者俯就，不肖企及。"

仰（yǎng）

| 金文 | 小篆 | 楷书 |

仰，会意兼形声字。金文的"仰"写作"卬"（yǎng），"卬"是"仰"的初文。金文的"卬"，左上角为倒立之人，右边为跪坐之人，表示跪坐之人翘首仰望上方之意。小篆在"卬"的基础上又添加了"人"字，为会意兼形声字。楷书笔画化，将"人"写作"亻"（单立人）。《说文·人部》："仰，举也。从人从卬。"谷衍奎《汉字源流字典》："仰，从人从卬会意，卬亦兼表声。"

本义为抬头、脸向上，与"俯"相对。玄应《一切经音义》卷八引作："仰，谓举首也。"《荀子·解蔽》："瞽者仰视而不见星，人不以定有无，用精（精，通'睛'）惑也。"意即盲人抬头观望而看不见星星，人们不会以此来判定星星的有无，这是眼睛看不清东西。《玉台新咏·古诗为焦仲卿妻作》："仰头相向鸣，夜夜达五更。"引申为依赖、依靠。《墨子·七患》："凡五谷者，民之所仰也，君之所以为养也。"《后汉书·邓禹传》："今吾众虽多，能战者少，前无可仰之积。"唐代李贤注："仰犹恃也。"元末明初罗贯中《三国演义》第一〇四回："随身衣食，悉仰于官，不别治生，以长尺寸。"

伏（fú）

金文	小篆	楷书
		伏

伏，会意字。金文的"伏"，从人从犬。从"人"表示与人的行为有关，在字中表义，为形符，从"犬"表示狗在偷窥，合起来表示一人身后有一只犬（狗），意为趴在隐蔽处窥视袭击。小篆变为左右结构，线条化。楷书笔画化，将"人"写作"亻"（单立人）。《说文·人部》："伏，司也。从人从犬。"司，即今"伺"字，为伺机、伺候之意。《说文段注》："小徐本有'犬司人'，谓犬伺人而吠之。"方述鑫等《甲骨金文字典》中"伏"的说解同《说文》。

本义为趴下。汉代贾谊《治安策》："伏中行说而笞其背，举匈奴之众唯上之令。"中行说（zhōng háng yuè），人名，西汉文帝时人，原为宫廷太监，后因陪送公主到匈奴和亲而对汉王朝怀恨在心，转而投靠匈奴，成为单于的重要谋臣。清代方苞《左忠毅公逸事》："庑下一生伏案卧，文方成草。"引申为潜藏、埋伏。《广雅·释诂》："伏，藏也。"《老子》第五十八章："祸兮福之所倚，福兮祸之所伏。"《左传·庄公十年》："夫大国难测也，惧有伏焉。"《史记·屈原贾生列传》："入武关，秦伏兵绝其后，因留怀王，以求割地。"

侍（shì）

小篆	楷书
	侍

侍，形声字。小篆的"侍"，从人寺声。从"人"表示与人的动作、行为有关，在字中表义，为形符；"寺"在字中表音，为声符。楷书笔画化，将"人"写作"亻"（单立人）。《说文·人部》："侍，承也。从人寺声。"《说文段注》："凡言侍者，皆敬恭承奉之意。"谷衍奎《汉字源流字典》："侍，从人从寺会意，寺亦兼表声。"

本义是在尊长旁边陪侍。《论语·公冶长》："颜渊、季路侍。子曰：'盍各言尔志？'"今有词语"陪侍"。引申为服侍、侍奉。《论语·先进》："子路、曾晳、冉有、公西华侍坐。"《荀子·正论》："《雍》而彻乎五祀，执荐者百人侍西房。"引申为进言、进献。《史记·赵世家》："明日，荀欣侍，以选练举贤，任官使能。"明代崔铣《记王忠肃公翱三事》："迁我京职，则汝朝夕侍母。"

依（yī）

甲骨文	金文	小篆	楷书
			依

依，会意兼形声字。甲骨文的"依"，从人从衣，衣亦声。外边为"衣"，（衣）中有一"人"，面朝右侧立，表示人依靠着衣服。金文字形略同于甲骨文。小篆线条化，将"人"移到"衣"外，为从人衣声的形声字。从"人"表示与人的动作、行为有关，在字中表义，为形符；"衣"在字中表音，为声符，亦兼表

义。楷书笔画化，将"人"写作"亻"（单立人），为从人从衣，衣亦表声的会意兼形声字。《说文·人部》："依，倚也。从人衣声。"倚，即依靠。徐中舒《甲骨文字典》："从人在衣中，象人著衣之形。"方述鑫等《甲骨金文字典》："依，象人著衣之形。"

本义为依靠。《诗·小雅·小弁》："靡瞻匪父，靡依匪母。"汉代郑玄笺："此言人无不瞻仰其父取法则者，无不依恃其母以长大者。"《孙子兵法·行军》："凡处军相敌，绝山依谷，视生处高，战隆无登。"唐代王之涣《登鹳雀楼》："白日依山尽，黄河入海流。"引申为托身。《孙子·行军》："若交军于斥泽之中，必依水草而背众树，此处斥泽之军也。"宋代梅尧臣《汝坟贫女》："勤勤嘱四邻，幸愿相依傍。"清代曹雪芹《红楼梦》第三回："上无亲母教养，下无姊妹兄弟扶持，今依傍外祖母及舅氏姊妹去。"

倚（yǐ）

金文	小篆	楷书
倚	倚	倚

倚，会意兼形声字。金文的"倚"，从人从奇，奇亦声。左边从"人"表示与人的动作、行为有关，在字中表义，为形符；右边为"奇"，在字中表音，为声符，亦兼表义。"奇"是一只脚站立的瘸人，"奇"亦表音。小篆承续金文字形。楷书将"人"写作"亻"（单立人）。《说文·人部》："倚，依也。从人奇声。"

本义是紧靠在物体上。《庄子·德充符》："倚树而吟，据槁梧而瞑。"《韩非子·内储说下》："齐中大夫有夷射者，御饮于王，醉甚而出，倚于郎门。"《史记·刺客列传》："（荆）轲自知事不就，倚柱而笑，箕踞以骂。"明代魏学洢《核舟记》："卧右膝，诎右臂支船，而竖其左膝，左臂挂念珠倚之——珠可历历数也。"引申为拄靠。唐代杜甫《茅屋为秋风所破歌》："唇焦口燥呼不得，归来倚杖自叹息。"

伸（shēn）

小篆	楷书
伸	伸

伸，形声字。小篆的"伸"，从人申声。从"人"表示与人的动作、行为有关，在字中表义，为形符；"申"在字中表音，为声符。楷书笔画化，将"人"写作"亻"（单立人）。《说文·人部》："伸，屈伸。从人申声。"《说文段注》："伸，古经传皆作信。《周易》：'诎信相感而利生焉。'又'尺蠖之诎。以求信也。'"

本义为舒展开，即因屈而伸。《广雅·释诂》："伸，展也。"《周易·系辞上》："十有八变而成卦，八卦而小成。引而伸之。"《荀子·乐论》："执其干戚，习其俯仰屈伸，而容貌得庄焉。"明代宋濂《送东阳马生序》："天大寒，砚冰坚，手指不可屈伸，弗之怠。"清代曹雪芹《红楼梦》第十三回："如今伸腿去了，可见这长房内绝灭无人了。"引申为陈述、表白。明代高启《书博鸡者事》："第为上者不能察，使匹夫攘袂群起，以伸其愤。"

僵（jiāng）

小篆	楷书
僵	僵

僵，形声字。小篆的"僵"，从人畕（jiāng）声。从"人"表示与人的状态有关，在字中义义，为形符；"畕"在字中表音，为声符。楷书笔画化，将"人"写作"亻"（单立人）。《说文·人部》："僵，偾也。从人畕声。"《说文段注》："按僵谓仰倒。如《庄子》'推而僵之'。《汉书》'触宝瑟僵'皆是。"

本义为仰面向后倒下。偾（fèn），即向后倒地。清代朱骏声《说文通训定声》："却偃（向后仰卧）曰僵，前覆（向前仆地）曰仆。"《史记·苏秦列传》："于是乎详僵而弃酒。"《吕氏春秋·贵卒》："管仲扞弓射公子小白，中钩。鲍叔御公子小白僵。管子以为小白死。"

偃（yǎn）

金文	小篆	楷书
偃	偃	偃

偃，会意兼形声字。金文的"偃"，外边为匚（fāng），为盛放东西的器物，在此表示藏匿之处；"匚"里边上为"囗"（日），表示白天；下为女，表示人。三部分合起来表示人躲藏起来娱乐，为会意字。小篆变为从人匽（yàn）声的形声字。左边从"人"表示与人的状态有关，在字中表义，为形符；右边为"匽"，在字中表音，为声符。楷书笔画化，将"人"写作"亻"（单立人）。《说文·人部》："偃，僵也。从人匽声。"谷衍奎《汉字源流字典》："偃，从人从匽会意，匽亦兼表声。"《广雅·释言》："偃，仰也。"

本义为人仰面倒下、倒下。《诗·小雅·北山》："或息偃在床，或不已于行。"《左传·定公八年》："籍丘子鉏击之，与一人俱毙。偃，且射子鉏，中颊，殪。"唐代孔颖达疏："仆是前覆，偃是却倒。"《论语·颜渊》："君子之德风，小人之德草。草上之风，必偃。"宋代朱熹《四书集注》："偃，仆也。"明代归有光《项脊轩志》："借书满架，偃仰啸歌，冥然兀坐，万籁有声。"今有成语"偃旗息鼓""风行草偃"。

仆（僕 pú pū）

甲骨文	金文	籀文	小篆	楷书	简化字
				僕	仆

仆（僕），会意兼形声字。甲骨文的"僕"字，从"辛"（辛），表示刑具；从"尾"（尾），表示裸体的人；从"丮"，表示双手被铐住的人；从"其"（其），表示盛垃圾的簸箕。各部分合起来表示奴隶在被人看管下强迫劳动。金文的"僕"，省去装垃圾的"其"（其）与臀部的"毛"（毛），并将"人"（人）"辛"（辛）"廾"（廾，双手）相分离。籀文承

续金文字形。小篆的"僕"左边用"臣"代替籀文左边的"人",强调了奴隶身份。楷书笔画化。现简化为"仆"。《说文·業部》:"僕,给事者,从人,从業,業亦声。"商承祚《说文中之古文考》:"(甲骨文)象人冠首而两手奉箕,为僕之初字。"

本义之一为奴仆。《诗·小雅·正月》:"民之无辜,并其臣仆。"汉代毛亨传:"古者有罪,不入于刑则役之圜土,以为臣仆。"程俊英译注《诗经》:"臣仆,俘虏、奴隶。"二为向前倒下。《史记·项羽本纪》:"樊哙侧其盾以撞,卫士仆地,哙遂入。"《汉书·贾邹枚路传》:"卒仆济北,因弟于雍者,岂非象新垣平等哉!"唐代李善引应劭曰:"仆,僵仆也。"

"僕"与"仆"原为两个不同的字。"僕"本义为奴仆;"仆"本义为向前仆倒。用同音或近音替代法简化,这样"仆"兼有"僕"与"仆"两个字的不同意义。现在的"仆"为形声字,从人卜声,从"人"表示与人的动作有关。《说文·人部》:"僕,给事者。"《说文·人部》:"仆,顿也。"《说文段注》:"顿者,下首也。以首叩地谓之顿首,引申为前覆之辞。"方述鑫等《甲骨金文字典》:"僕,甲骨文象身附尾饰,手捧粪箕以执贱役之人。金文字形渐变从人,与小篆接近。[释义]臣僕。"

借（jiè）

金文	小篆	楷书
𢖟	𢖟	借

借,形声字。金文的"借",从人昔声。左边从"人",表示与人的行为有关,在字中表义,为形符;右边为"昔",在字中表音,为声符。小篆的"借"承续金文字形。楷书笔画化,将"人"写作"亻"(单立人),为从人昔声的形声字。《说文·人部》:"借,假也。从人昔声。"《广韵·祃韵》:"借,假借也。"

本义为借进、借出。《左传·定公九年》:"尽借邑人之车,锲其轴,麻约而归之。"李梦生《左传译注》将"尽借邑人之车"译为"阳虎把当地人的车子全都借来"。《论语·卫灵公》:"吾犹及史之阙文也,有马者借人乘之。"清代袁枚《黄生借书说》:"黄生允修借书。随园主人授以书而告之。"

付（fù）

金文	小篆	楷书
𠂇	𠂇	付

付,会意字。金文的"付",从𠂇(人)从𠂆(寸)。从𠂇(人)表示与人的行为有关;从𠂆(寸)表示与手的动作有关,意即有所持。两部分合起来就是以手持物交付给别人。小篆承续金文字形。楷书笔画化,将"人"写作"亻"(单立人)。《说文·人部》:"付,予也。从寸,持物对人。"《说文段注》:"从寸持物对人。寸者,手也。"方述鑫等《甲骨金文字典》:"付与土地、财物、仆从等。《永盂》:毕人师同付永氒(jué)田。"

本义为给予、交给。《广雅·释诂》:"付,予也。"《尚书·梓材》:"皇天既付中国民,越厥疆土,于先王肆。"汉代孔安国传:"大天已付周家治中国民矣。"三国诸葛亮《出师表》:"若有作奸犯科及为忠善者,宜付有司,论其刑赏。"引申为委托。宋代文天祥《指南录后序》:"以小舟涉鲸波,出无可奈何,而死固付之度外矣!"

偿(償 cháng)

小篆	楷书	简化字
償	償	偿

偿(償),形声字,繁体为"償"。小篆的"償",从人赏声。左边从"人",表示与人的动作有关,在字中表义,为形符;右边是"赏",在字中表音,为声符。楷书承续小篆字形,笔画化。现简化为"偿",声旁更换简化,为群众新创,仍为形声字。《说文·人部》:"償(偿),还也。从人赏声。"

本义为偿还、归还。《战国策·齐策四》:"驱而之薛,使吏召诸民当偿者,悉来合券。"《史记·苏秦列传》:"苏秦之燕,贷人百钱为资,乃得富贵,以百金偿之。"《史记·范雎蔡泽列传》:"一饭之德必偿,睚眦之怨必报。"宋代苏轼《和子由除日见寄》:"感时嗟事变,所得不偿失。"今有成语"得不偿失"。

使(shǐ)

甲骨文	金文1	金文2	小篆	楷书
甲	吏	使	使	使

使,形声字。甲骨文、金文1的"使",就是"史",古代"使""史""事""吏"通用,字形像手持籍册、执掌文书的史官,表示古代的行政官员。另一说法是表示捕获猎物。金文2的"使"在"史"的左边添加了"人",表义更加明确。小篆承续金文2的字形,从人吏声。左边从"人",表示人是掌管文书的史官,在字中表义,为形符;右边是"吏",在字中表音,为声符。《说文·人部》:"使,伶也。从人吏声。"清代桂馥《说文解字义证》:"伶,通作令。"徐中舒《甲骨文字典》:"史、事、吏、使初为一字,后世渐分化,意义各有所专。"方述鑫等《甲骨金文字典》:"使,甲骨以手持捕兽之干会作事之意。吏、史、事、使字通用。"

本义为命令、派遣。《论语·学而》:"道千乘之国:敬事而信,节用而爱人,使民以时。"《史记·陈涉世家》:"扶苏以数谏故,上使外将兵。"《史记·魏公子列传》:"魏王使将军晋鄙将十万众救赵。"汉代贾谊《过秦论》:"乃使蒙恬北筑长城而守藩篱,却匈奴七百余里。"

侵(qīn)

甲骨文1	甲骨文2	金文	小篆	楷书
侵	侵	侵	侵	侵

侵,会意字。甲骨文1的"侵",从又(手)从帚,表示拿持扫帚一步一步地扫地之意。甲骨文2的"侵",有用扫

帚赶牛之意。金文的"侵",加"弓",强调武力进犯。小篆基本承续金文字形,将"弓"写作"人"。楷书笔画化,将"人"写作"亻"(单立人)。《说文·人部》:"侵,渐进也。从人又持帚,若埽之进。又,手也。"汤可敬《说文解字今释》:"侵,由'人''又'(手)握持着'帚'会意。(帚)好象用扫帚清扫而前进。又,表示手。"林义光《文源》:"侵,人与又不共持帚,侵迫也。象扫者持帚渐进,侵迫人也。"徐中舒《甲骨文字典》:"侵,从屮(牛)从𠔽(人)持又(帚),或省人,同。疑象以帚驱牛之意,卜辞假为侵伐字。"

本义为侵犯、侵掠。《左传·庄公二十九年》:"凡师有钟鼓曰伐,无曰侵,轻曰袭。"《史记·淮南衡山列传》:"王又数侵夺人田,坏人冢以为田。"宋代苏洵《六国论》:"然则诸侯之地有限,暴秦之欲无厌,奉之弥繁,侵之愈急。"

伐（fá）

| 甲骨文 | 金文 | 小篆 | 楷书 |

伐,会意字。甲骨文的"伐",从人从戈,表示以戈击杀人的头部。金文的"伐",承续甲骨文字形。篆文承续金文字形。楷书笔画化,将"人"写作"亻"(单立人)。《说文·人部》:"伐,击也。从人持戈。"李孝定《甲骨文字集释》:"伐,象戈刃加人头,击之义也。非从人持戈。"《广雅·释诂》:"伐,击也。"

本义为砍杀、攻打。《左传·庄公十年》:"十年春,齐师伐我。"《左传·僖公五年》:"晋侯复假道于虞以伐虢。"《左传·襄公十八年》:"秋,齐侯伐我北鄙。"《论语·季氏》:"季氏将伐颛臾。"唐代魏征《谏太宗十思疏》:"德不处其厚,情不胜其欲,斯亦伐根以求木茂,塞源而欲流长也。"引申为砍伐。《诗·魏风·伐檀》:"坎坎伐檀兮,寘之河之干兮,河水清且涟猗。"唐代孔颖达疏:"坎坎然身自斩伐檀木,置之于河之厓,欲以为轮辐之用。"

俘（fú）

| 甲骨文 | 金文 | 小篆 | 楷书 |

俘,会意兼形声字。甲骨文的"俘",从爪从子从彳(chù),表示在路上抓到一个人。金文用"爪"(手)抓到一人,省去"彳"(道路)。小篆在金文的基础上左边添加"人"字,为从人孚(fú)声的形声字。从"人"表示与人的动作有关,在字中表义,为形符;"孚"在字中表音,为声符。楷书承续小篆字形笔画化,将"人"写作"亻"(单立人)。《说文·人部》:"俘,军所获也。从人孚声。"方述鑫等《甲骨金文字典》:"俘,甲文象手执人形。[释义]虏掠人口财物。"《尔雅·释诂》:"俘,取也。"

本义为俘获。《左传·宣公二年》:"及甲车四百六十乘,俘二百五十人,馘(guó)

百人。"《东周列国志》第七回:"三国车徒,悉为郑所俘获。"引申为俘虏。《左传·庄公六年》:"冬,齐人来归卫俘。"晋代杜预注:"俘,囚也。"《左传·宣公二年》:"及甲车四百六十乘,俘二百五十人,馘百人。"李梦生《左传译注》将"俘"译为"俘虏"。

侮（wǔ）

侮,会意兼形声字。甲骨文从人从女,右边从"人"表示依仗暴力,左边从"女"表示妇女,合起来表示依仗暴力对妇女进行欺辱。金文的"侮",左边为"人",表示与人的动作、行为有关,在字中表义,为形符；右边以"母"代"女",在字中表音。小篆将"母"写成"每",为从人每声的形声字。楷书将"人"写作"亻"（单立人）。《说文·人部》:"侮,伤也。从人每声。"方述鑫等《甲骨金文字典》:"侮,《说文》:'𠊮,古文从母。'金文用为姆。"

本义为轻慢、不敬重。《礼记·曲礼上》:"礼不逾节,不侵侮,不好狎。"汉代郑玄注:"侮,轻慢也。"引申为欺负或凌辱。《诗·大雅·烝民》:"不侮矜寡,不畏强御。"《左传·成公八年》:"《周书》曰:'不敢侮鳏寡,所以明德也。'"晋代杜预注:"言文王不侮鳏寡,而德益明。"《墨子·公输》:"子墨子曰:'北方有侮臣,愿藉子杀之。'公输盘不说。"

负（負 fù）

负（負）,会意字。金文、小篆的"负",从人从贝。从"人",表示与人的动作有关；从"贝",表示货币,"贝"是远古货币,是财富的象征。两部分合起来表示"人"有了财富就有所依靠。楷书笔画化。现简化为"负",为类推简化,仍为会意字。《说文·人部》:"负（負）,恃也。从人守贝,有所恃也。"

本义为依赖、依仗。《左传·襄公十四年》:"昔秦人负恃其众,贪于土地,逐我诸戎。"《史记·廉颇蔺相如列传》:"秦贪,负其强,以空言求璧,偿城恐不可得。"《孟子·梁惠王上》:"谨庠序之教,申之以孝悌之义,颁白者不负戴于道路矣。"宋代朱熹《四书集注》:"负,任在背。"今有成语"负隅顽抗"。

引申为失败。《孙子·谋攻》:"不知彼而知己,一胜一负。"《荀子·议兵》:"使之持危城,则必畔；遇敌处战,则必北。"宋代苏洵《六国论》:"胜负之数,存亡之理,当与秦相较,或未易量。"引申为辜负、对不起人。《史记·廉颇蔺相如列传》:"臣诚恐见欺于王而负赵,故令人持璧归。"清代方苞《左忠毅公逸事》:"吾上恐负朝廷,下恐愧吾师也。"今有词语"辜负"。

何（hé）

| 甲骨文 | 金文 | 小篆 | 楷书 |

何，象形兼形声字。甲骨文、金文的"何"字，像人肩扛着戈（一说肩扛着锄）行走之形；甲骨文是向左行走，金文是向右行走。小篆变为从人可声的形声字，从"人"表示与人的动作有关；"可"在字中表音，为声符。楷书笔画化，将"人"写作"亻"（单立人）。"何"是"荷"（hè）的本字，"荷"为担扛之义。后来"何"假借为"曷"，就另造"荷"表示原义。《说文·人部》："何，儋（dàn）也。从人可声。"（儋，即担荷）方述鑫等《甲骨金文字典》："何，甲骨文象人荷戈之形。"

本义为负荷、扛着、担着。《诗·曹风·候人》："彼候人兮，何戈与祋。"唐代孔颖达疏："荷揭戈与祋在于道路之上。"程俊英、蒋见元注译《诗经》："候人官职小得很，肩上扛着戈和棍。"祋，音duì，古代武器名。《诗·小雅·无羊》："尔牧来思，何蓑何笠，或负其餱。"汉代毛亨传："何，揭也。"假借为疑问代词，什么。《后汉书·列女传》："若中道而归，何异断斯织乎？"清代彭端淑《为学》："富者曰：'子何恃而往？'"又为怎么样。《乐府诗集·木兰诗》："问女何所思，问女何所忆。"唐代白居易《卖炭翁》："卖炭得钱何所营？身上衣裳口中食。"又为哪里、什么地方。唐代贺知章《回乡偶书》："儿童相见不相识，笑问客从何处来。"唐代李白《秋浦歌》："不知明镜里，何处得秋霜。"

什（shí）

| 小篆 | 楷书 |

什，会意兼形声字。小篆的"什"，从人从十，十亦声。从"人"、从"十"表示以十人为编制单位。楷书将"人"写作"亻"（单立人）。《说文·人部》："什，相什保也。从人、十。"此句意为以十户或十人为单位，相互担保。《说文段注》："五家为比，十家为联。五人为伍，十人为联。使之相保相安。郑云：'保，犹任也。'"

本义为户籍和人员以十人为一个编制单位。《礼记·祭义》："军旅什伍，同爵则尚齿，而弟达乎军旅矣。"唐代孔颖达疏："五人为伍，二伍为什。"《管子·立政》："十家为什，五家为伍，什伍皆有长焉。"

伍（wǔ）

| 金文 | 小篆 | 楷书 |

伍，会意兼形声字。金文、小篆的"伍"，从人从五，五亦声。从"人"、从"五"表示以五人为编制单位。楷书笔画化，将"人"写作"亻"（单立人）。《说文·人部》："伍，相参伍也。从人从五。"《说文段注》："伍，《周礼》曰：'五人为伍。'……从人五。五亦声也。"

本义为古代军队最小的编制单位。《广韵·姥韵》:"伍,行伍。"《周礼·天官·宫正》:"去其淫怠与其奇邪之民,会其什伍而教之道义。"《孙子兵法·谋攻》:"全伍为上,破伍次之。"《管子·立政》:"十家为什,五家为伍,什伍皆有长焉。"

代（dài）

代,形声字。小篆的"代",从人弋(yì)声。左边从"人",表示与人的动作、行为有关,在字中表义,为形符;右边是"弋",在字中表音,为声符。楷书笔画化,将"人"写作"亻"(单立人)。《说文·人部》:"代,更也。从人弋声。"清代朱骏声《说文通训定声》:"凡以此易彼,以后续前,皆曰代。"

本义为替代、更替。《左传·庄公八年》:"齐侯使连称、管至父戍葵丘,瓜时而往,曰:'及瓜而代。'"《庄子·逍遥游》:"庖人虽不治庖,尸祝不越樽俎而代之矣。"《国语·晋语三》:"复其君而质其适子,使子父代处秦,国可以无害。"《荀子·天论》:"列星随旋,日月递炤,四时代御,阴阳大化,风雨博施。"蒋南华等《荀子全译》:"代御,相互交替运行。"今有成语"越俎代庖"。

伤（傷 shāng）

伤(傷),形声字。小篆的"傷",从人从"瘍"省。左边从"人",表示与人体健康状况有关,在字中表义;右边"瘍"省声,在字中表音。楷书笔画化,将"人"写作"亻"(单立人)。现简化为"伤",用草书楷化法简化,较早见于元抄本《京本通俗小说》。《说文·人部》:"伤,创也。从人,瘍省声。"

本义为创伤。创,即创伤。《左传·哀公二年》:"敢告无绝筋,无折骨,无面伤,以集大事。"唐代孔颖达疏:"谓军之士众,无令损伤,以成大事。"《楚辞·九歌·国殇》:"凌余阵兮躐余行,左骖殪兮右刃伤。"清代方苞《狱中杂记》:"其伤于缚者,即幸留,病数月乃瘳(chōu)。"引申为损伤、伤害。《国语·周语上》:"川壅而溃,伤人必多,民亦如之。"《论语·先进》:"何伤乎!亦各言其志也。"《史记·高祖本纪》:"杀人者死,伤人及盗抵罪。"三国诸葛亮《出师表》:"受命以来,夙夜忧叹,恐托付不效,以伤先帝之明。"

第二节 "儿（兒）"部及其例字

"儿"部是"人"部的变体,"儿"是"兒"的简化字。从"儿"得义的字也与人有关。《说文》:"儿,古文奇字也。象形。孔子曰:'在人下,故诘诎。'"意即"儿"也是"人"字,只是由于作偏旁、部首时所在位置不同而写法有异。

儿（兒 ér）

一、形体演变

甲骨文	金文	小篆	楷书	简化字
𣎆	𣎆	兒	兒	儿

二、构形理据

儿（兒），象形字。甲骨文的"兒",下部为"人";上部为囟（xìn),即囟门,俗称头囟子。"兒"字,突出了婴儿的特征,头大身小,囟门还没有长合。金文承续甲骨文字形。小篆的"兒"头部稍有讹变,下部"人"形保留不变。楷书笔画化。现简化为"儿",用保留轮廓或特征法简化。《说文·人部》:"兒,孺子也。从人,象小儿头囟未合。"徐中舒《甲骨文字典》:"儿,象小儿头大而囟门未合之形,与《说文》篆文同。"

三、本义

本义为幼儿、孩子。《广雅·释亲》:"儿,子也。"《庄子·天地》:"怊乎若婴儿之失其母也,傥乎若行而失其道也。"《列子·汤问》:"孔子东游,见两小儿辩斗。"

四、理据例说

儿（兒），现今既可单用,也可作部件,不是《说文》部首,但现今字典辞书均设儿（兒）部。从"兒"取义的字均与人的容貌、行动等有关。这类字主要有"兄、兒、先、元、见（見）、允"等。

兄（xiōng）

甲骨文	金文1	金文2	小篆	楷书
兄	兄	兄	兄	兄

兄,会意字。"兄"与"祝"同源,"兄"是"祝"的本字。甲骨文的"兄"字,下面是个面朝左跪坐的人形,上面是"口",表示张口祈祷之意。金文1基本承续甲骨文字形,但"人"已站立起来。金文2的"兄"在右边加"生"字。小篆的"兄"下边的"人"字,演变为"儿"字,从"儿"表示与人有关,在字中表义。楷书笔画化。《说文·兄部》:"兄,长也。从儿从口。"《说文段注》:"《尔雅》曰:'男子先生为兄,后生为弟。'"徐中舒《甲骨文字典》:"兄,从人从口,与《说文》篆文同。"方述鑫等《甲骨金文字典》:"兄,金文或增生字声符。"

本义为祈祷,文献用例较少,假借为"兄长"的"兄",即哥哥。《尔雅·释亲》:

"男子先生为兄。"意即男子先出生的为兄。徐中舒先生认为,"㒸"与"兄"为两个不同的字。在其主编的《甲骨文字典》中论述说:"或以兄、㒸同,实非一字。㒸卜辞用为祝,兄用为兄长字,用法划然有别,毫无混淆。"此可作一说,至少"兄"作"祈祷"义的用例少见。《诗·卫风·氓》:"兄弟不知,咥其笑矣。"汉代郑玄笺:"兄弟在家,不知我之见酷暴。"《诗·小雅·斯干》:"兄及弟矣,式相好矣,无相犹矣。"唐代韩愈《此日足可惜赠张籍》:"下马步堤岸,上船拜吾兄。"今有词语"兄长""兄弟"。

皃 (mào)

皃,象形字。甲骨文的"皃",上部突出了人的面部轮廓,下部为"人"形。小篆基本承续甲骨文字形,从"儿"表示与人有关,在字中表义。楷书笔画化。《说文》:"皃,颂(容)仪也。"《说文段注》:"颂者今之容字。必言仪者,谓颂之仪度可皃象也。凡容言其内,皃言其外。"徐中舒《甲骨文字典》:"皃,从白(白)从人(人),与《说文》篆文同。"后"皃"写作"貌",因"皃"作了部件,便又加声符"豸"(猫)写作"貌"来表示。"皃",即"貌"字,为《说文》部首字。

本义为仪态、容貌。《庄子·养生主》:"天之生是使独也,人之皃有与也。"陈鼓应《庄子今注今译》:"天生下来就只有一只脚,人的形貌是天赋予的。"

先 (xiān)

先,会意字。甲骨、金文的"先"字,上面是"止"(脚),下面是面朝左的"人",意思是脚已走在人的前面。小篆略同。从"儿"表示与人有关,在字中表义。楷书将"人"变为"儿"。《说文·先部》:"先,前进也。从儿从之。"徐中舒《甲骨文字典》:"先,从止(止),从人(人)。止或作之,同。古有结绳之俗,以结绳纪其世系。……先字从止从人,止在人上,会世系在前,即人之先祖之意。"徐中舒认为《说文》"先,前进也"为后起义,可备一说。方述鑫等《甲骨金文字典》:"先,甲骨、金文从止、之止,从人。"止,即趾的初文,意思是脚。

本义为走在前面,前进。《诗·小雅·小弁》:"相彼投兔,尚或先之。"宋代朱熹《诗集传》:"相彼被逐而投人之兔,尚或有哀其穷而先脱之者。"《楚辞·九歌·国殇》:"旌蔽日兮敌若云,矢交坠兮士争先。"汉代王逸注:"言两军相射,流矢交堕,壮夫奋怒,争先在前也。"今有成语"身先士卒""争先恐后""笨鸟先飞""先入为主""先人后己"等。常用义为当初、先前。清代曹雪芹《红楼梦》第四十四回:"凤姐儿见人来了,便不似先前那般泼了,丢下众人,便哭着往贾母那边跑。"《红楼梦》第七十二回:

"我如今竟糊涂了！丢三忘四，惹人抱怨，竟大不象先了。"

元（yuán）

甲骨文1	甲骨文2	金文	小篆	楷书
丂	丆	丆	兀	元

元，会意字。甲骨、金文的"元"，从二从人。下边为"人"，在人的头顶上加一横或两横表示"上"，意即人之上。小篆略同于甲骨文1。从"儿"表示与人有关，在字中表义。楷书笔画化。《说文·一部》："元，始也。从一从兀。"商承祚《甲骨文字研究》："元，当曰：'从二儿，二，古文上也。'"方述鑫等《甲骨金文字典》："元，甲骨文、金文从二（上）从人，以位于人之上者会意为首。引申为始。"

本义为人头。《左传·僖公三十三年》："狄人归其元，面如生。"《孟子·滕文公下》："志士不忘在沟壑，勇士不忘丧其元。"意即"志士不怕抛尸山野，勇士不怕丢掉脑袋"，说明志士和勇士都不怕牺牲。引申为开始、起端。《公羊传·隐公元年》："元年者何？君之始年也。春者何，岁之始也。"今有词语"元旦""纪元""元日"。引申为第一，居首位的。《史记·陈涉世家》："二世元年七月，发闾左適戍渔阳，九百人屯大泽乡。"《汉书·李广苏建传》："天汉元年，且鞮侯单于初立，恐汉袭之。"

见（見 jiàn）

甲骨文	金文	小篆	楷书	简化字
罗	罗	見	見	见

见（見），会意字。甲骨文的"见"，下边为面朝左跪坐的人形，上边为一只大眼睛（横"目"），目的是突出眼睛的作用。金文的"见"，下边是一个面朝左站立的人形，上边的"目"（眼睛）更加形象。小篆的"见"变为从儿从目，从"儿"表示与人有关，在字中表义。楷书笔画化。现简化为"见"，用草书楷化法简化。《说文·见部》："见（見），视也。从儿从目。"徐中舒《甲骨文字典》："见，从人从 ⬚（目），象人目平视有所见之形。"

本义为看到、看见。《诗·周南·汝坟》："未见君子，惄（nì）如调饥。"《礼记·大学》："视而不见，听而不闻。"《乐府诗集·木兰诗》："昨夜见军帖，可汗大点兵。"《列子·汤问》："孔子东游，见两小儿辩斗。"唐代贺知章《回乡偶书》："儿童相见不相识，笑问客从何处来。"唐代柳宗元《黔之驴》："虎见之，庞然大物也，以为神，蔽林间窥之。"唐代杜甫《江南逢李龟年》："岐王宅里寻常见，崔九堂前几度闻。"引申为进见、会见。《韩非子·喻老》："扁鹊见蔡桓公，立有间。"晋代干宝《搜神记》："于是即将雌剑，往见楚王。王大怒，使相之。"

允（yǔn）

甲骨文	金文	小篆	楷书
			允

允，会意字。甲骨、金文的"允"，下边从"人"，上边从"头"，表示"人"点头相信之意。小篆稍有变化，下边为"儿"，上边讹变为"目"。从"儿"表示与人有关，在字中表义。楷书"允"下边的"人"已变为"儿"（人），笔画化。《说文·人部》："允，信也。从儿㠯声。"《说文段注》："《释诂》、毛傳皆曰：'允，信也。'"徐中舒《甲骨文字典》："允，象人头顶有标志之形，所象何意不明。前人考释亦众说纷纭，如谓：'象人回头形，点首允许之状，头上之丨为进而益上之形等。'"根据前代字典辞书所释，我们认为"允"之构形，释为"点头相信"为确。《尔雅·释诂》："允，信也。"又曰："允，诚也。"《方言》卷一："允，信也。齐鲁之间曰允。"

本义为诚信。《诗·商颂·长发》："允也天子，降予卿士。"唐代孔颖达疏："信也，上天子而爱之，下大贤之人予之，使为卿士。"《尚书·尧典》："允恭克让，光被四表，格于上下。"汉代孔安国传："允，信。克，能。"

引申为答应、许可。《明史·席书传》："而书得疾不能视事，屡疏乞休，举罗钦顺自代，帝辄慰留不允。"元末明初罗贯中《三国演义》："他若令主公去征讨江东，切不可应允。"明代凌濛初《初刻拍案惊奇》卷二十："当下刘元普又说起长公子求亲之事，张老夫人欣然允诺。"今有词语"允诺""允当"。

第三节 "卩"部及其例字

"卩"（jié）部也是"人"部的变体，"卩"是"跽"（jì）的初文。《说文·足部》："跽，长跪也。"从"卩"得义的字与人有关。

卩（jié）

一、形体演变

甲骨文	小篆	楷书
		卩

二、构形理据

卩，象形字。甲骨文的"卩"，像一个面朝左跪坐的人形，突出了人的膝盖关节。小篆已看不出跪坐"人"的形象了。楷书写作"卩"，作部件时写作"卩"或"㔾"。

"卩"是"人"的变体,是"跽"的初文。《说文》:"跽,长跪也。"《说文段注》:"係(xì继)于拜曰跪,不係于拜曰跽。"林义光《文源》:"卩,凡从㔾(卩)之字,皆以人为义,实即人字。屈下体象跽伏形。"徐中舒《甲骨文字典》:"卩,象人席地而坐之坐姿。段玉裁谓:'古人之跪与坐皆膝著于席,而跪耸其体,坐下其脽(shuí臀部)。'跪为殷人祭祀时跪拜姿态,坐为燕居闲处姿态,因皆为双膝著于地之形,故得同以㔾象之而不复区别,㔾字因有祭祀时礼拜之义。"方述鑫等《甲骨金文字典》:"卩,甲骨文象席地而坐之姿。"

三、本义

本义为跪坐之人。《说文》"卩,瑞信也",析形不确,其义当为假借义。林义光《文源》:"凡从㔾(卩)之字皆以人为义,实即人字。屈下体象跽伏形。"

四、理据例说

卩,现今不单独成字,只作部件,为《说文》《现代汉语词典》部首。"卩"是"人"部的变体,凡从"卩"取义的字均与人的腿部动作有关。这类字主要有"印、即、卬、却、卸、危、卷"等。

印(yìn)

甲骨文	金文	小篆	楷书

印,会意字。甲骨文的"印",左上边是一只"爪"(手),右下边为一个跪坐的人,合起来表示一只手按住一个跪着的人的头部,使之跪拜。金文、篆文字形基本承续甲骨文。从"卩"表示与人有关,在字中表义。楷书笔画化。《说文·印部》:"印,执政所持信也。从爪从卩。"《说文段注》:"凡有官守者皆曰执政。其所持之卩(jié)信曰印,古上下通曰玺。《周礼》玺节注曰:'今之印章。'"《玉篇·印部》:"印,信也。亦谓之玺也。"按"印"之字形,当为按压。

本义为抑按,文献用例较少。常用义为印章。蔡邕《独断》:"玺者,印也。印者,信也。"《汉书·艺文志》:"皆所以通知古今文字,摹印章,书幡信也。"唐代杜甫《惜别行,送向卿进奉端午御衣之上都》:"麒麟图画鸿雁行,紫极出入黄金印。"引申为痕迹、标记。元末明初施耐庵《水浒传》第八回:"原来宋时,但是犯人徒流迁徙的,都脸上刺字,怕人恨怪,只唤做'打金印'。"

即(jí)

甲骨文	金文	小篆	楷书

即,会意字。甲骨文的"即",左边像一个器皿盛满食物,右边像一个跪坐的人,表示一个人马上走近食物吃饭。金文基本承续甲骨文字形。小篆略有变形,即左边装满食物的器皿部件字形有了变化。从"卩"表示与人有关,在字中

表义。楷书笔画化。《说文·皀（jí）部》："即，即食也。从皀卩声。"方述鑫等《甲骨金文字典》："即，甲骨、金文象人就食之形。"

本义为走近就食，走近。《周易·鼎》："鼎有实，我仇有疾，不我能即，吉。"魏王弼注："困於乘刚之疾不能就我，则我不溢，得全其吉也。"《诗·卫风·氓》："匪来贸丝，来即我谋。"汉代郑玄笺："即，就也。"就，就是走近。基本义是接近、靠近、走向，与"离"对举。唐代柳宗元《童区寄传》："夜半，童自转，以缚即炉烧绝之，虽疮手勿惮。"

卬（yǎng）

卬，会意字。"卬"是"仰"的初文。金文的"卬"，左上边像一个面向右边站立的人，右边像一个面朝左跪坐的人，表示翘首仰望之意，是"仰"的本字。小篆基本承续金文字形。从"卩"表示与人有关，在字中表义。楷书笔画化。《说文·匕部》："卬，望，欲有所庶及也。《诗》曰：'高山卬止。'"意即"仰望，希望有可能达到这种境界"。《甲骨金文字典》中未见此字。

本义为翘首仰望。《说文》中"卬"虽在"匕"部，但与人抬头仰望有关，即与"卩"联系密切。《诗·大雅·云汉》："瞻卬昊天，云如何里！"唐代陆德明《经典释文》："卬音仰，本亦作'仰'。"程俊英译注《诗经》："卬通'仰'，瞻卬，仰望。"

却（què）

却，形声字。"却"字的异体为"卻"。小篆的"卻"字，从卩（jié）谷（音 juè，与"谷"不同）声。右边为"卩"，即指跪坐之人，像人下跪之姿，人大腿骨节屈曲的样子，从"卩"表示与人有关，在字中表义；左边为"谷"，在字中表音。隶变后楷书写作"卻"，"卻"与"郤"形体相近易混，从俗"卻"改为"却"。《玉篇·卩部》："卻，节卻也。俗作却。"

本义为退却。《战国策·秦策一》："弃甲、兵怒，战栗而却，天下固量秦力二矣。"《史记·廉颇蔺相如列传》："相如因持璧却立，倚柱，怒发上冲冠。"《史记·魏公子列传》："如姬必许诺，则得虎符夺晋鄙军，北救赵而西却秦，此五霸之伐也。"

卸（xiè）

卸，会意兼形声。小篆的"卸"字，右边从"卩"，为跪坐之人，引申为停下来，从"卩"表示与人有关，在字中表义；左下边为"止"，是脚趾之"趾"的初文；"午"在字中表声。《说文·卩部》："卸，舍车解马也。从卩（jié）止午。"

本义为停车后解去马鞍。《广韵·禡韵》："卸，卸马去鞍。"《孟子·梁惠王上》：

"填然鼓之，兵刃既接，弃甲曳兵而走，或百步而后止，或五十步而后止。"成语有"丢盔弃甲"，后作"丢盔卸甲"。在此"卸""弃"同义。杜甫《王竟携酒高亦同过》："自愧无鲑菜，空烦卸马鞍。"

危（wēi）

甲骨文	籀文	小篆	楷书
			危

危，会意字。甲骨文构形，词义不明。籀文的"危"，上边为"人"，下边为"山"，表示人处在山巅或高崖之上，身居险境。小篆的"危"字，上面为蹲踞的"人"形，中部为"厂"（hǎn），"厂"是山崖，下边的"㔾"（jié）也是人的变形，表示人在崖顶怕摔下来或在下面被砸而心里害怕。从"㔾"表示与人的动作有关，在字中表义。楷书笔画化。《说文·危部》："危，在高而惧也。从厃（wēi），自㔾止之。"林义光《文源》："厂（hǎn）上、厂下皆危地，象人在厂上、在厂下形。"

本义为人处高处、身居险境，危险。《论语·宪问》："见利思义，见危授命，久要不忘平生之言，亦可以为成人矣。"《韩非子·十过》："亡弗能存，危弗能安，则无为贵智矣。"引申为恐惧、忧惧。《战国策·西周策》："夫本末更盛，虚实有时，窃为君危之。"《战国策·楚策一》："今君擅楚国之势，而无以深自结于王，窃为君危之。"

卷（juǎn）

金文	小篆	楷书
		卷

卷，形声字。金文的"卷"，从㔾（jié）关（juǎn）声。右下像人屈膝而跪的样子；左上为"关"，在字中表音。小篆的"卷"，下边是"㔾"，屈膝跪坐，表示与人有关，在字中表义；上边为"关"，为声符。楷书笔画化。《说文》："卷，厀（xī）曲也。从㔾关声。"

本义为屈膝，文献用例较少。常用义为把物弯卷成圆筒形。《诗·大雅·卷阿》："有卷者阿，飘风自南。"汉代毛亨传："卷，曲也。"唐代杜甫《闻官军收河南河北》："却看妻子愁何在，漫卷诗书喜欲狂。"宋代苏轼《教战守策》："天下既定，则卷甲而藏之。"今常用义为书卷。有成语"手不释卷"。引申为席卷。唐代柳宗元《至小丘西小石潭记》："全石以为底，近岸，卷石底以出，为坻，为屿，为嵁，为岩。"唐代岑参《白雪歌送武判官归京》："北风卷地白草折，胡天八月即飞雪。"唐代杜甫《茅屋为秋风所破歌》："八月秋高风怒号，卷我屋上三重茅。"

第四节　"大"部及其例字

"大"部也是"人"部的变体，从"大"得义的字均与人事有关。商承祚《甲骨文字研究》："又大，《说文》'天大地大人亦大'，故大像人形。""又人，'天地之性最贵者也'，此籀文像臂胫之形。""又儿，'古文奇字人也，象形'。孔子曰：'在人下，故诘屈。'今以甲骨文证之，皆是一字。视观不同，写法不同，后人不明，遂分为三字矣。"商承祚先生考证出"大""人""儿"三字为一字，其意义有相同点。

大（dà）

一、形体演变

甲骨文	金文	小篆	楷书
𠓠	𠔼	大	大

二、构形理据

大，象形字。甲骨文、金文与小篆的"大"字，均像正面站立的大人之形，双脚叉开，两臂伸展，是个顶天立地的成年人形象。又由人之大引申为凡大之称。从"大"表示与人的高大有关。抽象的"大"的概念不好表示，所以借助成年"人"的形象表示"大"的意思。《说文·大部》："大，天大，地大，人亦大，故大象人形。古文大也。"《说文段注》："大，象人形。《老子》曰：'道大，天大，地大，王大。人法地，地法天，天法道。'"方述鑫等《甲骨金文字典》："大，甲金文象人正立之形，与象幼儿形之子相对，其本义为大人，引申之为凡大之称，而与小相对。"林义光《文源》："𠂉（人）象侧立，𠓛（大）象正立。"

三、本义

本义为大，与"小"相对，指容量、体积、强度、面积、数量、力量、范围等方面超过常数，或超过比较对象。清代王筠《说文句读》："此谓天地之大，无由象之以作字，故象人之形以作大字。"徐中舒《甲骨文字典》："大，引申之而有程度深、范围广之意。"《诗·郑风·遵大路》："遵大路兮，掺（shǎn）执子之袪（qū）兮！"《孟子·尽心上》："大匠不为拙工改废绳墨，羿不为拙射变其彀（gòu）率。"《列子·汤问》："日初出大如车盖，及日中则如盘盂，此不为远者小而近者大乎？"

四、理据例说

"大"是汉字部首之一，现今既可单用，也可作部件，为《说文》部首，现今字典、辞书仍设大部。"大"作大人讲，很难在典籍中找到用例，但在汉字中凡从"大"取义的字均与大人、长大、人事等义有关。这类字主要有"夫、奔、亦、天、交、夷、夹（夾）、奚"等。

夫（fū）

甲骨文	金文	小篆	楷书
夫	夫	夫	夫

夫，象形字。甲骨文、金文的"夫"，是一个正面站立的人形，即"大"字，上面的一横是头簪形。古代礼制，成年男子要束发加冠才算丈夫（男子汉），故加"一"作标志。小篆字形讹变。从"大"表示与大人、长大、人事等义有关。楷书笔画化。《说文·夫部》："夫，丈夫也。从大，一以象簪也。周制以八寸为尺，十尺为丈，人长八尺，故曰丈夫。"丈夫，即男子汉。徐中舒《甲骨文字典》："甲骨文大天夫一字。"

本义为成年男子。《诗·周南·兔罝》："赳赳武夫，公侯干城。"汉代贾谊《论积贮疏》："一夫不耕，或受之饥。"引申为女子的配偶。《乐府诗集·陌上桑》："使君自有妇，罗敷自有夫。"

奔（bēn）

金文1	金文2	小篆	楷书
奔	奔	奔	奔

奔，会意字。金文1的"奔"，左边从彳（chì），表示道路，右上边为一个摆动双臂的大人之"大"，下边为三个"止"（趾）字，表示人挥动双臂在路上奔跑。金文2省去"彳"。小篆的"奔"将金文的"大"字变为"夭"，将金文的三个"止"误写成三个"屮"（chè），也可以理解为人在草地上奔跑。从"大"表示与大人、长大、人事等义有关。楷书笔画化。《说文·夭部》："奔，走也。从夭，贲省声。"方述鑫等《甲骨金文字典》："奔，金文象人疾走形。下体所从之三止象足迹，为《说文》奔字篆文所本。"

本义为奔跑、快跑。《尔雅·释宫》："中庭谓之走，大路谓之奔。"《玉篇·夭部》："以罪走出他国曰奔，今作奔。"《楚辞·离骚》："忽奔走以先后兮，及前王之踵武。"《国语·周语上》："恭王游於泾上，密康公从，有三女奔之。"成语有"东奔西跑""奔走呼号"。

亦（yì）

甲骨文	金文	小篆	楷书
亦	亦	亦	亦

亦，指事字。"亦"是"腋"的本字。甲骨文、金文、小篆的"亦"，像一个正面站立的人形，即"大"字，两臂之下的两个点是指事符号，表示这里就是两腋。金文、小篆的"亦"承续甲骨文字形。从"大"表示与大人、长大、人事等义有关。楷书笔画化。《说文·亦部》："亦，人之臂亦也。从大，象两亦之形。"方述鑫等《甲骨金文字典》："亦，甲金文从大，从八。八为指事符号，示人两腋之所在，与《说文》亦字篆文同。腋为后起之形声字。"

本义为"腋",指人的腋窝。这个意义后来写作"腋"。"亦"后世假借为虚词,后又另造形声字"腋"表示本义。"亦"作腋窝讲,文献例证缺失。常用引申义为"也、也是",副词。《战国策·魏策四》:"布衣之怒,亦免冠徒跣(xiǎn),以头抢地尔。"《史记·陈涉世家》:"今亡亦死,举大计亦死,等死,死国可乎!"明代张溥《五人墓碑记》:"而为之记,亦以明死生之大,匹夫之有重于社稷也。"

天(tiān)

甲骨文	金文	小篆	楷书

天,会意字。甲骨文的"天"字,像正面站立的"大"人之形,上方一横表示、突出了人的头部,义同"颠"字,即头顶。金文承续甲骨文字形,只是将人的头部由一横变为圆点。小篆将"大"上的圆点变为长横。从"大"表示与大人、长大、人事等义有关。楷书笔画化。《说文·一部》:"天,颠也。至高无上,从一、大。"《说文段注》:"天,颠也。……颠者,人之顶也。以为凡高之称。"方述鑫等《甲骨金文字典》:"天、大本是一字,只因为又在'大'字形的上部增加巨首形,或者用'二''一'符号标志所指的部位以表示人的颠顶,由颠顶引申为上天的天。"

本义为头或头顶。《山海经·海外西经》:"形天与帝至此争神,帝断其首,葬之常羊之山。"晋代陶渊明《读山海经》其十:"刑天舞干戚,猛志固常在。"今有词语"天灵盖",指头顶骨。引申为天空。《乐府诗集·敕勒歌》:"天似穹庐,笼盖四野。"宋代杨万里《晓出净慈寺送林子方》:"接天莲叶无穷碧,映日荷花别样红。"清代薛福成《观巴黎油画记》:"仰视天,则明月斜挂,云霞掩映;俯视地,则绿草如茵,川原无际。"

交(jiāo)

甲骨文	金文	小篆	楷书

交,象形字。甲骨文的"交",像一个"大"人两腿左右交叉站立。金文、篆文基本承续甲骨文的字形。从"大"表示与大人、长大、人事等义有关。楷书笔画化。《说文·交部》:"交,交胫也。从大,象交形。"方述鑫等《甲骨金文字典》:"交,甲金文象人两胫交互之形,为《说文》交字篆文所本。"

本义为两腿交叉而立。此义项文献例证缺失。常用引申义为交叉。《楚辞·九歌·国殇》:"旌蔽日兮敌若云,矢交坠兮士争先。"引申为交互。《左传·隐公三年》:"周、郑交恶。君子曰:'信不由中,质无益也。'"晋代杜预注:"两相疾恶。"《礼记·王制》:"南方曰蛮,雕题交趾,有不火食者矣。"汉代郑玄注:"交趾,足相乡然,浴则同川,卧则僢(chuǎn)。"

引申为交接、移交、交换。《小尔雅·广诂》:"交,易也。"《荀子·儒效》:"《诗》

曰：'平平左右，亦是率从。'是言上下之交不相乱也。"蒋南华等《荀子全译》将"上下之交不相乱"翻译为"君臣上下之间的关系不能紊乱"。

夷（yí）

甲骨文1	甲骨文2	金文	小篆	楷书
㇏	夶	夷	夷	夷

夷，会意字。甲骨文1的"夷"与"尸"相同，像面朝左侧坐着的人形，即"尸"字。甲骨文2为左边一个大人，右下边为一个小人形。金文是一支箭（即"矢"）上系着一条丝绳，像系着丝绳射鸟用的短箭，即"矰"（zēng）字。小篆将"矢"变为正面的人形，即"大"。从"大"表示与大人、长大、人事等义有关。楷书笔画化。《说文·大部》："夷，东方之人也。从大从弓。"方述鑫等《甲骨金文字典》："甲金文夷字作人形。金文或从大，从弓，与《说文》篆文同。"

本义为古代对东方少数民族的通称，后泛指四方的少数民族。《论语·八佾》："夷狄之有君，不如诸夏之亡（无）也。"《后汉书·东夷列传》："夷有九种，曰畎夷，于夷，方夷，黄夷，白夷，赤夷，玄夷，风夷，阳夷。"今有双音词"东夷""蛮夷"。引申为平坦。宋代王安石《游褒禅山记》："夫夷以近，则游者众；险以远，则至者少。"

夹（夾 jiā）

甲骨文	金文	小篆	楷书	简化字
夾	夾	夾	夾	夹

夹（夾），会意字。甲骨文的"夾"字，中间是一个"大"人，左右是两个小人儿，表示两个人在一个"大"（人）的两腋之下；或者左右二人从两边辅助中间一个人。金文、小篆承续甲骨文字形。从"大"表示与大人、长大、人事等义有关。楷书承续小篆字形，笔画化。现简化为"夹"，用草书楷化法简化，较早见于汉代碑刻，为记号字。《说文·大部》："夹，持也。从大挟二人。"林义光《文源》："夹，象二人相向夹一人之形。"方述鑫等《甲骨金文字典》："夹，甲金文象人两腋下夹持二人之形。"

本义为从左右挟持。《尚书·多方》："尔曷不夹介乂我周王，享天之命？"引申为辅佐。《左传·僖公四年》："五侯九伯，女实征之，以夹辅周室。"《左传·僖公二十六年》："恃先王之命，昔周公、大公股肱周室，夹辅成王。"今有熟语"夹道欢迎"。

奚（xī）

甲骨文	金文	小篆	楷书
奚	奚	奚	奚

奚，会意字。甲骨文的"奚"，左上边为"爪"，即手，表示抓取；右边为被绳索捆绑的人形，表示用手牵着一个颈上套着绳索的人（战俘或奴隶）。金文"奚"承续甲骨文字形。小篆"奚"字淡化了金文的人形，将"爪"移

到了上边。从"大"表示与大人、长大、人事等义有关。楷书将原来的"人"变成了"大"，笔画化。徐中舒《甲骨文字典》："奚，象以手搤罪奴发辫之形，其罪隶形作 ![字形]、![字形]、![字形] 等，皆为头上有编发之人形。"奚为殷代奴隶之一种。

本义为奴隶，特指女奴。《周礼·天官·冢宰》："酒人奄十人，女酒三十人，奚三百人。"汉代郑玄注："古者从坐男女，没入县官为奴，其少才知，以为奚，今之侍史官婢。或曰：'奚，宦女。'"《周礼·秋官司寇下·禁暴氏》："凡奚隶聚而出入者，则司牧之，戮其犯禁者。"汉代郑玄注："奚隶，女奴男奴也。"今常用义为代词，何、什么。晋代陶渊明《归去来兮辞》："聊乘化以归尽，乐夫天命复奚疑！"唐代韩愈《答李翊书》："虽几于成，其用于人也奚取焉？"《清史稿·荣全传》："为我属地，我自济之，与俄奚涉焉？"

第五节 "立"部及其例字

"立"部也是"人"部的变体，从"立"得义的字与人站立有关，也表示站立的地方。

立（lì）

一、形体演变

甲骨文	金文	小篆	楷书
大	大	立	立

二、构形理据

立，会意字。甲骨文的"立"字，像一个人站立在地面上，下面的"一"是指事符号，表示地面。金文、小篆的"立"承续甲骨文字形。小篆的"立"稍有变化，将两条腿变为两竖，略失原形。楷书笔画化。《说文·立部》："立，住也。从大立一之上。"方述鑫等《甲骨金文字典》："立，甲金文从大，从一，象人正面站立之形，一表示所立之地。"

三、本义

本义为站立。林义光《文源》："立，象人正立地上形。"《左传·庄公八年》："射之，豕人立而啼。公惧，队于车，伤足丧屦。"《左传·宣公二年》："华元逃归，立于门外，告而入。"《庄子·养生主》："提刀而立，为之四顾，为之踌躇满志，善刀而藏之。"《史记·廉颇蔺相如列传》："王授璧，相如因持璧却立，倚柱，怒发上冲冠。"《史记·项羽本纪》："哙遂入，披帷西向立。"《玉台新咏·为焦仲卿妻作（并序）》："作计乃尔立，

29

转头向户里,渐见愁煎迫。"宋代晏几道《临江仙》:"落花人独立,微雨燕双飞。"

四、理据例说

"立"是汉字部首之一,现今既可单用,也可作部件,为《说文》《现代汉语词典》《新华字典》部首。在汉字中,凡从"立"取义的字大多与站立、建树、人事有关。这类字主要有"站、竦、俟(竢)、并(竝、並)、竣、靖、竭、竖(豎)、端"等。

站（zhàn）

站,形声字。小篆的"站",从立占声。左边从"立",表示与直立有关,在字中表义,为形符,右边是"占",在字中表音,用作声符,构成左形右声的形声字。楷书笔画化。《广韵·陷韵》:"站,俗言独立。"站,为后起字,《说文》中无此字。

本义为站立。明代戚继光《纪效新书·射法》:"凡射,或对贼、对把,站定观把子或贼人,不许看扣。"明代吴承恩《西游记》第三十九回:"这行者引唐僧站立在白玉阶前挺身不动,那阶下众官无不悚惧。"清代曹雪芹《红楼梦》第九回:"此时宝玉独站在院外屏声静候,待他们出来,便忙忙的走了。"

竦（sǒng）

竦,会意字。小篆的"竦",从立从束。左边从"立",表示站着;右边从束,表示约束。从"立"表示与站立、建树、人事有关。楷书承续小篆字形,笔画化。《说文·立部》:"竦,敬也。从立从束。"《说文段注》:"敬者,肃也。《商颂》传曰:'竦,惧也。'此谓叚(jiǎ)竦为愯(sǒng)也。愯者,惧也。"

本义为恭敬地站立。汉代张衡《思玄赋》:"竦余身而顺止兮,遵绳墨而不跌。"李周翰注:"竦,立。"《汉书·魏豹田儋韩王信传》:"士卒皆山东人,竦而望归,及其蠡东乡,可以争天下。"唐代颜师古注:"竦谓引领举足也。蠡与锋同。乡读曰向。"清代蒲松龄《聊斋志异·促织》:"巫从旁望空代祝,唇吻翕辟,不知何词。各各竦立以听。"

俟（竢 sì）

俟(竢),形声字。小篆的"竢",从立矣声。左边从"立",表示与直立有关,在字中表义,右边为"矣",在字中表音,构成从立矣声的形声字。楷书承续小篆字形。现简化为"俟",将具有等待义的"竢"字简化为"俟",为改换成新的形声字简化法简化。《说文·立部》:"竢,待也。从立矣声。"《说文段注》:"经传多假俟为之,俟行而竢废矣。"

本义为等待。《尔雅·释诂》："竢，待也。"《诗·邶风·静女》："静女其姝，俟我于城隅。"汉代毛亨传："俟，待也。"《汉书·贾谊传》："恭承嘉惠兮，竢罪长沙。"唐代颜师古曰："竢，古俟字。俟，待也。"唐代柳宗元《捕蛇者说》："故为之说，以俟夫观人风者得焉。"

并（竝、並 bìng）

| 甲骨文 | 金文 | 小篆 | 楷书 | 简化字 | 简化字 |

并（竝、並），会意字。甲骨文、金文、小篆的"竝"字，上面是正面站立在一起的两个人，脚下有一条横线表示地面，表示两个人并排站立在一起。从"立"表示与站立、建树、人事有关。楷书写作"竝"，简化为"並"与"并"，现"并"为正体。"竝""並"与"併"作为异体字停止使用，"并"为记号字。《说文·从部》："并，相从也。从从幵（jiān）声。一曰从持二为并。"林义光《文源》："竝，象二人并立形。"意即并肩而立。方述鑫等《甲骨金文字典》："竝，甲金文从二立，或从二大，同。象二人并立之形。后作並。"

本义为并排站立。《说文·竝部》："竝，併也。从二立。"《礼记·儒行》："儒有合志同方，营道同术，并立则乐，相下不厌，久不相见，闻流言不信。"孔颖达疏："'并立则乐'者，谓与知友并齐而立，俱同仕官，则欢乐也。"《文心雕龙·附会》："并驾齐驱，而一毂（gǔ）统辐，驭文之法，有似于此。"引申为兼并、并吞。《战国策·中山策》："魏并中山，必无赵矣。公何不请公子倾以为正妻，因封之中山，是中山复立也。"《史记·秦始皇本纪》："秦初并天下，令丞相、御史曰：'异日韩王纳地效玺，请为藩臣。'"

竣（jùn）

| 小篆 | 楷书 |

竣，形声字。小篆的"竣"，从立夋（qūn）声。左边为"立"，表示与人站立动作有关，在字中表义；右边为"夋"，在字中表声，为声符。楷书承续小篆字形，笔画化。《说文·立部》："竣，偓（wò）竣也。从立夋声。《国语》曰：'有司已事而竣。'"《说文段注》："居讹倨。倨讹偃。竣乃复举字。倒于下，遂为偓竣矣。"

本义为退位。《玉篇·立部》："竣，退伏也。"《正字通·立部》："竣，事毕也。"退伏、退位为"竣"之本义。"竣"常用引申义为完成、完工。《国语·齐语》："有司见而不以告，其罪五。有司已于事而竣。"三国韦昭注："竣，退伏也。"引申为完成某项工作，竣工。元末明初罗贯中《三国演义》第六十一回："便差军数万筑濡须坞。晓夜并工，刻期告竣。"这句中的"竣"，用的是引申义。今有双音词"竣工"。

靖（jìng）

小篆	楷书
靖	靖

靖，形声字。小篆的"靖"，从立青声。左边从"立"，表示与人站立动作有关，在字中表义，为形符；右边为"青"，在字中表音，为声符。楷书承续小篆字形，笔画化。《说文·立部》："靖，立竫（jìng）也。从立青声。"《说文段注》："谓立容安竫也。"

本义为安定、安抚。《诗·小雅·小明》："靖共尔位，正直是与。"《尚书·盘庚上》："则惟汝众，自作弗靖，非予有咎。"《左传·昭公二十五年》："鲁君失民矣，焉得逞其志？靖以待命犹可，动必忧。"李梦生《左传译注》注"靖"为"安静、安心"。《淮南子·精神训》："廓惝而虚，清靖而无思虑。"《三国志·陆逊传》："君其茂昭明德，脩乃懿绩，敬服王命，绥靖四方。"《元史·郭嘉传》："会方择守令绥靖辽东，乃授嘉广宁路总管，兼诸奥鲁劝农防御。"今有"绥靖"一词，指安抚、安定。

竭（jié）

小篆	楷书
竭	竭

竭，形声字。小篆的"竭"，从立曷声。从"立"表示与站立等动作有关，在字中表义，为形符；"曷"在字中表音，为声符。楷书承续小篆字形，笔画化。《说文·立部》："竭，负举也。从立曷声。"《说文段注》："负举，凡手不能举者，负而举之。"

本义为用肩背负。《礼记·礼运》："五行之动，迭相竭也。五行四时十二月，还相为本也。"汉代郑玄注："竭，犹负载也。言五行运转，更相为始也。"负载，即站立背负。"竭"今之常用义为完或尽。唐代王维《杂曲歌辞·苦热行》："草木尽焦卷，川泽皆竭涸。"成语有"竭尽全力""精疲力竭"。

引申为干涸、枯竭。《淮南子·本经训》："麒麟不游，覆巢毁卵，凤凰不翔，钻燧取火，构木为台，焚林而田，竭泽而渔。"唐代白居易《昆明春——思王泽之广被也》："往年因旱池枯竭，龟尾曳涂鱼煦（xǔ）沫。"引申为悉、全，副词。《管子·大匡》："吴人伐毂，桓公告诸侯未遍，诸侯之师竭至，以待桓公。"明代胡应麟《诗薮》内篇卷二古体中五言："古诗正与檀弓类，盖皆和平简易而其叙致周折，语意神奇处更千百年大匠国工殚精竭力不能恍惚。"

竖（豎 shù）

小篆	楷书	简化字
豎	豎	竖

竖（豎），形声字。小篆的"豎"字，从臤（qiān）豆声。上部为"臤"，有坚固之意，只有坚固物体才能立得起来，在字中作形符；下部为"豆"，在字中表音，为声符。楷书的"豎"，声符"豆"变为"立"，从"立"表示与直立有关。"竖"是"豎"的异体字，现"豎"简化为"竖"，为意号字，"立"为意符，"収"为记号，为类推简

化。《说文·立部》:"竖（豎），竖立也。从臤豆声。"《说文段注》:"竖立为坚固立之也，豎与尌音义同，而豎从臤，故知为坚立。"《广雅·释诂》:"竖，立也。"

本义为直立。《后汉书·灵帝纪》:"壬午御殿后槐树自拔倒竖，青、徐黄巾复起，寇郡县。"《辞海》注"竖"为"直立"。明代魏学洢《核舟记》:"（佛印）卧右膝，诎右臂支船，而竖其左膝，左臂挂念珠倚之——珠可历历数也。"引申为小子、童仆。《史记·项羽本纪》:"竖子不足与谋。夺项王天下者，必沛公也，吾属今为之虏矣。"《列子·说符》:"杨子之邻人亡羊，既率其党，又请杨子之竖追之。"

端（duān）

甲骨文	小篆	楷书
耑	耑	端

端，形声字。甲骨文的"端"，从立耑（duān）声。左边从"立"，表示与人的站立有关；右边为"耑"，在字中表音。小篆承续甲骨文字形。楷书笔画化。《说文·立部》:"端，直也。从立耑声。"《说文段注》:"端，直也。用为发耑、耑绪字者叚借也。"《说文·耑部》:"耑，物初生之题也。"甲骨文字典未见。《玉篇·立部》:"端，绪也。直也。"

本义为站得直，端正。《广雅·释诂一》:"端，正也。"《礼记·玉藻》:"端行，颐霤如矢。弁行，剡（yǎn）剡起屦。"汉代郑玄注:"端，直也。"《庄子·山木》:"颜回端拱还目而窥之。"《礼记·祭义》:"祭日於东，祭月於西，以别外内，以端其位。"汉代郑玄注:"端，正。"《荀子·成相》:"水至平，端不倾。"汉代贾谊《治安策》:"于是皆选天下之端士孝悌博闻有道术者以卫翼之，使与太子居处出入。"常用义为事物的一头或一方面。明代魏学洢《核舟记》:"东坡右手执卷端，左手抚鲁直背。"元末明初罗贯中《三国演义》第一回:"五原山岸，尽皆崩裂。种种不祥，非止一端。"清代张潮《虞初新志·秋声诗自序》:"虽人有百手，手有百指，不能指其一端。"

第六节　"尸"部及其例字

"尸"部也是"人"部的变体，从"尸"得义的字大多与人有关。

尸（shī）

一、形体演变

甲骨文	金文	小篆	楷书
𡰣	𠃋	尸	尸

二、构形理据

尸，象形字。古代祭祀时，代表死者受祭的人。古时由臣子或死者的晚辈代表死去的国君或祖先受祭，他们坐着不动。这样的人叫"尸"或"尸祝"。后世祭祀不再实行用"尸"制度，改用牌位或画像代替。甲骨文、金文的"尸"字，上部为头，向左伸展的一笔为胳膊，下部为腿足之形，像一个面朝左而屈膝的人形。小篆稍有变形，"尸"像卧着的人形。楷书笔画化。"尸"与"屍"为两个不同的字，"尸"为代表死者受祭的活人，"屍"指死人的尸体。现"屍"简化为"尸"，这样"尸"就有了两个不同的义项：一是尸体；二是代表死者受祭的活人。《说文·尸部》："尸，陈也。象人卧之形。"《说文段注》："按凡祭祀之尸训主。《郊特牲》曰：'尸，陈也。'注曰：'此尸神象。'"方述鑫等《甲骨金文字典》："尸，甲骨文、金文之字形，与㇄、㇇（人）字形相近。尸字特点为下肢弯曲，象屈膝蹲踞之形。"

三、本义

本义为代表死者受祭的人。《诗·小雅·楚茨》："神具醉止，皇尸载起。鼓钟送尸，神保聿归。"汉代郑玄笺："尸，节神者也。"《礼记·曲礼上》："《礼》曰：'君子抱孙不抱子。'此言孙可以为王父尸，子不可以为父尸。"汉代郑玄注："以孙与祖昭穆同。"

"尸"表示"尸体"是后起义。清代徐灏《段注笺》："'尸'本人卧之称，因人死而长卧不起，亦谓之尸。久之引申义行而本义废。"《玉台新咏·古诗为焦仲卿妻作》："我命绝今日，魂去尸长留。"元末明初施耐庵《水浒传》第二十五回："将片白绢盖了脸，拣床干净被盖在死尸身上。"

四、理据例说

"尸"为部首字，既可单用，也可作部件，是《说文》部首。现今字典、辞书仍设"尸"部。汉字中凡从"尸"取义的字，大多与人之躯体或房屋等义有关。这类字主要有两类：

第一，表示与人的躯体有关的，如"屠、尼、尻、尾、展、屈、履"等。

屠（tú）

小篆	楷书
屠	屠

屠，形声字。小篆的"屠"，从尸者声。外面为"尸"，表示与人有关，在字中表义，指祭祀时代表死者受祭的活人，后引申为人或动物的躯体，用作形符；里面为"者"，在字中表音，为声符。楷书笔画化。《说文·尸部》："屠，刳（kū）也。从尸者声。"《说文段注》："刳也。刳，判也。从尸者声。"《玉篇·尸部》："屠，杀也。刳也。"

本义为宰杀牲畜。宋代戴侗《六书故·疑》："屠，刳剥畜牲也。"《史记·魏公子列传》："侯生谓公子曰：'臣所过屠者朱亥，此子贤者，世莫能知，故隐屠间耳。'"《史记·樊郦滕灌列传》："舞阳侯樊哙者，沛人也，以屠狗为事，与高祖俱隐。"《后汉书·何进传》："武生蛇祥，进自屠羊。"唐代李贤等注："进本屠家子也。"引申为以宰杀牲畜为职业的人，即屠夫。《战国策·韩策二》："臣有老母，家贫，客游以为狗屠，可旦夕得甘脆以养亲。"元末明初施耐庵《水浒传》第三回："郑大官人便是此间状元桥下卖肉的郑屠，绰号镇关西。"清代蒲松龄《聊斋志异·狼》："一屠晚归，担中肉尽，止有剩骨。"

尼（ní）

甲骨文	小篆	楷书

尼，会意字。"尼"是"昵"的本字。甲骨文的"尼"，左边为一个大人，中部下边为一个小孩，右边为"彳"（chù），指道路，表示无论大人去哪里，小孩都紧紧跟随，有亲昵之意。小篆的"尼"讹变，将甲骨文左边的大"人"写成"尸"，将小"人"写成"匕"，从尸表示与人有关。楷书笔画化。林义光《文源》："匕、尼不同音。匕，人之反文，尸亦人字，象二人相昵形，实昵之本字。"《说文·尸部》："尼，从后近之。从尸匕声。"《说文段注》："从后近之，尼训近。故古以为亲昵字。""尼，近也。"《小尔雅·广诂》："昵（尼），近也。"

本义为亲近、亲昵。《尸子下》："悦尼而来远。"外来义为尼姑，即佛教中出家修行的女子。《洛阳伽蓝记·胡统寺》："入道为尼，遂居此寺。"清代曹雪芹《红楼梦》第十八回："采访聘买的十个小尼姑、小道姑都有了，连新作的二十分道袍也有了。"又《红楼梦》第一一一回："先在院内偷看惜春房内，见有个绝色尼姑，便顿起淫心。"

尻（kāo）

甲骨文	小篆	楷书

尻，指事字。甲骨文的"尻"，是一个面朝左的人形，在"人"的臀部处加上一个指事符号"o"，表示屁股的所在。小篆的"尻"字，从尸（人）从九，"九"亦声，为会意兼形声字。从"尸"（人），表示与人体部位有关，在字中表义；"九"兼表声。楷书笔画化。《说文·尸部》："尻，脽（tún）也。从尸九声。"《说文段注》："尻，今俗云沟子是也。脽，今俗云屁股是也。析言是二，统言是一。"《玉篇·尸部》："尻，髋也。《说文》曰：'脽也。'"

本义为屁股。《王力古汉语字典》："尻，臀部。"《礼记·内则》："狼去肠，狗去肾，狸去正脊，兔去尻，狐去首。"明代吴承恩《西游记》第五十八回："第二是赤尻马猴，晓阴阳，会人事，善出入，避死延生。"清代蒲松龄《聊斋志异·狼三则》："身已半入，止露尻尾。"

尾（wěi）

| 甲骨文 | 金文 | 小篆 | 楷书 |

尾，象形兼会意字。甲骨文的"尾"，是一个面朝左的人形，在"人"的臀部处加上一个尾巴形的饰物，像人长有尾巴形。金文基本承续甲骨文字形，进一步突出"毛在臀部"的特征。小篆将"尸"（"人"的变形）与"毛"分开写。《说文·尾部》："尾，微也。从到（倒）毛在尸後。古人或饰系尾，西南夷亦然。"意即细微的尾巴，由倒着的"毛"字在"尸"字之后会意。古人有的装饰着尾巴，西南少数民族也是这样。徐中舒《甲骨文字典》："尾，从𠃌尸后加𠂉，象人之身后饰尾形。"

本义为人或动物的尾巴。《周易·履》："履虎尾，不咥（xì）人。亨，利贞。"引申为末端、末尾。《列子·汤问》："遂率子孙荷担者三夫，叩石垦壤，箕畚运于渤海之尾。"明代魏学洢《核舟记》："舟尾横卧一楫，楫左右舟子各一人。"清代曹雪芹《红楼梦》第六回："有了钱就顾头不顾尾，没了钱就瞎生气，成个什么男子汉大丈夫呢！"

展（zhǎn）

| 甲骨文1 | 甲骨文2 | 小篆 | 楷书 |

展，会意兼形声字。甲骨文1的"展"，上边的两个"口"像一排纽扣孔，下边的"口"指开合，表示解开衣扣。甲骨文2上边的两个"工"，像一排纽扣结，下边的"口"指开合，表示解开衣服的纽扣结。古代的上衣一侧有一排用布带做的扣孔，另一侧有一排用布做的哑铃状的纽扣结，将扣结别进扣孔，可以将左右两襟连在一起。此种说解仅为一说，《甲骨文字典》等著作未见。小篆的"展"，为形声字。外边是"尸"（人），表示代死者受祭之人，也表示与人的动作、行为有关，下边为"衣"的一半，表示展开衣服，均在字中表义；内部为"𧝑"（zhàn），在字中表音，为声符。楷书笔画化。《说文·尸部》："展，转也。"展转，为双声叠韵连绵词。

本义为伸展、扩展、转动。《广雅·释诂四》："展，舒也。"《字汇·尸部》："展，开也。"《国语·晋语二》："民疾君之侈也，是以遂于逆命。今嘉其梦侈必展，是天夺之鉴而益其疾也。"三国韦昭注："展，申也。"引申为陈列、展览。《左传·襄公三十一年》："百官之属，各展其物。"晋代杜预注："展，陈也。谓群官各陈其物以待宾。"

届（jiè）

| 小篆 | 楷书 |

届，会意兼形声字。小篆的"届"，从尸从凷（kuài），凷亦声。从"尸"表示与人有关，在字中表义，为形符，从"凷"指土块，凷亦声，合起来表示人行走路遇土块，行动不便。楷书笔画化。《说

文·尸部》："屆，行不便也。一曰极也。从尸由声。"《尔雅·释言》："屆，极也。"

本义为人行路不便，另一说为极限。《诗·小雅·节南山》："君子如届，俾民心阕。"汉代毛亨传："届，极。"汉代郑玄笺："届，至也。"唐代孔颖达疏："《释诂》云：'届、极，至也。'俱得为至，故笺并训之，不言'极'犹'至'也。"《诗·大雅·瞻卬》："蟊贼蟊疾，靡有夷届。"汉代郑玄笺："届，极也。"常用义为到、至。《玉篇·尸部》："届，至也。"《诗·小雅·小弁》："譬彼舟流，不知所届，心之忧矣，不遑假寐。"程俊英、蒋见元注译《诗经》："届，至。"今有词语"届时""届期"等。

履（lǚ）

履，会意字。金文的"履"，从足从页（xié）。左边从"足"，表示行走，右边从"页"，表示头部，合起来表示思考步行前往之意。籀文的"履"，从尸从彳（chì）从"舟"（舟），合起来表示人乘舟行走。小篆的"履"字，从尸从彳从复，从"尸"表示人，从"彳"表示道路。小篆将籀文"舟"的"舟"误为"复"，会意在路上行走。《说文·履部》："履，足所依也。从尸，从彳，从夂（zhǐ），舟象履形。一曰尸声。"

本义为踩、踏。《诗·小雅·小旻》："战战兢兢，如临深渊，如履薄冰。"引申为鞋子。《小尔雅·广服》："在足谓之履。"《玉篇·履部》："履，皮曰履。"《左传·僖公四年》："赐我先君履，东至于海，西至于河。"《韩非子·外储说左上》："郑人有欲买履者。"元末明初罗贯中《三国演义》第八十九回："孔明方欲通姓名，早有一人，竹冠草履，白袍皂绦，碧眼黄发，忻然出曰。"

第二，"尸"还与房屋有关，"尸"是由"广"（yǎn）演变而来的，如"屋、屏、层（層）"等。

屋（wū）

屋，会意字。小篆的"屋"，从尸从至。从"尸"表示与房屋有关，从"至"表示来到，意思是人来到这里居住之意。楷书笔画化。《说文·尸部》："屋，居也。从尸，尸，所主也。一曰，尸，象屋形。从至，至，所至止。"《说文段注》："尻（jū）各本作居，误，今正。凡尻处，于尸得几之字引申。不当用蹲居字也。屋者，室之覆也。引申之凡覆于上者皆曰屋。"

本义为房子、屋子。《诗·秦风·小戎》："言念君子，温其如玉。在其板屋，乱我心曲。"程俊英《诗经译注》："板屋，西戎民俗用木板盖房屋。……《汉书·地理志》：'天水郡陇西，山多林木，民以板为室屋。故秦诗曰：在其板屋。'"唐代杜甫《茅屋为秋风所破歌》："八月秋高风怒号，卷我屋上三重茅。"

屏（píng）

小篆	楷书
屛	屏

屏，形声字。小篆的"屏"，从尸并声。从"尸"，表示与宫室有关的事物，在字中表义，为形符；"并"在字中表音，为声符。楷书笔画化。《说文·尸部》："屏，屏蔽也。从尸并声。"《说文段注》："传曰：'屏，蔽也。'引申为屏除。"

本义为宫殿当门的小墙。《国语·吴语》："王乃入命夫人。王背屏而立，夫人向屏。"三国韦昭注："屏，寝门内屏。"《荀子·大略》："天子外屏，诸侯内屏，礼也。外屏，不欲见外也；内屏，不欲见内也。"蒋南华等《荀子全译》："屏，对着门的小墙，也叫照壁。《尔雅·释宫》：'屏谓之树。'郭璞注：'小墙当门中。'"引申为屏蔽。元末明初罗贯中《三国演义》第十三回："帝后都居于茅屋中，又无门关闭，四边插荆棘以为屏蔽。"

层（層 céng）

小篆	楷书	简化字
層	層	层

层（層），形声字，"层"的繁体为"層"。小篆的"層"，从尸从曾。从"尸"表示与宫室、房屋有关，"曾"在字中表音，为声符。楷书笔画化。现简化为"层"，用草书楷化法简化，金代《草书韵会》有近似字形，今为形号字，"尸"为形符，"云"为记号。《说文·尸部》："層（层），重屋也。从尸曾声。"《说文段注》："曾之言重也。曾祖、曾孙皆是也。故从曾之层为重屋。"

本义为重屋。南北朝刘孝绰《栖隐寺碑》："珠殿连云，金层辉景。"常用义为重叠。《楚辞·招魂》："层台累榭，临高山些。"汉代王逸注："层、累，皆重也。无木谓之台，有木谓之榭。"元末明初施耐庵《水浒传》第七十二回："禹画为豫州，周封为郑地。层叠卧牛之势，按上界戊己中央。"今有成语"层峦叠嶂""层出不穷"等。

第七节 "士"部及其例字

"士"部也是"人"部的变体，从"士"得义的字与人有关。

士（shì）

一、形体演变

甲骨文	金文	小篆	楷书
士	士	士	士

二、构形理据

士，会意字。学界对"士"字的解释众说不一，但许慎从文化的角度作了解析，简洁明了。《说文·士部》："士，事也。数始于一，终于十。从一，从十。孔子曰：'推十合一为士。'"推十合一，《说文段注》："始一终十，学者由博返约。"从一从十，善于做事情，从一开始，到十结束。"士"是既有知识，又有才干的人。"士"在商、西周、春秋为贵族阶层，多为卿大夫的家臣。春秋末年以后，"士"逐渐成为统治阶级中知识分子的统称。古代有谋士、策士、学士、武士、勇士等。"士"字从甲骨文到楷书字形变化不大。方述鑫等《甲骨金文字典》："士为王字之省，王为君王，士为官长，王象斧钺形，士亦象斧形，斧为工具，表示有所事，事、士通。"

三、本义

本义为古代男子的美称。《诗·郑风·女曰鸡鸣》："女曰鸡鸣，士曰昧旦。"汉代郑玄笺："此夫妇相警觉以夙兴，言不留色也。"《礼记·曲礼下》："列国之大夫，入天子之国，曰某士。"《汉书·食货志》："士农工商，四民有业。学以居位曰士，辟土殖谷曰农。"《后汉书·仲长统传》："以才智用者谓之士，士贵耆老。"引申为有教养、有地位的人。《孟子·告子下》："管夷吾举于士，孙叔敖举于海，百里奚举于市。"《战国策·魏策四》："此庸夫之怒也，非士之怒也。"

四、理据例说

王力《古代汉语》第二册《汉字部首举例》中指出："就原则上说，士部的字和男子有关，女部的字和妇女有关，子部的字和小孩有关。""士"为部首字，既可单用，也可作部件。在汉字中从"士"得义的字很少，常用的只有两个，即婿（壻）、壮（壯）。

婿（壻 xù）

小篆	楷书	简化字
壻	壻	婿

婿（壻），形声字。"壻"为"婿"的异体字。小篆的"壻"字，从士胥声。左上边从"士"，表示与人有关，在字中表义；右上及下边为"胥"，在字中表音。楷书笔画化，变为左右结构。现简化为"婿"，形旁"士"换为"女"，"士"与"女"均为"人部之类"，义通，仍为形声字。《说文·士部》："壻，夫也。从士胥声。《诗》曰：'女也不爽，士贰其行。'士者，夫也。"《尔雅·释亲》："女子之夫为壻。"壻，即今之"婿"字。

本义为女之夫。《乐府诗集·陌上桑》："东方千余骑，夫婿居上头。"又曰："坐中数千人，皆言夫婿殊。""壻"后写作"婿"。明代汤显祖《牡丹亭·写真》："若是姻缘早，把风流婿招，少什么美夫妻图画在碧云高。"

壮（壯 zhuàng）

| 金文 | 小篆 | 楷书 | 简化字 |

壮（壯），形声字。金文的"壯"，从士爿（pán）声。从"士"表示与人的动作有关，在字中表义，为形符；"爿"在字中表音，为声符。小篆的"壯"承续金文字形。楷书笔画化。现今简化字借俗体楷书简化为"壮"，楷书简体较早见于唐代《干禄字书》，仍为形声字。《说文·士部》："壮（壯），大也。从士爿声。"《说文段注》："《方言》曰：'凡人之大谓之奘，或谓之壮。'"方述鑫等《甲骨金文字典》中未见此字。

本义为壮年、壮实。《广雅·释诂》："壮，健也。"《周易·大壮》："大壮，利贞。"唐代孔颖达疏："大壮，卦名也。壮者，强盛之名。"《礼记·曲礼上》："人生十年曰'幼'，学。二十曰'弱'，冠。三十曰'壮'，有室。"《史记·项羽本纪》："壮士，赐之卮酒。"《史记·卫将军骠骑列传》："右贤王惊，夜逃，独与其爱妾一人壮骑数百驰，溃围北去。"清代梁启超《饮冰室合集·文集》："壮哉，我中国少年！"引申为豪壮、豪迈。《晋书·谯刚王逊传》："彼不知惧而学壮语，此之不武，何能为也。"唐代杜甫《壮游》："七龄思即壮，开口咏凤皇。"

第八节　"女"部及其例字

"女"部也是"人"部的变体，从"女"得义的字大多与妇女有关。

女（nǚ）

一、形体演变

| 甲骨文 | 金文 | 小篆 | 楷书 |

二、构形理据

女，象形字。甲骨文的"女"，像一个面朝左敛手跪坐的人形，上身直立，双臂交叉于胸前。金文基本承续甲骨文字形。小篆基本承续金文字形。楷书笔画化，已看不出敛手屈膝跪坐之形。《说文·女部》："女，妇人也。象形。"《说文段注》："男，丈夫也。女，妇人也。……浑言之女亦妇人，析言之适人乃言妇人也。"清代朱骏声《说文通训定声》："对文则处子曰女，适人曰妇。"徐中舒《甲骨文字典》："女，像屈膝交手之人形。妇女活动多在室内，屈膝交手为其于室内居处之常见姿态，故取以为女性之特征，以别于力田之为男性特征也。"方述鑫等《甲骨金文字典》："甲金文象屈膝交手之形，为妇女于室内居处之常见姿态，故取以为女性之特征。"

三、本义

本义为女性、女人，与"男"相对。古代特指未出嫁的女子，也泛指妇女。《诗·周南·关雎》："窈窕淑女，君子好逑。"唐代孔颖达疏："窈窕然处幽闲贞专之善女，宜为君子之好匹也。"《诗·卫风·氓》："女也不爽，士贰其行。"《玉台新咏·古诗为焦仲卿妻作》："女行无偏斜，何意致不厚。"晋代陶渊明《桃花源记》："其中往来种作，男女衣着，悉如外人。"引申为姑娘、女儿。《国语·越语上》："愿以金玉、子女赂君之辱，请勾践女女于王，大夫女女于大夫，士女女于士。"

四、理据例说

"女"为部首字。从"女"的字，大都与妇女有关。一些后起的形声字中的"女"只起表音作用，与"女"的本义无关。从"女"的字，表义较为复杂，大致有六类。

第一，表示姓氏，如"姓、姜、姬、姚、嬴"等，大多为母系社会的姓氏。

姓（xìng）

甲骨文	金文	小篆	楷书
			姓

姓，会意兼形声字。甲骨文的"姓"，从女从生，生亦声。从"女"，表示与母系社会姓氏有关；"生"与"姓"同源，表示生育繁衍，亦在字中表音，作声符。金文基本承续甲骨文字形。小篆为从女生声的形声字。楷书笔画化。《说文·女部》："姓，人所生也。古之神圣母，感天而生子，故称天子。从女从生，生亦声。"方述鑫等《甲骨金文字典》："姓，甲金文从女，生声，金文或不从女，或从人，同。姓为因生以赐，故与生字音义相同。"

本义为标志家族系统的字。《论语·述而》："君取于吴为同姓，谓之吴孟子。"宋代朱熹《四书集注》："礼不娶同姓，而鲁与吴皆姬姓。"《史记·项羽本纪》："项氏世世为楚将，封于项，故姓项氏。"《史记·刘敬叔孙通列传》："赐姓刘氏，拜为郎中。"引申为命名、称呼。唐代柳宗元《愚溪诗序》："或曰，冉氏尝居也，故姓是溪为冉溪。"

姜（jiāng）

甲骨文	金文	小篆	楷书
			姜

姜，形声字。甲骨文的"姜"，从女羊省声。从"女"，表示与母系氏族社会姓氏有关，在字中表义；"羊"在字中表音，为声符，"羊"省去一横，为省声。上古氏族社会往往有图腾，一些姓氏由图腾演变发展而来，因处于母系氏族社会，所以一些古老姓氏从"女"。一些学者认为，甲骨文"姜"字的上边羊角为装饰的头饰。金文承续甲骨文字形。小篆略同于甲骨、金文。楷书笔画化。《说

文·女部》:"姜,神农居姜水,以为姓。从女羊声。"徐中舒《甲骨文字典》:"姜,从𐛠从女,𐛠为𐛡(羊)之省。与《说文》姜字篆文略同。"方述鑫等《甲骨金文字典》:"姜,甲金文从𐛠从女,𐛠乃𐛡(羊)之省,为《说文》姜字篆文所本。"

本义为水名,即姜水,后因以为姓。《说文段注》:"黄帝以姬水成,炎帝以姜水成,成而异德。故黄帝为姬,炎帝为姜。"《玉篇·女部》:"姜,炎帝居姜水以为姓。"《水经注·渭水中》:"岐水又东,迳姜氏城南为姜水。"《诗·大雅·生民》:"厥初生民,时维姜嫄。"汉代毛传:"姜,姓也。后稷之母配高辛氏帝焉。"《国语·晋语四》:"昔少典娶于有蟜(jiǎo)氏,生黄帝、炎帝。黄帝以姬水成,炎帝以姜水成。"

姬(jī)

姬,会意兼形声字。甲骨文的"姬",从乃(奶)从女。右边从"女",表示与女性有关,在字中表义,左边从"乃",即"奶",指丰满的胸部,合起来表示胸部丰满的少妇。金文、小篆略有变化,但基本承续甲骨文字形。楷书笔画化,为从女"匝"(yì)声的形声字,"匝"在字中表音,用作声符。《说文·女部》:"黄帝居姬水,以为姓。从女匝声。"方述鑫等《甲骨金文字典》:"甲金文从女或母(母女通用),从𐛱(匝),匝象梳比(比,今通作篦)之形,为《说文》姬字篆文所本。"

本义为上古母系社会流传下来的一种姓氏。《玉篇·女部》:"姬,黄帝居姬水以为姓。"《左传·僖公二十四年》:"郑有平、惠之勋,又有厉、宣之亲,弃嬖(bì)宠而用三良,於诸姬为近,四德具矣。"李梦生《左传译注》译为:"郑国有辅佐平王、惠王的功勋,又有厉王、宣王的亲戚关系,舍弃宠臣而任用三良,在姬姓国中离我们最近,四种德行都具备了。"《国语·晋语四》:"黄帝以姬水成,炎帝以姜水成。"

姚(yáo)

姚,形声字。金文的"姚",从女兆声。右边从"女",表示与女性有关,在字中表义,为形符;左边为"兆",在字中表音,为声符。小篆基本承续金文字形,只是左右部件位置互换。楷书笔画化。《说文·女部》:"姚,虞舜居姚虚,因以为姓。从女兆声。"方述鑫等《甲骨金文字典》:"姚,金文从女,从兆,与《说文》姚字篆文构形同。"

本义为姓。《玉篇·女部》:"姚,舜姓也。"《左传·哀公元年》:"(少康)逃奔有虞,为之庖正,以除其害。虞思於是妻之以二姚,而邑诸纶。"晋代杜预注:"姚,虞姓。"

嬴（yíng）

| 金文 | 小篆 | 楷书 |

嬴，会意兼形声字。金文的"嬴"，从女从羸（yíng）。从"女"表示与女性有关，在字中表义；"羸"为"龍"字之省写，窃以为图腾之字。小篆为从女羸声的形声字。楷书笔画化。《说文·女部》："嬴，少昊氏之姓。"《段注》："按秦、徐、江、黄、郯、莒皆嬴姓也。"方述鑫等《甲骨金文字典》："嬴，金文所从之羸字，本为甲骨文'龍'字之省变。"

本义为姓氏。宋代苏洵《六国论》："齐人未尝赂秦，终继五国迁灭，何哉？与嬴而不助五国也。"

第二，"女"表示美丽、美好，如"妍（姸）、妩（嫵）、媚、姝、姣、姿、娟、好、娥、婧、婉、婷"，当属古人的概率推测。

妍（姸 yán）

| 小篆 | 楷书 |

妍（姸），形声字。"妍"的异体为"姸"。小篆的"姸"，从女开（jiān）声。从"女"表示与女性美丽有关，在字中表义，为形符；"开"在字中表音，为声符。楷书笔画化，为从女开声的形声字。《说文·女部》："妍（姸），技也。一曰不省录事。一曰难侵也。一曰惠也。一曰安也。从女开声。"《说文段注》："妍，技也。技者，巧也。《释名》曰：'妍，研也。'研精于事宜则无蚩缪也。"

本义为巧慧、美丽。汉代扬雄《方言》卷一："娥、嬴，好也……自关而西，秦晋之故都，谓好曰妍。"晋代陆机《文赋》："夫放言遣辞，良多变矣，妍蚩好恶，可得而言。"唐代李善注："广雅曰：'妍，好也。'说文曰：'妍，慧也。'释名曰：'蚩，痴也。'"引申为美好、艳丽。三国曹植《车渠椀（wǎn）赋》："命公输使制匠，穷妍丽之殊形。"唐代韩愈《送穷文》："又其次曰命穷：'影与形殊，面丑心妍，利居众后，责在人先。'"明代冯梦龙《东周列国志》第五十三回："夏姬颜色妍丽，语复详雅，庄王一见，心志迷惑。"

妩（嫵 wǔ）

| 小篆 | 楷书 | 简化字 |

妩（嫵），形声字，繁体为"嫵"。小篆的"嫵"，从女无声。从"女"表示与女性美丽有关，在字中表义；"無"在字中表声，为声符。楷书笔画化。现简化为"妩"，为声符类推简化，仍为形声字。《说文·女部》："嫵（妩），媚也。从女無声。"《说文段注》："《上林赋》：'妩媚纤弱。'李善引《埤仓》曰：'妩媚，悦也。'按妩媚可分用。"

本义为姿态美好的样子。汉代司马相如《上林赋》："妖冶娴都，靓妆刻饰，便嬛绰约，柔桡（ráo）嫚嫚，妩媚纤弱。"明代凌濛初《初刻拍案惊奇》："可怜妩媚清闺女，权作追随宦室人！"清代曹雪芹《红楼梦》第五回："早有一位女子在内，其鲜艳妩媚，有似乎宝钗，风流袅娜，则又如黛玉。"引申为美女。《玉篇·女部》："妩，美女。"唐代吴融《上巳日花下闲看》："可便无心邀妩媚，还应有泪忆袁熙。"唐代赵鸾鸾《柳眉》："妩媚不烦螺子黛，春山画出自精神。"

媚（mèi）

| 甲骨文 | 金文 | 小篆 | 楷书 |

媚，会意兼形声字。甲骨文的"媚"，从女从眉，眉亦声。从"女"表示与女性美丽有关，在字中表义；"眉"在字中表示眼睛漂亮，有以目媚人之意，亦兼表声。金文承续甲骨文字形。小篆变为左右结构，为从女眉声的形声字。楷书笔画化。《说文·女部》："媚，说（yuè）也。从女眉声。""说"，即"悦"字。《说文段注》："说，《说文》悦字也。"方述鑫等《甲骨金文字典》："媚，甲金文从女，从眉，与《说文》媚字篆文构形略同。"

　　本义为美丽、妩媚。《小尔雅·广诂》："媚，美也。"《广雅·释诂》："媚，好也。"晋代陆机《文赋》："石韫玉而山辉，水怀珠而川媚。"唐代李善注："譬若水石之藏珠玉，山川为之辉媚也。"引申为讨好、巴结。《论语·八佾（yì）》："王孙贾问曰：'与其媚于奥，宁媚于灶，何谓也？'"宋代朱熹《四书集注》："媚，亲顺也。"《史记·佞幸列传》："非独女以色媚，而士宦亦有之。"

姝（shū）

| 小篆 | 楷书 |

姝，形声字。小篆的"姝"，从女朱声。从"女"表示与女性美丽有关，在字中表义，为形符；"朱"在字中表音，为声符。楷书笔画化。《说文·女部》："姝，好也。从女朱声。"

　　本义为貌美。《字林》："姝，好貌也。"《诗·邶风·静女》："静女其姝，俟我於城隅。"汉代毛亨传："姝，美色也。"

姣（jiāo）

| 小篆 | 楷书 |

姣，形声字。小篆的"姣"，从女交声。从"女"表示与女性美丽有关，在字中表义；"交"在字中表音，为声符。楷书笔画化。《说文·女部》："姣，好也。"《说文段注》："姣谓容体壮大之好也。"清代徐灏《说文解字注笺》："凡从交声之字其义多为长……壮佼亦谓其壮而高长，非谓大也。"

　　本义为修长美丽。《孟子·告子上》："至于子都，天下莫不知其姣也。不知子都之姣者，无目者也。"宋代朱熹《四书集注》："姣，好也。"《荀子·非相》："古者，桀、纣长巨姣美，天下之杰也。"蒋南华等《荀子全译》："古时候桀和纣都是身材高大俊美的人，是天下相貌最超群出众的。"

姿（zī）

小篆	楷书
姿	姿

姿，形声字。小篆的"姿"，从女次声。从"女"表示与女性的容貌、姿态有关，在字中表义，形符"女"在字中只占左下角；"次"在字中表音，为声符，"次"的两点在形符"女"的上边。楷书笔画化。《说文·女部》："姿，态也。从女次声。"《说文段注》："态者，意也。姿谓意态也。"意态，犹神态。

本义为容貌、姿态。《后汉书·皇后纪上》："于洛阳乡中阅视良家童女，年十三以上，二十以下，姿色端丽，合法相者，载还后宫。"《世说新语·容止》："嵇康身长七尺八寸，风姿特秀。"

娟（juān）

小篆	楷书
娟	娟

娟，形声字。小篆的"娟"，从女肙（yuān）声。左边从"女"，表示与女性的容貌、姿态有关，在字中表义，为形符；右边为"肙"，在字中表音，为声符。楷书笔画化。《说文新附·女部》："娟，婵娟也。从女肙声。"

本义为姿态美好。唐代杜甫《寄韩谏议》："美人娟娟隔秋水，濯足洞庭望八荒。"清代蒲松龄《聊斋志异·阿英》："遇一二八女郎，姿致娟娟，顾之微笑，似将有言。"

好（hǎo）

甲骨文	金文	小篆	楷书
好	好	好	好

好，会意字。甲骨文的"好"，从女从子。右边从"女"，表示与女性的美丽有关，在字中表义；左边从"子"，亦在字中表义，表示年轻。金文承续甲骨文字形。小篆变为"女""子"位置互换，为从女从子的会意字。楷书笔画化。《说文》："好，美也。从女子。"《说文段注》："好本谓女子。引申为凡美之称。"方述鑫等《甲骨金文字典》："好，甲金文从女，从子，与《说文》好字篆文同。"

本义为貌美，特指女子貌美。《方言》卷二："凡美色或谓之好。"《史记·滑稽列传》："是女子不好，烦大巫妪为入报河伯，得更求好女，后日送之。"《乐府诗集·陌上桑》："秦氏有好女，自名为罗敷。"引申为善良、优良。《诗·郑风·缁衣》："缁衣之好兮，敝，予又改造兮。"汉代毛亨传："好，犹宜也。"唐代杜甫《江南逢李龟年》："正是江南好风景，落花时节又逢君。"杜甫《春夜喜雨》："好雨知时节，当春乃发生。"唐代白居易《忆江南》："江南好，风景旧曾谙。日出江花红胜火，春来江水绿如蓝。"

娥（é）

甲骨文	小篆	楷书
𢼄	娥	娥

娥，形声字。甲骨文的"娥"，从女我声。下边从"女"，表示与女性的容貌、姿态有关，在字中表义，为形符；上边为"我"，在字中表音，为声符。小篆变为左右结构，为从女我声的形声字。楷书笔画化。《说文·女部》："娥，帝尧之女，舜妻娥皇字也。秦晋谓好曰娙（xíng）娥。从女我声。"方述鑫等《甲骨金文字典》："娥，甲骨文从女，我声，与《说文》娥字篆文构形同。"徐中舒《甲骨文字典》："娥，从女从我，与《说文》娥字篆文略同。"

本义为女子容貌美好。《后汉书·天文志》："嫦娥窃羿不死药，奔月，及之，为蟾蜍。"《列子·周穆王》："简郑卫之处子娥媌（miáo）靡曼者，施芳泽，正娥眉。"杨伯峻注："娥，妖好也。"现有"娥媌""娥姣""娥眉""嫦娥"等常用词，形容女子美貌。

婧（jìng）

小篆	楷书
婧	婧

婧，形声字。小篆的"婧"，从女青声。左边从"女"表示与女性的容貌、姿态有关，在字中表义，为形符；右边是"青"，在字中表音，为声符。楷书笔画化。《说文·女部》："婧，竦立也。从女青声。一曰有才也。"现多为女子苗条美好意。《王力古汉语字典》："婧，貌美。"

本义为苗条美好。汉代张衡《思玄赋》："舒眇（chāo）婧之纤腰兮，扬杂错之袿（guī）徽。"唐代李善注："眇婧，细腰貌。"

婉（wǎn）

小篆	楷书
婉	婉

婉，形声字。小篆的"婉"，从女宛声。从"女"表示与女性的性格、姿态有关，在字中表义，为形符；"宛"在字中表音，为声符。楷书笔画化。《说文·女部》："婉，顺也。从女宛声。"

本义为柔顺、柔美。《左传·昭公二十六年》："夫和而义，妻柔而正；姑慈而从，妇听而婉：礼之善物也。"晋代杜预注："婉，顺也。"《金瓶梅》第三十五回："婉娈邀恩宠，百态随所施。"

婷（tíng）

小篆	楷书
婷	婷

婷，形声字。小篆的"婷"，从女廷声。左边从"女"，表示与女性的性格、姿态有关，在字中表义，为形符；右边是"廷"，在字中表音，为声符。楷书笔画化，变为从女亭声的形声字，用"亭"替换声符"廷"。《玉篇·女部》："婷，和色也。"婷婷，为叠韵连绵词。

本义为美好的样子。宋代陈师道《黄梅》："冉冉梢头绿，婷婷花下人。"今有常用词语、成语，如"婷婷""婷婷娉（pīng）娉""婷婷玉立"等。清代曹雪芹《红楼梦》第三十回："只见这女孩子眉蹙春山，眼颦秋水，面薄腰纤，袅袅婷婷，大有林黛玉之态。"

第三，"女"表示坏、丑恶的，如"妄、妓、妖、嫉、妒、奸（姦）"等。

妄（wàng）

金文	小篆	楷书
𡚦	妄	妄

妄，形声字。金文的"妄"，从女亡声。下边从"女"，表示与坏的、丑恶的有关，在字中表义；上边的"亡"，在字中表音，为声符。小篆承续金文字形。楷书笔画化。《说文·女部》："妄，乱也。从女亡声。"方述鑫等《甲骨金文字典》："妄，金文从女，亡声。为《说文》妄字篆文所本。"

本义为胡乱。《左传·哀公二十五年》："彼好专利而妄，夫见君之入也，将先道焉。"晋代杜预注："妄，不法。"《管子·山至数》："请士所谓妄言也。不通于轻重，谓之妄言。"今有双音词"狂妄""妄想""妄言"。引申为虚妄，极不真实。汉代王充《论衡·问孔》："'孔门之徒，七十子之才，胜今之儒。'此言妄也。"

妓（jì）

小篆	楷书
妓	妓

妓，形声字。小篆的"妓"，从女支声。左边从"女"，表示与坏的、丑恶的事物有关，在字中表义；右边是"支"，在字中表音，为声符。楷书笔画化。《说文·女部》："妇人小物也。从女支声。"《说文段注》："今俗用为女伎字。"《广韵·纸韵》："妓，女乐也。"

本义为古代歌舞的女子，后指以卖淫为生的女子。《后汉书·王康传》："错为太子时，爱康鼓吹妓女宋闰，使医张尊招之不得，错怒，自以剑刺杀尊。"唐代李贺《三月》："军装宫妓扫蛾浅，摇摇锦旗夹城暖。"元末明初施耐庵《水浒传》第六回："花街柳陌，众多娇艳名姬；楚馆秦楼，无限风流歌妓。"

妖（yāo）

小篆	楷书
妖	妖

妖，形声字。小篆的"妖"，从女芺声。左边从"女"，表示与坏的、丑恶的有关，在字中表义，为形符；右边是"芺"，在字中表音，为声符。楷书笔画化。《说文·女部》："妖，巧也。一曰：女子笑皃。……从示芺（ǎo）声。"《玉篇·女部》："妖，媚也。"唐代玄应《一切经音义》卷一引《三苍》："妖，妍也。"

本义为姿色艳丽迷人的女子。《楚辞·天问》："妖夫曳衒（xuàn），何号于市？"《汉书·司马相如传》："绝殊离俗，妖冶闲都，靓庄刻饰，便嬛（huán）绰（chuō）约。"唐代颜师古注："妖冶，美好也。"唐代李绅《新楼诗二十首·重台莲》："自含秋露贞姿结，不竞春妖冶态秾。"明代吴承恩《西游记》第五十四回："秋波湛湛妖娆态，春笋纤纤妖媚姿。"

引申为反常怪异之事。《左传·宣公十五年》："天反时为灾，地反物为妖，民反德为乱。"唐代孔颖达疏："据其害物谓之灾，言其怪异谓之妖。时由天，物在地，故属灾于天，属妖于地。"《礼记·中庸》："国家将亡，必有妖孽；见乎蓍龟，动乎四体。"宋代朱熹《四书集注》："妖孽者，祸之萌。"《庄子·人间世》："心和而出，且为声为名，为妖为孽。"

嫉（jí）

小篆	楷书
嫉	嫉

嫉，形声字。小篆的"嫉"，从女疾声。从"女"表示与坏的、丑恶的有关，在字中表义，为形符；"疾"在字中表音，为声符。楷书笔画化。《广雅·释诂》："嫉，恶也。"《玉篇·女部》："嫉，妒（dù）嫉也。"

本义为忌妒。《楚辞·离骚》："众女嫉予之蛾眉兮，谣诼（zhuó）谓余以善淫。"《史记·孟子荀卿列传》："荀卿嫉浊世之政，亡国乱君相属，不遂大道而营于巫祝。"清代曹雪芹《红楼梦》第二十五回："那赵姨娘素日虽然常怀嫉妒之心，不忿凤姐宝玉两个，也不敢露出来。"

妒（dù）

小篆	楷书
妒	妒

妒，形声字。小篆的"妒"，从女户声。从"女"表示与坏的、丑恶的有关，在字中表义，为形符；"户"在字中表音，为声符。楷书笔画化。《说文·女部》："妒，妇妒夫也。从女户声。"

本义为忌妒，原指妇女忌妒丈夫，后来词义扩大，泛指忌妒。《楚辞·离骚》："羌内恕己以量人兮，各兴心而嫉妒。"汉代王逸注："害贤为嫉，害色为妒。"《史记·高祖本纪》："项羽妒贤嫉能，有功者害之，贤者疑之。"唐代白居易《琵琶行（并序）》："曲罢常教善才服，妆成每被秋娘妒。"

奸（姦 jiān）

金文	小篆	楷书	简化字
姦	姦	姦	奸

奸（姦），会意兼形声字。"奸"原为"姦"。金文的"姦"，从三女，会意。从"女"表示与坏的、丑恶的有关，在字中表义。小篆承续金文字形。楷书笔画化。在汉字整理中，用"奸"代替"姦"。"奸"与"姦"原为两个不同的字，《说文》中"奸""姦"分立，为两字。《辞源》认为二字为异体字，不确。"奸"，从女干声，本义为冒犯。"姦"，从三女，会意，本义为私。私，即私通。"姦"的本义为私通、奸邪。《说文·女部》："姦，私也。"《广雅·释诂》："姦，私也。"现

48

用"奸"代"姦"。"奸"为从女干声的形声字。《三国志通俗演义》卷一:"子治世之能臣,乱世之奸雄也。"

"奸"的本义为冒犯、抵触。《左传·成公十六年》:"奸时以动,而疲民以逞。"李梦生《左传译注》:"奸,违反。"《左传·昭公二十年》:"使而失命,召而不来,是再奸也。"晋代杜预注:"奸,犯也。"引申为犯法作乱的人,歹徒,恶人。《管子·明法》:"故交众者誉多,外内朋党,虽有大奸,其蔽主多矣。"《史记·商君列传》:"不告奸者腰斩,告奸者与斩敌首同赏,匿奸者与降敌同罚。"

第四,"女"表示亲属称谓,如"姑、姨、姐、妹"等。

姑(gū)

姑,形声字。金文的"姑",从女古声。右边从"女",表示与亲属称谓有关,在字中表义,为形符;左边为"古",在字中表音,为声符。小篆的"姑","女""古"位置互换,为从女古声的形声字。楷书笔画化。《说文·女部》:"姑,夫母也。从女古声。"方述鑫等《甲骨金文字典》:"姑,金文从女,古声,为《说文》姑字篆文构形同。"

本义为父亲的姐妹。《尔雅·释亲》:"父之姊妹为姑。"《诗·邶风·泉水》:"问我诸姑,遂及伯姊。"汉代毛亨传:"父之姊妹称姑。"《左传·僖公十五年》:"归妹、睽孤,寇张之弧,侄其从姑,六年其逋,逃归其国,而弃其家。"晋代杜预注:"谓我侄者,我谓之姑。"唐代孔颖达疏:"《释亲》云:'父之姊妹为姑。女子谓昆(kūn)弟之子为侄。'"也指婆婆,即丈夫的母亲。《尔雅·释亲》:"妇称夫之父曰舅,称夫之母曰姑。姑舅在,则曰君舅、君姑;没,则曰先舅、先姑。"唐代王建《促刺词(一作促促行)》:"岂不见他邻舍娘,嫁来常在舅姑傍。"唐代朱庆馀《近试上张籍水部》:"洞房昨夜停红烛,待晓堂前拜舅姑。"唐代曹邺《怨歌行》:"官田赠倡妇,留妾侍舅姑。"

姨(yí)

姨,形声字。小篆的"姨",从女夷声。左边从"女",表示与亲属称谓有关,在字中表义;右边为"夷",在字中表音,为声符。楷书笔画化。《说文·女部》:"姨,妻之女弟同出为姨。从女夷声。"《说文段注》:"《释亲》曰:'妻之姊妹同出为姨。'孙曰:'同出,俱已嫁也。'"

本义为妻子的姐妹。《尔雅·释亲》:"妻之姊妹同出为姨。"《诗·卫风·硕人》:"东宫之妹,邢侯之姨,谭公维私。"汉代毛亨传:"妻之姊妹曰姨。"晋代潘安《寡妇赋》:"其妻又吾姨也,少丧父母,适人而所天又殒。"唐代李善《文选注》引杜预注曰:"妻之姊妹曰姨。"

姐（jiě）

小篆	楷书
姐	姐

姐，形声字。小篆的"姐"，从女且声。左边从"女"，表示与亲属称谓有关，在字中表义，为形符；右边为"且"，在字中表音，为声符。楷书笔画化。《说文·女部》："蜀谓母曰姐。从女且声。"《说文段注》："方言也，其字当蜀人所制。"

本义为母亲的别称，方言，古代蜀人称母为姐。文献用例较少。另一义为姐姐（后起义）。宋代吴曾《能改斋漫录》："近世多以女兄为姐，盖尊之也。"可见，在宋代"姐"的现代称谓义已经流行起来。元末明初施耐庵《水浒传》第二十一回："宋江道：'好姐姐，不要叫，邻舍听得，不是耍处。'"清代曹雪芹《红楼梦》第二回："每打的吃疼不过时，他便'姐姐''妹妹'乱叫起来。后来听得里面女儿们拿他取笑。"

妹（mèi）

甲骨文	金文	小篆	楷书
妹	妹	妹	妹

妹，形声字。甲骨文的"妹"，从女未声。右边从"女"，表示与亲属称谓有关，在字中表义；左边为"未"，在字中表音，为声符。金文承续甲骨文字形。小篆"女"与"未"位置互换，左右结构。楷书笔画化。《说文·女部》："妹，女弟也。从女未声。"方述鑫等《甲骨金文字典》："妹，甲金文从女，未声，为《说文》妹字篆文所本。"

本义为妹妹。《诗·卫风·硕人》："东宫之妹，邢侯之姨，谭公维私。"汉代毛亨传："女子后生曰妹。"《左传·襄公十二年》："无女而有姊妹及姑姊妹，则曰'先守某公之遗女若而人'。"唐代孔颖达疏："盖父之姊为姑姊，父之妹为姑妹。"

第五，"女"表示女性的身份地位，如"妃、妾、奴、婢、妮"等。

妃（fēi）

甲骨文	金文	小篆	楷书
妃	妃	妃	妃

妃，会意兼形声字。甲骨文的"妃"，从女从己。右边从"女"，表示与女性的身份地位有关；左边为"己"，亦在字中表义，具体意义不明。金文承续甲骨文字形，"女"与"己"左右位置互换。小篆基本承续金文字形，为从女己声的形声字。楷书笔画化。《说文·女部》："妃，匹也。从女己声。"《说文段注》："人之配耦亦曰匹。妃本上下通称，后人以为贵称耳。"《玉篇·女部》："妃，匹也。"徐中舒《甲骨文字典》等著作引罗振玉、王国维等专家的说解，但对"妃"字解说的观点不一。我们认为"妃"之本义当为婚配、配偶。《王力古汉语字典》："妃，配偶。"

本义为婚配、配偶。《左传·隐公元年》："传惠公元妃孟子。"唐代孔颖达疏："妃者，名通适妾。"《商君书·画策》："故黄帝作君臣上下之义，父子兄弟之礼，夫妇妃匹之合。"《史记·五帝本纪》："黄帝居轩辕之丘,而娶于西陵之女,是为嫘（léi）祖。嫘祖为黄帝正妃。"特指太子、王侯之妻。《礼记·曲礼下》："天子之妃曰'后',诸侯曰'夫人',大夫曰'孺人',士曰'妇人',庶人曰'妻'。"《新唐书·高宗本纪》："乙未,以皇太子纳妃,赦岐州,赐酺（pú）三日。"明代吴承恩《西游记》第四十五回："三宫粉黛乱青丝,六院嫔妃蓬宝髻。"

妾（qiè）

甲骨文	金文	小篆	楷书
𡢇	𡢇	𡢇	妾

妾,会意字。甲骨文的"妾",从女从辛（qiān）。下边从"女",表示与女性的身份地位有关;上边为"辛",为古代刑具。金文、小篆承续甲骨文字形。楷书笔画化,为从女从立的会意字。《说文·辛部》："妾,有罪女子。给事之得接于君者。从辛从女。"方述鑫等《甲骨金文字典》："妾,甲骨金文字形同小篆。"李孝定《甲骨文字集释》："妻字从女,上象发加笄形。妾则从女,上加头饰。其意相同。初无地位上之差别。"李孝定先生的观点可作一说,但从甲、金文字形及文献用例分析,"妾"为女奴义较为确切,许慎说解正确。

本义为女奴。《尚书·费誓》："马牛其风,臣妾逋逃,勿敢越逐。"汉代孔安国传："役人贱者男曰臣,女曰妾。"《国语·晋语七》："郑伯嘉来纳女、工、妾三十人,女乐二八,歌锺二肆。"

奴（nú）

甲骨文	金文	小篆	楷书
奴	奴	奴	奴

奴,会意字。甲骨文的"奴",从女从又（手）。左边从"女",表示与女性的身份地位有关;右下边为"又"（手）,表示用又（手）掠夺女子。金文、小篆承续甲骨文字形。楷书笔画化。《说文·女部》："奴,奴婢皆古之罪人也。"《说文段注》："奴婢皆古罪人。"方述鑫等《甲骨金文字典》："奴,金文从女,从爪,爪又相通,与《说文》奴字篆文略同。"

本义为奴隶、奴仆。《周礼·司厉》："其奴,男子入于罪隶,女子入于舂（chōng）藁（gǎo）。"汉代郑玄注："谓坐为盗贼而为奴者,输于罪隶、舂人、藁人之官也。由是观之,今之为奴婢,古之罪人也。"《论语·微子》："微子去之,箕子为之奴,比干谏而死。"

婢（bì）

小篆	楷书
婢	婢

婢,会意兼形声字。小篆的"婢",从女从卑,卑亦声。左边从"女",表示与女性的身份地位有关,在字中表义;右边从"卑",表示社会地位低下,"卑"亦兼表声。楷书笔画化。《说

文·女部》：“婢，女之卑者也。从女从卑，卑亦声。”《说文段注》：“《内则》：'父母有婢子。'郑曰：'所通贱人之子。'是婢为贱人也。"《玉篇·女部》：“婢，《说文》云：'女之卑者。'”

本义为女奴、女仆。《左传·僖公二十二年》：“寡君之使婢子侍执巾栉，以固子也。”晋代杜预注：“婢子，妇人之卑称也。”《礼记·檀弓》：“如我死，则必大为我棺，使吾二婢子夹我。”汉代郑玄注：“婢子，妾也。”《世说新语·文学》："郑玄家奴婢皆读书。尝使一婢，不称旨，将挞之，方自陈说。"引申为古代妇女的谦称。《礼记·曲礼下》：“自世妇以下，自称曰'婢子'。”汉代郑玄注：“婢之言卑也。”

妮（nī）

妮，形声字，为后起字。小篆的"妮"，从女尼声。左边从"女"，表示与女性的身份地位有关，在字中表义，为形符；右边为"尼"，在字中表音，为声符。楷书笔画化。《说文》《玉篇》中无此字。谷衍奎《汉字源流字典》：“妮，从女从尼会意，尼也兼表声。”

本义为婢女，侍候主人的女子。元杂剧中用"妮"较多。《新五代史·晋家人传》：“吾有梳头妮子，窃一药囊以奔于晋，今皆在否？”元代关汉卿《赵盼儿风月救风尘》第一折：“这妮子是狐魅人女妖精，缠郎君天魔祟。”元代王实甫《崔莺莺待月西厢记·张君瑞庆团圆》第一折：“（旦云）这妮子见我闷呵，特故哄我。”

第六，"女"表示男女婚姻，如"嫁、娶、婚、姻"等。

嫁（jià）

嫁，形声字。小篆的"嫁"，从女家声。左边从"女"，表示与男女婚姻有关，在字中表义，为形符；右边为"家"，在字中表音，为声符。楷书笔画化。《说文·女部》："嫁，女适人也。从女家声。"《说文段注》："自家而出谓之嫁。"《玉篇·女部》：“《说文》云：'女适曰嫁。'”

本义为女子出嫁，与"娶"相对。《诗·大雅·大明》："挚仲氏任，自彼殷商，来嫁于周，曰嫔于京。"汉代郑玄笺："挚国中女曰大任，从殷商之畿内，嫁为妇于周之京，配王季。"《史记·滑稽列传》："共粉饰之，如嫁女床席，令女居其上，浮之河中。"唐代白居易《琵琶行（并序）》："门前冷落鞍马稀，老大嫁作商人妇。"清代曹雪芹《红楼梦》第一回："甚荒唐，到头来都是为他人作嫁衣裳！"引申为转移。《史记·赵世家》："韩氏所以不入于秦者，欲嫁其祸于赵也。"

娶（qǔ）

甲骨文	小篆	楷书
👁	覒	娶

娶，会意兼形声字。甲骨文的"娶"，从女从取，取亦声。左边从"女"，表示与男女婚姻有关，在字中表义；右边为"取"，表示抢夺，亦表声。小篆承续甲骨文字形，变为上下结构。楷书笔画化。《说文·女部》："娶，取妇也。从女从取，取亦声。"方述鑫等《甲骨金文字典》："娶，甲骨文从女，从取，与《说文》娶字篆文略同。"

本义为男子结婚，把女子接过来成亲，与"嫁"相对。《左传·隐公元年》："初，郑武公娶于申，曰武姜。"《孟子·万章上》："娶妻如之何？必告父母。"唐代拾得《诗》："养儿与娶妻，养女求媒娉（pīng）。"唐代张祜《捉搦（nuò）歌》："养男男娶妇，养女女嫁夫。"

婚（hūn）

金文	小篆	楷书
壴	婚	婚

婚，会意兼形声字。金文的"婚"，上边为"木"，类似于伞盖；中间为"弖"，像一个"𠂉"（人）被人牵拉着"十"（手），下边为"㞢"（止）表示且走且哭；右下边为"𠯑"（耳），是"取"的省略，代"娶"。各部分合起来表示被百般呵护的新娘，由他人牵拉着离开娘家。小篆变为从女昏声的形声字。楷书笔画化。《说文·女部》："婚，妇家也。《礼》：娶妇以昏时。妇人阴也，故曰婚。从女从昏，昏亦声。"《说文段注》："《释亲》曰：'妇之父为婚，妇之党为婚兄弟。'《礼》：'娶妇以昏时，妇人阴也，故曰婚。'"《金文字典》解说不一，根据"婚"之金文字形和文献用例，许慎解说为确。

本义为婚姻关系。《左传·哀公三年》："刘氏、范氏世为婚姻，苌弘事刘文公，故周与范氏。"《国语·晋语四》："同姓不婚，恶不殖也。"《史记·屈原贾生列传》："时秦昭王与楚婚，欲与怀王会。"《史记·项羽本纪》："沛公奉卮酒为寿，约为婚姻。"《玉台新咏·古诗为焦仲卿妻作》："登即相许和，便可作婚姻。"也指男女结为夫妇，结婚。《玉台新咏·古诗为焦仲卿妻作》："云有第五郎，娇逸未有婚。"清代林觉民《与妻书》："初婚三四个月，适冬之望日前后，窗外疏梅筛月影，依稀掩映，吾与汝并肩携手。"

姻（yīn）

金文	小篆	楷书
𡡗	姻	姻

姻，会意兼形声字。金文的"姻"，从女从因，因亦声。右边从"女"，表示与男女婚姻有关，在字中表义；左边为"因"，表示依靠，亦表声。在封建社会，女子的婚嫁被看作寻找依靠的机会。小篆的"姻"演变为左边从"女"。楷书笔画化。《说文·女部》："姻，婿家也，女之所因，故曰姻。从女从因，因亦声。"《尔雅·释亲》："婿之父为姻。"

本义为女婿家，指婿父。《诗·小雅·我行其野》："不思旧姻，求尔新特。"汉代郑玄笺："婿之父曰姻。"《左传·昭公二十五年》："为父子、兄弟、姑姊、甥舅、昏媾姻亚，以象天明。"晋代杜预注："妻父曰昏，重昏曰媾，婿父曰姻，两婿相谓曰亚。"

第九节　"子"部及其例字

"子"部也是"人"部的变体，从"子"得义的字大都与人有关，具体来说大多与孩子有关。

子（zǐ）

一、形体演变

甲骨文	金文	小篆1	小篆2	楷书
𣎵	𢀉	𣩌	𢀉	子

二、构形理据

子，象形字。甲骨文的"子"，像小儿在襁褓中，有头、身、臂膀，两足像并起来的样子。金文承续甲骨文字形。小篆1的"子"，描绘了小孩头上的毛发；小篆2的"子"，承续甲、金文字形。楷书笔画化。《说文·子部》："子，十一月，阳气动，万物滋，人以为称。象形。凡子之属皆从子。𣩌，古文子，从巛，象发也。𢀉，籀文子，囟有发，臂、胫在几上也。"徐中舒《甲骨文字典》："甲骨文地支之子作𣩌、𢀉、囟、山等形，地支之巳作𣎵、𢀉、𣩌等形，𣩌、𣎵实为一字，皆象幼儿之形，惟表现各异耳。𣩌象幼儿头上有发及两胫之形，𣎵象幼儿在襁褓中两臂舞动，上象其头形，因象幼儿在襁褓中，故其下仅见一微曲之直画而不见其两胫。"方述鑫等《甲骨金文字典》："子，甲金文地支的第一位子作𣩌、囟、𣩌等形，地支的第六位巳作𣎵、𢀉、𣎵等形，子孙之子作𣎵、𢀉、𣩌、𣎵等形。实为一字，皆象幼儿之形。𣩌象幼儿头上有发及两胫之形，𣎵象幼儿在襁褓中两臂挥动，上象其头形，因象幼儿在襁褓中，故其下不见其两胫形。"

三、本义

本义为婴儿。《诗·大雅·生民》："不康禋（yīn）祀，居然生子。"唐代孔颖达疏："姜嫄之孕后稷，终其孕之月而生之。妇人之生首子，其产多难。此后稷虽是最先生者，其生之易，如达之生然。"《礼记·哀公问》："子也者，亲之后也，敢不敬与？"汉代郑玄注："是言百姓之身犹吾身也，百姓之妻、子犹吾妻、子也，不忍以土地之故而害之。"《荀子·劝学》："干、越、夷、貉之子，生而同声，长而异俗，教使之然也。"蒋南华等《荀子全译》翻译为"干、越、夷、貉的孩子，初生之时声音相同，长大之后习俗就不同了，这是教化使他们这样的"，将句中的"子"翻译为"孩子"。

四、理据例说

"子"是汉字的一个部首。从"子"的字大多与孩子有关。《王力古汉语字典》将子部的字分为三类。

第一，表示有关生育概念的字，主要有"孕、孳、孪（孿）、字"等。

孕（yùn）

甲骨文	金文	小篆	楷书
			孕

孕，会意字。甲骨文的"孕"，外边像妇女大腹之形，内里像腹中怀子之形。金文字形构义不明。小篆变为从乃从子的会意字。从"乃"（人）表示人，特指妇人，从"子"表示胎儿，合起来表示妇女怀上了胎儿。楷书笔画化。《说文·子部》："孕，裹（huái）子也。从子从几。"《玉篇·子部》："孕，妊子也。"方述鑫等《甲骨金文字典》："甲骨文身孕实为一字，象人大腹而内有子形。"

本义为怀胎、怀孕。《周易·渐》："夫征不复，妇孕不育，凶。"唐代孔颖达疏："非夫而孕，故'不育'也。"《尚书·泰誓上》："焚炙忠良，刳（kū）剔孕妇。"唐代孔颖达疏："武王以此数纣之恶，必有忠良被炙，孕妇被刳，不知其姓名为谁也。"《后汉书·皇后纪下·桓帝懿献梁皇后纪》："后即无子，潜怀怨忌，每宫人孕育，鲜得全者。"

孳（zī）

金文	小篆	楷书
		孳

孳，会意兼形声字。金文"孳"，上边为一个正面站立的人形，头发上指，有两胫，两边为兹；下边为生育的小孩，表示生育小孩。小篆"孳"，从子兹声。从"子"，表示生育的胎儿；"兹"在字中表音，为声符。楷书笔画化。《说文·子部》："孳，汲汲生也。"《说文段注》："蕃生之义当用孳。"方述鑫等《甲骨金文字典》："金文与《说文》孳字籀文略同形，为《说文》籀文所本。"

本义为繁殖、生育。《尚书·尧典》："厥民析，鸟兽孳尾。"汉代孔安国传："乳化曰孳，交接曰尾。"引申为滋生、繁衍。汉代许慎《说文解字叙》："文者，物象之本；字者，言孳乳而寖（jìn）多也。"

孪（孿 luán）

小篆	楷书	简化字
		孪

孪（孿），形声兼意号字。繁体为"孿"。小篆的"孿"，从子絲（luán）声。从"子"表示与孩子有关，在字中表义；"絲"在字中表音，为声符。楷书笔画化。现简

化为"孪",为声符类推简化,今为意号字,"子"为意符,"亦"为记号。《说文·子部》:"孿(孪),一乳两子也。从子繺声。"

本义为双生,俗称双胞胎。《方言》卷三:"凡人兽乳而双生,谓之孪生。"《战国策·韩策三》:"夫孪子之相似者,唯其母知之而已。"《吕氏春秋·疑似》:"夫孪子之相似者,其母常识之,知之审也。"

字(zì)

字,会意兼形声字。金文的"字",从子从宀(mián),子亦声。从"子"表示与孩子有关,在字中亦表音;"宀"指房屋。小篆承续金文字形。楷书笔画化。《说文·子部》:"字,乳也。从子在宀下,子亦声。"《说文段注》:"人及鸟生子曰乳。"方述鑫等《甲骨金文字典》:"字,金文从子,从宀,与《说文》篆文同。"《广雅·释诂》:"字,生也。"

本义为生孩子。《山海经·中山经》:"其上有木焉,名曰黄棘,黄华而员叶,其实如兰,服之不字。"晋代郭璞注:"字,生也。"《汉书·严朱吾丘主父徐严终王贾传》:"四时正,风雨时,草木畅茂,五谷蕃孰,六畜遂字。"唐代颜师古《汉书注》:"字,生也。"常用义为文字。《说文解字·叙》:"仓颉之初作书,盖依类象形,故谓之文,其后形声相益,即谓之字。"

第二,表示与孩子有关的概念的字,主要有"孙(孫)、孺、孩、孤"等。

孙(孫 sūn)

孙(孫),会意字。繁体为"孫"。甲骨文的"孙",从子从系。从"子"表示与孩子有关,在字中表义;从"系"表示连续。金文、小篆承续甲骨文字形。楷书笔画化。现简化为"孙",为草书楷化法简化。《说文·系部》:"孙,子之子曰孙。从子从系。系,续也。"徐中舒《甲骨文字典》:"古代于先祖之祭坛上,必高悬若干绳结以纪其世系,甲骨文'孙'字从𢆶,𢆶象绳形,盖父子相继为世,子之世系于父下,孙之世系于子下,此乃古代结绳遗俗之反映。"

本义为儿子的儿子,即孙子。《尔雅·释亲》:"子之子为孙,孙之子为曾孙,曾孙之子为玄孙。"《诗·周南·螽斯》:"螽(zhōng)斯羽,诜(shēn)诜兮。宜尔子孙,振振兮。"清代马瑞辰《毛诗传笺通释》:"宜尔子孙,犹云多尔子孙也。"《列子·汤问》:"遂率子孙荷担者三夫,叩石垦壤,箕畚运于渤海之尾。"

孺（rú）

孺，形声字。小篆的"孺"，从子需声。左边从"子"，表示与孩子有关，在字中表义，古代指小孩子，不分性别都称子；右边是"需"，在字中表音，为声符。楷书笔画化。《玉篇·子部》："孺，稚也。少也。乳子也。"

本义为小孩子，尤指幼儿。《礼记·檀弓上》："弁人有其母死而孺子泣者。"《孟子·公孙丑上》："所以谓人皆有不忍人之心者，今人乍见孺子将入于井，皆有怵惕恻隐之心。"今有双音词"妇孺""孺子"。引申为年轻人。《史记·留侯世家》："孺子可教矣。后五日平明，与我会此。"

孩（hái）

孩，形声字。小篆的"孩"，从子亥声。从"子"，表示与孩子有关，在字中表义，为形符；"亥"在字中表音，为声符。楷书笔画化。《广雅·释诂》："孩，少也。"《玉篇·子部》："孩，幼稚也。"

本义为幼儿。《国语·吴语》："今王播弃黎老，而孩童焉比谋，曰：'余令而不违。'夫不违，乃违也。"《孟子·尽心上》："孩提之童，无不知爱其亲者；及其长也，无不知敬其兄也。"宋代朱熹《四书集注》："孩提，二三岁之闲，知孩笑、可提抱者也。"西晋李密《陈情表》："生孩六月，慈父见背。"唐代杜甫《百忧集行》："忆年十五心尚孩，健如黄犊走复来。"今有双音词"孩提""孩童"。

孤（gū）

孤，形声字。小篆的"孤"，从子瓜声。从"子"，表示与孩子有关；"瓜"在字中表音，为声符。楷书笔画化。《说文·子部》："孤，无父也。从子瓜声。"《说文段注》："孟子曰：'幼而无父曰孤。'引申之凡单独皆曰孤。"《玉篇·子部》："孤，少无父也。独也。"

本义为孤儿，幼年丧父。《左传·昭公十四年》："长孤幼，养老疾，收介特，救灾患，宥孤寡。"《孟子·梁惠王下》："老而无妻曰鳏，老而无夫曰寡，老而无子曰独，幼而无父曰孤。"引申为单独、孤独。《广雅·释诂》："孤，独也。"《吕氏春秋·君守》："离世别群而无不同，君民孤寡而不可障壅。"唐代王维《使至塞上》："大漠孤烟直，长河落日圆。"

第三，表示与人伦概念有关的字，主要有"孟、季、孝、孥"等。

孟（mèng）

孟，形声字。金文的"孟"，从子皿声。从"子"，表示与人伦概念有关；"皿"在字中表音，为声符。小篆承续金文字形。楷书笔画化。《说文·子部》："孟，长也。从子皿声。"

方述鑫等《甲骨金文字典》:"孟,金文从子,从皿,皿亦声,为《说文》孟字篆文所本。"

本义为兄弟姐妹中排行最大的,即老大。《诗·鄘风·桑中》:"云谁之思?美孟姜矣。"汉代郑玄笺:"孟姜,列国之长女。"《诗·郑风·有女同车》:"彼美孟姜,洵美且都。"汉代毛亨传:"孟姜,齐之长女。"

季（jì）

| 甲骨文 | 金文 | 小篆 | 楷书 |

季,会意兼形声字。甲骨文的"季",从子从稚省,稚亦声。从"子",表示与人伦概念有关;"稚"在字中表音,为声符,省去"隹"。金文、小篆承续甲骨文字形。楷书笔画化。《说文·子部》:"季,少称也。从子从稚省,稚亦声。"《说文段注》:"叔季皆为少者,而季又少于叔。"徐中舒《甲骨文字典》:"季,从 𥝌（禾）从子,与《说文》季字篆文同。"

本义为兄弟姐妹中排行最小的,即老疙瘩。《诗·召南·采蘋》:"谁其尸之?有齐季女。"汉代毛亨传:"季,少也。"《仪礼·士冠礼》:"'宜之于假,永受保之,曰伯某甫。'仲、叔、季,唯其所当。"汉代郑玄注:"伯、仲、叔、季,长幼之称。"

孝（xiào）

| 甲骨文 | 金文 | 小篆 | 楷书 |

孝,形声字。甲骨文的"孝",从子从老省。从"子",表示与人伦概念有关;"老"在字中表音,省去"匕",老人在上,小子在下,表示儿孙搀扶老人。金文、小篆承续甲骨文字形。楷书笔画化,将小篆的"𦒹"（老）简化成"耂"。《说文·老部》:"孝,善事父母者。从老省从子。子承老也。"方述鑫等《甲骨金文字典》"老"字说解同《说文》。

本义为尽心善事父母。《尚书·尧典》:"克谐,以孝烝烝,乂不格奸。"王世舜、王翠叶译注《尚书》将这句翻译为"而舜和他们却能和睦相处,以自己的孝行美德感化他们,家务处理得十分妥善,家人也都改恶从善"。《论语·学而》:"其为人也孝弟（tì）,而好犯上者,鲜矣。"宋代朱熹《四书集注》:"善事父母为孝,善事兄长为弟。"《孟子·梁惠王上》:"谨庠序之教,申之以孝悌之义,颁白者不负戴于道路矣。"《孝经·开宗明义章》:"夫孝,德之本也,教之所由生也。"汪受宽《孝经译注》将"夫孝,德之本也"译为"孝是道德的根本"。

孥（nú）

| 小篆 | 楷书 |

孥,形声字,为后起字。小篆的"孥",从子奴声。下边从"子",表示与孩子有关,在字中表义,为形符;上边为"奴",在字中表音,为声符。楷书笔画化。《玉篇·子部》:

"孥，子也。"

本义为子女。《诗·小雅·常棣》："宜尔家室，乐尔妻孥。"汉代毛亨传："孥，子也。"宋代秦观《赠张潜道》："独携三尺琴，笑别妻与孥。"

第十节 "老"部及其例字

"老"部也是"人"部的变体，从"老"得义的字大多与人年老有关。

老（lǎo）

一、形体演变

甲骨文	金文	小篆	楷书
![]	![]	![]	老

二、构形理据

老，象形兼会意字。甲骨文的"老"，像一个手里拿着拐杖的长发老人。老人为朝左侧立，弯腰驼背，手拄拐杖，蹒跚行走。金文的"老"，手杖"丨"变成了"止"，小篆又将其变成了"匕"。楷书笔画化。《说文·老部》："老，考也。七十曰老。从人毛匕。"徐中舒《甲骨文字典》："老，象老者倚杖之形，为老之初文。所倚之杖至金文渐讹为若'止'，如 ，殳季良父壶， 齐镈。"方述鑫等《甲骨金文字典》："老，甲骨文象老人戴发扶杖形。"

三、本义

本义为年龄大，衰老。《礼记·曲礼上》："六十曰'耆'（qí），指使；七十曰'老'，而传；八十、九十曰'耄'（mào）。"《国语·吴语》："王乃命有司大徇于军，曰：'有父母耆老而无昆弟者，以告。'"三国韦昭注："六十曰耆，七十曰老。"《后汉书·马援列传》："丈夫为志，穷当益坚，老当益壮。"

四、理据例说

"老"是个部首字，从"老"得义的字大多与人年老有关。这类字不多，主要有"考、耆、耄、耋"等。

考（kǎo）

甲骨文1	甲骨文2	金文	小篆	楷书
![]	![]	![]	![]	考

考，象形兼形声字。甲骨文1的"考"，构形不明。甲骨文2的"考"，像弯腰驼背的老人扶杖而行之状。 表示长

着长发驼背的老人，𣏂表示手杖，合起来表示长着长发、拄着拐杖的老人。金文略同于甲骨文字形。小篆基本承续甲骨文2和金文字形，"考"变成了从老省、丂（kǎo）声的形声字，从"老"表示与人年老有关。金文的"𣏂"（拐杖）变成了小篆的"丂"。楷书笔画化。《说文·老部》："考，老也。从老省，丂声。"方述鑫等《甲骨金文字典》："甲骨文象老人戴发扶杖形。"

本义为年老，年纪大。《三国志·乌丸鲜卑东夷传》："其人寿考，或百年，或八九十年。"《新唐书·列传第六十二》："富贵寿考，哀荣终始，人臣之道无缺焉。"引申为去世的父亲。唐代张九龄《追赠祭文》："谨以脯醢（hǎi）庶羞之奠，敢昭告于先考先妣之灵。"

常用义为查核、考试。汉代司马迁《报任安书》："网罗天下放失旧闻，略考其行事，综其终始，稽其成败兴坏之纪。"《后汉书·杨震传》："乞槛车征匡考核其事，则奸慝（tè）踪绪，必可立得。"《晋书·郑袤（mào）传》："默字思元。起家秘书郎，考核旧文，删省浮秽。"

耆（qí）

金文	小篆	楷书
耆	耆	耆

耆，形声字。金文的"耆"，从老省，旨声。从"老"，表示与人年老有关，为了文字结构匀称，省去"老"中的"匕"；"旨"在字中表音，作声符。小篆基本承续金文字形。楷书笔画化。《说文·老部》："耆，老也。从老省，旨声。"《说文段注》："《曲礼》：'六十曰耆。'许不言者，许以耆为七十已上之通称也。"方述鑫等《甲骨金文字典》构形解释同《说文》。

本义为年龄大，老人。《诗·鲁颂·閟宫》："俾（bǐ）尔昌而大，俾尔耆而艾。"程俊英《诗经译注》："耆、艾，都是长寿的意思。《礼记·曲礼》：'五十曰艾，六十曰耆。'按《说文》段注，认为七十岁以上的人称'耆'，和《曲礼》说的不同。"《礼记·檀弓上》："鲁哀公诔孔丘曰：'天不遗耆老，莫相予位焉。'"

耄（mào）

籀文	小篆	楷书
耄	耄	耄

耄，形声字。籀文的"耄"，从老毛声。上边从"老"，表示与人年老有关；下边为"毛"，在字中表音，为声符。小篆的"耄"，结构复杂化，构意不明。楷书笔画化，基本承续籀文字形。《说文》无"耄"字。《玉篇》"耄"与"薹"同（"薹"为"耄"之异体）。《玉篇·老部》："薹，迈也。九十曰薹。"《玉篇·老部》："耄，同上。"《玉篇·老部》"耄"之上字即为"薹"。

本义为古称大约八十至九十岁的年纪。《诗·大雅·板》："匪我言耄，尔用忧谑

(xuè)。"汉代毛亨传:"八十曰耄。"《诗·大雅·抑》:"借曰未知,亦聿既耄!"汉代毛亨传:"耄,老也。"唐代孔颖达疏:"《曲礼》云:'八十、九十曰耄。'是耄为老也。"《左传·隐公四年》:"卫国褊小,老夫耄矣,无能为也。"晋代杜预注:"八十曰耄。"三国曹操《对酒歌》:"耄耋皆得以寿终,恩泽广及草木昆虫。"明代凌濛初《初刻拍案惊奇》卷二十八:"况自此再三十年,京已寿登耄耋,更削发披缁坐此洞中为衲僧耶?"今有双音词"老耄""耄耋"。

耋(dié)

| 甲骨文 | 小篆 | 楷书 |

耋,形声字。甲骨文的"耋",从老至声。右边从"老",表示与人年老有关;左边为"至",在字中表音,作声符。小篆的"耋",变为外边为老,里边为至。楷书笔画化,变为上下结构。《说文·老部》:"年八十曰耋。从老省,从至。"《说文段注》:"释言:'耋,老也。'毛传云:'耋,老也。八十曰耋。'按马融注《易》、服注《左传》皆云:'七十曰耋。'盖耋训老。故七十八十皆得称也。"方述鑫等《甲骨金文字典》构形解释同《说文》。

本义为古称大约八十至九十岁的年纪。《左传·僖公九年》:"天子使孔曰:'以伯舅耋老,加劳,赐一级,无下拜!'"《公羊传·宣公十二年》:"锡之不毛之地,使率一二耋老而绥焉。"

第二章 口部之类

口部之类包括口、舌、言、欠、音、甘、旨七个部首，以"口"字为统领。这七个部首均与口舌、言语有关。

第一节 "口"部及其例字

"口"为部首字，侧重表示与"口"相关的部位、动作及与"口"相关的事物。从"口"得义的字大多与言语、道德有关。

口（kǒu）

一、形体演变

甲骨文	金文	小篆	楷书
ᄇ	ᄇ	ᄇ	口

二、构形理据

口，象形字。甲骨文、金文、小篆的"口"字，形体类似，均像人口张开形。楷书笔画化，以直笔方折代替小篆的弧笔圆折。可以看出，楷书的"口"承续甲骨、金文、小篆字形，基本没有变化。《说文·口部》："口，人所以言食也。象形。"《说文段注》："言语、饮食者口之两大耑。"徐中舒《甲骨文字典》："口，甲骨文正象人之口形。"方述鑫等《甲骨金文字典》："口，甲金文正象人的口形。"

三、本义

本义指口腔器官，人的嘴。《诗·小雅·正月》："好言自口，莠言自口。"汉代郑玄笺："善言从女口出，恶言亦从女口出。"《左传·定公四年》："立依于庭墙而哭，日夜不绝声，勺饮不入口七日。"《后汉书·张衡列传》："外有八龙，首衔铜丸，下有蟾蜍，张口承之。"唐代白居易《卖炭翁》："卖炭得钱何所营？身上衣裳口中食。"

四、理据例说

"口"是部首字,从"口"得义的字大多与"口"有关,归纳起来大致可分四类。

第一,表示与口相关的器官部位或事物的名称,如"咽、喉、吻、喙、嗓、唾、味"等。

咽（yān）

咽,形声字。小篆的"咽",从口因声。左边从"口",表示与口相关的器官部位有关,在字中表义,为形符;右边是"因",在字中表音,为声符。楷书笔画化。《说文·口部》:"咽,嗌（yì）也。从口因声。"嗌,即咽喉。《说文段注》:"咽者,因也。言食因于是以上下也。"《释名·释形体》:"咽,又谓之嗌,气所流通,厄要之处也。"

本义为喉咙、咽喉。《汉书·蒯伍江息夫传》:"因僵仆,吏就问,云咽已绝,血从鼻耳出。"唐代颜师古注:"咽,喉咙。"《后汉书·方术列传》:"（华）佗尝行道,见有病咽塞者,因语之曰。"唐代李贤注:"咽,喉也。"元末明初罗贯中《三国演义》第五回:"斗不数合,程普刺中胡轸咽喉,死于马下。"比喻形势险要之地。《战国策·秦策四》:"韩,天下之咽喉;魏,天下之胸腹。"

喉（hóu）

喉,形声字。小篆的"喉",从口矦（hóu）声。左边从"口",表示与口相关的器官部位有关;"矦"在字中表音,为声符,构成从口矦声的形声字。楷书笔画化,声符"矦"变为"侯"。《说文·口部》:"喉,咽也。从口侯声。"

本义为喉咙、咽喉。《玉篇·口部》:"喉,咽也。"咽,即咽喉。《诗·大雅·烝民》:"出纳王命,王之喉舌。"《左传·文公十一年》:"富父终甥摏（chōng）其喉以戈,杀之,埋其首于子驹之门。"唐代柳宗元《三戒》:"（虎）因跳踉大阚,断其喉,尽其肉,乃去。"

吻（wěn）

吻,形声字。小篆的"吻"字,从口勿声。左上边为"口",表示与口相关的器官部位有关,在字中表义,为形符,右边为"勿",在字中表音,为声符,构成从口勿声的形声字。楷书笔画化。《说文·口部》:"吻,口边也。从口勿声。"

本义为嘴唇。《汉书·王莽传中》:"是时有用方技待诏黄门者,或问以莽形貌,待诏曰:'莽所谓鸱目虎吻,豺狼之声者也,故能食人,亦当为人所食。'"晋代左思《娇女诗》:"浓朱衍丹唇,黄吻烂漫赤。"明代马中锡《中山狼传》:"（狼）遂鼓吻奋

63

爪，以向先生。"清代蒲松龄《聊斋志异·促织》："巫从旁望空代祝，唇吻翕辟，不知何词。"现在"吻"的常用义为"亲吻""接吻""吻合"，动词。

喙（huì）

小篆	楷书
喙	喙

喙，形声字。小篆的"喙"，从口彖（tuàn）声。左上边从"口"，表示与口相关的器官部位有关，在字中表义，右边为"彖"，在字中表音，为声符，构成从口彖声的形声字。楷书笔画化。《说文·口部》："喙，口也。从口彖声。"《玉篇·口部》："喙，口喙。"《广雅·释亲》："喙，口也。"

本义为鸟、兽的嘴。《战国策·燕策二》："今者臣来，过易水，蚌方出曝，而鹬（yù）啄其肉，蚌合而箝其喙。"《庄子·秋水》："今吾无所开吾喙，敢问其方。"《史记·越王勾践世家》："越王为人长颈鸟喙，可与共患难，不可与共乐。"唐代柳宗元《杂曲歌辞·行路难三首》："蟠龙吐耀虎喙张，熊蹲豹掷争低昂。""喙"也指人的嘴，今有成语"百喙莫辩"。

嗓（sǎng）

小篆	楷书
嗓	嗓

嗓，形声字，后起字。小篆的"嗓"，从口桑声。左边"口"，表示与口相关的器官部位有关，在字中表义，为形符，右边为"桑"，在字中表音，为声符，构成从口桑声的形声字。楷书笔画化。谷衍奎《汉字源流字典》："嗓，形声字。楷书嗓，从口桑声。"

本义为嗓子、喉咙。元末明初施耐庵《水浒传》第十二回："杨志霍地躲过，拿着刀抢入来，一时性起，望牛二嗓根上搠个着，扑地倒了。"清代曹雪芹《红楼梦》第三十六回："嗓子哑了。前儿娘娘传进我们去，我还没有唱呢。"《红楼梦》第五十四回："（凤姐）笑道：'罢，罢！酒冷了，老祖宗喝一口润润嗓子再掰谎罢。'"今有词语"吊嗓子""金嗓子"。

唾（tuò）

小篆	楷书
唾	唾

唾，形声字。小篆的"唾"，从口垂声。左边"口"表示与口相关的器官部位有关，在字中表义，右边为"垂"，在字中表音，为声符，构成从口垂声的形声字。楷书笔画化。《说文·口部》："唾，口液也。从口垂声。"《说文段注》："口液也。《曲礼》：'让食不唾。'《内则》：'不敢唾洟（yí）。'"

本义为口液、唾沫。《黄帝内经·素问·宣明五气篇》："心为汗，肺为涕，肝为泪，脾为涎，肾为唾，是谓五液。"唐代杜甫《醉歌行》："汝身已见唾成珠，汝伯何由发如漆！"常用引申义为用口吐唾沫，表示鄙弃、唾弃。《左传·僖公三十三年》："不顾而唾。公使阳处父追之，及诸河，则在舟中矣。"《战国策·赵策四》："有复言令长安君为质者，老妇必唾其面。"唐代李商隐《行次西郊作》："公卿辱嘲叱，唾弃如粪丸。"

味（wèi）

小篆	楷书
味	味

味，形声字。小篆的"味"，从口未声。左边从"口"表示与口的功能有关，在字中表义，右边为"未"，在字中表音，为声符，构成从口未声的形声字。楷书笔画化。《说文·口部》："味，滋味也。从口未声。"《说文段注》："滋味也。滋言多也。"《玉篇·口部》："味，五味。金辛、木酸、水咸、火苦、土甘。"

本义为用舌头尝东西得到的感觉、味道、滋味。《周礼·疾医》："以五味五谷五药养其病，以五气、五声、五色眡其死生。"《论语·述而》："子在齐闻韶，三月不知肉味。"《吕氏春秋·察今》："尝一脟肉，而知一镬之味，一鼎之调。"

第二，表示与口有关的行为，如"含、吞、咀、嚼、吮、哺、噬、啃"等。

含（hán）

金文	小篆	楷书
含	含	含

含，形声字。金文的"含"，从口今声。下边从"口"，表示与口有关的行为，在字中表义，上边为"今"，在字中表音，为声符，构成从口今声的形声字。小篆整齐化，变为上下结构。楷书笔画化。《说文·口部》："含，嗛也。从口今声。"嗛（xián），古同"衔"，为用嘴含之意。方述鑫等《甲骨金文字典》："含，金文从口，从今，与《说文》含字篆文及三体石经《尚书·无逸》含字古文构形相同。"

本义为含在嘴里。《庄子·外物》："青青之麦，生于陵陂（pō）。生不布施，死何含珠为？"《韩非子·内储说下》："长为贵卿，被王衣，含杜若，握玉环，以听于朝，且利以乱秦矣。"《玉台新咏·古诗为焦仲卿妻作》："指如削葱根，口如含朱丹。"《后汉书·皇后纪上》："吾但当含饴弄孙，不能复关政矣。"

吞（tūn）

小篆	楷书
吞	吞

吞，形声字。小篆的"吞"，从口天声。下边从"口"，表示与口有关的动作行为，在字中表义，上边为"天"，在字中表音，为声符，构成从口天声的形声字。楷书笔画化。《说文·口部》："吞，咽也。从口天声。"徐灏《说文段注笺》："喉谓之咽，因之食下曰咽（yàn），故吞训为咽，亦作嚥，读去声。食下气塞曰咽（yè），读入声。皆一字而分虚实义耳。"

本义为不咀嚼就咽下去。《庄子·庚桑楚》："吞舟之鱼，砀而失水，则蚁能苦之。"《后汉书·张王种陈列传》："夫明哲之君，网漏吞舟之鱼，然后三光明于上，人物悦于下。"三国韦昭注:"《韩诗外传》曰:'夫吞舟之鱼,不居潜泽。'"宋代辛弃疾《永遇乐·京口北固亭怀古》:"想当年,金戈铁马,气吞万里如虎。"引申为吞并、吞没、消灭。《广雅·释诂四》:"吞,灭也。"《战国策·西周策》:"今秦者,虎狼之国也,兼有吞周之意。"汉代贾谊《过秦论》:"囊括四海之意,并吞八荒之心。"

咀（jǔ）

咀,形声字。小篆的"咀",从口且声。左边从"口",表示与口有关的动作行为,在字中表义,右边为"且",在字中表音,为声符,构成从口且声的形声字。楷书笔画化。《说文·口部》:"咀,含味也。从口且声。"《说文段注》:"含味也,含而味之。凡汤酒膏药旧方皆云㕮（fǔ）咀。"《玉篇·口部》:"咀,《上林赋》云:'咀嚼菱藕。'"

本义为品味、细嚼。《管子·水地》:"三月如咀。咀者何?曰五味。"唐代韩愈《进学解》:"沉浸浓郁,含英咀华,作为文章,其书满家。"唐代柳宗元《贞符》:"饥渴牝牡之欲驱其内,于是乃知噬禽兽,咀果谷。"宋代冯取洽《念奴娇·次韵玉林寄示》:"咀咽生香,清寒入梦,展转忘宵曙。"今有词语"咀嚼""含英咀华"等。

嚼（jué）

嚼,形声字。小篆的"嚼",从口爵声。左上边从"口",表示与口有关的动作行为,在字中表义,为形符,右边为"爵",在字中表音,为声符,构成从口爵声的形声字。楷书笔画化。《玉篇·口部》:"嚼,噬嚼也。"

本义为用牙齿磨碎食物。元末明初施耐庵《水浒传》第九回:"点视厅前,一簇乔松青泼黛。来往的,尽是咬钉嚼铁汉。"清代曹雪芹《红楼梦》第五回:"料尔亦未必深明此调,若不先阅其稿,后听其歌,翻成嚼蜡矣。"今有成语"味同嚼蜡",双音词"咀嚼"。

吮（shǔn）

吮,形声字。小篆的"吮",从口允声。左边从"口",表示与口有关的动作行为,右边为"允",在字中表音,为声符,构成从口允声的形声字。楷书笔画化。《说文·口部》:"吮,欶也。从口允声。"欶（shuò）,为用口含吸之意。

本义为用口含吸。《韩非子·备内》:"医善吮人之伤,含人之血。"《史记·孙子吴起列传》:"卒有病疽者,起为吮之,卒母闻而哭之。"唐代李白《蜀道难》:"朝避猛虎,夕避长蛇,磨牙吮血,杀人如麻。"

哺（bǔ）

哺，形声字。小篆的"哺"，从口甫声。左边从"口"，表示与口的动作行为有关，在字中表义，为形符；右边为"甫"，在字中表音，用作声符。楷书笔画化。《说文·口部》："哺，哺咀也。从口甫声。"《说文段注》："哺，口中嚼食也。又引《字林》：'哺咀，食也。'凡含物以饲曰哺。"

本义喂食。《楚辞·渔父》："众人皆醉，何不哺其糟而啜其醨？"唐代李贺《猛虎行》："长戈莫春，强弩莫烹。乳孙哺子，教得生狞。"今有双音词"哺育"。

噬（shì）

噬，形声字。小篆的"噬"，从口筮（shì）声。左边从"口"，表示与口的动作行为有关，在字中表义；右边是"筮"，在字中表音，作声符。楷书笔画化。《说文·口部》："噬，啗也。喙也。从口筮声。"《玉篇·口部》："噬，齧（niè）噬也。《易》曰：'颐中有物曰噬嗑（kè）。'"

本义为咬。《左传·哀公十二年》："国狗之瘈，无不噬也，而况大国乎？"《战国策·楚策一》："狗恶之，当门而噬之。邻人惮之，遂不得入言。"唐代柳宗元《三戒》："虎大骇，远遁；以为且噬己也，甚恐。"引申为吞。晋代潘岳《西征赋》："竟横噬于虎口，输文武之神器。"唐代舒元舆《坊州按狱》："攫搏如猛虎，吞噬若狂獒。"唐代齐己《猛虎行》："狐莫威，兔莫狡，饥来吞噬取肠饱。"明代吴承恩《西游记》第十二回："这袈裟，龙披一缕，免大鹏吞噬之灾。"

啃（kěn）

啃，形声字。小篆的"啃"，从口肯声。左边从"口"，表示与口的动作行为有关，在字中表义，为形符；右边是古文"肯"字（从"骨"省），在字中表音，用作声符。楷书笔画化。谷衍奎《汉字源流字典》："啃，从口肯声。"

本义为用牙齿剥食坚硬的东西。明代吴承恩《西游记》第三十回："却说那怪物坐在上面，自斟自酌。喝一盏，扳过人来，血淋淋的啃上两口。"清代曹雪芹《红楼梦》第八十回："又生平最喜啃骨头，每日务要杀鸡鸭，将肉赏人吃，只单以油炸焦骨头下酒。"

第三，表示与语言、声音相关的事情，如"召、问（問）、呼、吸、吹、嘘、吟、唱、哭、叫、咨、唤"等。

召（zhào）

甲骨文1	甲骨文2	金文1	金文2	小篆	楷书
					召

召，会意兼形声字。甲骨文1的"召"，从"⺈"从"⺈"从"酉"。从"⺈"，表示双手；从"⺈"，表示酒匙；从"酉"，表示酒坛子。三个部分合起来表示主人手持酒匕打酒款待客人。甲骨文2的"召"，形体简化，省去双手，"酉"变成了"口"，酒匙"⺈"（匕）变成了"刀"。金文1承续甲骨文1的字形。金文2、小篆承续甲骨文2的字形。楷书笔画化，为从口刀声的形声字。《说文·口部》："召，呼也。从口刀声。"徐中舒《甲骨文字典》："召，⺈为匕梱之匕，匕下从口或从酉，酉象酒尊之形，所以荐尊，后讹为⺆，从⺈，象双手，以手持匕挹取酒醴，表示主宾相见，相互绍介，侑于尊俎之间，当为绍介之绍初文。金文形同。"

本义为召唤、呼唤。清代朱骏声《说文通训定声》："以言曰召，以手曰招。"《广雅·释诂》："召，呼也。"《诗·小雅·出车》："召彼仆夫，谓之载矣。"汉代郑玄笺："王命召己，己即召御夫，使装载物而往。"《史记·廉颇蔺相如列传》："秦王恐其破璧，乃辞谢固请，召有司案图，指从此以往十五都予赵。"唐代柳宗元《童区寄传》："大府召视儿，幼愿耳。刺史颜证奇之，留为小吏，不肯。"唐代岑参《送祁乐归河东》："天子不召见，挥鞭遂从戎。"唐代高适《李云南征蛮诗》："归来长安道，召见甘泉宫。"

问（問 wèn）

甲骨文	金文	小篆	楷书	简化字
		問	問	问

问（問），形声字。甲骨文的"問"，从口門声。里边从"口"，表示与口的动作行为有关，在字中表义，为形符；外边是"門"，在字中表音，作声符。金文、小篆承续甲骨文字形。楷书笔画化。现简化为"问"，为声符类推简化，仍为形声字。《说文·口部》："問（问），讯也。从口門声。"方述鑫等《甲骨金文字典》："問（问），甲金文从口，从門，为《说文》问字篆文所本。"

本义为询问、质问。《左传·僖公四年》："昭王南征而不复，寡人是问。"《论语·乡党》："问人于他邦，再拜而送之。"《乐府诗集·木兰诗》："问女何所思，问女何所忆。"唐代贺知章《回乡偶书》："儿童相见不相识，笑问客从何处来。"

呼（hū）

甲骨文	金文	小篆	楷书
			呼

呼，象形兼形声字。甲骨文的"呼"为"乎"，"乎"是"呼"的本字。"乎"，像古人吹奏管角发出召集信号。金文基本承续甲骨文字形。

小篆的"呼"在"乎"的基础上左边另加"口",用"呼"代替本字"乎"。"呼",形声字,从口乎声。左边从"口",表示与口的动作行为有关,在字中表义;右边是"乎",在字中表音。楷书笔画化。《说文·口部》:"呼,外息也。"《说文段注》:"外息,出其息也。"方述鑫等《甲骨金文字典》:"甲金文呼乎一字,不从口。"

本义为吐气,与"吸"相对,也指大声叫喊。《黄帝内经·素问·离合真邪论》:"候呼引针,呼尽乃去;大气皆出,故命曰写。"《诗·大雅·荡》:"式号式呼,俾昼作夜。"汉代郑玄笺:"醉则号呼相效,用昼日作夜。"《史记·滑稽列传》:"西门豹曰:'呼河伯妇来,视其好丑。'"唐代杜甫《饮中八仙歌》:"天子呼来不上船,自称臣是酒中仙。"

吸(xī)

吸,形声字。小篆的"吸",从口及声。左边从"口",表示与口的动作行为有关,在字中表义,为形符;右边为"及",在字中表音,用作声符。楷书笔画化。《说文·口部》:"吸,内息也。从口及声。"《说文段注》:"吸,内息,纳其息也。"

本义为吸气入体内。《庄子·逍遥游》:"肌肤若冰雪,淖约若处子,不食五谷,吸风引露。"《庄子·刻意》:"吹呴(xǔ)呼吸,吐故纳新,熊经鸟申,为寿而已矣。"《吕氏春秋·求人》:"西至三危之国,巫山之下,饮露吸气之民,积金之山。"引申为张开口吸,急饮。《楚辞·九章·悲回风》:"吸湛露之浮凉兮,漱凝霜之雰雰。"唐代杜甫《饮中八仙歌》:"左相日兴费万钱,饮如长鲸吸百川,衔杯乐圣称世贤。"

吹(chuī)

见第86页"欠"部"吹"字。

嘘(xū)

嘘,形声字。小篆的"嘘",从口虚声。左边从"口",表示与口的动作行为有关,在字中表义,为形符;右边是"虚",在字中表音,作声符。楷书笔画化。《说文·口部》:"嘘,吹也。从口虚声。"《玉篇·口部》:"嘘,吹嘘。《声类》曰:'出气急曰吹,缓曰嘘。'"清代王筠《说文句读》:"《声类》:'出气急曰吹,缓曰嘘。'"《玉篇》与《说文句读》"嘘"字的解释基本相同。

本义为缓缓吐气。《庄子·齐物论》:"南郭子綦隐机而坐,仰天而嘘,苔焉似丧其耦。"唐代韩愈《杂说》:"龙嘘气成云,云固弗灵于龙也。"元末明初施耐庵《水浒传》第十六回:"那十个厢禁军雨汗通流,都叹气吹嘘,对老都管说道。"

吟（yín）

小篆	楷书
吟	吟

吟，形声字。小篆的"吟"，从口今声。左边从"口"，表示与口的动作行为有关，在字中表义；右边是"今"，在字中表音，作声符。楷书笔画化。《说文·口部》："吟，呻也。从口今声。"

本义为叹气、叹息、呻吟。《黄帝内经·素问·宝命全形论》："能达虚实之数者，独出独入，呿（qū）吟至微，秋毫在目。"姚春鹏译注《黄帝内经》注："呿，张口。吟，呻。"《战国策·楚策一》："昼吟宵哭，七日不得告，水浆无入口，瘨而殚闷，旄不知人。"《楚辞·渔父》："行吟泽畔，颜色憔悴，形容枯槁。"今有词语"无病呻吟"。

引申为吟咏、诵读。《玉篇·口部》："吟，《楚辞》曰行吟泽畔。"《庄子·德充符》："今子外乎子之神，劳乎子之精，倚树而吟。"陈鼓应《庄子今注今译》将"倚树而吟"翻译为"倚在树下歌吟"。《汉书·景十三王传》："雍门子壹微吟，孟尝君为之于邑。"《战国策·秦策二》："臣不知其思与不思，诚思则将吴吟。"张清常、王延栋《战国策笺注》："吟，高注，歌吟也。"唐代杜甫《晚晴》："照我衰颜忽落地，口虽吟咏心中哀。"杜甫《至后》："愁极本凭诗遣兴，诗成吟咏转凄凉。"今有词语"吟诵""吟唱""吟咏""低吟浅唱"。根据语境，我们认为《楚辞·渔父》中"行吟泽畔"的"吟"，解释为"叹气、叹息"更好一些。

唱（chàng）

小篆	楷书
唱	唱

唱，形声字。小篆的"唱"，从口昌声。左边从"口"，表示与口的动作行为有关，在字中表义；右边是"昌"，在字中表音，作声符。楷书笔画化。《说文·口部》："唱，导也。从口昌声。"

本义为带头唱，领唱。《荀子·乐论》："唱和有应，善恶相象，故君子慎其所去就也。"西晋左思《魏都赋》："长涂牟首，豪徹互经。暑漏肃倡，明宵有程。"唐代李善注："倡，亦唱字也。"

引申为歌唱、吟咏。唐代卢照邻《七夕泛舟二首》："日晚菱歌唱，风烟满夕阳。"唐代张籍《车遥遥》："惊麇（jūn）游兔在我傍，独唱乡歌对僮仆。"唐代贯休《入塞曲》："凯歌何日唱，碛路共天遥。"元末明初施耐庵《水浒传》第五十一回："或是吹弹，或是歌唱，赚得那人山人海价看。"今有词语"吟唱"等。

哭（kū）

甲骨文	金文	小篆	楷书
			哭

哭，会意字。甲骨文的"哭"，从"犬"从"吅"。从"犬"，表示头向苍天、高举两手之人；从"吅"（xuān），为两个"口"，表示不停地高声呼号。两部分合起来表示人向苍天申冤或求助。金文字形略有变化，两个"口"未

变,甲骨文的"🐕"金文变成了"苏"。小篆又将"苏"变成了"犬"(犬),为从二"口"从"犬"的会意字。楷书笔画化。《说文·哭部》:"哭,哀声也。从吅,狱省声。"《说文段注》:"按许书言省声,多有可疑者。取一偏旁,不载全字,指为某字之省。若家之为豭省,哭之从狱省,皆不可信。……用字之本义亦有不可知者,如家之从豕,哭之从犬。"《甲骨文字典》《甲骨金文字典》未见此字。

本义为悲痛出声,声泪俱下。《左传·僖公三十二年》:"蹇叔之子与师,哭而送之。"《礼记·檀弓下》:"孔子过泰山侧,有妇人哭于墓者而哀。"明代张博《五人墓碑记》:"吾社之行为士先者,为之声义,敛赀(zī)财以送其行,哭声震动天地。"引申为吊唁,祭奠死者并慰问家属。《汉书·王莽传》:"周礼及春秋左氏,国有大灾,则哭以厌(yàn)之。"唐代颜师古注:"周礼春官之属女巫氏之职曰:'凡邦之大灾,歌哭而请。'哭者所以告哀也。"

叫(jiào)

叫,形声字。小篆的"叫",从口丩(jiū)声。左边从"口",表示与口的动作行为有关,在字中表义;右边为"丩","丩"是"纠"的本字,在字中表音,作声符。楷书笔画化。《说文·口部》:"叫,呼也。从口丩声。"谷衍奎《汉字源流字典》:"叫,本义指呼喊。"

本义为呼、喊。《诗·小雅·北山》:"或不知叫号,或惨惨劬(qú)劳。"汉代毛亨传:"叫,呼。"《楚辞·疾世》:"言旋迈兮北徂,叫我友兮配耦。"汉代王逸注:"叫,急叫也。"唐代杜牧《阿房宫赋》:"戍卒叫,函谷举;楚人一炬,可怜焦土。"

咨(zī)

咨,形声字。金文的"咨",从口次声。左下边从"口",表示与口的动作行为有关,在字中表义,为形符;左上边两横"二"和右边的"欠"为"次"(次),"次"在字中表音,用作声符。小篆承续金文字形。楷书笔画化。《说文·口部》:"咨,谋事曰咨。从口次声。"

本义为商议、征询。《广雅·释诂》:"咨,问也。"《左传·襄公四年》:"臣闻之,访问於善为咨,咨亲为询,咨礼为度,咨事为诹,咨难为谋。"晋代杜预注"咨"为"问善道"。三国诸葛亮《出师表》:"愚以为营中之事,悉以咨之,必能使行阵和睦,优劣得所。"引申为叹息、赞叹。《吕氏春秋·行论》:"文王流涕而咨之。纣恐其畔,欲杀文王而灭周。"《世说新语·言语》:"对曰:'巢、许狷介之士,不足多慕。'王大咨嗟。"

唤（huàn）

小篆	楷书
唤（小篆）	唤

唤，形声字。小篆的"唤"，从口奂（huàn）声。左边从"口"，表示与口的动作行为有关，在字中表义，为形符；右边是"奂"，在字中表音，作声符。《说文新附·口部》："唤，呼也。从口奂声。"

本义为呼、叫。《乐府诗集·木兰诗》："不闻爷娘唤女声，但闻黄河流水鸣溅溅。"《世说新语·方正》："于是先唤周侯、丞相入，然后欲出诏付刁。"柳士镇、刘开骅《世说新语全译》将"先唤"译为"先宣召"。唐代白居易《琵琶行（并序）》："千呼万唤始出来，犹抱琵琶半遮面。"元末明初罗贯中《三国演义》第六十三回："唤武士把军人割下耳鼻，却放回寨。"清代曹雪芹《红楼梦》第二十二回："贾政忙遣贾环与两个婆娘将贾兰唤来。"

引申为放声大叫。明代凌濛初《初刻拍案惊奇》卷十四："李氏正与丈夫碾米，忽然跌倒在地。得水慌忙扶住叫唤。"清代曹雪芹《红楼梦》第十五回："智能急的跺脚，说着：'这算什麽！再这麽，我就叫唤。'"引申为啼叫，禽鸟发出的叫声。《乐府诗集·鸡鸣歌》："东方欲明星烂烂，汝南晨鸡登坛唤。"

第四，表示与口有关的象声词，如"呱、噫"等。

呱（gū）

小篆	楷书
呱（小篆）	呱

呱，形声字。小篆的"呱"，从口瓜声。左边从"口"，表示与口发出的声音有关，在字中表义，为形符；右边是"瓜"，在字中表音，作声符。楷书笔画化。《说文·口部》："呱，小儿嗁声。从口瓜声。"嗁，今作啼。

本义为婴儿的啼哭声。《诗·大雅·生民》："诞置之寒冰，鸟覆翼之。鸟乃去矣，后稷呱矣。"汉代毛亨传："后稷呱呱然而泣。"现有成语"呱呱坠地"，形容婴儿出生。"呱呱而泣"，形容小儿的哭声。

噫（yī）

小篆	楷书
噫（小篆）	噫

噫，形声字。小篆的"噫"，从口意声。左边从"口"，表示与口发出的声音有关，在字中表义，为形符；右边是"意"，在字中表音，作声符。楷书笔画化。《说文·口部》："噫，饱食息也。从口意声。"

本义为感叹声，表示悲痛或叹息。宋代周敦颐《爱莲说》："噫！菊之爱，陶后鲜有闻。"引申为惊异。清代吴敬梓《儒林外史》第二十九回："三人走进房，季恬逸道：噫！那里来的这位太太！"

第二节 "舌"部及其例字

"舌"部也是"口"部的变体,"舌"侧重于"口"中的味觉。从"舌"得义的字大多与口舌部位、言语有关。

舌(shé)

一、形体演变

甲骨文	金文	小篆	楷书
𠮷	𠮷	舌	舌

二、构形理据

舌,会意字。甲骨文、金文、小篆的"舌",从"ㅂ"(口)从"Ψ"。下边从"口",表示与口的部位有关;上边从"Ψ",表示伸出来的舌头;几个点"丶"表示唾液。大概因为人类和兽类的舌头特征不明显,所以用爬行动物——蛇类的舌头作代表,"Ψ"表示蛇信子。三部分合起来表示像蛇类的舌头从嘴里伸出来的样子。楷书笔画化,为从口从千的会意字。《说文·舌部》:"舌,在口,所以言也、别味也。"方述鑫等《甲骨金文字典》:"舌,甲骨金文象口中有舌之形。"

三、本义

本义为舌头。《黄帝内经·素问·阴阳应象大论》:"在窍为舌,在味为苦,在志为喜。"《诗·大雅·抑》:"无易由言,无曰'苟矣。莫扪朕舌',言不可逝矣。"汉代郑玄笺:"今人无持我舌者,而自轻恣也。"《论语·颜渊》:"子贡曰:'惜乎!夫子之说,君子也。驷不及舌。'"宋代朱熹《四书集注》:"言出于舌,则驷马不能追之。"《史记·张仪列传》:"张仪谓其妻曰:'视吾舌尚在不?'其妻笑曰:'舌在也。'仪曰:'足矣。'"今有成语"舌敝耳聋""唇枪舌剑"。

四、理据例说

"舌"为部首字,《现代汉语词典》仍设"舌"部。从"舌"得义的字,大多与"舌"有关。现从"舌"的字较少,常用的只有"舔、舐、恬、辞(辭)"。

舔(tiǎn)

小篆	楷书
舔	舔

舔,形声字,为后起字。小篆的"舔",从舌忝声。左边从"舌",表示"舌"是能够接触东西的器官,在字中表义,为形符;右边为"忝",在字中表音,为声符。楷书承续小篆形体,笔画化。谷衍奎《汉字源流字典》:"舔,从舌忝声。本义指用舌取物。"

本义为以舌取食。明代吴承恩《西游记》第九回："祝罢，就将舌尖与婆婆舔眼。须臾之间，双眼舔开，仍复如初。"清代曹雪芹《红楼梦》第六十三回："尤二姐嚼了一嘴渣子，吐了他一脸。贾蓉用舌头都舔着吃了。"

舐（shì）

小篆	楷书
舐	舐

舐，形声字。小篆的"舐"，从舌氏声。左边从"舌"，在字中表义，为形符；右边为"氏"，在字中表音，为声符。楷书笔画化。《说文·舌部》："舓（shì），以舌取食也。从舌易声。"《玉篇·舌部》："舐，同上。"其中"上"字即为"舓"。

本义为以舌舔物。《庄子·田子方》："宋元君将画图，众史皆至，受揖而立；舐笔和墨，在外者半。"元末明初施耐庵《水浒传》第二十四回："你看我着些甜糖抹在这厮鼻子上，只叫他舐不着。那厮会讨县里人便宜，且教他来老娘手里纳些败缺。"今有成语"舐糠及米""舐犊情深"。

恬（tián）

金文	小篆	楷书
恬	恬	恬

恬，形声字。金文的"恬"，从心，甜省声。左边从"心"，表示与心情、心理活动有关。古人认为"心"是思维器官，与思想、精神、情感等密切相关，所以与"心"这个意义相关的字均从"心"。"甜"在字中表音，为声符，声符"甜"省去"甘"，为省声。小篆承续金文字形。楷书笔画化，将左边的"心"写作"忄"（竖心旁）。《说文·心部》："恬，安也。从心甛（tián）省声。"《甲骨金文字典》中未见此字。五代南唐徐锴《说文解字系传》："恬，安也。"《广雅·释诂》："恬，静也。"

本义为安静。《尚书·梓材》："引养引恬，自古王若兹监，罔攸辟。"王世舜、王翠叶译注《尚书》注："恬，安。"三国曹丕《与吴质书》："恬淡寡欲，有箕山之志，可谓彬彬君子者矣。"唐代白居易《琵琶行（并序）》："予出官二年，恬然自安，感斯人言，是夕始觉有迁谪意。"引申为泰然从容，毫不在乎的。《荀子·富国》："傮（zāo）然要时务民，进事长功，轻非誉而恬失民。"蒋南华等《荀子全译》注："恬失民，指对失去民心很安然，即任凭失掉民心的意思。"今有成语"恬不为怪""恬不知耻"。

辞（辭 cí）

金文	小篆	楷书	简化字
辭	辭	辭	辞

辞（辭），会意字。金文的"辭"，从"𤔔"（luàn）从司。从"𤔔"，表示治理之义；从"司"，表示司法人员执法。小篆演变为从"𤔔"从"辛"的会意字，"辛"表示古代刑刀，常用以在奴隶或罪犯的脸上刺字，有罪恶之义，合起来表示为治理犯罪者的言论辩讼。楷书笔画化。现简化为"辞"，为会意字。左边从

"舌",表示发表言论;右边为"辛",表示刑具。古代"辭"的俗体为"辞",为从俗简化。《说文·辛部》:"辭(辞),讼也。从🔲,🔲犹理辜也。"方述鑫等《甲骨金文字典》:"'🔲'(辞),金文从🔲从司,与《说文》辞字籀文🔲同形。"

本义为诉讼,打官司。《后汉书·酷吏列传》:"以威名迁齐相,亦颇严酷,专任刑法,而善为辞案条教。"三国韦昭注:"辞案犹今案牍也。"《礼记·大学》:"子曰:'听讼,吾犹人也,必也使无讼乎!'无情者不得尽其辞。"宋代朱熹《四书集注》:"引夫子之言,而言圣人能使无实之人不敢尽其虚诞之辞。"

引申为言辞、文辞。《孟子·万章下》:"故说诗者,不以文害辞,不以辞害志。"汉代司马迁《报任安书》:"欲以广主上之意,塞睚眦之辞。"明代吴承恩《西游记》第七十四回:"行动有斯文之气象,开口无俗类之言辞。"《西游记》第一〇〇回:"主公文辞高古,理趣渊微,但不知是何名。"

第三节 "言"部及其例字

"言"部也属口部之类,侧重于从"口"发出的言语。从"言"得义的字大多与言语有关。"言"为部首字,《现代汉语词典》仍设"言"部。

言(yán)

一、形体演变

甲骨文	金文	小篆	楷书
𠯑	𠱢	𠱢	言

二、构形理据

言,指事字。甲骨文的"言",从舌一。下面是"舌",即甲骨文"𠯑"字,上面为"一"(一横),表示言从舌出。金文承续甲骨文字形。小篆的"言",变得稍有复杂,上面是"辛",即"刑刀",下面是"口",合起来表示张口伸舌讲话、发布命令。楷书笔画化。《说文·言部》:"言,直言曰言,论难曰语。从口辛声。"我们认为"言"字构形分析,当以甲骨文为确。于省吾《甲骨文字释林》:"言与音初本同名,后世以用各有当,遂分化为二。周代古文字言与音之互作常见。"徐中舒《甲骨文字典》:"言,字形与《说文》篆文略同,但实与告、舌为一字之异构。"

三、本义

本义为说,说话。《左传·襄公二十七年》:"志以发言,言以出信,信以立志,参以定之。"晋代杜预注："志、言、信三者具，而后身安存。"《国语·周语上》："国人莫敢言，道路以目。"《墨子·公输》："公输盘诎，而曰：'吾知所以距子矣，吾不言。'"宋代王安石《游褒禅山记》："今言'华'如'华实'之'华'者，盖音谬也。"

四、理据例说

"言"为部首字。从"言"得义的字大多与言语、道德有关，大致可分四类。

第一，表示与言语有关的事物名称，如"诗（詩）、词（詞）、话（話）、誓、谚（諺）、谜（謎）、谥（謚）、谱（譜）"等。

诗（詩 shī）

诗（詩），形声字。小篆的"詩"，从言寺声。左边从"言"，表示与言语有关的事物名称，在字中表义；右边是"寺"，在字中表音，用作声符。楷书笔画化。现简化为"诗"，为从讠（言）寺声的形声字，形旁"言"类推简化为"讠"。《说文·言部》："詩（诗），志也。从言寺声。"《说文段注》："毛诗序曰：'诗者，志之所之也。在心为志。发言为诗。'"

本义为一种文学体裁，即诗歌。《尚书·舜典》："诗言志，歌永言，声依永，律和声。"汉代孔安国传："谓诗言志以导之，歌咏其义以长其言。"《国语·鲁语下》："诗所以合意，歌所以咏诗也。今诗以合室，歌以咏之，度于法矣。"晋代陶渊明《归去来兮辞》："登东皋以舒啸，临清流而赋诗。"特指《诗经》。在古语中凡称"诗曰""诗云"，都是指《诗经》。《论语·为政》："《诗》三百，一言以蔽之，曰：思无邪。"《孟子·梁惠王上》："《诗》云：他人有心，予忖度之。"

词（詞 cí）

词（詞），形声字。小篆的"詞"，从言司声。左边从"言"，表示与言语有关的事物名称，在字中表义；右边是"司"，在字中表音，作声符。楷书笔画化。现简化为"词"，为从讠（言）司声的形声字，形旁"言"类推简化为"讠"（言字旁）。《说文·司部》："詞（词），意内而言外也。从言从司。"

本义为言词。《世说新语·轻诋》："彪（bīn）以手歙（shè）叔虎云：'酷吏！'词色甚强。"唐代杜甫《石壕吏》："听妇前致词：三男邺城戍。"唐代韩愈《归彭城》："言词多感激，文字少葳蕤。"

又为一种文学体裁，是诗的别体，是唐代兴起的一种新的文学样式，到了宋代经过长期不断的发展进入了全盛时期。清代曹雪芹《红楼梦》第三回："后人有《西江月》二词，批宝玉极恰，其词曰。"清代曹雪芹《红楼梦》第三十回："写成一想，原来就是个蔷薇花的'蔷'字。宝玉想道：'必定是他也要作诗填词。'"

话（話 huà）

小篆	楷书	简化字
䛡	話	话

话（話），形声字。小篆的"話"，从言舌声。左边从"言"，表示与说出来的话有关，在字中表义，为形符；右边是"舌"，在字中表音，作声符。楷书笔画化。现简化为"话"，为从讠（言）舌声的形声字，形旁"言"类推简化为"讠"（言字旁）。《说文·言部》："話（话），合会善言也。从言舌声。"《玉篇·言部》："话，善言也。调也。"

本义为用以表达思想、感情的言辞。《诗·大雅·板》："出话不然，为犹不远。"汉代毛亨传："话，善言也。"程俊英《诗经译注》将"出话不然"译为"话儿说的不合理"。《左传·文公十八年》："颛顼氏有不才子，不可教训，不知话言。"晋代陶渊明《归去来兮辞》："悦亲戚之情话，乐琴书以消忧。"引申为谈论、谈说。唐代孟浩然《过故人庄》："开轩面场圃，把酒话桑麻。"唐代李白《朝下过卢郎中叙旧游》："却话山海事，宛然林壑存。"唐代李商隐《夜雨寄北》："何当共剪西窗烛，却话巴山夜雨时。"

誓（shì）

金文1	金文2	小篆	楷书
𣂚	䛒	誓	誓

誓，会意兼形声字。金文1的"𣂚"，从"屮"（生）从"𧥛"（言）从"斤"（斤）。从"屮"（生），表示产生；从"𧥛"（言），表示发誓；从"斤"（斤），表示武器。三个部分合起来表示古代士兵在战场上手执武器，发誓许诺。金文2的"䛒"，稍有讹变。小篆的"誓"为形声字，从言折声。下边从"言"，表示与言语有关，在字中表义；上边为"折"，在字中表音，作声符。楷书笔画化。《说文·言部》："誓，约束也。从言折声。"《说文段注》："《周礼》五戒，一曰誓，用之于军旅。按：凡自表不食言之辞皆曰誓，亦约束之意也。"方述鑫等《甲骨金文字典》："誓，金文与小篆同，或又省言。"

本义为发誓、立誓。《诗·卫风·氓》："信誓旦旦，不思其反。"汉代毛亨传："信誓旦旦然。"《尚书·甘誓》："予誓告汝：有扈氏威侮五行，怠弃三正。"《玉台新咏·古诗为焦仲卿妻作》："不久当还归，誓天不相负。"宋代辛弃疾《南乡子》："别泪没些些，海誓山盟总是赊。"元代王实甫《西厢记》第三折："有一日柳遮花映，雾帐云屏，夜阑人静，海誓山盟。"今有词语"信誓旦旦""海誓山盟""赌咒发誓""誓死不渝"等。引申为誓词、盟约。《左传·昭公四年》："周武有孟津之誓，成有岐阳之蒐。"晋代杜预注："将伐纣也。"《礼记·曲礼下》："诸侯使大夫问於诸侯曰'聘',约信曰'誓',莅牲曰'盟'。"唐代孔颖达疏："若用言相约束以相见,则用誓礼,故曰誓也。"

谚（諺 yàn）

金文	小篆	楷书	简化字
諺	諺	諺	谚

谚（諺），形声字。金文的"諺",从言彦声。左边从"言",表示与言语有关的事物名称,在字中表义;右边是"彦",在字中表音,作声符。小篆承续金文字形。楷书笔画化。现简化为"谚",形旁"言"类推简化为"讠"（言字旁）。《说文·言部》："諺,传言也。从言彦声。"《说文段注》："传言者,古语也。凡经传所称之谚,无非前代故训。"

本义为谚语。《礼记·大学》："故谚有之曰：'人莫知其子之恶,莫知其苗之硕。'"《左传·僖公五年》："谚所谓'辅车相依,唇亡齿寒'者,其虞、虢之谓也。"《史记·李将军列传》："彼其忠实心诚信於士大夫也?谚曰：'桃李不言,下自成蹊。'"今有词语"谚语""农谚""古谚"等。

谜（謎 mí）

小篆	楷书	简化字
謎	謎	谜

谜（謎），会意兼形声字。小篆的"謎",从言从迷,迷亦声。左边从"言",表示与言语有关的事物名称,在字中表义,为形符;右边是"迷",表示隐言,亦表声。楷书笔画化。现简化为"谜",形旁"言"类推简化为"讠"（言字旁）。《说文新附·言部》："謎,隐语也。"《广韵·齐韵》："謎,惑也。"

本义为谜语。谜、詸今天为一字,古代为两字,不同音,意义有别。《文心雕龙·谐隐》："谜也者,回互其辞,使昏迷也。"清代曹雪芹《红楼梦》第二十二回："适才我忘了,为什么不当着老爷,揎掇叫你也作诗谜儿。"今有双音词"谜语""猜谜""字谜"。

谥（謚 shì）

小篆	楷书	简化字
謚	謚	谥

谥（謚），会意兼形声字。小篆的"謚",从言盆声。左边从"言",表示与言语有关的事物名称,在字中表义;右边是"盆",在字中表音,作声符。楷书笔画化。现简化为"谥",形旁"言"类推简化为"讠"（言字旁）。《说文·言部》："謚,行之迹也。从言兮皿。""謚"字,《说文》认为是会意字,《说文段注》认为是形声字,今从《段注》。

古代"謚"与"諡"为两个不同的字。《说文·言部》："諡,笑貌。从言益声。"后人妄改"谥"为"謚",且"謚,笑貌"无书证。"谥"代替"謚",为正字。

本义为古代皇帝、贵族、大臣、杰出官员或其他有地位的人死后所加的带有褒贬意义的称号。《礼记·表记》:"子曰:'先王谥以尊名,节以壹惠,耻名之浮于行也。'"《白虎通》:"谥者,别尊卑,彰有德也。"《汉书·平帝纪》:"孔子后孔均为褒(bāo)成侯,奉其祀。追谥孔子曰褒成宣尼公。"晋代陆机《文赋(并序)》:"幸得谥为洞箫兮,蒙圣主之渥恩。"唐代李善注:"谥,号也。"明代张溥《五人墓碑记》:"是以蓼洲周公忠义暴于朝廷,赠谥褒美,显荣于身后。"

谱（譜 pǔ）

谱（譜），形声字。小篆的"譜",从言普声。左边从"言",表示与记录的语言有关,在字中表义;右边是"普",在字中表音,作声符。楷书笔画化。现简化为"谱",形旁"言"字类推简化为"讠"(言字旁)。《说文新附·言部》:"譜（谱）,籍录也。从言普声。"

本义为记载事物类别或系统的书。《旧唐书·志·经籍上》:"十二曰谱系,以纪世族继序。"唐代王建《霓裳辞十首》:"旋翻新谱声初足,除却梨园未教人。"清代曹雪芹《红楼梦》第七十六回:"贾母道:'这还不大好,须得拣那曲谱越慢的吹来越好。'"

第二,表示与言语有关的行为,如"许（許）、讼（訟）、访（訪）、诘（詰）、诲（誨）、诛（誅）、谤（謗）、诽（誹）、诹（諏）"等。

许（許 xǔ）

许（許），形声字。金文的"許",从言午声。左边从"言",表示与言语有关的行为,在字中表义,为形符;右边是"午","午",即"杵",表示春插,在字中表音,用作声符。小篆承续金文字形。楷书笔画化。现简化为"许",为从讠(言)午声的形声字,形旁"言"类推简化为"讠"(言字旁)。《说文·言部》:"许,听也。从言午声。"《说文段注》:"听从之言也。耳与声相入曰听。引申之凡顺从曰听。"方述鑫等《甲骨金文字典》:"许,金文同小篆。"

本义为应允、许可。《左传·隐公元年》:"爱共叔段,欲立之。亟请于武公,公弗许。"《战国策·魏策四》:"寡人欲以五百里之地易安陵,安陵君其许寡人?"《史记·廉颇蔺相如列传》:"相如曰:'秦强而赵弱,不可不许。'"三国诸葛亮《出师表》:"先帝不以臣卑鄙,猥自枉屈,三顾臣于草庐之中,咨臣以当世之事,由是感激,遂许先帝以驱驰。"《列子·汤问》:"'吾与汝毕力平险,指通豫南,达于汉阴,可乎?'杂然相许。"引申为同意、赞同。《三国志·诸葛亮传》:"每自比于管仲、乐毅,时人莫之许也。"引申为期望。宋代陆游《书愤》:"塞上长城空自许,镜中衰鬓已先斑。"

讼（訟 sòng）

金文	小篆	楷书	简化字

讼（訟），形声字。金文的"訟",从言公声。左边从"言",表示与言语有关的行为,在字中表义,为形符;右边是"公",在字中表音,作声符。小篆承续金文字形。楷书笔画化。现简化为"讼",为从讠（言）公声的形声字,形旁"言"类推简化为"讠"（言字旁）。《说文·言部》:"訟（讼）,争也。从言公声。"方述鑫等《甲骨金文字典》:"金文同小篆。"

本义为争论、争辩。《后汉书·张曹郑列传》:"会礼之家,名为聚讼,互生疑异,笔不得下。"唐代李贤注:"言相争不定也。"《淮南子·俶真训》:"周室衰而王道废,儒墨乃始列道而议,分徒而讼。"引申为打官司。清代方苞《狱中杂记》:"又某氏以不孝讼其子,左右邻械系入老监,号呼达旦。"

访（訪 fǎng）

小篆	楷书	简化字

访（訪），形声字。小篆的"訪",从言方声。左边从"言",表示与言语行为有关,在字中表义,为形符;右边是"方",在字中表音,作声符。楷书笔画化。现简化为"访",为从讠（言）方声的形声字,形旁"言"类推简化为"讠"（言字旁）。《说文·言部》:"訪（访）,泛谋曰访。从言方声。"《尔雅·释诂》:"访,谋也。"

本义为广泛地征求意见,咨询。《尚书·洪范》:"惟十有三祀,王访于箕子。"《左传·僖公三十二年》:"穆公访诸蹇叔。蹇叔曰:'劳师以袭远,非所闻也。'"李梦生《左传译注》:"访,这里有请教之意。"《国语·楚语上》:"教之乐,以疏其秽而镇其浮;教之《令》,使访物官。"

引申为访问、拜访（敬词）。唐代李白《陪从祖济南太守泛鹊山湖》:"此行殊访戴,自可缓归棹。"元末明初罗贯中《三国演义》第三十七回:"玄德从其言,嘱付童子:'如先生回,可言刘备拜访。'"明代吴承恩《西游记》第五十三回:"这一向登山涉水,把我那幼时的朋友也都疏失,未及拜访,少识尊颜。"今有词语"拜访""造访""采访""走访"。引申为寻求。唐代王勃《滕王阁序》:"俨骖騑于上路,访风景于崇阿。"宋代苏轼《石钟山记》:"至唐李渤始访其遗踪,得双石于潭上。"

诂（詁 gǔ）

小篆	楷书	简化字
詁	詁	诂

诂（詁），会意兼形声字。小篆的"詁"，从言从古，古亦声。左边从"言"，表示与言语行为有关，在字中表义，为形符；右边是"古"，表示古代的语言，亦用作声符。楷书笔画化。现简化为"诂"，为从讠（言）古声的会意兼形声字，形旁"言"类推简化为"讠"（言字旁）。《说文·言部》："詁（诂），训故言也。从言古声。"《说文段注》："故言者，旧言也。十口所识，前言也。训者，说教也。训故言者，说释故言以教人，是之谓诂。"

本义为用通行的话语解释古代语言文字或方言字义。《汉书·扬雄传》："雄少而好学，不为章句，训诂通而已，博览无所不见。"唐代颜师古注："诂谓指义也。"《后汉书·光武十王列传》："帝甚善之，以其文典雅，特令校书郎贾逵为之训诂。"《后汉书·儒林传下·何休传》："太傅陈蕃辟之，与参政事。蕃败，休坐废锢，乃作《春秋公羊解诂》。"今有词语"训诂""解诂"。

诲（誨 huì）

金文	小篆	楷书	简化字
誨	誨	誨	诲

诲（誨），形声字。金文的"誨"，从言每声。左边从"言"，表示与言语行为有关，在字中表义，为形符；右边为"每"，在字中表音，作声符。小篆的"誨"，基本承续金文字形，只是"每"字形体稍有变化，突出了"每"字胸部的乳房。楷书笔画化。现简化为"诲"，为从讠（言）每声的形声字，形旁类推简化。《说文·言部》："誨（诲），晓教也。从言每声。"《说文段注》："晓教者，明晓而教之也。训以柔克，诲以刚克。《周书·无逸》胥训告。胥，教诲是也。晓之以破其晦是曰诲。"方述鑫等《甲骨金文字典》："金文同小篆。"

本义为教导、诱导。《诗·大雅·桑柔》："告尔忧恤，诲尔序爵。"《周易·系辞》："慢藏诲盗，冶容诲淫。"唐代孔颖达疏："'慢藏诲盗，冶容诲淫'者，若慢藏财物，守掌不谨，则教诲于盗者，使来取此物。"《左传·襄公十四年》："初，公有嬖妾，使师曹诲之琴，师曹鞭之。"晋代杜预注："诲，教也。"《论语·述而》："学而不厌，诲人不倦，何有于我哉？"杨伯峻《论语译注》将"诲人不倦"译为"教导别人而不疲倦"。唐代刘长卿《别李氏女子》："临歧方教诲，所贵和六姻。"今有成语"诲人不倦""诲淫诲盗"，双音词"教诲"。

诛（誅 zhū）

金文1	金文2	小篆	楷书	简化字
誅	誅	誅	誅	诛

诛（誅），形声字。金文1的"誅"，从戈朱声。右边从"戈"，表示与杀、伐行为有关，在字中表义，为形符；左边为

"朱",在字中表音,作声符。金文2的"诛",左边从"言",表示与言语行为有关,在字中表义。小篆承续金文2字形。楷书笔画化。现简化为"诛",为从讠(言)朱声的形声字,形旁类推简化。《说文·言部》:"誅(诛),讨也。从言朱声。"《说文段注》:"凡杀戮、纠责皆是。"方述鑫等《甲骨金文字典》:"金文从戈,朱声。用与诛同。"

本义为声讨、谴责。《左传·僖公二十三年》:"得志于诸侯,而诛无礼,曹其首也。"《论语·公冶长》:"朽木不可雕也,粪土之墙不可杇也,于予与何诛?"宋代朱熹《四书集注》:"诛,责也。"引申为杀戮。《史记·秦始皇本纪》:"遂兴师旅,诛戮无道,为逆灭息。"《史记·项羽本纪》:"沛公至军,立诛杀曹无伤。"元末明初罗贯中《三国演义》第九回:"但系董卓亲属,不分老幼,悉皆诛戮。"

谤（謗 bàng）

小篆	楷书	简化字
謗	謗	谤

谤（謗），会意兼形声字。小篆的"謗",从言从旁,旁亦声。左边从"言",表示与言语行为有关,在字中表义,为形符;右边是"旁",表示在旁边、背后,亦用作声符,在字中亦表音。楷书笔画化。现简化为"谤",为从讠(言)旁声的形声字,形旁类推简化。《说文·言部》:"謗(谤),毁也。从言旁声。"《说文段注》:"谤之言旁也。旁,溥也。大言之过其实。"《玉篇·言部》:"谤,毁也。诽也。对他人道其恶也。"

本义为在背后公开地议论或批评某人的短处,没有贬义。《国语·周语上》:"厉王虐,国人谤王。"黄永堂《国语全译》注为"谤,议论,责备"。《战国策·齐策一》:"能谤议于市朝,闻寡人之耳者,受下赏。"引申为诽谤。《说文·言部》:"谤,毁也。"《史记·屈原贾生列传》:"信而见疑,忠而被谤,能无怨乎?"唐代韩愈《原毁》:"是故事修而谤兴,德高而毁来。"唐代寒山《诗三百三首》:"见他高道人,却嫌诽谤骂。"清代曹雪芹《红楼梦》第九回:"宁府人多口杂,那些不得志的奴仆们,专能造言诽谤主人。"

诽（誹 fěi）

金文	小篆	楷书	简化字
誹	誹	誹	诽

诽（誹），形声字。金文的"誹",从言非声。左边从"言",表示与言语行为有关,在字中表义,为形符;右边为"非",在字中表音,用作声符。小篆承续金文字形。楷书笔画化。现简化为"诽",为从讠(言)非声的形声字,形旁类推简化。《说文·言部》:"誹(诽),谤也。从言非声。"《说文段注》:"诽之言非也,言非其实。"《甲骨金文字典》中未见此字。

本义为背地议论，指责他人。《荀子·非十二子》："是以不诱于誉，不恐于诽，率道而行，端然正己。"唐代杨倞注："虚誉不能诱，毁谤不能动。"宋代王安石《答司马谏议书》："至于怨诽之多，则固前知其如此也。"引申为毁谤、诽谤。《吕氏春秋·决胜》："孤独则父兄怨，贤者诽，乱内作。"《汉书·食货志下》："张汤以峻文决理为廷尉，于是见知之法生，而废格沮诽穷治之狱用矣。"唐代颜师古注引张晏曰："吏见知不举劾为故纵，官有所作，废格沮败诽谤，则穷治之也。"

诹（諏 zōu）

诹（諏），形声字。小篆的"諏"，从言取声。左边从"言"，表示与言语行为有关，在字中表义，为形符；右边是"取"，在字中表音，作声符。楷书笔画化。现简化为"诹"，为从讠（言）取声的形声字，形旁类推简化。《说文·言部》："諏（諏），聚谋也。从言取声。"《玉篇·言部》："诹，问正事也。聚谋也。"《尔雅·释诂》："诹，谋也。"

本义为咨询、询问。《诗·小雅·皇皇者华》："载驰载驱，周爰咨诹。"汉代毛亨传："访问于善为咨。咨事为诹。"《左传·襄公四年》："咨礼为度，咨事为诹，咨难为谋。"晋代杜预注"诹"为"问政事"。三国诸葛亮《出师表》："陛下亦宜自谋，以咨诹善道，察纳雅言，深追先帝遗诏。"引申为商议。《新唐书·令狐传》："预束凡十有八人，德棻（fēn）为先进，故类例多所诹定。"

第三，表示与道德有关的意义，如"谨（謹）、诚（誠）、谦（謙）、诈（詐）"。

谨（謹 jǐn）

谨（謹），形声字。金文的"謹"，从言堇（qín）声。左边从"言"，表示与人的品德、行为有关，在字中表义，为形符；右边为"堇"，在字中表音，作声符。小篆承续金文字形，形体与金文略同。楷书笔画化。现简化为"谨"，为从讠（言）堇声的形声字，形旁为类推简化。《说文·言部》："謹（謹），慎也。从言堇声。"《甲骨金文字典》未见此字。

本义为谨慎、小心。《诗·大雅·民劳》："无纵诡随，以谨无良。"汉代毛亨传："以谨无良，慎小以惩大也。"《礼记·缁衣》："故言必虑其所终，而行必稽其所敝，则民谨于言而慎于行。"《孟子·梁惠王上》："谨庠序之教，申之以孝悌之义，颁白者不负戴于道路矣。"今有成语"谨言慎行"。引申为恭敬。《战国策·燕策三》："恐惧不敢自陈，谨斩樊於期头，及献燕之督亢之地图。"《史记·苏秦列传》："今主君欲一天下，收诸侯，存危国，寡人谨奉社稷以从。"《史记·项羽本纪》："谨使臣良奉白璧一

83

双,再拜献大王足下。"

诚（誠 chéng）

金文	小篆	楷书	简化字
誠	誠	誠	诚

诚（誠），形声字。金文的"誠",从言成声。左边从"言",表示与言语、品德有关,在字中表义,为形符;右边为"成",在字中表音,作声符。小篆承续金文字形。楷书笔画化。现简化为"诚",为从讠(言)成声的形声字,形旁为类推简化。《说文·言部》:"誠（诚）,信也。从言成声。"

本义为诚实,真诚,不诡诈。《玉篇·言部》:"诚,信也,敬也。"《礼记·中庸》:"诚者自成也,而道自道也。"汉代郑玄注:"言人能至诚,所以'自成'也。"宋代朱熹《四书集注》:"诚以心言,本也。"《列子·汤问》:"帝感其诚,命夸娥氏二子负二山,一厝朔东,一厝雍南。"唐代韩愈《祭十二郎文》:"季父愈闻汝丧之七日,乃能衔哀致诚。"引申为真实。《礼记·大学》:"此谓诚于中形于外,故君子必慎其独也。"《论语·子路》:"善人为邦百年,亦可以胜残去杀矣。诚哉是言也!"《韩非子·说林上》:"巧诈不如拙诚。"

谦（謙 qiān）

小篆	楷书	简化字
謙	謙	谦

谦（謙），形声字。小篆的"謙",从言兼声。左边从"言",表示与言语、品德、行为有关,在字中表义,为形符;右边是"兼",在字中表音,作声符。楷书笔画化。现简化为"谦",为从讠(言)兼声的形声字,形旁为类推简化。《说文·言部》:"謙（谦）,敬也。从言兼声。"

本义为谦虚、谦逊,侧重于内心的恭顺、谨慎。《玉篇·言部》:"谦,让也,敬也。"《周易·谦》:"谦谦君子,用涉大川,吉。"《史记·魏公子列传》:"公子为人仁而下士,士无贤不肖皆谦而礼交之,不敢以其富贵骄士。"宋代欧阳修《新五代史·伶官传（序）》:"满招损,谦得益。"

诈（詐 zhà）

金文	小篆	楷书	简化字
詐	詐	詐	诈

诈（詐），形声字。金文的"詐",从言乍声。左边从"言",表示与言语、言论有关,在字中表义,为形符;右边为"乍",在字中表音,作声符。小篆承续金文字形,线条化。楷书笔画化。现简化为"诈",为从讠(言)乍声的形声字,形旁为类推简化。《说文·言部》:"詐（诈）,欺也。从言乍声。"《尔雅·释诂》:"诈,伪也。"

本义为欺骗。《左传·宣公十五年》:"我无尔诈,尔无我虞。"《荀子·修身》:

"窃货曰盗，匿行曰诈，易言曰诞。"《吕氏春秋·务本》："无功伐而求荣富，诈也。"《史记·廉颇蔺相如列传》："相如度秦王特以诈佯为予赵城，实不可得。"今有成语"尔虞我诈"。引申为假装。《史记·陈涉世家》："今诚以吾众诈自称公子扶苏、项燕，为天下唱，宜多应者。"《史记·张耳陈馀列传》："秦将诈称二世使人遗李良书，不封。"《史记·吴王濞列传》："今吴王前有太子之郄，诈称病不朝，于古法当诛。"

第四，表示与人的言语能力有关，如"讷（訥）、诎（詘）"等。

讷（訥 nè）

讷（訥），会意字。金文的"訥"，从言从内。左边从"言"，表示与言语能力有关，右边从"内"，表示肚子里有话难以说出来，合起来表示性格内向而不善于言说。小篆承续金文字形。楷书笔画化。现简化为"讷"，为从讠（言）从内的会意字，"言"为类推简化。《说文·言部》："訥（讷），言难也。从言从内。"《说文段注》："与呐（nè）音义皆同。"

本义为言语迟钝，口才不佳。《论语·里仁》："君子欲讷于言而敏于行。"三国何晏《论语集解》注"讷""包曰：'迟钝也。'"《史记·李将军列传》："广讷口少言，与人居则画地为军陈，射阔狭以饮。"《晋书·文苑传·左思》："思遂感激勤学，兼善阴阳之术。貌寝，口讷，而辞藻壮丽。"今有成语"讷言敏行"。

诎（詘 qū）

诎（詘），形声字。小篆的"詘"，从言出声。左边从"言"，表示与言语行为能力有关，在字中表义，为形符；右边是"出"，在字中表音，作声符。楷书笔画化。现简化为"诎"，为从讠（言）出声的形声字，为类推简化。《说文·言部》："詘（诎），诘诎也。一曰屈襞。从言出声。"《广韵·物韵》："诎，辞塞。"

本义为言语钝拙、迟钝。《墨子·公输》："公输盘诎，而曰：'吾知所以距子矣，吾不言。'"《史记·李斯列传》："轻财重士，辩于心而诎于口。"诎，通"屈"，弯曲。《广雅·释诂》："诎，屈也。"《荀子·劝学》："若挈裘领，诎五指而顿之，顺者不可胜数也。"蒋南华等《荀子全译》："诎，通'屈'。"明代魏学洢《核舟记》："佛印绝类弥勒，袒胸露乳，矫首昂视，神情与苏、黄不属。卧右膝，诎右臂支船。"

第四节 "欠"部及其例字

"欠"部也属口部之类，侧重于从"口"中出气，即气息及与之相关的动作。"欠"为部首字，《现代汉语词典》仍设"欠"部。

欠（qiàn）

一、形体演变

甲骨文	小篆	楷书
		欠

二、构形理据

欠，象形字。甲骨文的"欠"，像人跪坐、张口打哈欠之形。小篆的"欠"，字形稍有变化，下面的形体改为"儿"，儿，即"人"；上面三曲笔"彡"，表示人张口呼出的气体。楷书笔画化。《说文·欠部》："欠，象气从人上出之形。"《说文段注》："今俗曰呵欠。又欠者，气不足也。故引申为欠少字。象气从儿上出之形。"徐中舒《甲骨文字典》："欠，象人跽而向前张口之形。"方述鑫等《甲骨金文字典》："欠，甲骨形象张口形。"

三、本义

本义为打哈欠。《说文·欠部》："欠，张口气悟也。"《说文段注》："人倦解，所谓张口气悟也，谓之欠，亦谓之嚏。"《黄帝内经·素问·宣明五藏论》："心为噫，肺为咳，肝为语，脾为吞，肾为欠为嚏。"《仪礼·士相见礼》："凡侍坐于君子，君子欠伸，问日之早晏，以食具告。"汉代郑玄注："志倦则欠，体倦则伸，问日晏，近于久也。"常用义为缺少、亏欠。

四、理据例说

"欠"是部首字。汉字中由"欠"得义的字大多与气息、嘴的动作有关，大致可分三类。

第一，表示与气息有关的字，主要有"吹、欪、欷、歎、歆、歇"等。

吹（chuī）

甲骨文	金文	小篆	楷书
			吹

吹，会意字。甲骨文的"吹"，从口从欠。左边从"欠"，表示张口呼气；右边从"口"，表示用嘴呼气。金文承续甲骨文字形，部件"欠""口"位置互换。小篆基本承续金文字形，右边的"欠"稍有变化，下边为"儿"，即人；上

边三撇"彡"为人呼出的气体，表示用口打哈欠。楷书笔画化。《说文·口部》："吹，嘘也。从口从欠。"《说文段注》："吹，口欠则气出，会意。"方述鑫等《甲骨金文字典》："吹，甲金文 𠙴（欠）象人张口之形，从口，其意更显。"

本义为合拢嘴唇用力呼气。《玉篇·口部》："吹，出气也。"《庄子·逍遥游》："野马也，尘埃也，生物之以息相吹也。"《韩非子·大体》："不吹毛而求小疵，不洗垢而察难知。"今有成语"吹毛求疵"。

引申为吹奏乐器。《诗·小雅·何人斯》："伯氏吹埙（xūn），仲氏吹篪（chí）。"唐代孔颖达疏："故言有伯氏之兄吹埙，又仲氏之弟吹篪以和之，其情相亲，其声相应和矣。"《韩非子·内储说上》："齐宣王使人吹竽，必三百人。"元末明初施耐庵《水浒传》第六十一回："只听得山顶上鼓板吹箫，仰面看时，风刮起那面杏黄旗来，上面绣着'替天行道'四字。"今有成语"玉人吹箫""自吹自擂"。

欬（kài）

欬，形声字。小篆的"欬"，从欠亥声。右边从"欠"，表示与用嘴呼气有关，在字中表义，为形符；左边是"亥"，在字中表音，作声符。楷书笔画化。《说文·欠部》："欬，屰（逆）气也。从欠亥声。"《说文段注》："含吸之欲其下，而气乃逆上是曰欬。"

本义为重声咳嗽。《左传昭公二十四年》："余左顾而欬，乃杀之。右顾而笑，乃止。"《吕氏春秋·季夏》："季夏行春令，则谷实解落，国多风欬，人乃迁徙。"比喻言谈不凡或文辞优美。《后汉书·文苑传下·赵壹传》："鲁生闻此辞，系而作歌曰：执家多所宜，欬唾自成珠。"今有双音词"謦（qǐng）欬"。

欷（xī）

欷，形声字。小篆的"欷"，从欠稀省声。右边从"欠"，表示与用嘴呼气有关，在字中表义，为形符；左边是"希"，为稀省声，在字中表音，作声符。楷书笔画化。《说文·欠部》："欷，歔（xū）也。从欠稀省声。"

本义为抽噎，哽咽，哭泣声。《楚辞·九辩》："中僭恻之悽怆兮，长太息而增欷。"今有双音词"欷歔"。

歉（qiàn）

歉，形声字。小篆的"歉"，从欠兼声。右边从"欠"，表示打哈欠，后产生"缺少"义，在字中表义，为形符；左边是"兼"，在字中表音，作声符。楷书笔画化。《说文·欠部》："歉，歉食不满。从欠兼声。"《说文段注》："歉疑当作嗛（qiàn），谓口衔食不满也。引申为凡未满之称。"

本义为吃不饱，食物不足。唐代李商隐《行次西郊作一百韵》："健儿立霜雪，腹歉衣裳单。"宋代司马光《投梅圣俞》："平生未相识，歉歉不自足。"现代常用义为年成歉收。《广雅·释天》："一谷不升曰歉。"唐代黄滔《壬癸岁书情》："江头寒夜宿，垄上歉年耕。"唐代黄滔《书怀》："退耕逢歉岁，逐贡愧行朝。"《宋史·黄廉传》："久饥初稔，累给并偿，是使民遇丰年而思歉岁也。"今有双音词"歉疚""歉收"。

歆（xīn）

小篆	楷书
歆	歆

歆，形声字。小篆的"歆"，从欠音声。右边从"欠"，表示与出气有关，在字中表义，为形符；左边是"音"，在字中表音，作声符。楷书笔画化。《说文·欠部》："歆，神食气也。从欠音声。"《说文段注》："引申为熹悦之意。《皇矣》：'无然歆羡。'传释为贪羡。"

本义为古代祭祀时鬼神享受祭品的香气。清代徐灏《说文解字注笺》："鬼神飨气臭（嗅）而不飨味。"《诗·大雅·生民》："上帝居歆，胡臭亶时？"汉代郑玄笺："其馨香始上行，上帝则安而歆享之。"引申为悦服、欣喜。《国语·周语下》："以言德于民，民歆而德之，则归心焉。"黄永堂《国语全译》将"歆"译为"乐于听从"。唐代魏徵《五郊乐章·雍和》："恭惟正直，歆此馨香。"

歇（xiē）

金文	小篆	楷书
歇	歇	歇

歇，形声字。金文的"歇"，从欠曷（hé）声。右边从"欠"，表示与人打哈欠有关，为人困倦时的生理现象，在字中表义，为形符；左边为"曷"，在字中表音，作声符。小篆基本承续金文字形。楷书笔画化。《说文·欠部》："歇，息也。从欠曷声。"《说文段注》："息者，鼻息也。息之义引申为休息，故歇之义引申为止歇。"

本义为休息。唐代白居易《卖炭翁》："牛困人饥日已高，市南门外泥中歇。"白居易《偶作二首》："战马春放归，农牛冬歇息。"清代曹雪芹《红楼梦》第一回："至晚间，正待歇息之时，忽听一片声打的门响，许多人乱嚷。"《红楼梦》第十九回："彼时黛玉自在床上歇午，丫环们皆出去自便，满屋内静悄悄的。"

第二，表示与嘴的动作有关，主要有"歌、饮（飲）、歃、欶"等。

歌（gē）

甲骨文	金文	小篆	楷书
歌	歌	歌	歌

歌，象形兼形声字。甲骨文的"歌"，像一人跪坐向右张口唱歌形。金文的"歌"演变为从言可声的形声字。古代"言""音"同源，常以"言"代"音"。从"言"，表示与从口发出的声音有关，作形符；"可"作声符。小篆

字形变化较大，为从欠哥声的形声字。右边从"欠"，表示与用嘴呼气有关，在字中表义，为形符；"哥"作声符。楷书笔画化。《说文》："歌，咏也。从欠哥声。"方述鑫等《甲骨金文字典》中"歌"字说解同《说文》。

本义为唱、歌唱。五代南唐徐锴《说文解字系传》："歌者，长引其声以诵之也。"《诗·魏风·园有桃》："心之忧矣，我歌且谣。"汉代毛传："曲合乐曰歌，徒歌曰谣。"《周易·离》："日昃之离，不鼓缶而歌，则大耋之嗟。"《礼记·乐记》："诗，言其志也。歌，咏其声也。舞，动其容也。"唐代孔颖达疏："歌谓音曲，所以歌咏其言词之声也。"

饮（飲 yǐn）

| 甲骨文 | 金文 | 小篆 | 楷书 | 简化字 |

饮（飲），会意字。甲骨文的"飮"。从"󰀀"从"󰀁"从"󰀂"。从"󰀀"表示酒坛子，从"󰀁"表示手捧之义，从"󰀂"表示用舌头品味，合起来表示一人手捧酒器，俯首吐舌，捧樽就饮之形。金文的"飮"，基本承续甲骨文字形，只是将甲骨文左上边的"舌"字变成了"󰀃"（口）字。小篆的"飮"变化较大，酒坛子"酉"上边的"口"讹变为"今"，右边的人讹变为"欠"，变成了从欠酓声的形声字。楷书的"飮"，左边变成了"食"，右边仍为"欠"，这样就又成了会意字。现简化为"饮"，"飮"中的"食"类推简化为"饣"。《说文·欠部》："𩚲，饮也。从欠酓（yǐn）声。"徐中舒《甲骨文字典》："𩚲，像人俯首吐舌捧尊就饮之形，为饮之初文。"

本义为喝。《说文段注》："水流入口为饮。引申之可饮之物谓之饮。"《仪礼·公食礼》："饮酒、浆饮，俟于东房。"《孟子·告子上》："冬日则饮汤，夏日则饮水，然则饮食亦在外也？"特指喝酒。《韩非子·十过》："子反曰：'嘻！退，酒也。'阳曰：'非酒也。'子反受而饮之。"《史记·项羽本纪》："项王即日因留沛公与饮。"唐代白居易《琵琶行（并序）》："主人下马客在船，举酒欲饮无管弦。"宋代欧阳修《醉翁亭记》："太守与客来饮于此，饮少辄醉，而年又最高，故自号曰醉翁也。"

歃（shà）

| 小篆 | 楷书 |

歃，形声字。小篆的"歃"，从欠臿（chā）声。右边从"欠"，表示与嘴的动作有关，在字中表义，为形符；左边是"臿"，在字中表音，作声符。楷书笔画化。《说文·欠部》："歃，歠（chuò）也。从欠臿声。"《说文段注》："歃者，饮也。凡盟者歃血。"

本义为饮、微吸，特指盟誓时饮血示诚。《国语·晋语八》："宋之盟，楚人固请先歃。"《史记·平原君虞卿列传》："公相与歃此血于堂下，公等录录，所谓因人成事者也。"今有成语"歃血为盟"。

欺（qī）

欺，形声字。小篆的"欺"，从欠其声。右边从"欠"，表示与嘴的动作有关，在字中表义，为形符；左边是"其"，在字中表音，作声符。楷书笔画化，为从欠其声的形声字。《说文·欠部》："欺，诈欺也。从欠其声。"《说文段注》："言部曰诈者，欺也。此曰欺者，诈也。是为转注。"

本义为欺骗、欺诈。《论语·子罕》："吾谁欺？欺天乎？"《吕氏春秋·贵因》："西伯将何之？无欺我也！"《史记·廉颇蔺相如列传》："欲与秦，秦城恐不可得，徒见欺。"现今成语有"欺世盗名""自欺欺人"等。

第三，表示与高兴有关的字，主要有"欢（歡）、欣"等。

欢（歡 huān）

欢（歡），形声字。金文的"歡"，从"ㄎ"（欠）"萑"（雚）声。右边从"欠"，表示与打哈欠有关，是人愉悦高兴时张口的现象，在字中表义，为形符；左边为"雚"（guàn），在字中表音，作声符。小篆的"歡"，承续金文字形。楷书笔画化。现简化为"欢"，为意号字，"欠"为意符，即形符，"又"为记号。《说文·欠部》："歡（欢），喜乐也。从欠雚声。"五代南唐徐锴《说文解字系传》："喜动声气，故从欠。"《甲骨金文字典》中未见此字。

本义为喜悦、高兴。《礼记·曲礼》："君子不尽人之欢，不竭人之忠，以全交也。"《庄子·至乐》："若果养乎？予果欢乎？"《韩非子·说林上》："许之而大欢，彼将知君利之也，必将辍行。"引申为古时男女相爱，对情人的称呼。古乐府《莫愁诗》："闻欢下扬州，相送楚山头。"唐代孟郊《哀孟云卿嵩阳荒居》："不闻新欢笑，但睹旧诗书。"

欣（xīn）

欣，形声字。小篆的"欣"，从欠斤声。右边从"欠"，表示与嘴的动作有关，在字中表义；左边是"斤"，在字中表音，作声符。楷书笔画化，为从欠斤声的形声字。《说文·欠部》："欣，笑喜也。从欠斤声。"《尔雅·释诂》："欣，乐也。"

本义为喜悦、高兴。《诗·大雅·凫鹥》："旨酒欣欣，燔炙芬芬。"汉代毛亨传："欣欣然，乐也。"《左传·昭公元年》："子会而赦有罪，又赏其贤，诸侯其谁不欣焉望楚而归之。"晋代陶渊明《归去来兮辞》："乃瞻衡宇，载欣载奔。"

第五节 "音"部及其例字

"音"部也是"口"部的变体,侧重于从"口"中发出的声音。从"音"得义的字大多与言语、音乐有关。

音(yīn)

一、形体演变

甲骨文	金文	小篆	楷书
𠙹	𠷎	音	音

二、构形理据

音,指事字。甲骨文的"音",从"𠙵"(言)从"丶丿",是在"言"字上加几点指事符号,表示所言说的内涵,即"言"语里的心声。金文"音"则将指事符号"一"横加在了"言"字的"口"中,表示所言所诉。小篆承续金文字形,在"言"中的"口"中加一横,表示所发之音。楷书笔画化。《说文·音部》:"音,声也。生于心,有节于外,谓之音。"方述鑫等《甲骨金文字典》:"按,古文字言、音、舌为一字,均象舌形。"徐中舒《甲骨文字典》:"音,象倒置之木铎及铎舌之形,与告、舌、言实为一字。"徐先生所释"音"字,自有其特点,可能与掌握的材料等因素有关而与众不同,可作一说,我们遵从方先生的观点。

三、本义

本义为声音、乐音。《说文·音部》:"音,声也。"《礼记·乐记》:"声相应,故生变,变成方,谓之音。"《左传·昭公二十一年》:"夫音,乐之舆也。而钟,音之器也。"《庄子·胠箧》:"邻国相望,鸡狗之音相闻,民至老死而不相往来。"宋代苏轼《石钟山记》:"扣而聆之,南声函胡,北音清越,桴止响腾,余韵徐歇。"

四、理据例说

"音"是个部首字。汉字中从"音"得义的字大多与声音、音乐有关。从"音"得义的字较少,现常用的只有"韵(韻)、意、韶、响(響)"等。

韵(韻 yùn)

小篆	楷书
韻	韵

韵(韻),形声字。小篆的"韻",从音员声。左边从"音",表示与声音有关,在字中表义,为形符;右边是"員",在字中表音,作声符。楷书笔画化,变为从音匀声的形声字。古文中"韻"与"韵"同,现"韵"为规范字,"韻"作为异体字停止使用。《说文新附·音部》:

"韻（韵），和也。从音員声。"

本义为和谐悦耳的声音。南北朝吴均《与朱元思书》："好鸟相鸣，嘤嘤成韵。"宋代苏轼《石钟山记》："扣而聆之，南声函胡，北音清越，桴止响腾，余韵徐歇。"明代吴承恩《西游记》第四十七回："短笛无声，寒砧不韵。"引申为美、标致。元末明初施耐庵《水浒传》第四十二回："朱颜绿发，皓齿明眸。飘飘不染尘埃，耿耿天仙风韵。"

意（yì）

意，会意字。金文的"意"，从音从曰。上面从"音"表示声音（古代"音"与"言"相同），下面从"曰"表示说，合起来表示言语所传达的心声。小篆的"意"演变为从音从心的会意字，上面从"音"，下面从"心"，表示用言语表达心里的想法。楷书笔画化。《说文·心部》："意，志也。从心从音。"《玉篇·心部》："意，志也。思也。"

本义为心志、心意、意思。《史记·项羽本纪》："今者项庄拔剑舞，其意常在沛公也。"汉代董仲舒《春秋繁露·循天之道》："心之所之谓意，意劳者神扰，神扰者气少，气少者难久矣。"晋代陶渊明《饮酒二十首》："此中有真意，欲辩已忘言。"南北朝贾思勰《齐民要术·序》："蔡伦立意造纸，岂方缣、牍之烦？"宋代欧阳修《醉翁亭记》："醉翁之意不在酒，在乎山水之间也。"

韶（sháo）

韶，形声字。小篆的"韶"，从音召声。左边从"音"，表示与声音、音乐有关，在字中表义，为形符；右边是"召"，在字中表音，用作声符。楷书笔画化。《说文·音部》："韶，虞舜乐也。从音召声。"

本义为传说中的虞舜时代的乐曲名。《周礼·大司乐》："九韶之舞，于宗庙之中奏之。"《论语·述而》："子在齐闻韶，三月不知肉味。"《荀子·乐论》："舞《韶》歌《武》，使人之心庄。"

响（響 xiǎng）

响（響），形声字。"响"的繁体为"響"。小篆的"響"，从音郷（xiāng）声。下边从"音"，表示与声音有关，在字中表义，为形符；上边是"郷"，在字中表音，作声符。楷书笔画化。现简化为"响"，为意音法简化，较早见于明代《清平山堂话本》，为从口向声的新形声字。《说文·音部》："響，声也。从音郷声。"《说文段注》："浑言之也。《天文志》曰：'乡之应声。'析言之也。乡者假借字。按《玉篇》曰：'响，应声也。'"《玉篇·音部》："响，应声也。"

本义为回声。汉代贾谊《过秦论上》："天下云集响应，赢粮而景从。"南北朝郦道元《水经注·江水》："空谷传响，哀转久绝。"引申为声音。南北朝吴均《与朱元思书》："泉水激石，泠泠作响；好鸟相鸣，嘤嘤成韵。"唐代杜牧《阿房宫赋》："歌台暖响，春光融融；舞殿冷袖，风雨凄凄。"宋代苏轼《石钟山记》："至唐李渤始访其遗踪，得双石于潭上，扣而聆之，南声函胡，北音清越，桴止响腾，余韵徐歇。"

第六节 "甘"部及其例字

"甘"部也是"口"部的变体，"甘"侧重于甘甜的味觉。从"甘"得义的字大多与味道甜美有关。

甘（gān）

一、形体演变

甲骨文	金文	小篆	楷书
𠙵	甘	甘	甘

二、构形理据

甘，会意字。甲骨文的"甘"，为"口"字当中加一短横，表示口中有一食物，在口中既不吐出来也不吞下去，表示口中的食物鲜美香甜。金文、小篆承续甲骨文字形，形体没有变化。楷书笔画化。《说文·甘部》："甘，美也。从口含一；一，道也。"汤可敬《说文解字今释》："甘，美味。由'口'含'一'会意；一，表示味道。"方述鑫等《甲骨金文字典》："甘，甲骨文象口中含物之形，与小篆同。"徐中舒《甲骨文字典》："甘，从一在口中，象口中含物之形，与《说文》篆文同。"

三、本义

"甘"的本义为味道甜美。《说文·甘部》："甘，美也。"《诗·小雅·甫田》："以祈甘雨，以介我稷黍，以穀我士女。"《尚书·洪范》："炎上作苦，曲直作酸，从革作辛，稼穑作甘。"《论语·阳货》："夫君子之居丧，食旨不甘，闻乐不乐，居处不安。"宋代朱熹《四书集注》："旨，亦甘也。"《韩非子·存韩》："秦王饮食不甘，游观不乐，意专在图赵。"唐代柳宗元《捕蛇者说》："退而甘食其土之有，以尽吾齿。"

引申为甜蜜动听的（言辞）。《左传·昭公十一年》："今币重而言甘，诱我也，不如无往。"唐代李群玉《感兴四首》："婉娈猛虎口，甘言累其初。"唐代无名氏《白受采》："似甘言受和，由礼学资忠。"明代宗臣《报刘一丈书》："门者故不入，则甘言媚词,作妇人状,袖金以私之。"

四、理据例说

"甘"为部首字,从"甘"得义的字与甜有关,字很少,只有"甜、某、甚"等。

甜（tián）

籀文	小篆	楷书

甜,会意兼形声字。籀文的"甜",从甘从舌,甘亦声。左边从"甘"表示味道甜美,右边为"舌"表示能够辨别味道,"甘"亦表声。小篆承续籀文字形。楷书笔画化,演变为左"舌"右"甘"的会意兼形声字,意思不变。《说文·甘部》:"甛,美也。从甘从舌。""甛"楷书变为"甜"。《说文段注》:"美也。《周礼》注甛酒。甛即甛字,从甘舌,舌知甘者。"《广雅·释诂》:"甜,甘也。"

本义为味道甘甜、甜美。唐代韩愈《苦寒》:"草木不复抽,百味失苦甜。"清代曹雪芹《红楼梦》第三回:"他嘴里一时甜言蜜语,一时有天无日,一时又疯疯傻傻,只休信他。"《红楼梦》第二十二回:"宝钗深知贾母年老人,喜热闹戏文,爱吃甜烂之食。"《红楼梦》第六十二回:"遂吃了一个卷酥,又命小燕也拨了半碗饭,泡汤一吃,十分香甜可口。"

某（mǒu）

金文	小篆	楷书

某,会意字。"某"为"梅"的本字。金文的"某",从木从甘。下边从"木"表示果树,上边从"甘"表示树上结的果实甘甜,合起来表示树上结的果实甘甜爽口,是"梅"的本字。小篆承续金文字形。楷书笔画化。《说文·木部》:"某,酸果也。从木从甘。"清代徐灏《说文解字注笺》:"'某'即今酸果'梅'字,因假借为'谁某',而为借义所专,遂借'梅'为之。"方述鑫等《甲骨金文字典》:"某,金文同小篆。"

本义为一种酸甜混合的水果——梅子。常用义是借用为指示代词,代指一定的或不定的人、事、地、物等,就另造"梅"字来表示本义。"某"字又可作自我谦称。《史记·廉颇蔺相如列传》:"某年某日,秦王与赵王会饮,令赵王鼓瑟。"明代归有光《项脊轩志》:"某所,而母立于兹。"

甚（shèn）

金文1	金文2	小篆	楷书

甚,会意字。金文1的"甚",从甘从匕(bǐ)。上部是"甘"表示甜美,下部是"匕"(汤匙),为盛食物的大勺,合起来表示用匙勺吃甜美的食物。金文2的"甚",从甘从匹。上部不变,下部的"匕"(即"勺")

变成了"匹","匹"有相匹配之意,表示人有了配偶当然亦属甜美、欢乐之事。小篆字形承续金文2形体。楷书笔画化。《说文·甘部》:"甚,尤安乐也。从甘,从匹,耦也。"

本义为异常安乐。《老子》第二十九章:"是以圣人去甚、去奢、去泰。"(菲)陈永栽、黄炳辉《老子章句解读》将这句翻译为"所以圣人摒弃过度的安乐,过度的奢华,过度的矜持,自尊自大"。引申为过分。《列子·汤问》:"甚矣,汝之不惠。"宋代苏轼《教战守策》:"此不亦畏之太甚而养之太过欤?"

第七节 "旨"部及其例字

"旨"部也是"口"部的变体,"旨"侧重于甘甜的味觉。从"旨"得义的字大多与味道甜美有关。

旨(zhǐ)

一、形体演变

甲骨文1	甲骨文2	金文	小篆	楷书
				旨

二、构形理据

旨,会意字。甲骨文1的"旨",从匕(bǐ)从口。上面从"匕"表示勺匙一类的食具,下面从"口"表示嘴巴,合起来表示用嘴品尝之意。甲骨文2上面不变,下面为"甘"表示甜美,合起来表示用勺匙舀取食物放入口中,味道甜美。金文、小篆的"旨",基本承续甲骨文2的字形,"匕"(汤匙)的方向或左或右,不影响字义。楷书笔画化,下面的"甘"变成了"日"。《说文·旨部》:"旨,美也。从甘,匕声。"《说文段注》:"今字以为意恉字。"方述鑫等《甲骨金文字典》:"甲骨金文字形略同于小篆,但多从口,不从甘,甘字口中一点乃后之演化,故古文字口、甘相同。"

三、本义

本义为味道甜美。《诗·鲁颂·泮水》:"既饮旨酒,永锡难老。"程俊英《诗经译注》翻译为"痛饮美酒真开怀,永赐不老春常在"。《礼记·学记》:"虽有嘉肴,弗食,不知其旨也。"汉代郑玄注:"旨,美也。"今有双音词"甘旨"。

四、理据例说

"旨",是《说文》部首,不是《现代汉语词典》部首。从"旨"得义的字很少,只有"尝(嘗)"字。

尝(嘗 cháng)

金文	小篆	楷书	简化字

尝(嘗),形声字。金文的"嘗",从旨尚声。下部从"旨",表示与辨别品味滋味有关;上部是"尚",在字中表音,为声符。小篆承续金文字形。楷书笔画化。现用草书简化法简化为"尝",为记号字,较早见于元抄本《京本通俗小说》。《说文·旨部》:"嘗(尝),口味之也。从旨尚声。"方述鑫等《甲骨金文字典》:"尝,金文同小篆。但多从尚省声。"

本义为辨别滋味,品尝。《诗·小雅·甫田》:"田畯至喜,攘其左右,尝其旨否。"唐代孔颖达疏:"上言馌(yè),下言尝,皆饮食之事。"《礼记·曲礼下》:"君有疾饮药,臣先尝之。亲有疾饮药,子先尝之。"汉代郑玄注:"尝,度其所堪。"《礼记·月令》:"是月也,天子乃以雏尝黍,羞以含桃。"汉代郑玄注:"此尝雏也。而云以尝黍,不以牲主谷也。"

第三章　页（頁）部之类

页（頁）部之类，包括页（頁）、首、面、耳、鼻、齿（齒）六部，均是人体头部的某一部位或器官。

第一节　"页（頁）"部及其例字

"页（頁）"部，侧重于人的头部。从"页（頁）"得义的字大多与人的头部有关。

页（頁 xié）

一、形体演变

甲骨文	金文	小篆	楷书	简化字
			頁	页

二、构形理据

页（頁），象形字。甲骨文的"頁"，像一个突出了人的头部的人形。上面是"首"，即脑袋，头上有眼睛，头顶上有头发；下面是个跪坐的人的身体形。金文的"頁"，字形稍有变化，但上边仍是人的头，头顶上有毛发，下边为跪坐的身体，只是更加窄小。小篆的"頁"，上面是"𩠐"（shǒu），即人头，下面为"儿"，"儿"亦是人的变体。楷书笔画化。现用草书简化法简化为"页"，为记号字，较早见于西汉史游《急就章》和居延汉简。李孝定《甲骨文字集释》："古文頁、𩠐、首当为一字。頁象头及身，𩠐但象头，首象头及其上发，小异耳。此（指甲骨文）并发、头、身三者皆像之。"徐中舒《甲骨文字典》："頁，象人之头及身、头上有发之形。以人身映衬头部特点，表示人之头颅，故与省略身形之𩠐、𦣻首字实同。"

三、本义

"页（頁）"的本义为人的头部，即人头。《说文·页部》："页，头也。从𩠐（shǒu），从儿。"《说文段注》："页，古文䭫䭫字如此。从𩠐，从儿。"但"页"的本义早已废弃不用，只在作部首时用其"头部"本义，表明该字与头部有关，后借为量词，为"书册""书页"义。

四、理据例说

"页"（頁）是一个部首字。在现代汉字中，"页"的常用义为"页码"，"页"的"头部"义在文献中少见，但在"页"作部首的字中，其中的"页"即为"头部"义。从"页"得义的字大都与头、面有关，大致可分三类。

第一，表示与头相关部位名称的字，主要有"顶（頂）、颠（顛）、额（額）、题（題）、颜（顔）、颊（頰）、领（領）、颈（頸）、项（項）"等。

顶（頂 dǐng）

金文	籀文	小篆	楷书	简化字

顶（頂），形声字。金文的"頂"，从頁鼎声。右边从"頁"（xié）表示与人的头部有关，左边为"鼎"在字中表音，作声符，合起来表示人向鼎祭拜磕头。籀文的"頂"，基本承续金文字形。小篆字形发生变化，将声符"鼎"换成了"丁"，成了从頁丁声的形声字。楷书笔画化。现简化为"顶"，形旁类推简化，仍为形声字。《说文·页部》："頂（顶），颠也。从頁丁声。"

本义为人的头顶。《周易·大过》："过涉灭顶，凶，无咎。"唐代李鼎祚集解："顶，首也。"《史记·孔子世家》："鲁襄公二十二年而孔子生。生而首上圩顶，故因名曰丘云。"清代方苞《狱中杂记》："生人与死者并踵顶而卧，无可旋避，此所以染者众中。"

颠（顛 diān）

金文	小篆	楷书	简化字

颠（顛），形声字。金文的"顛"，从頁眞声。右边从"頁"（xié）表示与人的头部有关，左边为"眞"在字中表音，作声符，构成从頁眞声的形声字。小篆承续金文字形。楷书笔画化。现简化为"颠"，声旁、形旁类推简化，仍为形声字。《说文·页部》："顛（颠），顶也。从頁真声。"

本义为头顶。《国语·齐语》："劝之以赏赐，纠之以刑罚，班序颠毛，以为民纪统。"三国韦昭注："颠，顶也。"《后汉书·蔡邕列传》："有务世公子诲于华颠胡老。"清代赵翼《寄晴沙》诗之一："虽觉颠毛白，犹欣彩服斑。"

额（額 é）

小篆	楷书	简化字

额（額），形声字。"额"的本字是"頟"。小篆的"頟"，从頁各声。右边从"頁"，表示与头部有关，在字中表义，为形符；左边为"各"，在字中表音，作声符。楷书笔画化，将声符"各"变成了"客"，为从頁客声的形声字。现简化为"额"，形旁

类推简化。《说文·页部》:"额,颡也。从页各声。字亦作额。"

本义为额头,脑门。《汉书·卫青霍去病传》:"封说为龙额侯(师古曰:额字或作额),骑将军贺从大将军获王,封贺为南窌侯。"明代高启《书博鸡者事》:"以额叩地,谢不敢。"清代方苞《左忠毅公逸事》:"面额焦烂不可辨。"

题(題 tí)

金文	小篆	楷书	简化字
𦣞	題	題	题

题(題),形声字。金文的"题",从頁(xié)是声。右边从"頁",表示与人的头部有关;左边为"是",在字中表音,为声符。小篆的"题"承续金文字形。楷书笔画化。现简化为"题",形旁类推简化,仍为形声字。《说文·页部》:"题(題),顄(额)也。从页是声。"

本义为额头。《礼记·王制》:"南方曰蛮,雕题交趾,有不火食者矣。"《山海经·北山经》:"有兽焉,其状如豹,而文题白身,名曰孟极。"《楚辞·招魂》:"雕题黑齿,得人肉以祀,以其骨为醢些。"汉代王逸注:"题,额也。"引申为题目、标题。《宋史·晏殊传》:"后二日,复试诗、赋、论,殊奏:'臣尝私习此赋,请试他题。'"

颜(顏 yán)

金文	小篆	楷书	简化字
𦣞	顏	顏	颜

颜(顏),形声字。金文的"颜",从首彦声。下边从"首","首"与"页"均表示与人的头部有关,上边是"彦"(yàn),在字中表音,为声符,构成从首彦声的形声字。小篆的"颜",变为右形左声,形符由"首"变为"页",声符不变。楷书笔画化。现简化为"颜",形旁类推简化,仍为形声字。《说文·页部》:"颜(顏),眉目之间也。从页彦声。"《说文段注》:"各本作眉目之间,浅人妄增字耳,今正。眉与眉之间不名颜。……颜为眉间,医经所谓阙,道书所谓上丹田,相书所谓中正印堂也。"

本义为印堂,两眉之间。《玉篇·页部》:"颜谓眉目之间也。"《汉书·高帝纪上》:"高祖为人,隆准而龙颜,美须髯。"唐代颜师古《汉书注》引应劭注曰:"准,颊权准也。颜,颡颡也。"现多指脸面或面容。《诗·郑风·有女同车》:"有女同车,颜如舜华。"《汉书·魏豹田儋韩王信传》:"(信)为人宽和自守,以温颜逊辞承上接下,无所失意。"今有成语"鹤发童颜"。

颊(頰 jiá)

小篆	楷书	简化字
頰	頰	颊

颊(頰),形声字。小篆的"颊",从页夹声。右边从"页"(xié),表示与人的头部有关;左边为"夹",在字中表音,为声符。楷书笔画化。现简化为"颊",形旁类推简

化。《说文·页部》:"颊(頰),面旁也。从页夹声。"《说文段注》:"面者,颜前也。颜前者,两眉间两目间已下至颊间也。其旁曰颊。"

本义为面颊,即指脸的两侧从眼到下颌部分。《周易·咸》:"咸其辅、颊、舌。"唐代李鼎祚集解:"虞翻曰:耳目之间称辅颊。"《世说新语·德行》:"公于是独食,辄含饭两颊边,还,吐与二儿。"唐代戎昱《闺情》:"未能开笑颊,先欲换愁魂。"

领(領 lǐng)

小篆	楷书	简化字
領	領	领

领(領),形声字。小篆的"領",从页(xié)令声。右边从"页",表示与人的头部有关;左边是"令",在字中表音,为声符。楷书笔画化。现简化为"领",形旁为类推简化。《说文·页部》:"领(領),项也。从页令声。"《说文段注》:"项,当作颈。"《广雅·释亲》:"领,项也。"

本义为脖子。《诗·卫风·硕人》:"领如蝤蛴,齿如瓠犀。"汉代毛亨传:"领,颈也。"《左传·成公十三年》:"及君之嗣也,我君景公引领西望曰:'庶抚我乎!'"《国语·楚语上》:"彼惧而奔郑,缅然引领南望。"黄永堂《国语全译》:"领,颈、脖子。"唐代李颀《登首阳山谒夷齐庙》:"石崖向西豁,引领望黄河。"唐代储光羲《晚次东亭献郑州宋使君文》:"薄游出京邑,引领东南望。"

引申为统领,居上领导指挥。《三国志·吴主传》:"瑜、普为左右督,各领万人,与备俱进,遇于赤壁,大破曹公军。"唐代卢仝《月蚀诗》:"统领三百六十鳞虫,坐理东方宫。"元末明初罗贯中《三国演义》第五回:"且说北平太守公孙瓒,统领精兵一万五千,路经德州平原县。"引申为引领、引导。明代吴承恩《西游记》第二十二回:"似这般无边的弱水,又没了舟楫,须是得个知水性的,引领引领才好哩。"清代袁枚《续诗品·尚识》:"学如弓弩,才如箭镞,识以领之,方能中鹄。"

颈(頸 jǐng)

小篆	楷书	简化字
頸	頸	颈

颈(頸),形声字。小篆的"頸",从页(xié)巠(jīng)声。右边从"页",表示与人的头部有关;左边是"巠",在字中表音,为声符。楷书笔画化。现简化为"颈",形旁为类推简化。《说文·页部》:"颈(頸),头茎也。从页巠声。"

本义为脖子。《荀子·荣辱》:"小人莫不延颈举踵而愿曰:'知虑材性,固有以贤人矣。'"《黄帝内经·素问·腹中论》:"有病膺肿、颈痛、胸满、腹胀,此为何病?"《韩非子·五蠹》:"宋人有耕者,田中有株。兔走触株,折颈而死。"指脖子的前面部分。《广韵·清韵》:"颈在前,项在后。"元末明初罗贯中《三国演义》第一○九回:"昭奉诏来退蜀兵,若昭合死,令甘泉枯竭,昭自当刎颈,教部军尽降。"

元末明初施耐庵《水浒传》第四十六回:"空门里刎颈见相交,拚死争同穴,残生送两条。"

项(項 xiàng)

项(項),形声字。小篆的"項",从"頁"(xié)工声。右边从"頁",表示与人的头部有关;左边是"工",在字中表音,为声符。楷书笔画化。现简化为"项",形旁为类推简化。《说文·页部》:"项(項),头后也。从頁工声。"《说文段注》:"头后者,在头之后。"

本义为脖子的后部。清代桂馥《说文解字义证》:"头,当为颈。《玉篇·页部》:'项,颈后也。'"《史记·魏其武安侯列传》:"籍福起为谢,案灌夫项令谢。"三国曹植《洛神赋》:"延颈秀项,皓质呈露,芳泽无加,铅华弗御。"《后汉书·左周黄列传》:"监司项背相望,与同疾疢,见非不举,闻恶不察。"

第二,表示与头相关的动作行为,主要有"顿(頓)、顾(顧)、烦(煩)、颤(顫)"等。

顿(頓 dùn)

顿(頓),形声字。小篆的"頓",从頁(xié)屯声。右边从"頁",表示与人的头部动作有关;左边是"屯",在字中表音,为声符。楷书笔画化。现简化为"顿",形旁类推简化,仍为形声字。《说文·页部》:"顿(頓),下首也。从頁屯声。"《说文段注》:"下首也,按当作顿首也。"

本义为以头触地,叩头,磕头。《周礼·大祝》:"一曰稽首,二曰顿首,三曰空首。"汉代郑玄注:"顿首,拜头叩地也。"《左传·文公七年》:"出朝,则抱以適赵氏,顿首于宣子。"南北朝丘迟《与陈伯之书》:"迟顿首陈将军足下:无恙,幸甚幸甚。"今有双音词"顿首"。

顾(顧 gù)

顾(顧),金文为会意字。金文的"顧",从頁从鳥。右边从"頁",表示与人的头部动作有关,为关注之意;左边是"鳥",表示养护、关注的对象为禽类。小篆的"顧",演变为形声字,从頁雇声。右边从"頁"(xié),表示人的头部动作,为形符;左边是"雇",在字中表音,为声符。楷书笔画化。现简化为"顾",形旁"頁"类推简化为"页",声旁"雇"用草书楷化法简化为符号"厄",为意号字。《说文·页部》:"顾(顧),环视也。从頁雇声。"方述鑫等《甲骨金文字典》:

"顧（顾），金文从頁，从鸟即隹，为《说文》顾字篆文所本。"

本义为回头看。《诗·桧风·匪风》："顾瞻周道，中心怛（dá）兮。"汉代郑玄笺："回首曰顾。"《论语·乡党》："车中，不内顾，不疾言，不亲指。"宋代朱熹《四书集注》："内顾，回视也。"《史记·项羽本纪》："顾见汉骑司马吕马童，曰：'若非吾故人乎？'"今有成语"左顾右盼""不屑一顾"等。引申为访问、拜访。《三国志·蜀书·诸葛亮传》："此人可就见，不可屈致也。将军宜枉驾顾之。"今有成语"三顾茅庐"。

烦（煩 fán）

小篆	楷书	简化字
煩	煩	烦

烦（煩），会意字。小篆的"煩"，从页（xié）从火。右边从"页"表示与人的头部有关，左边从"火"表示发烧，像火烧的一样热，会合成意，即头部疼痛发烧很热。楷书笔画化。现简化为"烦"，形旁类推简化，仍为会意字。《说文·页部》："煩（烦），热头痛也，从页从火。"

本义为头痛、发烧。现本义很少用，多用引申义烦躁、烦闷。《黄帝内经·素问·生气通天论》："因于暑，汗烦则喘喝，静则多言。"《史记·扁鹊仓公列传》："病使人烦懑，食不下，时呕沫。"《玉台新咏·古诗为焦仲卿妻作》："阿兄得闻之，怅然心中烦。"引申为相烦、烦劳。《广雅·释诂》："烦，劳也。"《广雅·释诂》："烦，扰也。"《礼记·乐记》："宋音燕女溺志，卫音趋数烦志，齐音敖辟乔志。"汉代郑玄注："烦，劳也。"《战国策·秦策一》："文章不成者不可以诛罚，道德不厚者不可以使民，政教不顺者不可以烦大臣。"《史记·滑稽列传》："是女子不好，烦大巫妪为入报河伯，得更求好女，后日送之。"

颤（顫 chàn）

金文	小篆	楷书	简化字
顫	顫	顫	颤

颤（顫），形声字。金文的"顫"，从页"亶"（dǎn）声。右边从"页"，表示与人的头部动作有关；左边是"亶"，在字中表音，为声符。小篆基本承续金文字形，只是声符"亶"稍有变化。楷书笔画化。现简化为"颤"，形旁类推简化，为从页亶声的形声字。《说文·页部》："顫（颤），头不正也。从页亶声。"《说文段注》："颤，头不定也。'不定'，各本作'不正'，今正。""头不正"当为"头不定"。清代朱骏声《说文通训定声》："头摇动不定也。"

本义为头摇摆不定，颤抖。《吕氏春秋·慎大览》："桀为无道，暴戾顽贪，天下颤恐而患之。"汉代高诱注："颤，惊也。"《淮南子·说山训》："故寒颤，惧者亦颤，此同名而异实。"宋代史达祖《杏花天·清明》："栖莺未觉花梢颤，踏损残红几片。"

第三，表示与头相关的形状、特点与色彩，主要有"顾（顾）、颁（頒）、硕

（硕）、颁（頒）、颢（顥）"等。

颀（頎 qí）

| 小篆 | 楷书 | 简化字 |

颀（頎），形声字。小篆的"頎"，从頁（xié）斤声。右边从"頁"，表示与人的头部动作有关；左边是"斤"，在字中表音，为声符。楷书笔画化。现简化为"颀"，形旁类推简化，仍为形声字。《玉篇·页部》："颀，《诗》云：'硕人颀颀'，传：具长兒。又'颀颀然佳也'。"

本义为头俊美。五代南唐徐锴《说文解字系传》："颀，头佳貌。"现今本义很少用，常用引申义为身材修长。《诗·卫风·硕人》："硕人其颀，衣锦褧（jiǒng）衣。"汉代毛亨传："颀，长貌。"《诗·齐风·猗嗟》："猗嗟昌兮，颀而长兮。"程俊英《诗经译注》："颀而，即颀然，身长的样子。古人以男女身材高大为美。"今有双音词"颀长""颀伟"。

颁（頒 bān）

| 小篆 | 楷书 | 简化字 |

颁（頒），形声字。小篆的"頒"，从頁（xié）分声。右边从"頁"，表示与人的头部特点有关；左边是"分"，在字中表音，为声符。楷书笔画化。现简化为"颁"，形旁类推简化，仍为形声字。《说文·页部》："颁（頒），大头也。从頁分声。"《说文段注》："《小雅·鱼藻》曰：'鱼在在藻。有颁其首。'传曰：'颁，大首兒。'……颁读为班布之班，谓班赐也，此假颁为班也。"

本义为脑袋很大的样子。《诗·小雅·鱼藻》："鱼在在藻，有颁其首。"汉代毛亨传："颁，大首貌。"常用义为颁布、公布、发布。《小尔雅·广诂》："颁，布也。"《礼记·礼运》："合男女，颁爵位，必当年德。"《晋书·武帝纪》："下诏大弘俭约，出御府珠玉玩好之物，颁赐王公以下各在差。"《宋史·岳飞传》："凡有颁犒，均给军吏，秋毫不私。"明代崔铣《记王忠肃公翱三事》："昔先皇颁僧保所货西洋珠于侍臣，某得八焉。"

硕（碩 shuò）

| 金文 | 小篆 | 楷书 | 简化字 |

硕（碩），形声字。金文的"碩"，从頁石声。右边从"頁"，表示与人的头部特点有关；左边为"石"，"石"字分写为" "，在字中表音，为声符。小篆承续金文字形。楷书笔画化。现简化为"硕"，形旁类推简化，仍为从页石声的形声字。《说文·页部》："硕（碩），头大也。从頁石声。"方述鑫等《甲骨金文字典》："硕（碩），金文从頁，从石，与《说文》硕字篆文略同。"

本义为头大，引申为大。《诗·魏风·硕鼠》："硕鼠硕鼠，无食我黍。"汉代郑玄笺："硕，大也。"《诗·唐风·椒聊》："彼其之子，硕大无朋。"汉代郑玄笺："硕，谓壮貌，佼好也。"《周易·剥》："硕果不食，君子得舆，小人剥庐。"唐代孔颖达疏："犹如硕大之果，不为人食也。"

颇（頗 pō）

小篆	楷书	简化字
頗	頗	颇

颇（頗），形声字。小篆的"頗"，从页皮声。右边从"頁"，表示与人的头部特点有关；左边为"皮"，在字中表音，为声符。楷书笔画化。现简化为"颇"，形旁类推简化。《说文·页部》："頗（颇），头偏也。从頁皮声。"《说文段注》："引申为凡偏之称。《洪范》曰：'无偏无颇，遵王之义。'人部曰：'偏者，颇也。'以颇引申之义释偏也。"《玉篇·页部》："颇，不平也。偏也。"

本义为头偏。常用引申义为倾斜，不平正。《楚辞·离骚》："举贤而授能兮，循绳墨而不颇。"汉代王逸注："颇，倾也。"《荀子·臣道》："故正义之臣设，则朝廷不颇；谏、争、辅、拂之人信，则君过不远。"蒋南华等《荀子全译》："颇，偏颇，偏差。"《史记·匈奴列传》："朕闻天不颇覆，地不偏载。"今有双音词"偏颇""倾颇"。

颢（顥 hào）

小篆	楷书	简化字
顥	顥	颢

颢（顥），会意字。小篆的"顥"，从页从景。右边从"頁"表示与人的头部特点有关，左边从"景"表示日光，日光为白色，会合成意，即人的头发白。楷书笔画化。现简化为"颢"，形旁"页"类推简化，仍为会意字。《说文·页部》："顥（颢），白貌。从頁从景。"《玉篇·页部》："颢，白皃。《楚辞》曰：'天白颢颢。'"

本义为头发白的样子，但文献用例较少。引申为白色。《说文段注》："景者，日光也。日光白，从景页，言白首也。"《楚辞·大招》："天白颢颢，寒凝凝只。"宋代洪兴祖注："颢，白貌。"《后汉书·班彪传》："轶埃壒之混浊，鲜颢气之清英。"唐代李贤注："颢，白貌。"唐代柳宗元《梦归赋》："圆方混而不形兮，颢醇白之霏霏。"

第二节 "首"部及其例字

"首"部亦属于页部之类，"首"侧重于人的头部。从"首"得义的字大多与人的头部有关，但这类字多从"页"，从"首"得义的字极少。

首（shǒu）

一、形体演变

甲骨文	金文	小篆	楷书
			首

二、构形理据

首，象形字。甲骨文的"首"，像人首之形。上面是头发和头皮，用以表示头盖；下面是眼睛和嘴巴，用以代表面部。甲骨文形象地描绘了头部最突出的轮廓特征，即头发、眼睛、嘴巴等。金文的"首"突出了头部的毛发和眼睛，将甲骨文字形中的头部形状简化成"目"。小篆的"首"，上部仍为代表头部毛发的三曲笔，下部演变为"自"的形象。楷书的"首"，将上部变为两点一横，下部仍为"自"，笔画化。《说文·首部》："首，𦣻同，古文𦣻也。巛象发，谓之鬊，鬊即巛也。"徐中舒《甲骨文字典》："首，象人首之形。其上部存发形或省发形均同。金文加以简化，亦非全首之形，但存发、额、目作𦣻，或又省发作𦣻。[释义] 头也。"方述鑫等《甲骨金文字典》："首，甲骨文象人首之形，其上部存发形或省发形均同，金文加以简化，已非全首之形，但存发、额、目等形。"

三、本义

本义为头。《诗·邶风·静女》："爱而不见，搔首踟蹰。"《诗·卫风·伯兮》："愿言思伯，甘心首疾。"《楚辞·九歌·国殇》："带长剑兮挟秦弓，首身离兮心不惩。"《战国策·燕策三》："荆轲曰：'愿得将军之首以献秦，秦王必喜而善见臣。'"清代蒲松龄《聊斋志异·狼三则》："屠暴起，以刀劈狼首，又数刀毙之。"

四、理据例说

"首"为部首字。从"首"的字大多与头部有关。与头部有关的字一般多从"页"，所以从"首"的字很少，只有"馘"字。

馘（guó）

籀文	小篆	楷书
		馘

馘，形声字。籀文的"馘"，从耳或声。左边从"耳"，表示与人的头部耳部部位有关；右边为"或"，在字中表音，为声符。小篆变为从首或声的形声字，"耳"与"首"义同，"馘"同"聝"。楷书笔画化。《说文·耳部》："聝，军战断耳也。春秋传曰：'以为俘聝。'从耳或声。馘或从首。"

本义为古代战争时割取敌人的左耳，用以计数报功。《尔雅·释诂》："馘，获也。"方述鑫等《甲骨金文字典》："馘，甲金文象取首系于戈之形。"《诗·大雅·皇矣》：

"执讯连连，攸馘安安。"汉代毛亨传："馘，获也。"《礼记·王制》："出征执有罪，反释奠于学，以讯馘告。"汉代郑玄注："讯馘，所生获断耳者。"

第三节 "面"部及其例字

"面"部亦属于页部之类，"面"侧重于人的头部脸面。从"面"得义的字大多与人的脸面有关。

面（miàn）

一、形体演变

甲骨文	小篆	楷书
⊘	圙	面

二、构形理据

面，指事字。甲骨文的"面"，像人的面庞形。里面是一个"⊘"（目），即眼睛，外部加指事性线框——"⊙"，像面庞，代表脸形，即一张脸的轮廓；字形有面有目，谓之"面目"。小篆的"面"，稍有变化，外部轮廓近似"囗"形，里面是"目"的变形。楷书笔画化，已失去原形。注意："面"，在古代指人的整个面部。"脸"是后起字，在魏晋时期才出现，而且只指两颊的上部。李孝定《甲骨文字集释》："契文作目，外象面部匡廓之形。"徐中舒《甲骨文字典》："面，象人面部匡廓形，目乃面部最主要之特点，故从目。"方述鑫等《甲骨金文字典》："面，甲骨文从囗从⊘（目），囗象人面部匡廓形，目乃面部最主要之特点，故从目。"

三、本义

本义为脸。《说文·面部》："面，颜前也。"《周礼·撢（dǎn）人》："撢人掌诵王志，道国之政事，以巡天下之邦国而语之，使万民和说而正王面。"唐代贾公彦疏："使诸侯化民，而万民正向于王。"《周礼·司仪》："及礼、私面、私献，皆再拜稽首，君答拜。"唐代贾公彦疏："称面者，以其面亦亲也。"《战国策·赵策四》："有复言令长安君为质者，老妇必唾其面。"

引申为面对、面向，动词。《战国策·秦策五》："今大王反国，皆西面而望。大王无一介之使以存之，臣恐其皆有怨心。"《列子·汤问》："北山愚公者，年且九十，面山而居。"唐代孟浩然《过故人庄》："开窗面场圃，把酒话桑麻。"明代宗臣《报刘一丈书》："幸主者出，南面召见，则惊走匍匐阶下。"元末明初施耐庵《水浒传》第七十三回：":宋江道：'你且不要闹嚷，那刘太公不死，庄客都在，俺们同去面对。'"

四、理据例说

"面"为部首字。从"面"的字大多与面部有关，但从"面"得义的字较少，常见的有"靦（覥）、靥（靨）"等字。

靦（覥 miǎn）

小篆	楷书	简化字
覥	覥	靦

靦（覥），会意兼形声字。小篆的"覥"，从面从见，见亦声。左边为"面"，表示与面部表情有关，"面"亦表声。右边为"見"，表示看见面部表情。楷书笔画化。现简化为"靦"，部件"見"类推简化为"见"，仍为会意兼形声字。《说文·面部》："靦（覥），面见也。从面见，见亦声。"《玉篇·面部》："覥，惭皃。"

本义为害羞，不自然。"靦"同"腼"。元代王实甫《西厢记》第一本第一折："未语人前先腼腆，樱桃红绽，玉粳白露，半晌恰方言。"明代汤显祖《牡丹亭》第十出："甚良缘，把青春抛的远！俺的睡情谁见？则索因循腼腆。"清代曹雪芹《红楼梦》第五十五回："那是他们瞅着大奶奶是个菩萨，姑娘又是个腼腆小姐，固然是托懒来混。"

靥（靨 yè）

小篆	楷书	简化字
靨	靨	靥

靥（靨），形声字。小篆的"靨"，从面厭声。下边从"面"，表示与人的面部特点有关；上边为"厭"（yàn）字，在字中表音，为声符。楷书笔画化。现简化为"靥"，"厭"用保留轮廓、特征法简化为"厌"，仍为从面厌声的形声字。《辞海》："靥，面颊上的微涡。"

本义为面颊上的酒窝。《楚辞·大招》："靥辅奇牙，宜笑嫣（xiān）只。"汉代王逸疏："言美女颊有靥辅，口有奇牙，嫣然而笑，尤媚好也。"唐代李贺《同沈驸马赋得御沟水》："入苑白泱泱，宫人正靥黄。"清代曹雪芹《红楼梦》第三回："态生两靥之愁，娇袭一身之病。"

第四节 "耳"部及其例字

"耳"部，亦属于页部之类，"耳"侧重于人耳的功能、性状以及语言、声音等特点。

耳（ěr）

一、形体演变

甲骨文	金文	小篆	楷书
𦣻	𦣻	耳	耳

二、构形理据

耳，象形字。甲骨文的"耳"，像耳朵形。甲骨文形象地描绘出一只耳朵的样子。金文的"耳"稍有变化，增加一个小竖，表示用手抓取。小篆的"耳"，已整齐化，已变得不像耳朵了。楷书笔画化，已失去耳朵的原貌。《说文·耳部》："耳，主听也。象形。"清代徐灏《说文解字注笺》："耳，像耳轮郭及窍之形，借为语词。"徐中舒《甲骨文字典》："耳，象耳形。金文作𦣻、𦣻，与甲骨文同。"方述鑫等《甲骨金文字典》："耳，甲金文象耳形，为《说文》耳字篆文所本。"

三、本义

耳，本义为耳朵。《说文·耳部》："耳，主听也。象形。"徐中舒《甲骨文字典》："耳，口耳之耳。"《荀子·劝学》："目不能两视而明，耳不能两听而聪。"《孔子家语·六本》："良药苦口利于病，忠言逆耳利于行。"宋代苏轼《石钟山记》："事不目见耳闻，而臆断其有无，可乎？"

四、理据例说

"耳"为部首字。从"耳"的字大多与耳朵的功能、性状以及语言、声音有关，大致可分三类。

第一，表示耳朵的功能，主要有"闻（聞）、聆、聪（聰）、听（聽）"。

闻（聞 wén）

甲骨文	金文	小篆	楷书	简化字
𦣻	𦣻	聞	聞	闻

闻（聞），会意兼形声字。甲骨文的"聞"，从人从耳。右边从"耳"，表示与听觉有关；左边从"人"，像是一个跪坐举手谛听的人，表示听到声音之意。金文的"聞"稍有变化，将右边耳朵下移，人头上再加三点，象征着声音。小篆的"聞"从耳门声。里边是"耳"，表示与听觉有关，外边从"门"，表义亦兼表声，合起来表示一人隔门用耳倾听之意。楷书笔画化。现简化为"闻"，声旁类推简化。《说文·耳部》："闻，知声也。从耳门声。"李孝定《甲骨文字集释》："契文象人跽而以手附耳谛听之形，而特著其耳。"徐中舒《甲骨文字典》："闻，像人跽而谛听之形。字于人之面部特著耳形，或以手附耳，则谛听之意显。为听闻之闻本字。"

本义为听到。《礼记·大学》："心不在焉，视而不见，听而不闻，食而不知其味。"《楚辞·九歌·湘夫人》："闻佳人兮召予，将腾驾兮偕逝。"《史记·项羽本纪》："夜闻汉军四面皆楚歌，项王乃大惊曰：'汉皆已得楚乎？'"词义转移，由听觉到嗅觉，引申为嗅、嗅到。《孔子家语·六本》："与善人居，如入芝兰之室，久而不闻其香，即与之化矣。"

聆（líng）

聆，形声字。小篆的"聆"，从耳令声。左边从"耳"，表示与听觉有关；右边为"令"，在字中表音，为声符。楷书笔画化。《说文·耳部》："聆，听也。从耳令声。"《说文段注》："《匡谬正俗》载俗语云：'聆瓦。'聆者，听之知微者也。"

本义为细听。汉代张衡《思玄赋》："聆广乐之九奏兮，展泄泄以肜肜。"唐代鲍君徽《东亭茶宴》："远眺城池山色里，俯聆弦管水声中。"唐代张九龄《九月九日登龙山》："且泛篱下菊，还聆郢中唱。"宋代苏轼《石钟山记》："扣而聆之，南声函胡，北音清越。"清代曹雪芹《红楼梦》第五回："宝玉接来，一面目视其文，一面耳聆其歌。"

聪（聰 cōng）

聪（聰），形声字。小篆的"聰"，从耳悤（cōng）声。左边从"耳"，表示与听觉有关；右边为"悤"，在字中表音，为声符。楷书笔画化。现简化为"聪"，声旁"悤"草书楷化和近音代替简化为"总"。《说文·耳部》："聰（聪），察也。从耳悤声。"《说文段注》："聪，察也。察者，核也。聪察以双声为训。"

本义为听力好。《尚书·洪范》："视曰明，听曰聪，思曰睿。"《诗·王风·兔爰》："我生之后，逢此百凶，尚寐无聪。"汉代毛亨传："聪，闻也。"《庄子·外物》："目彻为明，耳彻为聪，鼻彻为颤，口彻为甘。"引申为聪明，有才智。《韩非子·有度》："独制四海之内，聪智不得用其诈，险躁不得关其佞。"汉代董仲舒《春秋繁露·五行五事》："听曰聪，聪者，能闻事而审其意也。"《三国志·诸葛亮传》："瞻今已八岁，聪慧可爱，嫌其早成，恐不为重器耳。"

听（聽 tīng）

听（聽），会意兼形声字。甲骨文的"聽"，从耳从二口。左边从"耳"，表示与听觉有关；右边从两个"口"，表示倾听众人发言。金文1的"聽"，基本承续甲骨文字形。金文2的"聽"，写作 𦔻，是在一口一耳的基础上加"土"，"土"实为"壬"（tǐng）的误写。小篆的"聽"，字形较为复杂，左上方为"耳"，左下方是"壬"，表示站在土堆上的一个人，"壬"亦表音，右边是"德"的古字，表示用耳倾听有德之言。楷书直接由小篆演变而来，已笔画化。现简化为"听"，为异音替代法简化，为从口斤声的形声字。《说文·耳部》："聼（听），聆也。从耳㥁壬声。"方述鑫等《甲骨金文字典》："聼（听），甲金文从耳，从一口，或二口，口有言咏，耳得感之者为声，以耳感知声音则为听。"

本义为用耳朵感受声音。《尚书·泰誓中》："天视自我民视，天听自我民听。"汉代孔安国传："言天因民以视听。"王世舜、王翠叶译注《尚书》翻译为"上天的听闻来自我们众民的听闻"。《礼记·大学》："心不在焉，视而不见，听而不闻。"唐代杜甫《石壕吏》："听妇前致词，三男邺城戍。"

引申为接受、听信、接纳。《战国策·魏策四》："寡人以五百里之地易安陵，安陵君不听寡人，何也？"《史记·留侯世家》："鲰生教我距关无内诸侯，秦地可尽王，故听之。"《汉书·李广苏建传》："陵与武饮数日，复曰：'子卿壹听陵言。'"三国诸葛亮《出师表》："诚宜开张圣听，以光先帝遗德，恢弘志士之气，不宜妄自菲薄，引喻失义，以塞忠谏之路也。"

古代"聼"与"听"为两个字。"听"本音为"yǐn"，本义为笑吟吟的样子；"聼"本义为用耳朵感受声音，后用"听"代"聼"，为异音替代简化。

第二，表示耳朵的性状，主要有"耽、聃、聋（聾）、耸（聳）、聩（聵）"。

耽（dān）

耽，形声字。小篆的"耽"，从耳"冘"（yín）声。左边从"耳"，表示与耳朵的性状有关；右边是"冘"，在字中表音，为声符。楷书笔画化。《说文·耳部》："耽，耳大垂也。从耳冘声。"《说文段注》："此引《诗》说叚借也。毛传曰：'耽，乐也。'耽本不训乐，而可叚为媅字。女部曰：'媅者，乐也。'"

本义为耳朵大且下垂的样子。《淮南子·地形训》："三桑、无枝在其西，夸父、耽耳在其北方。"汉代高诱注："耽耳，耳垂在肩上。"引申为沉溺。《诗·卫风·氓》："于嗟女兮，无与士耽。"《礼记·中庸》："《诗》曰：'妻子好合，如鼓瑟琴。兄弟既翕，和乐且耽。'"汉代郑玄注："耽，亦乐也。"唐代李白《赠闾丘处士》："且耽田家乐，遂旷林中期。"

聃（dān）

聃，形声字。小篆的"聃"，从耳冉声。左边从"耳"，表示与耳朵的性状有关；右边是"冉"，在字中表音，为声符。楷书笔画化。《说文·耳部》："聃，耳曼也。从耳冉声。""耳曼"，即耳朵长且大。

本义为耳长且大。唐代张九龄《故刑部李尚书荆谷山集会》:"尝闻继老聃,身退道弥耽。"宋代苏轼《补禅月罗汉赞》:"聃耳属肩,绮眉覆颧。"

聋(聾 lóng)

| 甲骨文 | 金文 | 小篆 | 楷书 | 简化字 |

聋(聾),形声字。甲骨文的"聾",从耳龍声。左边从"耳",表示与耳朵的听觉有关;右边为一条龙的"龍"字,在字中表音,为声符。金文的"聾"左右结构互换,变为右边从"耳",左边是"龍"。小篆的"聾"变为上下结构,下部从"耳",上部为"龍",构成下形上声的形声字。楷书承续小篆字形,笔画化。现简化为"聋",声旁"龍"用草书楷化法简化为"龙","聋"字为声旁类推简化,仍为形声字。《说文·耳部》:"聾(聋),无闻也。从耳龍声。"方述鑫等《甲骨金文字典》:"聾(聋),甲金文从耳,从龍,与《说文》龙字篆文同。"

本义为丧失听觉能力,聋子。《左传·僖公二十四年》:"耳不听五声之和为聋,目不别五色之章为昧,心不则德义之经为顽。"《庄子·逍遥游》:"瞽者无以与乎文章之观,聋者无以与乎钟鼓之声。"陈鼓应《庄子今注今译》:"聋子无法和他共赏钟鼓的乐声。"引申为愚昧,不明事理。《左传·宣公十四年》:"郑昭宋聋,晋使不害,我则必死。"晋代杜预注:"昭,明也。聋,闇也。"

耸(聳 sǒng)

| 小篆 | 楷书 | 简化字 |

耸(聳),形声字。小篆的"聳",从耳從声。右下边是"耳",在字中占四分之一的位置,属于形旁居于一隅的结构。"聳"从"耳",表示与耳朵的听觉好坏有关,在字中表义,为形符。"聳"字的四分之三的位置是"從",在字中表音,为声符。楷书笔画化。现简化为"耸",声旁类推简化,仍为从耳从声的形声字。《玉篇·耳部》:"耸,《国语》曰:'听无耸也。'"耸,即耳聋。

本义为耳聋。《方言》卷六:"耸,聋也……生而聋,陈、楚、江、淮之间谓之耸。荆阳之间及山之东西双聋者谓之耸。"晋代郭璞注:"言无所闻常耸耳也。"汉代马融《广成颂》:"子野听耸,离朱目眩。"此义今已不用。现多用"耸立","使人吃惊"之义。晋代陶渊明《和郭主簿二首》:"陵岑耸逸峰,遥瞻皆奇绝。"唐代王勃《滕王阁序》:"层峦耸翠,上出重霄;飞阁流丹,下临无地。"元末明初施耐庵《水浒传》第三十八回:"云外遥山耸翠,江边远水翻银。隐隐沙汀,飞起几行鸥鹭。"今有成语"高耸入云""危言耸听"。

聩（聵 kuì）

小篆	楷书	简化字
聵	聵	聩

聩（聵），形声字。小篆的"聵"，从耳贵声。左边从"耳"，表示与耳朵的听觉好坏有关，在字中表义，为形符；右边是"贵"，在字中表音，为声符。楷书笔画化。现简化为"聩"，声旁类推简化，仍为从耳贵声的形声字。《说文·耳部》："聵（聵），生而聋也。从耳贵声。"《说文段注》："国语曰：'聋聩不可使听。'韦云：'耳不别五声之和曰聋，生而聋曰聩。'"

本义为先天性耳聋，后泛指耳聋。《国语·晋语四》："嚚瘖不可使言，聋聩不可使听，童昏不可使谋。"黄永堂《国语全译》："聩，先天性耳聋。"宋代苏轼《东坡志林》："蕲州庞君安常善医则聩。"今有成语"振聋发聩"。

第三，表示与耳朵相关的语言、声音，主要有"聘、聱、聂（聶）、聒"。

聘（pìn）

甲骨文	金文	小篆1	小篆2	楷书
				聘

聘，会意兼形声字。甲骨文的"聘"，从"甹"从"丁"构成。上边从"甹"（疑是"西"的变形，表示包装好的礼物），表示与物品有关；下边从"丁"（为乐器），表示与奏乐有关。金文的"聘"，上边又加一"甹"字，表示大量礼物。小篆1的"聘"，承续甲骨文字形，后来左边又加一"耳"字，表示探问消息要靠耳朵，故从"耳"，这样就演变成小篆2。小篆2的"聘"为从耳甹（pīng）声的形声字。楷书承续小篆字形，笔画化。《说文·耳部》："聘，访也。从耳甹（pīng）声。"《尔雅·释言》："聘，问也。"方述鑫等《甲骨金文字典》："聘，金文从耳，甹声，与《说文》篆文同。"

本义为访问、探问。《诗·小雅·采薇》："我戍未定，靡使归聘。"汉代毛亨传："聘，问也。"《礼记·曲礼下》："诸侯使大夫问於诸侯曰'聘'，约信曰'誓'，莅牲曰'盟'。"唐代孔颖达疏："聘，问也。谓遣大夫往相存问。"《周礼·大行人》："凡诸侯之邦交，岁相问也，殷相聘也，世相朝也。"汉代郑玄注："小聘曰问。"引申为聘请。《三国志·吴书·吴主传》："招延俊秀，聘求名士，鲁肃、诸葛瑾等始为宾客。"唐代王维《送宇文三赴河西充行军司马》："当令犬戎国，朝聘学昆邪。"旧时称订婚、迎娶之礼。《礼记·内则》："聘则为妻，奔则为妾。"汉代郑玄注："聘，问也。妻之言齐也。以礼则问，则得与夫敌体。"

聱（áo）

小篆	楷书
聱	聱

聱，形声字。小篆的"聱"，从耳敖声。"聱"字下边中间为"耳"，从"耳"表示与语言、声音有关，在字中表义，为形符；上边是"敖"，在字中表音，为声符。楷书笔画化。《说文·耳部》：

"聋，不听也。从耳敖声。"

本义为不接受意见，不顺口。《新唐书·元结传》："彼诮以聋者，为其不相从听，不相钩加。"唐代韩愈《进学解》："周诰、殷《盘》，佶屈聱牙。"

聂（聶 niè）

小篆	楷书	简化字
聶	聶	聂

聂（聶），会意字。小篆的"聶"，从三"耳"。从"耳"表示与语言、声音有关。三"耳"，一耳在上，两耳在下，表示耳多，形容极力听辨，为同体会意字。楷书承续小篆字形，已笔画化。现简化为"聂"，记号替代法简化，为意号字。《说文·耳部》："聶（聂），附耳私小语也。从三耳。"《说文段注》："以口就耳则为咠（qì）。咠者已二耳在旁，彼一耳居闲则为聂。"

本义为附耳小语。《山海经·海外北经》："聂耳之国在无肠国东，使两文虎，为人两手聂其耳。"唐代李白《秦女休行》："何惭聂政姊，万古共惊嗟。""聂"引申为姓。《战国策·魏策四》："聂政之刺韩傀也，白虹贯日。"张清常、王延栋《战国策笺注》："聂政，刺客名。"

聒（guō）

小篆	楷书
聒	聒

聒，形声字。小篆的"聒"，从耳舌声。左边从"耳"，表示与语言、声音有关，在字中表义，为形符；右边是"舌"，在字中表音，为声符。楷书承续小篆字形，已笔画化。《说文·耳部》："聒，欢语也。从耳舌声。"

本义为吵扰，声音高响或嘈杂。《尚书·盘庚》："今汝聒聒，起信险肤，予弗知乃所讼。"汉代孔安国传："聒聒，无知之貌。"《楚辞·九思·疾世》："鹎鶌鸣兮聒余。"汉代王逸注："多声乱耳为聒。"

第五节　"鼻"部及其例字

"鼻"部，亦属于页部之类，"鼻"侧重于与人鼻有关的方面。

鼻（bí）

一、形体演变

甲骨文	金文	小篆	楷书
𣌩	皇	鼻	鼻

113

二、构形理据

鼻，象形兼形声字。甲骨文的"鼻"，写作"㠯"（自），为象形字，像人的鼻子之形。"自"为"鼻"的本字，后被假借他义，就另造了"鼻"字。在"自"的下边加"畀"（bì），表示读音，构成从自畀声的形声字，来表示本义。金文的"鼻"稍有变化，上面仍为"自"（鼻），下面讹为"里"。小篆的"鼻"已整齐化，仍为从自畀声的形声字。楷书笔画化。《说文·自部》："自，鼻也。象鼻形。"清代徐灏《说文解字注笺》："自，本象鼻形，因为语词所专，故又从畀声。"徐中舒《甲骨文字典》："自，像鼻形。"方述鑫等《甲骨金文字典》："自，甲金文正象鼻形。"

三、本义

鼻，本义为鼻子。《说文·鼻部》："鼻，引气自畀也。"意即引气以自助。《孟子·离娄下》："西子蒙不洁，则人皆掩鼻而过之。"宋代朱熹《四书集注》："掩鼻，恶其臭也。"《荀子·荣辱》："目辨白黑美恶，耳辨音声清浊，口辨酸咸甘苦，鼻辨芬芳腥臊。"《吕氏春秋·贵生》："耳虽欲声，目虽欲色，鼻虽欲芬香，口虽欲滋味，害於生则止。"唐代长孙佐辅《宫怨》："捬心却笑西子嚬，掩鼻谁忧郑姬谤。"

四、理据例说

"鼻"为部首字。从"鼻"的字大多与鼻子有关，但这类字不多，主要有"鼾、劓"等。

鼾（hān）

小篆	楷书
鼾	鼾

鼾，形声字。小篆的"鼾"，从鼻干声。左边从"鼻"，表示与鼻子有关，在字中表义，为形符；右边是"干"，在字中表音，为声符。楷书承续小篆字形，已笔画化。《说文·鼻部》："鼾，卧息也。从鼻干声。"《说文段注》："卧息也。息，鼻息也。《广韵》曰：'卧气激声。'"

本义为酣睡时粗重的呼吸声，俗称"呼噜"。《玉篇·鼻部》："鼾，卧息也。"《世说新语·雅量》："许（璪）上床便哈台大鼾。丞相顾诸客曰：'此中亦难得眠处。'"明代魏禧《大铁椎传》："子灿寐而醒，客则鼾睡炕上矣。"明代吴承恩《西游记》第二十一回："只见那把门的小妖，正打鼾睡，行者往他脸上叮了一口，那小妖翻身醒了。"清代曹雪芹《红楼梦》第二十一回："袭人听他半日无动静，微微的打鼾，料他睡着。"

劓（yì）

金文	小篆	楷书
劓	劓	劓

劓，会意字。《说文》中作"劓"。金文的"劓"，从刀从鼻。左边从"臬"（niè）表示与鼻子有关，右边为"刀"表示用刀割，会合成义，即表示用刀割鼻子。小篆基

本承续金文字形,"臬"变为"鼻"。楷书笔画化。《说文·刀部》:"劓,刑鼻也。从刀臬声。"《说文段注》:"劓,刖鼻也。刖,绝也。"方述鑫等《甲骨金文字典》:"劓,甲骨文象以刀劓鼻之形。金文字形同小篆。"

本义为古代割掉鼻子的一种酷刑。《尚书·吕刑》:"墨罚之属千,劓罚之属千。"唐代孔颖达疏:"汉文帝始除肉刑,其刻颡、截鼻、刖足、割势皆法传于先代。"《史记·田单列传》:"吾唯惧燕军之劓所得齐卒,置之前行,与我战,即墨败矣。"《汉书·刑法志》:"五刑:墨罪五百,劓罪五百,宫罪五百,刖罪五百,杀罪五百。"

第六节 "齿(齒)"部及其例字

"齿"部,亦属于页部之类,"齿"侧重于与人的牙齿相关。

齿(齒 chǐ)

一、形体演变

甲骨文	金文	小篆	楷书	简化字
𦥑	𦥒	齒	齒	齿

二、构形理据

齿(齒),象形兼形声字。甲骨文的"𦥑"(齒),像口中有牙齿形,外部是"口",里边为上、下两排的门牙,像口中露出门牙的样子。金文的"齒"形体发生了变化,下部像口中有牙形,上部添加了"止",用于表声,作声符,为形声字。小篆承续金文字形,但齿形稍有变化。楷书承续小篆字形,已笔画化。现用草书楷化法简化为"齿",为音号字。《说文·齿部》:"齒(齿),口齗(yín)骨也。象口齿之形,止声。"意即齿是口腔中用来咬断骨头、嚼食的器官。徐中舒《甲骨文字典》中甲骨文的"齿""与《说文》古文形近,诸家释齿无异辞"。方述鑫等《甲骨金文字典》:"齿,甲骨文象口内牙齿之形,金文加止为声符,与《说文》齿字篆文构形同。"

三、本义

本义为门牙。《尚书·禹贡》:"厥贡惟金三品,瑶、琨、篠簜,齿、革、羽、毛、惟木。"汉代孔安国传:"齿,革牙。"《左传·僖公五年》:"谚所谓'辅车相依,唇亡齿寒'者,其虞、虢之谓也。"唐代杜甫《哀江头》:"明眸皓齿今何在?血污游魂归不得。"泛指牙齿。《战国策·燕策三》:"此臣日夜切齿拊(fǔ)心也,乃今得闻教。"

引申为年龄。《礼记·曲礼上》:"以足蹙路马刍有诛,齿路马有诛。"汉代郑玄注:

"路马,君之马。齿,欲年也。诛,罚也。"《礼记·文王世子》:"古者谓年龄,齿亦龄也。"郑玄注:"齿,人寿之数也。"清代曹雪芹《红楼梦》第三十七回:"李纨道:'就是这样好。但序齿我大,你们都要依我的主意。'"

又指序齿,依年龄的长幼排定先后次序。《宋史·文彦博传》:"与富弼、司马光等十三人,用白居易九老会故事,置酒赋诗相乐,序齿不序官。"元末明初施耐庵《水浒传》第二回:"便叫庄客去请这当村里三四百史家庄户,都到家中草堂上序齿坐下,教庄客一面把盏劝酒。"

四、理据例说

"齿"为部首字。从"齿"的字大多与牙齿有关,主要表示牙齿的名称以及与牙齿相关的动作,这类字不多,主要有"龀(齓)、龁(齕)、龆(齠)、龈(齦)、龋(齲)、龄(齡)"。

龀(齓 chèn)

龀(齓),形声字。小篆的"齓",从齒匕声。左边从"齒",表示与牙齿有关,在字中表义,为形符;右边是"匕",在字中表音,为声符。楷书承续小篆字形,已笔画化。现简化为"龀",形旁类推简化。《说文·齿部》:"齓(齓),毁齿也。男八月生齿,八岁而齓;女七月生齿,七岁而齓。从齒从匕。"谨按:"齓"当为形声字为确。

本义为儿童换牙,脱乳齿换恒齿。《管子·小问》:"昔者吴干战,未齓不得入军门。"《列子·汤问》:"邻人京城氏之孀妻,有遗男,始齓,跳往助之。"清代杨芳灿《卖女谣》:"幼女齿方齓,稚儿发覆眉。"

龁(齕 hé)

龁(齕),形声字。小篆的"齕",从齒乞声。左边从"齒",表示与牙齿有关,在字中表义,为形符;右边是"乞",在字中表音,为声符。楷书承续小篆字形,已笔画化。现简化为"龁",为形旁类推简化。《说文·齿部》:"齕(齕),啮也。从齒乞声。"《说文段注》:"如淳注《汉书》曰:'齕,齩(咬)也。'"《玉篇·齿部》:"齕,啮也。礼为削瓜庶人齕之。"

本义为用牙齿咬东西。《庄子·马蹄》:"马,蹄可以践霜雪,毛可以御风寒,齕草饮水,翘足而陆,此马之真性也。"陈鼓应《庄子今注今译》将"齕草饮水,翘足而陆"翻译为"吃草饮水,翘足跳跃"。《荀子·正论》:"彼乃将食其肉而齕其骨也。"《史记·田儋列传》:"且秦复得志於天下,则龂龁用事者坟墓矣。"唐代司马贞《史记索隐》:"龂龁,侧齿咬也。"

龆（齠 tiáo）

小篆	楷书	简化字
齠	齠	龆

龆（齠），形声字。小篆的"齠"，从齿召声。左边从"齿"，表示与牙齿有关，在字中表义，为形符；右边是"召"，在字中表音，为声符。楷书承续小篆字形，已笔画化，类推简化为"龆"。《说文》中无"齠"字。

本义为儿童换牙。《韩诗外传》卷一："男八月生齿，八岁而龆齿。"以"龆龀"借指孩童。唐代杨巨源《和令狐郎中》："自禀道情龆龀异，不同蘧（qú）玉学知非。"元代王实甫《西厢记》第二本第一折："将俺一家儿不留一箇龆龀。"元末明初施耐庵《水浒传》第七十五回："倘或仍昧良心，违戾诏制，天兵一至，龆龀不留。"

龈（齦 yín）

小篆	楷书	简化字
齦	齦	龈

龈（齦），形声字。小篆的"齦"，从齿艮声。左边从"齿"表示与牙齿有关，在字中表义；右边是"艮"在字中表音，为声符。楷书承续小篆字形，已笔画化，类推简化为"龈"。《说文·齿部》："齦（龈），齧（niè）也。从齿艮声。"《说文段注》："齦者后出分别之字也。今人又用为齗字矣。"

本义为牙根肉，牙龈。汉代扬雄《太玄·密》："琢齿依龈，三岁无君。"宋代司马光注："齿之与龈，相亲者也。"宋代文天祥《满江红·代王夫人作》："想男儿慷慨，嚼穿龈血。"明代吴承恩《西游记》第七十六回："他倒不曾咬着，却迸得我牙龈疼痛，这是怎么起的！"龈齶（è），指牙床，比喻物的根底或指岩石崎岖如牙齿般不齐。宋代韩驹《入鸣水洞循源至山上》："我欲蹋惊湍，下穷龈齶石。"宋代叶适《送郑景元》："岁月历幽长，根株见龈齶。"

龋（齲 qǔ）

甲骨文	小篆	楷书	简化字
齲	齲	齲	龋

龋（齲），会意兼形声字。甲骨文的"齲"，从齿从虫。下边从"齿"，表示与牙齿有关；上边当为"虫"在侵蚀牙齿，为会意字。小篆的"齲"，从齿禹声。左边从"齿"，表示与牙齿有关，在字中作形符；右边是"禹"，在字中表音，为声符。楷书笔画化。现类推简化为"龋"。《说文·牙部》："𪘏，齿蠹也。从牙禹声。齲，𪘏或从齿。"《释名·释疾病》："齲，齿朽也。虫啮之齿缺朽也。"清代桂馥《说文解字义证》："禹，虫也。故文从禹。"

本义为龋齿，即蛀齿，俗称"虫牙"，即牙齿因蛀而残缺。《史记·扁鹊仓公列传》："齐中大夫病龋齿，臣意灸其左大阳明脉，即为苦参汤，日嗽三升，出入五六日，病已。"《淮南子·说山训》："坏塘以取龟，发屋而求狸，掘室而求鼠，割唇而治龋。"

龄（齡 líng）

小篆	楷书	简化字
齡	齡	龄

龄（齡），形声字。小篆的"齡"，从齿令声。左边从"齿"，表示与牙齿有关，在字中表义，为形符，这是从牙齿来看年龄的长幼，所以从"齿"；右边是"令"，在字中表音，为声符。楷书承续小篆字形，已笔画化。类推简化为"龄"。《说文新附·齿部》："齡（齡），年也。从齿令声。"

本义为年龄。晋代陶渊明《责子》："通子垂九龄，但觅梨与栗。"唐代杨炯《王勃集序》："嗟乎促龄，材气未尽，殁而不朽，君子贵焉。"元末明初罗贯中《三国演义》第五十四回："吴侯之妹，正当妙龄：恐非配偶。"

第四章　手部之类

手部之类，包括手、又、支、寸、爪、収六部，均与手臂、手的动作有关。

第一节　"手"部及其例字

"手"为部首字。从"手"得义的字大多与手臂、操作、技能等有关。

手（shǒu）

一、形体演变

甲骨文	金文1	金文2	小篆	楷书
ᵧ	ᵧ	ᵧ	ᵧ	手

二、构形理据

手，象形字。甲骨文的"ᵧ"（手），像五指伸开的手掌形。金文1、金文2的"手"承续甲骨文字形，只是金文的"手"字左右方向不同，意思不变。小篆承续金文字形。楷书笔画化。《说文·手部》："手，拳。象形。"《说文段注》："今人舒之为手，卷之为拳。其实一也。故以手与拳二篆互训。"清代徐灏《说文解字注笺》："手，像指、掌之形。小篆中画微曲，书势取茂美也。"方述鑫等《甲骨金文字典》："手，金文象五指伸开之手形，为《说文》手字篆文所本。[释义]手脚之手。"

三、本义

本义为人手，即腕以下能拿东西做事的部分。《诗·邶风·击鼓》："执子之手，与子偕老。"汉代郑玄笺："执其手，与之约誓示信也。"《诗·邶风·北风》："惠而好我，携手同行。"《礼记·少仪》："为尸坐，则不手拜，肃拜。"汉代郑玄注："手拜，手至地也。"《公羊传·宣公六年》："赵盾逡巡北面再拜稽首。"汉代何休注："头至地曰稽首，头至手曰拜手。"

引申为手艺，本领。唐代杜甫《奉先刘少府新画山水障歌》："画师亦无数，好手

119

不可遇。"唐代赵抟《琴歌》:"七弦脆断虫丝朽,辨别不曾逢好手。"宋代姜夔《满江红》:"却笑英雄无好手,一篙春水走曹瞒。"

四、理据例说

"手"为部首字。从"手"的字大多与手臂、操作、技能有关。在楷书里,"手"字在左边写作"扌"(提手旁)。在"手"部字里,表示"手"的动作行为的字最多,主要可分以下三类。

第一,表示与手相关的事物的名称,主要有"拳、掌、指、拇、技"。

拳(quán)

小篆	楷书
䔛	拳

拳,形声字。小篆的"拳",从手"关"(juàn)声。下边从"手",表示与手相关的名称有关,在字中表义,为形符;上边是"关",在字中表音,为声符。楷书承续小篆字形,已笔画化。《说文·手部》:"拳,手也。从手'关'声。"《说文段注》:"合掌指而为手。故掌指二篆厠手拳二篆之间。卷之为拳。"

本义为拳头。清代朱骏声《说文通训定声》:"张之为掌,卷之为拳。"《玉篇·手部》:"拳,屈手也。"《后汉书·皇甫嵩朱俊列传》:"虽僮儿可使奋拳以致力,女子可使褰裳以用命,况厉熊罴之卒,因迅风之执哉!"明代吴承恩《西游记》第二回:"足下踏一对乌靴,不僧不俗,又不像道士神仙,赤手空拳,在门外叫哩。"吴承恩《西游记》第五十回:"弄得孙大圣赤手空拳,翻筋斗逃了性命。"今有成语"摩拳擦掌""赤手空拳""拳打脚踢"等。

掌(zhǎng)

金文	小篆	楷书
䈞	䈞	掌

掌,形声字。金文的"掌",从手尚声。下边从"手",像伸张开的五指形表示与手相关的名称,在字中表义,为形符;上边是"尚",在字中表音,为声符。小篆承续金文字形,整齐化。楷书笔画化。《说文·手部》:"掌,手中也。从手尚声。"

本义为手掌。《论语·八佾》:"'知其说者之于天下也,其如示诸斯乎!'指其掌。"宋代朱熹《四书集注》:"指其掌,弟子记夫子言此而自指其掌,言其明且易也。"汉代枚乘《上书谏吴王》:"变所欲为,易于反掌,安于泰山。"唐代李善注:"反掌,言易也。"《玉台新咏·古诗为焦仲卿妻作》:"阿母大拊掌,不图子自归。"明代吴承恩《西游记》第四十二回:"那菩萨走上前,将右手轻轻的提起净瓶,托在左手掌上。"清代曹雪芹《红楼梦》第一回:"那疯跛道人听了,拍掌笑道:'解得切,解得切!'"引申为主管、负责。《国语·晋语七》:"使掌公族大夫。"《孟子·滕文公上》:"舜使益掌火,益烈山泽而焚之,禽兽逃匿。"

指（zhǐ）

指，形声字。金文的"指"，从手旨声。右边从"手"，表示与手的部位有关，在字中表义，为形符；左边是"旨"，在字中表音，为声符。小篆基本承续金文字形，左右结构互换，变为左边从手、右边为旨声的形声字。楷书笔画化，"手"写作"扌"（提手旁）。《说文·手部》："指，手指也。从手旨声。"《说文段注》："手非指不为用。大指曰巨指，曰巨擘；次曰食指，曰啑盐指；中曰将指；次曰无名指；次曰小指。"

本义为手指。清代王筠《说文句读》："大指为拇指，二为食指，三为中指，四为无名指，五为小指。"《庄子·骈拇》："骈拇枝指，出乎性哉！而侈于德。"《玉台新咏·古诗为焦仲卿妻作》："指如削葱根，口如含朱丹。"唐代白居易《卖炭翁》："满面尘灰烟火色，两鬓苍苍十指黑。"清代曹雪芹《红楼梦》第二十八回："忽一回身，只见林黛玉坐在宝钗身后抿着嘴笑，用手指头在脸上画着羞他。"

拇（mǔ）

拇，形声字。小篆的"拇"，从手母声。左边从"手"，表示与手的部位名称有关，在字中表义，为形符；右边是"母"，在字中表音，为声符。楷书承续小篆字形，已笔画化，将"手"写作"扌"（提手旁）。《说文·手部》："拇，将指也。从手母声。"五代南唐徐锴《说文解字系传》："所谓将指者，为诸指之率（统帅）也。"

本义为手大指，俗称"大拇指"。《国语·楚语上》："至于手拇毛脉，大能掉小，故变而不勤。"三国韦昭注："拇，大指也。"明代吴承恩《西游记》第五十五回："他就转过钩子，把如来左手中拇指上扎了一下，如来也疼难禁，即着金刚拿他，他却在这里。"清代曹雪芹《红楼梦》第八十六回："这'大'字'九'字是用左手大拇指按琴上的'九徽'，这一勾加'五'字是右手钩'五弦'，并不是一个字。"

技（jì）

技，形声字。小篆的"技"字，从手支声。左边从"手"，表示与手的动作有关，在字中表义；右边是"支"，在字中表音，为声符。楷书承续小篆字形，已笔画化，将"手"写作"扌"（提手旁）。《说文·手部》："技，巧也。从手支声。"《说文段注》："工部曰：巧者，技也。二篆为转注。古多叚伎为技能字。"

本义为技艺、技巧、才艺。《尚书·秦誓》："人之有技，若己有之。"汉代孔安国传："人之有技，若己有之乐，善之至也。"《庄子·养生主》："臣之所好者道也，进乎技矣。"《战国策·赵策二》："仁义之所施也，诗书礼乐之所用也，异敏技艺之所试也，远方之所观赴也。"唐代柳宗元《黔之驴》："虎因喜，计之曰：'技止此耳！'"明代凌濛初《初刻拍案惊奇》卷三十："且其人善能诙谐谈笑，广晓技艺，或者可以赐他侍坐，以助副大使雅兴万一。"清代曹雪芹《红楼梦》第三十七回："妹虽不才，窃同叨栖处于泉石之间，而兼慕薛林之技。"

第二，表示与手有关的性质，主要有"拙、扰（擾）"。

拙（zhuō）

小篆	楷书
拙	拙

拙，形声字。小篆的"拙"，从手出声。左边从"手"，表示与手的动作性质有关，在字中表义，为形符；右边是"出"，在字中表音，为声符。楷书承续小篆字形，已笔画化，将"手"写作"扌"（提手旁）。《说文·手部》："拙，不巧也。从手出声。"

本义为笨拙、不灵活，与"巧"相对。《尚书·盘庚》："予亦拙谋，作乃逸。"《老子》第四十五章："大直若屈，大巧若拙，大辩若讷。"唐代张九龄《送杨府李功曹》："何知人事拙，相与宦情非。"清代曹雪芹《红楼梦》第三回："姊妹们虽拙，大家一处伴着，亦可以解些烦闷。"

扰（擾 rǎo）

金文	小篆	楷书	简化字
擾	擾	擾	扰

扰（擾），形声字。金文的"擾"构形不明。小篆为从"手""憂"（yōu）声的形声字。左边从"手"，表示与手的动作有关，在字中表义，为形符；右边是"憂"，在字中表音，为声符。楷书笔画化，将"手"写作"扌"（提手旁）。现简化为"扰"，声旁更换简化，仍为从"扌"（手）尤声的形声字。《说文·手部》："擾（扰），烦也。从手憂声。"

本义为搅扰、扰乱。《玉篇·手部》："扰，乱也。"《左传·襄公四年》："民有寝庙，兽有茂草，各有攸处，德用不扰。"晋代杜预注："扰，如小反，乱也。"《三国志·吴主传》："当农桑时，以役事扰民者，举正以闻。"元末明初罗贯中《三国演义》第七十五回："将关公家属另养别宅，不许闲人搅扰。一面遣人申报孙权。"引申为混乱。唐代杜牧《阿房宫赋》："明星荧荧，开妆镜也；绿云扰扰，梳晓鬟也。"

第三，表示与手相关的动作行为，在"手"部中，这类字最多，主要有"按、拔、把、抱、操、持、摧、扶、抚（撫）、拱、接、揭、抗、损（損）、探、挺、投、推、握、拥（擁）、招、掣、捧、搔、攥"。

按（àn）

按，形声字。小篆的"按"，从手安声。左边从"手"，表示与手的动作有关，在字中表义，为形符；右边是"安"，在字中表音，为声符。楷书承续小篆字形，已笔画化，将"手"写作"扌"（提手旁）。《说文·手部》："按，下也。从手安声。"《说文段注》："按，下也。以手抑之使下也。《印部》曰：'抑者，按也。从手安声。'"

本义为用手向下压或摁。《史记·项羽本记》："项王按剑而跽曰：'客何为者？'"宋代沈括《梦溪笔谈·活板》："药稍熔，则以一平板按其面，则字平如砥。"清代曹雪芹《红楼梦》第九回："贾兰是个省事的，忙按住砚，极口劝道：'好兄弟，不与咱们相干。'"引申为控制、抑止。《诗·大雅·皇矣》："王赫斯怒，爰整其旅，以按徂旅。"汉代毛亨传："按，止也。"《吕氏春秋·召类》："赵简子按兵而不动。"元末明初罗贯中《三国演义》第九十五回："若街亭有兵守御，即当按兵不行。"

拔（bá）

拔，形声字。小篆的"拔"，从手"犮"（bó）声。左边从"手"，表示与手的动作有关，在字中表义，为形符；右边是"犮"，在字中表音，为声符。楷书承续小篆字形，已笔画化，将"手"写作"扌"（提手旁）。《说文·手部》："拔，擢也。从手犮声。"

本义为拔起、拔出。《方言》卷三："擢，拔也。自关而西或曰拔，或曰擢。"《周易·泰》："拔茅茹，以其汇，征吉。"魏代王弼等注："茅之为物，拔其根而相牵引者也。"《孟子·尽心上》："杨子取为我，拔一毛而利天下，不为也。"《史记·项羽本纪》："力拔山兮气盖世，时不利兮骓不逝。"引申为选拔、提拔。三国诸葛亮《出师表》："此皆良实，志虑忠纯，是以先帝简拔以遗陛下。"唐代李白《与韩荆州书》："山涛作冀州，甄拔三十余人，或为侍中、尚书，先代所美。"清代曹雪芹《红楼梦》第二十三回："贾政命人各处选拔精工名匠，在大观园磨石镌字。"

把（bǎ）

把，形声字。小篆的"把"，从手巴声。左边从"手"，表示与手的动作有关，在字中表义；右边是"巴"，在字中表音，为声符。楷书承续小篆字形，已笔画化，将"手"写作"扌"（提手旁）。《说文·手部》："把，握也。从手巴声。"《说文段注》："《孟子》注曰：'拱，合两手也。把，以一手把之也。'"

本义为握持、执。《孟子·告子上》："拱把之桐梓，人苟欲生之，皆知所以养之者。"宋代朱熹《四书集注》注："把，一手所握也。"《战国策·秦策四》："无把铫推耨之劳，而有积粟之实。"张清常、王延栋《战国策笺注》："把，握、持。"《战国策·燕策三》："秦王必喜而善见臣，臣左手把其袖，而右手揕（抗）其胸，然则将军之仇报。"

抱（bào）

抱，形声字。小篆的"抱"，从手包声。左边从"手"，表示与手的动作有关，在字中表义，为形符；右边是"包"，在字中表音，为声符。楷书承续小篆字形，已笔画化，将"手"写作"扌"（提手旁）。《说文·衣部》："裒，裹（huái）也。从衣包声。"抱，同"裒"。《说文段注》："马融释以怀抱。即裒裹也。今字抱行而裒废矣。"

本义为用手臂围住。《诗·召南·小星》："肃肃宵征，抱衾与裯（chóu）。"汉代郑玄笺："抱衾与床帐，待进御之。"唐代杜甫《茅屋为秋风所破歌》："忍能对面为盗贼，公然抱茅入竹去。"宋代苏洵《六国论》："以地事秦，犹抱薪救火，薪不尽，火不灭。"引申为环绕。杜甫《江村》："清江一曲抱村流，长夏江村事事幽。"

操（cāo）

操，形声字。小篆的"操"，从手"喿"（sào）声。左边从"手"，表示与手的动作有关，在字中表义，为形符；右边是"喿"，在字中表音，为声符。楷书承续小篆字形，已笔画化，将"手"写作"扌"（提手旁）。《说文·手部》："操，把持也。从手喿声。"

本义为拿着，握在手里。《楚辞·九歌·国殇》："操吴戈兮被犀甲，车错毂兮短兵接。"汉代王逸注："手持吴戈，身被犀铠而行也。"《史记·项羽本纪》："良问曰：'大王来何操？'"

持（chí）

持，形声字。金文1的"持"字就是"寺"字，从又（手）止声。从"又（手）"表示用手握持，"止"在字中表音，为声符，合起来表示听从使唤、操持家务之意。金文2的"持"在金文1的"持"的左下角加"口"，"口"当为"邑"的省简，"口（邑）"表示寄居之地。小篆的"持"稍有变化，演变为左右结构，从手寺声。左边从"手"，表示与手的动作有关，在字中表义；右边是"寺"，在字中表音，为声符。金文2下边的"又"字在小篆中变为"寸"。楷书笔画化，"手"写作"扌"（提手旁）。《说文·手部》："持，握也。从手寺声。"

本义为拿着。《礼记·射义》："持弓矢审固，然后可以言'中'。"《庄子·秋水》："庄子持竿不顾，曰：'吾闻楚有神龟，死已三千岁矣。'"《战国策·燕策三》："秦王谓轲曰：'起，取武阳所持图。'"晋代干宝《干将莫邪》："客持头往见楚王，王大喜。客曰：'此乃勇士头也。'"宋代苏轼《石钟山记》："寺僧使小童持斧，于乱石间择其一二扣之，硿硿焉。"引申为掌握，控制。《韩非子·五蠹》："以是言之，夫仁义辩智非所以持国也。"《吕氏春秋·察今》："故治国无法则乱，守法而弗变则悖，悖乱不可以持国。"《汉书·匈奴传》："大阏氏曰：'且莫车虽少，大臣共持国事，今舍贵立贱，后世必乱。'"引申为保持。今有词语"持平""持有""持衡"。

摧（cuī）

摧，会意兼形声字。甲骨文的"摧"，从攴从隹会意。左边从"攴"表示手持器械击打，右边为"隹"表示鸟儿，合起来表示手持器械捕杀鸟雀。小篆变为从手崔（cuī）声的形声字。左边从"手"，表示与手的动作有关；右边为"崔"，在字中表音。楷书承续小篆字形，已笔画化，"手"写作"扌"（提手旁）。《说文·手部》："摧，挤也。从手崔声。一曰折也。"

本义为折断、毁灭。《诗·大雅·云汉》："胡不相畏？先祖于摧。"程俊英《诗经译注》："摧，灭。"宋代范仲淹《岳阳楼记》："商旅不行，樯倾楫摧。"引申为摧毁，破坏。唐代李白《梦游天姥吟留别》："列缺霹雳，丘峦崩摧。"元末明初罗贯中《三国演义》第二回："陛下今不自省，社稷立见崩摧矣！"

扶（fú）

扶，会意兼形声字。甲骨文的"扶"，从二人，为会意字，是一人伸手抓持另一人，用以表示一个人伸手搀着另一个人。金文变为从"又"（手）"夫"声的形声字。右边从"又"（手）表示与手的动作有关；左边为"夫"在字中表音。小篆将"又"变为"手"，为从手夫声的形声字。楷书承续小篆字形，已笔画化，将"手"写作"扌"（提手旁）。《说文·手部》："扶，左也。从手夫声。"左，即佐助、帮助。方述鑫等《甲骨金文字典》："扶，金文从手，夫声，为《说文》扶字篆文所本。或从攴夫声。"

本义为搀扶。《论语·季氏》："危而不持，颠而不扶，则将焉用彼相矣？"《荀子·劝学》："蓬生麻中，不扶而直；白沙在涅，与之俱黑。"《战国策·齐策四》："未至百里，民扶老携幼，迎君道中。"明代徐霞客《游黄山记》："五里，至汤寺，浴于汤池，扶杖望朱砂庵而登。"引申为辅助、帮助，通"辅"。《说文·手部》："扶，左也。"左，即"佐"。《战国策·宋卫策》："若扶梁伐赵，以害赵国，则寡人不忍也。"元末明初罗贯中《三国演义》第二十二回："明公以众克寡，以强攻弱，讨汉贼以扶王室：

起兵是也。"

抚（撫 fǔ）

小篆	楷书	简化字
㒇	撫	抚

抚（撫），形声字。小篆的"撫"，从手無（wú）声。左边从"手"，表示与手的动作有关，在字中表义，为形符；右边是"無"，在字中表音，为声符。楷书承续小篆字形，已笔画化，将"手"写作"扌"（提手旁）。现"撫"简化为"抚"，更换声旁，为类推简化，仍为从"扌"（手）无声的形声字。《说文·手部》："撫（抚），安也。从手無声。"《说文段注》："一曰揗也。揗各本作循，今正。揗者，摩也。拊亦训揗。故抚拊或通用。"

本义为抚摩。《左传·襄公十九年》："宣子盥（guàn）而抚之，曰：'事吴敢不如事主！'犹视。"《国语·晋语八》："叔向见司马侯之子，抚而泣之。"明代魏学洢《核舟记》："东坡右手执卷端，左手抚鲁直背。"引申为用手按着。南北朝丘迟《与陈伯之书》："见故国之旗鼓，感平生于畴日，抚弦登陴（pí），岂不怆悢（chuàng liàng）。"

拱（gǒng）

小篆	楷书
拱	拱

拱，形声字。小篆的"拱"，从手共声。左边从"手"，表示与手的动作有关，在字中表义，为形符；右边是"共"，在字中表音，为声符。楷书承续小篆字形，已笔画化，将"手"写作"扌"（提手旁）。《说文·手部》："拱，敛手也。从手共声。"《说文段注》："九拜皆必拱手而至地。立时敬则拱手。如《檀弓》孔子与门人立拱，《论语》子路拱而立，《玉藻》臣侍于君垂拱是也。"

本义为抱拳、敛手，以表示恭敬。《尚书·武成》："惇（dūn）信明义，崇德报功，垂拱而天下治。"孔安国传："谓所任得人，人皆称职，手无所营，下垂其拱。"《论语·微子》："子路拱而立。"宋代朱熹《四书集注》："知其隐者，敬之也。"引申为围绕、环绕。《论语·为政》："为政以德，譬如北辰，居其所而众星拱之。"朱熹《四书集注》："共，音拱，亦作拱。……共，向也，言众星四面旋绕而归向之也。"

接（jiē）

小篆	楷书
㨗	接

接，形声字。小篆的"接"，从手妾（qiè）声。左边从"手"，表示与手的动作有关，在字中表义，为形符；右边是"妾"，在字中表音，为声符。楷书承续小篆字形，已笔画化，将"手"写作"扌"（提手旁）。《说文·手部》："接，交也。从手妾声。"《说文段注》："交者，交胫也。引申为凡相接之称。"《玉篇·手部》："《说文》：'交也。'"

本义为两手交叉，接触。《国语·吴语》："两君偃兵接好，日中为期。"《孟子·梁惠王上》：" 填然鼓之，兵刃既接，弃甲曳兵而走。"《楚辞·九歌·国殇》："操吴戈兮被犀甲，车错毂（gǔ）兮短兵接。"汉代王逸注："长兵不施，故用刀剑以相击也。"引申为接见、接待。《史记·屈原贾生列传》："入则与王图议国事，以出号令；出则接遇宾客，应对诸侯。"唐代李朝威《柳毅传》："钱塘亦尽礼相接，谓毅曰：'女侄不幸，为顽童所辱。赖明君子信义昭彰，致达远冤。'"

揭（jiē）

揭，形声字。小篆的"揭"，从手曷（hé）声。左边是"手"，表示与手的动作有关，在字中表义，为形符；右边是"曷"，在字中表音，为声符。楷书承续小篆字形，已笔画化，将"手"写作"扌"（提手旁）。《说文·手部》："揭，高举也。从手曷声。"

本义为高举。《诗·小雅·大东》："维北有斗，西柄之揭。"程俊英《诗经译注》："揭，高举。南斗的柄，常指西方而上扬，故言'西柄之揭'。有人认为这章的'斗'指北斗，这是不对的。因为北斗的柄不西指，也不上扬。"《战国策·齐策四》："乘其车，揭其剑，过其友曰：'孟尝君客我。'"张清常、王延栋《战国策笺注》："揭，高举。"汉代贾谊《过秦论》："斩木为兵，揭竿为旗，天下云集响应，赢粮而景从。"今有成语"揭竿而起"。

抗（kàng）

抗，形声字。小篆的"抗"，从手亢（kàng）声。左边从"手"，表示与手的动作有关，在字中表义，为形符；右边是"亢"，在字中表音，为声符。楷书承续小篆字形，已笔画化，将"手"写作"扌"（提手旁）。《说文·手部》："抗，扞（qiān）也。从手亢声。"扞，即抵御。《说文段注》："抗，御也。《左传》曰：'以亢其雠。'注云：'亢犹当也。'亢为抗之叚借字。"

本义为抵御、高出、相敌。《小尔雅·广言》："抗，御也。"《国语·晋语四》："未报楚惠而抗宋，我曲楚直，其众莫不生气，不可谓老。"汉代贾谊《过秦论》："谪戍之众，非抗于九国之师也。"朱东润《中国历代文学作品选》上编第二册："抗，同亢，高出之意。"引申为抗拒、拒绝。宋代王安石《答司马谏议书》："而某不量敌之众寡，欲出力助上以抗之。"宋代文天祥《指南录后序》："初至北营，抗辞慷慨，上下颇惊动，北亦未敢遽（jù）轻吾国。"

损（損 sǔn）

损（損），形声字。小篆的"損"，从手员声。左边从"手"，表示与手的动作有关，在字中表义；右边是"員"，在字中表音，为声符。楷书承续小篆字形，已笔画化，将

"手"写作"扌"(提手旁)。现简化为"损",声符"員"简化为"员",为类推简化,仍为形声字。《说文·手部》:"損(损),减也。从手員声。"

本义为减少,与"益"相对。《周易·杂卦》:"损、益,盛衰之始也。"《孟子·滕文公下》:"请损之,月攘一鸡,以待来年,然后已。"宋代朱熹《四书集注》:"损,减也。"《列子·汤问》:"以君之力,曾不能损魁父之丘,如太行王屋何?"宋代欧阳修《五代史伶官传序》:"《书》曰:'满招损,谦得益。'"

探(tàn)

| 金文 | 小篆 | 楷书 |

探,会意兼形声字。金文的"探",为会意字,从穴从人从"丶丶"。上边为洞"穴",下边为"人","人"两边的"丶丶"表示分开障碍物,表示勇敢者进入洞穴进行探索之意。小篆的"探",变为形声字,从手罙(shēn)声。左边从"手"表示与手的动作有关,在字中表义,为形符;右边为"罙",为声符。楷书承续小篆字形,已笔画化,将"手"写作"扌"(提手旁)。《说文·手部》:"探,远取之也。从手罙声。"《尔雅·释诂》:"探,取也。"

本义为摸取。《尚书·多方》:"则惟尔多方探天之威,我则致天之罚,离逖尔土。"《列子·汤问》:"日初出沧沧凉凉;及其日中如探汤。"引申为探望、看望。唐代李商隐《无题》:"蓬山此去无多路,青鸟殷勤为探看。"元末明初施耐庵《水浒传》第三十九回:"买了些时新礼物,自家一只快船渡过江来,径去府里探望蔡九知府。"

挺(tǐng)

| 小篆 | 楷书 |

挺,形声字。小篆的"挺",从手廷声。左边从"手",表示与手的动作有关,在字中表义;右边是"廷",在字中表音,为声符。楷书承续小篆字形,已笔画化,将"手"写作"扌"(提手旁)。《说文·手部》:"挺,拔也。从手廷声。"《说文段注》:"《左传》:'周道挺挺',直也。《月令》:'挺重囚',宽也。皆引申之义。"

本义为拔出。《战国策·魏策四》:"'流血五步,天下缟素,今日是也。'挺剑而起。"《史记·陈涉世家》:"尉剑挺,广起,夺而杀尉。"《汉书·何武王嘉师丹传》:"乃者以挺力田议改币章示君,君内为朕建可改不疑。"唐代颜师古注:"挺,引拔也,谓特拔异力田之人优宠之也。"引申为杰出、特出。《晋书·王湛传》论曰:"安期英姿挺秀,籍甚一时,朝野挹其风流。"唐代杜甫《奉赠韦左丞丈二十二韵》:"自谓颇挺出,立登要路津。"明代吴承恩《西游记》第四十二回:"秀蒲挺出昙花嫩,香草舒开贝叶鲜。"今有词语"挺拔""挺秀""坚挺""傲然挺立"等。

投（tóu）

投，会意字。小篆的"投"，从手从殳（shū）会意。左边从"手"表示与手的动作有关，右边从"殳"为古兵器，合起来表示手拿兵器进行投掷之意。楷书承续小篆字形，已笔画化，将"手"写作"扌"（提手旁），仍为会意字。《说文·手部》："投，擿（zhì 掷）也。从手从殳。"《说文段注》："擿（掷），投也。二篆为转注。"

本义为投掷、扔。《诗·大雅·抑》："投我以桃，报之以李。"汉代郑玄笺："投，犹掷也。"《史记·魏公子列传》："今有难，无他端而欲赴秦军，譬若以肉投馁虎，何功之有哉？"《汉书·贾谊传》："里谚曰：'欲投鼠而忌器。'此善谕也。"清代曹雪芹《红楼梦》第三回："雨村先整了衣冠，带了小童，拿着宗侄的名帖，至荣府的门前投了。"

推（tuī）

推，形声字。小篆的"推"，从手隹（zhuī）声。左边从"手"，表示与手的动作有关，在字中表义，为形符；右边是"隹"，在字中表音，为声符。楷书承续小篆字形，已笔画化，将"手"写作"扌"（提手旁）。《说文·手部》："推，排也。从手隹声。"

本义为手向外用力使物体移动或向前移动。《左传·成公二年》："苟有险，余必下推车。"《左传·襄公十四年》："夫二子者，或挽之，或推之，欲无入，得乎？"《孟子·万章上》："思天下之民匹夫匹妇有不被尧舜之泽者，若己推而内之沟中。"

揠（yà）

揠，形声字。小篆的"揠"，从手匽（yǎn）声。左边从"手"，表示与手的动作有关，在字中表义，为形符；右边是"匽"，在字中表音，为声符。楷书承续小篆字形，已笔画化，将"手"写作"扌"（提手旁）。《说文·手部》："揠，拔也。从手匽声。"《说文段注》：《方言》：'揠、擢、拂、戎，拔也。自关而西或曰拔，东齐海岱之闲曰揠。'"《小尔雅·广物》："拔心曰揠。"杨琳《小尔雅今注》："郭璞注：'今呼拔心草为揠。'盖揠在方言中有特指拔心草之义，通语中则与拔同义。"

本义为拔起。《方言》卷三："揠，拔也。东齐、海岱之间曰揠。"《孟子·公孙丑上》："宋人有闵其苗之不长而揠之者，芒芒然归。"今有词语"揠苗助长""揠苗"等。引申为提拔。《宋史·岳飞列传》："德与琼素不相下，一旦揠之在上，则必争。"

拥（擁 yōng）

小篆	楷书	简化字
擁	擁	拥

拥（擁），形声字。小篆的"擁"，从手"雝"（yōng）声。左边从"手"，表示与手的动作有关，在字中表义，为形符；右边是"雝"，在字中表音，为声符。楷书基本承续小篆字形，已笔画化，将"手"写作"扌"（提手旁），将声符"雝"变为"雍"。现简化为"拥"，将声符"雍"又更换为"用"，仍为形声字。《说文·手部》："擁（拥），抱也。从手雝声。"《说文段注》："拥，褱也。各本作抱也，今正。抱者，说文之或捊（póu）字也。褱见衣部，褱也。改褱为抱，大失许例。"

本义为搂抱。《礼记·玉藻》："肆束及带，勤者有事则收之，走则拥之。"唐代孔颖达疏："拥，谓抱之於怀也。"汉代刘向《列女传》："闭门，聚众鸣鼓。众恐，拥柱而歌。"引申为拥有。《三国志·蜀书·诸葛亮传》："今操已拥百万之众，挟天子而令诸侯，此诚不可与争锋。"

招（zhāo）

甲骨文1	甲骨文2	金文	小篆1	小篆2	楷书
					招

招，会意兼形声字。甲骨文1的"招"，从"廾"（双手）从"匕"（匕）从"酉"（西）。上边左右两侧为"廾"，表示双手；两手中间为"匕"（匕），表示酒匙，是两手持匙，表示舀取之意；下边为"酉"（西），表示酒坛子。三个部分合起来表示主人手持酒匙为客人打酒。甲骨文2的"召"字，省去双手，并将酒匙"匕"写成"刀"，"酉"变为"口"。金文的"召"，承续简体甲骨文2的字形。小篆1写作"召"，有两个含义：一是指"用口呼唤"；二是"打手势叫人来"。而后小篆1的词义分化，分出"招"字，即小篆2的字形。这样，词义有了区分："用口呼唤"专用"召"，从口刀声，"打手势叫人来"专用"招"，为从手召声。楷书笔画化，将"手"写作"扌"（提手旁），仍为形声字。《说文·手部》："招，手呼也。从手召。"清代桂馥《说文解字义证》："以手曰招，以言曰召。"

谨按：小篆之"招"字当为形声字为确。

本义为打手势叫人来。《楚辞·招魂序》："招者，召也。以手曰招，以言曰召。"《荀子·劝学》："登高而招，臂非加长也，而见者远。"《史记·项羽本纪》："坐须臾，沛公起如厕，因招樊哙出。"元末明初罗贯中《三国演义》第六十七回："甘宁招呼吕蒙一齐引军赶去。"引申为招致、招惹。汉代贾谊《论积贮疏》："怀敌附远，何招而不至？"宋代欧阳修《五代史伶官传序》："《书》曰：'满招损，谦得益。'"

掣（chè）

小篆	楷书
掣	掣

掣，形声字。小篆的"掣"，从手制声。下边从"手"，表示与手的动作有关，在字中表义，为形符；上边是"制"，在字中表音，为声符。楷书基本承续小篆字形，已笔画化，将"手"写作"扌"（提手旁）。《玉篇·手部》："掣，同上。"其中的"上"字指"挚，牵也"。

本义为牵引。唐代陆德明《经典释文》："掣，拽（zhuài）也。"《周易·睽（kuí）》："见舆曳，其牛掣。"唐代岑参《白雪歌送武判官归京》："纷纷暮雪下辕门，风掣红旗冻不翻。"清代曹雪芹《红楼梦》第一百一十回："他头里作事何等爽利周到，如今怎么掣肘的这个样儿。"今有词语"掣肘""风驰电掣"。

捧（pěng）

小篆	楷书
捧	捧

捧，形声字。小篆的"捧"，从手奉声。下边从"手"，表示与手的动作有关，在字中表义；上边是"奉"，在字中表音，为声符。楷书承续小篆字形，已笔画化，将"手"写作"扌"（提手旁）。《说文·収（shōu）部》："奉，承也。从手从廾，丰声。"《广韵·肿韵》："捧，两手承也。"《玉篇·手部》："捧，两手持。"

本义为两手承托。《庄子·达生》："其为物也，恶闻雷车之声，则捧其首而立。"《后汉书·朱冯虞郑周列传》："此犹河滨之人捧土以塞孟津，多见其不知量也！"唐代贯休《长安道》："气银轮兮常覆金阙，仙掌捧日兮浊河澄澈。"清代曹雪芹《红楼梦》第四十一回："鸳鸯无法，只得命人满斟了一大杯，刘姥姥两手捧着喝。"引申为代人吹嘘或奉承、拥戴别人。南北朝庾信《周大将军崔说神道碑》："汉王改娄敬之族，事重论都。魏后变程昱之名，恩深捧日。"唐代李商隐《咏云》："捧月三更断，藏星七夕明。"

搔（sāo）

小篆	楷书
搔	搔

搔，形声字。小篆的"搔"，从手蚤声。左边从"手"，表示与手的动作有关，在字中表义，为形符；右边是"蚤"，在字中表音，为声符。楷书承续小篆字形，已笔画化，将"手"写作"扌"（提手旁）。《说文·手部》："搔，括也。从手蚤声。""括"《说文段注》中作"刮"。

本义为抓挠，用指甲轻刮。《诗·邶风·静女》："爱而不见，搔首踟蹰。"唐代孔颖达疏："心既爱之，而不得见，故搔其首而踟蹰然。"《汉书·枚乘传》："夫十围之木，始生如蘖（niè），足可搔而绝，手可擢（zhuó）而拔。"唐代颜师古《汉书注》："搔谓抓也。"唐代杜甫《春望》："白头搔更短，浑欲不胜簪。"唐代白居易《采莲曲》："逢郎欲语低头笑，碧玉搔头落水中。"

攥（zuàn）

小篆	楷书
攥	攥

攥，形声字。小篆的"攥"，从手纂声。左边从"手"，表示与手的动作有关，在字中表义，为形符；右边是"纂"，在字中表音，为声符。楷书承续小篆字形，已笔画化，将"手"写作"扌"（提手旁）。《辞海》："攥，握住。"谷衍奎《汉字源流字典》："楷书攥，从手，纂声。"

本义为用手抓住或抓稳。清代曹雪芹《红楼梦》第七十三回："邢夫人接来一看，吓得连忙死紧攥住，忙问：'你是那里得的？'"《红楼梦》第七十七回："一见是宝玉，又惊又喜，又悲又痛，一把死攥住他的手，哽咽了半日，方说出半句话来。"

第二节 "又"部及其例字

"又"部亦属于手部之类，从"又"得义的字侧重于人手之动作。

又（yòu）

一、形体演变

甲骨文	金文	小篆	楷书
ㄔ	ㄔ	㋛	又

二、构形理据

又，象形字。甲骨文、金文的"ㄔ""ㄔ"（又），像一只右手形。左上方为伸展开的三个手指，在古代"三"表示多。小篆的"㋛"（手），承续金文字形。楷书笔画化。《说文·又部》："又，手也，象形。三指者，手之列多略不过三也。"《说文段注》："此即今之右字。不言又手者，本兼ナ又而言。以中别之。"高鸿缙《中国字例》："字原像右手形，手本五指，只作三者，古人皆以三表多。后借为又再之又，乃通假右助之右以代之。久而成习，乃加人旁作佑，以还右助之原。"徐中舒《甲骨文字典》："又，甲骨文像右手形。甲骨文正反每无别。"方述鑫等《甲骨金文字典》："又，甲骨、金文像手之形。"

三、本义

又，本义为右手。《说文·又部》："又，手也。"徐中舒《甲骨文字典》："又，[释义]与左相对之方位名。"方述鑫等《甲骨金文字典》："又,[释义]左右之右。"后"又"字形被假借以后，因久借不归，本义遂造"右"字来记写。

从假借义来看，"又"的常用义为复、再、更。《诗·郑风·缁衣》："缁衣之宜兮，敝，予又改为兮。"《诗·小雅·小宛》："各敬尔仪，天命不又。"汉代毛亨传："又，复也。"《孟子·公孙丑上》："助之长者，揠苗者也。非徒无益，而又害之。"唐代白居易《赋得古原草送别》："野火烧不尽，春风吹又生。"唐代柳宗元《捕蛇者说》："今虽死乎此，比吾乡邻之死则已后矣，又安敢毒耶？"清代蒲松龄《聊斋志异·促织》："又试之鸡，果如成言。乃赏成，献诸抚军。"

四、理据例说

"又"是一个部首字，是"手"的变形，即"右"字，本义为右手。在现代汉字中，"又"为"右手"义，在文献中少见，但在"又"作部首的字中，其中的"又"即为"手"义。在一些汉字中，"又"变形为"彐"（xuě 或 jì），如"兼、秉"等字。

从"又"得义的字大都与手的动作或与手相关的事物有关，主要有"兼、秉、取、叔、受、及、友"。

兼（jiān）

金文	小篆	楷书

兼，会意字。金文的"兼"，从又（手）从秝（lì）。从"又（手）"表示与手的动作有关，小篆、楷书将"又"变形为"彐"（xuě），从"秝（lì）"表示像两"禾"之形，合起来表示用一只手持两棵庄稼苗的形象。小篆承续金文字形。楷书笔画化。《说文·秝（lì）部》："兼，并也。从又持秝。"方述鑫等《甲骨金文字典》中"兼"字说解与《说文》同。

本义为同时并有。《周易·系辞下》："兼三才而两之，故易六画而成卦。"《孟子·告子上》："二者不可得兼，舍鱼而取熊掌者也。"汉代贾谊《过秦论》："此四君者，皆明智而忠信，宽厚而爱人，尊贤而重士，约从离衡，兼韩、魏、燕、楚、齐、赵、宋、卫、中山之众。"引申为并吞、兼并。《左传·昭公八年》："孺子长矣，而相吾室，欲兼我也。"晋代杜预注："兼，并也。"《韩非子·亡征》："万乘之主有能服术行法，以为亡征之君风雨者，其兼天下不难矣。"梁启雄《韩子浅解》将"其兼天下不难矣"解释为"他要兼并天下是不难的了"。

秉（bǐng）

甲骨文	金文	小篆	楷书

秉，会意字。甲骨文的"秉"，从又从禾。右边从"又"表示是一只"手"，"又"小篆、楷书变形为"彐"，左边从"禾"，上边的穗子向右弯垂，表示庄稼，合起来表示用手拿"禾"之意。金文的"秉"承续甲骨文字形，只是上面的穗子更大，向左弯垂，更为形象。小篆线条画。楷书笔画化。《说文·又部》："秉，禾束也。从又持禾。"《说文段注》："此秉谓刈禾盈手之秉也。《左传》：'或取一秉秆焉。'"

李孝定《甲骨文字集释》:"罗振玉曰:'秉,仲鼎作❀,与此略同,象手持禾形。'"

本义为禾束,成把的禾。《诗·小雅·大田》:"彼有遗秉,此有滞穗,伊寡妇之利。"《毛传》:"秉,把也。"《左传·昭公二十七年》:"或取一秉秆焉,国人投之,遂弗蓺(ruò)也。"《仪礼·聘礼》:"四秉曰筥。"汉代郑玄注:"此秉谓刈禾盈手之秉也。"常用引申义为手拿着,手持。《尔雅·释诂》:"秉,执也。"《诗·商颂·长发》:"武王载旆,有虔秉钺,如火烈烈,则莫我敢曷。"唐代白居易《观刈麦》:"右手秉遗穗,左臂悬敝筐。"

取(qǔ)

| 甲骨文 | 金文 | 小篆 | 楷书 |

取,会意字。从构字部件上看,甲骨文到楷书的"取"字,均是从"耳"从"又"(手)。左边从"耳"表示要手割敌人之耳,右边从"又"(手)表示用手割取,合起来表示用手割取敌人的耳朵。古代作战,以割取敌人尸体首级或左耳以计数献功。

《说文·又部》:"取,捕取也。从又从耳。《周礼》:'获者取左耳。'《司马法》曰:'载献聝(guó)。'聝者,耳也。"李孝定《甲骨文字集释》:"取,此字正象以手持割耳义。"于省吾《甲骨文字释林》:"取之本义为以手取耳,指战争获聝言之。"徐中舒《甲骨文字典》:"取,从又从耳,象以手持耳之形。"方述鑫等《甲骨金文字典》:"取,甲骨金文正象以手取耳之形,与《说文》合。"

本义为割下左耳,引申为捕捉、俘获。《周礼·大司马》:"大兽公之,小禽私之,获者取左耳。"汉代郑玄注:"得禽兽者取左耳,当以计功。"《左传·僖公二十二年》:"且今之勍(qíng)者,皆吾敌也,虽及胡耇(gǒu),获则取之,何有于二毛?"宋代苏轼《阳关词》:"恨君不取契丹首,金甲牙旗归故乡。"引申为选取、选拔。《左传·哀公元年》:"舟车不饰,衣服财用,择不取费。"晋代杜预注:"选取坚厚,不尚细靡。"宋代王安石《游褒禅山记》:"此所以学者不可以不深思而慎取之也。"明代刘基《卖柑者言》:"吾售之,人取之,未尝有言,而独不足子所乎?"

叔(shū)

| 金文 | 小篆 | 楷书 |

叔,会意兼形声字。金文的"叔",从又(手)从尗(shú),尗亦声。从"又(手)",表示与手的动作有关;从"尗",表示豆苗。《说文·尗部》:"尗,豆也。象尗豆生之形也。"两部分合起来表示用手拾取豆苗。"尗"也兼表声。《说文·又部》:"叔,拾也。从又尗声。"方述鑫等《甲骨金文字典》:"叔,金文像以手持弋以掘地之形。盖其本义为收芋。"我们认为,方述鑫先生对"叔"字构形的分析允当。

本义为拾取。《诗·豳风·七月》:"九月叔苴,采荼薪樗。"汉代毛亨传:"叔,拾也。"语言学家刘叔新名字中的"叔"字即为此义。"叔"的常用义为古代兄弟的排行,即伯(孟)、仲、叔、季,行三为叔。《仪礼·士冠礼》:"宜之于假,永受保之,曰伯某甫。仲、叔、季,唯其所当。"汉代郑玄注:"伯、仲、叔、季,长幼之称。"唐代柳宗元《哭连州凌员外司马》:"仲叔继幽沦,狂叫唯童儿。"

受（shòu）

| 甲骨文 | 金文 | 小篆 | 楷书 |

受,会意字。甲骨文、金文的"受",从"爫"(biào)从舟。从"爫",表示两只手,即上边一只手,下边一只手,要运送与接收东西,从"舟"表示运送货物的工具,两部分合起来的意思是像两手中间有一只舟,表示传递东西,一方"施予",另一方"接受","施予"与"接受"同用一字"受"。后在"受"字上另加"扌"(提手旁)造出新字"授","受""授"分化,"授"表示"施予""给予",而"受"表示"接受"。《说文·爫部》:"受,相付也。从爫,舟省声。"相付,即互相交付。方述鑫等《甲骨金文字典》:"受,甲骨文金文象以槃相授受之形。"徐中舒《甲骨文字典》:"受,从爫从舟。"

本义为接受、承受。《诗·小雅·巷伯》:"有北不受,投畀有昊。"唐代孔颖达疏:"若有北不肯受,则当掷予昊天,自制其罪。"《论语·乡党》:"康子馈药,拜而受之。"《史记·魏公子列传》:"臣修身洁行数十年,终不以监门困故而受公子财。"引申为得到。《战国策·齐策一》:"群臣吏民,能面刺寡人之过者,受上赏。"今有词语"感同身受""受宠若惊"等。引申为蒙受、遭受。汉代贾谊《论积贮疏》:"一夫不耕,或受之饥;一女不织,或受之寒。"唐代杜甫《茅屋为秋风所破歌》:"何时眼前突兀见此屋,吾庐独破受冻死亦足!"

及（jí）

| 甲骨文 | 金文 | 小篆 | 楷书 |

及,会意字。甲骨文、金文的"及",从又(手)从人。下边从"又(手)",表示抓取,上边从"人",表示前面行走的人,合起来表示后面的人赶上来用手抓住前面的人。小篆整齐化。楷书笔画化。《说文·又部》:"及,逮也。从又从人。"《说文段注》:"辵部逮,及也。从又人,及前人也。"方述鑫等《甲骨金文字典》:"及,甲骨金文象以手及人,明追及之意。"

本义为追赶上,抓住。《诗·大雅·棫朴》:"周王于迈,六师及之。"宋代朱熹《诗集传》:"六师之众追而及之。"《左传·成公二年》:"蛇出於其下,以肱击之,伤而匿之,故不能推车而及。"《史记·项羽本纪》:"使人追宋义子,及之齐,杀之,使桓楚报命于怀王。"常用引申义为至、达到。《广雅·释诂》："及，至也。"《左传·隐公元年》："不及黄泉，无相见也。"《左传·僖公三十三年》："公使阳处父追之，及诸河，则在舟中矣。"《韩非子·喻老》："病在腠理，汤熨之所及也。"汉代贾谊《论积贮疏》："乃骇而图之，岂将有及乎？"晋代陶潜《桃花源记》："及郡下，诣太守，说如此。"

友（yǒu）

甲骨文	金文	小篆	楷书
			友

友，会意字。甲骨文、金文的"友"，从二又（手）。从二"又（手）"，像顺着一个方向的两只手并列在一起，表示抓握，以手相助。小篆线条画，变为上下两个"又"相叠，意思不变。楷书笔画化。《说文·又部》："友，同志为友。从二又，相交友也。"《说文段注》："《周礼》注曰：'同师曰朋。同志曰友。'从二又相交。二又，二人也。善兄弟曰友。亦取二人而如左右手也。"徐中舒《甲骨文字典》："友，从二又，与《说文》篆文同。或从二又，从二作 ，与《说文》古文略同。……自甲骨文字形观之，当是一人之手外另加一人之手，谓协助者为友。"

本义为朋友。《诗·小雅·常棣》："虽有兄弟，不如友生。"汉代毛亨传："兄弟尚恩怡怡然，朋友以义切切然。"《论语·学而》："为人谋而不忠乎？与朋友交而不信乎？"汉代郑玄注："同门曰朋，同志曰友。"《世说新语·方正》："陈太丘与友期行，期日中。过中不至，太丘舍去，去后乃至。"唐代王昌龄《芙蓉楼送辛渐》："洛阳亲友如相问，一片冰心在玉壶。"元末明初施耐庵《水浒传》第五十八回："既然他两处好汉尚兀自仗义行仁，今者三郎和他至爱交友，如何不去？"引申为结交，与……为友。《三国志·魏书·管宁传》："毓教曰：'张先生所谓上不事天子，下不友诸侯者也。'"《三国志·蜀书·先主传》："而瓒深与先主相友。瓒年长，先主以兄事之。"唐代元结《漫问相里黄州》："相里不相类，相友且相异。"

第三节　"攴"部及其例字

"攴"部亦属于手部之类，"攴"侧重于打、敲、击等手的动作。

攴（pū）

一、形体演变

甲骨文	金文	小篆	楷书
			攴

二、构形理据

攴，象形字。甲骨文的"攴"，像右手持棒，表示手持木杖击打之意。金文基本承续甲骨文字形。小篆线条画，将手持之物移到又（手）的上面。楷书笔画化。清代徐灏《说文解字注笺》："攴，疑本象手有所持之形。故凡举手作事之义，皆从之，因用为扑击字耳。"林义光《文源》："攴，当象手有所持形，与'又'略同，犹治事之意。"

三、本义

本义为轻轻地击打。《说文·攴部》："攴，小击也。"《段注》："按此字从又，卜声。又者，手也。经典隶变作扑。"清代林则徐《政书·焚剿夷船擒获汉奸摺（zhé）》："夜则抛锚寄碇（dìng），并招集舨艇环护，攴更瞭望，以防我兵火攻。"

四、理据例说

"攴"是个部首字。在现代汉字中，"攴"作为一个部首字，为"敲、击"义，在文献中少见，从"攴"的字多与敲、打、击等手的动作有关。"攴"大多写成"攵"（反文旁），只有极少数汉字保留着"攴"的写法。《现代汉语词典》分设"攴"（pū）部和"攵"（pū）部，其义相同。

从"攴"或"攵"的字，其义大都与手敲击、扑打的动作有关，主要有"敲、牧、攻、教、败（敗）、收、敛（斂）、改、放、政、救"。

敲（qiāo）

小篆	楷书
敲	敲

敲，形声字。小篆的"敲"，从攴（pū）高声。右边从"攴"，像手持木棒或执鞭击打之形，在字中表义，为形符；左边为"高"，在字中表音，作声符。楷书笔画化。《说文·攴部》："敲，横摘（zhì）也。从攴高声。"

本义为敲击、叩打。五代南唐徐锴《说文解字系传》："从旁横击也。"《左传·定公二年》："邾（zhū）庄公与夷射姑饮酒，私出。阍（hūn）乞肉焉，夺之杖以敲之。"唐代李绅《悲善才》："秋吹动摇神女佩，月珠敲击水晶盘。"唐代贾岛《题李凝幽居》："鸟宿池边树，僧敲月下门。"

牧（mù）

甲骨文	金文	小篆	楷书
牧	牧	牧	牧

牧，会意字。甲骨文的"牧"，从攴从牛。左边从"攴"，像手持鞭子形，右边为牛（用典型特征牛头代替牛）表示手持鞭子赶牛之意，合起来就是放牧。金文的"牧"，左右部件互换，变为左边从"牛"，右边从"攴"，意义不变。小篆字形基本承续金文。楷书笔画化。《说文·攴部》："牧，养牛人也。从攴从牛。"

徐中舒《甲骨文字典》："牧，从攴从牛，与《说文》篆文形同。……甲骨文或亦从羊，或从三羊，或增彳、🔖等偏旁，皆同。"

本义为放牧牲畜。《周礼·地官·牧人》："牧人，掌牧六牲而阜蕃其物，以共祭祀之牲牷。"《诗·小雅·无羊》："尔牧来思，何蓑何笠，或负其餱（hóu）。"汉代郑玄笺："言此者，美牧人寒暑饮食有备。"《汉书·李广苏建传》："乃徙（苏）武北海上无人处，使牧羝，羝乳乃得归。"元末明初罗贯中《三国演义》第六十八回："直赶到一山中，有牧羊小童，赶着一群羊而来，慈走入羊群内。"

攻（gōng）

金文	小篆	楷书
巧	攻	攻

攻，形声字。金文的"攻"，从攴工声。右边从"攴"，像手持木棒或执鞭击打之形，在字中表义，为意符；左边为"工"，在字中表音，用作声符。小篆承续金文字形，形体更为规整。楷书笔画化，将"攴"写作"攵"（反文旁）。《说文·攴部》："攻，击也。从攴工声。"方述鑫等《甲骨金文字典》："金文同小篆，或仅从又，古文字又、攴相同。击也。"

本义为进攻、攻打。《左传·僖公四年》："以此攻城，何城不克？"《孙子兵法》："攻其无备，出其不意。"《墨子·公输》："公输盘为楚造云梯之械，成，将以攻宋。"汉代贾谊《过秦论》："身死人手，为天下笑者，何也？仁义不施而攻守之势异也。"今有成语"攻其无备""攻无不克"。引申为治理、加工。《广雅·释诂三》："攻，治也。"《国语·楚语上》："庶民攻之，不日成之。经始勿亟，庶民子来。"《吕氏春秋·上农》："凡民自七尺以上，属诸三官：农攻粟，工攻器，贾攻货。"

教（jiāo）

甲骨文	金文	小篆	楷书
敎	敎	敎	教

教，会意兼形声字。甲骨文的"教"，从攴从子从爻（yáo），爻亦声。右边从"攴"，像手持教鞭督导之形，左下边为"子"，即孩子，这两个部件均在字中表义，为意符；左上边为爻，表示算筹，"爻"亦兼表声。关于左上边的"爻"，学界看法不一。有的认为是算数的算策（木棍或草秆）；有的认为是"爻象"的"爻"；有的认为是孩子被教鞭抽打的符号。任取其一，并不影响对字形的解读。金文略同于甲骨文，但左上边稍有变化。小篆承续甲骨文字形。楷书笔画化，仍为会意兼形声字。《说文·教部》："教，上所施下所效也。"方述鑫等《甲骨金文字典》："教，甲骨金文多与小篆及古文𢼂字形略同。"

本义为教导、训诲。《孟子·滕文公上》："人之有道也，饱食暖衣、逸居而无教，则近于禽兽。"《荀子·劝学》："干、越、夷、貉之子，生而同声，长而异俗，教使之然也。"《玉台新咏·古诗为焦仲卿妻作》:"十三教汝织,十四能裁衣。"引申为使、令、让。唐代白居易《琵琶行(并序)》:"曲罢曾教善才伏,妆成每被秋娘妒。"

败（敗 bài）

甲骨文1	甲骨文2	金文	小篆	楷书	简化字
				敗	败

败（敗），会意字。甲骨文1的"败",从攴从鼎。右边从"攴"表示持械敲打之意,左边从"鼎"表示财富与至尊,合起来表示毁鼎破尊之意。甲骨文2的"败",将"鼎"换作"貝",为上、下两个"貝",上、下两个"攴","貝"表示钱财,"攴"为击打,合起来表示毁坏家财。金文的"败",基本承续甲骨文2的字形,左边为两"貝",右边为"攴"。小篆基本承续金文字形,但已去掉左下边的"貝"字。另一说是甲骨文2与金文右下边的为"鼎",亦同。楷书笔画化。现简化为"败","貝"为类推简化。《说文·攴部》:"敗（败）,毁也。从攴貝。"方述鑫等《甲骨金文字典》:"败,甲骨与小篆字形同,金文与籀文字形同。"

本义为毁坏、搞坏。《尚书·大禹谟》:"侮慢自贤,反道败德,君子在野,小人在位,民弃不保,天降之咎。"汉代孔安国传:"轻慢典教,反正道,败德义。"《左传·僖公十五年》:"涉河,侯车败。诘之。"《韩非子·难一》:"救罪人,法之所以败也,法败则国乱。"引申为失败、战败。《左传·成公二年》:"勉之！齐师败矣。"《孙子兵法·军形篇》:"故善战者,立于不败之地,而不失敌之败也。"

收（shōu）

小篆	楷书
	收

收,形声字。小篆的"收",从攴丩（jiū）声。右边从"攴",表示手持木棒或执鞭击打之形,在字中表义,为形符；左边为"丩","丩"是"纠"的本字,在字中表音,用作声符。楷书笔画化,将"攴"写作"攵"（反文旁）。《说文·攴部》:"收,捕也。从攴丩声。"

本义为逮捕、拘禁。《诗·大雅·瞻卬》:"此宜无罪,女反收之。"《毛传》:"收,拘收也。"《汉书·李广苏建传》:"单于壮其节,朝夕遣人候问武,而收系张胜。"《后汉书·张衡列传》:"衡下车,治威严,整法度,阴知奸党名姓,一时收禽,上下肃然。"

敛（斂 liǎn）

小篆	楷书	简化字
	斂	敛

敛（斂），会意兼形声字。小篆的"斂",从攴从僉（qiān）,"僉"亦声。右边从"攴",表示手持木棍之形；左边为"僉",为收起之义,"僉"亦表声。楷书笔画化,将右边的"攴"换为"攵"（反文旁）,意义不变。现简化为"敛",声旁"僉"类推简化为"佥"。《说文·攴部》:"斂（敛）,收也。从攴僉声。"

本义为收集、聚集。《诗·小雅·大田》："彼有不获稚，此有不敛穧（jì）。"程俊英《诗经译注》："敛，收。"《尚书·洪范》："敛时五福，用敷锡厥庶民。"汉代孔安国传："敛是五福之道以为教，用布与众民使慕之。"唐代杜甫《自京赴奉先县咏怀五百字》："鞭挞其夫家，聚敛贡城阙。"

改（gǎi）

甲骨文	金文	小篆	楷书
𢻻	改	改	改

改，会意字。甲骨文的"改"，从"𢻻"（攴）从"己"（巳）从"丶"。右边从"𢻻"（攴），表示手持木棒形，左边"己"（巳），表示跪坐的小孩，从指事符号"丶"，表示孩子哭泣流泪，合起来表示手持木棒教训犯错的孩子，促其改过归正之意。金文与甲骨文形体略同。小篆形体稍有变化，左边改为"己"。楷书笔画化。《说文·攴部》："改，更也。从攴己。"方述鑫等《甲骨金文字典》："改，金文字形同小篆。"

本义为改变、更改。《诗·豳风·七月》："嗟我妇子，曰为改岁，入此室处。"唐代孔颖达疏："以仲冬阳气始萌，可以为年之始，故改正朔者以建子为正，岁亦莫。"《周易·益》："君子以见善则迁，有过则改。"唐代贺知章《回乡偶书》："少小离家老大回，乡音无改鬓毛衰。"

放（fàng）

金文	小篆	楷书
放	放	放

放，形声字。金文的"放"，从攴方声。右边从"攴"，表示手持木棒或执鞭击打之形，在字中表义；左边为"方"，在字中表音，作声符。小篆承续金文字形，已线条画。楷书笔画化，将"攴"写作"攵"（反文旁）。《说文·攴部》："放，逐也。从攴方声。"方述鑫等《甲骨金文字典》中"放"字同《说文》。

本义为驱逐、流放。《楚辞·渔父》："屈原既放，游于江潭，行吟泽畔，颜色憔悴，形容枯槁。"汉代王逸注："身斥逐也。"《左传·襄公二十九年》："秋，九月，齐公孙虿（chài）、公孙灶放其大夫高止于北燕。"《战国策·齐策四》："齐放其大臣孟尝君于诸侯，诸侯先迎之者，富而兵强。"

常用引申义为搁置、放下。《广雅·释诂四》："放，置也。"《淮南子·兵略》："放乎九天之上，蟠乎黄卢之下，唯无形者也。"《论语·微子》："虞仲、夷逸，隐居放言，身中清，废中权。"三国何晏《论语集解》引包注曰："放，置也。"唐代白居易《琵琶行（并序）》："沉吟放拨插弦中，整顿衣裳起敛容。"元末明初罗贯中《三国演义》第十九回："吕布赶来，玄德急唤城上军士放下吊桥，吕布随后也到。"清代曹雪芹《红楼梦》第十九回："一直送宝玉至门前，看着上轿，放下轿帘。"

政（zhèng）

金文	小篆	楷书
政	政	政

政，会意兼形声字。金文的"政"，从攴正声。右边从"攴"，像手持木棒或执鞭击打之形，左边为"正"表示光明正大，"正"亦表声，合起来表示统治者采取措施使正确之意。小篆承续金文字形，已线条化。楷书笔画化，将"攴"写作"攵"（反文旁）。《说文·攴部》："政，正也。从攴从正，正亦声。"方述鑫等《甲骨金文字典》："政，金文同小篆。"

本义为政治。《论语·学而》："夫子至于是邦也，必闻其政，求之与？抑与之与？"三国何晏《论语集解》引郑注曰："必与闻其国政。"《墨子·天志上》："且夫义者政也，无从下之政上，必从上之政下。"引申为主持政事。《后汉书·桓谭冯衍列传》："盖善政者，视俗而施教，察失而立防，威德更兴，文武迭用。"

救（jiù）

金文	小篆	楷书
救	救	救

救，形声字。金文的"救"，从攴求声。右边从"攴"，像手持木棒击打之形，有制止之义，在字中表义，为形符；左边为"求"，在字中表音，用作声符。小篆承续金文字形，已线条化。楷书笔画化，将"攴"写作"攵"（反文旁）。《说文·攴部》："救，止也。从攴求声。"《说文段注》："《论语》：'子谓冉有曰：女弗能救与。'马曰：'救犹止也。'马意救与止稍别。许谓凡止皆谓之救。"

本义为禁止、阻止，即采取措施使灾难或危急情况终止。《周礼·地官·叙官》："司救，中士二人，史二人，徒二十人。"三国何晏《论语集解》引郑注曰："救，犹禁也，以礼防禁人之过者也。"《论语·八佾》："季氏旅于泰山。子谓冉有曰：'女弗能救与？'对曰：'不能。'"杨伯峻《论语译注》将"女弗能救与？"译为"你不能阻止吗？"救，阻止之义。现常用词有"救火""救灾""救亡""救荒"等，其中"救"的语素义为阻止、制止，保留了古义。

现今"救"的常用义为援助。《广雅·释诂二》："救，助也。"《礼记·檀弓下》："凡民有丧，扶服救之。"汉代郑玄注："救，犹助也。"明代刘基《卖柑者言》："盗起而不知御，民困而不知救，吏奸而不知禁。"现代汉语词语"救火""救灾""救亡"的"救"为"禁止、阻止"义，"救人""救命"的"救"，为援助义。

第四节　"寸"部及其例字

"寸"部，亦属于手部之类，"寸"侧重于表示手或手的动作。

寸（cùn）

一、形体演变

籀文	小篆	楷书
㋛	㋛	寸

二、构形理据

寸，指事字。籀文的"寸"，从"㋛"（又）从一。"㋛"（又）像右手形，"一"指离手腕一寸之处，其部位为"寸口"，简称"寸"，为中医切脉之部位。小篆承续籀文字形。楷书笔画化。《说文·寸部》："寸，十分也。人手却一寸，动脉谓之寸口。从又从一。"五代南唐徐锴《说文解字系传》："一者，记手腕下一寸。此指事字也。"林义光《文源》："寸，又象手形，一，识手后一寸之处。"

三、本义

本义为寸口，指中医在手腕上把脉的部位。《公羊传·僖公三十一年》："触石而出，肤寸而合，不崇朝而遍雨乎天下者，唯泰山尔。"汉代何休注："侧手为肤，案指为寸，言其触石理而出，无有肤寸而不合。"清代曹雪芹《红楼梦》第十回："先生道：'看得尊夫人这脉息：左寸沉数，左关沉伏，右寸细而无力，右关需而无神。其左寸沉数者，乃心气虚而生火。'"

常用为长度单位，十分之一尺为一寸。古代计量长度单位的标准不同，寸的具体数值也有差异。《后汉书·列女传》："一丝而累，以至于寸，累寸不已，遂成丈匹。"

四、理据例说

"寸"是一个部首字。在汉字中，凡从"寸"得义的字大都与手或手的动作有关，这类字主要有"封、付、射、守、尊、对（對）、导（導）"。

封（fēng）

甲骨文	金文	小篆	楷书
㞢	𡉚	封	封

封，象形兼会意字。甲骨文的"㞢"（封），像土堆上长着丰茂的树木形。金文的"封"，右边从"又"，"又"，即手，表示手持树苗栽种之意。小篆形体稍有变化，将右边的"又"变为"寸"（"又"与"寸"意义相同）。楷书笔画化。《说文·寸部》："封，爵诸侯之土也。从之从土从寸。守其制度也。公侯，百里；伯，七十里；子男，五十里。"李孝定《甲骨文字集释》："（郭沫若）'古之畿封实以树为之也。此习于今犹存。然其事之起，乃远在太古。太古之民多利用自然林木以为族与族间之畛域，西方学者所称为境界林者是也。'封之本义当以郭说为

是，许训乃后起之义。字象植树土上，以明经界。爵诸侯必有封疆，乃其引申义。"方述鑫等《甲骨金文字典》："封，甲骨文作 ，象封土成堆，植木其上之形，为封之初文。"

本义为疆界、田界。《左传·僖公三十年》："既东封郑，又欲肆其西封。"晋代杜预注："封，疆也。"这句中的第二个"封"字为名词，疆界。《周礼·春官·保章氏》："以星土辨九州之地，所封封域，皆有分星，以观妖祥。"汉代郑玄注："封，犹界也。"引申为以……为疆界。《左传·僖公三十年》："既东封郑，又欲肆其西封。"此句中第一个"封"为动词，以……为疆界。

付（fù）

金文	小篆	楷书

付，会意字。金文的"付"，从寸从人。右边从"寸"（手）表示与手的动作有关，左边为"人"，合起来表示以手持物交与他人之意。小篆承续金文形体。楷书笔画化。《说文·人部》："付，与也。从寸（又）持物对人。"方述鑫等《甲骨金文字典》："付，付与土地、财物、仆从等。"

本义为给予、交付。《广雅·释诂三》："付，予也。"《尚书·梓材》："皇天既付中国民，越厥疆土，于先王肆。"汉代孔安国传："大天已付周家治中国民矣。"三国诸葛亮《出师表》："若有作奸犯科及为忠善者，宜付有司论其刑赏。"元末明初罗贯中《三国演义》第六十六回："容吾取了东川、汉中诸郡，调云长往守之，那时方得交付荆州。"

射（shè）

甲骨文	金文	小篆	楷书1	楷书2

射，会意字。甲骨文的"射"，从弓从矢，像把箭搭在弦上以表示射箭之意。金文的"射"在甲骨文字形的基础上增加了"又"（手），用以表示用手射箭之意。小篆的字形发生了较大变化，"弓"讹变为"身"，"又"（手）变为"寸"（手），有的变为"矢"，已看不出用手射箭的意思了。楷书1笔画化。楷书2的"躲"作为异体字已停止使用。《说文·矢部》："躲，弓弩发于身而中于远也。从矢从身。"徐中舒《甲骨文字典》："躲，象张弓注矢之形以会射义。"

本义为射箭。《左传·成公二年》："射其左，越于车下。射其右，毙于车中。"《汉书·萧望之传》："（萧）望之以射策甲科为郎，署小苑东门候。"唐代颜师古注："射之，言投射也。"宋代欧阳修《卖油翁》："陈康肃公尧咨善射，当世无双。"宋代苏轼《江城子·密州出猎》："会挽雕弓如满月，西北望，射天狼。"今有成语"胡服骑射"。

守（shǒu）

| 金文 | 小篆 | 楷书 |

守，会意字。金文的"守"，从寸从宀（mián）。下边从"寸"表示掌握分寸、法度，上边从"宀"表示与房屋有关，在此表示官府，合起来表示依法掌管官府职事之意。小篆承续金文字形，整齐化。楷书笔画化。《说文·宀部》："守，官守也。从宀从寸。寺府之事者。从寸；寸，法度也。"方述鑫等《甲骨金文字典》中"守"字说解同《说文》。

本义为职守，官吏的职责。《左传·昭公二十年》："山林之木，衡鹿守之；泽之萑蒲，舟鲛守之。"晋代杜预注："衡鹿、舟鲛，皆官名也。"《孟子·公孙丑下》："我无官守，我无言责也，则吾进退，岂不绰绰然有余裕哉？"宋代朱熹《四书集注》："官守，以官为守者。"

常用义为遵守、奉行。《吕氏春秋·察今》："故治国无法则乱，守法而弗变则悖，悖乱不可以持国。"明代崔铣《记王忠肃公翱三事》："某亦守法，与公甚相得也。"引申为看守、看管。《史记·酷吏列传·张汤传》："其父为长安丞，出，汤为儿守舍。"《汉书·李广苏建传》："后汉使复至匈奴，常惠请其守者与俱，得夜见汉使。"元末明初施耐庵《水浒传》第十回："如今我抬举你去替那老军来守天王堂，你在那里寻几贯盘缠。"

尊（zūn）

| 甲骨文 | 金文 | 小篆 | 楷书 |

尊，会意字。甲骨文的"尊"，从"酉"（酉 yǒu）从"廾"（廾 gǒng）。上边从"酉"（酉）表示酒器，下边从"廾"（廾）表示双手，合起来像一人两手捧尊之形。金文字形同于甲骨文，只是酒器上边增加了花纹，"酉"的顶端左右两边各加两笔。小篆字形略同于金文。楷书笔画化。《说文·酋部》："尊，酒器也。从酋，廾以奉之。《周礼》六尊：牺尊、象尊、著尊、壶尊、太尊、山尊，以待祭祀宾客之礼。"方述鑫等《甲骨金文字典》："尊，甲金文从酉，从廾，象双手捧尊之形。"

本义为酒器，古代用作祭祀的礼器。《礼记·明堂位》："尊用牺、象、山罍，郁尊用黄目，灌用玉瓒大圭，荐用玉豆雕篹（zuǎn）。"汉代郑玄注："尊，酒器也。"《后汉书·张衡列传》："（地动仪）以精铜铸成，员径八尺，合盖隆起，形似酒尊。"宋代苏轼《念奴娇·赤壁怀古》："人生如梦，一尊还酹江月。"

对（對 duì）

| 甲骨文 | 金文 | 小篆 | 楷书 | 简化字 |

对（對），会意字，"对"的繁体为"對"。甲骨文的"對"，从又从丵（zhuó）。右边从"又"表示手，左边为

144

"丵","丵",即古"丛"字,表示草木丛生,合起来表示用手高举依仗显扬之意。金文字形稍有变化,左下边变为"土"。小篆基本承续金文字形,为从丵从寸从口的会意字,将右边的"又"变为"寸","寸"就是手。楷书笔画化。现简化为"对",为意号字,用记号替代法简化。《说文·丵部》:"䴡(yīng)无方也。从丵从口从寸。對,對或从士。汉文帝以为责对而为言,多非诚对,故去其口以从士也。"李孝定《甲骨文字集释》:"对(對),象以手持丵树之形,其下亦从土。""应对之义,盖假借字。"

本义为应答。《广韵·队韵》:"对,答也。"《诗·大雅·桑柔》:"听言则对,诵言如醉。"汉代郑玄笺:"对,答也。"《论语·述而》:"叶公问孔子于子路,子路不对。"宋代朱熹《四书集注》:"叶公不知孔子,必有非所问而问者,故子路不对。"《孟子·梁惠王下》:"(庄)暴见于王,王语暴以好乐,暴未有以对也。"引申为两者相对、面对。唐代柳宗元《童区寄传》:"贼易之,对饮酒,醉。"

导（導 dǎo）

金文	小篆	楷书	简化字
𝕏	𝕏	導	导

导(導),会意兼形声字,"导"的本字为"導"。金文的"導",从"彳"(行)从"𦣻"(首)从"𠂇"(又)。外边为"彳"(行)表示四通八达的道路,里边上部为"𦣻"(首),"首"代指人,里边下部为"𠂇"(又),表示抓持,合起来表示在路口用手给人引路之意。小篆变为从寸道声的形声字。楷书笔画化。现简化为"导",为意号字。声符"道"用简单符号"巳"代替。《说文·寸部》:"導(导),导引也。从寸道声。"

本义为以手牵引,引导。《墨子·非儒下》:"其道不可以期世,其学不可以导众。"《孟子·离娄下》:"有故而去,则君使人导之出疆,又先于其所往。"宋代朱熹《四书集注》:"导之出疆,防剽掠也。"明代马中锡《中山狼传》:"赵简子大猎于中山,虞人导前,鹰犬罗后。"引申为开导、启发。《国语·楚语下》:"若诸侯之好币具,而导之以训辞,有不虞之备,而皇神相之。"《吕氏春秋·适威》:"古之君民者,仁义以治之,爱利以安之,忠信以导之。"清代方苞《狱中杂记》:"然后导以取保,出居于外,量其家之所有以为剂。"

第五节 "爪"部及其例字

"爪"部亦属于手部之类,"爪"侧重于手的动作。

爪（zhǎo）

一、形体演变

甲骨文	金文	小篆	楷书
			爪

二、构形理据

爪，象形字。甲骨文的"爪"字，像覆手有所抓挠之形。金文在手指端增加了指甲，且手形方向与甲骨文相反。小篆承续甲骨文字形。楷书笔画化。《说文·爪部》："爪，丮（jǐ）也。覆手曰爪。象形。"《说文段注》："仰手曰掌，覆手曰爪。"林义光《文源》："爪，即俗抓字。"方述鑫等《甲骨金文字典》："爪，金文象爪甲之形。"

三、本义

本义为指甲、趾甲。《老子》第五十章："兕无所措其角，虎无所措其爪，兵无所容其刃。"《史记·蒙恬列传》："及成王有病甚殆，公旦自揃其爪以沈于河。"清代曹雪芹《红楼梦》第二十四回："只是宝玉身边一干人，都是伶牙利爪的，那里插的下手去。"

引申为抓、搔。唐代柳宗元《种树郭橐驼传》："甚者爪其肤以验其生枯，摇其本以观其疏密。"宋代李觏（gòu）《和苏著作麻姑十咏虎跑泉》："勇气无气泄，爪地成遗迹。"

四、理据例说

"爪"是个部首字。在汉字中，凡从"爪"得义的字大都与手或手的动作有关。"爪"作部件常常变形为"爫"。从"爪"的字不多，主要有"爬、采、觅（覓）、为（爲）、争（爭）"。

爬（pá）

小篆	楷书
	爬

爬，形声字。小篆的"爬"，从爪巴声。左边从"爪"，表示与手脚的动作有关，在字中表义，为形符；右边是"巴"，在字中表音，为声符。楷书笔画化。谷衍奎《汉字源流字典》："爬，会意兼形声字。楷书从爪，从巴（蛇），会爪子像蛇行一样搔抓之意。巴也兼表声。"

本义为搔抓、爬梳。《广韵·麻韵》："爬，搔也。"唐代白居易《自咏老身示诸家属》："支分闲事了，爬背向阳眠。"清代赵执信《平度州道中望东北诸山》："明霞碧落杳梦寐，玉女有爪羞搔爬。"引申为攀爬。清代曹雪芹《红楼梦》第八回："我亲自爬高上梯的贴上，这会子还冻的手僵冷的呢。"

采（cǎi）

| 甲骨文 | 金文 | 小篆 | 楷书 |

采，会意字。甲骨文的"采"，从爪从木。上边从"爪"表示手，下边从"木"表示树木，上有果实，像用手采摘树木上的果实之形。金文字形略同于甲骨文，只是树上没有了果实形。小篆字形承续金文。楷书笔画化。《说文·木部》："采，捋取也。从木从爪。"清代徐灏《说文解字注笺》："木成华实，人所采取。故从木从爪。"徐中舒《甲骨文字典》："采，从爪从❀，❀或作木，同。罗振玉释❀为果，故谓采象取果于木之形。"

本义为用手摘取。《诗·周南·关雎》："参差荇菜，左右采之。"《诗·邶风·谷风》："采葑采菲，无以下体。"《诗·小雅·采薇》："采薇采薇，薇亦作止。"晋代陶渊明《饮酒》："采菊东篱下，悠然见南山。"引申为采集、搜集。《汉书·艺文志》："古有采诗之官，王者所以观风俗，知得失，自考正也。"

觅（覓 mì）

| 金文 | 小篆 | 楷书 | 简化字 |

觅（覓），会意字，繁体为"覓"。金文的"覓"，从爪从見。左上边从"爪"表示手，右边为"見"，表示用手和眼去寻找、发现。小篆字形稍有改变，下边仍为"見"，上边为"𠂢"（pài），表示水的支流，在此表示斜视之意。楷书笔画化。现简化为"觅"，字中的"見"类推简化为"见"，仍为会意字。谷衍奎《汉字源流字典》："觅，会意字。金文从见从爪（覆手），会寻找之意。"《说文》中无"觅"字。《玉篇·见部》："觅，索也。"

本义为寻找。《三国志·方技传》："内神不安，解衣彷徨，招呼妇人，觅索余光。"《晋书·武帝纪》："是犹将适越者指沙漠以遵途，欲登山者涉舟航而觅路，所趣逾远，所尚转难。"《世说新语·文学》："须臾真长遣传教觅张孝廉船。"宋代辛弃疾《永遇乐·京口北固亭怀古》："千古江山，英雄无觅孙仲谋处。"清代曹雪芹《红楼梦》第三回："无故寻愁觅恨，有时似傻如狂。"清代蒲松龄《聊斋志异·促织》："死何裨益？不如自行搜觅，冀有万一之得。"

为（爲 wéi）

| 甲骨文 | 金文 | 小篆 | 楷书 | 简化字 |

为（爲），会意字，繁体为"爲"。甲骨文的"爲"，从爪从象。上边从"爪"表示手，下边为一头头朝上、尾朝下、腹朝左的大"象"，表示用手牵象前去劳作。金文字形略同于甲骨文。小篆字形已有讹变，下边已不好辨别"象"的轮廓了。楷书笔画化。现用草书简化法简化为"为"，较

147

早见于居延汉简,今为记号字。《说文·爪部》:"为,母猴也。其为禽好爪。爪,母猴象也。下腹为母猴形。"这属篆文附会臆断,学界已早有定论。徐中舒《甲骨文字典》:"爲,从又从象,会手牵象以助役之意。殷代黄河流域多象。《吕氏春秋·古乐》称'殷人服象,为虐于东夷。'……助也,作也。"徐中舒先生分析"爲"字结构为"从又从象",其中的"又"当为"爪"的变写。方述鑫等《甲骨金文字典》:"为,甲骨象以手牵象之形。《吕氏春秋·古乐》云:'殷人服象。'殷代黄河流域多服象助役之事,金文承甲骨文字形而渐讹。"

本义为做、作、干。《诗·王风·兔爰》:"我生之初,尚无为。"《论语·宪问》:"其言之不怍,则为之也难。"宋代朱熹《四书集注》:"大言不惭,则无必为之志。"《战国策·齐策四》:"王使人为冠,不使左右便辟,而使工者何也?为能之也。"引申为制作、创作。《墨子·节用上》:"其为衣裳何?以为冬以圉寒,夏以圉暑。"《庄子·人间世》:"夫仰而视其细枝,则拳曲而不可以为栋梁;俯而视其大根,则轴解而不可以为棺椁。"《世说新语·文学》:"文帝尝令东阿王七步中作诗,不成者行大法。应声便为诗曰:'煮豆持作羹,漉菽以为汁。'"

争（爭 zhēng）

甲骨文	小篆	楷书	简化字
		爭	争

争（爭），会意字,繁体为"爭"。甲骨文的"爭",从二爪从凵（kǎn）。上边从"爪"表示手,下边也从"爪",即手,中间为"凵",是牛角形的东西,合起来表示两人在用手争夺这个物件。小篆的"爭"稍有变化,为从爪从又从"丨"的会意字,仍为上下两手争夺物件,但所争之物下移,放到下面的"又"中,"又",即"手"的变体,义同。楷书笔画化。现简化为"争",为意号字,上部用简单符号代替。《说文·叉（biào）部》:"争（爭）,引也。从叉厂。"《说文段注》:"凡言争者,皆谓引之使归于己。"谷衍奎《汉字源流字典》:"争,会意字。篆文从叉（上下两手）、从厂（被争之物）,表示两手各自用力将物拉向自己一方,即争夺。"《甲骨文字典》中未见此字。

本义为争夺。《荀子·礼论》:"人生而有欲;欲而不得,则不能无求;求而无度量分界,则不能不争;争则乱,乱则穷。"《史记·屈原贾生列传》:"推此志也,虽与日月争光可也。"唐代白居易《钱塘湖春行》:"几处早莺争暖树,谁家新燕啄春泥。"引申为战争、辩论、争论。《国语·越语下》:"夫勇者,逆德也;兵者,凶器也;争者,事之末也。"唐代孟郊《和钱侍郎甘露》:"一方难独占,天下恐争论。"清代曹雪芹《红楼梦》第一一九回:"王夫人也难和邢夫人争论,只有大家抱头大哭。"

第六节 "攴"部及其例字

"攴"部亦属于手部之类,"攴"侧重于手的动作。

攴(shōu)

一、形体演变

小篆	楷书
攴	攴

二、构形理据

"攴"(shōu),形声字,为"收"的异体。小篆的"攴"字,从又丩(jiū)声。右边从"又",表示手,即与手的动作行为有关,在字中表义,为形符;左边为"丩",在字中表声,作声符。楷书笔画化。《说文·攴部》:"攴,捕也。从攴丩声。"《广韵·尤韵》:"攴,俗作收。"

三、本义

本义为逮捕、获得。现不单用,作部首写作"廾"[gǒng,"廾"在字的下边,与在字的上边的"艹"(草字头)不同]或写作"丌"(qí)。

四、理据例说

在现代汉字中,"攴"已不独立成字,只作部首用,但形体讹变较大,一般多在字的下部,经常写作"廾",如"异"。有的写作"丌",如"兵"。从"攴"的字,其义大多与手的动作行为或手相涉的事物有关。这类字主要有"弄、奉、异(異)、戒、兵"。

弄(nòng)

甲骨文	金文	小篆	楷书
弄	弄	弄	弄

弄,会意字。甲骨文的"弄",从廾(gǒng)持玉。两边从"手",为"廾",表示双手持握把玩,中间为"玉"表示玉石,合起来表示两手在玩赏玉器。金文、小篆字形上边的"王"字,是小篆"玉"的写法,下边仍为两手。楷书笔画化,下边两手演变为"廾",表示双手对举。《说文·廾部》:"弄,玩也。从廾持玉。"《说文段注》:"玉部曰:'玩,弄也。'《小雅》:'载弄之璋。'《左传》曰:'弱不好弄。'又曰:'君以弄马之故。'"方述鑫等《甲骨金文字典》:"弄,甲骨金文象双手持玉以玩弄之形,与《说文》合。"

本义为用手把玩玉器,玩弄。《诗·小雅·斯干》:"乃生男子,载寝之床,载衣之裳,载弄之璋。"程俊英《诗经译注》:"弄,玩。"《汉书·周昌赵尧传》:"高祖持御史大夫印弄之,曰:'谁可以为御史大夫者?'"

引申为戏耍、游戏。《左传·僖公九年》:"夷吾弱不好弄,能斗不过,长亦不改,不识其他。"晋代杜预注:"弄,戏也。"戏,即"弄"。唐代李白《长干行》:"郎骑竹马来,绕床弄青梅。"床,指井上栏杆。引申为做、搞。清代曹雪芹《红楼梦》第九十二回:"他打学房里回来,还各自念书作文章,天天晚上弄到四更多天才睡。"

小篆"王"(王),中横偏上。小篆"王"(玉),三横均等。在楷书中,从"玉"的字,在汉字左边,均写作"王"(玉),称为"窄王旁"。

奉(fèng)

| 金文 | 小篆 | 楷书 |

奉,会意兼形声字。金文的"奉",从"𠂇"(廾 gǒng)从"丰"(丰)。下边从"𠂇"(廾)表示两只手,上边为"丰"(丰)表示禾麦植物,合起来表示两手敬捧禾麦奉献之意。小篆字形稍有变化,从三"手"从"丰"。下边从三只"手",上边为"丰","丰"亦兼表声。楷书笔画化。《说文·廾部》:"奉,承也。从手从廾,丰声。"

本义为两手恭敬地捧着。《礼记·曲礼上》:"长者与之提携,则两手奉长者之手。"《韩非子·和氏》:"楚人和氏得玉璞楚山中,奉而献之厉王。"《史记·项羽本纪》:"项伯即入见沛公,沛公奉卮酒为寿,约为婚姻。"唐代包佶(jí)《祀雨师乐章·迎俎酌献》:"阳开幽蛰,躬奉郁鬯(chàng)。"

异(異 yì)

| 甲骨文 | 金文 | 小篆 | 楷书 | 简化字 |

异(異),象形兼会意字。甲骨文的"異",像一个正面站立的人举起双手,将面具戴在头上的形象,表示戴、奇特、怪异之意。金文承续甲骨文字形,变化不大。小篆的"異",变化较大,为从収目声的形声字。楷书笔画化。现简化为"异",为记号字。谷衍奎《汉字源流字典》:"異(异),会意字。甲骨文是两手举起将假面具戴在头上形。金文大同。篆文整齐化。"《说文》:"異(异),举也。从廾巳声。"现在一般认为"异"的本义为"特殊"。

本义为奇特、怪异、特别。《玉篇·異部》:"异,殊也,怪也。"《战国策·赵策四》:"'丈夫亦爱怜其少子乎?'对曰:'甚于妇人。'太后笑曰:'妇人异甚。'"《列子·杨朱》:"重囚累梏,何以异哉。"唐代柳宗元《捕蛇者说》:"永州之野产异蛇,黑质而白章,触草木尽死。"引申为不同。宋代范仲淹《岳阳楼记》:"迁客骚人,多会于此,览物之情,得无异乎?"明代胡应麟《诗薮》:"上下千年,虽气运推移,文质迭尚,而异曲同工,成臻厥美。"

注意："異"与"异"是两个不同的字。"異"的本义为"戴",为象形兼会意字;"异"的本义为"举起",为形声字。现以"异"为正体,"異"为异体。其简化为用简单字形"异"代替复杂字形"異"。

戒（jiè）

| 甲骨文 | 金文 | 小篆 | 楷书 |

戒,会意字。甲骨文的"戒",从廾（gǒng）从戈。下面左右两侧为"廾",表示双手,中间为"戈",表示双手持戈,为警戒、防备、备战之意。金文字形中,"戈"移到了"廾"（双手）的上面。小篆承续金文字形,线条画。楷书笔画化,将双手形变为"廾"。《说文·収部》："戒,警也。从収持戈。"《说文段注》："言部曰警,戒也。从廾戈,会意。……持戈以戒不虞。"方述鑫等《甲骨金文字典》："戒,甲骨金文字形与《说文》合。"

本义为警戒、戒备。《诗·小雅·采薇》："岂不日戒,狁孔棘。"汉代郑玄笺："戒,警敕军事也。"《庄子·养生主》："每至于族,吾见其难为,怵然为戒,视为止,行为迟,动刀甚微。"《玉台新咏·古诗为焦仲卿妻作》："多谢后世人,戒之慎勿忘。"引申为命令。《仪礼·聘礼》："既图事,戒上介,亦如之。"汉代郑玄笺："戒犹命也。"

兵（bīng）

| 甲骨文 | 金文 | 小篆 | 楷书 |

兵,会意字。甲骨文的"兵",从廾（gǒng）从斤。下边两侧从"廾",表示双手,上边为"斤",为弯柄大斧武器,合起来表示双手持握大斧准备参战之意。金文基本承续甲骨文字形。小篆承续金文字形,已线条画。楷书笔画化,已失去原形。《说文·廾部》："兵,械也。从廾持斤。"《说文段注》："械者,器之总名。器曰兵。用器之人亦曰兵。下文云从廾持斤则制字兵与戒同意也。"徐中舒《甲骨文字典》："兵,从収从斤,斤为生产工具,亦用为武器。以两手持斤,表示兵器与武力。"

本义为兵器、武器。《诗·大雅·抑》："修尔车马,弓矢戎兵。"程俊英《诗经译注》："戎兵,指武器。"《孟子·梁惠王上》："填然鼓之,兵刃既接,弃甲曳兵而走。"《荀子·议兵》："古之兵,戈、矛、弓、矢而已矣,然而敌国不待试而诎。"蒋南华等《荀子全译》："兵,指兵器。"引申为军队。《战国策·赵策四》："必以长安君为质,兵乃出。"《韩非子·存韩》："今臣窃闻贵臣之计,举兵将伐韩。"《史记·廉颇蔺相如列传》："赵亦盛设兵以待秦,秦不敢动。"

第五章　足部之类

足部之类，包括足、止、走、辵、彳、行六部，均与行走有关。

第一节　"足"部及其例字

"足"部侧重于人的腿、脚。从"足"得义的字大多与人的腿、脚动作有关。

足（zú）

一、形体演变

甲骨文1	甲骨文2	金文	小篆	楷书
![]	![]	![]	![]	足

二、构形理据

足，象形字。甲骨文1的"足"，像左脚形。下边像"止"，表示脚趾；上边像小腿之形，但对上边的部件众说不一，有"股"（大腿）说，还有"胫"（小腿）说，我们认为，能解释通即可。甲骨文2稍简，上边变为"口"，表示膝盖，下边为"止"，指脚趾。金文、小篆基本承续甲骨文2的字形。楷书笔画化。《说文·足部》："足，人之足也。在下，从止（脚趾）口（膝盖）。"《说文段注》："人之足也。在体下，从口止。依《玉篇》订。口犹人也。举口以包足已上者也。"徐中舒《甲骨文字典》："足，卜辞用'疋'（正）为充足之足。甲骨文'疋'（疋）乃《说文》'人之足'本字。甲骨文'疋'（正）乃《说文》足字篆文所本。"方述鑫等《甲骨金文字典》对"足"的解说与徐中舒先生的解说基本相同。

三、本义

本义为小腿、脚。《韩非子·外储说左上》："手足胼胝，面目黧黑者后之。"《韩非子·外储说左上》："郑人有欲买履者，先自度其足而置之其坐，至之市而忘操之。"《荀子·劝学》："假舆马者，非利足也，而致千里。"这三例中的"足"字，当为"脚"

义。《史记·孙子吴起列传》:"膑至,庞涓恐其贤於己,疾之,则以法刑断其两足而黥之,欲隐勿见。""断其两足",即挖掉膝盖骨,"足"为"小腿"义。清代魏学洢《核舟记》:"东坡现右足,鲁直现左足,各微侧,其两膝相比者,各隐卷底衣褶中。"

引申为充实、完备、足够。《史记·平原君虞卿列传》:"士不外索,取于食客门下足矣。"三国诸葛亮《出师表》:"今南方已定,甲兵已足,当奖率三军,北定中原。"

四、理据例说

"足"是个部首字。"足"在字的左边写作"𧾷"(足字旁)。从的字,其义皆与腿、脚有关,大体可分为三类。

第一,表示与腿、脚有关的事物的名称,如"趾、路、跟、踝、踵、蹄、蹊"。

趾(zhǐ)

甲骨文1	甲骨文2	金文	小篆	楷书
(图)	𠂇	止	止	趾

趾,本字为"止",为象形、会意兼形声字。甲骨文1的"趾",写作"止",像一只脚形,五指省作三指,可以看出"止"为"脚"的意思,为象形字。甲骨文2的"趾",直接写作"止"。金文、小篆字形略同于甲骨文2,为象形字。楷书"趾"字,在"止"的左边添加了"𧾷"(足字旁),构成会意兼形声字,左边从"足"表示与脚有关,右边从"止"亦表示与脚有关,且"止"亦声。古所谓"趾",指足,不指脚趾。脚趾叫作"指","趾"是"止"的后起字。《说文·止部》:"止,下基也。像草木出有址,故以止为足。"《说文》析形不确,其本义当为脚。清代徐灏《说文解字注笺》:"凡从止之字,其义皆为足趾,许以为象草木出有址,殆非也。"

本义为脚。《诗·豳风·七月》:"三之日于耜,四之日举趾。"宋代朱熹《诗集传》:"举趾,举足而耕也。"且将"止"写作"趾","趾",即脚。《仪礼·士昏礼》:"御衽于奥,媵衽良席在东,皆有枕,北止。"汉代郑玄注:"止,足也。古文止作趾。"《汉书·刑法志》:"当劓(yì)者,笞三百;当斩左止者,笞五百。"唐代颜师古注:"止,足也。"引申为脚指头。明代魏学洢《核舟记》:"居右者椎髻仰面,左手倚一衡木,右手攀右趾,若啸呼状。"

路(lù)

金文	小篆	楷书
路	路	路

路,形声字。金文的"路",从足各声。左边从"足",表示与脚的动作有关,在字中表义,为形符;右边为"各",在字中表音,作声符。小篆承续金文字形。楷书笔画化。《说文·足部》:"路,道也。从足从各。"五代南唐徐锴《说文解字系传》为"从足各声"。

本义为道路。《诗·郑风·遵大路》:"遵大路兮,掺执子之祛兮。"毛传:"遵,循。路，道。"《周礼·地官·遂人》："万夫有川，川上有路，以达于畿。"《楚辞·九歌·国殇》："出不入兮往不反，平原忽兮路超远。"引申为思想或行动的途径。《史记·魏公子列传》："如姬之欲为公子死，无所辞，顾未有路耳。"三国诸葛亮《出师表》："不宜妄自菲薄，引喻失义，以塞忠谏之路也。"清代周容《芋老人传》："登仕路，闻甲落魄，笑不顾，交以绝，是芋视乃友也。"今有词语"筚路蓝缕""峰回路转""歧路亡羊"等。

跟（gēn）

小篆1	小篆2	楷书
跟	岘	跟

跟，形声字。小篆1的"跟"，从足从艮（gèn）。左边从"足"，表示与脚的部位有关，在字中表义，为形符；右边为"艮"，在字中表音，作声符。小篆2的"岘"，为"跟"的异体字。由此可见，形旁"足"与"止"意义相同。楷书笔画化。《说文·足部》："跟，足踵也。从足艮声。岘，跟或从止。"《说文段注》："踵各本作踵，误。止部曰：'踵，跟也。'《释名》曰：'足后曰跟。'"

本义为脚后跟。汉代张衡《思玄赋》："执雕虎而试象兮，陟焦原而跟趾。"宋代苏轼《凤翔八观》："模糊半已似瘢胝，诘曲犹能辨跟肘。"引申为跟随，动词。宋代吴自牧《梦粱录·雇觅人力》："如有逃闪，将带东西，有元地脚保识人前去跟寻。"元末明初罗贯中《三国演义》第四回："我将谓曹操是好人，弃官跟他。"清代曹雪芹《红楼梦》第二十四回："你（袭人）跟他一辈子，也不劝劝，还是这么着。"

踝（huái）

小篆	楷书
踝	踝

踝，形声字。小篆的"踝"，从足果声。左边从"足"，表示与脚的部位有关，在字中表义；右边为"果"，在字中表音，作声符。楷书笔画化。《说文·足部》："踝，足踝也。从足果声。"《说文段注》："《释名》曰：'踝，确也。居足两旁硗确然也。'按踝者，人足左右骨隆然圆者也。在外者谓之外踝，在内谓之内踝。"

本义为踝子骨，小腿与脚之间左右两侧突起的部分。《礼记·深衣》："曲袷如矩以应方，负绳及踝以应直，下齐如权衡，以应平。"宋代陆游《春日》："雨来三日泥没踝，过尽梅花浑不知。"

踵（zhǒng）

金文	小篆	楷书
踵	踵	踵

踵，形声字。金文的"踵"，从止重声。左边从"止"（脚），表示与脚的部位、动作有关，在字中表义，为形符；右边为"重"，在字中表音，作声符。小篆基本承续金文字形，将金文的形符"止"换为"足"，"止"与"足"意思相同。楷书笔画化。《说

文·足部》："踵，追也。从足重声。"《说文》所释为引申义。

本义为脚后跟。《礼记·曲礼下》："行不举足，车轮曳踵。"唐代孔颖达疏："踵，脚后也。"脚后，即脚后跟。《荀子·荣辱》："小人莫不延颈举踵而愿曰：'知虑材性，固有以贤人矣。'"《战国策·赵策四》："媪之送燕后也，持其踵而为之泣，念其远也，亦哀之矣。"引申为追逐、追赶。《说文·足部》："踵，追也。"《左传·昭公二十四年》："吴踵楚，而疆场无备，邑能无亡乎？"《六韬·均兵》："骑者，军之司候也，所以踵败军，绝粮道，击便寇也。"汉代张衡《东京赋》："踵二皇之遐武，谁谓驾迟而不能属。"唐代李善《文选注》："踵，继也。"

蹄（tí）

蹄，形声字，小篆写法为"蹏"，俗作"蹄"。小篆的"蹏"，从足虒（sī）声。左边从"足"（脚）表示与脚的部位有关，在字中表义，为形符，右边为"虒"，在字中表音，作声符，构成从足虒声的形声字。楷书笔画化，为从足帝声的形声字。现通用"蹄"，"蹏"作为异体字停止使用。《说文·足部》："蹏，足也。从足虒声。"《说文段注》："蹏，俗作蹄。"

本义为牛、马、猪、羊等有蹄类哺乳动物足趾前部的典型的、坚硬的角质覆盖物，也指有角质保护物的脚。《玉篇·足部》："蹏，足也。"又曰："蹄，同上（指'蹏'）。"《庄子·马蹄》："马，蹄可以践霜雪，毛可以御风寒。"《孟子·滕文公上》："兽蹄鸟迹之道，交于中国。"用为动词，用蹄子踢。唐代柳宗元《三戒·黔之驴》："驴不胜怒，蹄之。"

蹊（xī）

蹊，形声字。小篆的"蹊"，从足奚声。左边从"足"（脚），表示与脚的部位、动作有关，在字中表义，为形符；右边为"奚"，在字中表音，作声符。楷书承续小篆字形，已笔画化。"蹊"，《说文》作"徯"。《说文·彳部》："待也。从彳奚声。蹊，徯或从足。"《说文段注》："凡始行之以待后行之径曰蹊。引申之义也。"《玉篇·足部》："蹊，径也。"

本义为小路。《庄子·马蹄》："山无蹊隧，泽无舟梁，万物群生，连属其乡。"《孟子·尽心下》："山径之蹊闲，介然用之而成路。"宋代朱熹《四书集注》："蹊，人行处也。"《史记·李将军列传》："谚曰：'桃李不言，下自成蹊。'"唐代杜甫《江畔独步寻花》："黄四娘家花满蹊，千朵万朵压枝低。"

第二，表示与腿、脚有关的动作行为，主要有"跌、跨、跳、跪、踞、踢、蹈"。

跌（diē）

小篆	楷书
跌	跌

跌，形声字。小篆的"跌"，从足失声。左边从"足"，表示与脚的动作行为有关，在字中表义，为形符；右边为"失"，在字中表音，作声符。楷书笔画化。《说文·足部》："跌，踼也。从足失声。"按：当为连篆为读（dòu）。"跌踼"，双声连绵词，指失足摔倒。《玉篇·足部》："跌，仆也。"

本义为失足摔倒。《汉书·晁错传》："夫以人之死争胜，跌而不振，则悔之亡及也。"唐代颜师古注："跌，足失据也。"《淮南子·缪称训》："故若眯而抚，若跌而据。"元末明初罗贯中《三国演义》第九回："（王）允仰面跌足，半晌不语。"清代吴敬梓《儒林外史》第三回："'噫！好了！我中了！'说着，往后一跤跌倒，牙关咬紧，不醒人事。"今有词语"跌跌撞撞""跌倒""跌落"等。

跨（kuà）

小篆	楷书
跨	跨

跨，形声字。小篆的"跨"，从足夸声。左边从"足"，表示与脚的动作行为有关，在字中表义，为形符；右边为"夸"，在字中表音，作声符。楷书笔画化。《说文·足部》："跨，渡也。从足夸声。"《说文段注》："谓大其两股间，以有所越也。"

本义为迈步、越过。《玉篇·足部》："跨，越也。"《左传·昭公十三年》："使五人齐，而长入拜。康王跨之，灵王肘加焉。"晋代杜预注："跨，过其上也。"《国语·晋语一》："非吾宅也，离则有之。不跨其国，可谓挟乎？"《荀子·儒效》："故外阖不闭，跨天下而无蕲。"唐代杨倞注："跨，越也。"今有词语"跨越""跨度"。引申为指两腿之间，通"胯"。《汉书·韩彭英卢吴传》："众辱信曰：'能死，刺我；不能，出跨下。'"唐代颜师古《汉书注》："跨下，两股之间也。"

跳（tiào）

小篆	楷书
跳	跳

跳，形声字。小篆的"跳"，从足兆声。左边从"足"，表示与脚的动作行为有关，在字中表义，为形符；右边为"兆"，在字中表音，作声符。楷书笔画化。《说文·足部》："跳，蹶也。从足兆声。一曰跃也。"《说文段注》："《方言》：'自关而西秦晋之间曰跳。'从足，兆声。"

本义为跳跃。《楚辞·九辩》："见执辔者非其人兮，故驹跳而远去。"宋代洪兴祖补注："跳，跃也。"《淮南子·修务》："夫马之为草驹之时，跳跃扬蹄，翘尾而走，人不能制。"《列子·汤问》："邻人京城氏之孀妻，有遗男，始龀，跳往助之。"明代凌濛初《初刻拍案惊奇》卷七："见有一白鱼，长五六寸，随流至坑中，跳跃两遍，渐渐大了。"清代曹雪芹《红楼梦》第一回："到那时不要忘了我二人，便可跳出火坑矣。"

跪（guì）

跪，形声字。小篆的"跪"，从足危声。左边从"足"，表示与脚的动作行为有关，在字中表义，为形符；右边为"危"，在字中表音，作声符。楷书笔画化。《说文·足部》："跪，拜也。从足危声。"

本义为双膝着地，臀部抬起，伸直腰股，准备叩拜。《玉篇·足部》："跪，拜也，跽也。"《礼记·曲礼上》："并坐不横肱，授立不跪，授坐不立。"唐代孔颖达疏："'授立不跪'者，谓尊者立之时，卑者以物授尊者，不得跪，烦尊者俯俛（miǎn）。"《史记·淮阴侯列传》："信尝过樊将军哙，哙跪拜送迎，言称臣。"《世说新语·德行》："既还，知母憾之不已，因跪前请死。"

跽（jì）

跽，形声字。甲骨文的"跽"，从止己声。下边从"止"（脚），义同从"足"，表示与脚的动作行为有关，在字中表义，为形符；上边为"己"，在字中表音，作声符，构成从止己声的形声字。小篆稍有变化，变为从"足""忌"声的形声字。楷书笔画化。《说文·足部》："跽，长跪也。从足忌声。"

本义为长跪，长时间双膝着地，上身挺直。《战国策·秦策三》："秦王跽曰：'先生不幸教寡人乎？'"《史记·范雎蔡泽列传》："秦王跽而请曰：'先生何以幸教寡人？'"《史记·项羽本纪》："项王按剑而跽曰：'客何为者？'"

踢（tī）

踢，形声字。小篆的"踢"，从足易声。左边从"足"，表示与脚的动作行为有关，在字中表义，为形符；右边为"易"，在字中表音，作声符。楷书笔画化。《正字通·足部》："踢，以足蹴物。"谷衍奎《汉字源流字典》"踶"为正体，俗体作"踢"，"改为从易声"。

本义为用脚，特别是用足尖击打。《庄子·马蹄》："夫马，陆居则食草饮水，喜则交颈相靡，怒则分背相踶。"踶，即踢。唐代归氏子《答日休皮字诗》："一包闲气如长在，惹踢招拳卒未休。"清代曹雪芹《红楼梦》第三十回："宝玉一肚子没好气，满心里要把开门的踢几脚，及开了门，并不看真是谁，还只当是那些小丫头子们，便抬腿踢在肋上。袭人'嗳哟'了一声。"

蹈（dǎo）

蹈，形声字。小篆的"蹈"，从足舀（yǎo）声。左边从"足"，表示与脚的动作行为有关，在字中表义，为形符；右边为"舀"，在字中表音，作声符。楷书笔画化。《说文·足部》："蹈，践也。

从足舀声。"《说文段注》:"《释名》:'蹈,道也,以足践之如道路也。'从足,舀声。"

本义为踩踏。《孟子·离娄上》:"生则恶可已也,恶可已,则不知足之蹈之、手之舞之。"明代张溥《五人墓碑记》:"而五人生于编伍之间,素不闻诗书之训,激昂大义,蹈死不顾,亦曷故哉?"元末明初罗贯中《三国演义》第二十五回:"关公曰:'关某若知皇叔所在,虽蹈水火、必往从之。'"

第三,表示与腿、脚有关的性状,如"跛、跣、蹇、蹙"。

跛(bǒ)

跛,形声字。小篆的"跛",从足皮声。左边从"足",表示与脚的性状有关,在字中表义,为形符;右边为"皮",在字中表音,作声符。楷书笔画化。《说文·足部》:"跛,行不正也。从足皮声。"《说文段注》:"蹇也。足部曰:'蹇者,尬(bó)也。'二篆为转注。尬俗作跛,或以沾入足部。"尬,《玉篇》中古文跛字。

本义为瘸,腿或脚有毛病。《礼记·曲礼上》:"游毋倨,立毋跛,坐毋箕,寝毋伏。"唐代孔颖达疏:"跛,偏也,谓挈举一足,一足踏地立。"《淮南子·人间训》:"丁壮者引弦而战,近塞之人,死者十九,此独以跛之故,父子相保。"

跣(xiǎn)

跣,形声字。小篆的"跣",从足先声。左边从"足",表示与脚的性状有关,在字中表义,为形符;右边为"先",在字中表音,作声符。楷书笔画化。《说文·足部》:"跣,足亲地也。从足先声。"

本义为赤脚。《礼记·少仪》:"凡祭,于室中、堂上无跣,燕则有之。"汉代郑玄注:"祭不跣者,主敬也。"《左传·昭公三十一年》:"季孙练冠、麻衣,跣行。"《国语·晋语七》:"公跣而出,曰:'寡人之言,兄弟之礼也。'"

蹇(jiǎn)

蹇,形声字。小篆的"蹇",从足寒省声。下边从"足",表示与脚的性状有关,在字中表义,为形符;上边为"寒",省去"寒"字下边的"冫"(即两点),为"寒"省声,作声符,构成从足寒省声的形声字。楷书笔画化。《说文·足部》:"蹇,跛也。从足寒省声。"

本义为跛足、腿瘸。《楚辞·七谏·谬谏》:"驾蹇驴而无策兮,又何路之能极?"汉代王逸注:"蹇,跛也。"唐代孟浩然《唐城馆中早发寄杨使君》:"访人留后信,策蹇赴前程。"明代马中锡《中山狼传》:"策蹇驴,囊图书,夙行失道,望尘惊悸。"

蹙（cù）

蹙，形声字。小篆的"蹙"，从足戚声。下边从"足"，表示与脚的性状有关，在字中表义，为形符；上边为"戚"，在字中表音，作声符。楷书笔画化。

本义为紧迫、急促。《说文新附·足部》："蹙，迫也。"《诗·小雅·小明》："曷云其远，政事愈蹙。"汉代毛亨传："蹙，促也。"唐代刘禹锡《踏潮歌》："惊湍蹙缩悍而骄，大陵高岸失岩峣。"唐代柳宗元《捕蛇者说》："自吾氏三世居是乡，积于今六十岁矣。而乡邻之生日蹙。"

第二节　"止"部及其例字

"止"部亦属于足部之类，"止"即"趾"的本字。从"止"得义的字侧重于脚和脚的动作方面。

止（zhǐ）

一、形体演变

甲骨文1	甲骨文2	金文	小篆	楷书
				止

二、构形理据

止，象形字。甲骨文1的"止"，像一只脚形，五指省作三指，可以看出"止"为"脚"的意思。甲骨文2的"止"，直接写作"止"。金文、小篆字形承续甲骨文2。楷书笔画化。清代徐灏《说文解字注笺》："凡从止之字，其义皆为足趾，许以为象艸木出有址，殆非也。考阮氏《钟鼎款识》父丁卣有足迹，文作止，正象足趾之形。"徐中舒《甲骨文字典》："止，象简化之人足形。早期金文之爵文有作'止'者，与甲文同。人足。"方述鑫等《甲骨金文字典》："止，象简化之人足形。"

三、本义

本义为脚。《说文·止部》："止，下基也。像草木出有址，故以止为足。"《说文》析形不确，其本义当为脚。《仪礼·士昏礼》："御衽于奥，媵衽（rèn）良席在东，皆有枕，北止。"汉代郑玄注："止，足也。古文止作趾。"《汉书·刑法志》："当劓者，笞三百；当斩左止者，笞五百。"唐代颜师古注："止，足也。"

四、理据例说

"止"为部首字。从"止"得义的字大多与脚及其行进有关。这类字不多，主要有"歧、武、步"。

歧（qí）

小篆	楷书
歧	歧

歧，形声字。小篆的"歧"，从山支声。左边从"山"表示与山名或山路有关，在字中表义，右边为"支"，在字中表音，作声符，构成从山支声的形声字。楷书字形稍有变化，仍为从止支声的形声字，从"止"（脚），表示与脚趾有关，在字中表义，为形符；"支"作声符。《说文》中无"歧"字，但有"跂"字，为"足多指也，从足支声"。根据"足""止"部首的意义，"足"与"止"意义相同。据此可以判定"歧"的本义为多余的脚趾。《玉篇·止部》："歧，歧路也。"

本义为多余的脚趾，文献中用例较少。常用义为歧路、岔道。《吕氏春秋·疑似》："相似之物，此愚者之所大惑，而圣人之所加虑也，故墨子见歧道而哭之。"《列子·说符》："歧路之中又有歧焉，吾不知所之，所以反也。"唐代王勃《送杜少府之任蜀川（州）》："无为在歧路，儿女共沾巾。"唐代张说《南中别王陵成崇》："握手与君别，歧路赠一言。"唐代李白《行路难》："多歧路，今安在？长风破浪会有时，直挂云帆济沧海。"

武（wǔ）

甲骨文	金文	小篆	楷书
武	武	武	武

武，会意字。甲骨文的"武"字，从止从戈。下边从"止"，"止"即"趾"，表示脚；上边为"戈"，"戈"是古代的一种兵器；两部分合起来表示拿起武器出征打仗。金文承续甲骨文字形。小篆与甲骨文、金文构字部件相同，且笔形更为规整。楷书笔画化，"戈"字上边多了一横，右下少了一撇。《说文·戈部》："楚庄王曰：'夫武，定功戢兵。故止戈为武。'"

本义为与军事、战争有关的事情。《尚书·武成》："乃偃武修文，归马于华山之阳，放牛于桃林之野，示天下弗服。"王世舜、王翠叶译注《尚书》将"偃武修文"翻译为"停止战备，实行文教"。《孙子兵法·行军》："故令（合）之以文，齐之以武，是谓必取。"又引申为勇猛、勇武。《诗·郑风·羔裘》："羔裘豹饰，孔武有力。"程俊英《诗经译注》将"孔武有力"翻译为"为人威武有毅力"。《楚辞·九歌·国殇》："诚既勇兮又以武，终刚强兮不可凌。"汉代王逸注："言国殇之性，诚以勇猛刚强之气，不可凌犯也。"

步（bù）

甲骨文1	甲骨文2	金文	小篆	楷书

步，会意字。甲骨文1的"步"，从二"止"，为同体会意字，上、下为正、反两个"止"（脚），表示两"止"（脚）一前一后行进走路之意。甲骨文2的"步"，在" "的基础上又添加了"行"，或"彳"（chì）"亍"（chù），表示道路，意即"止"（脚）行进在道路上，动词"行进"的意味更加明显。金文承续甲骨文1的字形。小篆与甲骨文1、金文构字部件相同，且笔形更为规整。楷书笔画化，上边的"止"仍在，下边的"止"已失去脚的形状了。《说文·步部》："步，行也。从止㞢相背。"徐中舒《甲骨文字典》："甲骨文步字象足一前一后之形，以会行进之义。"方述鑫等《甲骨金文字典》："步，甲金文象足一前一后之形，以会行进之义，或增从行，象人步于通衢，与《说文》步字篆文构形同。"

本义为步行、行走。《庄子·田子方》："夫子步亦步，夫子趋亦趋，夫子驰亦驰。"《战国策·齐策四》："晚食以当肉，安步以当车，无罪以当贵，清静贞正以自虞。"今有成语"亦步亦趋""安步当车"。引申为脚步、步伐。《玉台新咏·古诗为焦仲卿妻作》："纤纤作细步，精妙世无双。"《乐府诗集·陌上桑》："盈盈公府步，冉冉府中趋。"

第三节 "走"部及其例字

"走"部亦属于足部之类。从"走"得义的字侧重于奔跑。

走（zǒu）

一、形体演变

金文1	金文2	小篆	楷书

二、构形理据

走，会意字。金文1的"走"，从夭止。上边从"夭"，像一个摆动双臂、迈开双腿向前奔跑的人形；下边为"止"，表示脚，从"止"加强了奔跑之意。金文2的"走"，在" "的基础上又添加了"彳"（chì），表示道路，意即人在道路上奔跑。小篆与金文1构字部件相同。楷书笔画化。林义光《文源》："走，象人走摇两手形。从止，止象其足。"方述鑫等《甲骨金文字典》："走，金文象人走摇两手形。从止，止象其足，或从辵，从彳（走、钟）、从二夭，同。为《说文》走字篆文所本。[释义]

161

奔跑。"

三、本义

本义为奔跑。古代所说的"走",为奔跑之意;古代所说的行走,用"行"字表示。《说文·走部》:"走,趋也。"《韩非子·喻老》:"扁鹊望桓侯而还走,桓侯故使人问之。"《韩非子·五蠹》:"田中有株,兔走触株,折颈而死。"《乐府诗集·木兰诗》:"双兔傍地走,安能辨我是雄雌?"

引申为逃跑。《孟子·梁惠王上》:"填然鼓之,兵刃既接,弃甲曳兵而走。"《战国策·燕策一》:"齐兵败,闵王出走于外。"唐代杜甫《石壕吏》:"老翁逾墙走,老妇出门看。"

四、理据例说

"走"为部首字。从"走"的字大多与脚的运动、速度以及状态有关,这类字不多,主要有"赴、起、越、超、赶(趕)、趋(趨)、起"。

赴（fù）

金文1	金文2	小篆	楷书

赴,会意兼形声字。金文1的"赴",从辵从攴。从"辵"表示奔跑;从"攴"表示击打,合起来意即手持器械奔向战场,为会意字。金文2的"赴",从走卜声。左边从"走"表示与奔跑有关,在字中表义,为形符,右上边为"卜",为声符,构成从走卜声的形声字。小篆承续金文2字形。楷书笔画化。《说文·走部》:"赴,趋也。从走仆省声。"清代孔广居《说文疑疑》:"仆谐卜声,赴亦卜声可也。"

本义为奔向、赶往。《庄子·秋水》:"赴水则接腋持颐,蹶泥则没足灭跗。"《孟子·梁惠王上》:"天下之欲疾其君者,皆欲赴愬于王,其若是孰能御之?"《乐府诗集·木兰诗》:"万里赴戎机,关山度若飞。"清代曹雪芹《红楼梦》第二十六回:"宝玉道:'怪道前儿初三四儿,我在沈世兄家赴席不见你呢。'"

起（qǐ）

金文	小篆	楷书

起,形声字。金文的"起",从走巳声。左边从"走"表示奔跑;右边从"巳",在字中表音,为声符,构成从走巳声的形声字。小篆承续金文字形。楷书笔画化,声符"巳"已写作"己"。《说文·走部》:"起,能立也。从走巳声。"《说文段注》:"起,本发步之称,引申之训为立,又引申之为凡始事凡兴事之称。"《玉篇·巳部》:"巳,起也。"声中有义。

本义为由躺而坐或由坐而立。《墨子·公输》:"子墨子起,再拜曰:'请说之。吾从北方,闻子为梯,将以攻宋。宋何罪之有?'"唐代柳宗元《捕蛇者说》:"吾恂恂而起，视其缶，而吾蛇尚存，则弛然而卧。"

引申为产生、发生。《三国志·蜀书·诸葛亮传》："自董卓已来，豪杰并起，跨州连郡者不可胜数。"清代曹雪芹《红楼梦》第三十二回："宝玉站着，只管发起呆来。"引申为起床。宋代苏洵《六国论》："今日割五城，明日割十城，然后得一夕安寝。起视四境，而秦兵又至矣。"清代方苞《狱中杂记》："是疾易传染，遘者虽戚属，不敢同卧起。"

越（yuè）

越，形声字。金文的"越"字，从走戉（yuè）声。从"走"，表示奔跑，在字中表义，左中间为"戉"，在字中表音，为声符，构成从走戉声的形声字。小篆承续金文字形，变为左右结构。楷书笔画化。《说文·走部》："越，度也。从走戉声。"方述鑫等《甲骨金文字典》列出金文"𢏚"（戉）加以说解："越，金文作戉。不从走，或从邑。用与越同。"

本义为经过、越过。《左传·宣公二年》："子为正卿，亡不越竟，反不讨贼，非子而谁？"《楚辞·天问》："阻穷西征，岩何越焉？"汉代王逸注："越，度也。"曹操《短歌行》："越陌度阡，枉用相存。"

超（chāo）

超，形声字。小篆的"超"，从走召声。左边从"走"，表示奔跑，在字中表义，为形符；右边为"召"，在字中表音，为声符。楷书笔画化。《说文·走部》："超，跳也。从走召声。"《说文段注》："跳，一曰跃也。跃，迅也。迅，疾也。然则超与趣同义。"

本义为跳过、跃过。《左传·昭公元年》："子南戎服入，左右射，超乘而出。"《楚辞·九思·伤时》："超五岭兮嵯峨，观浮石兮崔嵬。"汉代王逸注："超，越也。"《孟子·梁惠王上》："挟泰山以超北海，语人曰'我不能'，是诚不能也。"宋代朱熹《四书集注》："超，跃而过也。"唐代王氏妇《与李章武赠答诗》："河汉已倾斜，神魂欲超越。"

赶（趕 gǎn）

赶（趕），形声字。小篆的"赶"，从走干声。从"走"表示与奔跑有关，在字中表义，为形符，右边为"干"，在字中表音，为声符，构成从走干声的形声字。楷书字形繁化，为从走旱声。现简化为"赶"，仍为形声字，声符近音替代简化，较早见于元代抄本《京本通俗小说》。"赶"承续小篆字形，笔画化。《说文·走部》："赶，举尾走也。从走干声。"明代张自烈《正字通·走部》："趕，追逐也。今作赶。"

本义为兽类翘起尾巴奔跑。现在这个意义已不用。常用义为追赶、驱赶。《管子·君臣》:"心道进退,而形道滔赶。进退者主制,滔赶者主劳。"宋代《刘知远诸宫调》第二:"终朝使计赶离门,致令夫妻分两处。"元末明初罗贯中《三国演义》第七回:"(孙)坚不会诸将,只引三十余骑赶来。"

趋（趨 qū）

小篆	楷书	简化字
趨	趨	趋

趋（趨），形声字。小篆的"趨",从走芻（chú）声。左边从"走",表示与奔跑有关,在字中表义,为形符;右边为"芻",在字中表音,为声符。楷书形体稍有变化,"走"的一捺拉长。现简化为"趋",声旁类推简化,仍为从走刍声的形声字。《说文·走部》:"趨（趋）,走也。从走芻声。"《说文段注》引《释名》曰:"徐行曰步,疾行曰趋,疾趋曰走。"《玉篇·走部》:"趋,疾行皃。"

本义为快步走。走,即跑。《诗·小雅·绵蛮》:"岂敢惮行,畏不能趋。"宋代朱熹《诗集传》:"趋,疾行也。"《礼记·王藻》:"父命呼,唯而不诺,手执业则投之,食在口则吐之,走而不趋。"《孟子·公孙丑上》:"其子趋而往视之,苗则槁矣。"引申为奔赴、趋向。《韩非子·外储说右下》:"兹郑踞辕而歌,前者止,后者趋,辇乃上。"宋代文天祥《指南录后序》:"夜趋高邮,迷失道,几陷死。"今有成语"亦步亦趋""趋之若鹜"。

赳（jiū）

小篆	楷书
赳	赳

赳,形声字。小篆的"赳",从走丩（jiū）声。左边从"走",表示与奔跑有关,在字中表义,为形符;右边为"丩",在字中表音,为声符。楷书形体稍有变化,"走"的一捺拉长。《说文·走部》:"赳,轻劲有才力也。从走丩声。"《说文段注》:"《周南》传曰:'赳赳,武皃。'《释训》曰:'洸洸赳赳,武也。'"

本义为威武雄壮的样子。《尔雅·释训》:"赳赳,武也。"《诗·召南·兔罝》:"赳赳武夫,公侯干城。"汉代毛亨传:"赳赳,武貌。"《汉书·赵充国辛庆忌传》:"在汉中兴,充国作武,赳赳桓桓,亦绍厥后。"唐代颜师古注:"赳赳,劲也。桓桓,威也。"

第四节 "辵"部及其例字

"辵"部亦属于足部之类。从"辵"（辶）得义的字侧重于行走。

辵（chuò）

一、形体演变

甲骨文	小篆	楷书	简化字
	辵	辵	辶

二、构形理据

辵，会意字。甲骨文的"辵"，从行从止。从"行"表示道路，从"止"表示脚，合起来表示在街上走路之意。小篆字形省去一个"彳"，即半条街。楷书笔画化。作部件时写作"辶"（"走之"或"走之旁"）。徐中舒《甲骨文字典》："辵，甲骨文从行从彳每无别。今释为辵。"方述鑫等《甲骨金文字典》："辵，甲骨文从行，从止。从行与从彳同意，今释为辵。而延（chān）部释从彳从止之为延。辵、延古本一字。"

三、本义

本义为走路。在现代汉字中，"辵"已不独立成字，只作部件用。除"徒""徙"等少数字将"辵"拆分为二以外，多数写作"辶"（走之）。

四、理据例说

"辵"，现今写作"辶"。从"辵"的字大多与行走意义有关。这类字较多，主要有三类。

第一，表示行走的场所及与行走相关的事物的名称，如"道、途、迪、逵、迹"。

道（dào）

金文	小篆	楷书
	道	道

道，会意字。金文的"道"，从行从首从止。外边从"行"，表示道路；中上边为"首"，表示用头引路；中下边为"止"，表示脚，行走。三部分合起来就是头前于路上、引导前行之意。小篆稍有变化，为从辵（chuò）从首的会意字。楷书笔画化，"辵"写作"辶"（走之儿）。《说文·辵部》："道，所行道也。从辵从首。"方述鑫等《甲骨金文字典》："道，金文从辵，从首，或从行，从又，从首。从又为从止之异，与从辵同义。"

本义为道路。《诗·小雅·大东》："周道如砥，其直如矢。"《老子》第五十三章："大道甚夷，而民好径。"《史记·项羽本纪》："从此道至吾军，不过二十里耳。度我至军中，公乃入。"清代曹雪芹《红楼梦》第五十回："昨日姨妈说，琴妹妹见的世面多，走的道路也多。"今有成语"分道扬镳""任重道远"之"道"，为"道路"义。引申为方式、方法、技能。汉代贾谊《过秦论》："深谋远虑，行军用兵之道，非及向时之士也。"汉代晁错《论贵粟疏》："圣王在上，而民不冻饥者，非能耕而食之，织而衣之也，为开其资财之道也。"唐代韩愈《杂说》："策之不以其道，食之不能尽其材，鸣之而不能通其意。"

途（tú）

| 甲骨文 | 小篆 | 楷书 |

途，会意字。甲骨文的"途"，从余从止。上边从"余"，一说为房屋、亭子；下边为"止"，表示脚，行走。两部分合起来就是走在路上，因劳累而到亭子中稍歇片刻之意。小篆稍有变化，为从辵（chuò）从余的会意字。楷书笔画化，"辵"写作"辶"（走之儿）。方述鑫等《甲骨金文字典》："途，甲骨文从止，从余，从止与从辵同意（义）。当释为途。"徐中舒《甲骨文字典》："途，从止从余，于省吾释途。按途字《说文》所无，见于《尔雅·释邱》：'途，道也。'与涂同。"清代朱骏声《说文通训定声》："徐亦训道。字古借涂，后变作途。又作塗。"

本义为道路。《孙子兵法·军争》："故迂其途，而诱之以利，后人发，先人至，此知迂直之计者也。"《战国策·齐策三》："君因不善苏秦，则是围塞天下士，而不利说途也。"唐代杜甫《石壕吏》："天明登前途，独与老翁别。"清代曹雪芹《红楼梦》第三十二回："你就不愿读书去考举人进士的，也该常常的会会这些为官做宰的人们，谈谈讲讲些仕途经济的学问，也好将来应酬世务。"引申为途径。汉代桓宽《盐铁论·本议》："古之立国家者，开本末之途，通有无之用。"

迪（dí）

| 甲骨文 | 金文 | 小篆 | 楷书 |

迪，形声字。甲骨文的"迪"字，右边为"彳"，表示与道路有关，左边构形不明。金文字形"彳"逐渐演变，接近"辵"，右上构形不明。小篆为从辵（chuò）由声的形声字。楷书笔画化，"辵"写作"辶"（走之儿）。《说文·辵部》："迪，道也。从辵由声。"《说文段注》："按道兼道路、引导二训。《方言》：'由迪正也。'迪道叠韵。"《甲骨文字典》未见此字。

本义为道路。《尚书·大禹谟》："禹曰：'惠迪吉，从逆凶，惟影响。'"汉代孔安国传："迪，道也。顺道吉从逆凶。"《楚辞·九章·怀沙》："易初本迪兮，君子所鄙。"黄寿祺、梅桐生《楚辞全译》："迪，正道。《山带阁注》：'易初本迪，谓变易其初时本然之道也。'"引申为行进。《诗·大雅·桑柔》："维此良人，弗求弗迪。"汉代毛亨传："迪，进也。"引申为启迪。《汉书·叙传下》："汉迪于秦，有革有因。"

逵（kuí）

| 小篆 | 楷书 |

逵，形声字。小篆的"逵"，从辵（chuò）坴（lù）声。左边从"辵"，表示道路，在字中表义，为形符；右边为"坴"，在字中表音，为声符。楷书笔画化，"辵"写作"辶"（走之儿）。《说文·九部》："馗，九达道也。似龟背，故谓之馗。馗（kuí），高也。从九从首。逵，馗或从

辵从㚜。""逵"为"馗"的或体。

本义为四通八达的道路。《诗·周南·兔罝》："肃肃兔罝，施于中逵。"毛传："逵，九达之道。"《左传·隐公十一年》："子都拔棘以逐之。及大逵，弗及，子都怒。"晋代杜预注："逵，道方九轨也。逵，求龟反。《尔雅》云：'九达谓之逵。'"

迹（jì）

| 金文 | 小篆 | 楷书 |

迹，形声字，又作"跡""蹟"。金文的"迹"，从辵（chuò）朿（cì）声。左边从"辵"，表示与行走有关，在字中表义，为形符；右边为"朿"，在字中表音，为声符。小篆的"迹"，将声符换为"亦"，为从辵亦声的形声字。楷书笔画化，"辵"写作"辶"（走之儿）。现在"跡"与"蹟"作为异体字停止使用。《说文·辵部》："迹，步处也。从辵亦声。"方述鑫等《甲骨金文字典》："迹，金文从辵，从朿，与《说文》迹字籀文同。"

本义为脚印。《庄子·天运》："夫迹，履之所出，而迹岂履哉？"《韩非子·外储说左上》："赵主父令工施钩梯而缘播吾（山名），刻疏人迹其上，广三尺，长五尺。"今有"踪迹""轨迹"等词语。

第二，表示各种行走方式与行走行为，如"徒、徙、遵、追、逃、巡、迷、过（過）、还（還）、避、运（運）、遮"。

徒（tú）

| 甲骨文 | 金文 | 小篆 | 楷书 |

徒，形声字。甲骨文的"徒"，从止土声。下边从"止"，即脚，表示与行走有关，在字中表义，为形符；上边为"土"，即泥土，在字中表音，为声符。金文字形在甲骨文的基础上又在左上边加了"彳"，表示道路，意即在道路上行走。小篆承续金文字形，为从辵（chuò）土声的形声字。楷书笔画化。《说文·辵部》："徒，步行也。从辵土声。"《甲骨文字典》中未见此字。

本义为步行。《周易·贲》："贲其趾，舍车而徒。"魏代王弼等注："舍车而徒，义弗乘之谓也。"《左传·襄公元年》："败其徒兵於洧上。"晋代杜预注："徒兵，步兵。"《韩非子·外储说左下》："班白者多徒行，故不二舆。"

徙（xǐ）

| 甲骨文 | 金文 | 小篆 | 楷书 |

徙，会意字。甲骨文的"徙"，从彳从步。左边从"彳"，表示与道路有关，右边为"步"，表示与行走有关，构成从彳从步的会意字。金文承续甲骨文字形，"步"已填实，更加形象。小篆线条画。楷书笔画化。《玉篇·彳（chì）

部》："徙，移也，迁也。"

本义为迁移。《史记·周本纪》："徙置之林中，适会山林多人，迁之。"《史记·商君列传》："未布，恐民之不信，已乃立三丈之木于国都市南门，募民有能徙置北门者予十金。"《史记·秦始皇本纪》："徙天下豪富于咸阳十二万户。"引申为改变、变化。《荀子·礼论》："具生器以适墓，象徙道也，略而不尽，貌而不功。"蒋南华等《荀子注译》："徙道，这里是搬家的意思。"唐代李绅《新楼诗二十首·橘园》："惧同枳棘愁迁徙，每抱馨香委照临。"元末明初施耐庵《水浒传》第八回："原来宋时但是犯人徒流迁徙的，都脸上刺字，怕人恨怪，只唤做打金印。"

遵（zūn）

遵，形声字。小篆的"遵"，从辵（chuò）尊声。左边从"辵"，"辵"即脚，表示与行走有关，在字中表义，为形符；右边为"尊"，在字中表音，为声符。楷书笔画化，"辵"写作"辶"（走之儿）。《说文·辵部》："遵，循也。从辵尊声。"

本义为顺着、沿着。《诗·郑风·遵大路》："遵大路兮，掺（chān）执子之袪（qū）兮。"汉代毛亨传："遵，循。"《诗·豳风·七月》："女执懿筐，遵彼微行，爰求柔桑。"宋代朱熹《诗集传》："遵，循也。"引申为遵照、遵从。《尚书·洪范》："无有作好，遵王之道。"《后汉书·张衡传》："时国王骄奢，不遵典宪；又多豪右，共为不轨。"《明史·海瑞传》："有御史偶陈戏乐，欲遵太祖法予之杖。"清代洪亮吉《治平篇》："然一家之中有子弟十人，其不率教者常有一二，又况天下之广，其游惰不事者何能一一遵上之约束乎？"以上几例之"遵"，均为"遵照"义。

追（zhuī）

追，形声字。甲骨文的"追"，从止𠂤（duī）声。下边从"止"，"止"即脚，表示与行走有关，在字中表义，为形符；上边为"𠂤"，在字中表音，为声符。两部分构成从止𠂤声的形声字。金文字形"止"变为"辵"（chuò），与甲骨文"止"意义相同。小篆承续金文字形。楷书笔画化，"辵"写作"辶"（走之儿）。《说文·辵部》："追，逐也。从辵𠂤声。"徐中舒《甲骨文字典》："追，从止从𠂤（𠂤）……甲骨文从止从辵每可通。……金文作𨔶。"

本义为追逐、追赶。《左传·僖公二十五年》："楚令尹子玉追秦师，弗及，遂围陈，纳顿子于顿。"《左传·僖公三十三年》："公使阳处父追之，及诸河，则在舟中矣。"汉代贾谊《过秦论》："追亡逐北，伏尸百万。"

逃（táo）

金文	小篆	楷书

逃，会意兼形声字。金文的"逃"，从行（háng）从止。从"行"，表示与道路有关。"行"（道路）中有三"止"（脚），表示有很多脚行走，方向不一致，表示慌不择路奔逃，为会意字。小篆的"逃"，左边从"辵"，即脚，表示与行走有关，在字中表义，为形符；右边为"兆"，在字中表音，为声符，构成从辵兆声的形声字。楷书笔画化，"辵"写作"辶"（走之儿）。《说文·辵部》："逃，亡也。从辵兆声。"《说文段注》："亡逃互训。从辵，兆声。"

本义为逃走、逃跑。《孙子·谋攻》："十则围之，五则攻之，倍则分之，敌则能战之，少则能逃之，不若则能避之。"《左传·宣公二年》："半入，华元逃归，立于门外，告而入。"《庄子·外物》："尧与许由天下，许由逃之。"《孟子·滕文公上》："舜使益掌火，益烈山泽而焚之，禽兽逃匿。"引申为逃避、回避。《左传·襄公十年》："今我逃楚，楚必骄，骄则可与战矣。"清代黄宗羲《原君》："而小儒规规焉以君臣之义无所逃于天地之间。"

巡（xún）

金文	小篆	楷书

巡，形声字。金文的"巡"，从辵（chuò）川声。从"辵"（辶），表示与行走有关，在字中表义，为形符；右上边为"川"，在字中表音，为声符。小篆承续金文字形，变为左右结构。楷书笔画化，"辵"写作"辶"（走之儿），"川"变为"巛"。"逊"作为异体字停止使用。《说文·辵部》："巡，延行皃。从辵川声。"《说文段注》："视行者，有所省视之行也。天子适诸侯曰巡狩。巡所守也。视行，一作延行。"《甲骨金文字典》中未见此字。

本义为到各地视察、巡行。《周礼·掌固》："昼三巡之，夜亦如之。"汉代郑玄注："巡，行也。"《左传·襄公三十一年》："仆人巡宫。车马有所，宾从有代。"清代曹雪芹《红楼梦》第十六回："说起当年太祖皇帝仿舜巡的故事，比一部书还热闹，我偏没造化赶上。"引申为审视、细看。《礼记·祭义》："君皮弁素积，朔月、月半君巡牲，所以致力，孝之至也。"汉代郑玄注："岁时齐（斋）戒沐浴而躬朝之，谓将祭祀，卜牲。"《宋史·食货志上一（农田）》："令、佐春秋巡视，书其数，秩满，第其课为殿最。"

迷（mí）

金文	小篆	楷书

迷，形声字。金文的"迷"，从辵（chuò）米声。从"辵"（辶），表示与行走方式有关，在字中表义，为形符；右上边为"米"，在字中表音，为声符。小篆承续金文字

形，变为左右结构。楷书笔画化，"辵"写作"辶"（走之儿）。《说文·辵部》："迷，或也。从辵米声。"或，通"惑"，即迷惑。《说文段注》："见《释言》。惑，宋本作或。心部曰：'惑，乱也。'"方述鑫等《甲骨金文字典》："迷，金文从见，从米。当即《说文》眯字，用与迷同。"

本义为迷路，迷惑，分辨不清。《诗·小雅·节南山》："天子是毗，俾民不迷。"汉代郑玄笺："上辅天子，下教化天下，使民无迷惑之忧。"《尚书·君奭（shì）》："告君乃猷（yóu）裕，我不以后人迷。"汉代孔安国传："我留与汝辅王，不用后人迷惑，故欲教之。"《楚辞·离骚》："回朕车以复路兮，及行迷之未远。"黄寿祺、梅桐生《楚辞全译》："行迷，迷路。"《列子·汤问》："禹之治水土也，迷而失涂（途），谬之一国。"

过（過 guò）

金文	小篆	楷书	简化字
征	過	過	过

过（過），形声字，繁体为"過"。金文的"過"，从辵咼（guā）声。左边从"辵"（辶），表示与行走有关，在字中表义，为形符；右上边为"咼"，在字中表音，为声符。小篆承续金文字形，变为左右结构。楷书笔画化，"辵"写作"辶"（走之儿）。现简化为"过"，为意号字，用草书楷化法简化，较早见于元抄本《京本通俗小说》。《说文·辵部》："過（过），度也。从辵咼声。"方述鑫等《甲骨金文字典》："過（过），金文从辵，从〇（骨字初形），为《说文》過字篆文所本。"

本义为走过、经过。《孟子·滕文公上》："当是时也，禹八年于外，三过其门而不入。"唐代杜牧《阿房宫赋》："雷霆乍惊，宫车过也。"唐代刘禹锡《酬乐天扬州初逢席上见赠》："沉舟侧畔千帆过，病树前头万木春。"引申为超出、胜过。《左传·隐公元年》："先王之制，大都不过参国之一。"《孟子·梁惠王上》："古之人所以大过人者，无他焉，善推其所为而已矣。"《史记·项羽本纪》："从此道至吾军，不过二十里耳。"

还（還 huán）

甲骨文	金文	小篆	楷书	简化字
𢨈	睘	還	還	还

还（還），形声字，繁体为"還"。甲骨文的"還"，由"行"（háng）"眉""方"三个部件构成。两边从"行"，表示道路；中间上边从"眉"，表示用眼睛寻找；中间下边为"方"，表示读音。三部分合起来就是人在路上用眼睛寻找、辨别回去的方向。金文的"還"，从辵（chuò）睘（huán）声。下边从"辵"，即脚，表示与行走有关，在字中表义，为形符；上边为"睘"，在字中表音，为声符。小篆承续金文字形，变为左右结构。楷书笔画化，"辵"写作"辶"（走之儿）。现简化为"还"，为意号字。《说文·辵部》："還（还），復也。从辵睘声。"徐中舒《甲骨文字典》："還，从𢔾（行）从𥃦（眉）从𣃦（方），

唐兰释为還之本字（《天壤阁甲骨文存考释》），自辞例观之，释還（还）可通，但金文作 ![字形] （免簋二），与甲骨文形异。"

本义为返回。《尔雅·释言》："还，返也。"《诗·小雅·何人斯》："尔还而入，我心易也。还而不入，否难知也。"汉代郑玄笺："还，行反也。"《左传·僖公三十年》："失其所与，不知；以乱易整，不武。吾其还也。"《乐府诗集·木兰诗》："木兰不用尚书郎，愿驰千里足，送儿还故乡。"

避（bì）

甲骨文	金文	小篆	楷书

避，形声字。甲骨文的"避"，从彳（chì）辟声。左边从"彳"（道路），表示与道路有关，在字中表义，为形符；右边为"辟"，在字中表音，为声符。金文承续甲骨文字形。小篆将"彳"（道路）换为"辵"（行走），"辟"为声符。楷书笔画化，"辵"写作"辶"（走之儿）。《说文·辵部》："避，回也。从辵辟声。"《玉篇·辵部》："避，回避也。去也。"

本义为躲开、回避。《孙子兵法·虚实》："兵之形，避实而击虚。"《史记·廉颇蔺相如列传》："已而相如出，望见廉颇，相如引车避匿。"《汉书·赵广汉传》："见事风生，无所回避，率多果敢之计，莫为持难。"晋代陶渊明《桃花源记》："自云先世避秦时乱，率妻子邑人来此绝境，不复出焉。"宋代苏轼《行香子·秋兴》："昨夜霜风。先入梧桐。浑无处、回避衰容。"清代曹雪芹《红楼梦》第四回："岂不闻古人有云'大丈夫相时而动'，又曰'趋吉避凶者为君子'。"

运（運 yùn）

小篆	楷书	简化字

运（運），形声字，繁体为"運"。小篆的"運"字，从辵（chuò）軍声。左边为"辵"，表示与行走有关，在字中作形符；右边为"軍"，在字中表示读音，为声符。楷书笔画化，"辵"写作"辶"（走之儿）。现简化为"运"，为从辵云声的新形声字，为群众新创。《说文·辵部》："運（运），迻（yí）徙也。从辵軍声。"《说文段注》："《释诂》：'迁、运，徙也。'"

本义为运行、运转、转动。《广雅·释诂》："运，转也。"《孟子·梁惠王上》："老吾老，以及人之老；幼吾幼，以及人之幼。天下可运于掌。"《楚辞·九章·哀郢》："将运舟而下浮兮，上洞庭而下江。"引申为搬运、运输。《庄子·知北游》："终则复始也，运量万物而不匮。"陈鼓应《庄子今注今译》将"运量万物而不匮"注为"运转万物而不匮乏"。元末明初罗贯中《三国演义》第十七回："乃令军士运土填壕。"元末明初施耐庵《水浒传》第一〇八回："柴进等仍与李应等合兵一处，将粮草运送大寨来。"

遮（zhē）

小篆	楷书
遮	遮

遮，形声字。小篆的"遮"，从辵（chuò）庶声。左边从"辵"，表示与行走有关，在字中作形符；右边为"庶"，在字中表示读音，为声符。楷书笔画化，"辵"写作"辶"（走之儿）。《说文·辵部》："遮，遏也。从辵庶声。"《玉篇·辵部》："遮，冒也。断也。"

本义为阻挡、阻拦。《吕氏春秋·应同》："子不遮乎亲，臣不遮乎君。"汉代高诱注："遮，后遏也。"《史记·陈涉世家》："陈王出，遮道而呼涉。"

引申为遮挡、掩蔽。唐代白居易《琵琶行（并序）》："千呼万唤始出来，犹抱琵琶半遮面。"宋代辛弃疾《菩萨蛮·书江西造口壁》："青山遮不住，毕竟东流去。"元末明初罗贯中《三国演义》第二回："遂皆以金珠玩好结构何进弟何苗、并其母舞阳君，令早晚入何太后处，善言遮蔽。"明代凌濛初《初刻拍案惊奇》卷二十："萧状元终日在此来往，吾等见了，坐立不安，可为吾等筑一堵短壁儿，在堂子前遮蔽遮蔽。"

第三，表示行路的远近及行走的速度，如"远（遠）、近、遥（遙）、迥、遐、迩（邇）、速、迟（遲）、迅、迂"。

远（遠 yuǎn）

甲骨文	金文	小篆	楷书	简化字
袁	遠	遠	遠	远

远（遠），会意兼形声字，繁体为"遠"。甲骨文的"遠"，从彳（chì）从又从衣。右边从"彳"（chì），表示道路；下边从"又"，表示手；左上边从"衣"，表示衣服。三部分合起来表示带上衣物行囊长途出行，为会意字。金文演变为从辵（chuò）袁声。从"辵"，表示与行走有关；"袁"在字中表声，为声符。小篆承续金文字形，变为左右结构，整齐化。楷书笔画化，"辵"写作"辶"（走之儿）。现简化为"远"，声符更换简化，为从辵元声的新形声字，较早见于元抄本《京本通俗小说》。《说文·辵部》："遠（远），辽也。从辵袁声。"《尔雅·释诂》："远，遐也。"方述鑫等《甲骨金文字典》："遠（远），金文从辵或从彳，从袁，袁则从止表声，为《说文》遠字篆文所本。"

本义为空间或时间距离长、遥远，与"近"相对。《左传·襄公二十五年》："言之无文，行而不远。"晋代杜预注："虽得行，犹不能及远。"《战国策·赵策四》："媪之送燕后也，持其踵而为之泣，念（悲）其远也，亦哀之矣。"唐代杜牧《阿房宫赋》："缦立远视，而望幸焉。"引申为高远、远大。《左传·庄公十年》："肉食者鄙，未能远谋。"《国语·周语下》："民不给，将有远志，是离民也。"宋代苏洵《六国论》："燕赵之君，始有远略，能守其土，义不赂秦。"宋代司马光《训俭示康》："大贤之深谋远虑，岂庸人所及哉！"

近（jìn）

小篆	楷书
𨒫	近

近，形声字。小篆的"近"，从辵（chuò）斤声。左边从"辵"，表示与行走有关，在字中表义，为形符；右边为"斤"，在字中表示读音，为声符。楷书笔画化，"辵"写作"辶"（走之儿）。《说文·辵部》："近，附也。从辵斤声。"

本义为走近、接近，即距离短，与"远"相对。清代桂馥《说文解字义证》："附也者，当为駙。本书'駙，近也'。"《韩非子·说林上》："失火而取水于海，海水虽多，火必不灭矣，远水不救近火也。"《史记·项羽本纪》："吾入关，秋毫不敢有所近。"晋代陶渊明《桃花源记》："缘溪行，忘路之远近。"

遥（遙 yáo）

小篆	楷书
遙	遥

遥（遙），形声字。小篆的"遥"，从辵（chuò）䍃（yáo）声。左边从"辵"，表示与行走有关，在字中表义；右边为"䍃"，在字中表示读音，为声符。楷书笔画化，简化为"遥"。"辵"写作"辶"（走之儿），"䍃"简化为"䍃"。谷衍奎《汉字源流字典》："遥，篆文从辵䍃声。隶变后楷书写作遙，俗作遥。"《方言》卷六："遥，远也。"《广雅·释诂》："遥，远也。"

本义为远。《礼记·王制》："自南河至于江，千里而近。自江至于衡山，千里而遥。"《楚辞·招魂》："倚沼畦瀛兮，遥望博。青骊结驷兮，齐千乘。"汉代王逸注："遥，远也。"宋代苏轼《念奴娇·赤壁怀古》："遥想公瑾当年，小乔初嫁了，雄姿英发。"元末明初罗贯中《三国演义》第六十回："久闻大夫高名，如雷灌耳。恨云山遥远，不得听教。"

迥（jiǒng）

小篆	楷书
迥	迥

迥，形声字。小篆的"迥"，从辵（chuò）冋（jiǒng）声。左边从"辵"，表示与行走有关，在字中表义；右边为"冋"，在字中表示读音，为声符。楷书笔画化，"辵"写作"辶"（走之儿）。《说文·辵部》："迥，远也。从辵冋声。"《王力古汉语字典》："迥，遥远，僻远。"

本义为遥远。《史记·司马相如列传》："迩陕游原，迥阔泳沫，首恶湮（yīn）没，闇（àn）昧昭晰。"唐代王勃《秋日登洪府滕王阁饯别序》："天高地迥，觉宇宙之无穷；兴尽悲来，识盈虚之有数。"唐代褚亮《乐府杂曲·临高台》："迥瞰周平野，开怀畅远襟。"宋代文天祥《指南录后序》："穷饿无聊，追购又急，天高地迥，号呼靡及。"今有词语"极目迥望"。

遐（xiá）

| 小篆 | 楷书 |

遐，形声字。小篆的"遐"，从辵（chuò）叚（xiá）声。左边从"辵"，表示与行走有关，在字中表义；右边为"叚"，在字中表示读音，为声符。楷书笔画化，"辵"写作"辶"（走之儿）。《说文新附·辵部》："遐，远也。从辵叚声。"《玉篇·辵部》："遐，远也。"

本义为遥远。《诗·周南·汝坟》："既见君子，不我遐弃。"汉代毛亨传："遐，远也。"《尚书·太甲下》："若升高，必自下。若陟遐，必自迩。"汉代孔安国传："言善政有渐，如登高升远必用下近为始，然后终致高远。"晋代陶渊明《归去来兮辞》："策扶老以流憩，时矫首而遐观。"宋代范祖禹《资州路东津寺》："地遐怪物聚，寺古深殿存。"清代曹雪芹《红楼梦》第三十五回："虽自未亲睹，然遐思遥爱之心十分诚敬，不命他们进来，恐薄了傅秋芳。"引申为疏远。《诗·小雅·白驹》："毋金玉尔音，而有遐心。"汉代郑玄笺："毋爱女声音，而有远我之心。以恩责之也。"

迩（邇 ěr）

| 金文 | 小篆1 | 小篆2 | 楷书 | 简化字 |

迩，形声字，繁体为"邇"。金文的"邇"，从辵（chuò）爾（ěr）声。左边从"辵"，表示与行走有关，在字中表义；"爾"，在字中表音，为声符。小篆1的"邇"，承续金文字形。小篆2的"邇"，声符"爾"简化为"尒"。楷书笔画化，"辵"写作"辶"（走之儿），声符仍为"爾"。现简化为"迩"，为采用古体简化。《说文·辵部》："邇（迩），近也。从辵爾声。迩，古文'邇'字。"《甲骨金文字典》中未见此字。

本义为近。《诗·郑风·东门之墠》："其室则迩，其人甚远！"汉代毛亨传："迩，近也。得礼则近，不得礼则远。"《左传·僖公二十二年》："妇人送迎不出门，见兄弟不逾阈，戎事不迩女器。"晋代杜预注："迩，近也。器，物也。言俘馘非近妇人之物。"《史记·屈原贾生列传》："其称文小而其指极大，举类迩而见义远。"

速（sù）

| 金文1 | 金文2 | 小篆 | 楷书 |

速，形声字。金文1的"速"，从辵（chuò）朿声。下边从"辵"，表示与行走有关，在字中表义；上边为"朿"，在字中表音，为声符。金文2的"速"将声符"朿"换为"束"，为从辵束声的形声字。小篆承续金文2字形。楷书笔画化，"辵"写作"辶"（走之儿）。《说文·辵部》："速，疾也。从辵束声。"方述鑫等《甲骨金文字典》："速，金文从辵从 ⚘。此从旧释作速。"

本义为快速、迅速。《论语·子路》："欲速则不达；见小利则大事不成。"宋代朱熹《四书集注》:"欲事之速成,则急遽无序,而反不达。"《左传·僖公七年》:"我死,女必速行,无適小国,将不女容焉。"《孙子兵法·九地》:"兵之情主速,乘人之不及。"引申为招致。宋代司马光《训俭示康》:"侈则多欲:君子多欲则贪慕富贵,枉道速祸。"宋代苏洵《六国论》:"至丹以荆卿为计,始速祸焉。"

迟(遲 chí)

| 甲骨文 | 金文 | 小篆1 | 小篆2 | 楷书 | 简化字 |

迟(遲),会意兼形声字,繁体为"遲"。甲骨文的"遲",从彳(chì)尼声。右边从"彳",表示与道路有关,在字中表义,左边为"尼",在字中表音,为声符,合起来表示在路上行进缓慢。金文的"遲",变为从辵从人从辛(刑具),表示犯人在被押途中步履缓慢,为会意字。小篆1的"遲",变为从辵犀(xī)声,从"辵"表示行走,声符变为"犀"。小篆2的"遲",声符简化为"尸"。楷书承续小篆1字形,笔画化,"辵"写作"辶"(走之儿),声符仍为"犀"。现简化为"迟",与小篆2形体相近,为采用古体简化。《说文·辵部》:"遲(迟),徐行也。从辵犀声。"徐中舒《甲骨文字典》:"遲,从彳从𠂇,𠂇即尼字。《说文》:'遲,或从尸。'尸当为尼之讹。"

本义为行走缓慢。《诗·邶风·谷风》:"行道迟迟,中心有违。"汉代毛亨传:"迟迟,舒行貌。"《庄子·渔父》:"举足愈数而迹愈多,走愈疾而影不离身,自以为尚迟。"东晋干宝《搜神记·宋定伯捉鬼》:"鬼言:'步行太迟,可共递相担,何如?'"元末明初罗贯中《三国演义》第四十九回:"只一夜大风,大事可成矣。只是事在目前,不可迟缓。"

迅(xùn)

| 金文 | 小篆 | 楷书 |

迅,形声字。金文的"迅",从辵(chuò)卂(xùn)声。左边从"辵",表示与行走有关,在字中表义;"卂"在字中表示读音,为声符。小篆承续金文字形,整齐化。楷书笔画化,"辵"写作"辶"(走之儿)。《说文·辵部》:"迅,疾也。从辵卂声。"

本义为速度快。《论语·乡党》:"迅雷风烈,必变。"宋代朱熹《四书集注》:"迅,疾也。"《六韬·龙韬·军势》:"疾雷不及掩耳,迅电不及瞑目。"成语有"迅雷不及掩耳"。汉代王充《论衡·雷虚》:"盛夏之时,雷电迅疾,击折树木,坏败室屋,时犯杀人。"唐代高适《东征赋》:"候鸣鸡以进帆,趋乱流以争迅。"

迂(yū)

| 金文 | 小篆 | 楷书 |

迂,形声字。金文的"迂",从走于声。左边从"走",表示与行走有关,在字中表义;"于"在字中表音,为声符。小篆承续金文字形,整齐化,形符"走"变为"辵"。

楷书笔画化，"辵"又写作"辶"（走之儿）。《说文·辵部》："迂，僻也。从辵于声。"《段注》："迂曲回避，其义一也。"方述鑫等《甲骨金文字典》："迂，金文从走，从于，于亦声。从走与从辵相通，当即迂字，为《说文》迂字篆文所本。"

本义为曲折、迂回。《孙子兵法·军争》："军争之难者，以迂为直，以患为利。"《列子·汤问》："年且九十，面山而居。惩山北之塞，出入之迂也。"《吕氏春秋·先己》："有语寡人曰：'为国家者，为之堂上而已矣。'寡人以为迂言也。"

引申为迂腐，不合事理。宋代苏轼《教战守策》："及至后世，用迂儒之议，以去兵为王者之盛节，天下既定，则卷甲而藏之。"明代宗臣《报刘一丈书》："每大言曰：'人生有命，吾惟有命，吾惟守分而已。'长者闻之，得无厌其为迂乎？"

第五节　"彳"部及其例字

"彳"部亦属于足部之类。从"彳"得义的字侧重于道路或行走。

彳（chì）

一、形体演变

小篆	楷书
彳	彳

二、构形理据

彳，象形字。甲骨文、金文的"彳"字，是"行"（háng）的一半。"行"为十字路口，"彳"也表示道路。小篆的"彳"略同于甲骨文。楷书笔画化。罗振玉撰《增订殷虚书契考释》："古从'行'之字，或省其右作彳，或省其左作亍。许君误认为二字者，盖由字形传写失其初状使然矣。"《说文·彳部》："彳，小步也。象人胫三属相连也。""人胫三属相连"，是指人的大腿、小腿和脚。学术界认为，许君字形解说不确，先贤已多有论述。"彳"当为道路之义，引申为小步慢行。林义光《文源》："彳，不象人胫形。古作彳，三属亦不相连，从彳之字，皆以行为义，彳，实即行省，不为字。"

三、本义

本义为慢步行走。西晋潘岳《射雉赋》："彳亍中辍，馥焉中镝。"唐代柳宗元《答周君巢书》："处则若关桎梏，彳亍而无所趋，拳拘而不能肆。"明代李贽《观涨》："踟蹰横渡口，彳亍上滩舟。"

四、理据例说

"彳"为部首字，从"彳"的字大多与道路或行走有关，是"行"部的分支。这类字主要有"径（徑）、征、徇、复（復）、往"。

径（徑 jìng）

径（徑），会意兼形声字，繁体为"徑"。小篆的"徑"，从彳（chì）从巠（jīng）。左边从"彳"，表示与道路有关，为小路，在字中表义，从"巠"表示直线，"巠"亦声，合起来就是表示在小路上向前直行。楷书承续小篆字形，笔画化。现简化为"径"，声符"巠"简化为"￦"，为类推简化。《说文·彳部》："徑（径），步道也。从彳巠声。"《说文段注》："步道谓人及牛马可步行而不容车也。"步道，即小路。

本义为小路。《论语·雍也》："有澹台灭明者，行不由径。"宋代朱熹《四书集注》："径，路之小而捷者。"《史记·高祖本纪》："前有大蛇当径，愿还。"《史记》索隐："按：广雅云'径，斜过也'。字林云'径，小道也'。"唐代杜甫《春夜喜雨》："野径云俱黑，江船火独明。"

征（zhēng）

征，会意兼形声字。甲骨文的"征"，从止（脚）从囗（wéi）。下边从"止"（脚），表示与行走有关，在字中表义，为形符；上边从囗，表示城邑，亦在字中表义。两部分合起来就是表示人向城邑进发之意。后来这个形体"￦"演变为"正"。金文在"正"的左边又加上了"彳"，表示在路上行走，为形符；"正"作声符。小篆1从辵正声。小篆2承续金文字形，从彳正声。楷书笔画化。《说文·辵部》："￦，正行也。从辵正声。￦、￦或从彳。"方述鑫等《甲骨金文字典》："征，甲金文从彳，或从辵，正声，从彳与从辵同意。"

本义为远行。《尔雅·释言》："征，行也。"《玉篇·彳部》："征，行也。"《诗·小雅·小宛》："我日斯迈，而月斯征。"汉代郑玄笺："迈、征皆行也。"《乐府诗集·木兰诗》："愿为市鞍马，从此替爷征。"唐代李白《送友人》："此地一为别，孤蓬万里征。"引申为征伐，发兵讨伐。《诗·鲁颂·泮水》："桓桓于征，狄彼东南。"汉代郑玄笺："征，征伐也。"《孟子·尽心下》："征者，上伐下也，敌国不相征也。"宋代朱熹《四书集注》："征，所以正人也。诸侯有罪，则天子讨而正之，此春秋所以无义战也。"

徇（xùn）

徇，会意兼形声字。小篆的"徇"字，从彳（chì）从旬，旬亦声。从"彳"表示与道路有关，在字中表义，从"旬"表示顺从，合起来就是表示在路上巡行。楷书承续小篆字形，笔画化。谷衍奎《汉字源流字典》："徇，从彳从旬会意，旬也兼表声。本义指巡行。"

本义为巡行。《尚书·泰誓中》："群后以师毕会，王乃徇师而誓。"汉代孔安国传："徇，循也。……《字诂》云：'徇，巡也。'"《史记·秦始皇本纪》："中大夫令齐等二十人皆枭首。车裂以徇，灭其宗。"

复（復 fù）

甲骨文	金文	小篆	楷书	简化字
𠀇	復	復	復	复

复（復），会意兼形声字，繁体为"復"。甲骨文的"复"，为会意字。上边为古代穴居时进出的阶口（有的学者认为是村邑），下边为"止"，表示脚，合起来就是进出往来之意。金文在甲骨文字形的基础上又加了"彳"，行走意味更加明显。小篆承续金文字形，线条化，为从彳（chì）从止畐（fú）声的形声字。楷书笔画化，变为从彳复声的形声字。现简化为"复"，为恢复古本字简化，现今为记号字。《说文·彳部》："復（复），往来也。从彳畐声。"方述鑫等《甲骨金文字典》："甲骨文复復一字。从夊（suī），从亞。亞象穴居两侧有台阶上出之形。夊，象足趾，台阶所以供出入，夊在其上，则会往返出入之意。"

本义为返回、回来。《周易·泰》："无平不陂，无往不复。"《楚辞·哀郢》："忽若不信兮，至今九年而不复。"《史记·魏公子列传》："然公子遇臣厚，公子往而臣不送，以是知公子恨之复返也。"今有成语"循环往复"。引申为回答、答复。《孟子·梁惠王上》："有复于王者曰：'吾力足以举百钧，而不足以举一羽。'"《史记·司马相如列传》："先生又见客，是以王辞而不复。"明代宋濂《送东阳马生序》："或遇其叱咄，色愈恭，礼愈至，不敢出一言以复。"清代曹雪芹《红楼梦》第八回："宝玉听这话，知是黛玉借此奚落他，也无回复之词，只嘻嘻的笑两阵罢了。"

往（wǎng）

甲骨文	金文	小篆	楷书
㞢	徍	徍	往

往，会意兼形声字。甲骨文的"往"，为会意字，从止从土。上边从"止"，指脚，表示与行走有关，在字中表义；下边从"土"，表示所走向的目的地。两部分合起来就是表示进出往来之意。金文在甲骨文字形的基础上又添加了"彳"，行走意味更加明显。小篆演变为从彳（chì）从㞷（huáng）的形声字。楷书笔画化，声符"㞷"变成了"主"。《说文·彳部》："往，之也。从彳㞷声。"方述鑫等《甲骨金文字典》："往，甲骨文从止，王声，为往来之往本字。往㞷本一字。"我们认为甲骨文"㞢"（往）字"止"的下边解释为"土"更加合乎构形理据，表示往来的意思更为明确。

本义为去，到……去。《论语·阳货》："公山弗扰以费畔，召，子欲往。"（公山弗扰，人名）《庄子·逍遥游》："吾闻言于接舆，大而无当，往而不反。"宋代欧阳修《醉翁亭记》："朝而往，暮而归，四时之景不同，而乐亦无穷也。"

第六节 "行"部及其例字

"行"部亦属于足部之类。从"行"得义的字侧重于道路。

行（háng）

一、形体演变

甲骨文	金文	小篆	楷书
𠆢	行	行	行

二、构形理据

行（háng），象形字。甲骨文、金文的"行"字，像东西南北四通八达的十字路口形。小篆的"行"字形讹变，已看不出十字路口的形状。楷书笔画化。《说文·行部》："行，人之步趋也。"许君解说不确。罗振玉《增订殷虚书契考释》："𠆢 象四达之衢，人所行也"商承祚《甲骨文字研究》："此作 𠆢。象四达之衢，人所行也。后变而为 行，形乃失。至汉人写为 行。则形谊俱不可知。"方述鑫等《甲骨金文字典》："行，甲金文象十字道路，为《说文》行字篆文所本。"

三、本义

本义为道路。《尔雅·释宫》："行，道也。"《诗·豳风·七月》："女执懿筐，遵彼微行，爰求柔桑。"唐代孔颖达疏："女人执持深筐，循彼微细之径道，于是求柔稺之桑，以养新生之蚕。"可见，孔疏将"行"释为"径道"，至确。《诗·小雅·小弁》："行有死人，尚或墐之。"汉代郑玄笺："行，道也。"《国语·晋语四》："夙夜征行。不遑启处，犹惧无及。"三国韦昭注："行，道也。"

四、理据例说

"行"，为《说文》部首，不是《现代汉语词典》部首。从"行"的字均与道路和与道路相关的行为有关。这类字不多，主要有"街、衢、冲（衝）、卫（衛）"。

街（jiē）

小篆	楷书
街	街

街，形声字。小篆的"街"，从行圭（guī）声。外边从"行"，表示与道路有关，在字中表义，为形符；中间为"圭"，在字中表音，为声符。楷书笔画化。《说文·行部》："街，四通道也。从行圭声。"《说文段注》："四通道也。《风俗通》曰：'街，携也，离也。四出之路，携离而别也。'按此以叠韵为训。"《玉篇·行部》："街，四通道也。"

本义为四路相通的大道。《管子·桓公问》："禹立谏鼓于朝，而备讯唉；汤有总街之庭，以观人诽也。"《韩非子·内储说上七术》："殷之法，刑弃灰于街者。子贡以为重，问之仲尼。"汉代张衡《西京赋》："徒观其城郭之制，则旁开三门，参途夷庭。方轨十二，街衢相经。"唐代李善注："街，大道也。"元代关汉卿《感天动地窦娥冤》第三折："前街里去心怀恨，后街里去死无冤，休推辞路远。"引申为街路。元末明初施耐庵《水浒传》第十三回："两边街道扶老携幼，都看了欢喜。"明代吴承恩《西游记》第五十四回："慌得那三藏勒马难行，须臾间就塞满街道，惟闻笑语。"清代曹雪芹《红楼梦》第十八回："外面又有工部官员并五城兵备道打扫街道，撵逐闲人。"

衢（qú）

衢，形声字。小篆的"衢"，从行瞿（qú）声。外边从"行"，表示与道路有关，在字中表义；"瞿"在字中表音，为声符。楷书笔画化。《说文·行部》："衢，四达谓之衢。从行瞿声。"《说文段注》："《释名》曰：'四达曰衢。齐鲁间谓四齿杷（pá）为欋（qú）。欋杷地则有四处。'"

本义为四通八达的道路。《左传·昭公二年》："尸诸周氏之衢，加木焉。"晋代杜预注："衢，道也。"《荀子·劝学》："行衢道者不至，事两君者不容。"蒋南华等《荀子全译》注："衢道，十字路，岐路。"汉代张衡《西京赋》："方轨十二，街衢相经。"唐代柳宗元《国子司业阳城遗爱碣》："青衿涕濡，填街盈衢。"今有词语"九省通衢""四衢八街"等。引申为途径。《荀子·大略》："上好羞，则民暗饰矣；上好富，则民死利矣。二者，乱之衢也。"

冲（衝 chōng）

冲（衝），形声字。小篆的"衝"，从行童声。从"行"，表示与道路有关，在字中表义，为形符；"童"在字中表音，为声符。楷书笔画化。现简化为"冲"，为音号字，用同音替代法简化。《说文·行部》："衝，通道也。从行童声。"楷化后演变为从行重声的形声字。

本义为交通要道。《玉篇·行部》："衝，交道也。"《左传·昭公元年》："子南知之，执戈逐之，及冲，击之以戈。"晋代杜预注："冲（衝），交道。""交道"，即交通要道。引申为冲击、冲撞。《史记·滑稽列传》："此鸟不飞则已，一飞冲天；不鸣则已，一鸣惊人。"唐代柳宗元《黔之驴》："稍近，益狎，荡倚冲冒。驴不胜怒，蹄之。"

注意："冲"（沖）与"衝"原为两个不同的字。"冲"原作"沖"，"沖"，形声字，从水中声，本义为水涌动，后讹变为"冲"。"衝"原作"衝"，为形声字，从行童声，隶变后为"衝"，为从行重声的形声字，本义为交通要道。1956年《汉字简化方案》将"衝"简化为"冲"。"冲"，现今为同字同音词。2012年版《现代汉语词典》有"冲"

字，分为："冲¹，通行的大道。冲²，用开水等浇。"

卫（衛 wèi）

甲骨文1	甲骨文2	金文1	金文2	小篆	楷书	简化字
					衛	卫

卫（衛），会意兼形声字，繁体为"衛"，异体为"衞"。甲骨文1的"衛"，从止从囗（wéi）。上、下、右从"止"，表示与脚、行走有关，从"囗"表示与城邑有关，合起来就是表示围绕城邑巡逻严守以保卫安全。甲骨文2的"衛"，将三个"止"省略成一个"止"，另加"行"，强调巡逻的行进含义，同时加"方"，"方"亦指城邑，与"囗"同义。金文1的"衛"，承续甲骨文1的字形。金文2的"衛"，变为从"行""韋"声的形声字。小篆承续金文2的字形，已线条画。楷书承续小篆字形，已笔画化。现简化为"卫"，为记号字，用记号替代法简化。《说文·行部》："衛（卫），宿卫也。从韋帀（zā）从行。行，列衛也。"徐中舒《甲骨文字典》："衛（卫），就各字形考察，当以 形为最古，初见于 组卜辞。 象通衢，从四 ，象于通衢控守四方之意。"方述鑫等《甲骨金文字典》："衛，甲金文从行或省行，从二止或从四止，从囗或从方，象人围绕城邑而行，从囗与从方同意。殷人在黄河下游广大平原上作城邑皆为方形。"

本义为保卫、防护。《玉篇·行部》："衛（卫），护也。"《公羊传·定公四年》："朋友相卫，而不相迿，古之道也。"汉代何休注："相卫，不使为雠所胜。"《战国策·赵策四》："愿令得补黑衣之数，以卫王（官）宫，没死以闻。"三国诸葛亮《出师表》："然侍卫之臣不懈于内，忠志之士忘身于外者，盖追先帝之殊遇，欲报之于陛下也。"

第六章　目部之类

目部之类，包括目、见（見）两部，意义与眼睛有关。

第一节　"目"部及其例字

"目"部侧重于人的眼睛。从"目"得义的字大多与人的眼睛的相关部位及其动作有关。

目（mù）

一、形体演变

甲骨文	金文	小篆	楷书
◁	◁	目	目

二、构形理据

目，象形字。甲骨文、金文的"目"字，像人眼睛的形状，外边轮廓像眼眶，里面像瞳孔。小篆线条化，变成了竖"目"。楷书承续小篆字形，已笔画化。徐中舒《甲骨文字典》："目，象人眼之形。《说文》：'目，人眼，象形。'[释义]：人眼。"方述鑫等《甲骨金文字典》："目，甲骨金文均象人眼目形。"

三、本义

本义为眼睛。《诗·卫风·硕人》："巧笑倩兮，美目盼兮。"《左传·宣公二年》："睅其目，皤其腹，弃甲而复。"宋代范仲淹《岳阳楼记》："登斯楼也，则有去国怀乡，忧谗畏讥，满目萧然，感极而悲者矣。"清代蒲松龄《聊斋志异·狼三则》："久之，目似瞑，意暇甚。"

四、理据例说

"目"，为部首字。从"目"的字其词义大多与眼睛有关，主要有五类。

第一，表示"目"的组成部分及与"目"相邻部位的名称。这类字主要有"眼、睛、眸、睫、睑（瞼）、眦（眥）、眉"。

眼（yǎn）

金文	小篆	楷书
眼	眼	眼

眼，会意兼形声字。金文的"眼"，从目艮声。左边从"目"，表示与眼睛有关，在字中表义，为形符；右边从"艮"，表示张望，"艮"亦表声，为声符。小篆的"眼"，基本承续金文字形。楷书笔画化。《说文·目部》："眼，目也。从目艮声。"《玉篇·目部》："眼，目也。《易》曰：'其于人也为多白眼。'"谷衍奎《汉字源流字典》："艮，本义当为扭头瞪视。是'眼'的初文。"金文字典未见"眼"字。

本义为眼珠。《庄子·盗跖》："比干剖心，子胥抉眼，忠之祸也。"陈鼓应《庄子今注今译》中译为"比干被剖心，子胥被挖眼"。《史记·吕太后本纪》："太后遂断戚夫人手足，去眼，煇耳，饮瘖药，使居厕中。"《晋书·阮籍传》："籍又能为青白眼，见礼俗之士，以白眼对之。"泛指眼睛。唐代杜甫《新安吏》："莫自使眼枯，收汝泪纵横。"清代曹雪芹《红楼梦》第十三回："今见贾珍苦苦的说到这步田地，心中已活了几分，却又眼看着凤姐出神。"

睛（jīng）

小篆	楷书
睛	睛

睛，形声字。小篆的"睛"，从目青声。左边从"目"，表示与眼睛有关，在字中表义，为形符；右边为"青"，在字中表音，为声符。楷书笔画化。《玉篇·目部》："睛，目珠子。"谷衍奎《汉字源流字典》："睛，形声字。楷书睛，从目青声。"《说文》无此字。

本义为眼珠。《淮南子·主术训》："夫据除而窥井底，虽达视犹不能见其睛，借明于鉴以照之，则寸分可得而察也。"汉代高诱注："睛，目瞳子也。"明代李梦阳《林良画两角鹰歌》："一鹰下视睛不转，已知两眼无秋毫。"清代曹雪芹《红楼梦》第一回："士隐大叫一声，定睛一看，只见烈日炎炎，芭蕉冉冉，所梦之事便忘了对半。"

眸（móu）

小篆	楷书
眸	眸

眸，形声字。小篆的"眸"，从目牟声。左边从"目"，表示与眼睛有关，在字中表义，为形符；右边为"牟"，在字中表音，为声符。楷书笔画化。《说文新附·目部》："眸，目童子也。从目牟声。"《玉篇·目部》："眸，瞳子也。"

本义为眼珠、眸子。《孟子·离娄上》："胸中正，则眸子瞭焉；胸中不正，则眸子眊焉。"宋代朱熹《四书集注》："眸子，目瞳子也。"《淮南子·说山训》："清之为明，杯水见眸子；浊之为暗，河水不见太山。"唐代白居易《长恨歌》："回眸一笑百媚生，六宫粉黛无颜色。"

睫（jié）

睫，形声字。小篆的"睫"，从目夹（jié）声。左边从"目"，表示与眼睛有关，在字中表义，为形符；右边为"夹"，在字中表音，为声符。楷书笔画化。《玉篇·目部》："睫，同上。"其中，"上"即指"睞，目旁毛也"。

本义为眼睫毛。《史记·越王勾践世家》："吾不贵其用智之如目，见豪毛而不见其睫也。"《列子·仲尼》："虽远在八荒之外，近在眉睫之内，来干我者，我必知之。"清代蒲松龄《聊斋志异·促织》："自昏达曙，目不交睫。"

睑（瞼 jiǎn）

睑（瞼），形声字。小篆的"瞼"，从目僉（qiān）声。左边从"目"表示与眼睛有关，在字中表义，为形符，右边为"僉"，在字中表音，为声符，构成从目僉声的形声字。楷书承续小篆字形，已笔画化。现简化为"睑"，声符类推简化。《说文新附·目部》："瞼（睑），目上下睑也。从目僉声。"《王力古汉语字典》："瞼（睑），眼皮。"

本义为眼皮。《北史·姚僧垣传》："帝亲戎东讨，至河阴遇疾，口不能言，睑垂覆目，不得视。"元代张可久《进歌者秀英》："海棠娇杨柳纤腰，眼转秋波，睑晕春潮。"清代蒲松龄《聊斋志异·瞳人语》："倩人启睑拨视，则睛上生小翳。"

眦（眥 zì）

眦（眥），形声字。小篆的"眥"，从目此声。下边从"目"，表示与眼睛有关，在字中表义，为形符，上边为"此"，在字中表音，为声符，构成从目此声的形声字。楷书变为左右结构，已笔画化。《说文·目部》："眥，目匡也。从目此声。"《说文》中，"眥"即"眦"字。"眥"变为上下结构。《玉篇·目部》："眦，睚眦也。"睚，指眼角。眦，指眼眶。

本义为眼眶。《黄帝内经上·素问·气交变大论》："民病两胁下少腹痛，目赤痛，眥疡，耳无所闻。"《史记·项羽本纪》："哙遂入，披帷西向立，瞋目视项王，头发上指，目眦尽裂。"唐代杜甫《望岳》："荡胸生曾云，决眦入归鸟。"清代仇兆鳌《杜诗详注》："决，开也。眦，目眶也。"元末明初罗贯中《三国演义》第二十二回："操因缘眦睚，被以非罪；榜楚参并，五毒备至。"

眉（méi）

眉，象形字。甲骨文的"眉"，像目上有毛形，下边是眼睛，上边为眼眉，为附体象形。金文的"眉"，眼睛上边的眉毛更加形象。小篆的"眉"，

"目"立了起来，已不太形象了。楷书笔画化，下边的"目"仍在，上边的眉毛已失形。《说文·眉部》："眉，目上毛也。从目，象眉之形，上象额理也。"方述鑫等《甲骨金文字典》："眉，甲骨金文象眉形。"

本义为眉毛。《诗·卫风·硕人》："螓首蛾眉，巧笑倩兮，美目盼兮。"唐代元稹《遣悲怀三首》："唯将终夜长开眼，报答平生未展眉。"宋代刘克庄《卜算子》："淡画修眉小作春，中有相思怨。"借指美女。《释名·释形体》："眉，媚也，有妩媚也。"唐代沈佺期《王昭君》："非君惜鸾殿，非妾妒蛾眉。"唐代刘方平《栖乌曲二首》："蛾眉曼脸倾城国，鸣环动佩新相识。"明代吴承恩《西游记》第六十回："锦江滑腻蛾眉秀，赛过文君与薛涛。"

第二，表示与"目"相关的疾病。这类字主要有"瞽、矇、盲、眚、瞎"。

瞽（gǔ）

瞽，形声字。小篆的"瞽"，从目鼓声。下边从"目"，表示与眼睛有关，在字中表义，为形符；上边为"鼓"，在字中表音，为声符。楷书笔画化。《说文·目部》："瞽，目但有朕也。从目鼓声。"意即眼睛只有个小缝隙。

本义为盲人。《尚书·尧典》："瞽子，父顽，母嚚，象傲，克谐以孝，烝烝乂，不格奸。"汉代孔安国传："无目曰瞽。"《国语·周语上》："故天子听政，使公卿至于列士献诗，瞽献曲，史献书，师箴，瞍赋，矇诵。"

矇（méng）

矇，形声字。小篆的"矇"，从目蒙声。左边从"目"，表示与眼睛有关，在字中表义，为形符；右边为"蒙"，在字中表音，为声符。楷书笔画化。《说文·目部》："矇，童矇也。一曰不明也。从目蒙声。"意即瞳仁像被蒙住。另一义是幽暗不明。

本义为眼睛失明者，盲人。《诗·大雅·灵台》："鼍鼓逢逢，矇瞍奏公。"汉代毛亨传："有眸子而无见曰矇。"《楚辞·怀沙》："玄文处幽兮，矇瞍谓之不章。"汉代王逸注："矇，盲者也。"宋代洪兴祖补注："有眸子而无见曰矇，无眸子曰瞍。"

盲（máng）

盲，形声字。金文的"盲"，从目亡声。下边从"目"，表示与眼睛有关，在字中表义，为形符；上边为"亡"，在字中表音，为声符。小篆承续金文字形。楷书笔画化。《说文·目部》："盲，目无牟子。从目亡声。"《玉篇·目部》："盲，目无眸子也。"

本义为眼睛失明。《老子》第十二章："五色令人目盲；五音令人耳聋。"《韩非子·解老》："目不能决黑白之色则谓之盲；耳不能别清浊之声则谓之聋。"《论衡·别通》："人目不见青黄曰盲，耳不闻宫商曰聋，鼻不知香臭曰痈。"唐代韩愈《拘幽操》："目掩掩兮其凝其盲，耳肃肃兮听不闻声。"元末明初施耐庵《水浒传》第四十三回："李逵看时见娘双眼都盲了，坐在床上念佛。"指盲人。《论衡·自纪》："观读之者，晓然若盲之开目，聆然若聋之通耳。"唐代孟郊《寄张籍》："未见天子面，不如双盲人。"唐代拾得《诗》："盲人常兀兀，那肯怕灾殃。"元末明初罗贯中《三国演义》第三十六回："玄德踊曰：'今日方知伏龙、凤雏之语。何期大贤只在目前，非先生言，备有眼如盲也！'"

眚（shěng）

甲骨文	小篆	楷书
ᛏ	眚	眚

眚，会意兼形声字。甲骨文的"眚"，左边为一个人形，在右上角突出了人的眼睛，眼睛上长了一个东西，为会意字。小篆演变为形声字，从目生声。楷书笔画化。《说文·目部》："眚，目病生翳也。从目生声。"《玉篇·目部》："《说文》云：'眚，目病生翳也。'"

本义为眼睛生翳（yì）长膜。范成大《晚步宣华旧苑》："归来更了程书债，目眚昏花烛穗垂。"王士禛《诰封中大夫伊公墓志铭》："不哭神伤，遂患目眚。"引申为过失。《左传·僖公三十三年》："不替孟明，孤之过也，大夫何罪？且吾不以一眚掩大德。"晋代杜预注："眚，过也。"

瞎（xiā）

金文	小篆	楷书
瞎	瞎	瞎

瞎，形声字。金文的"瞎"，从目害声。左边从"目"，表示与眼睛有关，在字中表义，为形符；右边为"害"，在字中表音，为声符。小篆承续金文字形。楷书笔画化。《玉篇·目部》："瞎，一目合也。"谷衍奎《汉字源流字典》："瞎，形声字。楷书瞎，从目害声。"

本义为一目失明或双目失明。《世说新语·排调》："盲人骑瞎马，夜半临深池。"唐代卢仝《月蚀诗》："人养虎，被虎啮。天媚蟆，被蟆瞎。"元末明初施耐庵《水浒传》第二十一回："那婆惜在床上应道：'这屋里多远，他不会来。他又不瞎，如何自不上来？'"清代曹雪芹《红楼梦》第三回："贾母道：'读的是什么书，不过是认得两个字，不是睁眼的瞎子罢了！'"

第三，表示"目"的动作及其功能类别。这类字主要有"眠、眨、瞑、睁、睹、瞪、瞬、瞥、眺、瞰、相、睨、瞟、眯"。

眠（mián）

眠，形声字。小篆的"眠"，从目丏（miǎn）声。左边从"目"，表示与眼睛有关，在字中表义，为形符；右边为"丏"，在字中表音，为声符。楷书笔画化，将声符"丏"换为"民"，为从目民声的形声字。

本义为睡眠。《玉篇·目部》："眠，同'瞑'，寐也。"《山海经·东山经》："余峨之山有兽焉，见人则眠。"《后汉书·第五伦传》："吾子有疾，虽不能省视，而竟夕不眠。"唐代杜甫《饮中八仙歌》："李白一斗诗百篇，长安市上酒家眠。"唐代孟浩然《春晓》："春眠不觉晓，处处闻啼鸟。"

眨（zhǎ）

眨，形声字。小篆的"眨"，从目乏声。左边从"目"，表示与眼睛有关，在字中表义，为形符；右边为"乏"，在字中表音，为声符。楷书笔画化。谷衍奎《汉字源流字典》："眨，形声字。篆文从目乏声。隶变后楷书写作眨。"《玉篇·目部》："眨，目动也。"《广韵·洽韵》："眨，目动。"

本义为眼睛很快地一闭一开。唐代皮日休《二游诗·任诗》："沼似颇黎镜，当中见鱼眨。"宋代张耒《寄杨应之》："扬眉鼠子事轻肥，眨眼小儿夸谨厚。"元末明初施耐庵《水浒传》第四十三回："李逵虽是个杀人不眨眼的魔君，听的说了这话，自肚里寻思。"

瞑（míng）

瞑，形声字。金文的"瞑"，从目冥声。左边从"目"，表示与眼睛有关，在字中表义，为形符；右边为"冥"，在字中表音，为声符。小篆基本承续金文字形，将金文的"大"（人）写成"宀"（庐、屋）。楷书笔画化。《玉篇·目部》："瞑，寐也。"意指闭眼睡觉。

本义为闭目。《楚辞·招魂》："致命于帝，然后得瞑些。"汉代王逸疏："言投人已讫，上致命于天帝，然后乃得眠卧也。"《六韬·龙韬·军势》："迅雷不及掩耳，迅电不及瞑目。"元末明初罗贯中《三国演义》第八十回："连问数次，孔明只推病重，瞑目不答。"清代蒲松龄《聊斋志异·狼三则》："久之，目似瞑，意暇甚。"

睁（zhēng）

睁，形声字。小篆的"睁"，从目争声。左边从"目"，表示与眼睛有关，在字中表义，为形符；右边为"争"，在字中表音，为声符。楷书笔画化。《王力古汉语字典》："睁，后起字。张目。"谷衍奎《汉字源流字典》:"形声字。楷书作睁,从目争声。"

本义为张开眼睛怒视。元末明初罗贯中《三国演义》第二十八回:"只见张飞圆睁环眼,倒竖虎须,吼声如雷,挥矛向关公便搠。"元末明初施耐庵《水浒传》第三十二回:"武行者睁着双眼喝道:'你这厮好不晓道理。'"

睹（dǔ）

小篆	异体	楷书
睹	覩	睹

睹,异体为"覩",形声字。小篆的"睹",从目者声。左边从"目",表示与眼睛有关,在字中表义,为形符,右边为"者",在字中表音,为声符,构成从目者声的形声字。小篆异体"覩",为从见者声的形声字,"目"与"见"同义。楷书笔画化,其异体"覩"停止使用。《说文·目部》:"睹,见也。从目者声。"《玉篇·目部》:"睹,见也。与覩同。"

本义为看见。《庄子·秋水》:"今我睹子之难穷也,吾非至于子之门则殆矣。"唐代李白《梦游天姥吟留别》:"越人语天姥,云霞明灭或可睹。"元末明初罗贯中《三国演义》第一〇六回:"闻陛下圣体不安,恨不肋生两翼,飞至阙下。今日得睹龙颜,臣之幸也。"引申为察看。《吕氏春秋·召类》:"赵简子将袭卫,使史默往睹之,期以一月。"这类成语较多,主要有"熟视无睹""睹物思人""耳闻目睹""惨不忍睹""先睹为快"等。

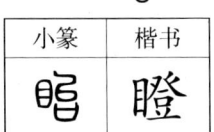

瞪（dèng）

小篆	楷书
眙	瞪

瞪,形声字。小篆的"瞪",从目台声。左边从"目"表示与眼睛有关,在字中表义,为形符,右边为"台",在字中表音,为声符,构成从目台声的形声字。楷书笔画化,将声符"台"更换为"登",为从目登声的形声字。《说文》中无"瞪"字,但有"眙"（chì）字。《说文·目部》:"眙,直视也。从目台声。"《说文段注》:"眙、瞪古今字。"《王力古汉语字典》:"[同源字]眙,瞪。"

本义为睁大眼睛直视。《玉篇·目部》:"瞪,怒目直视儿。"汉代王延寿《鲁灵光殿赋》:"齐首目以瞪眄,徒眽眽而狋狋。"唐代李周翰注:"瞪,直视也。"《晋书·郭文列传》:"文瞪眸不转,跨蹑华堂如行林野。"《宋史·列传第五十一》:"宾客有拜之者,则俯伏不能兴,往往瞪视而诟詈之。"

瞬（shùn）

小篆	楷书
瞬	瞬

瞬,形声字。小篆的"瞬",从目舜声。左边从"目",表示与眼睛有关,在字中表义,为形符;右边为"舜",在字中表音,为声符。楷书笔画化。《玉篇·目部》:"瞬,同'瞚'。瞚,动也。"

本义为眨眼。《列子·汤问》:"尔先学不瞬,而后可言射矣。"常用引申义为一眨眼工夫，时间短暂。晋代陆机《文赋》："观古今于须臾，抚四海于一瞬。"晋代陶渊明《感士不遇赋序》："寓形百年，而瞬息已尽；立行之难，而一城莫赏。"

瞥（piē）

瞥，形声字。小篆的"瞥"，从目敝声。下边从"目"，表示与眼睛有关，在字中表义，为形符；上边为"敝"，在字中表音，为声符。楷书笔画化。"瞥"与"覕"同源。《玉篇·目部》："瞥，目瞥见。"

本义为用眼光掠过。《淮南子·说林》："鳖无耳而目不可以瞥，精于明也。"汉代张衡《思玄赋》："游尘外而瞥天兮，据冥翳而哀鸣。"唐代李善注："瞥，裁见也。"唐代元稹《苦乐相倚曲》："汉成眼瞥飞燕时，可怜班女恩已衰。"清代蒲松龄《聊斋志异·促织》："方共瞻玩，一鸡瞥来，径进以啄。"

眺（tiào）

眺，形声字。小篆的"眺"，从目兆声。左边从"目"，表示与眼睛有关，在字中表义，为形符；右边为"兆"，在字中表音，为声符。楷书笔画化。《说文·目部》："眺，目不正也。从目兆声。"《说文段注》："按《释诂》、《说文》皆云：'覜，视也。'然则覜望字不得作眺。《月令》：'可以远眺望。'系假借。"《玉篇·目部》："眺，望也。"

本义为往远处看。《礼记·月令》："是月也，毋用火南方，可以居高明，可以远眺望，可以升山陵。"南北朝谢灵运《登池上楼》："倾耳聆波澜，举目眺岖嵚。"唐代杜甫《登兖州城楼》："从来多古意，临眺独踌躇。"

瞰（kàn）

瞰，形声字。小篆的"瞰"，从目敢声。左边从"目"表示与眼睛有关，在字中表义，为形符，右边为"敢"，在字中表音，为声符，构成从目敢声的形声字。楷书笔画化。《广雅·释诂》："瞰，视也。"谷衍奎《汉字源流字典》："矙，从目从闞会意，闞也兼表声。如今简作瞰。"

本义为远望。汉代班固《东都赋》："目中夏而布德，瞰四裔而抗稜（líng）。"唐代李善注："瞰，望也。"《汉书·扬雄传》："瞰帝唐之嵩高兮，脉隆周之大宁。"唐代颜师古注："瞰、脉（mò），皆视也。"元末明初罗贯中《三国演义》第四十四回："揽二乔于东南兮，乐朝夕之与共。俯皇都之宏丽兮，瞰云霞之浮动。"

相（xiāng）

相，会意字。"相"在甲骨文、金文、小篆、楷书中左边均从"木"，表示树木，右边为"目"，表示眼睛。甲骨文2的

"相"与甲骨文1的"相",左右的"木""目"互换,意思不变,有的"木"与"目"为上下互换。楷书笔画化。两部分合起来就是表示用眼睛观察一下树木够什么材料之意。《说文·目部》:"相,省视也。从目从木。《易》曰:'地可观者莫可观于木。'"徐中舒《甲骨文字典》:"相,从目从木,与《说文》相字篆文略同。"

　　本义为查看、视察。《诗·大雅·公刘》:"既景乃冈,相其阴阳,观其流泉。"汉代郑玄笺:"既以日景定其经界於山之脊,观相其阴阳寒暖所宜、流泉浸润所及,皆为利民富国。"《庄子·徐无鬼》:"吾相马,直者中绳,曲者中钩,方者中矩,圆者中规,是国马也,而未若天下马也。""吾相马",即"我观察马的体态"。明代吴承恩《西游记》第二十九回:"公主道:'不妨,我父王无子,止生我三个姊妹,若见此书,必有相看之意。'"引申为辅佐、帮助。《诗·大雅·生民》:"诞后稷之穑,有相之道。"汉代毛亨传:"相,助也。"程俊英《诗经译注》:"相,助。道,方法。"

睨（nì）

　　睨,形声字。小篆的"睨",从目兒(ní)声。左边从"目",表示与眼睛有关,在字中表义,为形符;右边为"兒",在字中表音,为声符。楷书笔画化,将声符换为"兒"。《说文·目部》:"睨,衺(xié)视也。从目兒声。"《王力古汉语字典》:"睨,斜视。"

　　本义为斜视。《礼记·中庸》:"执柯以伐柯,睨而视之,犹以为远。"宋代朱熹《四书集注》:"睨,邪视也。"《史记·廉颇蔺相如列传》:"相如持其璧睨柱,欲以击柱。"唐代王湾《奉使登终南山》:"渐平逢车骑,向晚睨城邑。"唐代韦应物《鸟引雏》:"群雏缡褷(líshī)睥睨高,举翅不及坠蓬蒿。"宋代欧阳修《卖油翁》:"(公)尝射于家圃,有卖油翁释担而立,睨之,久而不去。"

瞟（piǎo）

　　瞟,形声字。小篆的"瞟",从目票声。左边从"目"表示与眼睛有关,在字中表义,为形符,右边为"票",在字中表音,为声符,构成从目票声的形声字。楷书笔画化。《说文·目部》:"瞟,瞭也。从目票声。"《说文段注》:"今江苏俗谓以目伺察曰瞟。"《玉篇·目部》:"瞟,瞟眜明察。"

　　本义为斜着眼睛看,窃视。清代曹雪芹《红楼梦》第二十八回:"(宝玉)脸望着黛玉说话,却拿眼睛瞟着宝钗。"曹雪芹《红楼梦》第六十四回:"贾琏不住的拿眼瞟着二姐。二姐低了头,只含笑不理。"

睬（cǎi）

睬，形声字。小篆的"睬"，从目采声。左边从"目"，表示与眼睛有关，在字中表义，为形符；右边为"采"，在字中表音，为声符。楷书笔画化。谷衍奎《汉字源流字典》："睬，从目，采声。采也兼表义。"《辞海》："睬，理会。"

本义为理睬、搭理。元代王实甫《吕蒙正风雪破窑记》第四折："不是这老泰山为人忒歹，亲女婿昂然不睬。"清代曹雪芹《红楼梦》第九十一回："黛玉看见宝玉这样光景，也不睬他，只是自己叫人添了香，又翻出书来，看了一会。"

第四，表示与"目"相关的其他行为。这类字主要有"睡、瞌"。

睡（shuì）

睡，会意兼形声字。小篆的"睡"，从目从垂，垂亦声。左边从"目"表示与眼睛有关，在字中表义，为形符，右边为"垂"，指眼睑（眼皮）下垂，"垂"亦表声，构成从目从垂、垂亦声的会意兼形声字。楷书笔画化。《说文·目部》："睡，坐寐也。从目垂。"《说文段注》："此以会意包形声也。目垂者，目睑垂而下。"

本义为坐着打瞌睡。《战国策·秦策一》："（苏秦）读书欲睡，引锥自刺其股，血流至足。"《史记·商君列传》："孝公既见卫鞅，语事良久，孝公时时睡，弗听。"宋代欧阳修《秋声赋》："童子莫对，垂头而睡。"后引申为睡觉。唐代杜甫《茅屋为秋风所破歌》："自经丧乱少睡眠，长夜沾湿何由彻。"中古以后引申为睡着。唐代柳宗元《童区寄传》："童微伺其睡，以缚背刃，力上下，得绝，因取刃杀之。"

瞌（kē）

瞌，形声字。小篆的"瞌"，从目盍（hé）声。左边从"目"表示与眼睛有关，在字中表义，为形符，右边为"盍"，在字中表音，为声符，构成从目盍声的形声字。楷书笔画化。《玉篇·目部》："瞌，眼瞌也。"

本义为瞌睡。唐代白居易《自秦望赴五松驿，马上偶睡，睡觉成吟》："体倦目已昏，瞌然遂成睡。"明代吴承恩《西游记》第二十五回："他腰里还带的瞌睡虫儿，原来在东天门与增长天王猜枚耍子赢的。"

第五，表示与"目"有关的性状。这类字主要有"盼、眈、眩、睦"。

盼（pàn）

盼，形声字。金文的"盼"，从目分声。左边从"目"，表示与眼睛有关，在字中表义，为形符；右边为"分"，在字中表音，为声符。小篆承续金文字形。楷书笔画化。《说文·目部》："盼，《诗》曰：'美目盼兮。'从目分声。"《玉篇·目部》："盼，谓黑白分也。"

本义为眼睛黑白分明。《诗·卫风·硕人》："螓首蛾眉，巧笑倩兮，美目盼兮。"汉代毛亨传："盼，白黑分。"宋代吴文英《莺啼序·春晚感怀》："长波妒盼，遥山羞黛，渔灯分影春江宿。"

眈（dān）

眈，形声字。小篆的"眈"，从目冘（yín）声。左边从"目"，表示与眼睛有关，在字中表义，为形符；右边为"冘"，在字中表音，为声符。楷书笔画化。《说文·目部》："眈，视近而志远。从目冘声。"《王力古汉语字典》："眈眈，深沉注视的样子。"

本义为注视的样子。《周易·颐》："虎视眈眈，其欲逐逐，无咎。"清代蒲松龄《聊斋志异·狼三则》："狼不敢前，眈眈相向。"今有成语"虎视眈眈"。

眩（xuàn）

眩，形声字。小篆的"眩"，从目玄声。左边从"目"，表示与眼睛有关，在字中表义，为形符；右边为"玄"，在字中表音，为声符。楷书笔画化。《说文·目部》："眩，目无常主也。从目玄声。"《王力古汉语字典》："眩，目光昏花。"

本义为眼花，看不清。《战国策·燕策三》："左右既前，斩荆轲，秦王目眩良久。"《汉书·元帝纪》："夙夜忧劳，不通其理，靡瞻不眩，靡听不惑。"唐代颜师古注："眩，视乱也。"清代曹雪芹《红楼梦》第一〇九回："贾母两日不进饮食，胸口仍是膨闷，觉得头晕目眩，咳嗽。"今有成语"头晕目眩"。

睦（mù）

睦，会意兼形声字。金文的"睦"，右上边是个"見"字，左边有三个"宀"（mián），表示房屋，房屋相连表示睦邻。小篆的"睦"，演变为从目坴（lù）声的形声字。左边从"目"表示与眼睛有关，在字中表义，右边为"坴"，在字中表音，为声符，构成从目坴声的形声字。楷书笔画化。《说文·目部》："睦，目顺也。从目坴声。"《甲骨金文字典》中未见此字。

本义为睦邻、和睦。《尚书·尧典》："九族既睦，平章百姓。"汉代孔安国传："言化九族而平和章明。"《孟子·滕文公上》："出入相友，守望相助，疾病相扶持，则百姓亲睦。"元末明初罗贯中《三国演义》第三十二回："袁氏据四州之地，带甲数十万，若二子和睦，共守成业，天下事未可知也。"

第二节 "见（見）"部及其例字

"见（見）"部亦属于目部之类。从"见（見）"得义的字侧重于视觉行为。

见（見 jiàn）

一、形体演变

甲骨文1	甲骨文2	金文1	金文2	小篆	楷书	简化字
⿰	⿰	⿰	⿰	見	見	见

二、构形理据

见（見），会意字，繁体为"見"。甲骨文1的"見"，从目从人。上面从"目"，表示人的一只大眼睛，目的是为了突出眼睛的作用，表示看见；下面从"人"，像面朝左侧立的人形。甲骨文2下面的人字朝右侧立。甲骨文中也有"人"字跪坐的。金文1、金文2承续甲骨文字形，金文1的字形上边的眼睛更加形象。小篆的"見"，上边的眼睛变成了"目"。楷书承续小篆字形，已笔画化。现简化为"见"，为草书楷化法简化，今为记号字。林义光《文源》："見，象人睅（hàn）然张目形。古作 ⿰（奉彝庚）。"李孝定《甲骨文字集释》："商承祚曰：'卜辞见字作 ⿰，望字作 ⿰。目平视为见，目举视为望，决不相混。'"徐中舒《甲骨文字典》："見，从人从⿰，象人目平视有所见之形。"

三、本义

本义为看见、看到。《说文·见部》："見，视也。从儿从目。"《诗·周南·汝坟》："未见君子，惄（nì）如调饥。"汉代郑玄笺："未见君子之时，如朝饥之思食。"《礼记·大学》："心不在焉，视而不见，听而不闻，食而不知其味。"《乐府诗集·木兰诗》："昨夜见军帖，可汗大点兵。"唐代贺知章《回乡偶书》："儿童相见不相识，笑问客从何处来。"唐代杜甫《江南逢李龟年》："岐王宅里寻常见，崔九堂前几度闻。"引申为观察、知道、了解。《韩非子·主道》："道在不可见，用在不可知君。"唐代李贺《感讽六首之五》："本无辞辇意，岂见入空宫。"

四、理据例说

"见"为部首字。从"见"的字大多与眼睛、视觉行为有关，主要有"觅（覓）、视（視）、觇（覘）、觐（覲）、观（觀）、览（覽）、觊（覬）、觎（覦）、觏（覯）"。

觅（覓 mì）

见第 147 页 "爪" 部 "觅" 字。

视（視 shì）

甲骨文	金文	小篆	楷书	简化字
视	視	視	視	视

视（視），会意兼形声字，繁体为"視"。甲骨文的"视"，从目从示，示亦声。上边从"示"（示）表示祭台，下边从"目"表示看，合起来就是向神灵祭告时仔细察看显示的征兆，"示"亦表声。金文的"视"，调整为左右结构，并将"目"写成"见"。小篆承续金文字形，从见从示，示亦声。楷书笔画化。现简化为"视"，为类推简化，仍为会意兼形声字。《说文·见部》："视（視），瞻也。从见示声。"《说文段注》："瞻，临视也。视不必皆临，则瞻与视小别矣，浑言不别也。引申之义，凡我所为使人见之亦曰视。"方述鑫等《甲骨金文字典》中"视"字说解与《说文》同。

本义为看，观察。《诗·郑风·女曰鸡鸣》："子兴视夜，明星有烂。"程俊英《诗经译注》："视夜，观察夜色。"《礼记·大学》："心不在焉，视而不见，听而不闻，食而不知其味。"《庄子·养生主》："臣以神遇而不以目视，官知止而神欲行。"《墨子·辞过》："目不能遍视，手不能遍操，口不能遍味。"成语有"熟视无睹""虎视眈眈""侧目而视"等。引申为考察、审察。《尚书·泰誓中》："天视自我民视，天听自我民听。"汉代孔安国传："言天因民以视听，民所恶者天诛之。"《左传·庄公十年》："下视其辙，登轼而望之。"《战国策·齐策一》："孰视之，自以为不如，窥镜而自视，又弗如远甚。"今有词语"视察""探视"。

觇（覘 chān）

小篆	楷书
覘	覘

觇（覘），形声字。小篆的"觇"，从见占声。右边从"见"表示与眼睛的行为有关，在字中表义，为形符，左边为"占"，在字中表音，为声符，构成从见占声的形声字。楷书笔画化。现简化为"觇"，为类推简化。《说文·见部》："觇（覘），窥也。从见占声。"

本义为暗中察看。《国语·晋语六》："郤至聘于周，公使觇之，见孙周。"《淮南子·俶真训》："其兄掩户而入，觇之，则虎搏而杀之。"《聊斋志异·促织》："忽闻门外虫鸣，惊起觇视，虫宛然尚在。"

觐（覲 jìn）

金文	小篆	楷书	简化字
堇	覲	覲	觐

觐（覲），形声字。金文的"堇"，即"堇"（qín）。谷衍奎《汉字源流字典》："堇，会意字。甲骨文像把一个双臂交缚、头颈戴枷的人牲放在火

上焚烧之形，会以人牲献祭求雨之意。金文下边所从之火已不明显。……本义指以人牲火祭求雨。"小篆的"覲"变为从见堇声的形声字。右边从"見"，表示与眼睛的行为有关，在字中表义，为形符；左边为"堇"，在字中表音，为声符。楷书笔画化。现简化为"觐"，为类推简化。《说文·见部》："覲（觐），诸侯秋朝曰觐，劳王事。从見堇声。"《尔雅·释诂》："觐，见也。"

本义为古代诸侯朝见天子。《礼记·曲礼下》："天子当依而立，诸侯北面而见天子曰觐。"清代梁启超《谭嗣同传》："被征，适大病不能行，至七月乃扶病入觐，奏对称旨。"

观（觀 guān）

甲骨文	金文1	金文2	小篆	楷书	简化字

观（觀），象形兼形声字，繁体为"觀"。甲骨文的"觀"，像一只鹳鸟，上边画了夸张醒目的"眉毛"，眉毛下边是睁着的两只大眼睛，表示类似鹳鸟的大眼睛猛禽睁大眼睛查看，为象形字。金文1承续甲骨文字形。金文2在甲骨文的基础上又添加了"見"，强调猛禽的大眼睛具有"无所不见"的洞察力。小篆承续金文2的字形，为从见雚（guàn）声的形声字。右边从"見"，表示与眼睛的行为有关，在字中表义，为形符；左边为"雚"，在字中表音，为声符。楷书笔画化。现简化为"观"，形旁为类推简化，声旁用记号替代法简化，为意号字，"见"为意符，"又"为记号。《说文·见部》："觀（观），谛视也。从見雚声。"《广雅·释诂》："观，视也。"徐中舒《甲骨文字典》："觀（观），卜辞用雈，雚为觀（观），见卷四雈部雈字、雚字说解。"

本义为仔细看。《周易·系辞下》："古者包牺氏之王天下也，仰则观象于天，俯则观法于地。"《左传·僖公二十三年》："及曹，曹共公闻其骈胁，欲观其裸。浴，薄而观之。"《后汉书·皇后纪上·和熹邓皇后纪》："乃亲阅宫人，观察颜色，即时首服。"引申为观察、审察。《左传·僖公二十三年》："吾观晋公子之从者，皆足以相国。"《战国策·齐策一》："由此观之，王之蔽甚矣。"唐代柳宗元《捕蛇者说》："故为之说，以俟夫观人风者得焉。"

览（覽 lǎn）

小篆	楷书	简化字

览（覽），会意兼形声字，繁体为"覽"。小篆的"覽"，从见从监，监亦声。下边从"見"，表示与眼睛的行为有关，在字中表义，为形符；上边为"監"，亦表示观看，亦为声。楷书笔画化。现简化为"览"，形旁、声旁均为类推简化，为意号字。《说文·见部》："覽（览），观也。从見監，監亦声。"《说文段注》："以我观物曰览。

引申之使物观我亦曰览。"

本义为观看。《楚辞·离骚》："览椒兰其若兹兮，又况揭车与江离。"元末明初罗贯中《三国演义》第十七回："封其子典满为中郎，收养在府。忽报孙策遣使致书，操览书毕。"引申为观赏。唐代杜甫《望岳》："会当凌绝顶，一览众山小。"宋代范仲淹《岳阳楼记》："览物之情，得无异乎？"

觊（覬 jì）

小篆	楷书	简化字
覬	覬	觊

觊（覬），形声字。小篆的"覬"，从见豈（qǐ）声。右边从"见"，表示与眼睛的行为有关，在字中表义，为形符；左边为"豈"，在字中表音，为声符。楷书承续小篆字形，已笔画化。现"覬"简化为"觊"，"豈"用草书楷化法简化为"岂"，"見"为类推简化。《说文·见部》："覬（觊），钦（jì）幸也。从见豈声。"钦幸，同义连文，希望之义。

本义为希望得到。《楚辞·九辩》："事亹亹而觊进兮，蹇淹留而踌躇。"唐代柳宗元《童区寄传》："自毁齿已上，父兄鬻卖，以觊其利。"唐代刘禹锡《上杜司徒书》："觊乎异日，得夷平民，然后裹足西向。"唐代徐夤（yín）《酒胡子》："直指宁偏党，无私绝觊觎。"清代曹雪芹《红楼梦》第九十一回："只有薛蝌办事，年纪又轻，便生出许多觊觎之心。"

觎（覦 yú）

小篆	楷书	简化字
覦	覦	觎

觎（覦），形声字。小篆的"覦"，从见俞声。右边从"见"，表示与眼睛的行为有关，在字中表义，为形符；左边为"俞"，在字中表音，为声符。楷书承续小篆字形，已笔画化。现"覦"简化为"觎"，"見"为类推简化，仍为形声字。《说文·见部》："覦（觎），欲也。从见俞声。"《说文段注》："《广韵》曰：'觊觎，欲得也。'"

本义为非分的希望。《左传·襄公十五年》："能官人，则民无觎心。"宋代王安石《周秦本末论》："使奸人虽有觎心，无所乘而起。"明代兰陵笑笑生《金瓶梅》第十七回："蒋竹山自从与妇人看病，怀觊觎之心已非一日。"

觏（覯 gòu）

小篆	楷书	简化字
覯	覯	觏

觏（覯），会意兼形声字。小篆的"覯"，从见冓声。右边从"见"表示与眼睛的行为有关，在字中表义，为形符，左边为"冓"，表示遇到，亦为声符，构成从见从冓、冓亦声的形声字。楷书承续小篆字形，已笔画化。现"覯"简化为"觏"，"見"为类

推简化。《说文·见部》:"覯(覯),遇见也。从见冓声。"

本义为遇见、看见。《诗·邶风·柏舟》:"忧心悄悄,愠于群小。覯闵既多,受侮不少。"程俊英《诗经译注》:"覯,同'遘',遇,碰到。"《诗·豳风·伐柯》:"我覯之子,笾豆有践。"程俊英、蒋见元注译《诗经》:"覯,见。"

第七章　心部之类

"心"为部首字。从"心"的字,其义大多与人的思维、情感等心理活动及人的德行、品质有关。在楷书中,"心"作部件主要有三种写法:

一是"心"这个部件在字的下边,写作"心"。

二是"心"这个部件在字的左边,写作"忄"(竖心旁)。

三是少数汉字中的"心",写作"小"(心字底)。

心（xīn）

一、形体演变

甲骨文	金文1	金文2	小篆	楷书
♥	♥	♥	♥	心

二、构形理据

心,象形字。甲骨文的"心"字,像人或动物心脏的轮廓,"心"字中的两笔斜线表示血管的纹络。金文1的"心",在心脏轮廓的基础上增加了动脉和静脉的入口管道的形象,即"⋈",并添加指事符号一竖"丨",表示血液。金文2的"♥"(心),省去表示血液的指事性符号。小篆字形承续金文2字形。楷书笔画化。方述鑫等《甲骨金文字典》:"《说文》:'心,人心。土藏,在身之中。象形。博士说,以为火藏。'金文与《说文》心字篆文同。"清代徐灏《说文解字注笺》引《五经异义》:"古《尚书》说:'脾,木也;肺,火也;心,土也;肝,金也;肾,水也。'"也就是说"土藏",是指心为属土的脏器。这与今天的"五行"与"五脏"的相配有些出入(肝属木、心属火、脾属土、肺属金、肾属水),这可以看出古人对这个问题的不断探索。2012年版《现代汉语词典》:"心,人和高等动物身体内推动血液循环的器官。"但古人不认为"心"是循环器官,却误以为"心"是思维器官,所以"心"就成了思想、感情、精神、品德等的通称,许多与此义相关的汉字遂从"心"。

三、本义

本义为心脏。《尚书·泰誓下》:"斫朝涉之胫,剖贤人之心,作威杀戮,毒痡四海。"王世舜、王翠叶译注《尚书》对"剖贤人之心"注为"《史记·殷本纪》：比干曰：'为人臣者，不得不以死争。'乃强谏纣。纣怒曰：'吾闻圣人心有七窍。'剖比干，观其心"。《吕氏春秋·季夏纪》："其味甘，其臭香，其祀中雷，祭先心。"清代方苞《狱中杂记》："顺我，即先刺心；否则，四肢解尽，心犹不死。"清代蒲松龄《聊斋志异·画皮》："径登生床，裂生腹，掬生心而去。"

引申为思想。《诗·小雅·巧言》："他人有心，予忖度之。"唐代白居易《卖炭翁》："可怜身上衣正单，心忧炭贱愿天寒。"《列子·汤问》："汝心之固，固不可彻，曾不若孀妻弱子。"

四、理据例说

从"心"得义的字大多涉及四个方面的内容。

第一，"心"表示与人的思维有关。这类字主要有"忘、思、想、念、悟、惟、意、忆（憶）"。

忘（wàng）

| 金文 | 小篆 | 楷书 |

忘，会意兼形声字。金文的"忘"，从心从亡，亡亦声。下边从"心"表示与人的思维有关，上边从"亡"表示丢失，"亡"亦表声，合起来表示心有所失、不记得之意。小篆承续金文字形。楷书笔画化。《说文·心部》："忘，不识也。从心从亡，亡亦声。"《王力古汉语字典》："不识，不记得。"方述鑫等《甲骨金文字典》："忘，金文从心，亡声，与《说文》忘字篆文同。"

本义为忘记，不记得。《诗·小雅·隰（xí）桑》："中心藏之，何日忘之？"汉代郑玄笺："我心善此君子，又诚不能忘也。"晋代陶渊明《桃花源记》："缘溪行，忘路之远近。"宋代范仲淹《岳阳楼记》："登斯楼也，则有心旷神怡，宠辱偕忘。"元末明初施耐庵《水浒传》第五十回："李逵道：'你便忘记了，我须不忘记。那厮前日教那个鸟婆娘赶着哥哥要杀，你今却又做人情。'"

思（sī）

| 小篆 | 楷书 |

思，会意兼形声字。小篆的"思"，从心从囟（xìn），囟亦声。下边从"心"表示与人的思维有关，上边从"囟"表示囟门，指脑袋，"囟"亦声，合起来表示用头脑、用心去思考，心脑合作产生思想之意。楷书笔画化。《说文·思部》："思，容也。从心囟声。"《说文段注》："皃曰恭，言曰从，视曰明，听曰聪，思心曰容，谓五者之德。"容，指思想包容万物。

本义为思考。《诗·郑风·褰裳》："子惠思我，褰裳涉溱。"《论语·为政》："学而不思则罔，思而不学则殆。"《荀子·劝学》："吾尝终日而思矣，不如须臾之所学也。"引申为思慕、思念。《战国策·赵策四》:"已行,非弗思也,祭祀必祝之,曰:'必勿使反。'"《史记·魏世家》:"先生尝教寡人曰:'家贫则思良妻,国乱则思良相。'"晋代陶渊明《归园田居》:"羁鸟恋旧林,池鱼思故渊。"唐代李白《静夜思》:"举头望明月,低头思故乡。"

想（xiǎng）

金文	小篆	楷书
相	想	想

想,形声字。金文的"想",从心相声。下面从"心",表示与人的思维有关;上面为"相",在字中表音,为声符。小篆承续金文字形。楷书笔画化,构成从心相声的形声字。《说文·心部》:"想,冀思也。从心相声。"《说文段注》:"觊思也。觊各本作冀,今正。……觊思者,觊望之思也。"五代南唐徐锴《说文解字系传》:"冀思,希冀所思之。"《甲骨金文字典》中未见此字。

本义为思考、怀念、羡慕。《楚辞·九章·悲回风》:"入景响之无应兮,闻省想而不可得。"黄寿祺、梅桐生《楚辞全译》注:"省,深思。想,冥想。"唐代杜甫《客居》:"览物想故国,十年别荒村。"宋代苏轼《念奴娇》:"遥想公瑾当年,小乔初嫁了,雄姿英发。"引申为希望、料想。晋代刘琨《劝进表》:"四海想中兴之美,群生怀来苏之望。"唐代李善《文选注》:"毛诗序曰:宣王任贤使能,周室中兴。"

念（niàn）

甲骨文	金文1	金文2	小篆	楷书
𠅏	含	㝐	念	念

念,形声字。甲骨文的"念",从心今声。下面从"心",表示与人的思维有关;上面为"今",在字中表音,为声符。金文1承续甲骨文字形。小篆承续金文2字形,构成从心今声的形声字。楷书笔画化。《说文·心部》:"念,常思也。从心今声。"《说文段注》:"《方言》曰:'念,思也。'又曰:'念,常思也。'许云:'怀,念思也。'"清代朱骏声《说文通训定声》"常思"指"谓长久思之"。方述鑫等《甲骨金文字典》:"念,金文从心,从今。为《说文》念字篆文所本。[释义]思念,纪念。"

本义为思念、惦念。《诗·邶风·谷风》:"不念昔者,伊余来墍!"汉代郑玄笺:"君子忘旧,不念往昔年稚我始来之时安息我。"《玉台新咏·古诗为焦仲卿妻作》:"今日还家去,念母劳家里。"唐代杜甫《遣兴三首》:"客子念故宅,三年门巷空。"引申为思考、考虑。《史记·廉颇蔺相如列传》:"顾吾念之,强秦之所以不敢加兵於赵者,徒以吾两人在也。"清代曹雪芹《红楼梦》第八十七回:"也有说是思虑伤脾的,也有说是热入血室的,也有说是邪祟触犯的。"

悟（wù）

小篆	楷书
悟	悟

悟，形声字。小篆的"悟"，从心吾声。左面从"心"，表示与人的思维有关，在字中表义，为形符；右面为"吾"，在字中表音，为声符。楷书笔画化，构成从忄（心）吾声的形声字。《说文·心部》："悟，觉也。从心吾声。"《玉篇·心部》："悟，觉悟也。心解也。"

本义为觉悟、明白。《黄帝内经·素问·八正神明论》："心开而志先，慧然独悟，口弗能言，俱视独见。"晋代陶渊明《归去来分辞》："悟已往之不谏，知来者之可追。"引申为启发，使觉悟。汉代王充《论衡·对作》："冀悟迷惑之心，使知虚实之分。"明代吴承恩《西游记》第七十三回："悟出空空真正果，炼成了了自逍遥。"清代曹雪芹《红楼梦》第三十四回："（林黛玉）着实细心搜求，思忖一时，方大悟过来。"今有成语"恍然大悟"，有"领悟""醒悟"等双音词。

惟（wéi）

金文1	金文2	小篆	楷书
惟	惟	惟	惟

惟，象形兼形声字。金文1的"惟"，是以"隹"（zhuī）代惟，表示人们渴望像鸟一样自由飞翔，为象形字。金文2的"惟"，从心隹声。左面从"心"，表示与人的思维有关，在字中表义；右面为"隹"，在字中表音，为声符。小篆承续金文2字形。楷书笔画化，构成从忄（心）隹声的形声字。《说文·心部》："惟，凡思也。"清代王筠《说文解字句读》："凡者，最括而言也。惟则思之统词，不拘一端，故曰凡。"《玉篇·心部》："惟，思也。有也。辞也。为也。谋也。"方述鑫等《甲骨金文字典》："惟，金文作隹，或从心从唯，用与惟同。"

本义为思考、思维。《诗·大雅·生民》："载谋载惟，取萧祭脂。"汉代郑玄笺："惟，思也。"汉代贾谊《治安策》："臣窃惟事势，可为痛哭者一，可为流涕者二。"《汉书·张陈王周传》："吾惟之，竖子固不足遣，乃公自行耳。"唐代颜师古注曰："惟，思也。"

意（yì）

见第92页"音"部"意"字。

忆（憶 yì）

大篆	楷书	简化字
憶	憶	忆

忆（憶），形声字，繁体为"憶"。大篆的"憶"，从心意声。左边从"心"，表示与人的思维有关，在字中表义，为形符；右边为"意"，在字中表音，为声符。楷书笔画化，为从忄（心）意声的形声字。现简化为"忆"，声旁更换简化。谷衍奎《汉字源流字典》："忆，形声字。楷书繁体作憶，从人意声。如今简作忆，改为乙声。"

本义为思念、回想。《乐府诗集·木兰诗》："问女何所思，问女何所忆。"南北朝庾信《奉和永丰殿下言志》："还思建邺水，终忆武昌鱼。"唐代武则天《如意娘》："看朱成碧思纷纷，憔悴支离为忆君。"唐代王建《陇头水》："胡兵夜回水傍住，忆著来时磨剑处。"唐代白居易《忆江南》："日出江花红胜火，春来江水绿如蓝。能不忆江南？"

第二，"心"表示与人的精神状态（情感）有关。这类字主要有"忌、恨、忿、怨、快、悦、恩、情、怜（憐）、爱（愛）、恋（戀）、怒、恚、恐、耻（恥）、恤、悔、悲、愁"。

忌（jì）

| 金文 | 小篆 | 楷书 |

忌，形声字。金文的"忌"，从心己声。下边从"心"，表示与人的精神状态或情感有关，在字中表义，为形符；上边为"己"，在字中表音，为声符。小篆承续金文字形。楷书笔画化，为从心己声的形声字。《说文·心部》："忌，憎恶也。从心己声。"方述鑫等《甲骨金文字典》："忌，金文从心，己声，与《说文》忌字篆文同。"

本义为忌恨、憎恨。《左传·僖公九年》："忌则多怨，又焉能克？是吾利也。"晋代杜预注："其言虽多忌，適足以自害，不能胜人也。"《国语·越语下》："今吴稻蟹不遗种，子将助天为虐，不忌其不祥乎？"引申为嫉妒。元末明初罗贯中《三国演义》第七十二回："操大喜，问曰：'谁知吾意？'左右曰：'杨修也。'操虽称美，心甚忌之。"今有成语"讳疾忌医""肆无忌惮""投鼠忌器"等。

恨（hèn）

| 小篆 | 楷书 |

恨，形声字。小篆的"恨"，从心艮（gèn）声。左边从"心"，表示与人的精神状态或情感有关，在字中表义，为形符；右边为"艮"，在字中表音，为声符。楷书笔画化，"心"写作"忄"（竖心旁），为从忄（心）艮声的形声字。《说文·心部》："恨，怨也。从心艮声。"

本义为怨恨。《国语·周语下》："今财亡民罢，莫不怨恨，臣不知其何也。"唐代杜牧《泊秦淮》："商女不知亡国恨，隔江犹唱后庭花。"唐代杜甫《兵车行》："长者虽有问，役夫敢伸恨？"引申为遗憾、后悔。《史记·萧相国世家》："何顿首曰：'帝得之矣！臣死不恨矣！'"《汉书·何武王嘉师丹传》："故死者不抱恨而入地，生者不衔怨而受罪。"三国诸葛亮《出师表》："每与臣论此事，未尝不叹息痛恨于桓灵也。"晋代陶渊明《归去来兮辞》："问征夫以前路，恨晨光之熹微。"

忿（fèn）

| 小篆 | 楷书 |

忿，形声字。小篆的"忿"，从心分声。下边从"心"，表示与人的精神状态（情感）有关，在字中表义，作形符；上边为"分"，在字中表音，为声符。楷书笔画化。《说文·心部》："忿，悁也。

从心分声。"忿，即愤怒。

本义为愤怒、怨恨。《玉篇·心部》："忿，恨也，怒也。"《论语·颜渊》："一朝之忿，忘其身，以及其亲，非惑与？"《楚辞·九章·怀沙》："惩违改忿兮，抑心而自强。"《玉台新咏·古诗为焦仲卿妻作》："吾意久怀忿，汝岂得自由。"

怨（yuàn）

金文	小篆	楷书
夗	怨	怨

怨，会意兼形声字。金文的"怨"，会意字，从心从令（令）。左下边从"心"表示与人的精神状态（情感）有关，在字中表义，右边从"令"表示呵斥、命令，亦在字中表义，合起来是对苛刻要求表示不满。小篆变为形声字，下边为"心"，为形符，上边为"夗"（yuàn），在字中表音，为声符。楷书笔画化，为从心夗声的形声字。《说文·心部》："怨，恚也。从心夗声。"金文字典中未见此字。《玉篇·心部》："怨，恨望也。恚也。"

本义为怨恨、仇恨，在古代"怨"的词义比"恨"的程度深。《论语·里仁》："子曰：'放于利而行，多怨。'"《孟子·梁惠王上》："抑王兴甲兵，危士臣，构怨于诸侯，然后快于心与？"《玉台新咏·陌上桑》："来归相怨怒，但坐观罗敷。"元末明初罗贯中《三国演义》第一〇六回："人人怨恨，各无守心，欲斩渊首，献城归降。"

引申为责怪、埋怨。唐代王之涣《凉州词》："羌笛何须怨杨柳，春风不度玉门关。"宋代王安石《答司马谏议书》："今君实所以见教者，以为侵官、生事、征利、拒谏，以致天下怨谤也。"元末明初罗贯中《三国演义》第四十六回："子敬见公瑾时，切勿言亮先知其事，只说亮也埋怨都督便了。"明代吴承恩《西游记》第二十五回："不要只管埋怨。天色明了，你且在这路旁树林中将就歇歇。"清代曹雪芹《红楼梦》第三十七回："众人见他这般有趣，越发喜欢，都埋怨昨日怎么忘了他。"今有成语"任劳任怨""以怨报德""怨天尤人""自怨自艾"等。

快（kuài）

小篆	楷书
快	快

快，形声字。小篆的"快"，从心夬（guài）声。左边从"心"，表示与人的精神状态（情感）有关，在字中表义，为形符；右边为"夬"，在字中表音，为声符。楷书笔画化，"心"写作"忄"（竖心旁），为从"忄"（心）夬声的形声字。《说文·心部》："快，喜也。从心夬（guài）声。"

本义为高兴、喜悦。《孟子·梁惠王上》："抑王兴甲兵，危士臣，构怨于诸侯，然后快于心与？"《史记·魏公子列传》："公子行数里，心不快。"元末明初施耐庵《水浒传》第四十二回："我的哥哥，又在别人家做长工，如何养得我娘快乐？我要去取他来这里快乐几时也好。"引申为动作迅速，与"慢"相对。《晋书·王湛传》："此马虽快,然力薄不堪苦行。"《世说新语·汰（tài）侈》："彭城王有快牛,至爱惜之。"古乐府《折杨柳歌辞》："健儿须快马,快马须健儿。"

悦（yuè）

悦,形声字。小篆的"悦"字本作"说"。小篆1的"说",从言兑（duì）声,后演变为"悦",左边的"言"变为"心"。小篆2"悦",左边从"心",表示与人的精神状态（情感）有关,在字中表义,为形符；右边为"兑",在字中表音,为声符。楷书笔画化,"心"写作"忄"（竖心旁）,为从"忄"（心）兑声的形声字。《说文·言部》："说（说）,释也。从言兑。一曰谈说。"《说文段注》："说释,即悦怿。說悦释怿皆古今字。许书无悦怿二字也。说释者,开解之意。故为喜悦。采部曰：'释,解也。从言,兑声。'儿部曰：'兑,说也。'"

本义为高兴、愉快。《尔雅·释诂》："悦,乐也。"《广雅·释诂一》："悦,喜也。"《论语·学而》："学而时习之,不亦说乎？"宋代朱熹《四书集注》："说、悦同。"《孟子·梁惠王下》："取之而燕民悦,则取之……取之而燕民不悦,则勿取。"《韩非子·喻老》："桓侯不应,扁鹊出。桓侯又不悦。"

恩（ēn）

恩,会意兼形声字。小篆的"恩",从心从因,因亦声。下面从"心",表示与人的精神状态（情感）有关,在字中表义；上面为"因","因"是"茵"的初文,表示依靠,"因"在字中亦表音,为声符。楷书笔画化。《说文·心部》："恩,惠也。从心因声。"

本义为恩惠。《孟子·梁惠王上》："今恩足以及禽兽,而功不至于百姓者,独何与？"明代马中锡《中山狼传》："夫人有恩而背之,不祥莫大焉。"元末明初罗贯中《三国演义》第一回："不求同年同月同日生,只愿同年同月同日死。皇天后土,实鉴此心,背义忘恩,天人共戮！"

情（qíng）

情,形声字。金文的"情",从心青声。左边从"心",表示与人的精神状态或情感有关,在字中表义,为形符；右边为"青",在字中表音,为声符。小篆承续金文字形。楷书笔画化,"心"写作"忄"（竖心旁）,为从"忄"（心）青声的形声字。《说文·心部》："情,人之阴气有欲者也。从心青声。"

本义为感情、情绪。《礼记·礼运》："何谓人情？喜、怒、哀、惧、爱、恶、欲,七者弗学而能。"《荀子·正名》："性者,天之就也；情者,性之质也；欲者,情之应也。"唐代李贺《金铜仙人辞汉歌》："衰兰送客咸阳道，天若有情天亦老。"

怜（憐 lián）

小篆	楷书	简化字
憐	憐	怜

怜（憐），形声字。小篆的"憐"，从心粦（lín）声。左边从"心"，表示与人的精神状态（情感）有关，在字中表义；右边为"粦"，在字中表音，为声符。楷书笔画化，"心"写作"忄"（竖心旁），粦声。现简化为"怜"，为替代或声符更换简化。《说文·心部》："憐（怜），哀也。从心粦声。"《玉篇·心部》："怜，矜之也。抚也。"《广韵·先韵》："怜，哀矜也。"

本义为哀怜。《史记·项羽本纪》："且籍与江东子弟八千人渡江而西，今无一人还，纵江东父兄怜而王我，我何面目见之？"《史记·魏公子列传》："且公子纵轻胜，弃之降秦，独不怜公子姊邪？"唐代杜甫《送韦书记赴安西》："白头无藉在，朱绂有哀怜。"

引申为怜悯、可怜。唐代刘希夷《白头吟》："此翁白头真可怜，伊昔红颜美少年。"宋代辛弃疾《菩萨蛮·书江西造口壁》："东北是长安，可怜无数山。青山遮不住，毕竟江流去。"元末明初罗贯中《三国演义》第二回："今大将军听袁绍之言，欲尽诛臣等，乞娘娘怜悯！"元末明初施耐庵《水浒传》第八十九回："皇上怜悯，存恻隐之心，不肯尽情追杀，准汝投降，纳表请罪。"

爱（愛 ài）

金文1	金文2	小篆	楷书	简化字
㤅	㤅	㤅	愛	爱

爱（愛），会意兼形声字。金文1的"愛"，上边是一个面朝左张着嘴巴哈气或喃喃倾诉的人形，下边从心，表示同情、仁爱。金文2的"愛"，上边的人形面朝右，表示张口诉说，中间是一个"心"字，下面又加了手形，表示倾心诉说仁爱之心，为会意字。小篆的"愛"，从夂（suī）从㤅（ài），㤅亦声。"㤅"字从"心"，表示与人的精神状态（情感）有关。楷书笔画化，"愛"用草书简化法简化为"爱"。《说文·夂部》："愛（爱），行皃。从夂㤅声。"从文献用例上看，再结合字形部件"心"，"爱"的本义当与心理活动有关。

本义为仁爱、惠爱。《左传·隐公元年》："爱共叔段，欲立之。亟请于武公，公弗许。"《战国策·赵策四》："父母之爱子也，则为之计深远。"唐代杜牧《山行》："停车坐爱枫林晚，霜叶红于二月花。"唐代韩愈《师说》："爱其子，择师而教之。于其身也，则耻师焉。"明代崔铣《记王忠肃公翱三事》："公夫人甚爱女，每迎女，婿固不遣。"

205

恋（戀 liàn）

小篆	楷书	简化字
戀	戀	恋

恋（戀），形声字。小篆的"戀"，从心䜌（luán）声。下边从"心"，表示与人的精神状态（情感）有关，在字中表义；上边为"䜌"，在字中表音，为声符。楷书笔画化。现简化为"恋"，为部件类推简化，为意号字。谷衍奎《汉字源流字典》："恋，形声字。楷书繁体作戀，从心䜌声。如今类推简作恋。声符䜌简作亦。"《玉篇·心部》："恋，慕也。"

本义为留恋，爱慕不舍。汉代苏武《与李陵诗四首·其三》："征夫怀远路，游子恋故乡。"晋代陶潜《归园田居五首》："羁鸟恋旧林，池鱼思故渊。"唐代李白《杭州送裴大泽赴庐州长史》："去割慈亲恋，行忧报国心。"引申为男女相爱。清代曹雪芹《红楼梦》第二十一回："戒其仙姿，无恋爱之心矣，灰其灵窍，无才思之情矣。"

怒（nù）

金文	小篆	楷书
怒	怒	怒

怒，形声字。金文的"怒"，从心奴声。下边从"心"，表示与人的精神状态（情感）有关，在字中表义；上边为"奴"，在字中表音，为声符。小篆承续金文字形。楷书笔画化。《说文·心部》："怒，恚也。从心奴声。"又《说文·心部》："恚，恨也。从心圭声。"方述鑫等《甲骨金文字典》："金文从心，女声，与《三体石经·无逸》古文忞（怒）同，当即怒字。"

本义为发怒，明显地表形于外的生气。《诗·邶风·柏舟》："薄言往愬，逢彼之怒。"《国语·周语上》："夫事君者险而不懟，怨而不怒，况事王乎？"唐代杜甫《石壕吏》："吏呼一何怒，妇啼一何苦。"唐代柳宗元《三戒·黔之驴》："驴不胜怒，蹄之。"引申为气势很盛，不可遏止。唐代杜甫《茅屋为秋风所破歌》："八月秋高风怒号，卷我屋上三重茅。"杜甫《忆昔行》："忆昔北寻小有洞，洪河怒涛过轻舸。"唐代徐光溥《题黄居寀秋山图》："孙位画水多汹涌，惊湍怒涛人见恐。"宋代柳永《夜半乐·冻云黯淡》："怒涛渐息，樵风乍起，更闻商旅相呼。"

"怒"字成语较多，如"勃然大怒""怒不可遏""怒发冲冠""喜怒哀乐""恼羞成怒""心花怒放""怒气冲冲"等。

恚（huì）

小篆	楷书
恚	恚

恚，形声字。小篆的"恚"，从心圭声。下边从"心"，表示与人的情感有关，在字中表义；上边为"圭"，在字中表音，为声符。楷书承续小篆字形，笔画化。《说文·心部》："恚，恨也。从心圭声。"《说文段注》："恚，怒也。怒各本作怨。今依《大雅·绵》正义正。下文曰：'怒

者，恚也。'二篆互训。从心，圭声。"五代南唐徐锴《说文解字系传》："恚，忿之深也。"《玉篇·心部》："恚，恨怒也。"《广雅·释诂二》："恚，怒也。"

本义为怨恨、愤怒。《战国策·齐策六》："故去忿恚之心，而成终身之名。"《汉书·朱买臣传》："妻恚怒曰：'如公等，终饿死沟中耳，何能富贵？'"明代崔铣《记王忠肃公翱三事》："每迎女，婿固不遣，恚而语女曰。"

恐（kǒng）

甲骨文	金文	小篆1	小篆2	楷书

恐，会意兼形声字。甲骨文的"恐"，从彳（chì）从执从王。左边从"彳"，表示道路；右下边为"执"，表示双手；上边为"王"，表示大斧。三部分合起来表示手持大斧征战，威慑敌人，为会意字。金文变为从心工声的形声字。小篆1的"恐"，变为从心巩声。小篆2的"恐"，承续金文字形。楷书笔画化。《说文·心部》："恐，惧也。从心巩声。"

本义为惊恐、害怕。《左传·僖公二十六年》："室如悬罄，野无青草，何恃而不恐？"《荀子·天伦》："星队木鸣，国人皆恐。"《史记·廉颇蔺相如列传》："秦王恐其破璧，乃辞谢固请，召有司案图。"清代蒲松龄《聊斋志异·狼三则》："屠大窘，恐前后受其敌。"

耻（恥 chǐ）

金文	小篆	楷书	简化字

耻（恥），形声字，《说文》中作"恥"。金文的"恥"，从心耳声。右边从"心"表示与人的情感有关，在字中表义，左边为"耳"表示倾听，在字中表音，为声符，合起来表示闻于耳而耻于心。小篆承续金文字形。楷书笔画化。现简化为"耻"，为从耳止声的形声字。《说文·心部》："恥（耻），辱也。从心耳声。"

本义为耻辱。《国语·越语上》："寡人闻古之贤君，不患其众之不足也，而患其志行之少耻也。"《吕氏春秋·顺民》："越王苦会稽之耻，欲深得民心，以致必死於吴。"宋代岳飞《满江红》："靖康耻，犹未雪。"

恤（xù）

金文	小篆	楷书

恤，会意兼形声字。金文的"恤"，从卩（jié）从血。右边从"卩"表示人，左边为"血"，合起来表示人对当事人流血、受苦产生了怜悯之情，为会意字。小篆演变为"恤"，以"心"字代替金文字形中的"卩"（人），为形声字。楷书笔画化，"心"写作"忄"（竖心旁），血声，为从心血声的形声字。《说文·心部》："恤，忧也。收也。从心血声。"

本义为忧虑。《诗·小雅·小弁》:"我躬不阅,遑恤我后。"《尚书·舜典》:"钦哉,钦哉,惟刑之恤哉!"汉代孔安国传:"恤,忧也。"宋代王安石《答司马谏议书》:"士大夫多以不恤国事、同俗自媚于众为善。"宋代陆游《春夜读书感怀》:"一身不自恤,忧国涕纵横。""恤"的常用义为怜悯、体恤。

悔(huǐ)

| 金文 | 小篆 | 楷书 |

悔,形声字。金文的"悔",从心每声。下边从"心",表示与人的情感有关,在字中表义;上边为"每",在字中表音,为声符。小篆变为左右结构。楷书笔画化,"心"写作"忄"(竖心旁),每声,为从心每声的形声字。《说文·心部》:"悔,悔恨也。从心每声。"方述鑫等《甲骨金文字典》:"悔,金文从心,从每。与《说文》悔字篆文略同。"

本义为悔恨、懊悔。《诗·召南·江有汜》:"不我以,其后也悔。"《楚辞·离骚》:"亦余心之所善兮,虽九死其犹未悔!"东汉王逸注:"悔,恨也。"

悲(bēi)

| 金文 | 小篆 | 楷书 |

悲,形声字。金文的"悲",从心非声。下边从"心",表示与人的情感有关,在字中表义;上边为"非",在字中表音,为声符。小篆整齐化。楷书笔画化,为从心非声的形声字。《说文·心部》:"悲,痛也。从心非声。"

本义为哀伤、痛心。《诗·豳风·七月》:"女心伤悲,殆及公子同归。"《乐府诗集·长歌行》:"少壮不努力,老大徒伤悲。"宋代范仲淹《岳阳楼记》:"不以物喜,不以己悲。"引申为感叹、慨叹。宋代王安石《游褒禅山记》:"余于仆碑,又以悲夫古书之不存,后世之谬其传而莫能名者,何可胜道也哉!"

愁(chóu)

| 小篆 | 楷书 |

愁,形声字。小篆的"愁",从心秋声。下边从"心",表示与人的情感有关,在字中表义;上边为"秋",在字中表音,为声符。楷书笔画化,为从心秋声的形声字。《说文·心部》:"愁,忧也。从心秋声。"

本义为忧虑、发愁。《左传·襄公二十九年》:"哀而不愁,乐而不荒,用而不匮,广而不宣。"唐代李白《菩萨蛮》:"暝色入高楼,有人楼上愁。"唐代高适《别董大二首》:"莫愁前路无知己,天下谁人不识君。"

第三,"心"表示与人的德行、品质及资质有关。这类字主要有"性、忠、慈、恕、恭、慕、慎、急、怠、愚、懦、悍"。

性（xìng）

性，形声字。小篆的"性"，从心生声。左边从"心"，表示与人的德行、品质及资质有关，在字中表义；右边为"生"，在字中表音，为声符。楷书笔画化，"心"写作"忄"（竖心旁），生声。《说文·心部》："性，人之阳气性善者也。从心生声。"《广雅·释诂三》："性，质也。"

本义为人的本性。《礼记·中庸》："天命之谓性，率性之谓道，修道之谓教。"宋代朱熹《四书集注》："性，即理也。"《论语·阳货》："性相近也，习相远也。"朱熹《四书集注》："此所谓性，兼气质而言者也。"《荀子·正名篇》："散名之在人者：生之所以然者谓之性。"引申为事物的性质或性能。《左传·昭公二十五年》："则天之明，因地之性，生其六气，用其五行。"晋代杜预注："高下刚柔，地之性也。"

忠（zhōng）

忠，形声字。金文的"忠"，从心中声。下边从"心"，表示与人的品质及资质有关，在字中表义；上边为"中"，在字中表音，为声符。小篆承续金文字形。楷书笔画化。《说文·心部》："忠，敬也。从心中声。"方述鑫等《甲骨金文字典》："忠，金文从心，中声。与《说文》忠字篆文同。"

本义为忠诚无私、尽心竭力。《左传·庄公十年》："忠之属也，可以一战，战则请从。"《论语·学而》："吾日三省吾身：为人谋而不忠乎？"《荀子·大略》："虞舜、孝己孝而亲不爱；比干、子胥忠而君不用。"三国诸葛亮《出师表》："若有作奸犯科及为忠善者，宜付有司论其刑赏，以昭陛下平明之理。"唐代李白《远别离》："皇穹窃恐不照余之忠诚，雷冯冯兮欲吼怒。"引申为忠厚。《楚辞·九歌·湘君》："交不忠兮怨长，期不信兮告余以不闲。"

慈（cí）

慈，形声字。金文的"慈"，从心兹声。下边从"心"，表示与人的品质及资质有关，在字中表义；上边为"兹"，在字中表音，为声符。小篆承续金文字形。楷书笔画化，为从心兹声的形声字。《说文·心部》："慈，爱也。从心兹声。"方述鑫等《甲骨金文字典》："慈，金文从心，兹声。与《说文》慈字篆文同。"

本义为慈爱。《左传·文公十八年》："忠、肃、共、懿、宣、慈、惠、和，天下之民谓之八元。"唐代孔颖达疏："慈者，爱出於心，恩被于物也。"《左传·昭公二十八年》："教诲不倦曰长，赏庆刑威曰君，慈和徧服曰顺。"唐代孔颖达疏："人君执慈心以惠下，用和善以接物，则天下徧服而顺从之，故为顺也。"唐代孟郊《游子吟》："慈母手中线，游子身上衣。"引申为对父母孝敬奉养。《国语·齐语》："于子之乡，有不慈孝于父母、不长惕于乡里、骄躁淫暴、不用上令者，有则以告。"《孟子·离娄上》："名之曰'幽厉'，虽孝子慈孙，百世不能改也。"《庄子·渔父》："其用于人理也，事亲则慈孝，事君则忠贞。"

恕（shù）

| 金文 | 小篆 | 楷书 |

恕，形声字。金文的"恕"，从心中声。下边从"心"，表示与人的品质及资质有关，在字中表义；上边为"中"，在字中表音，为声符。小篆演变为从心如声的形声字，下边从"心"，上边为"如"，"如"在字中表音，为声符。楷书笔画化。《说文·心部》："恕，仁也。从心如声。"

本义为恕道、体谅。《论语·卫灵公》："子贡问曰：'有一言而可以终身行之者乎？'子曰：'其恕乎！己所不欲，勿施于人。'"引申为宽恕、宽容。《楚辞·离骚》："羌内恕己以量人兮，各兴心而嫉妒。"《战国策·赵策四》："窃自恕，而恐太后玉体之有所郄也，故愿望见太后。"宋代王安石《答司马谏议书》："故今具道所以，冀君实或见恕也。"

恭（gōng）

| 甲骨文 | 金文 | 小篆 | 楷书 |

恭，形声字。甲骨文的"恭"，从廾（gǒng）从龙。从"廾"表示双手，从"龙"表示神灵，合起来表示双手敬奉神龙之意。金文承续甲骨文字形。小篆字形讹误，变为从心共声的形声字，从"心"表示与人的品质及资质有关，在字中表义，为形符，"共"在字中表音。楷书笔画化，将"心"写作其变体"忄"（心字底），为从忄（心）共声的形声字。《说文·心部》："恭，肃也。从心共声。"又《说文》："肃，持事振敬也。"方述鑫等《甲骨金文字典》："恭，金文从廾拜龙，乃恭之本字。"《尔雅·释诂》："恭，敬也。"

本义为恭敬，谦逊有礼。《礼记·曲礼上》："是以君子恭敬撙节退让以明礼。"唐代孔颖达疏引何胤云："在貌为恭，在心为敬。"《史记·魏公子列传》："侯生摄敝衣冠，直上载公子上坐，不让，欲以观公子。公子执辔愈恭。"

慕（mù）

| 金文 | 小篆 | 楷书 |

慕，形声字。金文的"慕"，从心莫声。下边从"心"，表示与人的品质及资质有关，在字中表义，为形符；上边为"莫"，在字中表音，为声符。小篆承续金文字形，整齐化。楷书笔画化，将"心"写作其变体"忄"（心字底），为从忄（心）莫声的形声字。方述鑫等《甲骨金文字典》："慕，金文从心莫声。与《说文》慕字篆文同。"

本义为依恋、向往。《孟子·万章上》："人少，则慕父母；知好色，则慕少艾。"元末明初罗贯中《三国演义》第十六回："主公仰慕将军，欲求令爱为儿妇，永结秦晋之好。"清代曹雪芹《红楼梦》第一回："大师，弟子蠢物，不能见礼了。适闻二位谈那人世间荣耀繁华，心切慕之。"

慎（shèn）

慎，形声字。小篆的"慎"，从心真声。左边从"心"，表示与人的品质及资质有关，在字中表义；右边为"真"，在字中表音，为声符。楷书笔画化，"心"写作"忄"（竖心旁），真声，为从心真声的形声字。《说文·心部》："慎，谨也。从心真声。"《尔雅·释诂》："慎，诚也。"

本义为谨慎、慎重。《诗·小雅·巧言》："昊天已威，予慎无罪。"汉代毛亨传："慎，诚也。"《尚书·皋陶谟》："禹曰：'都！帝，慎乃在位。'帝曰：'俞。'"王世舜、王翠叶译注《尚书》："禹说：'唉！王啊，你也要谨慎地对待你的职位啊。'舜说：'是啊！'"《国语·周语下》："夫正，德之道也；端，德之信也；成，德之终也；慎，德之守也。"唐代魏征《谏太宗十思疏》："忧懈怠，则思慎始而敬终；虑壅蔽，则思虚心以纳下。"

急（jí）

急，形声字。小篆的"急"，从心及声。下边从"心"，表示与人的品质及资质有关，在字中表义；上边为"及"，在字中表音，为声符。楷书笔画化，将小篆"急"的声符"及"变为"刍"，为从心刍声的形声字。《说文·心部》："急，褊（biǎn）也。从心及声。"《说文段注》："褊者，衣小也。故凡窄陿谓之褊。《释言》曰：'褊，急也。'"谷衍奎《汉字源流字典》："急，篆文从心及声。"

本义为急速、紧急。《荀子·强国》："非不以此为务也，疾养缓急之有相先者也。"《孟子·滕文公下》："晋国亦仕国也，未尝闻仕如此其急。"元末明初施耐庵《水浒传》第十八回："渐渐黑影里不见了晁盖。朱仝只做失脚扑地，倒在地下。众士兵随后赶来，向前扶起，急救得。"引申为危急之事。《史记·廉颇蔺相如列传》："吾所以为此者，以先国家之急而后私仇也。"

怠（dài）

怠，会意兼形声字。金文的"怠"，从心从以。下边从"心"，表示与人的品质及资质有关；上边为"以"，为会意字。小篆变为从心台声的形声字。楷书笔画化。《说文·心部》："怠，慢也。从心台声。"方述鑫等《甲骨金文字典》："怠，金文从心，从以。与《说文》怠字篆文构形略同。"

本义为懒惰、懈怠。《尚书·大禹谟》:"无怠无荒,四夷来王。"汉代孔安国传:"言天子常戒慎,无怠惰荒废,则四夷归往之。"《国语·周语下》:"且夫备有未至而设之,有至后救之,是不相入也,可先而不备,谓之怠。"《史记·商君列传》:"事末利及怠而贫者,举以为收孥。"引申为疲倦、倦息。《汉书·司马相如传》:"怠而后游于清池。"唐代颜师古引郭璞注曰:"怠,倦也。"

愚(yú)

愚,形声字。金文的"愚",从心禺声。下边从"心",表示与人的品质及资质有关,在字中表义;上边为"禺",在字中表音,为声符。小篆承续金文字形,整齐化。楷书笔画化。《说文·心部》:"愚,戆也。从心从禺。"《说文段注》:"愚者,智之反也。"方述鑫等《甲骨金文字典》:"愚,金文从心,从禺。与《说文》愚字篆文同。"

本义为愚蠢、愚昧。《诗·大雅·抑》:"人亦有言:'靡哲不愚。'"程俊英《诗经译注》翻译为"古人有句老俗话:'智者看来像愚笨。'"《荀子·修身》:"是是、非非谓之知,非是、是非谓之愚。"《乐府诗集·陌上桑》:"使君一何愚!使君自有妇,罗敷自有夫。"

懦(nuò)

懦,形声字。小篆的"懦",从心需声。左边从"心",表示与人的品质及资质有关,在字中表义;右边为"需",在字中表音,为声符。楷书笔画化,"心"写作"忄"(竖心旁),需声,为从心需声的形声字。《说文·心部》:"懦,驽弱者也。从心需声。"

本义为软弱。《左传·僖公二年》:"宫之奇之为人也,懦而不能强谏。"晋代杜预注:"懦,弱也。"元末明初罗贯中《三国演义》第八十三回:"众皆笑其懦,不肯坚守。"

悍(hàn)

悍,形声字。小篆的"悍",从心旱声。左边从"心",表示与人的品质及资质有关,在字中表义;右边为"旱",在字中表音,为声符。楷书笔画化,"心"写作"忄"(竖心旁),旱声,为从心旱声的形声字。《说文·心部》:"悍,勇也。从心旱声。"

本义为勇猛、勇敢。《荀子·大略》:"懦弱易夺,似仁而非。悍戆好斗,似勇而非。"蒋南华等《荀子全译》:"懦弱而容易改变自己的志向,似乎很仁厚,其实并不仁厚。强悍鲁莽,似乎勇敢,其实并不勇敢。"《史记·游侠列传(郭解列传)》:"解为人短小精悍,不饮酒。"引申为凶狠、蛮横。唐代柳宗元《捕蛇者说》:"悍吏之来吾乡,叫嚣乎东西。"

第四，"心"表示与心有关的其他行为。这类字主要有"息、悬（懸）、悖"。

息（xī）

息，会意兼形声字。金文的"息"，从心从自，自亦声。下边从"心"，表示与人的呼吸有关，在字中表义；上边为"自"，表示鼻子，"自"亦声。小篆承续金文字形。楷书笔画化。《说文·心部》："息，喘也。从心从自，自亦声。"《段注》："息者，鼻也。"方述鑫等《甲骨金文字典》："息，金文从心，从自。与《说文》息字篆文同。"

本义为喘气、呼吸。《庄子·逍遥游》："野马也，尘埃也，生物之以息相吹也。"《汉书·苏武传》："武气绝，半日复息。"唐代颜师古注："息，谓出气也。"引申为停止、停息。《广雅·释诂一》："息，安也。"《诗·郑风·狡童》："维子之故，使我不能息兮！"程俊英《诗经译注》注为"息，安息"。

悬（懸 xuán）

悬（懸），形声字。小篆的"縣"，从糸（mì）县声。右边从"糸"，与绳索有关，表示悬挂，在字中表义；左边为"县"，在字中表音，为声符。楷书笔画化，在"縣"的基础上下面加了"心"字，从"心"表示担心、惊心的心理活动。现简化为"悬"，声旁类推简化，为从心县声的新形声字。谷衍奎《汉字源流字典》："懸，从心从縣，会心中挂念之意，縣也兼表声。如今简化作'悬'。"

本义为悬挂、吊挂。《孟子·公孙丑上》："当今之时，万乘之国行仁政，民之悦之，犹解倒悬也。"《徐霞客游记·游黄山记》："塞者凿之，陡者级之，断者架木通之，悬者植梯接之。"明代吴承恩《西游记》第二十六回："壶隐洞天不老丹，腰悬与日长生箓。"《明史·列传第三十五》："今者不顾破家灭族者，但为天下解倒悬之急，救黎元之命耳。"清代曹雪芹《红楼梦》第二十二回："设了酒果，备了玩物，上房悬了彩灯，请贾母赏灯取乐。"

悖（bèi）

悖，形声字。小篆的"悖"，从心孛（bèi）声。左边从"心"，表示与人的其他行为有关，在字中表义；右边为"孛"，在字中表音，为声符。楷书笔画化，"心"写作"忄"（竖心旁），孛声，为从忄（心）孛声的形声字。悖，与"誖"同。《说文·言部》："誖，乱也。从言孛声。悖，誖或从心。"谷衍奎《汉字源流字典》："悖，从忄从孛会意，孛也兼表声。"

本义为违反、违背。《礼记·中庸》:"万物并育而不相害,道并行而不相悖。"宋代朱熹《四书集注》:"悖,犹背也。"唐代柳宗元《时令论上》:"止田猎,备蚕器,合牛马,百工无悖于时。"引申为荒谬、谬误。《战国策·秦策二》:"计有一二者难悖也,听无失本末者难惑。"汉代高诱注:"悖,误也。"《吕氏春秋·察今》:"此任物,亦必悖矣。荆国之为政,有似于此。"今有成语"违天悖人""蔑伦悖理""悖言乱辞""并行不悖"等。

第八章　肉部之类

肉部之类包括肉、骨、血、身四部，均与肉体有关。

第一节　"肉"部及其例字

"肉"部侧重于内脏器官的名称。从"肉"得义的字大多与肉体、内脏器官的名称有关。

肉（ròu）

一、形体演变

甲骨文	金文	小篆	楷书
			肉

二、构形理据

肉，象形字。甲骨文、金文的"肉"字，像被切割后的肉形。金文的"肉"，能看出切割后的纹理。小篆的"肉"仍像一块肉，肉的纹理更加明显。楷书字形发生变化，仍为象形字。《说文·肉部》："肉，胾（zì）肉。象形。"《说文段注》："胾，大脔也，谓鸟兽之肉。说文之例，先人后物，何以先言肉也？曰以为部首，不得不首言之也。"方述鑫等《甲骨金文字典》："肉，甲骨文象一块肉之形。"徐中舒《甲骨文字典》："肉，象肉块形。"

注意：在小篆字形中"⺼"（月）与"⺼"（肉）几乎相同，所以在合体字中的"月字旁"通常表示的是"肉"而不是"月"，如肠、脾、肝、胆、腰、腮、腊、脱、膳等。

三、本义

本义为动物的肉。《说文·肉部》："肉，胾肉。"胾（zì）肉，即切成大块的肉。《说文段注》："何以先言肉也。……生民之初。食鸟兽之肉。"林义光《文源》："肉，

古作 ⺼（曆尊彝鼎字偏旁），作 ⺼（郳公華钟祭字偏旁），象胾形，生人之肉曰肌，俗亦或称肉。"《左传·庄公十年》："肉食者鄙，未能远谋。"《孟子·梁惠王上》："鸡豚狗彘之畜，无失其时，七十者可以食肉矣。"《史记·项羽本纪》："如今人方为刀俎，我为鱼肉，何辞为？"宋代岳飞《满江红》："壮志饥餐胡虏肉，笑谈渴饮匈奴血。"

四、理据例说

"肉"是一个部首字。在楷书里，"肉"作部件时，形体有两种变化：一是在字的下边写作"肉"或"月"（肉），如"腐""膏"；二是在字的左边则一律写作"月"（肉月旁），与日月之"月"混形，其原因是小篆"⺼"（肉）与"⺼"（月）形体十分相近。

从肉的字，其义大都与肉或人体有关，大致可分两类。

第一，表示肉或身体头部以外各部分及各种内脏的名称，主要有"膏、肌、肝、肘、股、背、腊（臘）、腰、膝、脸（臉）"。

膏（gāo）

甲骨文	金文	小篆	楷书
夲	畲	高	膏

膏，形声字。甲骨文的"膏"，从"⺼"（肉）从"介"（庙堂），表示庙堂中敬神的肉块。金文字形在甲骨文的基础上又加上了"口"。小篆承续金文字形。楷书笔画化，为从肉高声的形声字。下边从"肉"表示与肉类有关，在字中表义，"肉"作部件在下写作"月"（肉字底）。《说文·肉部》："膏，肥也。从肉高声。"方述鑫等《甲骨金文字典》："膏，甲骨文从肉，高声，或又从口。"

本义为肥肉、油脂。《国语·晋语七》："夫膏粱之性难正也，故使悙（dūn）惠者教之，使文敏者导之。"三国韦昭注："膏，肉之肥者也。"唐代韩愈《进学解》："焚膏油以继晷，恒兀兀以穷年。"今有成语"焚膏继晷"。

肌（jī）

籀文	小篆	楷书
肎	肌	肌

肌，形声字。籀文的"肌"，下面像肉，上面像肉的纹理，为会意字。小篆演变为从"月"（肉）几声的形声字。楷书笔画化，为从"月"（肉）几声的形声字，"肉"作部件在左变为"月"（肉月旁），从肉表示与肉类有关。《说文·肉部》："肌，肉也。从肉几声。"

本义为人体的肌肉。《史记·扁鹊仓公列传》："乃割皮解肌，诀脉结筋。"《论衡·实知》："沟有流澌，泽有枯骨，发首陋亡，肌肉腐绝。"唐代柳宗元《捕蛇者说》："然得而腊之以为饵，可以已大风、挛踠、瘘、疠，去死肌，杀三虫。"今有成语"面黄肌瘦"。

肝（gān）

金文	小篆	楷书

肝，形声字。金文的"肝"，从"月"（肉）干声。左边中部从"月"（肉），表示与人和动物的器官有关，在字中表义；右边为"干"，在字中表音，为声符。小篆整齐化，承续金文字形。楷书笔画化，为从"月"（肉）干声的形声字，"肉"作部件在左边变为"月"（肉月旁）。《说文·肉部》："肝，木藏也。从肉干声。"意即肝是属木的脏器。

本义为肝脏。《仪礼·士昏礼》："赞以肝从，皆振祭，哜肝，皆实于菹豆。"汉代郑玄注："肝，肝炙也。"清代方苞《左忠毅公逸事》："吾师肺肝，皆铁石所铸造也。"今有成语"肝胆相照""披肝沥胆"。比喻人的内心。唐代王昌龄《代扶风主人答》："仰攀青松枝，恸（tòng）绝伤心肝。"唐代李白《古朗月行》："忧来其如何，凄怆摧心肝。"唐代杜甫《义鹘行》："聊为义鹘行，用激壮士肝。"

肘（zhǒu）

甲骨文	小篆	楷书

肘，象形兼会意字。甲骨文的"肘"字像胳膊形，上边像伸开手指的手，在下边拐弯处加上一点"丶"，表示肘的具体部位，为象形字。小篆从肉从寸。楷书笔画化，为从"月"（肉）寸声的形声字，"肉"作部件在左边变为"月"（肉月旁）。《说文·肉部》："肘，臂节也。从肉从寸。"《说文段注》："厷与臂之节曰肘。"李孝定《甲骨文字集释》："乇字本为肘之古象形字。"

本义为上、下臂相接处可以弯曲的部位。《左传·成公二年》："自始合，而矢贯余手及肘，余折以御，左轮朱殷，岂敢言病？"《礼记·深衣》："袂之长短，反诎（qū）之及肘。"汉代郑玄注："袂属幅于衣，诎而至肘，当臂中为节，臂骨上下各尺二寸，则袂肘以前尺二寸。"《庄子·至乐》："俄而柳（瘤子）生其左肘，其意蹶蹶然恶之。"

股（gǔ）

小篆	楷书

股，形声字。小篆的"股"，从肉殳（shū）声。左边从"肉"，表示与身体部位名称有关；右边为"殳"，在字中表音，为声符。楷书笔画化，为从"月"（肉）殳声的形声字，"肉"作部件在左边变为"月"（肉月旁）。《说文·肉部》："股，髀也。从肉殳声。"《说文段注》："骨部曰：'髀，股外也。'言股则统髀。故曰髀也。从肉，殳声。"意即股为大腿。

本义为大腿。《战国策·秦策一》："读书欲睡，引锥自刺其股，血流至足。"《史记·酷吏列传》："至则族灭瞷氏首恶，余皆股栗。"南北朝丘迟《与陈伯之书》："闻鸣镝而股战，对穹庐以屈膝，又何劣邪！"清代蒲松龄《聊斋志异·狼三则》："屠自后断其股，亦毙之。"今有成语"悬梁刺股"、双音词"股肱""股骨"等保留了古义。引申为一阵气味或一阵随风飘至的气味或味道，量词。元末明初施耐庵《水浒传》第九十五回："起先兀是两骑马绞做一团厮杀，次后各运神通，只见两股黑气，在阵前左旋右转，一往一来的乱滚。"

背（bèi）

小篆	楷书
𦝫	背

背，形声字。小篆的"背"，从肉北声。下边从"肉"，表示与身体部位名称有关，在字中表义；上边为"北"，在字中表音，为声符。楷书笔画化，为从"月"（肉）北声的形声字，"肉"作部件在下边变为"月"（肉字底）。《说文·肉部》："背，脊也。从肉北声。"

本义为脊背。《黄帝内经·素问·脉要精微论》："背者胸中之府，背曲肩随，府将坏矣。"明代魏学洢《核舟记》："东坡右手执卷端，左手抚鲁直背。"今有成语"望其项背""芒刺在背""汗流浃背"。引申为反叛、背弃、违背。《史记·项羽本纪》："请往谓项伯，言沛公不敢背项王也。"《汉书·李广苏建传》："女为人臣子，不顾恩义，畔主背亲，为降虏于蛮夷，何以女为见？"

腊（臘 là）

金文	小篆	楷书	简化字
𦛚	臘	臘	腊

腊（臘），形声字。金文的"臘"，从肉鬛（liè）声。下边从"肉"，表示与肉类有关，在字中表义；上边为"鬛"，在字中表音，为声符。小篆整齐化，基本承续金文字形。楷书笔画化，为从"月"（肉）鬛声的形声字，"肉"作部件在左边变为"月"（肉月旁）。现简化为"腊"，为同音或近音替代简化。《说文·肉部》："臘（腊），冬至后三戌，臘祭百神。从肉鬛声。"《说文段注》："腊本祭名。因呼腊月、腊日耳。月令。腊先祖五祀。左传。虞不腊矣。……按猎以祭，故其祀从肉。"《甲骨金文字典》中未见此字。

"臘"读"là"，其本义为年终祭名，简化后以"腊"代"臘"。"腊"（臘）的本义为年终祭祀的祭名。《说文》："冬至后三戌，腊祭百神。"《左传·僖公五年》："宫之奇以其族行，曰：'虞不腊矣。'"晋代杜预注："腊，岁终祭众神之名。"汉代杨恽《报孙会宗书》："田家作苦，岁时伏腊，烹羊炮羔，斗酒自劳。"

注意："腊"和"臘"原为两个不同的字。"腊"原读"xī"，从肉昔声，其本义为干肉。《广雅·释器》："腊，脯也。"脯，即干肉。"臘"，从肉鬛声，其本义为年终合祭众神的祭名。现"腊"作干肉讲，罕用。

腰（yāo）

腰，象形兼形声字。小篆的"腰"，中间为正面站立的人形，两边是手，表示一人两手叉腰正面站立，为象形字。楷书笔画化，为从"月"（肉）要声的形声字，"肉"作部件时在左边变为"月"（肉月旁）。《说文》中"腰"为"要"字。《说文·臼部》："要（要），身中也。象人要自臼之形。从臼，交省声。""要"是"腰"的本字，本义为两手叉腰。《说文段注》："按今人变为要。"

本义为胯上肋下，身体的中部。《墨子·兼爱》："昔者楚灵王好士细要，故灵王之臣皆以一饭为节，胁息然后带，扶墙然后起。"《荀子·礼论》："故量食而食之，量要而带之。"蒋南华等《荀子全译》："要，同'腰'。"唐代李白《梦游天姥吟留别》："安能摧眉折腰事权贵，使我不得开心颜。"今有成语"膀大腰圆""腰缠万贯"。

膝（xī）

膝，形声字。《说文》作"厀"。小篆1的"膝"，右边为"卩"（jié），"卩"是"节"的初文，本指竹节，引申为人与动物骨骼相连的地方，在字中表义，作形符。左边为"桼"（qī），在字中表音，作声符。楷书1承续小篆1字形。楷书2承续小篆2字形。楷书2变为从"月"（肉）桼声的形声字，"肉"作部件在左边变为"月"（肉月旁），在字中表义。《说文·卩部》："厀，胫头卩也。从卩桼声。"谷衍奎《汉字源流字典》："厀，从卩桼声。俗改从肉月作'膝'。"

本义为大腿和小腿相连关节的前部，通称膝盖。《礼记·檀弓下》："今之君子进人若将加诸膝，退人若将队诸渊，毋为戎首，不亦善乎？"《庄子·养生主》："手之所触，肩之所倚，足之所履，膝之所踦，砉然向然。"

脸（臉 liǎn）

脸（臉），形声字。小篆的"臉"，从肉佥（qiān）声。左边从"肉"，表示与身体的部位名称有关，在字中表义；右边为"佥"，在字中表音，为声符。楷书笔画化，为从"月"（肉）佥声的形声字，"肉"作部件在左边变为"月"（肉月旁）。现简化为"脸"，声符类推简化为"佥"。"脸"字在魏晋时期才出现，上古人以"面"代"脸"。

本义为两颊的上部。唐代白居易《昭君怨》："满面黄沙满鬓风，眉销残黛脸销红。"宋代赵希蓬《菩萨蛮》："今日忽遭逢，流霞映脸红。"

第二，表示与肉及肢体相关的事物的性状，主要有"肥、臊、腻（膩）、腐"。

肥（féi）

金文	小篆	楷书

肥，会意字。金文的"肥"，从肉从手。从"肉"，表示与人体组织有关，在字中表义；从"又"（手），表示用手抓取。小篆变为从肉从卩。"卩"是跪坐的人。楷书将"卩"又变为"巴"。"巴"甲骨文作"🐍"，为传说中的一种大蛇。《说文·巴部》："巴，虫也，或曰食象蛇。"蛇，肉多骨少，脂肪多。楷书的"肥"，为从"月"（肉）从巴的会意字，"肉"作部件在左边变为"月"（肉月旁）。《说文·肉部》："肥，多肉也。从肉从卩。"

本义为脂肪多。《孟子·梁惠王上》："庖有肥肉，厩有肥马，民有饥色，野有饿莩，此率兽而食人也。"唐代张志和《渔歌子》："西塞山前白鹭飞，桃花流水鳜鱼肥。"引申为肥沃。汉代贾谊《过秦论》："不爱珍器重宝肥饶之地，以致天下之士，合从缔交，相与为一。"

臊（sāo）

小篆	楷书

臊，形声字。小篆的"臊"，从肉喿（sào）声。左边从"肉"，表示与动物体内所发出的一种气味有关，在字中表义；右边为"喿"，在字中表音，为声符。楷书笔画化，为从"月"（肉）喿声的形声字，"肉"作部件在左边变为"月"（肉月旁）。《说文·肉部》："臊，豕膏臭也。从肉喿声。"

本义为动物体内所发出的一种难闻的气味。《楚辞·涉江》："露申辛夷，死林薄兮，腥臊并御，芳不得薄兮。"汉代王逸注："腥臊，臭恶也。"《韩非子·五蠹》："有圣人作，钻燧取火以化腥臊，而民说之，使王天下。"《吕氏春秋·本味》："夫三群之虫，水居者腥，肉玃者臊，草食者膻。"今有成语"腥臊膻香"。

膩（腻 nì）

小篆	楷书	简化字

膩（腻），会意兼形声字。小篆的"膩"，从肉从貳，貳亦声。左边从"肉"，表示与肉类有关，在字中表义；右边为"貳"，表示双重的肉，"貳"在字中亦表音，为声符。楷书为从"月"（肉）貳声的形声字，"肉"作部件在左边变为"月"（肉月旁）。现简化为"腻"，为类推简化，仍为会意兼形声字。《说文·肉部》："膩（腻），上肥也。从肉貳声。"清代王筠《说文句读》："肥之发于外者曰腻。"

本义为肥。唐代李贺《昌谷》："石钱差复藉，厚叶皆蟠腻。"唐代韦庄《赠渔翁》："芦刀夜鲙红鳞腻，水甑朝蒸紫芋香。"引申为厌烦。清代曹雪芹《红楼梦》第十九回："我往那里去呢，见了别人就怪腻的。"

腐（fǔ）

小篆	楷书
腐	腐

腐，形声字。小篆的"腐"，从肉府声。下边从"肉"，表示与肉类有关，在字中表义；上边为"府"，在字中表音，为声符。楷书承续小篆字形，笔画化，为从肉府声的形声字。《说文·肉部》："腐，烂也。从肉府声。"《广雅·释诂》："腐，败也。"

本义为腐烂变质。《荀子·劝学》："肉腐出虫，鱼枯生蠹。"《吕氏春秋·尽数》："流水不腐，户枢不蝼，动也。"今有成语"流水不腐，户枢不蠹"。

第二节 "骨"部及其例字

"骨"部亦属于肉部之类。从"骨"得义的字侧重于骨头和骨骼。

骨（gǔ）

一、形体演变

甲骨文	小篆	楷书
𠕋	骨	骨

二、构形理据

骨，会意字。甲骨文的"骨"，像动物的大块的甲状坚硬的组织，用以支撑和保护其他器官。小篆的"骨"，从冎（guǎ）从肉。上边从"冎"，表示与骨头有关，在字中表义；下边从"肉"，表示骨与肉相连，亦在字中表义。楷书笔画化。《说文·骨部》："骨，肉之覈（hú）也。从冎有肉。"汤可敬《说文解字今释》："骨，附肉的核。"

三、本义

本义为与肌肉、筋脉组织相连的保护性支架，即骨头。《孟子·告子下》："故天将降大任于是人也，必先苦其心志，劳其筋骨，饿其体肤，空乏其身。"清代方苞《左忠毅公逸事》："微指左公处，则席地倚墙而坐，面额焦烂不可辨，左膝以下筋骨尽脱矣。"宋代岳飞墓阙上的楹联："青山有幸埋忠骨，白铁无辜铸佞臣。"清代曹雪芹《红楼梦》第二回："女儿是水作的骨肉，男人是泥作的骨肉。"

四、理据例说

"骨"是部首字。从"骨"的字，其义多与骨头和人体有关，大致有两类。

第一，表示各种骨骼的名称，主要有"骼、髋（髖）、髌（髕）、骶、骸、髓、骷、髅（髏）"。

骼（gé）

小篆	楷书
骼	骼

骼，形声字。小篆的"骼"，从骨各声。左边从"骨"，表示与骨骼的名称有关，在字中表义；右边为"各"，在字中表音，为声符。楷书承续小篆字形，笔画化，为从骨各声的形声字。《说文·骨部》："骼，禽兽之骨曰骼。从骨各声。"清代徐灏《说文解字注笺》："引申之则人以为称。"

本义为骨骼，原指动物的骨骼，后为骨的通称。《吕氏春秋·孟春》："无聚大众，无置城郭，掩骼霾髊（cī）。"《仪礼·少牢馈食礼》："司马升羊右胖，髀不升，肩、臂、臑、肫、骼，正脊一。"汉代郑玄注："肫、骼，股骨。"唐代杜甫《瘦马行》："东郊瘦马使我伤，骨骼硉（lù）兀如堵墙。"唐代韩愈《符读书城南》："三十骨骼成，乃一龙一猪。"

髋（髖 kuān）

小篆	楷书	简化字
髖	髖	髋

髋（髖），形声字。小篆的"髖"，从骨寬声。左边从"骨"，表示与骨骼的名称有关，在字中表义；右边为"寬"，在字中表音，为声符。楷书承续小篆字形，笔画化，为从骨寬声的形声字。现简化为"髋"，声符类推简化。《说文·骨部》："髋（髖），髀上也。从骨寬声。"

本义为髋骨，通称胯骨。《黄帝内经·素问·气交变大论》："胁下与腰背相引而痛，甚则屈不能伸，髋髀如别，上应荧惑辰星，其谷丹。"《汉书·贾谊传》："所排击剥割，皆众理解也。至于髋髀之所，非斤则斧。"唐代颜师古注："髀，股骨也。髋，髀上也。言其骨大，故须斤斧也。"

髌（髕 bìn）

小篆	楷书	简化字
髕	髕	髌

髌（髕），形声字。小篆的"髕"，从骨賓声。左边从"骨"，表示与骨骼的名称有关，在字中表义；右边为"賓"，在字中表音，为声符。楷书承续小篆字形，笔画化，为从骨賓声的形声字。现简化为"髌"，声符为同音或近音替代简化。《说文·骨部》："髕（髌），郄嵩也。从骨賓声。"郄嵩，即膝盖骨。《玉篇·骨部》："髌，膝端也。"

本义为膝盖骨。《黄帝内经·素问·刺禁论》："刺膝髌出液，为跛。刺臂太阴脉，出血多立死。"

骶（dǐ）

小篆	楷书
骶	骶

骶，形声字。小篆的"骶"，从骨氐（dǐ）声。左边从"骨"，表示与骨骼的名称有关，在字中表义；右边为"氐"，在字中表音，为声符。楷书承续小篆字形，笔画化，为从骨氐声的形声字。《玉

篇·骨部》:"骶，臀也。"

本义为尾椎骨。《黄帝内经·素问·刺热》:"七椎下间主肾热，荣在骶也，项上三椎陷者中也。"

骸（hái）

骸，形声字。小篆的"骸"，从骨亥声。左边从"骨"，表示与骨骼的名称有关，在字中表义；右边为"亥"，在字中表音，为声符。楷书承续小篆字形，笔画化，为从骨亥声的形声字。《说文·骨部》:"骸，胫骨也。从骨亥声。"

本义为胫骨，即小腿骨。《黄帝内经·素问·骨空论》:"骸下为辅，辅上为腘，腘上为关。"《公羊传·宣公十五年》:"易子而食之，析骸而炊之。"汉代何休注:"骸，人骨也。"南北朝贾思勰《齐民要术》卷第六相马:"臂欲大而短，骸欲小而长。"缪启愉、缪桂龙《齐民要术译注》注:"骸，指胫骨，在这里是指管骨。""骸"常用义为尸骨。元末明初罗贯中《三国演义》第三十回:"我军亡在旦夕，我尸骸不知落何处也！"清代全祖望《梅花岭记》:"即如忠烈遗骸，不可问矣！"今有词语"遗骸""骸骨"。

髓（suǐ）

髓，形声字。小篆的"髓"，从骨䯝声。左边从"骨"，表示与骨骼相关的名称有关，在字中表义；右边为"䯝"，在字中表音，为声符。楷书承续小篆字形，笔画化，为从骨䯝声的形声字。《说文·骨部》:"髓，骨中脂也。从骨隓声。"

本义为骨中的凝脂。《黄帝内经·素问·解精微论》:"脑者，阴也，髓者，骨之充也。"唐代杜甫《垂老别》:"幸有牙齿存，所悲骨髓干。"比喻事物的精华。唐代李白《白毫子歌》:"夜卧松下云，朝餐石中髓。"唐代李咸用《读修睦上人歌篇》:"意下纷纷造化机，笔头滴滴文章髓。"

骷（kū）

骷，形声字。小篆的"骷"，从骨古声。左边从"骨"，表示与骨骼的名称有关，在字中表义；右边为"古"，在字中表音，为声符。楷书承续小篆字形，笔画化，为从骨古声的形声字。《王力古汉语字典》:"骷，晚起字。骷髅，死人的骨头。"

本义为骷髅，即没有皮肉、毛发的全副骨骼或头骨，为后起字。元代张国宾《罗李郎大闹相国寺》第一折:"想当初庄子叹骷髅，一朝身死无人救，三寸气在千般有。"明代吴承恩《西游记》第八回:"惟有九个取经人的骷髅，浮在水面，再不能沉。"吴承恩《西游记》第二十七回:"悟空，这个人才死了，怎么就化作一堆骷髅？"

223

髅（髏 lóu）

小篆	楷书	简化字
髏	髏	髅

髅（髏），形声字。小篆的"髏"，从骨娄声。左边从"骨"，表示与骨骼的名称有关，在字中表义；右边为"娄"，在字中表音，为声符。楷书承续小篆字形，笔画化，为从骨娄声的形声字。现简化为"髅"，为声符类推简化。《说文·骨部》："髏（髏），髑髅也。从骨娄声。"《说文段注》："髑髅，二字叠韵。"

本义为骷髅，即没有皮肉、毛发的全副骨骼或头骨。清代王念孙《广雅疏证·释亲》："此叠韵之转也。急言之则曰头，徐言之则曰髑髅。"元末明初施耐庵《水浒传》第十一回："濠边鹿角，俱将骸骨攒成；寨内碗瓢，尽使骷髅做就。"

第二，表示身体部位的名称，主要有"体（體）、骹、髀"。

体（體 tǐ）

金文	小篆	楷书	简化字
體	體	體	体

体（體），形声字。金文的"體"，从身豊（lǐ）声。左边从"身"，表示与身体有关，在字中表义，为形符；右边为"豊"，在字中表音，为声符。小篆的"體"，部件发生变化，左边的"身"变为"骨"，从"骨"表示与身体部位名称有关；右边为"豊"，在字中表音，为声符。楷书承续小篆字形，笔画化，为从骨豊声的形声字。现简化为"体"，为异音替代简化，为意符字，"亻"与"本"均为意符。《说文·骨部》："體（体），总十二属也。从骨豊声。"《说文段注》："首之属有三：曰顶，曰面，曰颐。身之属三：曰肩，曰脊，曰臀。手之属三：曰厷，曰臂，曰手。足之属三：曰股，曰胫，曰足。合说文全书求之，以十二者统之，皆此十二者所分属也。"《广雅·释亲》："体，身也。"方述鑫等《甲骨金文字典》："体，金文从身，与骨同意。"汤可敬《说文解字今释》："体，总括全身十二分属之称。"

本义为身体。《孟子·告子下》："故天将降大任于是人也，必先苦其心志，劳其筋骨，饿其体肤，空乏其身。"《韩非子·喻老》："居五日，桓侯体痛，使人索扁鹊，已逃秦矣。"引申为形体、体态。《玉台新咏·古诗为焦仲卿妻作》："可怜体无比，阿母为汝求。"

注意："體"与"体"原为两个不同的字。"體"，形声字，指身体。"体"读如"bèn"，形声字，为"笨"的异体字，见于《广韵》和《正字通》，但极少使用，后借"体"为"體"，为同音或近音替代简化。

骹（qiāo）

小篆	楷书
骹	骹

骹，形声字。小篆的"骹"，从骨交声。左边从"骨"，表示与身体部位名称有关，在字中表义，为形符；右边为"交"，在字中表音，为声符。楷书承续小篆字形，笔画化。《说文·骨部》："骹，

胫也。从骨交声。"

本义为小腿，也指脚。唐代章孝标《少年行》："手抬白马嘶春雪，臂辣青骹入暮云。"宋代梅尧臣《潘歙州话庐山》："坐石浸两骹，炎肤起芒粟。"

髀（bì）

小篆	楷书
髀	髀

髀，形声字。小篆的"髀"，从骨卑声。左边从"骨"，表示与身体部位名称有关，在字中表义，为形符；右边为"卑"，在字中表音，为声符。楷书承续小篆字形，笔画化，为从骨卑声的形声字。《说文·骨部》："髀，股也。从骨卑声。"《说文段注》："股外曰髀，髀上曰髋。肉部曰：'股，髀也。'浑言之。此曰髀，股外也，析言之。"

本义为大腿。《礼记·深衣》："带，下毋厌髀，上毋厌胁，当无骨者。"《淮南子·人间训》："家富良马，其子好骑，堕而折其髀。"

第三节　"血"部及其例字

"血"部亦属于肉部之类。从"血"得义的字侧重于古代祭祀、中医药。

血（xuè）

一、形体演变

甲骨文	金文	小篆	楷书
𠙴	𠙴	血	血

二、构形理据

血，指事字。甲骨文的"血"，下边像"皿"（mǐn），表示器皿，上边一点"丶"表示血，合起来表示器皿中盛的是血。金文、小篆承续甲骨文字形。楷书笔画化。本义为古代供祭祀用的牲血。《说文·血部》："祭所荐牲血也。从皿，一象血形。"方述鑫等《甲骨金文字典》："血，甲骨文象盛牲血于皿之形。"徐中舒《甲骨文字典》："血，从 𠙴（皿）中有'。'或'.'，象皿中盛血之形。"

三、本义

血，供祭祀用的牲血，后泛指血液。《诗·小雅·信南山》："执其鸾刀，以启其毛，取其血膋。"汉代郑玄笺："血以告杀。"《礼记·郊特牲》："血祭，盛气也。祭肺、肝、心，贵气主也。"《周礼·大宗伯》："以血祭祭社稷、五祀、五岳，以貍沈祭山林、川泽。"唐代贾公彦疏："'以血祭祭社稷、五祀、五岳'者，此皆地之次祀，先荐血以歆神，已下二祀不复用血也。"《荀子·议兵》："兵不血刃，远迩来服；德盛于此，施及四极。"

四、理据例说

"血"不是现代字典辞书的部首，为《说文》部首。从"血"得义的字不多，大多与血、古代祭祀、中医药有关，主要有"衄、衃、衁、衅（釁）"。

衄（nù）

小篆	楷书
衄	衄

衄，形声字。小篆的"衄"，从血丑声。左边从"血"，表示与血液有关，在字中表义，为形符；右边为"丑"，在字中表音，为声符。楷书承续小篆字形，笔画化。《说文·血部》："衄，鼻出血也。从血丑声。"

本义为鼻出血。《黄帝内经·素问·金匮真言论》："冬不按蹻，春不鼽衄，春不病颈项，仲夏不病胸胁。"

衃（pēi）

小篆	楷书
衃	衃

衃，形声字。小篆的"衃"，从血不声。左边从"血"，表示与血液有关，在字中表义，为形符；右边为"不"，在字中表音，为声符。楷书承续小篆字形，笔画化。《说文·血部》："衃，凝血也。从血不声。"《说文段注》："衃血，谓败恶凝聚之血，色赤黑也。"

本义为凝血，紫黑色的瘀血。《黄帝内经·素问·五藏生成论》："赤如衃血者死，白如枯骨者死。"《灵枢经·水胀》第五七："恶血当泻不泻，衃以留止，日以益大，状如怀子。"

衁（huāng）

小篆	楷书
衁	衁

衁，形声字。小篆的"衁"，从血亡声。下边从"血"，表示与血液有关，在字中表义，为形符；上边为"亡"，在字中表音，为声符。楷书承续小篆字形，笔画化。《说文·血部》："衁，血也。从血亡声。"《玉篇·血部》："衁，血也。《左氏传》曰：'士刲羊，亦无衁。'"

本义为血液。《左传·僖公十五年》："士刲羊，亦无衁也。女承筐，亦无贶也。"晋代杜预注："衁，血也。"

衅（釁 xìn）

小篆	楷书
釁	衅

衅（釁），会意兼形声字。"衅"是"釁"的异体字。小篆的"釁"，从爨省从酉从分，分亦声。从"爨"（cuàn）表示与灶有关，从"酉"表示与酒有关，表示祭祀，从"分"表示将血液分开，分

亦声，合起来表示杀牲以祭祀。楷书借用"釁"的异体字"衅"代之。

本义为古代血祭新制的器物，杀牲用其血涂于器物缝隙中以祭祀。《说文》中无"衅"字而有"釁"字。《说文·血部》："釁，血祭也。"《孟子·梁惠王上》："曰：'牛何之？'对曰：'将以衅钟。'"《史记·高祖本纪》："祠黄帝，祭蚩尤於沛庭，而衅鼓旗，帜皆赤。"宋代陆游《书志》："铸为上方剑，衅以佞臣血。"引申为缝隙、裂痕。《左传·宣公十二年》："会闻用师，观衅而动。"唐代孔颖达疏："衅训为罪者，衅是间隙之名。"《后汉书·律历志上》："候气之法，为室三重，户闭，涂衅必周，密布缇缦。"

"衅"与"釁"在古代就是异体关系。《玉篇·血部》："衅，牲血涂器，祭也，亦作釁。"《礼记·乐记》："牛散之桃林之野而弗复服，车甲衅而藏之府库而弗复用。"汉代郑玄注："衅，釁字也。"唐代孔颖达疏："'车甲衅而藏之府库'者，言车甲不复更用，故以血衅而藏之。"衅，今为会意字。

第四节　"身"部及其例字

"身"部亦属于肉部之类。从"身"得义的字侧重于身体。

身（shēn）

一、形体演变

甲骨文	金文	小篆	楷书
甲	金	篆	身

二、构形理据

身，象形字。甲骨文的"身"，像一个女子挺着大肚子，隆起的腹部内"⊙"怀着一个胎儿"𡥀"，表示腹内有子。金文基本承续甲骨文字形，在隆起的腹部下方加一短横，指代不明。篆文基本承续金文字形。楷书笔画化。《说文·身部》："身，躬也。象人之身。"李孝定《甲骨文字集释》："契文从人而隆其腹，象人有身（孕）之形。当是身之象形初字。许君谓'象人之身'，其说是也。"方述鑫等《甲骨金文字典》："身，甲骨文、金文均以人隆其腹表示有孕之形，为身躯之身。"徐中舒《甲骨文字典》："身，从人而隆其腹，以示其有孕之形。本义当为妊娠。或作腹内有子形，则其义尤显。孕妇之腹特大，故身亦可指腹。腹为人体主要部分，引申之人之全体亦可称身。"

三、本义

本义有二：一为女子怀孕。《诗·大雅·大明》："大任有身，生此文王。"汉代毛亨传:"身,重也。"汉代郑玄笺:"重,谓怀孕也。"清代林觉民《与妻书》:"且以汝之有身也,更恐不胜悲,故惟日日呼酒买醉。"今有"身孕"一词,俗语"双身子",均保留了"身"怀孕的古义。二为身躯。《楚辞·九歌·国殇》:"带长剑兮挟秦弓,首身离兮心不惩。"《史记·项羽本纪》:"项庄拔剑起舞,项伯亦拔剑起舞,常以身翼蔽沛公,庄不得击。"明代于谦《石灰吟》:"粉骨碎身浑不怕,要留清白在人间。"

四、理据例说

"身"是部首字。从"身"的字不多,其义多与身体有关,主要有"躬、躯(軀)、躲、躺"。

躬(gōng)

躬,形声字。小篆的"躬",从身弓声。左边从"身",表示与身体有关,在字中表义,为形符;右边为"弓",在字中表音,为声符。楷书承续小篆字形,笔画化。《说文·吕部》:"躳,身也。从身从吕。""躳"是"躬"的异体字。《说文段注》:"躳,身也。……从吕,从身。从吕者,身以吕为柱也。矦执信圭,伸圭人形直,伯执躬圭,躬圭人形曲。"

本义为身体、自身。《诗·大雅·烝民》:"缵(zuǎn)戎祖考,王躬是保。"汉代郑玄笺:"躬,身也。"《诗·邶风·谷风》:"我躬不阅,遑恤我后。"《史记·司马相如列传》:"心烦于虑而身亲其劳,躬胝无胈(bá),肤不生毛。"南北朝裴骃《史记集解》:"躬,体也。"《三国志·蜀书·诸葛亮传》:"(诸葛)亮躬耕陇亩,好为《梁父吟》。"引申为亲身、亲自。三国诸葛亮《出师表》:"臣本布衣,躬耕于南阳,苟全性命于乱世,不求闻达于诸侯。"唐代王勃《滕王阁序》:"童子何知,躬逢胜饯。"清代方苞《左忠毅公逸事》:"史公治兵,往来桐城,必躬造左公第,候太公、太母起居,拜夫人于堂上。"

躯(軀 qū)

躯(軀),形声字。小篆的"軀",从身區声。左边从"身",表示与身体有关,在字中表义,为形符;右边为"區",在字中表音,为声符。楷书承续小篆字形,笔画化。现简化为"躯",为声符类推简化,仍为形声字。《说文·身部》:"軀(躯),体也。从身區声。"

本义为身体。《玉篇·身部》:"躯,体也。"《荀子·劝学》:"小人之学也,入乎耳,出乎口。口、耳之间则四寸耳,曷足以美七尺之躯哉?"唐代储光羲《野田黄雀行》:"啧啧野田雀,不知躯体微。"明代刘基《卖柑者言》:"卖者笑曰:'吾业是有年矣,吾赖是以食吾躯。'"元末明初施耐庵《水浒传》第三十七回:"凛凛身躯长八尺,能挥利剑霜锋，冲波跃浪立奇功。"清代曹雪芹《红楼梦》第七十一回："咱们奶奶万金之躯，劳乏了几日，黄汤辣水没吃，咱们哄他欢喜一会还不得一半儿，说这些话做什么。"今有成语"为国捐躯"。

躲（duǒ）

躲，形声字。小篆的"躲"，从身朵声。左边从"身"，表示与身体有关，在字中表义，为形符；右边为"朵"，在字中表音，为声符。楷书承续小篆字形，笔画化。谷衍奎《汉字源流字典》："躲，形声字。楷书躲，从身朵声。"

本义为躲避、躲藏。"躲"为后起字。《玉篇·身部》："躲，躲身也。"明代吴承恩《西游记》第七十五回："棍打诸神没躲藏，天兵十万都逃窜。"清代曹雪芹《红楼梦》第八十五回："什么时候又要看人，什么时候又躲躲藏藏的，可知也是个心术不正的货。"成语有"东躲西藏"。

躺（tǎng）

躺，形声字。小篆的"躺"，从身尚声。左边从"身"，表示与身体有关，在字中表义，为形符；右边为"尚"，在字中表音，为声符。楷书承续小篆字形，笔画化。"躺"为后起字。谷衍奎《汉字源流字典》："躺，形声兼会意字。楷书躺，从身尚声。尚也兼表向上之意。"

本义为身体平卧。元末明初施耐庵《水浒传》第四十五回："几家邻舍听得，都开了门出来，把火照时，只见遍地都是血粥，两个尸首躺在地上。"清代曹雪芹《红楼梦》第十九回："宝玉笑道：'去，不能。咱们斯斯文文的躺着说话儿。'说着，复又倒下。"

第九章　鬼部之类

鬼部之类包括鬼、巫、示三部，与鬼怪、巫觋、祭祀有关。

第一节　"鬼"部及其例字

"鬼"部侧重于鬼怪、迷信。从"鬼"得义的字大多与鬼神、迷信有关。

鬼（guǐ）

一、形体演变

甲骨文1	甲骨文2	金文	小篆	楷书
𩰬	𩰭	𩰮	鬼	鬼

二、构形理据

鬼，象形字。甲骨文1的"鬼"，下面是个朝左侧立的"人"字，上面像一个可怕的脑袋（非"田"字），是人们想象中的似人非人的怪物，俗称"大头鬼"。甲骨文2的"鬼"，下面的"人"变为正立的"大"字。金文承续甲骨文1的字形。小篆的"鬼"，基本承续金文字形，已整齐化，在其背后加"厶"（sī），表示鬼的"阴私"特别重，专干坏事。楷书笔画化。《说文·鬼部》："鬼，人所归为鬼。从人，象鬼头。鬼阴气贼害，从厶。"《说文段注》："《释言》曰：'鬼之为言归也。'郭注引《尸子》：'古者谓死人为归人。'"林义光《文源》："鬼，田，象其头大，不从厶，鬼害人不得云厶，篆从厶者，以厶为声。"

三、本义

本义为迷信的人认为人死后有"魂灵"，称为"鬼"。《诗·小雅·何人斯》："为鬼为蜮，则不可得。"《礼记·祭义》："众生必死，死必归土，此之谓鬼。"唐代孔颖达疏："鬼，归也，此归土之形，故谓之鬼也。"《楚辞·九歌·国殇》："身既死兮神以灵，子魂魄兮为鬼雄。"《淮南子·本经训》："昔者苍颉作书，而天雨粟，鬼夜哭。"晋代干宝《搜神记·宋定伯捉鬼》:"南阳宋定伯年少时,夜行逢鬼。"元末明初施耐庵《水浒传》第六十五回:"谈笑鬼神皆丧胆,指挥豪杰尽倾心。"

四、理据例说

"鬼"为部首字。从"鬼"的字不多,其义多与鬼神、迷信有关,主要有"魂、魄、魇(魘)、魔、魑、魅、魍、魉"。

魂(hún)

小篆	楷书
魂	魂

魂,形声字。小篆的"魂",从鬼云声。右边从"鬼",表示与人的灵魂有关,在字中表义,为形符;左边是"云",在字中表音,为声符。楷书笔画化。《说文·鬼部》:"魂,阳气也。从鬼云声。"

本义为灵魂,古人想象的能离开人体而存在的精神。《左传·昭公七年》:"人生始化为魄,既生魄,阳曰魂。"唐代孔颖达疏:"人之生也,始变化为形,形之灵者名之曰魄也。既生魄矣,魄内自有阳气。气之神者,名之曰魂也。魂魄神灵之名,本从形气而有。"《玉台新咏·古诗为焦仲卿妻作》:"我命绝今日,魂去尸长留。"元代关汉卿《感天动地窦娥冤》第三折:"顷刻间游魂先赴森罗殿,怎不将天地也生埋怨?"今有成语"失魂落魄""魂飞魄散"。引申为精神、神志。唐代白居易《春眠》:"新浴肢体畅,独寝神魂安。"唐代杜牧《清明》:"清明时节雨纷纷,路上行人欲断魂。"今有成语"神魂颠倒""魂牵梦绕"等。

魄(pò)

小篆	楷书
魄	魄

魄,形声字。小篆的"魄",从鬼白声。右边从"鬼",表示与灵魂、鬼怪有关,在字中表义,为形符;左边是"白",在字中表音,为声符。楷书笔画化。《说文·鬼部》:"魄,阴神也。从鬼白声。"

本义为阴神,迷信的人指依附于人的身体而存在的精神。《左传·昭公七年》:"人生始化曰魄。既生魄,阳曰魂。"《国语·晋语三》:"公子重耳其入乎?其魄兆于民矣。"《淮南子·说山训》:"魄问于魂曰:'道何以为体?'曰:'以无有为体。'"汉代高诱注:"魄,人阴神也。"唐代李白《梦游天姥吟留别》:"忽魂悸以魄动,恍惊起而长嗟。"

魇(魘 yǎn)

小篆	楷书	简化字
魘	魘	魇

魇(魘),形声字。小篆的"魘",从鬼厭声。下边从"鬼",表示与灵魂、鬼怪有关,在字中表义,为形符;上边是"厭"(yàn),在字中表音,为声符。楷书笔画化。现简化为"魇",声符"厭"为保留特征法简化。《说文新附·鬼部》:"魘(魇),寐惊也。从鬼厭声。"

231

本义为做噩梦，梦中惊骇。《王力古汉语字典》："魘（魇），梦中惊骇，恶梦。"唐代韩愈《陪杜侍御游湘西两寺独宿》："犹疑在波涛，怵惕梦成魇。"宋代梅尧臣《任廷平归京》："归心不避危，夕枕屡成魇。"明代吴承恩《西游记》第三十一回："原来那师父被妖术魇住，不能行走，心上明白，只是口眼难开。"清代曹雪芹《红楼梦》第八十二回："只听见紫鹃叫道：'姑娘，姑娘！怎么魇住了？快醒醒儿，脱了衣服睡罢。'黛玉一翻身，却原来是一场恶梦。"

魔（mó）

魔，形声字。小篆的"魔"，从鬼麻声。下边从"鬼"，表示与灵魂、鬼怪有关，在字中表义；上边是"麻"，在字中表音，为声符。楷书笔画化。"魔"为音译词，为"魔罗"的略称。《说文新附·鬼部》："魔，鬼也。从鬼麻声。"

本义为佛教把一切扰乱身心、破坏行善、妨碍修行的心理活动均称为"魔"。宋代王安石《南乡子》："我自降魔转法轮。不是摄心除妄想，求真。幻化空身即法身。"清代曹雪芹《红楼梦》第八十七回："可惜我生在这种人家，不便出家，我若出了家时，那有邪魔缠扰？"引申为恶鬼。明代吴承恩《西游记》第三十二回："洞里有两个魔头，他画影图形，要捉和尚。"引申为爱好、入迷。唐代白居易《醉吟之二》："酒狂又引诗魔发，日午悲吟到日西。"唐代卢士衡《僧房听雨》："古寺松轩雨声别，寒窗听久诗魔发。"

魑（chī）

魑，形声字。小篆的"魑"，从鬼离声。左边从"鬼"，表示与灵魂、鬼怪有关，在字中表义，为形符；右边是"离"，在字中表音，为声符。楷书笔画化。《说文新附·鬼部》："魑，鬼属。从鬼从离，离亦声。"

本义为传说中的山神。《王力古汉语字典》："魑，传说中的山神。"《汉书·王莽传》："敢有非井田圣制，无法惑众者，投诸四裔，以御魑魅。"唐代颜师古注："魑，山神也。"晋代孙绰《游天台山赋（并序）》："始经魑魅之途，卒践无人之境。"《文选》李善注："杜预左氏传注曰：魑，山神。"明代吴承恩《西游记》第九十七回："千株剑树皆欹侧，万迭刀山尽坦平。柱死城中魑魅化，奈河桥下鬼超生。"

魅（mèi）

魅，指事兼形声字。甲骨文的"魅"，为指事字。左边为"鬼"，在"鬼"的右上边加上"四点"，即"丶丶丶丶"，表示祭祀时妇人巫师扮演的精灵挥泪如雨，动人心魂。小篆的"魅",为形声字,从鬼未声。左边从"鬼",表示与灵魂、鬼怪有关,在字中表义,为形符;右边是"未",在字中表音,为声符。楷书笔画化。《王力古汉语字典》:"魅,迷信认为物老而变成的精怪。"

本义为迷信传说中的精怪。南北朝鲍照《芜城赋》:"木魅山鬼,野鼠城狐,风嗥雨啸,昏见晨趋。"唐代曹唐《和周侍御买剑》:"青天露拔云霓泣,黑地潜擎鬼魅愁。"唐代秦韬玉《八月十五日夜同卫谏议看月》:"寒入水蛟龙起,静色当天鬼魅惊。"明代吴承恩《西游记》第九十七回:"千株剑树皆欹侧,万迭刀山尽坦平。枉死城中魑魅化,奈河桥下鬼超生。"

魍（wǎng）

魍,形声字。小篆的"魍",从虫（huǐ）网声。左边从"虫"（huǐ）,表示与毒蛇有关,"虫"是"虺"的本字,在字中表义,为形符;右边是"网",在字中表音,为声符。楷书笔画化,演变为从鬼冈声的形声字,从"鬼"表示与灵魂、鬼怪有关,在字中表义。魍魉,《说文》作"蝄蛃"。《说文·虫部》:"蝄蛃,山川之精物也。"

本义为魍魉,指传说中的山川精怪。汉代张衡《西京赋》:"螭魅魍魉,莫能逢旃（zhān）。"唐代李善注:"魍魉,水神。"明代吴承恩《西游记》第三十七回:"你莫是魍魉妖魅,神怪邪魔,至夜深时来此戏我?"《西游记》第七十四回:"想是跟你师父游方,到处儿学些法术,或者会驱缚魍魉,与人家镇宅降邪,你不曾撞见十分狠怪哩!"

魉（liǎng）

魉,形声字。小篆的"魉",从虫（huǐ）两声。左边从"虫"（huǐ）,表示与毒蛇有关,"虫"是"虺"的本字,在字中表义,为形符;右边是"两",在字中表音,为声符。楷书笔画化,演变为从鬼两声的形声字,从"鬼"表示与灵魂、鬼怪有关,在字中表义。《辞海》:"魍魉,古代传说中的山川精怪名。"《王力古汉语字典》:"魍魉,叠韵联绵字。"

本义为魍魉,指传说中的山川精怪。明代吴承恩《西游记》第十六回:"体挂魍魉从此灭,身披魑魅入黄泉。"《西游记》第六十七回:"满山多虎豹狼虫,遍地有魍魉魑魅。白日里尚且难行,黑夜里怎生敢宿?"

第二节 "巫"部及其例字

"巫"部亦属于鬼部之类。从"巫"得义的字侧重于巫觋、祭祀。

巫（wū）

一、形体演变

甲骨文	金文	小篆	楷书
玊	田	巫	巫

二、构形理据

巫，象形字。甲骨文的"巫"，像古代女巫所用的道具，表示祭祀时手持巧具，祝祷降神。金文承续甲骨文字形。小篆演变成从"工"从两"人"，表示两人或多人配合祝祷降神。楷书笔画化。《说文·巫部》："巫，祝也。女能事无形，以舞降神者也。象人两褎（xiù，同'袖'）舞形，与工同意。古者巫咸初作巫。"方述鑫等《甲骨金文字典》："巫，甲骨金文字形与小篆相近。"商代巫的地位较高。周代分男巫、女巫，司职各异，同属司巫。春秋以后，医道渐从巫术中分出。

三、本义

本义为古代称能以舞降神的人。《国语·楚语下》："如是则明神降之，在男曰觋，在女曰巫。"三国韦昭注："觋见鬼者也，《周礼》男亦曰巫。"《韩非子·外储说右上》："然疑家巫有蔡妪者，疑母甚爱信之，属之家事焉。"唐代韩愈《师说》："巫医乐师百工之人，不耻相师。"清代蒲松龄《聊斋志异·促织》："时村中来一驼背巫，能以神卜。"今有词语"小巫见大巫"。

四、理据例说

"巫"为《说文》部首字。从"巫"的字很少，其义多与巫祝有关，主要有"筮、觋（覡）"。

筮（shì）

金文	小篆	楷书
筮	筮	筮

筮，会意字。金文的"筮"，从竹从"田"从廾。上边从"竹"，表示占卜用的竹签；中间从"田"，表示巫师占卜用的法器，后变为"巫"；下边从"廾"，表示用双手占卜。小篆形体稍有变化，"筮"的上下部件不变，中间的"巫"另加两个"口"字，突出巫师念念有词。楷书笔画化，为从竹从巫的会意字，从"巫"表示与占卜有关。《说文·竹部》："筮，《易》卦用蓍也。从竹从巫。巫，古文巫字。"

本义为古代用蓍（shī）草占卜来预测凶吉。《诗·卫风·氓》："尔卜尔筮，体无咎言。"汉代毛亨传："龟曰卜，蓍曰筮。"《礼记·曲礼》："龟为卜，筴为筮。卜筮者，先圣王之所以使民信时日，敬鬼神，畏法令也。"《仪礼·士冠礼》："士冠礼，筮于庙门。"汉代郑玄注："筮者，以蓍问日吉凶于《易》也。"《左传·僖公四年》："晋献公欲以骊姬为夫人，卜之，不吉；筮之，吉。"

觋（覡 xí）

小篆	楷书
覡	觋

觋（覡），会意字。小篆的"覡"，从巫从见。左边从"巫"，表示与占卜有关；右边为"見"，表示能看到鬼神并能传达鬼神意旨。楷书笔画化。现简化为"觋"，"见"为类推简化。《说文·巫部》："覡，能斋肃事神明也。在男曰覡，在女曰巫。从巫从见。"

本义为男巫师。《段注》："此析言之耳。统言则《周礼》男亦曰巫，女非不可曰觋也。"《荀子·正论》："出户而巫觋有事，出门而宗祀有事。"唐代杨倞注："女曰巫，男曰觋。"明代凌濛初《初刻拍案惊奇》："话说男觋女巫，自古有之。汉时谓之'下神'，唐世呼为'见鬼人'。"

第三节 "示"部及其例字

"示"部亦属于鬼部之类。从"示"得义的字侧重于祭祀、祈祷、祸福。

示（shì）

一、形体演变

甲骨文1	甲骨文1	甲骨文3	小篆	楷书
丁	丅	示	示	示

二、构形理据

示，象形兼会意字。甲骨文1的"示"，像祭台形，类似于简易的供桌，上面一横为桌面，下面一竖为支架。甲骨文2的"示"，在供桌的上面加上了祭品或祭祀的牌位。甲骨文3的"示"，供桌为三条腿的支架。小篆承续甲骨文3的字形。楷书笔画化。《说文·示部》："示，天垂象，见吉凶，所以示人也。从二，三垂，日月星也。观乎天文，以察时变。示，神事也。"这是许慎对《说文》小篆"示"的说解。参之甲骨文字形，"示"像祭台，又像祭祀之牌位。方述鑫等《甲骨金文字典》："示，丁象以木表或石柱为神主之形，卜辞祭祀占卜中，示为天神、地祇、先公、先王之通称。"徐中舒《甲骨文字典》对"示"的解释与方述鑫等《甲骨金文字典》基本一致。

三、本义

"示"的本义为地祇（qí），即地神，但古籍中书证较少。《周礼·春官·大宗伯》："大宗伯之职，掌建邦之天神、人鬼、地示之礼，以佐王建保邦国。"杨天宇《周礼译注》：" 示，是'祇'的本字，谓地神。"以上文献例句用了"示"的本义。

"示"的常用义为给人看。《玉篇·示部》："示者，语也，以事告人曰示也。"《庄子·胠箧》："鱼不可脱于渊，国之利器不可以示人。"《史记·廉颇蔺相如列传》："秦王大喜，传以示美人及左右，左右皆呼万岁。"又曰："璧有瑕，请指示王。"又曰："廉颇、蔺相如计曰：'王不行，示赵弱且怯也。'"明代崔铣《记王忠肃公翱三事》："二子心计，公无从办，特示故人意耳。"今有成语"枭首示众""不甘示弱"。

四、理据例说

"示"为部首字。从"示"得义的字，其义多与鬼神、祭祀、宗庙、祸福有关。这类字较多，主要有五类。

第一，表示与神鬼的类别有关，主要有"神、祇、社"。

神（shén）

甲骨文	金文1	金文2	小篆	楷书
ᄾ	祂	肺	禣	神

神，象形兼形声字。甲骨文的"神"，为象形字，即"申"。"申"与"电"，古代为同一个字，像天空中闪电之形。古人以为闪电变幻莫测，威力无穷，故称之为神。金文1为从示申声的形声字，左边从"示"，表示与神灵有关。金文2的"神"与金文1的"神"左右结构部件相反，右边从"示"，为形符，意义不变。小篆承续金文1的字形。楷书笔画化。《说文·示部》："神，天神，引出万物者也。从示申。"杨树达《积微居小学金石论丛》（增订本）释神祇："考神字，《宗周钟》作祂，……许君云：'籀文虹从申，申，电也。'又十一篇下雨部云：'电，阴阳激耀也。从雨从申。'据此诸证，知古申电同文。"《玉篇·示部》："神，《大戴礼》云：'阳之精气曰神，阴之精气曰灵。'《广雅》云：'神，弘也。'"

本义为神灵，即传说中的天神，天地万物的创造者或主宰者。《诗·大雅·云汉》："敬恭明神，宜无悔怒。"程俊英《诗经译注》："明神，即神明。"《周礼·大司乐》："乃奏黄钟，歌大吕，舞《云门》，以祀天神。"汉代郑玄注："天神，谓五帝及日月星辰也。"《列子·汤问》："操蛇之神闻之，惧其不已也，告之于帝。"唐代杜甫《漤陂行（陂在鄠县西五里，周一十四里）》："咫尺但愁雷雨至，苍茫不晓神灵意。"引申为精神、心神。《庄子·养生主》："方今之时，臣以神遇而不以目视，官知止而神欲行。"陈鼓应《庄子今注今译》注："神欲行，喻心神自运，而随心所欲。"唐代魏征《谏太宗十思疏》："何必劳神苦思，代百司之职役哉？"宋代范仲淹《岳阳楼记》："登斯楼也，则有心旷神怡，宠辱偕忘。"

祇（qí）

小篆	楷书
祇	祇

祇，形声字。小篆的"祇"，从示氏声。左边从"示"，表示与神鬼的类别有关，在字中表义，为形符；右边为"氏"，在字中表音，为声符。楷书笔画化。《说文·示部》："祇，地祇，提出万物者也。从示氏声。"杨树达《积微居小学金石论丛》（增订本）释神祇："电为天上至神之象，氏为地上至神之象，故天神谓之神，地神谓之祇矣。"

本义为地神。《论语·述而》："祷尔于上下神祇。"《墨子·天志中》："纣越厥夷居，不肯事上帝，弃厥先神祇不祀，乃曰吾有命。"唐代韩愈《孟东野失子》："地祇为之悲，瑟缩久不安。"唐代褚亮《肃和》："至矣坤德，皇哉地祇。"明代吴承恩《西游记》第四十六回："原来那些土地神祇因他有五雷法，也服他使唤，暗中真个把行者头按住了。"

社（shè）

甲骨文	金文1	金文2	小篆	楷书
〇	社	社	社	社

社，会意字。甲骨文的"社"，就像立于地面的土堆，古代封土为社。金文的"社"，变为从示从土或从木。左边从"示"，表示与神鬼的类别有关；右边有的为"土"或土上有"木"，表示封于地面的土堆。小篆承续金文1的字形。楷书笔画化。《说文·示部》："社，地主也。从示土。"地主，即土地的神主。《说文段注》："社，地主也，五经异义。今《孝经》说曰：'社者土地之主。土地广博。不可偏敬。封五土以为社。'"方述鑫等《甲骨金文字典》："甲骨文'社'，不从'示'，象地面上土块形。……金文从'示'或增加'木'字形。"徐中舒《甲骨文字典》："卜辞用土为社。"

本义为土地神。引申为祭祀土地神。《左传·定公四年》："君以军行，祓社衅鼓，祝奉以从。"晋代杜预注："师出，先事祓祷於社，谓之宜社。于是杀牲，以血涂鼓衅，为衅鼓。"《诗·小雅·甫田》："以我齐明，与我牺羊，以社以方。"汉代郑笺注："秋祭社与四方。"宋代辛弃疾《永遇乐·京口北固亭怀古》："佛狸祠下，一片神鸦社鼓。"

第二，表示与祭祀的类别有关，主要有"祭、祀、禜、禱、祃、祊、祔、禳、禘、礼（禮）"。

祭（jì）

甲骨文1	甲骨文2	金文	小篆	楷书
祭	祭	祭	祭	祭

祭，会意字。甲骨文1的"祭"，左边"祭"表示滴血的肉块，右边为"又"（手），表示抓取，合起来表示手持鲜肉敬献。甲骨文2在甲骨文1的基础上加"示"（示），突出了向神祈祷的主题。金文将甲

骨文的"肉"写成"🥩"，即楷书中的"月"（肉月旁）。小篆承续金文字形。楷书笔画化。《说文·示部》："祭，祭祀也。从示，以手持肉。"《说文段注》："统言则祭祀不别也。从示，以手持肉。此合三字会意也。"方述鑫等《甲骨金文字典》："甲骨文象以手持'🥩'（肉），金文增示字偏旁，表示祭祀。"

本义为祭祀。《诗·豳风·七月》："四之日其蚤，献羔祭韭。"《史记·陈涉世家》："为坛而盟，祭以尉首。"《论语·乡党》："祭于公，不宿肉。祭肉不出三日。"宋代朱熹《四书集注》："助祭于公，所得胙肉，归即颁赐。"宋代陆游《示儿》："王师北定中原日，家祭无忘告乃翁。"元末明初罗贯中《三国演义》第五十五回："生不能侍奉二亲，又不能祭祀宗祖，乃大逆不孝也。"《三国演义》第八十三回："先主亲捧马忠首级，诣前祭祀。"元末明初施耐庵《水浒传》第二十回："当下椎牛宰马，祭祀天地神明，庆贺重新聚义。"

祀（sì）

甲骨文	金文	小篆	楷书
祀	祀	祀	祀

祀，形声字。甲骨文的"祀"，从示巳声。左边从"示"，表示与祭祀的类别有关，在字中表义，为形符；右边是"巳"，在字中表音，为声符。金文、小篆承续甲骨文字形。楷书笔画化。《说文·示部》："祭无巳也。从示巳声。"《说文段注》："祭无巳也，析言则祭无巳曰祀，从巳而释为无巳。""祭无巳"，即祭祀不停止。方述鑫等《甲骨金文字典》："甲文从丅从己，己之初形当为🜸，🜸表示象征神主之小兒。后世讹变由🜸、🜹而为'己'。"

本义为祭祀。《左传·成公十三年》："国之大事，在祀与戎。"《周礼·地官·鼓人》："以雷鼓鼓神祀，以灵鼓鼓社祭。"汉代郑玄注："神祀，祀天神也。""社祭，祭地祇也。"唐代贾公彦疏："天神称祀，地祇称祭，宗庙称享。"《战国策·赵策四》："已行，非弗思也，祭祀必祝之，曰：'必勿使反。'"《明史·海瑞传》："瑞抚吴甫半岁，小民闻当去，号泣载道，家绘像祀之。"今有词语"祭祀""祀典""郊祀"等。

祡（chái）

小篆	楷书
祡	祡

祡，形声字。小篆的"祡"，从示此声。下边从"示"，表示与祭祀的类别有关，在字中表义，为形符；上边是"此"，在字中表音，为声符。楷书笔画化。《说文·示部》："烧祡焚燎以祭天神。从示此声。"《说文段注》："烧柴尞祭天也。此从《尔雅》音义。尞，各本作燎，非也。火部曰：'尞祡祭天也。'此曰祡尞祭天也，是为转注冣较然者。柴与祡同此声，故烧柴祭曰祡。《释天》曰：'祭天曰燔柴。'"方述鑫等《甲骨金文字典》："甲骨文象以木

架于示前，焚燎以祭神之意。"

本义为祭名，烧柴祭天。《礼记·郊特牲》："天子适四方，先柴。"汉代郑玄注："所到必先燔柴，有事於上帝也。"《礼记·祭法》："燔柴于泰坛，祭天也。瘗埋于泰折，祭地也。"汉代郑玄注："坛、折，封土为祭处也。"《尔雅》云：'祭天曰燔柴。'"《史记·五帝本纪》："岁二月，东巡狩，至于岱宗，柴。"南北朝裴骃《史记集解》郑玄曰："建卯之月也。柴祭东岳者，考绩。柴，燎也。"

禷（lèi）

禷，形声字。小篆的"禷"，从示類声。左边从"示"，表示与祭祀的类别有关，在字中表义，为形符；右边是"類"，在字中表音，为声符。楷书笔画化。《说文·示部》："禷，以事类祭天神。从示類声。"

本义为祭名，古因特殊事情祭祀天神。《尔雅·释天》："是禷是禡，师祭也。"《新唐书·礼乐志六》："皇帝入自东房，侍臣从至阁。乃禷于昊天上帝。"经传多用"類"代"禷"。《礼记·王制》："天子将出，类乎上帝，宜乎社，造乎祢。"

礿（yuè）

礿，形声字。甲骨文的"礿"，从示勺声。左边从"示"，表示与祭祀的类别有关，在字中表义，为形符；右边是"勺"，在字中表音，亦兼表义。金文、小篆基本承续甲骨文字形。楷书笔画化。《说文·示部》："夏祭也。从示勺声。"《说文》："勺，挹取也，象形，中有实。"《尔雅·释天》："春祭曰祠，夏祭曰礿，秋祭曰尝，冬祭曰烝。"

本义为祭名，夏天祭祀的名称。《礼记·王制》："天子诸侯宗庙之祭，春曰礿，夏曰禘，秋曰尝，冬曰烝。"礿祭，在周代一般在春天举行，夏商礿祭不详。唐代元稹《人道短》："人解和曲蘖，充礿祀烝尝。"

祊（bēng）

祊，象形兼形声字。甲骨文的"祊"，像一扇门形。小篆的"祊"，从示方声。左边从"示"，表示与祭祀的类别有关，在字中表义，为形符；右边是"方"，在字中表音，为声符。楷书笔画化。《说文·示部》："䄫，门内祭，先祖所以彷徨。从示彭声。祊，䄫或从方。"

本义为祭名，在宗庙门内祭祖。《诗·小雅·楚茨》："祝祭于祊，祀事孔明。"汉代毛亨传："祊，门内也。"汉代郑玄笺："孝子不知神之所在，故使祝博求之平生门内之旁，待宾客之处，祀，朝市之于西方，失之矣。"汉代郑玄注："祊之礼，宜于庙门外之西室，绎又于其堂，神位在西也。"

祔（fù）

祔，形声字。小篆的"祔"，从示付声。左边从"示"，表示与祭祀的类别有关，在字中表义，为形符；右边是"付"，在字中表音，为声符。楷书笔画化。《说文·示部》："后死者合食（sì）于先祖。从示付声。"

本义为祭名，指古代帝王在宗庙内将后死者神位附于先祖旁而祭祀。《仪礼·士虞礼》："死三日而殡，三月而葬，遂卒哭。将旦而祔，则荐。"唐代贾公彦疏："云'祔（fù）则荐'者，记人见卒哭之祭为祔而设，故连文云'将旦而祔'，则为此卒哭而祭也。"《礼记·丧服小记》："庶子不祭殇与无后者，殇与无后者从祖祔食。"汉代郑玄注："不祭殇者，父之庶也。不祭无后者，祖之庶也。此二者，当从祖祔食。而已不祭祖，无所食之也。"

禳（ráng）

禳，形声字。小篆的"禳"，从示襄声。左边从"示"，表示与祭祀的类别有关，在字中表义，为形符；右边是"襄"，在字中表音，为声符。楷书笔画化。《说文·示部》："磔禳祀，除疠殃也。古者燧人荣（yíng）子所造。从示襄声。"汤可敬《说文解字今释》解释为"割裂牲畜来攘除邪恶的祭祀，是为了驱除病痛灾祸。是古时候燧人氏为其子女消灾除祸而造作的"。

本义为祭名，祈祷消除灾殃、去邪除恶之祭。《左传·昭公二十六年》："齐有彗星，齐侯使禳之。"晋代杜预注："祭以禳除之。"《仪礼·聘礼》："朝服，载旃。禳，乃入。"汉代郑玄注："禳，祭名也。为行道累历不祥，禳之以除灾凶。"《吕氏春秋·季春祭》："国人傩，九门磔禳，以毕春气。"元末明初罗贯中《三国演义》第三十五回："某有一法可禳。玄德曰：'愿闻禳法。'"元末明初施耐庵《水浒传》第一回："张天师祈禳瘟疫，洪太尉误走妖魔。"

禘（dì）

禘，象形兼形声字。甲骨文的"帝"，为象形字。金文承续甲骨文字形。小篆的"禘"，从示帝声。左边从"示"，表示与祭祀的类别有关，在字中表义，为形符；右边是"帝"，在字中表音，为声符。楷书笔画化。《说文·示部》："禘，禘祭也。从示帝声。"清代朱骏声《说文通训定声》："汉儒说禘有三：一、郊祭之禘，即祭天，是王者之大祭。二、殷祭之禘，天子、诸侯宗庙的大祭。三、时祭之禘，宗庙四时祭之一。"

本义为祭名,古代帝王、诸侯举行各种大祭的总名。《尔雅·释天》:"禘,大祭也。"徐中舒《甲骨文字典》:"帝,象架木或束木燔以祭天之形,为禘之初文,后由祭天引申为天帝之帝及商王称号。"《论语·八佾》:"禘自既灌而往者,吾不欲观之矣。"宋代朱熹《四书集注》引赵伯循曰:"禘,王者之大祭也。王者既立始祖之庙,又推始祖所自出之帝,祀之于始祖之庙,而以始祖配之也。成王以周公有大勋劳,赐鲁重祭。故得禘于周公之庙,以文王为所出之帝,而周公配之,然非礼矣。"

礼（禮lǐ）

甲骨文	金文1	金文2	小篆	楷书	简化字
豊	豊	禮	禮	禮	礼

礼（禮），会意兼形声字。甲骨文的"豊",为会意字。上边像许多打着绳结的玉串,下边是"豆",为古代盛食物的器具,多用于祭祀,合起来就是用食器盛满玉来祭神,这就是"豊"。金文1承续甲骨文字形。金文2在金文1的基础上加"示",为"禮"字,强调"禮"的祭祀含义。小篆的"禮"承续金文2字形,从示豊声。左边从"示",表示与祭祀的类别有关,在字中表义,为形符;右边是"豊",在字中表音,为声符。楷书笔画化。现简化为"礼",采用古异体简化。《说文·示部》:"禮（礼），履也。所以事神致福也。从示从豊,豊亦聲。"

本义为举行仪礼,祭神求福。《左传·昭公二十五年》:"夫礼,天之经也,地之义也,民之行也。"《礼记·王制》:"司徒脩六礼以节民性,明七教以兴民德,齐八政以防淫,一道德以同俗。"《仪礼·觐礼》:"礼日于南门外,礼月与四渎于北门外,礼山川丘陵于西门外。"汉代郑玄注:"此谓会同以夏、冬、秋者也。变拜言礼者,容祀也。"《史记·廉颇蔺相如列传》:"秦王斋五日后,乃设九宾礼于廷,引赵使者蔺相如。"

第三,表示与祭祀仪式及祭祀场所有关,主要有"祝、祈、祷（禱）、祠、祓、禅（禪）、祧"。

祝（zhù）

甲骨文	金文	小篆	楷书
祝	祝	祝	祝

祝,会意字。甲骨文的"祝",从示,从儿口。从"示",表示祭祀的供桌;从"儿",表示与人有关,"儿"是古文"人"字;从"口",表示人在神位前张口祷告。金文基本承续甲骨文字形。小篆基本承续金文字形。楷书笔画化。《说文·示部》:"祝,祭主赞词者。从示,从人口。"意即祭祀时主持向神灵祷告的人。方述鑫等《甲骨金文字典》:"甲骨、金文均从兄或从 ⛢ ,从示,象人跪于神主前有所祷告之形。"

本义为主持祭礼念诵祝词的人。引申为祈祷。《诗·小雅·楚茨》:"祝祭于祊（bēng），祀事孔明。"程俊英《诗经译注》:"祝，太祝，官名，掌祭祀祈祷。"《礼记·曾子问》:"子升自西阶，殡前北面，祝立于殡东南隅。"王文锦《礼记译解》将"祝立于殡东南隅"翻译为"太祝站在灵柩的东南侧"。《楚辞·招魂》:"工祝招君，背行先些。"宋代洪兴祖注:"男巫曰祝。"引申为祷告。《礼记·郊特牲》:"直祭祝于主，索祭祝于祊。"汉代郑玄注:"谓荐孰时也，如特牲少牢馈食之为也。"唐代贯休《上顾大夫》:"至化无经纶，至神无祝祷。"甲骨文、金文之"祝"均从"兄"，解释似欠妥帖，当为从儿（人）从口为确。

祈（qí）

甲骨文	金文	小篆	楷书

祈，会意兼形声字。甲骨文的"祈"，从单从斤。从"单"，单，即"战"；从"斤"，斤，即战斧。两部分合起来表示出征作战前的祭祀仪式。金文的"祈"，从单从㫃（yǎn），从"㫃"强调了"单"与"斤"的"军旅"性质。小篆的"祈"，从示斤声，从"示"表示与祭祀仪式有关，合起来表示军队出征前的祭祀仪式中祝祷求胜。楷书笔画化。《说文·示部》:"祈，求福也。从示斤声。"《玉篇·示部》:"祈，祷也。报也。告也。"方述鑫等《甲骨金文字典》:"祈，甲骨文从单从斤，金文从㫃。"

本义为征战前为胜战祭祀祷告。《诗·小雅·甫田》:"以祈甘雨，以介我稷黍，以谷我士女。"汉代郑玄笺:"以求甘雨，佑助我禾稼，我当以养士女也。"《礼记·郊特牲》:"祭有祈焉，有报焉，有由辟焉。"汉代郑玄注:"祈犹求也，谓祈福祥，求永贞也。"今有双音词"祈祷""祈盼""祈福""祈愿""祈望"等。

祷（禱 dǎo）

小篆	楷书	简化字

祷（禱），形声字。小篆的"禱"，从示壽声。左边从"示"，表示与祭祀仪式有关，在字中表义，为形符；右边是"壽"，在字中表音，为声符。楷书笔画化。现简化为"祷"，声旁类推简化，为意号字，"礻"为意符，"寿"为记号。《说文·示部》:"禱（祷），告事求福也。从示壽声。"

本义为向神求福。《诗·小雅·吉日》:"吉日维戊，既伯既祷。"汉代毛亨传:"祷，祷获也。"《论语·述而》:"子疾病，子路请祷。"《韩非子·外储说右下》:"秦襄王病，百姓为之祷；病愈，杀牛塞祷。"《淮南子·主术训》:"汤之时，七年旱，以身祷于桑林之际，而四海之云凑，千里之雨至。"唐代白居易《海漫漫——戒求仙也》:"徐福文成多诳诞，上元太一虚祈祷。"

祠（cí）

甲骨文	金文	小篆	楷书
𠙴	祠	祠	祠

祠，会意兼形声字。甲骨文的"司"（祠），不从示，写作"司"，表示祭祀时献食于神。金文在甲骨文字形的基础上，加上"示"，表示祭祀的对象为先祖。小篆承续金文字形，从示司声。左边从"示"，表示与祭祀的时间有关，在字中表义，为形符；右边是"司"，在字中表音，为声符。楷书笔画化。《说文·示部》："春祭曰祠。品物少，多文辞也。从示司声。"方述鑫等《甲骨金文字典》："司，甲金文从ㄋ从ㄩ（口），ㄋ象倒置之柶，柶所以取食，以倒置柶覆于口上会意为进食，自食为司，食人食神亦称司，故祭祀时献食于神祇亦称司。"后起字为"祠"。

本义为春祭。《尔雅·释天》："春祭曰祠。"《公羊传·桓公八年》："春曰祠，夏曰礿，秋曰尝，冬曰蒸。"唐代韦应物《白沙亭逢吴叟歌》："冬狩春祠无一事，欢游洽宴多颁赐。"引申为泛指祭祀。《韩非子·十过》："此秦王之所以庙祠而求也，其为楚害必矣。"引申为供奉鬼神、祖先或先贤的庙堂。《史记·陈涉世家》："又间令吴广之次所旁丛祠中。"《汉书·陈胜项籍传》："又间令广之次所旁丛祠中，夜构火，狐鸣呼曰。"唐代颜师古注："祠，神祠也。"

祓（fú）

甲骨文	小篆	楷书
𥘅	祓	祓

祓，形声字。甲骨文的"祓"，字形结构不详。小篆的"祓"，从示犮（bá）声。左边从"示"，表示与祭祀仪式及祭祀场所有关；右边是"犮"，在字中表音，为声符。楷书笔画化。《说文·示部》："祓，除恶祭也。从示犮声。"

本义为古代为除灾求福而举行的一种仪式。《尔雅·释天》："祓，祭也。"《左传·昭公十八年》："祓禳于四方，振除火灾，礼也。"《国语·周语上》："距今九日，土其俱动，王其祇祓，监农不易。"《汉书·外戚传上》："帝祓霸上，还过平阳主。"唐代颜师古《汉书注》引孟康曰："祓，除也。于霸水上自祓除，今三月上巳祓禊也。"

禅（襌 shàn）

金文	小篆	楷书	简化字
禪	禪	襌	禅

禅（襌），形声字。金文的"襌"，从示单声。从"示"，表示与祭祀仪式及祭祀场所有关；右边是"單"，在字中表音，为声符。小篆承续金文字形。楷书笔画化。《说文·示部》："禪（襌），祭天也。从示單声。"现简化为"禅"，声符类推简化。

本义为古代帝王祭地之礼。清代徐灏《说文解字注笺》："封禅对文，云祭天者，浑举之词耳。"古代一般是"封"为祭天，"禅"为祭地。《大戴礼记·保傅》："是以封泰山而禅梁父。"《史记·卫将军骠骑列传》:"封狼居胥山,禅于姑衍,登临翰海。"《后汉书·志·祭祀上》:"禅,祭地于梁阴,以高后配,山川群神从。"服虔曰:"禅,广土地。"项威曰:"除地为墠。后改墠曰禅,神之矣。"

祧（tiāo）

小篆	楷书
祧	祧

祧,形声字。小篆的"祧",从示兆声。左边从"示",表示与祭祀仪式及祭祀场所有关,在字中表义,为形符;右边是"兆",在字中表音,为声符。楷书笔画化。《说文新附·示部》:"祧,迁庙也。从示兆声。"

本义为祭祀远祖、始祖之庙。《广雅·释天》:"祧,祭先祖也。"《礼记·祭法》:"天下有王,分地建国,置都立邑,设庙、祧、坛、墠而祭之,乃为亲疏多少之数。……远庙为祧,有二祧,享尝乃止。"汉代郑玄注:"远庙曰祧,周为文王、武王庙,迁主藏焉。奄,如今之宦者。女祧,女奴有才知者。"

第四,表示与宗庙有关,主要有"祖、宗、祐"。

祖（zǔ）

甲骨文	金文	小篆	楷书
且	祖	祖	祖

祖,象形兼形声字。甲骨文的"且"(祖),为象形字。谷衍奎《汉字源流字典》认为"'且'(祖),像雄性生殖器形,是初民生殖崇拜的体现"。金文在甲骨文字形的基础上加"示",表示祭祀的对象为先祖,为从示且(jǔ)声的形声字。左边从"示",表示与祭祀的宗庙、宗族有关,在字中表义,为形符;右边是"且",在字中表音,为声符。小篆承续金文字形。楷书笔画化。《说文·示部》:"祖,始庙也。从示且声。"

本义为祖庙。《周礼·考工记·匠人》:"左祖右社,面朝后市,市朝一夫。"汉代郑玄注:"祖,宗庙。"《尚书·舜典》:"正月上日,受终于文祖。"汉代孔安国传:"文祖者,尧文德之祖庙。"《荀子·成相》:"武王善之,封之于宋,立其祖。"张觉《荀子详注》将其译为"武王赞赏微子启,把他封在宋国住,建立庙宇供祭祖"。引申为祖先。《诗·周颂·丰年》:"为酒为醴,烝畀祖妣。"程俊英《诗经译注》:"祖妣,男女祖先。"

宗（zōng）

甲骨文	金文	小篆	楷书
宗	宗	宗	宗

宗,会意字。甲骨文的"宗",从宀从丁(示)。从"宀"表示房屋,从"丁"(示)表示祭祀的对象为先祖,合起来表示祖庙中有神主。金文、小篆承续甲骨文字形。楷书笔画化。《说文·示部》:"宗,尊祖庙也。从宀从示。"李孝定《甲骨文字集释》:"示象神主,宀象宗庙,宗即藏主之地。"徐中舒《甲骨文字

典》:"宗,从宀从丅(示),象祖庙中有神主之形。"

本义为宗庙、祖庙。《诗·大雅·凫鹥》:"既燕于宗,福禄攸降。"汉代郑玄笺:"宗,社宗也。"《周礼·肆师》:"凡师甸用牲于社宗,则为位。"汉代郑玄注引杜子春云:"宗谓宗庙。"《仪礼·士昏礼》:"往迎尔相,承我宗事。"汉代郑玄注:"宗事,宗庙之事。"引申为祖先。《左传·成公三年》:"若不获命,而使嗣宗职,次及于事,而帅偏师。"晋代杜预注:"嗣其祖宗之位职。"

祏（shí）

甲骨文	小篆	楷书

祏,会意兼形声字。甲骨文的"祏",从丅(示)从石,石亦声。左边从"丅"(示),表示与宗庙有关;右边是"石",在字中表音,为声符,亦兼表义。小篆承续甲骨文字形。楷书笔画化。《说文·示部》:"祏,宗庙主也。《周礼》有郊、宗、石室。从示从石,石亦声。"

本义为古代宗庙中藏神主的石室。汤可敬《说文解字今释》注:"祏,宗庙里收藏神主牌位的石室。"《左传·昭公十八年》:"使祝史徙主祏于周庙,告於先君。"晋代杜预注:"庙主石函。"

第五,表示与祸福之事有关,主要有"祸（禍）、福、祥、禄、禧、祺、祉、祚、禛、禁"。

祸（禍 huò）

金文	小篆	楷书	简化字

祸（禍）,会意兼形声字。金文的"禍",从示从 (骨)。左边从"示",表示与祸福之事有关;右边是" "(骨),表示祭祀占卜时的材料及显示的凶兆。小篆基本承续金文字形,将金文的" "(骨)写作" "(咼 guō),为从示咼声的形声字。楷书笔画化。现简化为"祸",为部件类推简化。《说文·示部》:"禍（禍）,害也。神不福也。从示咼声。"

本义为灾祸、祸患,与"福"相对。《战国策·赵策四》:"此其近者祸及身,远者及其子孙。"《荀子·天论》:"顺其类者谓之福,逆其类者谓之祸,夫是之谓天政。"《史记·屈原贾生列传》:"祸兮福所倚,福兮祸所伏。"

福（fú）

甲骨文	金文	小篆	楷书

福,会意兼形声字。甲骨文的"福",为会意字,从丅(示)从 (廾)从 (酉)。左上边从"丅"(示),表示与祸福之事有关;右上边是" "(酉),表示酒坛子;下边从" "(廾),表示双手。三部分合起来表示巫师用双手捧

起酒樽祭祀祈祷好运。金文的"福"省去双手，演变为从示从畐、畐亦声的会意兼形声字。小篆承续金文字形。楷书笔画化。《说文·示部》："福，祐也。从示畐声。"罗振玉《增订殷虚书契考释》："从两手奉尊导于示前，或省廾（双手），或并省示，即后世之福字。在商则为祭名。"方述鑫等《甲骨金文字典》："甲骨文从示，从𠂤，或从𠂇𠂇（廾）。𠂤为有流的酒器，金文统作𠂤形，古人以酒象征生活的丰富完备，以酒祭神表示报神之福或求福。"

本义为以酒肉祭神求福，与"祸"相对。《诗·小雅·桑扈》："彼交匪敖，万福来求。"程俊英《诗经译注》："谓福禄来聚。"《诗·鲁颂·閟宫》："是飨是宜，降福既多。"程俊英《诗经译注》翻译为"飨祭宜祭典礼隆，天降洪福千百种"。《荀子·天论》："顺其类者谓之福，逆其类者谓之祸，夫是之谓天政。"

祥（xiáng）

甲骨文1	甲骨文2	金文	小篆	楷书

祥，象形、会意兼形声字。甲骨文1的"祥"，写作"𦍌"（羊），具有"吉利、吉祥"的含义。甲骨文2的"祥"，从𦍌（羊）从目（目），为会意字，从"𦍌"（羊）表示祭祀的羔羊，从"目"（目）表示察看神迹。金文的"祥"，从示（示）𦍌（羊）声。左边从"示"（示），表示与祸福之事有关；右边是"𦍌"（羊），在字中表音，为声符，亦兼表义。小篆承续金文字形。楷书笔画化。《说文·示部》："祥，福也。从示羊声。"清代徐灏《说文解字注笺》："古无祥字，假羊为之。钟鼎款识多有'大吉羊'之文。譱（shàn，即善字）、義等字从羊者，祥也。"

本义为凶吉的预兆。《左传·僖公十六年》："是何祥也？吉凶焉在？"晋代杜预注："祥，吉凶之先见者。"《左传·昭公十八年》："将有大祥，民震动，国几亡。"晋代杜预注："祥，变异之气。"特指吉兆。《左传·僖公三年》："齐方勤我，弃德不祥。"晋代杜预注："祥，善也。"《周礼·春官》："视祲（jìn）掌十辉之法，以观妖祥，辨吉凶。"汉代郑玄注："妖祥，善恶之征。"《国语·楚语上》："故先王之为台榭也，榭不过讲军实，台不过望氛祥。"三国韦昭注："吉气为祥。"

禄（lù）

甲骨文	金文	小篆	楷书

禄，会意兼形声字。甲骨文的"禄"为会意字，一说甲骨文以"山麓"之"麓"为"福禄"之"禄"。另一说为"取之不尽的井水"之义，上面从"井"，表示井架，下面表示井与井水。金文基本承续甲骨文字形，只是在甲骨文的下面又加了"水"（水）。小篆演变为从示录声的形声字。左边从"示"，表示与祸

福之事有关；右边是"录"，在字中表音，为声符。楷书笔画化。《说文·示部》："禄，福也。从示录声。""禄"字，在甲骨文中解说不一。李孝定《甲骨文字集释》："疑以为井鹿铲之初字。上象桔槔，下象汲水器，小点象水滴形。今字作辘。"方述鑫等《甲骨金文字典》："甲骨文用山麓之麓，金文借为福禄之禄。"

本义为福气、福运。《诗·小雅·瞻彼洛矣》："君子至止，福禄如茨。"汉代郑玄笺："君子至止者，谓来受爵命者也。爵命为福，赏赐为禄。"《诗·大雅·既醉》："其胤维何？天被尔禄。"汉代毛亨传："禄，福也。"《左传·襄公十一年》："而后可以殿邦国，同福禄，来远人，所谓乐也。"这句中"福禄"连文，"禄"，即福。

禧（xǐ）

禧，形声字。小篆的"禧"，从示喜声。左边从"示"，表示与祸福之事有关；右边是"喜"，在字中表音，为声符。楷书笔画化。《说文·示部》："禧，礼吉也。从示喜声。"《尔雅·释诂》："禧，福也。"

本义为幸福、吉祥。唐代元结《演兴四首·招太灵》："禧太灵兮端清，予愿致夫精诚。"《明史·乐志二》："一诚尽兮予心怿，五福降兮民获禧。"清代曹雪芹《红楼梦》第三回："进入堂屋中，抬头迎面先看见一个赤金九龙青地大匾，匾上写着斗大的三个大字，是'荣禧堂'。"

祺（qí）

祺，形声字。籀文的"祺"，从示基声。左边从"示"，表示与祸福之事有关；右边为"基"，在字中表音，为声符。小篆为从示其声，右边是"其"，在字中表音，为声符。楷书笔画化。《说文·示部》："祺，吉也。从示其声。"《玉篇·示部》："祺，吉也。又徵祥也。"

本义为幸福、吉祥。《诗·大雅·行苇》："寿考维祺，以介景福。"汉代毛亨传："祺，吉也。"汉代郑玄笺："养老人而得吉，所以助大福也。"《汉书·礼乐志》："群生噉噉（dàn），惟春之祺。"唐代颜师古《汉书注》引如淳曰："祺，福也。"清代曹雪芹《红楼梦》第九十九回："兹修寸幅，恭贺升祺，并求金允。"今有词语"时祺""近祺""佳祺"等。

祉（zhǐ）

祉，形声字。甲骨文的"祉"，从示止声。左边从"示"，表示与祸福之事有关；右边是"止"，在字中表音，为声符。小篆承续甲骨文字形。楷书笔画化。《说文·示部》："祉，福也。从示止声。"《玉篇·示部》："祉，福也。"

本义为幸福。《诗·小雅·六月》："吉甫燕喜，既多受祉。"汉代毛亨传："祉，福也。"《左传·哀公九年》："祉，禄也。若帝乙之元子归妹，而有吉禄，我安得吉焉？"《国语·周语下》："谓其能以嘉祉殷富生物也。"《后汉书·伏侯宋蔡冯赵牟书列传》："肇敏戎功，用锡尔祉。"唐代李贤注："祉谓福庆。"今有双音词"福祉""时祉""祈祉"等。

祚（zuò）

祚，形声字。小篆的"祚"，从示乍声。左边从"示"，表示与祸福之事有关；右边是"乍"，为声符。楷书笔画化。《说文新附·示部》："福也。从示乍声。"

本义为幸福。《国语·周语下》："若能类善物，以混厚民人者，必有章誉蕃育之祚，则单子必当之矣。"引申为赐福。《左传·宣公三年》："天祚明德，有所厎止。"清代曹雪芹《红楼梦》第二回："今当运隆祚永之朝，太平无为之世，清明灵秀之气所秉者，上至朝廷，下及草野，比比皆是。"

禛（zhēn）

禛，形声字。小篆的"禛"，从示真声。左边从"示"，表示与祸福之事有关；右边是"真"，在字中表音，为声符。楷书笔画化。《说文·示部》："禛，以真受福也。从示真声。"

本义为以至诚感动神灵而得福佑，多用于人名，如清代胤禛皇帝、清初著名诗人王士禛。

禁（jìn）

禁，形声字。小篆的"禁"，从示林声。左边从"示"，表示与祸福之事有关；右边是"林"，在字中表音，为声符。楷书笔画化。《说文·示部》："禁，吉凶之忌也。从示林声。"

本义为禁忌。《玉篇·示部》："禁，止也。锢也。"《礼记·曲礼上》："入竟而问禁，入国而问俗，入门而问讳。"汉代郑玄注："禁谓政教，俗谓常所行与所恶也。"《周礼·秋官·司寇》："乃立秋官司寇，使帅其属而掌邦禁，以佐王刑邦国。"汉代郑玄注："禁，所以防奸者也。"

引申为禁（jīn），胜任，承受得起。清代曹雪芹《红楼梦》第五回："宝玉因闻得此酒清香甘冽，异乎寻常，又不禁相问。"《红楼梦》第三十五回："说着便要下床来，扎挣起来，禁不住嗳哟之声。"引申为禁止、制止。《广雅·释诂》："禁，止也。"《韩非子·奸劫弑臣》："严刑重罚以禁之，使民以罪诛而不以爱惠免。"明代刘基《卖柑者言》："民困而不知救，吏奸而不知禁，法斁而不知理。"

248

第十章　糸部之类

糸部之类包括糸、衣、巾三部，均与丝麻及其制品有关。

第一节　"糸"部及其例字

"糸"部与丝、麻、绳、带等有关，是一个大类。具体说来，与丝麻绳带的名称、丝麻制成品的类别名称、丝麻制成品的动作行为、丝麻制成品的性状、加染形成的各种颜色等均密切相关。

糸（mì）

一、形体演变

甲骨文1	甲骨文2	金文	小篆	楷书
![]	![]	![]	![]	糸

二、构形理据

糸，象形字。甲骨文1的"糸"，像在单根卷曲的蚕丝"8"（幺）的两端加上结头↓、↑。甲骨文2的"糸"，省去两端的结头。金文承续甲骨文1的字形。小篆的"糸"，综合两个甲骨文字形而成。《说文·糸部》："糸，细丝也。象束丝之形。8，古文糸。"罗振玉《增订殷虚书契考释》："↓象束余之绪，或在上端，或在下端，无定形。"徐中舒《甲骨文字典》："象束丝之形。与《说文》糸字古文及篆文略同。上下端或作↓、↑者乃象束余之绪。"方述鑫等《甲骨金文字典》："甲金文象束丝之形。"余下解释与徐中舒所释相同。刘钊《古文字构形学》："甲骨文'糸'字有多种写法。"甲骨文2为"糸"的省简写法。

三、本义

糸的本义为细丝。《玉篇·糸部》："糸，细丝也。"《管子·轻重丁》："君以织籍籍于糸。末为糸籍，糸抚织，再十倍其价。"

249

四、理据例说

"糸"为部首字。从"糸"得义的字,其义多与丝麻绳索的类别、名称、性状及其动作行为有关,也与织染形成的颜色有关。在楷书里,"糸"作部件在左边时写成"糹",现简化为"纟"。这类字较多,主要有以下五类。

第一,表示丝、麻、绳、索的名称,主要有"丝(絲)、线(綫)、经(經)、纬(緯)、纠(糾)、组(組)、绅(紳)、绠(綆)、绳(繩)、索、缆(纜)、缰(繮)、纲(綱)、絮"等。

丝(絲 sī)

甲骨文	金文	小篆	楷书	简化字

丝(絲),会意字。甲骨文的"絲",从二糸。从"糸",表示与丝麻绳索的名称有关,在字中表义。金文、小篆的"絲",基本承续甲骨文字形。楷书笔画化。现简化为"丝",为草书楷化法简化。《说文·丝部》:"丝,蚕所吐也。从二糸。"徐中舒《甲骨文字典》:"从二糸,象丝二束之形,与《说文》絲字篆文略同。"方述鑫等《甲骨金文字典》对"絲"的解释与徐中舒的解释相同。

本义为蚕丝。《尚书·禹贡》:"厥贡漆丝,厥篚织文。"唐代李商隐《无题》:"春蚕到死丝方尽,蜡炬成灰泪始干。"唐代聂夷中《咏田家》:"二月卖新丝,五月粜新谷。"引申为丝织品。《史记·平准书》:"天下已平,高祖乃令贾人不得衣丝乘车,重租税以困辱之。"唐代白居易《重赋》:"缯帛如山积,丝絮似云屯。"

线(綫 xiàn)

籀文	小篆	楷书	简化字

线(綫),形声字。籀文的"綫",从糸(mì)泉声。左边从"糸",表示与丝麻绳索的名称有关,在字中表义;右边是"泉",在字中表音,为声符。小篆的"綫",演变为从糸戔(jiān)声的形声字,形符"糸"不变,声符由"泉"变为"戔"。楷书笔画化。现简化为"线",形符、声符均类推简化。《说文·糸部》:"綫(线),缕也。从糸戔声。"

本义为用棉、麻、丝、毛等材料拈成的细缕。《玉篇·糸部》:"线,可以缝衣也。"《公羊传·僖公四年》:"南夷与北狄交,中国不绝若线。"汉代何休注:"线,缝帛缕。"唐代陆龟蒙《素丝》:"为线补君衮,为弦系君桐。"

经（經 jīng）

金文1	金文2	小篆	楷书	简化字
巠	經	經	經	经

经（經），象形、会意兼形声字。金文1的"巠"，为象形字，是"經"的本字，表示在织机上精心布置众多的纵线，以便横线穿织。金文2的"經"，在"巠"的左边加形符"糸"，"巠"变为声符，表音，亦表义，为从糸（mì）从巠、巠亦声的会意兼形声字。左边从"糸"，表示与丝麻绳索的名称有关，在字中表义；右边是"巠"，在字中表意，亦表音。小篆承续金文字形。楷书笔画化。现简化为"经"，形符、声符均类推简化。《说文·糸部》："經（经），织也。从糸巠声。"汤可敬《说文解字今释》将其译为"编织品的纵线"。方述鑫等《甲骨金文字典》："金文作巠，象织机之纵线形。或从糸，巠声，与《说文》经字篆文构形同。"

本义为织物的纵线，与"纬"相对。《玉篇·糸部》："经纬以成缯帛也。"《论衡·量知》："恒女之手，纺绩织经。"南北朝刘勰《文心雕龙·情采》："经正而后纬成，理定而后辞畅：此立文之本源也。"宋代文同《织妇怨》："皆言边幅好，自爱经纬密。"引申为南北方向的道路。《周礼·考工记·匠人》："国中九经九纬，经涂九轨。"汉代郑玄注："经纬谓涂（途）也。经纬之涂，皆容方九轨。"

纬（緯 wěi）

小篆	楷书	简化字
緯	緯	纬

纬（緯），形声字。小篆的"緯"，从糸（mì）韦声。左边从"糸"，表示与丝麻绳索的名称有关，在字中表义；右边是"韦"，在字中表音，为声符。楷书笔画化。现简化为"纬"，形符、声符均类推简化。《说文·糸部》："緯（纬），织横丝也。从糸韦声。"

本义为织物的横线，与"经"相对。《玉篇·糸部》："纬，横织丝。"南北朝刘孝威《寄妇》："经稀疑杼涩，纬断恨丝轻。"引申指地理上东西为纬，南北为经。《周礼·考工记·匠人》："国中九经九纬，经涂九轨。"唐代贾公彦疏："南北之道为经，东西之道为纬。""经纬"合成一词，又指规划、治理。《左传·昭公二十九年》："夫晋国将守唐叔之所受法度，以经纬其民。"

纠（糾 jiū）

甲骨文	金文	小篆	楷书	简化字
丩	糾	糾	糾	纠

纠（糾），象形、会意兼形声字。甲骨文的"丩"（jiū），为象形字，像两根绳头打结在一起。金文、小篆的"糾"，在甲骨文的基础上加形符"糸"，为从糸丩声的会意兼形声字。左边从"糸"，表示与丝麻绳索的名称有关，在字中表义；右边是"丩"，在字中表音，为声符，亦兼表义。楷

书笔画化。现简化为"纠",形符类推简化。《说文·丩部》:"糾(纠),绳三合也。从糸丩。"《说文段注》:"凡交合之谓之纠。引申为纠合诸侯之纠。又为纠责之纠。"《甲骨文字典》《甲骨金文字典》中未见此字。

本义为绞合的绳索。《楚辞·招隐士》:"树轮相纠兮,交错扶疏。"《史记·屈原贾生列传》:"夫祸之与福兮,何异纠纆。"南北朝裴骃《史记集解》引瓒曰:"纠,绞也。纆,索也。"引申为缠绕、编织。《诗·周颂·良耜》:"其笠伊纠,其镈斯赵,以薅荼蓼。"程俊英《诗经译注》将其注为"编织"。

组(組 zǔ)

金文1	金文2	小篆	楷书	简化字
组	緅	組	組	组

组(組),形声字。金文1的"組",从糸(mì)且(jǔ)声。左边从"糸",表示与丝麻绳索的名称有关,在字中表义;右边是"且",在字中表音,为声符。金文2的"組",又增"又"(又)字,表示用手披戴绶带。小篆承续金文1的字形。楷书笔画化。现简化为"组",为形符类推简化。《说文·糸部》:"組(组),绶属。其小者以为冠缨。从糸且声。"方述鑫等《甲骨金文字典》:"组,金文从糸,且声,或增从又,同。当为《说文》组字篆文所本。"

本义为具有文采的宽丝带,古代多用作佩印或佩玉的绶。清代朱骏声《说文通训定声》:"织丝有文以为绶缨之用者也。阔者曰组,为带绶;狭者曰条,为冠缨;圆者曰纫,施韠与屦之缝中。"《史记·高祖本纪》:"秦王子婴素车白马,系颈以组,封皇帝玺符节,降轵道旁。"宋代欧阳修《五代史伶官传序》:"方其系燕父子以组,函梁君臣之首,入于太庙,还矢先王,而告以成功。"引申为编织连缀。《诗·鄘风·干旄》:"素丝组之,良马五之。"汉代郑玄笺:"以素丝缕缝组于旌旗以为之饰。"

绅(紳 shēn)

金文	小篆	楷书	简化字
紳	紳	紳	绅

绅(紳),形声字。金文的"紳",从糸(mì)申声。左边从"糸",表示与丝麻绳索的名称有关,在字中表义;右边是"申",在字中表音,为声符。小篆承续金文字形。楷书笔画化。现简化为"绅",为形符类推简化。《说文·糸部》:"紳(绅),大带也。从糸申声。"《说文段注》:"巾部带下曰:'绅也。'与此为转注。革部鞶下云:'大带也。男子带鞶,妇人带丝。'带下云:'绅也。男子鞶带,妇人带丝。'皆于古大带革带不分别。"

本义为士大夫束在衣外的大带。《广雅·释器》:"绅,带也。"《礼记·杂记下》:"麻者不绅。执玉不麻。麻不加于采。"汉代郑玄注:"绅,大带也。"明代刘基《卖柑者言》:"峨大冠、拖长绅者,昂昂乎庙堂之器也。"指用绅带之人,即绅士。宋代文天祥《指南录后序》："缙绅、大夫、士萃于左丞相府，莫知计所出。"明代张溥《五人墓碑记》："大阉之乱，缙绅而能不易其志者，四海之大，有几人欤？"

绠（綆 gěng）

小篆	楷书	简化字
綆	綆	绠

绠（綆），形声字。小篆的"綆"，从糸（mì）更声。左边从"糸"，表示与丝麻绳索的名称有关，在字中表义；右边是"更"，在字中表音，为声符。楷书笔画化。现简化为"绠"，为形符类推简化。《说文·糸部》："綆（绠），汲井绠也。从糸更声。"《说文段注》："汲者，引水于井也。绠者，汲水索也。"

本义为井绳。《左传·襄公九年》："陈畚挶，具绠缶，备水器。"晋代杜预注："绠，汲索。"《庄子·至乐》："褚小者不可以怀大，绠短者不可以汲深。"唐代刘禹锡《武陵观火》："操绠不暇汲，循墙还避逾。"

绳（繩 shéng）

小篆	楷书	简化字
繩	繩	绳

绳（繩），形声字。小篆的"繩"，从糸（mì）黾省声。左边从"糸"，表示与丝麻绳索的名称有关，在字中表义；右边是"黾"（mǐn），在字中表音，为声符。楷书笔画化。现简化为"绳"，形符类推简化，原字为草书楷化法简化。《说文·糸部》："繩（绳），索也。从糸黾省声。"《说文段注》："绳，索也。索下云：'绳也。'艸有茎叶，可作绳索也。"

本义为绳子。《小尔雅·广器》："大者谓之索，小者谓之绳。"《诗·小雅·采绿》："之子于钓，言纶之绳。"汉代郑玄笺："其往钓与，我当从之，为之绳缴。"汉代王充《论衡·订鬼篇》："病者困剧……若见鬼把椎锁绳纆，立守其旁，病痛恐惧，妄见之也。"《玉台新咏·古诗为焦仲卿妻作》："箱帘六七十，绿碧青丝绳。"

索（suǒ）

甲骨文1	甲骨文2	金文	小篆	楷书
				索

索，会意字。甲骨文1的"索"，在"屮"（草）的形象基础上加三圈"⇔"符号，表示草绳上的道道绳股。甲骨文2的"索"，在甲骨文1的基础上又加左右两手，即（廾），表示双手抓持草茎拧搓成绳。金文在甲骨文2的基础上又增加了"冖"（宀），表示在室内搓草绳。小篆的"索"，发生讹变，"冖"（宀）讹变为"⺈𠂇"，理据丢失。楷书笔画化。《说文》："索，草有茎叶可作绳索。从宋（pō）糸。"方述鑫等《甲骨金文字典》："索，甲骨文象绳索之形。其上端岐出者象束端之余。或从又，或从廾，象手持之也。"

本义为大绳子。《诗·豳风·七月》："昼尔于茅，宵而索綯。"汉代郑玄笺："女当昼日往取茅归,夜作绞索,以待时用。"汉代司马迁《报任安书》:"其次关木索被箠楚受辱。"引申为搜索。《史记·范雎蔡泽列传》:"范雎曰:'吾闻穰侯智士也,其见事迟,乡者疑车中有人,忘索之。'"唐代司马贞《史记索隐》:"索犹搜也。"《汉书·张良传》:"秦皇帝大怒,大索天下,求贼急甚。"唐代颜师古注:"索,搜也。"

缆(纜 lǎn)

小篆	楷书	简化字
𦇯	纜	缆

缆(纜),形声字。小篆的"纜",从手覽(lǎn)声。楷书演变为从糸覽声,且笔画化。左边从"糸",表示与丝麻绳索的名称有关,在字中表义;右边是"覽",在字中表音,为声符。现简化为"缆",声符、形符类推简化。《玉篇·糸部》:"缆,维舟也。"意即用绳子系船。谷衍奎《汉字源流字典》:"楷书繁体写作纜,从糸,覽声。如今简化作缆。"

本义为系船用的粗绳。南北朝谢灵运《邻里相送方山》:"解缆及流潮,怀旧不能发。"元末明初罗贯中《三国演义》第十三回:"岸上有不得下船者,争扯船缆;李乐尽砍于水中。"元末明初施耐庵《水浒传》第十五回:"四人离了酒店,再下了船,把酒肉都放在船舱里,解了缆索,径划将开去。"引申为拴、系。宋代陆游《过小孤山大孤山》:"二日早,行未二十里,忽风云腾涌,急系缆。"此句中"系"与"缆",为同义连文,拴住之义。明代高启《江寺雨中访杜二》:"几日缆归舟,同君野寺游。"

缰(繮 jiāng)

甲骨文	金文	小篆	楷书	简化字
			繮	缰

缰(繮),会意兼形声字。甲骨文的"繮",为会意字,从糸从又。右边从糸,表示与丝麻绳索的名称有关,左边从又,表示用手抓,合起来表示像手抓握着勒马的缰绳。金文变为从糸畺声的形声字。小篆承续金文字形。楷书笔画化。现简化为"缰",形符类推简化。《说文·糸部》:"繮(繮),马绁也。从糸畺声。"意即栓系马的绳子。《释名·释车》:"缰,疆也,系之使不得出疆限也。"

本义为马缰绳。汉代班固《白虎通·诛伐》:"人衔枚,马勒缰,昼伏夜行为袭也。"《乐府诗集·青骢白马》:"青骢白马紫丝缰,可怜石桥根柏梁。"唐代温庭筠《江南曲》:"岸傍骑马郎,乌帽紫游缰。"元末明初施耐庵《水浒传》第五回:"再看时,原来心慌,不曾解得缰绳,连忙扯断了,骑着撺马飞走。"清代吴敬梓《儒林外史》第三十五回:"候庄徵君坐稳了,两个太监笼着缰绳,那扯手都是赭黄颜色,慢慢的走过了乾清门。"

纲（綱 gāng）

甲骨文	小篆	楷书	简化字
	綱	綱	纲

纲（綱），形声字。甲骨文的"綱"，从 ⺯（糸）⺴（网）声。下边从"⺯"（糸），表示与丝麻绳索的名称有关，上边为"⺴"（网），在字中表音，为声符，合起来表示提网的总绳。小篆变为左右结构，为从糸冈声的形声字。楷书笔画化。现简化为"纲"，形符、声符均类推简化。《说文·糸部》："綱（纲），维纮绳也。从糸冈声。"《说文段注》："纮者，冠维也。引申之为凡维系之称。"《甲骨文字典》中未见此字。

本义为渔网上的总绳。《尚书·盘庚上》："若网在纲，有条而不紊。"《韩非子·外储说右下》："善张网者引其纲，若一一摄万目而后得，则是劳而难；引其纲，而鱼已囊矣。"比喻事物最主要的部分，事理的要领。《管子·禁藏》："夫为国之本，得天之时而为经，得人之心而为纪，法令为维纲，吏为网罟。"《北史·源贺传》："为政贵当举纲，何必须太子细也！"今有成语"纲举目张""提纲挈领"、双音词"纲要""大纲"等。

絮（xù）

小篆	楷书
絮	絮

絮，形声字。小篆的"絮"，从糸（mì）如声。下边从"糸"，表示与丝麻绳索的名称有关，在字中表义；上边为"如"，在字中表音，为声符。楷书笔画化。《说文·糸部》："絮，敝绵也。从糸如声。"《说文段注》："敝緜，孰緜也，是之谓絮。凡絮必丝为之。古无今之木緜也，以絮纳袷衣间为袍曰褚，亦曰装，褚亦作著，以麻縕为袍亦曰褚。"

本义为粗丝绵。明代刘基《卖柑者言》："剖之，如有烟扑口鼻，视其中，则干若败絮。"又《卖柑者言》："又何往而不金玉其外，败絮其中也哉？"元末明初罗贯中《三国演义》第三十七回："当头片片梨花落，扑面纷纷柳絮狂。"清代曹雪芹《红楼梦》第四十九回："竟是一夜大雪，下将有一尺多厚，天上仍是搓绵扯絮一般。"引申为像絮一样轻柔、洁白之物。唐代张乔《送友人往宜春》："落花兼柳絮，无处不纷纷。"宋代范成大《碧瓦》："无风杨柳漫天絮，不雨棠梨满地花。"宋代文天祥《过零丁洋》："山河破碎风飘絮，身世浮沉雨打萍。"

第二，表示丝织品和麻织品的名称，主要有"素、绢（絹）、绮（綺）、纨（紈）、绸（綢）、缎（緞）、纱（紗）、绒（絨）、缟（縞）、缯（繒）、缣（縑）、绫（綾）"。

素（sù）

金文	小篆	楷书
素	素	素

素，会意字。金文的"素"，从 朿（来）从 索（索）。上边从"朿"（来），表示麦秸，下边从"索"（索），表示与丝麻有关，合起来表示编织。小篆的"素"稍有变化，

255

上为"垂",下是"糸",从"糸"表示与丝织品和麻织品的名称有关。楷书笔画化。《说文·素部》:"素,白致缯也。从糸㼌。"汤可敬《说文解字今释》翻译为"白色而又细密的(未加工的)丝织品"。方述鑫等《甲骨金文字典》:"素,金文象两手持糸形,不从㼌,为《说文》素字篆文所本。"我们认为,"素"释为"编织"义,与金文字形比较契合。

本义为没有染色的丝绸。《玉篇·素部》:"素,白致缯也。"《礼记·檀弓下》:"军有忧,则素服哭于库门之外。"《战国策·魏策四》:"若士必怒,伏尸二人,流血五步,天下缟素,今日是也。"《玉台新咏·古诗为焦仲卿妻作》:"十三能织素,十四学裁衣。"

绢（絹 juàn）

小篆	楷书	简化字
絹	絹	绢

绢(絹),形声字。小篆的"絹",从糸(mì)肙(yuān)声。左边从"糸",表示与丝织品和麻织品的名称有关,在字中表义,为形符;右边为"肙",在字中表音,为声符。楷书笔画化。现简化为"绢",形符类推简化。《说文·糸部》:"绢(絹),缯如麦䅌。从糸肙声。"《玉篇·糸部》:"绢,生缯也。"又《玉篇·糸部》:"缯,帛也。"

本义为生丝织物。《墨子·辞过》:"治丝麻,捆布绢,以为民衣。"唐代杜甫《丹青引赠曹将军霸》:"诏谓将军拂绢素,意匠惨澹经营中。"引申为丝织品的通称。唐代白居易《即事寄微之》:"衣缝纰颣黄丝绢,饭下腥咸白小鱼。"元末明初罗贯中《三国演义》第十三回:"河内太守张杨献米肉,河东太守王邑献绢帛,帝稍得宁。"元末明初施耐庵《水浒传》第五回:"只见前遮后拥,明晃晃的都是器械旗枪,尽把红绿绢帛缚着。"《水浒传》第九十四回:"军士怪异,取箭细看,原来有许多绢帛,紧紧缠缚着箭镞。"

绮（綺 qǐ）

小篆	楷书	简化字
綺	綺	绮

绮(綺),形声字。小篆的"綺",从糸(mì)奇声。左边从"糸",表示与丝织品和麻织品的名称有关,在字中表义;右边为"奇",在字中表音,为声符。楷书笔画化。现简化为"绮",形符类推简化。《说文·糸部》:"绮(綺),文缯也。从糸奇声。"《说文段注》:"文者,错画也。错画谓这道其介画,缯为这道方文,谓之文绮。"

本义为有素地花纹的丝织品。《玉篇·糸部》:"绮,有纹缯。"《汉书·地理志》:"故其俗弥侈,织作冰纨绮绣纯丽之物,号为冠带衣履天下。"唐代颜师古注曰:"绮,文缯也,即今之所谓细绫也。"《乐府诗集·陌上桑》:"缃绮为下裙,紫绮为上襦。"宋代张俞《蚕妇》:"遍身罗绮者,不是养蚕人。"引申为精妙、精美。唐代李白《扶风豪士歌》:"雕盘绮食会众客,吴歌赵舞香风吹。"宋代苏轼《登州海市》:"新诗绮语亦安用？相与变灭随东风。"今有词语"绮丽""罗绮""余霞散绮"等。

纨（紈 wán）

小篆	楷书	简化字
紈	紈	纨

纨（紈），形声字。小篆的"紈"，从糸（mì）丸声。左边从"糸"，表示与丝织品和麻织品的名称有关，在字中表义；右边为"丸"，在字中表音，为声符。楷书笔画化。现简化为"纨"，形符类推简化。《说文·糸部》："紈（纨），素也。从糸丸声。"

本义为细致洁白的薄绢。《战国策·齐策四》："下宫糅罗纨，曳绮縠，而士不得以为缘。"唐代李峤《罗》："若珍三代服，同擅绮纨名。"唐代李颀《送刘方平》："绮纨游上国，多作少年行。"清代曹雪芹《红楼梦》第三回："寄言纨绔与膏粱：莫效此儿形状！"《红楼梦》第四回："凡是那些纨绔气习者，莫不喜与他来往。"纨绔，泛指富家子弟。唐代杜甫《奉赠韦左丞丈二十二韵》："纨绔不饿死，儒冠多误身。"《宋史·鲁宗道传》："馆阁育天下英才，岂纨绔子弟得以恩泽处邪？"《宋史·明镐传》："时边任多纨绔子弟，镐乃取尤不职者杖之，疲软者皆自解去，遂奏择习事者守堡砦。"

绸（綢 chóu）

金文	小篆	楷书	简化字
綢	綢	綢	绸

绸（綢），形声字。金文的"綢"，从糸（mì）周声。左边从"糸"，表示与丝织品和麻织品的名称有关，在字中表义；右边为"周"，在字中表音，为声符。小篆承续金文字形。楷书笔画化。现简化为"绸"，形符类推简化。《说文·糸部》："綢（绸），缪也。从糸周声。"

本义为缠绕、束缚。《广雅·释训》："绸，绦也。"绦，即丝绳、丝带。《玉篇·糸部》："绸，绸缪也。缠绵也。"《诗·唐风·绸缪》："绸缪束薪，三星在天。"汉代毛亨传："绸缪，犹缠绵也。"《楚辞·九歌·湘君》："薜荔柏兮蕙绸，荪桡兮兰旌。"汉代王逸注："绸，束缚也。"引申为丝织品——绸缎。元代睢景臣《般涉调·哨遍·高祖还乡》："新刷来的头巾，恰糨来的绸衫，畅好是妆幺大户。"清代曹雪芹《红楼梦》第六十七回："去了夹板，开了锁看时，这一箱都是绸缎绫锦洋货等家常应用之物。"《红楼梦》第九十七回："这是妆蟒四十匹。这是各色绸缎一百二十匹。"

缎（緞 duàn）

小篆	楷书	简化字
緞	緞	缎

缎（緞），形声字。小篆的"緞"，从糸（mì）段声。左边从"糸"，表示与丝织品和麻织品的名称有关，在字中表义；右边为"段"，在字中表音，为声符。楷书笔画化。现简化为"缎"，形符类推简化。《说文·韦部》："鍛，履后帖也。从韦段声。緞、鞖或从糸。"这就是说"缎"，是"鍛"的异体字，字形采用"糸"作部件。现今"缎"

为正体，"緞"废弃不用。

本义为缝贴于鞋跟的革片、丝绦之类。文献用例较少。常用义为一种质地厚密而有光泽的丝织物。明代张自烈《正字通·糸部》："缎，今厚缯曰缎。"唐代项斯《欲别》："锦缎裁衣赠，麒麟落剪刀。"清代蒲松龄《聊斋志异·促织》："上大嘉悦，诏赐抚臣名马衣缎。"今有词语"锦缎""绸缎""绫罗绸缎"等。

纱（紗 shā）

小篆	楷书	简化字
紗	紗	纱

纱（紗），会意字。小篆的"紗"，从糸（mì）从少。左边从"糸"，表示与丝织品和麻织品的名称有关；右边为"少"，表示细纱。楷书笔画化。现简化为"纱"，形符类推简化。谷衍奎《汉字源流字典》："纱，楷书繁体从糸少声，少也兼表义。如今简作纱。"

本义为轻细的丝织物。汉代王充《论衡·率性》："白纱入缁，不练自黑。"宋代陆游《老学庵笔记》卷六："亳州出轻纱，举之若无，裁以为衣，真若烟雾。"清代曹雪芹《红楼梦》第十八回："只见院内各色花灯烟灼，皆系纱绫扎成，精致非常。"《红楼梦》第一百〇五回："绸缎一百三十卷，纱绫一百八十卷。"

绒（絨 róng）

小篆	楷书	简化字
絨	絨	绒

绒（絨），形声字。小篆的"絨"，从糸（mì）戎声。左边从"糸"，表示与丝织品和麻织品的名称有关，在字中表义；右边为"戎"，在字中表音，为声符。楷书笔画化。现简化为"绒"，形符类推简化。谷衍奎《汉字源流字典》："绒，形声字。楷书绒，从糸戎声。"

本义为细布。《玉篇·糸部》："绒，细布也。"元代孙周卿《双调·蟾宫曲·题恨》："封泪锦丝丝恨添，唾窗绒缕缕情粘。"元末明初施耐庵《水浒传》第五回："鬓傍边插一枝罗帛象生花，上穿一领围虎体挽绒金绣绿罗袍。"

缟（縞 gǎo）

小篆	楷书	简化字
縞	縞	缟

缟（縞），形声字。小篆的"縞"，从糸（mì）高声。左边从"糸"，表示与丝织品和麻织品的名称有关，在字中表义；右边为"高"，在字中表音，为声符。楷书笔画化。现简化为"缟"，形符类推简化。《说文·糸部》："缟（縞），鲜色也。从糸高声。"《玉篇·糸部》："缟，练也。白色也。"《小尔雅·广服》："缯之精者曰缟。"

本义为细白的丝织品。《尚书·禹贡》："厥篚元纤缟。"汉代孔安国传："缟，白缯。"《左传·襄公二十九年》："聘於郑，见子产，如旧相识，与之缟带，子产献纻衣焉。"晋代杜预注："缟，缯也。"《韩非子·说林上》："鲁人身善织屦，妻善织缟，而欲徙于越。"汉代晁错《论贵粟疏》:"乘坚策肥,履丝曳缟。"汉代桓宽《盐铁论·非鞅》:"缟素不能自分于缁墨,圣贤不能自理于乱世。"

"缟"与"素",都是白色的生绢,引申为白色,指丧服,也比喻俭朴。《战国策·魏策四》:"'若士必怒,伏尸二人,流血五步,天下缟素,今日是也。'挺剑而起。"《史记·留侯世家》:"夫为天下除残贼,宜缟素为资。"

缯（繒 zēng）

小篆	楷书	简化字
繒	繒	缯

缯（繒），形声字。小篆的"繒",从糸（mì）曾声。左边从"糸",表示与丝织品和麻织品的名称有关,在字中表义；右边为"曾",在字中表音,为声符。楷书笔画化。现简化为"缯",形符类推简化。《说文·糸部》:"繒（缯）,帛也。从糸曾声。"《说文段注》:"帛也。七篇帛下曰:缯也。是为转注。春秋传叚为鄫字。"《玉篇·糸部》:"缯,帛也。"

本义为古代对丝织品的总称。《礼记·礼运》:"故先王秉蓍龟,列祭祀,瘗缯,宣祝嘏辞说,设制度。"汉代郑玄注:"币帛曰缯。"《史记·滑稽列传》:"从弟子女十人所,皆衣缯单衣,立大巫后。"《汉书·樊郦滕灌傅靳周传》:"灌婴,睢阳贩缯者也。"唐代颜师古注曰:"缯者,帛之總名。"

缣（縑 jiān）

小篆	楷书	简化字
縑	縑	缣

缣（縑），形声字。小篆的"縑",从糸（mì）兼声。左边从"糸",表示与丝织品和麻织品的名称有关,在字中表义；右边为"兼",在字中表音,为声符。楷书笔画化。现简化为"缣",形符类推简化。《说文·糸部》:"縑（缣）,并丝缯也。从糸兼声。"

本义为双丝织成的细绢。《玉台新咏·上山采蘼芜》:"新人工织缣,故人工织素。"《管子·山国轨》:"泰春功布日,春缣衣、夏单衣。"《史记·滑稽列传》:"数赐缣帛,檐揭而去。"唐代皮日休《三羞诗三首》其一:"一金易芦卜,一缣换凫鹥。"

绫（綾 líng）

小篆	楷书	简化字
綾	綾	绫

绫（綾），形声字。小篆的"綾",从糸（mì）夌声。左边从"糸",表示与丝织品和麻织品的名称有关,在字中表义；右边为"夌",在字中表音,为声符。楷书笔画化。现简化为"绫",形符类推简化。《说文·糸部》:"綾（绫）,东齐谓布帛之细曰绫。从糸夌声。"

本义为细薄而有花纹的丝织品,一面光,像缎子。唐代白居易《卖炭翁》:"半匹红绡一丈绫,系向牛头充炭直。"唐代罗隐《绣》:"蜀锦谩夸声自贵,越绫虚说价功高。"元末明初罗贯中《三国演义》第二十五回:"会众谋臣武士,以客礼待关公,延之上座;又备绫锦及金银器皿相送。"元末明初施耐庵《水浒传》第二十回:"没半月之间,打扮得阎婆惜满头珠翠,遍体绫罗。"明代吴承恩《西游记》第二十三回:"家下有八九年用不着的米谷,十来年穿不着的绫罗。"清代曹雪芹《红楼梦》第六回:"刘姥姥见平儿遍身绫罗,插金带银,花容玉貌的,便当是凤姐儿了。"

第三,表示与丝麻或丝麻制品有关的动作行为,主要有"纺(紡)、织(織)、约(約)、缝(縫)、纫(紉)、绑(綁)、绝(絕)、绽(綻)、绾(綰)、缚(縛)、缢(縊)、续(續)、缠(纏)"。

纺（紡 fǎng）

纺(紡),形声字。小篆的"紡",从糸(mì)方声。左边从"糸",表示与丝麻或丝麻制品有关的动作行为,在字中表义;右边为"方",在字中表音,为声符。楷书笔画化。现简化为"纺",形符类推简化。《说文·糸部》:"紡(纺),网丝也。从糸方声。"网丝,即结丝。《玉篇·糸部》:"纺,纺丝也。"

本义为将丝麻纤维制成纱或线。《左传·昭公十九年》:"及老,托于纪鄣,纺焉以度而去之。"《汉书·食货志》:"男子力耕不足粮饟(xiǎng),女子纺绩不足衣服。"清代曹雪芹《红楼梦》第四十二回:"你我只该做些针黹(zhǐ)纺织的事才是,偏又认得了字,既认得了字,不过拣那正经的看也罢了。"

织（織 zhī）

织(織),形声字。金文的"織",从糸(mì)戠(zhí)省声,即"䜈"。里边从"糸",表示与丝麻或丝麻制品有关的动作行为,在字中表义,为形符;外边为"䜈",在字中表音,为声符,也兼表义,表示标识。小篆的"織"变为从糸戠声的形声字。楷书笔画化。现简化为"织",形符、声符均类推简化。《说文·糸部》:"織(织),作布帛之总名也。从糸戠声。"《玉篇·糸部》:"织,作帛布之总名。"

本义为织布,制作布帛。《庄子·马蹄》:"彼民有常性,织而衣,耕而食,是谓同德。"陈鼓应《庄子今注今译》将"织而衣"翻译为"纺织而衣"。《韩非子·说林上》:"鲁人身善织屦,妻善织缟,而欲徙于越。"《乐府诗集·木兰诗》:"唧唧复唧唧,木兰当户织。"汉代贾谊《论积贮疏》:"一女不织,或受之寒。"

约（約 yuē）

小篆	楷书	简化字
約	約	约

约（約），形声字。小篆的"約"，从糸（mì）勺声。左边从"糸"，表示与丝麻或丝麻制品有关的动作行为，在字中表义；右边为"勺"，在字中表音，为声符。楷书笔画化。现简化为"约"，形符类推简化。《说文·糸部》："約（约），缠束也。从糸勺声。"

本义为用绳索捆绑、套。《诗·小雅·斯干》："约之阁阁，椓（zhuó）之橐橐。"汉代毛亨传："约，束也。"《战国策·赵策四》："于是为长安君约车百乘，质于齐，齐兵乃出。"张清常、王延栋《战国策笺注》："约车，备车，套车。"《史记·魏公子列传》："乃请宾客，约车骑百余乘，欲以客往赴秦军，与赵俱死。"

引申为束缚、约束。《周礼·司寇》："司约，下士二人，府一人，史二人，徒四人。"汉代郑玄注："约，言语之约束。"《论语·子罕》："夫子循循然善诱人，博我以文，约我以礼。"宋代朱熹《四书集注》："约我以礼，克己复礼也。"唐代骆宾王《艳情代郭氏答卢照邻》："别日分明相约束，已取宜家成诫勖。"唐代顾况《青竹杖歌》："约束蜀儿采马鞭，蜀儿采鞭不敢眠。"元末明初施耐庵《水浒传》第七十回："吴用便道：'愿请兄长约束。'宋江对着众头领，开口说这个主意下来。"又引申为约定，以语言或文字订立共同应遵守的条件。《史记·项羽本纪》："沛公奉卮酒为寿，约为婚姻。"明代宋濂《送东阳马生序》："录毕，走送之，不敢稍逾约。"

缝（縫 féng）

小篆	楷书	简化字
縫	縫	缝

缝（縫），形声字。小篆的"縫"，从糸（mì）逢声。左边从"糸"，表示与丝麻或丝麻制品有关的动作行为，在字中表义；右边为"逢"，在字中表音，为声符。楷书笔画化。现简化为"缝"，形符类推简化。《说文·糸部》："縫（缝），以鍼紩衣也。从糸逢聲。"这里的"鍼"同"针"。

本义为以针线连缀，缝补。《广雅·释诂二》："缝，合也。"《诗·魏风·葛屦》："掺掺女手，可以缝裳？"唐代孟郊《游子吟》："临行密密缝，意恐迟迟归。"元末明初施耐庵《水浒传》第十回："但有衣服，便拿来家里浆洗缝补。"清代曹雪芹《红楼梦》第三十七回："月窟仙人缝缟袂，秋闺怨女拭啼痕。"

纫（紉 rèn）

小篆	楷书	简化字
紉	紉	纫

纫（紉），形声字。小篆的"紉"，从糸（mì）刃声。左边从"糸"，表示与丝麻或丝麻制品有关的动作行为，在字中表义；右边为"刃"，在字中表音，为声符。楷书笔画化。现简化为"纫"，形符类推简化。《说文·糸部》："紉（纫），繟绳也。从糸刃声。"

《说文段注》中"繟"作"单"。《玉篇·糸部》:"纫,绳缕也。展而续之。"

本义为用手搓绳、捻线。《礼记·内则》:"衣裳绽裂,纫箴请补缀。"《楚辞·离骚》:"扈江离与辟芷兮,纫秋兰以为佩。"《楚辞·惜誓》:"伤诚是之不察兮,并纫茅丝以为索。"宋代欧阳修《皇后阁五首》之二:"更以亲蚕茧,纫为续命丝。"引申为缝纫、缝补。明代崔铣《记王忠肃公翱三事》:"公受珠,内所著披袄中,纫之。"清代曹雪芹《红楼梦》第七十八回:"问馥郁而菱然兮,纫蘅杜以为纕耶?"引申为纫针。清代曹雪芹《红楼梦》第五十二回:"然后用针纫了两条,分出经纬,亦如界线之法,先界出地子后,依本衣之纹来回织补。"

绑（綁 bǎng）

小篆	楷书	简化字
綁	綁	绑

绑（綁），形声字。小篆的"綁",从糸（mì）邦声。左边从"糸",表示与丝麻或丝麻制品有关的动作行为,在字中表义;右边为"邦",在字中表音,为声符。楷书笔画化。现简化为"绑",形符类推简化。谷衍奎《汉字源流字典》:"綁,从糸邦声。如今简作绑,表示捆缚。"

本义为捆缚。元代马致远《破幽梦孤雁汉宫秋》第四折:"今日早朝散后,有番国差使命绑送毛延寿来。"元代李文蔚《张子房圯桥进履》第三折:"今张良已落在俺彀中也,绑缚定了,着谁为使。"

绝（絕 jué）

甲骨文	金文	小篆	楷书	简化字
		絕	絕	绝

绝（絕），指事兼会意字。甲骨文的"绝",为指事字,在两缕丝线"⿰"的中间各加一短横指事符号"—",表示将丝线割成两段。金文的"⿰"（绝）,则在两组丝线"⿰"之间加一把"⺈"（刀）,明确表示用刀割断丝缕。小篆的"绝"演变为从糸从刀从卩（人）的会意字。左边从"糸",表示与丝麻或丝麻制品有关的动作行为;从刀从卩,表示人用刀割断丝缕。楷书笔画化。现简化为"绝",形符类推简化。《说文·糸部》:"絕（绝）,断丝也。从糸从刀从卩。⿰,古文绝。象不连体,绝二丝。"方述鑫等《甲骨金文字典》:"绝,甲骨文象二糸横断之形。∧,为丝系。金文从二丝从刀,与《说文》绝字古文略同。"

本义为将丝线切断。《玉篇·糸部》:"绝,断也。"《史记·滑稽列传》:"淳于髡仰天大笑,冠缨索绝。"唐代柳宗元《童区寄传》:"童微伺其睡,以缚背刃,力上下,得绝。"引申为断绝、断开。《国语·晋语八》:"今若大其柯,去其枝叶,绝其本根,可以少间。"《战国策·赵策二》:"伐人之国,常苦出辞断绝人之交,愿大王慎勿出于口也。"《史记·廉颇蔺相如列传》:"今杀相如,终不能得璧也,而绝秦赵之欢,不如因而厚遇之。"

绽（綻 zhàn）

小篆	楷书	简化字
𧛛	綻	绽

绽（綻），形声字。小篆的"綻"，从衣旦声。楷书演变为从糸定声。左边从"糸"（mì），表示与丝麻或丝麻制品有关的动作行为，在字中表义；右边为"定"，在字中表音，为声符。现简化为"绽"，形符类推简化。谷衍奎《汉字源流字典》："綻，如今简作绽，从糸定声。"

本义为衣服裂开。《礼记·内则》："衣裳绽裂，纫箴请补缀。"引申为其他东西裂开、绽放。元末明初罗贯中《三国演义》第四十六回："众官扶起黄盖，打得皮开肉绽，鲜血迸流，扶归本寨。"元末明初施耐庵《水浒传》第一回："奇花绽锦绣铺林，嫩柳舞金丝拂地。"《水浒传》第九回："万枝桃绽武陵溪，千树花开金谷苑。"

绾（綰 wǎn）

金文	小篆	楷书	简化字
𤔔	綰	綰	绾

绾（綰），形声字。金文的"綰"，从糸从𠂇𠂇（上、下两只手）官声。小篆的"綰"，从糸（mì）官声。左边从"糸"，表示与丝麻或丝麻制品有关的动作行为，在字中表义；右边为"官"，在字中表音，为声符。楷书笔画化。现简化为"绾"，形符类推简化，仍为形声字。谷衍奎《汉字源流字典》："綰，从糸官声。如今简作绾。"

本义为系挂、盘绕、系结。元末明初施耐庵《水浒传》第三十二回："宋江偷眼看时，只见那个出来的大王，头上绾着鹅梨角儿。"《水浒传》第七十三回："直进到草厅上。庄主狄太公出来迎接，看见李逵绾着两个丫髻。"

缚（縛 fù）

小篆	楷书	简化字
縛	縛	缚

缚（縛），形声字。小篆的"縛"，从糸（mì）尃（fū）声。左边从"糸"，表示与丝麻或丝麻制品有关的动作行为，在字中表义；右边为"尃"，在字中表音，为声符。楷书笔画化。现简化为"缚"，形符类推简化。《说文·糸部》："縛（缚），束也。从糸尃声。"《玉篇·糸部》："缚，束缚也。"束缚，即捆绑。

本义为捆绑。《左传·文公二年》："战之明日，晋襄公缚秦囚，使莱驹以戈斩之。"《左传·襄公十七年》："乃弛弓而自后缚之。"《史记·宋微子世家》："微子乃持其祭器造於军门，肉袒面缚，左牵羊，右把茅。"《史记·陈丞相世家》："高帝豫具武士，见信至，即执缚之，载后车。"

缢（縊 yì）

小篆	楷书	简化字
縊	縊	缢

缢（縊），形声字。小篆的"縊"，从糸（mì）益声。左边从"糸"，表示与丝麻或丝麻制品有关的动作行为，在字中表义；右边为"益"，在字中表音，为声符。楷书笔画化。现简化为"缢"，形符类推简化。《说文·糸部》："縊（缢），经也。从糸益声。"《玉篇·糸部》："缢，自经也。"《广雅·释诂四》："缢，绞也。""经"就是自杀。

本义为吊死。《左传·桓公十三年》："莫敖缢于荒谷。"晋代杜预注："缢，自经也。"《左传·宣公十四年》："十四年春，孔达缢而死。"《玉台新咏·古诗为焦仲卿妻作》："仲卿闻之，亦自缢于庭树。"

续（續 xù）

甲骨文	小篆	楷书	简化字
𧄍	續	續	续

续（續），形声字。甲骨文的"續"，下边从贝，上边符号不明，基本意思大概是将宝贝售出。小篆的"續"，从糸（mì）賣（yù）声。左边从"糸"，表示与丝麻或丝麻制品有关的动作行为，在字中表义；右边为"賣"，在字中表音，为声符。楷书笔画化。现简化为"续"，形符、声符类推简化。《说文·糸部》："續（续），连也。从糸賣（yù）声。"

本义为如丝相连，连接。《玉篇·糸部》："续，继也。"《礼记·深衣》："（深衣）短毋见肤，长毋被土，续衽钩边。"汉代郑玄注："续，犹属也。属，连之。"《韩非子·用人》："久怨细过，长侮偷快，数以德追祸，是断手而续以玉也，故世有易身之患。"《晋书·赵王伦传》："貂不足，狗尾续。"引申为继续。《周礼·巾车》："岁时更续，共其币车。"《史记·项羽本纪》："欲诛有功之人，此亡秦之续耳，窃为大王不取也。"

缠（纏 chán）

小篆	楷书	简化字
纏	纏	缠

缠（纏），形声字。小篆的"纏"，从糸（mì）廛（chán）声。左边从"糸"，表示与丝麻或丝麻制品有关的动作行为，在字中表义；右边为"廛"，在字中表音，为声符。楷书笔画化。现简化为"缠"，形符、声符均类推简化。《说文·糸部》："纏（缠），绕也。从糸廛声。"《玉篇·糸部》："缠，约也。"《说文·糸部》："约，缠束也。""约"，即捆绑、缠绕。

本义为围绕、缠绕。《淮南子·道应训》："臣有所与供儋缠采薪者方九埵，此其于马，非臣之下也。"《后汉书·董卓列传》："卓所得义兵士卒，皆以布缠裹，倒立于地，热膏灌杀之。"唐代韩愈《游城南十六首·楸树二首》："几岁生成为大树，一朝缠绕困长藤。"唐代刘禹锡《葡萄歌》："野田生葡萄，缠绕一枝高。"

第四，表示与丝麻相关的性状，主要有"紊、细（細）、绚（絢）、缤（繽）"。

紊（wěn）

| 甲骨文 | 小篆 | 楷书 |

紊，形声字。甲骨文的"紊"，从糸（mì）文声。下边从"糸"，表示与丝麻的性状有关，在字中表义；上边为"文"，在字中表音，为声符。小篆承续甲骨文字形。楷书笔画化。《说文·糸部》："紊，乱也。从糸文声。"

本义为乱。《玉篇·糸部》："紊，乱也。"《尚书·盘庚上》："若网在纲，有条而不紊。"汉代孔安国注："紊，乱也。"明代吴承恩《西游记》第二十三回："你看那猪八戒，眼不转睛，淫心紊乱，色胆纵横。"清代曹雪芹《红楼梦》第十三回："合族人丁并家下诸人，都各遵旧制行事，自不敢紊乱。"

细（細 xì）

| 小篆 | 楷书 | 简化字 |

细（細），形声字。小篆的"細"，从糸（mì）囟（xìn）声。左边从"糸"，表示与丝麻的性状有关，在字中表义；右边为"囟"，在字中表音，为声符。楷书笔画化。"細"隶变后为"細"，声符"囟"变为"田"，现简化为"细"，形符类推简化。《说文·糸部》："細（細），微也。从糸囟声。"

本义为细小、细微，与"大"相对。《广雅·释诂二》："细，小也。"《礼记·檀弓上》："君子之爱人也以德，细人之爱人也以姑息。"《三国志·蜀书·诸葛亮传》："政事无巨细，咸决于亮。"《南齐书·魏虏列传》："事无巨细，必经太子，然后上闻。"南北朝吴均《与朱元思书》："游鱼细石，直视无碍。"唐代张志和《渔歌子》："青箬笠，绿蓑衣，斜风细雨不须归。"引申为精致、细密。清代曹雪芹《红楼梦》第七十七回："还是那年我和你拌嘴的那日起，叫上来作些细活，未免夺占了地位，故有今日。"

绚（絢 xuàn）

| 小篆 | 楷书 | 简化字 |

绚（絢），形声字。小篆的"絢"，从糸（mì）旬声。左边从"糸"，表示与丝麻的性状有关，在字中表义；右边为"旬"，在字中表音，为声符。楷书笔画化。现简化为"绚"，形符类推简化。《说文·糸部》："絢（絢），《诗》云：'素以为绚兮。'从糸旬声。"汤可敬《说文解字今释》将其翻译为"《诗》说：'在洁白的底子上画着文彩啊。'从糸旬声"。

本义为漂亮有文采的样子。《玉篇·糸部》："绚，文兒。"《论语·八佾》："'巧笑倩兮，美目盼兮，素以为绚兮。'何谓也？"宋代朱熹《四书集注》："绚，采色，画之饰也。"唐代皮日休《雨中游包山精舍》："松门亘五里，彩碧高下绚。"明代张草《河满子·中秋》："铅水泻如清泪，江枫绚似红妆。"明代吴承恩《西游记》第五十二回："幽鸟声频如诉语，奇花色绚不知名。"《西游记》第九十六回："满堂中锦簇花攒，四下里金铺彩绚。"今有词语"绚丽""绚烂"等。

缤（繽 bīn）

小篆	楷书	简化字
繽	繽	缤

缤（繽），形声字。小篆的"繽"，从糸（mì）宾声。左边从"糸"，表示与丝麻的性状有关，在字中表义；右边为"宾"，在字中表音，为声符。楷书笔画化。现简化为"缤"，形符类推简化。与"纷"构成联绵词"缤纷"，表示繁盛、众多的样子。《玉篇·糸部》："缤纷，盛也。"

本义为繁盛、众多的样子。《汉书·扬雄传》："缤纷往来，輶轩不绝，若光若灭者，布虖青林之下。"晋代陶渊明《桃花源记》："芳草鲜美，落英缤纷。"引申为紊乱。《楚辞·离骚》："时缤纷其变易兮，又何可以淹留。"

第五，表示颜色的类别，主要有"红（紅）、绿（綠）、紫、绛（絳）、绯（緋）"。

红（紅 hóng）

小篆	楷书	简化字
紅	紅	红

红（紅），形声字。小篆的"紅"，从糸（mì）工声。左边从"糸"，表示与颜色的类别有关，在字中表义，为形符；右边为"工"，在字中表音，为声符。楷书笔画化。现简化为"红"，形符类推简化。《说文·糸部》："紅（紅），帛赤白色。从糸工声。"《玉篇·糸部》："红，色也。"

本义为粉红色。《论语·乡党》："红紫不以为亵服。"唐代李贺《将进酒》："况是青春日将暮，桃花乱落如红雨。"宋代杨万里《晓出净慈寺送林子方》："接天莲叶无穷碧，映日荷花别样红。"后泛指各种红色。唐代杜甫《春夜喜雨》："晓看红湿处，花重锦官城。"唐代白居易《忆江南》："日出江花红胜火，春来江水绿如蓝。"宋代李清照《如梦令》："知否？知否？应是绿肥红瘦。"

绿（綠 lǜ）

甲骨文	小篆	楷书	简化字
綠	綠	綠	绿

绿（綠），形声字。甲骨文的"綠"，从糸彔（彔）声，表示丝织品如同井水的颜色。小篆的"綠"，从糸（mì）彔（lù）声。左边从"糸"，表示与颜色的类别有关，在字中表义，为形符；右边为"彔"，在字中表音，为声符。楷书笔画化。现简化为"绿"，形符类推简化。《说文·糸部》："綠（綠），帛青黄色也。从糸彔声。"徐中舒《甲骨文字典》："綠，从糸从彔（彔），与《说文》绿字篆文略

同。"根据小篆字形,"绿"当为形声字为确。

本义为青中带黄的颜色。《礼记·玉藻》:"杂带,君朱绿,大夫玄华,士缁辟二寸,再缭四寸。"《玉台新咏·古诗为焦仲卿妻作》:"箱帘六七十,绿碧青丝绳。"唐代刘禹锡《陋室铭》:"苔痕上阶绿,草色入帘青。"唐代杜牧《江南春绝句》:"千里莺啼绿映红,水村山郭酒旗风。"唐代韦庄《幽居春思》:"绿映红藏江上村,一声鸡犬似山源。"

紫(zǐ)

| 金文 | 小篆 | 楷书 |

紫,形声字。金文的"紫",从糸(mì)𠂆(此)声,表示蓝和红组成的颜色。小篆的"紫"与金文构字部件相同,但字形由左右结构变为上下结构,下从"糸",上为"此"。从"糸",表示与颜色的类别有关,在字中表义;"此"为声,在字中表音。楷书笔画化。《说文·糸部》:"紫,帛青赤色。从糸此声。"《说文段注》:"青当作黑。颖容春秋释例曰:'火畏於水。以赤入於黑。'故北间色紫也。"

本义为紫色,蓝和红合成的颜色。《左传·哀公十七年》:"紫衣狐裘,至,袒裘,不释剑而食。"《乐府诗集·陌上桑》:"缃绮为下裙,紫绮为上襦。"南北朝丘迟《与陈伯之书》:"佩紫怀黄,赞帷幄之谋。"唐代李朝威《柳毅传》:"而见一人,披紫衣,执青玉。"明代吴承恩《西游记》第八十四回:"紫衣香翅赶流萤,最喜夜深风静。"引申为紫色的衣服和绶带。《韩非子·外储说左上》:"齐桓公好服紫,一国尽服紫。"《后汉书·冯衍传》:"居常慷慨叹曰:'衍少事名贤,经历显位,怀金垂紫,揭节奉使。'"唐代李贤注:"紫谓绶也。"唐代李白《门有车马客行》:"空谈霸王略,紫绶不挂身。"

绛(絳 jiàng)

| 小篆 | 楷书 | 简化字 |

绛(絳),形声字。小篆的"絳",从糸(mì)夅声。左边从"糸",表示与颜色的类别有关,在字中表义,为形符;右边为"夅",在字中表音,为声符。楷书笔画化。现简化为"绛",形符类推简化。《说文·糸部》:"絳(绛),大赤也。从糸夅声。"《说文段注》:"大赤者,今俗所谓大红也。上文纯赤者,今俗所谓朱红也。朱红淡,大红浓。大红如日出之色,朱红如日中之色,日中贵于日出。"《广雅·释器》:"绛,赤也。"

本义为大红色。《淮南子·坠形训》:"绛树在其南,碧树、瑶树在其北。"晋代左思《吴都赋》:"纶组紫绛,食葛香茅。石帆水松,东风扶留。"宋代王安石《题金沙》:"海棠开后数金沙,高架层层吐绛葩。"元末明初施耐庵《水浒传》第九回:"绛色红缨,如烂熳莲花乱插。"清代姚鼐《登泰山记》:"或得日或否,绛皓驳色,而皆若偻。"

绯（緋 fēi）

小篆	楷书	简化字
緋	緋	绯

绯（緋），形声字。小篆的"緋"，从糸（mì）非声。左边从"糸"，表示与颜色的类别有关，在字中表义，为形符；右边为"非"，在字中表音，为声符。楷书笔画化。现简化为"绯"，形符类推简化。《说文新附·糸部》："緋，帛赤色也。从糸非声。"

本义为红色、深红色。唐代韩愈《区弘南归》："佩服上色紫与绯，独子之节可嗟唏。"《宋史·舆服志六》："后更宫门号以绯红绢方，皇城门以绯红绢圆，遂久用之。"元末明初施耐庵《水浒传》第十三回："上笼着一领绯红团花袍，上面垂两条绿绒缕颔带。"今有词语"绯红""绯桃""绯闻"等。

第二节 "衣"部及其例字

"衣"部亦属于糸部，与衣服及其披盖物有关，是一个大类。

衣（yī）

一、形体演变

甲骨文	金文	小篆	楷书
仌	仓	衣	衣

二、构形理据

衣，象形字。甲骨文的"衣"，像有领口、有两袖、两襟互掩的上装。金文、小篆承续甲骨文字形。楷书笔画化。"衣"字自甲骨文至楷书形体变化不大。《说文·衣部》："衣，依也。上曰衣，下曰裳。"徐中舒《甲骨文字典》："衣，罗振玉谓象襟衽左右掩覆之形。可从。"方述鑫等《甲骨金文字典》："衣，甲骨文、金文象襟衽左右掩覆之形。"

三、本义

本义为上衣。《诗·周南·葛覃》："薄汙我私，薄澣我衣。"《诗·邶风·绿衣》："绿兮衣兮，绿衣黄里。"《诗·齐风·东方未明》："东方未明，颠倒衣裳。"汉代毛亨传："上曰衣，下曰裳。"《玉台新咏·古诗为焦仲卿妻作》："何不作衣裳，莫令事不举。"唐代白居易《卖炭翁》："卖炭得钱何所营，身上衣裳口中食。"后泛指衣服，即上下衣。《左传·庄公十年》："衣食所安，弗敢专也，必以分人。"《战国策·燕策三》："太子及宾客知其事者，皆白衣冠以送之。"引申为穿，动词。《孟子·滕文公上》:"'许子必织布而后衣乎?'曰:'否,许子衣褐。'"《韩非子·说林下》:"杨朱之弟杨布,衣素衣而出,天雨,解素衣,衣缁衣而反,其狗不知而吠之。"此句中的第一个"衣"为动词,穿。《史记·廉颇蔺相如列传》:"(相如)乃使其从者衣褐,怀其璧,从径道亡,归璧于赵。"

四、理据例说

"衣"是个部首字,在《现代汉语词典》里设有"衣""衤"部。从"衣"的字,其义均与衣服及一些披盖物有关。在楷书里,"衣"作部件在字的上或下,仍写作"衣";在字的左边写作"衤"(衣补);还有一种情况,就是从"衣"的字在构形时将"衣"分为上、下两部分。从"衣"的字,主要有以下五类。

第一,表示衣服的类别名称,主要有"裳、裘、袍、襦、褐、衫、袅(褺)、裙(帬)、裤(褲)"等。

裳(cháng)

裳,形声字。小篆的"裳",从衣尚声。下边从"衣",表示与衣服的类别有关,在字中表义,为形符;上边为"尚",在字中表音,为声符。楷书笔画化。《说文·巾部》:"常,下裙也。从巾尚声。裳,常或从衣。"

本义为下衣、衣裙。"裳"是古人穿的遮蔽下体的衣裙,男女都穿,不是裤子。《诗·邶风·绿衣》:"绿兮衣兮,绿衣黄裳。"汉代毛亨传:"上曰衣,下曰裳。"程俊英《诗经译注》注为"裳,下衣,形状像现在的裙。当时人不穿裤子,男女都穿裳"。《楚辞·离骚》:"制芰(jì)荷以为衣兮,集芙蓉以为裳。"唐代白居易《琵琶行(并序)》:"沉吟放拨插弦中,整顿衣裳起敛容。"引申为泛指衣服。《乐府诗集·木兰诗》:"脱我战时袍,著我旧时裳。"《水经注·江水》:"故渔者歌曰:'巴东三峡巫峡长,猿鸣三声泪沾裳。'"

裘(qiú)

裘,象形、会意兼形声字。甲骨文的"裘",为象形字,像皮毛外露之衣。金文的"裘",为会意字,从表从又,从"表"表示皮衣,从"又"表示抓持,合起来表示穿上毛皮大衣。小篆的"裘",从衣求声。上边、下边从"衣",表示与衣服的类别有关,在字中表义,为形符;中间为"求",在字中表音,为声符。楷书笔画化。《说文·衣部》:"裘,皮衣也。从衣求声。一曰象形。"徐中舒《甲骨文字典》:"裘,象皮毛外露之衣,即裘之本字。"方述鑫等《甲骨金文字典》:"裘,甲骨金文象兽皮形。从衣者,象毛在外衣之形。"刘钊《古文字构形学》中"裘","金文作, 加'又'为声"。

本义为皮衣。《礼记·学记》："良冶之子，必学为裘。"唐代孔颖达疏："裘，谓衣裘也。"唐代岑参《白雪歌送武判官归京》："散入珠帘湿罗幕，狐裘不暖锦衾薄。"明代宋濂《送东阳马生序》："今诸生学于太学，县官日有廪稍之供，父母岁有裘葛之遗，无冻馁之患矣。"引申为穿上皮衣。《韩非子·外储说左下》："冬羔裘，夏葛衣，面有饥色，则良大夫也。"

袍（páo）

袍，形声字。小篆的"袍"，从衣包声。左边从"衣"，表示与衣服的类别有关，在字中表义，为形符；右边为"包"，在字中表音，为声符。楷书笔画化，"衣"变为"衤"（衣补旁）。《说文·衣部》："袍，襺（jiǎn）也。从衣包声。"《说文·衣部》："襺，袍衣也。从衣繭声。"《说文段注》："古者袍必有表。后代为外衣之称。《释名》曰：'袍，丈夫箸。'"

本义为有夹层、中着棉絮的长衣。《诗·秦风·无衣》："岂曰无衣？与子同袍。"汉代毛亨传："袍，襺也。"元末明初罗贯中《三国演义》第十五回："策知解到太史慈，亲自出营喝散士卒，自释其缚，将自己锦袍衣之。"今有词语"旗袍""长袍马褂"等。

襦（rú）

襦，形声字。小篆的"襦"，从衣需声。左边从"衣"，表示与衣服的类别有关，在字中表义，为形符；右边为"需"，在字中表音，为声符。楷书笔画化，"衣"变为"衤"（衣补旁）。《说文·衣部》："襦，短衣也。从衣需声。"

本义为短衣、短袄。《玉篇·衣部》："襦，短衣也。"《礼记·内则》："十年，出就外傅，居宿於外，学书记，衣不帛襦袴。"《玉台新咏·古诗为焦仲卿妻作（并序）》："妾有绣腰襦，葳蕤自生光。"《玉台新咏·谢朓赠王主簿》："轻歌急绮带，含笑解罗襦。"《乐府诗集·陌上桑》："缃绮为下裙，紫绮为上襦。"

褐（hè）

褐，形声字。小篆的"褐"，从衣曷声。左边从"衣"，表示与衣服的类别有关，在字中表义，为形符；右边为"曷"，在字中表音，为声符。楷书笔画化，"衣"变为"衤"（衣补旁）。《说文·衣部》："褐，编枲（xǐ）袜。一曰粗衣。从衣曷声。"

本义有二：一是用粗麻织成的袜子，文献用例较少；二是粗布衣服。《玉篇·衣部》："褐，袍也。"《诗·豳风·七月》："无衣无褐，何以卒岁。"汉代郑玄笺："褐，毛布也。"《孟子·滕文公上》："'许子必织布而后衣乎？'曰：'否。许子衣褐。'"《史记·廉颇蔺相如列传》：" 相如度秦王虽斋，决负约不偿城，乃使其从者衣褐，怀其璧，从径道亡。"

衫（shān）

小篆	楷书
衫	衫

衫，形声字。小篆的"衫"，从衣彡（shān）声。左边从"衣"，表示与衣服的类别有关，在字中表义；右边为"彡"，在字中表音，为声符。楷书笔画化，"衣"变为"衤"（衣补旁）。《说文新附·衣部》："衫，衣也。从衣，彡声。"《玉篇·衣部》："衫，同上。"其中，"上"字为"襳"（xiān）。《玉篇·衣部》："襳，小襦也。"

本义为古代短袖的单衣。《玉台新咏·古诗为焦仲卿妻作（并序）》："朝成绣夹裙，晚成单罗衫。"唐代白居易《琵琶行（并序）》："座中泣下谁最多，江州司马青衫湿。"清代曹雪芹《红楼梦》第三十回："见他穿着簇新藕合纱衫，竟去拭泪。"《红楼梦》第三十六回："林黛玉却来至窗外，隔着纱窗往里一看，只见宝玉穿着银红纱衫子，随便睡着在床上。"

亵（褻 xiè）

金文	小篆	楷书	简化字
褻	褻	褻	亵

亵（褻），会意兼形声字。金文的"褻"，从埶从衣。下边从"衣"，表示与衣服的类别有关，在字中表义，上边从"埶"，表示抓摸，亦在字中表义，合起来表示抓摸别人的衣服，古人认为这是极不尊重的行为。小篆的"褻"，将"衣"拆开为上、下两部分，中间为"埶"，为从衣埶声的形声字，"褻"字的中间为"埶"，在字中表音，为声符。楷书笔画化，承续小篆字形。现简化为"亵"，声符"埶"为草书楷化法简化。《说文·衣部》："褻（亵），私服。从衣埶声。"

本义为贴身的内衣，也指家居所穿的便服。《礼记·檀弓下》："季康子之母死，陈亵衣。"《论语·乡党》："君子不以绀緅饰，红紫不以为亵服。"宋代朱熹《四书集注》："亵服，私居服也。"汉代司马相如《美人赋》："女乃驰其上服，表其亵衣，皓体呈露，玉骨冰肌。"今有"亵渎"一词，指轻慢、不尊敬，其义当从金文构形表义而来。

裙（帬 qún）

小篆1	小篆2	楷书
帬	裠	裙

裙（帬），形声字。小篆1的"帬"，从巾君声。小篆2的"裠"，从衣君声。下边从"衣"，表示与衣服的类别有关，在字中表义，为形符；上边为"君"，在字中表音，为声符。楷书笔画化，"衣"变为"衤"（衣补旁）。《说文·巾部》："帬（裙），下裳也。从巾君声。裠，帬或从衣。"可见，部首"巾"与"衣"均表示衣服的类别。《玉篇·巾部》："帬，与裙同。"《玉篇·衣部》："裠，裳也，亦作裙。"

本义为古指下裳，即裙子。《玉台新咏·古诗为焦仲卿妻作》："著我绣夹裙，事事四五通。"又"揽裙脱丝履，举身赴青池。"《乐府诗集·陌上桑》："缃绮为下裙，紫绮为上襦。"今专指裙子。唐代武则天《如意娘》："不信比来长下泪，开箱验取石榴裙。"唐代杜甫《石壕吏》："有孙母未去，出入无完裙。"唐代白居易《琵琶行（并序）》："钿头云篦击节碎，血色罗裙翻酒污。"

裤（褲 kù）

裤（褲），形声字。小篆的"绔"，从糸夸声。楷书演变为"褲"，从衤（衣）庫声。左边从"衤"（衣），表示与衣服的类别有关，在字中表义，为形符；右边为"庫"，在字中表音，为声符。现简化为"裤"，声符"库"类推简化。谷衍奎《汉字源流字典》："裤，楷书繁体作褲，从衣庫声。"

本义为裤子。元末明初施耐庵《水浒传》第十五回："里面匾扎起裤子，上面围着一条间道棋子布手巾。"清代曹雪芹《红楼梦》第四十五回："膝下露出油绿绸撒花裤子，底下是掐金满绣的绵纱袜子。"

第二，表示衣服各种构成部分的名称，主要有"襟、袖、袂、裔"。

襟（jīn）

襟，形声字。小篆的"裣"，从衣金声。楷书演变为"襟"，从衤（衣）禁声。左边从"衤"（衣），表示与衣服的构成部分名称有关，在字中表义，为形符；右边为"禁"，在字中表音，为声符。《说文》无"襟"字，但有此"衿"（jīn）字。《说文·糸部》："衿，衣系也，从糸今声。"《说文段注》："衿，联合衣襟之带也。"我们认为《说文》中的"衿"就是今天的"襟"字。《玉篇·衣部》："襟，同上。"其上字为"裣"，"交裣，衣领也"。

本义为古代指衣的交领。《楚辞·离骚》："揽茹蕙以掩涕兮，沾余襟之浪浪。"后指衣的前幅，衣襟。唐代杜甫《蜀相》："出师未捷身先死，长使英雄泪满襟。"宋代欧阳修《五代史伶官传序》："至于誓天断发，泣下沾襟，何其衰也！"

袖（xiù）

袖，会意兼形声字。小篆1的"褎"（袖），从衣从爪从禾。外边为"衣"，将其拆成上、下两部分，表示与衣服的构成部分名称有关；里边左侧从"爪"，表示手臂；里边右侧从"禾"，与"和"同音代替，表示协同。三部分合起来表示衣服中与双臂协和的部分，即衣袖。小篆2的"袖"（袖），为形声字，从衣由声。楷书笔画化，"衣"变为"衤"（衣补旁）。《说文·衣部》："褎（袖），袂也。从衣釆声。袖，俗褎从由。"

本义为衣袖。《韩非子·五蠹》:"长袖善舞,多钱善贾。"三国曹子建《美女篇》:"攘袖见素手,皓腕约金环。"元末明初施耐庵《水浒传》第二十五回:"那婆子便把衣袖卷起,舀了一桶汤,把抹布撒在里面。"引申为藏物于袖中。《史记·魏公子列传》:"朱亥袖四十斤铁椎,椎杀晋鄙,公子遂将晋鄙军。"明代宗臣《报刘一丈书》:"门者故不入,则甘言媚词,作妇人状,袖金以私之。"

袂(mèi)

袂,形声字。小篆的"袂",从衣夬(guài)声。左边从"衣",表示与衣服的构成部分名称有关,在字中表义;右边为"夬",在字中表音,为声符。楷书笔画化,"衣"变为"衤"(衣补旁)。《说文·衣部》:"袂,袖也。从衣夬声。"

本义为衣袖。《玉篇·衣部》:"袂,袖也。"《楚辞·九歌·湘夫人》:"捐余袂兮江中,遗余褋兮澧浦。"明代高启《书博鸡者事》:"第为上者不能察,使匹夫攘袂群起以伸其愤。"清代曹雪芹《红楼梦》第三十七回:"月窟仙人缝缟袂,秋闺怨女拭啼痕。"今有词语"联袂""比肩联袂"。

裔(yì)

裔,形声字。金文的"裔",从衣冋(jiǒng)声。上边从"衣",表示与衣服的构成部分名称有关,在字中表义;下边为"冋",在字中表音,为声符。小篆基本承续金文字形。楷书笔画化。《说文·衣部》:"裔,衣裾也。从衣冏(nè)声。"《玉篇·衣部》:"裔,边地也。"

本义为衣服的边缘、衣边,后泛指边缘。《楚辞·九歌·湘夫人》:"麋何食兮庭中,蛟何为兮水裔。"《淮南子·原道训》:"故虽游于江浔海裔。"唐代骆宾王《从军中行路难二首》:"阁道岩峣上戍楼,剑门遥裔俯灵丘。"

第三,表示与人们睡、卧等相关的生活用具的名称,主要有"被、衾、褥、裯(绸)"。

被(bèi)

被,形声字。金文的"被",从衣皮声。左边从"衣",表示与人们睡、卧等生活用具的名称有关;右边为"皮",在字中表音,为声符。小篆基本承续金文字形。楷书笔画化,"衣"变为"衤"(衣补旁)。《说文·衣部》:"被,寝衣,长一身有半。从衣皮声。"

本义为睡眠时用以覆体的被子。《楚辞·招魂》:"翡翠珠被,烂齐光些。"汉代王逸疏："被，衾也。"黄寿祺、梅桐生《楚辞全译》："珠被，缀有细珠的绵被。"元末明初施耐庵《水浒传》第二十一回："你先时不曾脱衣裳睡，如今盖着被子睡，一定是起来铺被时拿了。"《水浒传》第六十五回："张顺自打开衣包，取出绵被，和身上卷倒在舱里。"清代曹雪芹《红楼梦》第十三回："正和平儿灯下拥炉倦绣，早命浓薰绣被，二人睡下。"

衾（qīn）

衾，形声字。小篆的"衾"，从衣今声。外边从"衣"，表示与人们睡、卧等生活用具的名称有关，在字中表义；里边为"今"，在字中表音，为声符。楷书笔画化。《说文·衣部》："衾，大被。从衣今声。"

本义为大被子。《玉篇·衣部》："衾，大被也。"《诗·召南·小星》："肃肃宵征，抱衾与裯。"汉代毛亨传："衾，被也。"唐代杜甫《茅屋为秋风所破歌》："布衾多年冷似铁，骄儿恶卧踏里裂。"唐代岑参《白雪歌送武判官归京》："散入珠帘湿罗幕，狐裘不暖锦衾薄。"元代王实甫《西厢记》第四折："自愿的生则同衾，死则同穴。"明代宋濂《送东阳马生序》："以衾拥覆，久而乃和。"

襁（qiǎng）

襁，形声字。小篆的"襁"，从衣强声。左边从"衣"，表示与人们睡、卧等生活用具的名称有关，在字中表义，为形符；右边为"强"，在字中表音，为声符。楷书笔画化，"衣"变为"衤"（衣补旁）。《说文·衣部》："襁，负儿衣。从衣强声。"

本义为背负包裹婴儿的被子或布幅。《论语·子路》："夫如是，则四方之民襁负其子而至矣。"宋代朱熹《四书集注》："襁，织缕为之，以约小儿于背者。"《汉书·传盖诸葛刘郑孙毋将何传》："朕幼而孤，皇太太后躬自养育，免于襁褓，教道以礼。"《汉书·王莽传》："玄孙年在襁褓，不得至德君子，孰能安之？"《汉书·外戚传》："青三子在襁褓中，皆为列侯。"清代曹雪芹《红楼梦》第五回："〔乐中悲〕襁褓中，父母叹双亡。"

褓（緥 bǎo）

褓（緥），形声字。小篆的"緥"，从糸保声。楷书变为从衣保声。左边从"衤"（衣），表示与人们睡、卧等生活用具的名称有关，在字中表义，为形符；右边为"保"，在字中表音，为声符。楷书笔画化，演变为从衣保声的形声字。《说文·衣部》："緥（褓），小儿衣也。从糸保声。"

本义为包裹婴儿的被子。《玉篇·衣部》："緥，小儿衣。亦作褓。"唐代沈佺期

274

《赦到不得归题江上石》:"小儿应离褓,幼女未攀笄(jī)。"唐代于鹄《悼孩子》:"襁褓在旧床,每见立踟蹰。"唐代豆卢回《登乐游原怀古》:"虽在襁褓中,亦遭巫蛊冤。"明代刘绩《征夫》:"欲慰泉下魂,但视褓中儿。"

第四,表示与衣物有关的动作行为,主要有"袒、裸(臝)、补(補)、裁、裂、裹、褪"。

袒(tǎn)

袒,形声字。小篆的"袒",从衣旦声。左边从"衣",表示与衣物有关的动作行为,在字中表义,为形符;右边为"旦",在字中表音,为声符。楷书笔画化,"衣"变为"衤"(衣补旁)。《说文·衣部》:"袒,衣缝裂开。从衣旦声。"

本义为脱去上衣,露出身体的一部分。《仪礼·觐礼》:"乃右肉袒于庙门之东。"《战国策·燕策三》:"樊於期偏袒扼腕而进曰:'此臣日夜切齿拊心也,乃今得闻教。'"《史记·陈涉世家》:"袒右,称大楚。为坛而盟,祭以尉首。"明代魏学洢《核舟记》:"佛印绝类弥勒,袒胸露乳,矫首昂视,神情与苏、黄不属。"元末明初罗贯中《三国演义》第九十回:"遂同兄弟妻子宗党人等,皆匍匐跪于帐下,肉袒谢罪。"今有词语"袒护""袒露""偏袒""袒胸露背"等。

裸(臝 luǒ)

裸(臝),形声字,异体为"臝"。小篆1的"臝",从衣羸声。小篆2的"裸",从衣果声。左边从"衣",表示与衣物有关的动作行为,在字中表义,为形符;右边为"果",在字中表音,为声符。楷书笔画化,"衣"变为"衤"(衣补旁)。《说文·衣部》:"臝,袒也。从衣 羸声。裸,臝或从果。"

本义为赤身露体。《史记·陈丞相世家》:"平恐,乃解衣裸而佐刺船。"《史记·南越列传》:"其东闽越千人众号称王,其西瓯骆裸国亦称王。"唐代司马贞《史记索隐》:"裸,露形也。"《三国志·吴书·张严程阚薛传》:"日南郡男女倮体,不以为羞。""倮"为"裸"的异体字。《玉篇·人部》:"倮,赤体也。"引申为露出的身体,名词。《左传·僖公二十三年》:"及曹,曹共公闻其骈胁,欲观其裸。"

补(補 bǔ)

补(補),形声字。小篆的"補",从衣甫声。左边从"衣",表示与衣物有关的动作行为,在字中表义,为形符;右边为"甫",在字中表音,为声符。楷书笔画化,"衣"

变为"衤"（衣补旁）。现简化为"补"，仍为形声字，声符类推简化。《说文·衣部》："補（补），完衣也。从衣甫声。"

本义为补缀衣服。《礼记·内则》："衣裳绽裂，纫箴请补缀。"王文锦《礼记译解》将"纫箴请补缀"翻译为"纫上针，请老人脱下来，为了缝补"。唐代白居易《狂吟七言十四韵》："补绽衣裳愧妻女，支持酒肉赖交亲。"白居易《村居卧病三首》："葺（qì）庐备阴雨，补褐防寒岁。"引申为一切东西的修补、弥补、补充。唐代杜甫《佳人》："侍婢卖珠回，牵萝补茅屋。"《孟子·梁惠王下》："春省耕而补不足，秋省敛而助不给。"《荀子·强国》："故善日者王，善时者霸，补漏者危，大荒者亡。"蒋南华等《荀子全译》："补漏者，出了漏洞才去弥补的人。"

裁（cái）

裁，形声字。小篆的"裁"，从衣𢦏（zāi）声。左下角从"衣"，表示与衣物有关的动作行为，在字中表义，为形符；"裁"字的四分之三的位置为"𢦏"，在字中表音，为声符。楷书笔画化。《说文·衣部》："裁，制衣也。从衣𢦏声。"

本义为裁制，剪裁衣服。《玉台新咏·古诗为焦仲卿妻作》："十三能织素，十四学裁衣。"唐代沈亚之《春词酬元微之》："美人手暖裁衣易，片片轻花落翦刀。"唐代项斯《欲别》："锦缎裁衣赠，麒麟落剪刀。"后泛指剪裁。唐代贺知章《咏柳》："不知细叶谁裁出，二月春风似剪刀。"注意："裁"字的结构特点是形符"衣"仅占一角，为整个字的四分之一的位置，声符"𢦏"占四分之三的位置。

裂（liè）

裂，形声字。小篆的"裂"，从衣列声。下边从"衣"，表示与衣物有关的动作行为，在字中表义，为形符；上边为"列"，在字中表音，为声符。楷书笔画化。《说文·衣部》："裂，缯余也。从衣𠛱声。"从《说文》看，"缯余"当为"裂"的本义，但文献用例少见，"裂"的常用义为撕破。

本义为裁剪，撕破布帛。《玉篇·衣部》："裂，坼破也。"《左传·昭公元年》："召使者，裂裳帛而与之。"《晏子春秋·杂下一》："'女子而男子饰者，裂其衣，断其带。'裂衣断带相望，而不止。"唐代苏颋（tǐng）《立春日侍宴内出剪彩花应制》："剪刀因裂素，妆粉为开红。"泛指一切东西的破裂、裂开。唐代王昌龄《杂兴》："无道吞诸侯，坐见九州裂。"

裹（guǒ）

裹，形声字。小篆的"裹"，从衣果声。外边从"衣"，表示与衣物有关的动作行为，在字中表义，为形符；里边为"果"，在字中表音，为声符。楷书笔画化。"裹"的字形结构是将"衣"拆开为上、下两部分，中间为"果"，为从衣果声的形声字。《说文·衣部》："裹，缠也。从衣果声。"

本义为包裹、缠绕。《左传·庄公十二年》："陈人使妇人饮之酒，而以犀革裹之。"唐代张籍《杂曲歌辞·妾薄命》："汉家天子平四夷，护羌都尉裹尸归。"唐代高适《留别郑三、韦九兼洛下诸公》："此时亦得辞渔樵，青袍裹身荷圣朝。"现今成语有"裹足不前""马革裹尸""红装素裹"等。

褪（tùn）

褪，形声字。小篆的"褪"，从衣退声。左边从"衣"，表示与衣物有关的动作行为，在字中表义，为形符；右边为"退"，在字中表音，为声符。楷书笔画化，"衣"变为"衤"（衣补旁）。"褪"为后起字，《说文》无此字。《字汇·衣部》："褪，卸衣。"

本义为脱去衣装。元末明初施耐庵《水浒传》第七十二回："见黑旋风褪下半截衣裳，正在那里行凶。"清代曹雪芹《红楼梦》第三十四回："袭人听说，便轻轻的伸手进去，将中衣褪下。"泛指去掉盖着或套着的东西。宋代苏轼《蝶恋花·春景》："花褪残红青杏小。燕子飞时，绿水人家绕。"

第五，表示与衣物相关的性状，主要有"褊、裕、褒"。

褊（biǎn）

褊，形声字。小篆的"褊"，从衣扁声。左边从"衣"，表示与衣物相关的性状，在字中表义，为形符；右边为"扁"，在字中表音，为声符。楷书笔画化，"衣"变为"衤"（衣补旁）。《说文·衣部》："褊，衣小也。从衣扁声。"《说文段注》："引申为凡小之称。"

本义为衣带或衣服狭小。《玉篇·衣部》："褊，狭也，衣小也。"《左传·昭公元年》："召使者，裂裳帛而与之，曰：'带其褊矣。'"汉代王充《论衡·自纪》："夫形大，衣不得褊；事众，文不得褊。"泛指一切狭小。《孟子·梁惠王上》："齐国虽褊小，吾何爱一牛？"元末明初施耐庵《水浒传》第十九回："胸怀褊狭真堪恨，不肯留贤命不留。"

裕（yù）

裕，会意兼形声字。金文的"裕"，从衣谷（yù）声。左边从"衣"，表示与衣物相关的性状，在字中表义，为形符；右边为"谷"，在字中表音，为声符。有衣物、有谷物，表示衣食丰足。小篆承续金文字形。楷书笔画化，"衣"变为"衤"（衣补旁）。《说文·衣部》："裕，衣物饶也。从衣谷声。"

本义为衣物丰足。《玉篇·衣部》："裕，物饶也。"《诗·小雅·角弓》："此令兄弟，绰绰有裕。"汉代毛亨传："裕，饶。"清代曹雪芹《红楼梦》第五十六回："他们里头却也得些小补。这些没营生的妈妈们也宽裕了。"引申为富饶、充足。《国语·晋语四》："今君之德宇，何不宽裕也？"汉代扬雄《法言·孝至》："天地裕于万物。"隋代李轨注："裕，足也。"《红楼梦》第一一〇回："如今很宽裕。老太太的这种银子用不了。"

褒（bāo）

小篆	楷书
褒	褒

褒，形声字。小篆的"褒"，从衣保声。外边从"衣"，表示与衣物相关的性状，在字中表义，为形符；里边为"保"，在字中表音，为声符。楷书笔画化。"褒"的字形结构是将"衣"拆开分为上、下两部分，中间为"保"，为从衣保声的形声字。"褒"是"襃"的俗体，现今"褒"为正体。《说文·衣部》："襃（褒），衣博裾。从衣保省声。"

本义为衣襟宽大。《玉篇·衣部》："襃（褒），扬美也。衣博裾也。"《淮南子·泛论》："岂必襃衣博带，句襟委章甫哉？"唐代李白《嘲鲁儒》："秦家丞相府，不重褒衣人。"后泛指广大。《新唐书·礼乐志》："舞者高冠方履，褒衣博带，趋走俯仰，中于规矩。"引申为嘉奖、表扬。唐代韩愈《答李翊书》："所以劝之，非敢褒其可褒，而贬其可贬也。"清代曹雪芹《红楼梦》第一〇一回："凤姐恐怕落人的褒贬，连忙爬起来。"

第三节　"巾"部及其例字

"巾"部亦属于糸部，与布、帛等丝织物品有关。

巾（jīn）

一、形体演变

甲骨文	金文	小篆	楷书
巾	巾	巾	巾

二、构形理据

巾，象形字。甲骨文的"巾"，像是用带子系吊的一块下垂的布。金文、小篆承续甲骨文字形。楷书笔画化。《说文·巾部》："巾，佩巾也。从冂（jiōng），丨（gǔn）象糸也。"《说文段注》："按以巾拭物曰巾，如以帨拭手曰帨。"徐中舒《甲骨文字典》：

"象佩巾之形,与《说文》篆文同。"

三、本义

本义为佩巾、拭布,相当于现在的手巾。《礼记·内则》:"少者奉槃,长者奉水,请沃盥,盥卒,授巾。"王文锦《礼记译解》将"盥卒,授巾"翻译为"洗完,递上毛巾"。《仪礼·大射》:"小射正坐奠筭于物南,遂拂以巾。"唐代王勃《杜少府之任蜀州》:"无为在歧路,儿女共沾巾。"宋代张俞《蚕妇》:"昨日入城市,归来泪满巾。"

引申为缠束或覆盖用的织物。唐代李朝威《柳毅传》:"然而蛾脸不舒,巾袖无光,凝听翔立,若有所伺。"宋代苏轼《浣溪沙》:"簌簌衣巾落枣花,村里村北响缫车。"引申为包裹、覆盖。《庄子·天运》:"盛以箧衍,巾以文绣,尸祝齐戒以将之。"陈鼓应《庄子今注今译》:"巾,覆。"

四、理据例说

"巾"亦属于系部,为《现代汉语词典》部首字,从"巾"的字,其义大多与布、帛等丝织物品有关。这类字不多,主要有"布、帆、帛、帐(帳)、带(帶)、帽、币(幣)、幅"等。

布(bù)

布,形声字。金文的"布",从巾父声。下边从"巾",表示与布、帛等丝织物品有关,在字中表义,为形符;上边为"父",在字中表音,为声符。小篆承续金文字形。楷书笔画化,隶变后楷书写作"布",为意号字。"巾"仍为形符,表义;"ナ"为记号。《说文·巾部》:"布,枲(xǐ)织也。从巾父声。"

本义为麻、葛、棉等织物的通称。《玉篇·巾部》:"布,枲织也。"《诗·卫风·氓》:"氓之蚩蚩,抱布贸丝。"《孟子·滕文公上》:"'许子必织布而后衣乎?'曰:'否。许子衣褐。'"唐代杜甫《茅屋为秋风所破歌》:"布衾多年冷似铁,骄儿恶卧踏里裂。"明代魏禧《大铁椎传》:"不冠不袜,以蓝手巾裹头,足缠白布。"清代曹雪芹《红楼梦》第十八回:"田舍之家,虽齑盐布帛,终能聚天伦之乐。"引申为铺开。《左传·昭公十六年》:"侨若献玉,不知所成,敢私布之。"晋代杜预注:"布,陈也。"《国语·郑语》:"乃布币焉而策告之,龙亡而漦在,椟而藏之,传郊之。"黄永堂《国语全译》:"布,陈设。"

帆(fān)

帆,会意兼形声字。大篆的"颿",为会意字,从马从风。左边从"馬",表示与马的奔跑有关;右边为"風",表示马奔跑像风一样快。楷书笔画化,变为从巾凡声的形声字。左边从"巾",表示与布、帛等丝织物品有关，在字中表义。谷衍奎《汉字源流字典》："隶变后楷书写作飄。后俗改作帆，从巾凡声。如今帆为正体。"《玉篇·马部》："飄，风吹船进也。"《宋本广韵·凡韵》："帆，船上幔也，亦作飄。"

本义为挂在船桅上利用风力使船前进的布篷。唐代李白《黄鹤楼送孟浩然之广陵》："孤帆远影碧空尽，唯见长江天际流。"唐代温庭筠《春江花月夜》："百幅锦帆风力满，连天展尽金芙蓉。"引申为代指船舶。唐代李白《望天门山》："两岸青山相对出，孤帆一片日边来。"唐代刘希夷《江南曲八首之一》："锦帆冲浪湿，罗袖拂行衣。"

帛（bó）

甲骨文	金文	小篆	楷书
帛	帛	帛	帛

帛，形声字。甲骨文的"帛"，从巾白声。下边从"巾"，表示与布、帛等丝织物品有关，在字中表义，为形符；上边为"白"，在字中表音，为声符。金文、小篆承续甲骨文字形。楷书笔画化。《说文·帛部》："帛，缯也。从巾白声。"徐中舒《甲骨文字典》："帛，从白从巾，与《说文》篆文同。"

本义为丝织品的总称。《左传·庄公十年》："牺牲玉帛，弗敢加也，必以信。"《左传·闵公二年》："卫文公大布之衣，大帛之冠。"晋代杜预注："大帛，厚缯。"《周礼·大宗伯》："其挚，三公执璧，孤执皮帛，卿执羔，大夫雁。"《论语·阳货》："礼云礼云，玉帛云乎哉？"宋代朱熹《四书集注》："敬而将之以玉帛，则为礼。"《史记·陈涉世家》："乃丹书帛曰：'陈胜王。'"唐代杜牧《阿房宫赋》："瓦缝参差，如周身之帛缕。"

帐（帳 zhàng）

小篆	楷书	简化字
帳	帳	帐

帐（帳），形声字。小篆的"帳"，从巾長声。左边从"巾"，表示与布、帛等丝织物品有关，在字中表义，为形符；右边为"長"，在字中表音，为声符。楷书笔画化。现简化为"帐"，声符类推简化。《说文·巾部》："帳，张也。从巾长声。"《释名·释床帐》："帐，张也，张施于床上也。"《玉篇·巾部》："帳，帷也。张也。帱也。"

本义为篷帐，有顶的篷帐。《史记·项羽本纪》："项羽晨朝上将军宋义，即其帐中斩宋义头。"《史记·留侯世家》："运筹策帷帐中，决胜千里外，子房功也。"《玉台新咏·古诗为焦仲卿妻作（并序）》："红罗复斗帐，四角垂香囊。"《玉台新咏·晓思》："炉烟入斗帐，屏风隐镜台。"唐代李颀《塞下曲》："帐下饮蒲萄，平生寸心是。"唐代高适《燕歌行》："战士军前半死生，美人帐下犹歌舞。"唐代张籍《董公诗》："为我帐下士，出入卫我躬。"

带（帶 dài）

| 甲骨文 | 小篆 | 楷书 | 简化字 |

带（帶），象形字。甲骨文的"帶"，像是前巾"山"与后巾"π"之间有扣结的布条。小篆的"帶"，基本承续甲骨文字形，下边从"巾"，表示与布、帛等丝织物品有关。楷书笔画化。现简化为"带"，为草书楷化法简化。《说文·巾部》："帶（帶），绅也。男子鞶带，妇人带丝。象系佩之形。"

本义为大带，束衣的腰带。《诗·卫风·有狐》："心之忧矣，之子无带！"汉代毛亨传："带，所以申束衣。"《世说新语·文学》："王遂披襟解带，留连不能已。"成语有"一衣带水""蟒袍玉带"。引申为佩带、携带。《楚辞·涉江》："带长铗之陆离兮，冠切云之崔嵬。"《史记·项羽本纪》："哙即带剑拥盾入军门，交戟之卫士欲止不内。"

帽（mào）

| 小篆 | 楷书 |

帽，象形字兼形声字。小篆的"冃"，为象形字，像帽子形。楷书笔画化，演变为从巾冒声的形声字。左边从"巾"，表示与布、帛等丝织物品有关，在字中表义；右边为"冒"，在字中表音。《说文·冃（mào）部》："冃，小儿蛮夷头衣也。从冂二，其饰也。"

本义为帽子。《玉篇·巾部》："帽，头帽也。"《乐府诗集·陌上桑》："少年见罗敷，脱帽著帩头。"

币（幣 bì）

| 小篆 | 楷书 | 简化字 |

币（幣），形声字。小篆的"幣"，从巾敝声。下边从"巾"，表示与布、帛等丝织物品有关，在字中表义，为形符；上边为"敝"，在字中表音，为声符。楷书笔画化。现简化为"币"，声符"敝"用简单记号"一"代替简化，今为意号字，"巾"为意符，"一"为记号。《说文·巾部》："幣（幣），帛也。从巾敝声。"

本义为古人用作礼物的丝织品。清代徐灏《说文解字注笺》："币，本缯帛之名。因车马玉帛同为聘享之礼，故浑言之称币，引申之货帛亦曰币。"《周礼·大宰》："三曰器贡，四曰币贡，五曰材贡。"汉代郑玄注："币贡，绣帛。"《礼记·月令》："祀不用牺牲，用圭璧，更皮币。"《战国策·齐策三》："请具车马皮币，愿君以此从卫君游。"引申为货币、钱币。《管子·国蓄》："以珠玉为上币，以黄金为中币，以刀布为下币。"《汉书·武帝纪》："日者有司以币轻多奸。"

幅（fú）

小篆	楷书
幅	幅

幅，形声字。小篆的"幅"，从巾畐（fú）声。左边从"巾"，表示与布、帛等丝织物品有关，在字中表义，为形符；右边为"畐"，在字中表音，为声符。楷书笔画化。《说文·巾部》："幅，布帛广也。从巾畐声。"

本义为布帛的宽度。《左传·襄公二十八年》："且夫富，如布帛之有幅焉。为之制度，使无迁也。"《汉书·食货志》："布帛广二尺二寸为幅，长四丈为匹。"《晋书·列传》："其男子衣以横幅，但结束相连，略无缝缀。"

第十一章　革部之类

革部之类包括革、韦（韋）两部，均与皮革有关。

第一节　"革"部及其例字

从"革"的字，与皮革有关。

革（gé）

一、形体演变

金文	小篆	楷书

二、构形理据

革，象形字。金文的"革"，像手持工具除去兽皮上的兽毛。上""像兽皮，两边""表示双手，中间""表示除去兽毛的工具。小篆的"革"对金文的"革"进行了简化。楷书承续小篆字形，笔画化。《说文·革部》："革，兽皮治去其毛，革更之。象古文革之形。，古文革从三十。"方述鑫等《甲骨金文字典》："革，金文字形近《说文》古文。"

三、本义

本义为去毛的兽皮。《诗·召南·羔羊》："羔羊之革，素丝五緎（yù）。"汉代毛亨传："革，犹皮也。"《尚书·禹贡》："厥贡惟金三品，瑶、琨、篠（xiǎo）簜（dàng），齿、革、羽、毛、惟木。"汉代孔安国传："革，犀皮。"《周礼·天官》："掌皮掌秋敛皮，冬敛革，春献之。"唐代贾公彦疏："许氏《说文》：'兽皮治去其毛曰革。'"今有成语"马革裹尸""西装革履"。

引申为变革、更改。《玉篇·革部》："革，犹皮也去毛也。改也。"《尚书·尧典》："厥民因，鸟兽希革。"汉代孔安国传："革，改也。"《国语·周语下》："厉始革典，十四王矣，基德十五而始平。"《吕氏春秋·执一》："天地阴阳不革，而成万物不同。"今有成语"革故鼎新""洗心革面"。

四、理据例说

"革"是汉字部首之一，《现代汉语词典》仍设"革"部，从"革"的字其义大多与皮革及其制品有关。这类字主要有"勒、靶、鞅、鞋（鞵）、靴（鞾）、鞍、鞯（韉）、鞘、鞠、鞭"。

勒（lè）

金文	小篆	楷书
𩋃	勒	勒

勒，形声字。金文的"勒"，从革力声。上边从"革"，表示与皮革有关，在字中表义；下边为"力"，在字中表音，为声符。小篆基本承续金文字形，只是变为左右结构。楷书笔画化。《说文·革部》："勒，马头络衔也。从革力声。"方述鑫等《甲骨金文字典》："勒，金文与小篆略同。"

本义为带嚼子的马笼头。《仪礼·既夕礼》："缨辔贝勒，县于衡。"《汉书·匈奴传》："橐勒一具，马十五匹，黄金二十斤。"唐代颜师古注曰："勒，马辔也。"《后汉书·乌桓鲜卑列传》："男子能作弓矢鞍勒，锻金铁为兵器。"唐代李贤注："勒，马衔也。"引申为约束。《玉篇·力部》："勒，抑勒也。"《楚辞·九章·思美人》："勒骐骥而更驾兮，造父为我操之。"《史记·匈奴列传》："是时天子巡边，至朔方，勒兵十八万骑以见武节。"《史记·魏公子列传》："公子遂将晋鄙军，勒兵下令军中。"《三国志·程郭董刘蒋刘传》："超越江湖者在於别将，必勒兵待事，未有进退也。"

靶（bǎ）

小篆	楷书
靶	靶

靶，形声字。小篆的"靶"，从革巴声。左边从"革"，表示与皮革有关，在字中表义；右边为"巴"，在字中表音，为声符。楷书笔画化。《说文·革部》："靶，辔革也。从革巴声。"《说文段注》："按云辔革者，毛传云革辔首也。"即指御马的人把握的部位。《玉篇·革部》："靶，辔革也。"《王力古汉语字典》："靶，又为缰绳。"

本义为马缰绳。晋代左思《吴都赋》："回靶乎行邪，睨观鱼乎三江。"唐代李善注："靶，辔革也。"《汉书·严朱吾丘主父徐严终王贾传》："王良执靶，韩哀附舆，纵驰骋骛，忽如景靡。"唐代颜师古《汉书注》引晋灼曰："靶，谓辔也。"辔，即马缰绳。引申为靶子，射箭的目标，为晚起义。元代王实甫《四丞相高会丽春堂》第一折："伸猿臂揽银鬃，靶内先知箭有功。"今有词语"打靶""靶场""靶子"等。

284

鞅（yāng）

小篆	楷书
鞅	鞅

鞅，形声字。小篆的"鞅"，从革央声。左边从"革"，表示与皮革有关，在字中表义；右边为"央"，在字中表音，为："鞅，颈靼也。从革央声。"颈靼，是套在牛、马头上的柔软皮革。《王力古汉语字典》："鞅，套在马头上用以负轭的皮带。"

本义为套在牛、马头颈上的柔软皮带。南北朝谢朓《京路夜发》："行矣倦路长，无由税归鞅。"唐代李善《文选注》引《说文》曰："'鞅，颈靼也。'又曰：'靼，柔革也。'"唐代柳宗元《行路难三首》："深林土翦十取一，百牛连鞅摧双辕。"唐代杜牧《街西长句》："银鞅騪裛嘶宛马，绣鞅玲珑走钿车。"

鞋（鞵 xié）

小篆1	小篆2	楷书
鞵	鞋	鞋

鞋（鞵），形声字。小篆1的"鞵"，从革奚声。左边从"革"，表示与皮革有关，为做鞋的材料，在字中表义；右边为"奚"，在字中表音，为声符。小篆2的"鞋"写作"鞋"，为从革圭（guī）声的形声字。楷书笔画化。《说文·革部》："鞵（鞋），生革鞮也。从革奚声。"五代南唐徐锴《说文解字系传》："鞵，今俗作鞋。"现今以"鞋"为正体，"鞵"停止使用。

本义为鞋子。唐代白居易《红线毯——忧蚕桑之费也》："美人蹋上歌舞来，罗袜绣鞋随步没。"唐代李郢《张郎中宅戏赠二首》："一声歌罢刘郎醉，脱取明金压绣鞋。"明代吴承恩《西游记》第八十二回："绣鞋微露双钩凤，云髻高盘两鬓鸦。"

靴（鞾 xuē）

小篆1	小篆2	楷书
鞾	靴	靴

靴（鞾），形声字，异体为"鞾"。小篆1的"鞾"，从革華（huá）声。左边从"革"，表示与制鞋的材料皮革有关，在字中表义；右边为"華"，在字中表音，为声符。小篆2的"靴"，为从革化声的形声字。楷书笔画化。原以"鞾"为正体，现今以"靴"为正体，"鞾"停止使用。《玉篇·革部》："靴，履也。"《王力古汉语字典》："靴，长筒鞋。本作'鞾'。"

本义为长筒鞋。《晋书·列传儒林》："尝有人著靴骑驴至兆门外。"《隋书·礼仪志》："唯褶服以靴。靴，胡履也，取便于事，施于戎服。"唐代李白《对酒》："青黛画眉红锦靴，道字不正娇唱歌。"唐代白居易《东城晚归》："晚入东城谁识我，短靴低帽白蕉衫。"

鞍（ān）

鞍，形声字。小篆的"䩉"，从革安声。下边从"革"，表示与皮革有关，在字中表义；上边为"安"，在字中表音，为声符。楷书笔画化，变为左右结构。《说文·革部》："䩉（鞍），马鞁具也。从革安声。"

本义为马鞍。《史记·留侯世家》："至下邑，汉王下马踞鞍而问。"《史记·田叔列传》："将军取舍人中富给者，令具鞍马绛衣玉具剑，欲入奏之。"《汉书·李广苏建传》："未到匈奴陈二里所，止，令曰：'皆下马解鞍！'"

鞯（韀 jiān）

鞯（韀），形声字。小篆的"韀"，从革薦（jiàn）声。左边从"革"，表示与皮革有关，在字中表义；右边为"薦"，在字中表音，为声符。楷书笔画化。现今简化为"鞯"，声符类推简化。《说文新附·革部》："韀，马鞁具也。"

本义为衬托马鞍的垫子。《玉篇·革部》："韀，鞍韀也。"《乐府诗集·木兰诗》："东市买骏马，西市买鞍韀。"唐代杜甫《送人从军》："马寒防失道，雪没锦鞍韀。"唐代花蕊夫人《宫词》："盘凤鞍韀闪色妆，黄金压胯紫游缰。"

鞘（qiào）

鞘，形声字。小篆的"鞘"，从革肖声。左边从"革"，表示与皮革有关，指去毛并经过加工的兽皮，在字中表义；右边为"肖"，在字中表音，为声符。楷书笔画化。《说文新附·革部》："鞘，刀室也。从革肖声。"

本义为刀剑套。《西京杂记》卷一："开匣拔鞘，辄有风气，光彩射人。"唐代卢照邻《刘生》："翠羽装刀鞘，黄金饰马铃。"元末明初施耐庵《水浒传》第三十一回："（武松）撇了刀鞘，提了朴刀，出到角门外来。"《水浒传》第四十三回："李逵道：'好，好！我的腰刀已搠在雌虎肚里了，只有刀鞘在这里。'"今有成语"鞘里藏刀"。

鞠（jū）

鞠，形声字。小篆的"鞠"，从革匊（jú）声。左边从"革"，表示与皮革有关，在字中表义；右边为"匊"，在字中表音，为声符。楷书笔画化。《说文·革部》："鞠，蹋鞠也。从革匊声。"五代南唐徐锴《说文解字系传》："蹋鞠，以革为圆囊，实以毛，蹵蹋为戏。"

本义为古时一种用来踢打玩耍的皮球，最早是结毛而成，后来用毛充填皮囊而成，宋代以后才有充气的皮球。《史记·卫将军骠骑列传》："其在塞外，卒乏粮，或不能自振，而骠骑尚穿域蹋鞠。"《史记索隐》："今之鞠戏，以皮为之，中实以毛，鞠（gé）蹋为戏。"

鞭（biān）

金文	小篆	楷书
㚔	鞭	鞭

鞭，会意兼形声字。金文的"鞭"，为会意字，下边为"㚔"（攴），像手持马鞭形，上边为人，合起来表示人手持马鞭驱赶。小篆演变为从革便声的形声字。左边从"革"，表示与皮革有关，在字中表义；右边为"便"，在字中表音，为声符。楷书笔画化。《说文·革部》："鞭，驱也。从革便声。㚔，古文鞭。"方述鑫等《甲骨金文字典》："鞭，金文不从革，为较早字形，象手执鞭之形。"《说文》中所释为动词义，我们认为本义当为名词，皮鞭。

本义为皮制的马鞭，名词，泛指鞭子。《玉篇·革部》："鞭，笞也。马策也。"马策，即马鞭。《左传·宣公十五年》："古人有言曰：'虽鞭之长，不及马腹。'"《国语·晋语四》："若不获命，其左执鞭弭，右属櫜鞬，以与君周旋。"《乐府诗集·木兰诗》："南市买辔头，北市买长鞭。"唐代张籍《筑城曲》："重重土坚试行锥，军吏执鞭催作迟。"唐代陈陶《涂山怀古》："恨不当际会，预为执鞭僮。"引申为鞭打、驱赶。《左传·哀公二十七年》："成子衣制杖戈，立于阪上，马不出者，助之鞭之。"《韩非子·外储说右下》："使造父操右革而鞭笞之，马不能行十里，共故也。"唐代李白《赠友人三首》："廉夫唯重义，骏马不劳鞭。"

第二节 "韦（韋）"部及其例字

"韦（韋）"部亦属"革"部之类，与皮革有关。

韦（韋 wéi）

一、形体演变

甲骨文	金文	小篆	楷书	简化字
韋	韋	韋	韋	韦

二、构形理据

韦（韋），会意字。甲骨文的"韋"，从囗（wéi）从止。中间为"囗"，表示城邑，上、下为"止"，表示许多的脚，合起来就像卫兵环绕城邑巡逻警戒，当是"卫""围"

的古字。金文、小篆承续甲骨文字形。楷书笔画化。现今简化为"韦",为草书楷化法简化,为记号字。《说文·韦部》:"韋(韦),相背也。从舛口声。兽皮之韦,可以束枉戾相韦背,故借以为皮韦。🔣古文韋。"李孝定《甲骨文字集释》:"韋,(甲文)二止则象二人,或象多人。""韋(韦)实即古围字也。"方述鑫等《甲骨金文字典》:"韋(韦),甲骨文象保卫之形。口为城邑,止为足迹,以示巡逻保卫于城邑之意。"

三、本义

韦(韋),假借为熟牛皮。《广韵·微韵》:"韦,柔皮也。"清代朱骏声《说文通训定声》:"兽皮之韦可以束枉。戾相违背,故借以为皮韦。按:熟曰韦,生曰革。《字林》:'韋(韦),柔皮也。'"《左传·僖公三十三年》:"郑商人弦高将市于周,遇之。以乘韦先,牛十二,犒师。"《左传·哀公七年》:"邾茅夷鸿以束帛乘韦,自请救于吴。"李梦生《左传译注》将"乘韦"译为"四张熟牛皮"。《周礼·司服》:"凡兵事,韦弁服。"汉代郑玄注:"韦弁,以靺韦为弁,又以为衣裳。"《国语·晋语八》:"夫绛之富商,韦藩木楗以过于朝,唯其功庸少也。"《史记·孔子世家》:"孔子晚而喜易,序彖、系、象、说卦、文言。读易,韦编三绝。"唐代李世民《帝京篇十首》:"韦编断仍续,缥帙舒还卷。"唐代皮日休《北禅院避暑联句》:"岂独断韦编,几将刓铁擿。"今有成语"韦编三绝"。

四、理据例说

"韦(韋)"部,是汉字部首之一,《现代汉语词典》仍设"韦"部,从"韦"的字其义大多与皮革制品的类别、功用及性状有关。这类字不多,主要有"韬(韜)、韫(韞)、韧(韌)"等。

韬(韜 tāo)

小篆	楷书	简化字
韜	韜	韬

韬(韜),形声字。小篆的"韜",从韋舀(yǎo)声。左边从"韋",表示与皮革有关,在字中表义;右边是"舀",在字中表音,为声符。楷书笔画化。现今简化为"韬",形符类推简化。《说文·韦部》:"韜(韬),剑衣也。从韋舀声。"《玉篇·韦部》:"韬,剑衣也。"

本义为刀剑的皮套。《管子·小匡》:"甲不解垒,兵不解翳,弢无弓,服无矢。"唐代陆德明《经典释文》:"韬,本又作弢。弓衣也。"

引申为隐藏。《后汉书·周黄徐姜申屠列传》:"肱卧于幽暗,以被韬面,言患眩疾,不欲出风。"唐代杜甫《九日寄岑参》:"大明韬日月,旷野号禽兽。"唐代韩偓《元夜即席》:"桂兔韬光云叶重,烛龙衔耀月轮明。"《宋史·苏轼子过列传》:"轼稍自韬戢,虽不获柄用,亦当免祸。"引申为用兵的计谋。元末明初罗贯中《三国演义》

第二十九回:"此人胸怀韬略,腹隐机谋。"元末明初施耐庵《水浒传》第七十九回:"那人深通韬略,善晓兵机,有孙吴之才调,诸葛之智谋。"今有成语"韬光养晦""六韬三略""韬晦之计"等。

韫（韞 yùn）

小篆	楷书	简化字
韞	韞	韫

韫（韞），会意兼形声字。小篆的"韞",从韋从昷（wēn）,昷亦声。左边从"韋",表示与皮革有关;右边从"昷",表示热、暖,"昷"亦在字中表音,为声符。楷书笔画化。现今简化为"韫",形符"韦"类推简化。《玉篇·韦部》:"韫,裹也。"

本义为蕴藏、包含。《论语·子罕》:"有美玉于斯,韫匵而藏诸?求善贾而沽诸?"宋代朱熹《四书集注》:"韫,藏也。"晋代陆机《文赋》:"石韫玉而山晖,水怀珠而川媚。"唐代骆宾王《在江南赠宋五之问》:"韫珠澄积润,让璧动浮光。"宋代李之仪《临江仙·咏藏春玉》:"青润奇峰名韫玉,温其质并琼瑶。"

韧（靭 rèn）

小篆	楷书	简化字
靭	靭	韧

韧（靭），形声字。小篆的"靭",从韋刃声。左边从"韋",表示与皮革有关,指熟牛皮,在字中表义;右边是"刃",在字中表音,为声符。楷书笔画化。现今简化为"韧",形符类推简化。《说文新附·韦部》:"靭（韧）,柔而固也。从韋刃声。"《玉篇·韦部》:"韧,柔也。"

本义为柔软而结实。《管子·制分》:"故凡用兵者,攻坚则韧,乘瑕则神。"宋代沈括《梦溪笔谈·器用》:"青堂羌善锻甲,铁色青黑,莹彻可鉴毛发,以麝皮为绵旅之,柔薄而韧。"今有成语"坚韧不拔"、双音词"柔韧""坚韧"等。

第十二章　瓦部之类

瓦部之类包括瓦、缶、皿、鬲四部，均与陶器有关。

第一节　"瓦"部及其例字

从"瓦"的字，大都与陶器有关。

瓦（wǎ）

一、形体演变

小篆	楷书
𠃊	瓦

二、构形理据

瓦，象形字。小篆的"瓦"，像两片凹凸交互勾连"𠃊""𠃍"的陶片。古人在瓦窑烧制拱形泥片、遮盖屋顶时，将陶片凹、凸交互勾连相扣。楷书笔画化。《说文·瓦部》："瓦，土器已烧之总名。象形。"《说文段注》："凡土器未烧之素皆谓之坏（坯）。已烧皆谓之瓦。"《玉篇·瓦部》："瓦，土器也。"

三、本义

本义为陶制器物的总称。《韩非子·外储说右上》："有瓦器而不漏，可以盛酒乎？"《汉书·王贡两龚鲍传》："唐尊衣敝履空，以瓦器饮食，又以历遗公卿，被虚伪名。"《后汉书·宣张二王杜郭吴承郑赵列传》："秉性节约，常服布被，蔬食瓦器。"

引申为覆盖屋面的建筑材料——瓦片、屋瓦。唐代杜甫《越王楼歌》："孤城西北起高楼，碧瓦朱甍照城郭。"唐代温庭筠《杨柳枝》："金缕毵毵碧瓦沟，六宫眉黛惹春愁。"唐代吴融《废宅》："风飘碧瓦雨摧垣，却有邻人与锁门。"今有成语"败瓦残垣"。

四、理据例说

"瓦"部是汉字部首之一,《现代汉语词典》仍设"瓦"部,从"瓦"的字其义大多与陶器有关,主要可分三类。

第一,与陶器的名称有关,这类字主要有"瓮、瓶、瓴、瓯(甌)、甑、瓷(甆)"。

瓮（wèng）

瓮,形声字。小篆的"瓮",从瓦公声。下边从"瓦",表示与瓦器有关,在字中表义,为形符;上边是"公",在字中表音,为声符。楷书笔画化。《说文·瓦部》："瓮,罌（yīng）也。从瓦公声。"

本义为陶制瓦器,小口大腹,北方俗称瓦缸子。《礼记·檀弓上》："宋襄公葬其夫人,醯醢（xī hǎi）百瓮。"王文锦《礼记译解》将"醯醢百瓮"翻译为"随葬了一百坛子醋和酱"。晋代葛洪《抱朴子》："四渎之浊不方瓮水之清,巨象之瘦不同羔羊之肥。"今有成语"请君入瓮""瓮中之鳖"。

瓶（píng）

瓶,形声字。小篆的"瓶",从瓦并声。右边从"瓦",表示与瓦器有关,在字中表义,为形符;左边是"并",在字中表音,为声符。楷书笔画化。《玉篇·瓦部》："瓶,汲器也。"《方言》卷五："缶其小者谓之瓶。"

本义为汲水器,也可以盛酒食。《礼记·礼器》："夫奥者,老妇之祭也。盛于盆,尊于瓶。"汉代郑玄注："盆、瓶,炊器也。"唐代杜甫《少年行三首》："不通姓字粗豪甚,指点银瓶索酒尝。"唐代白居易《琵琶行（并序）》："银瓶乍破水浆迸,铁骑突出刀枪鸣。"清代彭端叔《为学一首示子侄》："富者曰：'子何恃而往？'曰：'吾一瓶一钵足矣。'"今有成语"守口如瓶"、双音词"瓶颈"等。

瓴（líng）

瓴,形声字。小篆的"瓴",从瓦令声。右边从"瓦",表示与瓦器有关,在字中表义,为形符;左边是"令",在字中表音,为声符。楷书笔画化。《说文·瓦部》："瓴,瓮,似瓶也。从瓦令声。"

本义为一种盛水的瓶子。《淮南子·修务训》："今夫救火者,汲水而趋之,或以瓮瓴,或以盆盂。"《史记·高祖本纪》："地势便利,其以下兵于诸侯,譬犹居高屋之上建瓴水也。"唐代温庭筠《夜宴谣》："虬须公子五侯客,一饮千钟如建瓴。"今有成语"高屋建瓴"。

瓯（甌 ōu）

小篆	楷书	简化字
甌	甌	瓯

瓯（甌），形声字。小篆的"甌"，从瓦區（ōu）声。右边从"瓦"，表示与瓦器有关，在字中表义，为形符；左边是"區"，在字中表音，为声符。楷书笔画化。现今简化为"瓯"，声符类推简化。《说文·瓦部》："甌（瓯），小盆也。从瓦區声。"《说文段注》："《方言》：'䀛（yīng）瓺（qì）谓之盎。自关而西或谓之盆，或谓之盎，其小者谓之升甌。'"

本义为盆盂类的瓦器。《荀子·大略》："流丸止于瓯臾，流言止于知者。"蒋南华等《荀子全译》："瓯臾，瓦制的器物。这里比喻地势低洼的地方。"《南史·列传第五十二》："我国家犹若金瓯，无一伤缺，承平若此。"元末明初罗贯中《三国演义》第十三回："后王规此存兢业，莫把金瓯等闲缺。"元末明初施耐庵《水浒传》第三十二回："乌皮桌椅，尽列着瓦钵磁瓯。"明代吴承恩《西游记》第十回："将钱沽酒随心快，瓦钵磁瓯殊自在。"今有词语"金瓯无缺"。

甑（zèng）

小篆	楷书
甑	甑

甑，形声字。小篆的"甑"，从瓦曾声。右边从"瓦"，表示与瓦器有关，在字中表义，为形符；左边是"曾"，在字中表音，为声符。楷书笔画化。《说文·瓦部》："甑，甗（yǎn）也。从瓦曾声。"《说文》又云："甗，甑也。"《说文段注》："甑，所以炊烝米为饭者。其底七穿。故必以箅（bì）蔽甑底。而加米于上。"

本义为古代炊具，底部有许多透蒸汽的小孔，放在鬲上蒸煮。《方言》卷五："甑，自关而东谓之甗，或谓之酢。"《玉篇·瓦部》："甑，甗（yǎn）也。"《孟子·滕文公上》："许子以釜甑爨，以铁耕乎？"《史记·项羽本纪》："项羽乃悉引兵渡河，皆沈船，破釜甑，烧庐舍，持三日粮。"宋代陆游《杂题六首》之二："朝甑米空烹芋粥，夜缸油尽点松明。"

瓷（cí）

小篆	楷书
瓷	瓷

瓷，形声字。小篆的"瓷"，从瓦次声。左下边从"瓦"，表示与瓦器有关，在字中表义，为形符；左上及右边是"次"，在字中表音，为声符。楷书笔画化。《玉篇·瓦部》："瓷，瓷器也。亦作甆。"

本义为用高岭土烧制成的器皿，指瓷器。晋代潘岳《笙赋》："披黄包以授甘，倾缥瓷以酌酃。"唐代李善注："《字林》瓷，白瓶。"宋代司马光《训俭示康》："肴止于脯、醢、菜羹，器用瓷、漆。"今有词语"陶瓷""瓷器""青花瓷""瓷碗""瓷枕"等。

第二，与陶器相关的事物有关。这类字较少，只有"甃、甍"。

甃（zhòu）

甃，形声字。小篆的"甃"，从瓦秋声。下边从"瓦"，表示与陶器相关的事物有关，在字中表义，为形符；上边是"秋"，在字中表音，为声符。楷书笔画化。《说文·瓦部》："甃，井壁也。从瓦秋声。"

本义为以砖瓦砌的井壁。《庄子·秋水》："出跳梁乎井干之上，入休乎缺甃之崖。"陈鼓应《庄子今注今译》："甃，井中累砖。"引申为井。唐代杜甫《解闷十二首》："翠瓜碧李沈玉甃，赤梨葡萄寒露成。"唐代白居易《题庐山山下汤泉》："骊山温水因何事，流入金铺玉甃中。"唐代杜荀鹤《旅泊遇郡中叛乱示同志》："古寺拆为修寨木，荒坟开作甃城砖。"唐代韦庄《天井关》："短绠讵能垂玉甃，缭垣何用学金汤。"

甍（méng）

甍，形声字。小篆的"甍"，从瓦夢省声。下边从"瓦"，表示与陶器相关的事物有关，在字中表义，为形符；上边是"夢"，省声写作"莔"，在字中表音，为声符。楷书笔画化。《说文·瓦部》："甍，屋栋也。从瓦夢省声。"

本义为屋脊、屋栋。《玉篇·瓦部》："甍，屋栋也。"《水经注·浙江水》："山中有三精舍，高甍凌虚，垂檐带空，俯眺平林，烟杳在下。"唐代韩愈《和李司勋过连昌宫》："夹道疏槐出老根，高甍巨桷压山原。"清代黄景仁《昭明太子祠》："高甍出林阜，云祀萧德施。"

第三，与制陶行为有关，如"甄"。

甄（zhēn）

甄，形声字。小篆的"甄"，从瓦垔（yīn）声。右边从"瓦"，表示与制陶行为有关，在字中表义，为形符；左边是"垔"，在字中表音，为声符。楷书笔画化。《说文·瓦部》："甄，匋（táo）也。从瓦垔声。"《说文段注》："甄，匋也。匋者，作瓦器也。"

本义为制作陶器。晋代张华《女史箴》："散气流形，既陶既甄。"唐代李善《文选注》引"如淳曰：'陶人作瓦器谓之甄。'"《晋书·列传第二十五》："若金受范，若埴在甄。上好如云，下效如川。"宋代侯寘（zhì）《水调歌头·为郑子礼提刑寿》："远民流恋，须信寰海待甄陶。"引申为甄别、鉴别。晋代葛洪《抱朴子》："甄无名之士于草莱，指未剖之璞于丘园。"《陈书·列传第三》："多乖旧章，至于行阵，不相甄别。"《旧唐书·列传第九十九》："代宗即位，甄别名品，宰臣元载称之，乃拜右散骑常侍。"

第二节 "缶"部及其例字

"缶"部亦属于瓦部，大都与陶器有关。

缶（fǒu）

一、形体演变

甲骨文	金文	小篆	楷书
𠙵	𠙶	𦈢	缶

二、构形理据

缶，会意字。甲骨文的"缶"，上面从"午"，"午"即"杵"，指杵棒，下面从"凵"（kǎn），为受物之器，合起来表示用杵棒捣泥制陶。金文、小篆基本承续甲骨文字形。楷书笔画化。《说文·缶部》："缶，瓦器。所以盛酒浆。秦人鼓之以节歌。象形。"徐中舒《甲骨文字典》："缶，与《说文》篆文形略同。"方述鑫等《甲骨金文字典》："缶，甲骨金文字形略同于小篆，金文或加金旁，以示其为金属所制。"李圃《甲骨文文字学》："↑，是用以旋转制陶的工具，……凵象所制陶器。↑附加于陶器凵之上加以限定，以表示𠙵是陶制品。"

三、本义

本义为瓦器，圆腹小口，用以盛酒浆等，也作汲水器。《礼记·礼器》："五献之尊，门外缶，门内壶，君尊瓦甒（wǔ）。"唐代孔颖达疏："缶，尊名也。列尊之法，缶盛酒在门外。"《左传·襄公九年》："陈畚挶，具绠缶，备水器。"晋代杜预注："缶，汲器。"唐代李商隐《行次西郊作一百韵》："浊酒盈瓦缶，烂谷堆荆囷。"唐代柳宗元《捕蛇者说》："吾恂恂而起，视其缶，而吾蛇尚存，则弛然而卧。"

古代的打击乐器。《诗·陈风·宛丘》："坎其击缶，宛丘之道。"唐代孔颖达疏："此云'击缶'，则缶是乐器。"秦代李斯《谏逐客书》："夫击瓮叩缶弹筝搏髀，而歌呼呜呜快耳者，真秦之声也。"

四、理据例说

"缶"部是汉字部首之一，《现代汉语词典》仍设"缶"部，从"缶"的字其义大多与陶器有关，主要可分两类。

第一，表示与陶、瓦器的类别、名称有关，主要有"缸、罂（罌）、罐"。

缸（gāng）

缸，形声字，异体为"瓨"。小篆的"缸"，从缶工声。左边从"缶"，表示与陶、瓦器的类别、名称有关，在字中表义；右边为"工"，在字中表音，为声符。楷书笔画化。现今"缸"仍为正体，异体"瓨"弃而不用。《说文·缶部》："缸，瓨也。从缶工声。"清代朱骏声《说文通训定声》："缸，即瓨之异体。"

本义为瓦制长颈容器，可受十升。《玉篇·缶部》："缸，与瓨同。"《史记·货殖列传》："通邑大都，酤一岁千酿，醯酱千瓨，浆千甔（dān），屠牛羊彘千皮。"瓨，即"缸"字。唐代杜牧《独酌》："窗外正风雪，拥炉开酒缸。"唐代秦韬玉《题竹》："斜对酒缸偏觉好，静笼棋局最多情。"元末明初施耐庵《水浒传》第二十九回："（武松）揪住云髻，隔栏身子提将出来，望浑酒缸里只一丢。"

罂（罃 yīng）

罂（罃），形声字。小篆的"罃"，从缶賏（yīng）声。下边从"缶"，表示与陶、瓦器的类别、名称有关，在字中表义；上边为"賏"，在字中表音，为声符。楷书笔画化。现今简化为"罂"，声符类推简化。《说文·缶部》："罃（罂），缶也。从缶賏声。"《说文段注》："罃，缶器之大者。"

本义为大腹小口的陶器。《墨子·备城门》："五步一罂，盛水有奚，奚蠡大容一斗。"《墨子·备穴》："令陶者为罂，容四十斗以上，固幎之以薄皮革，置井中，使聪耳者伏罂而听之。"《论衡·谴告》："酿酒于罂，烹肉于鼎，皆欲其气味调得也。"

罐（guàn）

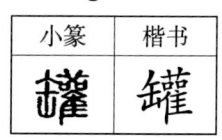

罐，形声字。小篆的"罐"，从缶雚（guàn）声。左边从"缶"，表示与陶、瓦器的类别、名称有关，在字中表义，为形符；右边为"雚"，在字中表音，为声符。楷书笔画化。《玉篇·缶部》："罐，瓶罐。"

本义为用陶或金属制成的汲水器或容器。《世说新语·尤悔》："帝预敕左右毁瓶罐，太后徒跣趋井，无以汲。"明代吴承恩《西游记》第五回："见那长廊之下，有许多瓶罐，都是那玉液琼浆。"

第二，表示与陶器的行为、性状有关，主要有"缺、罅、罄"。

缺（quē）

小篆	楷书
缺	缺

缺，形声字。小篆的"缺"，从缶夬（guài）声。左边从"缶"，表示与陶器的行为、性状有关，在字中表义，为形符；右边为"夬"，在字中表音，为声符。楷书笔画化。《说文·缶部》："缺，器破也。从缶决省声。"《说文段注》："缺，器破也。……从缶，夬声。各本作决省声，今正。"

本义为器具破损。《玉篇·缶部》："缺，破也。"《诗·豳风·破斧》："既破我斧，又缺我斨。"唐代孔颖达疏："有人既破我家之斧，又缺我家之斨。"《庄子·秋水》："出跳梁乎井干之上，入休乎缺甃（zhòu）之崖。"宋代苏轼《水调歌头·明月几时有》："人有悲欢离合，月有阴晴圆缺，此事古难全。"引申为缺陷、过失。宋代苏轼《岐亭五首》之五："吾非固多矣，君岂无一缺。"今有成语"宁缺毋滥""金瓯无缺"等。

罅（xià）

小篆	楷书
罅	罅

罅，形声字。小篆的"罅"，从缶虖（hū）声。左边从"缶"，表示与陶器的行为、性状有关，在字中表义，为形符；右边为"虖"，在字中表音，为声符。楷书笔画化。《说文·缶部》："罅，裂也。从缶虖声。缶烧善裂也。"清代朱骏声《说文通训定声》："烧缶善裂，即考工旅（fǎng）人所谓薜也。"

本义为裂，裂开。唐代韦应物《同元锡题琅琊寺》："山中清景多，石罅寒泉洁。"唐代雍陶《峡中行》："两崖开尽水回环，一叶才通石罅间。"唐代方干《送钱特卿赴职天台》："路入仙溪气象清，垂鞭树石罅中行。"

罄（qìng）

小篆	楷书
罄	罄

罄，形声字。小篆的"罄"，从缶殸（qìng）声。下边从"缶"，表示与陶器的行为、性状有关，在字中表义，为形符；上边为"殸"，在字中表音，为声符。楷书笔画化。《说文·缶部》："罄，器中空也。从缶殸声。殸，古文磬字。"《玉篇·缶部》："罄，尽也，器中空也。"

本义为器中空。《诗·小雅·蓼莪》："瓶之罄矣，维罍之耻。"汉代毛亨传："罄，尽也。"《诗·小雅·天保》："罄无不宜，受天百禄。"唐代李世民《登三台言志》："岂如家四海，日宇罄朝伦。"唐代孟浩然《秦中苦雨思归，赠袁左丞、贺侍郎》："二毛催白发，百镒罄黄金。"

引申为用尽、穷尽，动词。《韩非子·外储说左上》："夫犬马，人所知也，旦暮罄于前，不可类之，故难。"《梁书·列传第四十二》："致使兵挫于行间，吏空于官府，粟罄于惰游，货殚于泥木。"《魏书·列传第四十八》："谷帛罄于府库，宝货盈于市里。"《魏书·列传第五十三》："代民至洛，始欲向尽，资产罄于迁移，牛畜毙于辇运。"《旧唐书·列传第三》:"罄南山之竹,书罪未穷;决东海之波,流恶难尽。"今有成语"罄竹难书",双音词"告罄""罄尽"等。

第三节 "皿"部及其例字

"皿"部亦属于瓦部之类,大都与陶器有关。

皿(mǐn)

一、形体演变

甲骨文1	甲骨文2	金文	小篆	楷书
☒	☒	☒	☒	皿

二、构形理据

皿,象形字。甲骨文1的"皿",像敞口无盖的高脚食器。甲骨文2的"皿",像敞口无盖但有耳的高脚食器。金文承续甲骨文2的字形。小篆字形变化较大,将两个提耳从食器上分离成两竖。楷书笔画化。《说文·皿部》:"皿,饭食之用器也。象形。与豆同意。"《说文段注》:"与豆同意。上象其能容,中象其体,下象其底也。与豆略同而少异。"徐中舒《甲骨文字典》:"皿,象盛食器具之形。"方述鑫等《甲骨金文字典》:"皿,甲骨文象盛食器具之形。金文承之。"

三、本义

本义为器皿,泛指碗碟杯盘一类的饮食用具。《左传·昭公元年》:"于文,皿虫为蛊。"晋代杜预注:"皿,器也。"《国语·晋语八》:"今君一之,是不飨谷而食蛊也,是不昭谷明而皿蛊也。"《孟子·滕文公下》:"牲杀器皿衣服不备,不敢以祭,则不敢以宴,亦不足吊乎?"宋代朱熹《四书集注》:"皿,所以覆器者。"唐代王揆(kuí)《长沙六快诗》:"帏幕皆绮纨,器皿尽金玉。"宋代司马光《训俭示康》:"食非多品,器皿非满案,不敢会宾友。"元末明初罗贯中《三国演义》第一〇六回:"爽每日与何晏等饮酒作乐:凡用衣服器皿,与朝廷无异。"元末明初施耐庵《水浒传》第三十九回:"这般整齐肴馔,济楚器皿,端的是好个江州!"

四、理据例说

"皿"部是汉字部首之一,《现代汉语词典》仍设"皿"部,从"皿"的字其义大多与陶器有关,主要可分两类。

第一,表示器皿的类别及其相关器物的名称,主要有"盂、盆、盎、盒、盏

（盞）、盘（盤）、盛"。

盂（yú）

| 甲骨文 | 金文 | 小篆 | 楷书 |

盂，形声字。甲骨文的"盂"，从皿于声。下边从"皿"，表示与器皿的类别及其相关器物的名称有关，在字中表义，为形符；上边是"于"，在字中表音，为声符。金文承续甲骨文字形。小篆字形稍有变化，将"于"写成了"亏"。楷书笔画化，又将小篆"盂"中的"亏"写成"于"。《说文·皿部》："盂，饭器也。从皿亏声。"徐中舒《甲骨文字典》："盂，从皿从于。"方述鑫等《甲骨金文字典》："盂，甲骨文同小篆。"

本义为盛饮食或其他液体的圆口器皿。《韩非子·外储说左上》："为人君者犹盂也，民犹水也。盂方水方，盂圆水圆。"《史记·滑稽列传》："今者臣从东方来，见道傍有禳田者，操一豚蹄，酒一盂。"《汉书·东方朔传》："上尝使诸数家射覆，置守宫盂下，射之，皆不能中。"唐代颜师古注："盂，食器也，若盌而大，今之所谓盇盂也。"

盆（pén）

| 甲骨文 | 金文 | 小篆 | 楷书 |

盆，形声字。甲骨文的"盆"，从皿分声。下边从"皿"，表示与器皿的类别有关，在字中表义，为形符；上边是"分"，在字中表音，为声符。金文、小篆承续甲骨文字形。楷书笔画化。《说文·皿部》："盆，盎也。从皿分声。"《说文段注》："《广雅》：'盎谓之盆。'《考工记》：'盆实二鬴。'"方述鑫等《甲骨金文字典》："盆，金文同小篆。"

本义为盛东西或洗涤用的器皿，通常为圆形，口大底小，比盘深。《礼记·礼器》："夫奥者，老妇之祭也。盛于盆，尊于瓶。"汉代郑玄注："盆、瓶，炊器也。"《周礼·牛人》："凡祭祀，共其牛牲之互与其盆簝，以待事。"汉代郑玄注："盆、簝，皆器名。盆所以盛血。"《史记·廉颇蔺相如列传》："赵王窃闻秦王善为秦声，请奏盆缻秦王，以相娱乐。"量词，古制十二斗八升为一盆。《荀子·富国》："今是土之生五谷也，人善治之，则亩数盆，一岁而再获之。"蒋南华等《荀子全译》："盆，古代一种量器。"

盎（àng）

| 小篆 | 楷书 |

盎，形声字。小篆的"盎"，从皿央声。下边从"皿"，表示与器皿的类别有关，在字中表义，为形符；上边是"央"，在字中表音，为声符。楷书笔画化。《说文·皿部》："盎，盆也。从皿央声。"

本义为腹大口小的盛物洗物的瓦器。《尔雅·释器》："盎谓之缶。"《淮南子·精神训》："譬犹陶人之埏埴也，其取之地而已为盆盎也，与其未离于地也无以异。"《乐府诗集·东门行》：" 盎中无斗米储，还视架上无悬衣。" 引申为充溢。《孟子·尽心上》："其生色也，睟然见于面，盎于背，施于四体，四体不言而喻。" 宋代朱熹《四书集注》："盎，丰厚盈溢之意。"

盒（hé）

盒，形声字。小篆的"盒"，从皿合声。下边从"皿"，表示与器皿的类别有关，在字中表义，为形符；上边是"合"，在字中表音，为声符。楷书笔画化。《字汇·皿部》："盒，盘覆也。"为后起字。

本义为盘子盖儿，泛指底盖相合的盛物器皿。元末明初罗贯中《三国演义》第七十二回："操问其故，修答曰：'盒上明书一人一口酥，岂敢违丞相之命乎？'"清代曹雪芹《红楼梦》第四十回："婆子听了，忙拣了两样拿盒子送去。"引申为盒子，盛东西的器皿。清代曹雪芹《红楼梦》第三十七回："袭人听说，便端过两个小掐丝盒子来。"

盏（盞 zhǎn）

盏（盞），形声字。金文的"盞"，从皿戔（jiān）声。下边从"皿"，表示与器皿的类别有关，在字中表义，为形符；上边是"戔"，在字中表音，为声符。小篆的"盞"，下边亦从"皿"，上边为"戔"，"戔"中的两"戈"上下排列。楷书笔画化。现今简化为"盏"，声符类推简化。《玉篇·皿部》："盞，杯也。"

本义为浅而小的杯子。唐代杜甫《江畔独步寻花七绝句》："谁能载酒开金盏，唤取佳人舞绣筵。"唐代姚合《咏贵游》："凤凰尊畔飞金盏，丝竹声中醉玉人。"宋代苏轼《岐亭五首》："洗盏酌鹅黄，磨刀削熊白。"

盘（盤 pán）

盘（盤），会意兼形声字。甲骨文的"盤"，从般从口。左上边从"般"，"般"，即"搬"，表示运送，右下边从"口"，表示盛器，合起来表示用来端送碗碟杯子的宽口平底盛器。金文的"盤"，从皿从般，般亦声。上边仍从"般"，"般"亦表声；下边从"皿"，用"皿"代替甲骨文中的"口"，使"盘"的"器皿"性质更加明确。"皿"，表示盘碗一类的器具。小篆承续金文字形。楷书笔画化，仍为从皿般声的形声字。现今简化为"盘"，用保留特征法简化，今为意号字。《说文·木部》："槃，承盘也。从木般声。鎜，古文从金。盤，籀文从皿。""盤"为"槃"之籀文写法。《玉篇·皿部》："盘，器名。"

本义为盘子，浅而敞口的盛物器皿。《史记·平原君虞卿列传》："毛遂奉铜槃而跪进之。楚王曰：'王当歃血而定从，次者吾君，次者遂。'"槃，即"盤"的异体字。《列子·汤问》："日初出大如车盖，及日中则如盘盂，此不为远者小而近者大乎？"唐代李绅《悯农》："谁知盘中餐，粒粒皆辛苦。"引申为围绕、缠绕。三国嵇康《琴赋》："且其山川形势，则盘纡隐深，磪（cuī）嵬岑嵓（yán）。"毛泽东《七律·人民解放军占领南京》："虎踞龙盘今胜昔，天翻地覆慨而慷。"

盛（shèng）

金文	小篆	楷书

盛，形声字。金文的"盛"，从皿成声。下边从"皿"，表示与器皿的类别有关，在字中表义，为形符；上边是"成"，在字中表音，为声符。小篆承续金文字形。楷书笔画化。《说文·皿部》："盛，黍稷在器中以祀者也。从皿成声。"方述鑫等《甲骨金文字典》："盛，甲骨金文同小篆。"

本义为盛在祭器中的黍稷。《玉篇·皿部》："盛，在器也。"《尚书·泰誓》："牺牲粢盛，既于凶盗。"汉代孔安国传："在器曰盛。"《周礼·地官·闾师》："凡庶民，不畜者祭无牲，不耕者祭无盛。"汉代郑玄注："盛，黍稷也。"引申为把东西放在器皿里，盛读 chéng。《战国策·燕策三》："无可奈何，乃遂收盛樊於期之首，函封之。"又引申为充足、众多，盛读 shèng。《史记·廉颇蔺相如列传》："赵亦盛设兵以待秦，秦不敢动。"唐代白居易《大林寺桃花》："人间四月芳菲尽，山寺桃花始盛开。"

第二，表示与器皿有关的行为，主要有"益、盥、监（監）、盈、尽（盡）"。

益（yì）

甲骨文	金文	小篆	楷书

益，会意字。甲骨文的"益"，从皿从水。下边从"皿"，表示与器皿有关的行为，上边是"水"，表示器皿中的"水"满流出，合起来表示器皿中有水漫出外边之意。金文承续甲骨文字形。小篆形体稍有变化，"水"横放在"皿"之上，强调"水横溢"。楷书笔画化。《说文·皿部》："益，饶也。从水、皿，皿益之意也。"徐中舒《甲骨文字典》："益，象水满益之状。"方述鑫等《甲骨金文字典》："益，甲骨金文象水益满之状。合于《说文》。"

本义为"溢"的本字，水漫出。《吕氏春秋·察今》："荆人欲袭宋，使人先表澭水。澭水暴益，荆人弗知，循表而夜涉，溺死者千有余人。"引申为在某些方面增加（如体积、数量、程度等）。《周易·杂卦》："损益，盛衰之始也。"三国王弼等注："极损则益，极益则损。"《孟子·告子下》："所以动心忍性，曾益其所不能。"《吕氏春秋·察今》："先王之法，经乎上世而来者也，人或益之，人或损之，胡可得而法？"

盥（guàn）

甲骨文	金文	小篆	楷书

盥，会意字。甲骨文的"盥"，从皿从手从水。下边从"皿"，表示与器皿有关的行为；上边是"手"，表示在器皿中洗手；在"手"的周围的小点"丶"，表示"水"，明确了"洗手"的含义。三部分合起来表示用盆接水洗手之意。金文稍有变化，上边加完整的"水"和双手。小篆承续金文字形。楷书笔画化。《说文·皿部》："盥，澡手也。从臼水临皿。"《说文段注》："凡洗手曰澡，曰盥。"《说文》的字形分析"从臼（jiù）水临皿"当为"从二手水临皿"，因为"臼"指舂米的器具。方述鑫等《甲骨金文字典》："盥，甲骨金文象洗手于皿中之形。"

本义为洗手。《左传·僖公二十三年》："秦伯纳女五人，奉匜（yí）沃盥，既而挥之。"杜预注："匜、沃、盥，器也。"《左传·襄公十九年》："宣子盥而抚之。"《论衡·讥日》："沐者，去首垢也。洗去足垢，盥去手垢，浴去身垢。"

监（監 jiān）

甲骨文	金文	小篆	楷书	简化字

监（監），会意字。甲骨文的"監"，从皿从见。左边从"皿"，表示与器皿有关的行为，右边为"见"，表示"人"睁大眼睛对着器皿照视自己的模样，合起来表示盛水为镜，自我审视。金文基本承续甲骨文字形，只是左上边的"目"讹变成了"臣"字。小篆承续金文字形。楷书笔画化。现今简化为"监"，用草书楷化法简化。《说文·卧部》："監（监），临下也。从卧，䘏省声。"徐中舒《甲骨文字典》："監（监），从见从皿，或作，同。象人俯就于盛水之器鑑照其面容之形，为鑑之本字。上古无鑑，以器盛水为鑑。"

本义为水监、照视。《尚书·酒诰》："古人有言曰：'人无于水监，当于民监。'"唐代孔颖达疏："以水监但见己形，以民监知成败故也。"《新唐书·魏征传》："夫监形之美恶，必就止水；监'政之安危，必取亡国'。"引申为监督，察看督促。《方言》卷十二："监，察也。"《诗·小雅·节南山》："国既卒斩，何用不监！"汉代毛亨传："监，视也。"汉代郑玄笺："其国已尽绝灭，女何用为职不监察之？"《国语·周语上》："王怒，得卫巫，使监谤者，以告，则杀之。"

盈（yíng）

甲骨文	金文	小篆	楷书

盈，会意兼形声字。甲骨文的"盈"为会意字，从皿从二人从水，下边从"皿"，表示与器皿有关的行为，合起来表示两个人进入浴缸洗浴后缸内的水满流出。金文的"盈"，上边稍有讹变，演变为"夃"（yíng），为从"皿"从

301

"及"、"及"亦声的会意兼形声字。小篆承续金文字形。楷书笔画化。《说文·皿部》："盈，满器也。从皿、及（yíng）。"

本义为盛满。《广雅·释诂》："盈，满也。"《诗·周南·卷耳》："采采卷耳，不盈顷筐。"程俊英《诗经译注》注："盈，满。"《诗·小雅·楚茨》："我仓既盈，我庾维亿。"程俊英《诗经译注》将"我仓既盈"译为"我的仓库已堆满"。《礼记·祭义》："故礼主其减，乐主其盈。"汉代郑玄注："盈，犹溢也。"引申为增长、增加。《战国策·秦策三》："进退盈缩，与时变化，圣人之常道也。"《淮南子·俶真》："一龙一蛇，盈缩卷舒，与时变化。"南北朝郦道元《水经注·汾水》："东西二十里，南北四五里，冬夏积水，亦时有盈耗也。"

尽（盡 jìn）

甲骨文	金文	小篆	楷书	简化字

尽（盡），会意兼形声字。甲骨文的"盡"，从皿从又从 ✦。下边从"皿"，表示与器皿有关的行为；左上边从"又"，表示用手抓持；右上边从"✦"，表示毛刷。三部分合起来表示吃完盛器中的食物后用毛刷清洁盛器。金文的"盡"，上边稍有讹变，将甲骨文字形中的"✦"（又）与毛刷"✦"连写成"聿"。小篆承续金文字形。楷书笔画化。现今"盡"简化为"尽"，用草书楷化法简化。《说文·皿部》："盡（尽），器中空也。从皿聿声。"徐中舒《甲骨文字典》："盡（尽），从皿从又从✦。罗振玉云：'象涤器形，食尽器斯涤矣，故有终尽之义。'"方述鑫等《甲骨金文字典》："甲骨金文同小篆。"

本义为器物中空，引申为竭尽。《孟子·梁惠王上》："缘木求鱼，虽不得鱼，无后灾。以若所为，求若所欲，尽心力而为之，后必有灾。"《荀子·哀公》："历险致远，马力尽矣。"《史记·淮阴侯列传》："狡兔死，良狗烹；高鸟尽，良弓藏；敌国破，谋臣亡。"宋代苏洵《衡论·远虑》："知无不言，言无不尽，百人誉之不加密，百人毁之不加疏。"

第四节 "鬲"部及其例字

"鬲"部亦属于瓦部之类，大都与陶器、炊具有关。

鬲（lì）

一、形体演变

甲骨文	金文	小篆	楷书

302

二、构形理据

鬲，象形字。甲骨文的"鬲"，像古代炊具之形，下有三个空心足，上有小口、中部突腹，有陶制、铜制两种，可以烧水。金文承续甲骨文字形。小篆稍有变化，笔画线条画。楷书笔画化。《说文·鬲部》："鬲，鼎属。实五觳（hú）。斗二升曰觳。象腹交文，三足。"《说文段注》："《释器》曰：'鼎款足者谓之鬲。实五觳。'考工记：陶人为鬲，实五觳，厚半寸，唇寸。"

三、本义

本义为古代的炊器，用于烧煮的锅，特指类似于鼎状的炊具。《尔雅·释器》："款足者谓之鬲。"王引之《经义述闻》："王念孙：'款足，为空足也。'"《周礼·考工记·陶人》："鬲，实五觳，厚半寸，唇寸。"《汉书·郊祀志》："禹收九牧之金，铸九鼎，象九州岛。皆尝鬺亨上帝鬼神。其空足曰鬲。"唐代颜师古《汉书注》引苏林注曰："足中空不实者，名曰鬲也。"宋代沈括《梦溪笔谈》："古鼎中有三足皆空，中可容物者，所谓鬲也。"

四、理据例说

"鬲"部是汉字部首之一，《现代汉语词典》仍设"鬲"部，从"鬲"的字其义大多与炊具器皿有关。这类字不多，主要可分以下两类。

第一，与炊具器皿有关，如"䰝"。

䰝（zèng）

小篆	楷书
䰝	䰝

䰝，形声字。小篆的"䰝"，从鬲曾声。左边从"鬲"，表示与炊具器皿有关，在字中表义，为形符；右边为"曾"，在字中表音，为声符。楷书笔画化。《说文·鬲部》："䰝，鬵（xín）属。从鬲曾声。"鬵，古同"甑"。

本义为鬵一类的炊具。《尔雅·释器》："䰝谓之鬵。"《玉篇·鬲部》："䰝，鬵属，亦作甑。""䰝"在文献中的用例少见。

第二，与饮食动作有关，如"鬻、融"。

鬻（yù）

小篆	楷书
鬻	鬻

鬻，会意兼形声字。小篆的"鬻"，从䰜从米，米亦声。中上边为"米"，在字中表音，为声符；其余的部分从"䰜"，表示与炊具器皿有关。楷书笔画化，变为从鬲粥声的形声字。《说文·鬲部》："鬻，键也。从䰜米声。"《玉篇》："鬻，卖也。"

本义为粥，引申为卖。《国语·齐语》："以其所有，易其所无，市贱鬻贵，旦暮从事于此，以饬其子弟。"黄永堂《国语全译》注："市，买。鬻，卖。"明代刘基《卖柑者言》：" 置于市，贾十倍，人争鬻之。"

融（róng）

小篆	楷书
融	融

融，形声字。小篆的"融"，从鬲蟲省声。左边从"鬲"，表示与炊具器皿有关，古代一种烹饪器，与鼎相似，在字中表义，为形符；右边为"虫"，是"蟲"省声，在字中表音，为声符。楷书笔画化。《说文·鬲部》："融，炊气上出也。从鬲，蟲省声。䂨，籀文融不省。"

本义为炊气上升。《晋书·列传第六十二》："融融者皆趣热之士，其得炉冶之门者，惟挟炭之子。"晋代顾恺之《风赋》："惠风扬以送融，尘霄霏以将雨。"常用义为流通。三国何晏《景福殿赋》："疆理宇宙，甄陶国风。云行雨施，品物咸融。"唐代李善《文选注》引："周易曰：'云行雨施，品物流形。'融，犹通也。"今有词语"融会贯通""金融"等。

第十三章 刀部之类

刀部之类包括刀、斤、戈、矛、弓、矢、厹七部，均与古代战争有关，属于战争的器用。

第一节 "刀"部及其例字

"刀"部属于刀部之类，为古代兵器名。

刀（dāo）

一、形体演变

甲骨文	金文	小篆	楷书
ᒑ	ᒐ	刀	刀

二、构形理据

刀，象形字。甲骨文的"刀"，像刀形，上部是长柄，下部是刀身，有锋刃，像古兵器形。金文、小篆承续甲骨文字形。楷书笔画化。《说文·刀部》："刀，兵也。象形。"《说文段注》："刀者，兵之一也。"即刀为兵器的一种。徐中舒《甲骨文字典》："刀，象刀形。古铜刀作 ◫ 形，ᒑ 即原刀形之省。"方述鑫等《甲骨金文字典》："刀，甲骨文象刀形。"

三、本义

本义为古代的兵器名。《玉篇·刀部》："刀，兵也。所以割也。"《汉书·萧望之传》："吏民当见者，露索去刀兵，两吏挟持。"《后汉书·列女传第七十四》："娥阴怀感愤，乃潜备刀兵，常帷车以候仇家。"唐代崔国辅《从军行》："刀光照塞月，阵色明如昼。"唐代孟郊《答卢仝》："再三劝莫行，寒气有刀枪。"

泛指用来斩、割、切、削、砍、铡的工具。《国语·鲁语上》："大刑用甲兵，其次用斧钺，中刑用刀锯。"《庄子·养生主》："良庖岁更刀，割也；族庖月更刀，折也。"《后汉书·列女传》："妻乃引刀趋机而言曰。"《世说新语·容止》："魏武将见匈奴使，自以形陋，不足雄远国，使崔季珪代，帝自捉刀立床头。"《乐府诗集·木兰诗》："小弟闻姊来，磨刀霍霍向猪羊。"清代蒲松龄《聊斋志异·狼三则》："屠乃奔倚其下，弛担持刀。狼不敢前，眈眈相向。"

四、理据例说

"刀"部是汉字部首之一，《现代汉语词典》仍设"刀"部。从"刀"的字，在字的右边多写作"刂"，称为"立刀旁"，在字的上边通常写作"⺈"，称为"撇头刀"，在字的下边写作"刀"。"刀""刂""⺈"同属一个部首序列，但分列。

第一，表示与刀相关的事物的名称，主要有"刃、剑（劍）、创（創）、券"。

刃（rèn）

甲骨文	小篆	楷书
		刃

刃，指事字。甲骨文的"刃"，是在"刀"字的锋刃部位加上一个指事性的符号，指出此处最锋利，即刀刃所在。小篆承续甲骨文字形，仅是刀头朝向稍有变化。楷书笔画化。《说文·刃部》："刃，刀坚也。象刀有刃之形。"按："刃"字许云象形，而实指事。

本义为刀口、刀锋。《尚书·费誓》："备乃弓矢，锻乃戈矛，砺乃锋刃，无敢不善。"汉代孔安国传："锻练戈矛，磨砺锋刃。"《孟子·梁惠王上》："填然鼓之，兵刃既接，弃甲曳兵而走。"《庄子·养生主》："今臣之刀十九年矣，所解数千牛矣，而刀刃若新发于硎。"《荀子·议兵》："故仁人之兵，聚则成卒；散则成列；延则若莫邪之长刃，婴之者断。"引申为刀剑一类的利器。《孟子·梁惠王上》："杀人以梃与刃，有以异乎？"《庄子·秋水》："白刃交于前，视死若生者，烈士之勇也。"《淮南子·泛论》："乃矫箭为矢，铸金而为刃，以伐不义而征无道，遂霸天下。"

剑（劍 jiàn）

小篆1	小篆2	楷书	简化字
		劍	剑

剑（劍），形声字。小篆1的"劒"，从刃佥（qiān）声。小篆2的"劍"，从刀佥声，"刀"与"刃"同义。小篆2的"劍"，右边从"刀"，表示与刀相关的事物的名称，在字中表义；左边是"佥"，在字中表音，为声符。楷书笔画化，"刀"演变为"刂"（立刀旁）。现今简化为"剑"，声符类推简化。《说文·刃部》："劒（剑），人所带兵也。从刃佥声。"《说文段注》："此今之匕首也。人各以其形兒大小带之。"

本义为古代的兵器，长刃两面，中间有脊，短柄，类似于今之匕首。《礼记·曲礼上》："长者与之提携，则两手奉长者之手，负剑辟咡（èr）诏之。"汉代郑玄注："剑谓挟之于旁。"《管子·地数》："蚩尤受而制之，以为剑、铠、矛、戟，是岁相兼者诸侯九。"《史记·项羽本纪》："项庄拔剑起舞，项伯亦拔剑起舞，常以身翼蔽沛公。"唐代虞世南《从军行二首》其一："剑寒花不落，弓晓月逾明。"唐代白居易《李都尉古剑》："古剑寒黯黯，铸来几千秋。"

创（創 chuāng）

金文	小篆	楷书	简化字
刅	創	創	创

创（創），指事兼形声字。金文的"刅"，为指事字。一说是在刃"刃"的基础上再加一点指事符号，表示用锋利的刀刃砍斫；另一说像一个躺着的人，手上、脚上都有小竖，表示受了创伤。两说均可。小篆的"創"，为形声字，从刀倉声。右边从"刀"，表示与刀相关的事物的名称，在字中表义；左边是"倉"，在字中表音，为声符。楷书笔画化，"刀"演变为"刂"（立刀旁）。现今简化为"创"，声符类推简化。《说文·刃部》："刅，伤也。从刃从一。創，或从刀，倉声。"

本义为创伤、伤口。《玉篇·刀部》："创，伤也。"《礼记·三年问》："创钜者其日久，痛甚者其愈迟。"唐代孔颖达疏："钜，大也。夫创小则易差，创大则难愈。"《战国策·燕策三》："秦王复击轲，被八创。"《史记·项羽本纪》："独籍所杀汉军数百人，项王身亦被十余创。"明代高启《书博鸡者事》："一步一呼，不呼则杖，其背尽创。"引申为始造、创造，读 chuàng。《国语·周语中》："叔父若能光裕大德，更姓改物，以创制天下，自显庸也。"黄永堂《国语全译》将"以创制天下，自显庸也"翻译为"创立新制度，自己向天下宣布"。《孟子·梁惠王下》："君子创业垂统，为可继也。"宋代朱熹《四书集注》："创，造。统，绪也。"三国诸葛亮《出师表》："先帝创业未半而中道崩殂。"

券（quàn）

小篆	楷书
券	券

券，形声字。小篆的"券"，从刀𢍏（juàn）声。下边从"刀"，表示与刀相关的事物的名称，在字中表义；上边是"𢍏"，在字中表音，为声符。"券"要分成两半，故从"刀"。楷书笔画化，"𢍏"演变为"𫠚"（juàn）。《说文·刀部》："券，契也。从刀𫠚声。券别之书，以刀判契其旁，故曰契券。"

本义为古代用于买卖或债务的契据，书于简牍，常分为两半，双方各执其一，以为凭证。《战国策·齐策四》："驱而之薛，使吏召诸民当偿者，悉来合券。""券徧合，起，矫命以责赐诸民，因烧其券，民称万岁。"今有词语"证券""债券""入场券""丹书铁券"等。

第二，表示刀的性质、状态，主要有"利、剡、刚（剛）、初"。

利（lì）

甲骨文	金文	小篆	楷书

利，会意字。甲骨文的"利"，从刀从禾。右边从"刀"，表示与刀的性质、状态有关，左边从"禾"，表示与庄稼有关，合起来表示以刀断禾之意。金文、小篆基本承续甲骨文字形。金文的"利"，"刀"与"禾"之间的两点"〃"表示振落的庄稼籽实。楷书笔画化。《说文·刀部》："利，銛（guā）也。从刀。"徐中舒《甲骨文字典》："利，象以耒剌地种禾之形。 ⟋上或有点乃象翻起之泥土。……利字从力得声。艺禾故得利义。……《说文》所说形义皆不确。"我们认为《说文》"利"字构形理据说解亦可通。

本义为刀剑锋利，刀口快。《周易·系辞上》："二人同心，其利断金。"唐代孔颖达疏："二人若同齐其心，其纤利能断截於金。"《老子》第三十六章："鱼不可脱于渊，国之利器不可以示人。"《孟子·公孙丑下》："城非不高也，池非不深也，兵革非不坚利也。"《荀子·劝学》："故木受绳则直，金就砺则利。"

剡（yǎn）

小篆	楷书

剡，形声字。小篆的"剡"，从刀炎声。右边从"刀"，表示与刀的性质、状态有关，在字中表义；左边为"炎"，在字中表音，为声符。楷书笔画化。《说文·刀部》："剡，锐利也。从刀炎声。"

本义为削之使锐利，锐利。《周易·系辞下》："刳（kū）木为舟，剡木为楫。"《楚辞·九章·橘颂》："曾枝剡棘，圆果抟（tuán）兮。"黄寿祺、梅桐生《楚辞全译》注："剡，锐利。"《淮南子·泛论》："古者剡耜而耕，摩蜃而耨，木钩而樵。"唐代柳宗元《复吴子松说》："雕葩剡芒，臭朽馨香。"

刚（剛 gāng）

甲骨文	金文	小篆	楷书	简化字

刚（剛），会意兼形声字。甲骨文的"剛"，从刀从网，网亦声。右边从"刀"，表示与刀的性质、状态有关，在字中表义；左边从"网"，表示猎捕工具，"网"亦声。两部分合起来表示手持刀箭和捕网，行猎或作战，强调勇者的强悍无畏。金文演变为从刀冈声的形声字。小篆承续金文字形。楷书笔画化。现今简化为"刚"，声符类推简化。《说文·刀部》："剛（刚），强断也。从刀冈声。"方述鑫等《甲骨金文字典》："剛（刚），金文字形同小篆。"

本义为强、坚硬。《玉篇·刀部》："刚，强也。"《诗·大雅·烝民》："人亦有言：'柔则茹之，刚则吐之。'"汉代郑玄笺："刚，坚强也。"程俊英《诗经译注》将"刚则吐之"译为"硬的吐出放一放"。《老子》第三十七章："柔弱胜刚强。"成语有"刚柔相济""以柔克刚"。引申为坚强。《广韵·唐韵》:"刚,强也。"《论语·公冶长》:"吾未见刚者。"宋代朱熹《四书集注》:"刚,坚强不屈之意。"《韩非子·十过》:"鲍叔牙为人,刚愎而上悍。"《商君书·立本》:"故曰强者必刚其斗意:斗则力尽,力尽则备。"今有成语"刚正不阿"等。

初（chū）

甲骨文	金文	小篆	楷书

初，会意字。甲骨文的"初"，从刀从衣。右边从"刀"表示与刀的性质、状态有关，左边从"衣"，表示服装，合起来表示用刀剪裁衣服是制衣服的起始。金文、小篆承续甲骨文字形。楷书笔画化，将"衣"写作"衤"（衣补旁）。《说文·刀部》:"初，始也。从刀从衣。裁衣之始也。"方述鑫等《甲骨金文字典》:"初，甲骨金文字形同小篆。"

本义为起始、开端。《诗·王风·兔爰》:"我生之初，尚无为。"《周易·既济》:"亨小，利贞，初吉终乱。"《论衡·订鬼》:"初疾畏惊，见鬼之来。"晋代陶渊明《桃花源记》:"初极狭，才通人。复行数十步，豁然开朗。"

第三，表示施刀的具体动作行为。这类字较多，主要有"切、割、刻、削、刺、劈、剔、刊、到（到）、剥、剪、刷"。

切（qiē）

小篆	楷书

切，形声字。小篆的"切"，从刀七声。右边从"刀"，表示与施刀的具体动作行为有关，在字中表义，为形符；左边为"七"，在字中表音，为声符。楷书笔画化。《说文·刀部》:"刌也。从刀七声。"又《说文·刀部》:"刌（cǔn），切也。"切，即切断。

本义为用刀把物品分成若干部分。《礼记·内则》:"切葱若薤（xiè），实诸醯（xī）以柔之。"《史记·项羽本纪》:"樊哙覆其盾于地，加彘肩上，拔剑切而啖之。"《史记·樊郦滕灌列传》:"哙既饮酒，拔剑切肉食，尽之。"引申为剧烈的、强烈的，读 qiè。《论语·子张》:"博学而笃志，切问而近思，仁在其中矣。"晋代陶渊明《归去来兮辞》:"饥冻虽切，违己交病。"唐代韩愈《为裴相公让官表》:"旋以论事过切，为宰臣所非。"

割（gē）

金文1	金文2	小篆	楷书

割，指事兼形声字。金文1的"割"，为指事字，是金文"害"（害，割的本字）在舌头"害"中间加一横"一"（指事符号），表示割断舌头。金文2的"割"，从刀害声。右边从"刀"，表示与施刀的具体动作行为有关，在字中

表义，为形符；左边为"害"，在字中既表义又表音。小篆基本承续金文字形，将金文的"害"写成"周"。楷书笔画化。《说文·刀部》："剥也。从刀害声。"方述鑫等《甲骨金文字典》："割，金文字形同小篆，或不从刀。"

本义指用刀截断。《尔雅·释言》："割，割裂也。"《左传·襄公三十一年》："今吾子爱人则以政，犹未能操刀而使割也，其伤实多。"《论语·阳货》："割鸡焉用牛刀。"

刻（kè）

刻，形声字。小篆的"刻"，从刀亥声。右边从"刀"，表示与施刀的具体动作行为有关，在字中表义，为形符；左边为"亥"，在字中表音，为声符。楷书笔画化。《说文·刀部》："刻，镂也。从刀亥声。"《说文段注》："《释器》曰：'金谓之镂，木谓之刻。'此析言之。统言则刻亦镂也。"

本义为雕刻，特指在木头上雕刻。《礼记·少仪》："食器不刻镂，君子不履丝屦，马不常秣。"王文锦《礼记译解》将"食器不刻镂"译为"制作饮食器皿就不要雕镂图案"。《礼记·哀公问》："卑其宫室，车不雕几，器不刻镂。"唐代孔颖达疏："'器不刻镂'者，谓常用之器不用采饰。"《左传·庄公二十四年》："二十四年春，刻其桷（jué），皆非礼也。"李梦生《左传译注》将"刻其桷"译为"雕刻桓公庙的椽子"。宋代范仲淹《岳阳楼记》："刻唐贤今人诗赋于其上。"元末明初施耐庵《水浒传》第四十四回："烦令金大坚刊造雕刻，一应兵符、印信、牌面等项。"清代曹雪芹《红楼梦》第九十二回："一件是围屏，有二十四扇槅子，都是紫檀雕刻的。"

削（xiāo）

削，形声字。小篆的"削"，从刀肖声。右边从"刀"，表示与施刀的具体动作行为有关，在字中表义，为形符；左边为"肖"，在字中表音，为声符。楷书笔画化。《说文·刀部》："削，鞞也。一曰析也。从刀肖声。"鞞（bǐng），指装刀剑的套子。另一义指分割。《说文段注》："一曰析也。木部曰：'析，破木也。'析从斤，削从刀，皆训破木。凡侵削、削弱皆其引申之义也。"

本义为用刀削，斜着刀略平地切去物体的表层。《礼记·曲礼上》："为天子削瓜者副之，巾以絺。"唐代孔颖达疏："此为人君削瓜礼也。削，刊也。"刊，即砍削。《墨子·鲁问》："公输子削竹木以为鹊，成而飞之，三日不下。"《玉台新咏·古诗为焦仲卿妻作》："指如削葱根，口如含朱丹。"引申为删改文字。《汉书·礼乐志》："有司请定法，削则削，笔则笔，救时务也。"

刺（cì）

刺，形声字。小篆的"刺"，从刀束（cì）声。右边从"刀"，表示与施刀的具体动作行为有关，在字中表义，为形符；左边为"束"，在字中表音，为声符。楷书笔画化。《说文·刀部》："刺，君杀大夫曰刺。刺，直伤也。从刀从束，束亦声。"《尔雅·释诂》："刺，杀也。"

本义为扎入，用尖利的东西戳入。《周礼·司刺》："司刺掌三刺、三宥、三赦之法，以赞司寇听狱讼。"汉代郑玄注："刺，杀也。"《战国策·魏策四》："夫专诸之刺王僚也，彗星袭月。"清代方苞《狱中杂记》："顺我，即先刺心；否则四肢解尽，心犹不死。"

劈（pī）

劈，形声字。小篆的"劈"，从刀辟声。下边从"刀"，表示与施刀的具体动作行为有关，在字中表义，为形符；上边为"辟"，在字中表音，为声符。楷书笔画化。《说文·刀部》："劈，破也。从刀辟声。"《广雅·释诂》："劈，分也。"

本义为破开、分割。唐代柳宗元《答问》："举其理，则皆谟明渊沉，剖微穷深，劈析是非，校度古今。"《聊斋志异·狼三则》："屠暴起，以刀劈狼首，又数刀毙之。"

剔（tī）

剔，形声字。小篆的"剔"，从刀易声。右边从"刀"，表示与施刀的具体动作行为有关，在字中表义，为形符；左边为"易"，在字中表音，为声符。楷书笔画化。《说文·刀部》："剔，解骨也。从刀易声。"

本义为分解骨肉，把肉从骨上刮下来。元末明初施耐庵《水浒传》第三回："（郑屠）从肉案上抢了一把剔骨尖刀，托地跳将下来。"明代吴承恩《西游记》第二十八回："中毒打死的，拿了去剥皮剔骨，酱煮醋蒸，油煎盐炒。"引申为剔除、挑选。《清史稿·文宗本纪》："各大臣、督抚，尚其严密稽查，剔除奸蠹，以副朕意。"《诗·大雅·皇矣》："攘之剔之，其檿其柘。"程俊英《诗经译注》："剔，挑选。"

刊（kān）

刊，形声字。小篆的"刊"，从刀干声。右边从"刀"，表示与施刀的具体动作行为有关，在字中表义，为形符；左边为"干"，在字中表音，为声符。楷书笔画化。《说文·刀部》："刊，剟也。从刀干声。"剟（duō），即消除。《说文·刀部》："剟，刊也。"

本义为砍、砍削。《广雅·释诂》："刊，削也。"《尚书·益稷》："予乘四载，随山刊木。"《礼记·杂记》："毕用桑，长三尺，刊其柄与末。"汉代郑玄注："刊，犹削也。"《周礼·秋官·柞氏》："夏日至，令刊阳木而火之。"汉代郑玄注："刊剥互言耳，皆谓斫去次地之皮。"引申为雕刻。《仪礼·士丧礼》："重木刊凿之。"汉代郑玄注："刊，斫治。"《宋史·列传第四十》："真宗然之，遂命刊刻。"《宋史·列传第二百》："逢吉尝为蜀国子《毛诗》博士、检校刊刻石经。"《明史·志第五十四》："刊刻成书，收贮官库，给散里中，永为稽考。"

剄（剄 jǐng）

剄（剄），形声字。小篆的"剄"，从刀巠（jīng）声。右边从"刀"，表示与施刀的具体动作行为有关，在字中表义，为形符；左边为"巠"，在字中表音，为声符。楷书笔画化。现今简化为"刭"，为声符类推简化。《说文·刀部》："剄（剄），刑也。从刀巠声。"《说文段注》："剄，谓断头也。"

本义为砍头、割颈。《左传·定公四年》："句卑布裳，剄而裹之，藏其身，而以其首免。"晋代杜预注："司马已死，剄取其首。"《荀子·成相》："进谏不听，剄而独鹿，弃之江。"蒋南华等《荀子全译》注："剄，用刀割颈。"《史记·魏公子列传》："请数公子行日，以至晋鄙军之日，北乡自剄，以送公子。"

剥（bō）

剥，会意兼形声字。小篆的"剥"，从刀从彔，彔亦声。右边从"刀"，表示与施刀的具体动作行为有关，在字中表义，为形符；左边为"彔"，在字中既表义又表音。《说文·彔部》："彔，刻木彔彔也。"汤可敬《说文解字今释》注为："刻镂木头历历可数。"楷书笔画化。《说文·刀部》："剥，裂也。从刀从彔。彔，刻割也。彔亦声。"《广雅·释诂》："剥，离也。"

本义为削、剥离、剥脱，即去掉物体表面的东西。《诗·小雅·楚茨》："或剥或亨，或肆或将。"程俊英《诗经译注》："剥，支解宰割。"《周礼·秋官·柞氏》："夏日至，令刊阳木而火之。冬日至，令剥阴木而水之。"汉代郑玄注："刊、剥互言耳，皆谓斫去次地之皮。"《荀子·强国》："然而不剥脱，不砥厉，则不可以断绳。"唐代杨倞注："剥脱，谓刮去其生涩。"宋代辛弃疾《清平乐·村居》："最喜小儿亡赖，溪头卧剥莲蓬。"

剪（jiǎn）

剪，形声字。小篆的"剪"，写作"前"，读作"jiǎn"，从刀䔍（qián）声。右下从"刀"，表示与施刀的具体动作行为有关，在字中表义，为形符；上与下左边为"䔍"，在字中表音，为声符。

楷书笔画化，在小篆"前"下再加一"刀"字，演变为从刀前声的形声字。《说文·刀部》："前（剪），齐断也。从刀歬声。"《玉篇·刀部》："剪，俗翦字。""剪"，本作"前"，通作"翦"，俗作"剪"，现今以"剪"为正体。

本义为用剪刀铰断。《诗·召南·甘棠》："蔽芾甘棠，勿翦勿伐，召伯所茇（bá）。"程俊英《诗经译注》："翦，同剪。"南北朝丘迟《与陈伯之书》："将军松柏不翦，亲戚安居，高台未倾，爱妾尚在。"明代张溥《五人墓碑记》："而又有剪发杜门，佯狂不知所之者。"引申为剪刀。唐代贺知章《咏柳》："不知细叶谁裁出，二月春风似剪刀。"唐代孟浩然《早梅》："犹言看不足，更欲剪刀裁。"

刷（shuā）

小篆	楷书
刷	刷

刷，形声字。小篆的"刷"，从刀㕞（shī）省声。右边从"刀"，表示与施刀的具体动作行为有关，在字中表义，为形符；左边为"㕞"，在字中表音，省声，为声符。楷书笔画化，"刀"变为"刂"（立刀旁）。《说文·刀部》："刷，刮也。从刀，㕞省声。"

本义为清扫、揩拭、冲洗。《尔雅·释诂》："刷，清也。"《周礼·天官·凌人》："夏颁冰掌事，秋刷。"汉代郑玄注："刷，清也。刷除冰室，当更内新冰。"晋代左思《魏都赋》："洗兵海岛，刷马江州。"南北朝沈约《和谢宣城诗》："将随渤澥去，刷羽汎清源。"唐代李善《文选注》引《说文》曰："刷，刮也。"引申为清除、洗雪。《史记·楚世家》："王虽东取地於越，不足以刷耻；必且取地于秦，而后足以刷耻於诸侯。"《汉书·货殖传》："推此类而修之，十年国富，厚赂战士，遂报强吴，刷会稽之耻。"唐代颜师古曰："刷谓拭除之也。"

第二节 "斤"部及其例字

"斤"部亦属于刀部之类，为古代兵器名，《现代汉语词典》仍设"斤"部。

斤（jīn）

一、形体演变

甲骨文	金文	小篆	楷书
㇉	斤	斤	斤

二、构形理据

斤，象形字。甲骨文的"斤"，上面"✓"是横刃刀锋，下面"㇉"为曲柄，其构意为一种比斧子更小的砍凿工具。金文字形发生了变化。小篆承续金文字形。楷书笔画化。《说文·斤部》:"斤,斫木(斧)也。象形。"《说文段注》:"斤,斫木斧也。此依小徐本。凡用斫物者皆曰斧。斫木之斧,则谓之斤。象形。横者象斧头,直者象柄,其下象所斫木。"方述鑫等《甲骨金文字典》:"斤,甲金文象曲柄斧形。"

三、本义

本义为斧子一类的砍物工具,与斧相似,比斧小而横刃。《左传·哀公二十五年》:"故褚师比、公孙弥牟、公文要、司寇亥、司徒期因三匠与拳弥以作乱,皆执利兵,无者执斤。"李梦生《左传译注》将"无者执斤"译为"没有兵器的人就拿着斧头"。《庄子·徐无鬼》:"匠石运斤成风,听而斫之,尽垩(è)而鼻不伤。"陈鼓应《庄子今注今译》注:"斤,斧。"

假借为重量单位。《汉书·律历志》:"十六两为斤。三十斤为钧。四钧为石。"《史记·魏公子列传》:"朱亥袖四十斤铁椎,椎杀晋鄙,公子遂将晋鄙军。"唐代白居易《卖炭翁》:"一车炭,千余斤,宫使驱将惜不得。"

四、理据例说

"斤"现今仍为《现代汉语词典》部首字。从"斤"的字,其义大都与斧斤有关,主要有"斧、斨、斫、断(斷)、斯、斩(斬)"。

斧(fǔ)

甲骨文	金文	小篆	楷书

斧,会意兼形声字。甲骨文的"斧",从斤从父,父亦声。右边从"斤",表示与斧斤有关;左边从"父",表示手持石斧之类的工具,即"父","父"是"斧"的本字,父亦兼表声。金文的"斧"调整为上、下结构,上为"父",下为"斤",并将甲骨文的"ᄋ"(斤)写成"斤"。小篆承续金文字形。楷书笔画化。《说文·斤部》:"斧,斫也。从斤父声。"方述鑫等《甲骨金文字典》:"斧,甲金文从斤从父,父亦声。"

本义为斧子。《诗·齐风·南山》:"析薪如之何?匪斧不克。"汉代郑玄笺:"此言析薪必待斧乃能也。"《诗·豳风·破斧》:"既破我斧,又缺我斨。"汉代郑玄笺:"斧斨,民之用也。"《荀子·劝学》:"是故质的张而弓矢至焉,林木茂而斧斤至焉。"宋代苏轼《石钟山记》:"寺僧使小童持斧,于乱石间择其一二扣之。"

斨(qiāng)

金文	小篆	楷书

斨,形声字。金文的"斨",从斤爿(pán)声。右边从"斤",表示与斧斤有关;左边为"爿",在字中表音,为声符。小篆承续金文字形。楷书笔画化。《说文·斤部》:

"斨，方銎（qióng）斧也。从斤爿声。"方述鑫等《甲骨金文字典》："斨，金文从斤，爿声，与《说文》斨字篆文同。"

本义为古代一种方孔的斧子。《诗·豳风·七月》："取彼斧斨，以伐远扬，猗彼女桑。"汉代毛亨传："斨，方銎也。"《诗·豳风·破斧》："既破我斧，又缺我斨。"汉代毛亨传："隋銎曰斧。斧斨，民之用也。"程俊英《诗经译注》："斨，方孔的斧。"

斫（zhuó）

| 甲骨文 | 小篆 | 楷书 |

斫，形声字。甲骨文的"斫"，从斤石声。右下从"斤"，表示与斧斤有关；左上为"石"，在字中表音，为声符。小篆承续甲骨文字形，变为左右结构。楷书笔画化。《说文·斤部》："斫，击也。从斤石声。"

本义为用刀、斧等砍劈。《墨子·备蛾传》："数施一击而下之，为上下釫（huá）而斫之。"《荀子·性恶》："故工人斫木而成器。"清代龚自珍《病梅馆记》："斫直、删密、锄正，以夭梅、病梅为业以求钱也。"

断（斷 duàn）

| 甲骨文 | 金文 | 小篆 | 楷书 | 简化字 |

断（斷），会意字。甲骨文的"斷"，从斤从𢇍（jué）。左边从"斤"，表示与斧斤有关，右边为"𢇍"，为古文"絕"字，"绝"，即砍断，合起来表示用斧子割断丝束。金文稍有变化，为左"𢇍"右"斤"。小篆承续金文字形。楷书笔画化。现今简化为"断"，为草书楷化法简化。根据草书"断"之字形，将正体楷书"斷"中的两个"𢆶"（丝）简化成"米"（米），使"切丝"的线索完全消失。《说文·斤部》："斷（断），截也。从斤从𢇍。𢇍，古文绝。"

本义为截断、截开。《韩非子·说林下》："公孙弘断发而为越王骑，公孙喜使人绝之。"《韩非子·用人》："数以德追祸，是断手而续以玉也，故世有易身之患。"《玉台新咏·古诗为焦仲卿妻作》："三日断五匹，大人故嫌迟。"唐代李白《望天门山》："天门中断楚江开，碧水东流至此回。"引申为判断、裁决。《隋书·律历志下》："徵天推步，事必出生，不是空文，徒为臆断。"《旧唐书·礼仪志五》："人皆见闻，事可询访，非敢以臆断也。"宋代苏轼《石钟山记》："事不目见耳闻，而臆断其有无，可乎？"

斯（sī）

| 金文 | 小篆 | 楷书 |

斯，形声字。金文的"斯"，从斤其声。右边从"斤"，表示与斧斤有关；左边为"其"，在字中表音，为声符。小篆承续金文字形。楷书笔画化。《说文·斤部》："斯，析也。从斤其声。"

本义为劈、砍。《诗·陈风·墓门》:"墓门有棘,斧以斯之。"汉代毛亨传:"斯,析也。"假借为"此",这、这个,代词。《尔雅·释诂》:"斯,此也。"《诗·大雅·抑》:"斯言之玷,不可为也!"汉代郑玄笺:"斯,此也。"宋代范仲淹《岳阳楼记》:"登斯楼也,则有去国怀乡,忧谗畏讥,满目萧然,感极而悲者矣。"

斩(斬 zhǎn)

小篆	楷书	简化字
斬	斬	斩

斩(斬),会意字。小篆的"斬",从斤从車。右边从"斤",表示与斧斤有关,左边从"車",表示车裂,为古代的一种酷刑,合起来表示用车马或刑具实施酷刑。楷书笔画化。现今简化为"斩","車"类推简化为"车"。《说文·车部》:"斬(斬),截也。从車从斤。斩法车裂也。"截,即截断。《说文段注》:"斩法车裂也,此说从车之意。盖古用车裂,后人乃法车裂之意而用鈇(fū)钺,故字亦从车。斤者,鈇钺之类也。"

本义为古代死刑的一种,斩首或腰斩。《尔雅·释诂》:"斩,杀也。"《释名·释丧制》:"斫头曰斩,斩要曰要斩。"《诗·小雅·节南山》:"国既卒斩,何用不监!"汉代毛亨传:"斩,断。"《周礼·秋官·掌戮》:"掌戮掌斩杀贼谍而搏之。"汉代郑玄注:"斩以鈇钺,若今要斩也。杀以刀刃,若今弃市也。"引申为断绝。《诗·小雅·节南山》:"国既卒斩,何用不监!"汉代毛亨传:"卒,尽。斩,断。"程俊英《诗经译注》注:"斩,断绝。"将"国既卒斩"译为"国运已经快断绝"。

第三节 "戈"部及其例字

"戈"部亦属于刀部之类,为古代兵器名,《现代汉语词典》仍设"戈"部。

戈(gē)

一、形体演变

甲骨文1	甲骨文2	金文	小篆	楷书
𠦝	𠦝	戈	戈	戈

二、构形理据

戈,象形字。甲骨文1的"戈",像一种长柄兵器,长柄,上端有横刃,既可横击,也可钩杀,为古代常用兵器之一。甲骨文2尚能看出古代兵器的样子。金文、小篆承续甲骨文1的字形。楷书笔画化。《说文·戈部》:"戈,平头戟也。从弋,一横之。象形。"李孝定《甲骨文字集释》:"戈,为全体象形。中竖象柲(bì 柄)。中长横画一端象刃，他端象内（插入柄的部分）。直画下端或作 ᚋ，象其鐏（柄下形锐的铜套，可以插入地内）。"方述鑫等《甲骨金文字典》："甲金文为戈之全体象形。中竖为戈柲（柄）。柲中之横画为戈头，柲上端斜出之短画为柲冒，柲下端为铜鐏。"

三、本义

本义为一种兵器。《尚书·顾命》："四人綦（qí）弁，执戈上刃，夹两阶戺（shì）。"《尚书·牧誓》："称尔戈，比尔干，立尔矛，予其誓。"汉代孔安国传："戈，戟。"《楚辞·九歌·国殇》："操吴戈兮被犀甲，车错毂兮短兵接。"唐代章孝标《钱塘赠武翊黄》："曾将心剑作戈矛，一战名场造化愁。"唐代张祜《悲纳铁》："谁谓今来正耕垦，却销农器作戈矛。"

四、理据例说

从"戈"的字，其义大多与兵器及战事有关，主要有两类。

第一，与兵器的名称有关，主要有"戚、戟、戎"。

戚（qī）

| 甲骨文 | 金文 | 小篆 | 楷书 |

戚，形声字。甲骨文的"戚"，构意不明。金文的"戚"，从戈尗（shú）声。右上从"戈"，表示与兵器的名称有关，在字中表义；左下为"尗"，在字中表音，为声符。小篆演变为从戉（yuè）尗声的形声字。楷书笔画化。《说文·戊部》："戚，戉也。从戉尗声。"《说文段注》："《大雅》曰：'干戈戚扬。'传云：'戚，斧也。扬，钺也。'依毛传戚小于钺。扬乃得钺名。"方述鑫等《甲骨金文字典》："戚，金文从戈，尗声，当即戚字，盖戈、戉相同。"谷衍奎《汉字源流字典》："戈、戉皆表示古代兵器。"

本义为古兵器名，是大斧一类的武器。《诗·大雅·公刘》："弓矢斯张，干戈戚扬，爰方启行。"汉代毛亨传："戚，斧也。"《礼记·明堂位》："朱干玉戚，冕而舞《大武》。"汉代郑玄注："戚，斧也。"《韩非子·五蠹》："乃修教三年，执干戚舞，有苗乃服。"晋代陶渊明《读山海经·其十》："刑天舞干戚，猛志固常在。"

戟（jǐ）

| 金文 | 小篆 | 楷书 |

戟，会意字。金文的"戟"，从戈从榦（gàn）省声。右边从"戈"，表示与兵器的名称有关，在字中表义；左边为"榦"，省声（省木），为声符。小篆承续金文形，为从戈从倝（gàn）的会意字。楷书笔画化。《说文·戈部》："𢧢（戟），有枝兵也。从戈倝。《周礼》：'戟长丈六尺。'"

本义为古代分枝状兵器，青铜制作，将矛、戈合成一体，既能直刺又能横击。

317

《诗·秦风·无衣》："王于兴师，修我矛戟，与子偕作！"汉代郑玄笺："戟，车戟常也。"《史记·项羽本纪》："交戟之卫士欲止不内，樊哙侧其盾以撞。"

戎（róng）

甲骨文	金文	小篆	楷书
戎	戎	戎	戎

戎，会意字。甲骨文的"戎"，从戈从十。右边从"戈"，表示与兵器的名称有关，在字中表义；左边为"十"，表示铠甲的"甲"，另一说表示盾牌的握柄，代指盾牌。金文、小篆基本承续甲骨文字形。楷书笔画化。《说文·戈部》："戎，兵也。从戈从甲。"罗振玉《增订殷虚书契考释》："戎，从戈从十，十，古文甲字。"方述鑫等《甲骨金文字典》："戎，甲骨文从戈从中，中象盾形。"无论铠甲还是盾牌，均为军事器物，可通。

本义为古代兵器的总称。古代有"五戎"，即弓、殳、矛、戈、戟。《诗·大雅·抑》："修尔车马，弓矢戎兵。"程俊英《诗经译注》："戎兵，指武器。"《礼记·月令》："天子乃教于田猎，以习五戎，班马政。"汉代郑玄注："五戎，谓五兵：弓矢、殳、矛、戈、戟也。"今有成语"投笔从戎""戎马倥偬"等。

第二，与运用兵器的行为有关，如"戕、戮（刘）、戳、战（戰）、截、戒、戍、戡"。

戕（qiāng）

甲骨文	金文	小篆	楷书
戕	戕	戕	戕

戕，会意字。甲骨文的"戕"，从戈从爿（pán）。右边从"戈"，表示与运用兵器的行为有关，在字中表义；左边为"爿"，表示劈开的竹木片。金文、小篆承续甲骨文字形。楷书笔画化。"戕"字从甲骨文至楷书形体变化不大。《说文·戈部》："戕，枪也。他国臣来弑君曰戕。从戈爿声。"《说文段注》："戕，枪也。枪者，距（jù）也。距谓相抵为害。《小雅》曰：'子不戕。'传曰：'戕，残也。'此戕之正义。"方述鑫等《甲骨金文字典》："戕，甲骨文从戈，从爿，与《说文》戕字篆文同。"

本义为残杀、杀害。《尚书·盘庚中》："汝共作我畜民，汝有戕，则在乃心。"汉代孔安国传："戕，残也。"明代高启《书博鸡者事》："今姑贷汝，后不善自改，且复妄言，我当焚汝庐，戕汝家矣！"

戮（刘 lù）

金文	小篆	楷书	异体
戮	戮	戮	刘

戮（刘），形声字，异体为"刘"。金文的"戮"，从戈翏（liù）声。右边从"戈"，表示与运用兵器的行为有关，在字中表义，为形符；左边为"翏"，在字中表音，为声符。小篆承续金文字形。楷书笔画化。《说文·戈部》："戮，

杀也。从戈翏声。""戮"亦作"剹",现今"戮"为正体。

本义为斩、杀。《周礼·秋官·掌戮》："凡军旅田役斩杀刑戮,亦如之。"汉代郑玄注："戮谓膊焚辜肆。"《战国策·燕策三》："秦之遇将军可谓深矣,父母宗族皆为戮没。"《荀子·王制》："抃(biàn)急禁悍,防淫除邪,戮之以五刑。"引申为并力、合力。《汉书·高帝纪》："臣与将军戮力攻秦,将军战河北,臣战河南。"唐代颜师古注："戮力,并力也。"

戳（chuō）

戳,形声字。小篆的"戳",从戈翟(dí)声。右边从"戈",表示与运用兵器的行为有关,在字中表义,为形符;左边为"翟",在字中表音,为声符。楷书笔画化。《康熙字典》："《篇海》:'戳,枪戳也。'"《王力古汉语字典》："戳,后起字。用尖端触击,刺。"

本义为用锐器的尖端刺击。《宋史·刑法志三》："苏州民张朝之从兄以枪戳死朝父,逃去,朝执而杀之。"元末明初施耐庵《水浒传》第一一五回："初时连日下关和林冲厮杀,被林冲蛇矛戳伤蒋印。"引申为图章、印记,上有销号小戳。清代吴敬梓《儒林外史》第四十五回："他自己做稿子,你替他誊真,用个戳子。"今有词语"邮戳""戳记""戳子"。

战（戰 zhàn）

战（戰）,会意兼形声字。金文1的"戰",从戈單(dān)声。右边从"戈",表示与运用兵器的行为有关,在字中表义,为形符;左边为"單",在字中表音,为声符。金文2的"戰",为会意字,从戈从嘼(獸的本字),表示用戈搏击野兽。小篆承续金文1的字形。楷书笔画化。现今简化为"战",声符类推简化。《说文·戈部》："战,斗也。从戈單声。"《玉篇·戈部》："战,斗也。"方述鑫等《甲骨金文字典》："戰（战）,金文从戈从單。与《说文》战字篆文同。或从嘼从戈,同。《三体石经·文公》戰即作戰。或作 弔（單之异体）。"

本义为作战、打仗。《左传·庄公十年》："忠之属也,可以一战,战则请从。"《左传·庄公十一年》："皆陈曰战,大崩曰败绩,得儁(jùn)曰克。"唐代孔颖达疏："战者,共斗之辞。"《乐府诗集·木兰诗》："将军百战死,壮士十年归。"唐代杜甫《石壕吏》："一男附书至,二男新战死。"宋代文天祥《指南录后序》："时北兵已迫修门外,战、守、迁皆不及施。"《公羊传·庄公三十年》："《春秋》敌者言战,桓公之与戎狄,驱之尔。"

截（jié）

截，形声字。小篆的"截"，从戈雀声。右边从"戈"，表示与运用兵器的行为有关，在字中表义，为形符；左边为"雀"，在字中表音，为声符。楷书笔画化，隶变为"截"，今为记号字。《说文·戈部》："截，断也。从戈雀声。"

本义为断绝、切断。《诗·大雅·常武》："截彼淮浦，王师之所。"唐代陆德明《经典释文》："截，断。"《史记·苏秦列传》："皆陆断牛马，水截鹄雁，当敌则斩。"《后汉书·荀淑传》："传曰：'截趾适履，孰云其愚？何与斯人，追欲丧躯？'"唐代李贤注："言丧身之愚，甚于截趾也。"《晋书·石季龙载记》："截胫剖心，脯贤刳孕，故其亡也忽焉。"

戒（jiè）

见第151页"収"部"戒"字。

戍（shù）

戍，会意字。甲骨文的"戍"，从人持戈。右边从"戈"，表示与运用兵器的行为有关，在字中表义；左边为"人"，表示人负戈守卫边疆之意。金文、小篆承续甲骨文字形。楷书笔画化。《说文·戈部》："戍，守边也。从人持戈。"方述鑫等《甲骨金文字典》："戍，甲金文从戈，从人，象人立于戈下之形。故会戍守之意，为《说文》戍字篆文所本。"

本义为防守边疆。《诗·王风·扬之水》："彼其之子，不与我戍申。"汉代毛亨传："戍，守也。"《史记·陈涉世家》："二世元年七月，发闾左適戍渔阳。"《汉书·陈胜项籍传》："秦二世元年秋七月，发闾左戍渔阳九百人。"唐代颜师古注："发闾左之人皆遣戍也。"引申为驻守。唐代杜甫《石壕吏》："听妇前致词，三男邺城戍。"宋代陆游《十一月四日风雨大作》："僵卧孤村不自哀，尚思为国戍轮台。"《宋史·李处耘传》："自是垄山外诸族皆恐惧内附，愿于要害处置族帐砦栅，以为戍守。"

戡（kān）

戡，形声字。小篆的"戡"，从戈甚声。右边从"戈"，表示与运用兵器的行为有关，在字中表义，为形符；左边为"甚"，在字中表音，为声符。楷书笔画化。《说文·戈部》："戡，刺也。从戈甚声。"

本义为刺杀。《王力古汉语字典》："戡，刺，字亦作'揕'（zhèn）。"列举例句《史记·刺客列传》："秦王必喜而见臣，臣左手把其袖，右手揕其匈。"唐代司马贞《史记索隐》："揕谓以剑刺其胸也。"引申为用武力平定。《尚书·西伯戡黎》："西伯既戡黎，祖伊恐，奔告于王。"唐代孔颖达疏："黎侯无道，文王伐而胜之。"《隋书·音乐志下》："成功戡乱，顺时经国。"《明史·太祖本纪》："克城以武，戡乱以仁。"《明史·列传第一百四十三》："安望其戡乱除凶，赞平明之治乎？"

第四节 "矛"部及其例字

"矛"部亦属于刀部之类，为古代兵器名，《现代汉语词典》仍设"矛"部，从矛得义的字很少。

矛（máo）

一、形体演变

金文	小篆	楷书
ᛏ	吊	矛

二、构形理据

矛，象形字。金文的"矛"，上部为锋利的矛头，下部是一根长柄，柄的右下侧有耳，可穿绳把矛竖绑在战车之上。小篆的"矛"，形体发生变化，难以看出"矛"的形状了。楷书笔画化。《说文·矛部》："矛，酋矛也。建于兵车，长二丈。象形。戎，古文矛从戈。"《说文段注》："酋矛也，建于兵车，长二丈，见考工记，记有酋矛、夷矛。酋矛常有四尺，夷矛三寻。"方述鑫等《甲骨金文字典》："金文矛，上象其锋，中象其身，下端有銎（qióng，柄孔），所以纳柲（柄），一侧有耳，耳有孔。盖恐纳柲于銎之不固，以绳穿耳以缚之。亦有两侧有耳者。为《说文》矛字篆文所本。"

三、本义

本义为长矛，古代用来刺杀敌人的进攻性武器。《诗·秦风·无衣》："王于兴师，修我戈矛，与子同仇！"汉代毛亨传："戈长六尺六寸，矛长二丈。"《尚书·牧誓》："称尔戈，比尔干，立尔矛，予其誓。"唐代孔颖达疏："矛长立之于地，故言'立'也。"《韩非子·难一》："吾矛之利，于物不陷也。"

四、理据例说

"矛"为部首字，《现代汉语词典》仍设"矛"部。但从"矛"得义的字很少，现今常用的只有"矜"。

矜（jīn）

小篆	楷书
矜	矜

矜，形声字。小篆的"矜"，从矛今声。左边从"矛"，表示与兵器有关，在字中表义；右边为"今"，在字中表音，为声符。楷书笔画化。《说文·矛部》："矜，矛柄也。从矛今声。"《说文段注》："《方言》曰：'矛，其柄谓之矜。'《释名》曰：'矛，冒也，刃下冒矜也。下头曰鐏，鐏入地也。'……若矜夸、矜持、矜式，《无羊传》矜矜以言坚强。《苑柳传》矜，危也。皆自矛柄之义引申之。"

本义为矛柄。《广雅·释诂》："矜，柄也。"《方言》卷九："矛，其柄谓之矜。"《淮南子·兵略训》："伐棘枣而为矜，周锥凿而为刃。"汉代高诱注："矜，矛柄。"

引申为自夸、自恃。《公羊传·僖公九年》："矜之者何？犹曰莫若我也。"《战国策·齐策四》："矜功不立，虚愿不至。"宋代欧阳修《归田录》："陈康肃公尧咨善射，当世无双，公亦以此自矜。"引申为怜悯、同情。《诗·小雅·鸿雁》："爰及矜人，哀此鳏寡。"汉代毛亨传："矜，怜也。"《诗·小雅·巷伯》："苍天苍天！视彼骄人，矜此劳人！"《论语·子张》："上失其道，民散久矣，如得其情，则哀矜而勿喜。"元代关汉卿《蝴蝶梦》第二折："我著那最小的幼男去当刑，他便欢喜紧将儿发送。只把前家儿子苦哀矜，倒是自己亲儿不悲痛。"

第五节　"弓"部及其例字

"弓"部亦属于刀部之类，为古代兵器名，《现代汉语词典》仍设"弓"部。

弓（gōng）

一、形体演变

甲骨文1	甲骨文2	金文1	金文2	小篆	楷书
弓	弓	弓	弓	弓	弓

二、构形理据

弓，象形字。甲骨文1的"弓"，像弓形，有弓背和弓弦。甲骨文2的"弓"，省去弓弦，只剩下弓背。金文1承续甲骨文1的字形。金文2承续甲骨文2的字形。小篆基本承续金文2的字形。楷书笔画化。《说文·弓部》："以近穷远。象形。古者挥（黄帝臣子）作弓。《周礼》六弓：王弓、弧弓以射甲革甚质；夹弓、庾弓以射干侯鸟兽；唐弓、大弓以授学射者。"方述鑫等《甲骨金文字典》："弓，甲金文象弓张之形，为《说文》弓字篆文所本。"

三、本义

本义为射箭或打弹的器械。《礼记·学记》："良弓之子，必学为箕。"唐代孔颖达疏："言善为弓之家，使干角挠屈调和成其弓，故其子弟亦睹其父兄世业，仍学取柳和软挠之成箕也。"《楚辞·九歌·国殇》："带长剑兮挟秦弓，首身离兮心不惩。"《韩非子·扬权》："毋弛而弓，一栖两雄。"汉代贾谊《过秦论》："胡人不敢南下而牧马，士不敢弯弓而报怨。"唐代杜甫《兵车行》："车辚辚，马萧萧，行人弓箭各在腰。"唐代令狐楚《少年行四首》："家本清河住五城，须凭弓箭得功名。"元末明初罗贯中《三国演义》第十六回："（张）绣甚喜，预先准备弓箭、甲兵，告示各寨。"

四、理据例说

"弓"是汉字部首之一，从"弓"得义的字大多与弓箭有关，大致可分为三类。

第一，表示弓的种类及与弓相关的事物，主要有"弧、弩、弭、弦、弢"等。

弧（hú）

弧，形声字。小篆的"弧"，从弓瓜声。左边从"弓"，表示与弓的种类及与弓相关的事物有关，在字中表义；右边为"瓜"，在字中表音，为声符。楷书笔画化。《说文·弓部》："弧，木弓也。从弓瓜声。"《说文段注》："《易》曰：'弦木为弧。'考工记，凡为弓，冬析干；凡干，柘为上，檍次之，檿（yǎn）桑次之，橘次之，木瓜次之，荆次之，竹为下。按木弓，谓弓之不傅以角者也。"

本义为木弓，泛指弓。《周易·系传》："弦木为弧，剡木为矢，弧矢之利，以威天下，盖取诸睽。"唐代孔颖达疏："案：《尔雅》：'弧，木弓也。'"《国语·郑语》："且宣王之时有《童谣》曰：'檿弧箕服，实亡周国。'"黄永堂《国语全译》："檿弧，山桑木所制的弓。"《汉书·窦田灌韩传》："弧弓射猎，逐兽随草，居处无常，难得而制。"唐代颜师古《汉书注》："以木曰弧，以角曰弓。"

弩（nǔ）

弩，形声字。小篆的"弩"，从弓奴声。下边从"弓"，表示与弓的种类及与弓相关的事物有关，在字中表义；上边为"奴"，在字中表音，为声符。楷书笔画化。《说文·弓部》："弩，弓有臂者。《周礼》四弩：夹弩、庾弩、唐弩、大弩。从弓奴声。"

本义为用机械发射的弓。《荀子·议兵》："衣三属之甲，操十二石之弩。"蒋南华等《荀子全译》："弩，一种有机械装置、力量强大的弓。"《汉书·窦田灌韩传》："强弩之末，力不能入鲁缟。"《汉书·李广苏建传》："闻汉天子甚怨卫律，常能为汉伏弩射杀之。"《后汉书·光武十王列传》:"今天下有丧,弓弩张设甚备。"汉代贾谊《过秦论》:"良将劲弩,守要害之处,信臣精卒,陈利兵而谁何!"唐代杜牧《郡斋独酌（黄州作）》:"犀甲吴兵斗弓弩,蛇矛燕戟驰锋铓。"元末明初罗贯中《三国演义》第七回:"汝分一百人上山,寻石子准备;一百人执弓弩伏于林中。"元末明初施耐庵《水浒传》第三十四回:"背后二三十个小喽啰做一群,把弓弩在黑影里射人。"今有词语"弓弩""弩箭""剑拔弩张""强弩之末"等。

弭（mǐ）

金文	小篆	楷书
弭	弭	弭

弭,形声字。金文的"弭",从弓耳声。左边从"弓",表示与弓的种类及与弓相关的事物有关,在字中表义;右边为"耳",在字中表音,为声符。小篆承续金文字形。楷书笔画化。《说文·弓部》:"弭,弓无缘,可以解辔纷者。从弓耳声。㧖,弭或从兒。"《说文段注》:"《释器》曰:'弓有缘者谓之弓;无缘者谓之弭。'孙云:'缘谓繁束而漆之。弭谓不以繁束、骨饰两头者也。'"方述鑫等《甲骨金文字典》:"徐锴系传:'缘者,彩缠饰之也。'金文从弓,从耳。与《说文》弭字篆文构形同。"

本义为角弓,末端没有装饰的弓。《尔雅·释器》:"弓有缘者谓之弓,无缘者谓之弭。"《左传·僖公二十三年》:"若不获命,其左执鞭弭,右属櫜（gāo）鞬（jiàn）,以与君周旋。"晋代杜预注:"弭,弓末无缘者。"引申为止息、中断。《国语·周语上》:"王喜,告邵公曰:'吾能弭谤矣,乃不敢言。'"《国语·周语下》:"自我先王厉、宣、幽、平而贪天祸,至于今未弭。"《战国策·秦策二》:"楚王不听,曰:'吾事善矣!子其弭口无言,以待吾事。'"今有词语"弭谤""弭乱""弭息"等。

弦（xián）

小篆	楷书
弦	弦

弦,会意字。小篆的"弦",从弓从糸,糸即丝。左边从"弓"表示与弓相关的事物,右边为"糸",表示丝绳,合起来表示绷在弓背两端的绳状物。楷书笔画化。《说文·弦部》:"弦,弓弦也。从弓,象丝轸之形。"《说文段注》:"弦,弓弦也。弓弦以丝为之。张于弓。"

本义为弓弦。《淮南子·人间训》:"居一年,胡人大入塞,丁壮者引弦而战。"三国曹植《白马篇》:"控弦破左的,右发摧月支。"南北朝丘迟《与陈伯之书》:"见故国之旗鼓,感平生于畴日,抚弦登陴,岂不怆恨。"元末明初罗贯中《三国演义》第六十二回:"枪未到处,弓弦响,邓贤倒撞下马。"元末明初施耐庵《水浒传》第十三回:"杨志听得背后弓弦响,霍地一闪,去镫里藏身。"

弢（tāo）

小篆	楷书
弢	弢

弢，会意字。小篆的"弢"，从弓从殳（tāo）。左边从"弓"，表示与弓相关的事物；右边为"殳"，表示下垂的装饰物。楷书笔画化。《说文·弓部》："弢，弓衣也。从弓从殳。殳，垂饰，与鼓同意。"

本义为弓袋。《小尔雅·广器》："矢服谓之弢。"《左传·哀公二年》："吾伏弢呕血，鼓音不衰，今日我上也。"晋代杜预注："弢，弓衣。"《管子·小匡》："甲不解垒，兵不解翳，弢无弓，服无矢。"

第二，表示与弓相关的动作行为，主要有"引、弯（彎）、张（張）、弛、发（發）、弹（彈）、彀"。

引（yǐn）

甲骨文	金文	小篆	楷书
引	引	引	引

引，会意字。甲骨文的"引"，从大（大）持弓（弓）。左边从"弓"，表示与弓相关的动作行为，右边为"大"，"大"即人，合起来表示人在拉弓持箭。金文稍有变化，右边的"大"变为"丨"（gǔn），表示箭。小篆承续金文字形。楷书笔画化。《说文·弓部》："引，开弓也。从弓丨。"《说文段注》："凡延长之称，开导之称皆引申于此。"徐中舒《甲骨文字典》："引，甲骨文从大（大）持弓（弓）。象人挽弓之形。"

本义为拉开弓。《战国策·楚策四》："'臣为王引弓虚发而下鸟。'魏王曰：'然则射可至此乎？'"《孟子·尽心上》："君子引而不发，跃如也。"宋代朱熹《四书集注》："引，引弓也。"《淮南子·说林训》："引弓而射，非弦不能发矢。"唐代卢纶《和张仆射塞下曲》："林暗草惊风，将军夜引弓。"引申为引导、带领。《管子·法法》："引而使之，民不敢转其力；推而战之，民不敢爱其死。"《史记·魏公子列传》："公子引侯生坐上坐，遍赞宾客。"元末明初罗贯中《三国演义》第三十三回："但须得识径路者为引导耳。"

弯（彎 wān）

小篆	楷书	简化字
彎	彎	弯

弯（彎），形声字。小篆的"彎"，从弓䜌（luán）声。下边从"弓"，表示与弓相关的动作行为，在字中表义；上边为"䜌"，在字中表音，为声符。楷书笔画化。现今简化为"弯"，声符类推简化。《说文·弓部》："彎（弯），持弓关矢也。从弓䜌声。"《广雅·释诂一》："弯，引也。"《说文》："引，开弓也。"弯，即拉开弓。

本义为拉开弓。汉代贾谊《过秦论》："胡人不敢南下而牧马，士不敢弯弓而抱怨。"《淮南子·原道训》："弯棋卫之箭，重之羿、逢蒙子之巧，以要飞鸟，犹不能与罗者竞多。"汉代张衡《思玄赋》："弯威弧之拔刺兮，射嶓冢之封狼。"唐代李善《文选注》："弯，引也。"唐代李白《大猎赋》："攒高牙以总总兮，驻华盖之森森。于是擢倚天之剑，弯落月之弓。"

张（張 zhāng）

金文1	金文2	小篆	楷书	简化字
䋛	張	張	張	张

张（張），形声字。金文1的"張"，从糸長声，为"張"的异体。金文2的"張"，从弓長（cháng）声。左边从"弓"，表示与弓相关的动作行为，在字中表义；右边为"長"，在字中表音，为声符。小篆承续金文2的字形。楷书笔画化。现今简化为"张"，声符类推简化。《说文·弓部》："張（张），施弓弦也。从弓長声。"《说文段注》："张、弛，本谓弓施弦、解弦。""施弓弦"，即施弓以弦，也就是把弦绷在弓上。方述鑫等《甲骨金文字典》："张，金文从糸，长声。当即張字之异体。張，《汉简》引《义云章》作䋛，与金文同。"

本义为把弦安在弓上，与"弛"相对。《诗·小雅·吉日》："既张我弓，既挟我矢。"唐代孔颖达疏："虞人既驱禽待天子，故言既已张我天子所射之弓。"《礼记·杂记》："一张一弛，文、武之道也。"唐代孔颖达疏："张谓张弦，弛谓落弦。"《老子》第七十七章："天之道，其犹张弓欤？高者抑之，下者举之。"引申为张开。《荀子·劝学》："是故质的张而弓矢至焉，林木茂而斧斤至焉。"《荀子·礼论》："笙、竽具而不和，琴、瑟张而不均，舆藏而马反，告不用也。"《史记·廉颇蔺相如列传》："左右欲刃相如，相如张目叱之。"

弛（chí）

小篆	楷书
弛	弛

弛，形声字。小篆的"弛"，从弓也声。左边从"弓"，表示与弓相关的动作行为，在字中表义；右边为"也"，在字中表音，为声符。楷书笔画化。《说文·弓部》："弛，弓解也。从弓从也。𢎥，弛或从虒（sī）。"

本义为放松弓弦。《玉篇·弓部》："弛，弓解也。"紧接着又《玉篇》："𢎥，同上。"《左传·襄公十八年》："乃弛弓而自后缚之。"《楚辞·七谏·谬谏》："弧弓弛而不张兮，孰云知其所至？"《礼记·曲礼上》："凡遗人弓者，张弓尚筋，弛弓尚角。"唐代孔颖达疏："'张弓尚筋'者，弓之为体，以木为身，以角为面，筋在外面，张之时曲来乡内。"

发（發 fā）

甲骨文1	甲骨文2	金文	小篆	楷书	简化字
				發	发

发（發），会意兼形声字。甲骨文1的"發"，为象形字，表示弓弦颤动。甲骨文2的"發"，为会意字。上边为" "，表示两只脚，下边为" "，表示手持长枪，合起来表示手持长枪双足飞奔，借惯性将长枪投向野兽或敌人。金文的"發"，在甲骨文2的基础上左边加"弓"，为从弓癹（bá）声的形声字。左边从"弓"，表示与弓相关的动作行为，在字中表义；右边为"癹"，在字中表音，为声符。小篆承续金文字形。楷书笔画化。现今简化为"发"，为记号字，用近音替代法简化。《说文·弓部》："發（发），射发也。从弓癹声。"方述鑫等《甲骨金文字典》："發（发），甲骨文象弓弦颤动之形。矢发后弓弦颤动，故以表发射之意。旧释弦或弹，恐不确。金文从弓，癹声，乃后起形声字，与《说文》发字篆文构形同。"关于对"發"的甲骨文字形的说解，方述鑫等仅释其一。

本义为放箭。《诗·召南·驺虞》："彼茁者葭，壹发五豝。"汉代郑玄笺："君射一发而翼五豵者，战禽兽之命。"《诗·小雅·宾之初筵》："发彼有的，以祈尔爵。"汉代郑玄笺："发，发矢也。"《礼记·射义》："射者何以射？何以听？循声而发，发而不失正鹄者，其唯贤宅乎！"汉代郑玄注："发，或为'射'。"《史记·孙子吴起列传》："于是令齐军善射者万弩，夹道而伏，期曰：'暮见火举而俱发。'"

弹（彈 dàn）

甲骨文	小篆	楷书	简化字
	彈	彈	弹

弹（彈），会意兼形声字。甲骨文的"彈"，为会意字，从 （弓）从 （石丸），表示利用弓弦发射石丸。小篆为从弓單声的形声字。左边从"弓"，表示与弓相关的动作行为，在字中表义；右边为"單"，在字中表音，为声符。楷书笔画化。现今简化为"弹"，声符类推简化。《说文·弓部》："彈（弹），行丸也。从弓單声。弜，彈或从弓持丸。"方述鑫等《甲骨金文字典》："弹，桂馥《义证》：'行丸也者，《开元文字》引云：弹之，谓行丸者也。'甲骨文 正象持弓引丸之形，为彈之初文，彈则为后起形声字。"《说文》中的"弜，彈或从弓持丸"印证了甲骨文的"弹"字。

本义为用弓发射的弹丸。《三国志·吴主五子传》："尝乘马出，有弹丸过，左右求之。"《清史稿·志一百十五》："其火器弹丸铜帽等，除拨用外，尚存九万余斤。"唐代苏涣《变律》其二："长安大道边，挟弹谁家儿。"又引申为弹弓。《魏书·帝纪第一》："帝仰视飞鸟，谓诸大人曰：'我为汝曹取之。'援弹飞丸，应弦而落。"

彀（gòu）

小篆	楷书
彀	彀

彀，形声字。小篆的"彀"，从弓殳（gǔ）声。左下边从"弓"，表示与弓相关的动作行为有关，在字中表义；左上与右边为"殳"，在字中表音，为声符。楷书笔画化。《说文·弓部》："彀，张弩也。从弓殳声。"《玉篇·弓部》："彀，张弓弩也。"

本义为张满弓。《孟子·告子上》："羿之教人射，必志于彀；学者亦必志于彀。"宋代朱熹《四书集注》："彀，弓满也。满而后发，射之法也。"《汉书·张陈王周传》："已而之细柳军，军士吏被甲，锐兵刃，彀弓弩，持满。"唐代颜师古《汉书注》："彀，张也。"

第三，表示与弓有关的性质，如"强（彊）、弘"。

强（彊 qiáng）

甲骨文	金文	小篆	楷书	简化字
彊	彊	彊	彊	强

强（彊），形声字。甲骨文的"彊"，从弓畺（jiāng）声。左边从"弓"，表示与弓相关的动作行为有关，在字中表义；右边为"畺"，在字中表音，为声符。金文稍有变化，以"畺"代"畺"，为从弓畺（jiāng）声的形声字，"畺"表示疆界。小篆承续金文字形。楷书笔画化。现简化为"强"，为用简单字形代替复杂字形简化。《说文·弓部》："彊（强），弓有力也。从弓畺声。"方述鑫等《甲骨金文字典》："彊（强），金文从弓畺声。与《说文》彊字篆文同。"

本义为强有力的弓。《汉书·窦田灌韩传》："且臣闻之，冲风之衰，不能起毛羽；强弩之末，力不能入鲁缟。"唐代杜甫《前出塞》："挽弓当挽强，用箭当用长。"元末明初罗贯中《三国演义》第六十五回："公如不降，两下已伏强弩，欲与吾庞士元报仇矣。"引申为强盛、势力大。《战国策·秦策四》："夫以王壤土之博，人徒之众，兵革之强，一举众而注地于楚。"《战国策·齐策一》："张仪为秦连横齐王曰：'天下强国无过齐者。'"《史记·廉颇蔺相如列传》："夫赵强而燕弱，而君幸于赵王，故燕王欲结于君。"

弘（hóng）

甲骨文	金文	小篆	楷书
弘	弘	弘	弘

弘，指事兼形声字。甲骨文的"弘"，为指事字，在"弓"的中部加指事符号一撇"ノ"，表示弓子强劲、弹力大。金文承续甲骨文字形。小篆稍有变化，将"ノ"写作"厶"（sī），为从弓厶声的形声字。左边从"弓"，表示与弓相关的动作行为，在字中表义；右边为"厶"，在字中表音，为声符。楷书笔画化。《说

文·弓部》："弘，弓声也。从弓厶声。"《说文段注》："是则弓声之义引申为他声。经传多叚此篆为宏大字。"方述鑫等《甲骨金文字典》："弘，甲金文象弛弓有臂形，又与弓臂藭曲部位附著一短画，与甲骨文㓁（左）所从𠃌同。"

本义为弓声。文献用例较少。引申为强大。《尔雅·释诂》："弘，大也。"《诗·大雅·民劳》："戎虽小子，而式弘大。"汉代郑玄笺："弘，犹广也。"《论语·泰伯》："士不可以不弘毅，任重而道远。"宋代朱熹《四书集注》："弘，宽广也。毅，强忍也。"《后汉书·李杜列传》："夫称仁人者，其道弘矣！"唐代李贤注："弘，大也。"

第六节　"矢"部及其例字

"矢"部亦属于刀部之类，为古代兵器名，指箭。《现代汉语词典》仍设"矢"部。

矢（shǐ）

一、形体演变

甲骨文1	甲骨文2	金文	小篆	楷书
ᐃ	ᐃ	ᐃ	夬	矢

二、构形理据

矢，象形字。甲骨文1的"矢"，突出了上端箭锋的锋利和装在下端箭尾的燕尾状的翎羽。甲骨文2的"矢"，在箭杆"ᐃ"中间加一短横"一"，以区别于"交"的字形。甲骨文的"矢"像锋镝栝羽之形。金文承续甲骨文2的字形。小篆字形稍有变化。楷书笔画化。《说文·矢部》："矢，弓弩矢也。从入，象锋镝栝羽之形。古者夷牟初作矢。"徐中舒《甲骨文字典》："矢，象弓弩矢形。……《说文》谓'从入'乃误以镝形为入字。"方述鑫等《甲骨金文字典》："矢，甲骨金文与小篆同。象矢之形。"

三、本义

本义为箭。《玉篇·矢部》："矢，箭也。古者牟夷作矢。"按："夷牟""牟夷"，各本顺序不同，当为一人。《诗·小雅·吉日》："既张我弓，既挟我矢。"唐代孔颖达疏："故言既已张我天子所射之弓，既挟我天子所射发之矢，发而中彼小豝（bā 母猪）。"《楚辞·九歌·国殇》："旌蔽日兮敌若云，矢交坠兮士争先。"汉代贾谊《过秦论》："秦无亡矢遗镞之费，而天下诸侯已困矣。"宋代欧阳修《卖油翁》："见其发矢十中八九，但微颔之。"宋代欧阳修《伶官传序》："入于太庙，还矢先王，而告以成功。"元末明初罗贯中《三国演义》第九十一回："或为流矢所中，魂掩泉台；或为刀

329

剑所伤，魄归长夜。"

矢，通"誓"，指发誓。《诗·卫风·考槃（pán，木屋）》："独寐寤言，永矢弗谖。"汉代郑玄笺："矢，誓。"《论语·雍也》："子见南子，子路不说。夫子矢之曰：'予所否者，天厌之！天厌之！'"宋代朱熹《四书集注》："矢，誓也。"今有成语"矢志不渝""矢口否认"。

四、理据例说

从"矢"得义的字，其义大多与箭有关。这类字不多，主要分两类。

第一，表示与"矢"相关的事物名称，如"矰、矫（矯）、侯（矦）"。

矰（zēng）

矰，形声字。小篆的"矰"，从矢曾声。左边从"矢"，表示与"矢"相关的事物名称，在字中表义；右边是"曾"，在字中表音，为声符。楷书笔画化。《说文·矢部》："隿（yì）躲矢也。从矢曾声。"《说文段注》："《周礼》司弓矢云：'矰矢、茀矢、用诸弋射。'注云：'结缴于矢谓之矰。矰，高也。'"

本义为古代射鸟用的拴着丝绳的箭。《玉篇·矢部》："矰，结缴于矢也。"《周礼·司弓矢》："田猎，矰矢、茀矢用诸弋射，恒矢、痺矢用诸散射。"汉代郑玄注："结缴於矢谓之矰。"《庄子·应帝王》："且鸟高飞以避矰弋之害，鼹鼠深穴乎神丘之下以避熏凿之患。"陈鼓应《庄子今注今译》："矰弋，古时候射飞鸟的器具，把箭系在生丝上。"《史记·老子韩非列传》："走者可以为罔，游者可以为纶，飞者可以为矰。"

矫（矯 jiǎo）

矫（矯），形声字。小篆的"矯"，从矢乔（qiáo）声。左边从"矢"，表示与"矢"相关的事物名称，在字中表义；右边是"乔"，在字中表音，为声符。楷书笔画化。现简化为"矫"，声符类推简化。《说文·矢部》："矯（矫），揉箭箝（qián同'钳'）也。从矢乔声。"《说文段注》："箭者，矢竹所为矢也。不言矢言箭者，矫施于笴，不施于镝羽也。箝，钀（niè镊子）也。柔箭之箝曰矫。引伸之为凡矫枉之称。"《玉篇·矢部》："矫，揉箭箝儿。"

本义为把箭杆揉直的一种器具。《荀子·性恶》："故枸木必将待檃栝烝矫然后直，钝金必将待砻厉然后利。"蒋南华等《荀子全译》："烝矫，加热矫正。烝，蒸的本字。杨倞《荀子·性恶》注：'烝，谓烝之使柔，矫谓矫之使直也。'"引申为匡正、纠正。《汉书·严朱吾丘主父徐严终王贾传》："今天下锻甲摩剑，矫箭控弦，转输军粮，未见休时。"唐代颜师古《汉书注》："矫，正曲使直也。"《明史·海瑞传》："诸司素偷惰，瑞以身矫之。"今有词语"矫枉过正""矫正"等。

侯（矦 hóu）

| 甲骨文1 | 甲骨文2 | 金文1 | 金文2 | 小篆1 | 小篆2 | 楷书 |

侯（矦），会意字。甲骨文1的"矦"，从矢从厂（hàn）。下边从"矢"，表示与"矢"相关的事物名称；上边是"厂"，表示山崖。甲骨文2的"矦"，"厂"的方向相反，同义，合起来表示带着弓箭埋伏在山崖，守候猎物。金文1承续甲骨文1的字形。金文2的"矦"，又在金文1"厃"的上边加"𠂇"（人）字，强调猎人的行为。小篆1承续金文2的字形。小篆2又在小篆1的左边加一"人"字。楷书笔画化。《说文·矢部》："春飨所躲矦也。从人从厂，象张布；矢在其下。"徐中舒、方述鑫等对"侯（矦）"的说解略同，同《说文》一致。李孝定《甲骨文字集释》："侯（矦），盖射侯之形甚多，不可悉象。且无矢，亦无以见射侯之义，故从矢从厂，会意也。从人无义，盖为讹变。"我们认为，李孝定的说解允正。

本义为箭所射的目标，箭靶。《小尔雅·广器》："射有张布谓之矦。"《诗·齐风·猗嗟》："终日射侯，不出正兮。"程俊英《诗经译注》："侯，射布，箭靶。"《诗·小雅·宾之初筵》："大侯既抗，弓矢斯张。"《仪礼·乡射礼》："乃张侯，下纲不及地武。"汉代郑玄注："侯，谓所射布也。"

第二，表示与"矢"有关的性状，如"短、矮"。

短（duǎn）

| 小篆 | 楷书 |

短，会意兼形声字。小篆的"短"，从矢从豆，豆亦声。左边从"矢"，右边从"豆"，"豆"亦表声，表示度量长短可以用矢为尺度。古代弓长箭短，量（liáng）长的用弓作标准，量短的用箭作标准。古代器皿"豆"比"矢"还短，所以"从矢从豆"表示很短、不长之意。《说文·矢部》："短，有所长短，以矢为正。从矢豆声。"短，当为会意兼形声字为确。

本义为与"长"相对，不长。《老子》第二章："长短相形，高下相倾。"《庄子·至乐》："褚小者不可以怀大，绠短者不可以汲深。"《孙子·虚实》："日有短长，月有死生。"《战国策·赵策四》："老臣以媪为长安君计短也，故以为其爱不若燕后。"《荀子·非相》："盖帝尧长，帝舜短；文王长，周公短；仲尼长，子弓短。"蒋南华等《荀子全译》将"子弓短"翻译为"子弓身材矮小"。引申为缺点、过错。唐代杜甫《秋野五首》之三："礼乐攻吾短，山林引兴长。"清代曹雪芹《红楼梦》第二十回："你敢挑宝姐姐的短处，就算你是好的。"

矮 (ǎi)

小篆	楷书
矮	矮

矮，形声字。小篆的"矮"，从矢委声。左边从"矢"，表示尺度短小，作形符。在古代，"矢"可作为较短的量器，"矢"，即箭，箭都不长，立起来不高。右边是"委"，在字中表音，为声符。楷书笔画化。《说文新附·矢部》："矮，短人也。从矢委声。"

本义为身材短小。《旧唐书·阳城传》："道州地产民多矮，每年常配乡户，竟以其男号为矮奴。"元末明初施耐庵《水浒传》第二十五回："大官人家里取些砒霜来，却教大娘子自去赎一帖心疼的药来，把这砒霜下在里面，把这矮子结果了。"今有俗语"见矬子不说矮话"。

第七节 "㫃"部及其例字

"㫃"部亦属于刀部之类，为古代军旗名，即旗帜，为《说文》部首，《现代汉语词典》已不设"㫃"部。

㫃 (yǎn)

一、形体演变

甲骨文1	甲骨文2	金文1	金文2	小篆	楷书
					㫃

二、构形理据

㫃，象形字。甲骨文1的"㫃"，像朝左飘扬的旌旗之形。甲骨文2的"㫃"，像朝右飘扬的旌旗之形，方向不同，意义一样。金文承续甲骨文2的字形。小篆整齐化。楷书笔画化。《说文·㫃部》："㫃，旌旗之游，㫃蹇之皃。从屮，曲而下；垂㫃，相出入也。"徐中舒《甲骨文字典》："㫃，象旌旗游㫃之形，十象旗杆与杆首之饰，乀象游形。"

三、本义

本义为旗帜飘动的样子。㫃，现今不单用，只作构字部件。

四、理据例说

"㫃"为《说文》部首，但不是《现代汉语词典》部首。从"㫃"得义的字，其义均与旗帜有关，主要有"旌、旗、旆、旅、旋、游、施"。

旌（jīng）

小篆	楷书
旌	旌

旌，形声字。小篆的"旌"，从㫃生声。左与右上从"㫃"，表示与旗帜有关，在字中表义，为形符；右下为"生"，在字中表音，为声符。楷书笔画化。《说文·㫃部》："旌，游车载旌，析羽注旄首，所以精进士卒。从㫃生声。"

本义为古代用牦牛尾或兼五彩羽毛装饰竿头的旗子。《周礼·春官·司常》："熊虎为旗，鸟隼为旟（yú），龟蛇为旐（zhào），全羽为旞（suì），析羽为旌。"杨天宇《周礼译注》："全羽、析羽即所谓旌，是旗杆上端的饰物。"《国语·吴语》："十行一嬖（bì）大夫，建旌提鼓，挟经秉枹。"黄永堂《国语全译》将"建旌提鼓"译为"树起旌旗带着战鼓"。引申为古代旗的总称。《楚辞·九歌·国殇》："旌蔽日兮敌若云，矢交坠兮士争先。"黄寿祺、梅桐生《楚辞全译》译为"旌旗遮天蔽日敌众如云"。

旗（qí）

甲骨文1	甲骨文2	金文	小篆	楷书
旗	旗	旗	旗	旗

旗，象形兼形声字。甲骨文1的"旗"，为象形字，像旗杆"丫"上飞舞的飘带"乁"之形。甲骨文2旗杆简化，多出一条飘带。金文的"旗"，演变为从㫃斤声的形声字。上边从"㫃"，表示与旗帜有关，在字中表义，为形符；下边为"斤"，表示斧头，在字中表音，为声符。小篆又演变为从㫃其声的形声字。楷书笔画化。《说文·㫃部》："旗，熊旗五游，以象罚星，士卒以为期。从㫃其声。《周礼》曰：'率都建旗。'"方述鑫等《甲骨金文字典》中未有"旗"字，但有"旂"字，指出："《说文》：'旂，旗有众铃，以令众也。从㫃斤声。'"《玉篇·㫃部》："旗，熊虎为旗也。"

本义为上边绣有熊虎图案的一种军旗。《周礼·春官·司常》："日月为常，交龙为旂，通帛为旃，杂帛为物，熊虎为旗。"杨天宇《周礼译注》将"熊虎为旗"译为"画有熊虎的叫做旗"。《左传·庄公十年》："吾视其辙乱，望其旗靡，故逐之。"泛指各种旗帜。《礼记·月令》："以给郊庙祭祀之服，以为旗章，以别贵贱等给之度。"汉代贾谊《过秦论》："斩木为兵，揭竿为旗，天下云集响应，赢粮而景从。"《管子·兵法》："三曰旗枣，旗所以立兵也，所以利兵也，所以偃兵也。"元末明初罗贯中《三国演义》第五回："次日筑台三层，遍列五方旗帜，上建白旄黄钺，兵符将印，请绍登坛。"元末明初施耐庵《水浒传》第八十九回："阵前还立五方旗帜八面，分拨人员，仍排九宫八卦阵势。"

旄（máo）

金文	小篆	楷书

旄，形声字。金文的"旄"，从㫃毛声。左、上、右边从"㫃"（㫃），表示与旗帜有关，在字中表义，为形符；中下为"毛"（毛），在字中表音，为声符。小篆稍有变化，将金文的"㫃"（㫃）写作"㫃"（㫃）。楷书笔画化。《说文·㫃部》："旄，幢也。从㫃从毛，毛亦声。"方述鑫等《甲骨金文字典》："旄，旌旗杆饰本用牦牛尾注于旗之杆首，故曰旄。后又用羽或兼用牦与羽。幢，即舞者所持之翿。"

本义为古代用牦牛尾装饰的旗子。《诗·小雅·出车》："设此旐矣，建彼旄矣。"唐代孔颖达疏："以属旐於旄，乃建立彼旄于戎车之上矣。"《尚书·牧誓》："王左杖黄钺，右秉白旄以麾。"王世舜、王翠叶译注《尚书》注为："旄，装饰着牛尾的旗。"唐代岑参《轮台歌奉送封大夫出师西征》："上将拥旄西出征，平明吹笛大军行。"

旅（lǚ）

甲骨文	金文	小篆	楷书

旅，会意字。甲骨文的"旅"，从"㫃"（㫃）从"从"（从）。左边从"㫃"（㫃），表示与旗帜有关，右下从"从"（从），表示追随的士兵，合起来意思是士兵们追随在飘扬的战旗下。金文承续甲骨文字形。小篆基本承续金文字形。楷书笔画化。《说文·㫃部》："旅，军之五百人为旅。从㫃从从。"方述鑫等《甲骨金文字典》："甲骨文、金文象数人执旗以致众。"

本义为古代军队五百人为一旅。《左传·哀公元年》："有田一成，有众一旅。"晋代杜预注："方十里为成，五百人为旅。"引申为军队的编制单位。《孙子·谋攻》："夫用兵之法，全国为上，破国次之；全军为上，破军次之；全旅为上，破旅次之。"南北朝庾信《哀江南赋序》："孙策以天下为三分，众才一旅。"引申为军队。《论语·先进》："千乘之国，摄乎大国之间，加之以师旅，因之以饥馑；由也为之，比及三年，可使有勇。"汉代桓宽《盐铁论·非鞅》："盐铁之利，所以佐百姓之急，足军旅之费，务蓄积以备乏绝。"

旋（xuán）

甲骨文	金文	小篆	楷书

旋，会意字。甲骨文的"旋"，从"㫃"（㫃）从"疋"（疋）。左上从"㫃"（㫃），表示与旗帜有关，在字中表义；右下从"疋"（疋），表示脚。两部分合起来意思是士兵们随着指挥的旗帜而行动。金文字形省去"口"字。小篆基本承续甲骨文字形。楷书笔画化。《说文·㫃部》："旋，周旋，旌旗之指麾也。从㫃从疋。疋，足也。"徐中舒《甲骨文字典》："旋，从㫃从疋（足），疋或作止（止），同。

会人于旌旗下周旋之意。"

本义为人随着指挥的旗帜而行动。《楚辞·招魂》:"旋入雷渊,麋散而不可止些。"汉代王逸疏:"旋,转也。"引申为转动、回旋。元代关汉卿《感天动地窦娥冤》:"浮云为我阴,悲风为我旋,三桩儿誓愿明题遍。"引申为返回或归来。《小尔雅·广言》:"旋,还也。"唐代李白《寄东鲁二稚子》:"桃今与楼齐,我行尚未旋。"

游(yóu)

甲骨文	金文	小篆	楷书
			游

游,会意兼形声字。"斿"是"游"的本字。甲骨文的"斿",为会意字,从㫃从子。右与左上从"㫃",表示与旗帜有关,左下从"子",表示人,合起来意思是一人手持大旗的样子。旗杆顶端有饰物,旗幅、飘带随风飘扬。金文承续甲骨文字形,只是旗子飘动的方向相反,意思不变。小篆在甲、金文的基础上再加"氵"(水),另造"游"字代替本字,为从水斿声的形声字,表示人打着旌旗过河越境之意。楷书笔画化。《说文·㫃部》:"游,旌旗之流也。从㫃汓声。"

本义为旌旗上飘动的飘带。《周礼·春官·巾车》:"十有再就,建大常(旗),十有二斿,以祀。"《新唐书·列传南蛮上》:"王出,建八旗,紫若青,白斿。"引申为江河的一段。《诗·秦风·蒹葭》:"溯游从之,宛在水中央。"

施(shī)

金文	小篆	楷书
		施

施,形声字。金文的"施",从㫃也声。左、上、右边从"㫃",表示与旗帜有关,在字中表义,为形符,中下为"也",在字中表音,为声符,合起来表示旗帜蜿蜒游动。小篆基本承续金文字形。楷书笔画化。《说文·㫃部》:"施,旗皃。从㫃也声。齐栾施字子旗,知施者旗也。"《说文段注》:"《大人赋》说旌旗曰:'又旖旎以招摇。'施字俗改为旎。从㫃尼声,殊失音理。从㫃,也声。"《玉篇·㫃部》:"施,张也。"

本义指旗帜飘动的样子。《逸周书》卷七:"楼烦以星施,星施者,珥旌。"引申为施行、实行、推行。《论语·为政》:"书云:'孝乎惟孝、友于兄弟,施于有政。'"宋代朱熹《四书集注》:"书言君陈能孝于亲,友于兄弟,又能推广此心,以为一家之政。"《孟子·梁惠王上》:"今王发政施仁,使天下仕者皆欲立于王之朝,耕者皆欲耕于王之野。"汉代贾谊《过秦论上》:"身死人手,为天下笑者,何也?仁义不施而攻守之势异也。"今有成语"因材施教"。

第十四章　车（車）部之类

车部之类包括车（車）、舟两部，均与运输工具有关。

第一节　"车（車）"部及其例字

"车"部均与运输工具有关。

车（車 chē）

一、形体演变

甲骨文1	甲骨文2	金文	小篆	楷书	简化字
			車	車	车

二、构形理据

车（車），象形字。甲骨文的"車"像车形，有多种写法。甲骨文1的"車"，中间的一条竖线是车辕，车辕上端是马，两侧的两个圆圈是车轮。甲骨文2的"車"，车辕、车轮不变，车辕上端为"衡"，表示驾马处，车轮两端加上了"辖"，为不使车轮脱出的插销。金文承续甲骨文字形。小篆的"車"在甲骨、金文字形的基础上简化为"車"，为一个车轮，两个车"辖"。楷书笔画化。现今简化为"车"，为草书楷化法简化。《说文·车部》："車（車），舆轮之总名。夏后时奚仲所造。象形。"方述鑫等《甲骨金文字典》："車（車），甲金文象车之两轮及舆、辕、轭、衡等形。或建戈于车上，轮为车之最主要特征，故或省作两轮或一轮形，为《说文》车字篆文及籀文所本。"

三、本义

本义为车子，陆地上有轮子的运输工具。《诗·秦风·车邻》："有车邻邻，有马白颠。"《楚辞·九歌·国殇》："操吴戈兮披犀甲，车错毂兮短兵接。"汉代王逸注："言戎车相迫，轮毂交错，长兵不施，故用刀剑以相击也。"《史记·魏公子列传》："坐定，公子从车骑，虚左，自迎夷门侯生。"《史记·陈涉世家》："车六七百乘，骑千余，卒数万人。"唐代白居易《卖炭翁》："夜来城外一尺雪，晓驾炭车辗冰辙。"

四、理据例说

从"车"的字，其义均与车有关，大致可归为四类。

第一，表示各种车的类别名称，主要有"轩（軒）、轺（軺）、辇（輦）、辎（輜）"。

轩（軒 xuān）

轩（軒），形声字。小篆的"軒"，从車干声。左边从"車"，表示与车的类别名称有关，在字中表义；右边为"干"，在字中表音，为声符。楷书笔画化。现今简化为"轩"，形符类推简化。《说文·车部》："軒（軒），曲輈藩车。从車干声。"《辞海》："轩，古代一种供大夫以上乘坐的轻便车。车厢前顶较高，用漆有画纹或加皮饰的席子作障蔽。"

本义为中国古代一种前顶较高而有帷幕的车子，供大夫以上乘坐。《左传·闵公二年》："卫懿公好鹤，鹤有乘轩者。"晋代杜预注："轩，大夫车。"《左传·僖公二十八年》："数之，以其不用僖负羁而乘轩者三百人也，且曰：'献状。'"晋代杜预注："轩，大夫车，言其无德居位者多，故责其功状。"后泛指车，也指华美的车子。《墨子·公输》："今有人于此，舍其文轩，邻有敝舆，而欲窃之。"南北朝江淹《别赋》："至若龙马银鞍，朱轩绣轴，帐饮东都，送客金谷。"引申为指窗户或门。唐代杜甫《夏夜叹》："仲夏苦夜短，开轩纳微凉。"唐代孟浩然《过故人庄》："开轩面场圃，把酒话桑麻。"

轺（軺 yáo）

轺（軺），形声字。小篆的"軺"，从車召声。左边从"車"，表示与车的类别名称有关，在字中表义；右边为"召"，在字中表音，为声符。楷书笔画化。现今简化为"轺"，形符类推简化，仍为形声字。《说文·车部》："軺（軺），小车也。从車召声。"《说文段注》："小车也。《汉平帝纪》：'立轺并马。'服曰：'立轺，立乘小车也。'"

本义为古代轻便的小马车。《玉篇·车部》："轺，小车也。"《史记·季布列传》："硃家乃乘轺车之洛阳，见汝阴侯滕公。"唐代司马贞《索隐》："谓轻车，一马车也。"《汉书·平帝纪》："四辅、公卿、大夫、博士、郎、吏家属皆以礼娶，亲迎立轺并马。"唐代颜师古《汉书注》引服虔注曰："轺音谣，立乘小车也。"

辇（輦 niǎn）

甲骨文	金文	小篆	楷书	简化字
𦥑	𦥑	輦	輦	辇

辇（輦），会意字。甲骨文的"輦"，从车从㚘（bàn）。下边从"车"，表示与车的类别名称有关；上边正中的一竖线为车辕，车辕两边为"㚘"，表示两夫并行拉车。金文、小篆基本承续甲骨文字形。楷书笔画化。现今简化为"辇"，为类推简化。《说文·车部》："輦（辇），輓车也。从车，从㚘，在车前引之。"《说文段注》："輓车也，谓人輓以行之车也。"方述鑫等《甲骨金文字典》："辇，金文象二人輓车形，与《说文》辇字篆文构形略同。"

本义为古时用人拉或推的车。《左传·庄公十二年》："南宫万奔陈，以乘车辇其母，一日而至。"李梦生《左传译注》："辇其母，载其母。此谓南宫长万亲自拉车。"《战国策·赵策四》："老妇恃辇而行。"秦代以后专指皇帝后妃乘坐的车。《宋史·列传第四十》："琼即麾卫士进辇，帝遂渡河，御北城门楼。"唐代李世民《帝京篇十首》："岩廊罢机务，崇文聊驻辇。"唐代卢照邻《王昭君》："肝肠辞玉辇，形影向金微。"

辎（輜 zī）

小篆	楷书	简化字
輜	輜	辎

辎（輜），形声字。小篆的"輜"，从车甾（zī）声。左边从"車"，表示与车的类别名称有关；右边为"甾"，在字中表音，为声符。楷书笔画化。现今简化为"辎"，为类推简化。《说文·车部》："輜（辎），軿车前，衣车后也。从车甾声。"《说文段注》："衣车，谓有衣蔽之车。……軿之言屏也。"《释名·释车》："辎车，载辎重卧息其中之车也。"

本义为古代一种有帷盖的大车，又称"辎车"。《管子·问霸》："乡师车辎造修之具，其缮何若？"唐代尹知章注："辎，谓车之有防蔽可以重载也。"汉代张衡《东京赋》："终日不离其辎重，独微行其焉如？"唐代李善《文选注》："辎重，车也。"唐代无名氏《吕氏宅妖誓师词》："辎车直入无回翔，六甲次第不乖行。"辎车，指有帷盖的大车。引申为行军时运输部队携带的物资。《淮南子·兵略训》："隧路亟，行辎治，赋丈均，处军辑，井灶通，此司空之官也。"元末明初罗贯中《三国演义》第十七回："马步兵十七万，粮食辎重千余车。"

第二，表示车的组成部件及与车相关事物的名称，如"轭（軛、軶）、轴（軸）、轮（輪）、轼（軾）、辅（輔）、辐（輻）、辕（轅）、辖（轄）、舆（輿）、轨（軌）、辙（轍）、辔（轡）"等。

轭（軛、軶 è）

小篆	楷书	简化字
軛	軛	轭

轭（軛、軶），形声字，现今异体为"軶"，《说文》《玉篇》为正体。小篆的"軛"，从车厄（è）声。左边从"車"，表示与车的组成部件名称有关，在字中表义；右边为"厄"，在字中表音，为声符。楷书笔画化。现今简化为"轭"，为类推简化。《说文·车部》："軶（轭），辕前也。从車戹（è）声。"《说文段注》："辕前者，谓衡也。"

本义为驾车时套在牲口脖子上的曲木，北方也叫"夹板"。《玉篇·车部》："軶，牛领軛也。亦作軛。"《仪礼·既夕礼》："楔，貌如軶，上两末。"《荀子·正论》："三公奉軶持纳，诸侯持轮、挟舆、先马，大侯编后，大夫次之。"蒋南华等《荀子全译》："軶，同'轭'，牲口驾车时夹在牲口脖子上的曲木。"《古诗十九首·明月皎夜光》："南箕北有斗，牵牛不负軛。"

轴（軸 zhóu）

小篆	楷书	简化字
軸	軸	轴

轴（軸），形声字。小篆的"軸"，从车由声。左边从"車"，表示与车的组成部件名称有关，在字中表义；右边为"由"，在字中表音，为声符。楷书笔画化。现今简化为"轴"，为类推简化。《说文·车部》："軸（轴），持轮也。从車由声。"《说文段注》："轴，所以持轮，引申为凡机枢之称。"

本义为轮轴。《管子·乘马》："蔓山，其木可以为材，可以为轴，斤斧得入焉。"宋代苏轼《次韵王巩独眠》："天寒日短银灯续，欲往从之车脱轴。"引申为支持轮子或其他机械转动部分的零件。唐代元稹《当来日大难行》："太行虽险，险可使平。轮轴自挠，牵制不停。"唐代白居易《杏园中枣树》："君若作大车，轮轴材须此。"唐代王建《田家行》："麦收上场绢在轴，的知输得官家足。"又引申为车子。南北朝鲍照《芜城赋》："柂以漕渠，轴以昆仑。"

轮（輪 lún）

小篆	楷书	简化字
輪	輪	轮

轮（輪），会意兼形声字。小篆的"輪"，从车侖（lún）声。左边从"車"，表示与车的组成部件名称有关，在字中表义；右边为"侖"，在字中既表义又表音。楷书笔画化。现今简化为"轮"，形符、声符均类推简化。《说文·车部》："輪（轮），有辐曰轮，无辐曰辁。从車侖声。"《说文段注》："云有辐者、对无辐而言也。轮之言伦也。从侖。侖，理也。三十辐两两相当而不迤，故曰轮。"

本义为车轮、轮子。《诗·魏风·伐檀》："坎坎伐轮兮，寘之河之漘兮。"汉代毛亨传："檀可以为轮。"《荀子·劝学》："木直中绳，輮以为轮，其曲中规。"《玉台新咏·古诗为焦仲卿妻作》："金车玉作轮，踯躅青骢马，流苏金缕鞍。"

轼（軾 shì）

小篆	楷书	简化字
軾	軾	轼

轼（軾），形声字。小篆的"軾"，从車式声。左边从"車"，表示与车的组成部件名称有关，在字中表义；右边为"式"，在字中表音，为声符。楷书笔画化。现今简化为"轼"，形符类推简化。《说文·车部》："軾（軾），车前也。从車式声。"《说文段注》："此当作车舆前也。不言舆者，舆人为车。车即舆也。舆之在前者曰軾。在旁者曰輢。"

本义为设在车厢前面供人凭倚的横木。《左传·庄公十年》："下视其辙，登轼而望之。"唐代孔颖达疏："横施一木名之曰轼，得使人立于其后，时依倚之。曹刿登轼，得臣云君冯轼，皆谓此也。"《汉书·郦陆朱刘叔孙传》："韩信闻食其冯轼下齐七十余城，乃夜度兵平原袭齐。"唐代颜师古《汉书注》："轼，车前横板隆起者也。云凭轼者，言但安坐乘车而游说，不用兵众。"

辅（輔 fǔ）

金文	小篆	楷书	简化字
輔	輔	輔	辅

辅（輔），形声字。金文的"輔"，从車甫（fǔ）声。左边从"車"，表示与车的组成部件名称有关，在字中表义，右边为"甫"，在字中表音，为声符，指古代马车座位旁边的护栏。小篆承续金文字形。楷书笔画化。现今简化为"辅"，形符类推简化。《说文·车部》："輔（輔），人颊车也。从車甫声。"汤可敬《说文解字今释》指出："车旁辅佐之木应是辅的本义，面颊之辅是其引申义。"方述鑫等《甲骨金文字典》："辅，《诗》'乃弃尔辅'之辅，辅者，大车榜木。'弃尔辅'即'输尔载'矣。……金文从车，甫声。为《说文》辅字篆文所本。""辅"的本义当与"车"有关。

本义为车轮外侧增缚的两条直木，用以增强车轮的承载力。《诗·小雅·正月》："其车既载，乃弃尔辅。"唐代孔颖达疏："今其车既载重矣，乃弃尔之车辅，反令车载溺也。……此云'乃弃尔辅'，则辅是可解脱之物，盖如今人缚杖于辐以防辅事也。"引申为辅佐、辅助。《楚辞·离骚》："皇天无私阿兮，览民德焉错辅。"汉代王逸《楚辞章句》："辅，佐也。"《孙子·谋攻》："夫将者，国之辅也。辅周则国必强，辅隙则国必弱。"《战国策·秦策五》："不韦曰：'王年高矣，王后无子，子傒有承国之业，士仓又辅之。'"《孟子·梁惠王上》："愿夫子辅吾志，明以教我。"杨伯峻《孟子译注》将"辅"译为"辅佐"。

辐（輻 fú）

小篆	楷书	简化字
輻	輻	辐

辐（輻），形声字。小篆的"輻"，从車畐（fú）声。左边从"車"，表示与车的组成部件名称有关，在字中表义；右边为"畐"，在字中表音，为声符。楷书笔画化。现

今简化为"辐",形符类推简化。《说文·车部》:"輻(辐),轮轑也。从車畐声。"

本义为辐条,插入轮毂以支撑轮圈的直条。《诗·魏风·伐檀》:"坎坎伐辐兮,置之河之侧兮。"汉代毛亨传:"辐,檀辐也。"宋代朱熹《诗集传》:"辐,车辐。"《老子》第十一章:"三十辐共一毂,当其无有,车之用。"《汉书·刘向传》:"羽翼阴附者众,辐凑于前,毁誉将必用。"唐代颜师古《汉书注》:"辐凑,言如车辐之归于毂也。"

辕（轅 yuán）

小篆	楷书	简化字
轅	轅	辕

辕（轅），形声字。小篆的"轅",从車袁声。左边从"車",表示与车的组成部件名称有关,在字中表义；右边为"袁",在字中表音,为声符。楷书笔画化。现今简化为"辕",形符类推简化。《说文·车部》:"轅（辕）,辀（zhōu）也。从車袁声。"又《说文·车部》:"辀,辕也。从車舟声。"清代朱骏声《说文通训定声》:"大车左右两木直而平者谓之辕,小车居中一木曲而上者谓之辀。"

本义为车辕子,车前驾牲口的直木。《周礼·考工记·辀人》:"今夫大车之辕挚,其登又难。"杨天宇《周礼译注》译为:"现在的大车辕低,上坡感到困难。"《周礼·考工记·车人》:"凡为辕,三其轮崇,参分其长,二在前,一在后,以凿其钩。"杨天宇《周礼译注》注为:"辕,是指牛车的两直辕。"明代马中锡《中山狼传》:"（简子）盛怒,拔剑斩辕端示先生。"

辖（轄 xiá）

小篆	楷书	简化字
轄	轄	辖

辖（轄），形声字。小篆的"轄",从車害声。左边从"車",表示与车的组成部件名称有关,在字中表义；右边为"害",在字中表音,为声符。楷书笔画化。现今简化为"辖",形符类推简化。《说文·车部》:"轄（辖），车声也。从車害声。一曰轄,键也。"《说文段注》:"一曰轄,键也。键下曰铉也。"

本义为大车轴头上穿着的小铁棍,可以管住轮子使不脱落。《左传·哀公三年》:"校人乘马,巾车脂辖。"李梦生《左传译注》译为:"校人套上马,巾车给车轴上好油。"《韩非子·内储说上》:"西门豹为邺令,佯亡其车辖,令吏求之不能得。"引申为管辖、管束。清代曹雪芹《红楼梦》第七十三回:"威逼着还要去讨情,和这两个丫头在卧房里大嚷大叫,二姐姐竟不能辖治。"今有词语"管辖""辖制""直辖"等。

舆（輿 yú）

甲骨文	金文	小篆	楷书	简化字
		輿	輿	舆

舆（輿），会意兼形声字。甲骨文的"舆",为会意字。从车舆"",从四只手"",表示合力推车。金文四只手不

341

变,将车舆"🀫"写成明确的"車"。小篆承续金文字形,为形声字,从车舁(yú)声。上中部从"車",表示与车的组成部件名称有关,在字中表义;上部两边即下部为"舁",在字中表音,为声符。楷书笔画化。现今简化为"舆",形符类推简化。《说文·车部》:"輿(舆),车舆也。从车舁声。"李孝定《甲骨文字集释》:"舆,盖🀫即象车舆之形。舆者,人之所居。契文象众手举舆之形。"

本义为车厢。宋代王安石《易泛论》:"舆有承载之材,而亦非车之全者也。"引申为车。《老子》第八十章:"虽有舟舆,无所乘之。"《荀子·劝学》:"假舆马者,非利足也,而致千里。"《吕氏春秋·不屈》:"惠子易衣变冠,乘舆而走,几不出乎魏境。"今有词语"銮舆""乘舆"。

轨(軌 guǐ)

金文	小篆	楷书	简化字
軌	軌	軌	轨

轨(軌),形声字。金文的"軌",从车九声。左边从"車",表示与车相关的事物名称,在字中表义;右边为"九",在字中表音,为声符。小篆承续金文字形。楷书笔画化。现今简化为"轨",形符类推简化。《说文·车部》:"軌(轨),车辙也。从车九声。"方述鑫等《甲骨金文字典》:"轨,金文从车九声。与《说文》轨字篆文同。"

本义为轨距,车两轮间的距离。《礼记·中庸》:"今天下车同轨,书同文,行同伦。"宋代朱熹《四书集注》:"轨,辙迹之度。"《战国策·齐策一》:"车不得方轨,马不得并行,百人守险,千人不能过也。"张清常、王延栋《战国策笺注》:"方轨,两车并行。"

引申为车轮的痕迹,车辙。《玉篇·车部》:"轨,车辙也。"《孟子·尽心下》:"城门之轨,两马之力与?"宋代朱熹《四书集注》:"轨,车辙迹也。"唐代柳宗元《辩侵伐论》:"周道既坏,兵车之轨交于天下。"今有词语"轨道"。引申为法度、规范。《管子·山国轨》:"管子对曰:'田有轨,人有轨,用有轨,乡有轨,人事有轨,币有轨,县有轨,国有轨。'"《汉书·贾邹枚路传》:"夫游不失乐,朝不失礼,议不失计,轨事之大者也。"唐代颜师古《汉书注》:"轨谓法度也。"今有词语"出轨""越轨"等。

辙(轍 zhé)

小篆	楷书	简化字
轍	轍	辙

辙(轍),形声字。小篆的"轍",从车徹(chè)省声。左边从"車",表示与车相关的事物名称,在字中表义;右边为"徹",省声(省去"彳"),在字中表音,为声符。楷书笔画化。现今简化为"辙",形符类推简化。《说文新附·车部》:"轍(辙),车迹也。从车,徹省声。"

本义为车迹，即车轮碾过的痕迹。《左传·庄公十年》："下，视其辙；登，轼而望之。"晋代杜预注："视车迹也。"唐代白居易《卖炭翁》："夜来城外一尺雪，晓驾炭车辗冰辙。"

辔（轡 pèi）

| 甲骨文 | 金文 | 小篆 | 楷书 | 简化字 |

辔（轡），会意字。甲骨文的"轡"，从丝从叀（zhuān）。上边从叀，像马龙头上有绳结，下边为马龙头下连着三条丝绳"∞"，合起来表示连着马笼头的缰绳。金文承续甲骨文字形。小篆的"轡"发生讹变，为从丝从軎（wèi）的会意字。楷书笔画化，讹变为从两"糹"从车从口的会意字。现今简化为"辔"，形符"纟""车"类推简化。《说文·车部》："轡（辔），马辔也。从丝从軎。"方述鑫等《甲骨金文字典》："辔，甲骨文象兼数束丝而总之之形。其所总之结作甶。其下象所连接之束丝。金文与甲骨文略同。后乃讹为从叀（zhuān）从丝。如石鼓文作 ，江陵楚简作 ，至《说文》更讹为从丝从軎。"

本义为驾驭牲口用的缰绳。《诗·邶风·简兮》："有力如虎，执辔如组。"程俊英《诗经译注》："辔，马缰绳。"《礼记·曲礼上》："执策分辔，驱之五步而立。"唐代孔颖达疏："辔，御马索也。"《史记·魏公子列传》："侯生摄敝衣冠，直上载公子上坐，不让，欲以观公子。公子执辔愈恭。"三国曹植《赠白马王彪》："欲还绝无蹊，揽辔止踟蹰。"揽辔，即挽住马缰。

第三，表示与车相关的动作行为，如"军（軍）、载（載）、转（轉）、输（輸）、轧（軋）"等。

军（軍 jūn）

| 金文 | 小篆 | 楷书 | 简化字 |

军（軍），会意字。金文的"軍"，从车从勹（bāo）。中间从"车"，表示与车相关的动作行为，在字中表义；外边为"勹"，表示用车子环绕打包围圈之意。古代打仗主要靠车战，驻扎时用战车自围形成营垒，以防敌人袭击。谷衍奎《汉字源流字典》："古者车战，止则以车自围扎营。"小篆承续金文字形。楷书笔画化。现今简化为"军"，形符"车"类推简化。《说文·车部》："軍（军），环围也。四千人为军。从车，从包省。軍（车），兵车也。"《说文段注》："环围也。于字形得环义。于字音得围义。"《广雅·释言》："军，围也。"方述鑫等《甲骨金文字典》："军，金文从车，匀声，或匀省声。为《说文》军字篆文所本。"根据金文字形及字典辞书，我们认为"军"当为从车从勹为确。

本义为围成营垒，驻扎。《国语·晋语四》："吕甥、冀芮帅师，甲午，军于庐柳。"

黄永堂《国语全译》："军，指军队屯扎。"《史记·孔子世家》："孔子迁于蔡三岁，吴伐陈。楚救陈，军于城父。"《史记·项羽本纪》："沛公军霸上，未得与项羽相见。"引申为军队。《史记·项羽本纪》："旦日飨士卒，为击破沛公军。"《韩非子·解老》："重生者，虽入军无忿争之心；无忿争之心，则无所用救害之备。"《三国志·诸葛亮传》："亮身率诸军攻祁山，戎陈整齐，赏罚肃而号令长明。"

注意："军"的本义为围成营垒，动词；后引申为军队，名词。

载（載 zǎi）

甲骨文	金文	小篆	楷书	简化字
			載	载

载（載），形声字。甲骨文的"載"，构形不明。金文的"載"，从車𢦏（zāi）声。左下边从"車"，表示与车相关的动作行为，在字中表义；上右边为"𢦏"，在字中表音，为声符。小篆承续金文字形。楷书笔画化。现简化为"载"，形符类推简化。《说文·车部》："載（載），乘也。从車𢦏声。"《说文段注》："乘者，覆也。上覆之则下载之，故其义相成。引申之谓所载之物曰载。"方述鑫等《甲骨金文字典》："载，金文从车，𢦏声，或才声。为《说文》载字篆文所本。"

本义为装运、运输。《诗·小雅·绵蛮》："命彼后车，谓之载之。"程俊英《诗经译注》："载，装载。"《周易·大有》："大车以载，有攸往，无咎。"三国王弼等注："任重而不危。"唐代孔颖达疏："载物既多，故云'任重'。"《史记·魏公子列传》："侯生摄敝衣冠，直上载公子上坐，不让，欲以观公子。"《乐府诗集·陌上桑》："使君谢罗敷：'宁可共载不？'"今有词语"装载""承载""载运""负载""满载而归"等。

转（轉 zhuǎn）

甲骨文	金文	小篆	楷书	简化字
			轉	转

转（轉），会意兼形声字。甲骨文的"轉"，为会意字，像用手转动纱轮。金文在甲骨文的基础上左边再加上车，即"車"，为从車專（zhuān）声的形声字。左边从"車"，表示与车相关的动作行为，在字中表义；右边为"專"，在字中表音，为声符。小篆承续金文字形。楷书笔画化。现今简化为"转"，形符、声符均为类推简化。《说文·车部》："轉（轉），运也。从車專声。"方述鑫等《甲骨金文字典》："转，金文从车从专，专亦声。与《说文》转字篆文构形同。"

本义为转动、移动。《诗·邶风·柏舟》："我心匪石，不可转也。"唐代孔颖达疏："言我心非如石然，石虽坚，尚可转，我心坚，不可转也。"《诗·小雅·祈父》："胡转予于恤，靡所止居？"汉代郑玄笺："转，移也。"程俊英《诗经译注》："转，移，调

344

动。"引申为转运、传送。《史记·平准书》:"又兴十万余人筑卫朔方,转漕甚辽远。"唐代司马贞《索隐》:"车运曰转,水运曰漕也。"《汉书·高帝纪上》:"丁壮苦军旅,老弱罢转饷。"唐代颜师古《汉书注》:"转,运。"唐代杜甫《昔游》:"吴门转粟帛,泛海陵蓬莱。"

输（輸 shū）

金文	小篆	楷书	简化字
輸	輸	輸	输

输（輸），形声字。金文的"輸",从车俞声。左边从"車",表示与车相关的动作行为,在字中表义;右边为"俞",在字中表音,为声符。小篆承续金文字形。楷书笔画化。现简化为"输",形符类推简化。《说文·车部》:"輸（输）,委输也。从車俞声。"《说文段注》:"委者,委随也。委输者,委随输写（运送交卸）也。以车迁贿曰委输。亦单言曰输。"

本义为转运、运送。《左传·僖公十三年》:"秦于是乎输粟于晋,自雍及绛相继。"《左传·襄公九年》:"魏绛请施舍,输积聚以贷。"李梦生《左传译注》:"输积聚,转运、调拨财货。"《韩非子·十过》:"流漆墨其上,输之于宫以为食器。"唐代杜牧《阿房宫赋》:"一旦不能有,输来其间。"今有词语"运输""输入""输送"等。

轧（軋 yà）

小篆	楷书	简化字
軋	軋	轧

轧（軋），形声字。小篆的"軋",从车乙声。左边从"車",表示与车相关的动作行为,在字中表义;右边为"乙",在字中表音,为声符。楷书笔画化。现简化为"轧",形符类推简化。《说文·车部》:"軋（轧）,輾（niǎn）也。从車乙声。"

本义为碾压。《荀子·强国》:"諰諰然常恐天下之一合而轧己也,此所谓力术止也。"《史记·匈奴列传》:"坐盗者没入其家,有罪小者轧,大者死。"唐代司马贞《索隐》:"三苍云:'轧,辗也。'《说文》云:'辗,轹也。'"

第四,表示与车相关的性质状态及车的声音有关,如"轻（輕）、辚（轔）、轰（轟）"。

轻（輕 qīng）

小篆	楷书	简化字
輕	輕	轻

轻（輕），形声字。小篆的"輕",从车巠（jīng）声。左边从"車",表示与车相关的性质状态有关,在字中表义;右边为"巠",在字中表音,为声符。楷书笔画化。现简化为"轻",形符类推简化。《说文·车部》:"輕（轻）,轻车也。从車巠声。"《说文段注》:"郑曰:'轻车,所用驰敌致师之车也。汉之发材官轻车。亦谓兵车。轻本车名。故字从车。'引申为凡轻重之轻。"《玉篇·车部》:"轻,车也。不重也。"

本义为车名，文献用例极少，引申为轻重的"轻"，与"重"相对。《周礼·车仆》："阙车之萃，苹车之萃，轻车之萃。"汉代郑玄注："轻车，所用驰敌致师之车也。"《孟子·梁惠王上》："权，然后知轻重；度，然后知长短。"《战国策·齐策一》："军重踵高宛，使轻车锐骑冲雍门。"唐代王维《送元二使安西》："渭城朝雨浥轻尘，客舍青青柳色新。"元末明初施耐庵《水浒传》第十三回："争田夺地，辨曲直而后施行；闲殴相争，分轻重方才决断。"

辚（轔 lín）

小篆	楷书	简化字
轔	轔	辚

辚（轔），形声字。小篆的"轔"，从车粦（lín）声。左边从"車"，表示与车的声音有关，在字中表义；右边为"粦"，在字中表音，为声符。楷书笔画化。现今简化为"辚"，形符类推简化。《说文新附·车部》："轔（辚），车声。从车粦声。"

本义为车运行的声音，象声词。《楚辞·九歌·大司命》："乘龙兮辚辚，高驰兮冲天。"汉代王逸注："辚，车声。"黄寿祺、梅桐生《楚辞全译》："辚辚，车行的声音。"唐代杜甫《兵车行》："车辚辚，马萧萧，行人弓箭各在腰。"宋代张先《宴春台慢·东都春日李阁使席上》："重帘人语，辚辚绣轩，远近轻雷。"

轰（轟 hōng）

小篆	楷书	简化字
轟	轟	轰

轰（轟），会意字。小篆的"轟"，从三"車"。三"車"，表示车多。从"車"，表示众多战车行进时发出的隆隆声。楷书笔画化。现今简化为"轰"，金代《草书韵会》将"轟"楷化为"裵"，《简化字总表》将其归为类推简化，但实则为上边的"車"类推简化为"车"，下边的两个"車"为符号替代法简化。《说文·车部》："轟（轰），群车声也。从三车。"

本义为群车行驶声，象声词。《史记·苏秦列传》："人民之众，车马之多，日夜行不绝，輷輷殷殷，若有三军之众。"《王力古汉语字典》："輷，象声词。同'轰'。形容车声、雷鸣及其他巨大的声音。"晋代左思《吴都赋》："车马雷骇，轰轰阗阗。"唐代元稹《青云驿》："龙虎俨队仗，雷霆轰鼓鼙。"引申为冲击。金代元好问《游承天镇悬泉》："并州之山水所洑，骇浪几轰山石裂。"今有词语"轰然""轰鸣""轰隆"等，为象声词。

第二节　"舟"部及其例字

"舟"部属于车部之类，与运输工具有关。

舟（zhōu）

一、形体演变

甲骨文	金文	小篆	楷书

二、构形理据

舟，象形字。甲骨文的"舟"像一只木船形，中间三条线代表船头、船舱和船尾，两边像船帮。金文的"舟"承续甲骨文字形。小篆承续金文字形。楷书笔画化。先秦多用"舟"，汉以后用"船"渐多起来。《说文·舟部》："舟，船也。古者，共鼓、货狄，刳木为舟，剡木为楫，以济不通。象形。"清代朱骏声《说文通训定声》：《方言》九：'自关而西谓之船，自关而东谓之舟。'……古以自空大木为之曰俞，后因集板为之曰舟，又以其沿水而行曰船也。"

三、本义

本义为船。《诗·邶风·二子乘舟》："二子乘舟，泛泛其逝。"《荀子·劝学》："假舟楫者，非能水也，而绝江河。"《吕氏春秋·察今》："楚人有涉江者，其剑自舟中坠於水，遽契其舟。"唐代李白《早发白帝城》："两岸猿声啼不住，轻舟已过万重山。"

四、理据例说

从"舟"的字，其义均与舟船有关。"舟"作部件常常在左边，写作"舟"，大致有两类。

第一，表示船的类别名称，主要有"航、舫、舸、船、艇、艘、舰（艦）"。

航（háng）

小篆	楷书1	楷书2

航，形声字。小篆的"航"，从方亢声。左边从"方"，"方"与"舟"同，表示与船的类别名称有关，在字中表义；右边为"亢"，在字中表音，为声符。"航"隶变后楷书写作"斻"，后写作"航"，为从舟亢声的形声字。《说文·方部》："斻（航），方舟也。从方亢声。"又《说文·方部》："方，并船也，象两舟省、总头形。"可见，"方"与"舟"同。

本义为船。《玉篇·舟部》："航，船也。"《淮南子·道应训》："至于河上，而航在一汜，使善呼者呼之。一呼而航来。"《后汉书·张衡列传》："不抑操而苟容兮，譬临河而无航。"唐代李贤注："航，船也。"唐代白居易《答客问杭州》："大屋檐多装雁齿，小航船亦画龙头。"元代马致远《寿阳曲·远浦帆归》："夕阳下，酒旆闲，两三航未曾着岸。"引申为航行。唐代贯休《行路难五首》："或偶因片言只字登第光二亲，又不能献可替不航要津。"唐代韩愈《答张彻》："叠雪走商岭，飞波航洞庭。"

舫（fǎng）

小篆	楷书
舫	舫

舫，形声字。小篆的"舫"，从舟方声。左边从"舟"，表示与船的类别名称有关，在字中表义；右边为"方"，在字中表音，为声符。楷书笔画化。《说文·舟部》："舫，船师也。《明堂月令》曰'舫人'，习水者。从舟方声。"《说文段注》："舫，船也。各本作船师也。今依韵会所据本，舫只训船。舫人乃训习水者。观张揖之训榜人，可得其理矣。篇、韵皆曰'并两船'。是认船为方也。舫行而方之本义废矣。舫之本义亦废矣。"

本义为船夫，后废而不用。舫，常用义为船，后泛指小船。《尔雅·释言》："舫，舟也。"《广雅·释水》："舫，船也。"《玉台新咏·古诗为焦仲卿妻作》："青雀白鹄舫，四角龙子幡。"唐代白居易《琵琶行（并序）》："东船西舫悄无言，唯见江心秋月白。"白居易《竹枝》："巴东船舫上巴西，波面风生雨脚齐。"

舸（gě）

小篆	楷书
舸	舸

舸，形声字。小篆的"舸"，从舟可声。左边从"舟"，表示与船的类别名称有关，在字中表义；右边为"可"，在字中表音，为声符。楷书笔画化。《说文新附·舟部》："舸，舟也。从舟可声。"《方言》卷九："南楚，江，湘，凡船大者谓之舸。"《玉篇·舟部》："舸，船也。"

本义为船。晋代左思《吴都赋》："弘舸连舳，巨槛接舻。飞云盖海，制非常模。"唐代李善注引杨雄《方言》曰："江湖凡大船曰舸。"《三国志·吴书·周瑜传》："又豫备走舸，各系大船后，因引次俱前。"毛泽东《沁园春·长沙》："看万山红遍，层林尽染，漫江碧透，百舸争流。"今有词语"走舸""百舸争流""画舸""龙舸"等。

船（chuán）

金文	小篆	楷书
船	船	船

船，形声字。金文的"船"，从舟铅省声。左边从"舟"，表示与船的类别名称有关，在字中表义；右边为"从铅省"，省"金"在字中表音，为声符。小篆承续金文字形。楷书笔画化。《说文·舟部》："船，舟也。从舟，铅省声。"《说文段注》："古言舟，今言船。如古言屦，今言鞋。"方述鑫等《甲骨金文字典》中"船"字说解同《说文》。

本义为水上运输工具的总称。《庄子·渔父》："奏曲未半，有渔父者，下船而来，须眉交白，被发揄袂。"晋代陶渊明《桃花源记》："便舍船，从口入。"唐代杜甫《清明二首》之一："朝来新火起新烟，湖色春光净客船。"唐代张继《枫桥夜泊》："姑苏城外寒山寺，夜半钟声到客船。"

艇（tǐng）

小篆	楷书
艇	艇

艇，形声字。小篆的"艇"，从舟廷声。左边从"舟"，表示与船的类别名称有关，在字中表义；右边为"廷"，在字中表音，为声符。楷书笔画化。《说文新附·舟部》："艇，小舟也。从舟廷声。"《玉篇·舟部》："艇，小船。"

本义为轻便的小船。《淮南子·俶真训》："越舲蜀艇，不能无水而浮。"唐代杜甫《进艇》："昼引老妻乘小艇，晴看稚子浴清江。"唐代李商隐《莫愁》："若是石城无艇子，莫愁还自有愁时。"唐代孙光宪《竹枝词》："门前春水白苹花，岸上无人小艇斜。"宋代陆游《过小孤山大孤山》："微雨，复以小艇游庙中，南望彭泽、都昌诸山。"

艘（sōu）

小篆	楷书
㮴	艘

艘，形声字。小篆的"㮴"，从木叜（sǒu）声。左边从"木"，表示船的质料由木制成，在字中表义；右边为"叜"，在字中表音，为声符。楷书演变为从舟叟声的形声字。《广韵·萧韵》："艘，船总名。"

本义为船的总称。晋代左思《吴都赋》："泛舟航于彭蠡，浑万艘而既同。"唐代李善注："艘，船摠（zǒng）名。"唐代李洞《送卢郎中赴金州》："远集歌谣客，州前泊几艘。"引申为船的专用量词。三国王粲《从军》："连舫踰万艘，带甲千万人。"元末明初罗贯中《三国演义》第四十六回："战船千艘，俱沉沦于岩壑；渔舟一叶，惊出没于波澜。"《三国演义》第一二〇回："米谷二百八十万斛，舟船五千余艘，后宫五千余人，皆归大晋。"

舰（艦 jiàn）

小篆	楷书	简化字
艦	艦	舰

舰（艦），小篆的"艦"，从舟監声。左边从"舟"，表示与船的类别名称有关，在字中表义；右边为"監"，在字中表音，为声符。楷书笔画化。现今简化为"舰"，声符更换简化，仍为形声字。《玉篇·舟部》："舰，版屋舟。"谷衍奎《汉字源流字典》："舰，后起字，《说文》无。"

本义为大型的战船。晋代陆机《辨亡论下》："舳舻千里，前驱不过百舰。"《资治通鉴·赤壁之战》："操军方连船舰，首尾相接，可烧而走也。"宋代文天祥《指南录后序》："经北舰十余里，为巡船所色，几从鱼腹死。"现指军用的大型船只，如"军舰""舰艇""巡洋舰""航空母舰"等。

第二，表示与船有关的事物名称，主要有"舷、舵、艄、舱（艙）"。

舷（xián）

小篆	楷书
舷	舷

舷，形声字。小篆的"舷"，从舟玄声。左边从"舟"，表示与船有关的事物名称，在字中表义；右边为"玄"，在字中表音，为声符。楷书笔画化。《玉篇·舟部》："舷，船舷。"

本义为船两侧的边沿。唐代皮日休《松江早春》："稳凭船舷无一事，分明数得鲙残鱼。"宋代苏轼《赤壁赋》："于是饮酒乐甚，扣舷而歌之。"明代冯梦龙《警世通言·杜十娘怒沉百宝箱》："乃手把船舷，以手招孙富。孙富一见，魂不附体。"

舵（duò）

小篆	楷书
柁	舵

舵，形声字。小篆的"舵"，从木它声。从"木"与从"舟"义同。左边从"木"，表示与用木建造的船只部件有关，在字中表义；右边为"它"，在字中表音，为声符。楷书笔画化。《玉篇·舟部》："舵，正船木。""舵"为后起字。

本义为设在船尾用以调整行向的装置。元代无名氏《冯玉兰夜月泣江舟》："艄公云：'后面把舵的仔细，我在这里拦头。'"

艄（shāo）

小篆	楷书
艄	艄

艄，形声字。小篆的"艄"，从舟肖声。左边从"舟"，表示与船有关的事物名称，在字中表义；右边为"肖"，在字中表音，为声符。楷书笔画化。"艄"为后起字，《说文》《玉篇》中无。谷衍奎《汉字源流字典》："艄，从舟从肖会意，肖也兼表声。本义指船尾。""引申指船舵，也指掌舵或撑船的人。"

本义为船尾。清代吴敬梓《儒林外史》第五十一回："在艄上一个夹层仓底下，拿出一个大口袋来。"引申为舵，撑船的人。元末明初施耐庵《水浒传》第三十六回："小弟姓李名俊，祖贯庐州人氏，专在扬子江中撑船艄公为生，能识水性。"《水浒传》第四十一回："那摇官船的艄公只顾下拜。"

舱（艙 cāng）

小篆	楷书	简化字
艙	艙	舱

舱（艙），形声字。小篆的"艙"，从舟仓声。左边从"舟"，表示与船有关的事物名称，在字中表义；右边为"仓"，在字中表音，为声符。楷书笔画化。现简化为"舱"，声符类推简化。"舱"为后起字，《说文》《玉篇》中无。谷衍奎《汉字源流字典》："舱，形声兼会意字。楷书繁体作艙，从舟仓声。仓也兼表仓房之意。如今类推简作舱。"

本义为船上居人置物的部位。明代魏学洢《核舟记》："舟首尾长约八分有奇，高可二黍许。中轩敞者为舱，箬篷覆之。"元末明初罗贯中《三国演义》第五十五回："子龙引五百军亦都上船。只见船舱中一人纶巾道服，大笑而出。"

第十五章　玉部之类

玉部之类包括玉、金、贝（貝）三部，均与古代财宝、货币有关。

第一节　"玉"部及其例字

"玉"部大都与古代财宝有关。

玉（yù）

一、形体演变

甲骨文1	甲骨文2	金文	小篆	楷书
丰	丰	王	王	玉

二、构形理据

玉，象形字。甲骨文1的"玉"，像一根绳子穿着一串玉石。甲骨文2简化成三片玉石和一根串绳，字形与"丰"字相似。金文在甲骨文2的字形上省去两端的线头。小篆承续金文字形。金文、小篆的"玉"与"王"相似，隶变后在"王"的右下角加一点，以区别于"王"。《说文·玉部》："玉，石之美。有五德：润泽以温，仁之方也；鳃理自外，可以知中，义之方也；其声舒扬，専以远闻，智之方也；不桡而折，勇之方也；锐廉而不忮，絜之方也。象三玉之连。丨，其贯也。"徐中舒《甲骨文字典》："玉，卜辞作丰、丰，正象以丨贯玉使之相系形，王国维释玉是也。"方述鑫等《甲骨金文字典》："玉，甲骨文象以丨贯玉使之相连形。"

三、本义

本义为温润而有光泽的美石。《诗·小雅·鹤鸣》："他山之石，可以攻玉。"《礼记·玉藻》："君子无故玉不去身，君子于玉比德焉。"《左传·庄公十年》："牺牲玉帛，弗敢加也，必以信。"成语有"玉不琢，不成器"。

"玉"很贵重，常用来比喻美好而珍贵的东西。《尚书·胤征》："火焱昆岗，玉石俱焚。天吏逸德，烈于猛火。"汉代孔安国传："崐山出玉，言火逸而害玉。"后成语有"玉石俱焚"。此外，还有成语"宁为玉碎，不为瓦全"。

"玉"还常用作敬辞，尊称对方的身体或言行。《战国策·赵策四》："窃自恕，而恐太后玉体之有所郄也，故愿望见太后。"三国曹植《七启》："不远遐路，幸见光临，将敬涤耳，以听玉音。"今有敬辞词语"玉音""玉体""玉照""玉成"等。

四、理据例说

"玉"是汉字的一个部首。从"玉"的字，其义均与玉有关。在楷书中，"玉"作部件在左边时写作"王"，称为"斜王旁"。

"王"与"玉"小篆写作"王"（王）、"王"（玉），其区别是中横偏上为"王"，三横均等为"玉"，隶变楷化后为区别"王""玉"，就在其左下加一点为"玉"，不加点的为"王"。"玉"作为部首在左边仍写作"王"。从"玉"的字大致可分以下几种情况。

第一，表示玉石及与玉石相关、相似的自然物的名称，主要有"璞、瑶、玖、砧、球、琳、琦"。

璞（pú）

璞，会意字。甲骨文的"璞"，上边像巨岩上长满了石林，即"𠂉"；巨岩下边为双手持握，即"𦥑"；双手上边是凿子或铲刀"辛"（辛），表示挖凿玉石；在玉石"王"（王）的下面是用来装盛玉石的箕筐"𠙵"。小篆演变为从玉菐（pú）声的形声字。左边从"玉"，表示与玉石有关，在字中表义；右边为"菐"，在字中表音，为声符。楷书笔画化。方述鑫等《甲骨金文字典》："唐兰曰：'此字作𤫊，象两手举辛，撲玉于甾，于山足之意，即璞之本字也。'"

本义为蕴藏有玉的石头，也指未雕琢的玉。《韩非子·和氏》："王乃使玉人理其璞而得宝焉，遂命曰：'和氏之璧。'"《晋书·山涛传》："戎有人伦鉴识，尝目山涛如璞玉浑金，人皆钦其宝，莫知名其器。"《元史·本纪第十五》："兀马兒来献璞玉。"唐代贯休《杜侯行》："杜侯兄弟继之后，璞玉浑金美腾口。"宋代黄人杰《祝英台近》："莹然璞玉襟怀，层冰风表。"宋代无名氏《水调歌头·寿刘监丞》："霁月光风之潇洒，浑金璞玉之温纯。"成语有"璞玉浑金"。

瑶（yáo）

瑶，形声字。小篆的"瑶"，从玉䍃（yáo）声。左边从"玉"，表示与玉石有关，在字中表义；右边为"䍃"，在字中表音，为声符。楷书笔画化。《说文·玉部》："瑶，玉之美者，从玉䍃声。《诗》

曰：'报之以琼瑶。'"《说文段注》："瑶，石之次玉者。凡谓瑶为玉者非是。"《玉篇·玉部》："瑶，《诗》云：'报之以琼瑶。'《说文》云：'玉之美者也。'"

本义为似玉的美石，亦泛指美玉。《诗·卫风·木瓜》："投我以木桃，报之以琼瑶。"汉代毛亨传："琼瑶，美玉。"《诗·大雅·公刘》："何以舟之？维玉及瑶，鞞琫容刀。"唐代孔颖达疏："今进之瑶，言公刘有美德也。瑶是玉之别名，举瑶可以兼玉，故不言玉也。"《尚书·禹贡》："厥贡惟金三品：瑶、琨、筱簜。"汉代孔安国传："瑶、琨皆美玉。"唐代白居易《江西裴常侍以优礼见待又蒙赠诗辄叙鄙诚用伸感谢》："长觉身轻离泥滓，忽惊手重捧琼瑶。"明代吴承恩《西游记》第九十五回："身居锦绣心无爱，足步琼瑶意不迷。"

玖（jiǔ）

玖，形声字。小篆的"玖"，从玉久声。左边从"玉"，表示与玉石有关，在字中表义；右边为"久"，在字中表音，为声符。楷书笔画化。《说文·玉部》："玖，石之次玉黑色者。从玉久声。"《玉篇·玉部》："玖，石次玉黑色者。"《王力古汉语字典》："玖，次于玉的黑色美石。"

本义为似玉的黑色美石。《诗·卫风·木瓜》："投我以木李，报之以琼玖。"汉代毛亨传："琼玖，玉名。《书》云：'玉黑色。'"《诗·王风·邱中有麻》："彼留之子，贻我佩玖。"汉代毛亨传："玖，石次玉者。"唐代常衮《咏冬瑰花（奉和中书李舍人昆季咏寄徐郎中之作）》："尝闻赠琼玖，叨和愧升堂。"唐代畅当《天柱隐所重答江州应物》："烦君琼玖赠，幽懒百无成。"

玷（diàn）

玷，形声字。小篆的"玷"，从玉占声。左边从"玉"，表示与玉石有关，在字中表义；右边为"占"，在字中表音，为声符。楷书笔画化。《说文》中无"玷"字而有"刮"字，从刀占声。《说文·刀部》："刮，缺也。从刀占声。"《说文段注》："按刮、玷古今字，从刀。从刀者，待磨鑢（lù）也，占声。"《广韵·忝韵》："玷，玉瑕。"《王力古汉语字典》："玷，玉上的斑点。"

本义为白玉上的斑点。《诗·大雅·抑》："白圭之玷，尚可磨也；斯言之玷，不可为也！"汉代郑玄笺："玉之缺，尚可磨鑢而平，人君政教一失，谁能反覆之？"《诗·大雅·召旻》："皋皋訿訿，曾不知其玷。"引申为缺点。唐代钱起《白石枕》："曾无白圭玷，不作浮磬鸣。"唐代徐夤（yín）《尚书命题瓦砚》："洗处无瑕玷，添时识满盈。"

球（qiú）

球，形声字。小篆的"球"，从玉求声。左边从"玉"，表示与玉石有关，在字中表义；右边为"求"，在字中表音，为声符。楷书笔画化。《说文·玉部》："球，玉声也。从玉求声。璆，球或从翏（liù）。"《说文段注》："球，玉也。铉本玉磬也，非。《尔雅·释器》曰：'璆（qiú），美玉也。'禹贡、礼器郑注同。商颂小球大球传曰：'球，玉也。'按磬以球为之，故名球。非球之本训为玉磬。"《玉篇·玉部》："球，《虞书》曰：'戛击鸣球。'孔传云：'球，玉磬也。'"

本义为美玉。《尚书·禹贡》："厥贡惟球、琳、琅玕。"汉代郑玄注："球、琳皆玉名。"《尚书·顾命》："大玉、夷玉、天球、河图，在东序。"唐代孔颖达疏："天球，玉磬也。"唐代李白《送杨少府赴选》："夫子有盛才，主司得球琳。"唐代顾况《游子吟》："层城发云韶，玉府锵球琳。"唐代元稹《哭吕衡州六首》之一："国待球琳器，家藏虎豹韬。"现引申指某些体育用品，如篮球、乒乓球等。

琳（lín）

琳，形声字。小篆的"琳"，从玉林声。左边从"玉"，表示与玉石有关，在字中表义；右边为"林"，在字中表音，为声符。楷书笔画化。《说文·玉部》："琳，美玉也。从玉林声。"《尔雅·释器》："琳，玉也。"《玉篇·玉部》："琳，玉名。"

本义为美玉。《尚书·禹贡》："厥贡惟球、琳、琅玕。"汉代孔安国传："球、琳皆玉名。"《汉书·司马相如传》："其石则赤玉玫瑰，琳珉昆吾，瑊玏玄厉。"唐代颜师古注引张揖曰："琳，玉也。"南北朝刘义庆《世说新语·容止》："今日之行，触目见琳琅珠玉。"

琦（qí）

琦，形声字。小篆的"琦"，从玉奇声。左边从"玉"，表示与玉石有关，在字中表义；右边为"奇"，在字中表音，为声符。楷书笔画化。《玉篇·玉部》："琦，埤苍云：'琦，玮也。'"又《玉篇·玉部》："埤苍曰：'玮，瑰玮珍琦，或作伟。'"

本义为美玉。《楚辞·招魂》："纂组绮缟，结琦璜些。"黄寿祺、梅桐生《楚辞全译》注："琦，美玉。"晋代葛洪《抱朴子·外篇·博喻》："是以虫焦螟之巢，无乘风之羽；沟浍之中，无宵朗之琦。"元代无名氏《套数·自然集道词》："常想着狎粉席琦罗香，犹记得照醉眼红妆艳，殢（tì）春娇恣意相瞻。"

第二，表示玉制器物的名称，主要有"玦、瑞、环（環）、璧、璋、琮"。

玦（jué）

玦，形声字。小篆的"玦"，从玉夬（guài）声。左边从"玉"，表示玉制器物的名称，在字中表义；右边为"夬"，在字中表音，为声符。楷书笔画化。《说文·玉部》："玦，玉佩也。从玉夬声。"《说文段注》："《白虎通》曰：'君子能决断则佩玦。'韦昭曰：'玦如环而缺。'"

本义为环形而有缺口的佩玉。《楚辞·九歌·湘君》："捐余玦兮江中，遗余佩兮醴浦。"黄寿祺、梅桐生《楚辞全译》注："玦，一种玉制的饰物。"《左传·闵公二年》："金、寒、玦、离，胡可恃也！"晋代杜预注："玦如环而缺，不连。"《史记·项羽本纪》："范增数目项王，举所佩玉玦以示之者三，项王默然不应。"《汉书·五行志》："公衣之偏衣，佩之金玦。"唐代颜师古注："金玦，以金为玦也。半环曰玦。"

瑞（ruì）

瑞，形声字。小篆的"瑞"，从玉耑（zhuān）声。左边从"玉"，表示玉制器物的名称，在字中表义；右边为"耑"，在字中表音，为声符。楷书笔画化。《说文·玉部》："瑞，以玉为信也。从玉耑。"《玉篇·玉部》："瑞，信节也，诸侯之珪也。"唐代慧琳《一切经音义》引《说文》"瑞"均作"从玉耑声"。

本义为玉制的符信，作凭证用。《礼记·礼器》："诸侯以龟为宝，以圭为瑞。"汉代郑玄注："瑞，信也。"《周礼·典瑞》："典瑞掌玉瑞、玉器之藏，辨其名物与其用事，设其服饰。"汉代郑玄注："人执以见曰瑞，礼神曰器。瑞，符信也。"《左传·哀公十四年》："司马请瑞焉，以命其徒攻桓氏。"晋代杜预注："瑞，符节，以发兵。"引申为祥瑞。唐代王建《上崔相公》："开阁覆看祥瑞历，封名直进薜萝人。"唐代卢群《淮西席上醉歌》："祥瑞不在凤凰麒麟，太平须得边将忠臣。"唐代李绅《华山庆云见》："苍生欣有望，祥瑞在吾君。"

环（環 huán）

环（環），形声字。金文的"環"，从玉瞏（huán）声。左边从"玉"，表示玉制器物的名称，在字中表义；右边为"瞏"，在字中表音，为声符。小篆承续金文字形。楷书笔画化。现简化为"环"，为形声字，"不"为记号。《说文·玉部》："環（环），璧也。肉好若一谓之环。从玉瞏声。"《尔雅·释器》："肉好若一谓之环。"胡奇光、方环海《尔雅译注》："边宽与孔径相等的称为环。"

本义为圆形而中间有孔的玉器。《礼记·经解》："行步则有环佩之声，升车则有鸾和之音。"汉代郑玄注："环佩，佩环、佩玉也，所以为行节也。"《礼记·玉藻》：

"孔子佩象环五寸而綦组绶。"唐代孔颖达疏:"'佩象环'者,象牙有文理,言已有文章也。而为环者,示已文教所循环无穷也。五寸,法五行也。言文教成人,如五行成物也。"王文锦《礼记译解》:"孔子佩的是象牙制作环,直径有五寸,用的是杂彩组绶。"唐代柳宗元《小石潭记》:"闻水声,如鸣佩环,心乐之。"明代宋濂《送东阳马生序》:"同舍生皆被绮绣,戴朱缨宝饰之帽,腰白玉之环。"引申为环绕、包围。《孟子·公孙丑下》:"三里之城,七里之郭,环而攻之而不胜。"宋代朱熹《四书集注》:"环,围也。"

璧(bì)

金文	小篆	楷书
璧	璧	璧

璧,形声字。金文的"璧",从玉辟声。下边从"玉",表示玉制器物的名称,在字中表义;上边为"辟",在字中表音,为声符。小篆承续金文字形。楷书笔画化。《说文·玉部》:"璧,瑞玉圜也。从玉辟声。"《尔雅·释器》:"肉倍好谓之璧。"胡奇光、方环海《尔雅译注》:"肉、好,古代圆形有孔的玉器或钱币孔外部分称为'肉',孔空部分称为'好'。'肉倍好'指边宽比孔径大一倍。"方述鑫等《甲骨金文字典》:"璧,为扁圆形,中间有较小圆孔之玉器。"按:当以《尔雅》"肉倍好"(边宽比孔径大一倍)为确。

本义为平而圆,中心有孔的玉。《诗·卫风·淇奥》:"有匪君子,如金如锡,如圭如璧。"汉代郑玄笺:"圭、璧亦琢磨,四者亦道其学而成也。"《周礼·大宗伯》:"以苍璧礼天,以黄琮礼地。"《史记·廉颇蔺相如列传》:"秦昭王闻之,使人遗赵王书,愿以十五城请易璧。"唐代元稹《谕宝二首》之一:"圭璧无卞和,甘与顽石列。"今有成语"珠联璧合""完璧归赵"。

璋(zhāng)

金文	小篆	楷书
璋	璋	璋

璋,形声字。金文的"璋",从玉章声。左边从"玉",表示玉制器物的名称,在字中表义;右边为"章",在字中表音,为声符。小篆承续金文字形。楷书笔画化。《说文·玉部》:"剡上为圭,半圭为璋。从玉章声。"《尔雅·释器》:"璋大八寸谓之琡。"《尔雅》解释的是"琡",但胡奇光、方环海《尔雅译注》中给"璋"作了注,即"璋:古瑞玉名。形如半圭,大小长短,因事而异"。方述鑫等《甲骨金文字典》中"璋"字说解基本同《说文》。

本义为古玉器名,形状像半个圭。《尚书·顾命》:"太保受同,降,盥以异同,秉璋以酢。"汉代孔安国传:"半圭曰璋,臣所奉。"《礼记·祭统》:"君执圭瓒祼(guàn)尸,大宗执璋瓒亚祼。"汉代郑玄注:"圭瓒、璋瓒,祼器也,以圭、璋为柄,酌郁鬯(chàng)曰祼。大宗亚祼,容夫人有故,摄焉。"《周礼·大宗伯》:"以赤璋礼南方，以白琥礼西方。"《庄子·马蹄》："白玉不毁，孰为珪璋。"陈鼓应《庄子今注今译》："珪璋，玉器。上尖下方的玉器为'珪'，形象半珪为'璋'。"元末明初施耐庵《水浒传》第四十二回："蓝田玉带曳长裙，白玉圭璋擎彩袖。脸如莲萼，天然眉目映云环。"

琮（cóng）

| 甲骨文 | 小篆 | 楷书 |

琮，形声字。甲骨文的"琮"，构意不明。小篆从玉宗声。左边从"玉"，表示玉制器物的名称，在字中表义；右边为"宗"，在字中表音，为声符。楷书笔画化。《说文·玉部》："琮，瑞玉。大八寸，似车釭，从玉宗声。"《说文段注》："许云瑞玉大八寸者，谓大琮也。"

本义为瑞玉。《周礼·大宗伯》："以苍璧礼天，以黄琮礼地。"汉代郑玄注："礼地以夏至，谓神在昆仑者也。……琮八方，象地。"《仪礼·聘礼》："聘于夫人用璋，享用琮，如初礼。"唐代刘禹锡《和令狐相公九日对黄白二菊花见怀》："琮璧交辉映，衣裳杂彩章。"

第三，表示与玉相关的动作、行为，主要有"玩、班、理、琢"。

玩（wán）

| 小篆 | 楷书 |

玩，形声字。小篆的"玩"，从玉元声。左边从"玉"，表示与玉相关的动作、行为，在字中表义；右边为"元"，在字中表音，为声符。楷书笔画化。《说文·玉部》："玩，弄也。从玉元声。贴，玩或从贝。"

本义为以手玩弄（玉）。常用义为玩耍、玩弄。《左传·昭公二十年》："民狎而玩之，则多死焉，故宽难。"李梦生《左传译注》："人民轻慢地玩弄它，因此死于水的很多，因此实行宽和的政策难度大。"《国语·吴语》："大夫种勇而善谋，将还玩吴国于股掌之上，以得其志。"《淮南子·精神训》："游无极之野，登太皇，冯太一，玩天地于掌握之中。"清代袁枚《黄生借书说》："非夫人之物而强假焉，必虑人逼取，而惴惴焉摩玩之不已。"今有词语"玩赏""玩耍""玩弄""玩物丧志""玩忽职守"等，为"玩耍、玩弄"义。

班（bān）

| 金文 | 小篆 | 楷书 |

班，会意字。金文的"班"，从珏（jué）从刀。从"珏"，表示两块玉，"珏"中一"刀"，表示用刀将玉块切成两半，"珏"与"玉"密切相关；中间为"刀"，表示用刀切割。小篆承续金文字形。楷书笔画化，将"珏"中间的"刀"写作"丿"（刀）。

《说文·珏部》:"班,分瑞玉也。从珏从刀。"《说文段注》:"尧典曰:'班瑞于羣后。'从珏刀,会意。刀所以分也。"方述鑫等《甲骨金文字典》中"班"字说解同《说文》。

本义为发还瑞玉。瑞玉是古代玉质的信物,中分为二,各执其一以为信。《尚书·舜典》:"乃日觐四岳群牧,班瑞于群后。"汉代孔安国传:"班,还。"唐代孔颖达疏:"更复还五瑞於诸侯者,此瑞本受於尧,敛而又还之。"引申为分开、离群。唐代李峤《送光禄刘主簿之洛》:"背枥嘶班马,分洲叫断鸿。"唐代李白《送友人》:"挥手自兹去,萧萧班马鸣。"唐代唐尧客《大梁行》:"闻有东山去,萧萧班马鸣。"

理（lǐ）

小篆	楷书
理	理

理,形声字。小篆的"理",从玉里声。左边从"玉",表示与玉相关的动作、行为,在字中表义;右边为"里",在字中表音,为声符。楷书笔画化。《说文·玉部》:"理,治玉也。从玉里声。"清代朱骏声《说文通训定声》:"理,顺玉之文而剖析之。《广雅·释诂一》:'理,顺也。'"

本义为加工雕琢玉石。《战国策·秦策三》:"郑人谓玉未理者璞,周人谓鼠未腊者朴。"《韩非子·和氏》:"王乃使玉人理其璞而得宝焉,遂命曰:'和氏之璧。'"《韩非子·解老》:"有方圆,则有坚脆;有坚脆,则有轻重;有轻重,则有白黑。短长、大小、方圆、坚脆、轻重、白黑之谓理。"引申为治理、管理。《战国策·秦策一》:"万端俱起,不可胜理。"《吕氏春秋·劝学》:"圣人之所在,则天下理焉。"三国诸葛亮《出师表》:"若有作奸犯科及为忠善者,宜付有司论其刑赏,以昭陛下平明之理。"宋代王安石《答司马谏议书》:"为天下理财,不为征利。"

琢（zhuó）

小篆	楷书
琢	琢

琢,形声字。小篆的"琢",从玉豖(chù)声。左边从"玉",表示与玉相关的动作、行为,在字中表义;右边为"豖",在字中表音,为声符。楷书笔画化。《说文·玉部》:"琢,治玉也。从玉豖声。"《说文段注》:"琢,《释器》:'玉谓之琢,石谓之摩。'毛传同。"

本义为雕刻加工玉石。《诗·卫风·淇奥》:"有匪君子,如切如磋,如琢如磨。"汉代毛亨传:"治骨曰切,象曰磋,玉曰琢,石曰磨。"《礼记·学记》:"玉不琢不成器,人不学不知道。"汉代郑玄注:"治玉曰琢。"《荀子·大略》:"和之璧,井里之厥也,玉人琢之,为天子宝。"唐代韦应物《行路难》:"荆山之白玉兮,良工雕琢双环连,月蚀中央镜心穿。"唐代钱起《玛瑙杯歌》:"宁及琢磨当妙用,燕歌楚舞长相随。"

第四,表示玉的色彩及声响,主要有"现（現）、莹（瑩）、琐（瑣）、玲、瑕"。

现（現 xiàn）

小篆	楷书	简化字
現	現	现

现（現），形声字。小篆的"現"，从玉見（xiàn）声。左边从"玉"，表示与玉的某种特征有关，在字中表义；右边为"見"，在字中表音，为声符。楷书笔画化。現简化为"现"，声符类推简化。上古无"現"字，"現"产生之前，与之相关的词义由"見"（xiàn）来表示，"見"与"現"构成一对古今字，現为后起字。《广韵·霰韵》："現，俗。"意即俗"見"字。谷衍奎《汉字源流字典》："現，从玉见声。本义指玉光。由玉光的外射，引申指显露。"

本义为玉的光辉，此义少见。常用义为出现、显露。明代魏学洢《核舟记》："东坡现右足，鲁直现左足，各微侧。"元末明初罗贯中《三国演义》第八十回："麒麟降生，凤凰来仪，黄龙出现，嘉禾蔚生。"明代吴承恩《西游记》第二十三回："花钿显现多娇态，绣带飘飘迥绝尘。"

莹（瑩 yíng）

小篆	楷书	简化字
瑩	瑩	莹

莹（瑩），形声字。小篆的"瑩"，从玉熒省声。下边从"玉"，表示与玉的色彩有关，在字中表义；上边为熒省声，"熒"在字中表音，为声符。楷书笔画化。《说文·玉部》："瑩（莹），玉色。从玉，熒省声。"《说文段注》："莹，玉色也。谓玉光明之兒。"

本义为玉色的光彩。《韩诗外传》卷四："良珠度寸，虽有百仞之水，不能掩其莹。"唐代韦应物《春中忆元二》："有酒今不同，思君莹如玉。"清代曹雪芹《红楼梦》第二回："说来更奇，一落胎胞，嘴里便衔下一块五彩晶莹的玉来，上面还有许多字迹，就取名叫作宝玉。"

琐（瑣 suǒ）

小篆	楷书	简化字
瑣	瑣	琐

琐（瑣），会意兼形声字。小篆的"瑣"，从玉从貨，貨亦声。左边从"玉"，表示与玉的声响有关；右边为"貨"，其义为小贝壳，在字中既表义又表音。楷书笔画化。现简化为"琐"，声符类推简化。《说文·玉部》："瑣（琐），玉声也。从玉貨声。"

本义为玉件相击发出的细碎声音。唐代杜牧《送刘三复郎中赴阙》："玉珂声琐琐，锦帐梦悠悠。"明代吴承恩《西游记》第六十四回："戛玉敲金非琐琐，天然情性与仙游。"引申为细小、琐碎。《后汉书·宦者列传》："陛下或其琐才，特蒙恩泽。"唐代李贤注："琐，小也。"《后汉书·文苑列传》："昔文翁在蜀，道著巴汉，庚桑琐隶，风移碌碌。"唐代李贤注："琐，碎也。"

玲（líng）

小篆	楷书
玲	玲

玲，形声字。小篆的"玲"，从玉令声。左边从"玉"，表示与玉的声响有关，在字中表义；右边为"令"，在字中表音，为声符。楷书笔画化。《说文·玉部》："玲，玉声。从玉令声。"

本义为玉声。唐代元稹《何满子歌（张湖南座为唐有态作）》："迢迢击磬远玲玲，一一贯珠匀款款。"唐代白居易《早祭风伯，因怀李十一舍人》："至今想在耳，玉音尚玲玲。"唐代徐凝《七夕》："一道鹊桥横渺渺，千声玉佩过玲玲。"

瑕（xiá）

小篆	楷书
瑕	瑕

瑕，形声字。小篆的"瑕"，从玉叚（xiá）声。左边从"玉"，表示与玉的色彩有关，在字中表义；右边为"叚"，在字中表音，为声符。楷书笔画化。《说文·玉部》："瑕，玉小赤也。从玉叚声。"《玉篇·玉部》："瑕，郑玄曰：'玉之病也。'"

本义为玉上的斑点。《礼记·聘义》："瑕不揜瑜，瑜不揜瑕，忠也。"王文锦《礼记译解》："揜，通'掩'。"后为成语"瑕不掩瑜"。晋代左思《蜀都赋》："其间则有虎珀丹青，江珠瑕英。"《史记·廉颇蔺相如列传》："璧有瑕，请指示王。"唐代柳宗元《巽上人以竹闲自采新茶见赠，酬之以诗》："圆方丽奇色，圭璧无纤瑕。"唐代陈中师《瑕瑜不相掩》："出石温然玉，瑕瑜素在中。"

第二节 "金"部及其例字

"金"部亦属于玉部之类，与金属、古代货币有关。

金（jīn）

一、形体演变

金文1	金文2	小篆	楷书
金	金	金	金

二、构形理据

金，会意兼形声字。金文1的"金"，从土从二从今，今亦声。下边从"土"，表示藏在地下；从"ꞏꞏ"，表示藏在地下的矿物；上边从"今"（今），"今"亦声。金文2将表示矿物颗粒的两点"ꞏꞏ"写成四点"ꞏꞏꞏꞏ"，突出了金沙的颗粒形象。由金文字形可知，造字时代的古人已经开始了在河床上淘金。小篆基本承续金文字形。楷书笔画化。《说文·金部》:"金,五色金也。黄为之长。久埋不生衣,百炼不轻,从革不违。西方之行。生于土,从土;左右注,象金在土中形;今声。"方述鑫等《甲骨金文字典》:"金,金文从土,或从两注、三注、四注,今省声。两注、三注、四注同意,表铜所铸成之坯块形,铜矿生于地,故从土。为《说文》金字篆文和古文所本。"我们的"金"字字形分析紧扣《说文》,与左民安《细说汉字》有别。

三、本义

本义为金属的通称或金属总名。《尚书·禹贡》:"厥贡惟金三品。"汉代孔安国传:"金、银,铜也。"唐代孔颖达疏:"'金'既总名,而云'三品',黄金以下惟有白银与铜耳,故为'金、银,铜也'。"《战国策·齐策四》:"孟尝君予车五十乘,金五百斤,西游于梁。"这里的"金"指"铜"。《荀子·劝学》:"锲而不舍,金石可镂。"蒋南华等《荀子全译》:"雕刻而不停止,金属和石头也可以雕成花纹。"

特指黄金。《史记·孝文本纪》:"治霸陵皆以瓦器,不得以金银铜锡为饰。"唐代李白《梦游天姥吟留别》:"青冥浩荡不见底,日月照耀金银台。"

四、理据例说

从"金"的字,其义均与金属有关。在楷书里,"金"作部件在左时多简化为"钅"(金字旁),从"金"的字,大致有五类。

第一,表示金属的类别名称,主要有"银(銀)、铜(銅)、铁(鐵)、钢(鋼)"。

银(銀 yín)

小篆	楷书	简化字
銀	銀	银

银(銀),形声字。小篆的"銀",从金艮(gèn)声。左边从"金",表示与金属的类别名称有关,在字中表义;右边为"艮",在字中表音,为声符。楷书笔画化。现简化为"银",形符类推简化。《说文·金部》:"銀(銀),白金也。从金艮声。"

本义为一种白色的金属,通称白银。唐代白居易《琵琶行(并序)》:"钿头银篦击节碎,血色罗裙翻酒污。"引申为货币、银子。唐代张籍《送南迁客》:"海国战骑象,蛮州市用银。"

铜(銅 tóng)

金文	小篆	楷书	简化字
銅	銅	銅	铜

铜(銅),形声字。金文的"銅",从金同声。左边从"金",表示与金属的类别名称有关,在字中表义;右边为"同",在字中表音,为声符。小篆承续金文字形。楷书笔画化。现简化为"铜",形符类推简化。《说文·金部》:"銅(銅),赤金也。从金同声。"方述鑫《甲骨金文字典》:"铜,金文从金,同声,与《说文》铜字篆文同。"

本义为金属名称，古称赤金。《战国策·赵策一》："君曰：'（矢）足矣，吾铜少若何？'"《后汉书·张衡传》："阳嘉元年，复造候风地动仪，以精铜铸成。"用以比喻坚固、坚强。元末明初施耐庵《水浒传》第四十八回："转过独龙冈后面来看祝家庄时，后面都是铜墙铁壁，把得严整。"

铁（鐵 tiě）

小篆	楷书	简化字
鐵	鐵	铁

铁（鐵），形声字。小篆的"鐵"，从金戠（zhì）声。左边从"金"，表示与金属的类别名称有关，在字中表义；右边为"戠"，在字中表音，为声符。楷书笔画化。现简化为"铁"，形符类推简化，声符用近音替代法简化为"失"。《说文·金部》："鐵（铁），黑金也。从金戠声。"

本义为一种金属名称，古称黑金。《墨子·备穴》："铁锁长三丈，端环，一端鉤。"《史记·货殖列传》："而邯郸郭纵以铁冶成业，与王者埒（liè）富。"唐代岑参《白雪歌送武判官归京》："将军角弓不得控，都护铁衣冷难著。"唐代毛文锡《甘州遍》："铁衣冷、战马血沾蹄，破蕃奚。"比喻坚定。唐代殷尧藩《友人山中梅花》："铁心自儗山中赋，玉笛谁将月下横。"唐代颜胄《适思》："即此丘垄坏，铁心为沾缨。"清代曹雪芹《红楼梦》第五十八回："这些老婆子都是些铁心石头肠子，也是件大奇的事。"

钢（鋼 gāng）

小篆	楷书	简化字
鋼	鋼	钢

钢（鋼），形声字。小篆的"鋼"，从金冈（gāng）声。左边从"金"，表示与金属的类别名称有关，在字中表义；右边为"冈"，在字中表音，为声符。楷书笔画化。现简化为"钢"，形符、声符均类推简化。谷衍奎《汉字源流字典》："钢，后起字，《说文》无。"《集韵·唐韵》："钢，坚铁。"

本义为铁和碳的合金，比生铁坚韧，比熟铁质硬。《列子·汤问》："其剑长尺有咫，练钢赤刃，用之切玉如切泥焉。"元末明初罗贯中《三国演义》第九十回："俱用五色绒线为毛衣，钢铁为牙爪，一个可骑坐十人。"

第二，表示金属制品及其相关部位的名称，主要有"针（針）、镬（鑊）、钳（鉗）、钵（鉢、盋）、钱（錢）、铃（鈴）、钏（釧）、钗（釵）、锋（鋒）"。

针（針 zhēn）

小篆	楷书	简化字
鍼	針	针

针（針），会意字。小篆的"鍼"，《说文》中作"鍼"，从金咸声。左边从"金"，表示与金属制品及其相关部位的名称有关，在字中表义；右边为"咸"，在字中表音，为声符。楷书笔画化，写作"針"。现简化为"针"，形符类推简化。《说文·金部》："鍼，

（针），所以缝也。从金咸声。"《说文段注》："鍼（针），缝者，以鍼紩（zhì）衣也。竹部箴下曰：缀衣箴也。以竹为之，仅可联缀衣。以金为之，乃可缝衣。从金咸声。今俗作针。"

本义为缝衣的用具。由段注可知，最初用的是竹针，写作"箴"，后来有了金属的针，写作"鍼"，俗作"针"，"针"今为正体。《庄子·人间世》："挫鍼治繲，足以糊口；鼓筴播精，足以食十人。"陈鼓应《庄子今注今译》注："挫鍼治繲，缝衣洗衣。鍼，同针。"清代曹雪芹《红楼梦》第二十二回："将自己旧日作的两色针线活计取来，为宝钗生辰之仪。"引申为医疗用具，用石或金属做成。《三国志·魏书·方技传》："若当灸，不过一两处，每处不过七八壮，病亦应除。若当针，亦不过一两处。"

镬（鑊 huò）

镬（鑊），会意兼形声字。甲骨文的"鑊"，从鬲（lì）从蒦（huò），蒦亦声。下边从"鬲"，表示与古代炊具有关，在字中表义；上边为"蒦"，"蒦"与"隻"同，或省作"隹"，"隹"指短尾鸟，"蒦"亦在字中表音。金文的"鑊"，演变为从金蒦声的形声字，从"金"表示与金属制品及其相关部位的名称有关。小篆承续金文字形。楷书笔画化。现简化为"镬"，形符"金"类推简化。《说文·金部》："鑊（镬），鐫（xī）也。从金蒦声。"清代王筠《说文句读》："《淮南子·说山训》：'有足曰鼎，无足曰镬。'"方述鑫等《甲骨金文字典》："镬，甲骨文从隻，从鬲，隻或省作'隹'，隻亦声，为获之本字，与蒦声同。金文从金蒦声，与《说文》镬字篆文同。"《玉篇·金部》："镬，鼎镬。"

本义为古代用以煮食物的大锅。《周礼·亨人》："亨人掌共鼎镬以给水火之齐。"汉代郑玄注："所以煮肉及鱼腊之器。"《淮南子·说山训》："尝一脔肉，知一镬之味。"汉代高诱注："无足曰镬。"《史记·廉颇蔺相如列传》："臣知欺大王之罪当诛，臣请就汤镬，唯大王与群臣孰计议之。"

钳（鉗 qián）

钳（鉗），形声字。小篆的"鉗"，从金甘声。左边从"金"，表示与金属制品及其相关部位的名称有关，在字中表义；右边为"甘"，在字中表音，为声符。楷书笔画化。现简化为"钳"，形符类推简化。《说文·金部》："鉗（钳），以铁有所劫束也。从金甘声。"

本义为金属夹具。元代张宪《北庭宣元杰西番刀歌》："七月七日授冶师，手作钳锤股为砺。"也指古代的刑具，束颈的铁圈。《后汉书·光武帝纪》："其死罪系囚在戊

363

辰以前，减死罪一等；徒皆驰解钳，衣丝絮。"唐代柳宗元《童区寄传》："不足，则盗取他室，束缚钳梏之。"

钵（鉢、盋 bō）

小篆	楷书	简化字
盋	鉢	钵

钵（鉢、盋），形声字。小篆的"盋"，从皿友（bá）声。下边从"皿"，表示与器皿有关，在字中表义；上边为"友"，在字中表音，为声符。楷书笔画化，"盋"演变为从金本声的形声字"鉢"，从"金"表示与金属制品及其相关部位的名称有关，在字中表义。现简化为"钵"，形符类推简化。《说文新附·皿部》："盋（钵），盋器，盂属。从皿友声。或从金从本。"

本义为僧人的食器，像碗，底平，口略小。唐代刘长卿《舟中送李十八（一作送僧）》："释子身心无有分，独将衣钵去人群。"清代彭端淑《为学一首示子侄》："富者曰：'子何恃而往？'曰：'吾一瓶一钵足矣。'"

钱（錢 qián）

小篆	楷书	简化字
錢	錢	钱

钱（錢），形声字。小篆的"錢"，从金戔（jiān）声。左边从"金"，表示与金属制品及其相关部位的名称有关，在字中表义；右边为"戔"，在字中表音，为声符。楷书笔画化。现简化为"钱"，形符、声符均类推简化。《说文·金部》："錢（钱），铫（yáo）也，古田器。从金戔声。"

本义为农具名，即铁铲。《诗·周颂·臣工》："命我众人，庤乃钱镈，奄观铚艾。"汉代毛亨传："钱，铫。"引申为金属货币，特指铜钱。上古时期曾以农具作为交易媒介，其后铸造货币又仿其形为之，因此引申为货币、钱财。《国语·周语下》："景王二十一年，将铸大钱。单穆公曰：'不可。'"三国韦昭注："钱者，金币之名，古曰泉，后转曰钱。"《史记·平准书》："太史公曰：农工商交易之路通，而龟贝金钱刀布之币兴焉。"唐代司马贞《史记索隐》："钱本名泉，言货之流如泉也，故周有泉府之官。及景王乃铸大钱。"

铃（鈴 líng）

金文1	金文2	小篆	楷书	简化字
鈴	鈴	鈴	鈴	铃

铃（鈴），形声字。金文1的"鈴"，从金命声。左边从"金"，表示与金属制品及其相关部位的名称有关，在字中表义；右边为"命"，在字中表音，为声符。金文2的"鈴"，演变为从金令声的形声字。小篆承续金文2的字形。楷书笔画化。现简化为"铃"，形符类推简化。《说文·金部》："鈴（铃），令丁也。从金从令，令亦声。"《说文段注》："广韵曰：铃似钟而小。然则

镯铃一物也。古谓之丁宁。汉谓之令丁。在旂上者亦曰铃。"方述鑫等《甲骨金文字典》："铃，金文从金，令声，或从金，命声。为《说文》铃字篆文所本。[释义]金属制响器。"

本义为金属制成的响器，又为打击乐器，形似钟而小。《周礼·春官·巾车》："大祭祀，鸣铃以应鸡人。"汉代郑玄注："鸡人主呼旦，鸣铃以和之，声且警众。"唐代白居易《长恨歌》："行宫见月伤心色，夜雨闻铃断肠声。"明代吴承恩《西游记》第七十回："且如闻得你有三个铃铛，想就是件宝贝。"

钏（釧 chuàn）

小篆	楷书	简化字
釧	釧	钏

钏（釧），形声字。小篆的"釧"，从金川声。左边从"金"，表示与金属制品及其相关部位的名称有关，在字中表义；右边为"川"，在字中表音，为声符。楷书笔画化。现简化为"钏"，形符类推简化。《说文新附·金部》："釧（钏），臂环也。从金川声。"《玉篇·金部》："钏，钗钏也。"

本义为用珠子或玉石等串起来做成的镯子。唐代徐贤妃《赋得北方有佳人》："腕摇金钏响，步转玉环鸣。"元末明初施耐庵《水浒传》第四十六回："娘子许我一副钏镯、一套衣裳，我只得随顺了。"《水浒传》第四十九回："插一头异样钗环，露两个时兴钏镯。"

钗（釵 chāi）

小篆	楷书	简化字
釵	釵	钗

钗（釵），形声字。小篆的"釵"，从金叉声。左边从"金"，表示与金属制品及其相关部位的名称有关，在字中表义；右边为"叉"，在字中表音，为声符。楷书笔画化。现简化为"钗"，形符类推简化。《说文新附·金部》："钗，笄属。从金叉声。"《玉篇·金部》："钗，妇人歧笄也。"

本义为古代妇女头上的一种首饰，形似叉，用金、玉、铜等制作。三国曹植《美女篇》："头上金爵钗，腰佩翠琅玕。"唐代白居易《长恨歌》："钗留一股合一扇，钗擘黄金合分钿。"清代曹雪芹《红楼梦》："（王熙凤）头上戴着金丝八宝攒珠髻，绾着朝阳五凤挂珠钗。"

锋（鋒 fēng）

小篆1	小篆2	楷书	简化字
鋒	鋒	鋒	锋

锋（鋒），形声字。小篆1的"鋒"，从金逢声。左边从"金"，表示与金属制品及其相关部位的名称有关，在字中表义；右边为"逢"，在字中表音，为声符。小篆2的"鋒"，字形简化，从金夆（fēng）声，去掉"辶"（走之儿）。

楷书笔画化。现简化为"锋"，形符类推简化。《说文·金部》："鋒（锋），兵耑（duān）也。从金逢声。"

本义为刀、剑等的尖端或锐利的部分。《尚书·费誓》："锻乃戈矛，砺乃锋刃，无敢不善。"《汉书·萧望之传》："则下走其庶几愿竭区区，底厉锋锷，奉万分之一。"唐代颜师古《汉书注》："锋，刃端也。"借指刀、剑等有刃的兵器。《史记·淮阴侯列传》："且天下锐精持锋欲为陛下所为者甚众，顾力不能耳。"汉代贾谊《过秦论》："销锋镝，铸以为金人十二，以弱天下之民。"

第三，表示冶金手工业的动作，主要有"铸（鑄）、锻（鍛）、销（銷）、镀（鍍）、铄（鑠）"。

铸（鑄 zhù）

甲骨文	金文	小篆	楷书	简化字
𤏳	𨰻	鑄	鑄	铸

铸（鑄），会意兼形声字。甲骨文的"鑄"，为会意字，从𠂇从鬲从皿从●。从"𠂇"表示双手，从"𠂉"（倒鬲）表示将熔液灌注到另一个模子中，从"皿"表示模子，从"●"表示铜液铸造的铸件，合起来表示用金属熔液和模具浇制铸造金属器具。金文基本承续甲骨文字形。小篆字形讹变，变为从金壽声的形声字。小篆从"金"，表示与冶金手工业的动作有关，在字中表义；右边为"壽"，在字中表音，为声符。楷书笔画化。现简化为"铸"，形符、声符均类推简化。《说文·金部》："鑄（铸），销金也。从金壽声。"方述鑫等《甲骨金文字典》："甲金文象两手持倒𠂉[（鬲），冶炼坩锅]，其下部的𠂊所从之乙形象水流，表示流动的铜液，口为陶范之通气孔，铜液经通口于陶范中流动即为筑造，𠀎则为铸成之器，或从火，或从金，会销金之意。……金文又有从金，从寸，寸亦声者，当为铸字异体。"

本义为铸造。《国语·齐语》："美金以铸剑戟，试诸狗马。"汉代贾谊《过秦论》："销锋镝，铸以为金人十二，以弱天下之民。"《后汉书·张衡传》："阳嘉元年，复造候风地动仪，以精铜铸成，员径八尺。"

锻（鍛 duàn）

小篆	楷书	简化字
鍛	鍛	锻

锻（鍛），形声字。小篆的"鍛"，从金段声。左边从"金"，表示与冶金手工业的动作有关，在字中表义；右边为"段"，在字中表音，为声符。楷书笔画化。现简化为"锻"，形符类推简化。《说文·金部》："鍛（锻），小冶也。从金段声。"清代朱骏声《说文通训定声》："镕铸金为冶。以金入火，焠而椎之为小冶。"

本义为打铁。《尚书·费誓》："备乃弓矢，锻乃戈矛。"汉代孔安国传："锻练戈矛，磨砺锋刃。"唐代孔颖达疏："凡金为兵器，皆须锻砺。"汉代王充《论衡·率性》："试取东下直一金之剑，更熟锻炼，足其火，齐其铦，犹千金之剑也。"《后汉书·韦彪传》："忠孝之人，持心近厚；锻炼之吏，持心近薄。"唐代李贤注："《苍颉篇》曰：'锻，椎也。'锻炼犹成孰也。"引申为锤击。《庄子·列御寇》："其父谓其子曰：'取石来锻之。'"陈鼓应《庄子今注今译》："锻之，打碎它。"

销（銷 xiāo）

销（銷），形声字。小篆的"銷"，从金肖声。左边从"金"，表示与冶金手工业的动作有关，在字中表义；右边为"肖"，在字中表音，为声符。楷书笔画化。现简化为"销"，形符类推简化。《说文·金部》："銷（销），铄金也。从金肖声。"

本义为熔化金属。《淮南子·泛论》："连弩以射，销车以斗。"《史记·陈涉世家》："收天下之兵，聚之咸阳，销锋镝，铸以为金人十二，以弱天下之民。"《三国志·魏书·三少帝纪》："今出黄金银物百五十种，千八百余斤，销冶以供军用。"后泛指熔化。《论衡·谈天》："女娲销炼五色石以补苍天。"

镀（鍍 dù）

镀（鍍），形声字。小篆的"鍍"，从金度声。左边从"金"，表示与冶金手工业的动作有关，在字中表义；右边为"度"，在字中表音，为声符。楷书笔画化。现简化为"镀"，形符类推简化。镀，为后起字，《说文》中无。《玉篇·金部》："镀，金镀物也。"《王力古汉语字典》："镀，后起字。在器物上涂饰金属。"

本义为在器物上涂饰金属。《龙龛手镜·金部》："镀，以金饰物也。"唐代李绅《答章孝标诗》："假金只用真金镀，若是真金不镀金。"唐代元稹《梦游春七十韵》："隔子碧油糊，驼钩紫金镀。"唐代白居易《西凉伎刺封疆之臣也》："刻木为头丝作尾，金镀眼睛银帖齿。"

铄（鑠 shuò）

铄（鑠），形声字。小篆的"鑠"，从金樂声。左边从"金"，表示与冶金手工业的动作有关，在字中表义；右边为"樂"，在字中表音，为声符。楷书笔画化。现简化为"铄"，形符、声符均类推简化。《说文·金部》："鑠（铄），销金也。从金樂声。"

本义为熔化。《楚辞·招魂》："十日代出，流金铄石些。"黄寿祺、梅桐生《楚辞全译》注："流金：金属都熔为流动的液体。铄石：销熔石头。"汉代桓宽《盐铁论·诏圣》："夫铄金在炉，庄蹻不顾。"

第四，表示利用金属制物的动作，主要有"钓（釣）、铭（銘）、锲（鍥）、错（錯）"。

钓（釣 diào）

小篆	楷书	简化字
釣	釣	钓

钓（釣），形声字。小篆的"釣"，从金勺声。左边从"金"，表示与利用金属制物的动作有关，在字中表义；右边为"勺"，在字中表音，为声符。楷书笔画化。现简化为"钓"，形符类推简化。《说文·金部》："釣（钓），钩鱼也。从金勺声。"

本义为以钩饵取鱼。《诗·卫风·竹竿》："籊籊（tì）竹竿，以钓于淇。"《论语·述而》："子钓而不纲，弋不射宿。"宋代朱熹《四书集注》："纲，以大绳属网，绝流而渔者也。"唐代柳宗元《江雪》："孤舟蓑笠翁，独钓寒江雪。"

铭（銘 míng）

金文	小篆	楷书	简化字
銘	銘	銘	铭

铭（銘），形声字。金文的"銘"，从金名声。左边从"金"，表示与利用金属制物的动作有关，在字中表义；右边为"名"，在字中表音，为声符。小篆承续金文字形。楷书笔画化。现简化为"铭"，形符类推简化。《说文新附·金部》："銘（铭），记也。从金名声。"《玉篇·金部》："銘（铭），《周礼》曰：'凡有功者铭于太常。'"方述鑫等《甲骨金文字典》："铭，金文从金名声，与《说文新附》铭字篆文同。"

本义为在器物上雕刻文字。《周礼·司勋》："凡有功者，铭书于王之大常，祭于大烝，司勋诏之。"汉代郑玄注："铭之言名也。"《国语·晋语一》："商之衰也，其铭有之曰。"三国韦昭注："刻器曰铭。"《韩非子·外储说左上》："且先王之赋颂，钟鼎之铭，皆播吾之迹，华山之博也。"唐代李白《古风五十九首》之三："铭功会稽岭，骋望琅琊台。"引申为牢记不忘。《三国志·周鲂传》："鲂仕东典郡，始愿已获，铭心立报，永矣无贰。"今有成语"铭心刻骨"。

锲（鍥 qiè）

小篆	楷书	简化字
鍥	鍥	锲

锲（鍥），形声字。小篆的"鍥"，从金契（qì）声。左边从"金"，表示与利用金属制物的动作有关，在字中表义；右边为"契"，在字中表音，为声符。楷书笔画化。现简化为"锲"，形符类推简化。《说文·金部》："鍥（锲），镰也。从金契声。"《说文》中"锲"指镰刀。

本义为刻。《左传·定公四年》："尽借邑人之车，锲其轴，麻约而归之。"晋代杜预注："锲，刻也。"《荀子·劝学》："锲而舍之，朽木不折。"蒋南华等《荀子全译》

注:"锲,用刀子刻。"明代凌濛初《二刻拍案惊奇》卷十九:"拿着锲刀,望山前地上下手斫时,有一棵草甚韧,刀斫不得。"成语有"锲金镂玉"。

错（錯 cuò）

小篆	楷书	简化字
錯	錯	错

错（錯），形声字。小篆的"錯",从金昔声。左边从"金",表示与利用金属制物的动作有关,在字中表义;右边为"昔",在字中表音,为声符。楷书笔画化。现简化为"错",形符类推简化。《说文·金部》:"錯（错）,金涂也。从金昔声。"《说文段注》:"涂俗作塗。又或作'搽'。谓以金措其上也。"

本义为用金涂饰、镶嵌。《国语·晋语八》:"唯其功庸少也,而能金玉其车,文错其服。"《淮南子·说山训》:"鼎错日用而不足贵,周鼎不爨而不可贱。"宋代陆游《金错刀行》:"黄金错刀白玉装,夜穿窗扉出光芒。"引申为杂乱、交错。宋代欧阳修《醉翁亭记》:"觥筹交错,起坐而喧哗者,众宾欢也。"宋代文天祥《指南录后序》:"死生,昼夜事也,死而死矣,而境界危恶,层见错出,非人世所堪。"

第五,表示金属制品的性状及其所发声响,主要有"锐（銳）、钝（鈍）、铮（錚）"。

锐（銳 ruì）

小篆	楷书	简化字
銳	銳	锐

锐（銳），形声字。小篆的"銳",从金兑声。左边从"金",表示与金属制品的性状有关,在字中表义;右边为"兑",在字中表音,为声符。楷书笔画化。现简化为"锐",形符类推简化。《说文·金部》:"銳（锐）,芒也。从金兑声。"《说文段注》:"芒者,艸耑（端）也。艸耑必鑯（jiān）。故引申为芒角字。今俗用锋銛字,古只用夆芒。"鑯,同"尖",尖锐。

本义为尖锐、锋利。唐代杜甫《承闻河北诸道节度入朝欢喜口号绝句十二首》:"拥兵相学干戈锐,使者徒劳百万回。"明代吴承恩《西游记》第二十一回:"点钢叉,尖明锐利;如意棒,身黑箍黄。"借指锐利的兵器。《史记·陈涉世家》:"将军身被坚执锐,伐无道,诛暴秦。"《史记·仲尼弟子列传》:"孤请自被坚执锐,以先受矢石。"借指精锐的军队或士卒。《战国策·中山策》:"赵王出轻锐,以寇其后,秦数不利。"元末明初罗贯中《三国演义》第十回:"操择精锐者,号为'青州兵',其余尽令归农。"

钝（鈍 dùn）

小篆	楷书	简化字
鈍	鈍	钝

钝（鈍），形声字。小篆的"鈍",从金屯声。左边从"金",表示与金属制品的性状有关,在字中表义;右边为"屯",在字中表音,为声符。楷书笔画化。现简化为

"钝",形符类推简化。《说文·金部》:"鈍(钝),錭(diāo)也。从金屯声。"《说文·金部》:"錭,鈍也。""钝""錭"互训。

本义指刀、剑等不锋利。汉代陈琳《檄吴将校部曲文》:"钲(zhēng古代打击乐)鼓一动,二方俱定,利尽西海,兵不钝锋。"汉代王符《潜夫论·考绩》:"剑不试则利钝暗,弓不试则劲挠诬,鹰不试则巧拙惑,马不试则良驽疑。"引申为资质鲁钝,多作谦辞。三国诸葛亮《出师表》:"庶竭驽钝,攘除奸凶,兴复汉室,还于旧都。"明代吴承恩《西游记》第四十三回:"二哥,你和我一般,拙口钝腮,不要惹大哥热擦。"

铮(錚 zhēng)

小篆	楷书	简化字
錚	錚	铮

铮(錚),形声字。小篆的"錚",从金争声。左边从"金",表示与金属所发出的声响有关,在字中表义;右边为"争",在字中表音,为声符。楷书笔画化。现简化为"铮",形符类推简化。《说文·金部》:"錚(铮),金声也。从金争声。"《说文段注》:"《后汉书》曰:'铁中铮铮。'铁坚则声异也。"

本义为金属相击声。晋代潘岳《藉田赋》:"冲牙铮鎗,绡纮綷縩。"唐代李善注:"铮鎗,玉声也。"唐代白居易《梦仙》:"羽衣忽飘飘,玉鸾俄铮铮。"白居易《五弦弹——恶郑之夺雅也》:"五弦并奏君试听,凄凄切切复铮铮。"元末明初施耐庵《水浒传》第六十四回:"却好箭来,把刀只一隔,铮地一声响,射在刀面上。"

第三节 "贝(貝)"部及其例字

"贝(貝)"部亦属于玉部之类,与古代财宝、货币有关。

贝(貝 bèi)

一、形体演变

甲骨文	金文	小篆	楷书	简化字
𦉢	𤽩	貝	貝	贝

二、构形理据

贝(貝),象形字。甲骨文的"贝",像水生甲壳动物的外形,即像海贝形。金文承续甲骨文字形。小篆承续金文字形。楷书笔画化。现简化为"贝",用草书楷化法简化。《说文》:"贝(貝),海介虫也。居陆名猋(biāo),在水名蜬(hán)。象形。古者货贝而宝龟,周而有泉,至秦废贝行钱。"《说文段注》:"古者货贝而宝龟:

370

谓以其介为货也。""周而有泉：周礼外府，掌邦布之入出，以共百物而待邦之用。泉府，掌以市之征布。敛市之不售、货之滞于民用者。""至秦废贝行钱：秦始废贝专用钱。""古者谓钱为泉布。则知秦汉曰钱，周曰泉也。"方述鑫等《甲骨金文字典》："贝（貝），甲骨文象贝壳之形。金文承之而渐变。"

古时以贝壳为货币，又用作装饰，故从"贝"的字多与钱财宝物、装饰品或贸易商品有关。

三、本义

本义为海贝。《荀子·大略》："衣服曰䙝，玩好曰赠，玉贝曰唅。"《史记·司马相如列传》："张翠帷，建羽盖，罔玳瑁，钓紫贝。"唐代张守节《史记正义》："毛诗虫鱼疏云：'贝，水之介虫。'"唐代沈佺期《奉和圣制同皇太子游慈恩寺应制》："肃肃莲花界，荧荧贝叶宫。"

引申为货币。《汉书·食货志》第四下："大贝四寸八分以上，二枚为一朋，直二百一十六。"《汉书·食货志》第四下："后五岁，天凤元年，复申下金银龟贝之货，颇增减其贾直。"汉代桓宽《盐铁论·错币》："夏后以玄贝，周人以紫石，后世或金钱刀布。"

四、理据例说

"贝"为汉字部首之一，今仍为《现代汉语词典》部首。从"贝"的字，其义大多与钱财宝物或贸易商品有关，主要有三类。

第一，表示财物或与财物有关的事物名称，主要有"财（財）、货（貨）、贯（貫）、资（資）、赘（贅）、贿（賄）、赃（臟）"。

财（財 cái）

小篆	楷书	简化字
財	財	财

财（財），形声字。小篆的"財"，从贝才声。左边从"贝"，表示与财物或与财物相关的事物名称有关，在字中表义；右边为"才"，在字中表音，为声符。楷书笔画化。现简化为"财"，形符类推简化。《说文·贝部》："财（財），人所宝也。从贝才声。"《玉篇·贝部》："财，所以资生者，纳财谓食谷也、货也、赂也。"《广雅·释诂》："财，货也。"由《玉篇》释义可知："财"多指日常生活必需品，包括米粟在内。

本义为物资和金钱的总称。《礼记·坊记》："先财而后礼则民利，无辞而行情则民争。"汉代郑玄注："财，币帛也。"《周礼·职方氏》："辨其邦国、都鄙、四夷、八蛮、七闽、九貉、五戎、六狄之人民，与其财用、九谷、六畜之数要，周知其利害。"汉代郑玄注："财用，泉（钱）谷货贿也。"《韩非子·说难》："暮而果大亡其财。"《史记·项羽本纪》:"沛公居山东时，贪于财货，好美姬。"

货（貨 huò）

金文	小篆	楷书	简化字
貨	貨	貨	货

货（貨），会意兼形声字。金文的"货"，从贝从化，化亦声。下边从"贝"，表示与财物或与财物相关的事物名称有关，在字中表义；上边为"化"，在字中表义，亦表音。两部分合起来表示可以转变成钱财的商品。小篆变为左右结构，"化"占四分之三的位置，"贝"只占四分之一的位置。楷书笔画化。现简化为"货"，形符类推简化。《说文·贝部》："货（貨），财也。从贝化声。"《说文段注》："《广韵》引蔡氏《化清经》曰：'货者，化也。变化反易之物，故字从化。'"

本义为财物，金钱珠玉布帛的总称。《尚书·洪范》："一曰食，二曰货，三曰祀。"唐代孔颖达疏："'货'者，金玉布帛之总名，皆为人用，故为'用物'。"《国语·楚语下》："斗且廷见令尹子常，子常与之语，闻蓄货聚马。"《商君书·立本》："治行则货积。"清代曹雪芹《红楼梦》第四十六回："次则婪取财货为自得，家下一应大小事务，俱由贾赦摆布。"

贯（貫 guàn）

小篆	楷书	简化字
貫	貫	贯

贯（貫），会意字。小篆的"贯"，从贝毌（guàn）。下边从"贝"，表示与财物或与财物相关的事物名称有关，在字中表义；上边为"毌"，表示贯穿物体持握。《说文·毌部》："毌，穿物持之也。"楷书笔画化。现简化为"贯"，形符类推简化。《说文·毌部》："贯（貫），钱贝之贯。从毌、贝。"

本义为穿钱的绳子。《诗·小雅·何人斯》："及尔如贯，谅不我知！"程俊英《诗经译注》："钱贝穿在一条绳上为贯。"《汉书·食货志》："京师之钱累百巨万，贯朽而不可校。"唐代白居易《伤宅》："厨有臭败肉，库有贯朽钱。"

引申为用绳子穿连。《广雅·释诂》："贯，累也。"《诗·齐风·猗嗟》："射则贯兮，四矢反兮。"《列子·周穆王》："周穆王时，西极之国有化人来，入水火，贯金石。"引申为穿、贯穿。《广雅·释言》："贯，穿也。"《左传·成公二年》："自始合，而矢贯余手及肘，余折以御，左轮朱殷，岂敢言病？"《战国策·魏策四》："聂政之刺韩傀也，白虹贯日。"《论语·卫灵公》："予一以贯之。"引申为精通。《汉书·司马迁传》："亦其涉猎者广博，贯穿经传，驰骋古今，上下数千载间，斯以勤矣。"《后汉书·张衡传》："衡少善属文，游于三辅，因入京师，观太学，遂通五经，贯六艺。"今有成语"一以贯之""融会贯通""学贯中西"等。

资（資 zī）

小篆	楷书	简化字
資	資	资

资（資），形声字。小篆的"資"，从贝次声。左下边从"貝"，表示与财物或财富有关，在字中表义；左上与右边为"次"，在字中表音，为声符。楷书笔画化。现简化为"资"，形符类推简化。《说文·贝部》："資（资），货也。从贝次声。"

本义为钱财。《诗·大雅·板》："丧乱蔑资，曾莫惠我师。"汉代毛亨传："资，财也。"《战国策·秦策一》："黑貂之裘弊，黄金百斤尽，资用乏绝，去秦而归。"《战国策·燕策三》："既至秦，持千金之资币物，厚遗秦王宠臣中庶子蒙嘉。"元末明初罗贯中《三国演义》第一回："吾颇有资财，当招募乡勇，与公同举大事。"元末明初施耐庵《水浒传》第六十九回："不好资财惟好义，貌似金刚离古寺。"清代方苞《狱中杂记》："中家以上，皆竭资取保。"

贽（贄 zhì）

小篆	楷书	简化字
贄	贄	贽

贽（贄），形声字。小篆的"贄"，从手执声。下边从"手"，表示与手相关的动作行为有关，在字中表义；上边为"执"，在字中表音，为声符。楷书笔画化，形符"手"演变为"贝"，从"贝"表示与财物有关。现简化为"贽"，形符、声符均类推简化。《玉篇·贝部》："贽，执玉帛也。亦作挚。"字形从"手"表示相送，字形从"贝"表示礼物，侧重点不同，构义相同。

本义为古时初次求见人时所送的礼物，即见面礼。《左传·庄公二十四年》："男贽，大者玉帛，小者禽鸟，以章物也。今男女同贽，是无别也。"唐代孔颖达疏："郑玄《曲礼》注云：'挚之言至也，当谓执之见人，以表至诚也。'"《左传·成公十二年》："交贽往来，道路无壅。"晋代杜预注："贽，币也。"唐代孔颖达疏："《聘礼》：'宾执圭以通命，执币以致享。'故知贽是币，谓聘享之币也。"明代宋濂《送东阳马生序》："撰长书以为贽，辞甚畅达。"

贿（賄 huì）

小篆	楷书	简化字
賄	賄	贿

贿（賄），形声字。小篆的"賄"，从贝有声。左边从"贝"，表示与财物或财富有关，在字中表义；右边为"有"，在字中表音，为声符。楷书笔画化。现简化为"贿"，形符类推简化。《说文·贝部》："賄（贿），财也。从贝有声。"《说文段注》："《周礼》注曰：'金玉曰货，布帛曰贿。'析言之也。许浑言之，货贿皆释曰财。"

本义为财物。《诗·卫风·氓》："以尔车来，以我贿迁。"汉代毛亨传："贿，财。"《左传·文公十八年》："窃贿为盗，盗器为奸。"晋代杜预注："贿，财也。"《左传·襄公二十四年》："夫诸侯之贿聚于公室，则诸侯贰。"李梦生《左传译注》在译文中将"贿"译为"财宝"。《国语·晋语八》："假贷居贿，宜及于难，而赖武之德，以没其身。"黄永堂《国语全译》："假，藉。假贷居贿，藉放高利贷屯积财富。"引申为受贿。宋代司马光《训俭示康》："是以居官必贿，居乡必盗。"明代崔铣《记王忠肃公翱三事》："是非贿得之。"元末明初罗贯中《三国演义》第一回："朝廷差黄门左丰前来体探，问我索取贿赂。"

赃（贜 zāng）

小篆	楷书	简化字
贜	贜	赃

赃（贜），形声字。小篆的"贜"，从贝臧（zāng）声。左边从"贝"，表示与财物或财富有关，在字中表义；右边为"臧"，在字中表音，为声符。楷书笔画化，声符"臧"变为"藏"（zàng）。现简化为"赃"，形符类推简化，声符更换简化。《广韵·唐韵》："纳贿曰赃。"

本义为赃物。《列子·天瑞》："未及时，以赃获罪，没其先居之财。"元末明初施耐庵《水浒传》第二十七回："把赃物并行凶刀杖封了，发与库子收领上库。"明代吴承恩《西游记》第四十五回："仔细替我看那贪赃坏法之官，忤逆不孝之子。"

第二，表示与财物、商品相联系的行为，主要有"贡（貢）、贸（貿）、贮（貯）、费（費）、贺（賀）、贻（貽）、贾（賈）、赏（賞）、赚（賺）、购（購）、贪（貪）、赂（賂）、赎（贖）"。

贡（貢 gòng）

小篆	楷书	简化字
貢	貢	贡

贡（貢），形声字。小篆的"貢"，从贝工声。下边从"贝"，表示与财物、商品相联系的行为，在字中表义；上边为"工"，在字中表音，为声符。楷书笔画化。现简化为"贡"，形符类推简化。《说文·贝部》："貢（贡），献、功也。从贝工声。"清代王筠《说文句读》："贡、献同义，贡、功同声。"《广雅·释言》："贡，献也。"

本义为进贡，把物品进献给朝廷。《左传·僖公四年》："尔贡包茅不入。"李梦生《左传译注》在译文中将"贡"译为"进贡"。《战国策·燕策三》："比诸侯之列，给贡职如郡县，而得奉守先王之宗庙。"张清常、王延栋《战国策笺注》："贡职，贡物、贡品。职，赋税、贡品。"明代吴承恩《西游记》第六十二回："北高昌国，东西梁国，西本钵国，年年进贡美玉明珠，娇妃骏马。"

贸（貿 mào）

金文	小篆	楷书	简化字
貿	貿	貿	贸

贸（貿），形声字。金文的"貿"，从贝卯（mǎo）声。下边从"贝"，表示与财物、商品相联系的行为，在字中表义；上边为"卯"，在字中

表音，为声符。小篆承续金文字形。楷书笔画化。现简化为"贸"，形符类推简化。《说文·贝部》："貿（贸），易财也。从贝卯声。"《尔雅·释言》："贸，买也。"方述鑫等《甲骨金文字典》："贸，金文同小篆。"

本义为交换财物，交易。《诗·卫风·氓》："氓之蚩蚩，抱布贸丝。"唐代孔颖达疏："抱布而来，云当买丝。"明代刘基《卖柑者言》："予贸得其一。"

贮（貯 zhù）

甲骨文	金文	小篆	楷书	简化字

贮（貯），会意兼形声字。甲骨文的"貯"，本字作"宁"（zhù），后写作"貯"，为形声字。外边"宁"像储藏珍宝的匣子，既表义又表声，里边"貝"（贝）像珍宝，合起来表示用匣子珍藏宝贝。金文承续甲骨文字形。小篆将金文"貯"中的"贝"移于匣外，放在左边，左右结构，为从贝"宁"（zhù）声的形声字。楷书笔画化。现简化为"贮"，形符、声符均类推简化。《说文·贝部》："貯（贮），积也。从贝宁声。"《说文段注》："此与宁（zhù）音义皆同。今字专用貯矣。"徐中舒《甲骨文字典》："貯（贮），从贝在宁（宁）中，象纳贝于宁中之形。贝或在宁下，同。"

本义为积存、收藏。《吕氏春秋·乐成》："我有衣冠，而子产贮之。"关贤柱等《吕氏春秋全译》："我有衣帽，子产要来收藏。"汉代贾谊《论积贮疏》："夫积贮者，天下之大命也。"清代龚自珍《病梅馆记》："予本非文人画士，甘受诟厉，辟病梅之馆以贮之。"

费（費 fèi）

金文	小篆	楷书	简化字

费（費），形声字。金文的"費"，从贝从刀弗（fú）声。下边从"贝"，表示与财物、商品有关；上边右侧为"刀"，表示用刀解开捆扎的贝壳，"贝"与"刀"在字中表义；上边左侧为"弗"，在字中表音，为声符。小篆基本承续金文字形，省去上右边的"刀"。楷书笔画化。现简化为"费"，形符类推简化。《说文·贝部》："費（费），散财用也。从贝弗声。"《广雅·释言》："费，耗也。"方述鑫等《甲骨金文字典》："费，金文或以弗为费，为同音借字。"

本义为花费（钱财）。《论语·尧曰》："君子惠而不费，劳而不怨，欲而不贪。"《商君书·垦令》："商贾少，则上不费粟；民不能喜酣奭（shì），则农不慢。"张觉《商君书全译》："商人减少了，那么国家就不会浪费粮食。"《吕氏春秋·安死》："是故先王以俭节葬死也，非爱其费也。"

贺（賀 hè）

金文	小篆	楷书	简化字
𧴪	賀	賀	贺

贺（賀），形声字。金文的"贺"，从贝加声。左边从"贝"，表示与财物、商品相联系的行为，在字中表义；右边为"加"，在字中表音，为声符。小篆承续金文字形，变为上下结构。楷书笔画化。现简化为"贺"，形符类推简化。《说文·贝部》："贺（賀），以礼相奉庆也。从贝加声。"方述鑫等《甲骨金文字典》："贺，金文同小篆。"

本义为奉送礼物表示祝贺。《诗·大雅·下武》："受天之祜，四方来贺。"《左传·襄公二十八年》："不然，则重其币帛，以贺其福而吊其凶，皆小国之祸也。"《国语·晋语八》："叔向见韩宣子，宣子忧贫，叔向贺之。"清代曹雪芹《红楼梦》第九十九回："兹修寸幅，恭贺升祺，并求金允。"

贻（貽 yí）

小篆	楷书	简化字
貽	貽	贻

贻（貽），形声字。小篆的"贻"，从贝台声。左边从"贝"，表示与财物、商品相联系的行为，在字中表义；右边为"台"，在字中表音，为声符。楷书笔画化。现简化为"贻"，形符类推简化。《说文新附·贝部》："贻（貽），赠遗也。从贝台声。"《玉篇·贝部》："贻，玄贝也，亦作诒遗也。"

本义为赠送。《诗·邶风·静女》："静女其娈，贻我彤管。"汉代郑玄笺："贻，本又作'诒'，音怡，遗也。"唐代韩愈《师说》："余嘉其能行古道，作《师说》以贻之。"明代魏学洢《核舟记》："尝贻余核舟一，盖大苏泛赤壁云。"

贾（賈 gǔ）

小篆	楷书	简化字
賈	賈	贾

贾（賈），形声字。小篆的"贾"，从贝襾（yà）声。下边从"贝"，表示与财物、商品相联系的行为，在字中表义；上边为"襾"，在字中表音，为声符。楷书笔画化。现简化为"贾"，形符类推简化。《说文·贝部》："贾（賈），贾市也。从贝襾声。一曰坐卖售也。"《说文段注》："市，买卖所之也。因之凡买凡卖皆曰市。贾者，凡买卖之称也。""引申之凡卖者之所得，买者之所出，皆曰贾。俗又别其字作價（价）。"

本义为做买卖。《孟子·梁惠王上》："耕者皆欲耕于王之野，商贾皆欲藏于王之市，行旅皆欲出于王之涂。"宋代朱熹《四书集注》："行货曰商，居货曰贾。"《韩非子·五蠹》："长袖善舞，多财善贾。"《乐府诗集·孤儿行》："父母已去，兄嫂令我行贾。"唐代李白《丁督护歌》："云阳上征去，两岸饶商贾。"

赏（賞 shǎng）

金文	小篆	楷书	简化字
賞	賞	賞	赏

赏（賞），形声字。金文的"賞"，从贝尚声。下边从"贝"，表示与财物、商品相联系的行为，在字中表义；上边为"尚"，在字中表音，为声符。小篆承续金文字形。楷书笔画化。现简化为"赏"，形符类推简化。《说文·贝部》："赏（賞），赐有功也。从贝尚声。"方述鑫等《甲骨金文字典》："赏，金文或从贝，尚声。或从贝，商声。商、尚古音相近。"

本义为赏赐、奖给。《周易·未济》："震用伐鬼方，三年有赏于大国。"《礼记·祭法》："尧能赏均刑法以义终，舜勤众事而野死。"汉代郑玄注："赏，赏善，禅舜，封禹、稷等也。"《史记·项羽本纪》："未有封侯之赏，而听细说，欲诛有功之人。"唐代崔颢《邯郸宫人怨》："兄弟印绶皆被夺，昔年赏赐不复存。"

赚（賺 zhuàn）

小篆1	小篆2	楷书	简化字
賺	賺	賺	赚

赚（賺），形声字。小篆1的"賺"，从贝廉声。小篆2的"賺"，从贝兼声。小篆1为"賺"的异体字，左边从"贝"，表示与财物、商品相联系的行为，在字中表义；小篆2右边为"兼"，在字中表音，为声符。楷书笔画化。现简化为"赚"，形符类推简化。《集韵·陷韵》："赚，市物失实。"《王力古汉语字典》："赚，后起字。获得利润。"

本义指做买卖盈利。唐代李商隐《宫中曲》："赚得羊车来，低扇遮黄子。"元末明初施耐庵《水浒传》第二十四回："又会赚钱，又且好性格，真个难得这等人。"明代吴承恩《西游记》第九十七回："买着的有利，做着的赚钱，被他如今挣了有十万家私。"清代曹雪芹《红楼梦》第四十八回："赚钱也罢，不赚钱也罢，且躲躲羞去。"

购（購 gòu）

小篆	楷书	简化字
購	購	购

购（購），形声字。小篆的"購"，从贝冓（gòu）声。左边从"贝"，表示与财物、商品相联系的行为，在字中表义；右边为"冓"，在字中表音，为声符。楷书笔画化。现简化为"购"，形符类推简化，声符用同音替代法简化。《说文·贝部》："购（購），以财有所求也。从贝冓声。"《说文段注》："购，悬重价以求得其物也。"

本义为悬赏征求，重金收买。《战国策·燕策三》："秦王购之金千斤，邑万家。"《史记·项羽本纪》："吾闻汉购我头千金，邑万户，吾为若德。"唐代张守节《史记正义》："汉以一斤金为一金，当一万钱也。"宋代文天祥《指南录后序》："穷饿无聊，追购又急，天高地迥，号呼靡及。"

贪（貪 tān）

甲骨文	金文	小篆	楷书	简化字
含	貪	貪	貪	贪

贪（貪），会意兼形声字。甲骨文的"貪"，为会意字，从贝从口。下边从"貝"表示与财物、商品相联系的行为，上边为"A"（口），表示含在嘴里，合起来表示爱财至极，含贝在口。金文将"口"写成"今"，"口"之"含"之意省略，为从贝今声的形声字。小篆承续金文字形。楷书笔画化。现简化为"贪"，形符类推简化。《说文·贝部》："貪（贪），欲物也。从贝今声。"《甲骨文字典》等中未收此字。《玉篇·贝部》："贪，欲也。"

本义为贪财，不择手段地求取财物。《左传·襄公二十三年》："贪货弃命，亦君所恶也。"李梦生《左传译注》将"贪货"译为"贪图财货"。《楚辞·离骚》："众皆竞进以贪婪兮，凭不厌乎求索。"汉代王逸注："爱财曰贪，爱食曰婪。"《韩非子·十过》："虞公贪利其璧与马而欲许之。"

赂（賂 lù）

小篆	楷书	简化字
賂	賂	赂

赂（賂），形声字。小篆的"賂"，从贝各声。左边从"贝"，表示与财物、商品相联系的行为，在字中表义；右边为"各"，在字中表音，为声符。楷书笔画化。现简化为"赂"，形符类推简化。《说文·贝部》："賂（赂），遗也。从贝各声。"《说文段注》："货赂皆谓物。其用之则有公私衺（xié）正之不同。"《玉篇·贝部》："赂，遗也。"遗，读wèi，赠送。

本义为赠送财物。《诗·鲁颂·泮水》："元龟象齿，大赂南金。"汉代毛亨传："赂，遗也。"引申为行贿，以财物买通他人。《荀子·富国》："割国之锱铢以赂之。"蒋南华等《荀子全译》将"赂"译为"贿赂"。《国语·晋语一》："骊姬赂二五，使言于公曰。"黄永堂《国语全译》将"赂"译为"贿赂"。汉代贾谊《过秦论》："于是从散约败，争割地而赂秦。"

赎（贖 shú）

金文	小篆	楷书	简化字
齍	贖	贖	赎

赎（贖），形声字。金文的"贖"，实为"賣"（卖）字，为会意字，从出从买。上边从"出"，下边从"買"，"賣"为"贖"之初文。小篆的"贖"，为形声字，从贝賣声。左边从"贝"，表示与财物、商品相联系的行为；右边为"賣"，在字中表音，为声符。楷书笔画化。现简化为"赎"，用草书简化法简化。《说文·贝部》："贖（赎），贸也。从贝賣声。"方述鑫等《甲骨金文字典》："贖（赎），金文以賣为贖，乃贖之初文，賣字已有贝，后为与買賣相区分，则更加贝旁，以为贖

378

之专字。""金文'賣'、'贖'一字。"

本义为用财物换回人或抵押品。《诗·秦风·黄鸟》:"如可赎兮,人百其身!"《左传·宣公二年》:"宋人以兵车百乘,文马百驷,以赎华元于郑。"李梦生《左传译注》将"赎"译为"赎取"。清代曹雪芹《红楼梦》第十九回:"今日可巧有赎身之论,故先用骗词,以探其情。"引申为用财脱罪或抵免过失。《汉书·李广苏建传》:"失军当斩,赎为庶人。"《汉书·张骞传》:"匈奴围李将军,军失亡多,而骞后期当斩,赎为庶人。"清代曹雪芹《红楼梦》第十九回:"若果然还艰难,把我赎出来,再多掏澄几个钱。"

第三,表示财物价值的高低或占有财物数量的多少,主要有"贵(貴)、贱(賤)、贤(賢)、贫(貧)"。

贵(貴 guì)

甲骨文1	甲骨文2	金文	小篆	楷书	简化字
𦥑	𦥑	賮	貴	貴	贵

贵(貴),会意兼形声字。甲骨文1、2的"贵",为会意字,从𠂇𠃑从土,或从𠀆,表示以手搬土以治理田垄之形。金文稍有讹变,演变为从贝臾(guì)声的形声字。下边从"贝",表示与财物价值的高低有关,在字中表义;上边为"臾",在字中表音,为声符。楷书笔画化。现简化为"贵",形符类推简化。《说文·贝部》:"贵(貴),物不贱也。从贝臾声。"方述鑫等《甲骨金文字典》:"贵,甲骨文从𠂇𠃑或𠂇𠃑,从土,象以手搬土以治理田垄之形。甲骨文常见贵田,贵读为隤(tuí),隤田即耨(nòu)田,或以两手持𠀆在土上有所作为之形。𠀆即隤田之工具(胡厚宣说)。"

本义为物价高,与"贱"相对。《左传·昭公三年》:"国之诸市,屦贱踊贵。"引申为重视。《国语·晋语七》:"且夫戎、狄荐处,贵货而易土。"黄永堂《国语译注》:"贵,重、重视。"《晋书·左思传》:"于是豪贵之家竞相传写,洛阳为之纸贵。"今有成语"洛阳纸贵"。引申为社会地位高。《广雅·释言》:"贵,尊也。"《礼记·祭义》:"先王之所以治天下者五:贵有德,贵贵,贵老,敬长,慈幼。"《史记·陈涉世家》:"苟富贵,无相忘。"清代曹雪芹《红楼梦》第三十七回:"一样这屋里的人,难道谁又比谁高贵些?"

贱(賤 jiàn)

小篆	楷书	简化字
賤	賤	贱

贱(賤),形声字。小篆的"賤",从贝戋(jiān)声。左边从"贝",表示与财物价值的高低有关;右边为"戋",在字中表音,为声符。楷书笔画化。现简化为"贱",形符、声符均类推简化。《说文·贝部》:"贱(賤),贾少也。从贝戋声。"《说文段注》:

"贾,今之價(价)字。"

本义为价格低,与"贵"相对。《商君书·外内》:"食贱则农贫,钱重则商富。"《汉书·食货志》:"又曰籴其贵伤民,甚贱伤农;民伤则离散,农伤则国贫。"唐代白居易《卖炭翁》:"可怜身上衣正单,心忧炭贱愿天寒。"

贤（賢 xián）

甲骨文	金文	小篆	楷书	简化字
𦣞	臤	賢	賢	贤

贤（賢），会意兼形声字。甲骨文的"賢",最初为"臤"(xián),从臣从又。从"臣"表示臣仆,代表人才,从"又"表示管理,合起来表示有一定管理才能的人。金文在"臤"下加"貝",表示宝贵的、难得的人才。小篆承续金文字形,为从贝臤声的形声字。下边从"貝",表示与财富有关;上边为"臤",在字中表义亦表音,为声符。楷书笔画化。现简化为"贤",形符类推简化,声符为简化偏旁类推简化。《说文·贝部》:"賢（贤）,多才也。从贝臤声。"方述鑫等《甲骨金文字典》:"贤,金文初仅以臤为贤,后渐加贝或子。"

本义为多财。《庄子·徐无鬼》:"以德分人谓之圣,以财分人谓之贤。"陈鼓应《庄子今注今译》译为"以财施人称为贤"。引申为有德行,多才能。《史记·廉颇蔺相如列传》:"相如既归,赵王以为贤大夫使不辱于诸侯,拜相如为上大夫。"三国诸葛亮《出师表》:"亲贤臣,远小人,此先汉所以兴隆也。"明代吴承恩《西游记》第十二回:"唐王果是十分贤德,就去那寺里佛前,与玄奘拜了四拜。"引申为胜过、超过。《战国策·赵策四》:"老臣窃以为媪之爱燕后贤于长安君。"唐代韩愈《师说》:"是故弟子不必不如师,师不必贤于弟子。"

贫（貧 pín）

小篆	楷书	简化字
貧	貧	贫

贫（貧），会意兼形声字。小篆的"貧",从贝从分,分亦声。下边从"貝",表示与财富有关;上边为"分",在字中既表义又表音,一个"贝"还要分开,表示贫困。楷书笔画化。现简化为"贫",形符类推简化。《说文·贝部》:"貧（贫）,财分少也。从贝从分,分亦声。"《说文段注》:"谓财分而少也。合则见多,分则见少。"

本义为缺少财物,贫困。《论语·学而》:"贫而无谄,富而无骄,何如?"《庄子·让王》:"无财谓之贫,学而不能行谓之病。"陈鼓应《庄子今注今译》译为"没有钱财叫做贫"。汉代晁错《论贵粟疏》:"贫生于不足,不足生于不农。"明代宋濂《送东阳马生序》:"余幼时即嗜学。家贫,无从致书以观。"

第十六章 宀部之类

宀部之类包括宀、广、户、门（門）、穴五部，均与房舍、居处、洞穴有关。

第一节 "宀"部及其例字

"宀"部均与房舍、居处有关。

宀（mián）

一、形体演变

甲骨文1	甲骨文2	小篆	楷书
∩	∧	宀	宀

二、构形理据

宀，象形字，甲骨文1的"宀"（mián）像房屋的侧视形，有顶盖，有墙壁，有的还有烟囱。甲骨文2的"宀"，取房屋屋顶及其两侧墙壁之象。小篆承续甲骨文字形。楷书笔画化。《说文·宀部》："宀，交覆深屋也。象形。"《说文段注》："古者屋四注：东西与南北皆交覆也，有堂有室是为深屋。"徐中舒《甲骨文字典》："宀，象宫室外部轮廓形。据半坡村仰韶房屋遗址复原，乃在圆形基址上建墙，墙上覆圆锥形屋顶，屋顶中开有通窗孔，下有门。此种建筑外露部分较少，因而深密。故《说文》云：'宀，交覆深屋也。'"方述鑫等《甲骨金文字典》："宀，甲骨文象屋庐舍之侧视形。"

三、本义

本义为房屋，现在只作部首，很少单用。辽代张轮翼《罗汉院八大灵塔记》："宀遇班输，磨砌神工。"

四、理据例说

"宀"古今均为部首字，通常称为"宝盖儿"。从"宀"的字，其义大都与房屋有关，主要有以下三类。

381

第一，表示房屋及与其相关的人或事，主要有"家、宅、室、客、宇、宙、宫、宗"。

家（jiā）

甲骨文	金文1	金文2	小篆	楷书

家，会意字。甲骨文的"家"，从宀（mián）从豕。上边从"宀"，表示与房屋有关；里边为"豕"（即猪），表示在屋子下边养猪，这样就避免了野兽的侵害。猪是繁殖力旺盛的动物，在古代圈养的生猪能提供食物，直到现在还有少数保留古风的客家人在居所内圈养生猪。金文1的字形更为直观。金文2从宀从豕。小篆承续金文2的字形。楷书笔画化。《说文·宀部》："家，居也。从宀，豭（jiā）省声。"方述鑫等《甲骨金文字典》："家，甲骨文从宀，从豕，金文亦从宀从豕，即以豭为声。"

本义为屋内，居住的地方。《诗·周南·桃夭》："之子于归，宜其室家。"《诗·大雅·绵》："古公亶父，陶复陶穴，未有家室。"程俊英《诗经译注》："家室，房屋。"晋代陶渊明《桃花源记》："具答之，便要还家，设酒杀鸡作食。"古代卿大夫的采地食邑称为"家"。《论语·季氏》："丘也闻有国有家者，不患寡而患不均，不患贫而患不安。"《孟子·梁惠王上》："王曰：'何以利吾国？'大夫曰：'何以利吾家？'士庶人曰：'何以利吾身。'"也指学术或艺术流派。汉代贾谊《过秦论》："于是废先王之道，焚百家之言，以愚黔首。"

宅（zhái）

甲骨文	金文	小篆	楷书

宅，形声字。甲骨文的"宅"，从宀（mián）乇（zhé）声。上边从"宀"，表示与房屋有关；里边为"乇"，在字中表音，为声符。金文承续甲骨文字形。小篆承续甲、金文字形。楷书笔画化。《说文·宀部》："宅，所托也。从宀乇声。"《说文段注》："托者，寄也。"徐中舒《甲骨文字典》："宅，从宀从乇。与《说文》篆文字形略同。"

本义为住所、住处。《孟子·梁惠王上》："五亩之宅，树之以桑，五十者可以衣帛矣。"晋代陶渊明《归园田居》："方宅十余亩，草屋八九间。"唐代杜甫《江南逢李龟年》："岐王宅里寻常见，崔九堂前几度闻。"唐代白居易《琵琶行（并序）》："住近湓江地低湿，黄芦苦竹绕宅生。"宅第，指显贵人家的住所。唐代卢纶《留别耿漳侯钊冯著》："笙镛新宅第，岐路古山陂。"

室（shì）

甲骨文	金文	小篆	楷书

室，会意兼形声字。甲骨文的"室"，从宀（mián）从至，至亦声。上边从"宀"，表示与房屋有关；里边从"至"，在字中既表义又表音，表

示人到屋中就停止行走了。金文承续甲骨文字形。小篆承续甲、金文字形。楷书笔画化。《说文·宀部》："室，实也。从宀从至。至，所止也。"《说文段注》："以叠韵为训。古者前堂后室。《释名》曰：'室，实也。人物实满其中也。'引申之则凡所居皆曰室。"徐中舒《甲骨文字典》："室，从宀从至，与《说文》篆文同。"

本义为内室。古人的房屋内部为前"堂"后"室"，室的东西两侧叫"房"。《周易·系辞下》："上古穴居而野处，后世圣人易之以宫室，上栋下宇，以待风雨。"黄寿祺、张善文《周易译注》将"宫室"译为"房屋"。《礼记·问丧》："入门而弗见也，上堂又弗见也，入室又弗见也。"明代魏学洢《核舟记》："明有奇巧人曰王叔远，能以径寸之木，为宫室、器皿、人物，以至鸟兽、木石。"今有成语"升堂入室""十室九空"。

客（kè）

客，会意兼形声字。甲骨文的"客"，为会意字，从宀（mián）从二止从人。上边从"宀"，表示与房屋有关；里边从二"止"，表示走近他乡；从"人"，表示人走近他乡，暂居他乡。三部分合起来就是暂居他乡。金文将"宀"中的二"止"与"人"讹变为"各"，构成从宀各声的形声字。小篆承续金文字形。楷书笔画化。《说文·宀部》："客，寄也。从宀各声。"清代王筠《说文句读》："偶寄于是，非久居也。"方述鑫等《甲骨金文字典》中"客"字说解同《说文》。

本义为寄居、旅居。唐代张籍《答刘明府》："身病多时又客居，满城亲旧尽相疏。"唐代韩愈《寄崔二十六立之》："客居京城中，十日营一炊。"唐代白居易《雨夜有念》："吾兄寄宿州，吾弟客东川。"引申为客人。元末明初罗贯中《三国演义》第一回："人报有两个客人，引一伙伴当，赶一群马，投庄上来。"元末明初施耐庵《水浒传》第二回："客人休要烦恼，教你老母且在老夫庄上住几日。"

宇（yǔ）

宇，形声字。金文的"宇"，从宀（mián）于声。上边从"宀"，表示与房屋有关；里边为"于"，在字中表音，为声符。小篆基本承续金文字形。楷书笔画化。《说文·宀部》："宇，屋边也。从宀于声。《易》曰：'上栋下宇。'寓，籀文宇从禹。"方述鑫等《甲骨金文字典》中"宇"字说解同《说文》。

本义为屋檐。《诗·豳风·七月》："七月在野，八月在宇，九月在户。"唐代陆德明《经典释文》："宇，屋四垂为宇。《韩诗》云：'宇，屋霤也。'"《说文·雨部》："霤，屋水流也。"程俊英《诗经译注》："宇，屋檐。这里指屋檐的下面。"引申为房屋。《汉书·郊祀志》："于是作渭阳五帝庙，同宇。"唐代颜师古《汉书注》："宇谓屋之覆也。言同一屋之下而别为五庙，各立门室也。"引申为天空。《楚辞·九章·涉江》："霰雪纷其无垠兮，云霏霏而承宇。"黄寿祺、梅桐生《楚辞全译》："承宇，弥漫天空。"

宙（zhòu）

甲骨文	小篆	楷书
宙	宙	宙

宙，形声字。甲骨文的"宙"，从宀（mián）由声。上边从"宀"，表示与房屋有关；里边为"由"，在字中表音，为声符。小篆承续甲骨文字形。楷书笔画化。《说文·宀部》："宙，舟舆所极、覆也。从宀由声。"《说文段注》："覆者，反也。与复同，往来也。舟舆所极覆者，谓舟车自此至彼而复还此如循环然，故其字从由，如轴字从由也。训诂家皆言上下四方曰宇，往古来今曰宙。由今溯古，复由古沿今。"宙，《甲骨文字典》中未见。

本义为栋梁。《淮南子·览冥训》："草木不摇，而燕雀佼之，以为不能与之争于宇宙之间。"汉代高诱注："宇，屋檐也。宙，栋梁也。"

引申为天地、天下。《淮南子·原道训》："横四维而含阴阳，紘宇宙而章三光。"汉代高诱注："四方上下曰宇，古往今来曰宙，以喻天地。"引申为古往今来的时间，时间的总称。《庄子·庚桑楚》："有实而无乎处者，宇也；有长而无本剽者，宙也。"陈鼓应《庄子今注今译》："古往今来叫宙。"《淮南子·齐俗训》："往古来今谓之宙，四方上下谓之宇，道在其间，而莫知其所。"今有词语"宇宙""世宙"。

宫（gōng）

甲骨文	金文	小篆	楷书
宫	宫	宫	宫

宫，象形字。甲骨文的"宫"，像房屋形，在穴居野处时代即是洞窟，外围像洞门，里面的小框框像彼此连通的小窟，即人们居住的地方。金文、小篆承续甲骨文字形。楷书笔画化。《说文·宫部》："宫，室也。从宀，躳省声。"《说文段注》："宫言其外之围绕。室言其内。析言则殊。统言不别也。"李孝定《甲骨文字集释》："宀，象正视之形。""罗振玉曰：'从宀从吕，象有数室之状。吕象此室达于彼室之状。皆象形也。'"从甲骨文的解释来看，"宫"当为象形字。

本义为古代房屋、居室的通称。《尔雅·释宫》："宫谓之室，室谓之宫。"《诗·豳风·七月》："我稼既同，上入执宫功。"程俊英《诗经译注》："宫功，修缮建筑宫室。"《周易·系辞下》："上古穴居而野处，后世圣人易之以宫室。"《孟子·滕文公上》："且许子何不为陶冶，舍皆取诸其宫中而用之？"《战国策·秦策一》："父母闻之，清宫除道，张乐设饮，郊迎三十里。"张清常、王延栋《战国策笺注》："宫、室：房屋。"秦代以来，宫专指宫廷，帝王的住所。《战国策·赵策四》："愿令得补黑衣之数，以卫王宫，没死以闻。"《史记·留侯世家》："沛公入秦宫，宫室帷帐狗马重宝妇女以千数，意欲留居之。"《史记·秦始皇本纪》："作宫阿房，故天下谓之阿房宫。"

宗（zōng）

| 甲骨文 | 金文 | 小篆 | 楷书 |

宗，会意字。甲骨文的"宗"，从宀从示。上边从"宀"表示与房屋有关，里边从"示"表示神祇（qí），合起来表示在室内对祖先进行祭祀。金文、小篆承续甲骨文字形。楷书笔画化。《说文·宀部》："宗，尊祖庙也。从宀从示。"徐中舒《甲骨文字典》："宗，从宀从示，象祖庙中有神主之形。丁即神主。"

本义为宗庙、祖庙。《诗·大雅·凫鹥》："既燕于宗，福禄攸降。"汉代郑玄笺："宗，社宗也。群臣下及民，尽有祭社之礼而燕饮焉，为福禄所下也。"程俊英《诗经译注》："宗，宗庙。"《仪礼·士昏礼》："往迎尔相，承我宗事。"汉代郑玄注："宗事，宗庙之事。"《左传·昭公二十二年》："寡君闻君有不令之臣为君忧，无宁以为宗羞？"晋代杜预注："言华氏为宋宗庙之羞耻。"引申为祖先。《左传·成公三年》："若不获命，而使嗣宗职，次及于事，而帅偏师。"晋代杜预注："嗣其祖宗之位职。"

第二，表示与房屋相联系的行为，有"宿、寄、寓"。

宿（sù）

| 甲骨文 | 金文 | 小篆 | 楷书 |

宿，会意兼形声字。甲骨文的"宿"，为会意字，从宀从人从𠂤（席）。上边从"宀"表示与房屋相联系的行为，下边左侧从"人"、右侧从"𠂤"，表示人在席上，合起来表示在室内人在席子上睡觉。金文、小篆承续甲骨文字形。楷书笔画化。《说文·宀部》："宿，止也。从宀𠈇（sù）声。𠈇，古文夙。"林义光《文源》："𠈇为古文夙，不可考。"方述鑫等《甲骨金文字典》："宿，甲骨文从人在𠂤（席）旁或𠂤上，以示止息之意。"

本义为住宿、过夜。《诗·邶风·泉水》："出宿于干，饮饯于言。"此句中的"宿"，即住宿。《诗·小雅·我行其野》："昏姻之故，言就尔宿。"《论语·微子》："止子路宿，杀鸡为黍而食之。"《孟子·公孙丑下》："孟子去齐，宿于昼。"《乐府诗集·木兰诗》："旦辞爷娘去，暮宿黄河边。"明代崔铣《记王忠肃公翱三事》："（公）出，驾而宿于朝房，旬乃还第。"

寄（jì）

| 小篆 | 楷书 |

寄，形声字。小篆的"寄"，从宀（mián）奇声。上边从"宀"，表示与房屋相联系的行为；下边为"奇"，在字中表音，为声符。楷书笔画化。《说文·宀部》："寄，托也。从宀奇声。"《说文段注》：

"寄，托也。字从奇。奇，异也；一曰不耦也。言部曰：托，寄也。《方言》曰：'鰓托庇寓媵寄也。'"

本义为寄居、依附。《荀子·劝学》："蟹六跪而二螯，非蛇、蟺之穴无可寄托者，用心躁也。"唐代杜甫《自京赴奉先县咏怀五百字》："老妻寄异县，十口隔风雪。"清代曹雪芹《红楼梦》第五回："却说薛家母子在荣府中寄居等事略已表明，此回则暂不能写矣。"引申为托人递送。唐代崔国辅《对酒》："寄言当代诸少年，平生且尽杯中渌。"唐代刘希夷《白头吟》："寄言全盛红颜子，须怜半死白头翁。"明代崔铣（xiǎn）《记王忠肃公翱三事》："女寄言于母。夫人一夕置酒，跪白公，公大怒。"

寓（yù）

金文	小篆	楷书
寓	寓	寓

寓，会意兼形声字。金文的"寓"，为会意字，从宀（mián）从禺。上边从"宀"，表示与房屋相联系的行为；下边从"禺"，表示手持面具娱乐。小篆将金文字形中的手持面具"禺"写成了"禺"（yù），构成从宀禺声的形声字。楷书笔画化。《说文·宀部》："寓，寄也。从宀禺声。庽，寓或从广。"五代南唐徐锴《说文解字系传》："广者，依岩为室。"一般金文字典未有说解。方述鑫等《甲骨金文字典》中"寓"字说解同《说文》。

本义为寄居、寄住。《礼记·郊特牲》："诸侯不臣寓公，故古者寓公不继世。"汉代郑玄注："寓，寄也。""寓或为'托'。"《孟子·离娄下》："无寓人于我室，毁伤其薪木。"明代宋濂《送东阳马生序》："寓逆旅，主人日再食，无鲜肥滋味之享。"宋代文天祥《指南录后序》："夜则以兵围所寓舍，而予不得归矣。"元末明初罗贯中《三国演义》第四回："操无妻小在京，只独居寓所。"

第三，表示房屋及与房屋有关事物的性质，主要有"宽（寬）、安、寒、完、宴、实（實）"。

宽（寬 kuān）

小篆	楷书	简化字
寬	寬	宽

宽（寬），形声字。小篆的"寬"，从宀莧（huán）声。上边从"宀"，表示与房屋有关事物的性质有关，在字中表义；下边从"莧"，在字中表音，为声符。楷书笔画化。现简化为"宽"，"見"字类推简化。《说文·宀部》："寬（寬），屋宽大也。从宀莧声。"《说文段注》："《广韵》曰：'裕也。缓也。'其引申之义也。古文假完字为之。"

本义为房屋宽敞。《后汉书·刘般传》："时五校官显职闲，而府寺宽敞，舆服光丽。"《清史稿·列传一百十》："南方晴少雨多，各营操练闲旷，令于阴雨时择公所或宽敞寺宇操练。"引申为宽厚。《诗·卫风·淇奥》："宽兮绰兮，倚重较兮。"汉代毛亨传："宽能容众。"《汉书·荆燕吴传》："数上书说之，文帝宽，不忍罚，以此吴王日益横。"《史记·廉颇蔺相如列传》："鄙贱之人，不知将军宽之至此也。"汉代贾谊《过秦论》："此四君者，皆明智而忠信，宽厚而爱人。"

安（ān）

| 甲骨文 | 金文 | 小篆 | 楷书 |

安，会意字。甲骨文的"安"，从宀从女。上边从"宀"表示与房屋有关事物的性质有关，下边从"女"表示女子，合起来表示女子在家里很安全、没有危险。金文、小篆承续甲骨文字形。楷书笔画化。《说文·宀部》："安，静也。从女在宀下。"《说文段注》："竫（jìng）者，亭安也。与此为转注。"清代桂馥《说文解字义证》引《六书故》："室家之内，女所安也。"徐中舒《甲骨文字典》："安，从宀从女。与《说文》篆文同。"

本义为安全、安宁、安定。《周易·系辞下》："是故君子安而不忘危，存而不忘亡，治而不忘乱。"《左传·襄公十一年》："《书》曰'居安思危'，思则有备，有备无患。"唐代杜甫《茅屋为秋风所破歌》："安得广厦千万间，大庇天下寒士俱欢颜。"

寒（hán）

| 甲骨文 | 金文 | 小篆 | 楷书 |

寒，会意字。甲骨文的"寒"，从宀从人从冫。上边从"宀"，表示与房屋有关事物的性质有关，下边从"人"，"人"四周有"冫"，表示草堆，合起来表示人在屋里睡在铺满草蓐的床上。金文在甲骨文的字形上又增加了"夕"，表示晚上，又增加了"仌"（冰），表示寒冷。小篆的"寒"，省去金文的"夕"，为从宀从人从茻（mǎng）从仌的会意字。楷书笔画化。《说文·宀部》："寒，冻也。从人在宀下，以茻荐覆之，下有仌。"《说文段注》："冻当作冷。十一篇曰：'冻，仌也。冷，寒也。'此可证矣。"方述鑫等《甲骨金文字典》中"寒"字说解同《说文》。

本义为寒冷。《论语·子罕》："岁寒，然后知松柏之后雕也。"《庄子·德充符》："饥渴寒暑，是事之变，命之行也。"《列子·汤问》："寒暑易节，始一反焉。"唐代白居易《卖炭翁》："可怜身上衣正单，心忧炭贱愿天寒。"

完（wán）

| 小篆 | 楷书 |

完，形声字。小篆的"完"，从宀元声。上边从"宀"，表示与房屋有关事物的性质有关；下边为"元"，在字中表音，为声符。楷书笔画化。《说文·宀部》："完，全也。从宀元声。"

本义为完备、完整。《荀子·劝学》："巢非不完也，所系者然也。"《荀子·议兵》："韩之上地，方数百里，完全富足而趋赵。"蒋南华等《荀子全译》："完全，指城邑完整无损。"《史记·廉颇蔺相如列传》："城入赵而璧留秦；城不入，臣请完璧归赵。"

宴（yàn）

| 金文 | 小篆 | 楷书 |

宴，形声字。金文的"宴"，从宀晏（yàn）声。上边从"宀"，表示与房屋有关事物的性质有关；下边为"晏"，在字中表音，为声符。小篆承续金文字形。楷书笔画化。《说文·宀部》："宴，安也。从宀晏声。"《说文段注》："引伸为宴飨。经典多叚燕为之。从宀，晏声。晏见女部，安也。"

本义为安逸、逸乐。《诗·邶风·谷风》："宴尔新昏，如兄如弟。"汉代毛亨传："宴，安也。"《左传·闵公元年》："宴安酖毒，不可怀也。"唐代孔颖达疏："宴安自逸，若酖毒之药，不可怀恋也。"宋代沈括《梦溪笔谈·雁荡山》："唐僧贯休为《诺矩罗赞》，有'雁荡经行云漠漠，龙湫（qiū）宴坐雨蒙蒙'之句。"引申为以酒食款待宾客。《周易·需》："君子以饮食宴乐。"唐代白居易《琵琶行（并序）》："移船相近邀相见，添酒回灯重开宴。"

实（實 shí）

| 金文 | 小篆 | 楷书 | 简化字 |

实（實），会意字。金文的"實"，从宀从贯。上边从"宀"，表示与房屋有关事物的性质有关；下边为"贯"，表示货物，以货物充于屋下。小篆承续金文字形。楷书笔画化。现简化为"实"，为草书楷化法简化。《说文·宀部》："實（实），富也。从宀从貫。貫，货贝也。"《小尔雅·广诂》："实，满也。"方述鑫等《甲骨金文字典》的解释与《说文》同。

本义为财物充足。《孟子·梁惠王下》："而君之仓廪实，府库充，有司莫以告，是上慢而残下也。"《韩非子·亡征》："公家虚而大臣实，正户贫而寄寓富，耕战之士困，末作之民利者，可亡也。"汉代贾谊《论积贮疏》："管子曰：'仓廪实而知礼节。'"

第二节 "广"部及其例字

"广"部亦属于宀部之类，与房舍、居处有关。需要注意的是"广"与"廣"在古代是两个字，其义各不相同，但在现代汉字中"广"是"廣"的简化字。"广"在古代读为 yǎn。

广（yǎn）

一、形体演变

甲骨文	小篆	楷书
𠂆	广	广

二、构形理据

广，象形字。甲骨文的"广"，像"⌂"（宀，斜顶的房屋）切去一半墙就成了"𠂆"（广），也就是说"广"是"宀"的一半。小篆承续甲骨文字形。楷书笔画化。《说文·广部》："广，因广为屋，象对刺高屋之形。"《说文段注》："厂者，山石之厓岩。因之为屋，是曰广。"《广韵·琰韵》："广，因岩为屋。"可见，"广"是指依山崖建造的房屋。

三、本义

本义为依山崖建造的房屋，文献用例不多。唐代韩愈《陪杜侍御游湘西两寺独宿有题一首，因献杨常侍》："剖竹走泉源，开廊架崖广。"引申为房屋。元代袁桷（jué）《次韵瑾子过梁山泺（luò）三十韵》："土屋危可缘，草广突如峙。"

四、理据例说

"广"为部首字。从"广"的字，其义均与房屋有关，与从"宀"的字有相同之处，大致可分三类。

第一，表示房屋或与房屋相关的事物，主要有"庖、庠、序、庙（廟）、庑（廡）、府、库（庫）、庐（廬）"。

庖（páo）

小篆	楷书
庖	庖

庖，形声字。小篆的"庖"，从广（yǎn）包声。上边从"广"，表示与房屋有关；下边为"包"，在字中表音，为声符。楷书笔画化。《说文·广部》："庖，厨也。从广包声。"《玉篇·广部》："庖，厨也。"

本义为厨房。《诗·小雅·车攻》："徒御不惊，大庖不盈。"程俊英《诗经译注》："大庖，指宣王的厨房。"《孟子·梁惠王上》："庖有肥肉，厩有肥马，民有饥色，野有饿莩，此率兽而食人也。"《孟子·梁惠王上》："是以君子远庖厨也。"唐代王维《韦给事山居》："庖厨出深竹，印绶隔垂藤。"

庠（xiáng）

小篆	楷书
庠	庠

庠，形声字。小篆的"庠"，从广（yǎn）羊声。上边从"广"，表示与房屋有关；下边为"羊"，在字中表音，为声符。楷书笔画化。《说文·广部》："庠，礼官养老。夏曰校，殷曰庠，周曰序。从广羊声。"

本义为古代地方学校。《孟子·滕文公上》："夏曰校，殷曰序，周曰庠，学则三代共之。"《汉书·儒林传》："乡里有教，夏曰校，殷曰庠，周曰序。"《聊斋志异·促织》："宰悦，免成役，又嘱学使俾入邑庠。"

序（xù）

金文	小篆	楷书
序	序	序

序，会意兼形声字。金文的"序"，为会意字，从广（yǎn）从ㄋ。上边从"广"，表示与房屋有关；下边为"ㄋ"，表示主屋"o"和回廊"ㄟ"。小篆演变为从广（yǎn）予声的形声字。楷书笔画化。《说文·广部》："序，东西墙也。从广予声。"

本义为堂屋的东西墙。《礼记·丧大记》："大夫陈衣于序东，五十称，西领，南上。"唐代柳宗元《永州龙兴寺西轩记》："至则无以为居，居龙兴寺西序之下。"引申为古代学校的别名。《周礼·州长》："春秋以礼会民，而射于州序。"汉代郑玄注："序，州党之学也。"杨天宇《周礼译注》："序，是州党一级的学校名。"

庙（廟 miào）

金文	小篆	楷书	简化字
廟	廟	廟	庙

庙（廟），形声字。金文的"廟"，从广（yǎn）朝声。上边从"广"，表示与房屋有关；下边为"朝"，在字中表音，为声符。小篆承续金文字形。楷书笔画化。现简化为"庙"，声符更换简化。《说文·广部》："廟（庙），尊先祖皃也。从广朝声。庿，古文。"《说文段注》："古者庙以祀先祖。凡神不为庙也。为神立庙者，始三代以后。"方述鑫等《甲骨金文字典》："廟（庙），金文从广或从宀，从朝，朝亦声。从广与从宀每无别。"

本义为宗庙，供奉祭祀祖先的处所。《诗·大雅·思齐》："雍雍在宫，肃肃在庙。"汉代郑玄笺："助祭于庙则尚敬，言得礼之宜。"《战国策·齐策四》："庙成，还报孟尝君曰：'三窟已就，君姑高枕为乐矣。'"汉代贾谊《过秦论》："一夫作难而七庙隳，身死人手，为天下笑者，何也？"宋代欧阳修《伶官传序》："庄宗受而藏之于庙。"

庑（廡 wǔ）

小篆	楷书	简化字
廡	廡	庑

庑（廡），形声字。小篆的"廡"，从广（yǎn）无声。上边从"广"，表示与房屋有关；下边为"无"，在字中表音，为声符。楷书笔画化。现简化为"庑"，声符类推简

化。《说文·广部》：" 廡（庑），堂下周屋。从广无声。"

本义为堂下周围的走廊。《楚辞·湘夫人》："合百草兮实庭，建芳馨兮庑门。"黄寿祺、梅桐生《楚辞全译》："庑，《集注》：'庑，堂下周屋也。'即走廊。"《后汉书·逸民列传》："遂至吴，依大家皋伯通，居庑下，为人赁舂。"清代方苞《左忠毅公逸事》："庑下一生伏案卧，文方成草。"

府（fǔ）

金文	小篆	楷书
府	府	府

府，会意兼形声字。金文的"府"，从宀从贝从付，付亦声。上边从"宀"表示与房屋有关，里边下部为"贝"，"贝"上为"付"，从"贝"表示与财宝有关，从"付"表示与交接有关，"付"亦声，兼表音，合起来表示交接财宝的房屋。小篆省去金文中的"贝"，并将金文中的"宀"写成了"广"。楷书承续小篆字形并笔画化。《说文·广部》："府，文书藏也。从广付声。"《说文段注》："文书所藏之处曰府。引伸之为府史胥徒之府。"方述鑫等《甲骨金文字典》："府，金文从宀（同广），从付，从贝，付亦声。当即府之繁文，因与财政经济有关，故从贝。"

本义为府库，古时国家储藏文书或财物的地方。《礼记·曲礼下》："在官言官，在府言府，在库言库。"汉代郑玄注："府谓宝藏货贿之处也。库谓车马兵甲之处也。"《淮南子·时则训》："助贫穷，振乏绝，开府库，出币帛。"引申为官署。《周礼·大宰》："以八法治官府。"汉代郑玄注："百官所居曰府。"三国诸葛亮《出师表》："宫中府中，俱为一体。"唐代韦应物《采玉行》："官府征白丁，言采蓝溪玉。"元末明初施耐庵《水浒传》第六回："一个道人，做得甚事，却不去官府告他？"

库（庫 kù）

金文	小篆	楷书	简化字
庫	庫	庫	库

库（庫），会意字。金文的"庫"，从广（yǎn）从车。上边从"广"，表示与房屋有关；下边从"車"，表示兵车藏在房屋之内。小篆承续金文字形。楷书笔画化。现简化为"库"，"車"类推简化为"车"。《说文·广部》："庫（库），兵车藏也。从车在广下。"《说文段注》："兵车藏也，此库之本义也。引伸之凡贮物舍皆曰库。"方述鑫等《甲骨金文字典》："庫（库），金文从广或从宀，从车。从广与从宀每无别。与《说文》库字篆文构形略同。"

本义为军械库，收藏兵器和兵车的处所。《墨子·七患》："库无备兵，虽有义不能征无义。"《史记·酷吏列传》："大群至数千人，擅自号，攻城邑，取库兵，释死罪。"后泛指贮物的屋舍。《广雅·释宫》："库，舍也。"《左传·昭公十八年》："使府人、库人各儆其事。"唐代孔颖达疏："'在府言府，在库言库'，皆是藏财贿之处。"

《荀子·富国》："故田野荒而仓廪实，百姓虚而府库满，夫是之谓国蹶。"《史记·项羽本纪》："籍吏民，封府库，而待将军。"

庐（廬 lú）

金文	小篆	楷书	简化字
盧	廬	廬	庐

庐（廬），形声字。金文的"廬"，从广（yǎn）盧（lú）声。上边从"广"，表示与房屋有关；下边为"盧"，在字中表音，为声符。小篆承续金文字形。楷书笔画化。现简化为"庐"，声符更换简化。《说文·广部》："廬（庐），寄也。秋冬去，春夏居。从广盧声。"方述鑫等《甲骨金文字典》："廬（庐），金文作盧，或增从广，为《说文》庐字篆文所本。"

本义为特指田中看守庄稼的小屋。《诗·小雅·信南山》："中田有庐，疆埸有瓜。"汉代郑玄笺："中田，田中也。农人作庐焉，以便其田事。"《汉书·食货志》："余二十亩以为庐舍。"唐代颜师古《汉书注》："庐，田中屋也。春夏居之，秋冬则去。"亦泛指简陋的居室。晋代陶渊明《饮酒》："结庐在人境，而无车马喧。"唐代刘禹锡《陋室铭》："南阳诸葛庐，西蜀子云亭。"唐代柳宗元《捕蛇者说》："殚其地之出，竭其庐之入。"

第二，表示房屋的变化及与房屋有关的行为，主要有"废（廢）、庇"。

废（廢 fèi）

小篆	楷书	简化字
廢	廢	废

废（廢），形声字。小篆的"廢"，从广（yǎn）發（fā）声。上边从"广"，表示与房屋的变化有关；下边为"發"，在字中表音，为声符。楷书笔画化。现简化为"废"，声符草书楷化类推简化。《说文·广部》："廢（废），屋顿也。从广發声。"《说文段注》："顿之言钝，谓屋钝置无居之者也。引伸之凡钝置皆曰废。"顿，就是倒下。

本义为房子倾倒、倒塌。《淮南子·览冥训》："往古之时，四极废，九州裂。"宋代李格非《洛阳名园记·吕文穆园》："其池塘竹树，兵车蹂践，废而为丘墟。"引申为废弃、废除。《孟子·梁惠王上》："'然则废衅钟与？'曰：'何可废也？以羊易之！'"汉代贾谊《过秦论》："于是废先王之道，焚百家之言，以愚黔首。"今有词语"百废待兴""半途而废"。

庇（bì）

小篆	楷书
庇	庇

庇，形声字。小篆的"庇"，从广（yǎn）比声。上边从"广"，表示与房屋有关的行为；下边为"比"，在字中表音，为声符。楷书笔画化。《说文·广部》："庇，荫也。从广比声。"

本义为遮蔽、遮护。《左传·文公七年》："公族，公室之枝叶也。若去之，则本根无所庇阴矣。"李梦生《左传译注》将"庇"译为"庇护遮盖"。唐代杜甫《茅屋为秋风所破歌》:"安得广厦千万间,大庇天下寒士俱欢颜。"

第三,表示房屋的性质,如"广(廣)"。

广（廣 guǎng）

甲骨文	金文	小篆	楷书	简化字
𠁁	𠁁	廣	廣	广

广（廣），形声字。甲骨文的"廣"，从宀黄声。上边从"宀"，表示与房屋的性质有关；下边为"黄"，在字中表音，为声符。金文承续甲骨文字形。小篆演变为从广黄声的形声字，"宀"与"广"义同。楷书笔画化。现简化为"广"，为保留特征简化，为记号字。这样"廣"（guǎng）的简化字"广"，与部首字"广"（yǎn）在形体上为同一个字。《说文·宀部》："廣，殿之大屋也。从广黄声。"方述鑫等《甲骨金文字典》："廣（广），金文从广或从宀，从黄，黄亦声。从广与从宀每无别。为《说文》廣字篆文所本。"

本义为宽大的房屋，文献用例较少，常用义为宽阔。《孟子·滕文公下》："居天下之广居，立天下之正位，行天下之大道。"唐代杜甫《茅屋为秋风所破歌》："安得广厦千万间，大庇天下寒士俱欢颜。"

注意："广"和"廣"本不同义，是两个字。"广"，本读 yǎn，其甲骨文和金文的写法像屋墙屋顶，其义是依山崖建造的房屋。"廣"（guǎng），其本义是宽大的房屋，引申为宽阔。现在"广"是"廣"的简化字。

第三节 "户"部及其例字

"户"部亦属于宀部之类，与房屋之门有关。

户（hù）

一、形体演变

甲骨文	籀文	小篆	楷书
曰	床	户	户

二、构形理据

户，象形字。甲骨文的"户"，像一块有转轴的木板，是"門"（门）的一半。籀文在"户"下又加一"木"，强调木质材料。小篆又省去籀文中的"木"。楷书笔画化。《说文·户部》："户，护也。半门曰户。象形。"方述鑫等《甲骨金文字典》："户，甲骨文像单扉之形。金文增从木。与《说文》户字篆文及古文略同。"

三、本义

本义为单扇门。《诗·豳风·七月》:"穹窒熏鼠,塞向墐户。"《仪礼·聘礼》:"堂上八豆,设于户西,西陈。"汉代郑玄注:"户,室也。"《礼记·礼器》:"未有入室而不由户者。"《乐府诗集·木兰诗》:"唧唧复唧唧,木兰当户织。"元代王实甫《西厢记》第三本第二折:"待月西厢下,迎风户半开。"今有成语"夜不闭户""户枢不蠹"。

引申为人家、住户。门户之内是人居处之所,所以引申为人家、住户。这是"户"的现代常用义。唐代魏万《金陵酬李翰林谪仙子》:"金陵百万户,六代帝王都。"唐代李端《昭君词》:"忆著长安旧游处,千门万户玉楼台。"清代洪亮吉《治平篇》:"一人据百人之屋,一户占百户之田,何怪乎遭风雨霜露饥寒颠踣而死者之比比乎?"今有成语"家喻户晓""千门万户"。

四、理据例说

"户"是汉字部首之一。从"户"的字不多,大多与门户有关,主要有"扉、扇、房、扁"。

扉(fēi)

小篆	楷书
扉	扉

扉,形声字。小篆的"扉",从户非声。上边从"户",表示与门户有关;下边为"非",在字中表音,为声符。楷书笔画化。《说文·户部》:"扉,户扇也。从户非声。"

本义为门扇。《仪礼·士丧礼》:"阖东扉,主妇立于其内。"汉代郑玄注:"扉,门扉也。"《左传·襄公二十八年》:"子尾抽桷(jué),击扉三,卢蒲癸自后刺子之。"晋代杜预注:"桷,椽也。扉,门阖也。以桷击扉为期。"唐代白居易《咏兴五首·解印出公府》:"归来履道宅,下马入柴扉。"

扇(shàn)

小篆	楷书
扇	扇

扇,会意字。小篆的"扇",从户从羽。上边从"户",表示与门户有关;下边从"羽",表示古人用美丽的羽毛或花草装饰正门。楷书笔画化。《说文·户部》:"扇也。从户,从翅(省)声。"

本义为门扇。《礼记·月令》:"是月也,耕者少舍,乃修阖扇,寝庙毕备。"汉代郑玄注:"用木曰阖,用竹苇曰扇。"唐代李贺《仁和里杂叙皇甫湜(湜新尉陆浑)》:"洛风送马入长关,阖扇未开逢狎犬。"

房(fáng)

小篆	楷书
房	房

房,形声字。小篆的"房",从户方声。上边从"户",表示与门户有关;下边为"方",在字中表音,为声符。楷书笔画化。《说文·户部》:"房,室在旁也。从户方声。"清代桂馥《说文解字义

394

证》："古者宫室之制。前堂后室；前堂之两头有夹室，后室之两旁有东西房。"

本义为古代正室左右的房间。《尚书·顾命》："兑之戈、和之弓、垂之竹矢，在东房。"汉代孔安国传："东房，东厢夹室。"《仪礼·公食大夫礼》："宰夫筵，出自东房。"汉代郑玄注："筵本在房，宰夫敷之也。天子诸侯左右房。"清代曹雪芹《红楼梦》第三回："上面五间大正房，两边厢房鹿顶耳房钻山，四通八达。"《红楼梦》第一〇四回："贾政便在祠旁厢房坐下，叫了贾珍贾琏过来，问起家中事务。"泛指房屋。《庄子·知北游》："其来无迹，其往无崖，无门无房，四达之皇皇也。"元末明初罗贯中《三国演义》第一回："加以冰雹，落到半夜方止，坏却房屋无数。"元末明初施耐庵《水浒传》第四回："师父少罪，小人住的房屋，也是寺里的，本钱也是寺里的。"

扁（biǎn）

金文	小篆	楷书
𠕋	扁	扁

扁，会意字。金文的"扁"，从户从册。左边从"户"，表示与门户有关；右边从"册"，表示刻字的竹简。小篆演变为上下结构。楷书笔画化。《说文·册部》："扁，署也。从户册。户册者，署门户之文也。"《玉篇·册部》："扁，署门户之文也。"

本义为题字的长方形牌子，即匾额，后作"匾"，通常挂在门户之上。《后汉书·百官志五》："及学士为民法式者，皆扁表其门，以兴善行。"明代吴承恩《西游记》："山门上大书着'布金禅寺'；悬扁上留题着'上古遗迹'。"《清史稿·高宗本纪一》："缄藏世祖所书正大光明扁额上。"《清史稿·高宗本纪六》："赐台湾广东庄、泉州庄义民御书扁额。"

第四节 "门（門）"部及其例字

"门"部亦属于宀部之类，与房屋之门有关。

门（門 mén）

一、形体演变

甲骨文	金文	小篆	楷书	简化字
門	門	門	門	门

二、构形理据

门（門），象形字。甲骨文的"門"像两扇门形。金文、小篆承续甲骨文字形。楷书笔画化。现简化为"门"，草书楷化法简化。《说文·门部》："门（門），闻也。

从二户。象形。"《说文段注》:"闻也,以韵为训。闻者,谓外可闻于内,内可闻于外也。"方述鑫等《甲骨金文字典》:"門(门),甲金文从二户,象门形。为《说文》门字篆文所本。"

"门"与"户"均指门,稍有区别:古代"户"是单扇门,"门"是双扇门;在堂室曰户,在区域曰门。后来"门"的词义泛化,泛指建筑物的出入口,已无单扇与双扇之分。

三、本义

本义为建筑物的出入口。《左传·僖公二十二年》:"妇人送迎不出门,见兄弟不逾阈。"《战国策·齐策一》:"令初下,群臣进谏,门庭若市。"《孟子·滕文公上》:"禹八年于外,三过其门而不入。"晋代陶渊明《归去来兮辞》:"园日涉以成趣,门虽设而常关。"《乐府诗集·木兰诗》:"开我东阁门,坐我西阁床。"唐代柳宗元《王氏伯仲唱和诗序》:"操斧于班、郢之门,斯强颜耳。"

门之内是人家,所以引申出人家。《韩非子·孤愤》:"故主上愈卑,私门益尊。"《史记·廉颇蔺相如列传》:"廉颇闻之,肉袒负荆,因宾客至蔺相如门谢罪。"《玉台新咏·孔雀东南飞(并序)》:"往昔初阳岁,谢家来贵门。"

四、理据例说

"门"是汉字的一个部首。从"门"的字,其义皆与门户有关,大致可分两类。

第一,表示门户的类别及与门相关的构件、人事的名称,主要有"闺(閨)、间(間)、闪(閃)、阁(閣)、阑(闌)"。

闺(閨 guī)

小篆	楷书	简化字
閨	閨	闺

闺(閨),会意兼形声字。小篆的"閨",从门从圭(guī),圭亦声。外边从"门",表示与门户有关;里边为"圭",在字中既表义又表音。楷书笔画化。现简化为"闺",形符"门"类推简化。《说文·门部》:"閨(闺),特立之户,上圆下方,有似圭。从門圭声。"

本义为上圆下方的小门,小门。《左传·襄公十年》:"筚门闺窦之人,而皆陵其上,其难为上矣。"晋代杜预注:"闺窦,小户,穿壁为户,上锐下方,状如圭也。"《荀子·解蔽》:"俯而出城门,以为小之闺也。"蒋南华等《荀子全译》:"闺,上圆下方的小门。"特指女子居住的内室。唐代李白《紫骝马》:"挥鞭万里去,安得念春闺。"唐代白居易《长恨歌》:"杨家有女初长成,养在深闺人未知。"唐代陈陶《陇西行四首》之一:"可怜无定河边骨,犹是春闺梦里人。"清代曹雪芹《红楼梦》第七十四回:"年轻人儿女闺房私意是有的,你还和我赖!"

闾（閭 lú）

金文	小篆	楷书	简化字
𨲠	閭	閭	闾

闾（閭），形声字。金文构形不明。小篆的"閭"，从门吕声。外边从"門"，表示与门户有关；里边为"吕"，在字中表音，为声符。楷书笔画化。现简化为"闾"，形符"门"类推简化。《说文·门部》：" 閭（闾），里门也。从門吕声。"

本义为里巷的大门。《公羊传·成公二年》："二大夫出，相与踦闾而语，移日然后相去。"汉代何休注："闾，当道门。"汉代张衡《西京赋》："便旋闾阎，周观郊遂。"唐代李善《文选注》："闾，里门也。"《吕氏春秋·执一》："今御骊马者，使四人人操一策，则不可以出于门闾者，不一也。"关贤柱等《吕氏春秋全译》将"闾"译为"闾门"。引申为里巷。《广雅·释宫》："闾，里也。"《楚辞·九叹·思古》："违郢都之旧闾兮，回湘沅而远迁。"汉代王逸注："闾，里也。"《吕氏春秋·期贤》："魏文侯过段干木之闾而轼之。"关贤柱等《吕氏春秋全译》："闾，里巷的门，此指里巷。"唐代李隆基《过晋阳宫》："习俗问黎人，亲巡慰里闾。"唐代王昌龄《客广陵》："秋色明海县，寒烟生里闾。"唐代白居易《村居苦寒》："回观村闾间，十室八九贫。"

闩（門 shuān）

小篆	楷书	简化字
𨳜	閂	闩

闩（閂），会意字。小篆构意不明。楷书的"閂"，从门从一。外边从"門"，表示与门户有关；里边从"一"，表示门闩。现简化为"闩"，形符"门"类推简化。谷衍奎《汉字源流字典》："闩，表示横插在门内使门从外推不开的棍子。"

本义为门上的横插。宋代范成大《桂海虞衡志·杂志》："闩，门横关也。"清代曹雪芹《红楼梦》第三十四回："一面嚷，一面抓起一根门闩来就跑。"《红楼梦》第八十回："薛蟠更被这一席话激怒，顺手抓起一根门闩来，一径抢步找着香菱。"用为动词，指插上门闩。清代刘鹗《老残游记》第五回："此地有酒，你闩了门，可以来喝一杯罢！"

阁（閣 gé）

小篆	楷书	简化字
閣	閣	阁

阁（閣），形声字。小篆的"閣"，从门各声。外边从"門"，表示与门户有关；里边为"各"，在字中表音，为声符。楷书笔画化。现简化为"阁"，形符"门"类推简化。《说文·门部》："閣（阁），所以止扉也。从門各声。"《说文段注》："《释宫》曰：'所以止扉谓之阁。'郭注：'门辟旁长橛也。'"

本义为古代放在门上用来防止门自关的长木桩，文献用例少见，常用义为一种小

397

楼。唐代杜甫《清明二首》："秦城楼阁烟花里，汉主山河锦绣中。"唐代杜牧《阿房宫赋》："五步一楼，十步一阁；廊腰缦回，檐牙高啄。"明代吴承恩《西游记》第六十五回："忽见祥光霭霭，彩雾纷纷，有一所楼台殿阁，隐隐的钟磬悠扬。"

阑（闌 lán）

金文	小篆	楷书	简化字
𨳫	闌	闌	阑

阑（闌），形声字。金文的"闌"，从门柬（jiǎn）声。上边从"門"，表示与门户有关；下边为"柬"，在字中表音，为声符。小篆承续金文字形，变为内外结构。楷书笔画化。现简化为"阑"，形符"门"类推简化。《说文·门部》："闌（阑），门遮也。从门柬声。"《说文段注》："谓门之遮蔽也，俗谓栊槛为阑。引申为酒阑字。"方述鑫等《甲骨金文字典》："阑，金文从门，柬声，为《说文》闌字篆文所本。"

本义为门前的栅栏、栏杆。《史记·楚世家》："虽仪之所甚愿为门阑之厮者，亦无先大王。"唐代杜甫《李监宅》："门阑多喜色，女婿近乘龙。"宋代岳飞《满江红》："怒发冲冠，凭阑处，潇潇雨歇。"

第二，表示与门户相关的动作行为或性状，主要有"闪（閃）、闭（閉）、闯（闖）、阔（闊）"。

闪（閃 shǎn）

小篆	楷书	简化字
閃	閃	闪

闪（閃），会意字。小篆的"閃"，从门从人。外边从"門"表示与门户相关的动作行为，里边从"人"，合起来表示人在门中。楷书笔画化。现简化为"闪"，形符"门"类推简化。《说文·门部》："閃（闪），窺（kuī）头门中也。从人在门中。"又《说文·门部》："闚，闪也。从门规声。"

本义为从门内探头偷看，引申为偷看，文献用例较少，正文未见，《三国志》注中偶现。《三国志·魏书·梁习传》裴松之注引《魏略·苛吏传》："每遣大吏出，辄使小吏随覆察之，白日常自於墙壁间闚闪。"引申为忽有忽无，突然显现。西晋木华《海赋》："天吴乍见而仿佛，蛧象暂晓而闪尸。"唐代李善《文选注》引韦昭曰："罔象食人。闪尸，暂见之貌。"元末明初罗贯中《三国演义》第一回："为首闪出一将，身长七尺，细眼长髯，官拜骑都尉，沛国谯郡人也。"

闭（閉 bì）

金文	小篆	楷书	简化字
閉	閉	閉	闭

闭（閉），会意字。金文的"閉"，从门从十。这是在门闩（"门"）之上加上一竖（"丨"，指事性符号），使门闩和地面之间斜支一根木棍，构成

牢固的三角支撑，以防止从门外强撞入内。小篆的"閉"，从门从才。小篆将金文中的"十"写成了"才"。楷书笔画化。现简化为"闭"，形符"门"类推简化。《说文·门部》："閉（闭），阖门也。从门；才，所以歫门也。"方述鑫等《甲骨金文字典》："高鸿缙曰：'按字倚门画其已闭，自内见其门楗之形。由文门生意，故讬以寄关闭之闭之意，十非文字，乃物形，后变为才，意不可说。'"

本义为关门。《周易·象传》："先王以至日闭关，商旅不行，后不省方。"《左传·哀公十五年》："门已闭矣。"《庄子·天运》："其里之富人见之，坚闭门而不出。"成语有"闭门造车""夜不闭户"。

闯（闖 chuǎng）

小篆	楷书	简化字
闖	闖	闯

闯（闖），会意字。小篆的"闖"，从门从馬。外边从"门"表示与门户相关的动作行为，里边从"馬"，合起来表示马向外猛冲出门。楷书笔画化。现简化为"闯"，形符"門""馬"均类推简化为"门""马"。《说文·门部》："闖（闯），马出门皃。从马在门中。"

本义为冲，突然直入。《公羊传·哀公六年》："开之则闯然公子阳生也。"汉代何休注："闯，出头貌。"唐代韩愈《孟东野失子》："闯然入其户，三称天之言。"明代吴承恩《西游记》第四十四回："我是孙行者的门人，来此处学闯祸耍子的。"《西游记》第四十六回："闯祸的泼猴子，无知的弼马温！"清代曹雪芹《红楼梦》第一一六回："何处男人，敢闯入我们这天仙福地来！"

阔（闊 kuò）

金文	小篆	楷书	简化字
闊	闊	闊	阔

阔（闊），形声字。金文的"闊"，从门活声。外边从"門"，表示与门户相关的性状有关；里边为"浯"（即"活"），在字中表音，为声符。小篆的"闊"承续金文字形。楷书笔画化，将"浯"写作"活"。现简化为"阔"，形符"門"类推简化为"门"。《说文·门部》："闊（阔），疏（疏）也。从门浯声。"

本义为阔大，很开阔。《尔雅·释诂》："阔，远也。"《诗·邶风·击鼓》："于嗟阔兮，不我活兮！"程俊英《诗经译注》："阔，道路辽远。"《吕氏春秋·论人》："故知一，则应物变化，阔大渊深，不可测也。"《淮南子·齐俗训》："广厦阔屋，连闼通房，人之所安也。"宋代柳永《雨霖铃》："念去去、千里烟波，暮霭沉沉楚天阔。"

第五节 "穴"部及其例字

"穴"部亦属于宀部之类，与洞穴有关。上古人"穴居野处"，所以将"穴"归入"宀"部。

穴（xué）

一、形体演变

甲骨文	小篆	楷书
𠔉	穴	穴

二、构形理据

穴，象形字。甲骨文的"穴"，像洞穴形。小篆承续甲骨文字形，上面是"宀"，表示覆盖物，下面两边表示洞孔。《说文·穴部》："穴，土室也。从宀八声。"《说文》释义准确，但字形分析说解不确，当为象形字。谷衍奎《汉字源流字典》："象形字。篆文像古人居住的地窨形。农村叫地窨（yìn）子。"

三、本义

本义为土窟窿、地洞。《周易·系辞下》："上古穴居而野处，后世圣人易之以宫室，上栋下宇。"三国王弼等注："宫室壮大于穴居，故制为宫室。"由此可见，在远古时代先民是利用天然洞穴栖止的，后来才建造了更适合于人类栖止的住所，起初建筑相当简陋。在中原地区，古人掘出类似于地窨的洞穴，上面以树枝架构起顶盖，又苫之以茅草或兽皮。这种有顶盖、半地下的建筑也叫"穴"，是对以前自然洞穴的因袭。

《诗·大雅·绵》："古公亶父，陶复陶穴，未有家室。"汉代郑玄笺："古公，据文王本其祖也。诸侯之臣，称其君曰公。复者，复于土上，凿地曰穴，皆如陶然。本其在幽时也。"《墨子·辞过》："古之民未知为宫室时，就陵阜而居，穴而处。"宋代王安石《游褒禅山记》："有穴窈然，入之甚寒，问其深，则其好游者不能穷也。"

引申为动物的巢穴。《荀子·劝学》："蟹六跪而二螯，非蛇鳝之穴无可寄托者，用心躁也。"今有成语"不入虎穴，焉得虎子""千里之堤，毁于蚁穴""鸟鼠同穴"等。

四、理据例说

"穴"古今均为部首字。从"穴"的字，其义大多与洞穴有关，大致可分三类。

第一，表示洞穴的类别或与洞穴相关的客观事物的名称，主要有"窨、窠、窝（窩）、窟（堀）、窖、窍（竅）、窦（竇）、窗"。

窖（jiào）

窖，形声字。小篆的"窖"，从穴告声。外边从"穴"，表示与洞穴的类别有关；里边为"告"，在字中表音，为声符。楷书笔画化。《说文·穴部》："窖，地藏也。从穴告声。"《说文段注》："入地隋曰窦，方曰窖。"

本义为贮藏物品的方形地窖。《礼记·月令》："可以筑城郭，建都邑，穿窦窖，脩囷仓。"汉代郑玄注："穿窦窖者，入地隋曰窦，方曰窖。"《汉书·李广苏建传》："单于愈益欲降之，乃幽武置大窖中，绝不饮食。"唐代颜师古《汉书注》："旧米粟之窖而空者也。"

窠（kē）

窠，形声字。小篆的"窠"，从穴果声。外边从"穴"，表示与洞穴的类别有关；里边为"果"，在字中表音，为声符。楷书笔画化。《说文·穴部》："窠，空也。穴中曰窠，树上曰巢。从穴果声。"

本义为鸟窝。晋代左思《蜀都赋》："穴宅奇兽，窠宿异禽。"唐代李善《文选注》："窠，鸟巢也。"唐代白居易《问鹤》："乌鸢争食雀争窠，独立池边风雪多。"元末明初罗贯中《三国演义》第六十九回："诸葛原不信，暗取燕卵、蜂窠、蜘蛛三物，分置三盒之中，令辂卜之。"元末明初施耐庵《水浒传》第九回："大擂棒是鳅鱼穴内喷来，夹枪棒是巨蟒窠中窜出。"泛指矮小的住房。宋代辛弃疾《鹧鸪天·三山道中》："抛却山中诗酒窠，却来官府听笙歌。"

窝（窩 wō）

窝（窩），形声字。小篆的"窩"，从穴咼（wǒ）声。外边从"穴"，表示与洞穴的类别有关；里边为"咼"，在字中表音，为声符。楷书笔画化。现简化为"窝"，声符为偏旁类推简化。《字汇·穴部》："窝，窟也。"为后起字，《说文》《玉篇》中无。谷衍奎《汉字源流字典》："窝，楷书繁体作窩，从穴，咼声。"

本义指禽、兽等动物的巢穴。元代无名氏《水仙子·春日即事》："鱼鳞玉尺戏睛波，燕嘴芹泥补旧窝。"明代吴承恩《西游记》第二十九回："逢山筑破虎狼窝，遇水掀翻龙蜃穴，皆是此钯（pá）。"

窟（堀 kū）

窟（堀），形声字。《说文》中有此"堀"（kū）无"窟"。小篆的"堀"，从土从屈，屈亦声。左边从"土"，表示与土地有关；右边为"屈"，在字中既表义又表音。楷书笔画化，写作"窟"，为从穴屈声的形声字。《说文·土部》："堀，突也。兔堀也。从土屈声。"《说文段注》："突为犬从穴中暂出，因谓穴中可居曰突。亦曰堀，俗字作窟。"《玉篇·穴部》："窟，室也，穴也。"

本义为洞穴。《小尔雅·广兽》："兔之所息谓之窟。"《礼记·礼运》："昔者先王未有宫室，冬则居营窟，夏则居橧巢。"唐代孔颖达疏："营累其土而为窟，地高则穴於地，地下则窟於地上，谓於地上累土而为窟。"《战国策·齐策四》："狡兔有三窟，仅得免其死耳。"

窨（yìn）

窨，形声字。小篆的"窨"，从穴音声。外边从"穴"，表示与洞穴的类别有关；里边为"音"，在字中表音，为声符。楷书笔画化。《说文·穴部》："窨，地室。从穴音声。"

本义为地室、地窖，又称地窨子。元代关汉卿《赵盼儿风月救风尘》第一折："窨子里秋月——不曾见这等食？"元末明初施耐庵《水浒传》第二十二回："且说宋江，他是个庄农之家，如何有这地窨子？"《水浒传》第二十二回："铜铃一声响，宋江从地窨子里钻将出来，见了朱仝。"

窍（竅 qiào）

窍（竅），形声字。小篆的"竅"，从穴敫（jiǎo）声。外边从"穴"，表示与洞穴的类别有关；里边为"敫"，在字中表音，为声符。楷书笔画化。现简化为"窍"，声符替换简化。《说文·穴部》："竅（窍），空也。从穴敫声。"

本义为孔、洞。《庄子·庚桑楚》："出无本，入无窍。"宋代苏轼《石钟山记》："有大石当中流，可坐百人，空中而多窍。"引申为指耳、鼻、目、口等器官之孔。清代曹雪芹《红楼梦》第五十二回："取鼻烟来，给他嗅些，痛打几个嚏喷，就通了关窍。"

窦（竇 dòu）

窦（竇），形声字。小篆的"竇"，从穴瀆省声。外边从"穴"，表示与洞穴的类别有关；里边为"賣"，为"瀆"之省声，表音，为声符。楷书笔画化。《说文·穴部》："竇（窦），空也。从穴，瀆省声。"《说文段注》："空、孔古今语。凡孔皆谓之窦。古亦借渎为之。"

本义为孔穴。《礼记·礼运》："所以达天道顺人情之大窦也。"汉代郑玄注："窦，孔穴也。"宋代陆游《过大孤山小孤山》："嵌岩窦穴，怪奇万状，色泽莹润，亦与它石迥异。"清代方苞《狱中杂记》："康熙五十一年三月，余在刑部狱，见死而由窦出者日四三人。"

窗（chuāng）

窗，形声字。小篆的"窗"，从穴从囱（cōng），囱亦声。外边从"穴"，表示与洞穴的类别有关；里边为"囱"，像天窗形，即在屋上留个洞，可以透光，也可以出烟，"囱"表音，为声符。楷书笔画化。《说文·囱部》："囱，在墙曰牖，在屋曰囱。"窗，或从穴。"《说文段注》："在墙曰牖。片部曰：牖，穿壁以木为交窗也。在屋曰囱，屋在上者也，象形。此皆以交木为之。故象其交木之形。外域之也。"从《说文》及《说文段注》可知，"窗""囱"当为一字，即天窗，一为出烟，二为透光，后二字分化。

本义为天窗，泛指房屋、车船上通气透光的洞口。汉代王充《论衡·别通》："开户内日之光，日光不能照幽，凿窗启牖，以助户明也。"《乐府诗集·木兰诗》："当窗理云鬓，对镜帖花黄。"明代归有光《项脊轩志》："前辟四窗，垣墙周庭，以前南日，日影反照。"

第二，表示与洞穴有关的动作行为，主要有"穿、窥（闚）、突、窒"。

穿（chuān）

穿，会意字。小篆的"穿"，从穴从牙。外边从"穴"，表示与洞穴有关的动作行为；里边从"牙"，牙在穴中，表示穿通之意。楷书笔画化。《说文·穴部》："穿，通也。从牙在穴中。"

本义为穿通、穿破。《诗·召南·行露》："谁谓鼠无牙，何以穿我墉？"《三国志·诸葛亮传》："此所谓'强弩之末，势不能穿鲁缟'者也。"

窥（闚 kuī）

窥（闚），形声字。小篆的"闚"，从穴规声。外边从"穴"，表示与洞穴有关的动作行为；里边为"规"，在字中表音，为声符。楷书笔画化。现简化为"窥"，声符类推简化。窥，异体为"闚"，声符相同，形符有别，但形符"穴"与"门"意义基本相同。《说文·穴部》："窥（闚），小视也。从穴规声。"

本义为从小孔或缝隙里看。《孟子·滕文公下》："不待父母之命，媒妁之言，钻穴隙相窥，踰墙相从，则父母国人皆贱之。"《庄子·秋水》："子乃规规然而求之以察，索之以辩，是直用管窥天，用锥指地也，不亦小乎？"成语有"管窥蠡测""管中窥豹""以管窥天"等。引申为暗中察看，亦泛指观看。《论语·子路》："譬之宫墙，赐之墙也及肩，窥见室家之好。"《史记·管晏列传》："出，其御之妻从门间而闚其

403

夫。"闚"为"窥"的异体字。唐代柳宗元《黔之驴》："虎见之，庞然大物也，以为神，蔽林间窥之。"宋代姜夔《扬州慢》："自胡马窥江去后，废池乔木，犹厌言兵。"

突（tū）

| 甲骨文 | 金文 | 小篆 | 楷书 |

突，会意字。甲骨文的"突"，从穴从犬。外边从"穴"，表示与洞穴有关的动作行为；里边为"犬"，表示狗从狗洞里突然窜出，让人意外而来不及反应。金文、小篆承续甲骨文字形。楷书笔画化。《说文·穴部》："突，犬从穴中暂出也。从犬在穴中。"五代南唐徐锴《说文解字系传》："犬匿于穴中伺人，人不意之，突然而出也。"李孝定《甲骨文字集释》中收"突"字，但未有说解。我们认为《说文》中"突"字说解至确。

本义为犬从洞穴中突然窜出。《三国志·魏书·武帝纪》："青州兵奔，太祖陈乱，驰突火出，坠马，烧左手掌。"唐代白居易《琵琶行（并序）》："银瓶乍破水浆迸，铁骑突出刀枪鸣。"

窒（zhì）

| 小篆 | 楷书 |

窒，形声字。小篆的"窒"，从穴至声。外边从"穴"，表示与洞穴有关的动作行为；里边为"至"，在字中表音，为声符。楷书笔画化。《说文·穴部》："窒，塞也。从穴至声。"谷衍奎《汉字源流字典》："窒，形声兼会意字。篆文从穴从至，会堵塞之意。至也兼表声。"

本义为阻塞、不通。《诗·豳风·七月》："穹窒熏鼠，塞向墐户。"汉代郑玄笺："窒，塞也。"《吕氏春秋·尽数》："处鼻则为鼽为窒，处腹则为张为疛，处足则为痿为蹶。"关贤柱等《吕氏春秋全译》："窒，鼻塞不通。"

第三，表示洞穴及与洞穴有关事物的性状，主要有"窘、空、穷（窮）"。

窘（jiǒng）

| 小篆 | 楷书 |

窘，形声字。小篆的"窘"，从穴君声。外边从"穴"，表示与洞穴有关事物的性状；里边为"君"，在字中表音，为声符。楷书笔画化。《说文·穴部》："窘，迫也。从穴君声。"《说文段注》："《小雅》：'又窘阴雨。'毛传：'窘，困也。'按笺云：'窘，仍也。'仍者，仍其旧而不能变，亦是困意。"

本义为生活或处境困难、窘迫。《诗·小雅·正月》："终其永怀，又窘阴雨。"汉代毛亨传："窘，困也。"《楚辞·离骚》："何桀纣之猖披兮，夫唯捷径以窘步。"《列子·黄帝》："商丘开先，窘于饥寒，潜于牖北听之。"汉代贾谊《服鸟赋》："愚士系俗兮，窘若囚拘。"唐代李善《文选注》："窘，囚拘之貌。"清代蒲松龄《聊斋志

404

异·狼三则》:"屠大窘,恐前后受其敌。"引申为使为难,迫使对方陷入困境。《史记·季布栾布列传》:"项籍使将兵,数窘汉王。"南北朝裴骃《集解》:"如淳曰:'窘,困也。'"

空(kōng)

空,形声字。金文的"空",从穴工声。外边从"穴",表示与洞穴有关事物的性状;里边为"工",在字中表音,为声符。小篆承续金文字形。楷书笔画化。《说文·穴部》:"空,窍也。从穴工声。"方述鑫等《甲骨金文字典》"空"字说解同《说文》。

本义为内无所有。《玉台新咏·曹植杂诗五首》:"妾身守空房,良人行从军。"唐代白居易《琵琶行(并序)》:"去来江口守空船,绕船月明江水寒。"引申为空虚、空档。《广韵·东韵》:"空,空虚。"《诗·小雅·大东》:"小东大东,杼柚其空。"汉代毛亨传:"空,尽也。"汉代王充《论衡·订鬼》:"独卧空室之中,若有所畏惧,则梦见夫人据案其身哭矣。"北魏郦道元《水经注·江水》:"常有高猿长啸,属引凄异,空谷传响。"唐代王维《鸟鸣涧》:"人闲桂花落,夜静春山空。"宋代范仲淹《岳阳楼记》:"而或长烟一空,皓月千里,浮光跃金。"明代魏禧《大铁椎传》:"将至斗处,送将军登空堡上。"

穷(窮 qióng)

穷(窮),会意兼形声字。金文的"窮",为形声字,从穴躳(gōng)声。外边从"穴",表示与洞穴有关事物的性状;里边为"躳",在字中表音,为声符。小篆承续金文字形。楷书笔画化,将"躳"写作"躬"。现简化为"穷",为会意字,草书楷化法简化。《说文·穴部》:"窮(穷),极也。从穴躳声。"《说文段注》:"或假为躳字。如鞠躳古作鞠穷。"

本义为穷尽、完结。《小尔雅·广诂》:"穷,竟也。"《尚书·微子之命》:"统承先王,修其礼物,作宾于王家,与国咸休,永世无穷。"汉代孔安国传:"为时王宾客,与时皆美,长世无竟。"《礼记·儒行》:"儒有博学而不穷,笃行而不倦。"汉代郑玄注:"不穷,不止也。"特指不得志。《楚辞·九章·涉江》:"吾不能变心而从俗兮,固将愁苦而终穷。"汉代王逸注:"愁思无聊,身困穷也。"《史记·屈原贾生列传》:"人穷则反本,故劳苦倦极,未尝不呼天也。"

第十七章　牛部之类

牛部之类包括牛、犬、羊、豕、马（馬）、鹿、豸、鼠、角九部，均与家畜动物、牲畜及其突出特征有关。

第一节　"牛"部及其例字

"牛"部均与家畜有关。

牛（niú）

一、形体演变

甲骨文	金文	小篆	楷书
￥	￥	牛	牛

二、构形理据

牛，象形字。甲骨文的"牛"，像"牛"的头部形，中间一竖表示简化的牛面，上面两竖上弯表示牛角，下面两小撇表示鼻孔、鼻尖。金文、小篆承续甲骨文字形。楷书笔画化。《说文·牛部》："牛，大牲也。牛，件也；件，事理也。象角头三、封尾之形。"《说文段注》："事也者，谓能事其事也。牛任耕理也者，谓其文理可分析也。《庖丁解牛》，依乎天理。批大却道大窾牛事理三字同在古音第一部。"方述鑫等《甲骨金文字典》："牛，甲金文象牛形，上象内环之牛角，下象简化之牛头形，为《说文》牛字篆文所本。"

三、本义

本义为哺乳动物，体型粗壮，牛角中空，力大，能耕田、拉车，为六畜之一。《诗·王风·君子于役》："鸡栖于埘，日之夕矣，羊牛下来。"汉代郑玄笺："羊牛从下牧地而来。"《周易·下经丰传》："东邻杀牛，不如西邻之禴祭，实受其福。"三国王弼等注："牛，祭之盛者也。"《乐府诗集·敕勒歌》："风吹草低见牛羊。"唐代白居易

《卖炭翁》:"半匹红绡一丈绫,系向牛头充炭直。"

四、理据例说

从"牛"的字,其义大多与牲畜(主要是牛)有关。在楷书中,"牛"在左边写作"牜",称"牛字旁"。这类字较多,可分四类。

第一,与牲畜的名称或类别有关,主要有"犀、牝、牡、特、犍、犊(犢)、牺(犧)、牲"。

犀（xī）

| 金文 | 小篆 | 楷书 |

犀,形声字。金文的"犀",从牛尾声。下边从"牛",表示与牛的类别有关;上边为"尾",在字中表音,为声符。小篆承续金文字形。楷书笔画化。《说文·牛部》:"犀,南徼外牛。一角在鼻,一角在顶,似豕。从牛尾声。"方述鑫等《甲骨金文字典》:"犀,金文从牛,从尾,与《说文》犀字篆文同。"

本义为犀牛。《国语·越语上》:"今夫差衣水犀之甲者亿有三千,不患其志行之少耻也。"黄永堂《国语全译》:"水犀,动物,犀牛的一种。"《墨子·公输》:"荆有云梦,犀兕麋鹿满之。"《汉书·平帝纪》:"二年春,黄支国献犀牛。"唐代颜师古《汉书注》:"犀状如水牛,头似猪而四足类象,黑色,一角当额前,鼻上又有小角。"

牝（pìn）

| 甲骨文 | 小篆 | 楷书 |

牝,形声字。甲骨文的"牝",从牛匕(bǐ)声。左边从"牛",表示与牛的类别有关;右边为"匕",在字中表音,为声符,同时"匕"亦为雌性动物的标志。小篆承续甲骨文字形。楷书笔画化。《说文·牛部》:"牝,畜母也。从牛匕声。"方述鑫等《甲骨金文字典》:"牝,甲骨文以🝙表示雌性家畜或兽类,结合不同兽畜之形符,表示雌性牛、羊、豕、犬、马、虎、鹿等之专名。《尔雅》有麀、豝、羒、騇等为雌兽之专名,后世乃以牝为雌兽之通称。"

本义为雌性的禽兽。《尚书·牧誓》:"牝鸡之晨,惟家之索。"唐代孔颖达疏:"'牝鸡',雌也。"《周易·坤》:"元、亨,利牝马之贞。"《辽史·本纪·穆宗下》:"甲戌,挞烈於窠中得牝犬来进。"唐代徐夤《龙蛰二首》其一:"逐日莫矜驽马步,司晨谁要牝鸡鸣。"

牡（mǔ）

| 甲骨文 | 小篆 | 楷书 | 简化字 |

牡,形声字。甲骨文的"牡",从牛土声。左边从"牛",表示与牛的类别有关;右边为"土",在字中表音,为声符,同时"土"亦为雄性动物的

标志。小篆承续甲骨文字形。楷书笔画化。《说文·牛部》:"牡,畜父也。从牛土声。"《说文段注》:"或曰:'土当作士。'士者夫也。"方述鑫等《甲骨金文字典》:"牡,甲骨文以 ⊥ 表示雄性家畜或兽类,结合不同兽类的形符,分别为雄性之牛、羊、马、鹿、豕等之专名,即后起字牡、羒、䵉、麚、豠,后于农业社会中如此区分已无必要,乃以从牛之牡为雄畜之通称。金文与甲骨文构形同。"

本义为雄性的鸟兽。《诗·邶风·匏有苦叶》:"济盈不濡轨,雉鸣求其牡。"程俊英《诗经译注》:"牡,指雄雉。"引申为雄性的。《诗·鲁颂·駉》:"駉駉牡马,在坰之野。"《荀子·非相》:"夫禽兽有父子而无父子之亲,有牝牡而无男女之别。"

特 (tè)

特,形声字。小篆的"特",从牛寺声。左边从"牛",表示与牛的类别有关;右边为"寺",在字中表音,为声符。楷书笔画化。《说文·牛部》:"特,朴特,牛父也。从牛寺声。"《说文段注》:"朴,大也。《玉篇》训特牛。《广韵》训牛未剧。此因古有朴特之语而制牺字。特本训牡。"《玉篇·牛部》:"特,牡牛也。"

本义为公牛、牡牛。《国语·楚语下》:"诸侯举以特牛,祀以太牢。"《史记·秦本纪》:"二十七年,伐南山大梓,丰大特。"南北朝裴骃《史记集解》引徐广注:"今武都故道有怒特祠,图大牛,上生树本,有牛从木中出,后见丰水之中。"泛指大兽。《诗·魏风·伐檀》:"不狩不猎,胡瞻尔庭有县特兮?"程俊英《诗经译注》:"特,四岁的兽,指大兽。"引申为独特、特异、突出、特别。《后汉书·班超传》:"臣超区区,特蒙神灵,窃冀未便僵仆。"唐代柳宗元《始得西山宴游记》:"然后知是山之特立,不与培塿为类。"

犍 (jiān)

犍,形声字。小篆的"犍",从牛建声。左边从"牛",表示与牛的类别有关;右边为"建",在字中表音,为声符。楷书笔画化。《玉篇·牛部》:"犍,犗也。"《说文·牛部》:"犗,骟牛也。从牛害声。"《说文段注》:"犗,马部曰:騬,犗马也,谓今之骟马。"

本义为阉割过的牛。《北史·蠕蠕传》:"每来抄掠,驾牸牛奔遁,驱犍牛随之,牸牛伏不能前。"唐代唐彦谦《越城待旦》:"清溪白石村村有,五尺乌犍托此生。"宋代陆游《稻饭》:"买得乌犍遇岁穰,此身永免属官仓。"引申为阉割。《齐民要术·养猪》:"其子三日便掐尾,六十日后犍。"缪启愉、缪桂龙《齐民要术译注》将"犍"译为"阉割"。

犊（犢 dú）

小篆	楷书	简化字
犢	犢	犊

犊（犢），形声字。小篆的"犢"，从牛賣（dú）省声。左边从"牛"，表示与牛的类别有关；右边为"賣"，省声（省去"氵"），在字中表音，为声符。楷书笔画化。现简化为"犊"，声符类推简化。《说文·牛部》："犢（犊），牛子也。从牛，賣省声。"

本义为小牛。《礼记·礼器》："天子适诸侯，诸侯膳以犊。"王文锦《礼记译解》将"犊"翻译为"小牛"。《后汉书·杨彪传》："愧无日䃅先见之明，犹怀老牛舐犊之爱。"唐代李贺《章和二年中（辇舞曲）》："健犊春耕土膏黑，菖蒲丛丛沿水脉。"宋代陆游《新岁》："山坡卧新犊，园木转幽禽。"今有词语"舐犊情深""老牛舐犊""初生牛犊不怕虎"等。

牺（犧 xī）

小篆	楷书	简化字
犧	犧	牺

牺（犧），形声字。小篆的"犧"，从牛羲（xī）声。左边从"牛"，表示与牛的类别有关；右边为"羲"，在字中表音，为声符。楷书笔画化。现简化为"牺"，声符更换简化，为新形声字。《说文·牛部》："犧（牺），宗庙之牲也。从牛羲声。"《说文段注》："《鲁颂》：'享以骍牺。'毛传：'牺，纯也。'《曲礼》：'天子以牺牛。'郑云：'牺，纯毛也。'《牧人》：'祭祀共其牺牲。'"

本义为作祭品用的毛色纯一的牲畜。《诗·鲁颂·閟宫》："皇皇后帝，皇祖后稷，享以骍牺。"程俊英《诗经译注》："牺，祭宗庙的牲口。"《周礼·牧人》："凡祭祀共其牺牲，以授充人系之。"杨天宇《周礼译注》："牺，孙诒让曰：'牺为祭牲之专名。'"《左传·庄公十年》："牺牲玉帛，弗敢加也，必以信。"牺牲，为名词，专指古代供祭祀用的牲畜，具体指猪、牛、羊等。《左传·昭公二十二年》："牺者，实用人，人牺实难，已牺何害？"李梦生《左传译注》译为"牺牲是被人用的，被人用确实困难，自己用有什么妨害？"

牲（shēng）

金文	小篆	楷书
牲	牲	牲

牲，形声字。金文的"牲"，从牛生声。左边从"牛"，表示与牛的类别有关；右边为"生"，在字中表音，为声符。小篆承续金文字形。楷书笔画化。《说文·牛部》："牲，牛完全。从牛生声。"汤可敬《说文解字今释》："牲，指（供祭祀用的）完整的牛。"方述鑫等《甲骨金文字典》："甲骨文从ㄚ（羊），从土（生），金文从牛，从生，同。……甲金文用法同。"

本义为古代供祭祀用的全牛。《左传·僖公三十一年》："礼不卜常祀，必其时。

而卜其牲日。牛卜日曰牲。"唐代孔颖达疏:"上云'卜其牲日',则牲之与日俱卜之也。必当先卜牲而后卜日。卜得吉日,则改牛为牲。"《谷梁传·哀公元年》:"全曰牲,伤曰牛,未牲曰牛,其牛一也,其所以为牛者异。"晋代范宁注:"已卜日成牲而伤之曰牛,未卜日未成牲之牛,二者不同。"今日之"牺牲",词义转移,《现代汉语词典》:"牺牲,为了正义的目的舍弃自己的生命。"

第二,与牲畜相涉的事物有关,主要有"牟、牢、犁(犂)"。

牟（móu）

甲骨文	金文	小篆	楷书
牟	牟	牟	牟

牟,会意字。甲骨文的"牟",从牛从厶(mǒu)。下边从"牛",表示与牛相涉的事物有关;上边从"厶",表示像气从口中出来。金文在"牛"的头上加以短横"一",表示气从口中出来。小篆承续甲骨文字形。楷书笔画化。《说文·牛部》:"牟,牛鸣也。从牛,象其声气从口出。"方述鑫等《甲骨金文字典》:"牟,金文从牛,从一,与《说文》牟字篆文形近。"谷衍奎《汉字源流字典》:"牟,指事字。篆文从牛,上像牛鸣之声气从口出形。表示牛叫声。"

本义为牛叫声。唐代韩愈《征蜀联句》:"椎肥牛呼牟。"唐代柳宗元《牛赋》:"牛之为物,魁形巨首,垂耳抱角,毛革疏厚,牟然而鸣,黄钟满簴。""牟",后写作"哞"。"牟"引申为夺、取。《史记·平准书》:"如此,富商大贾无所牟大利,则反本,而万物不得腾踊。"

牢（láo）

甲骨文	金文	小篆	楷书
牢	牢	牢	牢

牢,会意字。甲骨文的"牢",从牛从宀。下边从"牛"表示与牛相涉的事物有关,上边从"宀"表示围栏,合起来就是把牛关在围栏里。金文承续甲骨文字形。小篆在围栏门口加上一横"一",表示将牛锁在围栏里。楷书笔画化。《说文·牛部》:"牢,闲,养牛马圈也。……取其四周帀也。"闲,即阑圈。方述鑫等《甲骨金文字典》:"牢,甲金文象圈栏养畜之形。古代放牧牛羊群于山野中,平时并不驱赶回家,仅在需用时于住地旁树立木椿,绕以绳索,驱赶牛羊于绳栏内收养。解放前(新中国成立前)四川阿坝地区大金县一带豢养之牛羊,仍以树立木椿绕绳索作∩形为牢,与甲骨文字形完全相同。"

本义为关养牛、马等牲畜的圈。《诗·大雅·公刘》:"执豕于牢,酌之用匏。"程俊英《诗经译注》:"牢,猪圈。"《战国策·楚策四》:"亡羊而补牢,未为迟也。"成语有"亡羊补牢""画地为牢"。引申为束缚。唐代许棠《讲德陈情上淮南李仆射八首》之一:"帝念淮壖疫疹频,牢笼山海委名臣。"

410

犁（犂 lí）

金文	小篆	楷书	简化字

犁（犂），形声字。古文作"犂"，也作"犁"。金文的"犂"，从牛黎声。右下边从"牛"，表示与牛相涉的事物有关；左边与右上部为"黎"，在字中表音，为声符。小篆承续金文字形。楷书笔画化，写作"犂"，现通用为"犁"，从牛利声。《说文·牛部》："犂（犁），耕也。从牛黎声。"《说文段注》："牛耕者谓之犁。……俗省作犁。"谷衍奎《汉字源流字典》："如今规范化作犁。"

本义为耕翻土地的农具，即犁杖。《管子·乘马》："距国门以外，穷四竟之内，丈夫二犁，童五尺一犁。"唐代李白《对雨》："尽日扶犁叟，往来江树前。"唐代储光羲《田家即事答崔二东皋作四首》："清旦理犁锄，日入未还家。"引申为犁翻土地、耕地的行为。《乐府诗集·陌上桑》："耕者忘其犁，锄者忘其锄。"唐代杜甫《兵车行》："纵有健妇把锄犁，禾生陇亩无东西。"唐代顾况《短歌行六首》之一："城边路，今人犁田昔人墓。"

第三，与牛等牲畜相关的行为有关，主要有"牵（牽）、牧、犒"。

牵（牽 qiān）

小篆	楷书	简化字

牵（牽），会意兼形声字。小篆的"牽"，从牛从冂（jiōng）从玄，玄亦声。下边从"牛"，表示与牛等牲畜相关的行为；中间从"冂"，表示牛栏；上中部为"玄"，在字中既表义又表音，为牵牛的绳索，又为声符。楷书笔画化。现简化为"牵"，为保留轮廓并稍加改造简化。《说文·牛部》："牽（牵），引前也。从牛，象引牛之縻（mí）也，玄声。"《广雅·释诂》："牵，引也。"

本义为拉，向前拉引。《孟子·梁惠王上》："王坐于堂上，有牵牛而过堂下者，王见之，曰：'牛何之？'"唐代杜甫《兵车行》："牵衣顿足拦道哭，哭声直上干云霄。"清代仇兆鳌《杜诗详注》引何逊诗："儿女牵衣泣。"唐代白居易《卖炭翁》："手把文书口称敕，回车叱牛牵向北。"

牧（mù）

甲骨文	金文	小篆	楷书

牧，会意字。甲骨文的"牧"，从牛从攴（pū）。左边从"牛"，表示与牛等牲畜相关的行为；右边从"攴"，表示手拿棍棒放牧牛羊。金文、小篆承续甲骨文字形。楷书笔画化。《说文·牛部》："牧，养牛人也。从攴从牛。"徐中舒《甲骨文字典》："牧，甲骨文或亦从羊，或从三羊，或增彳等偏旁，皆同。"

本义为放牧牲畜。《诗·小雅·无羊》："尔牧来思，以薪以蒸，以雌以雄。"汉代郑玄笺:"言牧人有余力,则取薪蒸、搏禽兽以来归也。"《孟子·公孙丑下》:"今有受人之牛羊而为之牧之者,则必为之求牧与刍矣。"宋代朱熹《四书集注》:"牧之,养之也。"《汉书·李广苏建传》:"使牧羝,羝乳乃得归。"唐代颜师古《汉书注》:"羝,牡羊也。羝不当产乳,故设此言,示绝其事。"

犒（kào）

小篆	楷书
犒	犒

犒,形声字。小篆的"犒",从木高声。下边从"木",表示与树木相关的行为;上边为"高",在字中表音,为声符。楷书笔画化,演变为从牛高声的形声字。《玉篇·牛部》:"犒,饷军。"《说文》中无此字。

本义为以牛酒宴饷军士。《左传·僖公二十六年》:"公使展喜犒师,使受命于展禽。"晋代杜预注:"犒,劳也。"《左传·僖公三十三年》:"以乘韦先,牛十二,犒师。"《淮南子·氾论》:"道遇秦师于周、郑之间,乃矫郑伯之命,犒以十二牛,宾秦师而却之,以存郑国。"唐代韩愈《荐士(荐孟郊于郑馀庆也)》:"救死具八珍,不如一箪犒。"元末明初罗贯中《三国演义》第三十五回:"玄德班师回县,重待单富,犒赏三军。"元末明初施耐庵《水浒传》第四十八回:"吴学究带将酒食来,与宋江把盏贺喜,一面犒赏三军众将。"

第四,与牛的品性有关,如"犟"。

犟（jiàng）

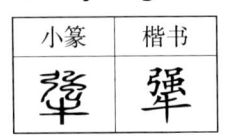

小篆	楷书
犟	犟

犟,形声字。小篆的"犟",从牛强声。下边从"牛",表示与牛的品性有关;上边为"强",在字中表音,为声符。楷书笔画化。"犟"为后起字。"犟"与"强"（jiàng）在"固执"的意义上通用。

本义为执拗、倔强。唐代白居易《蛮子朝——刺将骄而相备位也》:"开元皇帝虽圣神,唯蛮倔强不来宾。"白居易《无可奈何歌》:"倔强其骨髓,龃龉其心胸。"宋代洪适《朝汉台》:"只用一言回倔强,遂令魋结换襟裾。"清代曹雪芹《红楼梦》第六十回:"他娘听了,自此便百依百随的,不敢倔强了。"《红楼梦》第九十九回:"薛蟠因伊倔强,将酒照脸泼去。"

第二节 "犬"部及其例字

"犬"部亦属于牛部之类,与犬相类或相关的动物有关。

犬（quǎn）

一、形体演变

甲骨文	金文	小篆	楷书
			犬

二、构形理据

犬，象形字。甲骨文的"犬"，像腹瘦、长尾且翘尾的动物。金文承续甲骨文字形。小篆的"犬"，变形较大，狗的形象消失。楷书笔画化。《说文·犬部》："狗之有县蹄者也。象形。孔子曰：'视犬之字如画狗也。'"《说文段注》："观孔子言，犬即狗矣。"方述鑫等《甲骨金文字典》："犬，甲金文象犬形，以瘦腹及长尾拳曲为其特征。"

三、本义

本义为狗。《礼记·曲礼上》："效马效羊者右牵之，效犬者左牵之。"汉代郑玄注："犬龁啮人，右手当禁备之。"唐代孔颖达疏："狗、犬通名，若分而言之，则大者为犬，小者为狗。"晋代陶渊明《桃花源记》："阡陌交通，鸡犬相闻。"唐代刘长卿《逢雪宿芙蓉山主人》："柴门闻犬吠，风雪夜归人。"宋代陆游《秋夜》："鹊翻惊缺月，犬吠逐行人。"清代蒲松龄《聊斋志异·狼三则》："少时，一狼径去，其一犬坐于前。"

四、理据例说

"犬"是汉字部首之一。从"犬"的字，其义大都与狗有关。在楷书中，"犬"作部件在左时，写成"犭"，称"反犬旁"。从"犬"的字大致有以下三类。

第一，表示与犬相类或相关动物的名称，主要有"獒、狼、狗、狐、猿、猴"。

獒（áo）

獒，形声字。小篆的"獒"，从犬敖声。下边从"犬"，表示与犬的种类有关；上边为"敖"，在字中表音，为声符。楷书笔画化。《说文·犬部》："獒，犬如人心可使者。从犬敖声。"

本义为一种体大而凶猛的家犬。《左传·宣公二年》："公嗾夫獒焉，明搏而杀之。"晋代杜预注："獒，猛犬也。"唐代舒元舆《坊州按狱》："攫搏如猛虎，吞噬若狂獒。"明代吴承恩《西游记》第三回："野豕山牛、羚羊青兕、狡儿神獒各样妖王，共有七十二洞，都来参拜猴王为尊。"

狼（láng）

狼，形声字。小篆的"狼"，从犬良声。左边从"犬"，表示与犬相类的动物有关；右边为"良"，在字中表音，为声符。楷书笔画化。《说文·犬部》："狼，似犬，锐头，白颊，高前，广后。从犬良声。"

本义为狼。《诗·齐风·还》："并驱从两狼兮，揖我谓我臧兮。"汉代毛亨传："狼，兽名。"《左传·襄公十四年》："赐我南鄙之田，狐狸所居，豺狼所嗥。"元末明初罗贯中《三国演义》第三回："董卓乃豺狼也，引入京城，必食人矣。"

狗（gǒu）

狗，形声字。小篆的"狗"，从犬句（gōu）声。左边从"犬"，表示与犬的种类有关；右边为"句"，在字中表音，为声符。楷书笔画化。《说文·犬部》："狗，孔子曰：'狗，叩也。叩气吠以守。'从犬句声。"

本义为犬，人类最早驯化的家畜之一。《礼记·曲礼上》："效马效羊者右牵之，效犬者左牵之。"唐代孔颖达疏："狗、犬通名；若分而言之，则大者为犬，小者为狗。"唐代柳宗元《捕蛇者说》："哗然而骇者，虽鸡狗不得宁焉。"

狐（hú）

狐，形声字。甲骨文的"狐"，从犬亡声。右边从"犬"，表示与犬相类的动物有关；左边为"亡"，在字中表音，为声符。金文左边从"瓜"，右边为"⺈"，构意不明。小篆为从犬瓜声的形声字。楷书笔画化。《说文·犬部》："狐，祆兽也。鬼所乘之。有三德：其色中和，小前大后，死则丘首。从犬瓜声。"方述鑫等《甲骨金文字典》："狐，甲骨文从犬从亡，亡音古读无，无字与瓜字古音同在鱼部，后亡音渐入阳部，故后世以瓜代亡为声符。金文作瓜，不从犬，用与狐同。"

本义为狐狸。《战国策·楚策一》："虎求百兽而食之，得狐。狐曰：'子无敢食我也。'"《史记·陈涉世家》："夜篝火，狐鸣呼曰：'大楚兴，陈胜王。'"《史记·孟尝君传》："此时孟尝君有一狐白裘，直千金，天下无双。"唐代岑参《白雪歌送武判官归京》："散入珠帘湿罗幕，狐裘不暖锦衾薄。"

猿（yuán）

猿，形声字。小篆的"蝯"，从虫爰（yuán）声。左边从"虫"，表示与动物有关；右边为"爰"，在字中表音。楷书演变为从犬袁声的形声字，从"虫"与从"犭"（犬）意同，从"犬"表示与犬相类的动物有关，声符同音更换。《说文·虫部》："蝯，善援，禺属。从虫爰声。"《玉篇·犬部》："猨，似猕猴而大，能啸也，亦作蝯。"

本义为灵长类动物的名称，形态与猴相似。《庄子·天地》："执留之狗成思，猿狙之便自山林来。"《水经注·江水》："巴东三峡巫峡长，猿鸣三声泪沾裳。"明代吴承恩《西游记》第二十四回："往来白鹤送浮云，上下猿猴时献果。"

猴（hóu）

甲骨文	小篆	楷书
🐒	猴	猴

猴，形声字。甲骨文的"猴"，构意不明。小篆的"猴"，从犬矦（hóu）声。左边从"犬"，表示与犬相类的动物有关；右边为"矦"，在字中表音，为声符。楷书笔画化，演变为"猴"。《说文·犬部》："猴，夒（náo）也。从犬矦声。"《玉篇·犬部》："猴，猕猴也。"

本义为猴子。唐代韩愈《猛虎行》："出逐猴入居，虎不知所归。"唐代韩愈《刘生诗》："阳山穷邑惟猿猴，手持钓竿远相投。"明代吴承恩《西游记》第二十四回："那猴子原来第一会爬树偷果子。"《西游记》第三十回："行者见他去了，即差两个溜撒的小猴，跟着八戒，听他说些甚么。"比喻机灵、乖巧的人。清代曹雪芹《红楼梦》第六十一回："你这个小猴精，又捣鬼吊白的，你姐姐有什么好地方了？"

第二，表示与犬相关的动作行为，主要有"犯、狩、猎（獵）、猜、猝"。

犯（fàn）

小篆	楷书
犯	犯

犯，形声字。小篆的"犯"，从犬㔾（jié）声。左边从"犬"，表示与犬相关的动作行为；右边为"㔾"，在字中表音，为声符。楷书笔画化。《说文·犬部》："犯，侵也。从犬㔾声。"

本义为侵犯、触犯。《左传·桓公五年》："民莫有斗心，若先犯之，必奔。"李梦生《左传译注》："犯，进攻。"《论语·学而》："其为人也孝弟，而好犯上者，鲜矣。"《韩非子·五蠹》："儒以文乱法，侠以武犯禁。"《世说新语·自新》："虎，并皆暴犯百姓，义兴人谓为三横，而（周）处尤剧。"元末明初罗贯中《三国演义》第七十二回："原来杨修为人恃才放旷，数犯曹操之忌。"元末明初施耐庵《水浒传》第六十八回："日昨小男，倚仗一时之勇，误有冒犯虎威。"

狩（shòu）

甲骨文	金文	小篆	楷书
狩	狩	狩	狩

狩，会意兼形声字。甲骨文的"狩"，从犬从丫。右边从"犬"表示猎犬，左边从"丫"表示原始木制武器，合起来表示手持木枪、带着猎狗，在深山伏击野兽。金文承续甲骨文字形。小篆演变为从犬守声的形声字，"守"亦兼表义，强调守候伏击。楷书笔画化。《说文·犬部》："狩，犬田也。从犬守声。"方述鑫等《甲骨金文字典》："狩，甲金文从犬，从丫（干）或丫（单），干、单为狩猎工具，犬善逐兽，故干（或单）犬会狩猎之意。兽、狩原为一字，表田猎或田猎所获，后世分为二字，金文或从兽从攴，同。"

本义为打猎，特指冬季打猎。《尔雅·释天》："冬猎为狩。"《诗·魏风·伐檀》：

415

"不狩不猎，胡瞻尔庭有县貆兮？"汉代郑玄笺："冬猎曰狩，宵田曰猎。"《左传·隐公五年》："故春蒐，夏苗，秋狝，冬狩，皆于农隙以讲事也。"晋代杜预注："狩，围守也。"《公羊传·桓公四年》："狩者何？田狩也。"汉代何休注："取兽于田，故曰狩。"

猎（獵 liè）

猎（獵），形声字。金文的"獵"，从犬鼠（liè）声。左边从"犬"，表示与犬相关的动作行为；右边为"鼠"，在字中表音，为声符。小篆承续金文字形。楷书笔画化。现简化为"猎"，为替代简化，即用"猎"（xī）代替"獵"（liè）。《说文·犬部》："獵（猎），放猎逐禽也。从犬鼠声。"方述鑫等《甲骨金文字典》："獵（猎），金文从犬，鼠声，与《说文》猎字篆文略同。"

本义为打猎，捕捉禽兽。《诗·魏风·伐檀》："不狩不猎，胡瞻尔庭有县貆兮？"《礼记·月令》："天子乃厉饰，执弓挟矢以猎。"《汉书·李广苏建传》："后月余，单于出猎，独阏氏子弟在。"唐代王维《观猎》："风劲角弓鸣，将军猎渭城。"唐代李白《观猎》："江沙横猎骑，山火绕行围。"

注意："猎"（xī）和"獵"（liè）本是两个字。"猎"，从犬昔声，本义为古代传说中一种像熊的兽，读 xī。"獵"，从犬鼠声，本义为捕捉野兽，即打猎，读 liè。因"獵"字难以书写，所以人们参照"腊、蜡"的简化方法，借用"猎"作为"獵"的简化字。

猜（cāi）

猜，形声字。小篆的"猜"，从犬青声。左边从"犬"，表示与犬相关的动作行为；右边为"青"，在字中表音，为声符。楷书笔画化。《说文·犬部》："猜，恨贼也。从犬青声。"五代南唐徐锴《说文解字系传》："犬性多猜。"

本义为疑惧。《左传·僖公九年》："送往事居，耦俱无猜，贞也。"晋代杜预注："猜，疑也。"《左传·昭公七年》："夫子从君，而守臣丧邑，虽吾子亦有猜焉。"《颜氏家训·书证》："狐之为兽，又多猜疑。"引申为揣测、推测。清代曹雪芹《红楼梦》第一一二回："见箱柜开着，所有的东西怎能记忆，便胡乱猜想，虚拟了一张失单，命人即送到文武衙门。"

猝（cù）

猝，形声字。小篆的"猝"，从犬卒声。左边从"犬"，表示与犬相关的动作行为；右边为"卒"，在字中表音，为声符。楷书笔画化。《说文·犬部》："猝，犬从艸暴出逐人也。从犬卒声。"

本义为狗突然冲出逐人，文献用例较少。引申为突然。元末明初罗贯中《三国演义》第六十一回："如猝然遇敌，步骑相促，人尚不暇及水，何能入船乎？"明代张溥《五人墓碑记》："大阉亦逡巡畏义，非常之谋难于猝发，待圣人之出而投缳道路，不可谓非五人之力也。"清代纪昀《阅微草堂笔记·姑妄听之一》："既不炳烛，又不扬声，猝不及防，突然相遇，是先生犯鬼，非鬼犯先生。"

第三，表示犬或与犬相关的状貌或习性，主要有"猖、狂、猛、独（獨）、猾、狞（獰）"。

猖（chāng）

猖，形声字。小篆的"猖"，从犬昌声。左边从"犬"，表示与犬相关的状貌；右边为"昌"，在字中表音，为声符。楷书笔画化。"猖"与"狂"一起为叠韵连绵词。《玉篇·犬部》："猖，狂骇也。"

本义为猖狂。《楚辞·离骚》："何桀纣之猖披兮，夫唯捷径以窘步。"元末明初施耐庵《水浒传》："汝为谏议大夫，反灭朝廷纲纪，猖獗小人，罪合赐死！"明代吴承恩《西游记》第六回："我蒙师父差来打探军情，见你这般猖獗，特来擒你！"

狂（kuáng）

狂，形声字。甲骨文的"狂"，从犬从往，往亦声。右边从"犬"，表示与犬相关的状貌；左边为"𢍏"（往），表示奔行，亦表音。金文字形调整了左右顺序。小篆承续金文字形。楷书笔画化。《说文·犬部》："狂，狾（zhì）犬也。从犬㞢声。"方述鑫等《甲骨金文字典》："狂，甲骨文从犬，㞢声，为《说文》狂字篆文所本。"

本义为狗发疯。三国阮籍《鸠赋》："值狂犬之暴怒，加楚害于微躯。"唐代李隆基《平胡》："杂虏忽猖狂，无何敢乱常。"唐代杜甫《入衡州》："汉仪甚照耀，胡马何猖狂。"引申为精神失常，疯癫。明代张溥《五人墓碑记》："而又有剪发杜门，佯狂不知所之者，其辱人贱行。"清代曹雪芹《红楼梦》第五十七回："宝玉心下明白，因恐紫鹃回去，故有时或作佯狂之态。"

猛（měng）

猛，形声字。小篆的"猛"，从犬孟声。左边从"犬"，表示与犬相关的习性；右边为"孟"，在字中表音，为声符。楷书笔画化。《说文·犬部》："猛，健犬也。从犬孟声。"

本义为健壮的狗，文献用例较少。常用义为禽兽凶悍。《孟子·滕文公下》："昔者禹抑洪水而天下平，周公兼夷狄驱猛兽而百姓宁。"《史记·高祖本纪》："安得猛士兮守四方！"唐代李白《蜀道难》："朝避猛虎，夕避长蛇。"引申为勇猛、威猛。《论语·述而》："子温而厉，威而不猛，恭而安。"晋代陶渊明《咏荆轲》："雄发指危冠，猛气充长缨。"元末明初施耐庵《水浒传》第七十六回："两势下都是风流威猛二将：金枪手，银枪手，各带皂罗巾，鬓边都插翠叶金花。"

独（獨 dú）

小篆	楷书	简化字
獨	獨	独

独（獨），形声字。小篆的"獨"，从犬蜀声。左边从"犬"，表示与犬相关的习性；右边为"蜀"，在字中表音，为声符。楷书笔画化。现简化为"独"，声符"蜀"保留特征简化。《说文·犬部》："獨（独），犬相得而斗也。从犬蜀声。羊为羣，犬为独也。"

本义为孤独、单一。《诗·邶风·击鼓》："土国城漕，我独南行。"程俊英《诗经译注》将"我独南行"译为"我独从军到南方"。《礼记·中庸》："莫见乎隐，莫显乎微，故君子慎其独也。"宋代朱熹《四书集注》："独者，人所不知而己所独知之地也。"《礼记·儒行》："其特立独行有如此者。"唐代柳宗元《捕蛇者说》："非死则徙尔，而吾以捕蛇独存。"引申为独自。《论语·颜渊》："司马牛忧曰：'人皆有兄弟，我独亡。'"《孟子·梁惠王下》："独乐乐，与人乐乐，孰乐？"元末明初罗贯中《三国演义》第四十一回："糜夫人与阿斗不知何往，我独自逃生至此。"

猾（huá）

小篆	楷书
猾	猾

猾，形声字。小篆的"猾"，从犬骨声。左边从"犬"，表示与犬相关的习性；右边为"骨"，在字中表音，为声符。楷书笔画化。《玉篇·犬部》："猾，黠也。小兒多詐也。"

本义为狡诈、狡猾。《史记·秦始皇本纪》："唯恐有变，虽有狡猾之民，无离上之心。"《史记·高祖本纪》："项羽为人僄悍猾贼。"《晋书·蔡豹传》："然小贼虽狡猾，故成擒耳。"元末明初施耐庵《水浒传》第一〇四回："那王庆是东京积赌惯家，他信得盆口真，又会躲闪打浪，又狡猾奸诈，下主作弊。"

狞（獰 níng）

小篆	楷书	简化字
獰	獰	狞

狞（獰），形声字。小篆的"獰"，从犬宁声。左边从"犬"，表示与犬相关的习性；右边为"宁"，在字中表音，为声符。楷书笔画化。现简化为"狞"，声符类推简化。

本义为凶恶，恶相难看。唐代顾况《公子行》："红肌拂拂酒光狞，当街背拉金吾行。"唐代元稹《酬独孤二十六送归通州》："下观狰狞辈，一扫冀不存。"唐代寒山《诗三百三首》："我见百十狗，个个毛狰狞。"《明史·李应祥传》："会所征盐井刺马兵三千至，狰狞跳跃，类非人形，诸番所深畏。"元末明初施耐庵《水浒传》第五回：

"烟迷绿树林边,摆着几行争食鬼。人人凶恶,个个狰狞。"明代吴承恩《西游记》第十一回:"无数牛头并马面,狰狞把守奈河桥。"引申为忿怒而视。唐代韩愈《送无本师归范阳》:"狞飙搅空衢,天地与顿撼。"

第三节　"羊"部及其例字

"羊"部亦属于牛部之类,与羊的类别及食品有关。

羊(yáng)

一、形体演变

甲骨文	金文	小篆	楷书
𦫳	羊	羊	羊

二、构形理据

羊,象形字。甲骨文的"羊",像正面羊头形,两角下弯,两耳形成"V"字形。金文承续甲骨文字形。小篆基本承续金文字形。楷书笔画化。《说文·羊部》:"羊,祥也。从丫,象头角足尾之形。孔子曰:'牛羊之字以形举也。'"方述鑫等《甲骨金文字典》:"羊,甲骨文羊字象羊头正面两角两耳之形。"《玉篇·羊部》:"羊,《礼》云:'凡祭宗庙之礼羊曰柔毛。'"

三、本义

本义为一种哺乳动物的名称,种类较多。《诗·王风·君子于役》:"鸡栖于埘,日之夕矣,羊牛下来。"《礼记·月令》:"衣青衣,服仓玉,食麦与羊,其器疏以达。"《汉书·李广苏建传》:"杖汉节牧羊,卧起操持,节旄尽落。"南北朝民歌《敕勒歌》:"天苍苍,野茫茫,风吹草低见牛羊。"唐代王维《渭川田家》:"斜阳照墟落,穷巷牛羊归。"唐代储光羲《田家杂兴八首》之一:"稼穑既自种,牛羊还自牧。"元末明初施耐庵《水浒传》第二十二回:"转屋角牛羊满地,打麦场鹅鸭成群。"明代吴承恩《西游记》第四十三回:"牛羊不饮,鸦鹊难飞。牛羊不饮嫌深黑,鸦鹊难飞怕渺弥。"

四、理据例说

"羊"是汉字部首之一。从"羊"的字,其义均与羊有关。在楷书中,"羊"作部件,在上时写作"䒑"或"𦍌"。归纳起来,从"羊"的字大致有三类。

第一,表示羊的类别或与羊有关的民族,主要有"羔、羚、羝、羯、羌"。

羔（gāo）

| 甲骨文 | 金文 | 小篆 | 楷书 |

羔，会意字。甲骨文的"羔"，从羊从火。上边从"羊"，表示与羊的类别有关；下边从"火"，表示用火烤小羊。金文将甲骨文的"火"写成了"▲"。小篆将"羊"写成了"羋"。楷书笔画化。《说文·羊部》："羔，羊子也。从羊，照省声。"清代徐灏《说文段注笺》："疑羔之本义为羊炙（烤肉），故从火。小羊味美，为炙尤宜，因之羊子谓之羔。"徐中舒《甲骨文字典》："羔，从羊从ㄥㄥ，ㄥㄥ即小，以小羊会意为羔。……疑非从照省声，篆文所从之火，乃甲骨文所从ㄥㄥ之讹变。"我们认为，徐灏、徐中舒对"羔"字的构形分析允当，"ㄥㄥ"表示小或火均可。

本义为小羊。《诗·召南·羔羊》："羔羊之皮，素丝五紽。"汉代毛亨传："小曰羔，大曰羊。"《诗·豳风·七月》："四之日其蚤，献羔祭韭。"《诗·郑风·羔裘》："羔裘豹饰，孔武有力。"清代曹雪芹《红楼梦》第四十九回："好容易等摆上来，头一样菜便是牛乳蒸羊羔。"元末明初施耐庵《水浒传》第三十三回："众军汉赶上把宋江捉住拿了来，恰似皂雕追紫燕，正如猛虎啖羊羔。"

羚（líng）

| 小篆 | 楷书 |

羚，形声字。小篆的"羚"，从羊令声。左边从"羊"，表示与羊的类别有关；右边为"令"，在字中表音，为声符。楷书笔画化，又为小羊。《玉篇·羊部》："羚，羊子。"文献用例较少。

本义为羊的一种——羚羊。羚羊，毛灰黄色，柔软细密，角可入药。宋代严羽《沧浪诗话·诗辩》："盛唐诸人惟在兴趣，羚羊挂角，无迹可求。故其妙处透彻玲珑，不可凑泊。"明代吴承恩《西游记》第四十七回："见放着那道士的尸骸，一个是虎，一个是鹿，那羊力是一个羚羊。"

羝（dī）

| 金文 | 小篆 | 楷书 |

羝，形声字。金文的"羝"，从羊氐声。下边从"羊"，表示与羊的类别有关；上边为"氐"，在字中表音，为声符。小篆变为左右结构。楷书笔画化。《说文·羊部》："羝，牡羊也。从羊氐声。"《甲骨金文字典》遵从《说文》说解。

本义为公羊。《诗·大雅·生民》："取羝以軷，载燔载烈。"汉代毛亨传："羝，牡羊也。"《汉书·李广苏建传》："乃徙武北海上无人处，使牧羝，羝乳乃得归。"唐代颜师古《汉书注》："羝，牡羊也。羝不当产乳，故设此言，示绝其事。"

羯（jié）

小篆	楷书
羯	羯

羯，形声字。小篆的"羯"，从羊曷声。左边从"羊"，表示与羊的类别有关，作形符；右边为"曷"，在字中表音，为声符。楷书笔画化。《说文·羊部》："羯，羊羖（gǔ）犗（jiè）也。从羊曷声。"《玉篇·羊部》："羯，同上。"其上字指"羖、犗羊也"。羖、犗均为阉割之义。

本义为被阉过的公羊。汉代蔡琰《胡笳十八拍》："毡裘为裳兮骨肉震惊，羯膻为味兮枉遏我情。"也指古代北方民族名。唐代高适《登百丈峰二首》："豺狼塞瀍洛，胡羯争乾坤。"

羌（qiāng）

甲骨文1	甲骨文2	金文	小篆	楷书
羌	羌	羊	羌	羌

羌，会意兼形声字。甲骨文1的"羌"，从羊省从人从糸，羊亦声。上边从"羊"（省去面颊和两耳），表示与羊有关的民族；下左边为"人"，表示牧人，下右边为"糸"，表示绳索，以绑缚之用。甲骨文2作了简化，合起来表示以牧羊为生的古代西部民族。金文作了简化，省去"糸"。小篆承续金文字形。楷书笔画化。《说文·羊部》："羌，西戎牧羊人也。从人从羊，羊亦声。南方蛮闽从虫，北方狄从犬，东方貉从豸，西方羌从羊：此六种也。"方述鑫等《甲骨金文字典》："羌，甲骨文从人，从羊省，或又从糸，乃象以绳索系羌俘之形。"徐中舒《甲骨文字典》"羌"字的说解与此略同。

本义为羌族，古代西部民族之一，远古时代该民族大概以羊为图腾。《诗·商颂·殷武》："昔有成汤，自彼氐羌，莫敢不来享，莫敢不来王。"汉代郑玄笺："氐羌，夷狄国在西方者也。"《史记·龟策列传》："蛮夷氐羌虽无君臣之序，亦有决疑之卜。"唐代王之涣《凉州词》："羌笛何须怨杨柳，春风不度玉门关。"宋代范仲淹《渔家傲·秋思》："浊酒一杯家万里，燕然未勒归无计，羌管悠悠霜满地。"宋代欧阳修《蝶恋花》："羌管不须吹别怨，无肠更为新声断。"

第二，表示与羊有关的食品或气味，主要有"羞、羹、膻"。

羞（xiū）

甲骨文	金文	小篆	楷书
羞	羊	羞	羞

羞，会意兼形声字。甲骨文的"羞"，为会意字，从羊从又。左边从"羊"表示与羊有关的食品，右边从"又"表示抓取，合起来表示用手持羊进献。金文承续甲骨文字形。小篆稍有讹变，误将金文中的"又"写成了丑，变为从羊丑声的形声字。楷书笔画化。《说文·丑部》："羞，进献也。从羊，羊，所进也；从丑，丑亦声。"方述鑫等《甲骨金文字典》："羞，甲金文从羊，从又或从収，象持羊进

献之形。"

本义为进献。《左传·隐公三年》："可荐于鬼神，可羞于王公。"晋代杜预注："羞，进也。"《国语·楚语上》："士有豚犬之奠，庶人有鱼炙之荐，笾豆、脯醢则上下共之。不羞珍异，不陈庶侈。"黄永堂《国语全译》注："羞，进献。"汉代张衡《思玄赋》："聘王母于银台兮，羞玉芝以疗饥。"唐代李善《文选注》："羞，进也。"引申为味美的食物。《周礼·膳夫》："膳夫掌王之食饮膳羞，以养王及后世子。"汉代郑玄注："羞，有滋味者。"《周礼·宰夫》："以式法掌祭祀之戒具，与其荐羞。"杨天宇《周礼译注》："荐羞：指供祭祀用的脯醢和各种美味食品。"唐代李白《行路难》："金樽清酒斗十千，玉盘珍羞直万钱。"明代吴承恩《西游记》第六十回："吃的是，天厨八宝珍羞味；饮的是，紫府琼浆熟酝醪。"

羹（gēng）

羹，会意字。小篆的"羹"，从羔从美。"羔"为小羊，从"羔"即从"羊"。上边从"羔"表示与羊有关的食品，下边从"美"表示味道鲜美，合起来表示用肉或菜调和五味做成的美味、带汁的食物。楷书笔画化。《玉篇·羊部》："羹，常所食美也。"

本义为带汁的肉。《左传·隐公元年》："小人有母，皆尝小人之食矣，未尝君之羹，请以遗之。"《孟子·告子上》："一箪食，一豆羹，得之则生，弗得则死。"中古以后，"羹"为汤义。唐代王建《新嫁娘词三首》之一："三日入厨下，洗手作羹汤。"元末明初施耐庵《水浒传》第三十七回："点起一碗灯，教三个歇定了，取三分饭食、羹汤、菜蔬，教他三个吃了。"

羶（shān）

羶，形声字。小篆的"羶"，从羊亶（dǎn）声。左边从"羊"，表示与羊的气味有关；右边为"亶"，在字中表音，为声符。楷书笔画化。《玉篇·羊部》："羶，羊气也，或作羴。"

本义为羊的特殊气味。《庄子·徐无鬼》："羊肉不慕蚁，蚁慕羊肉，羊肉羶也。"元代郑光祖《辅思乡王周公摄政》楔子："酒为池可行舟楫，肉为林不问羶腥。"

第三，大多表示一种美好的观念，主要有"美、义（義）、羡、群（羣）"。

美（měi）

美，会意字。甲骨文的"美"，从羊从大。上边从"羊"表示与美好观念有关，下边从"大"表示成年男子，合起来表示头戴装饰的人，人戴上头饰显得华丽、悦目、漂亮。金文基本承续甲骨文字形。小篆直接写成了从羊从大。楷书笔画化。《说文·羊部》:"美,甘也。从羊从大。羊在六畜主给膳也。美与善同意。"《说文段注》:"甘者,五味之一,而五味之美皆曰甘。引伸之凡好皆谓之美。从羊大。羊大则肥美。"徐中舒《甲骨文字典》:"美,象人首上加羽毛或羊首等饰物之形,古人以此为美。所从之丫为羊头,丫为羽毛,《说文》皆从羊,不复区别。"

本义为味美。《孟子·尽心下》:"公孙丑问曰:'脍炙与羊枣孰美?'孟子曰:'脍炙哉!'"《韩非子·扬权》:"夫香美脆味,厚酒肥肉,甘口而疾形。"唐代王翰《凉州词》:"葡萄美酒夜光杯,欲饮琵琶马上催。"元末明初施耐庵《水浒传》第二十七回:"有些十分香美的好酒,只是浑些。"引申为形貌漂亮。《诗·鄘·桑中》:"云谁之思?美孟姜矣。"程俊英《诗经译注》译为"漂亮大姊本姓姜"。《战国策·齐策一》:"我孰与城北徐公美?"

义(義 yì)

甲骨文	金文	小篆	楷书	简化字
		義	義	义

义(義),会意字。甲骨文的"義",从羊从我。右上边从"羊"表示与祭祀占卜显示的吉兆兆头有关,下边从"我","我"是武器,为有利齿的戌,表示征战,合起来表示公正、人道、合宜的行为或道理。金文、小篆承续甲骨文字形。楷书笔画化。现简化为"义",为记号替代法简化,为音号字,"乂"表音,读yì,"丶"为记号。《说文·我部》:"義(义),己之威仪也。从我羊。"《说文段注》:"古者威仪字作义,今仁义字用之。仪者,度也。今威仪字用之。""从我,从羊。威仪出于己,故从我。"从《说文段注》可知,"义"原用为威仪的"仪"。徐中舒《甲骨文字典》:"義(义),从我从丫(羊),与《说文》义字篆文同。段玉裁谓从羊与善美同意。"

本义为合宜的道理和行为。《左传·隐公元年》:"多行不义必自毙。"《墨子·公输》:"吾义固不杀人。"《孟子·告子上》:"生,亦我所欲也;义,亦我所欲也;二者不可得兼,舍生而取义者也。"宋代王安石《答司马谏议书》:"盘庚不为怨者故改其度,度义而后动,是而不见可悔故也。"

羨(xiàn)

甲骨文1	甲骨文2	小篆	楷书
		羨	羨

羨,会意字。甲骨文1的"羨",从人从水,"㐃"像一个人张大了嘴巴,":"像嘴巴里的口水,表示强烈的食欲引起的渴望。甲骨文2的"羨",人嘴巴里的口水已经流出,像口水四溅形。小篆在甲骨文的基础上,在上边加了"羊",下左边的"氵"为口水,下右的"欠"是一个人张口的形象,合起来表示对烹熟的羊肉流口水,明确了食欲的对象。楷书笔画化,误将"羨"下左边的"氵"写

作"丫"。《说文·次部》:"羡,贪欲也。从次,从羑省。""羡"字《甲骨文字典》中未见。《广韵·线韵》:"羡,贪慕也。"

本义为因喜爱而希望得到,羡慕。《诗·大雅·皇矣》:"帝谓文王,无然畔援,无然歆羡,诞先登于岸。"程俊英《诗经译注》:"歆羡,羡慕。"《淮南子·说林训》:"临河而羡鱼,不如归家织网。"引申为富余,足够而多余。《诗·小雅·十月之交》:"四方有羡,我独居忧。"汉代毛亨传:"羡,余也。"汉代郑玄笺:"四方之人尽有饶馀,我独居此而忧。"《孟子·滕文公下》:"以羡补不足,则农有余粟,女有余布。"汉代赵岐注:"羡,余也。"

群(羣 qún)

金文	小篆	楷书	简化字
羣	羣	羣	群

群(羣),形声字。金文的"羣",从羊君声。下边从"羊",表示与羊的习性有关,羊好群处;上边为"君",在字中表音,为声符。小篆承续金文字形。楷书笔画化。现写作"群",由楷书的上下结构变为左右结构。《说文·羊部》:"羣(群),辈也。从羊君声。"《甲骨金文字典》中"群"字说解同《说文》。

本义为羊群。《诗·小雅·无羊》:"谁谓尔无羊?三百维群。"后泛指聚在一起的人或物。《诗·小雅·吉日》:"儦儦俟俟,或群或友。"《国语·周语》:"夫兽三为群,人三为众,女三为粲。"唐代柳宗元《封建论》:"故近者聚而为群,群之分,其争必大,大而后有兵有德。"

第四节 "豕"部及其例字

"豕"部亦属于牛部之类,与猪有关。

豕(shǐ)

一、形体演变

甲骨文	金文	小篆	楷书
豕	豕	豕	豕

二、构形理据

豕,象形字。甲骨文的"豕",像猪形,为长嘴、圆腹、四蹄、短尾的动物。金文基本承续甲骨文字形。小篆稍有变化,猪形消失。楷书笔画化。《说文·豕部》:"豕,彘也。竭其尾,故谓之豕。象毛足而后有尾。"《说文段注》:"立部曰:'竭者,负举也。'豕怒而竖其尾，则谓之豕，象毛足而后有尾。"方述鑫等《甲骨金文字典》："豕，甲金文象豕硕腹垂尾形。甲骨文 ⩗（豕） ⩗（犬）形近，而以 ⩗ 垂尾 ⩗ 翘尾为别。"

三、本义

本义为猪，家畜之一。《诗·小雅·渐渐之石》："有豕白蹢（dí），烝涉波矣。"汉代毛亨传："豕，猪也。蹢，蹄也。"《左传·庄公八年》："射之，豕人立而啼。公惧，队于车，伤足丧屦。"《孟子·尽心上》："舜之居深山之中，与木石居，与鹿豕游，其所以异于深山之野人者几希。"《吕氏春秋·察传》："子夏之晋，过卫，有读史记者曰：'晋师三豕涉河。'"成语有"狼奔豕突"。

四、理据例说

从"豕"的字，其义大多与猪有关，其字多为猪的名称。常用的字不多，主要有"豚、豪、豢"。

豚（tún）

甲骨文	金文	小篆	楷书
𤉢	𤯛	豚	豚

豚，会意字。甲骨文的"豚"，从豕从夕。右边从"豕"表示与猪的类别有关，左边从"夕"表示肉，合起来表示肉墩墩的小猪。金文在甲骨文的基础上又加"又"（手），表示抓取，用于祭祀。小篆将"夕"写成了"月"（肉）。楷书笔画化。《说文·豚部》："豚，小豕也。从彖（tuàn）省，象形。从又持肉，以给祠祀。"《说文段注》："凡祭宗庙之礼，豕曰刚鬣，豚曰腯肥。又，手也。"方述鑫等《甲骨金文字典》："豚，甲骨文从 ⩗（豕）从 ⩗（肉），金文增从又，为《说文》脪及或体豚字篆文所本。"

本义为小猪。《论语·阳货》："阳货欲见孔子，孔子不见，归孔子豚。"宋代邢昺疏："豚，豕之小者。"《孟子·梁惠王上》："鸡豚狗彘之畜，无失其时，七十者可以食肉矣。"杨伯峻《孟子译注》："豚是小猪，但只能杀以祭祀。"《韩非子·外储说左下》："郑县人卖豚，人问其价。"

豪（háo）

小篆	楷书
豪	豪

豪，会意字。小篆的"豪"，从豕高声。下边从"豕"，表示与猪的类别有关；上边为"高"，在字中表音，为声符。楷书笔画化，演变为从豕高省声的形声字。《说文》中有"𧰲"字，在其说解中有"豪"字。《玉篇·豕部》："豪，猪毛如筭而端黑也。"

本义为豪猪，也叫"箭猪"。汉代扬雄《长杨赋》："帅军踔陉，锡戎获胡。搤熊罴，拖豪猪。"也指豪猪身上长而尖锐的毛。《山海经·北山经》："有兽焉，其状如貆而赤豪,其音如榴榴,名曰孟槐。"引申为豪杰、杰出的人物。唐代李白《南都行》:"此地多英豪,邈然不可攀。"唐代韦应物《送崔押衙相州》:"礼乐儒家子,英豪燕赵风。"宋代苏轼《念奴娇·赤壁怀古》:"江山如画,一时多少豪杰。"

豢(huàn)

甲骨文1	甲骨文2	小篆	楷书
[字形]	[字形]	[字形]	豢

豢,会意兼形声字。甲骨文1的"豢",从豕从子从廾。中部从"丏"(豕)表示与饲养猪有关,"丏"(豕)中为"𢀖"(子),表示猪仔,两边为"廾"(廾)表示双手,合起来表示在照料即将生仔的母猪。甲骨文2省去"丏"(豕)中的"𢀖"(子)。小篆另加"米",表示用谷物养猪。楷书笔画化,为从豕龹(juǎn)声的形声字。《说文·豕部》:"豢,以谷圈养豕也。从豕龹声。"方述鑫等《甲骨金文字典》:"豢,甲骨文从豕从𠬞,象抱持之以见豢养之义。"

本义为设围栏以谷物养猪。《礼记·乐记》:"夫豢豕为酒,非以为祸也。"汉代郑玄注:"以谷食犬豕曰豢。"引申为喂养、饲养。《左传·昭公二十九年》:"古者畜龙,故国有豢龙氏,有御龙氏。"

第五节 "马(馬)"部及其例字

"马"部亦属于牛部之类,其义多与马有关。

马(馬 mǎ)

一、形体演变

甲骨文	金文	小篆	楷书	简化字
[字形]	[字形]	[字形]	馬	马

二、构形理据

马(馬),象形字。甲骨文的"馬",像长脸、大眼、鬃毛飞扬、长尾有蹄的动物。金文字形简化,将甲骨文字形中的大眼与鬃毛写成"[字形]",将马足与马尾写成"[字形]"。小篆承续金文字形。楷书笔画化。现简化为"马",用草书楷化法简化。《说文·马部》:"馬(马),怒也,武也。象马头髦尾四足之形。"徐中舒《甲骨文字典》:"馬(马),象马首长髦二足及尾之形,为马之侧视形,故仅见其二足。金文作[字形]录伯簋,[字形]克钟,[字形]虢季子白盘,承甲骨文之形而有小讹,复为《说文》篆文所本。"

三、本义

本义为一种家畜名,可用于交通、耕种、作战等。《诗·周南·卷耳》:"陟彼高冈,我马玄黄。"《诗·大雅·卷阿》:"君子之马,既闲且驰。"《淮南子·人间训》:"近塞上之人有善术者,马无故亡而入胡。"《乐府诗集·木兰诗》:"愿为市鞍马,从此替爷征。"唐代韩愈《马说》:"千里马常有,而伯乐不常有。"唐代杜甫《将赴荆南寄别李剑州》:"戎马相逢更何日,春风回首仲宣楼。"唐代刘希夷《从军行》:"纷纷伊洛道,戎马几万匹。"

四、理据例说

"马"是汉字的一个部首。从"马"的字,其义均与马有关。归纳起来,大致有三类。

第一,表示马的种类名称及与马相关事物的名称,主要有"驹(駒)、驽(駑)、骆(駱)、骏(駿)、骖(驂)、骐(騏)、骥(驥)、骛(騖)、骓(騅)、骢(驄)、骡(騾)、驴(驢)、驿(驛)"。

驹(駒 jū)

金文	小篆	楷书	简化字
𩡀	駒	駒	驹

驹(駒),形声字。金文的"駒",从馬句声。右边从"🐴"(馬),表示与马的种类名称有关;左边为"句"(句),在字中表音,为声符。小篆"馬""句"位置互换,演变为左形右声的形声字。楷书笔画化。现简化为"驹",形符类推简化。《说文·马部》:"驹(駒),马二岁曰驹,三岁曰駣。从馬句声。"方述鑫等《甲骨金文字典》:"驹(駒),徐灏注笺:'驹虽为二岁马,浑言之则为儿马方壮之称。'金文从馬,句声,或丩声,与《说文》驹字篆文构形略同。"

本义为少壮之马。《诗·周南·汉广》:"之子于归,言秣其驹。"汉代毛亨传:"五尺以上曰驹。"《诗·小雅·角弓》:"老马反为驹,不顾其后。"《淮南子·时则训》:"游牝别其群,执腾驹,班马政。"汉代高诱注:"八尺以下曰驹。"《乐府诗集·陌上桑》:"何用识夫婿,白马从骊驹。"唐代王维《寓言二首》之一:"骊驹从白马,出入铜龙门。"特指幼马。《周礼·校人》:"春祭马祖,执驹。"汉代郑玄注:"执驹无令近母,犹攻驹也。二岁曰驹,三岁曰駣。"《汉书·楚元王传》:"少时数言事,召见甘泉宫,武帝谓之'千里驹'。"唐代颜师古《汉书注》:"言若骏马可致千里也。年齿幼少,故谓之驹。"

驽(駑 nú)

小篆	楷书	简化字
駑	駑	驽

驽(駑),形声字。小篆的"駑",从馬奴声。下边从"馬",表示与马的种类名称有关;上边为"奴",在字中表音,为声符。楷书笔画化。现简化为"驽",形符类推简

化。《玉篇·马部》:"驽,最下马也。"

本义为劣马。《荀子·劝学》:"驽马十驾,功在不舍。"东方朔《七谏·谬谏》:"驽骏杂而不分兮,服罢牛而骖骥。"后来用以比喻才能平庸。《史记·廉颇蔺相如列传》:"相如虽驽,独畏廉将军哉?"

骆(駱 luò)

金文	小篆	楷书	简化字
骆	駱	駱	骆

骆(駱),形声字。金文的"駱",从馬各声。左边从"馬"(馬),表示与马的种类名称有关;右边为"各"(各),在字中表音,为声符。小篆承续金文字形。楷书笔画化。现简化为"骆",形符类推简化。《说文·马部》:"駱(骆),马白色黑鬣尾也。从馬各声。"方述鑫等《甲骨金文字典》:"駱(骆),金文从馬各声,与《说文》骆字篆文构形同。"《尔雅·释畜》:"白马黑鬣,骆。"《玉篇·马部》:"骆,白马黑鬣。"

本义为鬣尾黑色而身白色的马。《诗·小雅·四牡》:"驾彼四骆,载骤骎骎。"《诗·小雅·皇皇者华》:"我马维骆,六辔沃若。"程俊英《诗经译注》中将"我马维骆"译为"雪白马儿黑尾巴"。《礼记·月令》:"天子居总章右个,乘戎路,驾白骆,载白旂,衣白衣,服白玉。"《礼记·明堂位》:"夏后氏骆马黑鬣,殷人白马黑首,周人黄马蕃鬣。"汉代郑玄注:"白马黑鬣曰骆。"《吕氏春秋·孟秋》:"天子居总章左个,乘戎路,驾白骆,载白旗,衣白衣,服白玉。"后作骆驼。《后汉书·梁慬传》:"凡斩首万余级,获生口数千人,骆驼畜产数万头,龟兹乃定。"

骏(駿 jùn)

小篆	楷书	简化字
駿	駿	骏

骏(駿),形声字。小篆的"駿",从馬夋(qūn)声。左边从"馬"(馬),表示与马的种类名称有关;右边为"夋"(夋),在字中表音,为声符。楷书笔画化。现简化为"骏",形符类推简化。《说文·马部》:"駿(骏),马之良材者。从馬夋声。"

本义为良马。《战国策·燕策二》:"人有卖骏马者,比三旦立市,人莫之知。"《乐府诗集·木兰诗》:"东市买骏马,西市买鞍鞯,南市买辔头,北市买长鞭。"《淮南子·人间训》:"居数月,其马将胡骏马而归,人皆贺之。"唐代李商隐《瑶池》:"八骏日行三万里,穆王何事不重来。"

骖(驂 cān)

小篆	楷书	简化字
驂	驂	骖

骖(驂),形声字。小篆的"驂",从馬参声。左边从"馬",表示与马的种类名称有关;右边为"参",在字中表音,为声符。楷书笔画化。现简化为"骖",形符

类推简化。《说文·马部》:"骖(驂),驾三马也。从馬参声。"《说文段注》:"王肃云:古者一辕之车驾三马,则五辔。其大夫皆一辕车。夏后氏驾两,谓之丽。殷益以一騑,谓之骖。周人又益以一騑,谓之驷。本从一骖而来,亦谓之骖。经言骖则三马之名。"

本义为独辕车所驾的三匹马。《诗·小雅·采菽》:"载骖载驷,君子所届。"程俊英《诗经译注》:"骖,一车驾三马。"也指驾车时在两边的马。《诗·郑风·大叔于田》:"执辔如组,两骖如舞。"汉代郑玄笺:"在旁曰骖。"《荀子·哀公》:"东野毕之马失。两骖列,两服入厩。"蒋南华等《荀子全译》:"骖,车两旁的套马。"

骐(騏 qí)

小篆	楷书	简化字
騏	騏	骐

骐(騏),形声字。小篆的"騏",从馬其声。左边从"馬",表示与马的种类名称有关;右边为"其",在字中表音,为声符。楷书笔画化。现简化为"骐",形符类推简化。《说文·马部》:"騏(骐),马青骊,文如博棊也。从馬其声。"《玉篇·马部》:"骐,马文也。"意即有青黑色纹理的马。

本义为青黑色有如棋盘格子纹的马。《诗·小雅·采芑》:"方叔率止,乘其四骐,四骐翼翼。"程俊英《诗经译注》:"骐,有青黑花纹的马。""骐骥"合为一词,指良马、骏马名。《楚辞·离骚》:"乘骐骥以驰骋兮,来吾道夫先路。"《荀子·劝学》:"骐骥一跃,不能十步。"明代吴承恩《西游记》第四回:"骅骝骐骥,騕褭纤离。"

骥(驥 jì)

金文	小篆	楷书	简化字
驥	驥	驥	骥

骥(驥),形声字。金文的"驥",从馬冀声。左边从"馬",表示与马的种类名称有关;右边为"冀",在字中表音,为声符。小篆承续金文字形。楷书笔画化。现简化为"骥",形符类推简化。《说文·马部》:"驥(骥),千里马也,孙阳所相者,从馬冀声。"《甲骨金文字典》中"骥"字未见。《玉篇·马部》:"骥,千里马。"

本义为良马、千里马。《论语·宪问》:"骥不称其力,称其德也。"宋代朱熹《四书集注》:"骥,善马之名。"《吕氏春秋·察今》:"良马期乎千里,不期乎骥骜。"关贤柱等《吕氏春秋全译》:"骥骜,骏马名。"《吕氏春秋·贵卒》:"所为贵骥者,为其一日千里也。"关贤柱等《吕氏春秋全译》将"贵骥"译为"看重骐骥"。《吕氏春秋·博志》:"骥一日千里,车轻也。"《吕氏春秋全译》将"骥"译为"良马"。三国曹操《步出夏门行》:"老骥伏枥,志在千里;烈士暮年,壮心不已。"

429

骜（驁 ào）

小篆	楷书	简化字
驁	驁	骜

骜（驁），形声字。小篆的"驁"，从马敖声。左边从"马"，表示与马的种类名称有关；右边为"敖"，在字中表音，为声符。楷书笔画化，演变为上下结构。现简化为"骜"，形符类推简化。《说文·马部》："驁（骜），骏马。以壬申日死，乘马忌之。从马敖声。"

本义为骏马、良马。《吕氏春秋·察今》："良马期乎千里，不期乎骥骜。"汉代高诱注："骜，千里马也。王者乘之游敖，因曰骥骜也。"引申为放纵奔驰。《楚辞·远游》："服偃蹇以低昂兮，骖连蜷以骄骜。"汉代王逸注："骄骜，怒颠狂也。"

骓（騅 zhuī）

小篆	楷书	简化字
騅	騅	骓

骓（騅），形声字。小篆的"騅"，从马隹（zhuī）声。左边从"马"，表示与马的种类名称有关；右边为"隹"，在字中表音，为声符。楷书笔画化。现简化为"骓"，形符类推简化。《说文·马部》："騅（骓），马苍黑杂毛。从马隹声。"《尔雅·释畜》："苍白杂毛，骓。"

本义为毛色苍白相杂的马。《诗·鲁颂·駉》："薄言駉者，有骓有駓（pī）。"汉代毛亨传："苍白杂毛曰骓。"《史记·项羽本纪》："力拔山兮气盖世，时不利兮骓不逝。"《汉书·项籍传》："有美人姓虞氏，常幸从；骏马名骓，常骑。"唐代颜师古《汉书注》："苍白杂毛曰骓，盖以其色名之。"唐代李白《夜坐吟》："红霞稍出东南涯，陆郎去矣乘斑骓。"唐代李商隐《无题（一云阳城）》："白道萦回入暮霞，斑骓嘶断七香车。"唐代李商隐《无题》二首之一："斑骓只系垂杨岸，何处西南任好风。"元末明初施耐庵《水浒传》第五十四回："徽宗天子看了呼延灼一表非俗，喜动天颜，就赐踢雪乌骓一匹。"

骢（驄 cōng）

小篆	楷书	简化字
驄	驄	骢

骢（驄），形声字。小篆的"驄"，从马怱（cōng）声。左边从"马"，表示与马的种类名称有关；右边为"怱"，在字中表音，为声符。楷书笔画化。现简化为"骢"，形符类推简化。《说文·马部》："驄（骢），马青白杂毛也。从马，怱声。"《说文段注》："白毛与青毛相间则为浅青。俗所谓葱白色。"清代王筠《说文句读》："盖今之菊花青也。"

本义为青白杂毛的马，今名菊花青马。《玉台新咏·古诗为焦仲卿妻作》："踯躅青骢马，流苏金镂鞍。"唐代杜甫《寄赠王十将军承俊》："缠结青骢马，出入锦城中。"唐代李贺《嘲少年》："青骢马肥金鞍光，龙脑入缕罗衫香。"唐代徐铉《柳枝辞十二首》之一：“凭郎暂驻青骢马，此是钱塘小小家。”元代王实甫《西厢记》第四本第三折：“恨相见得迟，怨归去得疾。柳丝氏玉骢难系，恨不情疏林挂住斜晖。”

骡（騾 luó）

小篆	楷书	简化字
蠃	騾	骡

骡（騾），异体为"蠃"，形声字。小篆的"蠃"，从馬羸（yíng）声。下中部从"馬"，表示与马的种类名称有关；"羸"在字中表音，为声符。楷书笔画化，俗写作"騾"，为从马累声的形声字。现简化为"骡"，形符类推简化。《说文·马部》："蠃（騾），驴父马母。从馬羸声。"《说文段注》："崔豹曰：驴为牡，马为牝，即生骡。马为牡，驴为牝，生駏驉。"

本义为公驴和母马交配所生的杂种家畜，称为骡子。《楚辞·九叹·忧苦》："同驽蠃与乘驵兮，杂班驳与阘茸。"汉代王逸注："马母驴父生子曰蠃。"《吕氏春秋·爱士》："赵简子有两白骡而甚爱之。"元末明初罗贯中《三国演义》："或用骆驼驾车，或用骡马驾车，号为铁车兵。"

驴（驢 lú）

小篆	楷书	简化字
驢	驢	驴

驴（驢），形声字。小篆的"驢"，从馬盧（lú）声。左边从"馬"，表示与马的种类名称有关；右边为"盧"，在字中表音，为声符。楷书笔画化。现简化为"驴"，形符类推简化，声符更换简化，由"盧"（卢）更换为"户"。《说文·马部》："驢（驴），似马，长耳。从馬盧声。"《说文段注》："按驴、骡、駃騠（juétí）、駒駼（táotú）、驒騱（tuóxí），大史公皆谓为匈奴奇畜。本中国所不用，故字皆不见经传，盖秦人造之耳。"

本义为驴子，家畜名。汉代贾谊《吊屈原文》："腾驾罢牛，参蹇驴兮。"《史记·日者列传》："故骐骥不能与罢驴为驷，而凤皇不与燕雀为群，而贤者亦不与不肖者同列。"唐代柳宗元《黔之驴》："黔无驴，有好事者船载以入。"唐代杜甫《示从孙济》："平明跨驴出，未知适谁门。"

驿（驛 yì）

小篆	楷书	简化字
驛	驛	驿

驿（驛），形声字。小篆的"驛"，从馬睪（yì）声。左边从"馬"，表示与马相关事物的名称有关；右边为"睪"，在字中表音，为声符。楷书笔画化。现简化为"驿"，形符、声符均类推简化。《说文·马部》："驛（驿），置骑也。从馬睪声。"《说文段注》："置骑犹孟子言置邮，俗用骆驿。"即孟子置邮，所谓遽也。

本义为古代供传递公文或传送消息用的马。《史记·汲郑列传》："每五日洗沐，常置驿马安诸郊。"唐代司马贞《史记索隐》："置即驿，马谓于置著马也。"《汉书·昭帝纪》："大将军不听，而怀怨望，与燕王通谋，置驿往来相约结。"《后汉书·张衡传》："京师学者咸怪其无征，后数日驿至，果地震陇西，于是皆服其妙。"唐代岑参《北庭西郊候封大夫受降回军献上》："驿马从西来，双节夹路驰。"唐代韩愈《忆昨行和张十一》："阳山鸟路出临武，驿马拒地驱频隤。"引申为驿站。宋代陆游《卜算子·咏梅》："驿外断桥边，寂寞开无主。"元末明初施耐庵《水浒传》第二回："先到京师，臣等驿站而来，才得到此。"

第二，表示马的活动、功用及与马相关的动作行为，主要有"驰（馳）、骋（騁）、骑（騎）、驱（驅）、驻（駐）、驾（駕）、骛（鶩）、驮（馱）、骤（驟）、骗（騙）、骇（駭）"。

驰（馳 chí）

小篆	楷书	简化字
馳	馳	驰

驰（馳），形声字。小篆的"馳"，从馬也声。左边从"馬"，表示与马的活动有关；右边为"也"，在字中表音，为声符。楷书笔画化。现简化为"驰"，形符类推简化。《说文·马部》："驰（馳），大驱也。从馬也声。"《说文段注》："驰亦驱也，较大而疾耳。"

本义为赶马快跑。《诗·唐风·山有枢》："子有车马，弗驰弗驱。"唐代孔颖达疏："走马谓之驰，策马谓之驱。"《礼记·曲礼上》："入国不驰，入里必式。"唐代孔颖达疏："'入国不驰'者，国中人多，若驰车则害人，故不驰。"《史记·项羽本纪》："项伯乃夜驰之沛公军，私见张良，具告以事。"引申为车马疾行。《左传·宣公十二年》："遂疾进师，车驰卒奔，乘晋军。"《孟子·滕文公上》："吾他日未尝学问，好驰马试剑。"

骋（騁 chěng）

小篆	楷书	简化字
騁	騁	骋

骋（騁），形声字。小篆的"騁"，从馬甹（píng）声。左边从"馬"，表示与马的活动有关；右边为"甹"，在字中表音，为声符。楷书笔画化。现简化为"骋"，形符类推简化。《说文·马部》："骋（騁），直驰也。从馬甹声。"

本义为纵马向前奔驰。《左传·宣公十二年》："潘党望其尘，使骋而告曰：'晋师至矣！'"《左传·定公八年》："林楚怒马，及衢而骋。"晋代杜预注："骋，驰也。"《楚辞·离骚》："乘骐骥以驰骋兮，来吾道夫先路。"黄寿祺、梅桐生《楚辞全译》将"驰骋"译为"纵横驰骋"。唐代李绛《和裴相国答张秘书赠马诗》："纵横逸气宁称力，驰骋长途定出群。"

骑（騎 qí）

甲骨文	金文	小篆	楷书	简化字

骑（騎），会意兼形声字。甲骨文的"騎"，为会意字，像一个人""手持马鞭""骑在马背上""。金文从馬奇声。左边从"馬"，表示与马的活动有关；右边为"奇"，在字中表音，为声符。小篆承续金文字形。楷书笔画化。现简化为"骑"，形符类推简化。《说文·马部》："騎（骑），跨马也。从馬奇声。"《说文段注》："两髀跨马谓之骑，因之人在马上谓之骑。"方述鑫等《甲骨金文字典》："騎（骑），金文从馬，奇声，与《说文》骑字篆文构形同。"

本义为跨马、骑马。《楚辞·招魂》："轩辌（liáng）既低，步骑罗些。"汉代王逸《楚辞章句》："徒行为步，乘马为骑。"黄寿祺、梅桐生《楚辞全译》将这两句译为"外出就乘坐舒适的篷车，很多步骑随从侍候身旁"。《战国策·赵策二》："今吾将胡服骑射以教百姓，而世必议寡人矣。"《淮南子·人间训》："家富良马，其子好骑，堕而折其髀。"

驱（驅 qū）

甲骨文	小篆	楷书	简化字

驱（驅），会意兼形声字。甲骨文的"驅"，为会意字，从馬从攴，像一个人手持马鞭""（攴）在驱赶""（馬），表示策马前进。小篆从馬區（qū）声。左边从"馬"，表示与马的活动有关；右边为"區"，在字中表音，为声符。楷书笔画化。现简化为"驱"，形符、声符均类推简化。《说文·马部》："驅（驱），马驰也。从馬區聲。敺，古文驅从攴。"此字《甲骨文字典》中未见。《玉篇·马部》："驱，奔驰也。"

本义为策马前进，疾行。《诗·鄘风·载驰》："驱马悠悠，言至于漕。"程俊英《诗经译注》将"驱马悠悠"译为"赶马经过漫长路"。宋代欧阳修《新五代史伶官传》："盛以锦囊，负而前驱，及凯旋而纳之。"唐代杜甫《前出塞九首》之七："驱马天雨雪，军行入高山。"

驻（駐 zhù）

小篆	楷书	简化字

驻（駐），形声字。小篆的"駐"，从馬主声。左边从"馬"，表示与马的活动有关；右边为"主"，在字中表音，为声符。楷书笔画化。现简化为"驻"，形符类推简化。《说文·马部》："駐（驻），马立也。从馬主声。"《玉篇·马部》："驻，马立止也。"

本义为马立止。《汉书·韩延寿传》："今旦明府早驾，久驻未出，骑吏父来至府门，不敢入。"《后汉书·孝灵帝纪》："二月，公府驻驾庑自坏。"唐代李贤注："驻驾，停车处也。"《三国志·蜀书·先主传》："乃驻马呼琮，琮惧不能起。"唐代王维《陇头吟》："关西老将不胜愁，驻马听之双泪流。"唐代张说《南中别陈七李十》："请君聊驻马，看我转征蓬。"引申为驻扎、驻守。《三国志·蜀书·诸葛亮传》："五年，率诸军北驻汉中。"元末明初罗贯中《三国演义》第二十八回："于是遂起军往汝南驻扎，招军买马。"

驾（駕 jià）

金文	小篆	楷书	简化字
馱	駕	駕	驾

驾（駕），形声字。金文的"駕"，从馬加声。左边从"馬"（馬），表示与马的活动有关；右边为"加"（加），在字中表音，为声符。小篆变为上下结构。楷书笔画化。现简化为"驾"，形符类推简化。《说文·马部》："駕（驾），马在轭中。从馬加声。"《说文段注》："毛传曰：'轭，乌噣也。'乌噣即《释名》之乌啄。辕有衡。衡，横也，横马颈上。其扼马颈者曰乌啄，下向。叉马颈，似乌开口向下啄物时也。驾之言以车加于马也。""驾"，《甲骨金文字典》中未见。

本义为把车套在马身上。《诗·小雅·采薇》："驾彼四牡，四牡骙骙。"程俊英《诗经译注》将"驾彼四牡"译为"驾起四匹大公马"。《诗·小雅·节南山》："驾彼四牡，四牡项领。"汉代郑玄笺："四牡者，人君所乘驾。"《礼记·曲礼上》："君车将驾，则仆执策立于马前。"晋代陶渊明《归去来兮辞》："世与我而相违，复驾言兮焉求？"

骛（鶩 wù）

小篆	楷书	简化字
鶩	鶩	骛

骛（鶩），形声字。小篆的"鶩"，从馬敄（wù）声。下边从"馬"，表示与马的活动有关；上边为"敄"，在字中表音，为声符。楷书笔画化。现简化为"骛"，形符类推简化。《说文·马部》："鶩（骛），乱驰也。从馬敄声。"《玉篇·马部》："骛，奔也，疾也。"

本义为纵横奔驰。《韩非子·外储说右下》："代御执辔持策，则马咸骛矣。"唐代储光羲《贻王侍御出台掾丹阳》："达人无不可，壮志且驰骛。"唐代杜甫《送高司直寻封阆州》："熊罴咆空林，游子慎驰骛。"唐代韦应物《寄冯著》："亲友各驰骛，谁当访敝庐。"

驮（馱 tuó）

小篆	楷书	简化字
馱	馱	驮

驮（馱），形声字。小篆的"馱"，从馬大声。左边从"馬"，表示与马的活动有关；右边为"大"，在字中表音，为声符。楷书笔画化。现简化为"驮"，形符类推简化。

《玉篇·马部》："驮，马负儿。"

本义为骡马负载东西。唐代李白《对酒》："蒲萄酒，金叵罗，吴姬十五细马驮。"唐代张继《宿白马寺》："白马驮经事已空，断碑残刹见遗踪。"唐代李贺《牡丹种曲》："莲枝未长秦蘅老，走马驮金刚春草。"唐代毛文锡《西溪子》："娇妓舞衫香暖。不觉到斜晖，马驮归。"引申为背负。《清史稿·孙思克传》："土不生秔稻，采买麦豆，用民负载驮运，馈运维艰。"《清史稿·喀尔喀赛因诺颜部列传》："乌里雅苏台地方，请准令商民等每年驮运茶七千馀箱赴古城兑换米面。"清代钱彩《说岳全传》第三十九回："张保将高宠尸首驮在背上。"

骤（驟 zhòu）

小篆	楷书	简化字
驟	驟	骤

骤（驟），形声字。小篆的"驟"，从马聚声。左边从"马"，表示与马的活动有关；右边为"聚"，在字中表音，为声符。楷书笔画化。现简化为"骤"，形符类推简化。

《说文·马部》："骤（驟），马疾步也。从馬聚声。"《说文段注》："步下曰：'行也。'走下曰：'趋也。'行下曰：'人之步趋也。'然则行兼步与趋言之。此马行、马步、马走之别也。……乃又引申为凡迫促之意。"

本义为马快跑。《诗·小雅·四牡》："驾彼四骆，载骤骎骎。"程俊英《诗经译注》将"载骤骎骎"译为"车儿急驰马蹄忙"。唐代韩愈《南山诗》："或翩若船游，或决若马骤。"唐代薛昭蕴《喜迁莺》："金门晓，玉京春，骏马骤轻尘。"引申为迅疾、急速。《左传·成公十八年》："杞伯于是骤朝于晋，而请为昏。"唐代孔颖达疏："骤是疾行之名，从鲁即疾朝于晋也。"《老子》第二十三章："希言自然。飘风不终朝，骤雨不终日。"宋代柳永《雨霖铃》："寒蝉凄切，对长亭晚，骤雨初歇。"

骗（騙 piàn）

小篆	楷书	简化字
騙	騙	骗

骗（騙），形声字。小篆的"騙"，从馬扁声。左边从"马"，表示与马的活动有关；右边为"扁"，在字中表音，为声符。楷书笔画化。现简化为"骗"，形符类推简化。

《玉篇·马部》："骗，上马也。"

本义为跃而上马。唐代张元一《嘲武懿宗》："长弓短度箭，蜀马临阶骗。"清代洪昇《长生殿·合围》："双手把紫缰轻挽，骗上马，将盔缨低按。"

引申为跨越。元代无名氏《黄花峪》第二折："舞剑轮枪并骗马，则消的我步走如飞。"元代马致远《任风子》二折："我骗土墙腾的跳过来，转茅檐厌的行过去，退身在背阴黑处。"元末明初施耐庵《水浒传》第四十六回："姓时名迁，祖贯是高唐州人氏，流落在此，只一地里做些飞檐走壁、跳篱骗马的勾当。"引申为欺骗。元代关汉卿

《杜蕊娘智赏金线池》第四折："想当初罗帐里般般逞遍，今日个纸褙子又将咱欺骗。"元代柯丹邱《荆钗记》第二十九出："我告你局骗人财礼。（丑）我告你威逼人投水。"明代吴承恩《西游记》第三十一回："有一妖魔，欺骗国女，伤害吾师，老孙与他赌斗。"

骇（駭 hài）

小篆	楷书	简化字
駭	駭	骇

骇（駭），形声字。小篆的"駭"，从馬亥声。左边从"馬"，表示与马的情态有关；右边为"亥"，在字中表音，为声符。楷书笔画化。现简化为"骇"，形符类推简化。

《说文·马部》："駭（骇），惊也。从馬亥声。"

本义为马受惊。《左传·哀公二十三年》："知伯视齐师，马骇，遂驱之。"《汉书·枚乘传》："马方骇，鼓而惊之，系方绝又重镇之。"唐代颜师古《汉书注》："骇亦惊也。"引申为惊吓、震惊。唐代柳宗元《捕蛇者说》："哗然而骇者，虽鸡狗不得宁焉。"现有词语"骇人听闻""惊涛骇浪"。

第三，表示与马相关的性状，主要有"驳（駁）、驯（馴）、驶（駛）"。

驳（駁 bó）

甲骨文	小篆	楷书	简化字
駁	駁	駁	驳

驳（駁），形声字。甲骨文的"駁"，从馬爻声。左边从"馬"，表示与马的性状有关；右边为"爻"，在字中表音，为声符。小篆承续甲骨文字形。楷书笔画化。现简化为"驳"，形符类推简化。《说文·马部》："駁（驳），马色不纯。从馬爻声。"方述鑫等《甲骨金文字典》："駁（驳），甲骨文从馬，爻声，与《说文》驳字篆文构形同。"

本义为马毛色不纯。《诗·豳风·东山》："之子于归，皇驳其马。"唐代孔颖达疏："所乘者，皇其马，驳其马，言其车服盛也。"程俊英《诗经译注》："驳，红白色的马。"《周易·说卦》："乾为天，为圜，为君，为父，为玉……为良马，为老马，为瘠马，为驳马。"《庄子·田子方》："昔者寡人梦见良人，黑色而髯，乘驳马而偏朱蹄。"陈鼓应《庄子今注今译》："驳马，杂色的马。"引申为不纯、混杂。唐代卢仝《萧宅二三子赠答诗二十首·客谢竹》："扬州驳杂地，不辨龙蜥蜴。"唐代元稹《酬乐天馀思不尽加为六韵之作》："元诗驳杂真难辨，白朴流传用转新。"

驯（馴 xùn）

小篆	楷书	简化字
馴	馴	驯

驯（馴），形声字。小篆的"馴"，从馬川声。左边从"馬"，表示与马的性状有关；右边为"川"，在字中表音，为声符。楷书笔画化。现简化为"驯"，形符类推简化。

《说文·马部》:"馴(驯),马顺也。从馬川声。"《说文段注》:"驯之本义为马顺。引申为凡顺之称。"

本义为马驯服。《史记·司马相如传》:"楚王乃驾驯驳之驷,乘雕玉之舆。"《淮南子·说林训》:"马先驯而后求良,人先信而后求能。"汉代桓宽《盐铁论·疾贫》:"驷马不驯,御者之过也。"引申为鸟兽驯服。《史记·秦本纪》:"大费拜受,佐舜调驯鸟兽,鸟兽多驯服。"《汉书·公孙弘卜式儿宽传》:"夫虎豹马牛,禽兽之不可制者也,及其教驯服习之。"唐代颜师古《汉书注》:"驯,顺也。"唐代韩愈《送惠师》:"江鱼不池活,野鸟难笼驯。"

驶(駛 shǐ)

甲骨文	小篆	楷书	简化字
𩣫	𩢱	駛	驶

驶(駛),形声字。甲骨文的"駛",从馬史声。右边从"馬",表示与马的性状有关;左边为"史",在字中表音,为声符。小篆变为左边从"馬"右边为"史"的形声字。楷书笔画化。现简化为"驶",形符类推简化。《玉篇·马部》:"驶,疾也。"方述鑫等《甲骨金文字典》:"駛(驶),甲骨文从馬,从史。史、吏乃一字,故与《说文新附》駛字篆文构形同。"

本义为马行疾。南北朝刘义庆《世说新语·汰侈》:"(石崇)复问驭人牛所以驶。"元末明初施耐庵《水浒传》第八十回:"驶一匹负千斤、高八尺、能冲阵火龙驹。"清代蒲松龄《聊斋志异·王者》:"衣冠者乘怒马甚驶,州佐步驰从之。"引申为疾速。晋代陶渊明《杂诗》:"倾家持作乐,竟此岁月驶。"唐代韦应物《送宣州周录事》:"但睹年运驶,安知后会因。"

第六节　"鹿"部及其例字

"鹿"部亦属于牛部之类,大多与鹿有关。

鹿(lù)

一、形体演变

甲骨文	金文	小篆	楷书
𢉖	𢉖	鹿	鹿

二、构形理据

鹿,象形字。甲骨文的"鹿",像长着大眼睛和一对犄角的短尾四脚动物。金文基本承续甲骨文字形，突出了灵巧的四蹄。小篆在金文的基础上淡化了鹿角，突出了四蹄。楷书笔画化。《说文·鹿部》："鹿，兽也。象头角四足之形。鸟鹿足相似，从比。"徐中舒《甲骨文字典》："鹿，象鹿形，以多歧之两角为其特征。或有作一角者，当为侧视之省形，仍为鹿字，旧或释麇，不确。……甲骨文鹿字为侧视形，仅见其二足，二足或作ᎧᎧ，象悬蹄形。《说文》篆文讹为ᎧᎧ。"

三、本义

本义为鹿科动物的总称，种类很多，通常雄鹿有角。《诗·小雅·鹿鸣》："呦呦鹿鸣，食野之苹。"唐代孔颖达疏："鹿既得苹草，有恳笃诚实之心发於中，相呼而共食。"《孟子·尽心下》："舜之居深山之中，与木石居，与鹿豕游，其所以异于深山之野人者几希。"唐代李白《梦游天姥吟留别》："别君去时何时还，且放白鹿青崖间，须行即骑访名山。"唐代韦渠牟《步虚词》："无烦骑白鹿，不用驾青牛。"宋代梅尧臣《鲁山山行》："霜落熊升树，林空鹿饮溪。"

四、理据例说

从"鹿"的字，其义大多与鹿有关。这类字常用的有"麋、麝、麒、麟、丽（麗）"。

麋（mí）

麋，象形兼形声字。甲骨文的"麋"，为象形字，像目上有眉之鹿。小篆为从鹿米声的形声字。上边从"鹿"，表示与鹿有关；下边为"米"，在字中表音，为声符。楷书笔画化。《说文·鹿部》："麋，鹿属。从鹿米声。麋冬至解其角。"徐中舒《甲骨文字典》："麋，象目上有眉之鹿。……甲骨文突出眉形以为其特征，且以眉为声。"

本义为麋鹿，亦称"四不像"。《左传·僖公三十三年》："吾子取其麋鹿，以间敝邑，若何？"《楚辞·湘夫人》："麋何食兮庭中？蛟何为兮水裔？"《墨子·公输》："荆有云梦，犀兕麋鹿满之，江汉之鱼鳖鼋鼍为天下富。"《孟子·梁惠王下》："臣闻郊关之内有囿方四十里，杀其麋鹿者如杀人之罪。"

麝（shè）

麝，形声字。小篆的"麝"，从鹿射声。上边从"鹿"，表示与鹿有关；下边为"射"，在字中表音，为声符。楷书笔画化。《说文》中作"麢"。《说文·鹿部》："麢，如小麋，脐有香。从鹿躲声。"

本义为兽名，亦称"香獐"，其腹下香腺分泌麝香。《山海经·西山经》："其阳多黄金、玉，其阴多旄牛、麢（líng）、麝。"晋代郭璞注："麝，似獐而小，有香。"唐代张祜《寄题商洛王隐居》："随蜂收野蜜，寻麝采生香。"用为麝香的简称，也泛指香气。唐代张束之《东飞伯劳歌》："绝世三五爱红妆，冶袖长裙兰麝香。"唐代张谓《登金陵临江驿楼》:"庭树巢鹦鹉,园花隐麝香。"唐代钱起《奉陪郭常侍宴浐川山池》:"地满簪裾影,花添兰麝香。"

麒 (qí)

小篆	楷书
麒	麒

麒,形声字。小篆的"麒",从鹿其声。左边从"鹿",表示与鹿有关;右边为"其",在字中表音,为声符。楷书笔画化。《说文·鹿部》:"麒,仁兽也。麋身牛尾,一角。从鹿其声。"

本义为传说中的一种神瑞之兽,其状如鹿,独角,全身生鳞甲,尾像牛,雄的叫麒,雌的叫麟,亦泛称"麒麟",用作吉祥的象征。《孟子·公孙丑上》:"麒麟之于走兽,凤凰之于飞鸟……类也。"《吕氏春秋·应同》:"夫覆巢毁卵,则凤凰不至;刳兽食胎,则麒麟不来。"

麟 (lín)

小篆	楷书
麟	麟

麟,形声字。小篆的"麟",从鹿㷠(lín)声。左边从"鹿",表示与鹿有关;右边为"㷠",在字中表音,为声符。楷书笔画化。《说文·鹿部》:"麟,大牝鹿也。从鹿㷠声。"

本义为传说中的仁瑞之兽。《诗·周南·麟之趾》:"麟之趾。振振公子,于嗟麟兮!"《左传·哀公十四年》:"十有四年,春,西狩获麟。"

丽 (麗 lì)

甲骨文	金文	小篆	楷书	简化字
丽	丽	丽	麗	丽

丽(麗),会意兼形声字。甲骨文的"麗",从耒从犬,耒亦声。上边从"二耒",下边从"二犬",表示协力耕作,"耒"亦声。金文演变为从鹿从二耒,耒亦声,下边从"鹿"表示与鹿有关。小篆为从鹿丽声的形声字,鹿成对,并驾。楷书笔画化。现简化为"丽",为采用古体或保留特征法简化。《说文·鹿部》:"麗(丽),旅行也。鹿之性,见食急则必旅行。从鹿丽声。"《小尔雅·广言》:"丽,两也。"《金文字典》中未见。

本义为成群、结伴、成对。《周礼·夏官·校人》:"驽马三良马之数,丽马一圉,八丽一师。"汉代郑玄注:"丽,耦也。"《汉书·扬雄传上》:"丽钩芒与骖蓐收兮,服玄冥及祝融。"唐代颜师古注:"丽,并驾也。"南北朝刘勰《文心雕龙·丽辞》:"自扬、马、张、蔡,崇盛丽辞,如宋画吴冶,刻形镂法。""丽",即耦,也作偶,也就是"双"与"对"的意思。引申为美丽、漂亮。《战国策·齐策四》:"食必太牢,出必乘车,妻子衣服丽都。"《史记·平津侯主父列传》:"召入见,状貌甚丽,拜为博士。"唐代杜甫《丽人行》:"三月三日天气新,长安水边多丽人。"唐代白居易《长恨歌》:"天生丽质难自弃,一朝选在君王侧。"

第七节 "豸"部及其例字

"豸"部亦属于牛部之类,大多与有搏杀能力的野兽有关。

豸(zhì)

一、形体演变

甲骨文	金文	小篆	楷书
豸	豸	豸	豸

二、构形理据

豸,象形字。甲骨文的"豸",像大口、四足、长脊的动物。金文基本承续甲骨文字形,突出了利齿。小篆承续金文字形。楷书笔画化。《说文·豸部》:"豸,兽长脊,行豸豸然,欲有所司杀形。"《说文段注》:"许言兽者、谓凡杀物之兽也。"李孝定《甲骨文字集释》:"豸,字上象兽头,张口见牙,四足(侧视作二足),长尾之形。"方述鑫等《甲骨金文字典》:"豸,今按甲骨文豸字为有足之猛兽形,而有足之猛兽如豹、貔、豺等字皆从之,是知《尔雅·释虫》及段注所说皆非其本义。"

三、本义

本义为一种长脊的野兽。唐代王维《河南严尹弟见宿弊庐访别人赋十韵》:"冠上方簪豸,车边已画熊。"元末明初罗贯中《三国演义》第一一五回:"乘顺流之势,水陆并进,并吞东吴;此灭豸虎取虞之道也。"

四、理据例说

"豸"是部首字。从"豸"的字,其义大多与有搏杀能力的野兽有关,主要有"豺、豹、貂、貉"。

豺(chái)

小篆	楷书
豺	豺

豺,形声字。小篆的"豺",从豸(zhì)才声。左边从"豸",表示与野兽有关;右边为"才",在字中表音,为声符。楷书笔画化。《说文·豺部》:"豺,狼属,狗声。从豸才声。"汤可敬《说文解字今释》:"狗声,有像狗一样的叫声。"《说文段注》:"其声如犬。俗評豺狗。"《尔雅·释兽》:"豺,狗足。"

本义为野兽名,形似犬而残猛如狼,俗名"豺狗"。《诗·小雅·巷伯》:"取彼谮人,投畀豺虎。"《吕氏春秋·季秋》:"菊有黄华,豺则祭兽戮禽。"汉代高诱注:"似狗而长毛,其色黄。"《史记·司马相如传》:"生貔豹,搏豺狼,手熊罴,足野羊。"

豹（bào）

豹，象形兼形声字。甲骨文的"豹"，为象形字，像一只张着血盆大口、身上布满斑点的猛兽。小篆演变为形声字，从豸勺（sháo）声。左边从"豸"，表示与野兽有关；右边为"勺"，在字中表音，为声符。楷书笔画化。《说文·豸部》："豹，似虎，圜文。从豸勺声。"商承祚《甲骨文字研究》："豹，似虎而身有圜斑，乃豹象也。"李孝定《甲骨文字集释》："孙海波《文编》九卷十页上及金祥恒《续文编》九卷十三页上皆收有圜文者，作豹。"这是区分"虎"与"豹"的花纹特征，有"圜文"者为豹。

本义为豹子，似虎而小。《山海经·西山经》："兽多猛豹，鸟多尸鸠。"晋代郭璞注："猛豹似熊而小，毛浅，有光泽，能食蛇，食铜铁，出蜀中。豹或作虎。"清代郝懿行《山海经笺疏》："猛豹即貘豹也，貘豹、猛豹声近而转。"唐代杜甫《石龛》："熊罴哮我东，虎豹号我西。"杜甫《前苦寒行二首》："楚江巫峡冰入怀，虎豹哀号又堪记。"

貂（diāo）

貂，形声字。小篆的"貂"，从豸（zhì）召声。左边从"豸"，表示与野兽有关；右边为"召"，在字中表音，为声符。楷书笔画化。《说文·豸部》："貂，鼠属。大而黄黑，出胡丁零国。从豸召声。"

本义为哺乳类鼬科动物，又称"貂鼠"，体细长，色黄或紫黑，种类很多，毛皮极其珍贵。《战国策·秦策一》："黑貂之裘弊，黄金百斤尽，资用乏绝，去秦而归。"晋代左思《咏史》："金张藉旧业，七叶珥汉貂。"清代方苞《左忠毅公逸事》："公阅毕，即解貂覆生，为掩户。"今有成语"狗尾续貂""貂裘换酒"。

貉（hé）

貉，形声字。金文的"貉"，从豸（zhì）各声。右边从"豸"，表示与野兽有关；左边为"各"，在字中表音，为声符。小篆左右结构互换，承续金文字形。楷书笔画化。《说文·豸部》："貉，北方豸穜。从豸各声。孔子曰：'貉之为言恶也。'"方述鑫等《甲骨金文字典》："貉，金文从 ，豸，从各，为《说文》貉字篆文所本。"

本义为一种野兽，通称"貉子"，也叫"狸"，外貌似狐。唐代杜甫《催宗文树鸡栅》："我宽螻蚁遭，彼免狐貉厄。"对我国古代北方少数民族的蔑称，字亦作"貊"。《荀子·劝学》："干、越、夷、貉之子，生而同声，长而异俗，教使之然也。"《荀子·强国》：“北与胡、貉为邻；西有巴、戎；东，在楚者乃界于齐。”《孟子·告子下》：“夫貉，五谷不生，惟黍生之。”汉代赵岐注：“貉在北方，其气寒，不生五谷，黍早熟，故独生之。”《魏书·僭晋司马叡传》：“中原冠带呼江东之人，皆为貉子，若狐貉类云。”今有成语"一丘之貉"。

第八节　"鼠"部及其例字

"鼠"部亦属于牛部之类，其义大多与鼠类动物有关。

鼠（shǔ）

一、形体演变

| 甲骨文 | 金文 | 小篆 | 楷书 |

二、构形理据

鼠，象形字。甲骨文的"鼠"，像一只尖嘴、大耳、长尾的动物在啃啮东西，四点指事符号" "表示啃碎的物屑。金文突出鼠的利齿" "、爪子" "和长尾" "。小篆承续金文字形。楷书笔画化。《说文·鼠部》："鼠，穴虫之总名也。象形。"清代王筠《说文句读》："此谓凡穴居者皆通名鼠。犹今俗言貂鼠、獾鼠也，不但指本部而言。"《玉篇·鼠部》："鼠，穴虫之总名。"《甲骨金文字典》中未见此字。

三、本义

本义为老鼠。《诗·召南·行露》："谁谓鼠无牙，何以穿我墉？"《诗·魏风·硕鼠》："硕鼠硕鼠，无食我黍！"《汉书·五行志中之上》："鼠，小虫，性盗窃，鼷又其小者也。"汉代刘向《说苑·善说》："且夫狐者，人之所攻也，鼠者，人之所熏也。"《淮南子·说林训》："鱼食巴菽而死，鼠食之而肥。"唐代刘禹锡《飞鸢操》："忽闻饥乌一噪聚，瞥下云中争腐鼠。"唐代李白《远别离》："君失臣兮龙为鱼，权归臣兮鼠变虎。"

喻指被看不起的人。元末明初罗贯中《三国演义》第六十回："操谓松曰：'吾视天下鼠辈犹草芥耳。'"今有成语"鼠牙雀角""鼠目寸光""鼠窃狗盗""胆小如鼠"。

四、理据例说

从"鼠"的字，其义多与鼠类动物有关，常用的有"鼬、鼹、鼦、鼷"。

鼬（yòu）

小篆	楷书
鼬	鼬

鼬，形声字。小篆的"鼬"，从鼠由声。左边从"鼠"，表示与鼠类动物有关；右边为"由"，在字中表音，为声符。楷书笔画化。《说文·鼠部》："鼬，如鼠，赤黄而大，食鼠者。从鼠由声。"《广雅·释兽》："鼠狼，鼬。"《玉篇·鼠部》："鼬，鼠名。郭璞云：'今鼬似貂，赤黄色，大尾啖鼠。江东呼为鼪。'"

本义为动物名，哺乳动物，身体细长，毛黄褐色，毛可制狼毫笔，俗称"黄鼠狼"。《庄子·徐无鬼》："夫逃虚空者，藜藿柱乎鼪鼬之迳，踉位其空。"唐代韩愈《南山诗》："峥嵘跻冢顶，倏闪杂鼯鼬。"唐代段成式《酉阳杂俎·语资》："狐性多疑，鼬性多豫。"

鼴（yǎn）

小篆	楷书
鼴	鼴

鼴，会意兼形声字。小篆的"鼴"，从鼠从晏（yàn），晏亦声。左边从"鼠"表示与鼠类动物有关，右边从"晏"表示在黄昏时刻用餐，"晏"亦在字中表音，合起来表示在黄昏时刻开始出来觅食的鼠类。楷书笔画化。《广雅·释兽》："鼴鼠，鼢鼠。"

本义为在黄昏时开始进食的鼠类，鼴鼠。唐代高适《寄宿田家》："岩际窟中藏鼴鼠，潭边竹里隐鸬鹚。"唐代张祜《少年乐》："带盘红鼴鼠，袍砑紫犀牛。"宋代刘守《满江红·刘守解任》："荣对辱、饮河鼴鼠，无过满腹。"明代李时珍《本草纲目·兽部·鼴鼠》："别录曰：'鼴鼠在土中行。'弘景曰：此即鼢鼠也。"

鼫（shí）

小篆	楷书
鼫	鼫

鼫，形声字。小篆的"鼫"，从鼠石声。左边从"鼠"，表示与鼠类动物有关；右边为"石"，在字中表音，为声符。楷书笔画化。《说文·鼠部》："鼫，五技鼠也。能飞，不能过屋；能缘，不能穷木；能游，不能渡谷；能穴，不能掩身；能走，不能先人。从鼠石声。"

本义为鼠名，特指古书所载的"五技鼠"。《荀子·劝学》："螣蛇无足而飞，鼫鼠五技而穷。"《大戴礼记·劝学》："腾蚯无足而腾，鼫鼠五伎而穷。"清代王士禛《戴氏鼎·为枫仲作》："凹中尾鬣似天马，缘尻鼫鼠拱且驯。"

鼷（xī）

小篆	楷书
鼷	鼷

鼷，形声字。小篆的"鼷"，从鼠奚声。左边从"鼠"，表示与鼠类动物有关；右边为"奚"，在字中表音，为声符。楷书笔画化。《说文·鼠部》："鼷，小鼠也。从鼠奚声。"《玉篇·鼠部》："鼷，小鼠也。螫毒，食人及鸟兽皆不痛，今之甘口鼠也。"

本义为鼠名,鼩鼠,为鼠类中最小的一种。《春秋·成公七年》:"七年春,王正月,鼩鼠食郊牛角,改卜牛。"《庄子·应帝王》:"且鸟高飞以避矰弋之害,鼩鼠深穴乎神丘之下以避熏凿之患。"《淮南子·人间训》:"唐漏若鼩穴,一抔之所能塞也。"唐代王昌龄《长歌行》:"下有枯树根,上有鼩鼠窠(kē)。"

第九节 "角"部及其例字

"角"部亦属于牛部之类,其义大多与动物之角、古代之酒器有关。

角（jiǎo）

一、形体演变

甲骨文	金文	小篆	楷书
𩵋	𩵋	𩵋	角

二、构形理据

角,象形字。甲骨文的"角",像兽角形,像牛或其他大型动物头上弯曲、尖硬、带纹路的自卫器官。金文基本承续甲骨文字形,只是在"角"的顶端加"𠆢"表示挂扣。小篆稍有讹变,将挂扣状"𠆢"误写成了人"𠆢"。楷书笔画化。《说文·角部》:"角,兽角也。象形,角与刀、鱼相似。"《说文段注》:"角与刀鱼相似,其字形与刀鱼相似也。"方述鑫等《甲骨金文字典》:"角,甲骨、金文象兽角之形。"《尔雅·释地》:"北方之美者,有幽都之筋角焉。"

三、本义

本义为动物的角。《诗·周南·麟之趾》:"麟之角。振振公族,于嗟麟兮!"《墨子·经说下》:"牛有角马无角,是类不同也。"《史记·货殖列传》:"北多马、牛、羊、旃裘、筋角。"唐代王维《观猎》:"风劲角弓鸣,将军猎渭城。"唐代岑参《白雪歌送武判官归京》:"将军角弓不得控,都护铁衣冷难著。"唐代杜甫《寄赠王十将军承俊》:"将军胆气雄,臂悬两角弓。"唐代李益《送辽阳使还军》:"平生报国愤,日夜角弓鸣。"

引申为如角形的东西。《诗·齐风·甫田》:"婉兮娈兮,总角丱兮。"汉代毛亨传:"总角,聚两髦也。"唐代杜牧《阿房宫赋》:"各抱地势,钩心斗角。"

四、理据例说

从"角"的字,其义有二:一是与动物之角有关,常用的有"触(觸)、解";二是与古代之酒器有关，主要有"觥（觵）、觞（觴）、觚、觯（觶）"。

触（觸 chù）

金文	小篆	楷书	简化字

触（觸），形声字。金文的"觸"，从角蜀声。左边从"角"，表示与动物之角有关；右边为"蜀"，在字中表音，为声符。小篆承续金文字形。楷书笔画化。现简化为"触"，声符"蜀"保留特征简化为"虫"。《说文·角部》："觸（触），抵也。从角蜀声。"《玉篇·角部》："觸（触），抵也。据也。"方述鑫等《甲骨金文字典》："觸（触），金文字形与《说文》同。"

本义为以角撞物。《左传·宣公二年》："'贼民之主，不忠；弃君之命，不信。有一于此，不如死也。'触槐而死。"《周易·大壮》："羝羊触藩，羸其角。"《韩非子·五蠹》："兔走触株，折颈而死。"引申为触动。元末明初罗贯中《三国演义》第五十六回："孔明说罢，触动玄德衷肠，真个捶胸顿足，放声大哭。"清代曹雪芹《红楼梦》第七十四回："王夫人听了这话，猛然触动往事，便问凤姐。"

解（jiě）

甲骨文	金文	小篆	楷书

解，会意字。甲骨文的"解"，从角从廾（gǒng）从牛。上部中间从"角"，表示牛角；上部中间两边从"廾"，表示双手；上部中间两点符号，表示血滴；下部从"牛"。四部分合起来表示像屠夫用双手剖取牛角。金文基本承续甲骨文字形。小篆省去金文的两手，另加"刀"，表示切割，强调剖宰。楷书笔画化。《说文·角部》："解，判也。从刀判牛角。"徐中舒《甲骨文字典》："解，从角从'廾'（臼）从'牛'，象以手解牛角之形。"方述鑫等《甲骨金文字典》："解，金文字形略同小篆。"

本义为分解牛的肢体。《庄子·养生主》："庖丁为文惠君解牛。"《庄子·养生主》："始臣之解牛之时，所见无非全牛者。"《庄子·养生主》："今臣之刀十九年矣，所解数千牛矣。"引申为分解。《吕氏春秋·仲夏》："鹿角解，蝉始鸣，半夏生，木堇荣。"明代袁宏道《满井游记》："于时冰皮始解，波色乍明，鳞浪层层，清澈见底。"清代方苞《狱中杂记》："顺我，即先刺心；否则四肢解尽，心犹不死。"

觥（觵 gōng）

小篆	楷书

觥（觵），形声字。《说文·角部》中"觥"为正字，"觵"为其俗字。小篆的"觥"，从角光声。左边从"角"，表示与古代的酒器有关；右边为"光"，在字中表音，为声符。楷书笔画化。《说文·角部》："觵，兕牛角可以饮者也。从角黄声。其状觵觵，故谓之觵。觥，俗觵从

445

光。"《说文段注》:"《诗》四言兕觥而传不同。《卷耳》曰:兕觥,角爵也。《七月》曰:觥所以誓众也。《桑扈》曰:兕觥,罚爵也。《丝衣》笺曰:绎之旅士用兕觥,变于祭也。……盖上古食鸟兽之肉,取其角以饮。"

本义为古代用兽角制作的酒器,后也有用木或铜制作的。《诗·周南·卷耳》:"我姑酌彼兕觥,维以不永伤!"汉代毛亨传:"兕觥,角爵也。"宋代欧阳修《醉翁亭记》:"觥筹交错,起坐而喧哗者,众宾欢也。"元末明初罗贯中《三国演义》第四十五回:"说罢,大笑畅饮。座上觥筹交错。"引申为大、丰盛。《国语·越语下》:"谚有之曰:'觥饭不及壶飧。'"黄永堂《国语全译》注:"觥,本为古代的一种盛酒器,此作'大'解。觥饭,指丰盛的肴馔。壶飧,水泡饭用壶盛放,意即少量的食物。"

觞(觴 shāng)

金文	小篆	楷书	简化字
𣂑	觴	觴	觞

觞(觴),形声字。金文的"觴",从爵昜(yáng)声。左边从"爵",表示与酒器有关。小篆的"觴",从角㥶(shāng)省声。左边从"角",表示与古代的酒器有关,在字中表义,为形符;右边为"傷"省声,在字中表音,为声符。楷书笔画化。现简化为"觞",草书楷化法简化。《说文·角部》:"觴(觞),觯实曰觞,虚曰觯。从角,㥶省声。"《玉篇·角部》:"觴(觞),饮器也。实曰觞,虚曰觯。"

本义为古代盛酒器。《礼记·投壶》:"命酌,曰:'请行觞。'酌者曰:'诺。'"《韩非子·十过》:"平公提觞而起为师旷寿。"晋代陶渊明《归去来分辞》:"引壶觞以自酌,眄庭柯以怡颜。"唐代李白《短歌行》:"北斗酌美酒,劝龙各一觞。"宋代陆游《凌云醉归作》:"饮如长鲸渴赴海,诗成放笔千觞空。"今有成语"曲水流觞"。

觚(gū)

小篆	楷书
觚	觚

觚,形声字。小篆的"觚",从角瓜声。左边从"角",表示与古代的酒器有关,在字中表义,为形符;右边为"瓜",在字中表音,为声符。楷书笔画化。《说文·角部》:"觚,乡饮酒之爵也。一曰觞受三升者谓之觚。从角瓜声。"《玉篇·角部》:"觚,礼器也。"

本义为古代盛行于商周时期的一种酒器,用青铜制成,口作喇叭形,细腰,高足,腹部和足部各有四条棱角,容量一般为三升。《仪礼·燕礼》:"主人北面盥,坐取觚洗。"《仪礼·特牲馈食礼》:"实二爵、二觚、四觯、一角、一散。"汉代郑玄注:"旧说云:爵一升,觚二升,觯三升,角四升,散五升。"《论语·雍也》:"子曰:'觚不觚,觚哉!觚哉!'"宋代朱熹《四书集注》:"觚,棱也,或曰酒器,或曰木简,皆器之有棱者也。"唐代杜牧《杜秋娘诗》:"觚棱拂斗极,回首尚迟迟。"清代曹雪芹

《红楼梦》第三回："左边几上文王鼎匙箸香盒，右边几上汝窑美人觚，觚内插着时鲜花卉。"

觯（觶 zhì）

小篆	楷书	简化字
觶	觶	觯

觯（觶），形声字。小篆的"觶"，从角單声。左边从"角"，表示与古代的酒器有关；右边为"單"，在字中表音，为声符。楷书笔画化。现简化为"觯"，声符类推简化。《说文·角部》："觶（觯），乡饮酒角也。《礼》曰：'一人洗，举觯。'觯受四升。从角單声。"《玉篇·角部》："觯，酒觞也。"

本义为古时饮酒用的器皿，青铜制作，形似尊而小，或有盖。《礼记·礼器》："宗庙之祭，贵者献以爵，贱者献以散，尊者举觯，卑者举角。"汉代郑玄注："凡觞一升曰爵，二升曰觚，三升曰觯，四升曰角，五升曰散。"南北朝鲍照《拟古》之五："呼我升上席，陈觯发瓢壶。"

第十八章　鸟（鳥）部之类

鸟部之类包括鸟（鳥）、隹、羽三部，均与禽类有关。

第一节　"鸟（鳥）"部及其例字

鸟（鳥 niǎo）

一、形体演变

甲骨文	金文	小篆	楷书	简化字
𩾏	𩾏	鳥	鳥	鸟

二、构形理据

鸟（鳥），象形字。甲骨文的"鳥"，像长尾飞禽，描画了鸟的头、喙、羽、爪。金文基本承续甲骨文字形。小篆的"鳥"，与甲、金文相比形象性减弱。楷书字形变化较大，尾羽与鸟爪合写成四点"灬"。现简化为"鸟"，为草书楷化法简化。《说文·鸟部》："鳥，长尾禽总名也。象形。鸟之足似匕，从匕。"《说文段注》："短尾名隹，长尾名鸟。析言则然，浑言则不别也。"徐中舒《甲骨文字典》："鸟，象鸟形，与𩾏（隹）字形有别，但实为一字，仅为繁简之异。"方述鑫等《甲骨金文字典》："鸟，甲骨文象鸟形。"

三、本义

本义为飞禽总名。《诗·小雅·菀柳》："有鸟高飞，亦傅于天。"《诗·大雅·生民》："鸟乃去矣，后稷呱矣。"《楚辞·九章·哀郢》："鸟飞反故乡兮，狐死必首丘。"晋代陶渊明《归园田居五首》之一："羁鸟恋旧林，池鱼思故渊。"唐代孟浩然《春晓》："春眠不觉晓，处处闻啼鸟。"宋代苏轼《教战守策》："四方之民，兽奔鸟窜，乞为囚虏之不暇。"

四、理据例说

从"鸟"的字，其义均与鸟类有关，大致可分两类。

第一，表示鸟的类别名称，这类字较多，主要有"鸡（鷄）、鸭（鴨）、鹅（鵝）、鸽（鴿）、鹊（鵲）、鸦（鴉）、鹰（鷹）、鸠（鳩）、鸧（鶬）、鹤（鶴）、鹭（鷺）、鸾（鸞）、鸿（鴻）、凤（鳳）"。

鸡（鷄 jī）

甲骨文	小篆	楷书	简化字
𤔔	雞	鷄	鸡

鸡（鷄），形声字，异体为"雞"。甲骨文的"鷄"，从鸟奚声。右边从"鸟"，表示与鸟的类别名称有关；左边为"奚"，在字中表音，为声符。小篆演变为从隹奚声的形声字，从"鸟"与从"隹"义同，均表示鸟类。楷书笔画化，仍为从鸟奚声的形声字。现简化为"鸡"，声符"奚"用记号"又"替代法简化，形符类推简化。《说文·隹部》："雞，知时畜也。从隹奚声。鷄，籀文鸡从鸟。"方述鑫等《甲骨金文字典》："鸡，甲骨文先象鸡形，后来加声符奚。"

本义为家禽名，雄鸡可以报晓。《礼记·月令》："衣朱衣，服赤玉，食菽与鸡。"汉代郑玄注："鸡，木畜，时热食之，亦以安性也。"《老子》第八十章："邻国相望，鸡犬之声相闻，民至老死，不相往来。"《论语·阳货》："夫子莞尔而笑，曰：'割鸡焉用牛刀？'"《汉书·五行志中之上》："鸡者小畜，主司时，起居人，小臣执事为政之象也。"唐代颜师古注："至时而鸣，以为人起居之节。"晋代陶渊明《归园田居五首》之一："狗吠深巷中，鸡鸣桑树颠。"唐代孟浩然《过故人庄》："故人具鸡黍，邀我至田家。"明代归有光《项脊轩志》："东犬西吠，客逾庖而宴，鸡栖于厅。"

鸭（鴨 yā）

小篆	楷书	简化字
鴨	鴨	鸭

鸭（鴨），形声字。小篆的"鴨"，从鸟甲声。右边从"鸟"，表示与鸟的类别名称有关；左边为"甲"，在字中表音，为声符。楷书笔画化。现简化为"鸭"，形符类推简化。《说文新附·鸟部》："鴨（鴨），鹜也。俗谓之鸭。从鸟甲声。"《玉篇·鸟部》："鸭，水鸟。亦作鵊。"

本义为水禽名，分家鸭和野鸭两种，通常指家鸭，俗称"鸭子"。唐代刘希夷《秋日题汝阳潭壁》："鱼鳞可怜紫，鸭毛自然碧。"唐代王建《宫中三台二首》之一："鱼藻池边射鸭，芙蓉园里看花。"唐代温庭筠《常林欢》："宜城酒熟花覆桥，沙晴绿鸭鸣咬咬。"宋代苏轼《惠崇〈春江晚景〉》："竹外桃花三两枝，春江水暖鸭先知。"清代曹雪芹《红楼梦》第十七回："此处竟还不可养别的雀鸟，只是买些鹅鸭鸡类，才都相称了。"

鹅（鵝 é）

小篆	楷书	简化字
鵝	鵝	鹅

鹅（鵝），形声字。小篆的"鵝"，从鸟我声。左边从"鸟"，表示与鸟的类别名称有关；右边为"我"，在字中表音，为声符。楷书笔画化，左右结构互换。现简化为"鹅"，形符类推简化。《说文·鸟部》："鵝（鵝），䳘（gē）鵝也。从鸟我声。"《尔雅·释鸟》："舒雁，鵝。"宋代邢昺疏引李巡曰："野曰雁，家曰鹅。"汤可敬《说文解字今释》："䳘鹅，即野鹅。"

本义为家禽名，头大，喙扁阔，颈长，尾短，羽毛为白色或黑色。《战国策·齐策四》："士三食不得餍，而君鹅鹜有余食。"张清常、王延栋《战国策笺注》："餍，饱。鹜，鸭子。"《管子·轻重甲》："鹅鹜之舍近，鹍鸡鹄鸨之通远。"《孟子·滕文公下》："他日归，则有馈其兄生鹅者，己频顣曰。"宋代朱熹《四书集注》："频，与颦同。顣，与蹙同。"唐代骆宾王《咏鹅》："鹅，鹅，鹅，曲项向天歌。"唐代李白《书情题蔡舍人雄》："闲时田亩中，搔背牧鸡鹅。"元代关汉卿《南吕·四块玉·闲适（四首）》之二："他出一对鸡，我出一个鹅，闲快活！"

鸽（鴿 gē）

小篆	楷书	简化字
鴿	鴿	鸽

鸽（鴿），形声字。小篆的"鴿"，从鸟合声。右边从"鸟"，表示与鸟的类别名称有关；左边为"合"，在字中表音，为声符。楷书笔画化。现简化为"鸽"，形符类推简化。《说文·鸟部》："鴿（鴿），鸠属。从鸟合声。"

本义为鸽子。《楚辞·大招》："内鸧鸽鹄，味豺羹只。"汉代王逸注："鸽似鸠而小，青色。"唐代宋之问《游云门寺》："入禅从鸽绕，说法有龙听。"唐代韦应物《同德精舍旧居伤怀》："还见窗中鸽，日暮绕庭飞。"唐代冯著《行路难》："君不见雀为鸽，鹰为鸠，东海成田谷为岸。"宋代张先《满江红·初春》："晴鸽试铃风力软，雏莺弄舌春寒薄。"清代曹雪芹《红楼梦》第四十回："凤姐儿偏拣了一碗鸽子蛋放在刘姥姥桌上。"

鹊（鵲 què）

小篆	楷书	简化字
雒	鵲	鹊

鹊（鵲），形声字。小篆的"鵲"，从隹昔声，从"隹"与从"鸟"义同，均指鸟类。右边从"隹"，表示与鸟的类别名称有关；左边为"昔"，在字中表音，为声符。楷书笔画化，将形符"隹"改换成"鸟"。现简化为"鹊"，形符"鳥"类推简化为"鸟"。《说文·鸟部》："舃（xì），鹊也。象形。篆文舄。从隹昔。"

本义为喜鹊。《诗·召南·鹊巢》："维鹊有巢，维鸠居之。"《礼记·月令·季冬》：

"雁北乡，鹊始巢，雉雊，鸡乳。"唐代刘希夷《代秦女赠行人》："今朝喜鹊傍人飞，应是狂夫走马归。"唐代韩愈《猛虎行》："狐鸣门四旁，乌鹊从噪之。"宋代晏几道《蝶恋花》："喜鹊桥成催凤驾。天为欢迟，乞与初凉夜。"宋代辛弃疾《西江月》："明月别枝惊鹊，清风半夜鸣蝉。"宋代吕胜已《鹧鸪天》："门前恰限行人至，喜鹊如何圣得知。"

鸦（鴉 yā）

鸦（鴉），形声字。小篆的"鴉"，从隹牙声，从"隹"与从"鸟"义同，均指鸟类。右边从"隹"，表示与鸟的类别名称有关；左边为"牙"，在字中表音，为声符。楷书笔画化，将形符"隹"改换成"鳥"。现简化为"鸦"，形符"鳥"类推简化为"鸟"。"雅"与"鴉"同。《说文·隹部》："雅，楚乌也。一名鷽（yù），一名卑居。秦谓之雅。从隹牙声。"《说文段注》："说文谓之雅。庄子曰雅贾。马融亦曰贾乌。"《辞海》："雅，同'鸦'。"

本义为鸟名，各种大型的、通常是亮黑色的鸦属，常指乌鸦。《庄子·齐物论》："民食刍豢，麋鹿食荐，蝍蛆甘带，鸱鸦耆鼠，四者孰知正味？"陈鼓应《庄子今注今译》将"鸱鸦耆鼠"译为"猫头鹰和乌鸦却喜欢吃老鼠"。唐代柳宗元《杨白花》："茫茫晓日下长秋，哀歌未断城鸦起。"唐代刘驾《战城南》："城南征战多，城北无饥鸦。"宋代吕本中《浣溪沙》："共饮昏昏到暮鸦，不须春日念京华。"宋代辛弃疾《鹧鸪天·代人赋》："平冈细草鸣黄犊，斜日寒林点暮鸦。"元代马致远《天净沙·秋思》："枯藤老树昏鸦，小桥流水人家，古道西风瘦马。"

鹰（鷹 yīng）

鹰（鷹），会意兼形声字。金文的"鷹"，为会意字，从隹从人从丨，从"隹"与从"鸟"义同，均指鸟类。右下边从"隹"表示与鸟的类别名称有关，左上边从"人"，"人"下一竖"丨"，表示鹰随人所居之处，当指人的肩膀，合起来表示鹰随人听人指挥。小篆的"鷹"，从鸟从雁（yīng），雁亦声。楷书笔画化。现简化为"鹰"，形符"鳥"类推简化为"鸟"。《说文·鸟部》："雁（鷹），鸟也。从隹，瘖省声。或从人，人亦声。鷹，籒文雁从鸟。"《说文段注》："锴曰：'鹰随人所指。故从人。'""鷹"，《甲骨金文字典》中未见此字。

本义为猛禽名，鸟类的一科，猛禽类，嘴钩曲，趾有钩爪，十分锐利，捕食小兽和其他鸟类，猎人可驯养帮助打猎。《诗·大雅·大明》："维师尚父，时维鹰扬，凉彼武王。"汉代毛亨传："鹰扬，如鹰之飞扬也。"《吕氏春秋·孟秋》："白露降，寒蝉鸣，鹰乃祭鸟，始用行戮。"唐代王维《观猎》："草枯鹰眼疾，雪尽马蹄轻。"唐代白居易

《放鹰》:"鹰翅疾如风,鹰爪利如锥。"

鸠(鳩 jiū)

小篆	楷书	简化字
鳩	鳩	鸠

鸠(鳩),形声字。小篆的"鳩",从鸟九声。右边从"鸟",表示与鸟的类别名称有关;左边为"九",在字中表音,为声符。楷书笔画化。现简化为"鸠",形符类推简化。《说文·鸟部》:"鸠(鳩),鹘鸼(gǔ zhōu)也。从鸟九声。"《尔雅·释鸟》:"鹪(qū)鸠,鹘鸼。"晋代郭璞注:"似山鹊而小,短尾,青黑色,多声。今江东亦呼为鹘鸼。"

本义为鸟名。《诗·召南·鹊巢》:"维鹊有巢,维鸠居之。"汉代毛亨传:"鸠,鸤(shī)鸠,秸鞠也。鸤鸠不自为巢,居鹊之成巢。"《诗·卫风·氓》:"于嗟鸠兮,无食桑葚。"唐代卢照邻《过东山谷口》:"野老堪成鹤,山神或化鸠。"唐代王维《晦日游大理韦卿城南别业四声依次用各六韵》:"园庐鸣春鸠,林薄媚新柳。"宋代黄庭坚《忆帝京·黔州张倅生日》:"鸣鸠乳燕春闲暇,化作绿阴槐夏。"

鸨(鴇 bǎo)

小篆	楷书	简化字
鴇	鴇	鸨

鸨(鴇),形声字。小篆的"鴇",从鸟匕(bǎo)声。右边从"鸟",表示与鸟的类别名称有关;左边为"匕",在字中表音,为声符。楷书笔画化。现简化为"鸨",形符类推简化。《说文·鸟部》:"鸨(鴇),鸟也。肉出尺胾(zì)。从鸟匕声。匕,鸨或从包。"《说文段注》:"鹄或为鸨,鸨胖在不利人之列。"

本义为鸟类的一属,比雁略大,背上有黄褐色和黑色斑纹,不善于飞,而善于走,能涉水。《诗·唐风·鸨羽》:"肃肃鸨羽,集于苞栩。"程俊英《诗经译注》:"鸨,似雁而大,脚上没有后趾,所以不能在树上稳定地栖息。"唐代杜甫《桔柏渡(在昭化县)》:"急流鸨鹢散,绝岸鼋鼍(yuántuó)骄。"旧时指开设妓院的女人,老鸨。元代关汉卿《杜蕊娘智赏金线池》第一折:"小娘爱的俏,老鸨爱的钞。"元代石君宝《李亚仙花酒曲江池》第二折:"大相公来到京师,不曾进取功名,共一个行首李亚仙做伴,使的钱钞一些没了,被老鸨赶将出来。"

鹤(鶴 hè)

小篆	楷书	简化字
鶴	鶴	鹤

鹤(鶴),形声字。小篆的"鶴",从鸟隺(hè)声。右边从"鸟",表示与鸟的类别名称有关;左边为"隺",在字中表音,为声符。楷书笔画化。现简化为"鹤",形符类推简化。《说文·鸟部》:"鹤(鶴),鸣九皋,声闻于天。从鸟隺声。"《玉篇·鸟部》:"鹤,水鸟也。"

本义为水鸟名,种类很多,皆为大型禽类。《诗·小雅·鹤鸣》:"鹤鸣于九皋,声闻于野。"汉代郑玄笺："鹤在中鸣焉,而野闻其鸣声。"《楚辞·九叹·远游》："孔鸟飞而送迎兮,腾群鹤于瑶光。"黄寿祺、梅桐生《楚辞全译》将"腾群鹤"译为"仙鹤成群飞腾"。唐代宋之问《咏省壁画鹤》："粉壁图仙鹤,昂藏真气多。"

鹭（鷺 lù）

小篆	楷书	简化字
鷺	鷺	鹭

鹭（鷺），形声字。小篆的"鷺"，从鸟路声。下边从"鸟"，表示与鸟的类别名称有关；上边为"路"，在字中表音，为声符。楷书笔画化。现简化为"鹭"，形符类推简化。《说文·鸟部》："鷺（鹭），白鹭也。从鸟路声。"

本义为水鸟名，白色，嘴尖直，栖息水边，即白鹭，俗称"鹭鸶"。《诗·周颂·振鹭》："振鹭于飞，于彼西雍。"汉代毛亨传："鹭，白鸟也。"唐代李白《白鸠辞》："白鹭亦白非纯真，外洁其色心匪仁。"唐代杜甫《绝句四首》之三："两个黄鹂鸣翠柳，一行白鹭上青天。"唐代张志和《渔歌子》："西塞山前白鹭飞，桃花流水鳜鱼肥。"

鸾（鸞 luán）

小篆	楷书	简化字
鸞	鸞	鸾

鸾（鸞），形声字。小篆的"鸞"，从鸟䜌（luán）声。下边从"鸟"，表示与鸟的类别名称有关；上边为"䜌"，在字中表音，为声符。楷书笔画化。现简化为"鸾"，形符类推简化，声符偏旁类推简化。《说文·鸟部》："鸞（鸾），亦神灵之精也。赤色，五采，鸡形。鸣中五音，颂声作则至。从鸟䜌声。"《玉篇·鸟部》："鸾，鸟似雉，见则天下安宁。"《广雅·释鸟》："鸾鸟，凤皇属也。"

本义为凤类鸟名，凤凰的一种。《山海经·西山经》："有鸟焉，其状如翟而五采文，名曰鸾鸟，见则天下安宁。"《史记·司马相如列传》："遒孔鸾，促鵔䴊，拂鹥鸟，捎凤皇。"汉代张衡《东京赋》："鸣女床之鸾鸟，舞丹穴之凤皇。"唐代张说《奉和圣制春中兴庆宫酺宴应制》："鸾凤调歌曲，虹霓动舞衣。"唐代李白《梦游天姥吟留别》："虎鼓瑟兮鸾回车，仙之人兮列如麻。"李白《赠溧阳宋少府陟》："葳蕤紫鸾鸟，巢在昆山树。"今有成语"鸾凤和鸣""鸾翔凤集""颠鸾倒凤"。借以比喻贤人、君子。《楚辞·九章·涉江》："鸾鸟凤皇，日以远兮。"黄寿祺、梅桐生《楚辞全译》："鸾，传说中凤凰一类的鸟。鸾鸟凤皇，比喻忠臣贤士。"

鸿（鴻 hóng）

甲骨文	金文	小篆	楷书	简化字
鴻	鴻	鴻	鴻	鸿

鸿（鴻），形声字。甲骨文的"鴻"，从鸟工声。右边从"鸟"，表示与鸟的类别名称有关；左边为"工"，在字中表音，

为声符。金文承续甲骨文字形。小篆的"鴻",演变为从鸟江声。楷书笔画化。现简化为"鸿",形符类推简化。《说文·鸟部》:"鴻(鸿),鸿鹄也。从鸟江声。"《玉篇·鸟部》:"䲨,鸟肥大也。或作鸿。"甲骨文字典中未见。方述鑫等《甲骨金文字典》中有"䲨"字但无"鸿"字,说解同《说文》。

本义为大雁。《诗·小雅·鸿雁》:"鸿雁于飞,肃肃其羽。"汉代毛亨传:"大曰鸿,小曰雁。"《周易·渐》:"鸿渐于干,小子厉,有言,无咎。"魏代王弼等注:"鸿,水鸟也。"黄寿祺、张善文《周易译注》:"鸿,水鸟名,即大雁。"唐代张若虚《春江花月夜》:"鸿雁长飞光不度,鱼龙潜跃水成文。"唐代刘商《胡笳十八拍》第十一拍:"几回鸿雁来又去,肠断蟾蜍亏复圆。"

凤(鳳 fèng)

甲骨文	金文	小篆	楷书	简化字
𩾈	鸞	鳳	鳳	凤

凤(鳳),象形兼形声字。甲骨文的"鳳",为象形字,像华美堂皇的大鸟孔雀之状,头顶华冠,身披带孔眼的修长翎羽。金文承续甲骨文字形。小篆演变为从鸟凡声的形声字,下边从"鳥"表示与鸟的类别名称有关,在字中表义,上边为"凡",在字中表音,为声符。楷书笔画化。现简化为"凤",为记号替代法简化,为记号字。《说文·鸟部》:"鳳(凤),神鸟也。天老曰:'凤之象也,鸿前麐后,蛇颈鱼尾,鹳颡鸳思,龙文虎背,燕颔鸡喙,五色备举。出於东方君子之国,翱翔四海之外,过崑崙,饮砥柱,濯羽弱水,莫宿风穴。见则天下大安宁。'从鳥凡声。"方述鑫等《甲骨金文字典》:"鳳(凤),甲骨文象头有丛毛,尾有长翎之鸟,盖孔雀之类,后加声符。"徐中舒《甲骨文字典》:"鳳(凤),象头上有丛毛冠之鸟,殷人以为知时之神鸟,或加 𠙴(凡)、𠒇(兄)以表音。"

本义为凤凰,古代传说中的百鸟之王,常用来象征祥瑞,雄的叫凤,雌的叫凰。《诗·大雅·卷阿》:"凤皇于飞,翙(huì)翙其羽,亦集爰止。"汉代毛亨传:"凤皇,灵鸟仁瑞也。雄曰凤,雌曰皇。"《尚书·益稷》:"箫韶九成,凤皇来仪。"汉代孔安国传:"雄曰凤,雌曰皇,灵鸟也。"《论语·子罕》:"凤鸟不至,河不出图,吾已矣夫!"宋代朱熹《四书集注》:"凤,灵鸟,舜时来仪,文王时鸣于岐山。"唐代王勃《临高台》:"鸳鸯池上两两飞,凤凰楼下双双度。"唐代张九龄《杂诗五首》之一:"凡鸟已相噪,凤凰安得知。"

第二,表示鸟的活动或与鸟相关的意义,这类字很少,主要有"鸣(鳴)"。

鸣(鳴 míng)

甲骨文	金文	小篆	楷书	简化字
𪁭	鳴	鳴	鳴	鸣

鸣(鳴),会意字。甲骨文的"鳴",从鸟从口。右边从"鳥",表示与鸟的活动有关;左边从"口",表示用口活动。

金文、小篆承续甲骨文字形。楷书笔画化。现简化为"鸣","鳥"类推简化为"鸟"。《说文·鸟部》:"鳴(鸣),鸟声也。从鳥从口。"《说文段注》:"引申之凡出声皆曰鸣。"徐中舒《甲骨文字典》:"鳴(鸣),从鳥从 ⊔（口）。"

本义为鸟叫。《诗·齐风·鸡鸣》:"鸡既鸣矣,朝既盈矣。"《诗·大雅·卷阿》:"凤皇鸣矣,于彼高冈。"汉代郑玄笺:"凤皇鸣于山脊之上者,居高视下,观可集止。"《周易·中孚》:"鸣鹤在阴,其子和之。"晋代陶渊明《归园田居》:"狗吠深巷中,鸡鸣桑树颠。"唐代韦应物《滁州西涧》:"独怜幽草涧边生,上有黄鹂深树鸣。"引申为泛指发声。《诗·小雅·车攻》:"萧萧马鸣,悠悠旆旌。"唐代杜甫《后出塞五首》之一:"落日照大旗,马鸣风萧萧。"唐代柳宗元《黔之驴》:"他日,驴一鸣,虎大骇,远遁。"宋代苏轼《石钟山记》:"今以钟磬置水中,虽大风浪不能鸣也,而况石乎!"元末明初施耐庵《水浒传》第九回:"说时迟,那时快,薛霸的棍恰举起来,只见松树背后雷鸣也似一声,那条铁禅杖飞将过来。"

第二节 "隹"部及其例字

"隹"部亦属于鸟部,与禽类有关。

隹（zhuī）

一、形体演变

甲骨文	金文	小篆	楷书
𢀛	𢀛	雀	隹

二、构形理据

隹,象形字。甲骨文的"隹",像喙利、翼长的鸟。金文承续甲骨文字形,突出了"隹"的翼与爪。小篆基本承续金文字形,省去了爪形。楷书笔画化,象形面目全非。《说文·隹部》:"隹,鸟之短尾总名也。象形。"《说文段注》:"短尾名隹,别于长尾名鸟。"徐中舒《甲骨文字典》:"隹,甲骨文象鸟形,隹、鸟本为一字,古文字从隹与从鸟实同。"

三、本义

本义为短尾鸟的总名,文献用例较少。明代李时珍《本草纲目·禽三·斑鸠》:"释名:斑隹、锦鸠、鹁鸠、祝鸠。"

四、理据例说

从"隹"的字,其义皆与禽类有关,大致可分两类。

第一,表示鸟的类别名称,主要有"雀、雁、雕、雉、雏(雛)"。

雀(què)

甲骨文	金文	小篆	楷书

雀,会意字。甲骨文的"雀",从隹(zhuī)从小。下边从"隹",表示与鸟的类别名称有关;上边从"小",表示体形较小的鸟类。金文、小篆承续甲骨文字形。楷书笔画化。《说文·隹部》:"雀,依人小鸟也。从小隹。"《说文段注》:"今俗云麻雀者是也。其色褐。其鸣节节足足。"方述鑫等《甲骨金文字典》中解说同《说文》。

本义指身体较小的一种鸟,即麻雀。《诗·召南·行露》:"谁谓雀无角,何以穿我屋?"《史记·陈涉世家》:"嗟乎,燕雀安知鸿鹄之志哉!"唐代韦应物《寄令狐侍郎》:"孤鸿既高举,燕雀在荆榛。"

雁(yàn)

金文	小篆	楷书

雁,会意兼形声字。金文的"雁",为会意字,从隹(zhuī)从人。下边从"隹",表示与鸟的类别名称有关;上边从"人",表示以"人"字队形飞行的鸟群。小篆在金文的基础上又另加声符"厂"(hǎn)。"厂",指山石之崖岩,亦有表意作用。楷书笔画化。《说文·隹部》:"雁,鸟也。从隹从人,厂声,读若鴈。"《说文段注》:"鴈从鸟为鵱,雁从隹为鸿雁。"《甲骨金文字典》中未见此字。

本义为鸟名,即大雁,形状略像鹅,颈和翼较长,足和尾较短,羽毛淡紫褐色,善于游泳和飞行。《诗·小雅·鸿雁》:"鸿雁于飞,肃肃其羽。"汉代毛亨传:"大曰鸿,小曰雁。"《仪礼·士相见礼》:"下大夫相见,以雁,饰之以布,维之以索,如执雉。"汉代郑玄注:"雁,取知时,飞翔有行列也。"《晋书·成公绥传》:"奏胡马之长思,回寒风乎北朔,又似鸿雁之将雏,群鸣号乎沙漠。"唐代李颀《从军行》:"胡雁哀鸣夜夜飞,胡儿眼泪双双落。"唐代李白《鸣雁行》:"胡雁鸣,辞燕山,昨发委羽朝度关。"唐代杜甫《遣兴五首》之一:"朔风飘胡雁,惨澹带砂砾。"

雕(diāo)

籀文	小篆	楷书

雕,形声字。籀文的"雕",从鸟周声。小篆的"雕",从隹(zhuī)周声。右边从"隹",表示与鸟的类别名称有关;左边为"周",在字中表音,为声符。楷书笔画化。《说文·隹部》:"雕,鷻(tuán)也。从隹周声。鵰,籀文雕从鸟。"《说文段注》:"鸟

部曰：'鵰，雕也。'假借为琱琢、凋零字。"

本义为大型猛禽，鹰科，力大身大，形态优美，视力敏锐，飞行力强，也叫"鹫"。《山海经·南山经》："水有兽焉，名曰蛊雕，其状如雕而有角。"《史记·李将军列传》："是必射雕者也。"南北朝裴骃《史记集解》："文颖曰：'雕，鸟也，故使善射者射也。'"唐代王维《观猎》："回看射雕处，千里暮云平。"王维《出塞》："暮云空碛时驱马，秋日平原好射雕。"假借为雕刻，通"彫"。汉代张衡《东京赋》："是时称警跸已下雕辇于东厢。"唐代李善注："警，谓清道也。辇，人挽车。彫，谓有彫饬也。"唐代李朝威《柳毅传》："雕琉璃于翠楣，饰琥珀于虹栋。"

雉（zhì）

雉，形声字。甲骨文的"雉"，从隹矢声。右边从"隹"，表示与鸟的类别名称有关；左边为"矢"，在字中表音，为声符。小篆承续甲骨文字形。楷书笔画化。《说文·隹部》："雉，有十四种：卢诸雉，乔雉，鳪（bú）雉，鷩（bì）雉，……北方曰稀，西方曰蹲。从隹矢声。"方述鑫等《甲骨金文字典》："甲骨文字形与小篆及古文略同。"

本义为鸟名，俗称"山鸡""野鸡"。《诗·邶风·雄雉》："雄雉于飞，泄泄其羽。"《左传·昭公二十八年》："射雉，获之，其妻始笑而言。"《庄子·养生主》："泽雉十步一啄，百步一饮，不蕲畜乎樊中。"汉代王充《论衡·异虚》："雉来吉也，雉伏於野草之中，草覆野鸟之形。"古代计算城墙面积的单位，长三丈、高一丈为一雉。《左传·隐公元年》："都城过百雉，国之害也。"晋代杜预注："一雉之墙，长三丈，高一丈。"《公羊传·定公十二年》："五堵而雉，百雉而城。"汉代何休注："礼，天子千雉，盖受百雉之城十，伯七十雉，子男五十雉。"

雏（雛 chú）

雏（雛），形声字。甲骨文的"雛"，从鸟芻（chú）声，从"鸟"与从"隹"义同。左边从"𩾆"（鳥），表示与鸟的类别名称有关；右边为"芻"，在字中表音，为声符。小篆的"雛"，"鳥"换为"隹"，变为右形左声，为从隹芻声的形声字。楷书笔画化。现简化为"雏"，声符类推简化。《说文·隹部》："雛（雏），鸡子也。从隹芻声。鶵，籀文雏从鸟。"徐中舒《甲骨文字典》："雛（雏），从𩾆（鳥）𠫔（芻）声。"

本义为小鸡。《礼记·月令》："是月也，天子乃以雏尝黍，羞以含桃。"汉代郑玄注："雏也，《尔雅》云：'生哺雏。'"《孟子·告子下》："有人于此，力不能胜一匹雏，则为无力人矣。"引申为幼禽。唐代张籍《春江曲》："春江无云潮水平，蒲心出水凫雏鸣。"

第二，表示与鸟类相关的动作、性状，常用的有"集、雊、奋（奮）、夺（奪）、雄、雌"。

集（jí）

甲骨文	金文1	金文2	小篆1	小篆2	楷书

集，会意字。甲骨文的"集"，从鸟从木，从"鸟"与从"隹"义同。上边从"鸟"表示与鸟类相关的动作有关，下边从"木"表示树木，合起来表示鸟雀飞落在树上。金文1承续甲骨文字形；金文2以三个"隹"（隹）代替一个"隹"隹，表示大量鸟儿栖息在同一棵树上。小篆1、2分别承续金文2、1的字形。楷书笔画化。"集"，《说文》中作"雧"。《说文·雥部》："雧，群鸟在木上也。从雥从木。集，雧或省。"方述鑫等《甲骨金文字典》中说解同《说文》。

本义为群鸟栖止在树上。《诗·周南·葛覃》："黄鸟于飞，集于灌木。"程俊英《诗经译注》将"集于灌木"译为"歇在丛生小树上"。《诗·唐风·鸨羽》："肃肃鸨羽，集于苞栩（xǔ）。"汉代毛亨传："集，止。"宋代范仲淹《岳阳楼记》："沙鸥翔集，锦鳞游泳。"引申为停留。《国语·晋语二》："人皆集于苑，己独集于枯。"黄永堂《国语全译》："集，栖止。"

雊（gòu）

小篆	楷书

雊，形声字。小篆的"雊"，从隹（zhuī）句声。右边从"隹"，表示与鸟类相关的动作有关；左边为"句"，在字中表音，为声符。楷书笔画化。《说文·隹部》："雊，雄雌鸣也。雷始动，雉鸣而雊其颈。从隹从其颈。从隹从句，句亦声。"《说文段注》："雊，雄雉鸣也。"当以《说文段注》为确。

本义为雄雉鸡叫。《诗·小雅·小弁》："雉之朝雊，尚求其雌。"汉代郑玄笺："雊，雉鸣也。"《尚书·高宗肜（róng）日》："高宗祭成汤，有飞雉升鼎耳而雊。"汉代孔安国传："雊，鸣。"

奋（奮 fèn）

金文	小篆	楷书	简化字

奋（奮），会意字。金文的"奮"，从隹从衣从田。字中间从"隹"（隹），表示与鸟类相关的动作有关；外边为"衣"（衣），表示服装；字中间下边为"田"（田），表示田野。三部分合起来表示用衣服捕捉田间草丛里的鸟雀。在远古时代，天人无界，鸟雀多且不惧人类，所以容易徒手捕捉。小篆字形发生变化，

"衣"字演变消失。楷书笔画化。现简化为"奋",为保留轮廓简化。《说文·隹部》:"奮(奋),翬(huī)也。从奞(xùn)在田上。"方述鑫等《甲骨金文字典》:"奮(奋),金文或从衣或从攴,与《说文》异。"《尔雅·释鸟》:"雉绝有力,奋。"

本义为鸟类振羽展翅。《诗·邶风·柏舟》:"静言思之,不能奋飞。"汉代毛亨传:"不能如鸟奋翼而飞去。"清代蒲松龄《聊斋志异·促织》:"虫暴怒,直奔,遂相腾击,振奋作声。"引申为振作。《广雅·释言》:"奋,振也。"汉代贾谊《过秦论》:"及至始皇,奋六世之余烈,振长策而御宇内。"

夺（奪 duó）

金文	小篆	楷书	简化字
奪	奪	奪	夺

夺(奪),会意字。金文的"奪",从雀从衣从又,从又,从"雀"与从"隹"义同。字中间从"雀"(雀),表示与鸟类相关的动作有关;上部外边为"介"(衣),表示服装;字中间下边为"又"(又),表示抓抢。三部分合起来表示用衣物捕获的鸟雀。在远古时代,鸟类对人类的警惕性低,容易被徒手捕捉,因此古人用衣服就可以在田野或草丛里捕捉小鸟。小篆字形发生变化,误将"衣"写成了"大",误将"雀"写成了"隹"。楷书笔画化,误将小篆中的"又"写成了"寸"。现简化为"夺",为保留轮廓简化。《说文·奞(xùn)部》:"奪(夺),手持隹失之也。从又从奞。"方述鑫等《甲骨金文字典》:"奪(夺),金文从衣。"

本义为丧失。《礼记·仲尼燕居》:"子曰:'给夺慈仁。'"汉代郑玄注:"夺,犹乱也。"《论语·子罕》:"三军可夺帅也,匹夫不可夺志也。"宋代朱熹《四书集注》引侯氏曰:"三军之勇在人,匹夫之志在己。故帅可夺而志不可夺。"引申为强取。《史记·项羽本纪》:"竖子不足与谋。夺项王天下者,必沛公也。"今有词语"抢夺""争夺""掠夺"等。

雄（xióng）

小篆	楷书
雄	雄

雄,形声字。小篆的"雄",从隹厷(gōng)声。右边从"隹",表示与鸟类相关的性状有关;左边为"厷",在字中表音,为声符。楷书笔画化。《说文·隹部》:"雄,鸟父也。从隹厷声。"《玉篇·隹部》:"雄,鸟父也。"

本义为公鸟。《诗·邶风·雄雉》:"雄雉于飞,泄泄其羽。"《诗·小雅·正月》:"具曰予圣,谁知乌之雌雄?"唐代李白《蜀道难》:"但见悲鸟号古木,雄飞雌从绕林间。"引申为雄性的。《诗·齐风·南山》:"南山崔崔,雄狐绥绥。"《乐府诗集·木兰诗》:"双兔傍地走,安能辨我是雄雌。"晋代干宝《搜神记》卷十一:"剑有二:一雄,一雌。"唐代骆宾王《边城落日》:"君恩如可报,龙剑有雌雄。"

雌（cí）

金文	小篆	楷书

雌，形声字。金文的"雌"，从隹此声。右边从"隹"，表示与鸟类相关的性状有关；左边为"此"，在字中表音，为声符。小篆承续金文字形。楷书笔画化。《说文·隹部》："雌，鸟母也。从隹此声。"金文字典中未见。

本义为母鸟。唐代韩愈《琴操十首·雉朝飞操》："雉朝飞兮鸣相和，雌雄群游兮山之阿。"唐代白居易《燕诗示刘叟》："雌雄空中鸣，声尽呼不归。"引申为雌性的。《吕氏春秋·古乐》："听凤皇之鸣，以别十二律。其雄鸣为六，雌鸣亦六。"唐代张籍《猛虎行》："年年养子在深谷，雌雄上山不相逐。"

第三节 "羽"部及其例字

"羽"部亦属于鸟部，与禽类有关。

羽（yǔ）

一、形体演变

甲骨文1	甲骨文2	金文	小篆	楷书

二、构形理据

羽，象形字。甲骨文1的"羽"，像羽毛形，突出了羽轴"ᒋ"和羽枝形状"ᘓ"。甲骨文2像鸟的正羽形。金文、小篆承续甲骨文2的字形。楷书笔画化。《说文·羽部》："羽，鸟长毛也。象形。"《说文段注》："鸟长毛也。长毛，别于毛之细缛者。引申为五音之羽。"徐中舒《甲骨文字典》："羽，象鸟羽之形，为羽之初文。"

三、本义

本义为鸟翅膀上的长毛。《诗·邶风·燕燕》："燕燕于飞，差池其羽。"唐代孔颖达疏："差池其羽，谓张舒其尾翼。"《孟子·梁惠王上》："吾力足以举百钧，而不足以举一羽。"

引申为鸟或昆虫的翅膀。《管子·霸形》："寡人之有仲父也，犹飞鸿之有羽翼也。"南北朝鲍照《咏双燕》之二："自知羽翅弱，不与鹄争飞。"唐代杜甫《大麦行》："安得如鸟有羽翅，托身白云还故乡。"引申为鸟类。唐代孟浩然《送袁十岭南寻弟》："羽翼嗟零落，悲鸣别故林。"宋代梅尧臣《河南张应之东斋》："池清少游鱼，林浅无栖羽。"

四、理据例说

从"羽"的字,其义均与鸟或鸟的羽毛有关,大致可分三类。

第一,表示鸟的名称,主要有"翡、翠、翟、翰"。

翡（fěi）

小篆	楷书
翡	翡

翡,形声字。小篆的"翡",从羽非声。下边从"羽",表示与鸟的名称有关;上边为"非",在字中表音,为声符。楷书笔画化。《说文·羽部》:"翡,赤羽雀也,出郁林。从羽非声。"

本义为鸟名,赤尾雀。《管子·轻重丁》:"新冠五尺请挟弹怀丸游水上,弹翡燕小鸟,被于暮。"唐代张九龄《送广州周判官》:"里树桃榔出,时禽翡翠来。"

翠（cuì）

小篆	楷书
翠	翠

翠,形声字。小篆的"翠",从羽卒声。上边从"羽",表示与鸟的名称有关;下边为"卒",在字中表音,为声符。楷书笔画化。《说文·羽部》:"翠,青羽雀也。出郁林。从羽卒声。"

本义为翠鸟。晋代左思《蜀都赋》:"孔翠群翔,犀象竞驰。白雉朝雊,猩猩夜啼。"唐代陈子昂《感遇诗三十八首》之一:"翡翠巢南海,雄雌珠树林。"指翡翠,常指玉石名。唐代崔国辅《白纻辞二首》之一:"璧带金钉皆翡翠,一朝零落变成空。"宋代欧阳修《归田录》卷二:"坐有兵马钤辖邓保吉者,真宗朝老内臣也,识之,曰:此宝器也,谓之翡翠。"

翟（dí）

甲骨文	金文	小篆	楷书
翟	翟	翟	翟

翟,会意字。甲骨文的"翟",从羽从隹。上边从"羽",表示与鸟的名称有关;下边从"隹",亦表示鸟类。金文、小篆承续甲骨文字形。楷书笔画化。《说文·羽部》:"翟,山雉尾长者。从羽从隹。"《说文段注》:"《释鸟》:'翟,山雉。'郭曰:'长尾者。'按郭翰翟二注盖取诸说文。"方述鑫等《甲骨金文字典》:"翟,金文字形同《说文》。"

本义为长尾的野鸡。《尚书·禹贡》:"羽畎夏翟,峄阳孤桐。"汉代孔安国传:"夏翟,翟,雉名。"《山海经·西山经》:"有鸟焉,其状如翟而五采文,名曰鸾鸟,见则天下安宁。"晋代郭璞注:"翟似雉而大,长尾。"唐代宋之问《送合宫苏明府颋》:"翟回车少别,凫化舄（xì）遥驰。"

翰（hàn）

甲骨文	金文	小篆	楷书

翰，会意兼形声字。甲骨文的"翰"，为会意字，从隹从旅。下边右侧从"🐦"（隹），代指鸟羽；左边上边从"🚩"（旅），表示士兵荷旗前进。两部分合起来表示插在战旗旗杆上的漂亮翎羽。金文将甲骨文中的"🚩"（旅）写成了"䇦"（倝gàn），将甲骨文字形中的"🐦"（隹）写成了"飛"（飞），强调旗杆上的翎羽迎风飘飞。小篆用"羽"代替甲骨文中的"隹"和金文中的"飞"，强调饰旗的翎羽。楷书笔画化。《说文·羽部》："翰，天鸡赤羽也。从羽倝声。"《玉篇·羽部》："翰，飞也。又天鸡也。"甲骨、金文字典中未见。

本义为天鸡，也叫"锦鸡"或"山鸡"。《礼记·曲礼下》："凡祭宗庙之礼，牛曰'一元大武'，豕曰'刚鬣'（liè）……鸡曰'翰音'。"《逸周书·王会》："蜀人以文翰，文翰者，若皋鸡。"古人常用"翰"代指笔，即毛笔。三国曹丕《典论论文》："古之作者，寄身于翰墨，见意于篇籍。"晋代向秀《思旧赋》："停驾言其将迈兮，遂援翰而写心。"

第二，表示鸟的翅膀，主要有"翼、翅（翄）、翘（翹）、翁、翎"。

翼（yì）

金文1	金文2	小篆	楷书

翼，形声字。金文1的"戜"（翼），从飛異（yì）声。金文2的"翼"，从羽異声，从"飛"与从"羽"义同。金文2上边从"羽"，表示鸟翅；下边为"異"，在字中表音，为声符。小篆承续金文2的字形。楷书笔画化。《说文·羽部》："戜（翼），翄也。从飛，異声。翼，篆文翼，从羽。"方述鑫等《甲骨金文字典》："翼，金文从飛，或从羽，異（yì）声。或只作異，为《说文》戜和翼的篆文所本。"

本义为鸟类的翅膀。《战国策·楚策四》："王独不见夫蜻蛉乎？六足四翼，飞翔乎天地之间。"《韩非子·喻老》："三年不翅，将以长羽翼；不飞不鸣，将以观民则。"汉代贾谊《鹏鸟赋》："鹏乃叹息，举首奋翼，口不能言。"三国曹植《斗鸡诗》："长鸣入青云，扇翼独翱翔。"

翅（翄 chì）

小篆	楷书

翅（翄），形声字。小篆的"翄"，从羽支声。左边从"羽"，表示鸟翅；右边为"支"，在字中表音，为声符。楷书笔画化，"羽"与"支"位置互换，且"支"的最后一笔"㇏"拉长。《说文·羽部》："翄（翅），翼也。从羽支声。"《玉篇·羽部》："翅，翼也。"

本义为鸟类和昆虫的翅膀。《楚辞·哀时命》："为凤皇作鹑笼兮，虽翕翅其不容。"

462

黄寿祺、梅桐生《楚辞全译》将"翕翅"译为"合拢翅膀"。三国曹操《却东西门行》："举翅万余里，行止自成行。"唐代杜甫《大麦行》："安得如鸟有羽翅，托身白云还故乡。"清代蒲松龄《聊斋志异·促织》："逐而得之。审视，巨身修尾，青项金翅。"

翘（翹 qiáo）

翘（翹），形声字。小篆的"翹"，从羽尧声。右边从"羽"，表示与鸟翅有关；左边为"尧"，在字中表音，为声符。楷书笔画化。现简化为"翘"，声符类推简化。《说文·羽部》："翹（翘），尾长毛也。从羽尧声。"《说文段注》："按尾长毛必高举。故凡高举曰翘。"

本义为鸟尾上的长羽。《楚辞·招魂》："砥室翠翘，挂曲琼些。"黄寿祺、梅桐生《楚辞全译》："《集注》：'翘，鸟尾长毛也。'"晋代陆机《日出东南隅行》："金雀垂藻翘，琼佩结瑶璠。"引申为抬起。三国曹植《杂诗》七首其一："翘思慕远人，愿欲托遗音。"清代蒲松龄《聊斋志异·促织》："虫翘然矜鸣，似报主知。"

翁（wēng）

翁，形声字。小篆的"翁"，从羽公声。下边从"羽"，表示与鸟翅有关；上边为"公"，在字中表音，为声符。楷书笔画化。《说文·羽部》："翁，颈毛也。从羽公声。"《说文段注》："《山海经》：'天帝之山有鸟，黑文而赤翁。'……按俗言老翁者，假翁为公也。"

本义为鸟的颈毛。《山海经·西山经》："有鸟焉，其状如鹑，黑文而赤翁，名曰栎。"

假借为"公"，指父亲。《广雅·释亲》："翁，父也。"《汉书·项籍传》："吾与若俱北面受命怀王，约为兄弟，吾翁即汝翁，必欲亨乃翁，幸分我一杯羹。"唐代颜师古《汉书注》："翁谓父也。"引申为泛称男性老人。《方言》卷六："凡尊老，周晋秦陇谓之公，或谓之翁。"唐代杜甫《石壕吏》："老翁逾墙走，老妇出门看。"唐代白居易《卖炭翁》："卖炭翁，伐薪烧炭南山中。"宋代欧阳修《卖油翁》："有卖油翁释担而立，睨之，久而不去。"

翎（líng）

翎，形声字。小篆的"翎"，从羽令声。右边从"羽"，表示与鸟翅有关；左边为"令"，在字中表音，为声符。楷书笔画化。《玉篇·羽部》："翎，箭羽也。""翎"为后起字，《说文》中无。

本义为鸟翅和鸟尾上的长羽毛，亦泛指鸟羽。唐代杜甫《彭衙行》："何当有翅翎，飞去堕尔前。"唐代白居易《放旅雁》："健儿饥饿射汝吃，拔汝翅翎为箭羽。"唐代李贺《野歌》："鸦翎羽箭山桑弓，仰天射落衔芦鸿。"

第三，表示鸟飞的动作，主要有"习（習）、翻、翱、翔、翩、翥"。

习（習 xí）

| 甲骨文 | 小篆 | 楷书 | 简化字 |

习（習），会意字。甲骨文的"習"，从羽从日。上边从"羽"表示与鸟飞的动作有关，下边从"日"表示白天，合起来表示幼鸟在白天振动翅膀练习飞行。小篆误将"日"写成了"白"，但其义亦可通，亦表示白天。楷书笔画化。现简化为"习"，为保留特征法简化。《说文·习部》："習（习），数飞也。从羽从白。"《说文段注》："引申之义为习孰。"方述鑫等《甲骨金文字典》："習（习），甲骨文从日不从白（自）。"

本义为小鸟反复地练习飞行。《礼记·月令》："温风始至，蟋蟀居壁，鹰乃学习，腐草为萤。"王文锦《礼记译解》将"鹰乃学习"译为"小鹰开始学飞"。晋代左思《咏史》："习习笼中鸟，举翮触四隅。"引申为反复练习、钻研。《论语·学而》："学而时习之，不亦说乎？"宋代朱熹《四书集注》："习，鸟数飞也。学之不已，如鸟数飞也。"唐代张嘉贞《恩敕尚书省僚宴昆明池应制》："昔人徒习武，明代此闻韶。"

翻（fān）

| 小篆 | 楷书 |

翻，形声字。小篆的"翻"，从羽番声。右边从"羽"，表示与鸟飞的动作有关；左边为"番"，在字中表音，为声符。楷书笔画化。《说文新附·习部》："翻，飞也。从羽番声。或从飛。"《玉篇·习部》："翻，飞也。"

本义为鸟飞。三国曹丕《临高台》："下有水，清且寒；中有黄鹄往且翻。"唐代刘希夷《饯李秀才赴举》："鸿鹄振羽翮，翻飞入帝乡。"唐代李白《天台晓望》："云垂大鹏翻，波动巨鳌没。"唐代王维《辋川闲居》："青菰临水拔，白鸟向山翻。"今有词语"翻飞""翻翔"。引申为倾倒、翻转、翻腾，变动位置。唐代杜甫《返照》："返照入江翻石壁，归云拥树失山村。"唐代白居易《琵琶行（并序）》："钿头云篦击节碎，血色罗裙翻酒污。"元末明初施耐庵《水浒传》第十六回："全不晓得路途上的勾当艰难，多少好汉，被蒙汗药麻翻了！"

翱（áo）

| 小篆 | 楷书 |

翱，形声字。小篆的"翱"，从羽皋（gāo）声。右边从"羽"，表示与鸟飞的动作有关；左边为"皋"，在字中表音，为声符。楷书笔画化。《说文·羽部》："翱，翱翔也。从羽皋声。"

本义为鸟在空中回旋地飞翔。《诗·郑风·女曰鸡鸣》："将翱将翔，弋凫与雁。"《汉书·王褒传》："恩从祥风翱，德与和气游。"唐代颜师古《汉书注》："翱，翔也。"

《淮南子·览冥训》:"还至其曾逝万仞之上,翱翔四海之外。"汉代高诱注:"翼一上一下曰翱。"唐代郎大家宋氏《宛转歌》:"愿为双鸿鹄,比翼共翱翔。"

翔（xiáng）

翔,形声字。小篆的"翔",从羽羊声。右边从"羽",表示与鸟飞的动作有关;左边为"羊",在字中表音,为声符。楷书笔画化。《说文·羽部》:"翔,回飞也。从羽羊声。"《尔雅·释鸟》:"鸢鸟丑,其飞也翔。"方环海《尔雅译注》将"其飞也翔"翻译为"飞行时张开翅膀上下扇动"。

本义为鸟展翅盘旋地飞。《论语·乡党》:"色斯举矣,翔而后集。"《战国策·楚策四》:"六足四翼,飞翔乎天地之间。"唐代韩愈《调张籍》:"剪翎送笼中,使看百鸟翔。"宋代范仲淹《岳阳楼记》:"沙鸥翔集,锦鳞游泳。"

翩（piān）

翩,形声字。小篆的"翩",从羽扁声。右边从"羽",表示与鸟飞的动作有关;左边为"扁",在字中表音,为声符。楷书笔画化。《说文·羽部》:"翩,疾飞也。从羽扁声。"

本义为疾飞。《诗·鲁颂·泮水》:"翩彼飞鸮,集于泮林。"汉代毛亨传:"翩,飞貌。"《周易·泰卦》:"翩翩,不富,以其邻不戒以孚。"唐代白居易《卖炭翁》:"翩翩两骑来是谁,黄衣使者白衫儿。"

翥（zhù）

翥,形声字。小篆的"翥",从羽者声。下边从"羽",表示与鸟飞的动作有关;上边为"者",在字中表音,为声符。楷书笔画化。《说文·羽部》:"翥,飞举也。从羽者声。"《说文段注》:"《方言》曰:'翥,举也。楚谓之翥。'郭云:'谓轩翥也。'"《玉篇·羽部》:"翥,飞举儿。"

本义为振翼高飞。《楚辞·远游》:"雌蜺便娟以增挠兮,鸾鸟轩翥而翔飞。"黄寿祺、梅桐生《楚辞全译》:"轩翥,高高地飞翔。"唐代宋之问《度大庾岭》:"魂随南翥鸟,泪尽北枝花。"

第十九章　虫部之类

虫部之类包括虫、鱼（魚）二部，均与一些动物及昆虫类动物有关。

第一节　"虫"部及其例字

从"虫"的字，其义有二：一是表示蛇类及似蛇的动物；二是表示与昆虫类、介壳类的小动物有关。

虫（huǐ）与蟲（chóng）原为两个字，读音不同，语义有别。"虫"，读作 huǐ，象形字，从其甲骨文、金文、小篆、楷书等形体可知，"虫"即虺，是一种毒蛇。"蟲"，读作 chóng，会意字，指动物的通称，后简化为"虫"。这样，从"虫"的字，既表示蛇类及似蛇的动物，也表示昆虫类、介壳类的小动物。

虫（huǐ）

一、形体演变

甲骨文	金文	小篆	楷书
𧈨	𧈧	𧈦	虫

二、构形理据

虫，象形字。甲骨文的"虫"，像头尖、身长的爬行动物，即蛇。金文在蛇的头部加上两点，表示有两个大眼睛的眼镜蛇。小篆夸大了蛇的头部。楷书笔画化。《说文·虫部》："虫，一名蝮，博三寸，首大如擘指。象其卧形。物之微细，或行，或毛，或蠃，或介，或鳞，以虫为象。"《说文段注》："郭云：'此自一种蛇，人自名为蝮虺。'今蝮蛇细颈、大头、焦尾。"方述鑫等《甲骨金文字典》："虫，甲金文象蛇之头、身、尾形，为《说文》虫字篆文所本。"

虫（蟲 chóng）

小篆	楷书	简化字
蟲	蟲	虫

虫（蟲），会意字。小篆的"蟲"，从三蟲。楷书笔画化。现简化为"虫"，为异音替代法简化。《说文·蟲部》："蟲（虫），有足谓之虫，无足谓之豸。从三虫。"清代王筠《说文释例》："虫、虵、蟲同物即同字。小蟲多类聚，故三之以象其多；两之者，省之也；一之者，以象其首尾之形。至于字分三形，而又各有从之者，即分三音三义，又孳育之一法也。"

三、本义

"虫"，本义为毒蛇，此义后由"虺"来记写。"蟲"，现简化为"虫"，表示无足动物的总称，后也泛指所有动物。《韩非子·五蠹》："上古之世，人民少而禽兽众，人民不胜禽兽虫蛇。""虫蛇"之"虫"，即指蛇。《列子·黄帝》："故先会鬼神魑魅，次达八方人民，末聚禽兽虫蛾。""虫蛾"之"虫"，指昆虫。《晋书·索靖传》："舒翼未发，若举复安；虫蛇虮螽，或往或还。"此句中的"虫"，指蛇。《诗·齐风·鸡鸣》："虫飞薨薨，甘与子同梦。"程俊英《诗经译注》："薨薨，虫儿群飞声。"也就是说，此诗中的"虫"，指昆虫。

四、理据例说

"虫"为汉字部首之一。从"虫"的字，其义有二，一是表示蛇类及似蛇的动物，二是表示昆虫类、介壳类的小动物，大体可分以下几种情况。

第一，表示动物的名称、类别，主要有以下三种情况。

1.表示蛇一类的动物，主要有"蛇、虺（虫厂）、蛟、蟒、螭"。

蛇（shé）

甲骨文	金文	小篆	楷书
			蛇

蛇，象形兼形声字。甲骨文的"蛇"，为象形字，像头尖、身长的爬行动物，即蛇。金文承续甲骨文字形。小篆演变为形声字，从虫它声。左边从"虫"，表示与蛇类动物有关；右边为"它"，在字中既表义又表音，"它"，即蛇。楷书笔画化。《说文·它部》："它，虫也。从虫而长，象冤曲垂尾形。上古草居患它，故相问无它乎。蛇（蛇），它或从虫。"方述鑫等《甲骨金文字典》："蛇（它），甲骨文象蛇之头、身、尾形。或增彳，以会蛇行道上之意。至金文有所讹变，为《说文》它字篆文所本。金文'它'与'也'同形，为一字。象匜有柄有流之形。'它''虫'初为一字，后分化为二。'它'是'蛇'的本字，后假借为其它的'它'，另加虫旁作'蛇'。"

本义为蛇类爬行动物的通称，种类很多。《诗·小雅·斯干》："维熊维罴，维虺维蛇。"《国语·吴语》："及吾犹可以战也，为虺弗摧，为蛇将若何？"三国韦昭注："虺小蛇大也。"唐代柳宗元《捕蛇者说》："永州之野产异蛇，黑质而白章。"成语有"画蛇添足""杯弓蛇影""打草惊蛇""虎头蛇尾"等。

虬（虯 qiú）

虬，形声字，异体字为"虯"。小篆的"虯"，从虫丩（jiū）声。左边从"虫"，表示与似蛇一类的动物有关；右边为"丩"，在字中表音，为声符。楷书笔画化，声符演变为"乚"（yǐ），为从虫乚声的形声字。《说文·虫部》："虯（虬），龙子有角者。从虫丩声。"清代桂馥《说文解字义证》："虯，此即今之虬字。"《玉篇·虫部》："虯（虬），无角龙。"

古代传说中有角的龙。《说文》《玉篇》中"虬"之有角、无角正相反，当以《说文》为准。《楚辞·九章·涉江》："驾青虬兮骖白螭，吾与重华游兮瑶之圃。"黄寿祺、梅桐生《楚辞全译》："虬、螭，都是传说中的无角龙。"

谨按：《楚辞全译》注释"虬"，当为有角之龙为确。唐代卢纶《寄赠畅当山居》："虬龙宁守蛰，鸾鹤岂矜飞。"

蛟（jiāo）

蛟，形声字。小篆的"蛟"，从虫交声。左边从"虫"，表示与似蛇一类的动物有关；右边为"交"，在字中表音，为声符。楷书笔画化。《说文·虫部》："蛟，龙属，无角曰蛟。池鱼满三千六百，蛟来为之长，能率鱼飞。置笱水中，即蛟去。从虫交声。"《说文段注》："各本作龙之属也四字。今依《韵会》正。龙者，鳞虫之长，蛟其属。无角则属而别也。"

本义为古代传说中能发水的一种龙。《管子·形势》："蛟龙得水，而神可立也；虎豹得幽，而威可载也。"《楚辞·九歌·湘夫人》："麋何食兮庭中，蛟何为兮水裔？"汉代王逸注："蛟，龙类也。"唐代王建《公无渡河》："蛟龙啮尸鱼食血，黄泥直下无青天。"

蟒（mǎng）

蟒，形声字。小篆的"蟒"，从虫莽声。左边从"虫"，表示与似蛇一类的动物有关；右边为"莽"，在字中表音，为声符。楷书笔画化。《玉篇·虫部》："蟒，大蛇也；蟥蟒也。"

本义为巨蛇，又称蟒蛇，无毒，口大，体长可达六米。《晋书·郭璞传》："蚓蛾以不才陆梏，蟒蛇以腾骛暴鳞。"《宋史·张继能传》："每欲破贼，即祷于城西神祠，或见巨蟒吞龟，是日果有克获。"唐代白居易《送客春游岭南二十韵》："云烟蟒蛇气，刀剑鳄鱼鳞。"唐代欧阳炯《题景焕画应天寺壁天王歌》："蟒蛇拖得浑身堕，精魅搦来双眼空。"引申为蟒袍的简称。清代曹雪芹《红楼梦》第五十三回："上面正居中悬着宁荣二祖遗像，皆是披蟒腰玉，两边还有几轴列祖遗影。"

螭（chī）

螭，形声字。小篆的"螭"，从虫离声。左边从"虫"，表示与似蛇一类的动物有关；右边为"离"，在字中表音，为声符。楷书笔画化。《说文·虫部》："螭，若龙而黄，北方谓之地蝼。从虫离声。或云无角曰螭。"《说文段注》："黄龙地螾见。地蝼之说，其本此与，非蝼蛄也。"

本义为传说中一种没有角的龙。《楚辞·九歌·河伯》："乘水车兮荷盖，驾两龙兮骖螭。"汉代王逸注："言河伯以水为车，骖驾螭龙而戏游也。"黄寿祺、梅桐生《楚辞全译》："螭，一说是无角龙。"唐代王睿《公无渡河》："浪摆衣裳兮随步没，沉尸深入兮蛟螭窟。"

2. 表示蛇类以外的陆上爬行动物，主要有"蝼（螻）、蚁（蟻）、蚓、蛙、蟹、蚌、蠹、蛀"。

蝼（螻 lóu）

蝼（螻），形声字。小篆的"螻"，从虫娄声。左边从"虫"，表示与蛇类以外的陆上爬行动物有关；右边为"婁"，在字中表音，为声符。楷书笔画化。现简化为"蝼"，声符类推简化。《说文·虫部》："螻（蝼），蝼蛄也。从虫娄声。"

本义为蝼蛄，也叫"蜊蜊蛄""土狗子"，一种对农作物有害的昆虫。《玉台新咏·上山采蘼芜》："凛凛岁云暮，蝼蛄多鸣悲。"唐代李乂（yì）《淮阳公主挽歌》："凤凰曾作伴，蝼蚁忽为亲。"

蚁（蟻 yǐ）

蚁（蟻），形声字。《说文》中"蟻"作"螘"。小篆1的"螘"，从虫豈声。左边从"虫"，表示与蛇类以外的陆上爬行动物有关；右边为"豈"，在字中表音，为声符。小篆2的"蟻"，从虫義声。楷书笔画化。现简化为"蚁"，声符类推简化。《说文·虫部》："螘，蚍蜉也。从虫豈声。"《尔雅·释虫》："螘，蚍蜉，大螘。"唐代陆德明《经典释文》："螘，俗作蟻（蚁）。"《玉篇·虫部》："螘，蚍蜉也。"《玉篇·虫部》："蟻，同上（即同'螘'）。"

本义为蚂蚁。《庄子·徐无鬼》："羊肉不慕蚁，蚁慕羊肉，羊肉膻也。"《史记·伍子胥列传》："向令伍子胥从奢俱死，何异蝼蚁。"《汉书·贾谊传》："横江湖之鳣鲸兮，固将制于蝼蚁。"

蚓（yǐn）

蚓，形声字，异体为"螾"。小篆的"蚓"，从虫引声。左边从"虫"，表示与蛇类以外的陆上爬行动物有关；右边为"引"，在字中表音，为声符。楷书笔画化。现简化为"蚓"，声符类推简化。《说文》《玉篇》中无"蚓"字。《王力古汉语字典》："蚓，蚯蚓。"

本义为蚯蚓。《荀子·劝学》："蚓无爪牙之利，筋骨之强，上食埃土，下饮黄泉，用心一也。"明代李时珍《本草纲目·土部·蚯蚓泥》："蚯蚓泥。"

蛙（wā）

蛙，形声字。《说文》中作"鼃"。小篆的"鼃"，从黾圭声，从"黾"与从"虫"义同。下边从"黾"，表示与蛇类以外的陆上爬行动物有关；上边为"圭"，在字中表音，为声符。楷书笔画化，已演变为从虫圭声的形声字。《说文·黾部》："鼃（蛙），虾蟇也。从黾圭声。"《说文段注》："鼃（蛙）者，《周礼》所谓蝈。今南人所谓水鸡。亦曰田鸡。鼃、蛤皆其鸣声也。"

本义为青蛙，蛤蟆类动物。《庄子·秋水》："井鼃不可以语于海者，拘于虚也。"陈鼓应《庄子今注今译》："鼃，同'蛙'。"宋代辛弃疾《西江月·夜行黄沙道中》："稻花香里说丰年，听取蛙声一片。"

蟹（xiè）

蟹，形声字，异体为"蠏"。小篆的"蠏"，从虫解声。左边从"虫"，表示与蛇类以外的陆上爬行动物有关；右边为"解"，在字中表音，为声符。楷书笔画化，演变为上下结构。《说文·虫部》："蠏（蟹），有二敖八足，旁行，非蛇鲜之穴无所庇。从虫解声。鱰，蟹或从鱼。"《说文段注》："《广韵》曰：'蟹，《说文》作蠏。'"

本义为螃蟹。《周易·说卦》："离为火，为日，为电……为鳖，为蟹。"《荀子·劝学》："蟹六跪而二螯，非蛇、蟮之穴无可寄托者，用心躁也。"清代蒲松龄《聊斋志异·促织》："蟹白栗黄，备极护爱，留待限期，以塞官责。"

蚌（bàng）

蚌，形声字。小篆的"蚌"，从虫丰声。左边从"虫"，表示与蛇类以外的陆上爬行动物有关；右边为"丰"，在字中表音，为声符。楷书笔画化。《说文·虫部》："蚌，蜃（shèn）属。从虫丰声。"

本义为一种软体动物，有的能产珍珠。《周易·说卦》："离为火，为日……为蚌，为龟。"唐代孔颖达疏："为蚌，为龟，皆取刚在外也。"《战国策·燕策二》："今者臣来，过易水，蚌方出曝，而鹬啄其肉，蚌合而箝其喙。"晋代左思《吴都赋》："剖巨蚌于回渊，濯明月于涟漪。"唐代李善注："巨蚌，育明珠者。"今有成语"鹬蚌相争，渔翁得利"。

蠹（dù）

蠹，会意兼形声字。籀文的"蠹"，为会意字，从蚰（kūn）从木，从"蚰"与从"虫"义同。外边从"木"（木），表示与树木有关，里边为"𧈧"（蚰），表示虫子，合起来表示虫子在蛀食树木。小篆演变为形声字，从蚰橐声。下边从"蚰"义同从"虫"；上边为"橐"，在字中表音，为声符。楷书笔画化。《说文·蚰部》："蠹，木中虫。从蚰橐声。螙，蠹或从木，象虫在木中形。"《玉篇·蚰部》："蠹，木中虫也。"

本义为蛀虫。《荀子·劝学》："肉腐出虫，鱼枯生蠹；怠慢忘身，祸灾乃作。"蒋南华等《荀子全译》："蠹，蛀虫。"《吕氏春秋·达郁》："故水郁则为污，树郁则为蠹，草郁则为蕢。"关贤柱等《吕氏春秋全译》："蠹，蛀蚀树木的虫子。"引申为蛀蚀。《韩非子·初见秦》："荆、魏不能独立，则是一举而坏韩蠹魏拔荆，东以弱齐燕。"梁启雄《韩子浅解》："蠹，坏也。"意即像虫子一样一点点地蛀蚀。

蛀（zhù）

蛀，形声字。小篆的"蛀"，从虫主声。左边从"虫"，表示与蛇类以外的陆上爬行动物有关；右边为"主"，在字中表音，为声符。楷书笔画化。《说文》《玉篇》中无，为后起字。《王力古汉语字典》："蛀，后起字。蛀虫。"

本义为蛀虫。唐代皮日休《病中书情寄上崔谏议（时眼疾未平）》："虫丝度日萦琴荐，蛀粉经时落酒筒。"元末明初施耐庵《水浒传》第四十五回："从古及今，先人留下两句言语，单道这和尚家是铁里蛀虫。"明代顾大韶《又后虱赋》："蠹侵嘉树，蛀耗米珠。"

3. 表示能飞行的昆虫类动物，主要有"蜂、蚊、虻、蝗、蝶、蚤、蜩、蝉（蟬）"。

蜂（fēng）

蜂，形声字。《说文》中"蜂"作"蠭"。小篆的"蠭"，从蚰（kūn）逢声，从"蚰"与从"虫"义同。下边从"蚰"，表示与能飞行的昆虫类动物有关；上边为"逢"，在字中表音，为声符。楷书笔画化，演变为从虫夆（fēng）声的形声字。《说文·蚰部》："蠭（蜂），飞虫螫人者。从蚰逢声。"《说文段注》："许谓土蜂为细要纯雄。其飞虫螫人者，则谓大黄蜂，并非细要纯雄无子者。"《玉篇·蚰部》："蠭，螫人飞虫也。亦作蜂。"

本义为昆虫名，有蜜蜂、土蜂、黄蜂、细腰蜂等多种。《诗·周颂·小毖》："莫予丼蜂，自求辛螫。"宋代朱熹《诗集传》："蜂，小物而有毒。"《左传·僖公十二年》："君其无谓邾小，蜂虿有毒，而况国乎！"唐代孔颖达疏："《说文》云：'蜂，飞虫螫人者也。'虿，毒虫也。"唐代杜甫《绝句六首》之一："蔼蔼花蕊乱，飞飞蜂蝶多。"宋代侯寘《新荷叶·金陵府会鼓子词》："晴云丽日，花浓处，蜂蝶纷纷。"

蚊（wén）

蚊，形声字。金文的"蚊"，从虫文声。左边从"🜪"（虫），表示与能飞行的昆虫类动物有关；右边为"𠘨"（文），在字中表音，为声符。小篆承续金文字形。楷书笔画化。《说文》中"蚊"为"蟁"。《说文·蚰部》："蟁，啮人飞虫。从蚰民声。蟁，蟁或从昏，以昏时出也。蚊，俗蟁从虫从文。""蚊"原为俗体，现为正体。方述鑫等《甲骨金文字典》："蚊，金文从虫，文声，与《说文》蟁的俗体蚊字篆文同。"

本义为蚊子。《庄子·天运》："蚊虻（méng）噆（zǎn）肤，则通昔不寐矣。"陈鼓应《庄子今注今译》将"蚊虻噆肤"译为"蚊虻叮皮肤"。唐代刘禹锡《聚蚊谣》："沉沉夏夜兰堂开，飞蚊伺暗声如雷。"唐代韩愈《醉赠张秘书》："虽得一饷乐，有如聚飞蚊。"明代魏学洢《核舟记》："文曰'天启壬戌秋日，虞山王毅叔远甫刻'，细若蚊足，钩画了了。"

虻（méng）

虻，形声字，异体为"蝱"。《说文》中"虻"作"蝱"。小篆的"蝱"，从蚰（kūn）亡声，从"蚰"与从"虫"义同。下边从"蚰"，表示与能飞行的昆虫类动物有关；上边为"亡"，在字中表音，为声符。楷书笔画化，演变为左右结构，为从虫亡声的形声字。《说文·蚰（kūn）部》："蝱（虻），啮人飞虫。从蚰亡声。"《玉篇·蚰部》："蝱，蟁蝱也。俗作蝱。"现今为左右结构，即"虻"。

本义为一种大而强壮、飞行迅速的似蝇的昆虫，种类很多，吮吸人兽的血液。汉代王充《论衡·物势》："蚊虻之力，不如牛马，牛马困于蚊虻，蚊虻乃有势也。"《史记·项羽本纪》："宋义曰：'不然。夫搏牛之虻不可以破虮虱。'"南北朝裴骃《史记集解》："如淳曰：'用力多而不可以破虮虱，犹言欲以大力伐秦而不可以救赵也。'"唐代张说《岳州作》："器留鱼鳖腥，衣点蚊虻血。"

蝗（huáng）

蝗，形声字。小篆的"蝗"，从虫皇声。左边从"虫"，表示与能飞行的昆虫类动物有关；右边为"皇"，在字中表音。楷书笔画化。《说文·虫部》："蝗，螽（zhōng）也。从虫皇声。"《说文·蚰部》："螽（蠢），蝗也。""蝗""螽"互训。

本义为蝗虫，种类很多，一般指飞蝗，常成群飞翔，又名"蚂蚱"，为农业上的主要害虫之一。《吕氏春秋·不屈》："蝗螟，农夫得而杀之，奚故？为其害稼也。"唐代白居易《捕蝗——刺长吏也》："河南长吏言忧农，课人昼夜捕蝗虫。"

蝶（dié）

蝶，形声字。《说文》中为"蜨"。小篆的"蜨"，从虫疌（jié）声。左边从"虫"，表示与能飞行的昆虫类动物有关；右边为"疌"，在字中表音，为声符。楷书笔画化，演变为从虫枼（yè）声的形声字。《说文·虫部》："蜨（蝶），蛱（jiá）蜨也。从虫疌声。"《说文段注》："蜨，俗作蝶。"《玉篇·虫部》："蝶，胡蝶也。"

本义为蝴蝶。唐代李白《山人劝酒》："春风尔来为阿谁，蝴蝶忽然满芳草。"唐代李贺《江南曲》："江头楂树香，岸上蝴蝶飞。"

蚤（zǎo）

蚤，会意字。金文从虫从又。左下边从"𠂉"（虫），表示与能飞行的昆虫类动物有关；右上边为"又"，表示用手抓。两部分合起来表示用手抓捉因叮咬而使人发痒的虫子。小篆将金文字形中的"又"误写成"叉"，形体发生变化。楷书笔画化。《说文》中"蚤"作"蠿"。《说文·蚰部》："叉（蚤），啮人跳虫。从蚰叉声。叉，古爪字。蚤，蠿，或从虫。"《玉篇·虫部》："蚤，啮人跳虫也。"

本义为昆虫名，即跳蚤。《庄子·秋水》："鸱鸺夜撮蚤，察毫末，昼出瞋目而不见丘山。"陈鼓应《庄子今注今译》将"鸱鸺夜撮蚤"译为"猫头鹰在夜里能捉跳蚤"。唐代韩愈《郑群赠簟》："青蝇侧翅蚤虱避，肃肃疑有清飙吹。"

蜩（tiáo）

蜩，形声字。小篆的"蜩"，从虫周声。左边从"虫"，表示与能飞行的昆虫类动物有关；右边为"周"，在字中表音，为声符。楷书笔画化。《说文·虫部》："蜩，蝉也。从虫周声。"《说文段注》："《大雅》：'如蜩如螗。'传曰：'蜩，蝉也。螗，蝘也。'《小雅》：'鸣蜩嘒嘒。'传曰：'蜩，蝉也。'不同者，或浑言，或析言，蝉之类不同也。"

本义为蝉。《诗·豳风·七月》："四月秀葽，五月鸣蜩。"汉代毛亨传："蜩，螗也。"螗，古书上指一种较小的蝉。《王力古汉语字典》："螗，蝉属，形体较小。"《诗·大雅·荡》："如蜩如螗，如沸如羹。"汉代毛亨传："蜩，蝉也。"《庄子·达生》："仲尼适楚，出于林中，见痀偻者承蜩。"

蝉（蟬 chán）

小篆	楷书	简化字
𧕅	蟬	蝉

蝉（蟬），形声字。小篆的"蟬"，从虫單声。左边从"虫"，表示与能飞行的昆虫类动物有关；右边为"單"，在字中表音，为声符。楷书笔画化。现简化为"蝉"，声符类推简化。《说文·虫部》："蟬（蝉），以旁鸣者。从虫單声。"《玉篇·虫部》："蝉，蜩也。以旁鸣者。"

本义为一种昆虫，俗称"知了"，种类很多。《礼记·月令》："凉风至，白露降，寒蝉鸣，鹰乃祭鸟，用始行戮。"王文锦《礼记译解》将"寒蝉鸣"译为"寒蝉开始鸣唱"。宋代辛弃疾《西江月·夜行黄沙道中》："明月别枝惊鹊，清风半夜鸣蝉。"宋代王观《减字木兰花》其一："蝉噪高枝，雁叫长空雪乱飞。"宋代范成大《念奴娇·水乡霜落》："人世会少离多，都来名利，似蝇头蝉翼。"

第二，表示与动物有关之物的名称，主要有"蛋、蜜、蜡（蠟）"。

蛋（dàn）

金文	小篆	楷书
𧈭	蜑	蛋

蛋，形声字。金文的"蛋"，从虫足声。下边从"🐛"（虫），表示与动物有关之物的名称；上边为"足"，在字中表音，为声符。小篆的"蛋"，从虫延声。楷书笔画化，声符"延"讹变为"疋"（pǐ）。谷衍奎《汉字源流字典》："蛋，从虫，蜑省声。本义指禽类和龟蛇等所产的卵。""蛋"在金文字典中未见。

本义为禽类和龟蛇等所产的卵。明代吴承恩《西游记》第三十二回："想必这里是他的窠巢，生蛋布雏，怕我占了，故此这般打搅。"清代曹雪芹《红楼梦》第三十五回："薛姨妈道：'你要有这个横劲，那龙也下蛋了。'"

蜜（mì）

小篆1	小篆2	楷书
𧖴	蜜	蜜

蜜，形声字。《说文》中作"蠠"。小篆1的"蠠"，从䖵鼏（mì）声。下边从"䖵"，表示与动物有关之物的名称，从"䖵"与从"虫"义同；上边为"鼏"，在字中表音，为声符。小篆2的"蜜"，从虫宓（mì）声。楷书笔画化。《说文·䖵部》："蠠（蜜），蜂甘饴也。一曰螟子。从䖵鼏声。蜜，蠠或从宓。"

本义为蜂蜜，蜜蜂采取花液酿成的甜汁。汉代王充《论衡言毒》："食蜜少多，则令人毒。蜜为蜂液，蜂则阳物也。"唐代白居易《生别离》："回看骨肉哭一声，梅酸檗苦甘如蜜。"比喻甘美。明代凌濛初《初刻拍案惊奇》卷十三："那些人贪他是出钱施主，当面只是甜言蜜语，谄笑胁肩，赚他上手。"清代曹雪芹《红楼梦》第三回："他嘴里一时甜言蜜语，一时有天无日，一时又疯疯傻傻，只休信他。"

蜡（蠟 là）

注意："蜡"与"蠟"原是两个不同的字。"蜡"，从虫昔声。一是读 zhà，指年终祭名；二是读 qù，为"蛆"的本字。"蠟"，从虫巤（liè）声，读 là，指动植物或矿物所产生的某些油脂。"蜡"后作为"蠟"的简化字。

蜡（蠟），形声字。小篆的"蠟"，从虫巤（liè）声。左边从"虫"，表示与动物有关之物的名称；右边为"巤"，在字中表音，为声符。楷书笔画化。现简化为"蜡"，为音近替代简化。《说文》中无"蠟"字。《玉篇·虫部》："蠟，蜜滓。"《广韵·盍韵》："蠟，蜜蠟。"

本义为动物、植物或矿物所产生的某些油脂。唐代王建《华清宫感旧》："辇前月照罗衫泪，马上风吹蜡烛灰。"唐代杜牧《赠别二首》之一："蜡烛有心还惜别，替人垂泪到天明。"引申为蜡烛的简称。唐代李商隐《无题》："春蚕到死丝方尽，蜡炬成灰泪始干。"

第三，表示与动物有关的动作、行为，主要有"蜇、螫、蛰（蟄）、蜕、蚀（蝕）、蟠、蜷、蠢"。

蜇（zhē）

蜇，形声字。小篆的"蜇"，从虫折声。下边从"虫"，表示与动物有关的动作、行为，在字中作形符；上边为"折"，在字中表音，为声符。楷书笔画化。《说文》中无"蜇"字。"蜇"为后起字。

本义为毒虫叮刺。晋代张华《博物志》卷九："蝮蛇秋月毒盛，无所蜇螫，啮草木以泄其气，草木即死。"唐代柳宗元《读韩愈所著毛颖传后题》："苦咸酸辛，虽蜇吻裂鼻，缩舌涩齿，而咸有笃好之者。"明代吴承恩《西游记》第七十七回："岂料今朝遭蜇害，不能保你上婆娑。"引申为刺痛、刺伤。《列子·杨朱》："乡豪取而尝之，蜇于口，惨于腹，众哂而怨之。"

螫（shì）

螫，形声字。小篆的"螫"，从虫赦声。下边从"虫"，表示与动物有关的动作、行为；上边为"赦"，在字中表音，为声符。楷书笔画化。《说文·虫部》："螫，虫行毒也。从虫赦声。"《说文段注》："螫，亦作蜇。"《玉篇·虫部》："螫，虫行毒。"由《说文段注》可知，"螫"与"蜇"当为一字。"螫"也读 zhē。

本义为毒虫或毒蛇咬刺。唐代陆龟蒙《别离曲》："蝮蛇一螫手，壮士疾解腕。"唐代吴融《平望蚊子二十六韵》："吾闻蛇能螫，避之则无虞。"宋代沈括《梦溪笔谈·杂志一》："自后人有为蜂螫者，捼苧梗傅之则愈。"明代徐光启《农政全书·牧养·蜜蜂》："若怕蜂螫，用薄荷叶嚼细，涂在手里，其蜂自然不螫。"引申为恼怒而加害。《史记·魏其武安侯列传》："有如两宫螫将军，则妻子毋类矣。"南北朝裴骃《史记集解》："张晏曰：'螫，怒也。毒虫怒必螫人。'"

蛰（蟄 zhé）

金文	小篆	楷书	简化字
𰯯	𰯰	蟄	蛰

蛰（蟄），金文的"蟄"，从虫执（zhí）声。下中部从"虫"，表示与动物有关的动作、行为；上边为"执"，在字中表音，为声符。小篆承续金文字形。楷书笔画化。现今简化为"蛰"，声符类推简化。《说文·虫部》："蟄（蛰），藏也。从虫执声。"《金文字典》中未见此字。

本义为动物冬眠，潜藏起来不食不动。《周易·系辞下》："尺蠖之屈，以求信也。龙蛇之蛰，以存身也。"《周易集解》虞翻曰："蛰，潜藏也，龙潜而蛇藏。"《庄子·天运》："蛰虫始作，吾惊之以雷霆。"唐代张说《扈从温泉宫献诗》："温泉启蛰气氤氲，渭浦归鸿日数群。"宋代王禹偁《春居杂兴》："一夜春雷百蛰空，山家篱落起蛇虫。"

蜕（tuì）

小篆	楷书
𱃵	蜕

蜕，形声字。小篆的"蜕"，从虫兑（duì）声。左边从"虫"，表示与动物有关的动作、行为，在字中表义；右边为"兑"，在字中表音，为声符。楷书笔画化。《说文·虫部》："蜕，蛇蝉所解皮也。从虫，挩（tuō）省。"

本义为蝉、蛇之类脱皮去壳。《荀子·大略》："君子之学如蜕，幡然迁之。"蒋南华等《荀子全译》注："蜕，蜕变。比喻不断地进步，更新。"《史记·屈原贾生列传》："汙泥之中，蝉蜕于浊秽，以浮游尘埃之外，不获世之滋垢。"元末明初施耐庵《水浒传》第九十五回："原来乔道清故意卖个破绽，哄樊瑞砍来，自己却使个乌龙蜕骨之法，早已归到阵前，呵呵大笑。"

蚀（蝕 shí）

小篆	楷书	简化字
𰯱	蝕	蚀

蚀（蝕），会意兼形声字。小篆的"蝕"，从虫从人从食，食亦声。右下边从"虫"，表示与动物有关的动作、行为；右上边从"人"，表示人在察看；左边从"食"，表示啃吃，"食"亦在字中表音。楷书笔画化。现简化为"蚀"，"食"类推简化为"饣"。《说文·虫部》："蝕（蚀），败创也。从虫、人、食，食亦声。"清代朱骏声《说文通训定声》："蝕，从虫飤（sì）声。字亦作蚀。"根据《说文通训定声》，"蝕"的字形可分析为"从虫飤声"，更为简洁、明了、切合。

本义为虫等蛀物，侵蚀。唐代沈佺期《古镜》："莓苔翳清池，虾蟆蚀明月。"唐代杜甫《石笋行》："古来相传是海眼，苔藓蚀尽波涛痕。"唐代顾况《酬唐起居前后见寄二首》："霜凋树吹断，土蚀剑痕深。"宋代梅尧臣《饮刘原甫家原甫怀二古钱劝酒》："精铜不蠹蚀，肉好钩婉全。"

蟠（pán）

蟠，形声字。小篆的"蟠"，从虫番声。左边从"虫"，表示与动物有关的动作、行为，在字中表义；右边为"番"，在字中表音，为声符。楷书笔画化。《说文·虫部》："蟠，鼠妇也。从虫番声。"

本义为鼠妇，文献用例少见。引申为盘曲、环绕。唐代李世民《咏烛二首》："九龙蟠焰动，四照逐花生。"唐代张籍《行路难》："龙蟠泥中未有云，不能生彼升天翼。"唐代张说《咏镜》："隐起双蟠龙，衔珠俨相向。"元末明初罗贯中《三国演义》第三十五回："到头天命有所归，泥中蟠龙向天飞。"

蜷（quán）

蜷，形声字。小篆的"蜷"，从虫卷声。左边从"虫"，表示与动物有关的动作、行为，在字中表义；右边为"卷"，在字中表音，为声符。楷书笔画化。《说文》中无"蜷"字。《玉篇·虫部》："蜷，局也。连蜷形。"

本义为蜷局，蜷曲不伸的样子。《楚辞·离骚》："仆夫悲余马怀兮，蜷局顾而不行。"汉代王逸注："蜷局，诘屈不行貌。"

蠢（chǔn）

蠢，形声字。小篆的"蠢"，从蚰（kūn）春声，从"蚰"与从"虫"义同。下边从"蚰"，表示与动物有关的动作、行为，在字中表义；上边为"春"，在字中表音，为声符。楷书笔画化。《说文·蚰部》："蠢，虫动也。从蚰春声。"《说文段注》："引申为凡动之称。"

本义为昆虫慢慢地爬行。《诗·小雅·采芑》："蠢尔蛮荆，大邦为雠。"汉代毛亨传："蠢，动也。"《左传·昭公二十四年》："今王室实蠢蠢焉，吾小国惧矣，然大国之忧也。"晋代杜预注："蠢蠢，动扰貌。"唐代白居易《戒药》："促促急景中，蠢蠢微尘里。"

第二节 "鱼（魚）"部及其例字

从"鱼"的字，其义均与鱼的类别名称、鱼体部位名称及类似鱼的其他水栖动物有关。

鱼（魚 yú）

一、形体演变

甲骨文	金文	小篆	楷书	简化字
			魚	鱼

二、构形理据

鱼（魚），象形字。甲骨文、金文、小篆的"魚"，像头、鳍、尾俱全的水中脊椎动物。楷书笔画化。现简化为"鱼"，为草书楷化法简化。《说文·鱼部》："魚（魚），水虫也。象形。鱼尾与燕尾相似。"徐中舒《甲骨文字典》："魚，象鱼形，金文作魚、魚，与甲骨文形同。后讹为魚、魚，是为《说文》篆文所本。"《玉篇·鱼部》："鱼，水中虫。"

三、本义

本义为鱼，一种水生的冷血脊椎动物。《诗·邶风·新台》："鱼网之设，鸿则离之。"汉代郑玄笺："设鱼网者宜得鱼。"《仪礼·特牲礼》："鱼十有五，腊如牲骨。"汉代郑玄注："鱼，水物，以头枚数，阴中之物。"《史记·陈涉世家》："卒买鱼烹食，得鱼腹中书，固以怪之矣。"唐代李世民《初晴落景》："池鱼跃不同，园鸟声还异。"

四、理据例说

从"鱼"的字，其义均与鱼的类别名称、鱼体部位名称、类似鱼的其他水生动物名称、打鱼有关。

第一，表示鱼的类别名称的，主要有"鲂（魴）、鲜（鮮）、鲤（鯉）、鲑（鮭）、鲍（鮑）、鳜（鱖）"等。

鲂（魴 fáng）

小篆	楷书	简化字
	魴	鲂

鲂（魴），形声字。小篆的"魴"，从魚方声。左边从"魚"，表示与鱼的类别名称有关，在字中表义；右边为"方"，在字中表音，为声符。楷书笔画化。现简化为"鲂"，形符"魚"为草书楷化法简化。《说文·鱼部》："魴（魴），赤尾鱼。从魚方声。"

本义为鱼名，鳊（biān）鱼的古称。《诗·小雅·采绿》："其钓维何，维鲂及鱮（xù）。"程俊英《诗经译注》："鲂，鳊鱼。"唐代卢纶《送浑别驾赴舒州》："鳣鲂宜入贡，橘柚亦成蹊。"唐代韩愈《崔十六少府摄伊阳，以诗及书见投，因酬三十韵》："况住洛之涯，鲂鳟可罩汕。"

鲜（鮮 xiān）

金文	小篆	楷书	简化字
羴	鮮	鮮	鲜

鲜（鮮），形声字，异体为"鱻"。金文的"鮮"，从鱼从羊。下边从"魚"，表示与鱼的类别名称有关；上边为羊，表示味儿美。小篆的"鮮"，从魚羴省声。左边从"魚"，在字中表义；右边应为"羴"，省为"羊"，在字中表音，为声符。楷书笔画化。现简化为"鲜"，形符为草书楷化法简化。《说文·鱼部》："鲜（鮮），鱼名。出貉国。从鱼，羴省声。"《说文段注》："按此乃鱼名。经传乃叚为新鱻字，又叚为尟少字。而本义废矣。"《广韵·仙韵》："鲜，洁也。善也。"

本义为鱼名，出貉国。《老子》第六十章："治大国若烹小鲜。"河上公注："鲜，鱼。"唐代李白《幽州胡马客歌》："牛马散北海，割鲜若虎餐。"宋代张元幹《水调歌头》："调鼎他年事，妙手看烹鲜。"引申为新鲜。《诗·大雅·韩奕》："其殽维何？炰鳖鲜鱼。"程俊英《诗经译注》译为"清蒸大鳖鲜鱼羹"。晋代陶渊明《桃花源记》："忽逢桃花林，夹岸数百步，中无杂树，芳草鲜美，落英缤纷。"

鲤（鯉 lǐ）

小篆	楷书	简化字
鯉	鯉	鲤

鲤（鯉），形声字。小篆的"鯉"，从鱼里声。左边从"魚"，表示与鱼的类别名称有关，在字中表义；右边为"里"，在字中表音，为声符。楷书笔画化。现简化为"鲤"，形符草书楷化法简化。《说文·鱼部》："鲤（鯉），鱣也。从鱼里声。"《说文段注》："凡鲤曰鲤，大鲤曰鱣（zhān）。"

本义为鲤鱼。《诗·陈风·衡门》："岂其食鱼，必河之鲤？"唐代李贺《大堤曲》："郎食鲤鱼尾，妾食猩猩唇。"唐代王昌龄《独游》："手携双鲤鱼，目送千里雁。"唐代刘长卿《酬包谏议佶见寄之什》："落日栖鹢鸟，行人遗鲤鱼。""鲤鱼"在唐代有"美好"的文化意义。

鲑（鮭 guī）

小篆	楷书	简化字
鮭	鮭	鲑

鲑（鮭），形声字。小篆的"鮭"，从鱼圭声。左边从"魚"，表示与鱼的类别名称有关，在字中表义；右边为"圭"，在字中表音，为声符。楷书笔画化。现简化为"鲑"，形符草书楷化法简化。《说文》中无"鲑"字。《玉篇·鱼部》："鲑，鱼名。"

本义为鱼名，为冷水性重要经济鱼类。《山海经·北山经》："出于昆仑之东北隅，实惟河原。其中多赤鲑。"晋代郭璞注："今名鯸鲐（hóutái）为鲑鱼。"鱼类菜肴的总称。《玉台新咏·孔雀东南飞》："杂彩三百匹，交广市鲑珍。"

鲍（鮑 bào）

小篆	楷书	简化字
鮑	鮑	鲍

鲍（鮑），形声字。小篆的"鮑"，从鱼包声。左边从"鱼"，表示与鱼的类别名称有关，在字中表义；右边为"包"，在字中表音，为声符。楷书笔画化。现简化为"鲍"，形符草书楷化法简化。《说文·鱼部》："鲍（鮑），饐（yì）鱼也。从鱼包声。"《说文段注》："盐鱼湿者为饐鱼。"《玉篇·鱼部》："鲍，渍鱼也。"渍鱼，即腌制的咸鱼。

本义为盐腌的鱼。《史记·货殖列传》："鲐鮆千斤，鲰千石，鲍千钧。"南北朝裴骃《史记集解》："破鲍不相离谓之膊，渍云鲍。"《孔子家语·六本》："与不善人居，如入鲍鱼之肆，久而不闻其臭。"唐代曹邺《杂诫》："带香入鲍肆，香气同鲍鱼。"唐代胡曾《咏史诗·沙丘》："堪笑沙丘才过处，銮舆风过鲍鱼腥。"

鳜（鱖 guì）

小篆	楷书	简化字
鱖	鱖	鳜

鳜（鱖），形声字。小篆的"鱖"，从鱼厥声。左边从"鱼"，表示与鱼的类别名称有关，在字中表义；右边为"厥"，在字中表音，为声符。楷书笔画化。现简化为"鳜"，形符草书楷化法简化。《说文·鱼部》："鳜（鱖），鱼名。从鱼厥声。"

本义为鳜鱼，国产的一种美味食用鱼，俗名"花鲫鱼"。唐代张志和《渔歌子》："西塞山前白鹭飞，桃花流水鳜鱼肥。"唐代许浑《湖州韦长史山居》："明日鳜鱼何处钓，门前春水似沧浪。"明代吴承恩《西游记》第六回："打花的鱼儿，似鲤鱼，尾巴不红；似鳜鱼，花鳞不见；似黑鱼，头上无星。"

第二，表示鱼体部位的名称，主要有"鳞（鱗）、鳍（鰭）、鳃（鰓）"等。

鳞（鱗 lín）

小篆	楷书	简化字
鱗	鱗	鳞

鳞（鱗），形声字。小篆的"鱗"，从鱼粦（lìn）声。左边从"鱼"，表示与鱼体部位名称有关，在字中表义；右边为"粦"，在字中表音，为声符。楷书笔画化。现简化为"鳞"，形符草书楷化法简化。《说文·鱼部》："鳞（鱗），鱼甲也。从鱼粦声。"《说文段注》："甲者，铠也。鱼鳞似铠。"

本义为鱼甲，指鱼身上片状的角质护体物。《楚辞·九歌·河伯》："鱼鳞屋兮龙堂，紫贝阙兮朱宫。"汉代王逸注："言河伯所居，以鱼鳞盖屋。"汉代扬雄《羽猎赋》："飞廉云师，吸嚊潇率，鳞罗布烈，攒以龙翰。"唐代李善注："鳞罗，若鳞之罗也。"唐代杨炯《战城南》："幡旗如鸟翼，甲胄似鱼鳞。"唐代李朝威《柳毅传》："俄有赤龙长千余尺，电目血舌，朱鳞火鬣，项掣金锁，锁牵玉柱。"明代袁宏道《满井游记》："于时冰皮始解，波色乍明，鳞浪层层，清澈见底。"引申为鱼。宋代范仲淹《岳阳楼记》：“沙鸥翔集，锦鳞游泳。”明代袁宏道《满井游记》：“凡曝沙之鸟，呷浪之鳞，悠然自得。”

鳍（鰭 qí）

小篆	楷书	简化字
鰭	鰭	鳍

鳍（鰭），形声字。小篆的"鰭"，从魚耆（qí）声。左边从"魚"，表示与鱼体部位名称有关，在字中表义；右边为"耆"，在字中表音，为声符。楷书笔画化。现简化为"鳍"，形符草书楷化法简化。《说文》中无"鳍"字。《王力古汉语字典》："鳍，鱼鳍。"

本义为鱼鳍，指鱼类和某些其他水生脊椎动物的运动器官。《荀子·非相》："傅说之状，身如植鳍；伊尹之状，面无须麋。"蒋南华等《荀子全译》注："植鳍，身上的皮肤如同鱼鳍。"汉代司马相如《上林赋》："捷鳍掉尾，振鳞奋翼，潜处乎深岩。"晋代郭璞注："鳍，背上鬣也。"唐代张籍《远别离》："莲叶团团杏花拆，长江鲤鱼鳍鬣赤。"

鲠（鯁 gěng）

小篆	楷书	简化字
鯁	鯁	鲠

鲠（鯁），形声字。小篆的"鯁"，从魚更声。左边从"魚"，表示与鱼体部位名称有关，在字中表义；右边为"更"，在字中表音，为声符。楷书笔画化。现简化为"鲠"，形符草书楷化法简化。《说文·鱼部》："鯁（鲠），鱼骨也。从魚更声。"《说文段注》："鱼骨也，故其字从鱼，与骨部'骾'字别。而骨骾字亦多借鲠为之。"《玉篇·鱼部》："鲠，鱼骨也。"

本义为鱼骨、鱼刺。唐代陈子昂《感遇诗三十八首》之一："逶迤势已久，骨鲠道斯穷。"唐代杜牧《感怀诗一首（时沧州用兵）》："茹鲠喉尚隘，负重力未壮。"今有成语"如鲠在喉，不吐不快"。引申为刚直、耿直。唐代杜甫《入奏行赠西山检察使窦侍御》："年未三十忠义俱，骨鲠绝代无。"清代仇兆鳌《杜诗详注》："《荀子》：'君有忠臣，谓之骨鲠。'""骨鲠"，在此比喻耿直的忠臣。唐代徐夤（yín）《上卢三拾遗以言见黜》："骨鲠如君道尚存，近来人事不须论。"

第三，表示与类似鱼的其他水生动物的名称及打渔有关，主要有"鳄（鰐、鱷）、鳌（鼇、鰲）、鳖（鱉）、渔（漁）"等。

鳄（鰐、鱷 è）

小篆1	小篆2	楷书	简化字
鱷	鰐	鰐	鳄

鳄（鰐、鱷），形声字。小篆1的"鱷"，从鱼噩声。小篆2的"鰐"，从虫屰（nì）声，从"虫"与从"鱼"义同。左边从"虫"，表示类似于鱼的其他水生动物的名称，在字中表义；右边为"屰"，在字中表音，为声符。楷书

481

笔画化，为从鱼咢（è）声的形声字。现简化为"鳄"，形符草书楷化法简化。《说文》中无"鳄"字。《玉篇》中"鳄"同"鱷"，鱼名，释义不确，当为鳄鱼。

本义为鳄鱼，热带和亚热带水域的几种大型厚皮长体的水栖爬行动物。唐代韩愈《泷吏》："鳄鱼大于船，牙眼怖杀侬。"唐代白居易《送客春游岭南二十韵》："云烟蟒蛇气，刀剑鳄鱼鳞。"元代陈孚《邕州》："右江西绕特磨来，鳄鱼夜吼声如雷。"

鳌（鰲、鼇 áo）

小篆	楷书	简化字
鼇	鰲	鳌

鳌（鰲、鼇），形声字。"鰲"为"鼇"的俗字。小篆的"鼇"，从黽（miǎn）敖声，从"黽"与从"鱼"义同。下边从"黽"，表示类似于鱼的其他水生动物的名称，在字中表义；上边为"敖"，在字中表音，为声符。楷书笔画化，为从鱼敖声的形声字。现简化为"鳌"，形符草书楷化法简化。《说文》中无"鼇"字。《玉篇·鱼部》："鳌，鱼名。"

本义为传说中海里的大龟或大鳖。《淮南子·览冥训》："于是女娲炼五色石以补苍天，断鳌足以立四极。"唐代李白《猛虎行》："巨鳌未斩海水动，鱼龙奔走安得宁。"唐代高适《和贺兰判官望北海作》："巨鳌不可钓，高浪何崔嵬。"唐代杜甫《喜闻官军已临贼境二十韵》："兵气回飞鸟，威声没巨鳌。"元末明初罗贯中《三国演义》第八十九回："又有诗曰：'赤帝施权柄，阴云不敢生。云蒸孤鹤喘，海热巨鳌惊。'"

鳖（鱉 biē）

小篆	楷书	简化字
鱉	鱉	鳖

鳖（鱉），形声字。小篆的"鱉"，从黽（miǎn）敝声，从"黽"与从"鱼"义同。下边从"黽"，表示类似于鱼的其他水生动物的名称，在字中表义；上边为"敝"，在字中表音，为声符。楷书笔画化，为从鱼敝声的形声字。现简化为"鳖"，形符草书楷化法简化。《说文》中"鳖"作"鼈"。《说文·黽部》："鼈（鳖），甲虫也。从黽敝声。"

本义为甲鱼，一种爬行动物。《墨子·公输》："江汉之鱼鳖鼋鼍为天下富，宋所为无雉兔狐狸者也，此犹粱肉之与糠糟也。"唐代王昌龄《岳阳别李十七越宾》："鱼鳖自有性，龟龙无能易。"唐代韩愈《龙移》："清泉百丈化为土，鱼鳖枯死吁可悲。"

渔（漁 yú）

甲骨文	金文	小篆1	小篆2	楷书	简化字
🐟	🐟	瀺	瀺	漁	渔

渔（漁），会意字。甲骨文的"漁"，从鱼从水。左边从"鱼"表示与鱼类有关，右边从"水"，合起来表示在水中捕鱼。金文在甲骨文的基础上又增加了"廾"（廾，表示双手），强调通过手工从水中捕鱼。小篆1从鱻从水。小篆2承续甲骨文字形。楷书笔

画化。现简化为"渔",为草书楷化法简化。《说文·🐟部》:"漁(渔),捕鱼也。从🐟从水。"方述鑫等《甲骨金文字典》:"渔,甲金文从魚,从水,或象垂钓形,或象以手捕鱼形,或象张网捕鱼形,或象张弓射鱼形,其从鱼从水者为《说文》🐟字籀文及渔字篆文所本。"

本义为捕鱼。《礼记·月令》:"是月也,命渔师始渔。"王文锦《礼记译解》将这句译为"这个月,命令掌管捕鱼的官吏——渔师,开始捕鱼"。《吕氏春秋·义赏》:"竭泽而渔,岂不获得,而明年无鱼。"《淮南子·说林训》:"渔者走渊,木者走山,所急者存也。"《汉书·王莽传》:"荆、杨之民率依阻山泽,以渔采为业。"唐代颜师古《汉书注》:"渔谓捕鱼也。"唐代沈佺期《陪幸韦嗣立山庄》:"岩泉他夕梦,渔钓往年逢。"宋代欧阳修《醉翁亭记》:"临溪而渔,溪深而鱼肥。"

第二十章　禾部之类

禾部之类包括禾、米、食三部，均与庄稼、粮食有关。

第一节　"禾"部及其例字

从"禾"的字，其义大多与农作物有关。

禾（hé）

一、形体演变

甲骨文	金文	小篆	楷书
𣎵	𣎵	禾	禾

二、构形理据

禾，象形字。甲骨、金文的"禾"，像垂穗的庄稼，植物末梢上端是下垂的穗子。小篆承续甲、金文字形。楷书笔画化。《说文·禾部》："禾，嘉谷也，二月始生，八月而孰，得时之中，故谓之禾。禾，木也。木王而生，金王而死。从木，从𠂹省。𠂹象其穗。"方述鑫等《甲骨金文字典》："禾，甲骨文、金文象禾苗之形，上象禾穗与叶，下象茎与根。"《广雅·释草》："粱黍稻其采谓之禾。"

三、本义

本义为谷类作物的总称。《诗·魏风·伐檀》："不稼不穑，胡取禾三百廛兮？"《诗·豳风·七月》："九月筑场圃，十月纳禾稼。"唐代杜甫《兵车行》："纵有健妇把锄犁，禾生陇亩无东西。"唐代李绅《悯农》："锄禾日当午，汗滴禾下土。"唐代聂夷中《田家》："六月禾未秀，官家已修仓。"

禾苗，指秧苗，谷类作物的幼苗。唐代贾岛《送崔约秀才》："野鼠独偷高树果，前山渐见短禾苗。"明代吴承恩《西游记》："十分再多，又淹坏了禾苗，反为不美。"

四、理据例说

从"禾"的字，其义大多与农作物有关，大致归纳为三类。

第一，表示农作物及其相关之物的名称，主要有"稷、稻、秆、秣、颖（穎）、穗、稗、稍、年（秊）"。

稷（jì）

小篆	楷书
稷	稷

稷，形声字。小篆的"稷"，从禾畟（jì）声。左边从"禾"，表示农作物的名称；右边为"畟"，在字中表音，为声符。楷书笔画化。《说文·禾部》："稷，齌也。五谷之长。从禾畟声。"《说文段注》："稷，齌，大名也。粘者为秫，北方谓之高粱，通谓之秫秫。又谓之蜀黍，高大似芦。……稷，五谷之长。按稷长五谷，故田正之官曰稷。"《玉篇·禾部》："稷，五谷长也。"

本义为稷谷，我国古老的食用作物，即粟，另一说为高粱。《尔雅·释草》孙炎注："稷，粟也。"清代王念孙《广雅疏证》："稷，今人谓之高粱。"《诗·王风·黍离》："彼黍离离，彼稷之苗。"《诗·鲁颂·闷宫》："黍稷重穋，稙穉菽麦。"《国语·晋语四》："黍稷无成，不能为荣。黍不为黍，不能蕃庑。稷不为稷，不能蕃殖。"唐代杜甫《喜晴（一作喜雨）》："力难及黍稷，得种菜与麻。"

稻（dào）

甲骨文	金文1	金文2	小篆	楷书
稻	稻	稻	稻	稻

稻，会意兼形声字。甲骨文的"稻"，为会意字，从"凵"从"𠙴"。上边从"凵"表示用簸箕"凵"扬糠"川"，下边从"𠙴"表示舂米的石槽，合起来表示将谷子舂捣后再用簸箕扬糠。金文1演变为从米舀（yǎo）声。金文2为从禾舀声。从"米"与从"禾"义同。金文2左边从"禾"，强调"稻"的禾本属性，表示农作物的名称；右边为"舀"，在字中表音，为声符。小篆承续金文2的字形。楷书笔画化。《说文·禾部》："稻，稌也。从禾舀声。"《说文段注》："未去穅曰稻。……既去穅则曰稬米、曰秈米、曰秔米。"方述鑫等《甲骨金文字典》："稻，甲骨文字形以䆉字为稻字，参见本部䆉字。金文'稻'，则象获稻在臼中将舂之形。"方述鑫等《甲骨金文字典》："䆉（tán），甲骨文象米在'𠙴'中，从米，'𠙴'声。"

本义为水稻。《诗·豳风·七月》："八月剥枣，十月获稻。"《诗·小雅·白华》："滮池北流，浸彼稻田。"汉代郑玄笺："池水之泽，浸润稻田，使之生殖。"唐代杜甫《后出塞五首》："云帆转辽海，粳稻来东吴。"唐代张九龄《南还湘水言怀》："江间稻正熟，林里桂初荣。"清代龚自珍《咏史》："避席畏闻文字狱，著书都为稻粱谋。"

秆（gǎn）

小篆	楷书
稈	秆

秆，异体为"稈"，形声字。小篆的"稈"，从禾旱声。左边从"禾"，表示农作物的名称；右边为"旱"，在字中表音，为声符。楷书笔画化，为从禾干声的形声字。《说文·禾部》："稈（秆），禾茎也。从禾旱声。"《广雅·释草》："稻穰谓之稈。"穰，指稻、麦的秸秆。

本义为禾茎，后泛指草木的茎。《左传·昭公二十七年》："或取一编菅焉，或取一秉秆焉，国人投之，遂弗爇也。"元代无名氏《阀阅舞射柳蕤丸记》第四折："众做耍秆子、打拳科。"

秣（mò）

小篆	楷书
秣	秣

秣，形声字。小篆的"秣"，从禾末声。左边从"禾"，表示农作物及其相关之物的名称；右边为"末"，在字中表音，为声符。楷书笔画化。《玉篇·禾部》："秣，养也。"

本义为喂牲畜的谷饲料。《周礼·天官》："六曰币帛之式，七曰刍秣之式。"唐代贾公彦疏："'七曰刍秣之式'者，谓牛马禾谷也。"唐代杜甫《敬简王明府》："骥病思偏秣，鹰秋怕苦笼。"清代仇兆鳌《杜诗详注》："恩偏秣，犹言偏思秣，乃倒字法。"宋代陆游《书叹》："齐民困衣食，如疲马思秣。"引申为喂养、饲养，动词。《左传·僖公三十三年》："郑穆公使视客馆，则束载、厉兵、秣马矣。"李梦生《左传译注》："秣马，喂马。"唐代陈子昂《岘山怀古》："秣马临荒甸，登高览旧都。"

颖（穎 yǐng）

小篆	楷书	简化字
穎	穎	颖

颖（穎），形声字。小篆的"穎"，从禾顷声。左下边从"禾"，表示农作物及其相关之物的名称；右边及左上边为"顷"，在字中表音，为声符。楷书笔画化。现简化为"颖"，声符类推简化。《说文·禾部》："颖（穎），禾末也。从禾顷声。"《说文段注》："浑言之则颖为禾末，析言之则禾芒乃为秒。"《玉篇·禾部》："颖，禾末也。"

本义为禾本科植物带芒的外壳。《史记·平原君虞卿列传》："毛遂曰：'臣乃今日请处囊中耳。使遂蚤得处囊中，乃颖脱而出，非特其末见而已。'"唐代李白《自广平乘醉走马六十里至邯郸登城楼览古书怀》："毛君能颖脱，二国且同盟。"引申为谷穗。《小尔雅·广物》："禾穗谓之颖。"《诗·大雅·生民》："实坚实好，实颖实栗。"唐代吕温《道州观野火》："遍生合颖禾，大秀两岐麦。"

穗（suì）

金文1	金文2	小篆1	小篆2	楷书
〔图〕	〔图〕	〔图〕	〔图〕	〔图〕

穗，会意兼形声字。金文1的"穗"，从"𡴈"（苗）从"川"（齐）。上边从"𡴈"（苗）表示禾苗，下边从"川"（齐）表示整齐，合起来表示田地里同时成熟的串串庄稼籽实。金文2的"穗"，从爪从禾。下边从"禾"，表示农作物及其相关之物的名称；上边从"爪"，表示抓取、采摘。小篆1承续金文2的字形。小篆2演变为从禾惠声的形声字。楷书笔画化。《说文·禾部》："穗，禾成秀也，人所以收。从爪、禾。穗，采或从禾，惠声。"《甲骨金文字典》中未见此字。

本义为禾穗。《诗·王风·黍离》："彼黍离离，彼稷之穗。"汉代毛亨传："穗，秀也。"秀，指谷物作物抽穗开花。今有俗语"六月六，看谷秀"。《诗·小雅·大田》："彼有遗秉，此有滞穗，伊寡妇之利。"唐代李峤《晚秋喜雨》："晚穗萎还结，寒苗瘁复抽。"唐代白居易《杜陵叟——伤农夫之困也》："九月降霜秋早寒，禾穗未熟皆青干。"

稗（bài）

小篆	楷书
〔图〕	〔图〕

稗，异体为"粺"，形声字。小篆的"稗"，从禾卑声。左边从"禾"，表示农作物及其相关之物的名称；右边为"卑"，在字中表音，为声符。楷书笔画化。《说文·禾部》："稗，禾别也。从禾卑声。"《说文段注》："禾别也，谓禾类而别于禾也。"

本义为稻田里的一种杂草，稗草，也称"水稗子"。《左传·定公十年》："飧而既具，是弃礼也；若其不具，用秕稗也。"晋代杜预注："稗，草之似谷者。"《孟子·告子上》："五谷者，种之美者也；苟为不熟，不如荑稗。"宋代朱熹《四书集注》："荑稗，草之似谷者，其实亦可食，然不能如五谷之美也。"

稍（shāo）

小篆	楷书
〔图〕	〔图〕

稍，形声字。小篆的"稍"，从禾肖声。左边从"禾"，表示农作物及其相关之物的名称；右边为"肖"，在字中表音，为声符。楷书笔画化。《说文·禾部》："稍，出物有渐也。从禾肖声。"汤可敬《说文解字今释》："稍，谷物长出而渐进。"《说文段注》："稍之言小也，少也。凡古言稍稍者，皆渐进之谓。"

本义为禾末、稍秣，文献用例较少。《周礼·天官·大府》："邦中之赋以待宾客，四郊之赋以待稍秣。"

引申为逐渐。《史记·魏公子列传》："其后秦稍蚕食魏，十八岁而虏魏王，屠大

487

梁。"《史记·项羽本纪》:"项王乃疑范增与汉有私,稍夺之权。"《汉书·周勃传》:"吏稍侵辱之。勃以千金与狱吏,狱吏乃书牍背示之。"唐代柳宗元《黔之驴》:"稍出近之,慭慭然,莫相知。"引申为略微、稍微。《广雅·释训》:"稍稍,小也。"明代宋濂《送东阳马生序》:"先达德隆望尊,门人弟子填其室,未尝稍降辞色。"明代归有光《项脊轩志》:"余久卧病无聊,乃使人复葺南阁子,其制稍异于前。"

年（秊 nián）

| 甲骨文 | 金文 | 小篆 | 楷书 |

年（秊），会意兼形声字。甲骨文的"年",从禾从人。上边从"禾",表示农作物的名称；下边从"人",表示农人载谷而归。金文承续甲骨文字形。小篆讹变,为从禾千声的形声字,"千"在字中表音,为声符。楷书笔画化,形体变化较大。《说文·禾部》:"谷孰也。从禾千声。"方述鑫等《甲骨金文字典》:"秊（年）,甲骨文从禾,从人。"《玉篇·禾部》:"年,禾取一熟也。"

本义为五谷成熟,年成。《诗·周颂·丰年》:"丰年多黍多稌。"《尚书·多士》:"今尔惟时宅尔邑,继尔居,尔厥有干有年于兹洛。"《谷梁传·桓公三年》:"冬,齐侯使其弟年来聘。有年。"唐代杨士勋疏:"五谷皆熟,为有年也。"北京天坛有"祈年殿",这里的"年"就是丰收的意思。引申为时间单位,地球环绕太阳公转一周所需的时间。《战国策·齐策一》:"期年之后,虽欲言,无可进者。"《孟子·滕文公上》:"禹八年于外,三过其门而不入,虽欲耕,得乎？"

第二,表示与农作物相关的动作行为,主要有"稼、穑（穡）、获（穫）、积（積）"。

稼（jià）

| 小篆 | 楷书 |

稼,形声字。小篆的"稼",从禾家声。左边从"禾",表示与农作物相关的动作行为有关；右边为"家",在字中表音,为声符。楷书笔画化。《说文·禾部》:"稼,禾之秀实为稼,茎节为禾。从禾家声。一曰稼,家事也。一曰在野曰稼。"汤可敬《说文解字今释》:"一曰稼,家事也:（种植五谷）叫稼,就像嫁女之事。"清代桂馥《说文解字义证》:"刈穗断去稾（秆）即稼也,去颖惟稾秸即禾也。"

本义为种植五谷。《诗·魏风·伐檀》:"不稼不穑,胡取禾三百廛兮？"汉代毛亨传:"种之曰稼,敛之曰穑。"《仪礼·少牢礼》:"宜稼于田,眉寿万年,勿替引之。"汉代郑玄注:"耕种曰稼。"《孟子·滕文公上》:"后稷教民稼穑。树艺五谷,五谷熟而民人育。"唐代薛逢《邻相反行》:"纵使此身头雪白,又有儿孙还稼穑。"引申为禾所结的果实。《诗·豳风·七月》:"九月筑场圃,十月纳禾稼。"唐代孔颖达疏:"十月之中，纳禾稼之所收获者。"引申为谷物、庄稼。《吕氏春秋·审己》："稼生于野而藏于仓，稼非有欲也，人皆以之也。"唐代王维《宿郑州》："主人东皋上，时稼绕茅屋。"

穑（穡 sè）

金文	小篆	楷书	简化字
𣉻	穡	穡	穑

穑（穡），会意兼形声字。金文的"穡"，为会意字，从"爿"（片）从秝（lì）从㐭（huà）。左边为"爿"（片），表示古代打墙的筑版；右上边从"秝"，表示粮食很多；右下边从"㐭"，表示粮仓。小篆演变为从禾嗇（sè）声的形声字。左边从"禾"，表示与农作物相关的动作行为有关；右边为"嗇"，在字中表音，为声符。楷书笔画化。现简化为"穑"，声符类推简化。《说文·禾部》："穡（穡），谷可收曰穡。从禾嗇声。"《甲骨文字典》《甲骨金文字典》中未见此字。《玉篇·禾部》："敛曰穡。"

本义为收获谷物。《诗·魏风·伐檀》："不稼不穑，胡取禾三百廛兮？"汉代毛亨传："种之曰稼，敛之曰穑。"《尚书·洪范》："木曰曲直，金曰从革，土爰稼穑。"汉代孔安国传："种曰稼，敛曰穑。"

获（穫 huò）

小篆	楷书	简化字
穫	穫	获

获（穫），形声字。小篆的"穫"，从禾蒦（huó）声。左边从"禾"，表示与农作物相关的动作行为有关；右边为"蒦"，在字中表音，为声符。楷书笔画化。现简化为"获"，为新会意字，群众创造新字简化。《说文·禾部》："穫（获），刈谷也。从禾蒦声。"

本义为收割庄稼。《诗·豳风·七月》："八月剥枣，十月获稻。"程俊英《诗经译注》将"十月获稻"译为"十月收割稻米香"。《诗·大雅·生民》："恒之秬秠，是获是亩。"程俊英《诗经译注》："获，收割。"《礼记·儒行》："儒有不陨穫于贫贱，不充诎于富贵。"汉代郑玄注："穫，本又作获，同。"《国语·吴语》："彼将不战而先我，我既执诸侯之柄，以岁之不获也，无有诛焉。"唐代储光羲《田家杂兴八首》："秋至黍苗黄，无人可刈获。"

注意："穫"（收割）与"獲"（猎获）均简化为"获"。

积（積 jī）

小篆	楷书	简化字
積	積	积

积（積），形声字。小篆的"積"，从禾責声。左边从"禾"，表示与农作物相关的动作行为有关；右边为"責"，在字中表音，为声符。楷书笔画化。现简化为"积"，群众

新创，声符更换简化。《说文·禾部》："積（积），聚也。从禾責声。"《说文段注》："禾与粟皆得称积。引申为凡聚之称。"

本义为堆积谷物。《诗·大雅·公刘》："乃场乃疆，乃积乃仓。"程俊英《诗经译注》："积，露天堆积粮食的地方，亦名庾。"在此句中，"积"为动词。《荀子·天论》："繁启蕃长于春夏，畜积收藏于秋冬，是又禹、桀之所同也。"唐代李峤《奉教追赴九成宫途中口号》："郁郁桑柘繁，油油禾黍积。"引申为累积、堆叠。《荀子·劝学》："积土成山，风雨兴焉，积水成渊，蛟龙生焉；积善成德，而神明自得，圣心备焉。"清代姚鼐《登泰山记》："大风扬积雪击面。"清代吴敬梓《儒林外史》第一回："我也积聚下三五十两银子，柴米不愁没有。"

第三，表示与农作物相关的性状，主要有"稀、稠、稚、稔、秕"。

稀（xī）

稀，形声字。小篆的"稀"，从禾希声。左边从"禾"，表示与农作物相关的性状有关；右边为"希"，在字中表音，为声符。楷书笔画化。《说文·禾部》："稀，疏也。从禾希声。"清代徐灏《说文解字注笺》："稀之本义为禾之稀疏，引申为凡稀疏之称。"

本义为稀疏，多用于泛称。三国曹操《短歌行》："月明星稀，乌鹊南飞。"晋代陶渊明《归园田居》："种豆南山下，草盛豆苗稀。"唐代李贤《黄台瓜辞》："一摘使瓜好，再摘使瓜稀。"唐代杜甫《倦夜》："重露成涓滴，稀星乍有无。"引申为少，不多。《玉台新咏·古诗为焦仲卿妻作》："贱妾留空房，相见常日稀。"唐代白居易《琵琶行（并序）》："门前冷落鞍马稀，老大嫁作商人妇。"清代方苞《狱中杂记》："今天时顺正，死者尚稀，往岁多至日十数人。"

稠（chóu）

稠，形声字。小篆的"稠"，从禾周声。左边从"禾"，表示与农作物相关的性状有关；右边为"周"，在字中表音，为声符。楷书笔画化。《说文·禾部》："稠，多也。从禾周声。"《说文段注》："本谓禾也。引申为凡多之称。"《玉篇·禾部》："稠，密也。"

本义为禾多而密，常用义为繁多。《战国策·秦策一》："科条既备，民多伪态；书策稠浊，百姓不足。"汉代高诱注："稠，多也。言有司文书多，阅者昏乱。"唐代王勃《采莲曲（乐府作采莲归）》："莲花复莲花，花叶何稠叠。"唐代韦应物《游灵岩寺》："地疏泉谷狭，春深草木稠。"唐代杜甫《夏日李公见访》："巢多众鸟斗，叶密鸣蝉稠。"

稚（zhì）

小篆	楷书
穉	稚

稚，形声字，异体为"穉""稺"。小篆的"穉"，从禾犀（xī）声。左边从"禾"，表示与农作物相关的性状有关；右边为"犀"，在字中表音，为声符。楷书笔画化，为从禾隹声的形声字。《说文·禾部》："穉（稚），幼禾也。从禾犀声。"《说文段注》："引申为凡幼之称。今字作稚。"

本义为晚植的谷类。引申为幼禾。宋代陆游《乌啼》："五月鸣鸭归，苗稚忧草茂。"引申为孩子、儿童。《孟子·滕文公上》："使老稚转乎沟壑，恶在其为民父母也？"唐代戴叔伦《屯田词》："春来耕田遍沙碛，老稚欣欣种禾麦。"唐代孟云卿《挽歌》："尔形未衰老，尔息犹童稚。"引申为幼小、年幼。《史记·屈原贾生列传》："怀王稚子子兰劝王行。"晋代陶渊明《归去来兮辞》："乃瞻衡宇，载欣载奔。僮仆欢迎，稚子候门。"

稔（rěn）

小篆	楷书
稔	稔

稔，形声字。小篆的"稔"，从禾念声。左边从"禾"，表示与农作物相关的性状有关；右边为"念"，在字中表音，为声符。楷书笔画化。《说文·禾部》："稔，谷孰也。从禾念声。"

本义为庄稼成熟。《国语·吴语》："吴王夫差既杀申胥，不稔于岁，乃起师北征。"三国韦昭注："稔，熟也。"《后汉书·显宗孝明帝纪》："是岁，天下安平，人无徭役，岁比登稔，百姓殷富。"唐代喻凫《和段学士对雪》："盈尺知丰稔，开窗对酒壶。"

秕（bǐ）

小篆	楷书
秕	秕

秕，形声字，异体为"粃"。小篆的"秕"，从禾比声。左边从"禾"，表示与农作物相关的性状有关；右边为"比"，在字中表音，为声符。楷书笔画化。《说文·禾部》："秕，不成粟也。从禾比声。"

本义为中空或不饱满的谷粒。《左传·定公十年》："飧而既具，是弃礼也；若其不具，用秕稗也。"晋代杜预注："秕，谷不成者。稗，草之似谷者。"唐代陆龟蒙《奉酬袭美先辈吴中苦雨一百韵》："解衣换仓粟，秕稗犹未脱。"唐代罗隐《春风》："但是秕糠微细物，等闲抬举到青云。"引申为坏、恶。《国语·晋语七》："公使祁午为军尉，殁平公，军无秕政。"《晋书·文帝纪》："朝无秕政，人无谤言。"

第二节　"米"部及其例字

"米"部亦属于禾部。从"米"的字，其义大多与粮食有关。

米（mǐ）

一、形体演变

甲骨文	金文	小篆	楷书
⁖∤⁖	兴	米	米

二、构形理据

米，象形字。甲骨文的"米"，像是围绕着穗梗"丿"结满了粟米粒"⁖⁖"之形。金文承续甲骨文字形。小篆发生讹变，上、下、中间的两粒米贯通，写成了一个"十"字。楷书笔画化。《说文·米部》："米，粟实也。象禾实之形。"《说文段注》："是故禾黍曰米，稻稷麦苽亦曰米。舍人注所谓六米也。六米即膳夫、食医之食用六谷也。宾客之车米、筥米。"徐中舒《甲骨文字典》："⁖⁖象米粒形，中增一横画盖以与沙粒、水点相别。"

三、本义

本义为谷类植物去壳后的籽实。《周礼·地官·舍人》："掌米粟之出入，辨其物。"汉代郑玄注："九谷六米别为书。"唐代贾公彦疏："九谷之中，黍、稷、稻、粱、苽、大豆，六者皆有米，麻与小豆、小麦三者无米，故云九谷六米别为书，释经辨其物也。"杨天宇《周礼译注》："辨明它们的种类和名称（分别记账）。"《史记·平准书》："而不轨逐利之民，蓄积余业以稽市物，物踊腾粜，米至石万钱，马一匹则百金。"

"米"泛指粮食。《孟子·公孙丑下》："城非不高也，池非不深也，兵革非不坚利也，米粟非不多也；委而去之，是地利不如人和也。"汉代晁错《论贵粟疏》："粟米布帛生于地，长于时，聚于力，非可一日成也。"唐代张循之《送王汶宰江阴》："应缘五斗米，数日滞渊明。"唐代王维《胡居士卧病遗米因赠》："聊持数斗米，且救浮生取。"

四、理据例说

从"米"的字，其义大多与粮食有关，大致可归纳为三类。

第一，表示粮食的不同类别，主要有"粮（糧）、粱、粟、粳、粢"。

粮（糧 liáng）

金文	小篆	楷书	简化字
糧	糧	糧	粮

粮（糧），形声字。金文的"糧"，从米量声。下边从"米"，表示粮食的不同类别；上边为"量"，在字中表音，为声符。小篆承续金文字形，变为左右结构。楷书笔画化。现简化为"粮"，既为近音替代简化，也可为声符更换简化。《说文·米部》："糧（粮），谷也。从米量声。"《玉篇·米部》："糧，谷也。"又《玉篇·米部》："粮，同上。"由此可见，"糧"与"粮"同。清代桂馥《说文解字义

证》："谷也者，非古训。粮乃行者之干食。"

本义为旅行用的干粮，行军作战用的军粮。《荀子·议兵》："赢三日之粮，日中而趋百里。"蒋南华等《荀子全译》将"赢三日之粮"译为"带上三天的口粮"。汉代贾谊《过秦论》："天下云集响应，赢粮而景从。"《史记·苏秦列传》："秦攻楚，齐、魏各出锐师以佐之，韩绝其粮道。"《宋史·边肃传》："真宗幸大名府，命肃经度行在粮草。"今有成语"弹尽粮绝""兵马未动粮草先行"，其中的"粮"指军粮。引申指谷类，粮食。《诗·大雅·公刘》："乃裹糇粮，于橐于囊。"程俊英《诗经译注》："糇粮，干粮。"《商君书·靳令》："民有余粮，使民以粟出官爵，官爵必以其力，则农不息。"元末明初施耐庵《水浒传》第十一回："柴大官人举荐将教头来敝寨入伙，争奈小寨粮食缺少，屋宇不整，人力寡薄，恐日后误了足下，亦不好看。"

梁（liáng）

金文1	金文2	小篆	楷书

梁，会意兼形声字。金文的"梁"，为会意字。金文1像用"刀"收割庄稼。金文2从"⺧"（米）从"⺈"（刃）。左边从"⺧"（米）表示庄稼籽实，右边从"⺈"（刃）表示用刀割，合起来表示用刀收割庄稼。小篆的"梁"，演变为从米梁省声的形声字。右下边从"米"，表示粮食；左边和右上边为"梁"省声，为声符。楷书笔画化。《说文·米部》："米名也。从米，梁省声。"《说文段注》："实并刈曰禾。其实曰粟。粟中人曰米。米可食曰粱。"方述鑫等《甲骨金文字典》："粱，金文或不从米。"《玉篇·米部》："粱，米名。"

本义为粟，精美的饭食。《诗·小雅·甫田》："黍稷稻粱，农夫之庆。"《王力古汉语字典》中认为此句中的"粱"为粟。《礼记·曲礼下》："祭事不县，大夫不食粱，士饮酒不乐。"汉代郑玄注："粱，加食也。"王文锦《礼记译解》将"大夫不食粱"译为"大夫们不再加食细粮"。《墨子·公输》："舍其锦绣，邻有短褐，而欲窃之；舍其粱肉，邻有糠糟，而欲窃之。此为何若人？"朱东润《中国历代文学作品选》上编第一册："粱肉，精美的饭菜。"又为"高粱"。《清史稿·孙嘉淦传》："若烧酒则用高粱，佐以豆皮、黍壳、穀糠，麴以大麦为之。"

粟（sù）

甲骨文	金文	小篆	楷书

粟，象形兼会意字。甲骨文的"粟"，为象形字，像一株"⺧"（庄稼）上长满了"⁙"（籽实）。金文从禾从西。下边从"禾"表示庄稼，上边从"西"表示布袋，合起来表示用布袋采摘和装盛庄稼籽实。小篆演变为从米从西，从"米"与从"禾"义同，这里表示粮食的不同类别。楷书笔画化。《说文·米部》：

"㮛（粟），嘉谷实也。从卤从米。"《说文段注》："嘉谷之实曰粟。粟之皮曰穅。"方述鑫等《甲骨金文字典》中说解同《说文》。

本义为谷子，今北方通称"谷子"，去皮后叫"小米"。唐代刘长卿《山鹧鸪歌（一作韦应物诗）》："朝去秋田啄残粟，暮入寒林啸群族。"《旧唐书·食货志下》："其粟麦粳稻之属，各依土地。贮之州县，以备凶年。"唐代李绅《悯农》："春种一粒粟，秋收万颗子。"宋代苏轼《前赤壁赋》："寄蜉蝣于天地，渺沧海之一粟。哀吾生之须臾，羡长江之无穷。"引申为粮食的统称。《荀子·王制》："通流财物粟米，无有滞留；使相归移也，四海之内若一家。"秦代李斯《谏逐客令》："臣闻地广者粟多，国大者人众。"汉代贾谊《论积贮疏》："苟粟多而财有余，何为而不成？以攻则取，以守则固，以战则胜。"唐代韩愈《杂说》："马之千里者，一食或尽粟一石。"

粳（jīng）

粳，形声字，异体为"秔"。小篆的"粳"，从禾更声。左边从"禾"，从"禾"与从"米"义同，表示粮食的不同类别；右边为"更"，在字中表音，为声符。楷书笔画化，演变为从米更声的形声字。《说文·禾部》："秔（粳），稻属。从禾亢声。粳，秔或从更声。"《说文段注》："陆德明曰：'粳与粳皆俗秔字。'"《玉篇·米部》："粳，不粘稻，亦作秔。"

本义为稻的一种，粳稻，不具黏性。《汉书·沟洫志》："故种禾麦，更为秔稻，高田五倍，下田十倍。"唐代颜师古注："秔谓稻之不粘者也。"宋代陆游《新凉》："粳香等炊玉，韭美胜炮羔。"唐代杜甫《后出塞五首》之三："云帆转辽海，粳稻来东吴。"

粢（zī）

粢，形声字。小篆的"粢"，从米次声。左下边从"米"，表示粮食的不同类别；左上及右边为"次"，在字中表音，为声符。楷书笔画化，演变为下边从米、上边为声的上下结构形声字。《尔雅·释草》："粢，稷。"《玉篇·米部》："粢，稷米也。"稷，即谷子。

本义为粮食的总称。《国语·周语上》："夫民之大事在农，上帝之粢盛于是乎出，民之蕃庶于是乎生。"引申为古代供祭祀用的谷物。《左传·桓公二年》："大羹不致，粢食不凿，昭其俭也。"唐代孔颖达疏："是诸谷皆名粢也。祭祀用谷，黍稷为多，故云黍稷曰粢，饭谓之食。"《孟子·滕文公下》："礼曰：'诸侯耕助，以供粢盛。'"《汉书·文帝纪》："朕亲率耕，以给宗庙粢盛。"

第二，表示与米粮相关事物的名称，主要有"粗、粒、精、粹、糙、糕、糠（穅）、粉、粥、糖、糟"等。

粗（cū）

小篆	楷书
粗	粗

粗，形声字。小篆的"粗"，从米且声。左边从"米"，表示与米粮相关事物的名称有关；右边为"且"，在字中表音，为声符。楷书笔画化。《说文·米部》："粗，疏也。从米且声。"

本义为糙米、粗粮。《左传·哀公十三年》："粱则无矣，粗则有之。"《新唐书·志第三十八》："凡九谷，皆随精粗差其耗损而供焉。"引申为不精、粗糙。《广雅·释诂》："粗，大也。"《礼记·乐记》："其喜心感者，其声发以散。其怒心感者，其声粗以厉。"王文锦《礼记译解》中将"粗以厉"译为"粗猛而凌厉"。《荀子·正名》："粗布之衣、粗紃之履而可以养体。"唐代杜荀鹤《自遣》："粝食粗衣随分过，堆金积帛欲如何。"成语有"粗茶淡饭""粗制滥造"等。

粒（lì）

小篆	楷书
粒	粒

粒，形声字。小篆的"粒"，从米立声。左边从"米"，表示与米粮相关事物的名称有关；右边为"立"，在字中表音，为声符。楷书笔画化。《说文·米部》："粒，糂（shēn）也。从米立声。"《说文段注》："粒，糂也。按此当作米粒也，米粒是常语，故训释之例如此。"《玉篇·米部》："粒，米粒也。"

本义为谷粒、米粒。《孟子·滕文公上》："乐岁，粒米狼戾，多取之而不为虐，则寡取之。"汉代赵岐注："粒米，粟米之粒也。"唐代杜甫《送率府程录事还乡》："素丝挈长鱼，碧酒随玉粒。"杜甫《行官张望补稻畦水归》："玉粒足晨炊，红鲜任霞散。"唐代刘驾《空城雀》："一粒未充肠，却入公子腹。"引申为量词。唐代孟郊《访嵩阳道士不遇》："常言一粒药，不堕生死境。"唐代李绅《古风二首》之一："春种一粒粟，秋收万颗子。"

精（jīng）

金文	小篆	楷书
精	精	精

精，形声字。金文的"精"，从米青声。左边从"米"，表示与米粮相关事物的名称有关；右边为"青"，在字中表音，为声符。小篆承续金文字形。楷书笔画化。《说文·米部》："精，择也。从米青声。"择，为挑选，指挑选出来的好米。《说文段注》："司马云：'简米曰精。'简即柬，俗作拣者是也。引申为凡最好之称。拨云雾而见青天亦曰精。"《甲骨金文字典》中未见"精"字。

本义为上等细米。《庄子·人间世》："挫鍼治繲，足以糊口；鼓筴播精，足以食十人。"《论语·乡党》："食不厌精，脍不厌细。"

引申为精华、精粹。《后汉书·张衡传》："阳嘉元年，复造候风地动仪，以精铜铸成。"唐代杜牧《阿房宫赋》："燕赵之收藏，韩魏之经营，齐楚之精英，几世几年，剽掠其人，倚叠如山。"又引申为精通。唐代韩愈《进学解》："业精于勤荒于嬉；行成于思毁于随。"宋代欧阳修《卖油翁》："汝亦知射乎？吾射不亦精乎？"引申为精神、精力。《论衡·论死》："火灭光消而烛在，人死精亡而形存。"《论衡·订鬼》："凡天地之间有鬼，非人死精神为之也。"

粹（cuì）

粹，形声字。小篆的"粹"，从米卒声。左边从"米"，表示与米粮相关事物的名称有关，在字中表义；右边为"卒"，在字中表音，为声符。楷书笔画化。《说文·米部》："粹，不杂也。从米卒声。"《说文段注》："按粹本是精米之称。引申为凡纯美之称。"

本义为纯净无杂质的米，精米。《天工开物·粹精》："播精而择粹，其道宁终秘也；饮食而知味者，食不厌精。"引申为纯净、不杂。《淮南子·说山训》："貂裘而杂，不若狐裘而粹。"又引申为精华。唐代阎朝隐《鹦鹉猫儿篇》："鹦鹉鸟，同资造化分殊粹精。"唐代贯休《上孙使君》："恭惟岳精粹，多出于昭代。"宋代王安石《读史》："糟粕所传非粹美，丹青难写是精神。"

糙（cāo）

糙，形声字。小篆的"糙"，从米造声。左边从"米"，表示与米粮相关事物的名称有关，在字中表义；右边为"造"，在字中表音，为声符。楷书笔画化。《玉篇·米部》："糙，粗米未舂。"《说文》中无"糙"字。

本义为没有精碾的粗米。《旧唐书·本纪高宗下》："乙丑，东都饥，官出糙米以救饥人。"明代冯梦龙《警世通言·吕大郎还金完骨肉》："和尚们要铺设长生佛灯，叫香火道人至金家，问金阿妈要几斗糙米。"引申为不细腻、不光滑。明代吴承恩《西游记》第三十五回："好蒸，好蒸！皮骨虽然粗糙，汤滚就烂，捲（quān）户！捲户！"

糕（gāo）

糕，形声字。小篆的"糕"，从米羔声。左边从"米"，表示与米粮相关事物的名称有关，在字中表义；右边为"羔"，在字中表音，为声符。楷书笔画化。"糕"为后起字，异体为"餻"，从"米"与从"食"义同。谷衍奎《汉字源流字典》："糕，形声字。篆文从食羔声。"隶变后楷书写作餻，后俗作糕，改为从米，与从食义同。如今规范化，以糕为正体。

本义为用米粉、面粉等为原料制成的一种食品。元末明初施耐庵《水浒传》第二十四回："西门庆道：'莫非是卖枣糕徐三的老婆？'"

糠（穅 kāng）

糠（穅），形声字。小篆的"穅"，从禾康声，从"禾"与从"米"义同。左边从"禾"，表示与米粮相关事物的名称有关，在字中表义；右边为"康"，在字中表音，为声符。楷书笔画化，演变为从米康声的形声字。《说文·禾部》："穅（糠），谷皮也。从禾从米，庚声。康，穅或省。"《说文段注》："今人谓已脱于米者为穅。"《玉篇·米部》："糠，俗穅字。"

本义为从稻、麦等谷皮上脱下的皮或壳。《墨子·公输》："舍其粱肉，邻有糠糟，而欲窃之，此为何若人？"《世说新语·排调》："王因谓曰：'簸之扬之，糠秕在前。'"

粉（fěn）

粉，会意兼形声字。小篆的"粉"，从米从分，分亦声。左边从"米"，表示与米粮相关事物的名称有关，在字中表义；右边从"分"，表示将米粒碎裂，"分"亦兼表声。楷书笔画化。《说文·米部》："粉，傅面者也。从米分声。"《说文段注》："古傅面亦用米粉，故《齐民要术》有傅面粉英。按据贾氏说，粉英仅堪妆摩身体耳。傅人面者，固胡粉也。许所云傅面者，凡外曰面。"傅面者，即傅在脸上的粉末。《释名·释首饰》："粉，分也。研米使分散也。"

本义为古人化妆用的细粉末。《韩非子·显学》："故善毛嫱、西施之美，无益吾面，用脂泽粉黛，则倍其初。"清代曹雪芹《红楼梦》第三回："（黛玉）越显得面如敷粉，唇若施脂，转盼多情，语言常笑。"引申为白色的。《红楼梦》第三回："一双丹凤三角眼，两弯柳叶吊梢眉，身量苗条，体格风骚，粉面含春威不露，丹唇未启笑先闻。"《红楼梦》第七回："果然出去带进一个小后生来，较宝玉略瘦些，清眉秀目，粉面朱唇，身材俊俏。"亦指谷类、豆类制成的食物。清代吴敬梓《儒林外史》第十回："他一时慌了，弯下腰去抓那粉汤，又被两个狗争着，咂嘴弄舌的来抢那地下的粉汤吃。"

粥（zhōu）

粥，会意兼形声字。金文的"粥"，为会意字，从"米"（米）从"鬲"（鬲）。上边中部从"米"（米）表示粮食，下边从"鬲"（鬲）表示煮锅，合起来表示将稻米放在三足的锅中烧煮。小篆的"粥"，演变为从米从鬲从"弜"（jiàng）、米亦声的会意兼形声字。上中部从"米"，表示与米粮有关；下中部从"鬲"，表示煮锅；左右两边从"弜"，表示热气，强调煮粥时锅中热气腾腾。楷书笔画化，省去篆文字形中的"鬲"。《说文·鬻部》："鬻（粥），键也。从鬻米声。"《说文段注》："鬻作粥者，俗字也。"

本义为稀饭。《战国策·赵策四》："曰：'日食饮得无衰乎？'曰：'恃鬻（粥）耳。'"《晋书·石崇传》："崇为客作豆粥，咄嗟便办。"宋代司马光《训俭示康》："昔正考父饘粥以糊口，孟僖子知其后必有达人。"

糖（táng）

糖，形声字。小篆的"糖"，从米唐声。左边从"米"，表示与米粮相关事物的名称有关，在字中表义；右边为"唐"，在字中表音，为声符。楷书笔画化。《说文新附·米部》："糖，饴也。从米唐声。"《玉篇·米部》："糖，饴也。"

本义为食糖。宋代黄庭坚《鼓笛令》："你但那些一处睡。烧沙糖、管好滋味。"宋代史浩《粉蝶儿·咏圆子》："更添糖，拚折本、供他几碗。"清代曹雪芹《红楼梦》第七回："把这四样水调匀，和了药，再加十二钱蜂蜜，十二钱白糖，丸了龙眼大的丸子。"

糟（zāo）

糟，形声字。小篆的"糟"，从米曹声。左边从"米"，表示与米粮相关事物的名称——制酒有关，在字中表义；右边为"曹"，在字中表音，为声符。楷书笔画化。《说文·米部》："糟，酒滓也。从米曹声。"《说文段注》："按今之酒但用沛者。直谓已漉之粕爲糟。古则未沛带滓之酒谓之糟。"《玉篇·米部》："糟，酒滓。"

本义为酒渣。《墨子·公输》："舍其粱肉，邻有糠糟，而欲窃之，此为何若人？"《史记·屈原贾生列传》："举世混浊，何不随其流而扬其波？众人皆醉，何不餔其糟而啜其醨？"

第三，表示与米粮相关的行为，主要有"籴、粜（糶）、粘"。

籴（dí）

籴，会意兼形声字。小篆的"糴"，从米从入翟声。左下边从"米"表示与米粮相关的行为，左上边为"入"表示买进，均在字中表义；右边为"翟"，在字中表音，为声符。楷书笔画化。宋代简化为"籴"，为保留特征简化。《说文·米部》："糴，市谷也。从入从糴。"谨按："糴"，分析为从米从入翟声，更切合其构形理据。《广韵·锡韵》："糴，市谷米。籴，俗。"可见，在宋代"籴"就是"糴"的俗写，或称简化字亦无不可。

本义为买进粮食，跟"粜"相对。宋代陆游《初夏杂兴》："闾里家书到，贫时籴价平。"元代书会才人《包待制陈州粜米》第一折："兀那老子，你来籴米，将银子来我秤。"

498

粜（糶 tiào）

小篆	楷书	简化字
糶	糶	粜

粜（糶），会意兼形声字。小篆的"糶"，从米从出翟声。左下边从"米"表示与米粮相关的行为，左上边为"出"表示卖出，均在字中表义；右边为"翟"，在字中表音，为声符。楷书笔画化。后简化为"粜"，为保留特征简化。《说文·出部》："糶（粜），出谷也。从出从耀（dí），耀亦声。""糶"，分析为从米从出翟声，更切合其构形理据。《玉篇·出部》："糶（粜），卖也。出谷米也。"

本义为卖出谷物。《史记·平准书》："而不轨逐利之民，蓄积余业以稽市物，物踊腾粜，米至石万钱。"唐代司马贞《索隐》："今按：汉书'粜'字作'跃'者，谓物踊贵而价起，有如物之腾跃而起也。然粜者出卖之名，故食货志云'大熟则上粜三而舍一'是也。"《史记·货殖列传》："屠牛羊彘千皮，贩谷粜千锺。"南北朝裴骃《集解》："徐广曰：'出谷也。粜音掉也。'"唐代聂夷中《咏田家》："二月卖新丝，五月粜新谷。"

粘（zhān）

小篆	楷书
黏	粘

粘，形声字。小篆的"黏"，从黍占声，从"黍"与从"米"义同。左边从"黍"，表示与米粮相关的行为，在字中表义；右边为"占"，在字中表音，为声符。楷书笔画化，演变为从米占声的形声字。《玉篇·米部》："粘，与黏同。"《玉篇·黍部》："黏，相著也。"1988年《现代汉语通用字表》中确认"粘""黏"为两个不同的字，"粘"读 zhān，如"粘贴""粘连"，"黏"读 nián，如"黏性""黏液""黏附""黏米"，"黏"为规范字。

本义为黏合。唐代杜甫《独酌》："仰蜂粘落絮，行蚁上枯梨。"唐代长孙佐辅《宫怨》："草染文章衣下履，花粘甲乙床前帐。"宋代王禹偁《杏花七首》之一："红芳紫萼怯春寒，蓓蕾粘枝密作团。"

第三节 "食"部及其例字

"食"部亦属于禾部之类。从"食"的字，其义大多与粮食及粮食制品有关。

食（shí）

一、形体演变

甲骨文	金文	小篆	楷书
食	食	食	食

二、构形理据

食，会意字。甲骨文的"食"，从"A"从"丷"从"🖻"（皀）。上边从"A"，为朝下的"口"，表示低头吃东西；左右两边中部从"丷"，为指事性符号，表示唾星；下边从"🖻"（皀），表示有脚的盛器。三部分合起来表示低头吃东西，另一说上边像器皿盖儿，下为有脚的盛器。李孝定《甲骨文字集释》："戴家祥曰：'上象器盖儿，下即簋之初文。'"金文承续甲骨文字形。小篆基本承续金文字形。楷书笔画化。《说文·食部》："食，一米也。从皀（jí）亼（jí）声。或说亼皀也。"方述鑫等《甲骨金文字典》："食，甲骨金文象食器簋上有盖儿之形。""食"的两种构形说解均通，一说侧重于动词说解，一说侧重于名词说解。我们倾向于"食"的动词说解。

三、本义

本义为吃。《诗·陈风·东门之枌》："岂其食鱼，必河之鲂？"《左传·隐公元年》："公赐之食，食舍肉。"《战国策·齐策四》："长铗归来乎！食无鱼。"《孟子·梁惠王上》："鸡豚狗彘之畜，无失其时，七十者可以食肉矣。"宋代苏洵《六国论》："以事秦之心，礼天下之奇才，并力西向，则吾恐秦人食之不得下咽也。"

引申为饭食，吃的东西。《周礼·膳夫》："膳夫掌王之食饮膳羞，以养王及后世子。"汉代郑玄注："食，饭也。"《左传·隐公元年》："小人有母，皆尝小人之食矣。"《老子》第八十章："甘其食，美其服，安其居，乐其俗。"

四、理据例说

从"食"的字，其义多与粮食或粮食制品有关。在楷书里，"食"作部件在左时多简化为"饣"（shí）。从"食"的字，大致可归纳为三类。

第一，表示粮食制品的种类名称或与其相关事物的名称，主要有"饼（餅）、馍（饃）、馅（餡）、饴（飴）、饵（餌）、馆（館）、飧"。

饼（餅 bǐng）

小篆	楷书	简化字
餅	餅	饼

饼（餅），形声字。小篆的"餅"，从食并声。左边从"食"，表示粮食制品的种类名称，在字中表义；右边为"并"，在字中表音，为声符。楷书笔画化。现简化为"饼"，形符类推简化。《说文·食部》："餅（饼），麫餈也。从食并声。"《说文段注》："麫餈（miàncí）者，饼之本义也。"

本义为古代面食的通称，后指扁圆形的面制食品。《墨子·耕柱》："见人之作饼，则还然窃之，曰：'舍余食。'不知日月安不足乎，其有窃疾乎？"元末明初施耐庵《水浒传》第九回："只见数个庄客托出一盘肉，一盘饼，温一壶酒。"

馍（饝 mó）

小篆	楷书	简化字
饝	饝	馍

馍（饝），形声字。小篆的"饝"，从食莫声。左边从"食"，表示粮食制品的种类名称，在字中表义；右边为"莫"，在字中表音，为声符。楷书笔画化。现简化为"馍"，形符类推简化。《康熙字典》中作"饝"，"饝，又饼也"。

本义为饼类食品，北方地区特指馒头——馍馍。明代吴承恩《西游记》第六十八回："哄我去买素面、烧饼、馍馍我吃，原来都是空头！又弄旋风，揭了甚么皇榜，暗暗的揣在我怀里，拿我装胖！"吴承恩《西游记》第八十一回："淘米，煮饭，捍面，烙饼，蒸馍馍，做粉汤，抬了四五桌。唐僧只吃得半碗儿米汤。"

馅（餡 xiàn）

小篆	楷书	简化字
餡	餡	馅

馅（餡），形声字。小篆的"餡"，从食臽（xiàn）声。左边从"食"，表示与粮食制品相关事物的名称有关，在字中表义；右边为"臽"，在字中表音，为声符。楷书笔画化。现简化为"馅"，形符类推简化。谷衍奎《汉字源流字典》："《正字通·食部》：'凡米面食物坎其中实以杂味曰馅。'"

本义为面食、糕点里所包的细碎的肉、菜、糖或豆沙等物。元代马致远《吕洞宾三醉岳阳楼》第二折："管甚么馄饨皮馒头馅和和剩饭，总是个有酒食先生馔。"马致远《半夜雷轰荐福碑》第二折："秀才，你闲也是忙？忙便罢，闲便来寺里吃酸馅来。"元代王实甫《西厢记·崔莺莺夜听琴》第二折："烂豆腐休调哄，万余斤黑面从教暗，我将这五千人做一顿馒头馅。"清代曹雪芹《红楼梦》第十一回："昨日老太太赏的那枣泥馅的山药糕，我倒吃了两块，倒象克化的动似的。"

饴（飴 yí）

金文	小篆	楷书	简化字
䤅	飴	飴	饴

饴（飴），会意兼形声字。金文的"飴"，为会意字，从"𠃋"从食。下边从"𠃋"表示一人用手托举，上边为"食"表示与粮食制品相关事物的名称有关，合起来表示赠送或敬献他人饭食。小篆的"飴"，从食台（yí）声。左边从"食"，在字中表义；右边为"台"，在字中表音，为声符。楷书笔画化。现简化为"饴"，形符类推简化。《说文·食部》："飴（饴），米糵（niè）煎也。从食台声。籀文𩚫饴从异省。"方述鑫等《甲骨金文字典》："飴（饴），金文字形同《说文》籀文，从異省。"

本义为饴糖，用麦芽制成的糖浆。《礼记·内则》："枣、栗、饴、蜜以甘之，堇、荁、枌、榆、免、薧、滫、瀡以滑之，脂、膏以膏之。"汉代郑玄注："饴，饧（xíng）

也。"饧，即糖稀。《吕氏春秋·异用》："其细者以劫弱暴寡也，以遏夺为务也。仁人之得饴，以养疾侍老也。"汉代王充《论衡·本性》："鄼文茂记，繁如荣华，恢谐剧谈，甘如饴蜜，未必得实。"

饵（餌 ěr）

小篆	楷书	简化字
餌	餌	饵

饵（餌），形声字。小篆的"餌"，从食耳声。左边从"食"，表示与粮食制品相关事物的名称有关，在字中表义；右边为"耳"，在字中表音，为声符。楷书笔画化。现简化为"饵"，形符类推简化。《说文·䰞部》："䰞，粉饼也。从䰞耳声。餌，䰞或从食，耳声。"

本义为糕饼。唐代韩翃《赠别崔司直赴江东兼简常州独孤使君》："楚酪沃雕胡，湘羹糁香饵。"宋代周必大《利邦衡为甚酥》："六年不赐汤官饵，除日犹分刺史酥。"特指钓鱼或诱捕其他禽兽用的食物、诱饵。唐代杜甫《送顾八分文学适洪吉州》："邦以民为本，鱼饥费香饵。"唐代张继《题严陵钓台》："古来芳饵下，谁是不吞钩。"

馆（館 guǎn）

金文	小篆	楷书	简化字
館	館	館	馆

馆（館），形声字。金文的"館"，从食㠯声。左边从"食"，表示与粮食制品相关事物的名称有关，在字中表义；右边为"㠯"，在字中表音，为声符。小篆的"館"，演变为从食官声。楷书笔画化。现简化为"馆"，形符类推简化。《说文·食部》："館（馆），客舍也。从食官声。"

本义为高级客舍，宾馆。《诗·郑风·缁衣》："适子之馆兮，还，予授子之粲兮。"《诗·大雅·公刘》："笃公刘，于豳斯馆。"汉代郑玄笺："馆，舍。"《左传·襄公三十一年》："晋侯见郑伯，有加礼，厚其宴，好而归之。乃筑诸侯之馆。"唐代李白《横江词六首》之一："横江馆前津吏迎，向余东指海云生。"引申为住客舍，住宿。《左传·僖公五年》："师还，馆于虞。遂袭虞，灭之。"《左传·襄公二十二年》："郑游贩将归晋，未出竟，遭逆妻者，夺之以馆于邑。"晋代杜预注："舍止其邑，不复行。"

飧（sūn）

小篆	楷书
飧	飧

飧，会意字。小篆的"飧"，从食从夕。下边从"食"表示与粮食制品相关事物的名称有关，上边从"夕"表示晚上，合起来表示晚上吃的食品。楷书笔画化，演变为左右结构。《说文·食部》："飧，餔也。从夕食。"餔，即夕食。《说文段注》："小雅传曰：'孰食曰饔。'魏风传曰：'孰食曰飧。'然则饔飧皆谓孰食。分别之则谓朝食夕食。许于饔不言朝，于飧不

言孰,互文错见也。赵注孟子曰:'朝食曰饔。夕曰飧。'"

本义为晚上的饭食。《诗·魏风·伐檀》:"彼君子兮,不素飧兮!"唐代孔颖达疏:"言人旦则食饭,饭不可停,故夕则食飧,是飧为饭之别名。"《国语·晋语二》:"优施出,里克辟奠,不飧而寝。"唐代柳宗元《种树郭橐驼传》:"吾小人辍飧饔以劳吏者,且不得暇,又何以蕃吾生而安吾性耶?"引申为熟食。《左传·昭公五年》:"宴有好货,飧有陪鼎,入有郊劳,出有赠贿,礼之至也。"晋代杜预注:"熟食为飧。陪,加也,加鼎所以厚殷勤。"唐代杜甫《客至》:"盘飧市远无兼味,樽酒家贫只旧醅。"

第二,表示与粮食或粮食制品相关的动作行为,主要有"饭(飯)、餐、饮(飲)、饯(餞)、馈(饋)、餔、饪(飪)、饲(飼)"。

饭（飯 fàn）

金文	小篆	楷书	简化字
𩜍	飯	飯	饭

饭(飯),形声字。金文的"飯",从食反声。左边从"食",表示与粮食或粮食制品相关的动作行为有关,在字中表义;右边为"反",在字中表音,为声符。小篆承续金文字形。楷书笔画化。现简化为"饭",形符类推简化。《说文·食部》:"飯(饭),食也。从食反声。"方述鑫等《甲骨金文字典》:"金文同小篆。"

本义为吃饭,动词。《礼记·玉藻》:"君既食,又饭飧。饭飧者,三饭也。"《论语·述而》:"饭疏食饮水,曲肱而枕之,乐亦在其中矣。"《汉书·朱买臣传》:"故妻与夫家俱上冢,见买臣饥寒,呼饭饮之。"唐代颜师古曰:"饭谓饫之。"唐代储光羲《采菱曲》:"饭稻以终日,羹莼将永年。"宋代辛弃疾《永遇乐·京口北固亭怀古》:"凭谁问,廉颇老矣,尚能饭否?"

引申为给人喂饭或喂牲口。《楚辞·九章·惜往日》:"吕望屠于朝歌兮,宁戚歌而饭牛。"黄寿祺、梅桐生《楚辞全译》将"宁戚歌而饭牛"译为"宁戚夜间喂牛唱歌诉苦"。《庄子·田子方》:"百里奚爵禄不入于心,故饭牛而牛肥,使秦穆公忘其贱,与之政也。"《史记·淮阴侯列传》:"有一母见信饥,饭信,竟漂数十日。"引申为煮熟的谷类食物,多指米饭,名词。《礼记·曲礼上》:"毋抟饭,卒食,客自前跪,彻饭齐,以授相者。"唐代孔颖达疏:"共器若取饭作抟,则易得多,是欲争饱,非谦也。"汉代佚名《行行重行行》:"弃捐勿复道,努力加餐饭。"唐代顾况《行路难三首》:"君不见担雪塞井徒用力,炊砂作饭岂堪吃。"

餐（cān）

小篆	说文或体	楷书
餐	飧	餐

餐,会意兼形声字。小篆的"餐",从食从奴(cán),奴亦声。下边从"食",表示与粮食或粮食制品相关的动作行为有关,在字中表义;上边从"奴","奴"有残碎

503

意，表示吃入口中或吃剩的食物均残碎不堪，"奴"亦在字中表音，为声符。《说文》或体为"飱"，为会意字，从食从水，表示吃吃喝喝。楷书笔画化。《说文·食部》："餐，吞也。从食奴声。飱，餐或从水。"

本义为吃。《诗·魏风·伐檀》："彼君子兮，不素餐兮！"汉代郑玄笺："餐，《说文》作'餐'，云：'或从水。'《字林》云：'吞食也。'"《楚辞·离骚》："朝饮木兰之坠露兮，夕餐秋菊之落英。"引申为饮食、食物。《汉书·韩信传》："令其裨将传餐。"唐代李善《汉书注》引服虔曰："立驻传餐食也。"唐代岑参《送王大昌龄赴江宁》："惜君青云器，努力加餐饭。"唐代李绅《悯农》："谁知盘中餐，粒粒皆辛苦。"唐代白居易《寄元九》："上言少愁苦，下道加餐饭。"

饮（飲 yǐn）

见第89页"欠"部"饮"字。

饯（餞 jiàn）

小篆	楷书	简化字
餞	餞	饯

饯（餞），形声字。小篆的"餞"，从食戔（jiān）声。左边从"食"，表示与粮食或粮食制品相关的动作行为有关，在字中表义；右边为"戔"，在字中表音，为声符。楷书笔画化。现简化为"饯"，形符、声符均类推简化。《说文·食部》："餞（饯），送去也。从食戔声。"《说文段注》："送去食也。各本少食字。今依《左传》音义补。"

本义为设酒食送行。《诗·邶风·泉水》："出宿于泲，饮饯于祢。"汉代毛亨传："饮酒于其侧曰饯。"《左传·昭公十六年》："夏，四月，郑六卿饯宣子于郊。"晋代杜预注："饯，送行饮酒。"唐代孟浩然《高阳池送朱二》："此地朝来饯行者，翻向此中牧征马。"

馈（饋 kuì）

金文	小篆	楷书	简化字
饋	饋	饋	馈

馈（饋），形声字。金文的"饋"，从食贵声。左边从"食"，表示与粮食或粮食制品相关的动作行为有关，在字中表义；右边为"贵"，在字中表音，为声符。小篆承续金文字形。楷书笔画化。现简化为"馈"，形符、声符均类推简化。《说文·食部》："饋（馈），饷也。从食贵声。"

本义为以食物送人。《诗·小雅·伐木》："於粲洒埽，陈馈八簋。"《周礼·天官·膳夫》："凡王之馈，食用六谷，膳用六牲，饮用六清。"汉代郑玄注："进物于尊者曰馈。"《左传·桓公六年》："於是诸侯之大夫戍齐，齐人馈之饩。"晋代杜预注："馈，遗也。"汉代贾谊《论积贮疏》："卒然边境有急，数十百万之众，国胡以馈之？"

后泛指赠送。《广雅·释诂》："馈，遗也。"《左传·哀公十一年》："吴将伐齐，越子率其众以朝焉，王及列士皆有馈赂。"《论语·乡党》："朋友之馈，虽车马，非祭肉，不拜。"唐代张说《南中别王陵成崇》："曹卿礼公子，楚媪馈王孙。"唐代王维《济州过赵叟家宴》："上客摇芳翰，中厨馈野蔬。"引申为运送粮食。《孙子兵法·作战》："凡用兵之法，驰车千驷，革车千乘，带甲十万，千里馈粮。"《史记·平准书》："汉通西南夷道，作者数万人，千里负担馈粮，率十余种致一石。"

餔（bū）

餔，形声字。小篆的"餔"，从食甫声。左边从"食"，表示与粮食或粮食制品相关的动作行为有关，在字中表义；右边为"甫"，在字中表音，为声符。楷书笔画化。《说文·食部》："餔，日加申时食也。从食甫声。"《玉篇·食部》："餔，日加申时食也。"

本义为申时吃晚饭。《庄子·盗跖》："盗跖乃方休卒徒大山之阳，脍人肝而餔之。"《史记·屈原贾生列传》："众人皆醉，何不餔其糟而啜其醨？"陈鼓应《庄子今注今译》："餔，食（成玄英疏）；日申时食（《释文》引《字林》）。"

饪（飪 rèn）

饪（飪），形声字。小篆的"飪"，从食壬（rén）声。左边从"食"，表示与粮食或粮食制品相关的动作行为有关，在字中表义；右边为"壬"，在字中表音，为声符。楷书笔画化。现简化为"饪"，形符类推简化。《说文·食部》："飪（饪），大孰也。从食壬声。""大孰"，即煮得烂熟。

本义为做饭做菜。《周易·鼎》："以木巽火，亨饪也。"三国王弼等注："亨饪，鼎之用也。""亨者，鼎之所为也。"此句中的"亨"，即"烹"。《论语·乡党》："色恶，不食；臭恶，不食；失饪，不食。"杨伯峻《论语译注》中将"失饪，不食"译为"烹调不当，不吃"。今有双音词"烹饪"。

饲（飼 sì）

饲（飼），会意兼形声字。甲骨文的"飼"，为会意字，从食从人。下边从"食"表示与喂食有关，上边从"人"表示大人，合起来表示大人给小孩儿喂食。金文承续甲骨文字形，变为左右结构，从人从食。小篆承续金文字形，两个部件左右互换。楷书笔画化，演变为从食司声的形声字。现简化为"饲"，形符类推简化。《说文·食部》："飼（𩚩），粮也。从人、食。"《说文段注》："按以食食人物。其字本作食。俗作飤，或作飼。"方述鑫等《甲骨金文字典》："飼（𩚩），甲骨金文同小篆。"《玉篇·食部》："饲，同上。"其上字为"飤"，"飤，食也。"

本义为给人吃，喂食。汉代东方朔《七谏·怨思》："予推自割而飤君兮，德日忘而怨深。"《旧唐书·陆贽列传》："其来也咸负得色，其止也莫有固心，屈指计归，张颐待饲。"

第三，表示与粮食或粮食制品相关联的情态或性状，主要有"饥（飢）、饿（餓）、饥（饑）、馁（餒）、饱（飽）、馋（饞）、馊（餿）、饶（饒）、养（養）、余（餘）"。

饥（飢 jī）

金文	小篆	楷书	简化字
飢	飢	飢	饥

饥（飢），形声字。金文的"飢"，从食几声。左边从"食"，表示与粮食或粮食制品相关联的情态或性状有关，在字中表义；右边为"几"，在字中表音，为声符。小篆承续金文字形。楷书笔画化。现简化为"饥"，形符类推简化。《说文·食部》："飢（饥），饿也。从食几声。"《玉篇·食部》："饥，饿也。"

本义为饿，吃不饱。《诗·陈风·衡门》："泌之洋洋，可以乐饥。"汉代郑玄笺："饥者，不足于食也。"《韩非子·饰邪》："家有常业，虽饥不饿。"唐代白居易《卖炭翁》："牛困人饥日已高，市南门外泥中歇。"

饿（餓 è）

小篆	楷书	简化字
餓	餓	饿

饿（餓），形声字。小篆的"餓"，从食我声。左边从"食"，表示与粮食或粮食制品相关联的情态或性状有关，在字中表义；右边为"我"，在字中表音，为声符。楷书笔画化。现简化为"饿"，形符类推简化。《说文·食部》："餓（饿），饥也，从食我声。"

本义为饥之甚。按：在古代，"饥"与"饿"为一组同义词，但二词程度不同，差别很大，"饥"指一般的肚子饿，"饿"是非常严重的饥饿。《韩非子·饰邪》："家有常业，虽饥不饿。"从此可看出"饥""饿"二词的区别。《论语·季世》："伯夷叔齐饿于首阳之下，民到于今称之。"《淮南子·说山训》："宁一月饥，无一旬饿。"

饥（饑 jī）

金文	小篆	楷书	简化字
饑	饑	饑	饥

饥（饑），形声字。金文的"饑"，从食幾声。左边从"食"，表示与粮食或粮食制品相关联的情态或性状有关，在字中表义；右边为"幾"，在字中表音，为声符。小篆承续金文字形。楷书笔画化。现简化为"饥"，汉字简化以"饥"代"饑"，形符"食"又类推简化为"饣"。《说文·食部》："谷不孰为饑。从食幾声。"

本义为灾荒，年成不好。《商君书·垦令》："多岁不加乐，则饑（饥）岁无裕利；无裕利则商怯，商怯则欲农。"《战国策·西周策》："宛恃秦而轻晋，秦饑（饥）

而宛亡。"

注意"飢"和"饑"的区别。《王力古汉语字典》指出："'飢'和'饑'上古不同音，'飢'为脂部，'饑'为微部。意义也不同，'飢'是吃不饱，'饑'是灾荒。但两字经常通用。"汉字简化后，"飢"和"饑"均简化为"饥"，《现代汉语词典》中将"饥"分列为饥[1]和饥[2]，以示区别。

馁（餒 něi）

小篆	楷书	简化字
饑	餒	馁

馁（餒），异体为"餧"，形声字。小篆的"餒"，从食委声。左边从"食"，表示与粮食或粮食制品相关联的情态或性状有关，在字中表义，为形符；右边为"委"，在字中表音，为声符。楷书笔画化，演变为从食妥声的形声字。现简化为"馁"，形符类推简化。现今"馁"为正体，"餧"为异体。《说文·食部》："餧（馁），饥也，从食委声。"《玉篇·食部》："餧（馁），饿也。"《广雅·释诂》："馁，饥也。"

本义为饥饿。《左传·桓公六年》："今民馁而君逞欲，祝史矫举以祭，臣不知其可也。"晋代杜预注："馁，饿也。"《史记·魏公子列传》："今有难，无他端而欲赴秦军，譬若以肉投馁虎，何功之有哉？"明代宋濂《送东阳马生序》："县官日有廪销之供，父母岁有裘葛之遗，无冻馁之患矣。"

饱（飽 bǎo）

小篆	楷书	简化字
飽	飽	饱

饱（飽），形声字。小篆的"飽"，从食包声。左边从"食"，表示与粮食或粮食制品相关联的情态或性状有关，在字中表义，为形符；右边为"包"，在字中表音，为声符。楷书笔画化。现简化为"饱"，形符类推简化。《说文·食部》："飽（饱），猒也。从食包声。"汤可敬《说文解字今释》："饱，吃饱。"《广雅·释诂》："饱，满也。"

本义为吃饱。《诗·周颂·执竞》："既醉既饱，福禄来反。"《论语·学而》："君子食无求饱，居无求安，敏于事而慎于言。"《孟子·梁惠王上》："必使仰足以事父母，俯足以畜妻子，乐岁终身饱，凶年免于死亡。"唐代韩愈《马说》："是马也，虽有千里之能，食不饱，力不足。"宋代李纲《病牛》："但得众生皆得饱，不辞羸病卧残阳。"引申为满足。《诗·大雅·既醉》："既醉以酒，既饱以德。"唐代杜甫《龙门阁》："饱闻经瞿塘，足见度大庾。"杜甫《八哀诗·赠司空王公思礼》："晓达兵家流，饱闻春秋癖。"唐代李商隐《题李上谟壁》："饱闻南烛酒，仍及拨醅时。"

馋（饞 chán）

小篆	楷书	简化字
饞	饞	馋

馋（饞），形声字。小篆的"饞"，从食毚（chán）声。左边从"食"，表示与粮食或粮食制品相关联的情态或性状有关，在字中表义，为形符；右边为"毚"，在字中表音，为声符。楷书笔画化。现简化为"馋"，形符类推简化，声符草书楷化法简化。《玉篇·食部》："饞（馋），不嫌也。"

本义为贪嘴、贪食。唐代孟郊《寒溪》："朔冻哀彻底，獠馋咏潜鲲。"孟郊《魏博田兴尚书听嫂命不立非夫人诗》："君子耽古礼，如馋鱼吞钩。"唐代白居易《二年三月五日斋毕开素当食偶吟赠妻弘农郡君》："山妻未举案，馋叟已先尝。"宋代陆游《记梦》："君知梦觉本无异，勿为画饼流馋涎。"明代姚茂良《双忠记》第十九折："只是有些馋病，客人未吃先尝。"引申为贪婪。唐代韩愈《酬司门卢四兄云夫院长望秋作》："驰坑跨谷终未悔，为利而止真贪馋。"

馊（餿 sōu）

小篆	楷书	简化字
餿	餿	馊

馊（餿），形声字。小篆的"餿"，从食叟（sǒu）声。左边从"食"，表示与粮食或粮食制品相关联的情态或性状有关，在字中表义，为形符；右边为"叟"，在字中表音，为声符。楷书笔画化。现简化为"馊"，形符类推简化。《玉篇·食部》中"餿"同"馊"："饭坏也。"《广韵·尤韵》："馊，饭坏。"

本义为饭食经久变味。清代曹雪芹《红楼梦》第六十一回："前儿要吃豆腐，你弄了些馊的，叫他说了我一顿。"引申为坏的，不高明。魏巍《东方》第一部第十二章："你快走吧，别给我出馊主意了。"今有词语"馊主意"。

饶（饒 ráo）

小篆	楷书	简化字
饒	饒	饶

饶（饒），形声字。小篆的"饒"，从食尧（yáo）声。左边从"食"，表示与粮食或粮食制品相关联的情态或性状有关，在字中表义，为形符；右边为"尧"，在字中表音，为声符。楷书笔画化。现简化为"饶"，形符、声符均类推简化。《说文·食部》："饒（饶），饱也。从食尧声。"《小尔雅·广诂》："饶，多也。"

本义为富裕、丰足、多。《史记·陈丞相世家》："平既娶张氏女，赍用益饶，游道日广。"《史记·吴王濞列传》："濞则招致天下亡命者铸钱，煮海水为盐，以故无赋，国用富饶。"唐代张守节《史记正义》："其民无赋，国用乃富饶也。"《史记·货殖列传》："七十子之徒，赐最为饶益。"唐代张嘉贞《恩敕尚书省僚宴昆明池应制》："地脉山川胜，天恩雨露饶。"唐代李白《丁督护歌》："云阳上征去，两岸饶商贾。"引申为剩余。《玉篇·食部》:"饶,余也。"《三国志·蜀书·诸葛亮传》:"成都有桑八百株,薄田十五顷,子弟衣食,自有余饶。"

养(養 yǎng)

| 甲骨文 | 金文 | 小篆 | 楷书 | 简化字 |

养(養),会意兼形声字。甲骨文的"養",从攴(pū)从羊,羊亦声。左边从"羊",右边从"攴",合起来表示在山地驱赶羊群。金文承续甲骨文字形。小篆的"養",稍有变化,演变为从食羊声的形声字,且变为上下结构。楷书笔画化。现简化为"养",为草书楷化法简化,早见于元抄本《京本通俗小说》。《说文·食部》:"養(养),供养也。从食羊声。羔,古文養。"方述鑫等《甲骨金文字典》:"養(养),甲骨金文与《说文》古文字形相同。"《玉篇·食部》:"養(养),供养也。"

本义为饲养。《庄子·人间世》:"汝不知夫养虎者乎?不敢以生物与之,为其杀之之怒也。"《金史·列传循吏》:"诏括马,郑留使百姓饲养以须,御史劾之。"《元史·张立道传》:"爨、僰之人虽知蚕桑,而未得其法,立道始教之饲养,收利十倍于旧。"《清史稿·高宗本纪》:"疆吏其劝灾民爱护田牛,或给赀饲养,毋得以细事置之。"引申为供养、奉养、抚育。《史记·魏公子列传》:"兄弟俱在军中,兄归;独子无兄弟,归养。"《玉台新咏·古诗为焦仲卿妻作》:"谓言无罪过,供养卒大恩。""勤心养公姥,好自相扶将。"宋代王安石《伤仲永》:"其诗以养父母、收族为意,传一乡秀才观之。"

余(餘 yú)

| 小篆 | 楷书 | 简化字 |

余(餘),形声字。小篆的"餘",从食余声。左边从"食",表示与粮食或粮食制品相关联的情态或性状有关,在字中表义,为形符;右边为"余",在字中表音,为声符。楷书笔画化。现简化为"余",为同音替代法简化。《说文·食部》:"餘(余),饶也。从食余声。"

本义为丰足。《战国策·秦策五》:"今力田疾作不得暖衣余食,今建国立君,泽可以遗世。"张清常、王延栋《战国策笺注》:"余,饶足。"《战国策·齐策四》:"士三食不得餍,而君鹅鹜有余食。"引申为剩余、多余。《论语·学而》:"行有余力,则以学文。"宋代朱熹《四书集注》:"余力,犹言暇日。"《孟子·滕文公下》:"子不通功易事,以羡补不足,则农有余粟,女有余布。"杨伯峻《孟子译注》将"农有余粟,女有余布"翻译为"农民有多余的米,妇女有多余的布"。

注意:"餘"和"余"古代为两个字,用法有别,只是偶尔相同。"餘",从食余声,本义为丰足、宽裕。"余",甲金文均像古代先民搭建的简易茅屋,小篆演变为从八、舍省声的形声字,本义为茅屋,假借为第一人称代词。用于"剩下"的意义时,二字通用。现今以"余"简化"餘",为同音替代简化。《王力古汉语字典》列举两个例句。《史记·屈原贾生列传》:"定心广志,餘何畏惧兮?"以"餘"为"余"。唐代司马贞《史记索隐》:"楚词'餘'并作'余'。"《周礼·地官·委人》:"凡其余聚以待颁赐。"以"余"为"餘"。汉代郑玄注:"余当为餘,声之误也。餘谓县都畜聚之物。"

第二十一章 艹(艸)部之类

艹(艸)部之类包括艹(艸)、木、竹、片四部，与植物及其木制品有关。

第一节 "艹(艸)"部及其例字

从"艹(艸)"的字，其义大多与草本植物有关。

艹(艸 cǎo)

一、形体演变

小篆	楷书	简化字
艸	艸	艹

二、构形理据

艹(艸)，同"草"，象形字。小篆的"艸"，像两棵丛生的小草。楷书笔画化。现简化为"艹"，草书楷化法简化。"艹"，楷书习惯称之为"草字头"，不能独立成字，只作合体字的部件，位于字的上部。《说文·艸部》："艸(艹)，百芔(huì)也。从二屮(chè)。"《玉篇·艸部》："艸，百草总名。《说文》曰：'百卉也。'今作艹。"后来艹(艸)只作部件，其义则借"皂"的本字"草"来记写，于是在运用中"草"行而"艸"废，"草"成了草本植物的总称。

三、本义

本义为草本植物的总称。唐代李白《北上行》："草木不可餐，饥饮零露浆。"唐代薛耀《子夜冬歌》："朔风扣群木，严霜凋百草。"唐代刘禹锡《陋室铭》："苔痕上阶绿，草色入帘青。"唐代柳宗元《捕蛇者说》："永州之野产异蛇：黑质而白章，触草木尽死。"

四、理据例说

从"艹(艸)"的字，其义大都与植物，主要是草本植物有关，大致归纳为以下五类。

第一，表示植物的种类名称，主要有"艾、蒿、芝、芷、芥、苔、莠、荷、荻、菜、葛、苇（葦）、萎（蔞）、莽、茅"。

艾（ài）

小篆	楷书
艾	艾

艾，形声字。小篆的"艾"，从艸乂（yì）声。上边从"艸"，表示与植物的种类名称有关，在字中表义，为形符；下边为"乂"，在字中表音，为声符。楷书笔画化。《说文·艸部》："艾，冰台也。从艸乂声。"《尔雅·释艸》郭璞注："艾，今艾蒿。"

本义为草名，即艾蒿。《诗·王风·采葛》："彼采艾兮，一日不见，如三岁兮。"汉代毛亨传："艾所以疗疾。"《孟子·离娄上》："今之欲王者，犹七年之病求三年之艾也。"宋代朱熹《四书集注》："艾，草名，所以灸者，干久益善。"唐代白居易《问友》："种兰不种艾，兰生艾亦生。"

蒿（hāo）

甲骨文	金文	小篆	楷书
蒿	蒿	蒿	蒿

蒿，形声字。甲骨文的"蒿"，从䒑（mǎng）高声。上边下边从"䒑"，表示众草，在字中表义，为形符；中间为"高"，在字中表音，为声符。金文演变为从艸高声的形声字。小篆承续金文字形。楷书笔画化。《说文·艸部》："蒿，菣（qìn）也。从艸高声。"菣，是青蒿。《玉篇·艸部》："蒿，蒿菣也。"方述鑫等《甲骨金文字典》中甲骨、金文同小篆。

本义为草名，特指青蒿。《诗·小雅·鹿鸣》："呦呦鹿鸣，食野之蒿。"汉代毛亨传："蒿，菣也。"唐代韩愈《醉留东野》："韩子稍奸黠，自惭青蒿倚长松。"唐代白居易《哭师皋》："萧萧风树白杨影，苍苍露草青蒿气。"引申为野草。唐代王昌龄《长歌行》："旷野饶悲风，飕飕黄蒿草。"唐代韦应物《答端》："风雨飘茅屋，蒿草没瓜园。"

芝（zhī）

小篆	楷书
芝	芝

芝，形声字。小篆的"芝"，从艸之声。上边从"艸"，表示与植物的种类名称有关，在字中表义，为形符；下边为"之"，在字中表音，为声符。楷书笔画化。《说文·艸部》："芝，神艸也。从艸从之。"《说文段注》："芝，神芝也。《释艸》曰：'茵芝。'《论衡》曰：'土气和，故芝艸生。'从艸，之声。"

本义为灵芝草，菌类植物的一种，又名"三秀"。《楚辞·九歌·山鬼》："采三秀兮于山间，石磊磊兮葛蔓蔓。"黄寿祺、梅桐生《楚辞全译》："三秀，《章句》：'谓芝草也。'即灵芝草。"汉代王充《论衡·验符》："芝生于土，土气和，故芝生土。"

芷（zhǐ）

芷，形声字。小篆的"芷"，从艸止声。上边从"艸"，表示与植物的种类名称有关，在字中表义，为形符；下边为"止"，在字中表音，为声符。楷书笔画化。《玉篇·艸部》："芷，香草也。"

本义为白芷，香草名，也叫"辟芷"，中医学上以其根入药。唐代陈子昂《于长史山池三日曲水宴》："泛滟清流满，葳蕤白芷生。"宋代范仲淹《岳阳楼记》："岸芷汀兰，郁郁青青。"

芥（jiè）

芥，形声字。小篆的"芥"，从艸介声。上边从"艸"，表示与植物的种类名称有关，在字中表义，为形符；下边为"介"，在字中表音，为声符。楷书笔画化。《说文·艸部》："芥，菜也。从艸介声。"

本义为蔬菜名，即芥菜。《礼记·内则》："脍，春用葱，秋用芥。"汉代郑玄注："芥，芥酱也。"宋代苏轼《撷菜》："秋来霜露满东园，芦菔生儿芥有孙。"后指小草。宋代苏洵《六国论》："子孙视之不甚惜，举以予人，如弃草芥。"

苔（tái）

苔，形声字。小篆1的"苔"，从艸台声。上边从"艸"，表示与植物的种类名称有关，在字中表义，为形符；下边为"台"，在字中表音，为声符。小篆2演变为从艸治声的形声字。楷书笔画化，承续小篆1的字形。《说文·艸部》："菭，水衣也。从艸治声。"《玉篇·艸部》："菭，生水中绿色也。"又："苔，同上。"即"菭"同"苔"。

本义为青苔，也指苔类植物，本作菭，又名"地衣""水衣"，有青、绿、紫等颜色。唐代宋之问《题鉴上人房二首》："房中无俗物，林下有青苔。"唐代王维《戏赠张五弟諲三首》："青苔石上净，细草松下软。"唐代李白《长干行二首》："苔深不能扫，落叶秋风早。"

莠（yǒu）

莠，形声字。小篆的"莠"，从艸秀声。上边从"艸"，表示与植物的种类名称有关，在字中表义，为形符；下边为"秀"，在字中表音，为声符。楷书笔画化。《说文·艸部》："莠，禾粟下生莠。从艸秀声，读若酉。"《说文段注》："禾粟下犹言禾粟间也。禾粟者，今之小米。莠，今之狗尾艸。"

本义为草名，即狗尾草，样子很像谷子。《诗·齐风·甫田》："无田甫田，维莠骄骄。"唐代孔颖达疏："力不充给，田必芜秽，维有莠草骄骄然。"《孟子·尽心下》："孔子曰：'恶似而非者：恶莠，恐其乱苗也。'"引申为品质坏的、不好的。《诗·小雅·正月》："好言自口，莠言自口。"汉代毛亨传："莠，丑也。"唐代孔颖达疏："有美好之言从汝口出，有丑恶之言亦从汝口出。"今有成语"良莠不齐"。

荷（hé）

荷，形声字。小篆的"荷"，从艸何声。上边从"艸"，表示与植物的种类名称有关，在字中表义；下边为"何"，在字中表音，为声符。楷书笔画化。《说文·艸部》："荷，芙蕖叶。从艸何声。"《尔雅·释艸》："荷，芙蕖。"晋代郭璞注："别名芙蓉，江东呼荷。"

本义为多年水生草本植物名，也称"莲"，别称"芙蕖""芙蓉"，花叶可供观赏。《诗·郑风·山有扶苏》："山有扶苏，隰有荷华。"汉代毛亨传："荷华，扶渠也，其华菡萏。"程俊英《诗经译注》："荷华，即荷花。"《诗·陈风·泽陂》："彼泽之陂，有蒲与荷。"汉代毛亨传："荷，芙蕖也。"晋代张华《荷》："荷生绿泉中，碧叶齐如规。"清代李渔《闲情偶寄·种植部》："可鼻则有荷叶之清香，荷花之异馥，避暑而暑为之退，纳凉而凉逐之生。"

荻（dí）

荻，形声字。小篆的"荻"，从艸狄声。上边从"艸"，表示与植物的种类名称有关，在字中表义；下边为"狄"，在字中表音，为声符。楷书笔画化。《说文》中无"荻"字。《玉篇·艸部》："蓲（dí），萑（huán）也。"又："荻，同上。"即"荻"同"蓲"。又："萑，细草。"

本义为草名，多年生草本植物，似芦苇。《韩非子·十过》："臣闻董子之治晋阳也，公宫之垣皆以荻、蒿、楛、楚墙之。"唐代岑参《楚夕旅泊古兴》："秋风冷萧瑟，芦荻花纷纷。"唐代白居易《琵琶行（并序）》："浔阳江头夜送客，枫叶荻花秋瑟瑟。"唐代张志和《渔父》："枫叶落，荻花干，醉宿渔舟不觉寒。"宋代秦观《木兰花慢·过秦淮旷望》："渔村。望断衡门。芦荻浦、雁先闻。"

菜（cài）

菜，形声字。金文的"菜"，从"屮"（艸）"采"声。右上边从"屮"（艸），表示与植物的种类名称有关，在字中表义；左下边为"采"，在字中表音，为声符。小篆基本承续金文字形，将"屮"（艸）写成"艸"（艸）。楷书笔画化。《说文·艸部》："菜，艸之可食。从艸采声。"《玉篇·艸部》："草可食者皆名菜。"

本义为蔬菜。上古时期，菜只指蔬菜，不包括肉类、蛋类。到中古以后，菜就包括肉类、蛋类及其熟食在内了。《礼记·学记》："大学始教，皮弁祭菜，示敬道也。"汉代郑玄注："菜，谓芹藻之属。"《国语·楚语下》："庶人食菜，祀以鱼。上下有序则民不慢。"唐代岑参《送许子擢第归江宁拜亲，因寄王大昌龄》："六月槐花飞，忽思莼菜羹。"

葛（gé）

小篆	楷书
葛	葛

葛，形声字。小篆的"葛"，从艸曷（hé）声。上边从"艸"，表示与植物的种类名称有关，在字中表义；下边为"曷"，在字中表音，为声符。楷书笔画化。《说文·艸部》："葛，絺綌艸也。从艸曷声。"

本义为一种植物，纤维可以织布。《诗·周南·葛覃》："葛之覃兮，施于中谷。"程俊英《诗经译注》："葛，葛藤。是一种蔓生纤维科植物，其皮可以制成纤维织布，现在叫做夏布。"引申为夏衣的代称。《史记·太史公自序》："夏日葛衣，冬日鹿裘。"《史记·李斯列传》："冬日鹿裘，夏日葛衣，粢粝之食，藜藿之羹。"唐代杜甫《端午日赐衣》："细葛含风软，香罗叠雪轻。"宋代辛弃疾《水调歌头》："一葛一裘经岁，一钵一瓶终日，老子旧家风。"明代宋濂《送东阳马生序》："今诸生学于太学，县官日有廪销之供，父母岁有裘葛之遗，无冻馁之患矣。"

苇（葦 wěi）

小篆	楷书	简化字
葦	葦	苇

苇（葦），形声字。小篆的"葦"，从艸韋声。上边从"艸"，表示与植物的种类名称有关，在字中表义；下边为"韋"，在字中表音，为声符。楷书笔画化。现简化为"苇"，声符类推简化。《说文·艸部》："葦（苇），大葭也。从艸韋声。"《说文段注》："许云大葭，犹言葭之已秀者。"

本义为芦苇。《周易·说卦》："震为雷，为龙，为玄黄……为萑苇。"唐代孔颖达疏："为萑苇，萑苇，竹之类也。"唐代钱起《江行无题一百首（一作钱珝诗）》："任君芦苇岸，终夜动秋声。"唐代顾况《宿湖边山寺》："蒲团僧定风过席，苇岸渔歌月堕江。"元末明初罗贯中《三国演义》第十五回："太史慈走了五十里，人困马乏，芦苇之中，喊声忽起。"元末明初施耐庵《水浒传》第十一回："没多时，只见对过芦苇泊里三五个小喽罗，摇着一只快船过来。"明代吴承恩《西游记》第十九回："那怪真个搬些芦苇荆棘，点着一把火，将那云栈洞烧得像个破瓦窑。"

蒌（蔞 lóu）

小篆	楷书	简化字
蔞	蔞	蒌

蒌（蔞），形声字。小篆的"蔞"，从艸婁声。上边从"艸"，表示与植物的种类名称有关，在字中表义；下边为"婁"，在字中表音，为声符。楷书笔画化。现简化为

"蒌"，声符类推简化。《说文·艸部》："蒌（蒌），艸也。可以亨鱼。从艸娄声。"《说文段注》："陆玑云：'蒌，蒌蒿也。'"

本义为蒌蒿，一种生在水滨的多年生草本植物。《诗·召南·汉广》："翘翘错薪，言刈其蒌。"唐代孔颖达疏："此蒌是草，故言草中之翘翘然。《释草》云：'购，蔏蒌。'舍人曰：'购一名蔏蒌。'郭云：'蔏蒌，蒌蒿也。'"宋代苏轼《惠崇〈春江晚景〉》："蒌蒿满地芦芽短，正是河豚欲上时。"宋代黄机《木兰花慢·次岳总干韵》："剩买蒌蒿荻笋，河豚已上渔舟。"

莽（mǎng）

甲骨文	金文	小篆	楷书
			莽

莽，会意兼形声字。甲骨文的"莽"，从茻（mǎng）从犬，茻亦声。左右两边从"茻"表示茂密的丛林，中间从"犬"表示猎犬，合起来表示猎犬在丛林中逐猎。金文字形演变为从艸从犬的会意字。小篆承续甲骨文字形。楷书笔画化。《说文·艸部》："莽，南昌谓犬善逐菟艸中为莽。从犬从茻，茻亦声。"《说文段注》："南昌谓犬善逐兔艸中为莽。从犬茻。此字犬在茻中。故称南昌方言，说其意之恉也。引申为卤莽。"《小尔雅·广言》："莽，草也。"

本义为草丛。《左传·哀公元年》："吴日敝於兵，暴骨如莽，而未见德焉。"晋代杜预注："草之生於广野，莽莽然，故曰草莽。"汉代扬雄《长杨赋》："罗千乘於林莽，列万骑於山隅。"泛指草。《楚辞·离骚》："朝搴阰之木兰兮，夕揽洲之宿莽。"黄寿祺、梅桐生《楚辞全译》："宿莽，《章句》：'草冬生不死者，楚人名曰宿莽。'"

茅（máo）

金文	小篆	楷书
		茅

茅，形声字。金文的"茅"，从艸矛声。上边从"艸"，表示与植物的种类名称有关，在字中表义；下边为"矛"，在字中表音，为声符。小篆承续金文字形。楷书笔画化。《说文·艸部》："茅，菅也。从艸矛声。"《说文段注》："按：统言则茅菅是一，析言则菅与茅殊。许菅茅互训，此从统言也。"

本义为草名，即白茅，俗称"茅草"。《诗·豳风·七月》："昼尔于茅，宵尔索綯。"程俊英《诗经译注》将"昼尔于茅"译为"白天出外割茅草"。《诗·小雅·白华》："白华菅兮，白茅束兮。"程俊英《诗经译注》将"白茅束兮"译为"白茅紧紧捆着它"。《左传·僖公四年》："尔贡包茅不入，王祭不共，无以缩酒，寡人是徵。"晋代杜预注："茅，菁茅也。束茅而灌之以酒为缩酒。"唐代杜甫《茅屋为秋风所破歌》："八月秋高风怒号，卷我屋上三重茅。"

第二，表示植物各组成部分的名称，主要有"芒、英、荚（荚）、茎（茎）、蕚、葩、莲（蓮）、蓓、蕾、蔓、萁"。

芒（máng）

小篆	楷书
芒	芒

芒，形声字。小篆的"芒"，从艸亡声。上边从"艸"，表示植物各组成部分的名称，在字中表义；下边为"亡"，在字中表音，为声符。楷书笔画化。《说文·艸部》："艸耑。从艸亾声。"艸耑，即草端。

本义为谷类植物种子壳上或草木上的细刺。《白虎通义·五行》："其神勾芒者，物之始生，其精青龙，芒之爲言萌也。"晋代潘岳《射雉赋》："麦渐渐以擢芒，雉鷕鷕而朝鸲。"今有成语"芒刺在背"。引申为刀枪的尖端。《汉书·贾谊传》："屠牛坦一朝解十二牛，而芒刃不顿者，所排击剥割，皆众理解也。"唐代颜师古注："芒刃，谓刃之利如豪芒也。"今有成语"锋芒逼人""锋芒毕露""锋芒所向""初露锋芒"等。

英（yīng）

小篆	楷书
英	英

英，形声字。小篆的"英"，从艸央声。上边从"艸"，表示植物各组成部分的名称，在字中表义；下边为"央"，在字中表音，为声符。楷书笔画化。《说文·艸部》："英，艸荣而不实者。一曰黄英。从艸央声。"《尔雅·释艸》："木谓之华，草谓之荣。不荣而实者谓之秀，荣而不实者谓之英。"方环海《尔雅译注》："树木之花称为华，百草之花称为荣。开花而又结果的称为秀（'不荣'的'不'为衍文），开花不结果的称为英。"

本义为花。《诗·郑风·有女同车》："有女同行，颜如舜英。"汉代毛亨传："英犹华也。"程俊英《诗经译注》："英，花。"《楚辞·离骚》："朝饮木兰之坠露兮，夕餐秋菊之落英。"王逸注："英，华也。"黄寿祺、梅桐生《楚辞全译》："落英，零落的花。"晋代陶渊明《桃花源记》："芳草鲜美，落英缤纷。"引申为杰出的人。《荀子·正论》："尧、舜者，天下之英也。"《淮南子·泰族训》："故智过万人者谓之英，千人者谓之俊，百人者谓之豪，十人者谓之杰。"

荚（荚 jiá）

小篆	楷书	简化字
荚	荚	荚

荚（荚），形声字。小篆的"荚"，从艸夾声。上边从"艸"，表示植物各组成部分的名称，在字中表义；下边为"夾"，在字中表音，为声符。楷书笔画化。现简化为"荚"，声符类推简化。《说文·艸部》："荚（荚），艸实。从艸夹声。"清代徐灏《说文段注笺》："艸木实之有皮甲者曰荚，如豆角之类是也。"《广雅·释草》："豆角谓之荚。"

本义为豆科植物的果实。《吕氏春秋·审时》："得时之菽，其荚二七以为族。"关贤柱等《吕氏春秋全译》："二七以为族：豆荚以十四为一簇，分为两排，每排七荚。"

宋代梅尧臣《田家》："南山尝种豆，碎荚落风雨。"

茎（莖 jīng）

茎（莖），形声字。小篆的"莖"，从艸巠（jīng）声。上边从"艸"，表示植物各组成部分的名称，在字中表义；下边为"巠"，在字中表音，为声符。楷书笔画化。现简化为"茎"，声符类推简化。《说文·艸部》："莖（茎），枝柱也。从艸巠声。"《说文段注》："此言艸而兼言木。今本作枝柱，考《字林》作枝主。谓为众枝之主也。盖或用《字林》改《说文》。而主又讹柱。"《玉篇·艸部》："茎，枝本。"《广雅·释草》："茎，本也。"

本义为草本植物的主干。《楚辞·九歌·少司命》："秋兰兮青青，绿叶兮紫茎。"《荀子·劝学》："西方有木焉，名曰射干，茎长四寸，生于高山之上。"唐代岑参《优钵罗花歌》："其间有花人不识，绿茎碧叶好颜色。"唐代戴叔伦《屯田词》："新禾未熟飞蝗至，青苗食尽馀枯茎。"唐代张籍《采莲曲》："试牵绿茎下寻藕，断处丝多刺伤手。"

萼（è）

萼，异体为"蕚"，形声字。小篆的"萼"，从艸咢声。上边从"艸"，表示植物各组成部分的名称，在字中表义；下边为"咢"，在字中表音，为声符。楷书笔画化。《玉篇·艸部》："萼，花萼也。"

本义为花萼。晋代束皙《补亡》："白华朱萼，被于幽薄。"南北朝谢灵运《酬从弟惠连》："山桃发红萼，野蕨渐紫苞。"

葩（pā）

葩，形声字。小篆的"葩"，从艸皅（pā）声。上边从"艸"，表示植物各组成部分的名称，在字中表义；下边为"皅"，在字中表音，为声符。楷书笔画化。《说文·艸部》："葩，华也。从艸皅声。"华，为"花"的古字。《说文段注》："葩之训华者，艸木花也。"

本义为草木的花。汉代张衡《西京赋》："迫而察之，若众葩敷荣曜春风。"唐代李善注："古本葩字为此茇，郭璞三苍为古花字。"清代李渔《闲情偶寄·种植部》："群葩当令时，只在花开之数日。"清代曹雪芹《红楼梦》第五回："一个是阆苑仙葩，一个是美玉无瑕。"

莲（蓮 lián）

莲（蓮），形声字。小篆的"蓮"，从艸連声。上边从"艸"，表示植物各组成部分的名称，在字中表义，为形符；下边为"連"，在字中表音，为声符。楷书笔画化。现简化为"莲",声符类推简化。《说文·艸部》:"蓮(莲),芙蕖之实也。从艸連声。"

本义为莲子,荷的种子,也泛指荷花。《乐府诗集·江南》:"江南可采莲,莲叶何田田。"唐代韩愈《郓州溪堂诗》:"浅有蒲莲,深有蒹苇。"唐代陆龟蒙《江南曲》:"鱼戏莲叶间,参差隐叶扇。"宋代杨万里《晓出净慈寺送林子方》:"接天莲叶无穷碧,映日荷花别样红。"宋代周敦颐《爱莲说》:"予独爱莲之出淤泥而不染,濯清涟而不妖。"清代纳兰性德《清平乐》:"莲子依然隐雾,菱花偷惜横波。"又指藕。唐代卢仝《寄男抱孙》:"引水灌竹中,蒲池种莲藕。"唐代温庭筠《达摩支》:"捣麝成尘香不灭,拗莲作寸丝难绝。"

蓓(bèi)

蓓,形声字。小篆的"蓓",从艸倍声。上边从"艸",表示植物各组成部分的名称,在字中表义;下边为"倍",在字中表音,为声符。楷书笔画化。《说文》中无此字。《玉篇·艸部》:"蓓,蓓蕾。又黄蓓,草名。"

本义为花骨朵儿,含苞待放的花。唐代徐夤(yín)《追和白舍人咏白牡丹》:"蓓蕾抽开素练囊,琼葩薰出白龙香。"宋代张先《更漏子》:"小桃枝,红蓓发,今夜昔时风月。"宋代黄庭坚《戏咏腊梅》:"金蓓锁春寒,恼人香未展。"

蕾(lěi)

蕾,形声字。小篆的"蕾",从艸雷声。上边从"艸",表示植物各组成部分的名称,在字中表义;下边为"雷",在字中表音,为声符。楷书笔画化。《说文》中无此字。《玉篇·艸部》:"蕾,蓓蕾,花绽儿。"《王力古汉语字典》:"蕾,后起字。花蕾,含苞未放的花。"

本义为含苞未放的花朵。宋代王安石《次韵春日感事》:"丹白自分齐破蕾,青黄相向欲交阴。"金代元好问《同儿辈赋未开海棠》诗之二:"枝间新绿一重重,小蕾深藏数点红。"今有词语"花蕾""蓓蕾"。

蔓(màn)

蔓,形声字。小篆的"蔓",从艸曼声。上边从"艸",表示植物各组成部分的名称,在字中表义;下边为"曼",在字中表音,为声符。楷书笔画化。《说文·艸部》:"蔓,葛属。从艸曼声。"《玉篇·艸部》:"蔓,蔓延也。"

本义为藤蔓,草本蔓生植物的枝茎。南北朝贾思勰《齐民要术·种瓜》:"茇(bá)多则蔓广,蔓广则歧多,歧多则饶子。"缪启愉、缪桂龙《齐民要术译注》:"茬多蔓就延展得广,蔓广了支蔓就多,支蔓多了结瓜也多。"唐代杜甫《新婚别》:"兔丝附蓬麻，引蔓故不长。"唐代柳宗元《小石潭记》："青树翠蔓，蒙络摇缀，参差披拂。"宋代陆游《过小孤山大孤山》："丹藤翠蔓，罗络其上，如宝装屏风。"

萁（qí）

小篆	楷书
萁	萁

萁，形声字。小篆的"萁"，从艸其声。上边从"艸"，表示植物各组成部分的名称，在字中表义；下边为"其"，在字中表音，为声符。楷书笔画化。《说文·艸部》："萁，豆茎也。从艸其声。"《玉篇·艸部》："萁，豆茎也。"

本义为豆秸。《汉书·杨恽传》："田彼南山，芜秽不治，种一顷豆，落而为萁。"唐代颜师古注："萁，豆茎也。"《淮南子·时则训》："食麦与羊，服八风水，爨萁燧火。"汉代高诱注："取萁木燧之火炊之。"三国曹植《七步诗》："煮豆燃豆萁，豆在釜中泣。本是同根生，相煎何太急？"今有成语"煮豆燃萁""萁豆相煎""燃萁煎豆"等。后泛指茎秆。唐代王建《句》："单于不向南牧马，席萁遍满天山下。"宋代辛弃疾《新荷叶》："物盛还衰，眼看春叶秋萁。贵贱交情，翟公门外人稀。"宋代陈造《赠傅商卿》："下簾小炽萁炉火，煨芋聊持药玉杯。"

第三，表示与植物相关事物的名称，主要有"茵、薪、藩、苑、荫（蔭）、薄"。

茵（yīn）

小篆	楷书
茵	茵

茵，形声字。小篆的"茵"，从艸因声。上边从"艸"，表示与植物相关事物的名称有关，在字中表义；下边为"因"，在字中表音，为声符。楷书笔画化。《说文·艸部》："茵，车重席。从艸因声。"汤可敬《说文解字今释》："茵，车中加垫的褥席。"

本义为古代车子上的垫子。《汉书·五行志》："或乘小车，御者在茵上，或皆骑，出入市里郊壄。"唐代颜师古注："苏林曰：'茵，车上蓐也。'"《汉书·周阳由传》："司马安之文恶，俱在二千石列，同车未尝敢均茵冯。"唐代颜师古注："茵，车中蓐也。冯，车中所冯者也。"《汉书·丙吉传》："此不过污丞相车茵耳。"唐代颜师古注："茵，蓐也。"清代薛福成《观巴黎油画记》："俯视地，则绿草如茵，川原无际。"

薪（xīn）

小篆	楷书
薪	薪

薪，形声字。小篆的"薪"，从艸新声。上边从"艸"，表示与植物相关事物的名称有关，在字中表义；下边为"新"，在字中表音，为声符。楷书笔画化。《说文·艸部》："薪，荛也。从艸新声。"薪荛，指柴草。

本义为用作燃料的草木。《诗·齐风·南山》："析薪如之何？匪斧不克。"《诗·小雅·无羊》："尔牧来思，以薪以蒸，以雌以雄。"程俊英《诗经译注》："薪，粗柴枝。

蒸，细柴枝。"《管子·轻重甲》："莫之续，则是农夫得居装而卖其薪荛，一束十倍。"《孟子·离娄下》："无寓人于我室，毁伤其薪木。"唐代白居易《卖炭翁》："卖炭翁，伐薪烧炭南山中。"宋代苏洵《六国论》："以地事秦，犹抱薪救火，薪不尽，火不灭。"

"薪水"连用，指采薪和汲水，即指炊爨之事。《晋书·刘寔传》："每所憩止，不累主人，薪水之事，皆自营给。"南北朝萧统《陶渊明传》："汝旦夕之费，自给为难，今遣此力助汝薪水之劳。"后引申为工作的酬劳。清代吴敬梓《儒林外史》第四十八回："这是家兄的俸银一两，送与长兄先生，权为数日薪水之资。"

藩（fān）

藩，形声字。小篆的"藩"，从艸潘声。上边从"艸"，表示与植物相关事物的名称有关，在字中表义；下边为"潘"，在字中表音，为声符。楷书笔画化。《说文·艸部》："藩，屏也。从艸潘声。"《玉篇·艸部》："藩，篱也。"

本义为篱笆。《周易·大壮卦》："羝羊触藩，羸其角。"唐代孔颖达疏："藩，藩篱也。"三国曹植《鰕䱇》："燕雀戏藩柴，安识鸿鹄游。"引申为屏障。《玉篇·艸部》："藩，屏也。"《周礼·夏官》："国有故，则藩塞阻路而止行者，以其属守之。"汉代贾谊《过秦论》："乃使蒙恬北筑长城而守藩篱。"

苑（yuàn）

苑，形声字。小篆的"苑"，从艸夗（yuàn）声。上边从"艸"，表示与植物相关事物的名称有关，在字中表义；下边为"夗"，在字中表音，为声符。楷书笔画化。《说文·艸部》："苑，所以养禽兽也。从艸夗声。"

本义为蓄养禽兽植树木的地方，后来多指帝王游乐打猎的场所。《吕氏春秋·重己》："昔先圣王之为苑囿园池也，足以观望劳形而已矣。"《史记·平准书》："是时禁苑有白鹿而少府多银锡。"《史记·孝武本纪》："其后，天子苑有白鹿，以其皮为币。"后泛指园林、花园。唐代李商隐《即日》："小苑试春衣，高楼倚暮晖。"后又多指学术文艺的中心。南北朝傅亮《感物赋序》："余以暮秋之月，述职内禁，夜清务隙，游目艺苑。"唐代韩愈《复志赋》："朝骋骛乎书林兮，夕翱翔乎艺苑。"

荫（蔭 yìn）

荫（蔭），形声字。小篆的"蔭"，从艸陰声。上边从"艸"，表示与植物相关事物的名称有关，在字中表义；下边为"陰"，在字中表音，为声符。楷书笔画化。现简化为"荫"，声符类推简化。《说文·艸部》："蔭（荫），艸陰地。从艸陰声。"《广韵·侵韵》:"荫,草阴地也。"

本义为树阴。《荀子·劝学》:"林木茂而斧斤至焉,树成荫而众鸟息焉。"引申为庇护。《淮南子·人间训》:"武王荫暍人于樾下,左拥而右扇之,而天下怀其德。"又引申为遮盖。晋代陶渊明《归园田居五首》之一:"榆柳荫后檐,桃李罗堂前。"

薄（bó）

薄,形声字。小篆的"薄",从艸溥（pǔ）声。上边从"艸",表示与植物相关事物的名称有关,在字中表义;下边为"溥",在字中表音,为声符。楷书笔画化。《说文·艸部》:"薄,林薄也。一曰蚕薄。从艸溥声。"《说文段注》:"按:林木相迫不可入曰薄。引申凡相迫皆曰薄。"《广雅·释草》:"草丛生为薄。"

本义为草木丛生之处。《楚辞·九章·涉江》:"露申辛夷,死林薄兮。"黄寿祺、梅桐生《楚辞全译》:"林薄,《集注》:'丛木曰林,草木交错曰薄。'"在此,将其翻译为"露申和辛夷枯死在林间"。《淮南子·原道训》:"处穷僻之乡,侧溪谷之间,隐于榛薄之中。"汉代高诱注:"深草曰薄。"引申为迫近。《广雅·释诂》:"薄,迫也。"《楚辞·九章·涉江》:"腥臊并御,芳不得薄兮。"黄寿祺、梅桐生《楚辞全译》将"芳不得薄兮"翻译为"芳洁的东西却不能近前"。宋代范仲淹《岳阳楼记》:"薄暮冥冥,虎啸猿啼。"今有成语"日薄西山"保留了此义。

第四,表示植物自身的变化或与植物相关的动作行为,主要有"萎、蔫、苦、茨、茸、落、艺（藝）"。

萎（wěi）

萎,形声字。小篆的"萎",从艸委声。上边从"艸",表示植物自身的变化或与植物相关的动作行为,在字中表义;下边为"委",在字中表音,为声符。楷书笔画化。《说文·艸部》:"萎,食牛也。从艸委声。"我们认为《说文》中的字形分析是正确的,所释可能是引申义,不是本义。《广韵·微韵》:"萎,蔫也。"《玉篇·艸部》:"萎,食牛也。"食牛,即饲牛,所释为引申义。谷衍奎《汉字源流字典》:"萎,释为喂牛,为引申义。本义当为草木干枯,凋落。"

本义为草木枯槁、凋谢。《诗·小雅·谷风》:"无草不死,无木不萎。"汉代毛亨传:"虽盛夏万物茂壮,草木无有不死叶萎枝者。"清代曹雪芹《红楼梦》第一〇八回:"宝玉进得园来,只见满目凄凉。那些花木枯萎,更有几处亭馆,彩色久经剥落。"比喻病重。《楚辞·离骚》:"虽萎绝其亦何伤兮,哀众芳之芜秽。"汉代王逸《章句》:"萎,病也。"今有双音词"枯萎""萎谢""萎蔫""衰萎"等。

蔫（niān）

小篆	楷书
蔫	蔫

蔫，形声字。小篆的"蔫"，从艸焉声。上边从"艸"，表示植物自身的变化或与植物相关的动作行为，在字中表义；下边为"焉"，在字中表音，为声符。楷书笔画化。《说文·艸部》："蔫，菸也。从艸焉声。"《说文段注》："蔫，不鲜也。"我们认为《说文》中所释为引申义，而非本义。谷衍奎《汉字源流字典》："蔫，本义为植物因失去水分而枯萎。"

本义为草木失去水分而枯萎。唐代杜牧《春晚题韦家亭子》："蔫红半落平池晚，曲渚飘成锦一张。"唐代韩偓《春尽日》："树头初日照西檐，树底蔫花夜雨沾。"唐代齐己《荆渚病中，因思匡庐，遂成三百字，寄梁先辈》："狂吟树荫映，纵踏花蔫菸。"引申为下垂的样子。元代曾瑞《哨遍·羊诉冤》套曲："我如今刺搭着两个蔫耳朵，滴溜着一条麓硬腿。"比喻精神萎靡、呆滞。今有词语"蔫头蔫脑"。

苫（shàn）

小篆	楷书
苫	苫

苫，形声字。小篆的"苫"，从艸占声。上边从"艸"，表示植物自身的变化或与植物相关的动作行为，在字中表义；下边为"占"，在字中表音，为声符。楷书笔画化。《说文·艸部》："苫，盖也。从艸占声。"《尔雅·释器》："白盖谓之苫。"方环海《尔雅译注》："白茅编成的覆盖物称为苫。"

本义为用茅草编成的覆盖物，盖屋。《左传·襄公十四年》："乃祖吾离被苫盖，蒙荆棘，以来归我先君。"晋代杜预注："盖，苫之别名。"后泛指用席、布等遮盖。宋代陆游《幽居岁莫》之五："刈茅苫鹿屋，插棘护鸡栖。"明代吴承恩《西游记》第二十回："那怪见他赶得至近，却又抠着胸膛，剥下皮来，苫盖在那卧虎石上，脱真身，化一阵狂风，径回路口。"《西游记》第六十七回："二层门是砖石垒的墙壁，又是荆棘苫盖。"清代蒲松龄《聊斋志异·狼三则》："顾野有麦场，场主积薪其中，苫蔽成丘。"

茨（cí）

小篆	楷书
茨	茨

茨，形声字。小篆的"茨"，从艸次声。上边从"艸"，表示植物自身的变化或与植物相关的动作行为，在字中表义；下边为"次"，在字中表音，为声符。楷书笔画化。《说文·艸部》："茨，以茅苇盖屋。从艸次声。"

本义为用芦苇、茅草盖屋。《庄子·让王》："原宪居鲁，环堵之室，茨以生草。"陈鼓应《庄子今注今译》："以草盖房谓之'茨'（成疏）。"《新唐书·东夷传》："居依山谷，以草茨屋，惟王宫、官府、佛庐以瓦。"也指用芦苇、茅草盖的屋顶。《韩非子·五蠹》:"尧之王天下也,茅茨不剪,采椽不斫。"梁启雄《韩子浅解》:"茅茨,是用茅草盖覆成的房顶。"

葺（qì）

小篆	楷书
葺	葺

葺,形声字。小篆的"葺",从艸咠（qì）声。上边从"艸",表示植物自身的变化或与植物相关的动作行为,在字中表义,为形符;下边为"咠",在字中表音,为声符。楷书笔画化。《说文·艸部》:"葺,茨也。从艸咠声。"《广雅·释诂》:"葺,覆也。"

本义为用茅草盖屋。《左传·襄公三十一年》:"以敝邑之为盟主,缮完葺墙,以待宾客。"晋杜预注:"葺,覆也。"《楚辞·九歌·湘夫人》:"芷葺兮荷屋,缭之兮杜衡。"引申为修补。明代归有光《项脊轩志》:"余稍为修葺,使不上漏。"

落（luò）

小篆	楷书
落	落

落,形声字。小篆的"落",从艸洛声。上边从"艸",表示植物自身的变化或与植物相关的动作行为,在字中表义,为形符;下边为"洛",在字中表音,为声符。楷书笔画化。《说文·艸部》:"落,凡艸曰零,木曰落。从艸洛声。""零""落",散文则通,对文有别。

本义为树叶脱落,花落。《诗·卫风·氓》:"桑之未落,其叶沃若。"《楚辞·离骚》:"惟草木之零落兮,恐美人之迟暮。"晋代陶渊明《桃花源记》:"中无杂树,芳草鲜美,落英缤纷。"唐代王维《鸟鸣涧》:"人闲桂花落,夜静春山空。"泛指下落、下坠。唐代李白《望庐山瀑布》:"飞流直下三千尺,疑是银河落九天。"唐代杜甫《复阴》:"君不见夔子之国杜陵翁,牙齿半落左耳聋。"宋代苏轼《后赤壁赋》:"山高月小,水落石出。"

艺（藝 yì）

甲骨文	金文	小篆1	小篆2	楷书	简化字
艺	藝	藝	藝	藝	艺

艺（藝）,会意兼形声字。甲骨文的"藝",为会意字,从"丮"（jǐ）从"木"。右下边从"丮"（jǐ）表示双手持握,左上边从"木"表示幼苗,合起来表示双手执苗种植。金文的"藝",左下加"土",右下加"女",表示女子培土种植。小篆1基本承续金文字形,省去右下的"女"。小篆2在小篆1的基础上,上边加"艸",下边加"云",字形繁化,均表示种植。楷书笔画化。现简化为"艺",从艸乙声,为形声字,为意音法简化。《说文·艸部》:"藝（艺）,种也。从坴丮,持亟种之。"

本义为种植。《诗·齐风·南山》:"艺麻如之何?衡从其亩。"汉代毛亨传:"艺,树也。"程俊英《诗经译注》："艺麻，种麻。"《诗·唐风·鸨羽》："王事靡盬，不能艺稷黍，父母何怙？"程俊英《诗经译注》："艺，种植。"《左传·昭公十六年》："有事于山，艺山林也。"《孟子·滕文公上》："后稷教民稼穑，树艺五谷，五谷熟而民人育。"《明史·海瑞传》："布袍脱粟，令老仆艺蔬自给。"

第五，表示植物的性能、状貌，主要有"芬、芳、茂、苗、芜（蕪）、萎、苍（蒼）、蕃"。

芬（fēn）

芬，会意兼形声字。小篆1的"芬"，从屮（chè）从分，分亦声，从"屮"与从"艸"义同。上边从"屮"，表示与植物的性能、状貌有关，在字中表义，为形符；下边为"分"，既是形符也是声符。小篆2将形符"屮"改换为"艸"。楷书笔画化。《说文·艸部》："芬，艸初生，其香分布。从屮从分，分亦声。芬，芬或从艸。"《广雅·释训》："芬芬，香也。"

本义为花、草等的香气。《诗·小雅·信南山》："是烝是享，苾苾芬芬，祀事孔明。"程俊英《诗经译注》："苾苾芬芬，香气浓郁。"《楚辞·离骚》："芳菲菲而难亏兮，芬至今犹未沬。"黄寿祺、梅桐生《楚辞全译》将"芬至今犹未沬"翻译为"到今天还在散发出芳馨"。

芳（fāng）

芳，形声字。小篆的"芳"，从艸方声。上边从"艸"，表示与植物的性能、状貌有关，在字中表义，为形符；下边为"方"，在字中表音，为声符。楷书笔画化。《说文·艸部》："芳，香艸也。从艸方声。"《说文段注》："香艸当作艸香。"

本义为花草的香气。《楚辞·九章·涉江》："腥臊并御，芳不得薄兮。"唐代崔颢《黄鹤楼》："晴川历历汉阳树，芳草萋萋鹦鹉洲。"今有成语"流芳百世"。引申为香草、花卉。《史记·屈原贾生列传》："其志洁，故其称物芳。其行廉，故死而不容自疏。"宋代欧阳修《醉翁亭记》："野芳发而幽香，佳木秀而繁阴。"今有成语"芬芳馥郁"，比喻香气浓郁。

茂（mào）

茂，形声字。小篆的"茂"，从艸戊（wù）声。上边从"艸"，表示与植物的性能、状貌有关，在字中表义，为形符；下边为"戊"，在字中表音，为声符。楷书笔画化。《说文·艸部》："茂，艸丰盛。从艸戊声。"

本义为草木繁盛。《诗·大雅·召旻》:"如彼岁旱,草不溃茂,如彼栖苴。"汉代郑玄笺:"'溃茂'之'溃'当作'汇'。汇,茂貌。"程俊英《诗经译注》:"溃茂,溃和茂同义,丰茂。"三国曹操《步出夏门行·观沧海》:"树木丛生,百草丰茂。"今有成语"根深叶茂"。引申为美、优秀。《诗·齐风·还》:"子之茂兮,遭我乎峱之道兮。"汉代毛亨传:"茂,美也。"《汉书·元帝纪》:"其令内郡国举茂材异等贤良直言之士各一人。"汉代应劭注:"旧言秀才,避光武帝讳称茂才。"今有成语"风华正茂"。

茁(zhuó)

茁,形声字。小篆的"茁",从艸出声。上边从"艸",表示与植物的性能、状貌有关,在字中表义,为形符;下边为"出",在字中表音,为声符。楷书笔画化。《说文·艸部》:"茁,艸初生出地皃。从艸出声。"

本义为草初生出地的样子。《诗·召南·驺虞》:"彼茁者葭,壹发五豝(bā)。"汉代毛亨传:"茁,出也。"宋代陈允平《过秦楼·寿建安使君谢右司》:"向东风种就,一亭兰茁,玉香初茂。"

芜(蕪 wú)

芜(蕪),形声字。小篆的"蕪",从艸无声。上边从"艸",表示与植物的性能、状貌有关,在字中表义;下边为"無",在字中表音。楷书笔画化。现简化为"芜",声符类推简化。《说文·艸部》:"蕪(芜),薉也。从艸无声。"谷衍奎《汉字源流字典》:"芜,本义为田地荒废,杂草丛生。"

本义为土地不耕种而荒废。《老子》第五十三章:"田甚芜,仓甚虚。"汉代杨恽《报孙会宗书》:"田彼南山,芜秽不治。"晋代陶渊明《归去来兮辞》:"归去来兮,田园将芜胡不归?"

萋(qī)

萋,形声字。小篆的"萋",从艸妻声。上边从"艸",表示与植物的性能、状貌有关,在字中表义;下边为"妻",在字中表音。楷书笔画化。《说文·艸部》:"萋,艸盛。从艸妻声。"

本义为草茂盛的样子,常叠用。《诗·小雅·出车》:"春日迟迟,卉木萋萋。"程俊英《诗经译注》:"萋萋,茂盛的样子。"《汉书·外戚传》:"华殿尘兮玉阶苔,中庭萋兮绿草生。"唐代颜师古注:"萋萋,青草貌也。"唐代崔颢《黄鹤楼》:"晴川历历汉阳树,芳草萋萋鹦鹉洲。"

苍（蒼 cāng）

小篆	楷书	简化字
蒼	蒼	苍

苍（蒼），形声字。小篆的"蒼"，从艸倉声。上边从"艸"，表示与植物的性能、状貌有关，在字中表义；下边为"倉"，在字中表音，为声符。楷书笔画化。现简化为"苍"，声符类推简化。《说文·艸部》："蒼（苍），艸色也。从艸倉声。"《说文段注》："引申为凡青黑色之称。"《广雅·释器》："苍，青也。"

本义为草色，引申为青黑色。《礼记·月令·孟春》："乘鸾路，驾仓龙，载青旂，衣青衣，服仓玉，食麦与羊，其器疏以达。"唐代孔颖达疏："龙与玉言苍者，苍亦青也，远望则苍。""仓"与"苍"同。《墨子·所染》："见染丝者而叹曰：'染于苍则苍，染于黄则黄。'"

蕃（fán）

金文	小篆	楷书
蕃	蕃	蕃

蕃，形声字。金文的"蕃"，从艸番声。上边从"艸"，表示与植物的性能、状貌有关，在字中表义；下边为"番"，在字中表音，为声符。小篆承续金文字形。楷书笔画化。《说文·艸部》："蕃，艸茂也。从艸番声。"

本义为茂盛、繁盛。《诗·唐风·椒聊》："椒聊之实，蕃衍盈升。"程俊英《诗经译注》："蕃衍，繁盛众多。"《荀子·天论》："繁启蕃长于春夏，畜积收藏于秋冬。"明代徐光启《甘薯疏序》："客莆田徐生为予三致其种，种之，生且蕃，略无异彼土。"引申为众多。宋代周敦颐《爱莲说》："水陆草木之花，可爱者甚蕃。"

第二节 "木"部及其例字

从"木"的字，其义大多与树木有关。

木（mù）

一、形体演变

甲骨文	金文	小篆	楷书
木	木	木	木

二、构形理据

木，象形字。甲骨文的"木"，像树木形，像上有枝干、下有根系的一棵树。金文、小篆承续甲骨文字形。楷书笔画化。《说文·木部》："木，冒也。冒地而生。东方之行。

527

从中，下象其根。凡木之属皆从木。"徐中舒《甲骨文字典》："甲骨文木字上象枝，中象干，下象根，实不从中。"方述鑫等《甲骨金文字典》："甲骨金文均象树木之形。"

三、本义

本义为树木，为木本植物的通称。《庄子·山木》："庄子行于山中，见大木，枝叶盛茂，伐木者止其旁而不取也。"陈鼓应《庄子今注今译》将"见大木"翻译为"看见一棵很大的树"。《孟子·尽心上》："舜之居深山之中，与木石居，与鹿豕游。"杨伯峻《孟子译注》将"与木石居"译为"在家只有树和石"。唐代刘禹锡《酬乐天扬州初逢席上见赠》："沉舟侧畔千帆过，病树前头万木春。"宋代欧阳修《醉翁亭记》："野芳发而幽香，佳木秀而繁阴。"成语"缘木求鱼""草木皆兵""古木参天"中的"木"保留了古义。

引申为木料、木材。《论语·公冶长》："朽木不可雕也，粪土之墙不可杇也，于予与何诛。"《庄子·马蹄》："匠人曰：'我善治木，曲者中钩，直者应绳。'"陈鼓应《庄子今注今译》将"我善治木"译为"我会削木"。明代魏学洢《核舟记》："明有奇巧人曰王叔远，能以径寸之木，为宫室、器皿、人物，以至鸟兽、木石。"

四、理据例说

"木"是汉字的一个部首。从"木"的字，其义均与树木有关，大致可归纳为五类。

第一，表示树的种类名称，主要有"桃、李、松、柏、杨（楊）、柳、杏、枫（楓）"等。

桃（táo）

小篆	楷书
桃	桃

桃，形声字。小篆的"桃"，从木兆声。左边从"木"，表示树的种类名称，在字中表义；右边为"兆"，在字中表音，为声符。楷书笔画化。《说文·木部》："桃，果也。从木兆声。"

本义为果木名，即桃树。《诗·周南·桃夭》："桃之夭夭，灼灼其华。"《诗·魏风·园有桃》："园有桃，其实之殽。"唐代秦系《题洪道士山院》："霞外主人门不扃，数株桃树药囊青。"引申为桃子。《诗·大雅·抑》："投我以桃，报之以李。"程俊英《诗经译注》将"投我以桃"译为"人家送我一篮桃"。《史记·李将军列传》："桃李不言，下自成蹊。"唐代姚合《杏溪十首·杏溪》："桃花四散飞，桃子压枝垂。"

李（lǐ）

甲骨文	金文	小篆	楷书
李	李	李	李

李，形声字。甲骨文的"李"，从木子声。上边从"木"，表示树的种类名称，在字中表义，为形符；下边为"子"，在字中表音，为声符。金文、

小篆承续甲骨文字形。楷书笔画化。《说文·木部》:"李,果也。从木子声。"《甲骨文字典》《甲骨金文字典》中未见此字。

本义为李子树。《诗·王风·丘中有麻》:"丘中有李,彼留之子。"《诗·小雅·南山有台》:"南山有杞,北山有李。"唐代姜晞《享龙池乐章·第九章》:"石匮渚傍还启圣,桃李初生更有仙。"引申为李花。《诗·召南·何彼秾矣》:"何彼秾矣?华如桃李。"唐代刘禹锡《竹枝》:"山上层层桃李花,云间烟火是人家。"唐代王绩《春桂问答二首》:"问春桂,桃李正芬华。"

松(sōng)

| 金文 | 小篆 | 楷书 |

松,形声字。金文的"松",从木公声。左边从"木",表示树的种类名称,在字中表义,为形符;右边为"公",在字中表音,为声符。小篆承续金文字形。楷书笔画化。《说文·木部》:"松,木也。从木公声。案,松或从容。"方述鑫等《甲骨金文字典》:"松,金文同小篆。"

本义为松科植物的总称,指松树。《诗·郑风·山有扶苏》:"山有乔松,隰有游龙。"汉代毛亨传:"松,木也。"《诗·小雅·斯干》:"如竹苞矣,如松茂矣。"汉代郑玄笺:"又如松柏之畅茂矣。"汉乐府《孔雀东南飞(并序)》:"东西植松柏,左右种梧桐。"

柏(bǎi)

| 甲骨文 | 金文 | 小篆 | 楷书 |

柏,形声字。甲骨文的"柏",从林白声,"木"与"林"同义。上边从"林",表示树的种类名称,在字中表义,为形符;下边为"白",在字中表音,为声符。金文演变为从木白声的形声字,为左右结构。小篆承续金文字形。楷书笔画化。《说文·木部》:"柏,鞠也。从木白声。"《尔雅·释木》:"柏,椈也。"《尔雅》中写作"椈",从木,而非《说文》中的这个"鞠"。我们认为《尔雅》为确。方述鑫等《甲骨金文字典》:"柏,甲骨文同小篆。或从林,古文字木、林相通。"

本义为木名,即柏树,也称"椈"。《诗·小雅·天保》:"如松柏之茂,无不尔或承。"汉代郑玄笺:"如松柏之枝叶,常茂盛青青。"《诗·商颂·殷武》:"陟彼景山,松柏丸丸。"汉代郑玄笺:"取松柏易直者,断而迁之。"《论语·子罕》:"岁寒,然后知松柏之后雕也。"唐代王维《蓝田山石门精舍》:"老僧四五人,逍遥荫松柏。"唐代刘湾《虹县严孝子墓》:"前有松柏林,荆蓁结朦胧。"

杨(楊 yáng)

| 金文 | 小篆 | 楷书 | 简化字 |

杨(楊),形声字。金文的"楊",从木昜(yáng)声。左边从"木",表示树的种类名称,在字中表义,为形符;右边为"昜",在字中表

音,为声符。小篆承续金文字形。楷书笔画化。现简化为"杨",声符为简化偏旁类推简化。《说文·木部》:"楊(杨),木也。从木昜声。"《尔雅·释木》:"杨,蒲柳。"蒲柳,即水杨。《说文段注》:"古今注曰:'蒲柳生水边。又曰:水杨、蒲杨也。'"

本义为植物名,落叶乔木,杨树。唐代王昌龄《长歌行》:"系马倚白杨,谁知我怀抱。"唐代刘禹锡《竹枝词》:"杨柳青青江水平,闻郎江上唱歌声。"唐代孙元晏《宋代袁粲》:"独步何人识袁尹,白杨郊外醉方归。"宋代柳永《雨霖铃》:"今宵酒醒何处?杨柳岸,晓风残月。"

柳（liǔ）

甲骨文	金文	小篆	楷书

柳,形声字。甲骨文的"柳",从木卯(yǒu)声。上边从"木",表示树的种类名称,在字中表义,为形符;下边为"卯",在字中表音,为声符。金文、小篆承续甲骨文字形,变为左右结构。楷书笔画化。《说文·木部》:"柳,小杨也。从木卯声。卯,古文酉。"徐中舒《甲骨金文字典》:"柳,甲骨文从木从卯(卯),不从卯。"方述鑫等《甲骨金文字典》:"金文同小篆。"

本义为木名,即柳树。《诗·齐风·东方未明》:"折柳樊圃,狂夫瞿瞿。"汉代毛亨传:"柳,桑脆之木。"《古诗十九首》:"青青河畔草,郁郁园中柳。"唐代卢照邻《长安古意》:"弱柳青槐拂地垂,佳气红尘暗天起。"唐代张谔《延平门高斋亭子应岐王教》:"昨夜蒲萄初上架,今朝杨柳半垂堤。"唐代黄滔《江行遇王侍御》:"数年分散秦吴隔,暂泊官船浦柳中。"

杏（xìng）

甲骨文	小篆	楷书

杏,形声字。甲骨文的"杏",从木向省声。上边从"木",表示树的种类名称,在字中表义,为形符;下边为"向省声",省为"口",在字中表音,为声符。小篆承续甲骨文字形。楷书笔画化。《说文·木部》:"杏,果也。从木,可省声。"《说文段注》:"杏,从木,向省声。向,各本作'可',误,今正。"

本义为木名,杏树。《礼记·内则》:"栗、榛、柿、瓜、桃、李、梅、杏、柤、梨、姜、桂。"《管子·地员》:"其梅其杏,其桃其李,其秀生茎起。"唐代窦巩《游仙词》:"海上神山绿,溪边杏树红。"引申为杏花。唐代王维《春中田园作》:"屋上春鸠鸣,村边杏花白。"宋代陆游《临安春雨初霁》:"小楼一夜听春雨,深巷明朝卖杏花。"

枫（楓 fēng）

小篆	楷书	简化字
楓	楓	枫

枫（楓），形声字。小篆的"楓"，从木風声。左边从"木"，表示树的种类名称，在字中表义；右边为"風"，在字中表音，为声符。楷书笔画化。现简化为"枫"，声符类推简化。《说文·木部》："楓（枫），木也。厚叶，弱枝，善摇。一名櫋。从木風声。"

本义为木名，即枫香树，也叫"丹枫"。《楚辞·招魂》："湛湛江水兮，上有枫，目极千里兮，伤春心。"汉代王逸注："枫，木名也。"唐代孟浩然《宿扬子津寄润州长山刘隐士》："心驰茅山洞，目极枫树林。"唐代王维《同崔傅答贤弟》："九江枫树几回青，一片扬州五湖白。"唐代储光羲《临江亭五咏》："梁园多绿柳，楚岸尽枫林。"唐代杜牧《山行》："停车坐爱枫林晚，霜叶红于二月花。"宋代张抡《点绛唇·咏春十首》："丹枫万叶碧云边，黄花千点幽岩下。"

第二，表示树木本身各组成部分的名称，主要有"本、末、枝、杈、株、根、梢、枚、果"。

本（běn）

金文	小篆	楷书
夲	夲	本

本，指事字。金文的"本"，是在"木"主干下边加上一个指事性符号，即实心圆点"·"，以指明树根之所在。小篆承续金文字形，实心圆点写成"一"一横。楷书笔画化。《说文·木部》："本，木下曰本。从木，一在其下。"方述鑫等《甲骨金文字典》："金文字形略同小篆。"

本义为草木的根，多为树根。《诗·大雅·荡》："颠沛之揭，枝叶未有害，本实先拨。"汉代郑玄笺："言大木揭然将蹶，枝叶未有折伤，其根本实先绝，乃相随俱颠拔。"《国语·晋语一》："伐木不自其本，必复生，塞水不自其源，必复流。"《淮南子·泰族训》："国主之有民也，犹城之有基，木之有根。根深则本固。"引申为事物的根基或主体。《论语·学而》："君子务本，本立而道生。"汉代贾谊《论积贮疏》："今背本而趋末，食者甚众，是天下之大残也。"南北朝贾思勰《齐民要术·序》："舍本逐末，贤哲所非。"明代马中锡《中山狼传》："墨之道，'兼爱'为本，吾终当有以活汝。"

末（mò）

金文	小篆	楷书
朿	末	末

末，指事字。金文的"末"，是在"木"的主干上边加上一个指事性符号，即一个短横"-"，以指明树木末梢之所在。小篆承续金文字形，把"木"字主干上边的一短横

"-"变为长横"一"。楷书笔画化。注意:"末"字下横短,与"未"上横短不同。《说文·木部》:"末,木上曰末。从木,一在其上。"方述鑫等《甲骨金文字典》:"本、朱、末三字均为指事,本指木下,末指木上,朱指木中,谓此为一株树木,为株之初文,金文字形同小篆。"

本义为树梢。《左传·昭公十一年》:"末大必折,尾大不掉,君所知也。"李梦生《左传译注》将"末大必折"翻译为"树梢大了必然会折断"。《礼记·大学》:"物有本末,事有终始,知所先后,则近道矣。"《孟子·告子下》:"不揣其本而齐其末,方寸之木可使高于岑楼。"宋代朱熹《四书集注》:"本,谓下。末,谓上。"今有成语"细枝末节"。泛指物的末端、末尾。《孟子·梁惠王上》:"'明足以察秋毫之末',而不见舆薪,则王许之乎?"《史记·平原君虞卿列传》:"夫贤士之处世也,譬若锥之处囊中,其末立见。"今有成语"穷途末路"。

枝(zhī)

枝,形声字。小篆的"枝",从木支声。左边从"木",表示树木本身各组成部分的名称,在字中表义;右边为"支",在字中表音,为声符。楷书笔画化。《说文·木部》:"枝,木别生条也。从木支声。"《说文段注》:"艸部曰:'茎,枝主也。'干与茎为艸木之主,而别生条谓之枝。枝必岐出也,故古枝岐通用。"

本义为树木的支条。汉乐府《孔雀东南飞(并序)》:"徘徊庭树下,自挂东南枝。"唐代杜甫《江畔独步寻花》:"黄四娘家花满蹊,千朵万朵压枝低。"宋代周敦颐《爱莲说》:"中通外直,不蔓不枝,香远益清,亭亭净植,可远观而不可亵玩焉。"宋代辛弃疾《西江月·夜行黄沙道中》:"明月别枝惊鹊,清风半夜鸣蝉。"引申为歧出的,分支。《庄子·骈拇》:"骈拇枝指,出乎性哉!"陈鼓应《庄子今注今译》:"枝指,旁生的手指。"《吕氏春秋·慎行》:"尽杀崔杼之妻子及枝属,烧其室屋。"关贤柱等《吕氏春秋全译》将"枝属"翻译为"宗族亲属"。

杈(chā)

杈,形声字。小篆的"杈",从木叉声。左边从"木",表示树木本身各组成部分的名称;右边为"叉",在字中表音,为声符。楷书笔画化。《说文·木部》:"杈,枝也。从木叉声。"《方言》卷二:"江东谓树歧曰杈桠。"

本义为树干的分枝或树枝的分岔。元末明初施耐庵《水浒传》第十一回:"数十株老树杈桠,三五处小窗关闭。"《水浒传》第三十二回:"古怪乔松盘鹤盖,杈桠老树挂藤萝。"

株（zhū）

株，形声字。小篆的"株"，从木朱声。左边从"木"，表示树木本身各组成部分的名称；右边为"朱"，在字中表音，为声符。楷书笔画化。《说文·木部》："株，木根也。从木朱声。"

本义为露出地面的树根。《韩非子·五蠹（dù）》："宋人有耕者，田中有株，兔走触株，折颈而死。"《史记·平准书》："乃徵诸犯令，相引数千人，命曰'株送徒'。"南北朝裴骃《史记集解》："应劭曰：'株，根本也。'"汉代王充《论衡·超奇》："有根株于下，有荣叶于上，有实核于内，有皮壳于外。"唐代陆龟蒙《丁隐君歌》："老树根株若蹲兽，霜浓果熟未容收。"

根（gēn）

根，形声字。小篆的"根"，从木艮（gèn）声。左边从"木"，表示树木本身各组成部分的名称；右边为"艮"，在字中表音，为声符。楷书笔画化。《说文·木部》："根，木株也。从木艮声。"

本义为草木之根。《老子》第五十九章："有国之母，可以长久，是谓深根固蒂、长生久视之道。"《韩非子·解老》："柢固，则生长；根深，则视久。"三国曹植《七步诗》："本是同根生，相煎何太急。"唐代魏征《谏太宗十思疏》："德不处其厚，情不胜其欲，斯亦伐根以求木茂，塞源而欲流长也。"唐代白居易《叹春风兼赠李二十侍郎二绝》："树根雪尽催花发，池岸冰消放草生。"

梢（shāo）

梢，形声字。小篆的"梢"，从木肖声。左边从"木"，表示树木本身各组成部分的名称；右边为"肖"，在字中表音，为声符。楷书笔画化。《说文·木部》："梢，木也。从木肖声。"五代南唐徐锴《说文解字系传》："梢，树枝末也。"《王力古汉语字典》："梢，树枝的末端。"

本义为树木的末端。唐代杜甫《茅屋为秋风所破歌》："茅飞渡江洒江郊，高者挂罥长林梢。"唐代白居易《有木诗八首》："托根附树身，开花寄树梢。"唐代雍陶《秋居病中》："幽居悄悄何人到，落日清凉满树梢。"宋代欧阳修《生查子》："月上柳梢头，人约黄昏后。"

枚（méi）

枚，会意字。甲骨文的"枚"，从木从攴（pū）。右边从"木"表示树木本身各组成部分的名称，左边从"攴"（攴）表示手持器械，合起来表示手工修理树枝。金文基本承续甲骨文字形，左右结构互换，并将甲骨文中的""（支）写成"![]"。小篆基本承续金文字形。楷书笔画化。《说文·木部》："枚，干也。可为杖。从木从支。"方述鑫等《甲骨金文字典》："甲骨金文同小篆。"

本义为树干。《诗·周南·汝坟》："遵彼汝坟，伐其条枚。"汉代毛亨传："枝曰条，干曰枚。"《诗·大雅·旱麓》："莫莫葛藟，施于条枚。"汉代郑玄笺："葛也藟也，延蔓于木之枚本而茂盛。"唐代陶雍《和兵部郑侍郎省中四松诗》："何由比萝蔓，樊附在条枚。"

果（guǒ）

甲骨文	金文	小篆	楷书
![]	![]	![]	果

果，象形字。甲骨文的"![]"（果），像树上结满了球状形的籽实。金文的"![]"将甲骨文字形中的多颗籽实省略成一颗"![田]"，并画出籽粒"：："。小篆将金文中的籽实形状"![田]"简化成"田"。楷书笔画化。《说文·木部》："果，木实也。从木，象果形在木之上。"方述鑫等《甲骨金文字典》："金文同小篆。"

本义为果子、果实。《周礼·场人》："场人，掌国之场圃，而树之果蓏、珍异之物，以时敛而藏之。"汉代郑玄注："果，枣李之属。蓏，瓜瓠之属。"唐代贾公彦疏："张晏曰：'有核曰果，无核曰蓏。'臣瓒以为在地曰蓏，在树曰果，则不辨有核无核。"《吕氏春秋·贵信》："风不信，其华不盛，华不盛，则果实不生。"唐代柳宗元《种树郭橐驼传》："驼业种树，凡长安豪富人为观游及卖果者，皆争迎取养。"宋代司马光《训俭示康》："酒酤于市，果止于梨、栗、枣、柿之类。"明代刘基《卖柑者言》："杭有卖果者，善藏柑，涉寒暑不溃。"

第三，表示用木料制成的器具的名称，主要有"杖、枹、柱、杯、械、栋（棟）、梁、椽、楫、榭、槽、榻"。

杖（zhàng）

小篆	楷书
![]	杖

杖，形声字。小篆的"杖"，从木丈声。左边从"木"，表示与用木料制成的器具的名称有关；右边为"丈"，在字中表音，为声符。楷书笔画化。《说文·木部》："杖，持也。从木丈声。"《说文段注》："杖持叠韵。凡可持及人持之皆曰杖。"汤可敬《说文解字今释》："杖，持握的木棍。"

本义为手杖，俗称"拐杖"。《礼记·曲礼上》："谋于长者，必操几杖以从之。"《论语·微子》："'四体不勤，五谷不分。孰为夫子？'植其杖而芸。"唐代杜甫《茅屋为秋风所破歌》："唇焦口燥呼不得，归来倚杖自叹息。"宋代志南《绝句》："古木阴中系短篷，杖藜扶我过桥东。"清代蒲松龄《聊斋志异·促织》："乃强起扶杖，执图诣寺后。"

枹（fú）

小篆	楷书
𣒞	枹

枹，形声字。小篆的"枹"，从木包声。左边从"木"，表示与用木料制成的器具的名称有关；右边为"包"，在字中表音，为声符。楷书笔画化。《说文·木部》："枹，击鼓杖也。从木包声。"

本义为鼓槌。《左传·成公二年》："左并辔，右援枹而鼓，马逸不能止，师从之。"晋代杜预注："枹，鼓槌也。"《国语·晋语五》："乃左并辔，右援枹而鼓之，马逸不能止，三军从之。"《国语·越语下》："范蠡乃左提鼓，右援枹，以应使者。"黄永堂《国语全译》："枹，鼓槌。"《汉书·李寻传》："顺之以善政，则和气可立致，犹枹鼓之相应也。"颜师古注："枹，击鼓之椎也。"唐代柳宗元《寄韦珩》："饥行夜坐设方略，笼铜枹鼓手所操。"宋代苏轼《石钟山记》："扣而聆之，南声函胡，北音清越，枹止响腾，余韵徐歇。"

柱（zhù）

小篆	楷书
𣘤	柱

柱，形声字。小篆的"柱"，从木主声。左边从"木"，表示与用木料制成的器具的名称有关；右边为"主"，在字中表音，为声符。楷书笔画化。《说文·木部》："柱，楹也。从木主聲。"

本义为屋柱。《庄子·人间世》："散木也，以为舟则沈……以为柱则蠹。"《战国策·燕策三》："荆轲废，乃引其匕首提秦王，不中，中柱。"唐代李朝威《柳毅传》："柱以白璧，砌以青玉，床以珊瑚，帘以水精。"清代曹雪芹《红楼梦》第六回："忽见堂屋中柱子上挂着一个匣子，底下又坠着一个秤砣般一物，却不住的乱幌。"

杯（bēi）

小篆	楷书
𣏟	杯

杯，形声字，异体为"桮""盃"。小篆的"桮"，从木否声。左边从"木"，表示与用木料制成的器具的名称有关；右边为"否"，在字中表音，为声符。楷书笔画化，正体为"杯"，为从木不声的形声字。《说文·木部》："杯，䉶（gòng）也。从木否声。"《说文段注》："匚部曰：'䉶，小桮也。'析言之。此云：'桮，䉶也。'浑言之。"

本义为盛酒、茶等饮料或水的饮器。《礼记·玉藻》："母没而杯圈不能饮焉，口泽之气存焉尔。"王文锦《礼记译解》将这句翻译为"母亲谢世之后，不要使用母亲用过的杯盘，因为杯盘上存在着母亲的口泽气息"。《庄子·逍遥游》："覆杯水于坳堂之上，则芥为之舟。"唐代李白《行路难》："停杯投箸不能食，拔剑四顾心茫然。"引申为量词，表示一杯量的量。唐代王维《送元二使安西》："劝君更尽一杯酒，西出阳关无故人。"宋代范仲淹《渔家傲》："浊酒一杯家万里，燕然未勒归无计。"

械（xiè）

械，形声字。小篆的"械"，从木戒声。左边从"木"，表示与用木料制成的器具的名称有关，在字中表义；右边为"戒"，在字中表音，为声符。楷书笔画化。《说文·木部》："械，桎梏也。从木戒声。一曰器之总名。一曰持也。一曰有盛为械，无盛为器。"

本义为脚镣手铐一类的刑具。汉代司马迁《报任安书》："李斯，相也，具于五刑；淮阴，王也，受械于陈。"唐代李善注："械，谓桎梏也。"《汉书·娄敬传》："械系敬广武。"颜师古注："械谓桎梏也。"清代方苞《狱中杂记》："其次，求脱械居监外板屋，费亦数十金。"方苞《左忠毅公逸事》："因摸地上刑械作投击势。"

栋（棟 dòng）

栋（棟），形声字。小篆的"棟"，从木東声。左边从"木"，表示与用木料制成的器具的名称有关，在字中表义；右边为"東"，在字中表音，为声符。楷书笔画化。现简化为"栋"，声符类推简化。《说文·木部》："棟（栋），极也。从木東声。"《说文段注》："极者，谓屋至高之处。"清代朱骏声《说文通训定声》："屋内至中至高之处，亦曰阿，俗谓之正梁。"清代王筠《说文句读》："栋为正中一木之名，今谓之脊檩者是。"

本义为房屋的正梁，即屋顶最高处的水平木梁，支撑着椽子的上端。《庄子·人间世》："仰而视其细枝，则拳曲而不可以为栋梁。"唐代韩愈《合江亭》："梁栋宏可爱，结构丽匪过。"唐代杜牧《阿房宫赋》："使负栋之柱，多于南亩之农夫。"明代吴承恩《西游记》第二十三回："忽睁睛抬头观看，那里得那大厦高堂，也不是雕梁画栋，一个个都睡在松柏林中。"清代曹雪芹《红楼梦》第三回："正面五间上房，皆雕梁画栋。"比喻堪当大任的人或重要的物。《国语·晋语一》："太子，国之栋也，栋成乃制之，不亦危乎！"黄永堂《国语全译》将"国之栋也"翻译为"国家的栋梁"。《汉书·佞幸传赞》："主疾无嗣，弄臣为辅，鼎足不强，栋干微挠。"

梁（liáng）

梁，形声字。金文的"梁"，从水刅（chuāng）声。左边从"水"，表示与河流有关，在字中表义；右边为"刅"，在字中表音，为声符。小篆演变为从木从水刅声的形声字，表示用树木架桥。楷书笔画化。《说文·木部》："水桥也。从木从水，刅声。"《说文段注》："梁之字用木跨水，则今之桥也。"

本义为水桥、桥梁。《诗·大雅·大明》："造舟为梁，不显其光。"程俊英《诗经译注》：" 造舟为梁，联舟以成浮桥。"《左传·庄公四年》："令尹斗祁、莫敖屈重除道梁溠，营军临随。" 晋代杜预注："梁，桥也。"《礼记·月令》："固封疆，备边竟，完要塞，谨关梁，塞徯径。"汉代郑玄注："梁，桥横也。"《国语·晋语二》："岂谓君无有？亦为君之东游津梁之上，无有难急也。" 黄永堂《国语全译》："梁，桥梁。"

椽（chuán）

椽，形声字。小篆的"椽"，从木彖（tuàn）声。左边从"木"，表示与用木料制成的器具的名称有关，在字中表义；右边为"彖"，在字中表音，为声符。楷书笔画化。《说文·木部》："椽，榱（cuī）也。从木彖声。"《说文段注》："《左传》：'以大宫之椽归，为卢门之椽。'《释名》曰：'椽，传也。相传次而布列也。'"

本义为椽子，即架在檩上承架屋顶的木条。《韩非子·五蠹》："尧之王天下也，茅茨不翦，采椽不斫。"唐代刘希夷《谒汉世祖庙》："攒木承危柱，疏萝挂朽椽。"唐代杜甫《彭衙行（邠阳县西北有彭衙城）》："野果充糇粮，卑枝成屋椽。"

楫（jí）

楫，形声字。小篆的"楫"，从木咠（qì）声。左边从"木"，表示与用木料制成的器具的名称有关，在字中表义；右边为"咠"，在字中表音，为声符。楷书笔画化。《说文·木部》："楫，舟櫂（zhào）也。从木咠声。"櫂，同"棹"。

本义为船桨。《诗·卫风·竹竿》："淇水滺滺，桧楫松舟。"汉代毛亨传："楫，所以棹舟也。"宋代朱熹《诗集传》："楫，所以行舟也。"《楚辞·哀郢》："楫齐扬以容与兮，哀见君而不再得。"汉代王逸注："楫，船棹也。"《荀子·劝学》："假舟楫者，非能水也，而绝江河。"代指船只。《后汉书·显宗孝明帝纪》："方今上无天子，下无方伯，若涉渊水而无舟楫。"唐代孟浩然《望洞庭湖赠张丞相》："欲济无舟楫，端居耻圣明。"唐代王昌龄《何九于客舍集》："门前泊舟楫，行次入松筱。"

榭（xiè）

榭，形声字。小篆的"榭"，从木躲（shè）声。左边从"木"，表示与用木料制成的器具的名称有关，在字中表义；右边为"躲"，在字中表音，为声符。楷书笔画化，演变为从木射声的形声字，"躲"为"射"的异体。《说文新附·木部》："榭，台有屋也。从木躲声。"

本义为建在高台或水面上的木屋，多用于游观。唐代刘禹锡《杨柳枝词九首》：

"轻盈袅娜占年华，舞榭妆楼处处遮。"唐代元稹《连昌宫词》："舞榭欹倾基尚在，文窗窈窕纱犹绿。"宋代陆游《过小孤山大孤山》："但祠宇极于荒残，若稍饰以楼观亭榭，与江山相发挥，自当高出金山之上矣。"宋代辛弃疾《永遇乐·京口北固亭怀古》："舞榭歌台，风流总被雨打风吹去。"今有双音词"水榭""香榭""亭榭"、成语"舞榭歌台"。

槽（cáo）

小篆	楷书
槽	槽

槽，形声字。小篆的"槽"，从木曹声。左边从"木"，表示与用木料制成的器具的名称有关，在字中表义；右边为"曹"，在字中表音，为声符。楷书笔画化。《说文·木部》："畜兽之食器。从木曹声。"

本义为四边高起而中间凹入的畜兽饮食器具。《晋书·宣帝纪》："又尝梦三马同食一槽，甚恶焉。"唐代韩愈《马说》："故虽有名马，祇辱于奴隶人之手，骈死于槽枥之间，不以千里称也。"

榻（tà）

小篆	楷书
榻	榻

榻，形声字。小篆的"榻"，从木曰（tà）声。左边从"木"，表示与用木料制成的器具的名称有关，在字中表义；右边为"曰"，在字中表音，为声符。楷书笔画化。《说文·木部》："榻，牀（床）也。从木曰声。"

本义为狭长而较矮的坐卧用具。《玉台新咏·古诗为焦仲卿妻作》："移我琉璃榻，出置前窗下。"《后汉书·徐稚传》："蕃在郡不接宾客，唯稚来特设一榻，去则县之。"清代蒲松龄《聊斋志异·促织》："喜置榻上，半夜复苏，夫妻心稍慰。"

第四，表示树木的众寡、枯荣、曲直等方面，主要有"林、森、枯、槁（槀）、朽、枉、棱"等。

林（lín）

甲骨文	金文	小篆	楷书
林	林	林	林

林，会意字。甲骨文的"林"，从二木，表示树木丛生。从"木"表示树木的众寡情况。金文、小篆承续甲骨文字形。楷书笔画化。《说文·木部》："林，平土有丛木曰林。从二木。"《尔雅·释地》："野外谓之林。"徐中舒《甲骨文字典》："林，从二'木'（木），与《说文》篆文同。"

本义为成片的树木。《诗·小雅·白华》："有鹙在梁，有鹤在林。"程俊英《诗经译注》将"有鹤在林"翻译为"白鹤挨饿在树林"。晋代陶渊明《桃花源记》："忽逢桃花林，夹岸数百步。"唐代柳宗元《黔之驴》："虎见之，庞然大物也，以为神，蔽林间窥之。"

森（sēn）

甲骨文	小篆	楷书

森，会意字。甲骨文的"森"，从林从木，表示林大树木繁多，从"木"表示树木的众寡情况。小篆承续甲骨文字形。楷书笔画化。《说文·木部》："森，木多皃。从林从木。"徐中舒《甲骨文字典》："森，甲骨文与《说文》篆文形同。"

本义为树木丛生繁密。晋代左思《蜀都赋》："鼯貁眠于蘩草，弹言鸟于森木。"唐代蔡希寂《同家兄题渭南王公别业》："素晖射流濑，翠色绵森林。"引申为密集的、严密的。晋代陆机《文赋》："播芳蕤之馥馥，发青条之森森。"唐代杜甫《蜀相》："丞相祠堂何处寻？锦官城外柏森森。"

枯（kū）

小篆	楷书

枯，形声字。小篆的"枯"，从木古声。左边从"木"，表示树木的枯荣情况；右边为"古"，在字中表音，为声符。楷书笔画化。《说文·木部》："枯，槀（槁）也。从木古声。"《玉篇·木部》："枯，《说文》曰：'槁也。'"

本义为枯槁，草木干枯。《礼记·月令》："行冬令，则草木蚤枯。"唐代王维《观猎》："草枯鹰眼疾，雪尽马蹄轻。"唐代白居易《赋得古原草送别》："离离原上草，一岁一枯荣。"元代马致远《天净沙·秋思》："枯藤老树昏鸦，小桥流水人家，古道西风瘦马。"宋代沈括《梦溪笔谈·药议》："八月苗未枯，采掇者易辨识耳，在药则未为良时。"

槁（槀 gǎo）

甲骨文	小篆	楷书

槁，形声字。甲骨文的"槁"，从林高声，从"林"与从"木"义同。上边从"林"，表示树木的枯荣情况；下边为"高"，在字中表音，为声符。小篆演变为从木高声的形声字。楷书笔画化，承续小篆字形，演变为左右结构。《说文·木部》："槀，木枯也。从木高声。"

本义为草木枯干。《楚辞·九叹·远逝》："草木摇落，时槁悴兮。"汉代王逸注："槁，枯也。"《庄子·齐物论》："形固可使如槁木，而心固可使如死灰乎？"《孟子·公孙丑上》："其子趋而往视之，苗则槁矣。"

朽（xiǔ）

| 金文 | 小篆 | 楷书 |

朽，形声字。金文的"朽"，从木丂（kǎo）声。右边从"木"，表示树木的枯荣情况；左边为"丂"，在字中表音，为声符。小篆承续金文字形，"木"与"丂"左右结构互换。楷书笔画化。《说文·歺部》："殅，腐也。从歺（è）丂聲。朽，殅或从木。"《说文段注》："肉部曰：'腐，烂也。'今字用朽而殅废矣。"

本义为腐烂。《诗·周南·艮耜》："荼蓼朽止，黍稷茂止。"汉代郑玄笺："朽，烂也。"《论语·公冶长》："朽木不可雕也，粪土之墙不可杇也。"《荀子·劝学》："锲而舍之，朽木不折。"

枉（wǎng）

| 小篆 | 楷书 |

枉，形声字。小篆的"枉"，从木㞷（huáng）声。左边从"木"，表示树木的曲直情况；右边为"㞷"，在字中表音，为声符。楷书笔画化，演变为从木王声的形声字。《说文·木部》："枉，袤（xié）曲也。从木㞷声。"《玉篇·木部》："枉，袤曲也。"袤曲，即斜曲。

本义为弯曲、不正。《荀子·王霸》："辟之，是犹立直木而求其景之枉也。"《后汉书·仲长统传》："逮至清世，则复入于矫枉过正之检。"《隋书·酷吏传》："汉革其风，矫枉过正。"宋代司马光《训俭示康》："侈则多欲：君子多欲则贪慕富贵，枉道速祸。"引申为邪恶。《论语·颜渊》："举直错诸枉，能使枉者直。"杨伯峻《论语译注》将其译为"把正直人提拔出来，位置在邪恶人之上，能够使邪恶人正直"。

棱（léng）

| 小篆 | 楷书 |

棱，形声字，俗作"楞"和"稜"。小篆的"棱"，从木夌（líng）声。左边从"木"，表示树木的棱角情况；右边为"夌"，在字中表音，为声符。楷书笔画化。《说文·木部》："棱，柧（gū）也。从木夌声。"谷衍奎《汉字源流字典》："棱，在边棱意义上俗又作'楞'。""本义为四方木。"

本义为有四角的木。《后汉书·班彪传》："混建章而外属，设璧门之凤阙，上柧棱而栖金雀。"引申为棱角。唐代韩愈《南山诗》："晴明出棱角，缕脉碎分绣。"唐代吕岩《窑头坯歌》："棱角坚完不复坏，扣之声韵堪磨镌。"

第五，表示与树木有关的行为，主要有"析、栽、植、构（構）、栖（棲）、树（樹）、柔"等。

析（xī）

| 甲骨文 | 金文 | 小篆 | 楷书 |

析，会意字。甲骨文的"析"，从木从斤。左边从"木"表示与树木有关的行为，右边从"斤"表示斧头，合起来表示用斧头将木头劈开。金文、小篆承续甲骨文字形。楷书笔画化。《说文·木部》："析，破木也。一曰折也。从木从斤。"方述鑫等《甲骨金文字典》："甲骨金文均同小篆。"

本义为劈，劈木头。《诗·齐风·南山》："析薪如之何？匪斧不克。"汉代郑玄笺："此言析薪必待斧乃能也。"《诗·小雅·小弁》："伐木掎矣，析薪扡矣。"汉代毛亨传："伐木者掎其巅，析薪者随其理。"程俊英《诗经译注》："析薪，劈柴。"南北朝刘勰《文心雕龙·论说》："是以论如析薪，贵能破理，斤利者，越理而横断。"陆侃如、牟世金注："析，破木。薪，木柴。"

栽（zāi）

| 金文 | 小篆 | 楷书 |

栽，形声字。金文的"栽"，从木哉（zāi）声。左下从"木"，表示与树木有关的行为，为形符；右上为"哉"，在字中表音，为声符。小篆承续金文字形。楷书笔画化。《说文·木部》："栽，筑墙长版也。从木哉声。"《说文段注》："郑云：'栽，犹殖也。'今时人名艸木之殖曰栽。筑墙立版亦曰栽。"《广韵·咍（hāi）韵》："栽，种也。"

本义为种植。《礼记·中庸》："故栽者培之，倾者覆之。"汉代郑玄注："栽犹殖也。""殖"，即植。唐代白居易《和万州杨使君四绝句·白槿花》："秋蕣晚英无艳色，何因栽种在人家。"唐代张彪《敕移橘栽》："及时望栽种，万里绕花园。"宋代王安石《书湖阴先生壁》："茅檐长扫净无苔，花木成畦手自栽。"

植（zhí）

| 小篆 | 楷书 |

植，形声字。小篆的"植"，从木直声。左边从"木"，表示与树木有关的行为，为形符；右边为"直"，在字中表音，为声符。楷书笔画化。《说文·木部》："植，户植也。从木直声。"《说文段注》："植当为直立之木……植之引申为凡植物、植立之植。"《广雅·释地》："植，种也。"

本义为关闭门户用的直木。《墨子·非儒下》："季孙相鲁君而走，季孙与邑人争门关，决植。"引申为栽种、种植。《吕氏春秋·孝行》："治国家，必务本而后末。所谓本者，非耕耘种植之谓，务其人也。"《玉台新咏·古诗为焦仲卿妻作》："东西植松柏，左右种梧桐。"唐代刘禹锡《和乐天洛城春齐梁体八韵》："潘园观种植，谢墅阅池塘。"唐代白居易《步东坡》："种植当岁初，滋荣及春暮。"明代归有光《项脊轩志》：

"又杂植兰桂竹木于庭，旧时栏楯，亦遂增胜。"又《项脊轩志》："庭有枇杷树，吾妻死之年所手植也，今已亭亭如盖矣。"

构（構 gòu）

小篆	楷书	简化字
構	構	构

构（構），形声字。小篆的"構"，从木冓（góu）声。左边从"木"，表示与树木有关的行为，为形符；右边为"冓"，在字中表音，为声符。楷书笔画化。现简化为"构"，声符同音更换简化。《说文·木部》："構（构），盖也。从木冓声。"《说文段注》："此与冓音同义近。冓，交积材也。凡覆盖必交积材。"

本义为架木造屋。《韩非子·五蠹》："有圣人作，构木为巢以避群害，而民悦之。"《淮南子·泛论》："圣人乃作，为之筑土构木，以为宫室。"汉代高诱注："构，架也。谓材木相乘架也。"唐代陆龟蒙《江湖散人歌》："夜栖止与禽兽杂，独自构架纵横枝。"唐代杜牧《阿房宫赋》："骊山北构而西折，直走咸阳。"

栖（棲 qī）

小篆	楷书	简化字
棲	棲	栖

栖（棲），形声字。栖，同"棲"。小篆的"棲"，从木妻声。左边从"木"，表示与树木有关的行为，为形符；右边为"妻"，在字中表音，为声符。楷书笔画化。现今用"栖"，为正体，从木西声。"棲"作为异体字，被弃不用。《玉篇·木部》："棲，鸟栖也。亦作栖。"

本义为鸟类歇息。《诗·王风·君子于役》："鸡栖于桀，日之夕矣，羊牛下括。"汉代毛亨传："鸡栖于杙为桀。"宋代陆游《过小孤山大孤山》："庙祝云，山有栖鹘甚多。"明代归有光《项脊轩志》："东犬西吠，客逾庖而宴，鸡栖于厅。"

树（樹 shù）

甲骨文	金文	小篆	楷书	简化字
尌	尌	樹	樹	树

树（樹），会意兼形声字。甲骨文的"樹"，为会意字，从木从豆从又。左上从"木"表示与树木有关的行为，左下从"豆"表示器皿，右边从"又"表示手，合起来表示手持木苗栽种在盆里。金文基本承续甲骨文字形。小篆在"尌"的左边再加"木"，成为从木尌（shù）声的形声字，借以强调种植对象为木本植物。楷书笔画化。现简化为"树"，为记号替代法简化，群众新创。《说文·木部》："樹（树），生植之总名。从木尌声。"《说文段注》："植，立也。""寸则谓手植之也。"

本义为栽种、种植、培养。《诗·鄘风·定之方中》："树之榛栗，椅桐梓漆，爰伐琴瑟。"唐代孔颖达疏："既为宫室，乃树之以榛、栗、椅、桐、梓、漆六木於其宫中。"《周礼·大司徒》:"一曰稼穑,二曰树艺,三曰作材。"汉代郑玄注:"树艺谓园圃毓草木。"《孟子·梁惠王上》:"五亩之宅,树之以桑,五十者可以衣帛矣。"今有成语"十年树木,百年树人"。引申为树木。《礼记·月令》:"是月也,树木方盛,乃命虞人入山行木,毋有斩伐。"《左传·昭公二年》:"既享,宴于季氏,有嘉树焉,宣子誉之。"李梦生《左传译注》将"有嘉树焉"翻译为"季氏家有棵好树"。晋代陶渊明《归园田居》:"狗吠深巷中,鸡鸣桑树颠。"宋代辛弃疾《永遇乐·京口北固亭怀古》:"斜阳草树,寻常巷陌,人道寄奴曾住。"元末明初罗贯中《三国演义》第五十一回:"可差五百军去砍倒树木,以断其路。"

柔(róu)

柔,形声字。小篆的"柔",从木矛声。下边从"木",表示与树木有关的行为,为形符;上边为"矛",在字中表音,为声符。楷书笔画化。《说文·木部》:"柔,木曲直也。从木矛声。"《说文段注》:"凡木曲者可直,直者可曲曰柔。"

本义为使树木可曲可直的行为,加工木料。《管子·七法》:"不明于化,而欲变俗易教,犹朝柔轮而夕欲乘车。"柔,也作"揉",柔、揉同源。《诗·周颂·时迈》:"怀柔百神,及河乔岳。"汉代毛亨传:"柔,安。"汉代郑玄笺:"王行巡守,其至方岳之下,来安群神。"程俊英《诗经译注》:"怀柔,安抚,取悦。"这是"柔"的引申用法。《尚书·舜典》:"柔远能迩,惇德允元。"汉代孔安国传:"柔,安。""安",即安抚。

第三节 "竹"部及其例字

从"竹"的字,其义均与竹子有关。

竹(zhú)

一、形体演变

甲骨文	金文	小篆	楷书
个个	个个	竹竹	竹

二、构形理据

竹,象形字。甲骨文的"竹",像两根细枝上垂下的六片叶子。金文基本承续甲骨文字形。小篆承续金文字形。楷书笔画化。《说文·竹部》:"竹,冬生艸也,象形。下垂者,箁箬(póu ruò)也。"《说文段注》:"云冬生者,谓竹胎生于冬,且枝叶不凋也。云艸者,《尔雅》竹在释艸。"清代朱骏声《说文通训定声》补遗:"冬生,谓经冬不死。"汤可敬《说文解字今释》:"箁(póu)箬(ruò),苞笋之皮。"方述鑫等《甲骨金文字典》:"金文字形近小篆,实象竹叶下垂之形。"李孝定《甲骨文字集释》:"契文𥫗字与金文竹字偏旁全同。惟契文象二枝相连,金文分列为二为异耳。"

三、本义

本义为竹子,多年生常绿植物,茎秆有节,中空,可制成器皿等。《诗·小雅·斯干》:"如竹苞矣,如松茂矣。"《世说新语·政事》:"官用竹皆令录厚头,积之如山。"唐代柳宗元《小石潭记》:"伐竹取道,下见小潭。"

引申为竹简。《墨子·尚贤下》:"古者圣王,既审尚贤,欲以为政,故书之竹帛,琢之盘盂。"《吕氏春秋·明理》:"此皆乱国之所生也,不能胜数,尽荆越之竹犹不能书。"《汉书·苏武传》:"功显于汉室,虽古竹帛所载,丹青所画,何以过子卿!"《旧唐书·李密传》:"罄南山之竹,书罪未穷;决东海之波,流恶难尽。"今有成语"罄竹难书"。

引申为竹制的管乐器。唐代刘禹锡《陋室铭》:"无丝竹之乱耳,无案牍之劳形。"唐代白居易《琵琶行(并序)》:"浔阳地僻无音乐,终岁不闻丝竹声。"宋代欧阳修《醉翁亭记》:"宴酣之乐,非丝非竹。"

四、理据例说

"竹"是汉字的一个部首字,从"竹"的字较多。在楷书里,"竹"作部件一律写在上面,并写作"𥫗",称为"竹字头"。从"竹"的字均同竹子有关,大部分是乐器、竹器和记载文字的东西,大致可分为以下五类。

第一,表示竹子的种类及自然组成部分的名称,主要有"筱、篁、箭、竿、笋(筍)、筠、节(節)"。

筱(xiǎo)

小篆	楷书
𥬙	筱

筱,形声字。小篆的"筱",从竹攸声。上边从"竹",表示竹子的品类;下边为"攸",在字中表音,为声符。楷书笔画化。《说文·竹部》:"筱,箭属。小竹也。从竹攸声。"

本义为小竹、细竹。晋代谢灵运《过始宁墅》:"白云抱幽石,绿筱媚清涟。"宋代陆游《过大蓬岭度绳桥至杜秀才山庄》:"柳空丛筱出,松偃翠萝蒙。"

篁(huáng)

小篆	楷书
篁	篁

篁,形声字。小篆的"篁",从竹皇声。上边从"竹",表示竹子的数量与种类;下边为"皇",在字中表音,为声符。楷书笔画化。《说文·竹部》:"篁,竹田也。从竹皇声。"

本义为竹田、竹林。《楚辞·九歌·山鬼》:"余处幽篁兮终不见天,路险难兮独后来。"汉代王逸注:"幽篁,竹林也。"唐代孟浩然《寻香山湛上人》:"石门殊豁险,篁径转森邃。"唐代鲍君徽《东亭茶宴》:"幽篁引沼新抽翠,芳槿低檐欲吐红。"竹名,指篁竹,竹子的一种。晋代戴凯之《竹谱》:"篁竹,坚而促节,体圆而质坚。"唐代张说《和朱使欣二首》:"山行阻篁竹,水宿碍萑蒲。"唐代刘禹锡《经伏波神祠》:"蒙蒙篁竹下,有路上壶头。"唐代柳宗元《小石潭记》:"从小丘西行百二十步,隔篁竹,闻水声,如鸣珮环,心乐之。"唐代孙逖《送赵评事摄御史监军岭南》:"篁竹迎金鼓,楼船引绣衣。"

箭(jiàn)

金文	小篆	楷书
箭	箭	箭

箭,形声字。金文的"箭",从竹前声。上边从"竹"表示用竹子制成的器具的名称,下边为"前",在字中表音,为声符,合起来表示竹制飞行器。小篆基本承续金文字形。楷书笔画化。《说文·竹部》:"箭,矢也。从竹前声。"《说文段注》:"箭,矢竹也。各本无竹,依《艺文类聚》补,矢竹者,可以为矢之竹也。"箭,本义为一种竹子。《尔雅·释地》:"东南之美者,有会稽之竹箭焉。"

本义为竹名,指箭竹,竹子的一种。《史记·夏本纪》:"三江既入,震泽致定。竹箭既布。"韩兆琦《史记评注本》:"竹箭,《禹贡》作筱簜(xiǎodàng)。"《史记·河渠书》:"且褒(bāo)斜材木竹箭之饶,拟于巴蜀。"引申为用弓发射的兵器。唐代杜甫《兵车行》:"车辚辚,马萧萧,行人弓箭各在腰。"唐代王建《辽东行》:"战回各自收弓箭,正西回面家乡远。"张籍《寄宋景》:"诏发官兵取乱臣,将军弓箭不离身。"元末明初罗贯中《三国演义》:"弓箭随身,手持画戟,坐下嘶风赤兔马:果然是'人中吕布,马中赤兔'。"

竿(gān)

小篆	楷书
竿	竿

竿,形声字。小篆的"竿",从竹干声。上边从"竹",表示竹子的自然组成部分的名称;下边为"干",在字中表音,为声符。楷书笔画化。《说文·竹部》:"竿,竹梃也。从竹干声。"《说文段注》:"按挺之言挺也,谓直也。《卫风》曰:'籊籊竹竿。'引申之木直者亦曰竿。"

本义为竹子的主干。《诗·卫风·竹竿》:"籊籊竹竿,以钓于淇。"《管子·禁藏》:"毋伐木,毋夭英,毋拊竿,所以息百长也。"汉乐府《白头吟》:"竹竿何袅袅,鱼尾何簁簁(shāi)!"特指钓竿。唐代常建《戏题湖上》:"竹竿袅袅波无际,不知何者吞吾钩。"唐代孟浩然《岘(xiàn)潭作》:"试垂竹竿钓,果得槎(chá)头鳊。"唐代高适《自淇涉黄河途中作十三首》:"手持青竹竿,日暮淇水上。"

笋（筍 sǔn）

金文	小篆	楷书	简化字

笋（筍），形声字。金文的"筍"，从竹旬声。上边从"竹"，表示竹子的自然组成部分的名称；下边为"旬"，在字中表音，为声符。小篆承续金文字形。楷书笔画化。现以"笋"为正体，为从竹尹声的形声字。《说文·竹部》："筍（笋），竹胎也。从竹旬声。"《说文段注》："胎言其含苞……引伸为竹青皮之称。"方述鑫等《甲骨金文字典》："金文同小篆。"《玉篇·竹部》："筍，竹萌也。"

本义为竹笋，即竹子的嫩芽，可做菜，味鲜美。《诗·大雅·韩奕》："其蔌（sù）维何？维笋及蒲。"程俊英《诗经译注》将这两句翻译为"席上素菜是什么？嫩蒲烧汤竹笋丁"。南北朝萧琛《饯谢文学诗》："春笋方解箨，弱柳向低风。"唐代杜甫《三绝三首》之三："无数春笋满林生，柴门密掩断人行。"唐代王延彬《春日寓感》："因携久酝松醪酒，自煮新抽竹笋羹。"宋代沈括《梦溪笔谈·异事异疾附》："近岁延州永宁关大河岸崩，入地数十尺，土下得竹笋一林，凡数百茎，根干相连，悉化为石。"

筠（yún）

小篆	楷书

筠，形声字。小篆的"筠"，从竹均声。上边从"竹"，表示竹子的自然组成部分的名称；下边为"均"，在字中表音，为声符。楷书笔画化。《说文新附·竹部》："筠，竹皮也。从竹均声。"《广韵·真韵》："筠，竹皮之美质也。"《玉篇·竹部》："筠，如竹箭之有筠。"

本义为竹子的青皮，竹皮。《礼记·礼器》："其在人也，如竹箭之有筠也，如松柏之有心也。"汉代郑玄注："筠，竹之青皮也。"宋代欧阳修《渔家傲·四月园林春去后》："风雨时时添气候，成行新笋霜筠厚。"引申为竹子。南北朝江淹《知己赋》："我筠心而松性，君金彩而玉相。"又为竹子的别称。唐代钱起《赋得池上双丁香树》："黛叶轻筠绿，金花笑菊秋。"清代周煌《吴兴蚕词》："目才到三眠半月强，即时懒意满筠筐。"

节（節 jié）

金文	小篆	楷书	简化字

节（節），形声字。金文的"節"，从竹即声。上边从"竹"，表示竹子的自然组成部分的名称；下边为"即"，在字中表音，为声符。小篆承续金文字形。楷书笔画化。现简化为"节"，为更换形符和声符局部删除法简化。《说文·竹部》："節（节），竹约也。从竹即声。"方述鑫等《甲骨金文字典》："金文同小篆。"

本义为竹节。《史记·龟策列传》："竹外有节理，中直空虚。"《晋书·杜预传》：

"今兵威已振，譬如破竹，数节之后，皆迎刃而解，无复著手处也。"唐代刘禹锡《酬元九侍御赠璧竹鞭长句》："多节本怀端直性，露青犹有岁寒心。"泛指草木枝干间坚实结节的部分及人或动物骨骼衔接处。《周易·说卦》："其于木也，为坚多节。"唐代杜甫《建都十二韵》："风断青蒲节，霜埋翠竹根。"唐代李昌符《题友人屋》："竹节偶相对，鸟名多自呼。"《庄子·养生主》："彼节者有间，而刀刃者无厚。"《黄帝内经·素问·至真要大论》："厥阴在泉，客胜则大关节不利，内为痉强拘瘛。"

第二，表示用竹子制成的物品、器具的名称。这一类较多，主要有"筏（栰）、篙、笏、符、箸（筯）、筷、箠、策、笠、筐、箕、箧（篋）、篓（簍）、箪（簞）、筒"。

筏（栰 fá）

小篆	楷书	简化字
橃	栰	筏

筏，形声字。小篆的"筏"，从木發声，从"木"与从"竹"义近。左边从"木"，表示用木或竹子制成的物品、器具的名称；右边为"發"，在字中表音，为声符。楷书笔画化，演变为从木伐声的形声字。现今"筏"为正体，为从竹伐声的形声字，"栰"被弃不用。《说文·木部》："橃（筏），海中大船。从木發声。"《广韵·月韵》："筏，大曰筏，小曰桴，乘之渡水。"

本义为筏子，渡水用的竹木排。《墨子·杂守》："重五斤以上诸林木，渥水中，无过一筏。"唐代李白《春日归山寄孟浩然》："金绳开觉路，宝筏度迷川。"唐代杜甫《奉送崔都水翁下峡》："无数涪江筏，鸣桡总发时。"元末明初罗贯中《三国演义》第一〇二回："令人紮木筏百余只，上载草把，选惯熟水手五千人驾之。"

篙（gāo）

小篆	楷书
篙	篙

篙，形声字。小篆的"篙"，从竹高声。上边从"竹"，表示用竹子制成的物品、器具的名称；下边为"高"，在字中表音，为声符。楷书笔画化。《说文新附·竹部》："篙，所以进船也。从竹高声。"

本义为撑船的竿。《世说新语·政事》："尝发所在竹篙，有一官长连根取之，仍当足，乃超两阶用之。"唐代李白《下泾县陵阳溪至涩滩》："渔子与舟人，撑折万张篙。"唐代韩愈《潭州泊船呈诸公》："暗浪舂楼堞，惊风破竹篙。"唐代白居易《开龙门八节石滩诗二首》："竹篙桂楫飞如箭，百筏千艘鱼贯来。"

笏（hù）

小篆	楷书
笏	笏

笏，形声字。小篆的"笏"，从竹勿声。上边从"竹"，表示用竹子制成的物品、器具的名称；下边为"勿"，在字中表音，为声符。楷书笔画化。《说文新附·竹部》："笏，公及士所搢也。从竹勿声。"搢（jìn），为古代官员上朝拿的手板。《玉篇·竹部》："笏，字书云：'珽（tǐng）也。'"

珽，即玉笏。

本义为古代朝见时大臣所执的竹板，用以记事。唐代王维《别綦毋潜》："端笏明光宫，历稔朝云陛。"唐代韦应物《自尚书郎出为滁州刺史》："少年不远仕，秉笏东西京。"明代归有光《项脊轩志》："顷之，持一象笏至。"

符（fú）

符，形声字。小篆的"符"，从竹付声。上边从"竹"，表示用竹子制成的物品、器具的名称；下边为"付"，在字中表音，为声符。楷书笔画化。《说文·竹部》："符，信也。汉制以竹，长六寸，分而相合。从竹付声。"《玉篇·竹部》："符，符节也。分欲两边，各持其一，合之为信。"

本义为古代朝廷传达命令或调兵将用的凭证，以铜、竹木或金玉制成，一符从中剖为两半，有关双方各执一半，使用时两半相符合，以验真假。《史记·魏公子列传》："公子即合符，而晋鄙不授公子兵而复请之，事必危矣。"引申为符合、相同。《史记·货殖列传》："岂非道之所符，而自然之验邪？"《汉书·外戚传下》："此乃孝成皇帝至思所以万万于众臣，陛下圣德盛茂所以符合于皇天也。"

箸（筯 zhù）

箸，形声字。小篆的"箸"，从竹者声。上边从"竹"，表示用竹子制成的物品、器具的名称；下边为"者"，在字中表音，为声符。楷书笔画化。《说文·竹部》："箸，饭攲也。从竹者声。"《说文段注》："攲，各本作敧。……攲者，倾侧意。箸必倾侧用之，故曰饭攲。"饭攲，指吃饭时取物的工具，即筷子。《玉篇·竹部》："箸，筴也。饭具也。"

本义为筷子，又作"筯"。《史记·宋微子世家》："箕子者，纣亲戚也。纣始为象箸，箕子叹曰。"韩兆琦《史记评注本》："象箸，象牙筷子。"唐代李白《行路难》："停杯投箸不能食，拔剑四顾心茫然。"今有成语"箸长碗短""闻雷失箸""象箸玉杯"等。

筷（kuài）

筷，形声字。小篆的"筷"，从竹快声。上边从"竹"，表示用竹子制成的物品、器具的名称；下边为"快"，在字中表音，为声符。楷书笔画化。"筷"为后起字。《说文》《玉篇》中无此字。谷衍奎《汉字源流字典》："楷书筷，从竹，快声，快也兼表快速之意。原本称'箸''筯'，由于各地民间都有些忌讳，比如舟行避讳住、翻，故遂改称为'快'。后便以'快'为基础，另加义符竹写作'筷'。"

本义为筷子，也叫"箸"，夹取食物的用具。清代曹雪芹《红楼梦》第二十三回："凤姐听了，把头一梗，把筷子一放，腮上似笑不笑的瞅着贾琏。"刘鹗《老残游记》第十二回："将桌子架开，摆了四双筷子，四只酒杯。"

箠（chuí）

箠，形声字。小篆的"箠"，从竹垂声。上边从"竹"，表示用竹子制成的物品、器具的名称；下边为"垂"，在字中表音，为声符。楷书笔画化。《说文·竹部》："箠，击马也。从竹垂声。"箠，同"棰"。

本义为鞭子。《管子·形势》："生栋覆屋，怨怒不及；弱子下瓦，慈母操箠。"《史记·刘敬传》："太王以狄伐故去豳，杖马箠居岐，国人争随之。"唐代刘禹锡《平蔡州三首》："汉家飞将下天来，马箠一挥门洞开。"

策（cè）

策，形声字。小篆的"策"，从竹朿（cì）声。上边从"竹"，表示用竹子制成的物品、器具的名称；下边为"朿"，在字中表音，为声符。楷书笔画化。《说文·竹部》："策，马箠也。从竹朿声。""朿"，指带有芒刺的植物，作"策"的声符，同时亦兼表义。

本义为竹制的马鞭。《礼记·曲礼上》："君车将驾，则仆执策立于马前。"《战国策·赵策三》："齐闵王将之鲁，夷维子执策而从。"汉代贾谊《过秦论》："及至始皇，奋六世之余烈，振长策而御宇内。"唐代韩愈《马说》："鸣之而不能通其意，执策而临之。"引申为策略、计谋。汉代桓宽《盐铁论·本议》："立盐铁，始张利官以给之，非长策也。"汉代贾谊《过秦论》："孝公既没，惠文、武、昭襄蒙故业，因遗策，南取汉中，西举巴、蜀。"

笠（lì）

笠，形声字。小篆的"笠"，从竹立声。上边从"竹"，表示用竹子制成的物品、器具的名称，为形符；下边为"立"，在字中表音，为声符。楷书笔画化。《说文·竹部》："笠，簦（dēng）无柄也。从竹立声。"《说文段注》："汪氏龙曰：'笠本以御暑，亦可御雨。'"《广雅·释器》："簦谓之笠。"《玉篇·竹部》："笠，簦笠，以竹为也。"

本义为笠帽，用竹为原料编制而成。《诗·小雅·无羊》："尔牧来思，何蓑何笠，或负其餱（hóu）。"《淮南子·说林训》："或谓笠，或谓簦。头虱与空木之瑟，名同实异也。"唐代张志和《渔歌子》："青箬笠，绿蓑衣，斜风细雨不须归。"唐代柳宗元《江雪》："孤舟蓑笠翁，独钓寒江雪。"清代曹雪芹《红楼梦》第八回："小丫头忙捧过斗笠来，宝玉便把头略低一低，命他戴上。"

筐（kuāng）

小篆	楷书
筐	筐

筐，形声字。匡，为"筐"的初文。小篆的"筐"，从竹匡声。上边从"竹"，表示用竹子制成的物品、器具的名称，为形符；下边为"匡"，在字中表音，为声符。楷书笔画化。《说文》中有"匡"字而无"筐"，"匡"即"筐"。《说文·匚部》："匡，饮器，筥也。从匚（fāng）㞷（huáng）声。筐，匡或从竹。"匡，后写作"筐"。《说文段注》："竹部曰：'筥，䈰（shāo）也。一曰饭器。容五升。'䈰有三义，而筥匡取此一义耳。匡不专于盛饭，故《诗》采卷耳以顷匡，求桑以懿匡。"《玉篇·竹部》："筐，蚕筐方曰筐。"

本义为筐子，盛东西的方形竹器。《诗·召南·采蘋》："于以盛之？维筐及筥。"汉代毛亨传："方曰筐，圆曰筥。"唐代常建《陌上桑》："美人金梯出，素手自提筐。"唐代乔知之《定情篇》："叙言情未尽，采荑已盈筐。"唐代储光羲《田家即事》："拨食与田乌，日暮空筐归。"清代方苞《左忠毅公逸事》："一日，使史更敝衣，草屦，背筐，手长镵，为除不洁者，引入。"

箕（jī）

甲骨文	金文	小篆	楷书
𠀠	其	箕	箕

箕，象形兼形声字。甲骨文的"箕"，为象形字，"𠀠"像竹篾编制的簸箕形。金文基本承续甲骨文字形，下面添加了"丌"。小篆基本承续金文字形，在其上添加"竹"，为从竹其声的形声字。上边从"竹"，表示用竹子制成的物品、器具的名称；下边为"其"，在字中表音，为声符。楷书笔画化。《说文·竹部》："箕，簸也。从竹𠀠象形，下其丌也。"方述鑫等《甲骨金文字典》："甲骨文与《说文》古文第一字形相同，象簸箕之形。金文加'丌'，或又象人持箕之形。"

本义为簸箕，扬米去糠的器具。《礼记·学记》："良冶之子，必学为裘；良弓之子，必学为箕。"唐代孔颖达疏："箕，柳箕也。"唐代郑嵎《津阳门诗》："大开内府恣供给，玉缸金筐银簸箕。"

箧（篋 qiè）

小篆	楷书	简化字
篋	篋	箧

箧（篋），形声字。匧，为"篋"的初文。小篆的"篋"，从竹匧声。上边从"竹"，表示用竹子制成的物品、器具的名称，为形符；下边为"匧"，在字中表音，为声符。楷书笔画化。现简化为"箧"，声符类推简化。《说文·匚部》："匧，藏也。从匚夾声。篋，匧或从竹。"《玉篇·竹部》："篋，笥也。"笥，即盛饭食或衣物的竹器。

本义为小箱子，藏物之具。《庄子·胠箧》："将为胠箧、探囊、发匮之盗而为守备，则必摄缄縢（téng）、固扃鐍（jué）；此世俗之所谓知也。"《史记·樗里子甘茂

550

列传》:"乐羊返而论功,文侯示之谤书一箧。"唐代刘方平《婕妤怨》:"惟当合欢扇,从此箧中藏。"唐代郑愔(yīn)《少年行》:"黄金盈箧笥,白日忽西驰。"明代宋濂《送东阳马生序》:"当余之从师也,负箧曳屣,行深山巨谷中。"

篓（簍 lǒu）

小篆	楷书	简化字
簍	簍	篓

篓（簍），形声字。小篆的"簍",从竹婁声。上边从"竹",表示用竹子制成的物品、器具的名称,为形符;下边为"婁",在字中表音,为声符。楷书笔画化。现简化为"篓",声符类推简化。《说文·竹部》:"簍（簍）,竹笼也。从竹婁声。"

本义为用竹或荆条等编成的盛物器具,多为圆筒形。唐代皮日休《茶中杂咏·茶人》:"日晚相笑归,腰间佩轻篓。"唐代唐彦谦《蟹》:"扳罾拖网取赛多,篾篓挑将水边货。"清代曹雪芹《红楼梦》第三十七回:"我和我哥哥说,要几篓极肥极大的螃蟹来。"

箪（簞 dān）

小篆	楷书	简化字
簞	簞	箪

箪（簞），形声字。小篆的"簞",从竹單声。上边从"竹",表示用竹子制成的物品、器具的名称,为形符;下边为"單",在字中表音,为声符。楷书笔画化。现简化为"箪",声符类推简化。《说文·竹部》:"箪（簞）,笥也。从竹單声。《汉津令》：'箪,小筐也。'"谷衍奎《汉字源流字典》:"本义为古代盛饭的有盖圆形竹器。"

本义为古代盛饭的圆形竹器。《礼记·曲礼上》:"凡以弓剑、苞苴、箪笥问人者,操以受命,如使之容。"汉代郑玄注:"箪笥,盛饭食者,圆曰箪,方曰笥。"《左传·宣公二年》:"使尽之,而为之箪食与肉,置诸橐以与之。"唐代孔颖达疏:"郑玄《曲礼》注云：'圆曰箪,方曰笥。'"《孟子·告子上》:"一箪食,一豆羹,得之则生,弗得则死。"唐代孟浩然《书怀贻京邑同好》:"甘脆朝不足,箪瓢夕屡空。"唐代白居易《观刈麦》:"妇姑荷箪食,童稚携壶浆。"

筒（tǒng）

小篆	楷书
筒	筒

筒，形声字。小篆的"筒",从竹同声。上边从"竹",表示用竹子制成的物品、器具的名称,为形符;下边为"同",在字中表音,为声符。楷书笔画化。《说文·竹部》:"筒,通箫也。从竹同声。"《说文》中所释当为引申义,本义为竹筒。《王力古汉语字典》:"筒,竹管。"

本义为竹筒,粗大的竹管。《论衡·量知》:"截竹为筒,破以为牒,加笔墨之迹,乃成文字,大者为经,小者为传记。"唐代李白《酬宇文少府见赠桃竹书筒》:"桃竹书筒绮绣文,良工巧妙称绝群。"唐代杜甫《引水》:"白帝城西万竹蟠,接筒引水喉不干。"

551

第三，表示竹类乐器及与之相关事物的名称，主要有"竽、笛、笙、箫（簫）、筑（築）、筝（箏）、管、籁（籟）、簧"。

竽（yú）

竽，形声字。小篆的"竽"，从竹于声。上边从"竹"，表示竹类乐器的名称，为形符；下边为"于"，在字中表音，为声符。楷书笔画化。《说文·竹部》："竽，管三十六簧也。从竹亏（yú）声。"《说文段注》："竽，管三十六簧也。管下当有乐字。凡竹为者皆曰管乐。"

本义为古代的一种簧管乐器，形似笙而略大，战国时盛行于民间。《荀子·正名》："声音清浊调竽奇声以耳异；甘苦咸淡辛酸奇味以口异。"《韩非子·解老》："竽也者，五声之长者也，故竽先则钟瑟皆随，竽唱则诸乐皆和。"今有成语"滥竽充数"。

笛（dí）

笛，形声字。小篆的"笛"，从竹由声。上边从"竹"，表示竹类乐器的名称，为形符；下边为"由"，在字中表音，为声符。楷书笔画化。《说文·竹部》："笛，七孔筩也。从竹由声。羌笛三孔。"《说文·竹部》："笛，七孔筩也。从竹由声。羌笛三孔。"《说文段注》："笛七孔，长一尺四寸。今人长笛是也。"《玉篇·竹部》："笛，七孔筩（tǒng）也。"《广雅·释器》："龠（yuè）谓之笛，有七孔。"

本义为笛子，管乐器名，竹制。唐代王之涣《凉州词》："羌笛何须怨杨柳，春风不度玉门关。"唐代李白《春夜洛城闻笛》："谁家玉笛暗飞声，散入春风满洛城。"

笙（shēng）

笙，形声字。小篆的"笙"，从竹生声。上边从"竹"，表示竹类乐器的名称，为形符；下边为"生"，在字中表音，为声符。楷书笔画化。《说文·竹部》："笙，十三簧，象凤之身也。笙，正月之音。物生，故谓之笙。大者谓之巢，小者谓之和。从竹生声。"《尔雅·释乐》："大笙谓之巢，小者谓之和。"

本义为簧管乐器。《诗·小雅·鹿鸣》："我有嘉宾，鼓瑟吹笙。"《仪礼·乡射礼》："三笙一和而成声。"汉代郑玄注："三人吹笙，一人吹和，凡四人也。《尔雅》曰：'笙小者谓之和。'"唐代陈子昂《与东方左史虬修竹篇》："驱驰翠虬驾，伊郁紫鸾笙。"唐代李白《古风》其一："两两白玉童，双吹紫鸾笙。"

箫（簫 xiāo）

小篆	楷书	简化字
簫	簫	箫

箫（簫），形声字。小篆的"簫"，从竹肅声。上边从"竹"，表示竹类乐器的名称；下边为"肅"，在字中表音，为声符。楷书笔画化。现简化为"箫"，声符类推简化。《说文·竹部》："簫（箫），参差管乐。象凤之翼。从竹肅声。"《说文段注》："参差管乐，言管乐之列管参差者。竽笙列管虽多而不参差也。"

本义为古代的一种竹管乐器，用一组长短不等的细竹管按音律编排而成。《诗·周颂·有瞽》："既备乃奏，箫管备举。"汉代郑玄笺："箫，编小竹管，如今卖饧者所吹也。"唐代储光羲《杂诗二首》："洪崖吹箫管，玉女飘飘来。"宋代苏轼《前赤壁赋》："客有吹洞箫者，倚歌而和之。"

筑（築 zhù）

小篆	楷书
築	筑

筑（築），形声字。"筑"和"築"原为两个不同的字，因二字音同而久已通用，较早见于睡虎地秦墓竹简，1956年《汉字简化方案》中用"筑"代"築"。小篆的"筑"，从竹巩声。上边从"竹"，表示竹类乐器的名称；下边为"巩"，在字中表音，为声符。楷书笔画化。现用"筑"代"築"，为同音替代法简化。《说文·木部》："築，擣（dǎo）也。从木筑声。"《玉篇·竹部》："筑，乐器也。"

本义为古代的一种击弦乐器，已失传，大体形似筝，颈细而肩圆，演奏时以左手握持，右手以竹尺击弦发音。《战国策·燕策三》："高渐离击筑，荆轲和而歌，为变徵之声，士皆垂泪涕泣。"《史记·高祖本纪》："酒酣，高祖击筑，自为歌诗。"韩兆琦《史记评注本》："筑，乐器名，形状似瑟而小，有弦，以竹击之。"晋代陶渊明《咏荆轲》："渐离击悲筑，宋意唱高声。"引申为指建筑物从无到有的修建、建造。《诗·大雅·绵》："曰止曰时，筑室于兹。"汉代郑玄笺："可作室家于此。"《诗·豳风·七月》："九月筑场圃，十月纳禾稼。"汉代贾谊《过秦论》："乃使蒙恬北筑长城而守藩篱，却匈奴七百余里。"

筝（箏 zhēng）

小篆	楷书	简化字
箏	箏	筝

筝（箏），形声字。小篆的"箏"，从竹爭声。上边从"竹"，表示竹类乐器的名称，为形符；下边为"爭"，在字中表音，为声符。楷书笔画化。现简化为"筝"，声符类推简化。《说文·竹部》："箏（筝），鼓弦竹身乐也。从竹爭声。"《说文段注》："或曰秦蒙恬所造，据此知古筝五弦，恬乃改十二弦。"

本义为拨弦乐器，形似瑟，战国时已流行于秦地，故又称"秦筝"。秦代李斯《谏

553

逐客书》：" 夫击瓮叩缶弹筝搏髀，而歌呼呜呜快耳者，真秦之声也。" 唐代崔国辅《襄阳曲二首》："城中轻薄子，知妾解秦筝。" 唐代李白《春日行》："佳人当窗弄白日，弦将手语弹鸣筝。"

管（guǎn）

小篆	楷书
管	管

管，形声字。小篆的"管"，从竹官声。上边从"竹"，表示竹类乐器的名称，为形符；下边为"官"，在字中表音，为声符。楷书笔画化。《说文·竹部》："管，如篪，六孔。十二月之音。物开地牙，故谓之管。从竹官声。"

本义为一种类似于笛的管乐器，后泛指管乐器。《诗·周颂·有瞽》："既备乃奏，箫管备举。"《淮南子·原道训》："夫建钟鼓，列管弦，席旃茵，傅旄象。"汉代高诱注："管，箫也。"唐代白居易《琵琶行（并序）》："主人下马客在船，举酒欲饮无管弦。"引申为管理。《史记·范雎蔡泽列传》："李兑管赵，囚主父於沙丘，百日而饿死。"元末明初施耐庵《水浒传》第十回："如今叫我管天王堂，未知久后如何。"又引申为管状的东西。成语有"管中窥豹""管窥蠡测""管见所及"等。

籁（籟 lài）

小篆	楷书	简化字
籟	籟	籁

籁（籟），形声字。小篆的"籟"，从竹赖声。上边从"竹"，表示竹类乐器的名称，为形符；下边为"赖"，在字中表音，为声符。楷书笔画化。现简化为"籁"，声符类推简化。《说文·竹部》："籁（籟），三孔龠也。大者谓之笙，其中谓之籁，小者谓之箹。从竹赖声。"《广雅·释乐》："籁谓之箫。"

本义为古代的一种管乐器，三孔。《淮南子·说山训》："物莫不因其所有，而用其所无。以为不信，视籁与竽。"汉代高诱注："籁，三孔籥也。"又指箫。《史记·司马相如列传》："摐（chuāng）金鼓，吹鸣籁，榜人歌，声流喝。"南北朝裴骃《史记集解》："籁，箫也。"唐代王勃《滕王阁序》："爽籁发而清风生，纤歌凝而白云遏。"

簧（huáng）

金文	小篆	楷书
簧	簧	簧

簧，形声字。金文的"簧"，从竹黄声。上边从"竹"，表示与乐器相关事物的名称，为形符；下边为"黄"，在字中表音，为声符。小篆承续金文字形。楷书笔画化。《说文·竹部》："簧，笙中簧也。从竹黄声。古者女娲作簧。"

本义为乐器中用以发声的薄片，振动以发声。《诗经·小雅·巧言》："巧言如簧，颜之厚矣。"唐代孔颖达疏："巧为言语，结构虚辞，速相待合，如笙中之簧，声相应和。"引申为乐器——笙。《诗·秦风·车邻》："既见君子，并坐鼓簧。"《诗·小雅·鹿鸣》："吹笙鼓簧，承筐是将。"汉代毛亨传："簧，笙也。"唐代杜甫《成都府》："喧然名都会，吹箫间笙簧。"

第四，表示与文字及记载文字有关之物品的名称，主要有"篇、简（簡）、笔（筆）、笺（箋）、籍、簿、筹（籌）"。

篇（piān）

小篆	楷书
篇	篇

篇，形声字。小篆的"篇"，从竹扁声。上边从"竹"，表示与文字及记载文字有关之物品的名称有关，为形符；下边为"扁"，在字中表音，为声符。楷书笔画化。《说文·竹部》："篇，书也。一曰关西谓榜曰篇。从竹扁声。"《说文段注》："古曰篇。汉人亦曰卷。卷者，缣帛可捲也。"

本义为竹简、简册。《汉书·公孙宏传》："其悉意正议，详具其对，着之于篇。"唐代颜师古注："篇，简也。"《论衡·书解》："出口为言，著文为篇。古以言为功者多，以文为败者希。"引申为首尾完整的诗文。唐代杜甫《哭韦大夫之晋》："老来多涕泪，情在强诗篇。"唐代韩愈《送灵师》："少小涉书史，早能缀文篇。"唐代刘禹锡《酬杨司业巨源见寄》："辟雍流水近灵台，中有诗篇绝世才。"

简（簡 jiǎn）

金文	小篆	楷书	简化字
簡	簡	簡	简

简（簡），形声字。金文的"簡"，从竹閒声。上边从"竹"，表示与文字及记载文字有关之物品的名称有关，为形符；下边为"閒"，在字中表音，为声符。小篆承续金文字形。楷书笔画化。现简化为"简"，声符类推简化。《说文·竹部》："簡（简），牒也。从竹閒声。"清代朱骏声《说文通训定声》："竹谓之简；木谓之牒，亦谓之牍，亦谓之札。联之为编，编之为册。"

本义为竹简，古代用以书写文字的狭长竹片，为战国至魏晋时代的书写材料，是削制成的狭长竹片或木片，竹片称"简"，木片称"札"或"牍"，统称为"简"，若干简编缀在一起的叫"册"（策）。《诗·小雅·出车》："岂不怀归？畏此简书。"唐代孔颖达疏："古者无纸，有事书之于简，谓之简书。"《礼记·王制》："大史典礼，执简记，奉讳恶。"汉代郑玄注："简记，策书也。"引申为简省、简易、简单。《礼记·乐记》："啴谐、慢易、繁文、简节之音作，而民康乐。"汉代郑玄注："简节，少易也。"宋代沈括《梦溪笔谈·技艺》："若止印三、二本，未为简易；若印数十百千本，则极为神速。"宋代苏轼《石钟山记》："余是以记之，盖叹郦元之简，而笑李渤之陋也。"

笔（筆 bǐ）

小篆	楷书	简化字
箣	筆	笔

笔（筆），会意字。小篆的"筆"，从竹从聿（yù）。上边从"竹"，表示与文字及记载文字有关之物品的名称有关；下边从"聿"，"聿"是"笔"的本字，像以手执笔。古时毛笔笔杆都是以竹制成，故从竹。楷书笔画化。现简化为"笔"，为意符法简化。《说文·聿部》："筆（笔），秦谓之筆。从聿从竹。"清代朱骏声《说文通训定声》："此秦制字，秦以竹为之，加竹。"

本义为毛笔，写字画图的用具。唐代刘长卿《送薛据宰涉县》："下笔盈万言，皆合古人意。"唐代杜甫《奉赠韦左丞丈二十二韵》："读书破万卷，下笔如有神。"唐代孟郊《读张碧集》："下笔证兴亡，陈词备风骨。"引申为书写、记载。《史记·孔子世家》："至于为《春秋》，笔则笔，削则削，子夏之徒不能赞一辞。"韩兆琦《史记评注本》："笔则笔，削则削，意谓自己要写就写，要删就删，别人不能参与意见。"

笺（箋 jiān）

小篆	楷书	简化字
箋	箋	笺

笺（箋），形声字。小篆的"箋"，从竹戋（jiān）声。上边从"竹"，表示与文字及记载文字有关之物品的名称有关，为形符；下边为"戋"，在字中表音，为声符。楷书笔画化。现简化为"笺"，声符类推简化。《说文·竹部》："箋（笺），表识书也。从竹戋声。"《说文段注》："按注诗称笺，自说甚明。"《广雅·释诂》："笺，书也。"

本义为古书注释的一种。《后汉书·儒林传·卫宏》："马融作《毛诗传》，郑玄作《毛诗笺》。"也指古代的一种文体，写给尊贵者的书信。《晋书·谢安传》："温当北征，会万病卒，安投笺求归。"宋代曾巩《回泉州陈都官启》："岂期厚眷，特枉长笺。"也指供题诗、写信等用的精美纸张。唐代白居易《写新诗寄微之偶题卷后》："写了吟看满卷愁，浅红笺纸小银钩。"唐代李商隐《送崔珏往西川》："浣花笺纸桃花色，好好题诗咏玉钩。"明代汤显祖《牡丹亭》第七出："'这是甚么纸？'（旦）'薛涛笺。'"今有词语"信笺""便笺"。

籍（jí）

小篆	楷书
籍	籍

籍，形声字。小篆的"籍"，从竹耤（jí）声。上边从"竹"，表示与文字及记载文字有关之物品的名称有关，为形符；下边为"耤"，在字中表音，为声符。楷书笔画化。《说文·竹部》："籍，簿书也。从竹耤声。"《说文段注》："引申凡箸于竹帛皆谓之籍。"

本义为登记册、户口册，古书以竹制成，故从"竹"。《史记·外戚世家》："窦姬家在清河，欲如赵近家，请其主遣宦者吏：'必置我籍赵之伍中。'"三国诸葛亮《论

556

游户自实》:"今荆州非少人也,而著籍者寡。"唐代姚合《寄杜师义》:"点兵寻户籍,烧药试仙方。"唐代辅国将军《为刘洪作》:"名今编户籍,翠过叶生稀。"

簿(bù)

簿,形声字。小篆的"簿",从竹溥(pǔ)声。上边从"竹",表示与文字及记载文字有关之物品的名称有关,为形符;下边为"溥",在字中表音,为声符。楷书笔画化。《玉篇·竹部》:"簿,箔也。"箔,一种养蚕用具。《王力古汉语字典》:"簿,登记册,档案。"《说文》中无此字。

本义为登记册,即登记事物的册子。《史记·张释之传》:"释之从行,登虎圈。上问上林尉诸禽兽簿,十余问,尉左右视,尽不能对。"唐代韦应物《再游西山》:"自叹乏弘量,终朝亲簿书。"清代曹雪芹《红楼梦》第五回:"仙姑道:'此各司中皆贮的是普天之下所有的女子过去未来的簿册。尔凡眼尘躯,未便先知的。'"今有"户口簿""账簿""簿册"等词语。

筹(籌 chóu)

筹(籌),形声字。小篆的"籌",从竹壽声。上边从"竹",表示与文字及记载文字有关之物品的名称有关,为形符;下边为"壽",在字中表音,为声符。楷书笔画化。现简化为"筹",声符类推简化。《说文·竹部》:"籌(筹),壶矢也。从竹壽声。"《说文段注》:"筹,矢也。按引申为泛称。又谓计算为筹度。"壶矢,为古代投壶用的箭。

本义为计数的用具,用竹、木或象牙制成。《汉书·五行志》:"筹,所以纪数。"引申为谋划、策划。梁启超《谭嗣同传》:"皇上召见杨锐,遂赐衣带诏,有'朕位几不保,命康与四卿及同志速设法筹救'之诏。"

第五,表示与竹制物相关的动作行为,主要有"笞、等、算、簸"。

笞(chī)

笞,形声字。小篆的"笞",从竹台声。上边从"竹",表示与竹制物相关的动作行为,为形符;下边为"台",在字中表音,为声符。楷书笔画化。《说文·竹部》:"笞,击也。从竹台声。"

本义为用竹板、荆条、鞭、杖抽打。《史记·陈涉世家》:"广故数言欲亡,忿恚尉,令辱之,以激怒其众。尉果笞广。"清代曹雪芹《红楼梦》第三十三回:"手足耽耽小动唇舌,不肖种种大承笞挞。"

等（děng）

小篆	楷书
等	等

等，会意字。小篆的"等"，从竹从寺。上边从"竹"，表示与竹制物相关的动作行为；下边从"寺"，表示简册整齐。楷书笔画化。《说文·竹部》："等，齐简也。从竹从寺。寺，官曹之等平也。"《说文段注》："如今人整齐书籍也。引申为凡齐之称。凡物齐之，则高下历历可见，故曰等级。"汤可敬《说文解字今释》："寺，是官署的竹简整齐的意思。"

本义为使竹简齐平，文献用例较少。引申为相同、一样。《淮南子·主术训》："变法者，非无法也，有法者而不用，与无法等。"引申为等级、辈分。《吕氏春秋·召类》："故明堂茅茨蒿柱，土阶三等，以见节俭。"关贤柱等《吕氏春秋全译》将"土阶三等"翻译为"土台只有三级"。《史记·留侯世家》："今诸将皆陛下故等夷，乃令太子将此属，无异使羊将狼，莫肯为用。"《史记索隐》："等夷，言等辈。"韩兆琦《史记评注本》："故等夷，旧日的平辈。"《三国志·蜀书·诸葛亮传》："请自贬三等，以督厥咎。"

算（suàn）

小篆	楷书
算	算

算，会意字。小篆的"算"，从竹从具。上边从"竹"，表示与竹制物相关的动作行为；下边从"具"，表示齐备。另一说是算，从竹从目从廾。从"竹"表示筹码，从"目"表示用眼睛看，从"廾"表示双手，合起来表示用手摆弄筹码进行计算，亦可通。楷书笔画化。《说文·竹部》："算，数（shǔ）也。从竹从具。"《说文段注》："从竹者，谓必用筹以计也。从具者，具数也。"

本义为计算。《汉书·律历志上》："数者，一十百千万也，所以算数事物，顺性命之理也。"清代吴敬梓《儒林外史》第四十回："边庭上都督不知有水草，部里书办核算时偏生知道，这不知是司官的学问？还是书办的学问？"引申为计划、打算。清代曹雪芹《红楼梦》第二十三回："不想后街上住的贾芹之母周氏，正盘算着也要到贾政这边谋一个大小事务与儿子管管，也好弄些银钱使用。"《红楼梦》第六十回："并不留体统，耳朵又软，心里又没有计算。"

簸（bǒ）

小篆	楷书
簸	簸

簸，形声字。小篆的"簸"，从箕皮声，从"竹"与从"箕"义同。上边与左边从"箕"，表示与竹制物相关的动作行为，为形符；右下边为"皮"，在字中表音，为声符。楷书笔画化。《说文·箕部》："簸，扬米去糠也。从箕皮声。"

本义为用簸箕扬去糠秕、尘土等杂物。《诗·小雅·大东》："维南有箕，不可以簸扬。"程俊英《诗经译注》:"簸扬,指用箕扬米以除糠皮。"《诗·大雅·生民》:"诞我祀如何?或舂或揄,或簸或蹂。"汉代毛亨传:"或簸糠者,或蹂黍者。"

第四节 "片"部及其例字

从"片"的字,其义大多与木片或木板有关。

片(piàn)

一、形体演变

甲骨文	小篆	楷书
႕	片	片

二、构形理据

片,指事字。甲骨文的"片",像劈开的木片,为"木"字的一半。小篆基本承续甲骨文字形,为劈开的右半的木片。楷书笔画化。《说文·片部》:"片,判木也。从半木。"《说文段注》:"判木也,谓一分为二之木。……判者,分也。"方述鑫等《甲骨金文字典》:"甲骨文象竖写之床。"《玉篇·片部》:"片,半也,判也,开坼也。"

三、本义

本义为劈开的木片或草片。《南史·齐高帝诸子下》:"少时又无棋局,乃破荻为片,纵横以为棋局,指点行势,遂至名品。"引申为一半。《论语·颜渊》:"子曰:'片言可以折狱者,其由也与?'"宋代朱熹《四书集注》:"片言,半言。"唐代储光羲《长安道》:"百万一时尽,含情无片言。"

引申为扁而薄的东西。唐代白居易《太湖石》:"削成青玉片,截断碧云根。"引申为指少、短、零星。明代马中锡《中山狼传》:"欲少延与片时,誓定是于三老。"今有成语"片言只语"。引申为量词"片",指面积、范围或成片的东西。唐代李白《望天门山》:"两岸青山相对出,孤帆一片日边来。"唐代王之涣《凉州词》:"黄河远上白云间,一片孤城万仞山。"宋代辛弃疾《西江月·夜行黄沙道中》:"稻花香里说丰年,听取蛙声一片。"

四、理据例说

从"片"的字,其义大都与木片或木板有关。这类字不多,主要有"版、牌、牒、牖、牍(牘)"。

559

版（bǎn）

版，形声字。小篆的"版"，从片反声。左边从"片"，指与剖开的木片有关，在字中表义，为形符；右边为"反"，在字中表音，为声符。楷书构字部件同小篆，笔画化。《说文·片部》："版，判也，从片反声。"《说文段注》："凡施于宫室器用者皆曰版，今字作板。"汤可敬《说文解字今释》："版，分剖（的木板）。"

本义为筑土墙用的夹板。《诗·大雅·绵》："其绳则直，缩版以载，作庙翼翼。"程俊英《诗经译注》：将"缩版以载"译为"树起夹板筑土墙"。《孟子·告子下》："舜发于畎亩之中，傅说举于版筑之间。"

牌（pái）

牌，形声字。小篆的"牌"，从片卑声。左边从"片"，指与剖开的木片有关，在字中表义；右边为"卑"，为声符。楷书笔画化。《说文》中无此字。《玉篇·片部》："牌，牌榜。"

本义为题榜、招牌。唐代王建《元日早朝》："举头看玉牌，不识宫殿名。"唐代刘得仁《送祖山人归山》："料得仙家玉牌上，已镌白日上升名。"引申为标牌，古时的凭证、符信。宋代王安石《董伯懿示裴晋公平淮右题名碑诗用其韵和酬》："褒贤乐善自为美，当挂庙壁为诗牌。"明代吴承恩《西游记》第三十七回："当即请他登坛祈祷，果然有应，只见令牌响处，顷刻间大雨滂沱。"

牒（dié）

牒，形声字。小篆的"牒"，从片枼（yè）声。左边从"片"，表示与剖开的木片有关，常用作书写材料，为形符；右边为"枼"，在字中表音，为声符。楷书笔画化。《说文·片部》："牒，札也。从片枼声。"《说文段注》："牒，小木札也。按厚者为牍，薄者为牒。"

本义为简札，古代书写用的木片或竹片。《左传·昭公二十五年》："右师不敢对，受牒而退。"《汉书·路温舒传》："使温舒牧羊，温舒取泽中蒲，截以为牒，编用写书。"唐代颜师古注："小简曰牒，编联次之。"

牖（yǒu）

牖，会意字。小篆的"牖"，从片从户从甫。左边从"片"，表示与锯开的木片有关，为形符；右上边从"户"，表示窗子；右下边从"甫"，按《说文》为"上日也"。楷书笔画化。《说文·片部》："牖，穿壁以木为交窗（窗）也。从片、户、甫。谭长以为：甫，上日也，非户也。牖，所以见日。"《说文段注》："交窗者，以木横直为之，即今之窗也。在墙曰牖，在屋曰窗。"牖，即用木板做成的窗户，先秦多用"牖"，"窗"少见。

本义为窗户。《诗·召南·采蘋》："于以奠之？宗室牖下。"程俊英《诗经译注》："牖，天窗。"汉代贾谊《过秦论》："然陈涉瓮牖绳枢之子，氓隶之人，而迁徙之徒也。"元代赵明道《套数·题情》："透户牖，金风渐渐，滴更长，铜壶点点，更那堪蛩韵絮叨叨。"元代高明《套数·秋怀》："明月无情穿户牖，听寒蛩声满床头。"明代归有光《项脊轩志》："余扃牖而居，久之能以足音辨人。"

牍（牘 dú）

牍（牘），形声字。小篆的"牘"，从片賣（mài）声。左边从"片"，表示与锯开的木片有关，古时用作书写材料，为形符；右边为"賣"，在字中表音，为声符。楷书笔画化。现简化为"牍"，声符类推简化。《说文·片部》："牘（牍），书版也。从片賣声。"

本义为古代写字用的木片，也称"木简"。《史记·绛侯周勃世家》："勃以千金与狱吏，狱吏乃书牍背示之，曰：'以公主为证。'"韩兆琦《史记评注本》："牍背，木简的背面。牍，古人写字用的木板。"《北史·李元护传》："仕齐，位马头太守，虽以将用自达，然亦颇览文史，习于简牍。"引申为公文。唐代刘禹锡《陋室铭》："无丝竹之乱耳，无案牍之劳形。"《宋史·梅执礼传》："历军器、鸿胪丞，比部员外郎，比部职勾稽财货，文牍山委，率不暇经目。"今有成语"连篇累牍"。

第二十二章 山部之类

山部之类包括山、石、厂、阜四部,均与山、石有关。

第一节 "山"部及其例字

从"山"的字,其义均与山有关。

山(shān)

一、形体演变

甲骨文	金文	小篆	楷书
⛰	⛰	山	山

二、构形理据

山,象形字。甲骨文的"山",像山峰并立之形。金文承续甲骨文字形。小篆字形保留了中间一座峰岭的象形特征。楷书笔画化。《说文·山部》:"山,宣也。宣气散,生万物,有石而高。象形。"方述鑫等《甲骨金文字典》:"甲金文象山峰并立之形,与《说文》山字篆文略同,甲骨文山字又与火字形近易混,应据卜辞文意具体分辨之。"徐中舒《甲骨文字典》中"山"字的字形分析略同于《甲骨金文字典》。

三、本义

本义为地面上由土石构成的隆起部分。《诗·小雅·天保》:"如山如阜,如冈如陵。"《诗·小雅·节南山》:"节彼南山,维石岩岩。"《国语·周语下》:"夫山,土之聚也,薮,物之归也。"《列子·汤问》:"太行、王屋二山,方七百里,高万仞。"晋代陶渊明《饮酒》其五:"采菊东篱下,悠然见南山。"宋代陆游《游山西村》:"山重水复疑无路,柳暗花明又一村。"

四、理据例说

"山"是汉字的一个部首字。从"山"的字,其义均与山有关,大致可归纳为以下三类。

第一，表示山的名称、种类或与山有关的事物，主要有"岱、嵩、岑、岫、峡（峽）、岛（島）"。

岱（dài）

岱，形声字。小篆的"岱"，从山代声。右下从"山"，表示山的名称；左与右上边为"代"，在字中表音，为声符。楷书笔画化。《说文·山部》："岱，太山也。从山代声。"《说文段注》："大作太者，俗改也。域中冣大之山，故曰大山。作太、作泰皆俗。《释山》曰：'泰山为东岳。'"

本义为泰山的别称，也称"岱宗""岱岳"。《尚书·禹贡》："海、岱惟青州。"汉代孔安国传："岱，泰山也。"《后汉书·孝安帝纪》："辛卯，幸太山，柴告岱宗。"唐代李贤注："太山，王者告代之处，为五岳之宗，故曰岱宗。"唐代杜甫《望岳》："岱宗夫如何？齐鲁青未了。"

嵩（sōng）

嵩，会意字。小篆的"嵩"，从山从高。上边从"山"，表示与山的名称、种类有关；下边从"高"，表示山势高耸，均在字中表义。楷书笔画化。《说文新附·山部》："嵩，中岳，嵩高山也，从山从高，亦从松。""崧"为"嵩"之异体。《尔雅·释山》："山大而高，崧（嵩）。"《释名·释山》："山大而高曰嵩。"

本义为山势高大。《诗·大雅·崧高》："崧高维岳，骏极于天。"汉代毛亨传："崧，高貌。山大而高曰崧。岳，四岳也。东岳岱，南岳衡，西岳华，北岳恒。"《汉书·扬雄传》："瞰帝唐之嵩高兮，眽隆周之大宁。"唐代颜师古《汉书注》："嵩亦高也。嵩高者，谓孔子云'巍巍乎唯天为大，唯尧则之'也。"指山名，嵩高山，即今嵩山，在今河南省登封市北部，以其嵩高而大，故名。

岑（cén）

岑，形声字。小篆的"岑"，从山今声。上面从"山"，表示与山的种类或与山有关的事物有关，在字中表义；下面为"今"，在字中表音，为声符。楷书笔画化。《说文·山部》："岑，山小而高，从山今声。"《说文段注》："《释山》曰：'山小而高曰岑。'《释名》曰：'岑，崭（zhǎn）也。崭然也。'"

本义为小而高的山。汉代张衡《思玄赋》："噏青岑之玉醴兮，餐沆瀣以为粮。"唐代李善注："青岑，山名。上高者曰岑。沆瀣，夕霞也。"唐代李白《安陆白兆山桃

563

花岩寄刘侍御绾》：“两岑抱东壑，一嶂横西天。”

岫（xiù）

岫，形声字。小篆的"岫"，从山由声。左边从"山"，表示与山的种类或与山有关的事物有关，在字中表义；右边为"由"，在字中表音，为声符。楷书笔画化。《说文·山部》："岫，山穴也。从山由声。"《说文段注》："有穴之山谓之岫。"《尔雅·释山》："山有穴为岫。"

本义为山穴。晋代陶渊明《归去来兮辞》："云无心以出岫，鸟倦飞而知还。"宋代辛弃疾《添字浣溪沙·赋清虚》："山上朝来云出岫，随风一去未曾回。"明代吴承恩《西游记》第十七回："崖深岫险，云生岭上。"

峡（峽 xiá）

峡（峽），形声字。小篆的"陕"，从阜夾声。左边从"阜"，表示与山的种类或与山有关的事物有关，在字中表义；右边为"夾"，在字中表音，为声符。楷书笔画化，演变为从山夾声的形声字。现简化为"峡"，声符为类推简化。《说文·阜部》："陕，隘也。从阜夾声。……今俗从山。"《玉篇·阜部》："陕，不广也。亦作狭。"

本义为两山夹水处。唐代王维《桃源行》："峡里谁知有人事，世中遥望空云山。"明代徐霞客《游天都》："挟澄源、奴子仍下峡路，至天都侧。"

岛（島 dǎo）

岛（島），形声字。小篆的"島"，从山鸟声。下边从"山"，表示与山的种类或与山有关的事物有关，在字中表义；上边为"鳥"，在字中表音，为声符。楷书笔画化。现简化为"岛"，声符为类推简化。《说文·山部》："海中往往有山可依止，曰島。从山鳥声。"《玉篇·山部》："岛，海中山，可居也。"

本义为江、湖、海洋中的陆地。《史记·田儋列传》："田横惧诛，而与其徒属五百余人入海，居岛中。"南北朝裴骃《集解》引韦昭注："海中山曰岛。"三国曹操《步出夏门行》："水何澹澹，山岛竦峙。"

第二，表示山的形状，主要有"崇、峻、峭、峙、崛"。

崇（chóng）

崇，形声字。小篆的"崇"，从山宗声。上边从"山"，表示与山的形状有关，在字中表义；下边为"宗"，在字中表音，为声符。楷书笔画化。《说文·山部》："崇，嵬高也。从山宗声。"《说文段注》："崇，山大而高也。各本作巍高也三字，今正。"《尔雅·释诂》："崇，高也。"

本义为山大而高。晋代王羲之《兰亭集序》:"此地有崇山峻岭,茂林修竹。"唐代贾至《燕歌行》:"前临滹沱后易水,崇山沃野亘千里。"引申为尊崇、推崇。《礼记·祭统》:"崇事宗庙社稷,则子孙顺孝。"汉代郑玄注:"崇,犹尊也。"《论语·颜渊》:"子张问崇德辨惑。子曰:'主忠信,徙义,崇德也。'"

峻（jùn）

小篆	楷书
嶒	峻

峻,形声字。小篆的"峻",从山夋（qūn）声。左边从"山",表示与山的形状有关,在字中表义;右边为"夋",在字中表音,为声符。楷书笔画化。"峻",《说文》中写作"陖"。《说文·山部》:"陖,高也。从山陵声。峻,陖或省。"《玉篇·山部》:"峻,山崄峻也。"

本义为山高而陡峭。《楚辞·九章·涉江》:"山峻高以蔽日兮,下幽晦以多雨。"《北齐书·高昂传》:"山道峻隘,已为寇所守险。"元末明初罗贯中《三国演义》第十回:"长安西二百里盩厔山,其路险峻,可使张、樊两将军屯兵于此,坚壁守之。"今有词语"崇山峻岭""险峻""峻峭"等。

峭（qiào）

小篆	楷书
陗	峭

峭,形声字。小篆的"陗",从阜肖声,从"阜"与从"山"义同。左边从"阜",表示与山的形状有关,在字中表义;右边为"肖",在字中表音,为声符。楷书笔画化,并将篆文"陗"字左边的"阜"改为"山"。《说文·山部》:"陗,陵也。从阜肖声。"《说文段注》:"凡斗直者曰陗。"《广韵·笑韵》:"陗,山峻,亦作峭。"

本义为高峻、陡直。宋代沈括《雁荡山》:"予观雁荡诸峰,皆峭拔险怪,上耸千尺。"宋代陆游《过小孤山大孤山》:"金山、焦山、落星之类,皆名天下,然峭拔秀丽皆不可与小孤比。"

峙（zhì）

小篆	楷书
峙	峙

峙,形声字。小篆的"峙",从山寺声。左边从"山",表示与山的形状有关,在字中表义;右边为"寺",在字中表音,为声符。楷书笔画化。《说文》中无"峙"字。《玉篇·山部》:"峙,峻峙。"

本义为屹立、耸立。三国曹操《步出夏门行·观沧海》:"水何澹澹,山岛竦峙。"《列子·汤问》:"五山始峙而不动。"

崛（jué）

小篆	楷书
崛	崛

崛,形声字。小篆的"崛",从山屈声。左边从"山",表示与山的形状有关,在字中表义;右边为"屈",在字中表音,为声符。楷书笔画化。《说文·山部》:"崛,山短高也。从山屈声。"《说文

段注》:"山短而高也。'而'字旧无。今依《广韵》补。短高者,不长而高也。"

本义为高起、突起。汉代扬雄《甘泉赋》:"洪台崛其独出兮,致北极之嶟嶟。"南北朝何逊《渡连圻诗》二首之一:"悬崖抱奇崛,绝壁驾崚嶒。"

第三,表示山的组成部分或变化,主要有"峰、岭(嶺)、岩(巖)、崩"。

峰(fēng)

小篆	楷书
峯	峰

峰,形声字。小篆的"峰",从山夅(fēng)声。上边从"山",表示与山的组成部分或变化有关,在字中表义;下边为"夅",在字中表音,为声符。楷书笔画化,由篆文的上下结构演变为左右结构。《说文·山部》:"峯,山耑(duān)也。从山夅声。"

本义为山顶。南北朝吴均《与朱元思书》:"夹岸高山,皆生寒树……争高直指,千百成峰。"唐代戴叔伦《偶成》:"野水连天碧,峰峦入海青。"今有成语"登峰造极""千峰万壑"。

岭(嶺 lǐng)

小篆	楷书	简化字
嶺	嶺	岭

岭(嶺),形声字。小篆的"嶺",从山领声。上边从"山",表示与山的组成部分或变化有关,在字中表义;下边为"领",在字中表音,为声符。楷书笔画化。现简化为"岭",声符为音近替代法简化。《说文新附·山部》:"嶺(岭),山道也。从山领声。"

本义为山道、山坡。晋代王羲之《兰亭集序》:"此地有崇山峻岭。"南北朝谢灵运《登上戍石鼓山》:"日末涧增波,云生岭逾叠。"《宋书·鲜卑吐谷浑传》:"甘谷岭北有雀鼠同穴,或在山岭,或在平地。"

岩(巖 yán)

甲骨文	小篆1	小篆2	楷书1	楷书2
			巖	岩

岩(巖),会意兼形声字。甲骨文的"岩",为会意字,从山从"㗊"。下边从"山",表示与山的组成部分与变化有关;上边从"㗊",表示布满石头的山。小篆1承续甲骨文字形。小篆2的"巖",字形繁化,省去"㗊",下边加上"嚴"字。楷书1承续小篆2的字形。楷书2的"岩"为"巖"之俗体。现今以楷书2"岩"字为正体。《说文·山部》:"巖(岩),岸也。从山嚴声。"《说文段注》:"巖(岩),厓也。各本作岸也。今依《太平御览》所引正。厂部曰:'厓者,山边也。'厓亦谓之巖。故厂下云:'山石之厓巖,人可居也。'"《甲骨金文字典》中未见此字。

本义为高峻的山崖。唐代刘商《题水洞二首》之二:"长看岩穴泉流出,忽听悬泉入洞声。"唐代皮日休《河桥赋》:"分其注使不可溃,修其流使不可吞,然后千岩万壑，雷吼电奔，抉（jué）逆流而并泻。"宋代陆游《过小孤山大孤山》："及抛江过其下，嵌岩窦穴，怪奇万状。"

崩（bēng）

小篆	楷书
崩	崩

崩，形声字。小篆的"崩"，从山朋声。左边从"山"，表示与山的组成部分或变化有关，在字中表义；右边为"朋"，在字中表音，为声符。楷书笔画化，由篆文的左右结构演变为上下结构。《说文·山部》："崩，山坏也。从山朋声。"《说文段注》："引申之天子死曰崩。"

本义为倒塌。《诗·小雅·十月之交》："百川沸腾，山冢崒崩。"唐代孔颖达疏："又时山之冢顶高峰之上，崒然崔嵬者皆崩落。"《左传·成公五年》："夏，叔孙侨如会晋荀首于穀。梁山崩。"唐代李白《梦游天姥吟留别》："列缺霹雳，丘峦崩摧。"引申为败坏。《论语·阳货》："君子三年不为礼，礼必坏；三年不为乐，乐必崩。"宋代朱熹《四书集注》："恐居丧不习而崩坏也。"引申为天子死，避讳。《战国策·赵策四》："一旦山陵崩，长安君何以自托于赵？"今有成语"天崩地裂""土崩瓦解""礼坏乐崩"等。

第二节 "石"部及其例字

"石"部亦属于山部之类。从"石"的字，其义大都与石头有关。

石（shí）

一、形体演变

甲骨文	金文	小篆	楷书
石	石	石	石

二、构形理据

石，象形字。甲骨文的"石"，像山崖下的石块。"𠂆"（厂）像悬崖，"口"（口）像岩块，合起来表示山岩。金文、小篆承续甲骨文字形。楷书笔画化。《说文·石部》："石，山石也。在厂之下；口，象形。"方述鑫等《甲骨金文字典》："甲骨文从𠂆，象石崖之形，或增从口，同。厂石乃一字。金文从厂，从口，与甲骨文略同。为《说文》石字篆文所本。"《释名·释天》："山体曰石。"

三、本义

本义为山石、石头。《诗·小雅·鹤鸣》："它山之石，可以为错。"《列子·汤问》：

"且焉置土石何？"清代方苞《左忠毅公逸事》："吾师肺肝，皆铁石所铸造也！"今有双音词"磐石""金石""陨石"等。引申为石碑。明代张溥《五人墓碑记》："故余与同社诸君子，哀斯墓之徒有其石也，而为之记。"

四、理据例说

从"石"的字，其义大都与石头有关，大致可归纳为三类。

第一，表示石的类别和与石相关的事物的名称，主要有"砥、砺（礪）、础（礎）、砌、碧、砖（磚）、碗、碑"。

砥（dǐ）

小篆	楷书
𥒮	砥

砥，形声字。小篆的"砥"，从石氐（dǐ）声。左边从"石"，表示石的类别和与石相关的事物的名称，在字中表义；右边为"氐"，在字中表音，为声符。楷书笔画化。《说文》中"砥"作"厎"。《说文·石部》："厎，柔石也。从厂（hàn）氐声。砥，厎或从石。"《说文段注》："柔石，石之精细者。郑注《禹贡》曰：'厉，摩刀刃石也。精者曰砥。'"

本义为质地很细的磨刀石。《诗·小雅·大东》："周道如砥，其直如矢。"程俊英《诗经译注》："砥，磨刀石。"宋代沈括《梦溪笔谈·活板》："药稍熔，则以一平板按其面，则字平如砥。"引申为磨。《广雅·释诂》："砥，磨也。"《说苑·权谋》："晋人已胜智氏，归而缮甲砥兵。"《淮南子·修务》："剑待砥而后能利。"

砺（礪 lì）

小篆	楷书	简化字
𥗠	礪	砺

砺（礪），形声字。小篆的"礪"，从石厲声。左边从"石"，表示石的类别和与石相关的事物的名称；右边为"厲"，在字中表音，为声符。楷书笔画化。《说文新附·石部》："礪（砺），礳（mó）也。从石厲声。"《玉篇·石部》："砺，崦嵫砺石，可磨刀。"

本义为磨刀石。《荀子·劝学》："故木受绳则直，金就砺则利。"《山海经·中山经》："阴山多砺石。"唐代韩愈、孟郊《斗鸡联句》："一喷一醒然，再接再砺乃。"今有词语"砺石""再接再厉"，"厉"同"砺"。

础（礎 chǔ）

小篆	楷书	简化字
𥖿	礎	础

础（礎），形声字。小篆的"礎"，从石楚声。左边从"石"，表示石的类别和与石相关的事物的名称，在字中表义；右边为"楚"，在字中表音，为声符。楷书笔画化。现简化为"础"，声符同音替代简化，仍为形声字。《说文新附·石部》："礎（础），礩也。从石楚声。"

本义为柱脚石,垫在房屋柱子下的石头。《淮南子·说林训》:"山云蒸,柱础润;伏苓掘,兔丝死。"汉代高诱注:"础,柱下石,礩也。"清代王士禛《兴州》:"行宫余故础,野蔓覆残碑。"

砌(qì)

砌,形声字。小篆的"砌",从石切声。左边从"石",表示石的类别和与石相关的事物的名称,在字中表义;右边为"切",在字中表音,为声符。楷书笔画化。《说文新附·石部》:"砌,阶甃(zhòu)也。从石切声。"

本义为台阶。汉代班固《西都赋》:"于是玄墀釦砌,玉阶彤庭。"唐代李朝威《柳毅传》:"柱以白璧,砌以青玉。"南唐李煜《虞美人》:"雕阑玉砌应犹在,只是朱颜改。"引申为放置砖或石料及黏结料,动词。元末明初施耐庵《水浒传》第四十七回:"那庄正造在冈上,有三层城墙,都是顽石垒砌的,约高二丈。"清代姚鼐《登泰山记》:"道皆砌石为磴,其级七千有余。"

碧(bì)

碧,形声字。小篆的"碧",从石从玉白声。下边从"石",表示石的类别和与石相关的事物的名称;上左边从"王",即玉,表示玉石;上右边为"白",在字中表音,为声符。楷书笔画化。《说文·玉部》:"碧,石之青美者。从玉石,白声。"《说文段注》:"《西山经》:'高山其下多青碧。'传:'碧亦玉类也。'《淮南书》:'昆仑有碧树。'注:'碧,青石也。'"

本义为青绿色的玉石。《山海经·西山经》:"又西北五十里,曰高山,其上多银,其下多青碧。"《庄子·外物》:"苌弘死于蜀,藏其血三年而化为碧。"唐代成玄英疏:"碧,玉也。"元代关汉卿《窦娥冤》第三折:"等他四下里皆瞧见,这就是咱苌弘化碧,望帝啼鹃。"引申为青绿色。唐代李白《送孟浩然之广陵》:"孤帆远影碧空尽,唯见长江天际流。"唐代杜甫《晴二首》之一:"碧知湖外草,红见海东云。"

砖(磚 zhuān)

砖(磚),形声字。小篆的"磚",从石專声。左边从"石",表示石的类别和与石相关的事物的名称;右边为"專",在字中表音,为声符。楷书笔画化。现简化为"砖",声符类推简化。谷衍奎《汉字源流字典》:"磚,从石从專会意,專也兼表声。""砖(磚)"为后起字。《说文》《玉篇》中无此字。

本义为用黏土烧成的长方形块状建材。《颜氏家训·终制》:"蒙诏赐银百两,已于扬州小郊北地烧砖。"元末明初罗贯中《三国演义》第六回："木石砖瓦，克日可办，宫室营造，不须月余。"元末明初施耐庵《水浒传》第四十二回："两廊画壁长苍苔，满地花砖生碧草。"明代吴承恩《西游记》第九十八回："又见那黄森森金瓦迭鸳鸯，明幌幌花砖铺玛瑙。"

碗（wǎn）

小篆	楷书
盌	碗

碗，形声字。《说文》中作"盌"，"皿"与"石"义近。小篆的"盌"，从皿夗（yuàn）声。下边从"皿"，表示器皿的名称；上左为"夗"，在字中表音，为声符。楷书笔画化，"碗"字形体结构发生变化，为从石宛声的形声字。《说文·皿部》："盌，小盂也。从皿夗声。"原"盌"为正体，"碗"为异体，现今以"碗"为正体。谷衍奎《汉字源流字典》："异体有碗、椀，表示石制或木制，宛声。如今以碗为正体。"

本义为一种圆形凹心盛食品的器具。南北朝庾信《春赋》："芙蓉玉碗，莲子金杯。"清代曹雪芹《红楼梦》第一〇五回："玉盘四件，玛瑙盘二件，淡金盘四件，金碗六对。"

碑（bēi）

小篆	楷书
碑	碑

碑，形声字。小篆的"碑"，从石卑声。左边从"石"，表示石的类别和与石相关的事物的名称；右边为"卑"，在字中表音，为声符。楷书笔画化。《说文·石部》："碑，竖石也。从石卑声。"《说文段注》："《聘礼》郑注曰：'宫必有碑。所以识日景，引阴阳也。'凡碑引物者，宗庙则丽牲焉。……非石而亦曰碑，假借之称也。秦人但曰刻石，不曰碑。后此凡刻石皆曰碑矣。"

本义为古时宫、庙门前用来观测日影及拴牲畜的竖石。《礼记·檀弓下》："夫鲁有初，公室视丰碑。"汉代郑玄注："丰碑，斫大木为之，形如石碑，于椁前后四角树之，穿中于间为鹿卢，下棺以繂绕。"唐代孔颖达疏："丰，大也，谓用大木为碑。"

引申为石碑。石上刻着文字，作为纪念物或标记，也用以刻文告。秦代称"刻石"，汉以后称"碑"。《释名·释典艺》："碑，被也。此本王莽时所设也。施其辘轳以绳被其上，以引棺也。臣子追述君父之功美，以书其上，后人因焉。无故建于道陌之头、显见之处，名其文就，谓之碑也。"唐代杜甫《李潮八分小篆歌》："峄山之碑野火焚，枣木传刻肥失真。"宋代王安石《游褒禅山记》："距洞百余步，有碑仆道，其文漫灭，独其为文犹可识，曰'花山'。"宋代陆游《过小孤山大孤山》："张魏公自湖湘还，尝加营葺，有碑载其事。"

第二，表示与石相关的动作行为，主要有"研、磨、砍、砸、破、碰、碎"。

研（yán）

研，形声字。小篆的"研"，从石开（jiān）声。左边从"石"，表示与石相关的动作行为有关；右边为"开"，在字中表音，为声符。楷书笔画化。《说文·石部》："研，䃺也。从石开声。"谷衍奎《汉字源流字典》："研，形声字。小篆从石开声。隶变后楷书写作研。声符开变为开。"

本义为细磨或碾碎。清代曹雪芹《红楼梦》第三十四回："晚上把这药用酒研开，替他敷上。"引申为研究、探讨。《后汉书·张衡传》："遂乃研核阴阳，妙尽琁机之正，作浑天仪。"南北朝江总《借刘太常说文诗》："三写遍钻研，六书多补益。"今有词语"研精致思""研讨""钻研"等。

磨（mó）

磨，形声字。籀文的"磨"，从石靡声。下边从"石"，表示与石相关的动作行为有关；上边为"靡"，在字中表音，为声符。小篆承续籀文字形。楷书笔画化。《说文》中无"磨"有"䃺"，"䃺"与"磨"同。《说文·石部》："䃺，石硙也。从石靡声。"《说文段注》："䃺，今字省作磨。引申之为研磨。"

本义为磨制石器，研磨。《诗·卫风·淇奥》："如切如磋，如琢如磨。"汉代毛亨传："治骨曰切，象曰磋，玉曰琢，石曰磨。"《论语·阳货》："不曰坚乎，磨而不磷。"杨伯峻《论语译注》译为"最坚固的东西，磨也磨不薄"。《木兰诗》："小弟闻姊来，磨刀霍霍向猪羊。"

砍（kǎn）

砍，形声字。小篆的"砍"，从石欠声。左边从"石"，表示与石相关的动作行为有关；右边为"欠"，在字中表音，为声符。楷书笔画化。谷衍奎《汉字源流字典》："砍，楷书从石欠声。""砍"为后起字，《说文》《玉篇》中无。

本义为猛劈。元末明初罗贯中《三国演义》第十五回："泰赤体步行，提刀杀贼，砍杀十余人。"《三国演义》第五十回："众军只得都下马，就路旁砍伐竹木，填塞山路。"

砸（zá）

砸，形声字。小篆的"砸"，从石匝（zā）声。左边从"石"，表示与石相关的动作行为有关；右边为"匝"，在字中表音，为声符。楷书笔画化。《王力古汉语字典》："砸，晚起字，打碎。"

本义为砸碎。清代曹雪芹《红楼梦》第四十一回："幸而那杯子是我没吃过的，若我使过，我就砸碎了也不能给他。"《红楼梦》第九十四回："上头要问为什么砸的呢？他们也是个死啊。倘或要起砸破的碴儿来，那又怎么样呢？"

破（pò）

小篆	楷书
破	破

破，形声字。小篆的"破"，从石皮声。左边从"石"，表示与石相关的动作行为有关；右边为"皮"，在字中表音，为声符。楷书笔画化。《说文·石部》："破，石碎也。从石皮声。"

本义为石头开裂、破碎、碎裂。《荀子·劝学》："以羽为巢，而编之以发，系之苇苕，风至苕折，卵破子死。"唐代李贺《李凭箜篌引》："女娲炼石补天处，石破天惊逗秋雨。"引申为破坏、损坏。《广雅·释诂》："破，坏也。"《史记·廉颇蔺相如列传》："秦王恐其破璧，乃辞谢固请，召有司案图。"清代曹雪芹《红楼梦》第十八回："宝玉见他生气，便知不妥，忙赶过来，早剪破了。"

碰（pèng）

小篆	楷书
碰	碰

碰，形声字。小篆的"碰"，从石並声。左边从"石"，表示与石相关的动作行为有关；右边为"並"，在字中表音，为声符。楷书笔画化。谷衍奎《汉字源流字典》："碰，后起字，《说文》无。形声兼会意字。楷书最初作拼，从手並声，並也兼相并之意。后俗改为从石。如今以碰为正体。《字汇·手部》：'拼，搚拼（磕碰），撞也。'"

本义为两物相触或相撞。清代曹雪芹《红楼梦》第八十六回："前日验得张三尸身无伤，惟囟门有磁器伤，长一寸七分，深五分，皮开，囟门骨脆，裂破三分，实系磕碰伤。"

碎（suì）

小篆	楷书
碎	碎

碎，形声字。小篆的"碎"，从石卒声。左边从"石"，表示与石相关的动作行为有关；右边为"卒"，在字中表音，为声符。楷书笔画化。《说文·石部》："碎，䃺也。从石卒声。"《说文段注》："糳各本作䃺。其义迥殊矣。䃺所以碎物而非碎也，今正。米部曰：'糳，碎也。'二篆为转注。"

本义为破碎。《荀子·法行》："涓涓源水，不雍不塞；毂已破碎，乃大其辐。"蒋南华等《荀子全译》将"毂已破碎，乃大其辐"译为"车毂已经破碎，才去加大轮辐"。《史记·廉颇蔺相如列传》："大王必欲急臣，臣头今与璧俱碎于柱矣。"引申为零碎，不完整。唐代白居易《题州北路傍老柳树》："雪花零碎逐年减，烟叶稀疏随分新。"《金史·世宗本纪下》："卿等所廉皆细碎事，又止录其恶而不举其善。"

第三，表示与石有关的性状，主要有"硬、磊、确"。

硬（yìng）

小篆	楷书
硬	硬

硬，形声字。小篆的"硬"，从石更声。左边从"石"，表示与石相关的动作行为有关；右边为"更"，在字中表音，为声符。楷书笔画化。《玉篇·石部》："硬，坚硬，亦作鞕。"谷衍奎《汉字源流字典》："硬，后起字，《说文》无。楷书硬，从石，更声。"

本义为坚硬，与"软"相对。唐代白居易《红线毯》："太原毯涩毳缕硬，蜀都褥薄锦花冷。"元末明初罗贯中《三国演义》第十二回："操令强弓硬弩射住，令典韦出马。"清代曹雪芹《红楼梦》第二十九回："偏生那玉坚硬非常，摔了一下，竟文风没动。"引申为厉害。元代关汉卿《窦娥冤》第三折："天地也，做得个怕硬欺软，却元来也这般顺水推船。"

磊（lěi）

小篆	楷书
磊	磊

磊，会意字。小篆的"磊"，从三石，"三"非确数，表示石头成堆。楷书笔画化。《说文·石部》："磊，众石也。从三石。"

本义为石头多，众石累积。《楚辞·九歌·山鬼》："采三秀兮于山间，石磊磊兮葛蔓蔓。"《古诗十九首》之三："青青陵上柏，磊磊涧中石。"

确（què）

小篆	楷书
确	确

确（確），形声字。小篆的"确"，从石角声。左边从"石"，表示与石相关的动作行为有关；右边为"角"，在字中表音，为声符。楷书笔画化。《说文·石部》："确，磐石也。从石角声。"谷衍奎《汉字源流字典》："确，篆文从石，角声。隶变后楷书写作确。异体有埆、碻、碻、墝，从土或从石，雀声或高声，含义相同。如今规范化，以确为正体。"

本义为坚固、坚硬。唐代戴叔伦《屯田词》："麦苗渐长天苦晴，土干确确锄不得。"唐代元稹《田家词》："牛吒吒，田确确，旱块敲牛蹄趵趵。"引申为真实、符合事实。清代曹雪芹《红楼梦》第七十四回："保不定老太太不知道。且平心静气暗暗访察，才得确实。"

第三节 "厂"部及其例字

厂部亦属于山部之类。从"厂"（hàn）的字，大都与山崖、山石有关。

厂（hàn）

一、形体演变

甲骨文	金文	小篆	楷书

二、构形理据

在现代汉字中，"厂"是"廠"的简化字，但在古汉字中"厂"与"廠"为两个不同的字，有着本质的区别。

"厂"（读 hàn），为象形字。甲骨文的"厂"，像高悬的石崖。金文、小篆承续甲骨文字形。楷书笔画化。《说文·厂部》："厂，山石之厓岩，人可居。象形。"方述鑫等《甲骨金文字典》："厂，甲金文从▽、ρ（厂），象石崖之形。甲骨文石作ρ，亦可省作▽。厂、石乃一字。"

三、本义

本义为山石之崖岩，文献例句少见。

四、理据例说

从"厂"的字，其义多与山石有关。这类字不多，主要有"厓、厚、厉（厲）、原"等。

厓（yá）

小篆	楷书

厓，形声字。小篆的"厓"，从厂（hàn）圭（guī）声。上边从"厂"，表示与山石有关；下边为"圭"，在字中表音，为声符。楷书笔画化。《说文·厂部》："厓，山边也。从厂圭声。"《说文段注》："高边则曰崖。"

本义指山边。宋代文天祥《听罗道士琴》："断厓千仞碧，下有寒泉落。"这个意义后来写作"崖"。引申指水边。《玉篇·厂部》："厓，水边。"清代徐珂《清稗类钞·战事类》："忽得明成祖勒铭功之石于水厓。"这个意义后来写作"涯"。

厚（hòu）

甲骨文	金文	小篆	楷书

厚，会意兼形声字。甲骨文的"厚"，从厂（hàn）从㫗（hòu），㫗亦声。上边从"厂"，表示与山石有关；下边从"㫗"，表示山崖高厚，"㫗"亦兼表声。金文"㫗"之下部更加突出。小篆基本承续金文字形。楷书笔画化。《说文·㫗部》："厚，山陵之㫗也。从㫗从厂。"《说文段注》："山陵之㫗也，㫗各本

作厚，今正。山陵之厚故其字从厂。今字凡旱薄字皆作此。"方述鑫等《甲骨金文字典》："甲骨金文字形与小篆接近。"

本义为山陵厚。汉代蔡邕《释诲》："天高地厚，局而蹐之。"引申为指物体上下距离大，与"薄"相对。《荀子·劝学》："故不登高山，不知天之高也；不临深谿，不知地之厚也。"引申指厚度。《庄子·养生主》："彼节者有间，而刀刃者无厚。"

厉（厲 lì）

小篆	楷书	简化字
厲	厲	厉

厉（厲），形声字。小篆的"厲"，从厂（hàn）蠆（chài）省声。上边从"厂"，表示与山石有关；下边为"蠆"，省声，在字中表音，为声符。楷书笔画化。现简化为"厉"，声符类推简化，现今为意号字，"厂"为意符，"万"为记号。《说文·厂部》："厉（厲），旱石也。从厂，蠆省声。"

本义为磨刀石。《史记·高祖功臣侯者年表》："封爵之誓曰：'使河如带，泰山若厉。'"南北朝裴骃《集解》引应劭注曰："厉，砥石也。"韩兆琦《史记评注本》注："泰山变得像一块磨刀石那样小。"引申为磨砺。《左传·僖公三十三年》："且使遽告于郑，则束载、厉兵、秣马矣。"今有成语"再接再厉""厉兵秣马"等。

原（yuán）

甲骨文	金文	小篆	楷书
𭁯	𤄷	𤂼	原

原，会意字。甲骨文的"原"，从厂（hàn）从氺。上边从"厂"，表示与山石有关；下边从"氺"，强调山泉飞流直下。金文、小篆基本承续甲骨文字形。楷书笔画化。《说文·泉部》："原，水泉本也。从泉出厂下。原，篆文从泉。"方述鑫等《甲骨金文字典》："金文象水从石穴出向下坠流之形，为《说文》原字篆文所本。"

本义为水源、源泉。《左传·昭公九年》："我在伯父，犹衣服之有冠冕，木水之有本原，民人之有谋主也。"后泛指本源、根源。唐代韩愈《原毁》："虽然，为是者有本有原，怠与忌之谓也。"以上意义后来"原"均写作"源"。

第四节 "阜"部及其例字

"阜"部亦属于山部之类。从"阜"的字，其义大都与地形、地势有关。

阜（fù）

一、形体演变

甲骨文1	甲骨文2	小篆	楷书
ᗐ	◣	𨸏	阜

二、构形理据

阜，象形字。甲骨文1中"ᗐ"，像多级石崖形。甲骨文2中"◣"，像多级绵延的登山石阶形。小篆基本承续甲骨文字形。楷书笔画化。《说文·阜部》："阜，大陆。山无石者。象形。"《尔雅·释地》："高平曰陆。"《说文段注》："象土山高大而上平，可层絫而上。""陆，土地独高大名曰阜。引申之为凡厚、凡大、凡多之称。"方述鑫等《甲骨金文字典》："古代穴居，于竖穴侧壁挖有彡形之脚窝以便出入登降。甲骨文𨸏字正象脚窝之形。……《说文》𨸏字篆文与甲骨文形近。穴居必择土层高厚之处，故引申之而有厚、大、盛等义。𨸏，后作阜。"

三、本义

本义为土山，后泛指山。《广雅·释丘》："无石曰阜。"《诗·小雅·天保》："如山如阜，如冈如陵。"汉代毛亨传："言广厚也。高平曰陆，大陵曰阜。"元末明初罗贯中《三国演义》第七十二回："操方麾军回战马超，自立马于高阜处，看两军争战。"引申为盛多之义。清代曹雪芹《红楼梦》第三回："从纱窗向外瞧了一瞧，其街市之繁华，人烟之阜盛，自与别处不同。"

四、理据例说

从"阜"的字，其义大多与地形、地势或升降、高下的意义有关。在楷书中，"阜"在字的左边写作"阝（左）"，称为"左耳朵"。从"阜"的字之意义，大致可归纳为四类。

第一，表示地形、地势及其相关事物的名称，主要有"陵、隅、阴（陰）、阳（陽）"。

陵（líng）

金文	小篆	楷书
𨟃	𨹟	陵

陵，形声字。金文的"陵"，从阜（fù）夌（líng）声。右边从"阜"，表示与地形、地势及其相关事物的名称有关；左边为"夌"，在字中表音，为声符。小篆承续金文字形，仅是左右结构互换。楷书笔画化。《说文·阜部》："陵，大𨸏也。从𨸏夌声。"《说文段注》："《释地》、毛传皆曰：'大阜曰陵。'《释名》曰：'陵，隆也。体隆高也。'"方述鑫等《甲骨金文字典》："陵，金文从𨸏夌声。……与《说文》篆文陵字构形略同。"

本义为大土山。《诗·小雅·天保》："如山如阜，如冈如陵。"程俊英《诗经译注》："大阜为陵。"《左传·僖公三十二年》："殽有二陵焉。"唐代孔颖达疏：《释地》云：'高平曰陆，大陆曰阜，大阜曰陵。'"引申为帝王的陵墓。唐代李白《忆秦娥》："音尘绝，西风残照，汉家陵阙。"

隅（yú）

隅，形声字。小篆的"隅"，从阜（fù）禺（yú）声。左边从"阜"，表示与地形、地势及其相关事物的名称有关；右边为"禺"，在字中表音，为声符。楷书笔画化。《说文·阜部》："隅，陬也。从𨸏禺声。"《说文段注》："隅与陬为转注。《广雅》曰：'陬，角也。'"

本义为山水弯曲边角处。《诗·小雅·绵蛮》："绵蛮黄鸟，止于丘隅。"汉代郑玄笺："丘隅，丘角也。"唐代杜甫《潼关吏》："要我下马行，为我指山隅。"泛指角落。《诗·邶风·静女》："静女其姝，俟我于城隅。"《乐府诗集·陌上桑》："日出东南隅，照我秦氏楼。"

阴（陰 yīn）

阴（陰），会意兼形声字。小篆的"陰"，从阜（fù）从侌（yīn），侌亦声。左边从"阜"，表示与地形、地势及其相关事物的名称有关；右边从"侌"，表示天空多云、没有阳光，"侌"亦兼表声。楷书笔画化。现简化为"阴"，部件更换简化，较早见于元抄本《京本通俗小说》，为新会意字。《说文·阜部》："陰（阴），闇也。水之南，山之北也。从𨸏侌声。"《说文段注》："闇者，闭门也。闭门则为幽暗。"

本义为山的北面、水的南面。《诗·大雅·公刘》："既景乃冈，相其阴阳，观其流泉。"程俊英《诗经译注》："阴，山北。阳，山南。"《史记·货殖列传》："故泰山之阳则鲁，其阴则齐。"《列子·汤问》："自此，冀之南，汉之阴，无陇断焉。"汉之阴，指汉水的南面。引申为阴天。唐代杜甫《兵车行》："新鬼烦冤旧鬼哭，天阴雨湿声啾啾。"宋代范仲淹《岳阳楼记》："朝晖夕阴，气象万千。"元代关汉卿《窦娥冤》第三折："浮云为我阴，悲风为我旋。"

阳（陽 yáng）

阳（陽），形声字。甲骨文的"陽"，从阜（fù）昜（yáng）声。左边从"阜"，表示与地形、地势及其相关事物的名称有关；右边为"昜"，在字中表音，为声符。金文、小篆承续甲骨文字形。楷书笔画化。现简化为"阳"，为保留轮廓法简化，为新会意字。《说文·阜部》："陽（阳），高、

577

明也。从阜易声。"方述鑫等《甲骨金文字典》:"甲金文从阜易声,为《说文》陽字篆文所本。"

本义为山之南、水之北。《诗·召南·殷其雷》:"殷其靁,在南山之阳。"汉代毛亨传:"山南曰阳。"《谷梁传·僖公二十八年》:"山南为阳,水北为阳。"引申为太阳、阳光。宋代辛弃疾《永遇乐·京口北固亭怀古》:"斜阳草树,寻常巷陌,人道寄奴曾住。"又引申为温暖。汉乐府《长歌行》:"阳春布德泽,万物生光辉。"

第二,表示与升降、高下相关事物的名称,主要有"阶(階)、除、陛、际(際)、防"。

阶（階 jiē）

小篆	楷书	简化字
階	階	阶

阶（階），形声字。小篆的"階",从阜（fù）皆声。左边从"阜",表示与升降、高下相关事物的名称有关;右边为"皆",在字中表音,为声符。楷书笔画化。现简化为"阶",声符更换简化,为新形声字。《说文·阜部》:"階（阶），陛也。从阜皆声。"《说文段注》:"因之凡以渐而升皆曰阶。"

本义为台阶。《荀子·乐论》:"三揖至于阶,三让以宾升。"唐代刘禹锡《陋室铭》:"苔痕上阶绿,草色入帘青。"明代归有光《项脊轩志》:"庭阶寂寂,小鸟时来啄食。"明代宗臣《报刘一丈书》:"幸主者出,南面召见,则惊走匍匐阶下。"今有"台阶""玉阶""阶下囚"等词语。

除（chú）

小篆	楷书
除	除

除,形声字。小篆的"除",从阜（fù）余声。左边从"阜",表示与升降、高下相关事物的名称有关;右边为"余",在字中表音,为声符。楷书笔画化。《说文·阜部》:"除,殿陛也。从阜余声。"《说文段注》:"殿谓宫殿。殿陛谓之除。因之凡去旧更新皆曰除,取拾级更易之义也。"

本义为台阶。《史记·魏公子列传》:"赵王埽除自迎,执主人之礼,引公子就西阶。"《汉书·李广苏建传》:"从至雍棫阳宫,扶辇下除,触柱折辕。"《世说新语·政事》:"值积雪始晴,听事前除雪后犹湿。"

陛（bì）

小篆	楷书
陛	陛

陛,形声字。小篆的"陛",从阜（fù）坒（bì）声。左边从"阜",表示与升降、高下相关事物的名称有关;右边为"坒",在字中表音,为声符。楷书笔画化。《说文·阜部》:"陛,升高阶也。从阜坒声。"《说文段注》:"自卑而可以登高者谓之陛。"

本义为登高的台阶。《墨子·备城门》："陛高二尺五，广长各三尺，远广各六尺。"旧说天子之陛九级，因群臣不敢对天子直接称呼，于是"陛下"成为对天子的尊称。《战国策·燕策三》："至陛下，秦武阳色变振恐，群臣怪之。"《汉书·高帝纪下》："大王陛下，时秦为亡道，天下诛之。"

际（際 jì）

际（際），形声字。小篆的"際"，从阜（fù）祭声。左边从"阜"，表示与升降、高下相关事物的名称有关；右边为"祭"，在字中表音，为声符。楷书笔画化。现简化为"际"，为局部删除法简化，为新形声字。《说文·阜部》："際（际），壁会也。从阜祭声。"《说文段注》："壁会也，两墙相合之缝也。引申之，凡两合皆曰际。"

本义为两墙相合之缝，文献用例较少。引申为泛指缝隙、接界处。《后汉书·张衡传》："其牙机巧制，皆隐在尊中，覆盖周密无际。"唐代李白《黄鹤楼送孟浩然之广陵》："孤帆远影碧空尽，唯见长江天际流。"引申为边缘处。宋代范仲淹《岳阳楼记》："衔远山，吞长江，浩浩汤汤，横无际涯。"清代薛福成《观巴黎油画记》："俯视地，则绿草如茵，川原无际。"

防（fáng）

防，形声字。小篆的"防"，从阜（fù）方声。左边从"阜"，表示与升降、高下相关事物的名称有关；右边为"方"，在字中表音，为声符。楷书笔画化。《说文·阜部》："防，隄也。从阜方声。埅，防或从土。"

本义为堤坝。《管子·度地》："大者为之堤，小者为之防，夹水四道，禾稼不伤。"用作动词，筑堤防堵塞。《国语·周语上》："防民之口，甚于防川。"这两个"防"均为堵塞义。

第三，表示与地形、地势相关的行为，主要有"陟、降、陨（隕）"。

陟（zhì）

陟，会意字。甲骨文的"陟"，从阜从步。左边从"阜"表示与地形、地势相关的行为有关，右边从"步"表示向上前行，合起来表示由低处向高处走。金文、小篆承续甲骨文字形。楷书笔画化。《说文·阜部》："陟，登也。从阜从步。"方述鑫等《甲骨金文字典》："陟，甲骨金文从阜从步，象双足循脚窝上升之形，故会登陟之意。与《说文》陟字篆文构形同。"

本义为由低处向高处走、登升、登高，与"降"相对。《诗·周南·卷耳》："陟彼高冈，我马玄黄。"汉代毛亨传："陟，升也。"今有词语"登山陟岭"。引申为提升、提拔。三国诸葛亮《出师表》："陟罚臧否，不宜异同。"臧、否，这里为动词。臧，善。否，恶。臧否，即奖善惩恶。

降（jiàng）

甲骨文	金文	小篆	楷书
𨸏	𨸏	𩌹	降

降，会意兼形声字。甲骨文的"降"，从阜从夅（jiàng），夅亦声。左边从"阜"，表示与地形、地势相关的行为有关；右边从"夅"，"夅"为倒写的"步"，表示从山顶往山下走。两部分合起来表示由高处向低处走，"夅"亦表声。金文、小篆承续甲骨文字形。楷书笔画化。《说文·阜部》："降，下也。从𨸏夅声。"《说文段注》："此下为自上而下，故侧于坠陨之间。"方述鑫等《甲骨金文字典》："降，甲骨金文从𨸏从夅，象双足沿脚窝下降之形，故会下降之意。"

本义为由高处向下走、下降，与"陟"相对。《左传·僖公二十三年》："公子降，拜，稽首，公降一级而辞焉。"李梦生《左传译注》译为"重耳走到阶下，跪拜，叩头。秦穆公走下一级台阶辞谢"。《论语·乡党》："出，降一等，逞颜色，怡怡如也。"宋代朱熹《四书集注》："等，阶之级也。"杨伯峻《论语译注》将"降一等"翻译为"降下台阶一级"。引申为落下。《孟子·告子下》："故天将降大任于是人也，必先苦其心志，劳其筋骨，饿其体肤。"元代关汉卿《窦娥冤》第三折："若窦娥委实冤枉，身死之后，天降三尺瑞雪。"

陨（隕 yǔn）

金文	小篆	楷书	简化字
𣎆	隕	隕	陨

陨（隕），形声字。金文的"隕"，从阜员声。左边从"阜"，表示与地形、地势相关的行为有关；右边为"員"，在字中表音，为声符。小篆承续金文字形。楷书笔画化。现简化为"陨"，声符类推简化。《说文·阜部》："隕（陨），从高下也。从𨸏员声。"方述鑫等《甲骨金文字典》："隕（陨），金文从𨸏员声。与《说文》陨字篆文构形同。"

本义为从高处掉下、坠落。《玉篇·阜部》："隕，落也，堕坠也。"《诗·卫风·氓》："桑之落矣，其黄而陨。"汉代毛亨传："陨，惰也。"《诗·小雅·小弁》："心之忧矣，涕既陨之！"汉代毛亨传："陨，坠也。"《左传·僖公十六年》："戊申，朔，陨石于宋，五。"唐代孔颖达疏："陨，落。"

第四，表示与地形、地势的性状及与地形、地势相关的性状，主要有"险（險）、阻、陋、陡"。

险（險 xiǎn）

小篆	楷书	简化字
嶮	險	险

险（險），形声字。小篆的"險"，从阜僉（qiān）声。左边从"阜"，表示与地形、地势的性状及与地形、地势相关的性状有关；右边为"僉"，在字中表音，为声符。楷书笔画化。现简化为"险"，声符类推简化。《说文·阜部》："险（險），阻，难也。从阜僉声。"

本义为地势高低悬殊，不平坦。《左传·成公二年》："自始合，苟有险，余必下推车，子岂识之？"《列子·汤问》："吾与汝毕力平险，指通豫南，达于汉阴，可乎？"宋代王安石《游褒禅山记》："夫夷以近，则游者众；险以远，则至者少。"引申为险要、险阻。《孟子·公孙丑下》："域民不以封疆之界，固国不以山溪之险。"

阻（zǔ）

小篆	楷书
阻	阻

阻，形声字。小篆的"阻"，从阜且（jǔ）声。左边从"阜"，表示与地形、地势的性状及与地形、地势相关的性状有关；右边为"且"，在字中表音，为声符。楷书笔画化。《说文·阜部》："阻，险也。从阜且声。"

本义为险要难行的地方。《诗·秦风·蒹葭》："溯洄从之，道阻且长。"唐代孔颖达疏："若逆流溯洄而往从之，则道险阻且长远，不可得至。"《史记·孙子吴起列传》："马陵道陕（狭），而旁多阻隘，可伏兵。"

陋（lòu）

小篆	楷书
陋	陋

陋，形声字。小篆的"陋"，从阜㔷（lòu）声。左边从"阜"，表示与地形、地势的性状及与地形、地势相关的性状有关；右边为"㔷"，在字中表音，为声符。楷书笔画化。"陋"，《说文》中作"陋"。《说文·阜部》："陋，阸陕也。"汤可敬《说文解字今释》："陋，狭隘。"

本义为狭窄、狭小。《论语·雍也》："一箪食，一瓢饮，在陋巷。人不堪其忧，回也不改其乐。"引申为简陋。唐代刘禹锡《陋室铭》："孔子云：'何陋之有？'"引申为知识浅薄。《荀子·修身》："多闻曰博，少闻曰浅。多见曰闲（指知识广博），少见曰陋。"宋代苏轼《石钟山记》："而陋者乃以斧斤考击而求之。"

陡（dǒu）

小篆	楷书
陡	陡

陡，形声字。小篆的"陡"，从阜走声。左边从"阜"，表示与地形、地势的性状及与地形、地势相关的性状有关；右边为"走"，在字中表音，为声符。楷书笔画化。谷衍奎《汉字源流字典》："陡，

后起字,《说文》无。形声字。楷书从阝（阜,表示山）,走声。"

　　本义为山势陡峭、坡度大,近于垂直。明代徐宏祖《游黄山记》:"路宛转石间,塞者凿之,陡者级之,断者架木通之。"明代吴承恩《西游记》第三十二回:"湾环深涧下,孤峻陡崖边。"今有词语"陡峭""陡崖""陡壁悬崖"等。

第二十三章 土部之类

土部之类包括土、田、邑三部，与土地、城邑有关。

第一节 "土"部及其例字

从"土"的字，其义大多与土壤、土地有关。

土（tǔ）

一、形体演变

甲骨文1	甲骨文2	金文	小篆	楷书
				土

二、构形理据

土，象形字。甲骨文1的"土"，上像土块，下像地面，" "表示溅泥灰尘。甲骨文2将地面上的土块简化成一竖" "。金文将甲骨文字形中的立墩形象" "写成实心的菱形" "。小篆又变为线条。楷书笔画化。《说文·土部》："土，地之吐生物者也。二象地之下、地之中，物出形也。"方述鑫等《甲骨金文字典》："甲金文象土块在地面之形。"

三、本义

本义为泥土、土壤。《尚书·禹贡》："厥贡惟土五色。"汉代孔安国传："王者封五色土为社。"《孟子·离娄下》："君之视臣如土芥，则臣视君如寇仇。"《荀子·劝学》："积土成山，风雨兴焉。"《列子·汤问》："以残年余力，曾不能毁山之一毛，其如土石何？"

引申为土地、天地。《荀子·富国》："今是土之生五谷也，人善治之。"唐代柳宗元《捕蛇者说》："退而甘食其土之有，以尽吾齿。"又引申为国土、领土。《国语·晋语一》："今晋国之方，偏侯也。其土又小，大国在侧，虽欲纵惑，未获专也。"宋代苏洵《六国论》:"燕赵之君,始有远略,能守其土,义不赂秦。"

四、理据例说

"土"为部首字。从"土"的字,其义多与土有关,大致有以下六种情况。

第一,表示土的类别,主要有"地、壤、尘(塵)、埃、块(凷、塊)"。

地(dì)

小篆	楷书
墬	地

地,形声字。小篆的"地",从土也声。左边从"土",表示与土的类别有关,在字中表义;右边为"也",在字中表音,为声符。楷书笔画化。《说文·土部》:"地,元气初分,轻清阳为天,重浊阴为地,万物所陈也。从土也声。"

本义为大地,与"天"相对。《管子·形势解》:"地生养万物,地之则也。"《楚辞·九章·涉江》:"与天地兮同寿,与日月兮同光。"黄寿祺、梅桐生《楚辞全译》将"与天地兮同寿"翻译为"我的寿命和天地一样长"。引申为土地、田地。唐代柳宗元《捕蛇者说》:"殚其地之出,竭其庐之入。"又引申为地面、陆地。《乐府诗集·木兰诗》:"双兔傍地走,安能辨我是雄雌。"唐代李白《静夜思》:"床前明月光,疑是地上霜。"又引申为地方、场所。唐代崔颢《黄鹤楼》:"昔人已乘黄鹤去,此地空余黄鹤楼。"

壤(rǎng)

小篆	楷书
壤	壤

壤,形声字。小篆的"壤",从土襄(xiāng)声。左边从"土",表示与土的类别有关,在字中表义;右边为"襄",在字中表音,为声符。楷书笔画化。《说文·土部》:"壤,柔土也。从土襄声。"《说文段注》:"按言物性之自然,壤异乎坚土。言人功,则凡土皆得而壤之。"

本义为柔土,即经耕作的土地。《尚书·禹贡》:"厥土惟白壤。"王世舜等译注《尚书》:"白壤,据今人研究,这里的土壤属盐渍土,洪水退去之后,盐分因水分蒸发而凝聚起来,使地面略呈白色,故古人称为白壤。"引申为土地。《史记·孔子世家》:"今孔丘得据土壤,贤弟子为佐,非楚之福也。"明代吴承恩《西游记》第四回:"名是齐天大圣,只不与他事管,不与他俸禄,且养在天壤之间,收他的邪心。""天壤",指天和地。

尘(塵 chén)

小篆	楷书	简化字
麤	塵	尘

尘(塵),会意字。小篆的"塵",从土从三"鹿"。下边从"土",表示与土的类别有关,在字中表义;上边从三"鹿",表示鹿群奔跑扬起的尘土。楷书笔画化,形体简化,由三"鹿"变为一"鹿"。现简化为"尘",从土从小,为新会意字。《说文·土

部》:"塵(尘),鹿行扬土也。从麤(cū)从土。"《说文段注》:"群行则扬土甚。"

本义为尘土、尘埃。《庄子·逍遥游》:"野马也,尘埃也,生物之以息相吹也。"唐代王维《送元二使安西》:"渭城朝雨浥轻尘,客舍青青柳色新。"唐代白居易《卖炭翁》:"满面尘灰烟火色,两鬓苍苍十指黑。"

埃（āi）

埃,形声字。小篆的"埃",从土矣声。左边从"土",表示与土的类别有关,在字中表义;右边为"矣",在字中表音,为声符。楷书笔画化。《说文·土部》:"埃,尘也。从土矣声。"

本义为尘土、灰尘。《庄子·逍遥游》:"野马也,尘埃也,生物之以息相吹也。"《荀子·劝学》:"上食埃土,下饮黄泉,用心一也。"

块（凷、塊 kuài）

块（凷、塊）,形声字。小篆1的"凷",从土从凵(kǎn),为会意字,表示土块装在筐器之中。小篆2的"塊",从土鬼声。左边从"土",表示与土的类别有关,在字中表义;右边为"鬼",在字中表音,为声符。楷书笔画化。现简化为"块",为部件更换法简化,仍为形声字。《说文·土部》:"凷,墣(pú)也。从土,一屈象形。塊,凷或从鬼。"

本义为土块。《左传·僖公二十三年》:"出於五鹿,乞食於野人,野人与之块。"元末明初施耐庵《水浒传》第一一四回:"摸些土块掷撒上城去。有不曾睡的军士,叫将起来。"《水浒传》第一一八回:"急令差遣前部军兵,各人兜土块入城,一面填塞陷坑,一面鏖战厮杀。"

第二,表示地势的情状,主要有"坎、坡、堤"。

坎（kǎn）

坎,形声字。小篆的"坎",从土欠声。左边从"土",表示与地势的情状有关,在字中表义;右边为"欠",在字中表音,为声符。楷书笔画化。《说文·土部》:"坎,陷也。从土欠声。"《说文段注》:"陷者,高下也。高下者,高而入于下也。因谓阱谓坎。井部曰:'阱者,大陷也。'"

本义为地面低陷之地。《周易·说卦》:"巽,入也。坎,陷也。"《礼记·檀弓下》:"其坎深不至于泉,其敛以时服。"《汉书·李广苏建传》:"凿地为坎,置熅火,覆武其上。"

坡 (pō)

金文	小篆	楷书
𡎺	坡	坡

坡，形声字。金文的"坡"，从土皮声。右边从"土"，表示与地势的情状有关，在字中表义；左边为"皮"，在字中表音，为声符。小篆基本承续金文字形，"土"与"皮"两个部件左右互换。楷书笔画化。《说文·土部》："坡，阪也。从土皮声。"《说文段注》："坡者曰阪，此二篆转注也。又曰：'陂，阪也。'是坡陂二字音义皆同也。"方述鑫等《甲骨金文字典》："坡，金文从土皮声。与《说文》坡字篆文构形略同。"

本义为山地倾斜的地方。清代曹雪芹《红楼梦》第二十七回："只见凤姐儿站在山坡上招手叫，红玉连忙弃了众人，跑至凤姐前。"《红楼梦》第四十八回："李纨、宝钗、探春、宝玉等听得此信，都远远的站在山坡上瞧看他。"

堤 (dī)

小篆	楷书
堤	堤

堤，形声字。小篆的"堤"，从土是声。左边从"土"，表示与地势的情状有关，在字中表义；右边为"是"，在字中表音，为声符。楷书笔画化。《说文》中"堤"作"隄"。《说文·阜部》："隄，唐也。从阜是声。"《说文段注》："唐塘正俗字。唐者，大言也。叚借为陂唐。乃又益之土旁作塘矣。"

本义为河堤、堤坝，挡水的建筑物。《后汉书·循吏传·王景传》："宜改修堤防，以安百姓。"唐代宋之问《龙门应制》："河堤柳新翠，苑树花先发。"唐代李白《赠清漳明府侄聿》："河堤绕绿水，桑柘连青云。"

第三，表示疆界的名称，主要有"境、塞、域、垂"。

境 (jìng)

小篆	楷书
境	境

境，形声字。小篆的"境"，从土竟声。左边从"土"，表示与疆界的名称有关，在字中表义；右边为"竟"，在字中表音，为声符。楷书笔画化。《说文新附·土部》："境，疆也。从土竟声。"

本义为边境、国境。《史记·廉颇蔺相如列传》："臣尝从大王与燕王会境上，燕王私握臣手，曰：'愿结友。'"元末明初罗贯中《三国演义》第九十九回："臣愿与司马懿同领大军，径入汉中，殄灭奸党，以清边境。"

塞 (sāi)

甲骨文	金文	小篆	楷书
𡨄	塞	塞	塞

塞，会意兼形声字。甲骨、金文具体构形不明。小篆的"塞"，从土从窭，窭（xià）亦声。下边从"土"，表示与疆界的名称有关，在字中表义；上边为"窭"，同罅，空隙之义，"窭"亦在字中表音。楷书笔画化。《说文·土部》：

"塞，隔也。从土从寒。"

本义为阻隔、堵住。《诗·豳风·七月》："穹窒熏鼠，塞向墐户。"程俊英《诗经译注》："塞，堵塞。"《列子·汤问》："惩山北之塞，出入之迂也。"三国诸葛亮《出师表》："不宜妄自菲薄，引喻失义，以塞忠谏之路也。"

域（yù）

小篆	楷书
域	域

域，形声字。小篆的"域"，从土或（yù）声。左边从"土"，表示与疆界的名称有关，在字中表义；右边为"或"，在字中表音，为声符。楷书笔画化。"域"为"或"之重文。《说文·戈部》："或，邦也。从口从戈，以守一。一，地也。域，或又从土。"《说文段注》："邦者，国也。盖或国在周时为古今字。……域即或。考工记梓人注：'或，有也。'小雅天保笺，郑论语注皆云：'或之言有也。'高诱注淮南缪言：'或，有也。'""域"本作"或"，与"国"同义。段玉裁所言几处之"域"，释为"封疆"比释为"有"更切合文本。

本义为疆界、疆域。《诗·商颂·玄鸟》："古帝命武汤，正域彼四方。"程俊英《诗经译注》："域，封疆。"《荀子·君道》："纵不能用，使无去其疆域，则国终身无故。"蒋南华等《荀子全译》翻译为"纵然不能使用他，只要不让他离开国土，这个国家就可以永远没有祸患"。晋代左思《魏都赋》："尔其疆域，则旁极齐秦，结凑冀道。"

垂（chuí）

小篆	楷书
垂	垂

垂，形声字。小篆的"垂"，从土⺒（chuí）声。下边从"土"，表示与疆界的名称有关，在字中表义；上边为"⺒"，在字中表音，为声符。楷书笔画化。《说文·土部》："垂，远边也。从土⺒声。"边疆意义的"垂"后写作"陲"。

本义为边疆。《战国策·秦策四》："今大国之地也半天下，有二垂，此从生民以来，万乘之地未尝有也。"张清常、王延栋《战国策笺注》："垂，通'陲'，边疆。"这里的"通"当为"同"。《荀子·臣道》："边境之臣处，则疆垂不丧。"蒋南华等《荀子全译》注："垂，同'陲'，边疆。"三国曹植《白马篇》："少小去乡邑，扬声沙漠垂。"

第四，表示建筑物或与建筑物有关的事物名称，主要有"城、基、垒（壘）、填（塡）、坛（壇）"。

城（chéng）

金文	小篆	楷书
城	城	城

城，会意兼形声字。金文的"城"，从土从成，成亦声。下边从"土"，表示与建筑物或与建筑物有关的事物名称有关；上边从"成"，表示用武力保护城墙，"成"亦在字中表音。小篆承续金文字形，形体由上下结构变为左右结构。楷书笔画化。《说

文·土部》："城，以盛民也。从土从成，成亦声。"方述鑫等《甲骨金文字典》："与《说文》城字篆文及籀文构形同。"

本义为城墙，用作防守的墙垣。《左传·隐公元年》："都城过百雉，国之害也。"《孟子·公孙丑下》："城非不高也，池非不深也。"《史记·田单列传》："令甲卒皆伏，使老弱女子乘城，遣使约降于燕。"引申为城市。宋代苏洵《六国论》："今日割五城，明日割十城，然后得一夕安寝。"

基（jī）

基，形声字。甲骨文的"基"，从土其声。上边从"土"（土），表示与疆界的名称有关，在字中表义；下边为"其"（其），在字中表音，为声符。金文形体稍有变化，为今之"其"字之初形，并将"土"由字上移至字下。小篆承续金文字形。楷书笔画化。《说文·土部》："基，墙始也。从土其声。"《说文段注》："墙始者，本义也。引申之为凡始之称。"方述鑫等《甲骨金文字典》："金文从土其声。与《说文》基字篆文同。"徐中舒《甲骨文字典》："基，从土在其（箕）上，当是基之原字。古文字偏旁变动不居，土旁在上与在下无别。疑会以箕盛土之意。《说文》：'基，墙始也。从土其声。'应与初义近。"

本义为墙基、墙根。《诗·大雅·公刘》："止基乃理，爰众爰有。"程俊英《诗经译注》："基，基地。"《齐民要术·园篱》："于墙基之所，方整深耕。"引申为基础、根本。《诗·小雅·南山有台》："乐只君子，邦家之基。"汉代毛亨传："基，本也。"《汉书·谷永传》："是以明王爱养基本，不敢穷极，使民如承大祭。"

垒（壘 lěi）

垒（壘），形声字。小篆的"壘"，从土畾（léi）声。下边从"土"，表示与建筑物或与建筑物有关的事物名称有关，在字中表义；上边为"畾"，在字中表音，为声符。楷书笔画化。现简化为"垒"，为同音替代法简化，仍为形声字。《说文·土部》："壘（垒），军壁也。从土畾声。"《说文段注》："行军所驻为垣曰军壁。壘之言絫也。壘与垒字音义皆别。"《玉篇·土部》："《周礼》曰：'营军之壘舍。'"《玉篇·厽（lěi）部》："垒，累也。也作壘。"

通过"垒"与"壘"的形体构形分析，可知"垒"与"壘"为两个不同的字，同为形声，但构形有别。"垒"，从土厽声，本义指用土块或砖砌墙。"壘"，从土畾声，本义指军营中御敌的墙壁。《玉篇》中"垒"与"壘"又可通用。

588

本义为军壁，防护军营的墙壁或建筑物。《礼记·曲礼上》："四郊多垒，此卿大夫之辱也。"汉代郑玄注："垒，军壁也。"《周礼·夏官·量人》："营军之垒、舍，量其市、朝、州涂、军社之所里。"汉代郑玄注："军壁曰垒。"杨天宇《周礼译注》译为"丈量驻军处的壁垒、营房，丈量军中的市、朝周围的道路和军社所在之处"。宋代苏轼《念奴娇·赤壁怀古》："故垒西边，人道是，三国周郎赤壁。"今有成语"深沟高垒""壁垒森严"。引申为把砖、石等重叠砌起来，动词。《左传·文公十二年》："秦不能久，请深垒固军以待之。"唐代孔颖达疏："垒，壁也。军营所处，筑土自卫谓之为垒。"元末明初施耐庵《水浒传》第四十七回："那庄正造在冈上，有三层城墙，都是顽石垒砌的，约高二丈。"

填（塡 tián）

小篆	楷书	简化字
塡	塡	填

填（塡），形声字。小篆的"塡"，从土眞声。左边从"土"，表示与建筑物或与建筑物有关的事物名称有关，在字中表义；右边为"眞"，在字中表音，为声符。楷书笔画化。现简化为"填"，为保留轮廓法简化。《说文·土部》："塡（填），塞也。从土眞声。"

本义为充塞、充满。《战国策·赵策四》："虽少，愿及未填沟壑而托之。"《汉书·郑当时传》："先是下邽翟公为廷尉，宾客亦填门。"唐代颜师古注："填，满也。"明代宋濂《送东阳马生序》："先达德隆望尊，门人弟子填其室，未尝稍降辞色。"今有词语"填写""填入""填充"等。

坛（壇 tán）

小篆	楷书	简化字
壇	壇	坛

坛（壇），形声字。小篆的"壇"，从土亶（dǎn）声。左边从"土"，表示与建筑物或与建筑物有关的事物名称有关，在字中表义；右边为"亶"，在字中表音，为声符。楷书笔画化。现简化为"坛"，为草书楷化法简化，为意号字，"土"为意符，"云"为记号。《说文·土部》："壇（坛），祭场也。从土亶声。"《说文段注》："《祭法》注：'封土曰坛，除地曰墠。'《楚语》：'屏摄之位，坛场之所。'韦注：'屏摄，为祭祀之位也。除地曰场。'"

本义为土筑的高台，用于祭祀、会盟等。《尚书·金縢》："为三坛同墠。"汉代马融注："坛，土堂。"《礼记·祭法》："燔柴于泰坛，祭天也。"汉代郑玄注："坛，封土为祭处也。"《史记·陈涉世家》："为坛而盟，祭以尉首。陈胜自立为将军。"

第五，表示土的变化或用土的动作，主要有"培、埋、垦（墾）、堵"。

培（péi）

小篆	楷书
培	培

培，形声字。小篆的"培"，从土音（pǒu）声。左边从"土"，表示与土的变化或用土的动作有关，在字中表义；右边为"音"，在字中表音，为声符。楷书笔画化。《说文·土部》："培，培敦。土田山川也。从土音声。"汤可敬《说文解字今释》："培，加厚，是指土地、田园、山川等等而言。"

本义为给植物或墙堤等的根基垒土。《礼记·中庸》："故栽者培之，倾者覆之。"《宋史·卢革传》："林木非培植根株弗成，大似士大夫立名节也。"清代曹雪芹《红楼梦》第五十六回："稻香村一带凡有菜蔬稻稗之类，虽是玩意儿，不必认真大治大耕，也须得他去，再一按时加些培植。"引申为培养。元代欧阳玄《示侄》："初阳萌动慎培养，万木一本含春滋。"

埋（mái）

甲骨文1	甲骨文2	小篆	楷书
		埋	埋

埋，字本作"薶"，会意兼形声字。甲骨文1的"埋"，为会意字，从"凵"从"⿱"。下边从"凵"，表示土坑；上边从"⿱"，表示牛头朝下，牛已死亡，用土掩埋。甲骨文2的"埋"，省去代表泥沙的多点指事符号"⋯"。小篆演变为从土里声的形声字。楷书笔画化，承续小篆字形。《说文·艸部》："薶（埋），瘗（yì）也。从艸貍声。"《说文段注》："《周礼》假借貍字为之。今俗作埋。"谷衍奎《汉字源流字典》："埋，从土里声，表示埋于土中。其实'埋'在甲骨文已有，本作'⿱'，是将牛埋于坑中之形，是种古代祭祀山林的仪式。"徐中舒《甲骨文字典》："薶（埋），象埋牛、羊、犬等于坎中之形，即埋之初文。"

本义为藏入土中，埋葬。《礼记·曲礼上》："祭器敝则埋之，龟筴敝则埋之，牲死则埋之。"唐代杜甫《兵车行》："生女犹得嫁比邻，生男埋没随百草。"清代袁枚《祭妹文》："汝死我葬，我死谁埋？"清代龚自珍《病梅馆记》："纵之顺之，毁其盆，悉埋于地，解其棕缚。"

垦（墾 kěn）

小篆	楷书	简化字
墾	墾	垦

垦（墾），形声字。小篆的"墾"，从土䝺（kěn）声。下边从"土"，表示与土的变化或用土的动作有关，在字中表义；上边为"䝺"，在字中表音，为声符。楷书笔画化。现简化为"垦"，为保留特征法简化，为从土艮声的新形声字。《说文新附·土部》："墾（垦），耕也。从土䝺声。"《广雅·释地》："垦，耕也。"

本义为翻土、开垦。《国语·周语上》："土不备垦，辟在司寇。"《列子·汤问》：

"遂率子孙荷担者三夫，叩石垦壤，箕畚运于渤海之尾。"

堵（dǔ）

金文1	金文2	小篆	楷书
🔲	🔲	墙	堵

堵，形声字。金文1的"堵"，从🔲者声。左边从"🔲"，表示御敌的城郭，在字中表义，为形符；右边为"者"，在字中表音，为声符。金文2的"堵"，为从金者声。小篆的"堵"，以"土"代"🔲"，"土"表示土城墙。楷书笔画化。《说文·土部》："堵，垣也。五版为一堵。从土者声。"方述鑫等《甲骨金文字典》："堵，金文或从土，或从🔲，或从金，者声。从土从🔲之堵与《说文》堵字篆文及籀文构形同。"

本义为墙壁。《汉书·高帝纪》："吏民皆按堵如故。"唐代颜师古《汉书注》引应劭注："堵，墙堵也。"《淮南子·原道训》："环堵之室，茨之以生茅，蓬户瓮牖，揉桑为枢。"

第六，表示土的性质，主要有"坦、坚（堅）"。

坦（tǎn）

小篆	楷书
坦	坦

坦，形声字。小篆的"坦"，从土旦声。左边从"土"，表示与土的性质有关，在字中表义；右边为"旦"，在字中表音，为声符。楷书笔画化。《说文·土部》："坦，安也。从土旦声。"《玉篇·土部》："坦，宽皃。又平也，明也。《说文》：'安也。'"我们认为当以《玉篇》的解释为确。

本义为平而宽广。《周易·履》："履道坦坦，幽人贞吉。"唐代孔颖达疏："'履道坦坦'者，坦坦，平易之貌。"《世说新语·言语》："其地坦而平，其水淡而清，其人廉且贞。"

坚（堅 jiān）

小篆	楷书	简化字
堅	堅	坚

坚（堅），会意兼形声字。小篆的"堅"，从土从臤（qiān），臤亦声。下边从"土"，表示与土的性质有关，土质坚硬，在字中表义；上边从"臤"，表示以手拉"臣"，"臣"指屈服的奴隶，"臤"亦在字中表音。楷书笔画化。现简化为"坚"，声符类推简化，仍为形声字。《说文·土部》："坚（堅），刚也。从臤从土。"

本义为泥土坚硬、坚固。《孟子·公孙丑下》："城非不高也，池非不深也，兵革非不坚利也。"宋代沈括《梦溪笔谈·活板》："其法用胶泥刻字，薄如钱唇，每字为一印，火烧令坚先设一铁板。"明代宋濂《送东阳马生序》："天大寒，砚冰坚，手指不可屈伸。"

第二节 "田"部及其例字

"田"部亦属于土部之类。从"田"的字，其义大多与田地有关。

田（tián）

一、形体演变

甲骨文1	甲骨文2	金文	小篆	楷书
田	田	田	田	田

二、构形理据

田，象形字。甲骨文1的"田"（田），在一大片垄亩上"口"画出三横三纵的九个方格，表示"阡"与"陌"。"阡"，即竖线，代表纵向田埂；"陌"，即横线，代表横向田埂。两部分合起来表示纵横的无数井田。甲骨文2的"田"，将"阡""陌"简化为一横一竖"十"。金文、小篆承续甲骨文2的"田"。楷书笔画化。《说文·田部》："田，陈也。树谷曰田。象四口。十，阡陌之制也。"《说文段注》："取其畛（陈）列之整齐谓之田。凡言田田者，即陈陈相因也。……故十与口皆象其纵横也。阡陌则俗字也。"方述鑫等《甲骨金文字典》："甲金文象田猎战阵之形。古代贵族有囿以为田猎之所，囿有沟封以为疆界，亦即隄防，其形方，亦谓之防，甲骨文田字从口从十井等。口象其防，十井等表示防内划分狩猎区域。故封疆之起在田猎之世。……古代之封疆，必为方形，而殷代行井田制，其井田之形亦必为方形。此井田乃农耕之田，已非田猎之所。"据此可知，"田"有两义：一为狩猎；一为田地。我们认为，"田"之本义，当为田地。

三、本义

本义田地。《释名·释地》："已耕者曰田。"《诗·齐风·甫田》："无田甫田，维莠骄骄。"汉代毛亨传："甫，大也。大田过度，而无人功，终不能获。"程俊英《诗经译注》："甫田，大田。"《周礼·地官·遂师》："经牧其田野，辨其可食者，周知其数而任之。"汉代郑玄注："经牧，制田界与井也。"《韩非子·五蠹》："宋人有耕者，田中有株。兔走触株，折颈而死。"唐代李绅《悯农》："四海无闲田，农夫犹饿死。"

引申为耕种田地。《汉书·高帝纪上》："故秦苑囿园池，令民得田之。"唐代颜师古注："田谓耕作也。"宋代王安石《省兵》："骄惰习已久，去归岂能田？不田亦不桑，衣食犹兵然。"

在古书中，"田"又为打猎义。《孟子·梁惠王下》："今王田猎于此，百姓闻王车马之音，见羽旄之美，举疾首蹙頞而相告曰：'吾王之好田猎，夫何使我至于此极也？

父子不相见，兄弟妻子离散。'"《韩非子·难一》："焚林而田，偷取多兽，后必无兽。"这个意义后来写作"畋"。

四、理据例说

从"田"的字，其义皆与田地有关，大致可分为以下四类。

第一，表示田地的类别名称，主要有"畸、畿、畴（疇）"。

畸（jī）

小篆	楷书
畸	畸

畸，形声字。小篆的"畸"从田奇声。左边从"田"，表示与田地的类别名称有关；右边为"奇"，在字中表音，为声符。楷书笔画化。《说文·田部》："畸，残田也。从田奇声。"《说文段注》："残田者，余田不整齐者也。凡奇零字皆应于畸引申用之。"

本义为残田，文献用例较少。引申为不方正、不规则的事物。《荀子·天论》："墨子有见于齐，无见于畸。"唐代杨倞注："畸，谓不齐也。"蒋南华等《荀子全译》注："畸，不齐，差异。"今有词语"畸形""畸态"等。

畿（jī）

小篆	楷书
畿	畿

畿，形声字。小篆的"畿"从田幾省声。左下边从"田"，表示与田地的类别名称有关；右边、上边为"幾"，省声，在字中表音，为声符。楷书笔画化。《说文·田部》："畿，天子千里地。以远近言之，则言畿也。从田，幾省声。"

本义为国都四周的广大地区。《诗·商颂·玄鸟》："邦畿千里，维民所止，肇域彼四海。"汉代毛亨传："畿，疆也。"《周礼·大行人》："邦畿方千里，其外方五百里谓之侯服，岁壹见，其贡祀物。"后指京城所管辖的地区。明代崔铣《记王忠肃公翱三事》："公一女，嫁为畿辅某官某妻。"清代方苞《左忠毅公逸事》："先君子尝言，乡先辈左忠毅公视学京畿。"今有词语"京畿"。

畴（疇 chóu）

小篆1	小篆2	楷书	简化字
疇	疇	疇	畴

畴（疇），形声字。小篆1的"疇"从田壽声。左边从"田"，表示与田地的类别名称有关；右边为"壽"，在字中表音，为声符。小篆2的"疇"，右边的"壽"字上边加"老"，下边加"口""壽"，有连绵不断之意。楷书笔画化。现简化为"畴"，声符类推简化，为新形声字。《说文·田部》："疇（畴），耕治之田也。从田，象耕屈之形。"

本义为已耕作的整齐的田地。《左传·襄公三十年》："取我衣冠而褚之，取我田畴而伍之。"《孟子·万章下》："易其田畴，薄其税敛，民可使富也。"宋代朱熹《四书集注》："畤，耕治之田也。"晋代陶渊明《归去来兮辞》："农人告余以春及，将有事于西畤。"

第二，表示田界及其有关事物的名称，主要有"畔、界、畦、亩（畮、畂）"。

畔（pàn）

畔，形声字。小篆的"畔"，从田半声。左边从"田"，表示与田界及其有关事物的名称有关；右边为"半"，在字中表音，为声符。楷书笔画化。《说文·田部》："畔，田界也。从田半声。"《说文段注》："田界者，田之竟处也。《左传》子产曰：'行无越思，如农之有畔，其过鲜矣。'一夫百畮（亩），则畔为百畮（mǔ，同'亩'）之界也。引申为凡界之称。"

本义为田界。《左传·襄公二十五年》："朝夕而行之，行无越思，如农之有畔。其过鲜矣。"李梦生《左传译注》："畔，田埂。"《国语·周语上》："民用莫不震动，恪恭于农，修其疆畔，日服其鎛。"《韩非子·难一》："历山之农者侵畔，舜往耕焉，朞年甽（zhèn）亩正。"

界（jiè）

界，形声字。小篆的"界"，从田介声。左边从"田"，表示与田界及其有关事物的名称有关；右边为"介"，在字中表音，为声符。楷书笔画化，由小篆的左右结构变为上下结构。"界"在《说文》中作"畍"。《说文·田部》："畍，境也。从田介声。"《说文段注》："引申为凡边竟之称。界之言介也。介者，画也。画者，介也。象田四界，聿所以画之，介界古今字。"

本义为边陲、边境。《战国策·燕策三》："虏赵王，尽收其地，进兵北略地，至燕南界。"《孟子·公孙丑下》："域民不以封疆之界，固国不以山溪之险。"《韩非子·五蠹》："遂举兵伐鲁，去门十里以为界。"《史记·魏公子列传》："赵王及平原君自迎公子于界，平原君负韊（lán）矢为公子先引。"引申为界限、范围。《后汉书·马融传》："奢俭之中，以礼为界。"

畦（qí）

畦，形声字。小篆的"畦"，从田圭声。左边从"田"，表示与田界及其有关事物的名称有关；右边为"圭"，在字中表音，为声符。楷书承续小篆字形，笔画化。《说文·田部》："畦，田五十亩曰畦。从田圭声。"

本义为田里的再分区。宋代王安石《书湖阴先生壁》二首之一："茅檐长扫静无苔，花木成畦手自栽。"宋代沈括《梦溪笔谈·采草药》："一物同一畦之间，自有早晚。此物性之不同也。"

亩（畮、畞 mǔ）

金文	小篆	楷书	简化字
甫	畮	畞	亩

亩（畮、畞），形声字。金文的"畮"，从田每声。左下边从"田"，表示与田界及其有关事物的名称有关；右边为"每"，在字中表音，为声符。小篆承续金文字形，变为上下结构，下边从"田"，上边"每"为声符。楷书笔画化，演变为从十从田久声的形声字。现简化为"亩"，为保留轮廓法简化，为意号字，"田"为意符，"亠"为记号。《说文》中"亩"作"畮"。《说文·田部》："畮（亩），六尺为步，步百为畮。从田每声。畞，畮或从田、十、久。"方述鑫等《甲骨金文字典》："畮（亩），金文从田每声，与《说文》畮字篆文同。"

本义为田垄。《诗·齐风·南山》："艺麻如之何？衡从其亩。"《诗·小雅·信南山》："我疆我理，南东其亩。"后用为土地面积是亩的单位。《孟子·梁惠王上》："五亩之宅，树之以桑，五十者可以衣帛矣。"晋代陶渊明《归园田居》五首之一："方宅十余亩，草屋八九间。"田亩，指田地。元末明初施耐庵《水浒传》第二十二回："老汉自和孩儿宋清，在此荒村，守些田亩过活。"

第三，表示与田相关的其他事物的名称，主要有"男、畜"。

男（nán）

甲骨文	金文	小篆	楷书
田耒	田力	男	男

男，会意字。甲骨文的"男"，从田从耒。左上边从"田"表示与田相关的其他事物的名称有关，右边从"耒"表示农具，合起来表示用农具在田里劳作的人。古代男耕女织，田里耕作主要是男子的事。金文承续甲骨文字形。小篆字形讹变，为从田从力的会意字，亦通。楷书笔画化。《说文·田部》："男，丈夫也。从田从力。言男用力于田也。"方述鑫等《甲骨金文字典》："甲金文从田从力。金文或从爪，从力，从田。力象耒形。从田从爪，会以耒于田中从事农耕之意。农耕乃男子之事，故以为男子之称，为《说文》男字篆文所本。"

本义为男子，与"女"相对。《诗·小雅·斯干》："乃生男子，载寝之床。"《诗·大雅·思齐》："大姒嗣徽音，则百斯男。"汉代晁错《论贵粟疏》："故其男不耕耘，女不蚕织，衣必文采，食必粱肉。"晋代陶渊明《桃花源记》："其中往来耕作，男女衣着，悉如外人。"引申为儿子。《列子·汤问》："邻人京城氏之孀妻有遗男，始龀，跳往助之。"唐代杜甫《石壕吏》："听妇前致词，三男邺城戍。一男附书至，二男新战死。"杜甫《兵车行》："信知生男恶，反是生女好。"

畜（chù）

甲骨文	金文	小篆	楷书
畜	畜	畜	畜

畜，会意字。甲骨文的"畜"，从田从糸。下边从"田"表示与田相关的其他事物的名称有关，上边从"糸"表示捆绑、牵引动物，合起来表示将动物系在栏圈里。金文、小篆承续甲骨文字形。楷书笔画化。《说文·田部》："畜，田畜也。"方述鑫等《甲骨金文字典》："甲金文从田从糸。甲骨文所从之田，其中有小点，乃艸木之形；所从之糸，乃束丝之形。……田猎所得而拘系之，斯为家畜，此为玄田之正解。"

本义为人所饲养的家畜。《周礼·天官·庖人》："庖人，掌共六畜、六兽、六禽，辨其名物。"汉代郑玄注："六畜，六牲也。始养之曰畜，将用之曰牲。"《左传·僖公十九年》："古者六畜不相为用。"唐代孔颖达疏："《尔雅·释畜》：'马、牛、羊、豕、犬、鸡，谓之六畜。'"《汉书·李广苏建传》："拥众数万，马畜弥山，富贵如此！"引申为饲养、畜，后来写作"蓄"。《礼记·曲礼上》："畜鸟者则勿佛也。"汉代郑玄注："畜，养也。养则驯。"《汉书·枚乘传》："节用殖财，种树畜养，去食谷马。"元末明初罗贯中《三国演义》第一〇五回："又于上林苑中，种奇花异木，蓄养珍禽怪兽。"

第四，表示与田相关的行为，主要有"畋、略、留（畱）"。

畋（tián）

甲骨文	小篆	楷书
畋	畋	畋

畋，会意字。甲骨文的"畋"，从田从攴(pū)。左边从"田"表示与田相关的行为，右边从"攴"表示手的动作，合起来表示打猎。小篆承续甲骨文字形。楷书笔画化。《说文·攴部》："畋，平田也。从攴、田。"徐中舒《甲骨文字典》："畋，从攴从田，与《说文》畋篆文形同。"

本义为打猎。《广韵·先韵》："畋，取禽兽也。"《尚书·五子之歌》："畋于有洛之表，十旬弗反。"汉代孔安国传："田猎过百日不还。"《吕氏春秋·直谏》："荆文王得茹黄之狗，宛路之矰，以畋于云梦，三月不反。"汉代司马相如《子虚赋》："楚使子虚使于齐，王悉发车骑，与使者出畋。"

略（lüè）

小篆	楷书
略	略

略，形声字。小篆的"略"，从田各声。左边从"田"，表示与田相关的行为；右边为"各"，在字中表音，为声符。楷书笔画化。《说文·田部》："略，经略土地也。从田各声。"

本义为地界。《左传·昭公七年》："天子经略，诸侯正封，古之制也。"晋代杜预注："经营天下，略有四海，故曰经略。"引申为巡视边界。《左传·隐公五年》："公曰：'吾将略地焉。'遂往陈鱼而观之。"

留（畱 liú）

金文1	金文2	小篆	楷书	简化字
𤰔	畱	畱	畱	留

留（畱），会意兼形声字。金文1的"畱"，从田从卯(yǒu)，卯亦声。右边从"田"，表示与田相关的行为；左边为"卯"，在字中表音，为声符。金文2变为上下结构。小篆承续金文2的字形。楷书笔画化。现简化为"留"，保留轮廓法简化，为意号字，"田"为意符，"卯"为记号。《说文·田部》："畱（留），止也。从田卯声。"方述鑫等《甲骨金文字典》："畱，金文从田从卯，为《说文》畱字篆文所本。"

本义为停留、留下。《史记·廉颇蔺相如列传》："城入赵而璧留秦；城不入，臣请完璧归赵。"《史记·项羽本纪》："乃令张良留谢。良问曰：'大王来何操？'"唐代岑参《白雪歌送武判官归京》："山回路转不见君，雪上空留马行处。"明代于谦《石灰吟》："粉身碎骨浑不怕，要留清白在人间。"引申为使不离开，挽留。《史记·滑稽列传》："豹曰：'廷掾起矣。状河伯留客之久，若皆罢去归矣。'"元末明初罗贯中《三国演义》第八十二回："昔子瑜在柴桑时，孔明来吴，孤欲使子瑜留之。"

第三节 "邑"部及其例字

"邑"部亦属于土部之类。从"邑"的字，其义大多与国名、地名、行政区划名有关。

邑（yì）

一、形体演变

甲骨文	金文	小篆	楷书
邑	邑	邑	邑

二、构形理据

邑，会意字。甲骨文的"邑"，从"囗"（囗 wéi）从"𠂉"（人）。上边从"囗"（囗）表示四面有围墙的聚居区域，下面从"𠂉"（人），为跪着的人形，表示为众人的聚居区，合起来表示城邑。金文、小篆承续甲骨文字形。楷书笔画化。《说文·邑部》："邑，国也。从囗；先王之制，尊卑有大小，从卩（jié）。"《说文段注》："古国邑通称。《白虎通》曰：'夏曰夏邑，商曰商邑，周曰京师。'"方述鑫等《甲骨金文字典》："甲骨金文字形同小篆。囗，象城邑；𠂉象人跽而坐之形，以示有人聚居于城邑之意。"

597

三、本义

本义为人群居住之地，城邑。《左传·襄公二十七年》："公与免馀邑六十。"李梦生《左传译注》译为："卫献公给公孙免馀六十个城邑。"《论语·公冶长》："十室之邑，必有忠信如丘者焉，不如丘之好学也。"宋代朱熹《四书集注》："十室，小邑也。"

古代称侯国为邑。《左传·僖公四年》："君惠徼福於敝邑之社稷，辱收寡君，寡君之愿也。"泛指一般城镇、城市。《史记·廉颇蔺相如列传》："臣观大王无意偿赵王城邑，故臣复取璧。"晋代陶渊明《桃花源记》："自云先世避秦时乱，率妻子邑人来此绝境，不复出焉。"宋代苏洵《六国论》："秦以攻取之外，小则获邑，大则得城。"元末明初罗贯中《三国演义》第十二回："兖州薛兰、李封军士皆出掳掠，城邑空虚，可引得胜之兵攻之，一鼓可下。"

四、理据例说

"邑"是汉字的一个部首字，从"邑"的字大多和地名、国名、行政区划名有关。在楷书中，"邑"在字的右边，均写作"阝（右）"，称为"右耳旁"。

注意：在楷书中，"邑"和"阜"均写作"阝"，但在字中所处的位置不同，意义也有别。"邑"在字的右边，写作"阝（右）"，大多与地名、国名、行政区划名有关。"阜"在字的左边，写作"阝（左）"，大多与山陵、土阜有关。

从"邑"的字，大致可归纳为两类。

第一，表示地名、城市名和国名，主要有"郎、邢、郭、邹（鄒）、郑（鄭）、邓（鄧）等"。

郎（láng）

小篆	楷书
𨙻	郎

郎，形声字。小篆的"郎"，从邑良声。右边从"邑"，表示与行政区域有关；左边为"良"，在字中表音，为声符。楷书笔画化，"邑"写作"阝（右）"。《说文·邑部》："郎，鲁亭也。从邑良声。"《说文段注》："《檀弓》：'作战于郎。'郑曰：'郎，鲁近邑也。'杜云：'郎，鲁邑。高平方与县东南有郁郎亭。'按以郎为男子之称及官名者，皆良之假借字也。"

本义为古邑名，在今山东省金乡县境。《左传·隐公元年》："夏，四月，费伯帅师城郎。"晋代杜预注："郎，鲁邑。高平方与县东南有郁郎亭。"《礼记·檀弓下》："战于郎。"汉代郑玄注："郎，鲁近邑也。"

邢（xíng）

小篆	楷书
邢	邢

邢，形声字。小篆的"邢"，从邑开（jiān）声。右边从"邑"，表示与行政区域有关，在字中表义；左边为"开"，在字中表音，为声符。楷书笔画化，"邑"写作"阝（右）"，将"开"写作"开"，

为意号字，"邑"为意符，"开"为记号。《说文·邑部》："邢，周公子所封，地近河内怀。从邑开声。"《说文段注》："杜曰：'邢国在广平襄国县，地近河内怀。'"

本义为古国名，姬姓。《左传·隐公五年》："曲沃、庄伯以郑人、邢人伐翼。"晋代杜预注："翼，晋旧都，在平阳绛邑县东。邢国在广平襄国县。"

郭（guō）

甲骨文	金文	小篆	楷书

郭，象形兼形声字。甲骨文的"郭"，为象形字，中间"□"像城邑，四周外围的"倉"像护城塔楼。金文基本承续甲骨文字形，省去东西两边的塔楼。小篆的"郭"，演变为形声字，从邑享（guō）声。右边从"邑"，表示与行政区域有关；左边为"享"，在字中表音，为声符。楷书笔画化，"享"写作"享"，"邑"写作"阝（右）"。《说文·邑部》："郭，齐之郭氏虚。善善不能进，恶恶不能退，是以亡国也。从邑享声。"《说文段注》："郭本国名。虚墟古今字。郭国既亡谓之郭氏虚。"《甲骨金文字典》中未见此字。

本义为古国名。《公羊传·庄公二十四年》："赤者何？曹无赤者，盖郭公也。郭公者何？失地之君也。"引申为指外城，即在城的外围加筑的一道城墙。《孟子·公孙丑下》："三里之城，七里之郭，环而攻之而不胜。"宋代朱熹《四书集注》："郭，外城。"《乐府诗集·木兰诗》："爷娘闻女来，出郭相扶将。"泛指城市。唐代李白《送友人》："青山横北郭，白水绕东城。"

邹（鄒 zōu）

小篆	楷书	简化字

邹（鄒），形声字。小篆的"鄒"，从邑刍（chú）声。右边从"邑"，表示与行政区域有关，在字中表义；左边为"刍"，在字中表音，为声符。楷书笔画化，"邑"写作"阝（右）"。现简化为"邹"，声符类推简化，为意号字，"阝（右）"为意符，"刍"为记号。《说文·邑部》："鄒（邹），鲁县，古邾国，帝颛顼之后所封。从邑刍声。"《说文段注》："赵氏岐曰：'邹本春秋邾子之国。至孟子时改曰邹。'此未知其始本名邹也。"

本义为古国名，春秋时叫"邾国"，又称"邾娄国"，战国时鲁穆公将其改称为"邹国"。《孟子·梁惠王上》："邹人与楚人战，则王以为孰胜？"宋代朱熹《四书集注》："邹，小国。"

郑（鄭 zhèng）

甲骨文	金文	小篆	楷书	简化字

郑（鄭），象形兼形声字。甲骨文的"鄭"，以"奠"为之。金文基本承续甲骨文字形。小篆演变为形声字，右边从

"邑",表示与行政区域有关,在字中表义;左边为"奠",在字中表音,为声符。楷书笔画化,"邑"写作"阝(右)"。现简化为"郑",为草书楷化法简化,为意号字,"阝(右)"为意符,"关"为记号。《说文·邑部》:"鄭(郑),京兆县。周厉王子友所封。从邑奠声。宗周之灭,郑徙溱洧之上,今新郑是也。"《说文段注》:"今河南开封府新郑县西有故郑城。"方述鑫等《甲骨金文字典》:"甲骨文以奠为郑,与金文以豐为鄷同例。邑旁乃后所加。"

本义为古国名,姬姓。《左传·隐公三年》:"故周郑交质,王子狐为质于郑,郑公子忽为质于周。"《战国策·西周策》:"宛恃秦而轻晋,秦饥而宛亡。郑恃魏而轻韩,魏攻蔡而郑亡。"

邓(鄧 dèng)

金文	小篆	楷书	简化字
鄧	鄧	鄧	邓

邓(鄧),形声字。金文的"鄧",从邑从登。左下从"邑",为城邑,表示城中祭台;上边及右下边为"登",在字中表音,为声符。小篆基本承续金文字形,演变为左右结构。楷书笔画化,"邑"写作"阝(右)"。现简化为"邓",形符为记号替代法简化,为意号字,"阝(右)"为意符,"又"为记号。《说文·邑部》:"鄧(邓),曼姓之国,今属南阳。从邑登声。"方述鑫等《甲骨金文字典》:"鄧,金文或从邑,或不从邑。"

本义为古诸侯国名。《春秋·桓公七年》:"春,谷伯、邓侯来朝。"唐代孔颖达疏:"谷、邓是南方诸侯,近楚小国,明以辟陋小国。"

第二,表示行政区划和国邑名,主要有"都、鄙、乡(鄉)、郊、邻(鄰)、郡、邦"。

都(dū)

金文	小篆	楷书
都	都	都

都,形声字。金文的"都",从邑者声。右边从"邑",表示与行政区划和国邑名有关,在字中表义;左边为"者",在字中表音,为声符。小篆承续金文字形。楷书笔画化,"邑"写作"阝(右)"。《说文·邑部》:"都,有先君之旧宗庙曰都。从邑者声。"《说文段注》:"《左传》曰:'凡邑有宗庙先君之主曰都,无曰邑。'《周礼·大司徒》注曰:'都鄙者,王子弟公卿大夫采地。'"方述鑫等《甲骨金文字典》:"都,金文同小篆。"

本义为建有宗庙的城邑。《左传·隐公元年》:"都城过百雉,国之害也。先王之制,大都不过参国之一。"《国语·楚语上》:"国有都鄙,古之制也。"引申为都城、国都。《释名·释州国》:"国城曰都者,国君所居,人所都会也。"《公羊传·僖公十六年》:"是月,六鹢退飞过宋都。"三国诸葛亮《出师表》:"兴复汉室,还于旧都。"唐代柳宗元《封建论》:"秦有天下,裂都会而为之郡邑。"引申为行政区划名,因时地不同而异。《周礼·地官·小司徒》:"九夫为井,四井为邑,四邑为丘,四丘为甸,四甸为县,四县为都,以任地事而令贡赋,凡税敛之事。"《史记·廉颇蔺相如列传》:"今以秦之强而先割十五都予赵,赵岂敢留璧而得罪于大王乎?"

鄙（bǐ）

甲骨文	金文	小篆	楷书
咼	嗇	鄙	鄙

鄙,会意兼形声字。甲骨文的"鄙"写作"啚",为会意字。"啚"从口亩(lǐn)。上边从"口",表示村邑;下边从"亩",表示粮仓。金文基本承续甲骨文字形。小篆加"邑",加强了"村落"的含义,为从邑啚声的形声字。楷书笔画化,"邑"写作"阝(右)"。《说文·邑部》:"鄙,五酇为鄙。从邑啚声。"方述鑫等《甲骨金文字典》:"甲骨金文以啚为鄙。"又亩部曰:"啚,甲骨金文与小篆略同。"

本义为垦荒种粮的农村边邑。《周礼·遂人》:"五家为邻,五邻为里,四里为酇,五酇为鄙,五鄙为县,五县为遂,皆有地域。"汉代郑玄注:"邻、里、酇、鄙、县、遂,犹郊内比、闾、族、党、州、乡也。"引申为边邑、边境。《左传·隐公元年》:"既而大叔命西鄙北鄙贰于己。"晋代杜预注:"鄙,郑边邑。"汉代桓宽《盐铁论·本议》:"匈奴背叛不臣,数为寇暴于边鄙。"清代彭端叔《为学》:"蜀之鄙有二僧。"

乡（鄉 xiāng）

甲骨文	金文	小篆	楷书	简化字
卿	卿	鄉	鄉	乡

乡(鄉),会意兼形声字。甲骨文的"鄉",为会意字,像二人对食形,中间为"皀",表示食物。金文略同于甲骨文字形。小篆字形讹变,左右两"人"讹变为两"邑",从"邑"表示与行政区划和国邑名有关。楷书"鄉"繁化。现简化为"乡",为保留特征法简化,为记号字。《说文·𨛜部》:"鄉(乡),国离邑,民所封乡也。啬夫别治。封圻之内六乡,六乡治之。从𨛜皀声。"方述鑫等《甲骨金文字典》:"甲骨金文象二人相向对食之形。为饗字之初文。古鄉、饗、卿为一字。"

本义是用酒食款待别人,是"饗"的古字。"乡"假借为行政区域名,地方基层组织之一。《左传·庄公十年》:"其乡人曰:'肉食者谋之,又何间焉?'"《国语·齐语》:"五家为轨,轨为之长;十轨为里,里有司;四里为连,连为之长;十连为乡,乡有良人焉。"引申为乡村、故乡。《乐府诗集·木兰诗》:"愿驰千里足,送儿还故乡。"《史记·高祖本纪》:"大风起兮云飞扬,威加海内兮归故乡。"唐代柳宗元《捕蛇者说》:

"三世居是乡。"

郊（jiāo）

郊，形声字。小篆的"郊"，从邑交声。右边从"邑"，表示与行政区划和国邑名有关，在字中表义；左边为"交"，在字中表音，为声符。楷书笔画化，"邑"写作"阝（右）"。《说文·邑部》："郊，距国百里为郊。从邑交声。"

本义为上古时代国都外百里以内的地区称"郊"。《诗·魏风·硕鼠》："逝将去女，适彼乐郊。"汉代郑玄笺："郭外曰郊。"《左传·僖公三十二年》："秦伯素服郊次，乡师而哭。"泛指野外、郊区。《尔雅·释地》："邑外谓之郊。"唐代杜甫《茅屋为秋风所破歌》："茅飞渡江洒江郊，高者挂罥长林梢。"明代袁宏道《满井游记》："始知郊田之外未始无春，而城居者未之知也。"

邻（鄰 lín）

邻（鄰），形声字。小篆的"鄰"，从邑粦(lín)声。右边从"邑"，表示与行政区划和国邑名有关，在字中表义；左边为"粦"，在字中表音，为声符。楷书笔画化，"邑"写作"阝（右）"。现简化为"邻"，声符类推简化，仍为形声字。《说文·邑部》："鄰（邻），五家为邻。从邑粦声。"

本义为古代的一种居民组织。《周礼·地官·遂人》："五家为邻，五邻为里，四里为酂，五酂为鄙，五鄙为县，五县为遂。"引申为邻居、邻国。《墨子·公输》："今有人于此，舍其文轩，邻有敝舆，而欲窃之。"唐代王勃《送杜少府之任蜀州》："海内存知己，天涯若比邻。"

郡（jùn）

郡，形声字。小篆的"郡"，从邑君声。右边从"邑"，表示与行政区划和国邑名有关，在字中表义；左边为"君"，在字中表音，为声符。楷书笔画化，"邑"写作"阝（右）"。《说文·邑部》："郡，周制：天子地方千里，分为百县，县有四郡。故《春秋传》曰'上大夫受郡'是也。至秦初置三十六郡，以监其县。从邑君声。"

本义为古代的行政区划，周制县大郡小，秦以后郡大县小。《左传·哀公二年》："克敌者，上大夫受县，下大夫受郡。"唐代孔颖达疏："上大夫受县，县则为百乘之家，言得进为卿也。县有四郡，则郡方五十里，下大夫得此方五十里之采邑。"《史记·陈涉世家》："当此时，诸郡县苦秦吏者，皆刑其长吏，杀之以应陈涉。"晋代陶渊明《桃花源记》："及郡下，诣太守。"宋代范仲淹《岳阳楼记》："庆历四年春，滕子京谪守巴陵郡。"

邦（bāng）

甲骨文	金文	小篆	楷书
			邦

邦，会意兼形声字。甲骨文的"邦"，从丰从田，为会意字。下边从"田"表示与田界、边境有关，上边从"丰"表示茂盛的草木，合起来表示高大树木标志的地界。金文将甲骨文的"田"换成了"邑"，强化了"领地"的意味。小篆承续金文字形。楷书笔画化，"邑"写作"阝（右）"。《说文·邑部》："邦，国也。从邑丰声。峀，古文邦。"《说文段注》："《周礼》注曰：'大曰邦，小曰国。'析言之也。许云：'邦，国也。国，邦也。'统言之也。……古邦封通用。"方述鑫等《甲骨金文字典》："邦，甲骨文从丰从田，象植木于田界之形，为《说文》古文所本。古封邦一字，植木于田界，以识其疆域，故有邦国之义。金文改而从邑，与小篆同。"

　　本义指古代诸侯的封国、国家。《诗·小雅·节南山》："式讹尔心，以畜万邦。"程俊英《诗经译注》："万邦，各诸侯国。"《诗·大雅·文王》："周虽旧邦，其命维新。"程俊英《诗经译注》："旧邦，旧国。"《论语·季氏》："远人不服而不能来也；邦分崩离析而不能守也。"《孟子·梁惠王上》："刑于寡妻，至于兄弟，以御于家邦。"引申为泛指一定地域、地区。晋代张华《博物志》卷一："负海之邦，交趾之土，谓之南裔。"

第二十四章　日部之类

日部之类包括日、月、风（風）、雨、气五部，均与自然现象有关。

第一节　"日"部及其例字

从"日"的字，其义大多与太阳、时间有关。

日（rì）

一、形体演变

甲骨文	金文	小篆	楷书
⊖	⊙	日	日

二、构形理据

日，象形字。甲骨文的"日"，像太阳形，外边像太阳的轮廓，中间一横或一点表示太阳的光。金文、小篆承续甲骨文字形。楷书笔画化。《说文·日部》："日，实也，太阳之精不亏。从囗一。象形。"方述鑫等《甲骨金文字典》："日，甲骨文日字因契刻不便作圆形，故多作方形，其中从'一'乃用以有别于丁字之作囗也。"

三、本义

本义为太阳。《孟子·万章上》："孔子曰：'天无二日，民无二王。'"日，即太阳。《列子·汤问》："日初出大如车盖，及日中则如盘盂，此不为远者小而近者大乎？"宋代欧阳修《醉翁亭记》："若夫日出而林霏开，云归而岩穴暝，晦明变化者，山间之朝暮也。"引申为白天、白昼。《诗·唐风·葛生》："夏之日，冬之夜，百岁之后，归于其居！"《孟子·离娄下》："周公思兼三王，以施四事；其有不合者，仰而思之，夜以继日。"引申为一昼夜。晋代陶渊明《桃花源记》："余人各复延至其家，皆出酒食。停数日，辞去。"

四、理据例说

从"日"的字，其义大多与太阳、时间有关，大致可分为三种情况。

第一，表示与太阳相关的事物，主要有"旭、升（昇）、映"。

旭（xù）

旭，形声字。小篆的"旭"，从日九声。右边从"日"，表示与太阳有关，在字中表义；左边为"九"，在字中表音，为声符。楷书笔画化。《说文·日部》："旭，日旦出皃。从日九声。若勖。一曰明也。"《说文段注》："《邶风》：'旭日始旦。'传曰：'旭者，日始出。'"

本义为太阳初升。晋代陶渊明《归园田居》（其五）："欢来苦夕短，已复至天旭。"唐代李白《幽歌行上新平长史兄粲》："吾兄行乐穷曛旭，满堂有美颜如玉。"唐代刘禹锡《葡萄歌》："马乳带轻霜，龙鳞曜初旭。"唐代白居易《宿东亭晓兴》："窗声度残漏，帘影浮初旭。"

升（昇 shēng）

升（昇），形声字。小篆的"昇"，从日升声。上边从"日"，表示与太阳有关，在字中表义；下边为"升"，在字中表音，为声符。楷书笔画化。现简化为"升"，为保留特征简化，与量器"升"合并，为记号字。《说文新附·日部》："昇（升），日上也。从日升声。"《广韵·蒸韵》："昇，日上。本亦作升。"《玉篇·日部》："昇，或升字。"

本义为太阳升起。《诗·小雅·天保》："如月之恒，如日之升。"汉代毛亨传："升，出也。"南北朝江淹《石劫赋》："日照水而东升，山出波而隐没。"唐代戴叔伦《题天柱山图》："谁能凌绝顶，看取日升东。"唐代郭求《日暖万年枝》："旭日升溟海，芳枝散曙烟。"

注意："昇"与"升"本为两个不同的字。"昇"，指太阳升起。"升"，为量器。自古代"昇"常写作"升"，现简化为"升"。

映（yìng）

映，形声字。小篆的"映"，从日央声。左边从"日"，表示与太阳有关，在字中表义；右边为"央"，在字中表音，为声符。楷书笔画化。《说文新附·日部》："映，明也，隐也。从日央声。"

本义为照耀。《后汉书·张衡传》："冠咢咢其映盖兮，佩綝纚以辉煌。"唐代李贤注："映盖谓冠与车盖相映也。"宋代杨万里《晓出净慈寺送林子方》："接天莲叶无穷碧，映日荷花别样红。"

第二，表示与太阳之光与热相关的事物，主要有"昭、晏、晴、暑、景、暖、昧、暗、晕（暈）、曝、旱"。

昭（zhāo）

小篆	楷书
昭	昭

昭，形声字。小篆的"昭"，从日召声。左边从"日"，表示与太阳之光相关的事物有关，在字中表义；右边为"召"，在字中表音，为声符。楷书笔画化。《说文·日部》："昭，日明也。从日召声。"

本义为明亮。《诗·大雅·云汉》："倬彼云汉，昭回于天。"汉代郑玄笺："昭，光也。"《楚辞·大招》："青春受谢，白日昭只。"黄寿祺、梅桐生《楚辞全译》："昭，明亮。"《吕氏春秋·任数》："目之见也藉于昭，心之知也藉于理。"

晏（yàn）

甲骨文	金文	小篆	楷书
			晏

晏，会意兼形声字。甲骨文的"晏"，从日从女。左边从"日"表示与太阳之光相关的事物有关，右边从"女"表示美女，合起来表示丽日和美女，即风和日丽，美女做伴，充满欢乐。金文承续甲骨文字形，演变为上下结构。小篆演变为从日安声的形声字。楷书笔画化。《说文·日部》："晏，天清也。从日安声。"《小尔雅·广言》："晏、明，阳也。"杨琳《小尔雅今注》："阳有明亮之意。"

本义为晴朗、平静。汉代扬雄《羽猎赋》："于是天清日晏，逢蒙列眦，羿氏控弦。"唐代李善引许慎《淮南子》注曰："晏，无云之处也。"清代曹雪芹《红楼梦》第一一九回："皇上又看到海疆靖寇班师善后事宜一本，奏的是海晏河清、万民乐业的事。"

晴（qíng）

小篆	楷书
夝	晴

晴，形声字。小篆的"夝（晴）"，从夕生声。左边从"夕"，表示与夜晚有关，在字中表义；右边为"生"，在字中表音，为声符。楷书笔画化，演变为从日青声的形声字。《说文·夕部》："夝（晴），雨而夜除星见也。从夕生声。"《说文段注》："《卫风》：'灵雨既零，命彼倌人。星言夙驾。'韩诗曰：'星者，精也。'按精者今晴字。""引申为昼晴之称。"汤可敬《说文解字今释》："夝（晴），雨在夜晚停止而星星出现。"

本义为雨止无云，天气晴朗。晋代潘岳《闲居赋》："微雨新晴，六合清朗。"唐代崔颢《黄鹤楼》："晴川历历汉阳树，芳草萋萋鹦鹉洲。"唐代吴筠《秋日望倚帝山》："秋天已晴朗，晚日更澄霁。"宋代陆游《过小孤山大孤山》："上干云霄，已非它山可拟，愈近愈秀，冬夏晴雨，姿态万变。"

暑（shǔ）

小篆	楷书
暑	暑

暑，形声字。小篆的"暑"，从日者声。上边从"日"，表示与太阳之光相关的事物有关，在字中表义；下边为"者"，在字中表音，为声符。楷书笔画化。《说文·日部》："暑，热也。从日者声。"

《说文段注》:"暑与热浑言则一,故许以热训暑。析言则二。"《释名》曰:'暑,煮也。如水煮物也。'"

本义为炎热。《诗·小雅·四月》:"四月维夏,六月徂暑。"程俊英《诗经译注》将"六月徂暑"翻译为"六月盛暑将过完"。《淮南子·人间训》:"冬日则寒冻,夏日则暑伤。"唐代柳宗元《捕蛇者说》:"触风雨,犯寒暑,呼嘘毒疠,往往而死者,相藉也。"

景(jǐng)

景,形声字。小篆的"景",从日京声。上边从"日",表示与太阳之光相关的事物有关,在字中表义,为形符;下边为"京",在字中表音,为声符。楷书笔画化。《说文·日部》:"景,光也。从日京声。"

本义为日光。《荀子·解蔽》:"故浊明外景,清明内景。"蒋南华等《荀子全译》:"外景,光色表现于外。景,光色。"宋代范仲淹《岳阳楼记》:"至若春和景明,波澜不惊,上下天光,一碧万顷。"引申为风景、景致。《世说新语·言语》:"风景不殊,正自有山河之异。"唐代高骈《途次内黄马病寄僧舍呈诸友人》:"红叶寺多诗景致,白衣人尽酒交游。"宋代欧阳修《醉翁亭记》:"朝而往,暮而归,四时之景不同,而乐亦无穷也。"明代吴承恩《西游记》第二十四回:"沙僧道:'师兄,此间虽不是雷音,观此景致,必有个好人居止。'"清代龚自珍《病梅馆记》:"梅以曲为美,直则无姿;以欹为美,正则无景;以疏为美,密则无态。"

暖(nuǎn)

暖,形声字。小篆1的"煖",从火爰(yuán)声。小篆2的"暖",从日爰声。从"火"与从"日"义同,均与温度有关。小篆2左边从"日",表示与太阳之光相关的事物有关;右边为"爰",在字中表音,为声符。楷书笔画化。《说文·火部》:"煖,温也。从火爰声。"张舜徽《说文解字约注》:"经传多以煖为煗。今俗又别作暖。"

本义为温暖、温和。唐代岑参《白雪歌送武判官归京》:"散入珠帘湿罗幕,狐裘不暖锦衾薄。"唐代白居易《钱塘湖春行》:"几处早莺争暖树,谁家新燕啄春泥。"唐代杜牧《阿房宫赋》:"歌台暖响,春光融融;舞殿冷袖,风雨凄凄。"宋代苏轼《惠崇〈春江晚景〉》:"竹外桃花三两枝,春江水暖鸭先知。"宋代王安石《元日》:"爆竹声中一岁除,春风送暖入屠苏。"

昧(mèi)

昧,形声字。金文的"昧",从日未声。下边从"日",表示与太阳之光相关的事物有关,在字中表义;上边为"未",在字中表音,为声符。小篆承续金文字形,演变为左右结构。楷书笔画化。《说文·日部》:"昧,从日未声。一曰闇也。"《广雅·释诂》:"昧,冥也。"

本义为昏暗不明。《楚辞·离骚》:"惟夫党人之偷乐兮,路幽昧以险隘。"黄寿祺、梅桐生《楚辞全译》:"幽昧,昏暗不明。"《楚辞·九章·怀沙》:"进路北次兮,日昧昧其将暮。"黄寿祺、梅桐生《楚辞全译》:"昧昧,《章句》:'昧,冥也。'即渐渐昏暗的样子。"清代方苞《左忠毅公逸事》:"汝复轻身而昧大义,天下事谁可支柱者?"

暗(àn)

小篆	楷书
暗	暗

暗,形声字。小篆的"暗",从日音声。左边从"日",表示与太阳之光相关的事物有关,在字中表义;右边为"音",在字中表音,为声符。楷书笔画化。《说文·日部》:"暗,日无光也。从日音声。"

本义为昏暗、光线不足,与"明"相对。宋代王安石《游褒禅山记》:"有志与力,而又不随以怠,至于幽暗昏惑而无物以相之,亦不能至也。"蔡元培《图画》:"体之感觉何自起?曰,起于远近之比例,明暗之掩映。"

晕(暈 yūn)

甲骨文	小篆	楷书	简化字
	暈	暈	晕

晕(暈),象形兼形声字。甲骨文的"暈",中间为"☉",表示太阳;"日"之四周为"〰",表示光圈。小篆演变为从日軍声的形声字。上边从"日",表示与太阳之光相关的事物有关;下边为"軍",在字中表音,为声符。楷书笔画化。现简化为"晕",声符类推简化,仍为形声字。《说文新附·日部》:"暈(晕),日月气也。从日軍声。"徐中舒《甲骨文字典》:"暈(晕),象日之四周有晕气之形,当为晕之初文。"《释名·释天》:"晕,卷也。气在外卷结之也,日月俱然。"

本义为日月周围的光圈。《史记·天官书》:"日月晕适,云风,此天之客气,其发见亦有大运。"南北朝裴骃《史记集解》:"孟康曰:'晕,日旁气也。'"唐代张巡《守睢阳作》:"合围俸月晕,分守若鱼丽。"唐代雍陶《河阴新城》:"五里似云根不动,一重如月晕长圆。"

曝(pù)

小篆	楷书
曝	曝

曝,会意兼形声字。曝,同"暴",本作"暴",为会意字。小篆的"暴",自上而下为从"日"从"出"从"廾"(gǒng)从"米"。廾,表示两手捧物。四部分合起来表示把米拿到阳光下照晒。楷书笔画化,写作"曝",为从日暴声的形声字。《说文·日部》:"暴,晞也。从日,从出,从廾,从米。"谷衍奎《汉字源流字典》:"暴,本义指晒。……此义后另加义符

'日'写作'曝'。"

本义为晒。《战国策·燕策二》："今者臣来，过易水，蚌方出曝，而鹬啄其肉，蚌合而箝其喙。"《孟子·滕文公上》："江汉以濯之，秋阳以暴之，皓皓乎不可尚已。"杨伯峻《孟子译注》："暴，'曝'本字。"晋代陶渊明《自祭文》："冬曝其日，夏濯其泉。"明代袁宏道《满井游记》："凡曝沙之鸟，呷浪之鳞，悠然自得，毛羽鳞鬣之间皆有喜气。"

旱（hàn）

小篆	楷书
旱	旱

旱，形声字。小篆的"旱"，从日干声。上边从"日"，表示与太阳之光相关的事物有关；下边为"干"，在字中表音，为声符。楷书笔画化。《说文·日部》："旱，不雨也。从日干声。"

本义为久不下雨。《诗·大雅·云汉》："旱既大甚，蕴隆虫虫。"唐代孔颖达疏："言天雨不降，旱势已太甚矣。"《谷梁传·僖公十一年》："雩（yú），得雨曰雩，不得雨曰旱。"明代吴承恩《西游记》第三十七回："我这里五年前，天年干旱，草子不生，民皆饥死，甚是伤情。"

第三，表示与时间相关的事物，主要有"旦、昏、时（時）、春、旬、昔、曙、晓（曉）"。

旦（dàn）

甲骨文	金文	小篆	楷书
旦	旦	旦	旦

旦，指事字。甲骨文的"旦"，上边为"日"，下边"囗"为日影，表示太阳刚刚初升，未离于地面。金文、小篆基本承续甲骨文字形。金文将甲骨文中的日影"囗"写成了实心的黑点"●"。小篆将金文的日影实心黑点"●"改写成一横"一"，代表地平线或海平面。楷书笔画化，承续小篆字形。《说文·旦部》："旦，明也。从日见一上。一，地也。"方述鑫等《甲骨金文字典》："旦，甲骨文从⊙从囗，囗即日之影。以日与影相接表示日初升之时未离于地平面。"

本义为天亮、破晓。《诗·郑风·女曰鸡鸣》："女曰鸡鸣，士曰昧旦。"程俊英《诗经译注》："昧，黑。旦，亮。昧旦，天快亮未亮的时候。"《左传·成公十六年》："旦而战，见星未已。"李梦生《左传译注》将其翻译为"从清早开始交战，到星星出现时还没停战"。《乐府诗集·木兰诗》："旦辞爷娘去，暮宿黄河边。"

昏（hūn）

甲骨文	小篆	楷书
昏	昏	昏

昏，会意字。甲骨文的"昏"，从日从氐（dǐ）省。"氐"是下的意思。下边从"日"表示与时间相关的事物，上边为"氐"省，合起来表示太阳从空中降落于地，表示晚上。

小篆承续甲骨文字形。楷书笔画化。《说文·日部》："昏，日冥也。从日氏省。氏者，下也。一曰民声。"徐中舒《甲骨文字典》："昏，从日从𐊠（氏），与《说文》篆文略同。"

本义为黄昏、傍晚。《诗·陈风·东门之杨》："昏以为期，明星煌煌。"汉代郑玄笺："亲迎之礼以昏时，女留他色，不肯时行，乃至大星煌煌然。"《淮南子·天文训》："至于虞渊，是谓黄昏。至于蒙谷，是谓定昏。"南北朝吴均《与朱元思书》："横柯上蔽，在昼犹昏；疏条交映，有时见日。"

时（時 shí）

甲骨文	金文	小篆	楷书	简化字
㞢日	㞢日	𣅱	時	时

时（時），形声字。甲骨文的"時"，从日止声。下边从"日"，表示与时间相关的事物；上边为"止"，在字中表音，为声符。金文承续甲骨文字形。小篆演变为从日寺声的形声字。楷书承续小篆字形，笔画化。现简化为"时"，为草书楷化法简化，较早见于宋代《大唐三藏取经诗话》，为新会意字。"时"为从日从寸会意，从"日"指时间，从"寸"指寸阴当惜。《说文·日部》："時（时），四时也。从日寺声。"《说文段注》："四时也，本春秋冬夏之称。引申之为凡岁月日刻之用。"方述鑫等《甲骨金文字典》中"时"字同《说文》。《释名·释天》："四时，四方各一时。时，期也，物之生死各应节期而止也。"

本义为季度、季节。《左传·桓公六年》："谓其三时不害，而民和年丰也。"晋代杜预注："三时，春、夏、秋。"《孟子·梁惠王上》："斧斤以时入山林，材木不可胜用也。"宋代朱熹《四书集注》："农时，谓春耕夏耘秋收之时。"宋代欧阳修《醉翁亭记》："朝而往，暮而归，四时之景不同，而乐亦无穷也。"引申为时间、光阴。《庄子·养生主》："始臣之解牛之时，所见无非全牛者。"汉代贾谊《论积贮疏》："生之有时，而用之亡度，则物力必屈。"《玉台新咏·古诗为焦仲卿妻作》："昔作女儿时，生小出野里。"明代宋濂《送东阳马生序》："自谓少时用心于学甚劳，是可谓善学者矣！"

春（chūn）

甲骨文	金文	小篆	楷书
𣛴	萅	萅	春

春，会意兼形声字。甲骨文的"春"，从日从艸从屯，屯亦声。左边中间从"日"，表示与时间相关的事物；左边上下为"艸"，表示草木春时生长；右边为"屯"，似草木破土而出之形，表示春季万木生长，"屯"亦兼表声。金文、小篆基本承续甲骨文字形。楷书笔画化。《说文·日部》："春，推也。从艸从日，艸春时生也；屯声。"《说文段注》："《尚书》大传曰：'春，出也。'万物之出也，从日、

艸、屯。日、艸、屯者，得时艸生也。屯字象艸木之初生。屯亦声。会意兼形声。"徐中舒《甲骨文字典》："甲骨文春字与《说文》春字略同。"《尔雅·释天》："春为青阳。""春为发生。"

本义为春季，四季的第一季。《公羊传·隐公元年》："春者何，岁之始也。"《荀子·王制》："春耕，夏耘，秋收，冬藏。四者不失时，故五谷不绝而百姓有余食也。"唐代孟浩然《春晓》："春眠不觉晓，处处闻啼鸟。"唐代王维《相思》："红豆生南国，春来发几枝？"

旬（xún）

甲骨文	金文	小篆	楷书

旬，会意字。甲骨文的"旬"，在 ᄃ（亘）上加一指事符号为" "，表示回环周遍。金文基本承续甲骨文字形，从勹(bāo)从日。里边从"日"，表示与时间相关的事物；外面从勹，表示循环往复。小篆承续金文字形。楷书笔画化。《说文·日部》："旬，徧也。十日为旬。从勹日。"《说文段注》："日之数十，自甲至癸而一徧。从勹日。"徐中舒《甲骨文字典》："旬，从 ᄃ 上加一指事符号， ᄃ 象回旋之形，乃 ᄃ（亘）之省变，或省作レ，同。故以表示由甲至癸十日周匝循环而为旬。"

本义为十日。古代天干纪日，每十日周而复始，称"一旬"。《尚书·尧典》："期三百有六旬有六日，以闰月定四时，成岁。"汉代孔安国传："十日为旬。"《孟子·梁惠王下》："以万乘之国伐万乘之国，五旬而举之，人力不至于此。"《南史·宋武帝本纪》："道覆请乘胜遂下，争之旬日，乃从。"

昔（xī）

甲骨文	金文	小篆	楷书

昔，象形字。甲骨文中上" "像洪水，下" "像太阳，表示洪水滔天，除了能见到天上的太阳外，地上满是洪水，不见他物。金文、小篆基本承续甲骨文字形。楷书笔画化。《说文·日部》："昔，干肉也。从残肉，日以晞之。与俎同意。"《说文》中以晒干肉为昔，与甲骨文说解有别。我们认为，当以甲骨文说解为确。方述鑫等《甲骨金文字典》："昔，甲骨文从日，从 ， 象洪水，以古时洪水之日为昔。"

本义为从前，与"今"相对。《诗·小雅·采薇》："昔我往矣，杨柳依依。今我来思，雨雪霏霏。"三国诸葛亮《出师表》："将军向宠，性行淑均，晓畅军事，试用之于昔日，先帝称之曰能。"唐代崔颢《黄鹤楼》："昔人已乘黄鹤去，此地空余黄鹤楼。"清代吴敬梓《儒林外史》第三回："姑老爷今非昔比，少不得有人把银子送上门来给他用，只怕姑老爷还不希罕。"

曙（shǔ）

小篆	楷书
曙	曙

曙，形声字。小篆的"曙"，从日署声。左边从"日"，表示与时间相关的事物；右边为"署"，在字中表音，为声符。楷书笔画化。《说文新附·日部》："曙，晓也。从日署声。"《玉篇·日部》："曙，东方明也。"

本义为天刚亮，破晓。《楚辞·九章·悲回风》："涕泣交而凄凄兮，思不眠以至曙。"黄寿祺、梅桐生《楚辞全译》将"思不眠以至曙"译为"一夜想来想去直到天亮"。《玉台新咏·古诗为焦仲卿妻作（并序）》："鸡鸣外欲曙，新妇起严妆。"《聊斋志异·促织》："成顾蟋蟀笼虚，则气断声吞，亦不复以儿为念，自昏达曙，目不交睫。"

晓（曉 xiǎo）

小篆	楷书	简化字
曉	曉	晓

晓（曉），形声字。小篆的"曉"，从日尧声。左边从"日"，表示与时间相关的事物；右边为"尧"，在字中表音，为声符。楷书笔画化。现简化为"晓"，声符类推简化，为新形声字。《说文·日部》："晓（曉），明也。从日尧声。"《说文段注》："此亦谓旦也。俗云天晓是也。引申为凡明之称。"《玉篇·日部》："晓，曙也，知也，慧也。"

本义为天明。《淮南子·俶真训》："冥冥之中，独见晓焉；寂漠之中，独有照焉。"唐代杜甫《春夜喜雨》："晓看红湿处，花重锦官城。"唐代白居易《卖炭翁》："夜来城外一尺雪，晓驾炭车辗冰辙。"唐代杜牧《阿房宫赋》："绿云扰扰，梳晓鬟也；渭流涨腻，弃脂水也。"宋代柳永《雨霖铃·寒蝉凄切》："今宵酒醒何处？杨柳岸，晓风残月。"

第二节 "月"部及其例字

从"月"的字，其义均与月亮、时令有关。

月（yuè）

一、形体演变

甲骨文	金文	小篆	楷书
☽	D	⺼	月

二、构形理据

月，象形字。甲骨文的"月"，像半月形，在半圆形"☽"中加一指事符号短竖"丨"，表示半圆形天体发光的特性。金文、小篆承续甲骨文字形。楷书笔画化。《说文·月部》："月，阙也。大阴之精。象形。"《说文段注》："《释名》曰：'月，缺也。满则缺也。'象形。象不满之形。"方述鑫等《甲骨金文字典》："月形以亏缺为常，故甲骨文以半月之形取象，以别与日，月又可为夜之特征，故卜辞假月为夕。"

三、本义

本义为月亮。《诗·邶风·日月》："日居月诸，照临下土。"程俊英《诗经译注》将"日居月诸"译为"叫声太阳叫月亮"。《诗·陈风·月出》："月出皎兮，劳心悄兮！"唐代李白《静夜思》："举头望明月，低头思故乡。"宋代苏轼《水调歌头·明月几时有》："人有悲欢离合，月有阴晴圆缺，此事古难全。"

引申为表示时间，一年分十二个月。《史记·廉颇蔺相如列传》："某年月日，秦王为赵王击缶。"宋代范仲淹《岳阳楼记》："若夫淫雨霏霏，连月不开，阴风怒号，浊浪排空。"

四、理据例说

从"月"的字，均与月亮及时令有关，可分为两类。

第一，与月亮有关，主要有"明（朙）、朗、霸"。

明（朙 míng）

甲骨文	金文	小篆1	小篆2	楷书
☽⊙	⊙☽	⊙☽	朙	明

明（朙），会意字。甲骨文的"明"，从日从月，以日、月发光表示明亮。金文、小篆1承续甲骨文字形。小篆2从月从囧（jiǒng），从"月"表示与月亮有关，从"囧"表示窗子，以月光射入屋内表示明亮。楷书笔画化。《说文·明部》："朙（明），照也。从月从囧。凡朙之属皆从朙。明，古文朙从日。"《说文段注》："从月囧。从月者，月以日之光为光也。从囧，取窗牖丽廔闿（lóukǎi）明之意也。囧亦声。"方述鑫等《甲骨金文字典》："朙（明），甲骨文从月从囧，囧或作日，田，实为窗之象形，以夜间月光射入室内会意为明。"

本义为明亮，与"昏暗"相对。《诗·齐风·鸡鸣》："东方明矣，朝既昌矣。"程俊英《诗经译注》将"东方明矣"译为"你瞧东方已经亮"。《荀子·天论》："在天者莫明于日月，在地者莫明于水火。"唐代杜甫《石壕吏》："天明登前途，独与老翁别。"宋代苏轼《赤壁赋》："'月明星稀，乌鹊南飞'，此非曹孟德之诗乎？"清代方苞《狱中杂记》："禁卒居中央，牖其以通明，屋极有窗以达气。"

朗（lǎng）

小篆	楷书
朗	朗

朗，形声字。小篆的"朗"，从月良声。左边从"月"，表示与月亮有关；右边为"良"，在字中表音，为声符。楷书笔画化。《说文·月部》："朗，明也。从月良声。"

本义为明亮。《诗·大雅·既醉》："昭明有融，高朗令终。"汉代毛亨传："朗，明也。"三国嵇康《琴赋》："冬夜肃清，朗月垂光。新衣翠粲，缨徽流芳。"晋代王羲之《兰亭集序》："是日也，天朗气清，惠风和畅。"

霸（pò bà）

金文	小篆	楷书
霸	霸	霸

霸，形声字。金文的"霸"，从月䨣（gé）声。右下边从"月"，表示与月亮有关；左下、上边为"䨣"，在字中表音，为声符。小篆承续金文字形。楷书笔画化。《说文·月部》："霸，月始生，霸然也。承大月，二日；承小月，三日。从月䨣声。"《说文段注》："按已上皆谓月初生明为霸。而《律历志》曰：'死霸，朔也。生霸，望也。'""后代魄行而霸废矣。俗用为王霸字。实伯之叚借字也。"方述鑫等《甲骨金文字典》："金文典籍或作'魄'，为月相之称。"《王力古汉语字典》中未将"霸"列入"月"部。

本义为阴历每月之初始见的月光，这个意义后又写作"魄"。《汉书·律历志下》："后三十年四月庚戌朔，十五日甲子哉生霸。"唐代颜师古《汉书注》："哉，始也。""霸"为初升的月光。假借为伯（霸），指古代诸侯联盟的盟主。《商君书·更法》："三代不同禮而王，五霸不同法而霸。"《孟子·公孙丑上》："管仲以其君霸，晏子以其君显。"《白虎通》卷一："霸者，伯也，行方伯之职，会诸侯，朝天子，不失人臣之义。"

第二，与时间、时令有关，主要有"朔、望、朝、期"。

朔（shuò）

金文	小篆	楷书
朔	朔	朔

朔，会意兼形声字。金文的"朔"，从月从屰(nì)，屰亦声。上边从"月"表示与时令有关，下边从"屰"，"屰"即"逆"，表示回转，屰亦声，合起来表示月亮的盈亏周而复始。小篆承续金文字形。楷书笔画化。《说文·月部》："朔，月一日始苏也。从月屰声。"《甲骨金文字典》中"朔"字说解同《说文》。

本义为农历每月初一。《诗·小雅·十月之交》："十月之交，朔日辛卯。"程俊英《诗经译注》："朔日，初一日。"《左传·桓公十七年》："冬十月朔，日有食之。"后借指方位，指北方。《乐府诗集·木兰诗》："朔气传金柝，寒光照铁衣。"清代袁枚《祭妹文》:"纸灰飞扬,朔风野大,阿兄归矣,犹屡屡回头望汝也。"

望（wàng）

甲骨文	金文1	金文2	小篆	楷书

望,会意字。甲骨文的"望",从"臣"（臣）从"壬"（壬）。从"臣"（臣）,表示睁大眼睛;从"壬"（壬）,表示人站在高处向远处眺望。金文1承续甲骨文字形。金文2添加"月",表示月圆之夜举目远眺,寄托对遥远亲友的思念之情,并将甲骨文中的"臣"写成了"亡"。小篆承续金文2的字形。楷书笔画化,其中的"壬"字讹变为"王"。《说文·月部》:"朢,月满与日相朢,以朝君也。从月从臣从壬。"《说文段注》:"望从朢省声。今则望专行而朢废矣。"徐中舒《甲骨文字典》:"朢,象人举目之形,下或从○、○（土），作，象人立土上远望,为远望之望本字。"

本义为远望。《玉篇·亾（wáng）部》:"望,远视也。"《礼记·内则》:"豕望视而交睫,腥；马黑脊而般臂,漏。"汉代郑玄注:"望视,远视也。"《庄子·胠箧》:"昔者齐国,邻邑相望,鸡狗之音相闻。"《荀子·劝学》:"吾尝跂而望矣,不如登高之博见也。"唐代李白《静夜思》:"举头望明月,低头思故乡。"唐代王勃《杜少府之任蜀州》:"城阙辅三秦,风烟望五津。"

朝（zhāo）

甲骨文	金文	小篆	楷书

朝,会意字。甲骨文的"朝",从月从日从艸。右边从"月",左边中间从"日",表示与时间有关,左边上下从"艸",表示日月同现于艸木之中,合起来表示早晨。金文将甲骨文右边的"月"讹变为"川"。小篆又将金文右边的"川"讹变为"舟"。楷书承续甲骨文字形,笔画化。《说文·月部》:"朝,旦也。从倝,舟声。"徐中舒《甲骨文字典》:"朝,从日从（月）,且从艸木之形,象日月同现于艸木之中,为朝日出时尚有残月之象,故会朝意。"

本义指早晨。《尔雅·释诂》:"朝,早也。"《水经注·江水》:"或王命急宣,有时朝发白帝,暮到江陵。"《乐府诗集·长歌行》:"青青园中葵,朝露待日晞。"唐代王维《送元二使安西》:"渭城朝雨浥轻尘,客舍青青柳色新。"引申为朝见,封建时代臣见君为朝见。《左传·宣公二年》:"晨往,寝门辟矣,盛服将朝。尚早,坐而假寐。"《战国策·齐策一》:"燕、赵、韩、魏闻之,皆朝于齐。"《韩非子·五蠹》:"徐偃王处汉东,地方五百里,行仁义,割地而朝者三十有六国。"《史记·廉颇蔺相如列传》:"相如每朝时,常称病,不欲与廉颇争列。"

期（qī）

金文	小篆	楷书
𣍘	朞	期

期，形声字。金文的"期"，从月其声。右边从"月"，表示与时令有关；左边为"其"，在字中表音，为声符。小篆承续金文字形。楷书笔画化。《说文·月部》："期，会也。从月其声。"《说文段注》："会者，合也。期者，要约之意。所以为会合也。"《甲骨金文字典》中"期"字说解同《说文》。

本义为约会、约定。《诗·鄘风·桑中》："期我乎桑中，要我乎上宫，送我乎淇之上矣。"程俊英《诗经译注》将"期我乎桑中"译为"约我等待在桑中"。《史记·留侯世家》："五日平明，良往。父已先在，怒曰：'与老人期，后，何也？'"明代凌濛初《初刻拍案惊奇》卷八："今日不期而遇，天使然也！"引申为一定的时间期限。《史记·陈涉世家》："会天大雨，道不通，度已失期。失期，法皆斩。"《史记·卫将军骠骑列传》："后三岁，为将军，出右北平，失期，当斩，赎为庶人。"

第三节 "风（風）"部及其例字

从"风"的字，其义大多与风及其声音有关。

风（風 fēng）

一、形体演变

甲骨文	小篆	楷书	简化字
𩙌	𩘩	風	风

二、构形理据

风（風），形声字。甲骨文的"风"实为"鳳"字。鳳，从鸟凡（凡）声。左边为凤凰鸟，鸟之上部为其毛冠；右上角为"凡"（凡），在字中表音，为声符。小篆演变为从虫凡声。古人以为"风动虫生"，故字从"虫"。楷书承续小篆字形，笔画化。现简化为"风"，为记号替代法简化，为记号字。《说文·风部》："風（风），八风也。……从虫凡声。"方述鑫等《甲骨金文字典》："甲骨文象头上有丛毛冠之凤，殷人以为知时之神鸟，或加凡（凡）以表音。卜辞多借凤为风字。风为后起形声字。"

三、本义

本义为空气流动的自然现象。汉代刘邦《大风歌》："大风起兮云飞扬，威加海内兮归故乡。"北朝民歌《敕勒歌》："天苍苍，野茫茫，风吹草低见牛羊。"唐代许浑

《咸阳城东楼》:"溪云初起日沈阁,山雨欲来风满楼。"

引申为景象。唐代杜甫《江南逢李龟年》:"正是江南好风景,落花时节又逢君。"宋代杨万里《晓出净慈寺送林子方》:"毕竟西湖六月中,风光不与四时同。"又引申为风俗、风气。唐代柳宗元《捕蛇者说》:"故为之说,以俟夫观人风者得焉。"元末明初施耐庵《水浒传》第二十四回:"武二是个顶天立地、噙齿戴发男子汉,不是那等败坏风俗、没人伦的猪狗。"《水浒传》第四十七回:"丈人,请问此间是何风俗?为甚都把刀枪插在当门?"今有成语"伤风败俗"。

四、理据例说

从"风"的字,其义多与风的类别、行为及声音有关,可分为两类。

第一,表示风的类别,主要有"飘（飄）、飙（飆）"。

飘（飄 piāo）

小篆	楷书	简化字
𩘂	飄	飘

飘（飄）,形声字。小篆的"飄",从風票(piāo)声。右边从"風",表示风的类别;左边为"票",在字中表音,为声符。楷书笔画化。现简化为"飘",形符类推简化,仍为形声字。《说文·风部》:"飘（飄）,回风也。从風票声。"

本义为旋风、暴风。《诗·小雅·何人斯》:"彼何人斯?其为飘风。"汉代毛亨传:"飘风,暴起之风。"《老子》第二十三章:"飘风不终朝,骤雨不终日。"三国王弼《老子注》:"飘风,疾风也。"《庄子·天下》:"推而后行,曳而后往,若飘风之还,若羽之旋。"引申为飘扬、飞扬。《世说新语·容止》:"时人目王右军'飘如游云,矫如惊龙'。"唐代刘禹锡《飞鸢操》:"旗尾飘扬势渐高,箭头砉划声相似。"宋代文天祥《过零丁洋》:"山河破碎风飘絮,身世浮沉雨打萍。"

飙（飆 biāo）

小篆	楷书	简化字
𩘻	飆	飙

飙（飆）,形声字。小篆的"飆",从風猋(biāo)声。右边从"風",表示风的类别;左边为"猋",在字中表音,为声符。楷书承续小篆字形,笔画化。现简化为"飙",形符类推简化,仍为形声字。《说文·风部》:"飆（飆）,扶摇风也。从風猋声。飇,飆或从包。"《玉篇·风部》:"飆,暴风也。"

本义为暴风。《汉书·扬雄传》:"风发飙拂,神腾鬼趡。"唐代颜师古注:"飙,回风也。"《盐铁论·世务》:"匈奴贪狼,因时而动,乘可而发,飙举电至。""飙举电至",意即像暴风一样突起,像闪电一样马上就到。毛泽东《蝶恋花·从汀州向长沙》:"国际悲歌歌一曲,狂飙为我从天落。"

第二,表示风的声音,主要有"飒（颯）、飕（颼）"。

飒（颯 sà）

小篆	楷书	简化字
颯	颯	飒

飒（颯），形声字。小篆的"颯"，从风立声。右边从"风"，表示风的声音；左边为"立"，在字中表音，为声符。楷书承续小篆字形，笔画化。现简化为"飒"，形符类推简化，仍为形声字。《说文·风部》："飒（颯），翔风也。从风立声。"《说文段注》："飒，风声也。各本作翔风也。今依《文选·风赋》注正。《广韵》同。"《玉篇·风部》："飒，飒飒风。"

本义为风声。《楚辞·九歌·山鬼》："风飒飒兮木萧萧，思公子兮徒离忧。"黄寿祺、梅桐生《楚辞全译》将"风飒飒"翻译为"山里阴风阵阵"。唐代刘希夷《从军行》："秋天风飒飒，群胡马行疾。"唐代李白《酬殷明佐见赠五云裘歌》："我吟谢朓诗上语，朔风飒飒吹飞雨。"元末明初施耐庵《水浒传》第六十五回："当夜帐中伏枕而卧，忽然阴风飒飒，寒气逼人。"

飕（颼 sōu）

小篆	楷书	简化字
颼	颼	飕

飕（颼），形声字。小篆的"颼"，从风叟声。左边从"风"，表示风的声音；右边为"叟"，在字中表音，为声符。楷书承续小篆字形，笔画化。现简化为"飕"，形符类推简化，仍为形声字。《玉篇·风部》："飕，飕飕，风声。"

本义指风声。唐代司马承祯《答宋之问》："白云悠悠去不返，寒风飕飕吹日晚。"元末明初施耐庵《水浒传》第六十八回："史文恭正走之间，只见阴云冉冉，冷气飕飕，黑雾漫漫，狂风飒飒。"明代吴承恩《西游记》第二十一回："冷冷飕飕天地变，无影无形黄沙旋。"

第四节 "雨"部及其例字

从"雨"的字，其义大多与云、雨等天象有关。

雨（yǔ）

一、形体演变

甲骨文1	甲骨文2	金文	小篆	楷书
雨	雨	雨	雨	雨

二、构形理据

雨,象形字。甲骨文1的"雨",上边一横指事符号"━"代表天空,下面六点代表雨水。甲骨文2将天空写成两横"二",也表示"上",明确"上天"的含义。金文、小篆承续甲骨文字形。楷书笔画化。《说文·雨部》:"雨,水从云下也。一象天,冂象云,水霝其间也。"方述鑫等《甲骨金文字典》:"甲金文象雨点自天而降之形,为《说文》雨字篆文所本。"

三、本义

本义为天空降水。《管子·形势解》:"雨,濡物者也。雨之所堕,不避小大强弱。"汉代贾谊《论积贮疏》:"失时不雨,民且狼顾。"唐代杜甫《喜雨》(一作喜晴):"皇天久不雨,既雨晴亦佳。"

引申为雨水、水滴。《荀子·劝学》:"积土成山,风雨兴焉。"《史记·陈涉世家》:"公等遇雨,皆已失期。"唐代杜甫《春夜喜雨》:"好雨知时节,当春乃发生。"唐代姚合《书县丞旧厅》:"雨水浇荒竹,溪沙拥废渠。"

四、理据例说

从"雨"的字,其义多与云、雨等天象有关,"雨"作部件常在字的上部,大致可分为四类。

第一,表示由空而降的液体名称或与降雨相涉的行为,主要有"霖、零、霁(霽)、露、霓"。

霖(lín)

甲骨文	小篆	楷书
𩁹	霖	霖

霖,形声字。甲骨文的"霖",从雨林声。上边从"雨",表示由空而降的雨水;下边的"林"字中间亦有雨点,"林"在字中表音,为声符。小篆承续甲骨文字形。楷书笔画化。《说文·雨部》:"霖,雨三日已往。从雨林声。"方述鑫等《甲骨金文字典》:"甲骨文从雨从林,与《说文》霖字篆文同。"《玉篇·雨部》:"霖,雨不止。"

本义为久下不停的雨。《左传·隐公九年》:"《尔雅》云:'久雨谓之淫,淫雨谓之霖。'"又曰:"凡雨,自三日以往为霖。"《汉书·高帝纪》:"七月,大霖雨。沛公攻亢父。"唐代颜师古注:"雨三日以上为霖。"唐代贾至《闲居秋怀寄阳翟陆赞府封丘高少府》:"今日霖雨霁,飒然高馆凉。"引申为甘霖,指久旱以后所下的雨。唐代韩偓(wò)《大庆堂赐宴元珰而有诗呈吴越王》:"谷鸟乍啼声似涩,甘霖方霁景犹寒。"元末明初罗贯中《三国演义》第二十九回:"于吉谓众人曰:'吾求三尺甘霖,以救万民,然我终不免一死。'"明代吴承恩《西游记》第二十八回:"他的人情又大,手段又高,便去四海龙王,借些甘霖仙水,把山洗青了。"

零（líng）

小篆	楷书
霝	零

零，形声字。小篆的"零"，从雨令声。上边从"雨"，表示由空而降的雨水；下边为"令"，在字中表音，为声符。楷书笔画化。《说文·雨部》："零，余雨也。从雨令声。"《说文段注》："零，徐雨也。'徐'各本作余。今依《玉篇》《广韵》及《太平御览》所引篆要订，谓徐徐而下之雨。"

本义为下雨，指落细雨。《诗·豳风·东山》："我来自东，零雨其濛。"程俊英《诗经译注》："零雨，细雨。"唐代卢仝《走笔追王内丘》："零雨其濛愁不散，闲花寂寂斑阶苔。"泛指降下、落下。《古诗十九首·迢迢牵牛星》："终日不成章，泣涕零如雨。"三国诸葛亮《出师表》："今当远离，临表涕零，不知所言。"《玉台新咏·古诗为焦仲卿妻作（并序）》："阿母得闻之，零泪应声落。"

霁（霽 jì）

小篆	楷书	简化字
霽	霽	霁

霁（霽），形声字。小篆的"霽"，从雨齊（qí）声。上边从"雨"，表示由空而降的雨水；下边为"齊"，在字中表音，为声符。楷书笔画化。现简化为"霁"，声符类推简化，仍为形声字。《说文·雨部》："霽（霽），雨止也。从雨齊声。"

本义为雨止。《尚书·洪范》："乃命卜筮，曰雨，曰霁。"汉代孔安国传："龟兆形有似雨者，有似雨止者。"《汉书·沟洫志》："如有霖雨，旬日不霁，必盈溢。"唐代颜师古注："雨止曰霁。"后泛指雨雪停，云雾散。唐代杜牧《阿房宫赋》："复道行空，不霁何虹？"宋代姜夔《扬州慢》："夜雪初霁，荠麦弥望。"

露（lù）

小篆	楷书
露	露

露，形声字。小篆的"露"，从雨路声。上边从"雨"，表示由空而降的雨水；下边为"路"，在字中表音，为声符。楷书笔画化。《说文·雨部》："露，润泽也。从雨路声。"

本义为露水。《诗·秦风·蒹葭》："蒹葭苍苍，白露为霜。"《汉书·李广苏建传》："人生如朝露，何久自苦如此！"唐代颜师古曰："朝露见日则晞，人命短促亦如之。"《乐府诗集·长歌行》："青青园中葵，朝露待日晞。"

霓（ní）

小篆	楷书
霓	霓

霓，形声字。小篆的"霓"，从雨兒(ní)声。上边从"雨"，表示由空而降的雨水；下边为"兒"，在字中表音，为声符。楷书笔画化。《说文·雨部》："霓，屈虹，青赤。或白色，陰气也。从雨兒声。"

本义为副虹,即虹的外环。唐代李白《梦游天姥吟留别》:"霓为衣兮风为马,云之君兮纷纷而来下。"唐代储光羲《奉真观》:"为与天光近,云色成虹霓。"唐代杜甫《石龛》:"驱车石龛下,仲冬见虹霓。"

第二,表示由空而降的凝固体名称或弥漫空间的气体名称,主要有"霜、雪、雹、霰、云(雲)、雾(霧)"。

霜(shuāng)

小篆	楷书
霜	霜

霜,形声字。小篆的"霜",从雨相声。上边从"雨",表示由空而降的凝固体名称或弥漫空间的气体名称;下边为"相",在字中表音,为声符。楷书笔画化。《说文·雨部》:"霜,丧也。成物者。从雨相声。"《说文段注》:"霜降而收缩万物。"

本义为在气温降到零摄氏度以下时,地面空气中水汽的白色结晶。《诗·秦风·蒹葭》:"蒹葭苍苍,白露为霜。"宋代范仲淹《渔家傲》:"羌管悠悠霜满地,人不寐,将军白发征夫泪。"清代方苞《左忠毅公逸事》:"每寒夜起立,振衣裳,甲上冰霜迸落,铿然有声。"

雪(xuě)

小篆	楷书
雪	雪

雪,形声字。小篆的"雪",从雨彗(huì)省声。上边从"雨",表示由空而降的凝固体名称或弥漫空间的气体名称;下边为"彗",省声,在字中表音,为声符。楷书笔画化。《说文·雨部》:"雪,凝雨,说(yuè)物者。从雨彗声。""说物者",即使万物喜悦的东西。

本义为空气中的水汽冷却,由空中降下的白色结晶体,叫作雪。《诗·小雅·采薇》:"今我来思,雨雪霏霏。"唐代岑参《白雪歌送武判官归京》:"北风卷地白草折,胡天八月即飞雪。"唐代白居易《卖炭翁》:"夜来城外一尺雪,晓驾炭车辗冰辙。"

雹(báo)

甲骨文	小篆	楷书
雹	雹	雹

雹,会意兼形声字。甲骨文的"雹",从雨从三"〇"。上边从"雨"表示由空而降的凝固体名称或弥漫空间的气体名称,下边从三"〇"表示冰雹,合起来表示天上下雨又夹有冰雹。小篆变为形声字,从雨包声。楷书笔画化。《说文·雨部》:"雹,雨冰也。从雨包声。"

本义为冰雹。《左传·昭公四年》:"雹之为菑,谁能御之?"唐代韩愈《纳凉联句》:"仰惧失交泰,非时结冰雹。"唐代李朝威《柳毅传》:"千雷万霆,激绕其身,霰雪雨雹,一时皆下。"

霰（xiàn）

小篆	楷书
霰	霰

霰，形声字。小篆的"霰"，从雨散声。上边从"雨"，表示由空而降的凝固体名称或弥漫空间的气体名称；下边为"散"，在字中表音，为声符。楷书笔画化。《说文·雨部》："霰，稷雪也。从雨散声。"《说文段注》："稷雪也，谓雪之如稷者。"

本义为雪珠。唐代白居易《秦中吟十首·重赋》："夜深烟火尽，霰雪白纷纷。"唐代姚合《庄恪太子挽词二首》："云晦郊原色，风连霰雪声。"

云（雲 yún）

甲骨文	金文	小篆1	小篆2	楷书	简化字
云	云	云	雲	雲	云

云（雲），象形兼形声字。甲骨文的"云"，为象形字。上边为"二"，表示上面的天空；下边为"ð"，表示云气回环。金文、小篆1承续甲骨文字形。小篆2繁化，为从雨云声的形声字。楷书笔画化。现简化为"云"，为恢复古本字简化。《说文·雨部》："雲（云），山川气也。从雨、云，象云回转形。云，古文省雨。"徐中舒《甲骨文字典》："云，从二从ð，二表上空，ð即亘字，亦即回字，于此象云气之回转形。与《说文》云字古文云形同。"

本义为云彩。这个意义后作"雲"。唐代刘禹锡《酬乐天七月一日夜即事见寄》："夜树风韵清，天河云彩轻。"宋代欧阳修《醉翁亭记》："若夫日出而林霏开，云归而岩穴暝，晦明变化者，山间之朝暮也。"

雾（霧 wù）

小篆	楷书	简化字
霧	霧	雾

雾（霧），形声字。小篆的"霧"，从雨务声。上边从"雨"，表示由空而降的凝固体名称或弥漫空间的气体名称；下边为"务"，在字中表音，为声符。楷书承续小篆字形，笔画化。现简化为"雾"，为保留特征法简化，仍为形声字。《说文》中"霧"作"霚"。《说文·雨部》："霚，地气发，天不应。从雨孜声。"

本义为雾气。唐代韦庄《信州溪岸夜吟作》："雾气渔灯冷，钟声谷寺深。"

唐代李复《恒岳晨望有怀》："塞近风声厉，川长雾气收。"元末明初罗贯中《三国演义》第四十六回："是夜大雾漫天，长江之中，雾气更甚，对面不相见。"元末明初施耐庵《水浒传》第六十三回："正赶之间，只听的喊声震地，雾气遮天，一彪人马飞也似追来。"

第三，表示与下雨有关的或与冰雪相类的气象的词，主要有"雷（靁）、电（電）、震"。

雷（靁 léi）

甲骨文	金文	小篆	楷书	简化字
𢑚	𤴐	靁	靁	雷

雷（靁），象形兼形声字。甲骨文的"靁"，从"𤴐"（申），申，即"电"，从两个圆圈"○"，即两个轮子，表示天空伴随闪电发出滚滚的巨响。金文将甲骨文字形中的两个轮子写成四个轮子"𤴐"。小篆演变为从雨畾声的形声字。楷书承续小篆字形，笔画化。现简化为"雷"，声符删减法简化，为意号字，"雨"为意符，"田"为记号。《说文·雨部》："靁（雷），阴阳薄动，雷雨生物者也。从雨，畾象回转形。"徐中舒《甲骨文字典》："靁，从𤴐（申），申，即'电'，电相击而有雷声，故以电之闪光表示雷之特征，又以实点作ıı形，小圆点作○形或⊕形，ᄇ形表示雷声。"

本义为云层放电时发出的巨响。《诗·大雅·常武》："如雷如霆，徐方震惊。"《礼记·月令》："是月也，日夜分，雷乃发声，始电。"《周易·说卦》："雷以动之，风以散之。雨以润之，日以烜之。"唐代杜甫《热三首》："雷霆空霹雳，云雨竟虚无。"

电（電 diàn）

甲骨文	金文	小篆	楷书	简化字
𤴐	電	電	電	电

电（電），象形兼形声字。甲骨文的"𤴐"（电），即"申"，像闪电形。金文上边又加了"雨"字，演变为从雨电声的形声字。小篆、楷书承续金文字形。楷书笔画化。现简化为"电"，为恢复古本字简化，仍为象形字。《说文·雨部》："電（电），阴阳激燿也。从雨从申。"方述鑫等《甲骨金文字典》："電，金文从雨从申，申象电光曲屈之形，为《说文》电字篆文所本。"

本义为闪电。《诗·小雅·十月之交》："烨烨震电，不宁不令。"汉代毛亨传："震，雷也。"电，即闪电。唐代杜甫《石研诗》："其滑乃波涛，其光或雷电。"唐代贯休《观怀素草书歌》："闪电光边霹雳飞。"明代吴承恩《西游记》第三十五回："金箍棒与七星剑，对撞霞光如闪电。"《西游记》第八十七回："漠漠浓云，蒙蒙黑雾。雷车轰轰，闪电灼灼。"

震（zhèn）

小篆	楷书
震	震

震，形声字。小篆的"震"，从雨辰声。上边从"雨"，表示与下雨有关的或与冰雪相类的气象的词；下边为"辰"，在字中表音，为声符。楷书笔画化。《说文·雨部》："震，劈歷（霹雳），振物者。从雨辰声。"《说文段注》："劈历，疾雷之名。"

本义为雷，疾雷。《左传·隐公九年》："三月癸酉，大雨震电。"唐代孔颖达疏："然则震是雷之劈历，电是雷光。僖十五年'震夷伯之庙'，是劈历破之。雷之甚者为震。故何休云：'震，雷也。'"唐代钱起《登秦岭半岩遇雨》："震电闪云径，奔流翻石矶。"

第四，表示与雨、雪相关的形状的词，主要有"雱、霏、霞"。

雱（pāng）

小篆	楷书
雱	雱

雱，形声字。小篆的"雱"，从雨方声。上边从"雨"，表示与雨、雪相关的形状有关；下边为"方"，在字中表音，为声符。楷书笔画化。《玉篇·雨部》："雱，雪盛皃。"

本义为雨雪下得很大。《诗·邶风·北风》："北风其凉，雨雪其雱。"汉代毛亨传："雱，盛貌。"南北朝鲍照《北风凉行》："北风凉，雨雪雱，京洛女儿多严妆。"

霏（fēi）

小篆	楷书
霏	霏

霏，形声字。小篆的"霏"，从雨非声。上边从"雨"，表示与雨、雪相关的形状有关；下边为"非"，在字中表音，为声符。楷书笔画化。《说文新附·雨部》："霏，雨云皃。从雨非声。"

本义为雨雪很盛的样子。《诗·邶风·北风》："北风其喈，雨雪其霏。"汉代毛亨传："霏，甚貌。"宋代范仲淹《岳阳楼记》："若夫淫雨霏霏，连月不开，阴风怒号，浊浪排空。"

霞（xiá）

小篆	楷书
霞	霞

霞，形声字。小篆的"霞"，从雨叚(xiá)声。上边从"雨"，表示与雨、雪相关的形状有关；下边为"叚"，在字中表音，为声符。楷书笔画化。《说文新附·雨部》："霞，赤云气也。从雨叚声。"

本义为早晚的彩云。《楚辞·远游》："餐六气而饮沆瀣兮，漱正阳而含朝霞。"晋代张协《杂诗十首之四》："朝霞迎白日，丹气临阳谷。"唐代王勃《滕王阁序》："落霞与孤鹜齐飞，秋水共长天一色。"唐代杜审言《和晋陵陆丞早春游望（一作韦应物诗）》："云霞出海曙，梅柳渡江春。"唐代李白《梦游天姥吟留别》："越人语天姥，云霞明灭或可睹。"

第五节 "气（氣）"部及其例字

从"气"的字，其义均与气体有关。

气（氣 qì）

一、形体演变

甲骨文	金文	小篆	楷书	简化字
三	气	气	氣	气

二、构形理据

气（氣），象形字。甲骨文的"≡"（气）与"三"相似。"一"代表混沌初始，"二"代表天地，在"二"之间加一横指事符号，代表天地之间的气流。金文"气"为区别于数目字"三"，将第一横写成折笔"⌒"，或将上下两横写成折笔"气"。小篆承续金文字形，加强了笔画的流动感。楷书字形繁化，笔画化。现简化为"气"，恢复古本字，仍为象形字。《说文·气部》："气，云气也。象形。"《说文段注》："气氣古今字。"方述鑫等《甲骨金文字典》："气，甲骨文'三'像河流涸竭之形，'二'像河之两岸……气，为汽之本字。"我们认为，《甲骨金文字典》中"气"字说解不确。

三、本义

本义为云气。《礼记·月令》："是月也，天气下降，地气上腾，天地和同，草木萌动。"《史记·项羽本纪》："吾令人望其气，皆为龙虎，成五采，此天子气也。"唐代李白《送白利从金吾董将军西征》："剑决浮云气，弓弯明月辉。"引申为气体的通称。《乐府诗集·木兰诗》："朔气传金柝，寒光照铁衣。"明代宗臣《报刘一丈书》："立厩中仆马之间，恶气袭衣袖，即饥寒毒热不可忍，不去也。"

四、理据例说

从"气"的字，其义均与气体有关，如"氛、氧"等。

氛（fēn）

氛，形声字。小篆的"氛"，从气分声。上边为"气"，表示与气体有关；下边为"分"，在字中表音，为声符。楷书笔画化。《说文·气部》："氛，祥气也。从气分声。雰，氛或从雨。"

本义为古时迷信的说法指预示吉凶的云气。《礼记·月令》："仲冬行夏令，则其国乃旱，氛雾冥冥。"引申多指凶气。《国语·楚语上》："故先王之为台榭也，榭不过讲军实，台不过望氛祥。"三国韦昭注："凶气为氛。"《汉书·元帝纪》："是以氛邪岁增，侵犯太阳。"唐代颜师古注："氛，恶气也。"

氧（yǎng）

氧，形声字。小篆的"氧"，从气羊声。上边为"气"，表示与气体有关；下边为"羊"，在字中表音，为声符。楷书笔画化，为新造字，《说文》中无。

本义为氧气。有词语"氧化""氧割"等。

第二十五章 水部之类

水部之类包括水、氵两部，与液体有关。

第一节 "水"部及其例字

从"水"的字，其义均与水有关。

水（shuǐ）

一、形体演变

甲骨文1	甲骨文2	金文	小篆	楷书
〔甲骨文1〕	〔甲骨文2〕	〔金文〕	〔小篆〕	水

二、构形理据

水，象形字。甲骨文1的"水"，中间"〜"像水流之形，两旁之点"∴"像水滴。甲骨文2的"水"字，水滴少了两点。金文、小篆承续甲骨文2的字形。楷书笔画化。《说文·水部》："水，准也。北方之行。象众水并流，中有微阳之气也。"《说文段注》："《释名》曰：'水，准也。准，平也。'天下莫平于水。"徐中舒《甲骨文字典》："水，甲骨文水字繁省不一，作〔〕者与《说文》篆文同。〜象水流之形，其旁之点象水滴，故其本义为水流，引申为泛水之称。〜、〔〕、〔〕、〔〕等形，如〔〕（淮）、〔〕（洹）、〔〕（衍）、〔〕（泷）、〔〕（河）等是。"方述鑫等《甲骨金文字典》："甲金文所从之〜象水流之形，其旁之点∴像水滴，故其本义为水流。引申为泛水之称。"

三、本义

本义为水，流水。《孟子·尽心上》："民非水火不生活，昏暮叩人之门户，求水火，无弗与者，至足矣。"《荀子·劝学》："冰，水为之，而寒于水。"唐代李白《将进酒》："君不见黄河之水天上来，奔流到海不复回。"唐代李适《中和节赐群臣宴赋七韵》："曲沼水新碧，华林桃稍芳。"宋代苏轼《惠崇〈春江晚景〉》："竹外桃花三两枝，春江水暖鸭先知。"

特指河流。《诗·秦风·蒹葭》:"所谓伊人,在水一方。"程俊英《诗经译注》将"在水一方"译为"就在河水那一方"。唐代白居易《琵琶行(并序)》:"去来江口守空船,绕船月明江水寒。"宋代辛弃疾《沁园春·再到期思卜筑》:"一水西来,千丈晴虹,十里翠屏。"泛指一切水域,用为江、河、湖、海的通称。《国语·越语上》:"员闻之,陆人居陆,水人居水。"宋代周敦颐《爱莲说》:"水陆草木之花,可爱者甚蕃。"

四、理据例说

从"水"的字,其义均与水有关。在楷书里,"水"在字的左边要写成"氵",称作"三点水"。从水的字较多,大致归纳如下。

第一,表示与水有关的事物的名称,又分为以下五个小类:

1.表示江河湖海的名称,主要有"江、河、湖、海、渭"等。

江(jiāng)

江,形声字。金文的"江",从水工声。左边从"水",表示江河湖海的名称;右边为"工",在字中表音,为声符。小篆承续金文字形。楷书笔画化。《说文·水部》:"江,水。出蜀湔氐徼外崏山,入海。从水工声。"方述鑫等《甲骨金文字典》:"金文从水工声,与《说文》江字篆文同。"

本义为长江的专称。《诗·周南·汉广》:"江之永矣,不可方思。"程俊英《诗经译注》:"江,长江。"《诗·小雅·四月》:"滔滔江汉,南国之纪。"程俊英《诗经译注》:"江汉,长江和汉水。"唐代杜甫《秋兴八首》:"江间波浪兼天涌,塞上风云接地阴。"宋代苏轼《念奴娇·赤壁怀古》:"大江东去,浪淘尽,千古风流人物。"后来词义范围扩大,称为河流的通称。唐代杜甫《茅屋为秋风所破歌》:"茅飞渡江洒江郊,高者挂罥长林梢。"

河(hé)

河,形声字,从水可声。甲骨文1的"河",左边从"ᛋ"(水)表示江河湖海的名称,在字中表义;右边为"ᛋ"(可),在字中表音,为声符。甲骨文2的"河",将水写成了"ᛋ"。金文将声符"可"写成了"ᛋ"(何)。小篆承续甲骨文2的字形。楷书笔画化。《说文·水部》:"河,水。出焞(tūn)煌塞外昆仑山,发原注海。从水可声。"方述鑫等《甲骨金文字典》:"甲金文或从水从ᛋ,或从水从何,ᛋ、何皆为声符。"

本义为黄河。《尚书·禹贡》:"导河积石,至于龙门。"汉代贾谊《过秦论》:"然后践华为城,因河为池,据亿丈之城,临不测之渊,以为固。"《史记·项羽本纪》:"将军战河北,臣战河南。"后为河流的通称。《汉书·司马相如传》:"罢池陂陀,下属江河。"唐代颜师古《汉书注》引文颖注曰:"南方无河也。冀州凡水大小皆谓之河。"唐代杜甫《春望》:"国破山河在,城春草木深。"

湖(hú)

金文	小篆	楷书

湖,形声字。金文的"湖",从水古声。左边从"水",表示江河湖海的名称;右边为"古",在字中表音,为声符。小篆演变为从水胡声的形声字。楷书承续小篆字形,笔画化。《说文·水部》:"湖,大陂也。从水胡声。"《说文段注》:"陂,一曰池也。然则大陂谓大池也。"方述鑫等《甲骨金文字典》:"金文从水从古,古亦声。与湖通用。"

本义为陆地上聚积的大水体。《汉书·元帝纪》:"江海陂湖园池属少府者以假贫民,勿租赋。"唐代颜师古注:"湖,深水。"

海(hǎi)

金文	小篆	楷书

海,形声字。金文的"海",从水每声。左边从"水",表示江河湖海的名称,在字中表义;右边为"每",在字中表音,为声符。小篆承续金文字形。楷书笔画化。《说文·水部》:"海,天池也,以纳百川者。从水每声。"《说文段注》:"凡地大物博者,皆得谓之海。"方述鑫等《甲骨金文字典》:"金文从水每声,与《说文》海字篆文同。"

本义为大海、海洋,是环绕大陆并承受大陆上江河流水的大水域。唐代王勃《杜少府之任蜀州》:"海内存知己,天涯若比邻。"唐代李白《梦游天姥吟留别》:"半壁见海日,空中闻天鸡。"李白《行路难》:"长风破浪会有时,直挂云帆济沧海。"比喻事物数量之多、之大。李白《关山月》:"明月出天山,苍茫云海间。"李白《咏山樽二首》:"愧无江海量,偃蹇在君门。"

渭(wèi)

小篆	楷书

渭,形声字。小篆的"渭",从水胃声。左边从"水",表示江河湖海的名称,在字中表义;右边为"胃",在字中表音,为声符。楷书笔画化。《说文·水部》:"渭,水,出陇西首阳渭首亭南谷,东入河。从水胃声。"

本义为渭水,河流名。唐代骆宾王《夏日游德州赠高四》:"夙昔怀江海,平生混泾渭。"唐代孟郊《罪松》:"泾流合渭流,清浊各自持。"今有成语有"泾渭分明"。

2.表示与江河湖海相关事物的名称，主要有"波、浪、涛（濤）、涯、滨（濱）、源、湾（灣）、派、洲、渚"等。

波（bō）

波，形声字。小篆的"波"，从水皮声。左边从"水"，表示与江河湖海相关事物的名称有关，在字中表义；右边为"皮"，在字中表音，为声符。楷书笔画化。《说文·水部》："波，水涌流也。从水皮声。"《玉篇·水部》："波，水起大波为澜，小波为沦。"

本义为波浪，水自身涌动而成波动的水面。三国曹操《步出夏门行》："秋风萧瑟，洪波涌起。"唐代韦应物《野次听元昌奏横吹》："立马莲塘吹横笛，微风动柳生水波。"唐代孟郊《峡哀》："枭鸱作人语，蛟虬吸水波。"宋代苏轼《赤壁赋》："清风徐来，水波不兴。"

浪（làng）

浪，形声字。小篆的"浪"，从水良声。左边从"水"，表示与江河湖海相关事物的名称有关；右边为"良"，在字中表音，为声符。楷书笔画化。《说文·水部》："浪，沧浪水也，南入江。从水良声。"《玉篇·水部》："浪，波浪也。"

本义为波浪，水因风吹、石激而形成的涌动。《世说新语·雅量》："风起浪涌，孙、王诸人色并遽，便唱使还。"唐代李白《行路难》："长风破浪会有时，直挂云帆济沧海。"唐代刘禹锡《竹枝》："城西门前滟滪堆，年年波浪不能摧。"引申为放荡。《诗·邶风·终风》："谑浪笑敖，中心是悼。"程俊英《诗经译注》："浪，放荡。"

涛（濤 tāo）

涛（濤），形声字。甲骨文的"濤"，从水"壽"（壽）声。左边从"𣲘"（水），表示与江河湖海相关事物的名称有关；右边为"壽"（壽），在字中表音，为声符。小篆基本承续甲骨文字形。楷书承续小篆字形，笔画化。现简化为"涛"，声符类推简化，仍为形声字。《说文新附·水部》："濤（涛），大波也。从水壽声。"方述鑫等《甲骨金文字典》："从水'壽'声，与《说文新附》涛字篆文构形略同。"

本义为大波。汉代张衡《思玄赋》："扬芒燿而绛天兮，水泫沄而涌涛。"唐代李善注："涛，水波也。"宋代苏轼《念奴娇·赤壁怀古》："乱石穿空，惊涛拍岸，卷起千堆雪。"孙文《黄花岗七十二烈士事略·序》："怨愤所积，如怒涛排壑，不可遏抑。"

涯（yá）

小篆	楷书
涯	涯

涯，会意兼形声字。小篆的"涯"，从水从厓(yá)，厓亦声。左边从"水"，表示与江河湖海相关事物的名称有关；右边从"厓"，表示崖壁，厓亦在字中表音。楷书笔画化。《说文新附·水部》："涯，水边也。从水从厓，厓亦声。"

本义为水边。《古诗十九首》："相去万余里，各在天一涯。"唐代孟郊《病客吟》："大海亦有涯，高山亦有岑。"宋代梅尧臣《西湖闲望》："雨气收林表，城阴接水涯。"

滨（濱 bīn）

小篆	楷书	简化字
濱	濱	滨

滨（濱），形声字。小篆的"濱"，从水賓声。左边从"水"，表示与江河湖海相关事物的名称有关；右边为"賓"，在字中表音，为声符。楷书承续小篆字形，笔画化。《玉篇·水部》："滨，涯也。"

本义为水边，湖、河、海的水边陆地。《诗·召南·采蘋》："于以采蘋？南涧之滨。"汉代毛亨传："滨，涯也。"《诗·小雅·北山》："溥天之下，莫非王土。率土之滨，莫非王臣。"汉代毛亨传："滨，涯也。"《尚书·禹贡》："厥土白坟，海滨广斥。"汉代孔安国传："滨，涯也。"《史记·屈原贾生列传》："屈原至于江滨，被发行吟泽畔。"

源（yuán）

小篆	楷书
源	源

源，形声字。小篆的"源"，从水原声。左边从"水"，表示与江河湖海相关事物的名称有关；右边为"原"，在字中表音，为声符。楷书笔画化。《玉篇·水部》："源，水本也。"

本义为水源、源泉，字本作"原"。《礼记·月令》："命有司为民祈祀山川百源。"汉代郑玄注："阳气盛而常旱，山川百源，能兴云雨者也。"《管子·轻重丁》："源泉有竭，鬼神有歇，守物之终始，身不竭。"唐代柳宗元《小石潭记》："其岸势犬牙差互，不可知其源。"今有成语"饮水思源"。

湾（灣 wān）

小篆	楷书	简化字
灣	灣	湾

湾（灣），形声字。小篆的"灣"，从水彎声。左边从"水"，表示与江河湖海相关事物的名称有关；右边为"彎"，在字中表音，为声符。楷书笔画化。《广韵·删韵》："湾，水曲也。"

本义为河水弯曲处。北周庾信《望渭水》："树似新亭岸，沙如龙尾湾。"明代吴承恩《西游记》第二十八回："潮来汹涌，犹如霹雳吼三春；水浸湾环，却似狂风吹九夏。"

派（pài）

甲骨文	小篆	楷书

派，形声字。甲骨文的"派"，从水辰声。左边从"水"，表示与江河湖海相关事物的名称有关；右边为"辰"，在字中表音，为声符。小篆基本承续甲骨文字形。楷书笔画化。《说文·水部》："派，别水也。从水从辰，辰亦声。"方述鑫等《甲骨金文字典》："永，泳，辰，派为一字。"《玉篇·水部》："派，别水名。"

本义为水的支流。晋代左思《吴都赋》："百川派别，归海而会。"唐代李善《文选注》："《字说》曰：'水别流为派。'"晋代郭璞《江赋》："源二分於崏崃，流九派乎浔阳。"唐代李善注："水别流为派。"毛泽东《菩萨蛮·黄鹤楼》："茫茫九派流中国，沉沉一线穿南北。"引申为派别，即人物、事物的系统、流别。唐代李商隐《赠送前刘五经映三十四韵》："别派驱杨墨，他镳并老庄。"

洲（zhōu）

甲骨文	金文	小篆	楷书

洲，形声字。"洲"本作"州"，后人加水以别州县之字。甲骨文的"州"，为指事字，是在"巛"（川）的中间加一个小三角或指事符号小圆圈"○"，表示河川中央的冲积沙洲。金文承续甲骨文字形。小篆字形讹变。楷书在"州"字左边加"氵"，写作"洲"，以别于"州"。这样，"洲"专指水中陆地，"州"专用为行政区划。《说文·水部》："州，水中可居曰州。"方述鑫等《甲骨金文字典》："甲金文象水中高土之形，与《说文》州字古文略同。"

本义为水中的陆地。《诗·周南·关雎》："关关雎鸠，在河之洲。"汉代毛亨传："水中可居者曰洲。"《诗·小雅·鼓钟》："鼓锺伐鼛，淮有三洲，忧心且妯。"汉代毛亨传："洲，淮上地。"南北朝谢灵运《酬从弟惠连》："辛勤风波事，款曲洲渚言，洲渚既淹时，风波子行迟。"唐代李白《白鹭鹚》："心闲且未去，独立沙洲傍。"今有词语"汀洲""沙洲""绿洲"等。

渚（zhǔ）

小篆	楷书

渚，形声字。小篆的"渚"，从水者声。左边从"水"，表示与江河湖海相关事物的名称有关；右边为"者"，在字中表音，为声符。楷书笔画化。《说文·水部》："渚，水。在常山中丘逢山，东入湡。从水者声。《尔雅》曰：'小洲曰渚。'"

本义为水中的小洲。《诗·召南·江有渚》："江有渚，之子归，不我与。"汉代毛亨传："渚，小洲也。"《庄子·秋水》："泾流之大，两涘渚崖之间不辨牛马。"唐代王昌龄《岳阳别李十七越宾》:"湖小洲渚联,澹淡烟景碧。"

3.表示水等液体物的类别名称,主要有"汤(湯)、汁、涎、泪(淚)、湍、浆(漿)、液、汗"。

汤(湯 tāng)

金文	小篆	楷书	简化字

汤(湯),形声字。金文的"湯",从水易(yáng)声。左边从"水",表示与水等液体物的类别名称有关;右边为"易",在字中表音,为声符。小篆承续金文字形。楷书笔画化。现简化为"汤",声符类推简化。《说文·水部》:"湯(汤),热水也。从水易声。"方述鑫等《甲骨金文字典》:"湯,金文从水易声。与《说文》湯字篆文同。"

本义为热水、开水。《论语·季氏》:"孔子曰:'见善如不及,见不善如探汤。'"杨伯峻《论语译注》将"汤"翻译为"沸水"。《史记·廉颇蔺相如列传》:"臣知欺大王之罪当诛,臣请就汤镬,唯大王与群臣孰计议之。"《列子·汤问》:"日初出沧沧凉凉,及其日中如探汤,此不为近者热而远者凉乎?"

汁(zhī)

小篆	楷书

汁,形声字。小篆的"汁",从水十声。左边从"水",表示与水等液体物的类别名称有关;右边为"十",在字中表音,为声符。楷书承续小篆字形,笔画化。《说文·水部》:"汁,液也。从水十声。"

本义为含有某种物质的液体。《后汉书·孔融传》:"主人有遗肉汁,男渴而饮之。"《南史·扶南国传》:"珍物宝货无不有,又有酒树似安石榴,采其花汁停瓮中,数日成酒。"

涎(xián)

小篆1	小篆2	楷书

涎,会意兼形声字。小篆1的"㳄",为会意字,从水从欠。左边从"水",表示与水等液体物的类别名称有关;右边从"欠",表示张嘴想吃。小篆2的"涎",为形声字,从水延声。楷书承续小篆2的字形,笔画化。《说文·水部》:"㳄,慕欲口液也。从欠从水。"《说文段注》:"有所慕欲而口生液也。故其字从欠水。从欠水。会意。俗作涎。"

本义为口水。唐代柳宗元《三戒》:"入门,群犬垂涎,扬尾皆来。"宋代陆游《记梦》:"君知梦觉本无异,勿为画饼流馋涎。"清代曹雪芹《红楼梦》第六十四回:"近因贾敬停灵在家,每日与二姐三姐相认已熟,不禁了垂涎之意。"

泪（淚 lèi）

小篆	楷书	简化字
淚	淚	泪

泪（淚），形声字。小篆的"淚"，从水戾(lì)声。左边从"水"，表示与水等液体物的类别名称有关；右边为"戾"，在字中表音，为声符。楷书承续小篆字形，笔画化。现简化为"泪"，为会意字。《玉篇·水部》："淚（泪），涕泪也。"《康熙字典》："泪，字汇：与淚同。"

本义为眼泪。《战国策·燕策三》："高渐离击筑，荆轲和而歌，为变徵之声，士皆垂泪涕泣。"《玉台新咏·古诗为焦仲卿妻作》："却与小姑别，泪落连珠子。"唐代杜甫《闻官军收河南河北》："剑外忽传收蓟北，初闻涕泪满衣裳。"

湍（tuān）

小篆	楷书
湍	湍

湍，形声字。小篆的"湍"，从水耑(zhuān)声。左边从"水"，表示与水等液体物的类别名称有关；右边为"耑"，在字中表音，为声符。楷书承续小篆字形，笔画化。《说文·水部》："湍，疾濑(lài)也。从水耑声。"《说文段注》："濑，水流沙上也。疾濑，濑之急者也。"

本义为水急速流动。《孟子·告子上》："性犹湍水也，决诸东方则东流，决诸西方则西流。"南北朝吴均《与朱元思书》："急湍甚箭，猛浪若奔。"唐代柳宗元《钴鉧潭西小丘记》："西二十五步，当湍而浚者为鱼梁。"

浆（漿 jiāng）

小篆1	小篆2	楷书	简化字
㡊	漿	漿	浆

浆（漿），形声字。小篆1的"㡊"，从水爿(床)声。右边从"水"，表示与水等液体物的类别名称有关；左边为"爿"，在字中表音，为声符。小篆2为从水将省声的形声字。楷书为从水将声，笔画化。现简化为"浆"，草书楷化法简化，仍为形声字。《玉篇·水部》："漿（浆），饮也。"

本义为一种带酸味的饮料。《诗·小雅·大东》："或以其酒，不以其浆。"《三国志·诸葛亮传》："百姓孰敢不箪食壶浆以迎将军者乎？"唐代白居易《观刈麦》："妇姑荷箪食，童稚携壶浆。"

液（yè）

小篆	楷书
液	液

液，形声字。小篆的"液"，从水夜声。左边从水，表示与水等液体物的类别名称有关；右边为"夜"，在字中表音，为声符。楷书承续小篆字形，笔画化。《说文·水部》："液，盡也。从水夜声。"《玉篇·水部》："液，津也。"

本义为液体、流体的总称。唐代戎昱《送吉州阎使君入道二首》："冰容入镜纤埃静，玉液添瓶漱齿寒。"唐代和凝《宫词百首》："金井澄泉玉液香，琉璃深殿自清凉。"明代吴承恩《西游记》第五回："领几个运水的道人、烧火的童子，在那里洗缸刷瓮，已造成了玉液琼浆，香醪佳酿。"今有词语"玉液琼浆"。

汗（hàn）

汗，形声字。小篆的"汗"，从水干声。左边从"水"，表示与水等液体物的类别名称有关；右边为"干"，在字中表音，为声符。楷书笔画化。《说文·水部》："汗，人液也。从水干声。"《说文段注》："汗，身液也。身各本作人。"

本义为汗腺的分泌物。《释名·释衣服》："汗衣，近身受汗垢之衣也。"《汉书·楚元王传》："言号令如汗，汗出而不反者也。"唐代李绅《悯农》二首之二："锄禾日当午，汗滴禾下土。"明代袁宏道《满井游记》："风力虽尚劲，然徒步则汗出浃背。"

4. 表示与水相关的固体或半固体物的名称，主要有"泥、沙、漏"。

泥（ní）

泥，形声字。小篆的"泥"，从水尼声。左边从"水"，表示与水相关的固体或半固体物的名称有关；右边为"尼"，在字中表音，为声符。楷书笔画化。《说文·水部》："泥，水。出北地郁郅北蛮中。从水尼声。"

本义为泥水。唐代杜甫《无家别》："存者无消息，死者为尘泥。"唐代白居易《钱塘湖春行》："几处早莺争暖树，谁家新燕啄春泥。"唐代杜牧《阿房宫赋》："奈何取之尽锱铢，用之如泥沙？"

沙（shā）

沙，会意字。金文的"沙"，从水从"𣬉"（少）。左边从"水"，表示与水相关的固体或半固体物的名称有关；右边从"𣬉"（少），像沙粒形，表示水边的细沙。小篆承续金文字形。楷书笔画化。《说文·水部》："沙，水散石也。从水从少。水少沙见。楚东有沙水。"《说文段注》："石散碎谓之沙。引申之，凡生澁皆为沙。如内则鸟沙鸣是。从水少。会意。水少沙见。释其会意之恉。"方述鑫等《甲骨金文字典》："金文从水从少，会意。所从之少象细微之沙点形，为《说文》沙字篆文所本。"

本义为极细碎的石粒。唐代李白《古风》："胡关饶风沙，萧索竟终古。"唐代白居易《钱塘湖春行》："最爱湖东行不足，绿杨阴里白沙堤。"唐代杜牧《商山麻涧》："征车自念尘土计，惆怅溪边书细沙。"唐代刘象《早春池亭独游三首》之二："细沙擢暖岸，淑景动和飙。"明代袁宏道《满井游记》："冻风时作，作则飞沙走砾。"元末明初罗贯中《三国演义》第十回：" 两马相交，忽然狂风大作，飞沙走石，两军皆乱，各自收兵。"

漏（lòu）

漏，形声字。小篆的"漏"，从水屚(lòu)声。左边从"水"，表示与水相关的固体或半固体物的名称有关；右边为"屚"，在字中表音，为声符。楷书笔画化。《说文·水部》："漏，以铜受水，刻节，昼夜百刻。从水屚声。"张舜徽《说文解字约注》："漏刻为古计时之器。以铜壶盛水，底穿一孔，壶中立箭，上刻度数。壶中水以漏渐减，箭上所刻，亦以次出漏，即可知时。"《玉篇·水部》："漏，漏泄也。"

本义为漏壶的简称，古代滴水计时的仪器。唐代杜甫《奉和贾至舍人早朝大明宫》："五夜漏声催晓箭，九重春色醉仙桃。"清代方苞《左忠毅公逸事》："择健卒十人，令二人蹲踞，而背倚之；漏鼓移，则番代。"引申为指水从孔缝中渗出或滴下。唐代杜甫《茅屋为秋风所破歌》："床头屋漏无干处，雨脚如麻未断绝。"

5. 表示水利的名称，主要有"沟（溝）、渠、渎（瀆）"。

沟（溝 gōu）

沟（溝），形声字。小篆的"溝"，从水冓(gōu)声。左边从"水"，表示与水利的名称有关；右边为"冓"，在字中表音，为声符。楷书笔画化。现简化为"沟"，声符为同音替代法简化，为新形声字。《说文·水部》："溝（沟），水渎。广四尺，深四尺。从水冓声。"

本义为田间水道。《周礼·考工记·匠人》："九夫为井，井间广四尺，深四尺，谓之沟。"唐代贾公彦疏："释曰：井田之法，畎纵遂横，沟纵洫横，浍纵自然川横。"《孟子·离娄下》："苟为无本，七八月之间雨集，沟浍皆盈。"杨伯峻《孟子译注》将"沟浍皆盈"译为"大小沟渠都满了"。

渠（qú）

渠，形声字。小篆的"渠"，从水榘(qú)省声。左边从"水"，表示与水利的名称有关；右边为"榘"省声，为声符。楷书笔画化。《说文·水部》："渠，水所居。从水，榘省声。"《广雅·释水》："渠，坑也。"

本义为水停积处，也指人工开凿的水道。《礼记·曲礼上》："车驱而驺，至于大门，君抚仆之手，而顾命车右就车，门闾、沟渠必步。"唐代孔颖达疏："渠亦沟也。"《史记·滑稽列传》："西门豹即发民凿十二渠，引河水灌民田。"唐代皮日休《奉酬鲁望夏日四声四首·平上声》："沟渠通疏荷，浦屿隐浅筱。"

635

渎（瀆 dú）

渎（瀆），形声字。小篆的"瀆",从水賣声。左边从"水",表示与水利的名称有关；右边为"賣",在字中表音,为声符。楷书笔画化。现简化为"渎",声符为类推简化,为新形声字。《说文·水部》："瀆（渎),沟也。从水賣声。一曰邑中沟。"《说文段注》："凡水所行之孔曰渎。小大皆得称渎。《释水》曰：'注浍曰渎。'又曰：'江河淮济爲四渎。'《水经注》谓古时水所行今久移者曰故渎。"

本义为排水沟,水渠。《荀子·修身》："累土而不辍,丘山崇成；厌其源,开其渎,江河可竭。"蒋南华等《荀子译注》将"开其渎"译为"挖开放水的渠道"。汉代贾谊《吊屈原赋》："彼寻常之污渎兮,岂能容夫吞舟之巨鱼？"唐代柳宗元《掩役夫张进骸》："畚锸载埋瘗,沟渎护其危。"

第二,表示水的行为或与水相关的行为,可分为两类：

1. 表示水的行为,主要有"流、涌、溃（潰）、泻（瀉）、泄、溢、浥、润（潤）"。

流（liú）

流,会意兼形声字。金文的"流",从水从㐬（liú）,㐬亦声。左边从"水",表示与水的行为有关；右边从"㐬",表示水大量排出,"㐬"亦兼表声。小篆承续金文字形。楷书笔画化。《说文·水部》："㳅（流）,水行也。从沝、㐬。㐬,突忽也。流,篆文从水。"方述鑫等《甲骨金文字典》："金文从水从㐬,与《说文》流字篆文同。"

本义为水流动。《诗·大雅·常武》："如江如汉,如山之苞,如川之流。"程俊英《诗经译注》将"如川之流"译为"好比洪流不可挡"。《乐府诗集·木兰诗》："不闻爷娘唤女声,但闻黄河流水鸣溅溅。"唐代李白《望天门山》："天门中断楚江开,碧水东流至此回。"唐代张志和《渔歌子》："西塞山前白鹭飞,桃花流水鳜鱼肥。"引申为一切液态物的流动。《战国策·秦策一》："读书欲睡,引锥自刺其股,血流至足。"

涌（yǒng）

涌,形声字。小篆的"涌",从水甬(yǒng)声。左边从"水",表示与水的行为有关；右边为"甬",在字中表音,为声符。楷书笔画化。《说文·水部》："涌,滕也。从水甬声。"《说文段注》："滕,水超踊也。"

本义为水向上冒。《尔雅·释水》："滥泉正出。正出,涌出也。"胡奇光、方环海《尔雅译注》："滥泉,喷涌而出的泉水。"汉代司马相如《上林赋》："醴泉涌于清室,通川过于中庭。"汉代王充《论衡·状留》："肉暴长者曰肿,泉暴出者曰涌。"引申指云、雾、烟、气等上腾冒出。唐代李朝威《柳毅传》："语未毕，而大声忽发，天拆地裂。宫殿摆簸，云烟沸涌。"成语有"风起云涌"。

溃（潰 kuì）

溃（潰），形声字。小篆的"潰"，从水貴声。左边从"水"，表示与水的行为有关；右边为"貴"，在字中表音，为声符。楷书笔画化。现简化为"溃"，声符为类推简化，为新形声字。《说文·水部》："潰（潰），漏也。从水貴声。"《说文解字系传》："潰，决也。"

本义为水冲破堤岸而出。《国语·周语上》："防民之口，甚于防川。川壅而溃，伤人必多，民亦如之。"《韩非子·喻老》："千丈之堤，以蝼蚁之穴溃；百步之室，以突隙之烟焚。"

泻（瀉 xiè）

泻（瀉），形声字。小篆的"瀉"，从水寫（xiě）声。左边从"水"，表示与水的行为有关；右边为"寫"，在字中表音，为声符。楷书笔画化。现简化为"泻"，声符为类推简化，为新形声字。《玉篇·水部》："泻，倾也。"

本义为水急速地流，倾泻。《玉台新咏·古诗为焦仲卿妻作》："阿女默无声，手巾掩口啼，泪落便如泻。"宋代陆游《雨夜》："急雨如河泻瓦沟，空堂卧对一灯幽。"今有成语"一泻千里""一泻汪洋"。

泄（xiè）

泄，形声字。小篆的"泄"，从水世声。左边从"水"，表示与水的行为有关，在字中表义，为形符；右边为"世"，在字中表音，为声符。楷书笔画化。《说文·水部》："泄，水。受九江博安洵波，北入氏。从水世声。"《玉篇·水部》："泄，水名，在九江。又漏也。"根据《玉篇》及其使用频率，我们认为，"泄"之本义应为水流出。

本义为水流出，与"蓄"相对。《礼记·中庸》："载华岳而不重，振河海而不泄，万物载焉。"唐代孔颖达疏："言地之广大，载五岳而不重，振收河海而不漏泄。"元末明初罗贯中《三国演义》第六回："商议已定，密谕军士勿得泄漏。"成语有"水泄不通""泄漏天机"。

溢（yì）

溢，形声字。小篆的"溢"，从水益声。左边从"水"，表示与水的行为有关，在字中表义，为形符；右边为"益"，在字中表音，为声符。楷书笔画化。《说文·水部》："溢，器滿也。从水益声。"

《尔雅·释诂》:"溢,盈也。"

本义为水满而流出来。《楚辞·天问》:"东流不溢,孰知其故?"唐代魏征《谏太宗十思疏》:"念高危,则思谦冲而自牧;惧满溢,则思江海下百川。"

浥（yì）

浥,形声字。小篆的"浥",从水邑声。左边从"水",表示与水的行为有关,在字中表义,为形符;右边为"邑",在字中表音,为声符。楷书笔画化。《说文·水部》:"浥,湿也。从水邑声。"

本义为湿润。《诗·召南·行露》:"厌浥行露,岂不夙夜?"汉代毛亨传:"厌浥,湿意也。"唐代王维《渭城曲》:"渭城朝雨浥轻尘,客舍青青柳色新。"

润（潤 rùn）

润（潤）,形声字。小篆的"潤",从水閏(rùn)声。左边从"水",表示与水的行为有关,在字中表义;右边为"閏",在字中表音,为声符。楷书笔画化。现简化为"润",声符类推简化,为新形声字。《说文·水部》:"潤（润）,水曰润下。从水閏声。"

本义为滋润。《周易·说卦》:"雨以润之,日以烜之。"《论衡·雷虚》:"天施气,气渥为雨,故雨润万物,名曰澍。"唐代杜甫《春夜喜雨》:"随风潜入夜,润物细无声。"

2. 表示与水相关的行为,主要有"浣、洗、沐、浴、濯、涤（滌）、涉、泅"。

浣（huàn）

浣,形声字。小篆的"浣",从水完声。左边从"水",表示与水相关的行为有关,在字中表义,为形符;右边为"完",在字中表音,为声符。楷书笔画化。《说文·水部》:"澣（浣）,濯衣垢也。浣,澣,或从完。"《玉篇·水部》:"浣,同上。"其上字为"澣,濯也"。

本义为洗衣服。《诗·周南·葛覃》:"薄污我私,薄浣我衣。"汉代郑玄笺:"浣,谓濯之耳。"《公羊传·庄公三十一年》:"临民之所漱浣也。"汉代何休注:"去垢曰浣,齐人语也。"唐代王维《山居秋暝》:"竹喧归浣女,莲动下渔舟。"唐代徐延寿《南州行》:"河头浣衣处,无数紫鸳鸯。"

洗（xǐ）

洗,会意兼形声字。甲骨文的"洗",从"𣥂"（止）从"⺡"。从"止"表示脚,从"⺡"表示水,合起来表示把脚泡在水里,即洗脚。小篆的"洗",为形声字,从水先声。楷书笔画化。《说文·水部》:"洗,洒足也。从水先声。"《玉篇·水部》:"今以为洒字。"

本义为用水洗脚。《论衡·讥日》:"洗,去足垢;盥,去手垢;浴,去身垢;皆去一形之垢,其实等也。"《史记·高祖本纪》:"沛公方踞床,使两女子洗足。"后泛指洗涤。唐代孟郊《酬李侍御书记秋夕雨中病假见寄》:"洗涤烦浊尽,视听昭旷生。"明代吴承恩《西游记》第一回:"青松林下任他顽,绿水涧边随洗濯。"《西游记》第七十八回:"但凭洗涤无尘垢,也用收拴有琢磨。"今有词语"盥洗""洗涤""洗濯"等。

沐（mù）

| 甲骨文 | 金文 | 小篆 | 楷书 |

沐,形声字。甲骨文的"沐",从水木声。从";;"(水),表示与水相关的行为有关,在字中表义;中间为""(木),在字中表音,为声符。金文变为左右结构。小篆承续金文字形。楷书笔画化。《说文·水部》:"沐,濯发也。从水木声。"《甲骨金文字典》中未见此字。《玉篇·水部》:"沐,濯发也。"

本义为洗头发。《左传·僖公二十二年》:"叔孙将沐,闻君至,喜,捉发走出,前驱射而杀之。"《史记·屈原贾生列传》:"新沐者必弹冠,新浴者必振衣。"

辨析:浴、沐、澡、盥、洗。古人称浸身为"浴",洗头为"沐",冲水为"澡",洗手为"盥",泡脚为"洗"。

浴（yù）

| 小篆 | 楷书 |

浴,形声字。小篆的"浴",从水谷声。左边从"水",表示与水相关的行为有关,在字中表义;右边为"谷",在字中表音,为声符。楷书笔画化。《说文·水部》:"浴,洒身也。从水谷声。"

本义为洗澡。《礼记·檀弓下》:"'沐浴佩玉则兆。'五人者皆沐浴佩玉。"《论语·先进》:"冠者五六人,童子六七人,浴乎沂,风乎舞雩,咏而归。"唐代李颀《赠别高三十五》:"沐浴著赐衣,西来马行迟。"唐代韦应物《骊山行》:"访道灵山降圣祖,沐浴华池集百祥。"唐代王建《华清宫感旧》:"有时云外闻天乐,知是先皇沐浴来。"

濯（zhuó）

| 金文 | 小篆 | 楷书 |

濯,形声字。金文的"濯",从水翟（dí）声。左下边从"水",表示与水相关的行为有关,在字中表义;右边为"翟",在字中表音,为声符。小篆承续金文字形,楷书笔画化。《说文·水部》:"濯,瀚（huàn）也。从水翟声。"《广雅·释诂》:"濯,洒也。"

本义为洗。《诗·大雅·泂酌》:"泂酌彼行潦,挹彼注兹,可以濯罍。"汉代毛亨传:"濯,涤也。"《楚辞·渔父》:"沧浪之水清兮,可以濯吾缨。"唐代韩愈《石鼓歌》："濯冠沐浴告祭酒，如此至宝存岂多？"

涤（滌 dí）

小篆	楷书	简化字
滌	滌	涤

涤（滌），形声字。小篆的"滌"，从水條(tiáo)声。左边从"水"，表示与水相关的行为有关，在字中表义；右边为"條"，在字中表音，为声符。楷书笔画化。现简化为"涤"，声符类推简化，仍为形声字。《说文·水部》："滌（涤），洒也。从水條声。"

本义为洗涤。《仪礼·大射仪》："前射三日，宰夫戒宰及司马。射人宿视涤。"汉代郑玄注："涤，谓溉器，扫除射宫。"《史记·司马相如列传》："相如身自著犊鼻裈，与保庸杂作，涤器于市中。"南北朝裴骃《史记集解》引韦昭注曰："瓦器也，每食必涤溉者。"唐代杜甫《入奏行赠西山检察使窦侍御》："蔗浆归厨金碗冻，洗涤烦热足以宁君躯。"

涉（shè）

甲骨文	金文	小篆	楷书
			涉

涉，会意字。甲骨文的"涉"，从"𣶃"（水）从"𣥂"（步）。中间从"𣶃"（水）表示河流，上下从"𣥂"（步）表示行走，合起来表示徒步过河。金文承续甲骨文字形。小篆变为左右结构。楷书笔画化。《说文·水部》："𣥿（涉），徒行濿水也。从𣥂（zhǐ）从步。𣽦，篆文从水。"方述鑫等《甲骨金文字典》："甲金文从水从步，会徒步濿水之意，与《说文》涉字篆文构形同。"

本义为蹚水过河。《诗·卫风·氓》："送子涉淇，至于顿丘。"《吕氏春秋·察今》："澭水暴益，荆人弗知，循表而夜涉，溺死者千有余人。"后泛指渡河。《吕氏春秋·察今》："楚人有涉江者，其剑自舟中坠于水，遽契其舟。"

泅（qiú）

小篆	楷书
	泅

泅，形声字。小篆的"泅"，从水囚声。左边从"水"，表示与水相关的行为有关，在字中表义；右边为"囚"，在字中表音，为声符。楷书笔画化。《玉篇·水部》："泅，同汓（qiú），人浮水上也。"《说文·水部》："汓，浮行水上也。从水，从子。古或以汓为没。泅，汓或从囚声。"

本义为游水、游泳。《列子·说符》："人有滨河而居者，习于水，勇于泅。"明代凌濛初《初刻拍案惊奇》卷二十七："幸得生长江边，幼时学得泅水之法。"

第三、表示水的性质状态，如"清、浅（淺）、浑（渾）、浊（濁）、洪、滔、澈、浩"。

清（qīng）

清，形声字。小篆的"清"，从水青声。左边从"水"，表示与水的性质状态有关，在字中表义；右边为"青"，在字中表音，为声符。楷书笔画化。《说文·水部》："清，朖（lǎng）也，澂（chéng）水之皃。从水青声。"《说文段注》："朖者，明也。澂而后明。故云澂水之皃。引申之，凡洁曰清。"《玉篇·水部》："清，澄也。洁也。"今有词语"澄清"。

本义为水清，与"浊"相对。《诗·魏风·伐檀》："坎坎伐檀兮，寘之河之干兮，河水清且涟猗。"《孟子·离娄上》："沧浪之水清兮，可以濯我缨。"晋代陶渊明《归去来兮辞》："登东皋以舒啸，临清流而赋诗。"唐代柳宗元《小石潭记》："伐竹取道，下见小潭，水尤清冽。"

浅（淺 qiǎn）

浅（淺），形声字。金文的"淺"，从水戔（jiān）声。右边从"水"，表示与水的性质状态有关，在字中表义；左边为"戔"，在字中表音，为声符。小篆承续金文字形，左右结构互换。楷书承续小篆字形，笔画化。现简化为"浅"，声符类推简化，为新形声字。《说文·水部》："淺（浅），不深也。从水戔声。"方述鑫等《甲骨金文字典》："金文从水从戔，戔亦声，与《说文》浅字篆文构形同。"

本义为水不深，与"深"相对。《诗·邶风·谷风》："就其深矣，方之舟之。就其浅矣，泳之游之。"唐代孔颖达疏："如人之渡水，若就其深矣，则方之舟之；若就其浅矣，则泳之游之，随水深浅，期于必渡。"《庄子·逍遥游》："置杯焉则胶，水浅而舟大也。"《古诗十九首》："河汉清且浅，相去复几许？"宋代苏轼《石钟山记》："徐而察之，则山下皆石穴罅（xià），不知其浅深。"

浑（渾 hún）

浑（渾），形声字。小篆的"渾"，从水軍声。左边从"水"，表示与水的性质状态有关，在字中表义；右边为"軍"，在字中表音，为声符。楷书承续小篆字形，笔画化。现简化为"浑"，声符类推简化，为新形声字。《说文·水部》："渾（浑），混流聲声也。从水軍声。"《说文段注》："今人谓水浊为浑。"《玉篇·水部》："浑，水喷涌之声也。"

本义为大水涌流声。《荀子·富国》："上得天时，下得地利，中得人和，则财货浑浑如泉源。"蒋南华等《荀子全译》："浑浑，水流湍急的样子。"晋代张协《七命》："溟海浑濩涌其后。"唐代李善《文选注》引《说文》："浑，流声也。"引申为浑浊。

《老子》第十五章："敦兮其若朴，旷兮其若谷，浑兮其若浊。"宋代陆游《过小孤山大孤山》："江水浑浊，每汲用，皆以杏仁澄之，过夕乃可饮。"成语有"浑水摸鱼"。

浊（濁 zhuó）

金文	小篆	楷书	简化字

浊（濁），形声字。金文的"濁"，从水蜀声。左边从"水"，表示与水的性质状态有关，在字中表义；右边为"蜀"，在字中表音，为声符。小篆承续金文字形。楷书承续小篆字形，笔画化。现简化为"浊"，为保留特征法简化，为新形声字。《说文·水部》："濁（浊），水。出齐郡厉娲山，东北入钜定。从水蜀声。"《说文段注》："厉当作广，娲当作为，皆字之误。……按浊者，清之反也。"方述鑫等《甲骨金文字典》："金文从水蜀声，与《说文》濁字篆文构形同。"

本义为水浑浊，与"清"相对。《诗·小雅·四月》："相彼泉水，载清载浊。"《史记·屈原贾生列传》："自疏濯淖污泥之中，蝉蜕于浊秽。"宋代范仲淹《岳阳楼记》："若夫淫雨霏霏，连月不开，阴风怒号，浊浪排空。"

洪（hóng）

小篆	楷书

洪，形声字。小篆的"洪"，从水共声。左边从"水"，表示与水的性质状态有关，在字中表义；右边为"共"，在字中表音，为声符。楷书笔画化。《说文·水部》："洪，洚水也。从水共声。"《说文段注》："《释诂》曰：'洪，大也。'引申之义也。孟子以洪释洚，许以洚释洪，是曰转注。"

本义为大水、洪水。《诗·商颂·长发》："洪水芒芒，禹敷下土方。"汉代毛亨传："洪，大也。"《尚书·尧典》："汤汤洪水方割，荡荡怀山襄陵，浩浩滔天。"汉代孔安国传："洪，大。"《孟子·滕文公上》："当尧之时，天下犹未平，洪水横流，泛滥于天下。"

滔（tāo）

小篆	楷书

滔，形声字。小篆的"滔"，从水舀（yǎo）声。左边从"水"，表示与水的性质状态有关，在字中表义；右边为"舀"，在字中表音，为声符。楷书承续小篆字形，笔画化。《说文·水部》："滔，水漫漫大皃。从水舀声。"《说文段注》："按漫漫当作曼曼。许书无漫字。"

本义为水势盛大的样子。《广雅·释言》："滔，漫也。"《诗·齐风·载驱》："汶水滔滔，行人儦儦。"汉代毛亨传："滔滔，流貌。"《诗·小雅·四月》："滔滔江汉，南国之纪。"汉代毛亨传："滔滔，大水貌。"《尚书·益稷》："洪水滔天，浩浩怀山襄陵，下民昏垫。"汉代孔安国传："言大卜民昏瞀垫溺，皆困水灾。"

澈（chè）

澈，形声字。小篆的"澈"，从水辙省声。左边从"水"，表示与水的性质状态有关，在字中表义；右边为"辙"省声，在字中表音，为声符。楷书承续小篆字形，笔画化。《玉篇·水部》："澈，水澄也。"

本义为水清透明。唐代骆宾王《夏日游德州赠高四》："林虚星华映，水澈霞光净。"宋代陆游《过小孤山大孤山》："南江则极清澈，合处如引绳，不相乱。"

浩（hào）

浩，形声字。小篆的"浩"，从水告声。左边从"水"，表示与水的性质状态有关，在字中表义；右边为"告"，在字中表音，为声符。楷书承续小篆字形，笔画化。《说文·水部》："浩，浇也。从水告声。《虞书》曰：'洪水浩浩。'"《玉篇·水部》："浩浩，水盛也，大也。"

本义为水势浩大。《楚辞·九章·怀沙》："乱曰：浩浩沅湘，分流汨兮。"汉代王逸注："浩浩，广大貌也。"黄寿祺、梅桐生《楚辞全译》将"浩浩沅湘"译为"波涛滚滚的沅江和湘江"。《淮南子·俶真训》："有无者，视之不见其形，听之不闻其声，扪之不可得也，望之不可极也，储与扈冶，浩浩瀚瀚。"唐代白居易《自蜀江至洞庭湖口有感而作》："每岁秋夏时，浩大吞七泽。"

第二节　"冫（冰）"部及其例字

从"冫（冰）"的字，其义多与冰及其属性有关。

冫（冰 bīng）

一、形体演变

甲骨文	金文	小篆	楷书
仌	仌	仌	冫

二、构形理据

冫，象形字。甲骨文的"仌"，像水凝结之形。金文、小篆的"仌""仌"承续甲骨文字形。楷书笔画化。后金文及小篆又在其右加"水"旁，变为"冰"，于是"冫"专用作部首。《说文·仌部》："冰（冫），水坚也。从仌从水。"方述鑫等《甲骨金文字典》:"《说文》:'仌,冻也。象水凝之形。'段玉裁注:'象水初凝之文理也。'金文与《说文》仌字篆文同。"

三、本义

冫,古同"冰",用作部首,俗称"两点水",本义为水冻结而成的固体。《荀子·劝学》:"冰,水为之,而寒于水。"引申为洁白、晶莹。唐代王昌龄《芙蓉楼送辛渐二首》其一:"洛阳亲友如相问,一片冰心在玉壶。"唐代皎然《吊灵均词》:"既冰心兮皎洁,上问天兮胡不闻。"

四、理据例说

从"冫"的字,其义多与冰及其属性有关。在楷书里,"冫"在字的左边写作"冫",称作"两点水"。这类字主要有"寒、冷、凝、冻(凍)、凌"。

寒（hán）

见第387页"宀"部"寒"字。

冷（lěng）

小篆	楷书
冷	冷

冷,形声字。小篆的"冷",从仌(bīng)令声。左边从"仌",表示寒冷;右边为"令",在字中表音,为声符。楷书笔画化。《说文·仌部》:"冷,寒也。从仌令声。"

本义为凉。唐代白居易《乌夜啼》:"画堂鹦鹉鸟,冷暖不相知。"此"冷"为凉义。引申为寒冷。唐代杜甫《茅屋为秋风所破歌》:"布衾多年冷似铁,骄儿恶卧踏里裂。"唐代杨巨源《卢郎中拜陵遇雪蒙见召因寄》:"寒冷出郊犹未得,羡公将事看芳菲。"又引申为冷清、冷落。唐代杜甫《醉时歌赠广文馆学士郑虔》:"诸公衮衮登台省,广文先生官独冷。"唐代白居易《琵琶行》:"门前冷落鞍马稀,老大嫁作商人妇。"

凝（níng）

小篆	楷书
凝	凝

凝,形声字。小篆的"凝",从仌疑声。左边从"仌",表示寒冷;右边为"疑",在字中表音,为声符。楷书笔画化。《说文·仌部》:"冰,水坚也。从仌从水。凝,俗冰从疑。"《说文段注》:"以冰代仌,乃别制凝字。经典凡凝字皆冰之变也。"

本义为结冰。《诗·卫风·硕人》:"手如柔荑,肤如凝脂。"汉代毛亨传:"如脂之凝。"《礼记·乡饮酒义》:"天地严凝之气,始于西南而盛于西北,此天地之尊严气也。"唐代岑参《走马川行奉送出师西征》:"马毛带雪汗气蒸,五花连钱旋作冰,幕中草檄砚水凝。"

冻（凍 dòng）

小篆	楷书	简化字
凍	凍	冻

冻（凍），形声字。小篆的"凍"，从仌東声。左边从"仌"，表示寒冷；右边为"東"，在字中表音，为声符。楷书笔画化。现简化为"冻"，声符类推简化，为新形声字。《说文·仌部》："凍（冻），仌也。从仌東声。"《说文段注》："初凝曰仌。仌壮曰冻。又于水曰冰。于他物曰冻。"

本义为结冰。《礼记·月令》："水始冰，地始冻，雉入大水为蜃，虹藏不见。"唐代岑参《白雪歌送武判官归京》："纷纷暮雪下辕门，风掣红旗冻不翻。"明代吴承恩《西游记》第四十八回："且再住几日，待天晴化冻办船而过，忙中恐有错也。"今有"冷冻""冻结""冰冻""天寒地冻"等词语。

凌（líng）

小篆	楷书
凌	凌

凌，形声字。小篆的"凌"，从仌夌（líng）声。左边从"仌"，表示寒冷；右边为"夌"，在字中表音，为声符。楷书笔画化。《玉篇·仌部》："凌，冰室也。"《说文·水部》："淩，仌出也。从仌，朕声。诗曰：'纳于淩阴。'凌，淩或从夌。"

本义为积冰。《诗·豳风·七月》："二之日凿冰冲冲，三之日纳于凌阴。"汉代毛亨传："凌阴，冰室也。"引申为冰凌。唐代孟郊《寒江吟》："涉江莫涉凌，得意须得朋。"

第二十六章　酉部之类

酉部之类包括酉、斗两部，与酒器、量器、酒有关。

第一节　"酉"部及其例字

从"酉"的字，其义多与酒有关。

酉（yǒu）

一、形体演变

甲骨文	金文	小篆	楷书
𠚣	酉	酉	酉

二、构形理据

酉，象形字。甲骨文的"酉"，像酒坛形。金文、小篆承续甲骨文字形。楷书笔画化。《说文·酉部》："酉，就也。八月黍成，可为酎酒。象古文酉之形。"方述鑫等《甲骨金文字典》："甲金文象酒尊之形。上象其口缘及颈，下象其腹有纹饰之形。用为地支的第十位。"

三、本义

本义为一种盛酒器，也常成为酒的代称。马王堆汉墓帛书《春秋事语》："县（悬）钟而长饮酉。"《颜氏家训·书证》："《春秋说》以人十四心为德，《诗说》以二在天下为酉。"

四、理据例说

从"酉"的字，其义多与酒有关，大体可归为三类。

第一，表示酒的类别名称，主要有"酒、醴、醪、醹"。

酒（jiǔ）

| 甲骨文 | 金文 | 小篆 | 楷书 |

酒，会意兼形声字。甲骨文的"酒"，从水从酉（yǒu），酉亦声。左边从"水"，表示酒水，为液体；右边从"酉"，表示酒坛子，意即酒坛子之中装的是酒，酉亦兼表声。金文写成"酉"，为"酒"。小篆承续甲骨文字形。楷书笔画化。《说文·酉部》："酒，就也，所以就人性之善恶。从水从酉，酉亦声。一曰造也，吉凶所造也。古者仪狄作酒醪，禹尝之而美，遂疏仪狄。杜康作秫酒。"方述鑫等《甲骨金文字典》："酒，甲骨文从水从酉，金文省水，用作酒。"

本义是酒，用高粱、大麦、米、葡萄或其他水果发酵制成的含乙醇的饮料。《礼记·乐记》："故酒食者，所以合欢也。"《史记·廉颇蔺相如列传》："秦王饮酒酣，曰：'寡人窃闻赵王好音，请奏瑟。'"唐代孟浩然《过故人庄》："开筵面场圃，把酒话桑麻。"引申为饮酒，动词。《韩非子·说林上》："常酒者，天子失天下，匹夫失其身。"

醴（lǐ）

| 甲骨文 | 金文 | 小篆 | 楷书 |

醴，形声字。甲骨文的"醴"，从酉豊（lǐ）声。下边从"酉"，表示与酒的类别名称有关；上边为"豊"，在字中表音，为声符。金文变为左右结构，左边从酉，右边为豊声。小篆承续金文字形。楷书笔画化。《说文·酉部》："醴，酒一宿孰也。从酉豊声。"《说文段注》："醴犹体也。成而汁滓相将。如今恬酒矣。"方述鑫等《甲骨金文字典》："醴，金文从酉从豊，豊亦声，与《说文》醴字篆文构形同。"

本义为甜酒。《诗·周颂·丰年》："为酒为醴，烝畀祖妣。"程俊英《诗经译注》："醴，一种甜酒。"《周礼·酒正》："辨五齐之名，一曰泛齐，二曰醴齐，三曰盎齐，四曰缇齐，五曰沈齐。"汉代郑玄注："醴犹体也，成而汁滓相将，如今恬酒矣。"汉代王充《论衡·自纪》："酒醴异气，饮之皆醉；百谷殊味，食之皆饱。"唐代元稹《饮致用神麹酒三十韵》："感君澄醴酒，不遣渭和泾。"

醪（láo）

| 小篆 | 楷书 |

醪，形声字。小篆的"醪"，从酉翏（liào）声。左边从"酉"，表示与酒的类别名称有关；右边为"翏"，在字中表音，为声符。楷书笔画化。《说文·酉部》："醪，汁滓酒也。从酉翏声。"

本义为汁滓混合的酒。《汉书·袁盎传》："乃悉以其装赍买二石醇醪，会天寒，士卒饥渴，饮醉西南陬卒，卒皆卧。"唐代颜师古注："醪，汁滓合之酒也。"后泛指酒。《史记·扁鹊仓公列传》："在血脉，针石之所及也；其在肠胃，酒醪之所及也。"

醨（lí）

小篆	楷书
醨	醨

醨，形声字。小篆的"醨"，从酉离声。左边从"酉"，表示与酒的类别名称有关；右边为"离"，在字中表音，为声符。楷书笔画化。《说文·酉部》："醨，薄酒也。从酉离声。"

本义为薄酒，味道淡的酒。《史记·屈原贾生列传》："众人皆醉，何不餔其糟而啜其醨？"唐代李洞《早春友人访别南归》："一盏薄醨酒，数枝零落梅。"

第二，表示与酒相关之物品的名称，主要有"酥、酪、酱（醬）"。

酥（sū）

小篆	楷书
酥	酥

酥，会意字。小篆的"酥"，从酉从禾。左边从"酉"，表示与酒相关之物品的名称有关；右边从"禾"，表示与食品类有关。楷书笔画化。《玉篇·酉部》："酥，酪也。"《王力古汉语字典》："酥，酪类，用牛羊乳制成的食品。即酥油。"

本义为酪类食品，由牛羊乳制成，又称"酥油"。唐代韩愈《早春呈水部张十八员外二首》："天街小雨润如酥，草色遥看近却无。"唐代薛能《影灯夜二首》其二："十万军城百万灯，酥油香暖夜如烝。"

酪（lào）

小篆	楷书
酪	酪

酪，形声字。小篆的"酪"，从酉各声。左边从"酉"，表示与酒相关之物品的名称有关；右边为"各"，在字中表音，为声符。楷书笔画化。《说文新附·酉部》："酪，乳浆也。从酉各声。"

本义为乳酪，用牛、羊、马等乳浆炼成的食品。唐代杜牧《和裴杰秀才新樱桃》："忍用烹酥酪，从将玩玉盘。"元代萨都剌《上京即事五首》之三："牛羊散漫落日下，野草生香乳酪甜。"

酱（醬 jiàng）

甲骨文	金文	小篆	楷书	简化字
𣂪	𥂖	醬	醬	酱

酱（醬），会意兼形声字。甲骨文的"醬"，从鼎从夕（肉）爿（床）声。下边从鼎，表示蒸煮的盛器；上左边为爿（床），在字中表音，为声符；上右边从夕（肉），实为从"肉"。三部分合起来表示放在盛器里的豆、麦等食物加肉加酒发酵成的糊状营养食品。金文从酉从爿（床），爿亦声。小篆基本承续甲骨文字形，将"鼎"换成了"酉"。楷书笔画化，字形繁化，为从酉将声的形声字。现简化为"酱"，草书楷化法简化，为新形声字。《说文·酉部》："醬（醬），醢也。从肉酉。从肉者，醢无不用肉也。酒以龢酱也。此说从酉之故。爿声。今俗作酱。"方述鑫等《甲骨金文字典》："金文从酉从爿，爿亦声。

与《说文》酱字古文同。"

本义为用盐、醋等调料腌制而成的肉酱或用麦、面、豆等发酵制成的调味品。《礼记·内则》:"濡鸡醢酱实蓼,濡鱼卵酱实蓼,濡鳖醢酱实蓼。"唐代孔颖达疏:"'濡鸡醢酱实蓼'者,言亨濡此鸡,加之以醢及酱,又实之以蓼。"《论语·乡党》:"割不正,不食。不得其酱,不食。"宋代朱熹《四书集注》:"食肉用酱,各有所宜,不得则不食,恶其不备也。"

第三,表示与酒有关的动作行为,主要有"酝(醖)、酿(釀)、醒、醉、酣、酬、酌、醇、酷"。

酝(醖 yùn)

小篆	楷书	简化字
醖	醖	酝

酝(醖),形声字。小篆的"醖",从酉昷(wēn)声。左边从"酉",表示与酒有关的动作行为;右边为"昷",在字中表音,为声符。楷书笔画化。现简化为"酝",声符更换简化,为新形声字。《说文·酉部》:"醖(酝),酿也。从酉昷声。"《说文段注》:"引申为酝藉。"

本义为酿酒。三国曹植《酒赋》:"或秋藏冬发,或春酝夏成。"汉代张衡《南都赋》:"酒则九酝甘醴,十旬兼清。"《后汉书·吕布传》:"布怒曰:'布禁酒而卿等酝酿,为欲因酒共谋布邪?'"唐代陆龟蒙《记事》:"近闻天子诏,复许私酝酿。促使春酒材,呼儿具盆盎。"引申为酒。宋代陆游《幽居杂题上巳》:"名花红满舫,美酝绿盈瓢。"今有词语"佳酝""美酝""玉酝""酝酿"等。

酿(釀 niàng)

小篆	楷书	简化字
釀	釀	酿

酿(釀),形声字。小篆的"釀",从酉襄声。左边从"酉",表示与酒有关的动作行为,在字中表义;右边为"襄",在字中表音,为声符。楷书笔画化。现简化为"酿",声符更换简化,为新形声字。《说文·酉部》:"釀(酿),酝也。作酒曰酿。从酉襄声。"

本义为造酒、酿造。《三国志·蜀书·简雍传》:"时天旱,禁酒,酿者有刑。"唐代曹邺《田家效陶》:"黑黍春来酿酒饮,青禾刈了驱牛载。"宋代欧阳修《醉翁亭记》:"临溪而渔,溪深而鱼肥;酿泉为酒,泉香而酒洌。"

醒(xǐng)

小篆	楷书
醒	醒

醒,形声字。小篆的"醒",从酉星声。左边从"酉",表示与酒有关的动作行为,在字中表义;右边为"星",在字中表音,为声符。楷书笔画化。《说文·酉部》:"醒,醉解也。从酉星声。"

本义为酒醒,指醉酒后恢复常态。《左传·僖公二十三年》:"姜与子犯谋,醉而遣之。醒,以戈逐子犯。"宋代欧阳修《醉翁亭记》:"醉能同其乐,醒能述以文者,太守也。"宋代柳永《雨霖铃》:"今宵酒醒何处?杨柳岸,晓风残月。"

醉 (zuì)

小篆	楷书
醉	醉

醉,会意字。小篆的"醉",从酉从卒。左边从"酉",表示与酒有关的动作行为;右边从"卒",表示终结。酒喝到不能再喝的时候,就醉了。楷书笔画化。《说文·酉部》:"醉,卒也。卒其度量,不至于乱也。一曰溃也。从酉从卒。"

本义为醉酒,饮酒过量,神志不清。《诗·小雅·宾之初筵》:"既醉而出,并受其福。"唐代柳宗元《童区寄传》:"贼易之,对饮,酒醉。一人去为市,一人卧,植刃道上。"唐代李贺《兰香神女庙》:"吹箫饮酒醉,结绶金丝裙。"唐代元稹《合衣寝》:"酒醉夜未阑,几回颠倒枕。"宋代辛弃疾《清平乐·村居》:"醉里吴音相媚好,白发谁家翁媪?"宋代李清照《如梦令》:"常记溪亭日暮,沉醉不知归路。"

酣 (hān)

小篆	楷书
酣	酣

酣,会意兼形声字。小篆的"酣",从酉从甘,甘亦声。左边从"酉",表示与酒有关的动作行为;右边从"甘",表示香甜、有滋味,"甘"亦兼表声。楷书笔画化。《说文·酉部》:"酣,酒乐也。从酉从甘,甘亦声。"《说文段注》:"引申为凡饱足之称。"《广雅·释诂》:"酣,乐也。"

本义为饮酒尽兴,喝得畅快。《汉书·高帝纪》:"酒酣,上击筑,自歌曰:'大风起兮云飞扬,威加海内兮归故乡。'"《史记·魏公子列传》:"酒酣,公子起,为寿侯生前。"宋代欧阳修《醉翁亭记》:"宴酣之乐,非丝非竹,射者中,弈者胜。"引申为尽情、畅快。清代方苞《狱中杂记》:"将出,日与其徒置酒酣歌达曙。"

酬 (chóu)

小篆	楷书
酬	酬

酬,形声字。小篆的"酬",从酉州声。左边从"酉",表示与酒有关的动作行为,在字中表义;右边为"州",在字中表音,为声符。楷书笔画化。《说文》中"酬"同"醻"。《说文·酉部》:"醻,主人进客也。从酉壽声。酬,醻或从州。"《说文段注》:"如今俗之劝酒也。"

本义为客人给主人祝酒后,主人再次给客人敬酒作答。唐代李乂《侍宴安乐公主新宅应制》:"平旦鹓鸾歌舞席,方宵鹦鹉献酬杯。"唐代钱起《玛瑙杯歌》:"繁弦急管催献酬,倏若飞空生羽翼。"唐代朱湾《奉使设宴戏掷笼筹》:"献酬君有礼,赏罚我无私。"唐代韩愈《送刘师服》:"草草具盘馔,不待酒献酬。"宋代刘芮《和敬夫寄

650

斜川》："有酒不能饮，徒有献与酬。"引申为酬报、报答。《左传·昭公二十七年》："令尹将必来辱，为惠已甚，吾无以酬之，若何？"晋代杜预注："酬，报献。"《聊斋志异·促织》："天将以酬长厚者，遂使抚臣、令尹，并受促织恩荫。"清代曹雪芹《红楼梦》第三回："此刻正思向蒙训教之恩未经酬报，遇此机会，岂有不尽心图报之理。"梁启超《谭嗣同传》："不有行者，无以图将来；不有死者，无以酬圣主。"

酌（zhuó）

甲骨文	金文	小篆	楷书
酌	酌	酌	酌

酌，形声字。甲骨文的"酌"，从酉勺声。左边从"酉"，表示与酒有关的动作行为，在字中表义；右边为"勺"，在字中表音，为声符。金文、小篆承续甲骨文字形。楷书笔画化。《说文·酉部》："酌，盛酒行觞也。从酉勺声。"《说文段注》："盛酒于觯中以饮人曰行觞。"方述鑫等《甲骨金文字典》："酌，金文从酉勺声，与《说文》酌字篆文同。"

本义为斟酒。《诗·小雅·瓠叶》："君子有酒，酌言尝之。"《公羊传·僖公八年》："其处其所而请与奈何？盖酌之也。"汉代何休注："酌，挹也。"挹，徐锴曰："从上酌之也。"《汉书·盖宽饶传》："宽饶曰：'无多酌我，我乃酒狂。'"晋代陶渊明《归去来兮辞》："引壶觞以自酌，眄庭柯以怡颜。"

酹（lèi）

小篆	楷书
酹	酹

酹，形声字。小篆的"酹"，从酉寽（luè）声。左边从"酉"，表示与酒有关的动作行为，在字中表义；右边为"寽"，在字中表音，为声符。楷书笔画化。《说文·酉部》："酹，餟（chuò）祭也。从酉寽声。"

本义为把酒洒在地上以示祭奠。宋代苏轼《念奴娇·赤壁怀古》："人生如梦，一樽还酹江月。"《明史·海瑞传》："（海瑞卒时）丧出江上，白衣冠送者夹岸，酹而哭者百里不绝。"

酗（xù）

小篆	楷书
酗	酗

酗，形声字。小篆的"酗"，从酉凶声。左边从"酉"，表示与酒有关的动作行为，在字中表义；右边为"凶"，在字中表音，为声符。楷书笔画化。"酗"异体为"酌"。《说文·酉部》："酗（酌），醉酱也。从酉句声。"《说文段注》："依《尚书》释文订，书作酗。"

本义为无节制地喝酒，喝醉后撒酒疯。《三国志·周瑜传》："而胤恃此，酗淫自恣，前后告喻，曾无悛改。"《聊斋志异·酒狂》："缪永定，江西拔贡生，素酗于酒，戚党多畏避之。"清代吴敬梓《儒林外史》第十八回："你既是生员，如何黑夜酗酒！

带着送在儒学去!"

第四,表示酒或与酒相关的性状,主要有"醇、酩、酷"。

醇(chún)

小篆	楷书
醇	醇

醇,形声字。小篆的"醇",从酉享声。左边从"酉",表示与酒或与酒相关的性状有关,在字中表义;右边为"享",在字中表音,为声符。楷书笔画化。《说文·酉部》:"不浇酒也。从酉䣭声。"

本义为酒味浓厚。《汉书·曹参传》:"至者,参辄饮以醇酒,度之欲有言,复饮酒,醉而后去。"唐代颜师古注:"醇酒不浇,谓厚酒也。"金代元好问《南溪》:"南溪酒熟清而醇,北溪梅花发兴新。"

酩(mǐng)

小篆	楷书
酩	酩

酩,形声字。小篆的"酩",从酉名声。左边从"酉",表示与酒或与酒相关的性状有关,在字中表义;右边为"名",在字中表音,为声符。楷书笔画化。《说文·酉部》:"酩,酩酊,醉也。从酉名声。"

本义为与"酊"组成联绵词"酩酊",大醉的样子。《晋书·山简传》:"日夕倒载归,酩酊无所知。"明代凌濛初《初刻拍案惊奇》卷二十四:"一面分付行童,整备夜饭款待,看他奉承殷勤相劝,把徽商灌得酩酊大醉。"

酷(kù)

小篆	楷书
酷	酷

酷,形声字。小篆的"酷",从酉告声。左边从"酉",表示与酒或与酒相关的性状有关,在字中表义;右边为"告",在字中表音,为声符。楷书笔画化。《说文·酉部》:"酷,酒厚味也。从酉告声。"《说文段注》:"引申为已甚之义。《白虎通》曰:'酷,极也。'"

本义为酒味、香气浓厚。汉代司马相如《上林赋》:"芬芳沤郁,酷烈淑郁。皓齿粲烂,宜笑的皪。"三国曹植《七启》:"浮蚁鼎沸,酷烈馨香。"

引申为残暴、苛刻,程度深。《史记·酷吏列传》:"当是之时,吏治若救火扬沸,非武健严酷,恶能胜其任而愉快乎!"《汉书·陈万年传》:"咸前为郡守,所在残酷,毒螫加于吏民。"《汉书·循吏列传·黄霸传》:"遂遵武帝法度,以刑罚痛绳群下,缘是俗吏上严酷以为能,而霸独用宽和为名。"

第二节 "斗"部及其例字

从"斗"的字，其义多与酒器、量器有关。

斗（dǒu）

一、形体演变

甲骨文	金文	小篆	楷书
𠃑	𠃑	𠦈	斗

二、构形理据

斗，象形字。甲骨文的"斗"，像有柄的勺子形。金文承续甲骨文字形。小篆讹变，勺形"𠃌"手柄"十"消失。楷书笔画化。《说文·斗部》："斗，十升也。象形，有柄。"方述鑫等《甲骨金文字典》："甲金文象有柄之斗形，为《说文》斗字篆文所本。"

三、本义

本义为古酒器名。《诗·大雅·行苇》："酌以大斗，以祈黄耇。"程俊英《诗经译注》："斗，古代酒器。"《史记·项羽本纪》："我持白璧一双，欲献项王，玉斗一双，欲与亚父。"唐代王维《少年行四首》："新丰美酒斗十千，咸阳游侠多少年。"唐代李白《行路难》："金樽清酒斗十千，玉盘珍羞直万钱。"

引申为形如斗状的器物。《诗·小雅·大东》："维南有箕，不可以簸扬。维北有斗，不可以挹酒浆。"程俊英《诗经译注》："斗，星宿名，即斗宿。"《晋书·韩伯传》："母方为作襦，令伯捉熨斗。"成语有"星移斗转"。

引申为量器，一斗为十升。唐代皮日休《橡媪叹》："如何一石余，只作五斗量。"清代吴敬梓《儒林外史》第三回："当下众邻居有拿鸡蛋来的，有拿白酒来的，也有背了斗米来的，也有捉两只鸡来的。"

四、理据例说

从"斗"的字，其义多与酒器、量器有关，主要有"斛、斟、魁、料、斜"。

斛（hú）

小篆	楷书
斛	斛

斛，形声字。小篆的"斛"，从斗角声。右边从"斗"，表示与酒器、量器有关，在字中表义；左边为"角"，在字中表音，为声符。楷书笔画化。《说文·斗部》："斛，十斗也。从斗角声。"

本义为古量器名，十斗为一斛。《汉书·高帝纪上》："关中大饥，米斛万钱，人相食。"唐代颜师古注："一斛直万钱。"唐代周昙《后汉门·再吟》："是时老幼饥号处，一斛黄禾五百千。"

斟（zhēn）

斟，形声字。小篆的"斟"，从斗甚声。右边从"斗"，表示与酒器、量器有关，在字中表义；左边为"甚"，在字中表音，为声符。楷书笔画化。《说文·斗部》："斟，勺也。从斗甚声。"《说文段注》："勺，《玉篇》、《广韵》作酌。"《广雅·释诂》："斟，酌也。"

本义为用勺子舀取。《吕氏春秋·任数》："孔子穷乎陈、蔡之间，藜羹不斟，七日不尝粒。"《淮南子·缪称训》："鲁酒薄而邯郸围，羊羹不斟而宋国危。"唐代顾况《游子吟》："太行何艰哉，北斗不可斟。"今有词语"斟酌"。

魁（kuí）

魁，形声字。小篆的"魁"，从斗鬼声。右边从"斗"，表示与酒器、量器有关，在字中表义；左边为"鬼"，在字中表音，为声符。楷书笔画化。《说文·斗部》："魁，羹斗也。从斗鬼声。"《说文段注》："斗当作枓（dǒu）。古斗枓通用。然许例以义为别。枓，勺也。抒羹之勺也。"

本义为汤勺，舀汤的用具。《汉书·梅福传》："今乃尊宠其位，授以魁柄，使之骄逆，至于夷灭。"宋代黄庭坚《谢杨景仁承事送惠酒器》："杨君喜我梨花盏，去念初无注酒魁。"引申为居首位、第一。《吕氏春秋·劝学》："不疾学而能为魁士名人者，未之尝有也。"

料（liào）

料，会意字。金文的"料"，从斗从米。右边从"斗"表示与酒器、量器有关，左边从"米"表示粮食，合起来表示用斗量米。小篆承续金文字形。楷书笔画化。《说文·斗部》："料，量也。从斗，米在其中。"《说文段注》："量者，称轻重也。称其轻重曰量；称其多少曰料。其义一也。"方述鑫等《甲骨金文字典》："料，金文从米从斗，与《说文》料字篆文构形略同。"《玉篇·斗部》："料，数也，理也。"

本义为称量。《史记·孔子世家》："孔子贫且贱。及长，尝为季氏史，料量平。"韩兆琦《史记评注本》："料量平，出入公平准确。"引申为猜想、估量。《国语·周语上》："宣王既丧南国之师，乃料民于太原。"黄永堂《国语全译》："料，估计。"《史记·项羽本纪》："料大王士卒足以当项王乎？"

斜（xié）

小篆	楷书
斜	斜

斜，形声字。小篆的"斜"，从斗余声。右边从"斗"，表示与酒器、量器有关，在字中表义；左边为"余"，在字中表音，为声符。楷书笔画化。《说文·斗部》："斜，抒也。从斗余声。"《说文段注》："斜，抒也。抒各本从木，今正。手部曰：'抒者，挹也。''挹者，抒也。'水部浚，抒也。"《玉篇·斗部》："斜，抒也，散也，不正也。"

本义为用斗倒出，因倾倒时器物必须倾斜，所以引申出偏侧、不正之义。唐代孟浩然《过故人庄》："绿树村边合，青山郭外斜。"唐代张志和《渔歌子》："青箬笠，绿蓑衣，斜风细雨不须归。"唐代韩愈《雉带箭》："冲人决起百余尺，红翎白镞相倾斜。"唐代杜牧《阿房宫赋》："渭流涨腻，弃脂水也；烟斜雾横，焚椒兰也。"

第二十七章　火部之类

火部之类包括火、赤、黑三部，多与燃烧、光热、颜色有关。

第一节　"火"部及其例字

从"火"的字，其义均与火或火光有关。

火（huǒ）

一、形体演变

甲骨文	金文	小篆	楷书
🔥	火	火	火

二、构形理据

火，象形字。甲骨文的"火"，像地面上升起的三股腾腾的火焰形。金文将甲骨文的三股火焰，简化成"人"（人）形，将表示闪烁星光的两点写成撇"丿"和捺"乀"，为"火"。小篆、楷书承续金文字形。《说文·火部》："火，毁也。南方之行，炎而上。象形。"《释名·释天》："火，言毁也，物入中皆毁坏也。"方述鑫等《甲骨金文字典》："甲骨文象火炎上之形，为《说文》篆文所本。"

三、本义

本义为物体燃烧所发的光、焰和热。《尚书·盘庚上》："若火之燎于原，不可乡迩，其犹可扑灭。"宋代苏洵《六国论》："古人云：'以地事秦，犹抱薪救火，薪不尽，火不灭。'"成语有"赴汤蹈火"。

引申为燃烧，动词。《左传·宣公十六年》："夏，成周宣榭火，人火之也。"《礼记·王制》："昆虫未蛰，不以火田。"唐代孔颖达疏："'天子诸侯无事'者，谓无征伐出行丧凶之事，则一岁三时田猎，猎在田中，又为田除害，故称田也。"

四、理据例说

从"火"的字,其义均与火或火光有关。在楷书里,"火"作部件时,形体有些变化,在字的左边,写作"火";在字的下边大多写作"灬",称为"四点水"。从"火"的字,大致归纳一下,其义有以下三类。

第一,表示与火有关的客观物质的名称,如"灯(燈)、烛(燭)、炬、炉(爐)、燧、烟(煙)、焰、灰、炭、烬(燼)"。

灯(燈 dēng)

小篆	楷书	简化字
燈	燈	灯

灯(燈),形声字。小篆的"燈",从火登声,本写作"镫"。左边从"火",表示与火有关的客观物质的名称,在字中表义;右边为"登",在字中表音,为声符。楷书笔画化。现简化为"灯",声符近音替代简化,为新形声字。明代《字汇》将"灯"作为"燈"的俗字收入。《玉篇·火部》:"灯,灯火也。"

本义为置烛用以照明的器具。汉代王充《论衡·程材》:"日之照幽,不须灯烛。"唐代李白《捣衣篇》:"琼筵宝幄连枝锦,灯烛荧荧照孤寝。"清代查慎行《舟夜书所见》:"月黑见渔灯,孤光一点萤。"

烛(燭 zhú)

小篆	楷书	简化字
燭	燭	烛

烛(燭),形声字。小篆的"燭",从火蜀声。左边从"火",表示与火有关的客观物质的名称,在字中表义;右边为"蜀",在字中表音,为声符。楷书笔画化。现简化为"烛",为保留特征法简化,为意号字,"火"为意符,"虫"为记号。《说文·火部》:"燭(烛),庭燎,火烛也。从火蜀声。"

本义为古代照明用的火炬。《仪礼·燕礼》:"宵则庶子执烛于阼阶上,司宫执烛于西阶上,甸人执大烛于庭。"汉代郑玄注:"烛,燋(jiāo)也。"《韩非子·外储说左上》:"举烛者,尚明也。"《古诗十九首·生年不满百》:"昼短苦夜长,何不秉烛游!"宋代陆游《雪夜感旧》:"江月亭前桦烛香,龙门阁上驮声长。"引申为蜡烛。清代吴敬梓《儒林外史》第二十四回:"南京这些乡绅人家,寿诞或是喜事,我们只拿一副蜡烛去,他就要留我们坐着一桌吃饭。"清代曹雪芹《红楼梦》第十八回:"一时传人一担一担的挑进蜡烛来,各处点灯。"

炬(jù)

小篆1	小篆2	楷书
苣	炬	炬

炬,形声字。小篆1的"苣",从艸巨声。小篆2的"炬",从火巨声。左边从"火",表示与火有关的客观物质的名称,在字中表义;右边为"巨",在字中表音,为声符。

楷书笔画化。《说文》中"炬"作"苣"。《说文·艸部》："苣，束苇烧。从艸巨声。臣铉等曰：今俗别作炬。"《说文段注》："苣，俗作炬。"《玉篇·火部》："炬，火炬。亦作苣。"

本义为火把。《史记·田单列传》："牛尾炬火光明炫耀，燕军视之皆龙文，所触尽死伤。"引申为放火烧。唐代杜牧《阿房宫赋》："楚人一炬，可怜焦土。"引申为蜡烛。唐代杜甫《陪章留後侍御宴南楼》："出号江城黑，题诗蜡炬红。"唐代李商隐《无题》："春蚕到死丝方尽，蜡炬成灰泪始干。"唐代王周《泊巴东》："不堪蜡炬烧残泪，雨打船窗半夜天。"

炉（爐 lú）

小篆	楷书	简化字
鑪	爐	炉

炉（爐），形声字。《说文》中"爐"作"鑪"。小篆的"鑪"，从金盧声。左边从"金"，表示与器具的质料有关，在字中表义；右边为"盧"，在字中表音，为声符。楷书笔画化，演变为从火盧声的形声字。现简化为"炉"，声符为近音替代法简化，为新形声字。《说文·金部》："鑪，方鑪也。从金盧声。臣铉等曰：今俗别作爐。"

本义为火炉，贮火的器具，作冶炼、烹饪、取暖等用。唐代元稹《旅眠》："夜眠兼客坐，同在火炉床。"唐代白居易《睡觉》："转枕频伸书帐下，披裘箕踞火炉前。"

燧（suì）

小篆	楷书
燧	燧

燧，形声字。小篆"燧"，从火遂声。左边从"火"，表示与火有关的客观物质的名称，在字中表义；右边为"遂"，在字中表音，为声符。楷书笔画化。《玉篇·火部》："燧，以取火于日。亦作鐆。"《王力古汉语字典》："燧，古代取火的工具。"

本义为古代取火器。《论语·阳货》："旧谷既没，新谷既升，钻燧改火，期可已矣。"宋代朱熹《四书集注》："燧，取火之木也。"《韩非子·五蠹》："有圣人作，钻燧取火以化腥臊，而民说之，使王天下，号之曰燧人氏。"《史记·周本纪》："褒姒不好笑，幽王欲其笑万方，故不笑。幽王为烽燧。"唐代张守节《史记正义》："燧，炬火也。"

烟（煙 yān）

小篆	楷书1	楷书2
煙	煙	烟

烟（煙），形声字。小篆"煙"，从火垔（yīn）声。左边从"火"，表示与火有关的客观物质的名称，在字中表义；右边为"垔"，在字中表音，为声符。楷书1笔画化。楷书2楷化写作"烟"，为从火因声的形声字。《说文·火部》："煙，火气也。从火垔声。烟，或从因。"《玉篇·火部》："煙，火气也。"谷衍奎《汉字源流字典》："煙，异体从火，因声。……隶变后楷书分别写作煙与烟。如今规范化用烟。"

本义为物质因燃烧而产生的气体。《韩非子·喻老》："百步之室，以突隙之烟焚。"

658

唐代李白《望庐山瀑布》:"日照香炉生紫烟,遥看瀑布挂前川。"唐代杜牧《阿房宫赋》:"烟斜雾横,焚椒兰也。"清代薛福成《观巴黎油画记》:"每一巨弹堕地,则火光迸裂,烟焰迷漫。"

焰（yàn）

焰,形声字。小篆1的"焰",从炎臽（xiàn）声。右边从"炎",表示与火有关的客观物质的名称,在字中表义;左边为"臽",在字中表音,为声符。小篆2的"熖",从火閻声。楷书笔画化,左右结构互换,承续小篆1的字形。《说文》中"焰"作"熖"。《说文·火部》:"熖,火门也。从火閻声。"《玉篇·火部》:"焰,光也。"

本义为火苗。晋代傅玄《正都赋》:"激冲风于秦炉,飞光天之烈焰。"元末明初罗贯中《三国演义》第十二回:"韦拥护曹操,杀条血路,到城门边,火焰甚盛,城上推下柴草,遍地都是火。"

灰（huī）

灰,会意字。小篆的"灰",从又（手）从火。下边从"火",表示与火有关的客观物质的名称,在字中表义;上边从"又"（手）,表示手。两部分合起来表示手持棍棒撩拨火堆,使火堆充分燃烧。楷书笔画化。《说文·火部》:"灰,死火余烬也。从火从又。又,手也。"

本义为火灰。《礼记·月令》:"毋烧灰,毋暴布。"汉代郑玄注:"火之灭者为灰。"唐代白居易《卖炭翁》:"满面尘灰烟火色,两鬓苍苍十指黑。"宋代苏轼《念奴娇·赤壁怀古》:"羽扇纶巾,谈笑间,樯橹灰飞烟灭。"

炭（tàn）

炭,形声字。小篆的"炭",从火岸省声。下边从"火",表示与火有关的客观物质的名称,在字中表义;上边为"岸"省声,在字中表音,为声符。楷书笔画化。《说文·火部》:"炭,烧木余也。从火,岸省声。"

本义为木炭。《左传·定公三年》:"弗得,滋怒,自投于床,废于炉炭,烂,遂卒。"唐代孟浩然《寒夜张明府宅宴》:"香炭金炉暖,娇弦玉指清。"唐代白居易《卖炭翁》:"可怜身上衣正单,心忧炭贱愿天寒。"

烬（燼 jìn）

烬（燼）,形声字。小篆的"燼",从火聿声。下边从"火",表示与火有关的客观物质的名称,在字中表义;上边为"聿",在字中表音,为声符。楷书笔画化,变为左右

659

结构，演变为从火盡声的形声字。现简化为"烬"，声符类推简化，为新形声字。《说文·火部》："爐（烬），火余也。从火聿声。……今俗别作爐。"《说文段注》："火之余木曰妻。死火之妻曰灰。引申为凡余之称。"

本义为物体燃烧后的剩余。《左传·成公二年》："请收合余烬，背城借一。"晋代杜预注："烬，火余木。"《北史·吕思礼传》："昼理政事，夜即读书，令苍头执烛，烛烬夜有数升。"宋代陆游《秋夜》其一："倦叟投床早，昏灯落烬频。"

第二，表示与火有关的动作，如"然、烧（燒）、烹、煮、焚、熨、炊、炙、照"。

然（rán）

金文	小篆	楷书
㸐	燃	然

然，形声字。"然"是"燃"的本字。金文的"然"，从火肰（rán）声。左下从"火"，表示与火有关的动作；左上及右边为"肰"，在字中表音，为声符。小篆承续金文字形。楷书笔画化，下边四点"灬"是火的变形。"然"，会意亦通，从火从犬从"夕"（肉），即用火烧狗肉。《说文·火部》："然，烧也。从火肰声。……今俗别作燃。"方述鑫等《甲骨金文字典》："然，金文从火肰声。或从火難声。为《说文》篆文及或体所本。"

本义为燃烧。《孟子·公孙丑上》："凡有四端于我者，知皆扩而充之矣，若火之始然，泉之始达。"杨伯峻《孟子译注》："然，'燃'本字。《说文》：'然，烧也。'"《三国志·魏书·刘馥传》："时天连雨，城欲崩，于是以苦莫覆之，夜然脂照城外，视贼所作而为备。""然，燃烧"的意义后写作"燃"。三国曹植《七步诗》："萁在釜下燃，豆在釜中泣。"

烧（燒 shāo）

小篆	楷书	简化字
燒	燒	烧

烧（燒），形声字。小篆的"燒"，从火堯声。左边从"火"，表示与火有关的动作；右边为"堯"，在字中表音，为声符。楷书笔画化。现简化为"烧"，声符类推简化，为新形声字。《说文·火部》："燒（烧），爇（ruò）也。从火堯声。"

本义为焚烧。唐代白居易《卖炭翁》："卖炭翁，伐薪烧炭南山中。"白居易《赋得古原草送别》："野火烧不尽，春风吹又生。"明代于谦《石灰吟》："千锤万凿出深山，烈火焚烧若等闲。"元末明初罗贯中《三国演义》第六回："卓临行，教诸门放火，焚烧居民房屋，并放火烧宗庙宫府。"

烹（pēng）

甲骨文	金文	小篆1	小篆2	小篆3	楷书
合	亯	亯	會	烹	烹

烹，由"亨"分化而来。甲骨文的"亨"，为象形字。甲骨文像祭祖的庙宇。金文、小篆1

基本承续甲骨文字形。小篆2下加"𠂤"，强调贡奉给阴间祖先受用。小篆3在甲骨文的基础上下面加"火"，表示烹煮。楷书的"烹"，为从"灬"（火）亨声的形声字。《说文·亯部》："亨，献也。……象进孰物形。"邹晓丽《基础汉字形义释源》："古代'亨'兼有'享''烹'二字的意思。后来，在'亨'上加一横成'享'，下面加'火'（灬）成'烹'，遂分化成三个字。"

本义烧煮。《集韵·庚韵》："烹，煮也。"《老子》第六十章："治大国若亨小鲜。"《史记·越王勾践世家》："狡兔死，走狗烹。"《史记·陈涉世家》："卒买鱼烹食，得鱼腹中书，固以怪之矣。"

煮（zhǔ）

小篆	楷书
煑	煮

煮，形声字。小篆的"煮"，从火者声。下边从"火"，表示与火有关的动作；上边为"者"，在字中表音，为声符。楷书笔画化。《说文·火部》："煮，鬻或从火。"

本义为把东西放在有水的锅里加热使熟。唐代杜荀鹤《山中寡妇》："时挑野菜和根煮，旋斫生柴带叶烧。"元末明初罗贯中《三国演义》第三十四回："吾闻贤弟在许昌，与曹操青梅煮酒，共论英雄。"元末明初施耐庵《水浒传》第六十二回："若是射得下来，村坊人家讨些水，煮瀑得熟，也得充饥。"

焚（fén）

甲骨文	金文	小篆	楷书
焚	焚	焚	焚

焚，会意字。甲骨文的"焚"，从火从林。下边从"火"，上边从"林"，像火烧丛木。焚烧林木的目的有二：一是古人田猎，为把野兽从树林里赶出来，就采用焚林的办法；二是古人为垦地耕作而引火烧毁荒草野林。金文、小篆承续甲骨文字形。楷书笔画化。"焚"，《说文》中作"燓"。《说文·火部》："燓，烧田也。从火、棥，棥亦声。"《说文段注》："按《玉篇》、《广韵》有焚无燓。至《集韵》、《类篇》乃合焚燓为一字。"方述鑫等《甲骨金文字典》："甲骨文从林，从火，或从艸，从火，或从林，从又。从火炬形，会焚烧之意。当即燓字即焚字。"

本义为烧。《广雅·释言》："焚，烧也。"《左传·成公十三年》："子驷帅国人盟于大宫，遂从而尽焚之。"晋代杜预注："焚，烧也。"《韩非子·难一》："焚林而田，偷取多兽，后必无兽。"汉代贾谊《过秦论》："于是废先王之道，焚百家之言，以愚黔首。"唐代白居易《赠昙禅师》："欲知火宅焚烧苦，方寸如今化作灰。"唐代齐己《招乾昼上人宿话》："禅心谁指示，诗卷自焚烧。"元末明初罗贯中《三国演义》第三十二回："尚令军士堆积柴薪干草，至夜焚烧为号。"

熨（yùn）

小篆	楷书
熨	熨

熨，形声字。小篆的"熨"，从火尉（yù）声。左下边从"火"，表示与火有关的动作；左上及右边为"尉"，在字中表音，为声符。楷书笔画化。谷衍奎《汉字源流字典》："熨，从火从尉会意，尉也兼表声。"

本义为用金属器具加热，按压衣服，使之平贴。《南史·昌宇子敬容传》："常以胶清刷须，衣裳不整，伏床熨之。"唐代王建《宫词》之三十六："每夜停灯熨御衣，银熏笼底火霏霏。"清代曹雪芹《红楼梦》第四十四回："又见方才的衣裳上喷的酒已半干，便拿熨斗熨了叠好。"

炊（chuī）

小篆	楷书
炊	炊

炊，形声字。小篆的"炊"，从火吹省声。左边从"火"，表示与火有关的动作；右边为"吹"省声，在字中表音，为声符。楷书笔画化。《说文·火部》："炊，爨（cuàn）也。从火，吹省声。"《说文段注》："爨下曰：'爨，炊也。齐谓炊也爨。从火，吹省声。'"爨，即烧火做饭。

本义为烧火做饭。《汉书·枚乘传》："欲汤之沧，一人炊之，百人扬之，无益也。"唐代颜师古注："炊谓爨火也。"唐代杜甫《石壕吏》："急应河阳役，犹得备晨炊。"

炙（zhì）

小篆	楷书
炙	炙

炙，会意字。小篆的"炙"，从火从"肉"（肉）。下边从"火"表示与火有关的动作，上边从"肉"（肉）表示肉串，合起来表示在火堆上烤肉串。楷书笔画化。《说文·火部》："炙，炮肉也。从肉在火上。"《说文段注》："炙肉，各本作炮肉，今依《楚茨》传正。《小雅·楚茨》传曰：'炙，炙肉也。'"

本义为烧烤，把去毛的兽肉串起来在火上熏烤。《诗·小雅·瓠叶》："有兔斯首，燔之炙之。"汉代毛亨传："炕火曰炙。"唐代孔颖达疏："炕，举也，谓以物贯之而举于火上以炙之。"《礼记·礼运》："以炮，以燔，以亨，以炙。"汉代郑玄注："亨，煮之镬也。炙，贯之火上。"《乐府诗集·西门行》："饮醇酒，炙肥牛，请呼心所欢，可用解愁忧。"

照（zhào）

小篆	楷书
照	照

照，形声字。小篆的"照"，从火昭声，字亦作"炤"。左下边从"火"，表示与火有关的动作；右边及左上为"昭"，在字中表音，为声符。楷书笔画化。《说文·火部》："照，明也。从火昭声。"

本义为明亮、光明。《诗·陈风·月出》："月出照兮，佼人燎兮。"《诗·小雅·正月》:"潜虽伏矣,亦孔之炤。"程俊英《诗经译注》:"炤,同'昭',明。"唐代李白《梦游天姥吟留别》:"青冥浩荡不见底,日月照耀金银台。"

第三,表示与火有关的性状,如"炽(熾)、热(熱)、烈、灿(燦)、焕、煌"。

炽(熾 chì)

小篆	楷书	简化字
燨	熾	炽

炽(熾),形声字。小篆的"熾",从火戠(zhí)声。左边从"火",表示与火有关的性状,在字中表义;右边为"戠",在字中表音,为声符。楷书笔画化。现简化为"炽",声符为同音替代法简化,为新形声字。《说文·火部》:"熾(炽),盛也。从火戠声。"

本义为火旺。《汉书·匈奴传下》:"初,北边自宣帝以来,数世不见烟火之警,人民炽盛,牛马布野。"《论衡·艺增》:"齐虽炽盛,不能如此。苏秦增语,激齐王也。"《北史·齐本纪下》:"所谓火既炽矣,更负薪以足之。"引申为凶猛,激烈,气焰高涨。

热(熱 rè)

小篆	楷书	简化字
爇	熱	热

热(熱),形声字。小篆的"熱",从火埶(yì)声。下边从"火",表示与火有关的性状,在字中表义;上边为"埶",在字中表音,为声符。楷书笔画化。现简化为"热",为草书楷化法简化,较早见于居延汉简,为新会意字。《说文·火部》:"熱(热),温也。从火埶声。"《说文段注》:"引申之则为温暖。"

本义为温度高,与"冷"相对。《孟子·梁惠王下》:"如水益深,如火益热,亦运而已矣。"《韩非子·有度》:"为人臣者,譬之若手,上以修头,下以修足;清暖寒热,不得不救。"明代宗臣《报刘一丈书》:"立厩中仆马之间,恶气袭衣袖,即饥寒毒热不可忍,不去也。"成语有"热火朝天""水深火热"。

烈(liè)

小篆	楷书
煭	烈

烈,形声字。小篆的"烈",从火列声。下边从"火",表示与火有关的性状,在字中表义;上边为"列",在字中表音,为声符。楷书笔画化,下面的"火"变为"灬"。《说文·火部》:"烈,火猛也。从火列声。"

本义为火势猛。《诗·商颂·长发》:"如火烈烈,则莫我敢曷。"程俊英《诗经译注》将"如火烈烈"译为"好比烈火熊熊燃烧"。《左传·昭公二十年》:"夫火烈,民望而畏之,故鲜死焉。"元末明初罗贯中《三国演义》第五十九回:"教军士各挟草一束,带着火种,与韩遂引军并力杀到寨前,堆积草把,放起烈火。"

663

灿（燦 càn）

小篆	楷书	简化字
燦	燦	灿

灿（燦），形声字。小篆的"燦"，从火粲（càn）声。左边从"火"，表示与火有关的性状，在字中表义；右边为"粲"，在字中表音，为声符。楷书笔画化。现简化为"灿"，为近音替代法简化，为新形声字。《说文新附·火部》："燦（灿），灿烂，明静皃。从火粲声。"

本义为灿烂，光彩鲜明耀眼。三国曹操《观沧海》："日月之行，若出其中；星汉灿烂，若出其里。"唐代贯休《杜侯行》："雁影参差入瑞烟，荆花灿烂开仙圃。"明代徐霞客《游黄山记》："下瞰峭壑阴森，枫松相间，五色纷坡，灿若图绣。"

焕（huàn）

小篆	楷书
煥	焕

焕，形声字。小篆的"焕"，从火奂（huàn）声。左边从"火"，表示与火有关的性状，在字中表义；右边为"奂"，在字中表音，为声符。楷书笔画化。《说文新附·火部》："焕，火光也。从火奂声。"

本义为火光、鲜明。《论语·泰伯》："巍巍乎！其有成功也；焕乎，其有文章！"宋代朱熹《四书集注》："焕，光明之貌。文章，礼乐法度也。"汉代司马相如《大人赋》："焕然雾除，霍然云消。"

煌（huáng）

小篆	楷书
煌	煌

煌，形声字。小篆的"煌"，从火皇声。左边从"火"，表示与火有关的性状，在字中表义；右边为"皇"，在字中表音，为声符。楷书笔画化。《说文·火部》："煌，辉也。从火皇声。"

本义为光明、光亮。《诗·陈风·东门之杨》："昏以为期，明星煌煌。"程俊英《诗经译注》："明星，指启明星。在天快亮时出现于东方天空。煌煌，明亮的样子。"唐代权德舆《放歌行》："银烛煌煌夜将久，侍婢金罍泻春酒。"唐代韩愈《醉后》："煌煌东方星，奈此众客醉。"

第二节 "赤"部及其例字

从"赤"的字，其义多与红色有关。

赤（chì）

一、形体演变

甲骨文	金文	小篆	楷书
ᄉ	夳	炎	赤

二、构形理据

赤，会意字。甲骨文的"赤"，从大（人）从火。上边从"大"（人）像一个人形，下边从"ᗄ"（火）表示烈火，合起来表示人在火上被烤得红红的。《说文·赤部》："赤，南方色也。从大从火。"方述鑫等《甲骨金文字典》："甲金文从大，从火，与《说文》赤字篆文同。"《玉篇·赤部》："赤，南方色也，朱色也。"

三、本义

本义为火的颜色，即红色。唐代韩愈《李花二首》之二："日光赤色照未好，明月暂入都交加。"清代姚鼐《登泰山记》："日上，正赤如丹，下有红光，动摇承之。"有词语"面红耳赤""赤日"等。比喻忠诚、纯真。南北朝丘迟《与陈伯之书》："圣朝赦罪责功，弃瑕录用，推赤心于天下，安反侧于万物。"

四、理据例说

从"赤"的字，其义多与红色有关，如"赧、赭、赫"。

赧（nǎn）

小篆	楷书
赧	赧

赧，形声字。小篆的"赧"，从赤艮（fú）声。左边从"赤"，表示与红色有关，在字中表义；右边为"艮"，在字中表音，为声符。楷书笔画化。《说文·赤部》："赧，面慙赤也。从赤艮声。"因脸红，故从赤。

本义为因惭愧而脸红。《孟子·滕文公下》："子路曰：'未同而言，观其色赧赧然，非由之所知也。'"唐代柳宗元《乞巧文》："大赧而归，填恨低首。"清代曹雪芹《红楼梦》第一〇九回："宝玉想着早起之事，未免赧颜抱惭，宝钗看他这样的，也晓得是没意思的光景。"后泛指脸红。唐代李白《秋浦歌十七首》："赧郎明月夜，歌曲动寒川。"

赭（zhě）

小篆	楷书
赭	赭

赭，形声字。小篆的"赭"，从赤者声。左边从"赤"，表示与红色有关，在字中表义；右边为"者"，在字中表音，为声符。楷书笔画化。《说文·赤部》："赭，赤土也。从赤者声。"《说文段注》："《管子·地数篇》云：'上有赭者下有铁。'是赭之本义为赤土也。引申为凡赤。"

本义为赤土。《汉书·张敞传》："置酒，小偷悉来贺，且饮醉，偷长以赭污其衣裙。"唐代颜师古注："赭，赤土也。"引申为赤褐色。唐代杜淹《寄赠齐公》："赭衣登蜀道，白首别秦川。"唐代韩翃（hóng）《看调马》："鸳鸯赭白齿新齐，晚日花中散碧蹄。"清代薛福成《观巴黎油画记》："其被轰击者，则断壁危楼，或黔其庐，或赭其垣。"

赫（hè）

小篆	楷书
赫	赫

赫，会意字。小篆的"赫"，从二赤。从"赤"，表示与红色有关，从"二赤"表示深红色。楷书笔画化。《说文·赤部》："赫，火赤皃。从二赤。"《说文段注》："赫，大赤皃。'大'各本作'火'，今正。此謂赤，非謂火也。赤之盛，故从二赤。"《玉篇·赤部》："赫，赤皃。盛也。"

本义为火红色。《诗·邶风·简兮》："赫如渥赭，公言锡爵。"汉代毛亨传："赫，赤貌。"引申为光明、显耀的样子。《史记·日者列传》："道高益安，势高益危。居赫赫之势，失身且有日矣。"《三国志·蜀书·诸葛亮传》："爰整六师，无岁不征，神武赫然，威镇八荒。"

第三节 "黑"部及其例字

从"黑"的字，其义多与黑色有关。

黑（hēi）

一、形体演变

甲骨文	金文1	金文2	小篆	楷书
𡘋	𡘋	𪏽	黑	黑

二、构形理据

黑，会意字。有的学者认为，甲骨文的"黑"，从"大"（大、人）从"○"（面）。下边从"大"（大、人）表示人，上面从"○"（面）表示人脸，合起来表示人脸上有烟灰之类的污点。金文1承续甲骨文字形，在人脸上再加两点"、、"，强调脸上"黑"的"污点"特征。金文2又增加了一些污点。小篆承续金文2的字形。楷书笔画化。东汉许慎认为"黑"，下面是火炎，上面是烟囱，合起来表示烟火熏黑之意。此依许说。《说文·黑部》："黑，火所熏之色也。从炎，上出囧。囧，古窗（囱）字。"方述鑫等《甲骨金文字典》："金文与《说文》黑字篆文略同。"

三、本义

本义为黑色。《诗·邶风·北风》:"莫赤匪狐,莫黑匪乌。"汉代毛亨传:"狐赤乌黑,莫能别也。"唐代白居易《卖炭翁》:"满面尘灰烟火色,两鬓苍苍十指黑。"唐代柳宗元《捕蛇者说》:"永州之野产异蛇:黑质而白章,触草木尽死。"

引申为光线昏暗。唐代杜甫《茅屋为秋风所破歌》:"俄顷风定云墨色,秋天漠漠向昏黑。"元末明初罗贯中《三国演义》第七十一回:"赵云把枪一招,壕中弓弩齐发。时天色昏黑,正不知蜀兵多少。"

四、理据例说

从"黑"的字,其义多与黑色有关,大致归纳为两类。

第一,表示黑色物品及与黑色相关事物的名称,如"墨、黛、黥"。

墨(mò)

小篆	楷书
墨	墨

墨,会意兼形声字。小篆的"墨",从黑从土,黑亦声。上边从"黑",表示黑色物品及与黑色相关事物的名称;下边从"土",表示用土制成的颜料;"黑"亦兼表声。楷书笔画化。《说文·黑部》:"墨,书墨也。从土从黑,黑亦声。"

本义为用松烟等原料制成的书画所用的黑色颜料。《庄子·田子方》:"宋元君将画图,众史皆至,受揖而立;舐笔和墨。"唐代姚合《秋中寄崔道士》:"月光久逾明,照得笔墨白。"清代曹雪芹《红楼梦》第三回:"西方有石名黛,可代画眉之墨。"引申为诗文和书画。三国曹丕《典论论文》:"是以古之作者,寄身于翰墨,见意于篇籍。"元末明初罗贯中《三国演义》第四十三回:"若夫小人之儒,惟务雕虫,专工翰墨,青春作赋,皓首穷经,笔下虽有千言,胸中实无一策。"

黛(dài)

小篆	楷书
黱	黛

黛,形声字。小篆的"黛",从黑朕声。右下边从"黑",表示黑色物品及与黑色相关事物的名称;左边及右上为"朕",在字中表音,为声符。楷书笔画化,演变为从黑代声的形声字。"黛",《说文》中作"黱"。《说文·黑部》:"黱,画眉也。从黑朕声。"五代南唐徐锴《说文解字系传》:"黱,今俗作黛字。"

本义为古代女子用以画眉的青黑色的颜料。晋代陶渊明《闲情赋》:"愿在眉而为黛,随瞻视以闲扬。"唐代白居易《如梦令·频日雅欢幽会》:"说着暂分飞,蹙损一双眉黛。"粉黛,借指年轻貌美的女子。白居易《长恨歌》:"回眸一笑百媚生,六宫粉黛无颜色。"

黥（qíng）

黥，形声字。小篆的"黥"，从黑京声。左边从"黑"，表示黑色物品及与黑色相关事物的名称；右边为"京"，在字中表音，为声符。楷书笔画化。《说文·黑部》："黥，墨刑在面也。从黑京声。"

本义为古代的一种肉刑，墨刑的异称。《史记·匈奴列传》："王乌，北地人，习胡俗，去其节，黥面，得入穹庐。"《后汉书·东夷列传》："男子皆黥面文身，以其文左右大小别尊卑之差。"《三国志·魏书·毛玠传》："汉律，罪人妻子没为奴婢，黥面。"

第二，表示黑色的类别及其与黑色相关的行为或性状，如"黝、黯、黜、黔、点（點）"。

黝（yǒu）

黝，形声字。小篆的"黝"，从黑幼声。左边从"黑"，表示黑色的类别及其与黑色相关的行为或性状；右边为"幼"，在字中表音，为声符。楷书笔画化。《说文·黑部》："黝，微青黑色。从黑幼声。"《说文段注》："微青黑色也，谓微青之黑也。"

本义为淡黑色。《周礼·地官·牧人》："凡阳祀，用骍牲毛之；阴祀，用黝牲毛之。"唐代杨炯《浑天赋》："旁望万里之横山而皆青翠，俯察千仞之深谷而黝黑。"

黯（àn）

黯，形声字。小篆的"黯"，从黑音声。左边从"黑"，表示黑色的类别及其与黑色相关的行为或性状；右边为"音"，在字中表音，为声符。楷书笔画化。《说文·黑部》："黯，深黑也。从黑音声。"《广雅·释器》："黯，黑也。"

本义为深黑色。《史记·孔子世家》："丘得其为人，黯然而黑，几然而长。"南北朝裴骃《史记集解》引王肃注曰："黯，黑貌。"宋代沈括《梦溪笔谈·采草药》："花过而采，则根色黯恶，此其效也。"引申为心神沮丧的样子。南北朝江淹《别赋》："黯然销魂者，惟别而已矣。"唐代刘禹锡《西塞山怀古》："西晋楼船下益州，金陵王气黯然收。"

黜（chù）

黜，形声字。小篆的"黜"，从黑出声。左边从"黑"，表示黑色的类别及其与黑色相关的行为或性状；右边为"出"，在字中表音，为声符。楷书笔画化。《说文·黑部》："黜，贬下也。从黑出声。"《玉篇·黑部》："黜，贬也。下也。"

本义为黑暗，文献用例较少。常用义为降职或罢免。《左传·襄公二十六年》：

"子朱怒，曰：'班爵同，何以黜朱于朝？'"晋代杜预注："黜，退也。"《左传·昭公二十六年》："则有晋、郑，咸黜不端，以绥定王家。"晋代杜预注："黜，去也。"《旧唐书·职官志二》："迁拜旌赏以劝善，诛伐黜免以惩恶。"明代高启《书博鸡者事》："台臣惭，追受其牒，为复守官而黜臧使者。"

黔（qián）

黔，形声字。小篆的"黔"，从黑今声。左边从"黑"，表示黑色的类别及其与黑色相关的行为或性状；右边为"今"，在字中表音，为声符。楷书笔画化。《说文·黑部》："黔，黎也。从黑今声。秦谓民为黔首，谓黑色也。周谓之黎民。"

本义为黑色。《左传·襄公十七年》："邑中之黔，实慰我心。"黔首，代指百姓。《礼记·祭义》："因物之精，制为之极，明命鬼神，以为黔首则，百众以畏，万明以服。"汉代郑玄注："黔首，谓民也。"又指地名，今之贵州。唐代柳宗元《黔之驴》："黔无驴，有好事者船载以入。"今有成语"黔驴之技""黔驴技穷"。

点（點 diǎn）

点（點），形声字。小篆的"點"，从黑占声。左边从"黑"，表示黑色的类别及其与黑色相关的行为或性状；右边为"占"，在字中表音，为声符。楷书笔画化。现简化为"点"，为保留特征法简化，较早见于明刊本《薛仁贵跨海东征白袍记》，今为音号字。《说文·黑部》："點（点），小黑也。从黑占声。"

本义为斑点，文献用例较少。引申为玷污、污辱。《楚辞·九辩》："窃不自聊而愿忠兮，或黕點而汙之。"黄寿祺、梅桐生《楚辞全译》将"或黕點而汙之"译为"有人用污秽玷污我心愿"。引申为汉字的笔画"丶"，称作"点"。晋代王羲之《题卫夫人笔阵图后》："每作一点，常隐锋而为之。"又为小雨滴。宋代辛弃疾《西江月》："七八个星天外，两三点雨山前。"

第二十八章 疒部之类

疒部之类包括疒、歹两部，与疾病、死亡有关。

第一节 "疒"部及其例字

从"疒"的字，其义均与疾病有关。

疒（nè）

一、形体演变

甲骨文1	甲骨文2	小篆	楷书
			疒

二、构形理据

疒，会意字。甲骨文1的"疒"，从"

"（爿）从"

"（人）从"

"（水），表示一个病人躺在床上发汗。甲骨文2简化成一个人躺在床上。小篆简化字形，在"

"（床）上加一横指事符号"一"，表示躺在床上。楷书笔画化。《说文·疒部》："疒，倚也。人有疾病，象倚箸之形。"徐中舒《甲骨文字典》："疒，从

（人）从

，

象床形，

之旁或有数点，象人有疾病，倚箸于床而有汗滴之形。"疒，读作 nè，现也读作 chuáng，其意义不变。

三、本义

疒，现只作部件，不单用。徐中舒《甲骨文字典》："疒，通疾，病也。'祸凡有疒'，乃卜辞成语，为罹疾之义。"

四、理据例说

从"疒"的字，其义均与疾病有关，大致归纳为三类。

第一，表示疾病的类别名称，如"瘟、疫、疾、病、疮（瘡）、癣（癬）、疟（瘧）、疴、痒（癢）、痞、痘"。

瘟（wēn）

小篆	楷书
瘟	瘟

瘟，形声字。小篆的"瘟"，从疒（chuáng）昷（wēn）声。左及上边从"疒"，表示疾病的类别名称；右下边为"昷"，在字中表音，为声符。楷书笔画化。《康熙字典·疒部》："瘟，疫也。"瘟，为后起字。《集韵·魂韵》："瘟，疫也。从疒，昷声。"

本义为瘟疫，急性传染病流行的通称。《抱朴子·内篇·微旨》："经瘟疫则不畏，遇急难则隐形。"元末明初施耐庵《水浒传》第一回："宣我往东京做三千六百分罗天大醮，祈禳天下瘟疫，我如今乘鹤驾云去也。"《水浒传》第二回："天师在东京禁院做了七昼夜好事，普施符箓，禳救灾病，瘟疫尽消。"

疫（yì）

小篆	楷书
疫	疫

疫，形声字。小篆的"疫"，从疒役省声。左及上边从"疒"，表示疾病的类别名称；右下边为"役省声"，在字中表音，为声符。楷书笔画化。《说文·疒部》："疫，民皆疾也。从疒，役省声。"

本义为瘟疫，急性传染病流行的通称。《史记·秦始皇本纪》："十月庚寅，蝗虫从东方来，蔽天。天下疫。"《汉书·文帝纪》："间者数年比不登，又有水旱疾疫之灾，朕甚忧之。"清代洪亮吉《治平篇》："水旱疾疫，即天地调剂之法也。"清代方苞《狱中杂记》："春气动，鲜不疫矣。"

疾（jí）

甲骨文	金文	小篆	楷书
疾	疾	疾	疾

疾，会意字。甲骨文的"疾"，从"大"（大、人）从"矢"（矢），像一个人被箭矢射中之形。金文承续甲骨文字形。小篆字形讹变，省去"大"（大）字，加"疒"字。楷书笔画化，"疒"写作"疒"。《说文·疒部》："疾，病也。从疒矢声。"《说文段注》："析言之则病为疾加，浑言之则疾亦病也。按经传多训为急也，速也。此引申之义。……矢能伤人，矢之去甚速，故从矢会意。"方述鑫等《甲骨金文字典》："甲骨文从大从矢，象矢著人以表示来势之疾速。人为矢所中亦有创病疾患之义。"

本义为伤残之病，古代轻微之病称"疾"。《论语·雍也》："伯牛有疾，子问之，自牖执其手。"《韩非子·喻老》："君有疾在腠理，不治将恐深。"《韩非子·喻老》："居十日，扁鹊复见曰：'君之病在肠胃，不治将益深。'"先"君之疾"，而后"君之病"，先在"腠理"，后在"肠胃"，可看出"病"在加重，轻微之病称作"疾"。后泛指病。《韩非子·十过》："战既罢，共王欲战，令人召司马子反，司马子反辞以心疾。"清代方苞《狱中杂记》："是疾易传染，遘者虽戚属，不敢同卧起。"引申为快速、急速。《战国策·齐策四》:"长驱到齐,晨而求见。孟尝君怪其疾也,衣冠而见之。"《战国策·赵策四》:"老臣病足,曾不能疾走,不得见久矣。"唐代王维《观猎》:"草枯鹰眼疾,雪尽马蹄轻。"清代梁启超《谭嗣同传》:"若皇上于阅兵时疾驰入仆营,传号令以诛奸贼,则仆必能从诸君子之后,竭死力以补救。"

病（bìng）

病,形声字。小篆的"病",从疒丙声。左及上边从"疒",表示疾病的类别名称;右下边为"丙",在字中表音,为声符。楷书笔画化。《说文·疒部》:"病,疾加也。从疒丙声。"《说文段注》:"苞咸注《论语》曰:'疾甚曰病。'"

本义为上古时指重病,后泛指病。《庄子·达生》:"有张毅者,高门县薄,无不走也,行年四十而有内热之病以死。"《韩非子·孤愤》:"与死人同病者,不可生也;与亡国同事者,不可存也。"《论衡·订鬼》:"凡人不病则不畏惧。故得病寝衽,畏惧鬼至。"引申为困苦不堪。唐代柳宗元《捕蛇者说》:"向吾不为斯役,则久已病矣。"

疮（瘡 chuāng）

疮(瘡),形声字。小篆1的"飣",从刀倉声。小篆2写作"刅",为指事字。楷书为"瘡",从疒倉声。左及上边从"疒",表示疾病的类别名称;右下边为"倉",在字中表音,为声符。现简化为"疮",声符类推简化,仍为形声字。《玉篇·疒部》:"瘡(疮),疮痍也。古作创。"

本义为皮肤上肿烂溃疡的病。唐代王昌龄《箜篌引》:"疮病驱来配边州,仍披漠北羔羊裘。"唐代聂夷中《咏田家》:"医得眼前疮,剜却心头肉。"元末明初罗贯中《三国演义》第四十九回:"火厄盛时遭水厄,棒疮愈后患金疮。"

癣（癬 xuǎn）

癣(癬),形声字。小篆的"癬",从疒鲜声。左及上边从"疒",表示疾病的类别名称;右下边为"鲜",在字中表音,为声符。楷书笔画化。现简化为"癣",声符类推简化,为新形声字。《说文·疒部》:"癬(癣),乾疡也。从疒鲜声。"

本义为皮肤感染霉菌引起的疾病。《国语·吴语》:"夫齐、鲁譬诸疾,疥癣也,岂能涉江、淮而与我争此地哉?"元末明初罗贯中《三国演义》第八十七回:"且雍闿等乃疥癣之疾,丞相只须遣一大将讨之,必然成功。"

疟（瘧 nüè）

小篆	楷书	简化字
癎	瘧	疟

疟（瘧），形声字。小篆的"瘧"，从疒虐声。左及上边从"疒"，表示疾病的类别名称；右下边为"虐"，在字中表音，为声符。楷书笔画化。现简化为"疟"，为保留轮廓法简化，为意号字。《说文·疒部》："瘧（疟），热寒休作。从疒从虐，虐亦声。"《释名·释疾病》："疟，酷虐也。凡疾或寒或热耳，而此疾先寒后热两疾，似酷虐者也。"

本义为病名，即疟疾。《左传·昭公十九年》："夏，许悼公疟。"晋代杜预注："疟，病也。"唐代杜甫《寄彭州高三十五使君适虢州岑二十七长史参三十韵》："三年犹疟疾，一鬼不销亡。"唐代杜甫《哭台州郑司户苏少监》："疟病餐巴水，疮痍老蜀都。"

疴（kē）

小篆	楷书
疴	疴

疴，形声字。小篆的"疴"，从疒可声。左及上边从"疒"，表示疾病的类别名称；右下边为"可"，在字中表音，为声符。楷书笔画化。《说文·疒部》："疴，病也。从疒可声。"

本义为疾病。《晋书·乐广传》："广乃告其所以，客豁然意解，沈疴顿愈。"元末明初罗贯中《三国演义》第四十三回："譬如人染沉疴，当先用糜粥以饮之，和药以服之。"

痒（癢 yǎng）

小篆	楷书	简化字
痒	癢	痒

痒（癢），形声字。小篆的"痒"，从疒羊声。左及上边从"疒"，表示疾病的类别名称，在字中表义；右下边为"羊"，在字中表音，为声符。楷书繁化，为从疒养声的形声字。现简化为"痒"，为恢复古体简化，仍为形声字。《说文·疒部》："痒，疡也。从疒羊声。"

本义为一种皮肤不适、引人欲搔的病。宋代陆游《还东》："窗下兴阑初掩卷，花前技痒又成诗。"清代曹雪芹《红楼梦》第十九回："黛玉素性触痒不禁，宝玉两手伸来乱挠，便笑的喘不过气来。"

痞（pǐ）

小篆	楷书
痞	痞

痞，形声字。小篆的"痞"，从疒否声。左及上边从"疒"，表示疾病的类别名称，在字中表义；右下边为"否"，在字中表音，为声符。楷书笔画化。《说文·疒部》："痞，痛也。从疒否声。"《玉篇·疒部》："痞，腹内结病。"

本义为病名，胸中懑闷结块。《南齐书·虞愿传》："（帝）食逐夷积多，胸腹痞胀，气将绝。"唐代皮日休《太湖诗·以毛公泉一瓶献上谏议因寄》："饮之融痞蹇，濯之伸拘挛。"

痘（dòu）

痘，形声字。小篆的"痘"，从疒豆声。左及上边从"疒"，表示疾病的类别名称，在字中表义；右下边为"豆"，在字中表音，为声符。楷书笔画化。"痘"为后起字。《说文》《玉篇》中无此字。

本义为病名，俗称"天花"，也叫"痘疮"或"天疮"。《封神演义》第八十一回："霎时间，痘疹之毒一时全消。"清代曹雪芹《红楼梦》第二十一回："凤姐听了，登时忙将起来：一面打扫房屋供奉痘疹娘娘，一面传与家人忌煎炒等物，一面命平儿打点铺盖衣服与贾琏隔房。"

第二，表示与疾病相关事物的名称，如"疤、痕、瘢、痣、痰、瘴、瘁"。

疤（bā）

疤，形声字。小篆1的"疤"，从疒般声。小篆2的"疤"，从疒巴声。"疤"，原作"瘢"，俗作"疤"。小篆1左及上边从"疒"，表示与疾病相关事物的名称；右下边为"般"，在字中表音，为声符。楷书笔画化。谷衍奎《汉字源流字典》："疤，形声字。篆文从疒般声。隶变后楷书写作'瘢'，俗作'疤'，改为巴声。……《正字通·疒部》：'疤，俗呼疮痕曰疤。本作瘢。'"

本义为疮疤。元末明初施耐庵《水浒传》第七十回："一个唤做中箭虎丁得孙，面颊连项都有疤痕，马上会使飞叉。"《水浒传》第一〇三回："却将毒药与王庆点去了，后用好药调治，起了红疤，再将金玉细末，涂搽调治，二月有余，那疤痕也消磨了。"

痕（hén）

痕，形声字。小篆的"痕"，从疒艮（gèn）声。左及上边从"疒"，表示与疾病相关事物的名称，在字中表义；右下边为"艮"，在字中表音，为声符。楷书笔画化。《说文·疒部》："痕，胝瘢也。从疒艮声。"

本义为疮伤痊愈后留下的疤。唐代白居易《过昭君村》："至今村女面，烧灼成瘢痕。"唐代杜牧《昔事文皇帝三十二韵》："周钟既窕槬，黥阵亦瘢痕。"明代凌濛初《初刻拍案惊奇》卷五："众养娘将软褥辅衬，抱他睡在床上，解看衣服，尽被树林荆棘抓破，且喜身体毫无伤痕。"

瘢（bān）

瘢，形声字。小篆的"瘢"，从疒般声。左及上边从"疒"，表示与疾病相关事物的名称，在字中表义；右下边为"般"，在字中表音，为声符。楷书笔画化。《说文·疒部》："瘢，痍也。从疒般声。"

本义为创伤或疮疖等愈后的疤痕。《汉书·朱博传》："（朱）博闻知，以它事召见，视其面，果有瘢。"唐代颜师古注："瘢，创痕也。"

痣（zhì）

痣，形声字。小篆的"痣"，从疒志声。左及上边从"疒"，表示与疾病相关事物的名称，在字中表义；右下边为"志"，在字中表音，为声符。楷书笔画化。《康熙字典·疒部》："痣，《集韵》黑子也。"《广韵·职韵》："痣，黑子。""痣"为后起字，《说文》中无。

本义为皮肤上一种先天性的有色斑点。《梁书·高祖丁贵嫔传》："初，贵嫔生而有赤痣在左臂，治之不灭，至是无何忽失所在。"清代文康《儿女英雄传》第十三回："这姑娘可是左右鬓角儿上，有米心大必正的两颗朱砂痣不是？"

痰（tán）

痰，形声字。小篆的"痰"，从疒炎声。左及上边从"疒"，表示与疾病相关事物的名称，在字中表义；右下边为"炎"，在字中表音，为声符。楷书笔画化。《康熙字典·疒部》："痰，《类篇》病液。"痰，为后起字，《说文》中无。

本义为呼吸道分泌而由口、鼻腔排出的黏液。清代吴敬梓《儒林外史》第三回："他只因欢喜狠了，痰涌上来，迷了心窍。"

瘴（zhàng）

瘴，形声字。小篆的"瘴"，从疒章声。左及上边从"疒"，表示与疾病相关事物的名称；右下边为"章"，在字中表音，为声符。楷书笔画化。《康熙字典·疒部》："瘴，《广韵》热病。《正字通》中山川厉气成疾也。""瘴"为后起字，《说文》中无。

本义为瘴气，旧指南方山林间湿热蒸郁致人疾病的气。《后汉书·马援传》："初，援在交址，常饵薏苡实，用能轻身省慾，以胜瘴气。"元末明初罗贯中《三国演义》第八十九回："惟未、申、酉三个时辰可往来；余者时辰，皆瘴气密布，触之即死。"有成语"乌烟瘴气"。

瘁（cuì）

瘁，形声字。小篆的"瘁"，从疒卒声。左及上边从"疒"，表示与疾病相关事物的名称；右下边为"卒"，在字中表音，为声符。楷书笔画化。《康熙字典·疒部》："瘁，《广韵》病也。《韵会》劳也。"《说文》中无此字。

本义为困病，劳累。《诗·小雅·蓼莪》："哀哀父母，生我劳瘁。"汉代郑玄笺："瘁，病也。"唐代刘商《哭韩淮端公兼上崔中丞》："邦国岂殄瘁，斯人今又亡。"清代蒋士铨《鸣机夜课图记》："女本弱，今劳瘁过诸兄，惫矣。"

第三，表示疾病或与疾病相关的事物的性状、程度及动作行为，如"疼、痛、瘦、疲、痴（癡）、疗（療）、疢、痼"。

疼（téng）

疼，形声字。小篆的"疼"，从疒冬声。左及上边从"疒"，表示疾病或与疾病相关的事物的动作行为；右下边为"冬"，在字中表音，为声符。楷书笔画化。《康熙字典·疒部》："疼，《博雅》痛也。"《广雅·释诂》："疼，痛也。"《说文》中无此字。

本义为痛。《三国志·蜀书·关羽传》："羽尝为流矢所中，贯其左臂，后创虽愈，每至阴雨，骨常疼痛。"唐代白居易《缭绫——念女工之劳也》："丝细缲多女手疼，扎扎千声不盈尺。"元代关汉卿《蝴蝶梦》第二折："二哥活受地狱，疼痛如何担负？"

痛（tòng）

痛，形声字。小篆的"痛"，从疒甬声。左及上边从"疒"，表示疾病或与疾病相关的事物的性状、程度及动作行为；右下边为"甬"，在字中表音，为声符。楷书笔画化。《说文·疒部》："痛，病也。从疒甬声。"

本义为疼痛。《韩非子·喻老》："居五日，桓侯体痛，使人索扁鹊，已逃秦矣。"汉代王充《论衡·订鬼篇》："病者困剧身体痛，则谓鬼持棰杖殴击之，若见鬼把椎锁绳纆立守其旁，病痛恐惧，妄见之也。"唐代白居易《家酿新熟每尝辄醉妻侄等劝令少饮因成长句以谕之》："身上幸无疼痛处，瓮头正是撇尝时。"引申为痛恨。《汉书·李广苏建传》："陵始降时，忽忽如狂，自痛负汉，加以老母系保宫，子卿不欲降，何以过陵？"又引申悲痛、悲伤。清代曹雪芹《红楼梦》第一〇五回："见眼前俱是贾政的人，自己夫子被拘，媳妇病危，女儿受苦，现在身无所归，那里止得住悲痛。"《红楼梦》第一〇六回："想到后来终身，更比贾母王夫人哭的悲痛。"

瘦（shòu）

瘦，形声字。小篆的"瘦"，从疒叟声。左及上边从"疒"，表示疾病或与疾病相关的事物的性状；右下边为"叟"，在字中表音，为声符。楷书笔画化。《说文·疒部》："瘦，臞（qú）也。从疒叜（sǒu）声。"《说文段注》："臞，少肉也。……今字作瘦。"

本义为肌肉不丰满，与"胖""肥"相对。《南史·贺瑒传》："昔腰过于十围，今之瘦削裁二尺余，旧带犹存，非为妄说。"南北朝鲍照《拟行路难》十八首之八："床席生尘明镜垢，纤腰瘦削发蓬乱。"元代马致远《天净沙·秋思》："古道西风瘦马。夕阳西下，断肠人在天涯。"

疲（pí）

疲，形声字。小篆的"疲"，从疒皮声。左及上边从"疒"，表示疾病或与疾病相关的事物的性状、程度；右下边为"皮"，在字中表音，为声符。楷书笔画化。《说文·疒部》："疲，劳也。从疒皮声。"《说文段注》："疲，劳也。经传多假罢为之。"《玉篇·疒部》："疲，乏也。"

本义为疲乏、困倦。《后汉书·寇恂传》："今士马疲倦，方履险阻，非万乘之固，前年颍川，可为至戒。"《三国志·魏书·邓艾传》："将士疲劳，不可便用，且徐缓之。"《五代史平话·晋史·卷上》："皇帝跋涉远来，士马疲倦，卒与唐战而大捷，何耶？"

痴（癡 chī）

痴（癡），形声字。小篆的"癡"，从疒疑声。左及上边从"疒"，表示疾病或与疾病相关的事物的性状、程度；右下边为"疑"，在字中表音，为声符。楷书笔画化。现简化为"痴"，为同音替代法简化，较早见于《正字通》，为形声字。《说文·疒部》："癡（痴），不慧也。从疒疑声。"《说文段注》："痴者，迟钝之意。故与慧正相反，此非疾病也，而亦疾病之类也。故以是终焉。"《汉语大字典》："《正字通·疒部》：'痴，俗癡字。'"

本义为不聪慧，迟钝。元代高文秀《谇范叔》第一折："猛回头则落的纥地微微笑，倒不如痴呆懵懂，甘守着陋巷的这箪瓢。"元代吴昌龄《东坡梦》第三折："想东坡曾受金莲宠，直恁般痴呆懵懂。"清代曹雪芹《红楼梦》第七十九回："又见邢夫人等回了贾母将迎春接出大观园去等事，越发扫去了兴头，每日痴痴呆呆的，不知作何消遣。"

疗（療 liáo）

小篆	楷书	简化字
療	療	疗

疗（療），形声字。小篆的"療"，从疒尞（liáo）声。左及上边从"疒"，表示疾病或与疾病相关的事物的动作行为；右下边为"尞"，在字中表音，为声符。楷书笔画化。现简化为"疗"，为同音替代（或类推）法简化，为群众新创，新形声字。《广雅·释诂》："疗，治也。"

本义为医治。《左传·襄公二十六年》："今楚多淫刑，其大夫逃死於四方，而为之谋主，以害楚国，不可救疗，所谓不能也。"晋代杜预注："疗，治也。"《后汉书·王符传》："凡疗病者，必知脉之虚实，气之所结，然后为之方，故疾可愈而寿可长也。"清代龚自珍《病梅馆记》："既泣之三日，乃誓疗之：纵之顺之，毁其盆，悉埋于地，解其棕缚；以五年为期，必复之全之。"

疚（jiù）

小篆1	小篆2	楷书
疚	疚	疚

疚，形声字。小篆1的"疚"，从宀九声。小篆2的"疚"，从疒久声。小篆2左及上边从"疒"，表示疾病或与疾病相关的事物的性状、程度；右下边为"久"，在字中表音，为声符。楷书笔画化。疚，《说文》中作"疚"。《说文·宀部》："疚，贫病也。从宀久声。"《说文段注》："按毛诗盖本作疚。毛释以病者，谓疚为疚之叚借也。"

本义为久病。《诗·大雅·召旻》："维昔之富不如时，维今之疚不如兹。"汉代郑玄笺："疚音救，病也。"《韩非子·显学》："与人相善也，无饥馑、疾疚、祸罪之殃独以贫穷者，非侈则堕也。"引申为惭愧。三国嵇康《幽愤诗》："予独何为，有志不就。惩难思复，心焉内疚。"唐代李善注："疚，病也。"晋代陶渊明《荣木》："我之怀矣，怛焉内疚。"

痼（gù）

小篆	楷书
痼	痼

痼，形声字。小篆的"痼"，从疒固声。左及上边从"疒"，表示疾病或与疾病相关的事物的性状、程度；右下边为"固"，在字中表音，为声符。楷书笔画化。《玉篇·疒部》："痼，久病也。"

本义为疾病经久难愈。《后汉书·孝安帝纪》："朕惟平原王素被痼疾，念宗庙之重，思继嗣之统，唯长安侯祜质性忠孝。"《后汉书·周章传》："初，和帝崩，邓太后以皇子胜有痼疾，不可奉承宗庙。"清代方苞《狱中杂记》："其伤于缚者，即幸留，病数月乃瘳，或竟成痼疾。"

第二节 "歹"部及其例字

从"歹"的字，其义均与死亡、凶灾、残灭有关。

歹（dǎi，歺 è）

一、形体演变

甲骨文1	甲骨文2	小篆	楷书
			歹

二、构形理据

歹，象形字，本作"歺"，读 è。甲骨文1的"歺"，像有裂缝的残骨。甲骨文2的"歺"，像滴血的残骨。小篆承续甲骨文字形。楷书笔画化。"歺"隶变作"歹"。《说文·歺部》："歺，剔骨之残也。从半冎。"方述鑫等《甲骨金文字典》："歺，甲骨文字形略同小篆。"现"歺"部归为"歹"部。

三、本义

歹，本义为剔去肉的残骨，文献用例较少。常用义为"坏"，与"好"相对。元代关汉卿《窦娥冤》第三折："地也，你不分好歹何为地？天也，你错勘贤愚枉做天！"明代吴承恩《西游记》第二十回："莫怕！莫怕！我们不是歹人，我们是取经的和尚。"清代曹雪芹《红楼梦》第三十七回："凭他怎么糊涂，连个好歹也不知，还成个人了。"

四、理据例说

从"歹"的字，其义均与死亡、凶灾、残灭有关，大致归纳为三类。

第一，表示死亡或与死亡相关的事，如"死、殉、殒（殞）、殇（殤）、殡（殯）、殊"。

死（sǐ）

甲骨文1	甲骨文2	金文	小篆	楷书
				死

死，会意字。甲骨文1的"死"，从"𠂆"（跪坐之人）从"口"（口，哭泣）从"歹"（歹，尸骨），像一个跪坐之人对死去之人哭泣哀悼。甲骨文2省去"口"。金文、小篆承续甲骨文2的字形。楷书笔画化。《说文·死部》："死，澌也，人所离也。从歺从人。"《说文段注》："水部曰：'澌，水索也。'《方言》：'澌，索也。尽也。'是澌为凡尽之称，人尽曰死。"方述鑫等《甲骨金文字典》："死，甲骨金文字形同小篆。"

本义为生命终止，与"生"相对。《左传·哀公十六年》："民知不死，其亦夫有奋心,犹将旌君以徇于国。"《左传·昭公二十三年》:"楚令尹死,其师熸。"《礼记·曲礼下》:"天子死曰'崩',诸侯曰'薨',大夫曰'卒',士曰'不禄',庶人曰'死'。"宋代文天祥《过零丁洋》:"人生自古谁无死,留取丹心照汗青。"

殉（xùn）

殉,形声字。小篆的"殉",从歹（歺）旬声。左边从"歹"（歺），表示死亡或与死亡相关的事;右边为"旬",在字中表音,为声符。楷书笔画化。《玉篇·歹部》:"殉,用人送死也。"

本义为殉葬,以人从葬。《礼记·檀弓下》:"陈子车死于卫,其妻与其家大夫谋以殉葬,定而后陈子亢至。以告曰:'夫子疾,莫养於下,请以殉葬。'"唐代孔颖达疏:"知亢是子车弟者,以子车之妻,谋欲殉葬子车,子亢不能止之。"《墨子·节葬》:"天子杀殉,众者数百,寡者数十。"《宋史·本纪八·真宗三》:"仁宗以天书殉葬山陵,呜呼贤哉!"现常用义指为追求理想、保卫国家而奉献生命。《宋书·沈文秀传》:"丈夫当死战场,以身殉国,安能归死儿女手中乎?"《明史·陈九畴传》:"臣以为文臣之有勇知兵忘身殉国者,无如九畴,宜番人深忌而欲杀也。"

殒（殞 yǔn）

殒（殞），形声字。小篆的"殞",从歹（歺）员声。左边从"歹"（歺），表示死亡或与死亡相关的事;右边为"員",在字中表音,为声符。楷书笔画化。现简化为"殒",声符类推简化,仍为形声字。《玉篇·歹部》:"殞,殁也。"

本义为死亡。《后汉书·隗嚣传》:"是故上帝哀矜,降罚于莽,妻子颠殒,还自诛刈。"唐代李贤注:"颠,踣也。殒,绝也。"清代全祖望《梅花岭记》:"有亲见忠烈青衣乌帽,乘白马,出天宁门投江死者,未尝殒于城中也。"

殇（殤 shāng）

殇（殤），形声字。小篆的"殤",从歹傷省声。左边从"歹"（歺），表示死亡或与死亡相关的事;右边为"傷省声",在字中表音,为声符。楷书笔画化。现简化为"殇",为草书楷化法简化,仍为形声字。《说文·歹部》:"殤（殤），不成人也。人年十九至十六死,为长殇;十五至十二死,为中殇;十一至八岁死,为下殇。从歺,傷省声。"亦称"殇折""殇夭"。

本义为未成年而死。《仪礼·丧服传》:"年十九至十六为长殇,十五至十二为中殇,十一至八岁为下殇,不满八岁以下皆为无服之殇。"晋代王羲之《兰亭集序》:"固知一死生为虚诞,齐彭殇为妄作。"今有词语"国殇"。

殡（殯 bìn）

殡（殯），形声字。小篆的"殯"，从歹賓声。左边从"歹"（歺），表示死亡或与死亡相关的事；右边为"賓"，在字中表音，为声符。楷书笔画化。现简化为"殡"，声符类推简化，仍为形声字。《说文·歺部》："殡（殯），死在棺，将迁葬柩，宾遇之。从歺从賓，賓亦声。"

本义为停柩待葬。《左传·僖公三十二年》："冬，晋文公卒。庚辰，将殡于曲沃。"晋代杜预注："殡，窆棺也。"窆，读 biǎn，下葬。《论语·乡党》："朋友死，无所归。曰：'于我殡。'"杨伯峻《论语译注》："殡，停放灵柩叫殡，埋葬也可以叫殡，这里当指一切丧葬事物而言。"《北史·高丽传》："死者，殡在屋内，经三年，择吉日而葬。"今有词语"出殡""殡葬"。

殊（shū）

殊，形声字。小篆的"殊"，从歹朱声。左边从"歹"（歺），表示死亡或与死亡相关的事；右边为"朱"，在字中表音，为声符。楷书笔画化。《说文·歺部》："殊，死也。从歺朱声。汉令曰：'蛮夷长有罪，当殊之。'"

本义为斩首，断其首身而死。《庄子·在宥》："今世殊死者相枕也，桁杨者相推也，刑戮者相望也。"陈鼓应《庄子今注今译》："殊死，死刑。"《汉书·高帝纪》："今天下事毕，其赦天下殊死以下。"唐代颜师古注："殊，绝也，异也，言其身首离绝而异处也。"引申为特异、出众、突出。《乐府诗集·陌上桑》："坐中数千人，皆言夫婿殊。"唐代元稹《解秋十首》："颜色有殊异，风霜无好恶。"

第二，表示灾殃、危险之事，如"殃、殆、殚（殫）"。

殃（yāng）

殃，形声字。小篆的"殃"，从歹央声。左边从"歹"（歺），表示灾殃、危险之事；右边为"央"，在字中表音，为声符。楷书笔画化。《说文·歺部》："殃，咎也。从歺央声。"

本义为祸害、灾难。《周易·坤》："积善之家，必有余庆；积不善之家，必有余殃。"《楚辞·九章·涉江》："伍子逢殃兮，比干菹醢（zūhǎi）。"黄寿祺、梅桐生《楚辞全译》将"伍子逢殃"译为"伍员直言敢谏遭遇祸殃"。

殆（dài）

殆，形声字。小篆的"殆"，从歹台声。左边从"歹"（歺），表示灾殃、危险之事；右边为"台"，在字中表音，为声符。楷书笔画化。《说文·歺部》："殆，危也。从歺台声。"《尔雅·释诂》：

681

"殆，危也。"

本义为危险。《诗·小雅·正月》："民今方殆，视天梦梦。"汉代郑玄笺："民今且危亡，视王者所为，反梦梦然而乱无统理。"《左传·昭公四年》："晋有三不殆，其何敌之有？"《孙子·谋攻》："知己知彼，百战不殆。"《汉书·刘向传》："三人者权重于昭王，家富于秦国，国甚危殆。"

殚（殫 dān）

小篆	楷书	简化字
殫	殫	殚

殚（殫），形声字。小篆的"殫"，从歺單声。左边从"歺"（歹），表示灾殃、危险之事，在字中表义；右边为"單"，在字中表音，为声符。楷书笔画化。现简化为"殚"，声符类推简化，为新形声字。《说文·歺部》："殫（殚），殛尽也。从歺單声。"《说文段注》："极尽也，穷极而尽之也。极，铉本作殛，误。"《广雅·释诂》："殚，尽也。"

本义为用尽、竭尽。《汉书·杜钦传》："殚天下之财以奉淫侈，匮万姓之力以从耳目。"唐代颜师古注："殚、匮，皆尽也。"唐代柳宗元《捕蛇者说》："殚其地之出，竭其庐之入。"《清史稿·儒林传三·陈奂传》："奂尝言大毛公诂训传言简意赅，遂殚精竭虑，专攻毛传。"

第三，表示残灭、损伤之事，如"残（殘）、歼（殲）、殄"。

残（殘 cán）

小篆	楷书	简化字
殘	殘	残

残（殘），形声字。小篆的"殘"，从歺戔声。左边从"歺"（歹），表示残灭、损伤之事，在字中表义；右边为"戔"，在字中表音，为声符。楷书笔画化。现简化为"残"，声符类推简化，为新形声字。《说文·歺部》："殘（残），贼也。从歺戔声。"

本义为伤害。《诗·大雅·民劳》："惠此中国，国无有残。"程俊英《诗经译注》："残，害。"《战国策·齐策三》："至岁八月，降雨下，淄水至，则汝残矣。"汉代高诱注："残，坏也。"《战国策·秦策一》："张仪之残，樗里疾也，重而使之楚。"汉代高诱注："残，害也。"引申为凶恶、狠毒。《汉书·隽不疑传》："或亡所出，母怒，为之不食。故不疑为吏，严而不残。"《汉书·陈万年传》："方进为丞相，奏'咸前为郡守，所在残酷，毒螫加于吏民'。"

歼（殲 jiān）

小篆	楷书	简化字
殲	殲	歼

歼（殲），形声字。小篆的"殲"，从歺韱（xiān）声。左边从"歺"（歹），表示残灭、损伤之事，在字中表义；右边为"韱"，在字中表音，为声符。楷书笔画化。现简化

为"歼",近音替代简化,为新形声字。《说文·歹部》:"殲(歼),微尽也。从歹韱声。"《尔雅·释诂》:"歼,尽也。"

本义为消灭。《诗·秦风·黄鸟》:"彼苍者天,歼我良人!"程俊英《诗经译注》将"歼我良人"译为"杀我好人"。明代凌濛初《初刻拍案惊奇》卷二十七:"若得强盗歼灭,只此空门静守,便了终身。"

殄（tiǎn）

小篆	楷书
殄	殄

殄,形声字。小篆的"殄",从歹㐱(zhěn)声。左边从"歹"（歺）,表示残灭、损伤之事,在字中表义;右边为"㐱",在字中表音,为声符。楷书笔画化。《说文·歹部》:"殄,尽也。从歹㐱声。"

本义为断绝、竭尽。《诗·大雅·瞻卬》:"人之云亡,邦国殄瘁。"汉代毛亨传:"殄,尽。"《国语·周语下》:"不顺四时之序,不度民神之义,不仪生物之则,以殄灭无胤,至于今不祀。"黄永堂《国语全译》:"殄灭,绝灭。"元末明初罗贯中《三国演义》第二十回:"卿乃国之大臣,朕之至戚,当念高帝创业之艰难,纠合忠义两全之烈士,殄灭奸党,复安社稷,祖宗幸甚!"有成语"暴殄天物"。

第二十九章　耒部之类

耒部之类包括耒、匚两部，与农具有关。

第一节　"耒"部及其例字

从"耒"的字，其义均与原始农具或与耕作行为有关。

耒（lěi）

一、形体演变

金文	小篆	楷书
	耒	耒

二、构形理据

耒，象形字。金文的"耒"，像古代的一种翻土农具，形如木叉，上有曲柄，下面是犁头，用以松土，可看作犁的前身。小篆字形讹变。楷书笔画化，承续小篆字形。《说文·耒部》："耒，手耕曲木也。从木推丯。古者垂作耒㭒以振民也。"方述鑫等《甲骨金文字典》："金文象耒形，或加手以握之。"

三、本义

本义为古代的一种农具，形状像木叉。《庄子·胠箧（qūqiè）》："昔者齐国，邻邑相望，鸡狗之音相闻，罔罟之所布，耒耨之所刺，方二千余里。"陈鼓应《庄子今注今译》："耒，犁也。"《孟子·滕文公上》："陈良之徒陈相与其弟辛，负耒耜而自宋之滕。"《韩非子·五蠹（dù）》："身执耒臿，以为民先，股无完胈，胫不生毛。"

四、理据例说

"耒"是汉字部首之一。从"耒"的字，其义均与原始农具或与耕作行为有关，大致归纳为两类。

第一，表示原始农具的名称，如"耛、耨、耧（樓）、耙"。

耜（sì）

耜，形声字。小篆的"耜"，从耒㠯（yǐ）声。左边从"耒"，表示原始农具的名称，在字中表义；右边为"㠯"，在字中表音，为声符。楷书笔画化。《说文·耒部》："耜，臿也。从木㠯声。"《说文段注》："臿也。《周礼》注引司马法曰：'辇一斧、一斤、一凿、一梩。'"

本义为古代农具名，耒下端铲土的部分，装在犁上，用以翻土。《礼记·月令》："乃择元辰，天子亲载耒耜，措之于参保介之御间，帅三公、九卿、诸侯、大夫躬耕帝藉。"唐代孔颖达疏："'天子亲载耒耜'者，谓天子所乘车上，亲载耕田之耒耜。"《庄子·天下》："禹亲自操橐耜，而九杂天下之。"陈鼓应《庄子今注今译》："橐耜：橐，盛土器。耜，锹，锄。""杂，作集。"《淮南子·氾论》："古者剡耜而耕，摩蜃而耨，木钩而樵。"

耨（nòu）

耨，形声字。小篆1的"槈"，从木辱声。小篆2的"鎒"，从金辱声。小篆3的"耨"，从耒辱声。"槈""鎒""耨"，虽写法不同，但三字为一字，即"耨"。"耨"左边从"耒"，表示原始农具的名称，在字中表义；右边为"辱"，在字中表音，为声符。楷书笔画化。《说文·木部》："槈，薅器也。从木辱声。鎒，或从金。"《说文·耒部》："耨，薅器也。从木辱声。鎒，或从金。"谷衍奎《汉字源流字典》："槈，隶变后楷书写作槈。异体作鎒，改为从金。俗作耨，改为从耒。如今规范化用耨。"

本义为类似锄的农具名，用于锄草、耕作。《国语·齐语》："时雨既至，挟其枪、刈、耨、镈，以旦暮从事于田野。"引申为犁田除草。《孟子·梁惠王上》："彼夺其民时，使不得耕耨以养其父母。"《管子·治国》："耕耨者有时，而泽不必足，则民倍贷以取庸矣。"

耧（耬 lóu）

耧（耬），形声字。小篆的"耬"，从耒婁声。左边从"耒"，表示原始农具的名称，在字中表义；右边为"婁"，在字中表音，为声符。楷书笔画化。现简化为"耧"，声符类推简化，为新形声字。《玉篇·耒部》："耧，耧犁也。"

本义为下种用的农具名，也叫"耧车""耧犁"。元代王祯《农书》卷十二："然而耧种之制不一，有独脚、两脚、三脚之异。"

耙（bà）

小篆	楷书
耙	耙

耙，形声字。小篆的"耙"，从耒巴声。左边从"耒"，表示原始农具的名称，在字中表义；右边为"巴"，在字中表音，为声符。楷书笔画化。"耙"为后起字，《说文》《玉篇》中无。但《说文·金部》中有"鑃"字，"鑃，梠属。从金"。"鑃"，即"耙"。

本义为用于碎土、平地和清除杂草的整地农具。元代王祯《农书》卷一："耙，桯长可五尺，阔约四寸。"

第二，表示耕作行为，如"耕、耘、耔、耦"。

耕（gēng）

小篆	楷书
耕	耕

耕，形声字。小篆的"耕"，从耒井声。左边从"耒"，表示耕作行为，在字中表义；右边为"井"，在字中表音，为声符。楷书笔画化。《说文·耒部》："耕，犁也。从耒井声。"《玉篇·耒部》："耕，牛犁也。"

本义为犁田。《论语·微子》："长沮、桀溺耦而耕，孔子过之，使子路问津焉。"《孟子·梁惠王上》："王如施仁政于民，省刑罚，薄税敛，深耕易耨。"《乐府诗集·陌上桑》："耕者忘其犁，锄者忘其锄。"《齐民要术·耕田》："凡秋耕欲深，春夏欲浅。犁欲廉，劳欲再。"

耘（yún）

小篆1	小篆2	楷书
耘	薠	耘

耘，形声字。小篆1的"䉵"，从耒员声。小篆2的"薠"，从耒芸声。小篆1左边从"耒"，表示耕作行为，在字中表义；右边为"員"，在字中表音，为声符。小篆2字形繁化，加"艹"，表示劳作对象。楷书笔画化，为从耒云声的形声字。《说文》中"耘"作"䉵"。《说文·耒部》："䉵，除苗间秽也。从耒员声。䉵或从芸。"谷衍奎《汉字源流字典》："耘，隶变后楷书写作䉵。异体作薠，改为芸声。俗简作耘。如今规范化，以耘为正体。"

本义为除草。《墨子·三辩》："农夫春耕夏耘，秋敛冬藏，息于聆缶之乐。"汉代晁错《论贵粟疏》："农夫春耕，夏耘，秋获，冬藏，伐薪樵，治官府，给徭役。"

耔（zǐ）

小篆	楷书
耔	耔

耔，形声字。小篆的"耔"，从耒子声。左边从"耒"，表示耕作行为，在字中表义；右边为"子"，在字中表音，为声符。楷书笔画化。《说文》中无"耔"字，但有"秄"字，二字义同。《说文·禾部》："秄，壅禾本。从禾子声。"《说文段注》："雝俗作壅。小雅：'或耘或耔。'

毛曰：'耘，除艸也。籽，雝本也。'……苗生三叶以上。稍耨陇艸。因壝其土以附苗根。"汤可敬《说文解字今释》："给禾麦的根部培土。"

本义为给禾苗的根部培土。《诗·小雅·甫田》："今适南亩，或耘或籽，黍稷薿薿。"汉代毛亨传："耘，除草也。"晋代陶渊明《归去来兮辞》："怀良辰以孤往，或植杖而耘籽。"

耦（ǒu）

小篆	楷书
耦	耦

耦，形声字。小篆的"耦"，从耒禺（yú）声。左边从"耒"，表示耕作行为，在字中表义；右边为"禺"，在字中表音，为声符。楷书笔画化。《说文·耒部》："耦，耒广五寸为伐，二伐为耦。从耒禺声。"《说文段注》："'长沮、桀溺耦而耕'，此两人伷发之证。引申为凡人耦之称。"

本义为古代的一种耕作方法，二人并肩耕地。《诗·周颂·噫嘻》："亦服尔耕，十千维耦。"程俊英《诗经译注》："十千，一万人。维，其。耦，两人并肩用犁耕地。"《国语·吴语》："昔吾先王体德明圣，达于上帝，譬如农夫作耦，以刈杀四方之蓬蒿。"《荀子·大略》："禹见耕者耦，立而式；过十室之邑，必下。"

第二节 "匚"部及其例字

从"匚"的字，其义大多与盛物的器具有关。

匚（fāng）

一、形体演变

甲骨文	金文	小篆	楷书
ᄃ	ᄃ	匚	匚

二、构形理据

匚，象形字。甲骨文的"匚"，像受物之器形，类似于"筐"。金文、小篆承续甲骨文字形。楷书笔画化。《说文·匚部》："匚，受物之器。象形。"方述鑫等《甲骨金文字典》："甲金文象受物之器形，乃宗庙中盛神主之器。其本义为匣。"在现代汉字中，"匚"不单用，只作部首用。

三、本义

本义为古代一种盛放东西的方形器物，文献用例较少。

四、理据例说

从"匚"的字，其义大多与盛物的器具有关，主要有"匡、匠、匣、匮（匱）、匪"。

匡（kuāng）

甲骨文	金文	小篆	楷书
匡	匡	匡	匡

匡，形声字。甲骨文的"匡"，从匚（fāng）羊声。外边从"匚"，表示与盛物的器具——筐有关，在字中表义；里边为"羊"，在字中表音，为声符。金文演变为从匚"𡉉"（㞷 huáng）声的形声字。小篆承续金文字形。楷书笔画化，为从匚王声的形声字。《说文·匚部》："匡，饮器，筥也。从匚㞷声。筐，匡或从竹。"《说文段注》："匡不专于盛饭。故诗采卷耳以顷匡，求桑以懿匡。匡之引申段借为匡正。"匡，为"筐"的古字。

本义为盛东西的方形竹器。《礼记·檀弓下》："蚕则绩而蟹有匡，范则冠而蝉有緌，兄则死而子皋为之衰。"王文锦《礼记译解》："匡，同筐。"引申为纠正、匡正。《左传·襄公十四年》："善则赏之，过则匡之，患则救之，失则革之。"晋代杜预注："匡，正也。"《国语·晋语九》："今范、中行氏之臣不能匡相其君，使至于难。"《史记·齐太公世家》："寡人兵车之会三，乘车之会六，九合诸侯，一匡天下。"唐代张守节《史记正义》："匡，正也。"

匠（jiàng）

小篆	楷书
匠	匠

匠，会意字。小篆的"匠"，从匚从斤。外边从"匚"表示与盛物的器具有关，在字中表义，里边从"斤"表示斧头，合起来表示筐里放着斧头等工具，表示从事木工工作。楷书笔画化。《说文·匚部》："匠，木工也。从匚从斤。斤，所以作器也。"《说文段注》："工者，巧饬也。百工皆称工、称匠。独举木工者，其字从斤也。以木工之称引申为凡工之称也。"

本义为木工。《庄子·马蹄》："匠人曰：'我善治木，曲者中钩，直者应绳。'"《孟子·梁惠王下》："工师得大木，则王喜，以为能胜其任也。匠人斫而小之，则王怒，以为不胜其任矣。"《孟子·尽心下》："大匠不为拙工改废绳墨，羿不为拙射变其彀率。"

匣（xiá）

小篆	楷书
匣	匣

匣，形声字。小篆的"匣"，从匚甲声。外边从"匚"，表示与盛物的器具有关，在字中表义；里边为"甲"，在字中表音，为声符。楷书笔画化。《说文·匚部》："匣，匮也。从匚甲声。"《广韵·狎韵》："匣，箱匣也。"

本义为匣子，一般呈方形，大的叫"箱"，小的叫"匣"。《汉书·王莽传》："杜陵便殿乘舆虎文衣废藏在室匣中者出，自树立外堂上。"唐代颜师古注："匣，匮也。"唐代杜甫《又上后园山脚》:"忧来杖匣剑,更上林北冈。"明代袁宏道《满井游记》:"于时冰皮始解,波色乍明,鳞浪层层,清澈见底,晶晶然如镜之新开而冷光之乍出于匣也。"

匮（匱 kuì）

小篆	楷书	简体字
匱	匱	匮

匮（匱），形声字。小篆的"匱",从匚贵声。外边从"匚",表示与盛物的器具有关,在字中表义;里边为"貴",在字中表音,为声符。楷书笔画化。现简化为"匮",声符类推简化,仍为形声字。《说文·匚部》:"匱（匮）,匣也。从匚貴声。"

本义为柜子,也指运装土的畚,后写作"櫃"。《汉书·王莽传上》:"纲纪咸张,成在一匮,此其所以保佑圣汉,安靖元元之效也。"唐代颜师古注:"匮者,织草为器,所以盛土也。"唐代韩愈《送权秀才序》:"伯乐之厩多良马,卞和之匮多美玉。"

匪（fěi）

小篆	楷书
匪	匪

匪,形声字。小篆的"匪",从匚非声。外边从"匚",表示与盛物的器具有关,在字中表义,为形符;里边为"非",在字中表音,为声符。楷书笔画化。《说文·匚部》:"匪,器,似竹筐。从匚非声。"《说文段注》:"古盛币帛必以匪。匪筐古今字。"

本义为"筐"的古字,竹器,形似竹篋。《周礼·肆师》:"大朝觐,佐傧,共设匪瓮之礼,飨食,授祭。"杨天宇《周礼译注》:"匪（筐）瓮,在此代指酒食。"假借为"非",表示否定。《诗·邶风·柏舟》:"我心匪石,不可转也。"程俊英《诗经译注》:"匪,通'非',不是。"《诗·邶风·静女》:"匪女之为美,美人之贻。"现今常假借为"非""不",有"匪夷所思""获益匪浅"等词语。

第三十章　皮部之类

皮部之类包括皮、毛、彡三部，与皮、毛发有关。

第一节　"皮"部及其例字

从"皮"的字，其义均与皮有关。

皮（pí）

一、形体演变

金文	小篆	楷书
		皮

二、构形理据

皮，会意字。金文的"皮"，从又从"￥"。下边从"又"表示手，上边从"￥"表示动物，合起来表示用手剥取动物的皮。小篆承续金文字形。楷书笔画化。《说文·皮部》："皮，剥取兽革者谓之皮。从又，爲省声。"方述鑫等《甲骨金文字典》："金文象手持鼓槌之形。"我们认为《说文》《甲骨金文字典》中的字形说解不确。《广雅·释言》："皮，剥也。"

三、本义

本义为用手剥取兽皮。《战国策·韩策二》："因自皮面抉眼，自屠出肠，遂以死。"张清常、王延栋《战国策笺注》："皮面，剥去脸皮。皮，剥（皮）。"

引申为皮肤。《诗·召南·羔羊》："羔羊之皮，素丝五紽。"程俊英《诗经译注》将"羔羊之皮"译为"穿了一身羔皮袍"。《诗·鄘风·相鼠》："相鼠有皮，人而无仪。"程俊英《诗经译注》将"相鼠有皮"译为"请看老鼠还有皮"。《韩非子·五蠹》："妇人不织，禽兽之皮足衣也。"明代吴承恩《西游记》第二十三回："虽熬了这一夜，但那匹马明日又要驮人，又要走路，若再饿上这一夜，只好剥皮罢了。"

四、理据例说

从"皮"的字，其义均与皮有关，主要有"皱（皺）、皴、皲（皸）"。

皱（皺 zhòu）

皱（皺），形声字，为后起字。"皺"与"縐"同源，音同，意义为皱纹、褶皱。小篆的"縐"，从糸芻（chú）声。左边从"糸"，表示与丝织品有关；右边为"芻"，在字中表音，为声符。楷书笔画化，演变为从皮芻声的形声字。现简化为"皱"，声符类推简化，为意号字，"皮"为意符，"刍"为记号。《玉篇·皮部》："皱，面皱也。"

本义为皮肤因松弛而起的纹路，即皱纹。唐代李贺《啁少年》："莫道韶华镇长在，发白面皱专相待。"唐代薛逢《老去也》："朝巾暮栉不自省，老皮皱皱文纵横。"清代曹雪芹《红楼梦》第六十三回："如今虽死，肚中坚硬似铁，面皮嘴唇烧的紫绛皱裂。"

皴（cūn）

皴，形声字。小篆的"皴"，从皮夋（qūn）声。右边从"皮"，表示与皮有关；左边为"夋"，在字中表音，为声符。楷书笔画化。《说文新附·皮部》："皴，皮细起也。从皮夋声。"

本义为皮肤皴裂。唐代杜甫《乾元中寓居同谷县作歌七首》："中原无书归不得，手脚冻皴皮肉死。"唐代袁高《茶山诗》："终朝不盈掬，手足皆鳞皴。"

皲（皸 jūn）

皲（皸），形声字。小篆的"皸"，从皮军声。右边从"皮"，表示与皮有关；左边为"军"，在字中表音，为声符。楷书笔画化。现简化为"皲"，声符类推简化，为新形声字。《说文新附·皮部》："皸（皲），足坼也。从皮军声。"

本义为手足的皮肤冻裂。《汉书·赵充国传》："欲至冬，虏皆当畜食，多藏匿山中依险阻，将军士寒，手足皲瘃。"唐代颜师古注引文颖注曰："皲，坼裂也。"明代宋濂《送东阳马生序》："当余之从师也，负箧曳屣，行深山巨谷中，穷冬烈风，大雪深数尺，足肤皲裂而不知。"

第二节 "毛"部及其例字

从"毛"的字，其义多与皮毛有关。

毛（máo）

一、形体演变

金文1	金文2	小篆	楷书
			毛

二、构形理据

毛，象形字。金文1的"毛"，像生长在皮肤上的皮毛形。金文2的"毛"，像皮毛形，省去金文1的皮肤。小篆承续金文2的字形。楷书笔画化。《说文·毛部》："毛，眉发之属及兽毛也。象形。"《说文段注》："眉者，目上毛也。发者，首上毛也。而者，须也。须者，而也。"方述鑫等《甲骨金文字典》中金文"毛"字同《说文》。

三、本义

本义为眉毛、头发、兽毛。《诗·小雅·信南山》："执其鸾刀，以启其毛，取其血膋。"程俊英《诗经译注》："启，分开。分开牛毛而后下刀宰牛。"《左传·僖公十四年》："皮之不存，毛将焉附？"《韩非子·五蠹》："禹之王天下也，身执耒臿以为民先，股无胈，胫不生毛，虽臣虏之劳，不苦于此矣。"《汉书·李广苏建传》："天雨雪，武卧啮雪与旃毛并咽之，数日不死。"唐代贺知章《回乡偶书》："少小离家老大回，乡音无改鬓毛衰。"

因"毛"很细微，所以常用来比喻细小的东西，诸如小草、植物之类。三国诸葛亮《出师表》："五月渡泸，深入不毛。"这句中的"毛"，活用作动词。《列子·汤问》："以残年余力，曾不能毁山之一毛，其如土石何？"因为细小，常指微不足道，多用于贬义。明代吴承恩《西游记》第四回："大圣听言，急问道：'你是那路毛神？老孙不曾会你，你快报名来。'"

四、理据例说

"毛"是汉字的一个部首。从"毛"的字，其义多与皮毛有关，主要有"毫、毡（氈）、毯、氅、毹、毳"。

毫（háo）

小篆	楷书
	毫

毫，形声字。小篆的"毫"，从毛高省声。下边从"毛"，表示与皮毛有关，在字中表义；上边为"高省声"，在字中表音，为声符。楷书笔画化。《玉篇·毛部》："毫，长毛也。"《尔雅·释畜》："未成毫狗。"

本义为长而尖的毛。《孟子·梁惠王上》："明足以察秋毫之末，而不见舆薪，则王许之乎？"比喻极细小的东西。《史记·项羽本纪》："今沛公先破秦入咸阳，毫毛不敢有所近，封闭宫室，还军霸上，以待大王来。"

毡（氈 zhān）

小篆	楷书	简体字
氈	氈	毡

毡（氈），形声字。小篆的"氈"，从毛亶（dǎn）声。右边从"毛"，表示与皮毛有关，在字中表义；左边为"亶"，在字中表音，为声符。楷书笔画化。现简化为"毡"，声符替代简化，为从毛占声的形声字。《说文·毛部》："氈（毡），撚（niǎn）毛也。从毛亶声。"《说文段注》："手部曰：'撚者，蹂也。'撚者，蹂毛成毡也。"

本义为加工羊毛或其他动物毛而成的块片状材料。《周礼·天官·掌皮》："共其毳毛为毡，以待邦事。"杨天宇《周礼译注》译为："供给细缛的兽毛制作毡，以待王国有事时用。"宋代王禹偁《和庐州通判李学士见寄》："除却清贫入诗咏，山城坐客冷无毡。"

毯（tǎn）

小篆	楷书
毯	毯

毯，形声字。小篆的"毯"，从毛炎声。右边从"毛"，表示与皮毛有关，在字中表义；左边为"炎"，在字中表音，为声符。楷书笔画化。《广韵·敢韵》："毯，毛席。"

本义为厚实有毛绒的织品。唐代白居易《红线毯忧蚕桑之费也》："红线毯，择茧缫丝清水煮，拣丝练线红蓝染。"白居易《晚春重到集贤院》："满砌荆花铺紫毯，隔墙榆荚撒青钱。"唐代花蕊夫人《宫词》："青锦地衣红绣毯，尽铺龙脑郁金香。"

氅（chǎng）

小篆	楷书
氅	氅

氅，形声字。小篆的"氅"，从毛敞（chǎng）声。下边从"毛"，表示与皮毛有关，在字中表义；上边为"敞"，在字中表音，为声符。楷书笔画化。《说文新附·毛部》："氅，析鸟羽为旗纛之属。从毛敞声。"《玉篇·毛部》："氅，鹜毛。"

本义为用鸟类的羽毛缝制成的外衣。南北朝刘义庆《世说新语·企羡》："孟昶未达时，家在京口。尝见王恭乘高舆，被鹤氅裘。"清代曹雪芹《红楼梦》第五十二回："贾母便命鸳鸯来：'把昨儿那一件乌云豹的氅衣给他罢。'"

毬（qiú）

小篆	楷书
毬	毬

毬，形声字。小篆的"毬"，从毛求声。左边从"毛"，表示与皮毛有关，在字中表义；右边为"求"，在字中表音，为声符。楷书笔画化。《说文新附·毛部》："毬，鞠丸也。从毛求声。"

本义为古代充填毛的皮球。鞠丸，即皮丸，古代填充毛的皮球，后写作"球"。元末明初施耐庵《水浒传》第二回："这高俅踢得两脚好气毬，孤欲索此人做亲随如何?"明代吴承恩《西游记》第四十一回:"常言道,众毛攒毬。你若拿得妖魔,救了师父,也是你的一件大功绩。"

毳(cuì)

金文	小篆	楷书
𦘒	毳	毳

毳,会意字。金文的"毳",从三毛,表示细毛多。小篆、楷书承续金文字形。《说文·毳部》:"毳,兽细毛也。从三毛。"方述鑫等《甲骨金文字典》中"毳"同《说文》。

本义为鸟兽的细毛。《周礼·掌皮》:"共其毳毛为毡,以待邦事。"汉代郑玄注:"毳毛,毛细缛者。"《汉书·晁错传》:"夫胡貉之地,积阴之处也,……其人密理,鸟兽毳毛,其性能寒。"唐代颜师古注:"毳,细毛也。"唐代杜甫《陪李金吾花下饮》:"见轻吹鸟毳,随意数花须。"

第三节 "髟"部及其例字

从"髟"的字,其义多与毛发有关。

髟(biāo)

一、形体演变

金文	小篆	楷书
𠂉	髟	髟

二、构形理据

髟,象形兼会意字。金文的"髟",为象形字,像一个侧面站立的人,突出其飘动的长发。小篆为从长从彡的会意字,表示头发下垂很长。《说文·髟部》:"髟,长发猋猋也。从长从彡。"《说文段注》:"猋与髟叠韵。猋猋当依《玉篇》作髟髟。《通俗文》曰:'发垂曰髟。'"

三、本义

本义为头发下垂的样子。晋代潘岳《秋兴赋》:"斑鬓髟以承弁兮,素发飒以垂领。"唐代李善注:"服虔《通俗文》曰:'发垂而髟。'"

四、理据例说

从"髟"的字,其义多与毛发有关,大致可分两类。

第一,表示与毛发有关的名词,如"髭、须(鬚)、鬓(鬢)、髯、发(髮)、髻、鬃、鬟"。

髭（zī）

小篆	楷书
頾	髭

髭，形声字。"髭"，《说文》中作"頾"。小篆的"頾"，从须此声。左上及右边从"须"，表示与头部毛发有关；左下边为"此"，在字中表音，为声符。楷书笔画化，为从髟此声的形声字。《说文·须部》："頾，口上须也。从须此声。"《说文段注》："口上须也，在口上、在颊亦得名须。……或作髭。"

本义为嘴唇上边的短须、胡须。《乐府诗集·陌上桑》："行者见罗敷，下担捋髭须。"唐代王建《赠阎少保》："髭须虽白体轻健，九十三来却少年。"唐代元稹《过东都别乐天二首》之二："自识君来三度别，这回白尽老髭须。"

须（須、鬚 xū）

甲骨文	金文	小篆	楷书1	楷书2	简化字
		須	鬚	須	须

须（須、鬚），象形兼会意字。甲骨文的"须"，像人下巴上的毛发，"𠆢"表示侧立的人，"𠃋"表示人的下巴，"彡"表示下巴上的胡须。金文以"𦣻"（面）代甲骨文的下巴形，表示"须"为长在面部的毛发。小篆的"须"，从頁从彡，基本承续金文字形。楷书1繁化，"须"字又有"必须"义，所以上边加"髟"字以区分，又强调了"须"与"发"的共同特征。楷书2字形简化，写作"須"。现简化为"须"，为类推简化，为新会意字。《说文·须部》："须，面毛也。从頁从彡。"《说文段注》："须在颐下，頾在口上，髯在颊，其名分别有定。"方述鑫等《甲骨金文字典》："金文象面上生鬚形，为《说文》须字篆文所本。"

本义为胡须。《左传·昭公二十六年》："有君子，白皙鬒须眉，甚口。"唐代孔颖达疏："鬒须眉者，言须、眉皆稠多也。"《汉书·高帝纪上》："高祖为人，隆准而龙颜，美须髯。"唐代颜师古注："在颐曰须，在颊曰髯。"《汉书·李广苏建传》："武留匈奴凡十九岁，始以强壮出，及还，须发尽白。"唐代贯休《了仙谣》："游戏多骑白骐驎，须发如银未曾老。"

鬓（鬢 bìn）

小篆	楷书	简化字
鬢	鬢	鬓

鬓（鬢），形声字。小篆的"鬢"，从髟賓声。左及右上边从"髟"，表示与头部毛发有关；右下边为"賓"，在字中表音，为声符。楷书笔画化。现简化为"鬓"，声符类推简化，为新形声字。《说文·髟部》："鬢（鬢），颊发也。从髟賓声。"《说文段注》："颊发也，谓发之在面旁者也。"

本义为颊发，即两颊两旁近耳的头发。《国语·晋语九》："美鬓长大则贤，射御足力则贤，伎艺毕给则贤。"黄永堂《国语全译》："美鬒，鬒发美。"唐代白居易《卖炭翁》："满面尘灰烟火色，两鬓苍苍十指黑。"白居易《悲哉行》："纵有宦达者，两鬓已成丝。"唐代贺知章《回乡偶书》："少小离家老大回，乡音无改鬓毛衰。"

髯（rán）

髯，形声字。"髯"，《说文》中作"䫇"。小篆的"䫇"，从须冄声。左上及右边从"须"，表示与头部毛发有关；左下边为"冄"，在字中表音，为声符。冄，同"冉"。楷书笔画化，为从髟冉声的形声字。《说文·须部》："䫇，颊须也。从须从冄，冄亦声。"《说文段注》："俗作髯。"

本义为两颊上的长须，也泛指胡须。唐代钱起《送裴颋侍御使蜀》："柱史才年四十强，须髯玄发美清扬。"清代魏学洢《核舟记》："船头坐三人，中峨冠而多髯者为东坡。"

发（髮 fà）

发（髮），形声字。金文的"髮"，从首从犮。右边为"首"，表示头部长有长毛；左边为"犮"，在字中表音，为声符。小篆演变为从髟犮声的形声字。小篆左边右上为"髟"，右下为"犮"，表声。楷书笔画化，为从髟犮声的形声字。现简化为"发"，为近音替代法简化，为记号字。《说文·髟部》："髮（发），根也。从髟犮聲。䰅，髮或从首。"《说文段注》："发，头上毛也。"方述鑫等《甲骨金文字典》："金文从犬从首，为《说文》髮字或体䰅的篆文所本。"今有"须发""发指""发小儿"等词语。

本义为人头上的毛。唐代杜甫《赠卫八处士诗》："少壮能几时，鬓发各已苍。"唐代王建《贻小尼师》："新剃青头发，生来未扫眉。"唐代韩愈《送惠师》："脱冠剪头发，飞步遗踪尘。"

髻（jì）

髻，形声字。小篆的"髻"，从髟吉声。左及右上边从"髟"，表示与头部毛发有关；右下边为"吉"，在字中表音，为声符。楷书笔画化。《说文·髟部》："髻，总发也。从髟吉声。"

本义为发髻。《乐府诗集·陌上桑》："头上倭堕髻，耳中明月珠。"明代魏学洢《核舟记》："居右者椎髻仰面，左手倚一衡木，右手攀右趾，若啸呼状。"清代袁枚《祭妹文》："予九岁，憩书斋，汝梳双髻，披单缣来，温《缁衣》一章。"

鬃（zōng）

鬃，形声字。小篆的"鬃"，从髟宗声。左及右上边从"髟"，表示与头部毛发有关；右下边为"宗"，在字中表音，为声符。楷书笔画化。《玉篇·髟部》："鬃，高髻也。"

本义为马、猪等兽类颈上的毛。唐代李洞《赠永崇李将军充襄阳制置使》:"行处近天龙尾滑,猎时陪帝马鬃香。"唐代韦庄《代书寄马》:"鬃白似披梁苑雪,颈肥如扑杏园花。"明代吴承恩《西游记》第三十三回:"脚尖儿钩着行李,张开口,咬着马鬃,使起摄法,把他们一阵风,都拿到莲花洞里。"

鬟（huán）

鬟,形声字。小篆的"鬟",从髟睘（qióng）声。左及右上边从"髟",表示与头部毛发有关;右下边为"睘",在字中表音,为声符。楷书笔画化。《说文新附·髟部》:"鬟,总发也。从髟睘声。案:古妇人首饰,琢玉为两环。此二字皆后人所加。"

本义为妇女梳的环形发髻。唐代杜甫《月夜》:"香雾云鬟湿,清辉玉臂寒。"唐代杜牧《阿房宫赋》:"明星荧荧,开妆镜也;绿云扰扰,梳晓鬟也。"引申指婢女。宋代梅尧臣《听文都知吹箫》:"欲买小鬟试教之,教坊供奉谁知者。"

第二,表示与毛发有关的动作或状态,如"髡、鬑"。

髡（kūn）

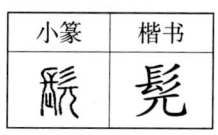

髡,小篆的"髡",从髟兀（wù）声。左及右上边从"髟",表示与头部毛发有关;右下边为"兀",在字中表音,为声符。楷书笔画化。《说文·髟部》:"髡,剃发也。从髟兀声。髡,或从元。"

本义为剃去头发。《楚辞·九章·涉江》:"接舆髡首兮,桑扈臝行。"《后汉书·东夷传》:"其人短小,髡头,衣韦衣,有上无下。"引申指剃光头发的刑法。《周礼·掌戮》:"髡者使守积。"《史记·季布栾布列传》:"乃髡钳季布,衣褐衣,置广柳车中。"韩兆琦《史记评注本》:"髡钳,剃去头发,披上枷锁,打扮成被卖奴隶的样子。"

鬑（lián）

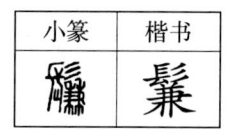

鬑,小篆的"鬑",从髟兼声。左及右上边从"髟",表示与头部毛发有关;右下边为"兼",在字中表音,为声符。楷书笔画化。《说文·髟部》:"鬑,鬋也。一曰长皃。从髟兼声。"《说文段注》:"此别一义,谓须发之长。"

本义为鬓发长而下垂的样子。《乐府诗集·古诗陌上桑》:"为人洁白皙,鬑鬑颇有须。"清代纪昀《阅微草堂笔记·滦阳续录五》:"一僧坐北牖上,其面横阔,须鬑鬑如久未剃。"

第三十一章 其他部之类

其他部之类包括殳、口、彡、香、至、白、瓜、卜、八、力、父、网十二部，其意义各不相同。

第一节 "殳"部及其例字

从"殳"的字，其义大多与敲击的行为有关。

殳（shū）

一、形体演变

甲骨文	金文	小篆	楷书
			殳

二、构形理据

殳，会意字。甲骨文的"殳"，从"　"（圆头长柄的击打器物）从"　"（又，抓持），合起来表示手持一柄大锤击打。金文基本承续甲骨文字形，只将甲骨文中的"　"简写成"　"。小篆承续金文字形，只将金文中的"　"改写成"　"。楷书笔画化。《说文·殳部》："殳，以杸殊人也。《礼》：'殳以积竹，八觚，长丈二尺，建于兵车，车旅贲以先驱。'从又几声。"《说文段注》："以杖殊人也，杖各本作杸。"方述鑫等《甲骨金文字典》："金文象以手持杖，杖上有锤之形。"

三、本义

本义为一种用竹或木制成的，起撞击或前导作用的古代兵器。《诗·卫风·伯兮》："伯也执殳，为王前驱。"汉代毛亨传："殳长丈二而无刃。"《左传·昭公二十三年》："庚舆将出，闻乌存执殳而立于道左，惧将止死。"唐代元稹《酬乐天东南行诗一百韵》："馈饷人推辂，谁何吏执殳。"唐代白居易《题座隅》："手不任执殳，肩不能荷锄。"

四、理据例说

从"殳"的字，其义大多与敲击的行为有关，大致可分两类。

第一，表示殳类兵器的名称，如"祋"。

祋（duì）

祋，形声字。小篆的"祋"，从殳示声。右边从"殳"，表示与殳类兵器有关；左边为"示"，在字中表音，为声符。楷书笔画化。《说文·殳部》："祋，殳也。从殳示声。"

本义为古代的一种兵器，即殳。《诗·曹风·候人》："彼候人兮，何戈与祋。"汉代毛亨传："祋，殳也。"

第二，表示敲击的行为，如"杀（殺）、段、击（擊）、殴（毆）、役"。

杀（殺 shā）

杀（殺），会意兼形声字。甲骨文的"杀"，从"乂"（又）从"朮"（毛）。上边从"乂"（又）表示抓、逮，下边从"朮"（毛）表示动物的尾巴，借代动物，合起来表示逮住动物进行屠宰。金文承续甲骨文字形。小篆的"殺"，字形繁化，为从殳杀声的形声字。楷书笔画化。现简化为"杀"，为恢复古本字法简化，为新会意字。《说文·殳部》："殺（杀），戮也。从殳杀声。"《说文段注》："按张参曰：'杀，古殺字。'张说似近是。"徐中舒《甲骨文字典》："杀，即布之初文。《说文》古文杀作布，与甲骨文布形同。盖布殺古音近，故后世亦借布为殺。"

本义为杀戮。《诗·豳风·七月》："朋酒斯飨，曰杀羔羊。"《孟子·梁惠王上》："'杀人以梃与刃，有以异乎？'曰：'无以异也。'"晋代陶渊明《桃花源记》："便要还家，设酒杀鸡作食。"唐代柳宗元《捕蛇者说》："然得而腊之以为饵，可以已大风、挛踠、瘘疠，去死肌，杀三虫。"

段（duàn）

段，会意兼形声字。金文的"段"，从"殳"（殳）从"厂"（石）。右下边从"殳"（殳）表示手持锻锤，左上边从"厂"（石）表示从巨岩上敲下的石块，合起来表示以重锤敲击岩石，开采石材。小篆字形讹变，左上边"厂"（石）误写成"𠂆"。楷书承续小篆字形，笔画化。《说文·殳部》："段，椎物也。从殳，耑省声。"《说文段注》："锻亦当作段。金部曰：'锻，小冶也。'小冶，小铸之竈也。后人以锻为段字，以段为分段字。"《玉篇·殳部》："段，投物也。"方述鑫等《甲骨金文字典》："段，金文从殳，象手持锤击物之形。"

本义为锤击。《周礼·考工记·辀人》:"段氏为镈器,桃氏为刃。"唐代贾公彦疏:"段氏为镈器,亦当入上齐中。"段氏,即锻铸工。引申为截断、分开。元末明初罗贯中《三国演义》第九十九回:"汝乃山野村夫,侵吾大国境界,如何敢发此言!吾若捉住汝时,碎尸万段!"清代文康《儿女英雄传》第八回:"我要寻着那两个骡夫,把这大胆的狗男女碎屍万段,消我胸中之恨!"

击(擊 jī)

击(擊),形声字。小篆的"擊",从手毄(jī)声。下边从"手",表示与用手敲击有关;上边为"毄(jī)",在字中表音,为声符。楷书笔画化。现简化为"击",为保留特征法简化,为记号字。《说文·手部》:"擊(击),支也。从手毄声。"

本义为敲击、敲打。《诗·陈风·宛丘》:"坎其击鼓,宛丘之下。"程俊英《诗经译注》译为"敲起鼓来冬冬响"。《楚辞·九歌·国殇》:"霾两轮兮絷四马,援玉枹兮击鸣鼓。"黄寿祺、梅桐生《楚辞全译》将"击鸣鼓"译为"猛击战鼓"。《史记·廉颇蔺相如列传》:"相如持其璧睨柱,欲以击柱。"《史记·廉颇蔺相如列传》:"某年某日,秦王为赵王击缶。"唐代杜甫《后出塞五首》:"渔阳豪侠地,击鼓吹笙竽。"

殴(毆 ōu)

殴(毆),形声字。小篆的"毆",从殳區(ōu)声。右边从"殳",表示与敲击的行为有关;左边为"區",在字中表音,为声符。楷书笔画化。现简化为"殴",声符类推简化,为新形声字。《说文·殳部》:"毆(殴),捶击物也。从殳區声。"《玉篇·殳部》:"殴,锤击也。"

本义为打击、捶击。元代杨梓《敬德不伏老》第一折:"你本是开国元勋,论汗马位列三公,今日赴宴不遵令,却用拳殴打道宗。"明代凌濛初《初刻拍案惊奇》卷三十三:"殴打平人,因而致死者抵命。"清代曹雪芹《红楼梦》第四回:"一下马就有一件人命官司详至案下,乃是两家争买一婢,各不相让,以至殴伤人命。"

役(yì)

役,会意字。甲骨文的"役",从殳从人。右边从"殳",表示与敲击的行为有关,在字中表义;左边从"人",表示持械敲击人。小篆字形讹变,误将"𠆢"写成"彳"。楷书笔画化。《说文·殳部》:"役,戍边也。从殳从彳。𢓱,古文役从人。"徐中舒《甲骨金文字典》:"役,从殳从𠆢(人),与《说文》役字之古文𢓱字形略同。"

本义为服兵役，戍守边疆，服劳役。《诗•王风•君子于役》："君子于役，如之何勿思。"汉代郑玄笺："行役多危难，我诚思之。"《国语•晋语一》："郤叔虎将乘城，其徒曰：'弃政而役，非其任也。'"唐代柳宗元《捕蛇者说》："余将告于莅事者，更若役，复若赋，则如何？"

第二节 "囗"部及其例字

从"囗"的字，其义均与环绕、界围的意义有关。

囗（wéi）

一、形体演变

小篆	楷书
囗	囗

二、构形理据

囗（wéi），象形字。小篆的"囗"，像有所环绕形，即"围"之初文。《说文•囗部》："囗（wéi），回也，象回帀（zā）之形。"《说文段注》："回，转也。按围绕、周围，字当用此，'围'行而'囗'废矣。象回帀之形。帀，周也。"现只作部首，不单用。《现代汉语词典》中仍设"囗"部。"囗"被称为围字框。

三、本义

本义为囗，古同"围"，只作部首。

四、理据例说

从"囗"的字，其义均与环绕、界围的意义有关，大致可分三类。

第一，表示与界围有关的事物，如"囷、囿、园（園）、圆（圓）、圃、圈、国（國）"。

囷（qūn）

小篆	楷书
囷	囷

囷，会意字。小篆的"囷"，从囗（wéi）从禾，表示禾在囗（"围"）中。《说文•囗部》："囷，廪之圆者。从禾在囗中。圆谓之囷，方谓之京。"《玉篇•囗部》："囷，仓也。廪之圆者。"

本义为圆形的谷仓。《诗•魏风•伐檀》："不稼不穑，胡取禾三百囷兮？"汉代毛亨传："圆者为囷。"《礼记•月令》："是月也，可以筑城郭，建都邑，穿窦窖，修囷仓。"《国语·吴语》："今吴民既罢，而大荒荐饥，市无赤米，而囷鹿空虚。"三国韦昭注："圆曰囷，方曰鹿。"

囿（yòu）

囿，会意兼形声字。甲骨文的"囿"，为会意字，从囗（wéi）从"茻"（卉）。外边从"囗"，表示范围和区域；里边从"茻"（卉），表示种植花草蔬菜的园子。金文演变为形声字，从囗有声。小篆、楷书承续金文字形。《说文·囗部》："囿，苑有垣也。从囗有声。一曰禽兽曰囿。 ，籀文囿。"方述鑫等《甲骨金文字典》："甲骨文象苑中有草木之形，为《说文》籀文所本。金文渐演变为从囗有声之形声字。"

本义为古代有围墙的园林。《诗·大雅·灵台》："王在灵囿，麀鹿攸伏。"汉代毛亨传："囿，所以域养禽兽也。灵囿，言灵道行于囿也。"《左传·僖公三十三年》："郑之有原圃，犹秦之有具囿也。"晋代杜预注："原圃、具囿，皆囿名。"

园（園 yuán）

园（園），形声字。小篆的"園"，从囗袁声。外边从"囗"，表示范围和区域；里边为"袁"，在字中表音，为声符。楷书笔画化。现简化为"园"，声符同音更换简化，为新形声字。《说文·囗部》："園（园），所以树果也。从囗袁声。"

本义为种蔬菜、花果、树木的地方。《诗·魏风·园有桃》："园有桃，其实之殽。"《周礼·大宰》："以九职任万民：一曰三农，生九谷；二曰园圃，毓草木。"汉代郑玄注："毓，古育字。"《乐府诗集·长歌行》："青青园中葵，朝露待日晞。"晋代陶渊明《归园田居》其一："开荒南野际，守拙归园田。"

圆（圓 yuán）

圆（圓），形声字。小篆的"圓"，从囗员声。外边从"囗"，表示范围和区域；里边为"員"，在字中表音，为声符。楷书笔画化。现简化为"圆"，声符类推简化，为新形声字。《说文·囗部》："圓（圆），圜全也。从囗员声。"

本义为圆形。《墨子·法仪》："百工为方以矩，为圆以规，直以绳，正以县。"《孟子·离娄上》："离娄之明，公输子之巧，不以规矩，不能成方圆。"

圃（pǔ）

圃，形声字。金文的"圃"，从囗甫声。外边从"囗"，表示范围和区域，在字中表义；里边为"甫"，在字中表音，为声符。小篆承续金文字形。楷书笔画化。《说文·囗部》:"圃,种菜曰圃。从口甫声。"方述鑫等《甲骨金文字典》:"圃,金文同小篆。"

本义为种植果木瓜菜的园地,周围常无垣篱。《诗·豳风·七月》:"九月筑场圃,十月纳禾稼。"汉代郑玄笺:"场圃同地耳,物生之时,耕治之以种菜茹,至物尽成熟,筑坚以为场。"唐代孟浩然《过故人庄》:"开轩面场圃,把酒话桑麻。"宋代欧阳修《卖油翁》:"尝射于家圃,有卖油翁释担而立,睨之。"

圈（juàn）

小篆	楷书
圈	圈

圈,形声字。小篆的"圈",从口卷声。外边从"口",表示范围和区域,在字中表义;里边为"卷",在字中表音,为声符。楷书笔画化。《说文·口部》:"圈,养畜之闲也。从口卷声。"《说文段注》:"闲,阑也。牛部曰:'牢,闲。养牛马圈也。'是牢与圈得通称也。"

本义为家畜的小围栏,养兽之所。《管子·立政》:"凡出入不时,衣服不中,圈属群徒不顺于常者,间有司见之,复无时。"唐代尹知章注:"圈属,羊豕之类也。"《汉书·张释之传》:"从行,上登虎圈,问上林尉禽兽簿。"唐代颜师古注:"圈,养兽之所也。"

国（國 guó）

甲骨文	金文	小篆	楷书	简化字
或	國	國	國	国

国（國）,会意兼形声字。甲骨文的"國",从囗从戈。左边从"囗",即"郭",表示城墙、城邑,右边从"戈"表示武器,合起来表示手持武器护卫城邑、疆域。金文演变为从囗或声的形声字。小篆、楷书承续金文字形。现简化为"国",草书楷化法简化,为意号字,"囗"为意符,"玉"为记号。《说文·囗部》:"國(国),邦也。从囗从或。"《说文段注》:"邑部曰:'邦,国也。'按邦国互训,浑言之也。《周礼》注曰:'大曰邦,小曰国。'"

本义为邦国。《周礼·太宰》:"大宰之职,掌建邦之六典,以佐王治邦国。"汉代郑玄注:"大曰邦,小曰国,邦之所居亦曰国。"《左传·隐公元年》:"都城过百雉,国之害也。"《左传·庄公十年》:"夫大国难测也,惧有伏焉。吾视其辙乱,望其旗靡,故逐之。"《论语·季氏》:"丘也闻有国有家者,不患寡而患不均,不患贫而患不安。"汉代贾谊《过秦论上》:"秦人开关延敌,九国之师,逡巡而不敢进。"

第二,表示与界围有关的行为,如"囚、围（圍）、回、图（圖）"。

囚（qiú）

小篆	楷书
囚	囚

囚,会意字。小篆的"囚",从囗(wéi)从人。外边从"囗",表示与界围有关的行为;里边从"人",表示人被关在界围里。楷书承续小篆字形,笔画化。《说文·囗部》:"囚,系也。从人在囗

中。"《尔雅·释言》:"囚,拘也。"

本义为拘禁、囚禁。《韩非子·说林上》:"问其巷人而不知也,吏因囚之。"汉代司马迁《报任安书》:"不韦迁蜀,世传《吕览》;韩非囚秦,《说难》《孤愤》。"唐代李朝威《柳毅传》:"君笑谓毅曰:'泾水之囚人至矣。'"

围（圍 wéi）

甲骨文	金文	小篆	楷书	简化字

围（圍），会意兼形声字。甲骨文的"圍"，从囗从二止。中间从"囗"表示城邑，上下从"止"，"止"即"趾"，代指两只脚，合起来表示在城邑东西两侧出警巡逻。金文在"韋"的基础上加"囗"，为"圍"字。小篆承续金文字形。楷书笔画化。现简化为"围"，声符类推简化，仍为形声字。《说文·囗部》:"圍（围），守也。从囗韋声。"方述鑫等《甲骨金文字典》:"金文同小篆。"《广雅·释诂》:"围，裹也。"

本义为环绕。《庄子·则阳》:"斯而析之，精至于无伦，大至于不可围，或之始，莫之为，未免于物，而终以为过。"元末明初施耐庵《水浒传》第三十二回:"转过侧首墙边一所大庄院，两下都是高墙粉壁，垂柳乔松，围绕着墙院。"引申为包围。清代全祖望《梅花岭记》:"顺治二年乙酉四月，江都围急。"

回（huí）

金文	小篆	楷书

回，象形字。金文的"回"，像渊水回旋之形。小篆讹变，误将金文的螺旋形"⟲"写成内外两个圆圈。楷书笔画化。《说文·囗部》:"回，转也。从囗，中象回转形。"

本义为回旋、旋转。《诗·大雅·云汉》:"倬彼云汉，昭回于天。"汉代毛亨传:"回，转也。"唐代李白《梦游天姥吟留别》:"虎鼓瑟兮鸾回车，仙之人兮列如麻。"唐代岑参《白雪歌送武判官归京》:"山回路转不见君，雪上空留马行处。"宋代欧阳修《醉翁亭记》:"峰回路转，有亭翼然临于泉上者，醉翁亭也。"

图（圖 tú）

金文	小篆	楷书	简化字

图（圖），会意字。金文的"圖"，从囗从啚。外边从"囗"表示与界围有关的行为，里边从"啚"表示艰难，合起来表示规划一件事需慎重考虑，相当不容易。小篆承续金文字形。楷书笔画化。现简化为"图"，为草书楷化法简化，为意号字，"囗"为意符，"冬"为记号。《说文·囗部》:"圖（图），画计难也。从囗从啚。啚，难意也。"方述鑫等《甲骨金文字典》:"金文字形略同小篆。或加心，则示图谋之意。"

本义为谋划，反复考虑。《诗·小雅·常棣》："是究是图，亶其然乎！"汉代毛亨传："究，深。图，谋。亶，信也。"《仪礼·聘礼》："君与卿图事，遂命使者。"汉代郑玄注："图，谋也。"《战国策·秦策四》："韩、魏从，而天下可图也。"引申为绘画。《汉书·苏武传》："上思股肱之美，乃图画其人于麒麟阁，法其形貌，署其官爵姓名。"唐代颜师古注引张晏注曰："武帝获麒麟时作此阁，图画其象于阁，遂以为名。"

第三，表示与界围有关的性状，如"团（團）、固"。

团（團 tuán）

小篆	楷书	简化字
團	團	团

团（團），形声字。小篆的"團"，从囗專声。外边从"囗"，表示与界围有关的性状，在字中表义；里边为"專"，在字中表音，为声符。楷书笔画化。现简化为"团"，为记号替代法简化，为意号字，"囗"为意符，"才"为记号。《说文·囗部》："團（团），圆也。从囗專声。"

本义为圆，圆形。汉代班婕妤《怨歌行》："裁为合欢扇，团团似明月。"晋代张翰《周小史》："年十有五，如日在东。香肤柔泽，素质参红。团辅圆颐，菡萏芙蓉。"清代曹雪芹《红楼梦》第三回："穿一件二色金百蝶穿花大红箭袖，束着五彩丝攒花结长穗宫绦，外罩石青起花八团倭锻排穗褂，登着青缎粉底小朝靴。"引申为聚集、集合。唐代张说《东都酺宴四首》："争驰群鸟散，斗伎百花团。"

固（gù）

金文	小篆	楷书
固	固	固

固，形声字。金文的"固"，从囗古声。外边从"囗"，表示与界围有关的性状，在字中表义；里边为"古"，在字中表音，为声符。小篆基本承续金文字形。楷书笔画化。《说文·囗部》："固，四塞也。从囗古声。"方述鑫等《甲骨金文字典》："固，金文同小篆。"

本义为坚，坚固。《诗·小雅·天保》："天保定尔，亦孔之固。"汉代毛亨传："固，坚也。"《荀子·王霸》："如是，则兵劲城固，敌国畏之。"《韩非子·外储说右上》："托良马固车，则臧获有余。国者，君之车也。"《吕氏春秋·达郁》："肌肤欲其比也，血脉欲其通也，筋骨欲其固也，心志欲其和也。"汉代贾谊《过秦论》："秦孝公据崤函之固，拥雍州之地，君臣固守以窥周室。"

第三节 "彡"部及其例字

从"彡"的字，其义大多与毛发、纹饰有关。

彡（shān）

一、形体演变

小篆	楷书
彡	彡

二、构形理据

彡，音 shān，象形字。小篆的"彡"，像须毛和饰画的花纹。楷书笔画化。《说文·彡部》："彡，毛饰画文也。象形。"现只作部首，不单用。《现代汉语词典》中仍设"彡"部。

三、本义

本义为须毛和画饰的花纹，也指毛长。

四、理据例说

从"彡"的字，其义大致可分为以下三类。

第一，表示与毛发及其有关的事物，如"尨"。

尨（máng）

金文	小篆	楷书
尨	尨	尨

尨，会意字。金文的"尨"，从彡（shān）从犬。左中部从"彡"表示毛饰，外边从"犬"表示狗，合起来表示多毛的狗。小篆承续金文字形。楷书笔画化。《说文·犬部》："尨，犬之多毛者。从犬从彡。"《说文段注》："释兽、毛传皆曰：'尨，狗也。'此浑言之，许就字分别言之也。引申为杂乱之称。"方述鑫等《甲骨金文字典》："尨，甲骨文象犬腹有长毛之形，为《说文》尨字篆文所本。"

本义为多毛的狗。《诗·召南·野有死麕》："无感我帨兮，无使尨也吠！"汉代毛亨传："尨，狗也。"唐代无名氏《纪游东观山》："颙颙左顾龟，狺狺欲吠尨。"

第二，表示光彩、纹饰方面的事情，如"彩、彤、修、形、彪、彰"。

彩（cǎi）

小篆	楷书
彩	彩

彩，形声字。小篆的"彩"，从彡（shān）采声。右边从"彡"，表示光彩、纹饰方面的事情，在字中表义；左边为"采"，在字中表音，为声符。楷书笔画化。《说文新附·彡部》："彩，文章也。从彡采声。"

本义为文采，文章才华。《宋书·颜延之传》："延之与陈郡谢灵运俱以词彩齐名，自潘岳、陆机之后，文士莫及也。"唐代杜甫《丹青引赠曹将军霸》："英雄割据虽已矣，文彩风流犹尚存。"引申为色彩、光彩。唐代郑谷《锦二首》："布素豪家定不看，若无文彩入时难。"

彤（tóng）

金文	小篆	楷书

彤，会意字。金文的"彤"，从彡（shān）从丹。右边从"彡"表示毛饰，左边从"丹"表示丹砂，合起来表示彩色的装饰。小篆承续金文字形。楷书笔画化。《说文·丹部》："彤，丹饰也。从丹从彡。彡，其画也。"《玉篇·丹部》："彤，丹饰也。赤色。"

本义为朱红色。《诗·邶风·静女》："静女其娈，贻我彤管。"汉代郑玄笺："彤管，笔赤管也。"《诗·小雅·彤弓》："彤弓弨兮，受言藏之。"汉代毛亨传："彤弓，朱弓也。"《尚书·文侯之命》："彤弓一，彤矢百，卢弓一，卢矢百，马四匹。"汉代孔安国传："彤，赤。卢，黑也。"

修（xiū）

小篆	楷书

修，形声字。小篆的"修"，从彡（shān）攸（yōu）声。右下边从"彡"，表示光彩、纹饰方面的事情，在字中表义；左及右上为"攸"，在字中表音，为声符。楷书笔画化。《说文·彡部》："修，饰也。从彡攸声。"

本义为修饰、装饰。《楚辞·九歌·湘君》："美要眇兮宜修，沛吾乘兮桂舟。"黄寿祺、梅桐生《楚辞全译》将首句译为"修饰好美丽容貌来接你"。引申为修养身心，培养品德。《论语·述而》："德之不修，学之不讲，闻义不能徙，不善不能改，是吾忧也。"

形（xíng）

小篆	楷书

形，形声字。小篆的"形"，从彡（shān）开（jiān）声。右下边从"彡"，表示光彩、纹饰方面的事情；左边为"开"，在字中表音，为声符。楷书笔画化，为从彡开声的形声字。《说文·彡部》："象形也。从彡开声。"《说文段注》："各本作象形也，今依《韵会》本正。当作'像'，谓'像'似可见者也。人部曰：'像，似也。''似，像也。'形容谓之形。因而形容之亦谓之形。"

本义为形体、形象。《周易·系辞上》："在天成象，在地成形，变化见矣。"三国王弼等注："象况日月星辰，形况山川草木也。"《孟子·尽心上》："孟子曰：'形色，天性也；惟圣人，然后可以践形。'"《后汉书·张衡传》："（候风地动仪）以精铜铸成，员径八尺，合盖隆起，形似酒尊。"

彪（biāo）

| 金文 | 小篆 | 楷书 |

彪，会意字。金文的"彪"，从彡（shān）从虎。右下边从"彡"表示毛饰，左边从"虎"，合起来表示老虎身上的斑纹。小篆承续金文字形。楷书笔画化。《说文·虎部》："彪，虎文也。从虎，彡象其文也。"方述鑫等《甲骨金文字典》："金文与小篆同。"

本义为虎身的斑纹。汉代扬雄《法言·君子》："以其弸中而彪外也。"隋代李轨注："弸，满也；彪，文也。"借喻为文采。汉代扬雄《太玄·文》："炳如彪如，尚文昭如。"

彰（zhāng）

| 小篆 | 楷书 |

彰，会意兼形声字。小篆的"彰"，从彡（shān）从章，章亦声。右边从"彡"，表示光彩、纹饰方面的事情；左边从"章"，表示显著，"章"也兼表声。楷书笔画化。《说文·彡部》："彰，文彰也。从彡从章，章亦声。"

本义为明显、显著。《广雅·释诂》："彰，明也。"《尚书·皋陶谟》："彰厥有常，吉哉！"汉代孔安国传："彰，明。吉，善也。"《荀子·劝学》："顺风而呼，声非加疾也，而闻者彰。"

第三，表示声音，如"彭"。

彭（péng）

| 甲骨文 | 金文 | 小篆 | 楷书 |

彭，会意字。甲骨文的"彭"，从"壴"（壴 zhù）从"彡"（彡）。右边从"彡"（彡）表示声音，巨大响声，左边从"壴"（壴）表示以掌击鼓，合起来表示击鼓时发出的"嘭嘭"声响。金文、小篆承续甲骨文字形。楷书笔画化。《说文·壴部》："彭，鼓声也。从壴彡声。"我们认为"彭"，当为从彡从壴的会意字。清代朱骏声《说文通训定声》："彭，从鼓省，从彡，会意。彡，即三也，击鼓以三通为率。"

本义为鼓声或类似鼓的声音。唐代张籍《将军行》："战车彭彭旌旗动，三十六军齐上陇。"宋代张舜民《打麦诗》："打麦打麦，彭彭魄魄，声在山南应山北。"

第四节　"香"部及其例字

从"香"的字，其义多与香气有关。

香（xiāng）

一、形体演变

甲骨文 1	甲骨文 2	小篆	楷书
𣈾	𣈿	𪏽	香

二、构形理据

香，会意字。甲骨文 1 的"香"，从"禾"（麦）从"∴"从"口"（口）。上边从"禾"（麦）表示制作成的面食，上边四周从"∴"表示散发着的怡人气味，下边从"口"（口）表示吃、品尝，合起来表示享用热腾腾的面食时所体验到的怡人气味。甲骨文 2 省去面食上的热气，并将"口"写成"甘"，强调"香"为一种"怡人的口感"。小篆将"禾"（麦）写成"黍"（黍）。楷书笔画化。《说文·香部》："香，芳也。从黍从甘。"徐中舒《甲骨文字典》："香，从禾（黍）从口（口），象盛黍稷于器之形，以见馨香之意。所从口为盛黍稷之器。"

三、本义

本义为五谷散发出的芬芳气味。《诗·大雅·生民》："卬盛于豆，于豆于登，其香始升。"程俊英《诗经译注》将"其香始升"译为"香气马上升满堂"。唐代皮日休《橡媪叹》："山前有熟稻，紫穗袭人香。"宋代辛弃疾《西江月·夜行黄沙道中》："稻花香里说丰年，听取蛙声一片。"元末明初罗贯中《三国演义》第八十九回："但见长松大柏，茂竹奇花，环绕一庄；篱落之中，有数间茅屋，闻得馨香喷鼻。"

四、理据例说

从"香"的字，其义多与香气有关，如"馥、馨"。

馥（fù）

小篆	楷书
馥	馥

馥，形声字。小篆的"馥"，从香复声。左边从"香"，表示与香气有关；右边为"复"，在字中表音，为声符。楷书笔画化。《说文新附·香部》："馥，香气芬馥也。从香复声。"

本义为香气很盛。汉代苏武《诗四首》之四："烛烛晨明月，馥馥我兰芳。"唐代李善引薛君注曰："馥，香貌也。"唐代申欢《兜玄国怀归诗》："风软景和煦，异香馥林塘。"宋代苏轼《千秋岁·湖州暂来徐州重阳作》："秋露重，真珠落袖沾余馥。"明代冯梦龙《醒世恒言·灌园叟晚逢仙女》卷四："满坐芳香，馥馥袭人。"清代曹雪芹《红楼梦》第五回："更见仙花馥郁，异草芬芳，真好个所在。"

馨（xīn）

小篆	楷书
馨	馨

馨，形声字。小篆的"馨"，从香殸（qìng）声。下边从"香"，表示与香气有关；上边为"殸"，在字中表音，为声符。楷书笔画化。《说文·香部》："馨，香之远闻者。从香殸声。殸，籀文磬。"

本义为芳香，散布很远的香气。《诗·大雅·凫鹥》："尔酒既清，尔殽既馨。"汉代毛亨传："馨，香之远闻也。"《国语·周语上》："其德足以昭其馨香，其惠足以同其民人。"唐代刘禹锡《陋室铭》："斯是陋室，惟吾德馨。"

第五节 "至"部及其例字

从"至"的字，其义多与来去行为有关。

至（zhì）

一、形体演变

甲骨文	金文	小篆	楷书
至	至	至	至

二、构形理据

至，指事字。甲骨文的"至"，从"𠂇"（矢）从"—"（一）。上面从"𠂇"（矢）表示射出的箭，箭头朝下，箭尾朝上，下面从"—"（一）表示地面，合起来表示箭降到眼前的地上。金文、小篆承续甲骨文字形。楷书笔画化。《说文·至部》："至，鸟飞从高下至地也。从一，一犹地也。象形。"《说文》中的字形解说不确。徐中舒《甲骨文字典》："至，从倒'矢'（矢）从一，一象地。罗振玉谓象矢远来降至地之形。（《雪堂金石文字跋尾》）可从。"《广韵·脂韵》："至，到也。"《玉篇·至部》："至，到也。"

三、本义

本义为到来、到达。《诗·豳风·东山》："洒埽穹窒，我征聿至。"程俊英《诗经译注》译为"洒扫房舍多整洁，盼我征夫早回乡"。《论语·微子》："使子路反见之。至则行矣。"《荀子·劝学》："故不积跬步，无以至千里。"唐代李白《望天门山》："天门中断楚江开，碧水东流至此回。"宋代文天祥《指南录后序》："至京口，得间奔真州，即具以北虚实告东西二阃，约以连兵大举。"

四、理据例说

从"至"的字，其义多与来去行为有关，如"到、致、臻"。

到（dào）

到，会意兼形声字。金文的"到"，从至从人。左边从"至"，表示到达；右边从人，表示人到达此地。小篆演变为从至刀声的形声字。楷书承续小篆字形，笔画化。《说文·至部》："到，至也。从至刀声。"方述鑫等《甲骨金文字典》："到，金文从至从人，为《说文》到字篆文所本。"我们认为金文与小篆的"到"，其形体结构不同。

本义为到达、抵达。《诗·大雅·韩奕》："蹶父孔武，靡国不到。"汉代郑玄笺："蹶父甚武健，为王使於天下，国国皆至。"《战国策·齐策四》："长驱到齐，晨而求见。"《史记·滑稽列传》："豹往，到邺，会长老，问之民所疾苦。"

致（zhì）

致，会意字。金文的"致"，从至从"𠂇"（行走的人），表示来到。小篆省去金文中的"人"，只剩下脚。楷书笔画化。《说文·至部》："致，送诣也。从夂从至。"《说文段注》："送诣者，送而必至其处也。"

本义为送达、送到。《诗·卫风·竹竿》："岂不尔思？远莫致之。"汉代郑玄笺："我岂不思与君子为室家乎？君子疏远，已无由致此道。"《荀子·解蔽》："远方莫不致其珍，故目视备色，耳听备声，口食备味。"《史记·李将军列传》："单于素闻广贤，令曰：'得李广必生致之。'"

臻（zhēn）

臻，形声字。小篆的"臻"，从至秦声。左边从"至"，表示与来去行为有关；右边为"秦"，在字中表音，为声符。楷书笔画化。《说文·至部》："臻，至也。从至秦声。"

本义为到、到达。《诗·大雅·云汉》："天降丧乱，饥馑荐臻。"汉代毛亨传："荐，重。臻，至也。"程俊英《诗经译注》："荐，再、屡次。臻，至。"《国语·晋语二》："又重之以寡君之不禄，丧乱并臻。"明代吴承恩《西游记》第十二回："其多少斋僧布施，买金银纸锭，记库焚烧，故有此善果臻身。"

第六节　"白"部及其例字

从"白"的字，其义多与白色、光亮有关。

白（bái）

一、形体演变

甲骨文	金文	小篆	楷书
白	白	白	白

二、构形理据

白，象形字或指事字。关于"白"字的形体，学界争论颇多。有的认为是象形字，像日光上下照射之形；有的认为像光圈环绕的灯盏形；有的认为像拇指形，等等。有的认为是指事字，即在"日"形上加一符号，表示太阳之明等。但对"白"的本义，解释基本一致，即白色。《说文·白部》："白，西方色也。阴用事，物色白。从入合二。二，阴数。"谷衍奎《汉字源流字典》："白，象形字。甲骨文像一粒白米形，中间两画像胚芽。金文稍简。篆文讹变较大并整齐化。隶变后楷书写作白。"

三、本义

本义为白颜色。《诗·秦风·蒹葭》："蒹葭苍苍，白露为霜。"《战国策·燕策三》："太子及宾客知其事者，皆白衣冠以送之。"《庄子·马蹄》："白玉不毁，孰为珪璋；道德不废，安取仁义。"《史记·项羽本纪》："谨使臣良奉白璧一双，再拜献大王足下。"唐代柳宗元《捕蛇者说》："永州之野产异蛇，黑质而白章。"

引申为天亮。唐代李贺《致酒行》："我有迷魂招不得，雄鸡一声天下白。"又引申为显著。《荀子·天论》："礼义不加于国家，则功名不白。"又引申为表明、说明。《吕氏春秋·士节》："今晏子见疑，吾将以身死白之。"《史记·滑稽列传》："巫妪弟子是女子也，不能白事，烦三老为入白之。"又引申为禀告、报告。唐代柳宗元《童区寄传》："虚吏白州。州白大府。大府召视儿，幼愿耳。"

四、理据例说

从"白"的字，其义多与白色、光亮有关，如"皎、皑、皓、皙"。

皎（jiǎo）

小篆	楷书
皎	皎

皎，形声字。小篆的"皎"，从白交声。左边从"白"，表示与白色、光亮有关，在字中表义；右边为"交"，在字中表音，为声符。楷书笔画化。《说文·白部》："皎，月之白也。从白交声。《诗》曰：'月出皎兮。'"

本义为洁白明亮。《诗·陈风·月出》："月出皎兮，佼人僚兮。"汉代毛亨传："皎，月光也。"《诗·小雅·白驹》："皎皎白驹，食我场苗。"程俊英《诗经译注》："皎皎，洁白。"唐代张若虚《春江花月夜》："江天一色无纤尘，皎皎空中孤月轮。"

皑（ái）

皑，形声字。小篆的"皑"，从白豈（qǐ）声。左边从"白"，表示与白色、光亮有关，在字中表义；右边为"豈"，在字中表音，为声符。楷书笔画化。现简化为"皑"，为部件类推简化。《说文·白部》："皑，霜雪之白也。从白豈声。"

本义为霜雪洁白。汉代刘歆《遂初赋》："漂积雪之皑皑兮，涉凝露之降霜。"汉代卓文君《白头吟》："皑如山上雪，皎若云间月。"唐代卢照邻《失群雁》："三秋北地雪皑皑，万里南翔渡海来。"

皓（hào）

皓，形声字。小篆的"皓"，从白告声。左边从"白"，表示与白色、光亮有关；右边为"告"，在字中表音，为声符。楷书笔画化。《说文·白部》："皓，日出皃。从日告声。"《说文段注》："日出皃，谓光明之皃也。天下惟洁白者最光明。故引申为凡白之称。"《小尔雅·广诂》："皓，白也。"

本义为光明，本作"皜"。《诗·陈风·月出》："月出皓兮，佼人懰兮。"程俊英《诗经译注》："皓，光明。"引申为白，洁白。《诗·唐风·扬之水》："扬之水，白石皓皓。"汉代毛亨传："皓皓，洁白也。"《后汉书·循吏列传·刘庞传》："山阴县有五六老叟，尨眉皓发，自若邪山谷闲出。"唐代李贤注："尨，杂也。老者眉杂白黑也。"

皙（xī）

皙，形声字。小篆的"皙"，从白析声。下边从"白"，表示与白色、光亮有关，在字中表义；上边为"析"，在字中表音，为声符。楷书笔画化。《说文·白部》："皙，人色白也。从白析声。"

本义为皮肤白净，白得雅气、好看。《诗·鄘风·君子偕老》："玉之瑱也，象之揥也，扬且之皙也。"汉代毛亨传："皙，白皙。"《乐府诗集·陌上桑》："为人洁白皙，鬑鬑颇有须。"唐代李白《越女词》："吴儿多白皙，好为荡舟剧。"

第七节 "瓜"部及其例字

从"瓜"的字，其义多与瓜果有关。

瓜（guā）

一、形体演变

金文	小篆	楷书
瓜	瓜	瓜

二、构形理据

瓜，象形字。金文的"瓜"，像藤茎"⺁"上挂着葫芦状的果实"⬚"，为附体象形字，两边像瓜蔓，中间是果实，表示藤上结瓜的形象。小篆承续金文字形。楷书笔画化。《说文·瓜部》："瓜，㼌（yǔ）也。象形。"《说文段注》："艸部曰：'在木曰果，在地曰蓏。'瓜者，縢生布于地者也。"方述鑫等《甲骨金文字典》中"瓜"同《说文》。谷衍奎《汉字源流字典》："瓜，金文像藤蔓上结有瓜形。"

三、本义

本义为草木蔓生植物所结果实的总称，种类很多，果实也称"瓜"。《诗·豳风·七月》："七月食瓜，八月断壶，九月叔苴。"程俊英《诗经译注》译为："七月采瓜食瓜瓤，八月葫芦吃个光，九月麻子好收藏。"《诗·大雅·绵》："绵绵瓜瓞。"汉代孔颖达疏："然则瓜之族类本有二种，大者曰瓜，小者曰瓞，此则其种别也。"唐代杜甫《牵牛织女》："蛛丝小人态，曲缀瓜果中。"今有成语"瓜熟蒂落""瓜田李下"。引申为瓜状物。元代睢景臣[般涉调]《哨遍·高祖还乡》："红漆了叉，银挣了斧，甜瓜苦瓜黄金镀。"

四、理据例说

从"瓜"的字，其义多与瓜果有关，如"瓢、瓤、瓣"。

瓢（piáo）

小篆	楷书
瓢	瓢

瓢，形声字。小篆的"瓢"，从瓜票声。右边从"瓜"，表示与瓜果有关，在字中表义；左边为"票"，在字中表音，为声符。楷书笔画化。《说文·瓜部》："瓢，蠡也。从瓠省，票声。"

本义为瓠（hù）的一种，也称"葫芦"。《论语·雍也》："贤哉，回也！一箪食，一瓢饮，在陋巷。"唐代骆宾王《夏日游德州赠高四》："一瓢欣狎道，三月聊栖拙。"唐代王维《田园乐七首》之五："一瓢颜回陋巷，五柳先生对门。"

瓤（ráng）

小篆	楷书
瓤	瓤

瓤，形声字。小篆的"瓤"，从瓜襄（xiāng）声。右边从"瓜"，表示与瓜果有关，在字中表义；左边为"襄"，在字中表音，为声符。楷书笔画化。《玉篇·瓜部》："瓤，瓜实也。"

本义为瓜类的肉。唐代白居易《荔枝图序》:"朵如葡萄,核如枇杷,壳如红缯,膜如紫绡,瓤肉莹白如冰雪,浆液甘酸如醴酪。"明代李时珍《本草纲目·甜瓜》卷三十三:"瓜瓤,甘,寒滑,有小毒。"

瓣（bàn）

小篆	楷书
瓣	瓣

瓣,形声字。小篆的"瓣",从瓜辡(biǎn)声。中间从"瓜",表示与瓜果有关,在字中表义;左右两边为"辡",在字中表音,为声符。楷书笔画化。《说文·瓜部》:"瓣,瓜中实。从瓜辡声。"

本义为瓜类的籽。晋代傅玄《瓜赋》:"细肌密理,多瓤少瓣。"南北朝谢惠连《祭古冢文》:"水中有甘蔗节及梅李核瓜瓣,皆浮出不甚烂坏。"唐代李善引《说文》注曰:"瓣,瓜中实也。"引申为瓜果的分瓤。唐代元稹《贬江陵途中寄乐天》:"紫芽嫩茗和枝采,朱橘香苞数瓣分。"

第八节 "卜"部及其例字

从"卜"的字,其义多与占卜有关。

卜（bǔ）

一、形体演变

甲骨文	金文	小篆	楷书
Y	Ƿ	卜	卜

二、构形理据

卜,象形字。甲骨文的"卜",像龟甲烧过后出现的裂纹形。金文、小篆承续甲骨文字形。楷书笔画化。《说文·卜部》:"卜,灼剥龟也,象灸龟之形。一曰象龟兆之纵横也。"方述鑫等《甲骨金文字典》:"甲骨文卜正象龟兆纵横之形,金文承之。"

三、本义

本义为占卜。古人用火灼龟甲,根据裂纹来预测吉凶,叫"卜"。《诗·卫风·氓》:"尔卜尔筮,体无咎言。"汉代毛亨传:"龟曰卜,蓍曰筮。体,兆卦之体。"《礼记·曲礼上》:"龟为卜,筴为筮。卜筮者,先圣王之所以使民信时日,敬鬼神,畏法令也。"《左传·僖公四年》:"初,晋献公欲以骊姬为夫人,卜之,不吉;筮之,吉。"

四、理据例说

从"卜"的字，其义多与占卜有关，如"卦、占、贞（貞）"。

卦（guà）

小篆	楷书
卦	卦

卦，形声字。小篆的"卦"，从卜（bǔ）圭（guī）声。右边从"卜"，表示与占卜有关，在字中表义；左边为"圭"，在字中表音，为声符。楷书笔画化。《说文·卜部》："卦，筮也。从卜圭声。"

本义为象征自然现象和人事变化的一套符号，供占卜用。《周易·说卦》："参天两地而倚数，观变于阴阳而立卦。"三国王弼注："卦，象也。蓍，数也。卦则雷风相薄，山泽通气，拟象阴阳变化之体。"《周易·系辞上》："是故易有太极，是生两仪，两仪生四象，四象生八卦。"今有词语"占卦""卦象""卦辞"等。

占（zhān）

甲骨文1	甲骨文2	小篆	楷书
		占	占

占，会意字。甲骨文1的"占"，外围从"冂"，里边从卜从口。从"冂"表示骨块，骨块上边从"卜"表示与占卜有关，骨块下边从"口"表示巫师的解说，合起来表示察看甲骨的裂纹或蓍草排列的情况取兆推测吉凶。甲骨文2省去骨块。小篆承续甲骨文2的字形。楷书笔画化。《说文·卜部》："占，视兆问也。从卜从口。"方述鑫等《甲骨金文字典》："占，甲骨文从冂，象骨板，从占，以示'视兆问'之意。"

本义为推测吉凶。《周易·系辞上》："以动者尚其变，以制器者尚其象，以卜筮者尚其占。"《左传·僖公十五年》："史苏占之，曰：'不吉。'"明代凌濛初《初刻拍案惊奇》卷八："占卜既好，只索放心前去。"今有词语"占卜""占卦"。

贞（貞 zhēn）

甲骨文	金文	小篆	楷书	简化字
		貞	貞	贞

贞（貞），象形兼会意字。甲骨文的"贞"，为"鼎"，鼎本为食器，这里表火具，即用火具而卜，为象形字。金文在甲骨文"鼎"的上边加"卜"，强调占卜、卜问。小篆承续金文字形。楷书笔画化。现简化为"贞"，形符"贝"类推简化，为新会意字。《说文·卜部》："贞，卜问也。从卜，贝以为贽。一曰鼎省声，京房所说。"方述鑫等《甲骨金文字典》："甲骨文借鼎为贞，二字古音同。金文加卜。"

本义为占卜。《周礼·天府》："季冬，陈玉以贞来岁之媺（měi，同'美'）恶。"汉代郑玄注："问事之正曰贞。"《周礼·磬师》："凡国大贞，卜立君，卜大封，则眡（shì）高作龟。"唐代贾公彦疏："凡国家有大事，正问於龟之事有二，则卜立君、卜

716

大封是也。"引申为坚定不移，多指意志或操守。三国诸葛亮《出师表》："侍中、尚书、长史、参军，此悉贞良死节之臣，愿陛下亲之信之。"

第九节 "八"部及其例字

从"八"的字，其义多与分解、相背的意义有关。

八（bā）

一、形体演变

甲骨文	金文	小篆	楷书
)(	)(	八	八

二、构形理据

八，特殊指事字。甲骨文用相背的两条弧线")("，表示物体被分为两部分。金文、小篆承续甲骨文字形。楷书笔画化。《说文·八部》："八，别也。象分别相背之形。"《说文段注》："今江浙俗语以物与人谓之八，与人则分别矣。象分别相背之形。"方述鑫等《甲骨金文字典》："甲金文乃以二画相背，分向张开，以表示分别之意。多借用为纪数之词，为《说文》八字篆文所本。"

三、本义

本义为相背分开，文献用例较少，后被假借表示数目之词，且久借不返，本义遂湮没。常用义为表示数目。《战国策·齐策一》："邹忌修八尺有余，形貌昳丽。"

四、理据例说

从"八"的字，其义多与分解、相背的意义有关，如"分、公、半"。

分（fēn）

甲骨文	金文	小篆	楷书
八	分	分	分

分，会意字。甲骨文的"分"，从八从刀。上边从"八"，表示与分解、相背的意义有关；下边从"刀"，表示以刀剖物，使之分开的意思。金文、小篆承续甲骨文字形。楷书笔画化。《说文·八部》："分，别也。从八从刀，刀以分别物也。"方述鑫等《甲骨金文字典》："分，甲金文与《说文》分字篆文同。"

本义为一分为二、分开、分出，与"合"相对。《礼记·月令》："是月也，日长至，阴阳争，死生分。"汉代郑玄注："分犹半也。"《荀子·礼论》："然则何以分之？"

宋代陆游《过小孤山大孤山》："江自湖口分一支为南江，盖江西路也。"元末明初罗贯中《三国演义》第四十五回："文官武将，各穿锦衣；帐下偏裨将校，都披银铠：分两行而入。"

公（gōng）

甲骨文	金文	小篆	楷书
公	公	公	公

公，会意字。甲骨文的"公"，从八从厶（sī）。上边从"八"表示与分解、相背的意义有关，下边从"厶"，为"私"的本字，合起来表示"与私相背"，即"公正无私"的意思。金文、小篆承续甲骨文字形。楷书笔画化。《说文·八部》："公，平分也。从八从厶。八犹背也。韩非曰：背厶为公。"方述鑫等《甲骨金文字典》："'公'字说解基本同《说文》。"

本义为公正、无私。《墨子·尚贤上》："故官无常贵，而民无终贱，有能则举之，无能则下之，举公义，辟私怨。"《韩非子·五蠹》："古者苍颉之作书也，自环者谓之私，背私谓之公，公私之相背也。"《史记·屈原贾生列传》："屈平疾王听之不聪也，谗谄之蔽明也，邪曲之害公也，方正之不容也，故忧愁幽思而作离骚。"引申为共、共同。清代黄宗羲《原君》："天下有公利而莫或兴之，有公害而莫或除之。"清代袁枚《黄生借书说》："今黄生贫类予，其借书亦类予；惟予之公书与张氏之吝书若不相类。"

半（bàn）

金文	小篆	楷书
半	半	半

半，会意字。金文的"半"，从八从牛。上边从"八"，表示与分解、相背的意义有关；下边从"牛"，表示分解牛之意。小篆承续金文字形。楷书笔画化。《说文·半部》："半，物中分也。从八从牛。牛为物大，可以分也。"方述鑫等《甲骨金文字典》："半，金文与《说文》半字篆文同。"

本义为一半，二分之一。《汉书·高帝纪上》："羽解而东归。汉王欲西归，张良、陈平谏曰：'今汉有天下太半，而诸侯皆附，楚兵罢食尽。'"唐代颜师古注引韦昭注曰："凡数三分有二为太半，有一分为少半。"三国诸葛亮《出师表》："先帝创业未半而中道崩殂，今天下三分，益州疲弊，此诚危急存亡之秋也。"唐代白居易《卖炭翁》："半匹红绡一丈绫，系向牛头充炭直。"清代蒲松龄《聊斋志异·狼》："身已半入，只露尻尾。"

第十节 "力"部及其例字

从"力"的字，其义多与力气、力量有关。

力（lì）

一、形体演变

甲骨文	金文	小篆	楷书
丿	丿	办	力

二、构形理据

力，象形字。甲骨文的"力"，像耒形，有柄有尖，用以翻地，用耒表示执耒耕作需要花费力气。金文、小篆承续甲骨文字形。楷书笔画化。《说文·力部》："力，筋也。象人筋之形。治功曰力，能圉大灾。"专家学者认为《说文》说形不确。方述鑫等《甲骨金文字典》："力，甲金文象原始农具之耒形，殆以耒耕作须有力，故引申为气力之力。《说文》说形不确。"

三、本义

本义为体力、力气。《诗·邶风·简兮》："有力如虎，执辔如组。"《孟子·梁惠王上》："吾力足以举百钧，而不足以举一羽。"唐代柳宗元《童区寄传》："童微伺其睡，以缚背刃，力上下，得绝。"宋代王安石《游褒禅山记》："然力足以至焉，于人为可讥，而在己为有悔。"

四、理据例说

"力"是汉字部首之一。从"力"的字，其义多与力气、力量有关，如"助、勤、劝（勸）、勋（勳）、劲（勁）、劣"。

助（zhù）

小篆	楷书
助	助

助，形声字。小篆的"助"，从力且（zǔ）声。右边从"力"，表示与力气、力量有关；左边为"且"，在字中表音，为声符。楷书笔画化。《说文·力部》："助，左也。从力且声。"《说文段注》："左今之佐字。左下曰：'手相左助也。'二篆为转注。右下曰：'手口相助也。'"《小尔雅·广诂》："助，佐也。"佐，即辅佐，帮助。

本义为帮助。《国语·越语下》："无助天为虐，助天为虐者不祥。"《孟子·公孙丑上》："今日病矣，予助苗长矣。"《列子·汤问》："邻人京城氏之孀妻有遗男，始龀，跳往助之。"明代魏禧《大铁椎传》："吾骑马挟矢以助战。"

勤（qín）

金文	小篆	楷书
勤	勤	勤

勤，形声字。金文的"勤"，从力堇（jǐn）声。右边从"力"，表示与力气、力量有关；左边为"堇"，在字中表音，为声符。小篆承续金文字形。楷书笔画化。《说

文·力部》："勤，劳也。从力堇声。"方述鑫等《甲骨金文字典》："勤，金文作堇，或从力，为《说文》勤字篆文所本。"

本义为劳累、劳苦。《诗·周颂·赉》："文王既勤止，我应受之。"汉代毛亨传："勤，劳。"《尚书·无逸》："相小人，厥父母勤劳稼穑，厥子乃不知稼穑之艰难。"引申为为某人、某事尽力帮助。《国语·晋语二》："夷吾告冀芮曰：'秦人勤我矣！'"《左传·僖公二十八年》："非神败令尹，令尹其不勤民，实自败也。"晋代杜预注："尽心尽力，无所爱惜为勤。"

劝（勸 quàn）

小篆	楷书	简化字
勸	勸	劝

劝（勸），形声字。小篆的"勸"，从力雚（guàn）声。右边从"力"，表示与力气、力量有关；左边为"雚"，在字中表音，为声符。楷书笔画化。现简化为"劝"，声符更换简化，为意号字，"力"为意符，"又"为记号。《说文·力部》："勸（劝），勉也。从力雚声。"《说文段注》："勉也。《广韵》曰：'奖勉也。'按勉之而悦从亦曰劝。"

本义为勉励、鼓励。《左传·宣公四年》："王思子文之治楚国也，曰：'子文无后，何以劝善？'"《左传·成公二年》："人不难以死免其君，我戮之不祥，赦之，以劝事君者。"《庄子·天地》："昔尧治天下，不赏而民劝，不罚而民畏。"《战国策·秦策四》："则楚之应之也必劝，是楚与三国谋出秦兵矣。"《荀子·劝学》中的"劝"，即"鼓励"之意。《史记·货殖列传》："故物贱之征贵，贵之征贱，各劝其业，乐其事，若水之趋下，日夜无休时。"唐代韩愈《答李翊书》："亟称其人，所以劝之，非敢褒其可褒，而贬其可贬也。"引申为劝说。《汉书·疏广传》："宜从丈人所，劝说君买田宅。"唐代王维《送元二使安西》："劝君更尽一杯酒，西出阳关无故人。"清代梁启超《谭嗣同传》："日本志士数辈苦劝君东游，君不听。"

勋（勳 xūn）

小篆1	小篆2	楷书	简化字
勳	勛	勛	勋

勋（勳），形声字。小篆1的"勳"，从力熏声。右边从"力"，表示与力气、力量有关；左边为"熏"，在字中表音，为声符。小篆2为从力员声的形声字。楷书笔画化，承续小篆2的字形。现简化为"勋"，声符类推简化，仍为形声字。《说文·力部》："勳（勋），能成王功也。从力熏声。勛，古文勳从员。"《玉篇·火部》："勋，功勋也。"

本义为特别大的功劳。《尔雅·释诂》："勋，功也。"《周礼·司勋》："王功曰勋，国功曰功，民功曰庸，事功曰劳，治功曰力，战功曰多。"汉代郑玄注："辅成王业，若周公。"《三国志·郭嘉传》："平定天下，谋功为高。不幸短命，事业未终。追思嘉勋，实不可忘。"南北朝丘迟《与陈伯之书》："况将军无昔人之罪，而勋重于当世！"

劲（勁 jìn）

小篆	楷书	简化字
勁	勁	劲

劲（勁），形声字。小篆的"勁"，从力巠（jīng）声。右边从"力"，表示与力气、力量有关；左边为"巠"，在字中表音，为声符。楷书笔画化。现简化为"劲"，声符类推简化。《说文·力部》："劲（勁），强也。从力巠声。"《说文段注》："《广韵》：'劲，健也。'"

本义为强劲有力。《战国策·宋卫策》："宋君使使者请于赵王曰：'夫梁兵劲而权重，今征师于弊邑。'"《战国策·韩策一》："天下之强弓劲弩，皆自韩出。"《淮南子·说林训》："弓先调而后求劲，马先驯而后求良，人先信而后求能。"汉代贾谊《过秦论上》："良将劲弩守要害之处，信臣精卒陈利兵而谁何。"

劣（liè）

小篆	楷书
劣	劣

劣，会意字。小篆的"劣"，从力从少。下边从"力"表示与力气、力量有关，上边从"少"表示缺少，合起来表示体小力弱。楷书笔画化。《说文·力部》："劣，弱也。从力少声。"《说文段注》："弱者，桡也。从力少。会意。"

我们认为，"劣"字之字形说解当从段注。

本义为弱，小。三国曹植《辩道论》："然寿命长短，骨体强劣，各有人焉。"《聊斋志异·促织》："即捕得三两头，又劣弱不中于款。"引申为不好、低劣，与"优"相对。《论衡·气寿》："王霸同一业，优劣异名；寿夭或一气，长短殊数。"三国诸葛亮《出师表》："愚以为营中之事，悉以咨之，必能使行阵和睦，优劣得所。"《齐民要术·养牛马》："谚曰：'羸牛劣马寒食下。'言其乏食瘦瘠，春中必死。"

第十一节　"父"部及其例字

从"父"的字，其义多与男性长辈有关。

父（fù）

一、形体演变

甲骨文	金文	小篆	楷书
父	父	父	父

二、构形理据

父，指事字。甲骨文的"父"，像右手持棍棒或石斧之形，"父"是在" "（又，右手）字上加一竖指事符号" "，表示手上持握的棍棒、石斧等工具，为从事劳动或训诫子女守规的人，即父亲。金文、小篆承续甲骨文字形。楷书笔画化。《说文·父部》："父，矩也。家长率教者。从又举杖。"方述鑫等《甲骨金文字典》："甲骨与早期金文象手持石斧以操作之形，古代此为男子之事，故引申为父母之父。"

三、本义

本义为父亲。《礼记·曲礼下》："生曰'父'、曰'母'、曰'妻'；死曰'考'、曰'妣'、曰'嫔'。"《仪礼·丧服》："父，传曰：为父何以斩衰也？父至尊也。"唐代贾公彦疏："答云父至尊者，天无二日，家无二尊，父是一家之尊，尊中至极，故为之斩也。"《史记·屈原贾生列传》："夫天者，人之始也；父母者，人之本也。"《世说新语·言语》："孔文举年十岁，随父到洛。"唐代张籍《春江曲》："春来未到父母家，舟小风多渡不得。"引申指禽兽中的雄性。晋代左思《吴都赋》："其上则猿父哀吟。"

四、理据例说

从"父"的字，其义多与男性长辈有关，如"爷（爺）、爸、爹"。

爷（爺 yé）

爷（爺），形声字。小篆的"爺"，从父耶声。上边从"父"，表示与男性长辈有关，在字中表义；下边为"耶"，在字中表音，为声符。楷书笔画化。现简化为"爷"，声符替换简化，为从父卩（jié）声的形声字。《玉篇·父部》："爺（爷），俗为父爷字。"爷，也写作"耶"。

本义为父亲。《木兰诗》："军书十二卷，卷卷有爷名。"又："愿为市鞍马，从此替爷征。"唐代杜甫《兵车行》："耶娘妻子走相送，尘埃不见咸阳桥。"唐代白居易《新丰折臂翁戒边功也》："村南村北哭声哀，儿别爷娘夫别妻。"方言为爷爷，即指祖父。清代曹雪芹《红楼梦》第七回："别说你这样儿的，就是你爹，你爷爷，也不敢和焦大挺腰子！"《红楼梦》第八十回："当日有你爷爷在时，希图上我们的富贵，赶着相与的。论理我和你父亲是一辈。"

爸（bà）

爸，形声字。小篆的"爸"，从父巴声。上边从"父"，表示与男性长辈有关，在字中表义；下边为"巴"，在字中表音，为声符。楷书笔画化。《玉篇·父部》："爸，父也。"《广雅·释亲》："爸，父也。"明代张自烈《正字通·父部》："夷语称老者曰'八八'或'巴巴'，后人因加'父'作爸字。"

本义为父亲。清代刘鹗《老残游记》第六回："有一家子，只有父子两个：他爸爸四十来岁，他女儿十七八岁，长的有十分人材，还没有婆家。"

爹（diē）

小篆	楷书
𤕩	爹

爹，形声字。小篆的"爹"，从父多声。上边从"父"，表示与男性长辈有关；下边为"多"，在字中表音，为声符。楷书笔画化。《广雅·释亲》："爹，父也。"《广韵·麻韵》："爹，羌人呼父也。"

本义为父亲。元代关汉卿《窦娥冤》第三折："止有个爹爹，十三年前上朝取应去了，至今杳无音信。（唱）早已是十年多不睹爹爹面。"明代吴承恩《西游记》第九回："玄奘道：'我爹爹被强盗打死了，我娘被强盗霸占为妻。'"

第十二节 "网（網）"部及其例字

从"网"的字，其义均与渔猎用具有关。

网（網 wǎng）

一、形体演变

甲骨文	金文	小篆1	小篆2	楷书	简化字
𠔿	𠔿	网	網	網	网

二、构形理据

网（網），象形兼形声字。甲骨文的"𠔿"（网），像两根木桩"丨丨"之间绳线交织，表示绳线结成的捕鱼用具。金文、小篆1承续甲骨文字形。小篆2为小篆异体"网"，字形繁化，为形声字，加"糸"（糸，丝绳），强调"网"以绳编织，为形符。楷书承续小篆2的字形。现简化为"网"，为恢复古体简化，仍为象形字。《说文·网部》："網（网），庖牺所结绳以渔。从冂，下象网交文。"徐中舒《甲骨文字典》："网，象网形。"其他解说同《说文》。

三、本义

本义为捕鱼、鳖、鸟、兽的工具。《周易·系辞下》："作结绳而为罔罟，以佃以渔，盖取诸离。"唐代孔颖达疏："'作结绳而为罔罟，以佃以渔'者，用此罟罔，或陆猎以罗鸟兽，或水泽以罔鱼鳖也。'盖取诸离'者，离，丽也。丽谓附著也。言罔罟之

723

用，必审知鸟兽鱼无所附著之处。"《汉书·董仲舒传》："古人有言曰：'临渊羡鱼，不如退而结网。'"《盐铁论·刑德》："网疏则兽失，法疏则罪漏。"泛指网状物。唐代窦庠《金山行（润州金山寺寺在江心）》："日华重重上金榜，丹楹碧砌真珠网。"唐代张仲素《燕子楼》："瑶瑟玉箫无意绪，任从蛛网任从灰。"引申为法网。《老子》七十三章："天网恢恢，疏而不失。"

四、理据例说

从"网"的字，其义均与渔猎用具有关。在楷书里"网"作部件，多变形为"罒"，大致可分为两类。

第一，表示渔猎工具的类别及与其有关之物的名称，主要有"罗（羅）、罟、罾、羁（羈）"。

罗（羅 luó）

甲骨文	小篆	楷书	简化字
𤲟	羅	羅	罗

罗（羅），会意字。甲骨文的"羅"，从网从"𠂇"（隹）。下边从"网"表示捕鸟的器具，上边从"𠂇"（隹）表示小鸟，合起来表示小鸟被罩在网罩里。小篆增加了"糸"（mì），表示用猎人手中的牵绳控制网罩的开合。楷书承续小篆形体，笔画化。现简化为"罗"，为记号替代法简化。《说文·网部》："羅（罗），以丝罟鸟也。从网从维。古者芒氏初作羅。"徐中舒《甲骨文字典》："羅（罗），从𠂇（隹）从网从𠂇，象人张两手罗鸟之形。陈梦家以为羅字。"《玉篇·网部》："罗，鸟罟也。"

本义为用绳线结成的捕鸟网。《诗·王风·兔爰》："有兔爰爰，雉离于罗。"汉代毛亨传："鸟网为罗。"《韩非子·难三》："以天下为之罗，则雀不失矣。"三国曹植《野田黄雀行》："不见篱间雀，见鹞自投罗。"有成语"天罗地网"。引申为轻软的丝织品。《玉台新咏·古诗为焦仲卿妻作》："红罗复斗帐，四角垂香囊。"唐代岑参《白雪歌送武判官归京》："散入珠帘湿罗幕，狐裘不暖锦衾薄。"宋代张俞《蚕妇》："遍身罗绮者，不是养蚕人。"

罟（gǔ）

小篆	楷书
罟	罟

罟，形声字。小篆的"罟"，从网古声。上边从"网"，表示与渔猎工具的类别有关，在字中表义；里边下边为"古"，在字中表音，为声符。楷书笔画化，"网"写作"罒"。《说文·网部》："罟，网也。从网古声。"《说文段注》："罟，网也。按不言鱼网者。易曰：'作结绳而为网罟。'以田以渔。是网罟皆非专施于渔也。罟实鱼网，而鸟兽亦用之。"

本义为网，网的总称。《孟子·梁惠王上》："不违农时，谷不可胜食也；数罟不入洿池，鱼鳖不可胜食也。"唐代王绩《古意六首》："渔人递往还，网罟相萦蘴。"引申为法网。《诗·小雅·小明》："岂不怀归？畏此罪罟。"汉代郑玄笺："我诚思归，畏此刑罪罗网，我故不敢归尔。"《国语·鲁语上》："宣公夏滥于泗渊，里革断其罟而弃之。"引申为用网捕捉。晋代傅玄《羽籥舞歌》："羲皇之初，天地开元；网罟禽兽，群黎以安。"

罾（zēng）

罾，形声字。小篆的"罾"，从"罒"（网）曾声。上边从"罒"（网），表示与渔猎工具的类别有关，在字中表义；里边下边为"曾"，在字中表音，为声符。楷书笔画化，"网"写作"罒"。《说文·网部》："罾，鱼网也。从网曾声。"

本义为一种用木棍或竹竿做支架的鱼网。《庄子·胠箧》："钓饵、网罟、罾笱之知多，则鱼乱于水矣。"《楚辞·九歌·湘夫人》："鸟何萃兮苹中，罾何为兮木上。"《史记·陈涉世家》："乃丹书帛曰'陈胜王'，置人所罾鱼腹中。"南北朝裴骃《史记集解》引文颖曰注："罾，鱼网也。"

羁（羈 jī）

羁（羈），会意字。甲骨文的"羈"，从网（罒）从革从马。上边从"网"表示捕捉的器具，左下边从"革"表示皮革，右下边从"馬"表示捆住马腿，合起来表示套上头、绑住腿，限制马匹的活动。小篆基本承续甲骨文字形。楷书笔画化。现简化为"羁"，为类推简化。《说文·网部》："羈（羈），马络头也。从网从馽。馽，马绊也。馽或从革。"今字作羈，简化为"羁"，俗作羇。

本义为马笼头。三国曹植《白马篇》："白马饰金羁，连翩西北驰。"唐代韩愈《汴泗交流赠张仆射》："球惊杖奋合且离，红牛缨绂黄金羁。"引申为束缚。晋代陶渊明《归园田居五首》其一："羁鸟恋旧林，池鱼思故渊。"

第二，表示与网有关的动作行为，主要有"署、置、罢"。

署（shǔ）

署，形声字。小篆的"署"，从"罒"（网）者声。上边从"罒"（网），表示与网有关的动作行为，部署任务，各有系统，故从网；里边下部为"者"，在字中表音，为声符。楷书笔画化，"网"写作"罒"。《说文·网部》："署，部署，有所网属。从网者声。"《玉篇·网部》："署，部署也。"

本义为布置、部署。《广雅·释诂》："署，置也。"《汉书·高帝纪上》："汉王大说，遂听信策，部署诸将。"《汉书·项籍传》："使人收下县，得精兵八千人，部署豪桀为校尉、候、司马。"唐代颜师古注："分部而署置之。"引申为签名、签署。《战国策·齐策四》："'谁习计会，能为文收责于薛乎？'冯谖署曰：'能！'"清代方苞《左忠毅公逸事》："及试，吏呼名至史公，公瞿然注视，呈卷，即面署第一。"今有词语"签署""署名"等词语。

置（zhì）

置，会意兼形声字。小篆的"置"，从网（罒）直，直亦声。外边从"网"，表示与网有关的动作行为；里边从"直"，表示无辜者，"直"亦兼表声。楷书笔画化，"网"写作"罒"。《说文·网部》："置，赦也。从网、直。"

本义为赦罪、释放。《史记·淮阴侯列传》："高帝曰：'置之。'乃释通之罪。"《史记·吴王濞列传》："击反虏者，深入多杀为功，斩首捕虏比三百石以上者皆杀之，无有所置。"唐代张守节《史记正义》："置，放释也。"引申为安放，搁，摆。《庄子·逍遥游》："覆杯水于坳堂之上，则芥为之舟，置杯焉则胶。"《史记·项羽本纪》："项王则受璧，置之坐上。亚父受玉斗，置之地，拔剑撞而破之。"唐代王维《送綦母潜落第还乡》："置酒临长道，同心与我违。"

罢（bà）

罢，会意字。小篆的"罢"，从网（罒）从能。上边从"网"表示与网有关的动作行为，下边从"能"表示贤能之人，合起来表示用网捕住贤能之人。楷书笔画化，"网"写作"罒"。《说文·网部》："罢，遣有辠也。从网、能。言有贤能而入网，而贯遣之。"《说文段注》："罢之音亦读如疲，而与疲义殊。"

本义为罢官、免去、解除。《史记·魏其武安侯列传》："窦太后大怒，乃罢逐赵绾、王臧等，而免丞相、太尉。"《吕氏春秋·仲冬》："是月也，可以罢官之无事者，去器之无用者。"唐代李白《赠汉阳辅录事二首》："闻君罢官意，我抱汉川湄。"《明史·海瑞传》："徐阶罢相里居，按问其家无少贷。"今有词语"罢官""罢课""罢工""罢免"等。

假借为"疲"。罢，通"疲"。《荀子·正论》："故至贤畴四海，汤、武是也；至罢不容妻子，桀、纣是也。"清代王先谦《荀子集解》引郝懿行注曰："罢者，病也，言不能任事也。"汉代司马迁《报任少卿书》："仆虽罢驽，亦尝侧闻长者之遗风矣。"

附录　部首字及其例字

一、人部之类
(一) 人部
人
俊、杰（傑）、儒、侠（俠）、仇、伦（倫）、偶、伯、仲、倨、傲、俭（儉）、侈、仁、傅、企、仰、伏、侍、依、倚、伸、僵、偃、仆（僕）、借、付、偿（償）、使、侵、伐、俘、侮、负（負）、何、什、伍、代、伤（傷）

(二) 儿(兒)部
儿(兒)
兄、兒、先、元、见（見）、允

(三) 卩部
卩
印、即、卬、却、卸、危、卷

(四) 大部
大
夫、奔、亦、天、交、夷、夹（夾）、奚

(五) 立部
立
站、竦、俟（竢）、并（立、並）、竣、靖、竭、竖（豎）、端

(六) 尸部
尸
屠、尼、尻、尾、展、届、履、屋、屏、层（層）

(七) 士部
士
婿（壻）、壮（壯）

(八) 女部
女
姓、姜、姬、姚、嬴、妍（姸）、妩（嫵）、媚、姝、姣、姿、娟、好、娥、婧、婉、婷、妄、妓、妖、嫉、妒、奸（姦）、姑、姨、姐、妹、妃、妾、奴、婢、妮、嫁、娶、婚、姻

(九) 子部
子
孕、孳、李（孿）、字、孙（孫）、孺、孩、孤、孟、季、孝、孥

(十) 老部
老
考、耆、耄、耋

二、口部之类
(一) 口部
口
咽、喉、吻、喙、嗓、唾、味、含、吞、咀、嚼、吮、哺、噬、啃、召、问（問）、呼、吸、吹、嘘、吟、唱、哭、叫、咨、唤、呱、噫

(二) 舌部
舌
舔、舐、恬、辞（辭）

(三) 言部
言
诗（詩）、词（詞）、话（話）、誓、谚（諺）、谜（謎）、谥（諡）、谱（譜）、许（許）、讼（訟）、访（訪）、诂（詁）、诲（誨）、诛（誅）、谤（謗）、诽（誹）、诹（諏）、谨（謹）、诚（誠）、谦（謙）、诈（詐）、讷（訥）、诎（詘）

727

（四）欠部
欠
吹、欤、歙、歎、歆、歇、歌、饮（飲）、歃、欺、欢（歡）、欣

（五）音部
音
韵（韻）、意、韶、响（響）

（六）甘部
甘
甜、某、甚

（七）旨部
旨
尝（嘗）

三、页（頁）部之类
（一）页（頁）部
页（頁）
顶（頂）、颠（顛）、额（額）、题（題）、颜（顏）、颊（頰）、领（領）、颈（頸）、项（項）、顿（頓）、顾（顧）、烦（煩）、颤（顫）、顽（頑）、颁（頒）、硕（碩）、颇（頗）、颢（顥）

（二）首部
首
馘

（三）面部
面
靦（覥）、靥（靨）

（四）耳部
耳
闻（聞）、聆、聪（聰）、听（聽）、耽、聘、聋（聾）、耸（聳）、聩（聵）、聘、聱、聂（聶）、聒

（五）鼻部
鼻
鼾、劓

（六）齿（齒）部
齿（齒）
龇（齜）、龅（齙）、龆（齠）、龈（齦）、龋（齲）、龄（齡）

四、手部之类
（一）手部
手
拳、掌、指、拇、技、拙、扰（擾）、按、拔、把、抱、操、持、摧、扶、抚（撫）、拱、接、揭、抗、损（損）、探、挺、投、推、握、拥（擁）、招、掣、捧、搔、攥

（二）又部
又
兼、秉、取、叔、受、及、友

（三）攴部
攴
敲、牧、攻、教、败（敗）、收、敛（斂）、改、放、政、救

（四）寸部
寸
封、付、射、守、尊、对（對）、导（導）

（五）爪部
爪
爬、采、觅（覓）、为（爲）、争（爭）

（六）收部
收
弄、奉、异（異）、戒、兵

五、足部之类
（一）足部
足
趾、路、跟、踝、踵、蹄、蹊、跌、跨、跳、跪、跽、踢、蹈、跛、跣、蹇、蹙

（二）止部
止
歧、武、步

（三）走部
走
赴、起、越、超、赶（趕）、趋（趨）、赳

（四）辶部
辶
道、途、迪、逵、迹、徒、徙、遵、追、逃、巡、迷、过（過）、还（還）、避、运（運）、遮、远（遠）、近、遥（遙）、迥、退、迩（邇）、速、迟（遲）、迅、迁

（五）彳部
彳
径（徑）、征、徇、复（復）、往

（六）行部
行
街、衢、冲（衝）、卫（衛）

六、目部之类
（一）目部
目
眼、睛、眸、睫、睑（瞼）、

眦（眥）、眉、瞥、矇、盲、
眚、瞎、眠、眨、瞑、睁、
睹、瞪、瞬、瞥、眺、瞰、
相、睨、瞟、睬、睡、瞼、
盼、眈、眩、睦

（二）见（見）部
见（見）
觅（覓）、视（視）、觃（覎）、
觐（覲）、观（觀）、览
（覽）、觊（覬）、觍（靦）、
靓（靚）

七、心部之类
心
忘、思、想、念、悟、惟、
意、忆（憶）、忌、恨、忿、
怨、快、悦、恩、情、怜
（憐）、爱（愛）、恋（戀）、
怒、恚、恐、耻（恥）、恤、
悔、悲、愁、性、忠、慈、恕、
恭、慕、慎、急、怠、愚、懦、
悍、息、悬（懸）、悖

八、肉部之类
（一）肉部
肉
膏、肌、肝、肘、股、背、
腊（臘）、腰、膝、脸（臉）、
肥、臊、腻（膩）、腐

（二）骨部
骨
骼、髋（髖）、骸（髓）、骶、
骸、髓、骷、髅（髏）、体
（體）、骹、骱

（三）血部
血
衄、衃、衁、衅（釁）

（四）身部
身
躬、躯（軀）、躲、躺

九、鬼部之类
（一）鬼部
鬼
魂、魄、魇（魘）、魔、
魈、魅、魍、魉

（二）巫部
巫
筮、觋（覡）

（三）示部
示
神、祇、社、祭、祀、祡、
禳、衬、祊、祔、禳、禘、
礼（禮）、祝、祈、祷（禱）、
祠、祓、禅（禪）、祧、祖、
宗、祐、祸（禍）、福、祥、
禄、禧、祺、祉、祚、禛、
禁

十、糸部之类
（一）糸部
糸
丝（絲）、线（綫）、经（經）、
纬（緯）、纠（糾）、组（組）、
绅（紳）、绠（綆）、绳（繩）、
索、缆（纜）、缰（繮）、纲
（綱）、絮、素、绢（絹）、
绮（綺）、纨（紈）、绸
（綢）、缎（緞）、纱（紗）、
绒（絨）、缟（縞）、缯（繒）、
缣（縑）、绫（綾）、纺（紡）、
织（織）、约（約）、缝
（縫）、纫（紉）、绑（綁）、
绝（絕）、绽（綻）、绾
（綰）、缚（縛）、缢（縊）、
续（續）、缠（纏）、綮、
细（細）、绚（絢）、缤
（繽）、红（紅）、绿（綠）、
紫、绛（絳）、绯（緋）

（二）衣部
衣
裳、裘、袍、襦、褐、衫、
襄（襃）、裙（帬）、裤（褲）、
襟、袖、袂、裔、被、衾、
褴、裸（臝）、袒、裸（臝）、
补（補）、裁、裂、裹、褪、
褊、裕、褒

（三）巾部
巾
布、帆、帛、帐（帳）、带
（帶）、帽、币（幣）、幅

十一、革部之类
（一）革部
革
勒、靶、鞅、鞋（鞵）、
靴（鞾）、鞍、鞯（韉）、
鞘、鞠、鞭

（二）韦（韋）部
韦（韋）
韬（韜）、韫（韞）、韧

（韧）

十二、瓦部之类
（一）瓦部
瓦

瓮、瓶、瓴、瓯（甌）、甄、瓷、瓷、甍、甄

（二）缶部
缶

缸、罂（罌）、罐、缺、罅、罄

（三）皿部
皿

盂、盆、盎、盒、盏（盞）、盘（盤）、盛、益、盥、监（監）、盈、尽（盡）

（四）鬲部
鬲

醣、鬻、融

十三、刀部之类
（一）刀部
刀

刃、剑（劍）、创（創）、券、利、剡、刚（剛）、初、切、割、刻、削、刺、劈、剔、刊、到（到）、剥、剪、刷

（二）斤部
斤

斧、斯、斫、断（斷）、斯、斩（斬）

（三）戈部
戈

戚、戟、戎、戕、戮（剹）、戳、战（戰）、截、戒、戍、戡

（四）矛部
矛

矜

（五）弓部
弓

弧、弩、弭、弦、弢、引、弯（彎）、张（張）、弛、发（發）、弹（彈）、彀、强（彊）、弘

（六）矢部
矢

矰、矫（矯）、侯（矦）、短、矮

（七）㫃部
㫃

旌、旗、旄、旅、旋、游、施

十四、车（車）部之类
（一）车（車）部
车（車）

轩（軒）、韶（韶）、辇（輦）、辐（輻）、轭（軛）、軋、轴（軸）、轮（輪）、轼（軾）、辅（輔）、辐（輻）、辕（轅）、辖（轄）、舆（輿）、轨（軌）、辙（轍）、辔（轡）、军（軍）、载（載）、转（轉）、输（輸）、轧（軋）、轻（輕）、辚（轔）、轰（轟）

（二）舟部
舟

航、舫、舸、船、艇、艘、舰（艦）、舷、舵、艄、舱（艙）

十五、玉部之类
（一）玉部
玉

璞、瑶、玖、玷、球、琳、琦、玦、瑞、环（環）、璧、璋、琮、玩、班、理、琢、现（現）、莹（瑩）、琐（瑣）、玲、瑕

（二）金部
金

银（銀）、铜（銅）、铁（鐵）、钢（鋼）、针（針）、镬（鑊）、钳（鉗）、钵（鉢、盋）、钱（錢）、铃（鈴）、钏（釧）、钗（釵）、锋（鋒）、铸（鑄）、锻（鍛）、销（銷）、镀（鍍）、铄（鑠）、钓（釣）、铭（銘）、锲（鍥）、错（錯）、锐（銳）、钝（鈍）、铮（錚）

（三）贝（貝）部
贝（貝）

财（財）、货（貨）、贯（貫）、资（資）、赘（贅）、贿（賄）、赃（贓）、贡（貢）、贸（貿）、贮（貯）、费（費）、贺（賀）、贻（貽）、贾（賈）、赏（賞）、赚（賺）、购（購）、贪（貪）、赂（賂）、赎（贖）、贵（貴）、贱（賤）、贤（賢）、贫（貧）

十六、宀部之类
（一）宀部
宀

家、宅、室、客、宇、宙、宫、宗、宿、寄、寓、宽

（寬）、安、寒、完、宴、实（實）

（二）广部

广

庀、库、序、庙（廟）、庑（廡）、府、库（庫）、庐（廬）、废（廢）、庇、广（廣）

（三）户部

户

扉、扇、房、扁

（四）门（門）部

门（門）

闺（閨）、间（間）、闩（閂）、阁（閣）、阑（闌）、闪（閃）、闭（閉）、闯（闖）、阔（闊）

（五）穴部

穴

窖、窠、窝（窩）、窟（堀）、窨、窍（竅）、窦（竇）、窗、穿、窥（窺）、突、室、窘、空、穷（窮）

十七、牛部之类

（一）牛部

牛

犀、牝、牡、特、犍、犊（犢）、牺（犧）、牲、牟、牢、犁（犂）、牵（牽）、牧、犒、犟

（二）犬部

犬

獒、狼、狗、狐、猿、猴、犯、狩、猎（獵）、猜、猝、猖、狂、猛、独（獨）、猾、狞（獰）

（三）羊部

羊

羔、羚、羝、羯、羌、羞、羹、羶、美、义（義）、羡、群（羣）

（四）豕部

豕

豚、豪、豢

（五）马（馬）部

马（馬）

驹（駒）、驽（駑）、骆（駱）、骏（駿）、骖（驂）、骐（騏）、骥（驥）、骜（驁）、骓（騅）、骢（驄）、骡（騾）、驴（驢）、驿（驛）、驰（馳）、骋（騁）、骑（騎）、驱（驅）、驻（駐）、驾（駕）、鹜（鶩）、驮（馱）、骤（驟）、骗（騙）、骇（駭）、驳（駁）、驯（馴）、驶（駛）

（六）鹿部

鹿

麇、麝、麒、麟、丽（麗）

（七）豸部

豸

豺、豹、貂、貉

（八）鼠部

鼠

鼬、鼹、鼧、鼷

（九）角部

角

触（觸）、解、觥（觵）、觔（觕）、觚、觯（觶）

十八、鸟（鳥）部之类

（一）鸟（鳥）部

鸟（鳥）

鸡（鷄）、鸭（鴨）、鹅（鵝）、鸽（鴿）、鹊（鵲）、鸦（鴉）、鹰（鷹）、鸠（鳩）、鸮（鴞）、鹤（鶴）、鹭（鷺）、鸾（鸞）、鸿（鴻）、凤（鳳）、鸣（鳴）

（二）隹部

隹

雀、雁、雕、雉、雏（雛）、集、雎、奋（奮）、夺（奪）、雄、雌

（三）羽部

羽

翡、翠、翟、翰、翼、翅（翄）、翘（翹）、翁、翎、习（習）、翻、翱、翔、翩、翥

十九、虫部之类

（一）虫部

虫

蛇、虬（虯）、蛟、蟒、螭、蝼（螻）、蚁（蟻）、蚓、蛙、蟹、蚌、蠹、蛀、蜂、蚊、虻、蝗、蝶、蚤、蛔、蝉（蟬）、蛋、蜜、蜡（蠟）、蜇、螯、蛰（蟄）、蜕、蚀（蝕）、蟠、蜷、蠢

（二）鱼（魚）部

鱼（魚）

鲂（魴）、鲜（鮮）、鲤（鯉）、鲑（鮭）、鲍（鮑）、鳜（鱖）、鳞（鱗）、鳍（鰭）、鲠（鯁）、鳄（鰐）、鳖（鱉、鼈）、

鳖（鱉）、渔（漁）

二十、禾部之类
（一）禾部
禾
稷、稻、秆、秣、颖（穎）、穗、稗、稍、年（秊）、稼、穑（穡）、获（穫）、积（積）、稀、稠、稚、稔、秕

（二）米部
米
粮（糧）、粱、粟、粳、粢、粗、粒、精、粹、糙、糕、糠（穅）、粉、粥、糖、糟、籴、粜（糶）、粘

（三）食部
食
饼（餅）、馍（饃）、馅（餡）、饴（飴）、饵（餌）、馆（館）、飧、饭（飯）、餐、饮（飲）、饯（餞）、馈（饋）、铺、饪（飪）、饲（飼）、饥（飢）、饿（餓）、饥（饑）、馁（餒）、馊（餿）、饶（饒）、养（養）、余（餘）

二十一、艹（艸）部之类
（一）艹（艸）部
艹（艸）
艾、蒿、芝、芷、芥、苔、荻、荷、荻、菜、葛、苇（葦）、萎（萎）、莽、茅、芒、荚（莢）、茎（莖）、萼、葩、莲（蓮）、蓓、蕾、蔓、萁、茵、薪、藩、苑、荫（蔭）、薄、菱、蔫、苦、茨、茸、落、艺（藝）、芬、芳、茂、苗、芜（蕪）、萋、苍（蒼）、蕃

（二）木部
木
桃、李、松、柏、杨（楊）、柳、杏、枫（楓）、本、末、枝、权、株、根、梢、枚、果、杖、枹、柱、杯、械、栋（棟）、梁、橡、楣、榭、槽、榻、林、森、枯、槁（槀）、朽、枉、棱、析、栽、植、构（構）、栖（棲）、树（樹）、柔

（三）竹部
竹
筱、篁、箭、竿、笋（筍）、筠、节（節）、筏（栰）、篙、笏、符、箸（箝）、筷、篷、策、笠、筐、箕、篋（篋）、篓（簍）、箪（簞）、筒、竽、笛、笙、箫（簫）、筑（築）、筝（箏）、管、籁（籟）、簧、篇、简（簡）、笔（筆）、笺（箋）、籍、簿、筹（籌）、答、等、算、簸

（四）片部
片
版、牌、牒、牖、牍（牘）

二十二、山部之类
（一）山部
山
岱、嵩、岑、岫、峡（峽）、岛（島）、崇、峻、峭、峙、崛、峰、岭（嶺）、岩（巖）、崩

（二）石部
石
砥、砺（礪）、础（礎）、砌、碧、砖（磚）、碗、碑、研、磨、砍、砸、破、碰、碎、硬、磊、确

（三）厂部
厂
厘、厚、厉（厲）、原

（四）阜部
阜[阝（左）]
陵、隅、阴（陰）、阳（陽）、阶（階）、除、陡、际（際）、防、陟、降、陨（隕）、险（險）、阻、陋、陛

二十三、土部之类
（一）土部
土
地、壤、尘（塵）、埃、块（凷、塊）、坎、坡、堤、境、塞、域、垂、城、基、垒（壘）、填（塡）、坛（壇）、培、埋、垦（墾）、堵、坦、坚（堅）

（二）田部
田
畸、畿、畴（疇）、畔、界、畦、亩（晦、畞）、男、畜、畋、略、留（畱）

（三）邑部
邑[阝（右）]
郎、邢、郭、邹（鄒）、郑

（鄭）、邓（鄧）、都、鄙、乡（鄉）、郊、邻（鄰）、郡、邦

二十四、日部之类
（一）日部
日

旭、升（昇）、映、昭、晏、晴、暑、景、暖、昧、暗、晕（暈）、曝、旱、旦、昏、时（時）、春、旬、昔、曙、晓（曉）

（二）月部
月

明（朙）、朗、霸、朔、望、朝、期

（三）风（風）部
风（風）

飘（飄）、飙（飆）、飒（颯）、飓（颶）

（四）雨部
雨

霖、零、霁（霽）、露、霓、霜、雪、雹、霰、云（雲）、雾（霧）、雷（靁）、电（電）、震、雩、霏、霞

（五）气（氣）部
气（氣）

氖、氧

二十五、水部之类
（一）水部
水

江、河、湖、海、渭、波、浪、涛（濤）、涯、滨（濱）、源、湾（灣）、派、洲、渚、汤（湯）、汁、涎、泪（淚）、湍、浆（漿）、液、汗、泥、沙、漏、沟（溝）、渠、渎（瀆）、流、涌、溃（潰）、泻（瀉）、泄、溢、浥、润（潤）、浣、洗、沐、浴、濯、涤（滌）、涉、泗、清、浅（淺）、浑（渾）、浊（濁）、洪、滔、澈、浩

（二）冫（冰）部
冫（冰）

寒、冷、凝、冻（凍）、凌

二十六、酉部之类
（一）酉部
酉

酒、醴、醪、醇、酥、酪、酱（醬）、酝（醞）、酿（釀）、醒、醉、酣、酬、酌、酹、酗、醇、酩、酷

（二）斗部
斗

斛、斟、魁、料、斜

二十七、火部之类
（一）火部
火

灯（燈）、烛（燭）、炬、炉（爐）、燧、烟（煙）、焰、灰、炭、烬（燼）、然、烧（燒）、烹、煮、焚、熨、炊、炙、照、炽（熾）、热（熱）、烈、灿（燦）、焕、煌

（二）赤部
赤

赧、赭、赫

（三）黑部
黑

墨、黛、黩、黝、黯、黜、黔、点（點）

二十八、广部之类
（一）广部
广

瘟、疫、疾、病、疮（瘡）、癣（癬）、疟（瘧）、疴、痒（癢）、痞、痘、疤、痕、瘢、痣、痰、瘴、瘁、疼、痛、瘦、疲、痴（癡）、疗（療）、疢、痼

（二）歹部
歹

死、殉、殒（殞）、殇（殤）、殡（殯）、殊、殃、殆、殚（殫）、残（殘）、歼（殲）、殄

二十九、耒部之类
（一）耒部
耒

耡、耨、耧（耬）、耙、耕、耘、耔、耦

（二）匚部
匚

匡、匠、匣、匮（匱）、匪

三十、皮部之类
（一）皮部
皮

皱（皺）、皲、皴（皴）

(二)毛部
毛
毫、毡（氈）、毯、氅、毬、毳

(三)彡部
彡
髭、须（須、鬚）、鬓（鬢）、髯、发（髮）、髻、鬃、鬟、髭、鬣

三十一、其他部之类
(一) 殳部
殳
殳、杀（殺）、段、击（擊）、殴（毆）、役

(二) 囗部
囗
困、囿、园（園）、圆（圓）、圃、圈、国（國）、囚、围（圍）、回、图（圖）、团（團）、固

(三) 彡部
彡
尨、彩、彤、修、形、彪、彰、彭

(四) 香部
香
馥、馨

(五) 至部
至
到、致、臻

(六) 白部
白
皎、皑、皓、皙

(七) 瓜部
瓜
瓢、瓠、瓣

(八) 卜部
卜
卦、占、贞（貞）

(九) 八部
八
分、公、半

(十) 力部
力
助、勤、劝（勸）、勋（勳）、劲（勁）、劣

(十一) 父部
父
爷（爺）、爸、爹

(十二) 网（網）部
网（網）
罗（羅）、罟、罾、羁（羈）、署、置、罢

参考文献

本参考文献分为两部分,即字典辞书、汉字理论类与古代文献注释、翻译类。其中,古代参考文献按朝代先后排列,同一朝代以第一作者姓氏汉语拼音首字母为序;现代参考文献,以第一作者姓氏汉语拼音首字母为序。

一、字典辞书、汉字理论类

(汉)刘熙.释名[M].北京:中华书局,2016.

(汉)许慎.说文解字[M].北京:中华书局,1963.

(梁)顾野王.大广益会玉篇[M].北京:中华书局,1987.

(南唐)徐锴.说文解字系传[M].北京:中华书局,1998.

(宋)陈彭年.宋本广韵[M].北京:中国书店,1982.

(明)张自烈.正字通[M].北京:中国工人出版社,1996.

(清)段玉裁.说文解字注[M].上海:上海古籍出版社,1997.

(清)桂馥.说文解字义证[M].济南:齐鲁书社,1989.

(清)孔广居.说文疑疑[M].北京:商务印书馆,1912.

(清)王筠.说文解字句读[M].北京:中华书局,1988.

(清)王念孙.广雅疏证[M].南京:江苏古籍出版社,2000.

(清)徐灏.说文解字注笺[M].上海:上海辞书出版社,1915.

(清)朱骏声.说文通训定声[M].武汉:武汉古籍书店,1983.

陈涛,董治国.学生常用汉字浅释[M].天津:天津人民出版社,1981.

辞海[M].缩印本.上海:上海辞书出版社,2000.

辞源(1-4册)[M].北京:商务印书馆,1983.

董琨.中国汉字源流[M].北京:商务印书馆,1998.

方述鑫,林小安,常正光,等.甲骨金文字典[M].成都:巴蜀书社,1993.

高鸿缙.中国字例[M].台北：三民书局，2008.

高明.中国古文字学通论[M].北京：北京大学出版社，1996.

谷衍奎.汉字源流字典[M].北京：华夏出版社，2003.

汉语大字典：三卷本[M].成都：四川辞书出版社、湖北辞书出版社，1995.

胡奇光，方环海.尔雅译注[M].上海：上海古籍出版社，2004.

黄伟嘉，敖群.汉字部首例解[M].北京：商务印书馆，2008.

李圃.甲骨文文字学[M].上海：学林出版社，1995.

李孝定.甲骨文字集释[M].台北：历史语言研究所，1970.

李玉洁.常用汉字形音义[M].长春：吉林教育出版社，1990.

李运富.汉字构形原理与中小学汉字教学[M].长春：长春出版社，2001.

李运富.汉字汉语论稿[M].北京：学苑出版社，2008.

李运富.字理与字理教学[J].吉首大学学报，2005（2）.

林義光.文源[M].上海：中西书局，2012.

刘钊.古文字构形学（修订本）[M].福州：福建人民出版社，2011.

罗振玉.增订殷虚书契考释[M].台北：艺文印书馆，1981.

罗振玉.殷墟书契考释三种[M].北京：中华书局，2006.

马如森.殷墟甲骨文实用字典[M].上海：上海大学出版社，2008.

裘锡圭.文字学概要[M].北京：商务印书馆，2005.

苏培成，尹斌庸.现代汉字规范化问题[M].北京：语文出版社，1995.

商承祚.甲骨文字研究[M].天津：天津古籍出版社，2008.

上海市语言文字工作委员会.语言文字规范文件汇编[M].上海：上海教育出版社，1997.

汤可敬.说文解字今释：上、下册[M].长沙：岳麓社，1997.

唐兰.中国文字学[M].上海：上海古籍出版社，1949.

王凤阳.汉字学[M].长春：吉林文史出版社，1992.

王力.王力古汉语字典[M].北京：中华书局，2000.

王立军.汉字的文化解读[M].北京：商务印书馆，2012.

王宁.汉字构形学讲座[M].上海：上海教育出版社，2002.

王宁.汉字构形学导论[M].北京：商务印书馆，2015.

王作新.汉字结构系统与传统思维方式[M].武汉：武汉出版社，2000.

徐中舒.甲骨文字典[M].成都：四川辞书出版社，1998.

杨琳.小尔雅今注[M].上海：汉语大词典出版社，2002.

杨树达.积微居小学金石论丛：增订本[M].北京：中华书局，1983.

于省吾.甲骨文字释林[M].北京：中华书局，1979.

邹晓丽. 基础汉字形义释源 [M]. 北京：中华书局，2007.

左民安. 汉字例话 [M]. 北京：中国青年出版社，1984.

左民安. 细说汉字——1000个汉字的起源与演变 [M]. 北京：九州出版社，2005.

左民安，王尽忠. 细说汉字部首 [M]. 北京：九州出版社，2005.

二、古代文献注释、翻译类

（汉）高诱. 战国策注 [M]. 上海：上海书店，1987.

（汉）王逸. 楚辞注 [M]. 上海：上海古籍出版社，2014.

（三国）韦昭. 国语注 [M]. 北京：国家图书馆出版社，2017.

（晋）郭象. 庄子注 [M]. 上海：上海古籍出版社，1989.

（南北朝）裴骃. 史记集解 [M]. 北京：中华书局，1975.

（唐）李善. 文选注 [M]. 北京：中华书局，1977.

（唐）颜师古. 汉书注 [M]. 北京：中华书局，1999.

（宋）朱熹. 四书集注 [M]. 长沙：岳麓书社，1986.

（宋）朱熹. 诗集传 [M]. 南京：凤凰出版社，2007.

（明）冯梦龙. 喻世明言：上、下册 [M]. 北京：人民出版社，1958.

（清）刘宝楠. 论语正义 [M]. 北京：中华书局，1990.

（清）马瑞辰. 毛诗传笺通释 [M]. 北京：中华书局，1989.

（清）仇兆鳌. 杜诗详注 [M]. 北京：中华书局，1979.

（清）阮元. 十三经注疏 [M]. 上海：上海古籍出版社，1997.

（清）王琦. 李太白全集 [M]. 北京：中华书局，1977.

陈鼓应. 庄子今注今译 [M]. 北京：中华书局，1983.

[菲] 陈永栽，黄炳辉. 老子章句解读 [M]. 上海：上海古籍出版社，2001.

程俊英，蒋见元. 诗经 [M]. 长沙：岳麓书社，2000.

程俊英. 诗经译注 [M]. 上海：上海古籍出版社，2012.

关贤柱，廖进碧，钟雪丽. 吕氏春秋全译 [M]. 贵阳：贵州人民出版社，1997.

韩兆琦. 史记评注本 [M]. 长沙：岳麓书社，2004.

黄典诚. 诗经通译新诠 [M]. 上海：华东师范大学出版社，1992.

黄晖. 论衡校释 [M]. 北京：中华书局，1990.

黄寿祺，梅桐生. 楚辞全译 [M]. 贵阳：贵州人民出版社，1984.

黄寿祺，张善文. 周易译注 [M]. 上海：上海古籍出版社，2007.

黄永堂. 国语全译 [M]. 贵阳：贵州人民出版社，1995.

蒋南华，罗书勤，杨寒清. 荀子全译 [M]. 贵阳：贵州人民出版社，1995.

李零. 孙子译注 [M]. 北京：中华书局，2007.

李梦生. 左传译注 [M]. 上海：上海古籍出版社，2004.

梁启雄. 韩子浅解 [M]. 北京：中华书局，1960.

柳士镇，刘开骅. 世说新语全译 [M]. 贵阳：贵州人民出版社，1996.

陆侃如，牟世金. 文心雕龙译注 [M]. 济南：齐鲁书社，2009.

缪启愉，缪桂龙. 齐民要术译注 [M]. 上海：上海古籍出版社，2009.

全唐诗（全二册）[Z]. 上海：上海古籍出版社，1986.

汪受宽. 孝经译注 [M]. 上海：上海古籍出版社，2004.

王世舜，王翠叶. 尚书 [M]. 北京：中华书局，2012.

王文锦. 礼记译解 [M]. 北京：中华书局，2001.

姚春鹏. 黄帝内经 [M]. 北京：中华书局，2010.

游国恩. 离骚纂义 [M]. 北京：中华书局，1980.

杨伯峻. 孟子译注 [M]. 北京：中华书局，1960.

杨伯峻. 论语译注 [M]. 北京：中华书局，1980.

杨天宇. 周礼译注 [M]. 上海：上海古籍出版社，2004.

张觉. 商君书全译 [M]. 贵阳：贵州人民出版社，1993.

张清常，王延栋. 战国策笺注 [M]. 天津：南开大学出版社，1993.

朱东润. 中国历代文学作品选 [M]. 上海：上海古籍出版社，1979.

后　记

一

　　汉字字理，也称"汉字构形理据"。较早提出"汉字字理"这一概念的是袁晓圆先生。袁先生在 1986 年就指出："世界上文字的结构，唯有汉字是有字理。"（《汉语具有简短明确的特点》，《光明日报》1986 年 8 月 19 日）对汉字字理给以科学、简练、恰切界定的是李运富先生。李先生在《字理与字理教学》中指出："所谓字理，就是汉字形体的所以然，也就是反映在汉字形体上的客观理据。""如果我们在汉字教学中把汉字的构形理据或变形理据分析出来告诉学生，让学生知道某个形体的构造原理及其演变过程，这就是字理教学。"（李运富《汉字汉语论稿》，学苑出版社 2008 年版，第 215 页）

二

　　《汉字字理例说》，对从事基础教育的语文教师来说，是系统、科学而又有用的教学参考书。

　　说它系统，是指本书以 130 个表意部首为纲，统摄近 2000 个汉字。表意部首对其所属之字有统领作用，知其表意部首，即知其意义范围，即可方便快捷地了解汉字的形、音、义。

　　说它科学，是指近 2000 个汉字的字理说解均有理有据，绝非主观臆测。其理据均出自许慎《说文解字》、顾野王《玉篇》、段玉裁《说文解字注》、林义光《文源》、商承祚《甲骨文字研究》、李孝定《甲骨文字集释》、徐中舒《甲骨文字典》、方述鑫等《甲骨金文字典》、邹晓丽《基础汉字形义释源》、谷衍奎《汉字源流字典》、李运富《汉字构形原理与中小学汉字教学》等典籍、著作。

　　说它有用，主要是对如今的中小学汉字字理教学非常适用。中小学汉字字理教学，或图片式选用，或摘抄式选用其中的古今文字图片与字理说解，可省去大量查找资料的时间，激发学生学习汉字的兴趣，大大地提高教学效率。

　　中小学汉字字理教学，源于贾国均研究员。1992 年，湖南省岳阳市教育科学研究所研究员贾国均在全国首次提出了"字理识字"这一概念，汉字字理教学由此在广西、北京、上海、湖南、吉林等省、市、区展开，并都取得了很好的实验效果，现已在全国很多省市普遍推广，并制作了大量汉字字理教学图片。

这些汉字字理教学图片，形象鲜明，重点突出，便于联想，激发了学生的学习兴趣，使其识记汉字快速、持久，并知其意义范围。这是最佳的汉字教学方法之一。

但这些汉字字理教学图片中的古文字字形，以及其中的汉字字理说解有不少还稍显稚嫩，还需要加以规范与完善，如"止、山、京、出、叔"等字即是如此，有主观臆断之嫌，这在前言中已说明，此不赘述。《汉字字理例说》将弥补中小学教师汉字字理教学资料之不足，弥补中小学汉字字理教学中古文字及字理说解等方面的缺陷。

同时，本书对高校文科学生也非常适用。在本科教学讲授古汉语常用词时，侧重讲解汉字字理与其本义之间的关系，学生的兴趣很高，印象也深刻。古汉语考研一般有古汉语古字形题与词语解释题，答这类题学生比较有把握，很少丢分。赤峰学院文学院汉语言文学专业学生考取古汉语及学科语文研究生的，平均每年在10名左右，2018年考取古汉语及学科语文研究生的占文学院考取研究生总数的三分之二，这在赤峰学院文学院还是较为突出的。在赤峰学院文学院考取语言类研究生的，与考取文学类、文学理论类研究生的人数基本持平。

2016年10月，内蒙古自治区举办了高校汉字听写大会，文学院代表队代表赤峰学院参赛，首次击败了内蒙古大学代表队、内蒙古师范大学代表队，取得了冠军。这与学生的综合能力不无关系，与平时的汉字字理分析训练与赛前针对性的辅导密不可分。

三

在本书即将付梓之际，真诚地感谢各方面的支持与关怀。

感谢著名语言学家、北京师范大学教授、博士生导师李运富先生给予的鼓励与指导，感谢李运富先生百忙之中挤出时间为拙稿赐序。

感谢赤峰学院给予资助出版。感谢赤峰实验小学部分语文教师提出的宝贵意见。

感谢国家级出版社——知识产权出版社的提携与奖掖，感谢编辑老师及其出版、印刷的其他同仁付出的辛勤劳动。

感谢王景东等八位友生。在吉林大学读博的王景东，东北师范大学读研的于玲、赵俊龙，辽宁大学读研的白雪冬，首都师范大学读研的王欢欢，天津师范大学读研的袁晓光，辽宁师范大学读研的赵东芳，北方民族大学读研的安婧等八位友生承担初稿的不同部分，挤出时间做了校对工作。感谢他们付出的辛勤劳动。

还要感谢各位读者，是大家的阅读才使得这些文字具有存在的价值。

由于水平所限，书中错误在所难免，敬祈方家及读者教正。

程国煜

2019年3月16日于赤峰学院崇学楼